스포츠 지도사

2주 단기완성

[2급 필기] 이제승 이정노 공편저

2020년~2022년 기출문제 수록
한권으로 합격하기!

교재
미리보기

1

기출 '문제-정답'
핵심 키워드

시험장에서 보는 알짜 기출 족보
과목별 빈출 내용을 한눈에 정리할 수 있도록 핵심 키워드 위주로 구성

2

최신 기출문제

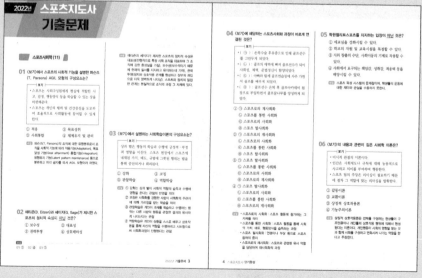

기출을 보면 합격이 보인다!
2020~2022년 최신 기출문제를 수록하여 기출유형 엿보기

3

핵심이론 정리

핵심 정리!
더 알고가야 할 내용을 Tip으로 정리
기출 표시를 통해 중요 부분 정리

4

실전 감각 UP

실전 감각 익히기
시험에 꼭 나올만한 예상문제 및 최신 기출문제로 구성

시험안내

자격정의

1 **2급 전문스포츠지도사 · 2급 생활스포츠지도사:** 학교 · 직장 · 지역사회 또는 체육단체 등에서 체육을 지도할 수 있도록 국민체육진흥법에 따라 해당 자격을 취득한 사람

2 **유소년스포츠지도사:** 유소년(만 3세부터 중학교 취학 전까지)의 행동양식, 신체발달 등에 대한 지식을 갖추고 자격종목에 대하여 유소년을 대상으로 체육을 지도하는 사람

3 **노인스포츠지도사:** 노인의 신체적 · 정신적 변화 등에 대한 지식을 갖추고 자격종목에 대하여 노인을 대상으로 생활체육을 지도하는 사람

4 **장애인스포츠지도사:** 장애유형에 따른 운동방법 등에 대한 지식을 갖추고 해당 자격종목에 대하여 장애인을 대상으로 생활체육을 지도하는 사람

시험과목

선택과목(7과목)
스포츠교육학, 스포츠사회학, 스포츠심리학, 스포츠윤리, 운동생리학, 운동역학, 한국체육사

1 **2급 전문스포츠지도사 · 2급 생활스포츠지도사:** 선택 7개 과목 중 5과목 선택

2 **유소년스포츠지도사:** 유아체육론(필수) + 선택 7개 과목 중 4과목 선택

3 **노인스포츠지도사:** 노인체육론(필수) + 선택 7개 과목 중 4과목 선택

4 **장애인스포츠지도사:** 특수체육론(필수) + 선택 7개 과목 중 4과목 선택

합격기준

1 **필기시험:** 과목마다 만점의 40%(8문제) 이상 득점하고 전 과목 평균 60% 이상 득점

2 **실기 · 구술시험:** 만점의 70% 이상 득점

응시결격
사유

1 결격사유

- 피성년후견인
- 금고 이상의 형을 선고받고 그 집행이 종료되거나 집행이 면제된 날부터 2년이 경과되지 아니한 사람, 금고 이상의 형의 집행유예를 선고받고 그 유예기간 중에 있는 사람
- 자격이 취소되거나 자격검정이 중지 또는 무효로 된 후 3년이 경과되지 아니한 사람

2 취소사유

- 거짓이나 그 밖의 부정한 방법으로 체육지도자의 자격을 취득한 경우
- 자격정지 기간 중에 업무를 수행하거나, 체육지도자 자격증을 타인에게 대여한 경우
- 상기 결격사유에 해당하는 자

유의사항

1 동일 자격등급에 한하여 연간 1인 1종목만 취득 가능

2 종목별 실기능력 대체인정요건은 추후 체육지도자 자격검정 · 연수원 홈페이지에 공지

3 필기 및 실기 · 구술시험 장소는 추후 체육지도자 자격검정 · 연수원 홈페이지에 공지

4 필기시험에 합격한 사람에 대해 다음 필기시험 1회 면제

5 필기시험에 합격한 해의 12월 31일부터 3년 이내에 연수과정을 이수해야 함
(병역 복무를 위해 군에 입대한 경우 의무복무 기간은 불포함)

시험일정

1 필기시험: 5월 초

2 실기 · 구술검정: 6월 초~7월 초

※ 시행처의 사정에 따라 내용의 변경이 있을 수 있으니 반드시 체육지도자연수원(www.insports.or.kr) 홈페이지의 내용을 참고하시기 바랍니다.

자격종목

1 전문스포츠지도사(57개 종목): 검도, 골프, 궁도, 근대5종, 농구, 당구, 럭비, 레슬링, 루지, 봅슬레이·스켈레톤, 바이애슬론, 배구, 배드민턴, 보디빌딩, 복싱, 볼링, 빙상, 사격, 사이클, 산악, 세팍타크로, 소프트볼, 수상스키, 수영, 수중, 스쿼시, 스키, 승마, 씨름, 아이스하키, 야구, 양궁, 역도, 요트, 우슈, 유도, 육상, 인라인스케이트, 소프트테니스, 조정, 체조, 축구, 카누, 컬링, 탁구, 태권도, 테니스, 트라이애슬론, 펜싱, 하키, 핸드볼, 가라테, 택견, 댄스스포츠, 에어로빅, 주짓수, 힙합

2 생활스포츠지도사(65개 종목): 검도, 게이트볼, 골프, 복싱, 농구, 당구, 라켓볼, 럭비, 레슬링, 레크리에이션, 체조, 배구, 배드민턴, 보디빌딩, 볼링, 빙상, 자전거, 등산, 세팍타크로, 수상스키, 수영, 스킨스쿠버, 스쿼시, 스키, 승마, 씨름, 야구, 에어로빅, 오리엔티어링, 요트, 우슈, 윈드서핑, 유도, 인라인스케이트, 소프트테니스, 조정, 축구, 카누, 탁구, 태권도, 테니스, 행글라이딩, 궁도, 댄스스포츠, 사격, 아이스하키, 육상, 족구, 철인3종, 패러글라이딩, 하키, 핸드볼, 풋살, 파크골프, 양궁, 펜싱, 합기도, 국학기공, 소프트볼, 주짓수, 줄넘기, 치어리딩, 택견, 플로어볼, 힙합

3 유소년스포츠지도사(62개 종목): 검도, 게이트볼, 골프, 복싱, 농구, 당구, 라켓볼, 럭비, 레슬링, 레크리에이션, 체조, 배구, 배드민턴, 보디빌딩, 볼링, 빙상, 자전거, 등산, 세팍타크로, 수상스키, 수영, 스킨스쿠버, 스쿼시, 스키, 승마, 씨름, 야구, 에어로빅, 오리엔티어링, 요트, 우슈, 윈드서핑, 유도, 인라인스케이트, 소프트테니스, 조정, 축구, 카누, 탁구, 태권도, 테니스, 행글라이딩, 궁도, 댄스스포츠, 사격, 아이스하키, 육상, 족구, 철인3종, 패러글라이딩, 하키, 핸드볼, 풋살, 파크골프, 줄넘기, 플라잉디스크, 피구, 양궁, 펜싱, 합기도, 택견, 플로어볼

4 노인스포츠지도사(60개 종목): 검도, 게이트볼, 골프, 복싱, 농구, 당구, 라켓볼, 럭비, 레슬링, 레크리에이션, 체조, 배구, 배드민턴, 보디빌딩, 볼링, 빙상, 자전거, 등산, 세팍타크로, 수상스키, 수영, 스킨스쿠버, 스쿼시, 스키, 승마, 씨름, 야구, 에어로빅, 오리엔티어링, 요트, 우슈, 윈드서핑, 유도, 인라인스케이트, 소프트테니스, 조정, 축구, 카누, 탁구, 태권도, 테니스, 행글라이딩, 궁도, 댄스스포츠, 사격, 아이스하키, 육상, 족구, 철인3종, 패러글라이딩, 하키, 핸드볼, 풋살, 파크골프, 그라운드골프, 양궁, 펜싱, 합기도, 국학기공, 택견

5 장애인스포츠지도사(36개 종목): 골볼, 공수도, 농구, 당구, 댄스스포츠, 럭비, 레슬링, 론볼, 배구, 배드민턴, 보치아, 볼링, 사격, 사이클, 수영, 승마, 아이스하키, 양궁, 역도, 오리엔티어링, 요트, 유도, 육상, 조정, 축구, 카누, 컬링, 탁구, 태권도, 테니스, 트라이애슬론, 파크골프, 펜싱, 핸드볼, 스노보드, 알파인스키·바이애슬론·크로스컨트리

기출분석 및
학습방법

스포츠
교육학

1. 출제비중 분석

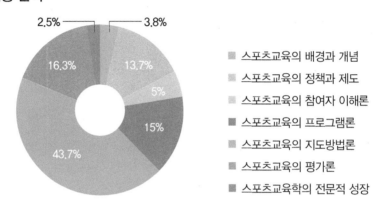

2.5% ── 3.8%

16.3% 13.7%

5%

15%

43.7%

- 스포츠교육의 배경과 개념
- 스포츠교육의 정책과 제도
- 스포츠교육의 참여자 이해론
- 스포츠교육의 프로그램론
- 스포츠교육의 지도방법론
- 스포츠교육의 평가론
- 스포츠교육학의 전문적 성장

2. 학습방법

이 시험은 절대평가이므로, 빈출되는 비중을 고려하여 전략을 짜야 한다.

(1) 비중이 높은 부분을 집중 공략하라.

　　모든 과목에 적용되는 것이지만, 비중이 높은 곳은 출제위원들도 항상 중요하게 생각하고 있으므로 자주 출제
될 수밖에 없다. 따라서 '스포츠교육의 지도방법론', '스포츠교육의 프로그램론'을 중심으로 핵심 내용을 정리
한다. '교육모형'이나 '교수기법'은 매년 다양하게 출제되고 있다.

(2) 그 외 부분

　　핵심 비중 부분을 제외한 부분은 빈출되는 내용을 위주로 정리하고, 문제로 마무리한다.

스포츠
사회학

1. 출제비중 분석

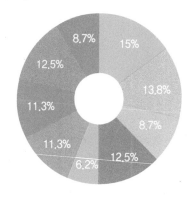

- ■ 스포츠사회학의 이해와 이론
- ■ 스포츠와 정치
- ■ 스포츠와 경제
- ■ 스포츠와 미디어
- ■ 스포츠와 교육 및 육성
- ■ 스포츠와 사회화
- ■ 스포츠와 사회계층
- ■ 스포츠와 일탈
- ■ 미래사회와 스포츠

2. 학습방법

스포츠와 사회학 각 분야와의 관계를 공부하게 되며, 무난한 난이도와 고른 출제분포를 보여주고 있다. 각 파트별 빈출이나 출제된 내용 위주로 정리한다.

스포츠
심리학

1. 출제비중 분석

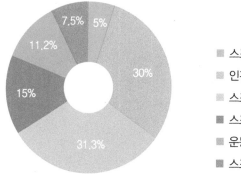

- ■ 스포츠심리학의 개관
- ■ 인간운동행동의 이해
- ■ 스포츠수행의 심리적 요인
- ■ 스포츠수행의 사회 심리적 요인
- ■ 운동심리학
- ■ 스포츠심리상담

2. 학습방법

'인간운동행동의 이해', '스포츠수행의 심리적 요인', '스포츠수행의 사회 심리적 요인'에서 75% 이상의 문제가 출제되고 있어 이 부분을 집중적으로 공부해야 한다. 스포츠심리학은 내용이 많고 광범위하지만, 단순히 외우기보다는 개념을 이해하는 방법으로 접근하여야 한다.

스포츠 윤리

1. 출제비중 분석

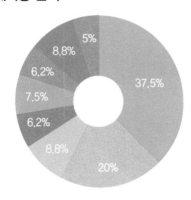

- 스포츠와 윤리
- 경쟁과 페어플레이
- 스포츠와 불평등
- 스포츠에서 환경과 동물윤리
- 스포츠와 폭력
- 경기력 향상과 공정성
- 스포츠와 인권
- 스포츠조직과 윤리

2. 학습방법

일반적인 중고등학교 윤리의 무난한 수준으로 출제되고 있으며, '스포츠와 불평등'이나 '스포츠와 인권' 부분에서 차츰 출제가 이루어지고 있는 것이 특징이다. 따라서 '경쟁과 페어플레이'와 '스포츠와 윤리' 부분을 집중 정리하되 무난한 수준이므로 빈출부분을 잘 정리하고, 나머지 부분도 그리 어려운 수준이 아니므로 내용을 이해하는 수준으로 정리하면 된다.

운동 생리학

1. 출제비중 분석

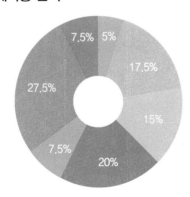

- 운동생리학의 개관
- 에너지 대사와 운동
- 신경조절과 운동
- 골격근과 운동
- 내분비계와 운동
- 호흡·순환계와 운동
- 환경과 운동

2. 학습방법

다른 과목과 달리 전문적인 내용이 많아 다소 어렵지만, 충실히 학습하면 스포츠지도사로서의 전문성을 높일 수 있다. '호흡·순환계와 운동'이 가장 출제가 많은 부분으로 각 구조와 기능 등의 숙지가 필수이며, 그 외 부분은 빈출 부분을 중심으로 암기가 필요하다.

운동역학

1. 출제비중 분석

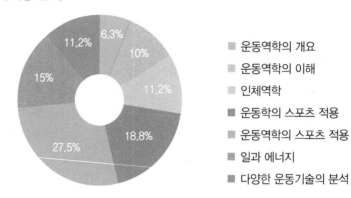

- 운동역학의 개요
- 운동역학의 이해
- 인체역학
- 운동학의 스포츠 적용
- 운동역학의 스포츠 적용
- 일과 에너지
- 다양한 운동기술의 분석

2. 학습방법

운동역학은 어려운 기호와 용어로 선호하는 과목이 아니지만, 중고등학교 수준의 물리 개념만 있으면 쉽게 풀 수 있는 문제들이 출제되고 있다. 따라서 교재와 기출문제 위주로 공부하면 생각보다 더 많은 점수를 받을 수 있다.

한국 체육사

1. 출제비중 분석

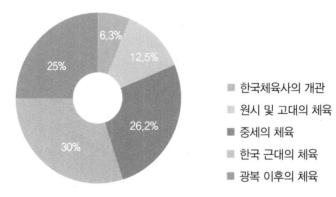

- 한국체육사의 개관
- 원시 및 고대의 체육
- 중세의 체육
- 한국 근대의 체육
- 광복 이후의 체육

2. 학습방법

단순한 체육이 아닌 역사속 체육과 관련된 내용이므로, 역사 흐름을 간단히 이해하고 내용 숙지가 필요하다. '한국 근대' 및 '광복 이후'의 출제비중이 높아 꼼꼼하게 내용을 살펴야 되며, 그 외 부분의 경우 출제되는 내용이 반복출제되는 경향을 보이므로 기출내용 위주로 정리해야 한다.

유아 체육론

1. 출제비중 분석

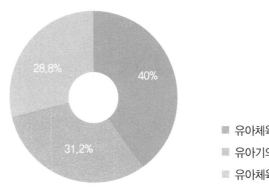

- 유아체육의 이해
- 유아기의 운동발달 프로그램의 구성
- 유아체육 프로그램 교수-학습법

2. 학습방법

모든 범위에서 골고루 출제되고 있어 전체적인 내용을 파악하는 것이 중요하다. 특히 '유아기의 운동발달'과 '운동 형태의 종류(이동운동, 안정성운동, 조작운동)' 부분을 잘 숙지하기 바란다.

노인 체육론

1. 출제비중 분석

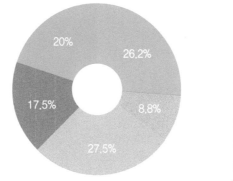

- 노화와 노화의 특성
- 노인의 운동 효과
- 노인운동 프로그램의 설계
- 질환별 프로그램 설계
- 지도자의 효과적인 지도

2. 학습방법

'노화의 특성'과 '질환별 프로그램 설계'에서 암기할 부분이 많지만, 적절한 난이도의 문제가 출제되고 있다. 많은 문제가 출제되는 영역에 더 집중해서 공부하기 바란다.

특수
체육론

1. 출제비중 분석

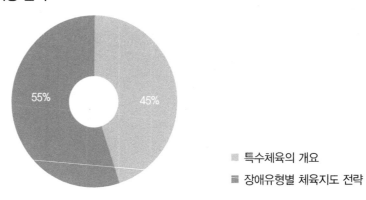

- 특수체육의 개요
- 장애유형별 체육지도 전략

2. 학습방법

'특수체육의 개요'를 총론이라고 한다면, '장애유형별 체육지도 전략'은 각론에 해당된다. 우선 특수체육론의 전체적인 개요를 파악해야 하고, 지체장애, 지적장애, 시각장애 등 각 장애유형별 체육지도 전략을 구분하여 공부할 필요가 있다.

출제분석 총평 및 합격전략

총평

전체적인 부분에서 자주 출제되는 부분이 거의 출제가 이루어지고 있다. 따라서 빈출부분을 잘 정리하는 게 최우선이다.

1. 출제분석을 통해 중요도를 살피고 기출문제를 보고 출제유형을 파악한다.

2. 출제유형의 내용들을 본문을 통해 숙지하고 최종 예상문제로 마무리하면 합격하는 데 큰 무리가 없을 것이다.

합격전략

1. 절대평가

본 시험은 일정 점수를 획득하면 합격하게 되는 절대평가 형식이다.

출제되는 내용이 자주 출제되므로 고득점 보다는 합격점수 획득에 중점을 둔 학습을 해야 한다. 따라서 기출 표시된 내용 위주로 정리하면서 그 외 부분을 가볍게 정리하는 학습이 필요하다.

2. 전략과목의 선택

40점 이상이면 면과락이고 60점 이상이면 합격이므로, 까다로운 과목은 면과락 위주로 정리하고, 고득점이 가능한 전략과목은 철저히 학습해서 고득점을 통해 평균점수를 높이도록 한다.

차례
CONTENTS

스포츠
지도사

2주 단기완성

[2급 필기]

기출 '문제-정답' 핵심 키워드

스포츠교육학

01 문제 해결 중심의 지도에 활용할 수 있는 체육수업 모형이나 방식 → 탐구수업모형

02 언제나 향유할 수 있는 참여 기회 제공, 어디서나 이용 가능한 시설 제공, 세대와 문화를 넘어 함께 참여하는 생활체육 → 스마일 100정책

03 학습자의 부적절한 행동을 감소시키는 전략의 명칭 → 보상손실

04 체육활동에서 지도자와 학생 간 교수·학습의 주도성을 결정하는 요인 → 내용 선정, 수업 운영, 과제 전개 등

05 소외계층체육 진흥 정책 → 행복 나눔 스포츠 교실, 스포츠강좌이용권 사업 등

06 2015 초·중등학교 교육과정 총론에 의하면, 중학교 '학교스포츠클럽 활동'은 정규교육과정의 (교과활동)에 편제되어 있지 않으며, (창의적 체험활동)의 동아리활동에 매학기 편성하도록 하고 있다.

07 학생들이 미리 계획된 학습 과제의 계열성에 따라 자신에게 맞는 속도로 배우는 교육모형 → 개별화지도모형

08 슬라빈(R.E. Slavin)의 협동학습모형 중 모든 팀원의 수행이 팀 점수 또는 평가에 포함되기 때문에 모든 학습자는 팀의 과제 수행을 위해 노력해야 하는 것 → 개인 책무성

09 체육 프로그램 참여자의 발달 단계에 적합한 내용과 프로그램에 대한 지식 → 교육과정 지식

10 실제 스포츠활동 상황에서 참여자가 알고 있는 것과 할 수 있는 것을 평가하는 방법 → 수행평가

11 스포츠교육모형의 6가지 요소 → 시즌, 기록 보존, 팀 소속, 공식경기, 결승전 행사, 축제화

12 탐구수업모형에서 학습 영역의 우선 순위 → 인지적 영역 – 심동적 영역 – 정의적 영역

13 체육활동 지도 초기에 참여자의 수준과 상태를 파악하고, 효과적인 교수·학습 전략을 수립하기 위해 실시하는 평가 → 진단평가

14 참여자는 체육지도자가 묻는 질문에 대답하면서 한 가지 개념적 아이디어를 찾아내는 교수법 → 유도발견형

15 참여자들이 스포츠에서 다양한 역할을 경험하여 '유능하고 박식하며 열정적인 스포츠인'으로 성장하는 데 목적을 두고 있는 체육수업 모형 → 전술게임모형

스포츠사회학

01 (놀이)은/는 활동 자체에서 즐거움을 찾고 활동 자체에 의미를 두며, (게임)은/는 스포츠의 기본단위로 규칙성과 경쟁성이 있는 놀이이고, (스포츠)은/는 규칙화, 제도화, 조직화, 경쟁의 측면에서 가장 높은 수준에 있다.

02 현대 스포츠 발전에 영향을 준 요인 3가지 → 산업의 고도화, 교통의 발달, 통신의 발달

03 스포츠의 사회적 순기능 3가지 → 사회 정서적 기능, 사회화 기능, 사회 통합 및 통제 기능

04 스포츠의 사회적 역기능 4가지 → 사회통제 기능, 신체 소외, 성차별, 상업주의

05 스포츠사회학의 주요 이론 4가지 → 구조기능론, 갈등이론, 비판이론, 상징적 상호작용론

06 스포츠와 정치의 결합 3가지
→ 상징(나라를 대표), 동일화(대표팀을 자신과 일치), 조작(상징과 동일화의 극대화를 위해 인위적으로 개입)

07 국제정치에서 스포츠의 이용 6가지 → 외교적 도구, 이데올로기 및 체제 선전의 수단, 국위 선양, 국제 이해 및 평화 증진, 외교적 항의, 갈등 및 전쟁의 촉매

08 스포츠의 발전에 영향을 미친 사회적 요인 3가지 → 산업화, 도시화, 교통 및 통신의 발달

09 상업주의로 인한 스포츠의 변화 4가지
→ 스포츠목적의 변화, 스포츠규칙의 변화, 선수·코치의 경기 성향 변화, 스포츠 조직의 변화

10 스포츠가 미디어에 미치는 영향 3가지 → 매체의 스포츠 의존도 증가, 스포츠 보도 위상 향상, 방송기술의 발달

11 미디어가 스포츠에 미치는 영향 3가지 → 스포츠의 상품화, 스포츠 기술 향상, 스포츠 규칙 변경

12 스포츠의 교육적 순기능 3가지 → 전인교육, 사회통합, 사회선도

13 스포츠의 교육적 역기능 3가지 → 교육 목표의 결핍, 부정행위의 조장, 편협한 인간 육성

14 스포츠 사회화의 과정 → 스포츠로의 사회화 ⇨ 스포츠 참가(스포츠로의 사회화) ⇨ 스포츠 참가의 결과(스포츠를 통한 사회화) ⇨ 스포츠 참가의 중단(스포츠로부터의 탈사회화) ⇨ 스포츠로의 복귀(스포츠로의 재사회화)

15 스포츠 일탈의 사회학적 이론에 대한 3가지 관점 → 구조기능주의 관점, 갈등론적 관점, 상호작용론적 관점

3

스포츠심리학

01 (건강운동심리학)은 지속적인 운동 참여와 그것을 통해 얻을 수 있는 개인의 정신건강에 관한 연구 분야, (운동발달)은 운동행동이 연령에 따라 계열적이고 연속적으로 변해가는 과정에 관한 연구 분야이다.

02 경쟁 불안이 일어나는 원인 → 실패에 대한 두려움, 승리에 대한 압박

03 시합에 대한 불안은 어떻게 해석하느냐에 따라 달라지므로 긍정적이고 희망적으로 해석해야 한다는 불안이론
→ 심리에너지이론

04 운동선수가 특정 움직임을 상상할 때, 뇌에서는 실제 움직임이 일어날 때와 유사한 반응이 발생하는 것과 관련된 이론 → 심리신경근이론

05 줄다리기를 할 때 자신의 힘을 쓰지 않고 친구들의 노력에 편승해서 이기려는 사회적 태만 현상의 동기 손실 원인 → 무임승차 전략

06 운동의 심리적 효과 → 우울증 감소, 자긍심 향상, 스트레스 해소 등

07 사회적 지지 유형 중 다른 사람을 격려하고 걱정하는 과정에서 생기는 지지 → 정서적 지지

08 '사격선수인 효운이는 시합에서 오로지 표적을 바라보며 조준하고 있다.'와 같은 상황에 해당하는 니드퍼(R. M. Nideffer)의 주의유형 → 좁은-외적

09 아젠(I. Ajzen)과 피시바인(M. Fishbein)의 합리적 행동이론의 주요 변인
→ 행동에 대한 태도, 주관적 규범, 의도

10 매슬로우(A.H. Maslow)가 제안한 욕구위계이론에서 다른 욕구가 충족되었을 때 마지막에 나타나는 최상위 욕구 → 자아실현 욕구

11 스포츠심리학의 하위 영역 중 인간의 움직임 생성과 조절에 대한 신경심리적 과정과 생물학적 기전을 밝히는 학문 영역 → 운동제어

12 운동기술의 요소와 처리 과정이 유사하여 과거의 학습이 새로운 학습에 도움이 되는 것을 (정적전이)(이)라고 한다.

13 연습시간이 휴식시간보다 상대적으로 긴 연습 방법 → 분산연습

14 번스타인(N. Bernstein)의 운동학습 단계 → 자유도의 고정 단계 - 자유도의 풀림 단계 - 반작용의 활용 단계

15 외적보상을 받으려는 욕구가 활동의 원동력이며, 외적보상을 얻기 위해 스포츠활동에 참여하는 자결성 이론의 규제 유형 → 외적규제

01 스포츠윤리학의 이론적 토대가 되는 개념 → 도덕 - 윤리 - 선

02 스포츠 상황에서 아레테가 갖는 의미 → 선수의 덕성, 지도자의 탁월성, 선수의 최적의 기능 수준

03 스포츠윤리학의 주요 관심사인 가치판단의 형태 → 도덕적인 것, 미적인 것, 사리분별에 관한 것

04 공정 시합에 관한 견해 중 비형식주의 → 공정의 개념을 규칙의 준수보다 더 포괄적으로 적용 제안

05 (개인윤리)는 심판 개인의 공정성, 청렴성 등의 인격적 도덕성을 의미하며, (사회윤리)는 협회나 기구의 도덕성과 밀접한 연관을 가진다.

06 스포츠맨십, 페어플레이와 같은 윤리적 품성의 실천과 습관화를 강조하는 교육 → 덕교육

07 축구 경기 중 상대 선수가 부상으로 쓰러졌을 경우, 공을 밖으로 걷어내고 부상자를 돌보는 행위는 (스포츠에토스)를 준수한 것이다.

08 고통을 느낄 수 있는 존재는 모두 도덕적 고려의 대상이 되어야 한다고 주장함으로써, 동물 학대 가능성이 있는 스포츠 종목의 폐지 당위성을 제시 → 싱어(P. Singer)

09 카이요와(R. Caillois)가 구분한 놀이의 요소 중 경쟁성을 기반으로 하는 스포츠와 관련 있는 것
   → 아곤(Agôn)

10 '다이빙이나 리듬체조 등은 기술의 난이도에 따라 차등적으로 점수를 받는데, 이는 모든 참가자가 동의할 수 있는 절차가 필요하다'에 해당하는 정의 → 분배의 정의

11 스포츠의 가장 포괄적인 도덕규범으로 볼 수 있는 것 → 스포츠맨십

12 스포츠경기에서 오심이나 편파 판정을 최소화하여 공정성을 향상시켜 주는 공학기술 → 감시를 위한 기술

13 마라톤 경기 중 넘어진 경쟁자를 부축해주는 선수의 마음 → 측은지심

14 스포츠활동 과정에서 다른 생명체를 해치는 행위는 테일러(P. Taylor)가 제시한 인간의 4가지 의무 중 어떤 조항에 위배되는가 → 불침해의 의무

15 남성은 여성보다 선천적으로 우월한 신체 능력을 갖고 있기 때문에 스포츠에서 남녀차별은 불가피하다는 이론적 입장 → 생물학적 환원주의

운동생리학

01 일을 할 수 있는 능력을 (에너지)라고 하며, 신체는 탄수화물, 지방, 단백질을 섭취함으로써 생명유지를 위한 기본적인 대사작용과 신체활동 및 운동 중에 필요한 (에너지)를 공급받는다.

02 인체 세포가 직접적으로 사용하는 고에너지 인산화물을 [아데노신 삼인산(ATP)](이)라고 하며, 세포의 생명 활동과 근수축에 직접적으로 이용되는 에너지원이다.

03 인체 내에서 에너지를 공급하는 시스템 3가지
　　→ 인원질시스템(ATP-PC 시스템), 해당과정, 유산소 시스템(산화적 인산화)

04 운동강도가 점진적으로 계속 증가하는 운동 동안 혈중 젖산농도가 급격하게 증가하는 시점을 (젖산역치) 라고 한다.

05 무산소성 해당과정에서 글루코스의 분해 후 피로물질인 젖산염이 생성되고, 근육에 H^+이온이 축적되어 근육 섬유 내 칼슘 결합을 감소시켜 액틴-미오신 교차 결합을 방해하여 수축력이 감소된다.
　　→ 근육의 수축력이 저하되는 이유

06 신경계의 기능적 단위는 뉴런(신경세포)으로 (세포체, 수상돌기, 축삭)(으)로 구분된다.

07 신체의 위치 정보를 중추신경계에 전달하는 감각수용기를 (고유수용기)(이)라고 한다.

08 (운동단위)은/는 하나의 운동신경과 그 신경에 의해 지배되는 근육섬유들로 정의된다.

09 근육의 수축 형태 구분 3가지 → 등척성 수축, 등속성 수축, 등장성 수축(단축성, 신장성)

10 단시간의 고강도 운동에서 에너지를 공급받는 과정
　　→ ATP-PC 시스템 및 탄수화물을 주 에너지원으로 이용하여 ATP를 생성하는 무산소성 대사과정

11 장시간 운동에서 주 에너지원을 공급받는 과정 → 지방을 이용하여 ATP를 생성하는 유산소성 대사과정

12 무산소성 해당과정에서 포도당이 분해되어 초성포도산염이 생성되고, 산소가 충분한 상태에서는 젖산으로 전환되지 않고 (아세틸-CoA)(으)로 바뀌어 미토콘드리아 안으로 들어가 (크렙스 사이클)에서 ATP를 합성 한다.

13 (지근섬유)는 ATP를 유산소 대사에 의존하여 생산하며, 많은 수의 미토콘드리아를 갖고 있고, 유산소 운동 에 적합하다. (속근섬유)는 무산소성 해당과정에 주로 의존하고, 강력한 근수축 운동 시 동원된다.

14 근력 훈련에 의한 골격근의 적응 3가지 → 저항성 운동 ⇨ 근섬유 발달 ⇨ 근비대 ⇨ 근력 증가, 근단면적의 증가로 인한 근력 증가, 근육 및 인대와 건의 탄성 향상

15 췌장에서 분비되는 호르몬 3가지
　　→ 인슐린(혈액의 글루코스 감소), 글루카곤(혈액의 글루코스 증가), 소마토스타틴(인슐린과 글루카곤 분비 억제)

운동역학

01 해부학적 자세에서 방향 용어의 표현으로 적절한 것 → 머리는 가슴의 상측(위쪽: superior)에 위치

02 직립 자세에서 안정성을 높이기 위해서는 기저면을 (넓히고), 무게중심을 (낮추고), 수직 무게중심선을 기저면의 (안)에 위치시키는 동작이 효과적이다.

03 영상분석 장비로 산출할 수 있는 것 → 가속도

04 운동역학 → 스포츠상황에서 인체 힘의 원인과 결과를 다루는 학문

05 물체는 외부로부터 외력이 가해지지 않는 한 정지 또는 운동 상태를 계속 유지한다는 뉴턴의 운동법칙 → 관성의 법칙

06 일률 → 단위시간당 수행한 일의 양

07 운동역학의 변인 → 토크, 족압력, 양력, 파워, 마찰력 등

08 농구선수가 20N의 힘으로 농구공을 수직으로 2m 들어 올렸을 때 역학적 일의 크기 → 40N·m(J)

09 충격량은 질량과 속도의 곱인 (운동량)의 변화량이며, 가해진 (충격력)과(와) 접촉시간의 곱이다.

10 원반던지기의 투사거리에 중요한 영향을 미치는 3가지 요소 → 투사각도, 투사속도, 투사높이

11 목뼈(경추) 1번 관절에서 위쪽등세모근(상부승모근)의 근력과 머리 하중이 형성하는 지레 → 1종 지레

12 팔꿉관절(주관절)을 축으로 시행하는 암컬(arm-curl)동작은 어떻게 이루어지는가 → 굽힘과 폄(굴곡과 신전)

13 힘의 3가지 요소 → 힘의 작용점, 힘의 방향, 힘의 크기

14 인체의 측면을 통과하여 인체를 전후로 나누는 해부학적 운동면 → 좌우면(관상면)

15 토크(torque)를 결정하는 2가지 요소 → 작용하는 힘, 모멘트 암

한국체육사

01 체육사 연구를 위한 사료 3가지 → 물적사료, 문헌사료, 구술사료

02 체육사 연구의 시대적 구분 세 부분 → 선사 및 고대의 체육, 중세의 체육, 개항 이후의 체육

03 초기 왕권 국가의 제천행사는 고구려-(동맹제), 부여-(영고), 동예-(무천)이다.

04 신라 화랑도는 (원광)의 세속오계(사군이충, 사친이효, 교우이신, 임전무퇴, 살생유택)를 바탕으로 문무를 겸비한 인재 양성을 위하여 정신교육을 실시하였다.

05 삼국 시대에 성행했던 민속 놀이 → 수렵, 축국(축구), 쌍륙(주사위), 투호(항아리 화살 넣기), 석전(돌팔매질), 각저(씨름), 수박(격투기), 죽마(대나무말 타기), 저포(윷놀이), 방응(매사냥), 풍연(연날리기), 추천(그네뛰기), 위기(바둑, 장기), 마상(말 위에서 재주부리기)

06 고려 시대의 무예 체육 4가지 → 수박, 궁술, 마술(마상재, 말 위에서 기예), 격구(말 타며 공놀이)

07 고려 시대 귀족들의 민속놀이는 (격구, 방응, 투호)이고, 서민들의 민속놀이는 (각저, 추천, 석전, 풍연, 축국, 도판희(널뛰기), 쌍륙, 궁사)이다.

08 조선 시대의 무학 교육원 2가지
→ 훈련원(무인양성 교육 기관 : 무예 연습과 병서 강습), 사정(무과 준비를 하고 훈련하는 교육 기관)

09 정조 때 편찬된 무예교범서, 24가지의 각각 다른 무예의 근접전투기술 수록, 활이나 총포에 대한 내용은 없다. → 무예도보통지

10 명나라 '활인심'을 기본으로 저술한 의료서적, 질병의 치료보다는 예방을 위한 보건적 체조의 개념이다. → 이황의 『활인심방』

11 개화기 때의 (운동회)은/는 단순한 놀이가 아닌 국기의식과 애국심을 고취시키는 기회였다.

12 개화기 이후 체육 단체 → 대한체육구락부, 황성기독교 청년회 운동부, 대한국민체육회, 대동체육구락부, 대한흥학회 운동부, 체조연구회, 사궁회, 청강구락부, 성계구락부

13 (농구)는 1907년 [황성기독교청년회(서울YMCA)]의 미국인 선교사 [질레트(Gillett)]가 회원들에게 소개하면서 전해졌다.

14 (조선체육회)(1920)는 민족주의 사상을 기반으로 조선의 체육을 지도 장려하는 것을 목적으로 설립되었고, 일본인에 의해 설립된 (조선체육협회)(1919)에 대응하는 역할이었다.

15 1936년 베를린 올림픽 경기 대회에서 손기정 선수가 마라톤 종목 금메달을 획득한 시상식 사진에서 일장기가 지워진 사진이 신문에 나가게 되었다. → 일장기 말살 사건

유아체육론

01 국민체육진흥법 시행령에서 제시하는 유소년의 정의 → 만 3세부터 중학교 취학 전까지의 어린이

02 안정운동에서 축 이용 기술 → 굽히기(bending), 늘리기(stretching), 비틀기(twisting)

03 아동이 주변 친구들의 운동기술을 관찰하여 자신의 운동기술을 개발하는 경우에 해당하는 발달 이론
→ 반두라(A. Bandura)의 사회학습이론

04 갤라휴(D. L. Gallahue)가 제시한 조작운동기술 중 추진 운동 → 공 던지기, 공 치기, 공 차기, 공 튀기기 등

05 체육수업 중 유아의 실제 과제참여 시간을 증가시키는 방법 → 장비와 기구를 충분히 제공

06 발육 발달과 운동기술 발달의 수준을 동시에 고려하고, 쉬운 과제에서 어려운 과제의 순서로 구성하는 유아
체육 프로그램 개발의 기본 원리 → 연계성 원리

07 유아기 이동기술(locomotion) 중 복합기술인 것 → 갤로핑(galloping)

08 유아 운동발달 프로그램 구성의 기본 원리 → 적합성의 원리, 방향성의 원리, 연계성의 원리

09 흡수조작 운동기술에 해당하는 것 → 볼 멈추기

10 음악에 맞추어 동작을 학습하고, 다양한 속도로 날아오는 공을 받는 등의 지각 운동 → 시간지각 운동

11 피아제(J. Piaget)의 인지발달 단계 → 감각운동기, 전조작기, 구체적 조작기, 형식적 조작기

12 유아기의 정서로만 묶인 것 → 분노 – 애정 – 기쁨

13 지각운동발달 프로그램 구성 요소 → 신체지각, 공간지각, 시간지각, 무게지각, 관계지각 등

14 유아의 지적 능력과 더불어 운동능력 발달에 영향을 미치는 2가지 요소 → 성숙과 경험

15 유아를 위한 교재·교구의 선정 원칙 → 안전성, 적합성, 확장성 등

노인체육론

01 가장 보편적인 지표로 출생 이후 살아온 시간의 길이를 의미하는 연령지표 → 연대기적 연령

02 노인의 하체 근육을 강화시키기 위해서 걷기와 계단 오르기를 실시하는 트레이닝 원리 → 특수성의 원리

03 주로 근육의 강직, 떨림, 동작의 느려짐 등 운동 장애를 보이는 진행형 신경퇴행성 만성질환
   → 파킨슨병

04 노인이 자신의 주관적인 느낌을 통해 운동 강도를 설정할 수 있는 방법 → 운동자각도

05 도입-전개-정리 단계로 진행되는 노인체육수업에서 전개 단계의 지도 전략으로 가장 적절한 것
   → 긍정적인 피드백 제공

06 노인에게 근골격계 손상 위험이 낮은 스트레칭으로 가장 적절한 것 → 정적 스트레칭

07 공통된 특성을 가진 노인들이 집단을 형성하고 빈번한 상호작용을 통해 그들 특유의 행동양식을 만든다는
   것과 관련된 사회학적 이론 → 하위문화이론

08 노화로 인한 일반적인 생리적 변화 → 체지방의 비율 증가, 근육량과 근력 감소, 최대산소섭취량 감소 등

09 '2분 제자리 걷기'로 측정할 수 있는 노인 체력 요인 → 심폐지구력

10 노인체력검사에서 '보행 및 동적평형성'을 동시에 측정하는 검사 방법
   → 의자에 앉아 있다 3m 앞 표적 돌아와서 다시 앉기

11 노인의 운동 참여에 대한 사회적 효과 → 원만한 인간관계 유지, 집단운동을 통해 새로운 우정과 교류 촉진

12 노인의 낙상 방지를 위한 자세 안정성 확보 방법으로 옳은 것 → 기저면을 넓게 하고, 무게중심을 낮춤.

13 노화와 관련된 생물학적 이론 → 유전적 이론, 손상 이론, 점진적 불균형 이론, 연속성 이론 등

14 스피르두소(W. Spirduso)가 분류한 노인의 5가지 기능상태 범주
   → 신체적 우수(엘리트), 신체적 적정, 신체적 독립, 신체적 허약, 신체적 의존

15 노인체력검사의 항목 → 등 뒤로 손 닿기, 2분 제자리 걷기, 30초 아령 들기 등

특수체육론

01 신체활동을 하는 동안의 신체적 손상, 활동한계, 참여제한에 관한 실제적이고 이론적인 다학문적 지식
→ 특수체육(adapted physical education)의 정의

02 모든 정신지체 장애인들이 사회 생활방식과 일반 상황에서 가능한한 일상생활 조건과 삶의 형태를 누릴 수 있도록 하는 것 → 정상화

03 장애아동을 비장애 또래, 가정, 지역사회로부터 가능한 최소한으로 분리시켜야 한다는 의미로, 개별적 교육이 필요하지만 필요이상으로 개인의 자유를 침해하지 않는 것 → 제한환경의 최소화(LRE)

04 일반학교에서 장애유형, 장애 정도에 따라 차별을 받지 아니하고 또래와 함께 개개인의 교육적 요구에 적합한 교육을 받는 것(장애인 등에 대한 특수교육법 제2조 제6항) → 통합교육

05 개인의 수행을 사전에 결정된 준거 또는 특정 행동에 대한 수행기준과 비교 → 준거지향적 검사(과정중심)

06 10~17세의 장애아동과 일반아동에게 적합한 건강관련 및 준거지향적 체력검사 → 브락포트 체력검사(BPFT)

07 개별화 교육프로그램은 장애학생 개개인의 요구들을 충족하기 위해 작성된 교육계획안
→ IEP(Individualized Education Program)

08 일반스포츠에 활동에 참여하는 가운데 장애정도에 적합한 활동으로 변형. 환경변형, 용·기구 변형, 규칙변형, 지도변형 포함 → 활동변형

09 바람직한 행동을 한 후 아동이 좋아하는 보상을 제공하여 바람직한 행동의 발생률을 향상시키는 과정
→ 정적강화

10 출생 후 처음 움직임이고, 불수적이고 대뇌 피질하에서 조절되는 움직임 → 반사운동

11 기본운동 단계 → 초기단계, 기초단계, 성숙단계

12 정서 및 행동장애의 특성
→ 품행장애, 사회화된 공격, 주의력 문제 – 미성숙, 불안 – 회피, 정신병적 행동, 운동 과잉

13 교정시력으로 일반인이 61m(200피트)거리에서 볼 수 있는 사물을 6.1m 거리에서 볼 수 있는 시력 20/200 이하, 또는 시야 20도 이하 → 법정 맹

14 온 몸의 한 부위나 장기가 물리적으로 없는 상태임에도 있는 것처럼 느끼는 감각 → 환상통(헛통증)

15 팔과 다리의 한쪽에서 나타나는 마비 → 편마비

스포츠지도사

단기완성 2급 필기

단기완성

스포츠
지도사

기출문제

2022년
2021년
2020년

스포츠지도사 2급 필기시험
(문제유형: A)

과목		
선택 (4과목 or 5과목)	스포츠사회학	스포츠교육학
	스포츠심리학	스포츠윤리
	운동생리학	운동역학
	한국체육사	
필수	특수체육론	유아체육론
	노인체육론	

2022. 5. 7(토)

2021. 5. 15(토)

2020. 7. 4(토)

국민체육진흥공단

스포츠사회학 (11)

01 〈보기〉에서 스포츠의 사회적 기능을 설명한 파슨즈 (T. Parsons) AGIL 모형의 구성요소는?

┤ 보기 ├
- 스포츠는 사회구성원에게 현실에 적합한 사고, 감정, 행동양식 등을 학습할 수 있는 장을 마련해준다.
- 스포츠는 개인의 체력 및 건강증진을 도모하여 효율적으로 사회활동에 참여할 수 있게 한다.

① 적응   ② 목표성취
③ 사회통합   ④ 체제유지 및 관리

해설 파슨즈(T. Parsons)의 조직에 대한 유형분류로서 조직을 사회적 기능에 따라 적응기능(Adaptation), 목표달성 기능(Goal attainment) 통합기능(Integration), 유형유지 기능(Latent pattern maintenance) 등으로 분류하고 머리 글자를 따서 AGIL 모형이라 하였다.

02 에티즌(D. Eitzen)과 세이지(G. Sage)가 제시한 스포츠의 정치적 속성이 <u>아닌</u> 것은?

① 보수성   ② 대표성
③ 권력투쟁   ④ 상호배타성

해설 에티즌과 세이지가 제시한 스포츠의 정치적 속성은 대표성(전형적으로 특정 사회 조직을 대표하며 그 조직에 강한 충성심을 가짐), 보수성(보수적이기 때문에 현재의 질서를 지지하고 유지하는데 기여), 권력투쟁(정치와 상호작용 관계를 형성하고 정부의 개입으로 더욱 명백하게 나타남), 스포츠와 정치의 밀접한 관계는 본질적으로 조직의 과정 그 자체에 있다.

03 〈보기〉에서 설명하는 사회학습이론의 구성요소는?

┤ 보기 ├
상과 벌은 행동의 학습과 수행에 긍정적·부정적 영향을 미친다. 스포츠 현장에서 스포츠에 내재된 가치, 태도, 규범에 그릇된 행위는 벌을 통해 중단되거나 회피된다.

① 강화   ② 코칭
③ 관찰학습   ④ 역할학습

해설 ① 강화는 상과 벌이 사회적 역할의 습득과 수행에 영향을 준다는 관점의 반영을 의미
② 코칭은 사회화를 경험한 사람이 사회화의 주관자에 의해 가르침을 받는 학습을 의미
③ 관찰학습은 개인이 과제를 학습하고 수행하는 행위는 다른 사람의 행동을 관찰한 결과와 유사하게 나타난다는 관점
④ 역할학습은 개인이 상황을 스스로 배우고 상호작용을 통해 자신의 역할을 수행하려고 시도함으로써 사회화과정이 진행된다는 관점

정답
01 ①   02 ④   03 ①

04 〈보기〉에 해당하는 스포츠사회화 과정이 바르게 연결된 것은?

> ┤ 보기 ├
> • (㉠) : 손목수술 후유증으로 인해 골프선수를 그만두게 되었다.
> • (㉡) : 골프의 매력에 빠져 골프선수가 되어 사회성, 체력, 준법정신이 함양되었다.
> • (㉢) : 아빠와 함께 골프연습장에 자주 가면서 골프를 배우게 되었다.
> • (㉣) : 골프선수 은퇴 후 골프아카데미 원장으로 부임하면서 골프꿈나무를 양성하게 되었다.

① ㉠ 스포츠로의 재사회화
　㉡ 스포츠를 통한 사회화
　㉢ 스포츠로의 사회화
　㉣ 스포츠 탈사회화
② ㉠ 스포츠로의 재사회화
　㉡ 스포츠로의 사회화
　㉢ 스포츠를 통한 사회화
　㉣ 스포츠 탈사회화
③ ㉠ 스포츠 탈사회화
　㉡ 스포츠를 통한 사회화
　㉢ 스포츠로의 사회화
　㉣ 스포츠로의 재사회화
④ ㉠ 스포츠 탈사회화
　㉡ 스포츠로의 사회화
　㉢ 스포츠를 통한 사회화
　㉣ 스포츠로의 재사회화

해설 • 스포츠로의 사회화 : 스포츠 활동에 참가하는 그 자체를 의미
　• 스포츠를 통한 사회화 : 스포츠 활동을 통해 사회의 가치, 태도, 행동양식을 습득하는 과정
　• 스포츠 탈사회화 : 연령이나 부상 등으로 스포츠 참여의 중지
　• 스포츠로의 재사회화 : 스포츠와 관련된 유사 역할을 담당하여 재사회화의 과정

05 학원엘리트스포츠를 지지하는 입장이 <u>아닌</u> 것은?

① 애교심을 강화시킬 수 있다.
② 학교의 자원 및 교육시설을 독점할 수 있다.
③ 지위 창출의 수단, 사회이동의 기제로 작용할 수 있다.
④ 사회에서 요구되는 책임감, 성취감, 적응력 등을 배양시킬 수 있다.

해설 스포츠 육성 시스템의 문제점이며, 학생들의 운동에 대한 재미와 관심을 수용하지 못한다.

06 〈보기〉의 내용과 관련이 깊은 사회학 이론은?

> ┤ 보기 ├
> • 미시적 관점의 이론이다.
> • 인간은 사회제도나 규칙에 대해 능동적으로 사고하고 의미를 부여하며 행동한다.
> • 스포츠 팀의 주장은 리더십이 필요하기 때문에 점차 그 역할에 맞는 리더십을 발휘한다.

① 갈등이론
② 교환이론
③ 상징적 상호작용론
④ 기능주의이론

해설 상징적 상호작용론은 전체를 구성하는 현상들이 구조만큼이나 개인들의 상호작용 행위에 의해서 형성된다는 이론이다. 개인행동이 사회의 영향을 받는 것과 함께 사회를 구성하고 변화시켜 나가는 역할을 한다고 주장한다.

07 정치의 스포츠 이용 방법에 관한 설명 중 옳은 것은?

① 태권도를 보면 대한민국 국기(國技)라는 동일화가 일어난다.

② 정부의 3S(sports, screen, sex) 정책은 스포츠를 이용하는 상징의 대표적인 방법이다.

③ 스포츠 이벤트에서 국가 연주, 선수 복장, 국기에 대한 의례 등은 상징의식에 해당한다.

④ 올림픽에서 금메달 수상 장면을 보면서 내가 획득한 것처럼 눈물을 흘리는 것은 상징화에 해당한다.

해설 국가 간의 경기 시 대표팀은 나라를 대표하며 국가대표를 국가로 인식하는 것이 스포츠 상징의 대표적 예이다.

08 〈보기〉에서 설명하는 투민(M. Tumin)의 스포츠계층 형성 과정은?

┤ 보기 ├
• 스포츠 종목에서 요구되는 우수한 운동수행능력을 갖추어야 한다.
• 뛰어난 경기력뿐만 아니라 탁월한 개인적 특성을 갖추어야 한다.
• 스포츠 팀 구성원으로 자신의 능력이 팀 승리에 미치는 영향력이 커야 한다.

① 평가   ② 지위의 분화

③ 보수부여   ④ 지위의 서열화

해설 ㉠ 지위의 분화 : 각자 맡은 책임과 권한이 명확히 구분되고 각 구성원이 담당하는 지위가 다양함.
㉡ 서열화 : 지위가 분화되면 그 지위에 대한 비교가 가능하고, 역할 비교를 통해 지위의 서열이 형성됨.
㉢ 평가 : 개인의 가치(유용성)에 따라 각기 다른 위치에 지위를 적절히 배열하는 일
㉣ 보수부여 : 서열화된 지위에 대해 사회적 희소가치가 차별적으로 분배되는 것을 의미

09 〈보기〉의 내용과 관련 있는 용어는?

┤ 보기 ├
• 로버트슨(R. Roberston)이 제시한 용어이다.
• LA 다저스팀이 박찬호 선수를 영입하여 좋은 경기력을 펼치면서 메이저리그 경기가 한국에서 인기가 높아졌다.
• 맨체스터 유나이티드팀이 박지성 선수를 영입하면서 프리미어리그 경기가 한국에서 인기가 높아졌다.

① 세방화(Glocalization)

② 스포츠화(Sportization)

③ 미국화(Americanization)

④ 세계표준화(Global Standardization)

해설 세방화(世方化)는 세계화(世界化)를 의미하는 글로벌라이제이션(globalization)과 지방화(地方化)를 의미하는 로컬라이제이션(localization)의 합성어로서, 영국의 사회학자 롤랜드 로버트슨(Roland Robertson)이 제안한 신조어이다. 예로 미키마우스가 일본으로 진출하며 입을 작게 줄였다. 일본인들이 입 작은 캐릭터를 선호하기 때문이다. 한국선수를 영입하면서 그 소속 리그가 한국에서 인기를 끄는 것과 같다.

10 국제사회에서 발생한 스포츠 사건에 관한 설명으로 옳은 것은?

① 남아프리카 공화국은 아파르트헤이트(apartheid)로 인해 국제대회 참여가 거부되었다.

② 구소련의 아프가니스탄 침공을 이유로 1984년 LA올림픽경기대회에 많은 자유 진영 국가가 불참하였다.

③ 2018년 평창동계올림픽경기대회에서 메달 획득을 위해 여자 아이스하키 남북 단일팀이 결성되었다.

④ 1936년 베를린올림픽경기대회에서 검은구월단 무장단체가 선수촌에 침입하여 이스라엘 선수를 살해하였다.

해설 ② 구소련의 아프가니스탄 침공을 이유로 1980년 모스크바올림픽경기대회에 많은 자유 진영 국가가 불참하였다.
③ 2018년 평창동계올림픽경기대회에서 한반도 평화적 목적 및 정치적 필요성을 위해 여자 아이스하키 남북 단일팀이 결성되었다.
④ 1972년 뮌헨올림픽경기대회에서 검은구월단 무장단체가 선수촌에 침입하여 이스라엘 선수를 살해하였다.

11 〈보기〉의 설명은 머튼(R. Merton)의 아노미(anomie) 이론에 대한 것이다. ⊙~ⓒ에 해당하는 적응유형이 바르게 연결된 것은?

┤ 보기 ├
• 도피주의 – 스포츠에 내재된 비인간성, 승리지상주의, 상업주의, 학업 결손 등에 염증을 느껴 스포츠 참가 포기
• (⊙) – 승패에 집착하지 않고 참가에 의의를 두는 것, 결과보다는 경기 내용 중시
• (ⓒ) – 불법 스카우트, 금지 약물 복용, 경기장 폭력, 승부조작 등
• (ⓒ) – 전략적 시간 끌기 작전, 경기규칙이 허용하는 범위 내에서의 파울 행위 등

	⊙	ⓒ	ⓒ
①	혁신주의	동조주의	의례주의
②	의례주의	혁신주의	동조주의
③	의례주의	동조주의	혁신주의
④	혁신주의	의례주의	동조주의

해설 • 동조 : 목표를 긍정하면서 수단 또한 인정하는 행위
• 혁신 : 스포츠 일탈 중 가장 문제되는 형태로써 승리라는 궁극적 목표는 수용하지만 수단은 거부하는 행위
• 의례주의 : 스포츠에서 승인된 목표는 반하지만 수단은 수용하는 행동 형태

12 〈보기〉의 내용을 기든스(A. Giddens)의 사회계층 이동 준거와 유형으로 바르게 묶은 것은?

┤ 보기 ├
• K는 가난한 가정에서 태어나 끊임없는 훈련을 통해 축구 월드스타가 되었다.
• 월드스타가 되고 난 후, 축구장학재단을 만들어 개발도상국에 축구학교를 설립하여 후진양성에 큰 역할을 하고 있다.

	이동 주체	이동 방향	시간적 거리
①	개인	수직이동	세대내이동
②	개인	수평이동	세대간이동
③	집단	수직이동	세대간이동
④	집단	수평이동	세대내이동

해설 ⊙ 세대 내 이동 : 한 사람이 자신의 생애 동안 얼마나 상승 또는 하강이동했는지를 나타내는 것으로 경력이동이라고도 부른다.
ⓒ 세대 간 이동 : 여러 세대에 걸쳐 얼마나 상승 또는 하강이동했는지를 나타낸다.

13 〈보기〉에서 설명하는 스포츠 미디어 이론은?

┤ 보기 ├

대중들은 능동적 수용자로서 특수한 심리적 욕구를 만족시키기 위해 매스미디어를 적극 이용한다. 이에 미디어 수용자는 인지적, 정의적, 도피적, 통합적 욕구를 충족시키기 위해 스포츠를 주제로 다루는 매스미디어를 이용한다.

① 사회범주이론　　② 개인차이론
③ 사회관계이론　　④ 문화규범이론

해설　① 사회범주이론 : 대중매체를 통해 사회계층과 계급이 존재한다는 사실을 안다.
② 개인차이론 : 대중매체가 개인이 선호하는 정보를 제공하여 욕구를 충족시킨다.
③ 사회관계이론 : 대중매체는 스포츠를 소비하는 사람들의 유형은 타인이 기대하는 가치와 행동에 따라 영향을 받는다.
④ 문화규범이론 : 대중매체는 현재의 사상 또는 가치를 선택할 수 있으며 강조할 수 있다.

14 〈보기〉에서 코클리(J. Coakley)가 제시한 상업주의와 관련된 스포츠 규칙 변화의 충족 조건으로 옳은 것만을 모두 고른 것은?

┤ 보기 ├

㉠ 경기의 속도감 향상
㉡ 관중의 흥미 극대화
㉢ 득점 방법의 단일화
㉣ 상업적인 광고 시간 할애

① ㉠, ㉡　　　　② ㉢, ㉣
③ ㉠, ㉡, ㉢　　④ ㉠, ㉡, ㉣

해설　㉢ 득점 방법의 단일화를 하지 않고, 득점체계를 다양하게 하였다.

15 〈보기〉에서 설명하는 프로스포츠의 제도는?

┤ 보기 ├

• 프로스포츠리그의 신인선수 선발 방식 중 하나이다.
• 신인선수 쟁탈에 따른 폐단을 막기 위해 도입되었다.
• 계약금 인상 경쟁을 막기 위한 방법으로 고안되었다.

① FA(free agent)
② 샐러리 캡(salary cap)
③ 드래프트(draft)
④ 최저연봉(minimum salary)

해설　신인선수 선발 방식은 드래프트이다.

16 〈보기〉에서 대중매체가 스포츠에 미치는 영향에 해당되는 것만을 모두 고른 것은?

┤ 보기 ├

㉠ 대중매체의 기술이 발전한다.
㉡ 스포츠 인구가 증가한다.
㉢ 새로운 스포츠 종목이 창출된다.
㉣ 미디어 콘텐츠를 제공한다.
㉤ 경기규칙과 경기일정이 변경된다.
㉥ 스포츠 용구가 변화한다.

① ㉠, ㉡, ㉢
② ㉠, ㉢, ㉣
③ ㉡, ㉢, ㉣, ㉤
④ ㉡, ㉢, ㉤, ㉥

해설　㉠과 ㉣은 스포츠가 대중매체에 미치는 영향이다.

17 스포츠의 교육적 순기능 중 사회선도 기능이 <u>아닌</u> 것은?

① 여권신장

② 학교 내 통합

③ 평생체육과의 연계

④ 장애인의 삶의 질 향상

해설 학교 내 통합은 사회통합 기능이다.

18 다음 ㉠~㉣에서 코클리(J. Coakley)가 제시한 일탈적 과잉동조를 유발하는 스포츠 윤리규범의 유형과 특징으로 옳은 것만을 모두 고른 것은?

	유형	특징
㉠	구분짓기규범	다른 선수와 구별되기 위해 탁월성을 추구해야 한다.
㉡	인내규범	위험을 받아들이고 고통 속에서도 경기에 참여해야 한다.
㉢	몰입규범	경기에 헌신해야 하며 이를 그들의 삶에서 우선순위에 두어야 한다.
㉣	도전규범	스포츠에서 성공을 위해 장애를 극복하고 역경을 헤쳐 나가야 한다.

① ㉠, ㉡   ② ㉡, ㉢

③ ㉠, ㉢, ㉣   ④ ㉠, ㉡, ㉢, ㉣

해설 첫째, 선수는 다른 무엇보다 경기에 헌신해야 한다는 "몰입 규범"이다.
둘째, 운동선수는 탁월성을 위해 노력해야 한다는 "구분짓기 규범"이다.
셋째, 운동선수는 위험을 받아들이고 고통 속에서도 경기를 해야 한다는 "인내 규범"이다.
넷째, 운동선수는 스포츠에서 성공을 추구하는 데 있어서 어떠한 장애물도 용납되지 않는다는 "도전 규범"이다.

19 맥루한(M. McLuhan)의 매체이론에 관한 설명으로 <u>옳지 않은</u> 것은?

① 핫(hot) 미디어 스포츠는 관람자의 감각 참여성이 낮다.

② 쿨(cool) 미디어 스포츠는 관람자의 감각 몰입성이 높다.

③ 핫(hot) 미디어 스포츠는 경기 진행 속도가 빠르다.

④ 쿨(cool) 미디어 스포츠는 메시지의 정의성이 낮다.

해설 핫 미디어 스포츠
㉠ 스포츠 관람인의 감각 참여도가 낮다.
㉡ 선수의 행동 반경이 좁다.
㉢ 수비와 공격의 구분이 쉽다.
㉣ 기록스포츠이다.
㉤ 몰입 수준이 낮다.

20 스포츠 세계화의 특징으로 <u>옳지 않은</u> 것은?

① 스포츠 시장의 경계가 국경을 초월해 전 세계로 확대되었다.

② 모든 나라의 전통스포츠(folk sports)가 세계적으로 확대되었다.

③ 세계인이 표준화된 스포츠 상품과 스포츠 문화를 소비하게 되었다.

④ 프로스포츠 시장의 이윤 극대화로 빈익빈 부익부 현상이 심화되었다.

해설 상업주의로 인하여 프로스포츠가 세계적으로 확대되었다.

01 스포츠기본법(시행 2022.2.11.)의 용어 정의에 관한 설명으로 옳지 <u>않은</u> 것은?

① '학교스포츠'란 건강과 체력 증진을 위하여 행하는 자발적이고 일상적인 스포츠 활동을 말한다.

② '스포츠산업'이란 스포츠와 관련된 재화와 서비스를 통하여 부가가치를 창출하는 산업을 말한다.

③ '장애인스포츠'란 장애인이 참여하는 스포츠 활동(생활스포츠와 전문스포츠를 포함한다)을 말한다.

④ '전문스포츠'란 「국민체육진흥법」 제2조 제4호에 따른 선수가 행하는 스포츠 활동을 말한다.

> 해설 제3조(정의) 이 법에서 사용하는 용어의 뜻은 다음과 같다.
> 1. "스포츠"란 건강한 신체를 기르고 건전한 정신을 함양하며 질 높은 삶을 위하여 자발적으로 행하는 신체활동을 기반으로 하는 사회문화적 행태를 말하며, 「국민체육진흥법」 제2조 제1호에 따른 체육을 포함한다.
> 2. "전문스포츠"란 「국민체육진흥법」 제2조 제4호에 따른 선수(이하 "선수"라 한다)가 행하는 스포츠 활동을 말한다.
> 3. "생활스포츠"란 건강과 체력 증진을 위하여 행하는 자발적이고 일상적인 스포츠 활동을 말한다.
> 4. "장애인스포츠"란 장애인이 참여하는 스포츠 활동(생활스포츠와 전문스포츠를 포함한다)을 말한다.
> 5. "학교스포츠"란 학교(「유아교육법」 제2조 제2호에 따른 유치원, 「초·중등교육법」 제2조 및 「고등교육법」 제2조에 따른 학교를 말한다. 이하 같다)에서 이루어지는 스포츠 활동(학교과정 외의 스포츠 활동과 「국민체육진흥법」 제2조 제8호에 따른 운동경기부의 스포츠 활동을 포함한다)을 말한다.
> 6. "스포츠산업"이란 스포츠와 관련된 재화와 서비스를 통하여 부가가치를 창출하는 산업을 말한다.
> 7. "스포츠클럽"이란 회원의 정기적인 체육활동을 위하여 「스포츠클럽법」 제6조에 따라 등록을 하고 지역사회의 체육활동 진흥을 위하여 운영되는 법인 또는 단체를 말한다.

02 〈보기〉의 ㉠, ㉡에 해당하는 취약계층 생활스포츠 지원사업이 바르게 연결된 것은?

> ┤ 보기 ├
> ㉠ 스포츠복지 사회 구현의 일환으로 저소득층 유·청소년(만 5세~18세)과 장애인(만 12세~23세)에게 스포츠강좌 혜택을 받을 수 있는 일정 금액의 이용권을 제공하는 사업이다.
> ㉡ 소외계층 청소년을 대상으로 다양한 체육활동 참여기회를 제공함으로써 참여 형평성을 높이고 사회 적응력을 배양하는 것을 목적으로 시행되는 사업이다.

① ㉠ 여성체육활동 지원
㉡ 국민체력 100

② ㉠ 국민체력 100
㉡ 스포츠강좌이용권 지원

③ ㉠ 스포츠강좌이용권 지원
㉡ 행복나눔스포츠교실 운영

④ ㉠ 행복나눔스포츠교실 운영
㉡ 여성체육활동 지원

> 해설 • 여성체육활동 지원 : 2017년부터 시범사업으로 편성되어 전국의 건강가정지원센터, 육아종합지원센터 등 각종 여성관련 시설의 여성을 대상으로, 여성 생애주기별 맞춤형 생활체육 활동을 지원하는 사업이다.
> • 국민체력 100 : 국민의 체력 및 건강 증진에 목적을 두고 체력상태를 과학적 방법에 의해 측정, 평가를 하여 운동 상담 및 처방을 해주는 대국민 복지 서비스이다.

정답
17 ② 18 ④ 19 ③ 20 ② / 01 ① 02 ③

03 〈보기〉의 발달특성을 가진 대상을 위한 스포츠 프로그램 구성 시 고려사항으로 적절하지 <u>않은</u> 것은?

┤ 보기 ├
- 신체적·정서적·사회적 발달이 뚜렷하다.
- 개인의 요구와 흥미가 뚜렷하게 나타난다.
- 2차 성징이 나타난다.

① 생활패턴 고려
② 개인의 요구와 흥미 고려
③ 정적운동 위주의 프로그램 구성
④ 스포츠 프로그램의 지속적 참여 고려

해설 초기 청소년기인 12세 전후에 2차 성징이 나타나고 이 시기에는 신체적, 정서적, 사회적으로 급성장 하는 시기이다. 감수성이 예민하고, 주변 환경의 영향을 많이 받으며 정신적으로 불안정하기 쉬운 때이다. 청소년기에는 호르몬의 변화가 급격히 일어나므로, 정서 동요 및 조급성, 흥분성, 주의산만, 갑갑증 등이 나타날 수 있으므로, 개인의 요구와 흥미를 고려하여, 다양하고 활발한 신체활동이 가능하도록 프로그램을 구성하는 것이 좋다.

04 〈보기〉에서 생활스포츠 프로그램의 교육목표 진술에 관한 설명으로 옳은 것만을 모두 고른 것은?

┤ 보기 ├
㉠ 프로그램의 목표는 추상적으로 진술한다.
㉡ 학습 내용과 기대되는 행동을 동시에 진술한다.
㉢ 스포츠 참여자에게 기대하는 행동의 변화에 따라 동사를 다르게 진술한다.
㉣ 해당 스포츠 활동이 끝났을 때 참여자에게 나타난 최종 행동 변화 용어로 진술한다.

① ㉠, ㉡   ② ㉢, ㉣
③ ㉠, ㉡, ㉢   ④ ㉡, ㉢, ㉣

해설 생활체육 프로그램의 교육목표는 대상자들과 지역사회의 요구사항을 조사하고, 요구사항과 단체의 목적에 부합할 수 있는 방법을 찾아내야 하며, 목표는 요구분석을 바탕으로 구체적이고 실현가능한 내용을 담아 프로그램을 계획한다.

05 〈보기〉의 교수 전략을 포함하는 체육수업모형은?

┤ 보기 ├
- 모든 팀원은 자신의 팀에 할당된 과제를 익힌 후, 교사가 되어 다른 팀에게 자신이 학습한 내용을 지도한다.
- 각 팀원들이 서로 다른 내용을 배운 다음, 동일한 내용을 배운 사람끼리 모여 전문가 집단을 구성한다. 이들은 자신이 배운 내용을 공유하며, 원래 자신의 집단으로 돌아가 배운 것을 다른 팀원들에게 지도한다.

① 직접 교수 모형
② 개별화 지도 모형
③ 협동학습 모형
④ 전술게임 모형

해설 ① 직접 교수 모형 : 지도자는 수업내용, 관리, 학생의 참여에 대한 모든 의사결정을 주도하면서, 학생들이 학습자 참여 기회와 피드백을 가능하게 하고 내용을 학습할 수 있도록 지도한다.
② 개별화 지도 모형 : 수업 운영 정보, 과제 제시, 과제구조, 수행 기준과 오류분석이 포함된 학습활동 및 평가를 구성한 수업자료를 제공하는 모형이다.
④ 전술게임 모형 : 게임을 구성하는 두 가지 요소인 기술과 전술 중에서 기술 위주로 지도해온 전통적인 게임 방식에서 벗어나 전술의 이해를 강조한다.

06 메츨러(M. Metzler)의 교수 · 학습 과정안(수업계획안) 작성 시 고려해야 할 구성요소 중 〈보기〉의 설명과 관련 있는 것은?

┤ 보기 ├
- 학생의 흥미를 유발시킬 수 있는 수업 도입
- 과제 제시에 적합한 모형과 단서 사용
- 학생에게 방향을 제시할 과제 구조 설명
- 다양한 과제의 계열성과 진도(차시별)

① 학습목표
② 수업 맥락의 간단한 기술
③ 시간과 공간의 배정
④ 과제 제시와 과제 구조

〔해설〕 ① 학습목표 : 교사는 수업이 이루어지기 전에 실현 가능한 명백한 목표를 설정해야 한다. 학습목표는 단원 계획과 일관성 있는 관련이 있어야 한다.
② 수업 맥락의 간단한 기술 : 학생, 날짜, 장소, 차시 등의 총체적인 수업의 맥락에 대한 설명이 포함되어야 하는 부분이다. 수업을 지도하는 담당교사는 이 모든 요인들을 알고 있어야 한다.
③ 시간과 공간의 배정 : 교사는 사전에 수업 시간, 수업이 이루어지는 환경, 학생 관리 방법에 대해서 생각해야 한다. 수업시간은 각 활동마다 대략적으로 추정하여 분 단위로 계산하는 것으로, 수업이 진행됨에 따라 수정될 수 있는 시작 시점과 종료 시점의 역할을 한다.

07 〈보기〉에서 안전한 학습환경 유지에 관한 설명으로 옳은 것만을 모두 고른 것은?

┤ 보기 ├
㉠ 위험한 상황이 예측되더라도 시작한 과제는 끝까지 수행한다.
㉡ 안전한 수업운영에 필요한 절차를 분명히 전달하고 상기시켜야 한다.
㉢ 사전에 안전 문제를 예측하고 교구 · 공간 · 학생 등을 학습에 도움이 되는 방향으로 배열 또는 배치한다.
㉣ 새로운 연습과제나 게임을 시작할 때 지도자는 학생들의 활동을 주시하고 적극적으로 감독한다.

① ㉠, ㉡
② ㉡, ㉢
③ ㉠, ㉢, ㉣
④ ㉡, ㉢, ㉣

〔해설〕 위험이 예측되었을 때는 위험요인을 제거하고 안전 조치를 취한 후 과제를 시작하도록 한다.

08 헬리슨(D. Hellison)이 제시한 개인적 · 사회적 책임감 수준과 사례가 적절하지 <u>않은</u> 것은?

	수준	사례
①	타인의 권리와 감정 존중	타인에 대해 상호 협력적이고 다른 학생들을 돕고자 한다.
②	참여와 노력	새로운 과제에 도전하며 노력하면 성공할 수 있다고 여긴다.
③	자기 방향 설정	지도자가 없는 상황에서도 자신이 수립한 목표를 달성한다.
④	일상생활로의 전이	체육 수업을 통해 학습한 배려를 일상생활에 실천한다.

〔해설〕 헬리슨의 개인적 · 사회적 책임감 수준
- 수준 0(무책임) : 자신이 한 일이나 하지 못한 일에 대해 변명하거나 남을 비난한다.

- 수준 1(타인의 권리와 감정 존중) : 그날의 수업활동을 실행하지 않거나 숙달·향상도를 보이지 않을 수 있지만, 다른 학생의 학습권이나 교사의 수업권을 방해하지 않도록 자신의 행동을 통제할 수 있다.
- 수준 2(참여와 노력) : 최소한의 타인 존중을 실행하며, 교사의 감독 하에서 가까이 운동을 하여 도전을 받아들이고 운동 기술을 연습하며 실천한다.
- 수준 3(자기 방향 설정) : 타인 존중과 참여하기를 실행하여 지도자의 직접적 감독이 없어도 스스로 실천할 수 있다.
- 수준 4(돌봄과 배려) : 타인존중, 책임감 부여, 자기 주도성뿐만 아니라 타인과의 협동, 후원, 관심, 돕기 등을 적용할 수 있게 된다.
- 수준 5(일상생활로의 전이) : 학생들은 일상생활에서 수준 0~4까지를 실행할 수 있다.

09 〈보기〉의 ㉠, ㉡에 해당하는 평가 방법을 바르게 연결한 것은?

┤ 보기 ├
㉠ 수업 전 학습목표에 따른 참여자 수준을 결정하고, 학습과정에서 참여자가 계속적인 오류 상황을 발생시킬 때 적절한 의사결정을 하도록 한다.
㉡ 학생들에게 자신의 높이뛰기 목표와 운동계획을 수립하게 한 다음 육상 단원이 끝나는 시점에서 종합적 목표 달성여부 확인을 위해 평가를 실시한다.

	㉠	㉡
①	진단평가	형성평가
②	진단평가	총괄평가
③	형성평가	총괄평가
④	총괄평가	형성평가

해설 형성평가 : 수업과정에서 학생들의 수업 진행상황을 파악하기 위한 평가활동으로 지도자가 교수활동을 수정하기 위한 자료로 활용된다.

10 다음에 해당하는 평가기법에 대한 설명으로 옳지 **않은** 것은?

테니스 포핸드 스트로크 과정	운동수행
두 발이 멈춘 상태에서 스트로크를 시도하는가?	Y/N
몸통 회전을 충분히 활용하는가?	Y/N
임팩트까지 시선을 공에 고정하는가?	Y/N
팔로우스로우를 끝까지 유지하는가?	Y/N

① 쉽게 제작이 가능하며 사용이 편리하다.
② 운동수행과정의 질적 평가가 불가하다.
③ 어떤 사건이나 행동의 발생 여부를 신속히 확인할 때 주로 사용한다.
④ 관찰행동을 구체적으로 정의하고 그 행동의 발생 시점을 확인할 수 있다.

해설 체크리스트법
- 필수 행동이나 지표의 목록에서 그 유무를 판별하는 것이다.
- 지표 항목의 수행 유무를 가늠하여 운동수행과정의 질적 평가를 할 수 있다.
- 학생에게 무엇을 수행해야 하는지를 간단히 알려주는 방법으로 적절하다.

11 학교체육진흥법(시행 2021.6.24.)의 제10조에서 규정하고 있는 학교장의 역할에 관한 내용으로 옳지 **않은** 것은?

① 학생들이 신체활동 프로그램에 참여할 수 있도록 학교스포츠클럽을 운영하여 학생들의 체육활동 참여기회를 확대하여야 한다.
② 학교스포츠클럽을 운영하는 경우 전문코치를 지정하여야 한다.
③ 학교스포츠클럽 활동 내용을 학교생활기록부에 기록하여 상급학교 진학자료로 활용할 수 있도록 하여야 한다.
④ 교육부령으로 정하는 바에 따라 일정 비율 이상의 학교스포츠클럽을 해당 학교의 여학생들이 선호하는 종목으로 운영하여야 한다.

제10조(학교스포츠클럽 운영)

① 학교의 장은 학생들이 신체활동 프로그램에 참여할 수 있도록 학교스포츠클럽을 운영하여 학생들의 체육활동 참여기회를 확대하여야 한다.

② 학교의 장은 제1항에 따라 학교스포츠클럽을 운영하는 경우 학교스포츠클럽 <u>전담교사</u>를 지정하여야 한다.

③ 제2항에 따른 학교스포츠클럽 전담교사에게는 학교 예산의 범위에서 소정의 지도수당을 지급한다.

④ 학교의 장은 학교스포츠클럽 활동내용을 학교생활기록부에 기록하여 상급학교 진학자료로 활용할 수 있도록 하여야 한다.

⑤ 학교의 장은 교육부령으로 정하는 바에 따라 일정 비율 이상의 학교스포츠클럽을 해당 학교의 여학생들이 선호하는 종목의 학교스포츠클럽으로 운영하여야 한다.

12 다음 ㉠~㉤에서 체육시설법 시행규칙(시행 2021. 7.1.) 제22조 '체육지도자 배치기준'에 부합되는 것을 모두 고른 것은?

체육시설 업의 종류	규모	배치 인원
㉠ 스키장업	• 슬로프 10면 이하	1명 이상
	• 슬로프 10면 초과	2명 이상
㉡ 승마장업	• 말 20마리 이하	1명 이상
	• 말 20마리 초과	2명 이상
㉢ 수영장업	• 수영조 바닥면적이 400m^2 이하인 실내 수영장	1명 이상
	• 수영조 바닥면적이 400m^2 를 초과하는 실내 수영장	2명 이상
㉣ 골프 연습장업	• 20타석 이상 50타석 이하	1명 이상
	• 50타석 초과	2명 이상
㉤ 체력 단련장업	• 운동전용면적 200m^2 이하	1명 이상
	• 운동전용면적 200m^2 초과	2명 이상

① ㉠, ㉡, ㉢, ㉣　　② ㉠, ㉡, ㉣, ㉤

③ ㉠, ㉢, ㉣, ㉤　　④ ㉡, ㉢, ㉣, ㉤

체육지도자 배치기준(제22조 제1항 관련)

체육시설 업의 종류	규모	배치 인원
골프장업	• 골프코스 18홀 이상 36홀 이하	1명 이상
	• 골프코스 36홀 초과	2명 이상
스키장업	• 슬로프 10면 이하	1명 이상
	• 슬로프 10면 초과	2명 이상
요트장업	• 요트 20척 이하	1명 이상
	• 요트 20척 초과	2명 이상
조정장업	• 조정 20척 이하	1명 이상
	• 조정 20척 초과	2명 이상
카누장업	• 카누 20척 이하	1명 이상
	• 카누 20척 초과	2명 이상
빙상장업	• 빙판면적 1,500제곱미터 이상 3,000제곱미터 이하	1명 이상
	• 빙판면적 3,000제곱미터 초과	2명 이상
승마장업	• 말 20마리 이하	1명 이상
	• 말 20마리 초과	2명 이상
수영장업	• 수영조 바닥면적이 400제곱미터 이하인 실내 수영장	1명 이상
	• 수영조 바닥면적이 400제곱미터를 초과하는 실내 수영	2명 이상
체육 도장업	• 운동전용면적 300제곱미터 이하	1명 이상
	• 운동전용면적 300제곱미터 초과	2명 이상
골프 연습장업	• 20타석 이상 50타석 이하	1명 이상
	• 50타석 초과	2명 이상
체력 단련장업	• 운동전용면적 <u>300제곱미터</u> 이하	1명 이상
	• 운동전용면적 <u>300제곱미터</u> 초과	2명 이상

09 ②　10 ②　11 ②　12 ①

13 국민체육진흥법(시행 2021.6.9.)에서 규정하는 생활스포츠지도사의 자격으로 옳지 <u>않은</u> 것은?

① 체육지도자의 자격은 19세 이상인 사람에게 부여한다.

② 생활스포츠지도사는 1급, 2급으로 구분한다.

③ 2급 생활스포츠지도사는 2급 생활스포츠지도사 자격검정에 합격하고, 연수과정을 이수한 사람으로 한다.

④ 1급 생활스포츠지도사는 자격 종목의 2급 생활스포츠지도사 자격을 취득한 후 3년 이상 해당 자격 종목의 지도경력이 있는 사람으로 한다.

해설 국민체육진흥법 시행령

제8조(체육지도자의 양성과 자질향상) ① 문화체육관광부장관은 법 제11조 제1항에 따라 국민체육진흥을 위한 체육지도자의 양성과 자질 향상을 위하여 다음 각 호의 시책을 마련하여야 한다.

1. 국내외 교육기관이나 단체에의 위탁교육
2. 체육지도자의 해외 파견과 국외 체육지도자의 국내 초빙강습
3. 국외 체육계의 조사와 연구
4. 체육지도자의 양성을 위한 연수
5. 체육지도자에 대한 기술과 정보의 지원
6. 그 밖에 체육지도자의 양성과 자질 향상을 위하여 필요한 시책

② 체육지도자의 자격은 18세 이상인 사람에게 부여한다.

제9조(스포츠지도사)

⑤ 1급 생활스포츠지도사는 별표 1에 따른 자격 종목의 2급 생활스포츠지도사 자격을 취득한 후 3년 이상 해당 자격 종목의 지도경력이 있는 사람으로서 동일 자격 종목에 대하여 1급 생활스포츠지도사 자격을 취득하기 위한 자격검정에 합격하고, 연수과정을 이수한 사람으로 한다.

14 〈보기〉의 ㉠, ㉡에 해당하는 단계가 바르게 연결된 것은?

┤ 보기 ├

마튼스(R. Martens)가 제시한 전문체육 프로그램 개발 6단계는 ㉠ _____, 선수 이해, 상황분석, 우선순위 결정 및 목표 설정, ㉡ _____, 연습계획 수립이다.

① ㉠ 스포츠에 대한 이해
　 ㉡ 공간적 맥락 고려

② ㉠ 선수 발달 단계에 대한 이해
　 ㉡ 전술 선택

③ ㉠ 선수단(훈련) 규모 설정
　 ㉡ 체력상태의 이해

④ ㉠ 선수에게 필요한 기술 파악
　 ㉡ 지도 방법 선택

해설 마튼스의 전문스포츠 프로그램 개발 6단계

• 필요한 기술 파악 : 지도자는 스포츠기술의 전문 지식을 갖추어야 한다.

• 선수의 이해 : 각 선수의 체력, 기술수준, 건강상태, 부상이력, 성격, 동료와의 관계 등을 이해하고 있어야 한다.

• 상황분석 : 적합한 계획을 위해서는 주변상황을 알고 있어야 한다. 선수, 훈련 공간과 시설, 팀의 분위기, 학교의 지원 등을 파악하여 대비한다.

• 목표설정 및 우선순위의 결정 : 목표는 구체적이고 현실성 있도록 단기・중기・장기 목표를 설정한다.

• 지도방법의 선택 : 직접형, 과제형, 상호형, 유도발견형, 문제해결형

• 연습계획의 수립 : 시합일정에 맞추어, 시즌 전・중・후 구분하여 일간, 주간, 월간 시즌 계획을 수립한다. 시간, 목적, 장비, 기술내용, 평가 등을 포함한다.

15 ㉠, ㉡에 해당하는 용어가 바르게 연결된 것은?

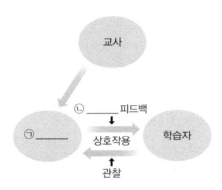

동료교수모형의 수업방식

	㉠	㉡
①	관찰자	교정적
②	개인교사	중립적
③	개인교사	교정적
④	교사	가치적

해설 동료교수 모형
① 교사가 과제를 제시하면, 학생들이 서로를 짝을 지어 지도자와 학생 역할을 수행하고, 역할을 바꾸어 실시한다.
② 용어 정리
　㉠ 개인교사 : 임시로 교사의 역할을 담당하는 사람
　㉡ 학습자 : 개인교사의 관찰 및 감독 하에 연습하는 사람
　㉢ 조(짝) : 개인교사 - 학습자
　㉣ 학생 : 개인교사나 학습자의 역할을 수행하지 않는 학생을 묘사하는 용어
③ 개인교사 역할의 학생이 다른 학생의 연습을 관찰하고 분석한다.
④ 연습 시에 지도자의 관찰 부족과 제한된 피드백을 받게 되는 문제점을 보완할 수 있다.
⑤ 학생의 인지 발달을 향상시킬 수 있는 잠재력이 있다.

16 그리핀(L. Griffin), 미첼(S. Mitchell), 오슬린(J. Oslin)의 이해중심게임모형에서 변형게임 구성 시 반영해야 할 2가지 핵심 개념은?

① 전술과 난이도
② 연계성과 위계성
③ 공간의 특성과 학습자
④ 대표성과 과장성

해설 이해중심게임모형(전술게임 모형)
① 게임을 구성하는 두 가지 요소인 기술과 전술 중에서 기술 위주로 지도해온 전통적인 게임 방식에서 벗어나 전술의 이해를 강조한다.
② 한 게임의 전술을 이해하면 다른 유사게임에서도 게임 수행력이 향상될 수 있다는 것을 전제로 한다.
③ 지도자는 학생의 기술과 전술을 발달시키기 위해 일련의 학습과제들을 유사한 게임 상황으로 계획하여 정식게임 또는 변형게임을 이끈다.
④ 전술은 게임을 수행하는 데 필요한 전략과 기술의 결합체를 말한다.
⑤ 변형게임의 과제 구조는 대표성(본질적 특징, 전술)과 과장성(특정 상황을 위한 변형, 용기구, 경기장)이다.

17 〈보기〉의 ㉠, ㉡에 해당하는 젠틸(A. Gentile)의 스포츠 기술이 바르게 연결된 것은?

┤ 보기 ├
㉠ _____은 환경의 변화나 상태에 의해 변화되는 기술을 말한다. ㉡ _____은 상대적으로 환경적 조건이 안정적이며 외부 조건이 대부분 변하지 않는 속성이 있다.

	㉠	㉡
①	개별기술	복합기술
②	개방기술	폐쇄기술
③	시작형 기술	세련형 기술
④	부분기술	전체기술

환경의 안정성 : 운동기술을 수행하는 동안 환경의 변화를 얼마나 예측할 수 있는가에 따른 분류
- 개방기술 : 축구 드리블, 야구 배팅, 탁구 스매싱 등 대부분의 운동종목
- 폐쇄기술 : 골프, 양궁, 사격, 체조 등

18 〈보기〉와 같이 종목을 구분하는 근거로 적합한 것은?

┤ 보기 ├

- 영역형 : 농구, 축구, 하키, 풋볼
- 네트형 : 배드민턴, 배구, 탁구
- 필드형 : 야구, 소프트볼, 킥볼
- 표적형 : 당구, 볼링, 골프

① 포지션의 수
② 게임전술의 전이 가능성
③ 기술(skill)의 특성
④ 선수의 수

〈보기〉는 이해중심게임모형(전술게임)에서 게임을 분류한 것으로, 주요한 전술 문제들을 게임 상황에서 제시함으로써 학생의 전술 인지를 발달시키고, 유사한 학습활동을 활용하여 전이효과를 볼 수 있다.

19 〈보기〉의 설명에 해당하는 피드백 유형은?

┤ 보기 ├

- 모스턴(M. Mosston)이 제시한 피드백 유형이며, 사실적으로 행동을 기술한다.
- 판단이나 수정 지시를 하지 않으나, 피드백 진술의 의미를 변경할 수 있다.
- 다른 피드백 형태로 옮겨가는 특징을 가지고 있다.

① 교정적 피드백(corrective statements)
② 가치적 피드백(value statements)
③ 중립적 피드백(neutral statements)
④ 불분명한 피드백(ambiguous statements)

종류	내용
가치적 피드백	• 기준 : 긍정・부정적인 가치판단 언어로 표현 • 목직 : 판난 결정, 가치 기준, 감정의 표현 • 초점 : 가치적 진술의 제공자(교사) • 단점 : 상호의존성 발달
교정적 피드백	• 기준 : 실수와 관련, 수정사항 규정 • 목적 : 과제 재연습, 문제 규정, 운동수행의 정확성(실수 최소) • 초점 : 실수 • 단점 : 실수의 지나친 강조
중립적 피드백	• 기준 : 판단을 유보한 인정(사실적, 기술적, 무판단적) • 목적 : 객관성 표출, 사실적인 규명, 이벤트 인정 • 초점 : 피드백의 진술의 수용자(학생) • 단점 : 이탈의 원인
불분명한 피드백	• 기준 : 구체적인 정보가 없는 진술 • 목적 : 학습자에게 피드백을 해석하게 함 • 초점 : 불확실함 • 단점 : 신뢰감 저하

20 링크(J. Rink)의 내용발달 단계가 순서대로 연결된 것은?

① 시작과제 – 확대과제 – 세련과제 – 적용과제
② 적용과제 – 시작과제 – 확대과제 – 세련과제
③ 세련과제 – 적용과제 – 시작과제 – 확대과제
④ 확대과제 – 세련과제 – 적용과제 – 시작과제

링크의 내용발달 단계 순서
- 시작과제 : 기초적인 수준에서 학습하도록 소개하고 안내함.
- 확대과제 : 간단한 과제에서 복잡한 과제로 또는 쉬운 과제에서 어려운 과제로 발전시키는 것
- 세련과제 : 자세나 느낌과 같이 운동 기능이 질적 측면에 초점이 맞추어진 과제
- 적용과제 : 확대와 세련을 통해서 개발한 기능들을 실제 또는 실제와 유사한 상황에서 사용할 수 있는 기회 제공

01 〈보기〉는 레빈(K. Lewin, 1935)이 주장한 내용이다. ㉠, ㉡에 들어갈 개념으로 바르게 묶인 것은?

┤보기├
- 인간의 행동은 (㉠)과 (㉡)에 의해 결정된다.
- (㉠)과 (㉡)의 상호작용으로 행동은 변화한다.

	㉠	㉡
①	개인(person)	환경(environment)
②	인지(cognition)	감정(affect)
③	감정(affect)	환경(environment)
④	개인(person)	인지(cognition)

해설 레빈의 장(field) 이론
㉠ 개인은 의식적인 행동의 주체자로 개인의 요구, 목적, 신념에 따라 자신의 환경을 지각하기 때문에 환경에 의해 개인이 수동적으로 영향을 받는 것이 아니라, 개인의 요구에 따라 환경을 지각함으로써 개인의 심리적 환경을 구성하고 이에 따라 행동한다.
㉡ 개인의 요구, 신념, 정서 등 내적 특성이 변화함에 따라 한 개인의 심리적 환경도 변하기 때문에 행동은 물리적 환경에 의해 결정되는 것이 아니라 심리적 환경에 의해 결정된다.
㉢ 레빈은 개인과 환경의 상호작용을 함수(Behavior = f(Person x Environment))로 설명한다. 즉, 사람들은 실제로 존재하는 현실 속에 사는 것이 아니라 개인이 중요하다고 생각하거나 의미를 두고 있는 현실, 즉 심리적 공간 속에 살고 있는 것이다.

02 아동의 운동 발달을 평가할 때 심리적 안정을 도모하기 위한 평가방법으로 옳은 것은?

① 평가장소에 도착하면 환경에 대한 탐색 시간을 주지 말고 평가를 바로 진행한다.
② 아동의 평가 민감성을 높이기 위해 평가라는 단어를 강조한다.
③ 운동 도구를 사용하여 평가할 때 탐색할 기회를 제공한다.
④ 아동과 공감대를 형성하지 않는다.

해설 아동의 심리적 안정을 위해서는 평가 장소에 적응할 시간을 주어야 하며, 부담을 주는 말이나 행동은 삼가는 것이 좋고, 편안한 분위기를 만드는 것이 좋은 결과를 얻을 수 있다.

03 〈보기〉에 제시된 일반화된 운동프로그램(Generalized Motor Program : GMP)에 관한 설명으로 바르게 묶인 것은?

┤보기├
㉠ 인간의 운동은 자기조직(self-organization)과 비선형성(nonlinear)의 원리에 의해 생성되고 변화한다.
㉡ 불변매개변수(invariant parameter)에는 요소의 순서(order of element), 시상(phasing), 상대적인 힘(relative force)이 포함된다.
㉢ 가변매개변수(variant parameter)에는 전체 동작지속시간(overall duration), 힘의 총량(overall force), 선택된 근육군(selected muscles)이 포함된다.
㉣ 환경정보에 대한 지각 그리고 동작의 관계(perception-action coupling)를 강조한다.

① ㉠, ㉡
② ㉠, ㉢
③ ㉡, ㉢
④ ㉢, ㉣

일반화된 운동프로그램(GMP)
- 매개변수 : 특정한 환경적인 요구에 적응하기 위하여 움직임의 형태를 조절하는 데 관여하는 것이다.
- 불변매개변수 : 동작이나 반응 요소의 순서를 의미하는 것으로 반응생성에 선택되었거나 인출된 반응 단위들의 순서를 배열하는 과정. 근수축의 시간적 구조
- 가변매개변수 : 동작의 시상과는 달리 매 동작마다 일정하지 않다. 동원되는 근수축에 의해 발휘되는 힘의 양을 조절하는 것으로, 근육의 상대적인 힘은 변하지 않지만 전체적으로 발휘되는 힘의 양은 가변적이다.

04 〈보기〉에서 설명하는 개념은?

┤ 보기 ├

- 자극반응 대안 수가 증가할수록 선택반응시간도 증가한다.
- 투수가 직구와 슬라이더 구종에 커브 구종을 추가하여 무작위로 섞어 던졌을 때 타자의 반응시간이 길어졌다.

① 피츠의 법칙(Fitts' law)
② 파워 법칙(power law)
③ 임펄스 가변성 이론(impulse variability theory)
④ 힉스의 법칙(Hick's law)

해설 ① 피츠의 법칙 : 목표물의 크기가 작고 움직이는 거리가 증가할수록 운동시간이 증가한다는 것으로 정확성이 많이 요구될수록 운동속도가 느려지고, 속도가 증가하면 정확성이 줄어든다. 더 빨리 수행되는 운동일수록 정확도가 떨어지는 경향성을 말하는 원리이다.
② 파워법칙(Newell) : 시간이나 연습의 시행 수에 따른 수행 결과의 변화를 말한다. 시행횟수가 증가할수록 선택 반응시간이 감소하여 운동 수행력이 높게 나타난다.
③ 임펄스 가변성 이론 : 요구되는 힘이 커질수록 힘 가변성이 커지는 현상으로, 임펄스는 단위시간에 작용한 힘의 양이다. 이 이론은 속도가 빨라질수록 운동정확성이 감소한다는 의미를 가지고 있다. 큰 힘을 가할수록 동원되는 힘이 많으면 많아질수록 표준 편차가 커진다.

05 〈보기〉에 제시된 번스타인(N. Bernstein)의 운동학습 단계에 대한 설명으로 바르게 묶인 것은?

┤ 보기 ├

㉠ 스케이트를 탈 때 고관절, 슬관절, 발목관절을 활용하여 추진력을 갖게 한다.
㉡ 체중 이동을 통해 추진력을 확보하며 숙련된 동작을 실행하게 한다.
㉢ 스케이트를 신고 고관절, 슬관절, 발목관절을 하나의 단위체로 걷게 한다.

	㉠	㉡	㉢
①	자유도 풀림	반작용 활용	자유도 고정
②	반작용 활용	자유도 풀림	자유도 고정
③	자유도 풀림	자유도 고정	반작용 활용
④	반작용 활용	자유도 고정	자유도 풀림

해설 번스타인의 운동학습 단계 : 여분의 자유도가 활용되는 정도가 운동기술의 수행 수준을 결정짓는다고 생각하여 자유도의 활용 정도와 움직임의 역동적, 질적 변화에 초점을 맞춰 운동학습의 단계를 자유도 고정, 자유도 풀림, 반작용 활용으로 구분한다.
- 자유도 고정 : 자유도를 고정한다는 것은 자유도의 수를 줄이는 것을 의미하며 학습자가 통제해야 할 요소를 최소로 줄인다. 다양한 환경적 변화에 적절하게 대처할 수가 없다는 한계가 있다.
- 자유도 풀림 : 자유도 고정 단계가 지나면, 학습자는 고정했던 자유도를 다시 풀어서 사용가능한 자유도의 수를 늘리게 된다. 이는 모든 자유도를 결합하여 동작을 위해서 필요한 하나의 기능적인 단위를 형성하기 위함이다. 이와 같은 기능적 단위를 다이나믹 시스템이론에서는 협응구조라고 한다.
- 반작용 활용 : 운동기술을 수행할 때 수행자와 환경 간의 상호 작용으로 인하여 관성이나 마찰력과 같은 반작용 현상이 나타난다. 신체의 내·외적으로 발생하는 힘을 활용하여 보다 효율적인 동작을 형성하기 위해서는 자유도의 풀림보다 더 많은 여분의 자유도를 활용할 수 있어야 한다. 학습자는 지각과 동작의 역동적인 순환 관계를 끊임없이 수정해 가면서 변화하는 환경 상황에 대처하여 보다 숙련된 동작을 발현할 수 있게 된다.

06 레이데크와 스미스(T. Raedeke & A. Smith, 2001)의 운동선수 탈진 질문지(Athlete Burnout Questionnaire : ABQ)의 세 가지 측정 요인이 아닌 것은?

① 성취감 저하(reduced sense of accomplishment)
② 스포츠 평가절하(sport devaluation)
③ 경쟁상태불안(competitive state anxiety)
④ 신체적 · 정서적 고갈(physical, emotional exhaustion)

해설 레이데크와 스미스(2001)가 개발한 운동선수 탈진 질문지(ABQ)는 3요인 15문항으로 5점 리커트 형식으로 반응하도록 구성되어 있다. ABQ의 하위요인에 대한 명칭은 원척도의 의미를 반영한 '정서 · 신체적 소진(고갈)', '성취감 저하', '스포츠 평가절하'로 명명하였으며, 각 5문항에 대한 반응의 형태는 5점 리커트(1 = 전혀 아니다, 5 = 매우 그렇다)로 구성하였다.

07 웨이스와 아모로스(M. Weiss & A. Amorose, 2008)가 제시한 스포츠 재미(sport enjoyment)의 영향 요인으로 옳지 않은 것은?

① 인지능력
② 사회적 소속
③ 동작 자체의 감각 체험
④ 숙달과 성취

해설 • 스포츠 재미는 기분 좋음, 즐거움, 활동 자체를 즐기는 것과 같이 스포츠를 하면서 느끼는 긍정적 느낌으로 정의한다. 스포츠에서 성취 또는 기술 숙달의 기회, 사회적 소속감, 동작에서 감각적인 즐거움을 재미 요인이라고 보고 있다.
• 웨이스와 아모로스는 '우선숙달과 성취, 사회적 소속, 동작 자체의 감각체험'이 스포츠 재미에 영향을 준다고 정리하였다. 즉, 스포츠 재미는 스포츠전념에 영향을 주고, 전념은 스포츠 행동에 영향을 미친다는 모델을 제시하였다.

08 〈보기〉에 제시된 도식이론(schema theory)에 관하여 옳은 설명으로 묶인 것은?

┤ 보기 ├
㉠ 빠른 움직임과 느린 움직임을 구분하여 설명한다.
㉡ 재인도식은 피드백 정보가 없는 빠른 운동을 조절하는 역할을 한다.
㉢ 회상도식은 과거의 실제결과, 감각귀결, 초기조건의 관계를 바탕으로 형성된다.
㉣ 200ms 이상의 시간이 필요한 느린 운동 과제의 제어에는 회상도식과 재인도식이 모두 동원된다.

① ㉠, ㉡   ② ㉡, ㉢
③ ㉠, ㉣   ④ ㉢, ㉣

해설 도식이론
• 빠른 움직임은 개방회로 이론으로, 느린 움직임은 폐쇄회로 이론으로 설명하는 이론
• 회상도식 : 수행하고자 하는 운동과 유사한 과거의 운동결과를 근거로 하여 새로운 운동을 계획
• 재인도식 : 피드백 정보를 통하여 잘못된 동작을 평가하고 수정
• 회상도식은 송환정보가 작용할 수 없는 빠른 운동 제어에 절대적인 역할을 한다. 200ms 이상의 느린 운동 과제에도 회상도식이 관여하지만 그러한 운동과제의 경우에는 최초운동 반응 시작과 송환정보가 오기 전까지만 중요한 역할을 한다.
• 200ms 이상의 느린 운동 과제의 제어에는 회상도식과 재인도식이 모두 동원된다.

09 〈보기〉에 제시된 심리적 불응기(Psychological Refractory Period : PRP)에 관하여 옳은 설명으로 묶인 것은?

┤ 보기 ├

㉠ 1차 자극에 대한 반응을 수행하고 있을 때 2차 자극을 제시할 경우, 2차 자극에 대해 반응시간이 느려지는 현상이다.

㉡ 1차 자극과 2차 자극 간의 시간차가 10ms 이하로 매우 짧을 때 나타난다.

㉢ 페이크(fake) 동작의 사용 빈도를 높일 때 효과적이다.

㉣ 1차와 2차 자극을 하나의 자극으로 간주하는 현상을 집단화라고 한다.

① ㉠, ㉡   ② ㉡, ㉢
③ ㉢, ㉣   ④ ㉠, ㉣

해설 심리적 불응기
- 첫 번째 자극이 처리되는 중에 두 번째 자극에 대한 반응이 현저히 느려지는 현상을 말한다.
- 심리적 불응기의 효과는 연속해서 제시되는 두 개의 자극에 대하여 각각 빠르게 반응하도록 요구하는 것이다. 두 개의 자극은 0~수백 ms까지의 범위의 차이로 연속적으로 제시하게 되며, 두 개의 자극 간의 시간적 차이를 '자극 간 시간차'라고 한다.
- 스포츠에서 페인팅 동작을 심리적 불응기 현상으로 설명할 수 있는데, 예로 축구에서 1차 슛동작(페인트 동작)에 대해 수비수가 반응을 하기 때문에 바로 연속적으로 수행되는 공격자의 2차 동작(실제 슛)에 대해 반응이 느려진다.
- 너무 자주 사용하게 되면, 수비수는 속지 않을 수 있다.
- 자극과 시간차가 40ms 이하로 매우 짧은 경우에는 첫 번째 자극과 두 번째 자극을 하나의 자극으로 간주하게 되어, 심리적 불응기 현상이 나타나지 않을 때 '집단화'라고 한다.

10 인간 발달의 특징에 관한 설명으로 옳지 않은 것은?

① 개인적 측면은 발달에 영향을 미치는 요인이 개인마나 날라서 나타나는 현상이다.
② 다차원적 측면은 개인의 신체적·정서적 특성과 같은 내적 요인 그리고 사회 환경과 같은 외적 요인으로 나눌 수 있다.
③ 계열적 측면은 기기와 서기의 단계를 거친 후에야 자신의 힘으로 스스로 걸을 수 있게 되는 것이다.
④ 질적 측면은 현재 나타나고 있는 움직임 양식이 과거 움직임의 경험이 축적되어 나타나는 것이다.

해설
- 질적 측면 : 성숙, 기능의 유능화, 움직임의 효율성 향상을 나타낸다.
- 종합적 측면 : 축적된 움직임으로 나타나는 것이다.

11 시각탐색에 사용되는 안구 움직임의 형태로 옳지 않은 것은?

① 지각의 협소화(perceptual narrowing)
② 부드러운 추적 움직임(smooth pursuit movement)
③ 전정안구반사(vestibulo-ocular reflex)
④ 빠른 움직임(saccadic movement)

해설 시각탐색을 위한 안구의 움직임
㉠ 빠른 움직임 : 관심 위치 상을 순간적으로 속오목(fovea)으로 이동시키는 것으로 수의적으로 이루어지는 움직임
㉡ 부드러운 추적 움직임 : 움직이거나 정지해 있는 목표 지점에 안구를 계속적으로 고정시키는 것으로, 이는 목표물의 움직이는 속도와 안구의 움직임 속도를 일치시키는 움직임
㉢ 전정안구반사 : 머리의 회전에 대한 안구의 움직임
㉣ 빠른 움직임과 추적 움직임이 적절하게 조화를 이루는 움직임 : 움직이는 기차의 창문 밖에 지나가는 어느 특정한 물체를 계속 보다가 다른 물체로 시선을 움직이고자 할 때 발생한다.

12 〈보기〉에 제시된 불안과 운동수행의 관계를 설명하는 이론은?

┤ 보기 ├
- 선수가 불안을 어떻게 '해석'하느냐에 따라 운동수행이 달라질 수 있다.
- 선수는 각성이 높은 상태를 기분 좋은 흥분상태로 해석할 수도 있지만 불쾌한 불안으로 해석할 수도 있다.

① 역U가설(inverted-U hypothesis)

② 전환이론(reversal theory)

③ 격변이론(catastrophe theory)

④ 적정기능지역이론(zone of optimal functioning theory)

해설 ① 역U가설(적정각성수준이론) : 각성 수준이 낮은 상태에서는 각성이 증가함에 따라 선수들의 수행력도 선형적으로 증가하다가, 적정 각성상태에서 최상의 수행력을 발휘하게 된다. 계속 각성상태가 증가하여 적정 각성상태를 벗어나게 되면 선수들의 수행력은 저하된다는 이론이다.
③ 격변이론 : 인지불안 수준이 낮을 때는 생리적 각성과 운동수행 간에 역U자 관계가 형성되나 인지불안수준이 높을 때는 생리적 각성이 적정수준을 초과하여 수행의 급격한 추락현상이 발생한다는 이론이다.
④ 적정기능지역이론(최적수행이론) : 최고의 수행을 위한 자신만의 고유한 불안 수준이 존재한다는 이론이다. 최적의 상태불안 수준은 개인차가 있으며, 연속선상에서 항상 중앙이 아닐 수 있고, 지점보다는 범위로 봐야 한다.

13 〈보기〉의 ㉠과 ㉡에 들어갈 알맞은 용어는?

┤ 보기 ├
- (㉠)은 불안을 감소시키기 위해 자기최면을 사용하여 무거움과 따뜻함을 실제처럼 느끼도록 유도하는 방법이다.
- (㉡)은/는 불안을 유발하는 자극의 목록을 작성한 후, 하나씩 차례로 적용하여 유발 감각 자극에 대한 민감도를 줄여 불안 수준을 감소시키는 방법이다.

① ㉠ 바이오피드백(biofeedback)
   ㉡ 체계적 둔감화(systematic desensitization)

② ㉠ 자생훈련(autogenic training)
   ㉡ 바이오피드백(biofeedback)

③ ㉠ 점진적 이완(progressive relexation)
   ㉡ 바이오피드백(biofeedback)

④ ㉠ 자생훈련(autogenic training)
   ㉡ 체계적 둔감화(systematic desensitization)

해설 • 바이오피드백 : 근육긴장도, 뇌파, 심박수, 피부저항도, 체온 등 자율신경계의 반응을 컴퓨터 화면으로 직접 보고 느끼면서 자기 조절법을 익히는 훈련이다.
• 점진적 이완 : 신체의 각 분절에 수반되는 긴장 정도에 주목하는 방법으로 제이콥슨이 개발하였다. 일반적으로 신체는 분절로 접근되며, 긴장 수준이 일시적으로 증가한 다음 그 분절의 근육조직에 대한 체계적인 점진적 이완이 일어나며, 먼저 신체부위에 집중한 뒤 긴장을 푸는 방식으로 실시한다.

정답
09 ④   10 ④   11 ①   12 ②   13 ④

14 와이너(B. Weiner)의 경기 승패에 대한 귀인이론에 관한 설명으로 옳지 <u>않은</u> 것은?

① 노력은 내적이고 불안정하며 통제 가능한 요인이다.

② 능력은 내적이고 안정적이며 통제 불가능한 요인이다.

③ 운은 외적이고 불안정하며 통제 불가능한 요인이다.

④ 과제난이도는 외적이고 불안정하며 통제할 수 있는 요인이다.

해설 귀인의 3차원 분류

구분		인과 소재 : 내적	
통제성	안정성	안정	불안정
통제성	통제 가능	일관된 노력	일관되지 않은 노력
	통제 불가능	능력	기분

구분		인과 소재 : 외적	
통제성	안정성	안정	불안정
통제성	통제 가능	다른 사람의 일관된 도움	다른 사람의 변덕스러움
	통제 불가능	과제 난이도	행운

15 〈보기〉에 제시된 심상에 대한 이론과 설명이 바르게 묶인 것은?

┤ 보기 ├

㉠ 심리신경근 이론에 따르면 심상을 하는 동안에 실제 동작에서 발생하는 근육의 전기 반응과 유사한 전기 반응이 근육에서 발생한다.

㉡ 상징학습 이론에 따르면 심상은 인지 과제(바둑)보다 운동 과제(역도)에서 더 효과적이다.

㉢ 생물정보 이론에 따르면 심상은 상상해야 할 상황 조건인 자극 전제와 심상의 결과로 일어나는 반응 전제로 구성된다.

㉣ 상징학습 이론에 따르면 생리적 반응과 심리 반응을 함께 하면 심상의 효과는 낮아진다.

① ㉠, ㉡　　　　② ㉠, ㉢

③ ㉡, ㉢　　　　④ ㉢, ㉣

해설 상징학습이론은 심상을 통해 어떤 동작을 뇌의 부호로 만들어 이해하고 자동화시킨다는 이론이다. 운동 패턴을 이해하는 데 필요한 코딩 체계의 역할을 한다. 운동과제(역기들기)보다는 인지적 부호화를 필요로 하는 인지과제(바둑이나 작전구상)를 대상으로 할 때 심상효과가 더 좋다(펠츠와 랜더스(1983)).

16 〈보기〉에 제시된 쉘라드라이(P. Chelladerai)의 다차원리더십 모델에 관한 설명으로 옳게 묶인 것은?

┤ 보기 ├

㉠ 리더의 특성은 리더의 실제 행동에 영향을 준다.

㉡ 규정 행동은 선수에게 규정된 행동을 말한다.

㉢ 선호 행동은 리더가 선호하거나 바라는 선수의 행동을 말한다.

㉣ 리더의 실제 행동과 선수의 선호 행동이 다르면 선수의 만족도가 낮아진다.

① ㉠, ㉡　　　　② ㉠, ㉣

③ ㉡, ㉢　　　　④ ㉢, ㉣

해설 다차원적 리더십 모델

- 3가지 리더십 행동(상황요인, 리더특성, 구성원특성)이 일치할수록 수행결과와 선수만족에 긍정적인 영향을 미친다는 모델이다.
- 요구된 행동/실제 행동/선호 행동이 일치될 때 선수들은 최적 수행과 만족감을 얻는다.

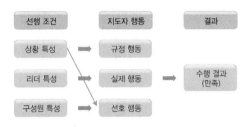

---

17 〈보기〉에서 설명하는 운동심리 이론(모형)은?

┤ 보기 ├

- 지역사회가 여성 전용 스포츠 센터를 확충한다.
- 정부가 운동 참여에 대한 인센티브 정책을 수립한다.
- 가정과 학교에서 운동 참여를 지지해주는 분위기를 만든다.

① 사회생태모형(social ecological model)
② 합리적 행동이론(theory of reasoned action)
③ 자기효능감이론(self-efficacy theory)
④ 자결성이론(self-determination theory)

해설 ② 합리적 행동이론 : 개인의 의도가 행동을 유도하는 결정적인 원인이라고 보는 이론이다. 이 이론에 영향을 주는 '의도, 태도, 주관적 규범' 3가지 요소가 있다.
③ 자기효능감이론 : 자기효능감은 주어진 시간과 작업에서 성공할 수 있는 능력에 대한 수행자의 지각을 뜻한다. 이 이론의 기본적인 가정은 만약 필요한 기술과 적절한 보상이 있다면 자기효능감이 실제 수행을 예언할 수 있다는 것이다.

④ 자결성이론 : 외적보상이 내적 동기에 어떤 영향을 주는가에 대한 이론이다. 자결성, 유능성, 관계성의 3가지 전제가 있다. 외적 보상이 유능감에 긍정적인 정보를 주고, 자신이 스스로 통제력을 발휘한다는 정보를 주면 내적동기가 높아진다.

---

18 프로차스카(J. O. Prochaska)의 운동변화단계 모형(Transtheoretical Model)에 관한 설명으로 옳은 것은?

① 변화 단계와 자기효능감과의 관계는 U자 형태다.
② 인지적·행동적 변화과정을 통해 운동 단계가 변화한다.
③ 변화 단계가 높아짐에 따라 운동에 대해 기대할 수 있는 혜택은 점진적으로 감소한다.
④ 무관심 단계는 현재 운동에 참여하지 않지만, 6개월 이내에 운동을 시작할 의도가 있다.

해설 운동변화단계 모형

계획 전단계 (무관심)	• 현재 운동을 하지 않고 있으며 6개월 이내에도 운동을 시작할 의도가 없다. • 운동과 관련된 행동 변화의 필요성을 거부한다. • 잠재적 변화 전략 : 변화의 필요성에 대한 인식을 높이기 위해 편익에 대한 개별적 정보를 제공한다.
계획단계 (관심)	• 현재 운동을 하지 않고 있지만 6개월 이내에 운동을 시작할 의도가 있다. • 잠재적 변화 전략 : 특별한 계획을 세우도록 격려하여 동기부여 한다.
준비단계	• 현재 운동을 하고 있지만 가이드라인(대개 주당 3회 이상, 1회 20분 이상 기준)을 채우지 못하는 수준이다. • 30일 이내에 가이드라인을 충족하는 수준으로 운동을 시작할 생각이 있다. • 잠재적 변화 전략 : 구체적인 행동 계획을 개발하고 수행하는 것을 돕는다(단계적 목표 설정).

정답

14 ④   15 ②   16 ②   17 ①   18 ②

행동단계 (실천)	• 가이드라인을 충족하는 수준의 운동을 해 　왔는데 아직 6개월 미만이다. • 운동 동기가 충분하고 운동에 투자도 많 　이 했다. • 운동으로 인한 손실보다는 혜택을 더 많 　이 인식한다. • 가장 불안정한 단계로 하위 단계로 내려 　갈 위험성이 가장 높다. • 잠재적 변화 전략 : 피드백, 문제 해결책, 　사회적 지지, 재강화를 제공한다.
유지단계	• 가이드라인을 충족하는 수준의 운동을 6 　개월 이상 해왔다. • 운동이 안정 상태에 접어들었으며 하위 　단계로 내려갈 가능성은 낮다. • 잠재적 변화 전략 : 대처돕기, 추후 관리 　를 제공한다.

19 한국스포츠심리학회가 제시한 스포츠 심리상담사 상담윤리에 대한 설명으로 옳지 <u>않은</u> 것은?

① 스포츠심리상담사는 자신의 전문영역과 한계 영역을 명확하게 인식해야 한다.

② 스포츠심리상담사는 상담 과정에서 얻은 정보를 이용할 때 고객과 미리 상의해야 한다.

③ 스포츠심리상담사는 상담 효과를 알리기 위해 상담에 참여한 사람으로부터 좋은 평가나 소감을 요구해야 한다.

④ 스포츠심리상담사는 타인에게 역할을 위임할 때는 전문성이 있는 사람에게만 위임하여야 하며 그 타인의 전문성을 확인해야 한다.

해설 스포츠심리상담사는 상담 내용을 비밀로 유지해야 하고, 상담의 중심은 내담자여야 하며, 내담자에게 부담을 주는 행동을 해서는 안된다.

20 〈보기〉에 제시된 폭스(K. Fox)의 위계적 신체적 자기개념 가설(hypothesized hierarchical organization of physical self-perception)에 관한 설명으로 바르게 묶인 것은?

┤ 보기 ├

㉠ 신체적 컨디션은 매력적 신체를 유지하는 능력이다.

㉡ 신체적 자기 가치는 전반적 자기존중감의 상위영역에 속한다.

㉢ 신체 매력과 신체적 컨디션은 신체적 자기가치의 하위영역에 속한다.

㉣ 스포츠 유능감은 스포츠 능력과 스포츠 기술 학습 능력에 대한 자신감이다.

① ㉠, ㉡　　　　　　　② ㉠, ㉢

③ ㉡, ㉣　　　　　　　④ ㉢, ㉣

해설 신체적 자기개념은 자신의 운동 능력, 외모, 체력, 건강 등의 신체 기능 및 신체 이미지에 대한 총체적인 인식을 말하는 복합적인 개념이다. 스포츠 활동과 밀접한 관련이 있는데 지속적인 신체활동 참가는 신체 능력의 향상 및 외모와 건강의 변화를 통해 신체에 대한 자기확신을 증가시킨다. 가장 상위에는 일반적 자아존중감이 있고, 다음 수준에는 신체적 자기가치가 있다. 신체적 자기가치는 다시 신체적 자기가치, 스포츠유능감, 신체적 컨디션, 신체적 매력, 신체의 힘의 5가지 하위영역으로 세분화 된다.

01 체육사에 관한 설명으로 옳지 않은 것은?

① 연구대상은 시간, 인간, 공간 등이 고려된다.
② 체육과 스포츠를 역사적 방법으로 연구하는 학문이다.
③ 연구내용은 스포츠문화사, 전통스포츠사 등을 포함한다.
④ 체육과 스포츠의 도덕적 가치판단에 대한 근거를 탐구한다.

해설 ④는 스포츠 윤리에서 연구하는 분야이다.

02 〈보기〉에서 체육사 연구의 사료(史料)에 관한 설명으로 옳은 것만을 모두 고른 것은?

┤ 보기 ├
㉠ 기록 사료는 문헌 사료와 구전 사료가 있다.
㉡ 물적 사료는 물질적 유산인 유물과 유적이 있다.
㉢ 기록 사료 중 민요, 전설, 시가, 회고담 등은 문헌 사료이다.
㉣ 전통적인 분류 방식에 따르면, 물적 사료와 기록 사료로 구분된다.

① ㉠, ㉡   ② ㉡, ㉢
③ ㉠, ㉡, ㉣   ④ ㉡, ㉢, ㉣

해설 ㉢ 기록 사료 중 민요, 전설, 시가, 회고담 등은 구술 사료이다.

03 부족국가와 삼국시대의 신체활동이 포함된 제천의식에 관한 설명으로 옳지 않은 것은?

① 신라 - 가배   ② 부여 - 동맹
③ 동예 - 무천   ④ 마한 - 10월제

해설 부여는 영고이고, 동맹은 고구려의 제천행사이다.

04 〈보기〉에서 화랑도에 관한 설명으로 옳은 것만을 모두 고른 것은?

┤ 보기 ├
㉠ 법흥왕 때에 종래 화랑도 제도를 개편하여 체계화되었다.
㉡ 한국의 전통사상과 세속오계(世俗五戒)를 근간으로 두었다.
㉢ 국선도(國仙徒), 풍류도(風流徒), 원화도(源花徒)라고도 불리었다.
㉣ 편력(遍歷), 입산수행(入山修行), 주행천하(周行天下) 등의 활동을 했다.

① ㉠, ㉡   ② ㉡, ㉢
③ ㉠, ㉡, ㉣   ④ ㉡, ㉢, ㉣

해설 화랑도 제도를 개편하여 체계화한 것은 진흥왕 때이다.

05 〈보기〉의 ㉠에 해당하는 용어는?

┤ 보기 ├
『구당서(舊唐書)』에 따르면, "고구려의 풍속은 책 읽기를 좋아하며, 허름한 서민의 집에 이르기까지 거리에 큰 집을 지어 이를 (㉠)이라고 하고, 미혼의 자제들이 여기에서 밤낮으로 독서하고 활쏘기를 익힌다."라고 되어 있다.

① 태학   ② 경당
③ 향교   ④ 학당

해설 고구려의 경당 교육의 주요한 내용은 경서 암송과 활 쏘기가 있었다.

06 고려시대의 무학(武學) 전문 강좌인 강예재(講藝齋)가 개설된 교육기관은?

① 국자감(國子監)

② 성균관(成均館)

③ 응방도감(鷹坊都監)

④ 오부학당(五部學堂)

해설 고려시대의 교육기관은 관학(국자감과 학당, 향교)과 사학(공도와 서당)으로 나뉜다.

07 〈보기〉에서 고려시대 무예의 특징으로 옳은 것만을 모두 고른 것은?

┤ 보기 ├

㉠ 격구(擊毬)는 군사훈련의 수단이었다.

㉡ 수박희(手搏戲)는 무인 인재 선발의 중요한 방법이었다.

㉢ 마술(馬術)은 육예(六藝) 중 어(御)에 속하며, 군자의 중요한 덕목 중 하나였다.

㉣ 궁술(弓術)은 문인과 무인의 심신 수양과 인격도야의 방법으로 중시되었다.

① ㉠

② ㉡, ㉢

③ ㉡, ㉢, ㉣

④ ㉠, ㉡, ㉢, ㉣

해설 ㉠ 격구 : 신라시대부터 행해진 것으로, 고려시대에는 말타기를 익히기 위한 수단으로 장려되었고, 무인과 귀족들이 말을 타고 넓은 구장에서 경기를 했다.
㉡ 수박 : 맨손 격투기의 일종. 무인들에게 적극 권장되었으며 경기에서 이기면 관직을 주기도 했다.

㉢ 마술 : 마상재로 불리며 말 위에서 기예를 뽐내는 것으로 승마 능력 역시 무인의 주요 덕목 중 하나이다.
㉣ 궁술 : 신라시대의 궁술을 기반으로 인재를 뽑는 전통을 계승하여 문무를 겸비한 인재 양성과 연관되며 군사적 목적뿐만 아니라 운동경기로서의 성격도 지니고, 심신수양과 인격도야의 한 방법으로 중하게 여겼다.

08 조선시대 무과제도에 관한 설명으로 옳지 <u>않은</u> 것은?

① 초시, 복시, 전시 3단계로 실시되었다.

② 무과는 강서와 무예 시험으로 구성되었다.

③ 증광시, 별시, 정시는 비정규적으로 실시되었다.

④ 선발 정원은 제한이 없었으며, 누구나 응시할 수 있었다.

해설 조선시대는 신분사회로, 과거 시험 및 무과 시험에는 누구나 응시할 수 없었다.

09 〈보기〉에 해당하는 신체활동은?

┤ 보기 ├

• 군사훈련의 성격을 지니고 실시된 무예 활동

• 조선시대 왕이나 양반 또는 대중에게 볼거리 제공

• 나라의 풍속으로 단오절이나 명절에 행해졌던 활동

• 승부를 결정짓는 놀이로서 신체적 탁월성을 추구하는 경쟁적 활동

① 투호(投壺)

② 저포(樗蒲)

③ 석전(石戰)

④ 위기(圍棋)

해설 석전은 돌팔매 싸움, 척석희라고도 한다. 군사 훈련으로서의 성격을 지니고 있었고 왕이나 양반들에게 구경거리를 제공해주기도 하였으며, 단오나 명절에 행하던 민속놀이이다.

10 〈보기〉에서 조선시대 체육사상에 관한 설명으로 옳은 것만을 모두 고른 것은?

┤ 보기 ├

㉠ 유교의 영향으로 숭문천무(崇文賤武) 사상이 만연했다.

㉡ 심신 수련으로 활쏘기가 중시되었고, 학사사상(學射思想)이 강조되었다.

㉢ 활쏘기를 통해서 문무겸전(文武兼全) 혹은 문무겸일(文武兼一)에 도달하고자 했다.

㉣ 국토 순례를 통해 조선에 대한 애국심을 가지게 하는 불국토사상(佛國土思想)이 중시되었다.

① ㉠, ㉡   ② ㉡, ㉢
③ ㉠, ㉡, ㉢   ④ ㉡, ㉢, ㉣

해설 국토 순례를 통해 애국심을 가지게 하는 불국토사상(佛國土思想)이 중시된 것은 신라이다.

11 일제강점기에 설립된 체육 단체가 <u>아닌</u> 것은?

① 대한국민체육회(大韓國民體育會)
② 관서체육회(關西體育會)
③ 조선체육협회(朝鮮體育協會)
④ 조선체육회(朝鮮體育會)

해설 대한국민체육회는 1907년 10월에 '노백린'의 발기로 조직된 우리나라 최초의 체육단체이다.

12 〈보기〉의 ㉠, ㉡에 해당하는 여성 스포츠인이 바르게 연결된 것은?

┤ 보기 ├

• 박봉식은 1948년 런던올림픽경기대회에 출전한 첫 여성 원반 던지기 선수

• (㉠)은/는 1967년 세계여자농구선수권대회에 출전해 최우수선수로 선정

• (㉡)은/는 2010년 밴쿠버동계올림픽경기대회에 출전해 피겨스케이팅 금메달 획득

	㉠	㉡		㉠	㉡
①	박신자	김연아	②	김옥자	김연아
③	박신자	김옥자	④	김옥자	박신자

해설 1967년 세계여자농구선수권대회에 출전해 최우수선수로 선정된 선수는 '박신자'이다. 2010년 밴쿠버동계올림픽경기대회에 출전해 피겨스케이팅 금메달을 획득한 선수는 '김연아'이다.

13 〈보기〉의 ㉠, ㉡에 해당하는 개최지가 바르게 연결된 것은?

┤ 보기 ├

우리나라는 1986년 서울아시아경기대회, 2002년 (㉠)아시아경기대회, 2014년 (㉡)아시아경기대회를 성공적으로 개최했다.

	㉠	㉡		㉠	㉡
①	인천	부산	②	부산	인천
③	평창	충북	④	충북	평창

해설 2002년에는 부산, 2014년에는 인천에서 아시아경기대회가 개최되었다.

정답
06 ①   07 ④   08 ④   09 ③   10 ③   11 ①   12 ①   13 ②

14 〈보기〉에 해당하는 인물은?

┤ 보기 ├
- 제6회, 제7회 아시아경기대회에서 수영 종목 400M, 1,500M 2관왕 2연패
- 2008년 독도 33바퀴 회영(回泳)
- 2020년 스포츠영웅으로 선정되어 2021년 국립묘지에 안장

① 조오련　　　　② 민관식
③ 김일　　　　　④ 김성집

해설 제6회, 제7회 아시아경기대회에서 수영 종목 400m, 1,500m 2관왕 2연패를 한 선수는 '조오련'이다.

15 개화기에 도입된 근대스포츠 종목으로 옳지 <u>않은</u> 것은?

① 농구　　　　　② 역도
③ 야구　　　　　④ 육상

해설 역도는 개화기가 아닌 1926년 일본체육회 체조학교에서 유학을 마치고 돌아온 서상천(徐相天)에 의해서 도입되었다.

16 광복 이전 조선체육회에 관한 설명으로 옳지 <u>않은</u> 것은?

① 조선체육협회보다 먼저 창립되었다.
② 조선의 체육을 지도, 장려하는 것이 목적이었다.
③ 첫 사업인 제1회 전조선야구대회는 전국체육대회의 효시이다.
④ 고려구락부를 모태로 하였고, 조선체육협회에 강제 통합되었다.

해설 조선체육회는 1920년 민족사상을 기반으로 조선인에 의해 설립되었다. 조선체육협회는 1919년에 조선의 체육 장려 목적으로 일본인에 의해 설립되었다.

17 〈보기〉에서 설명하는 올림픽경기대회는?

┤ 보기 ├
- 우리 민족이 일장기를 달고 출전한 대회
- 마라톤의 손기정이 금메달, 남승룡이 동메달을 획득한 대회

① 1924년 제8회 파리올림픽경기대회
② 1928년 제9회 암스테르담올림픽경기대회
③ 1932년 제10회 로스앤젤레스올림픽경기대회
④ 1936년 제11회 베를린올림픽경기대회

해설 일제 강점기 때 일장기를 달고 출전한 마라톤 종목에서 손기정이 금메달, 남승룡이 동메달을 획득한 대회는 1936년 제11회 베를린올림픽경기대회이다.

18 〈보기〉의 ㉠, ㉡에 들어갈 알맞은 용어로 바르게 연결된 것은?

┤ 보기 ├
- (　㉠　)경기대회는 우리나라 여성이 최초로 금메달을 획득한 대회로, 서향순이 양궁 개인전에서 금메달을 획득했다.
- (　㉡　)경기대회는 우리나라가 광복 후 최초로 마라톤에서 금메달을 획득한 대회로, 황영조가 마라톤에서 금메달을 획득했다.

① ㉠ 1984년 로스앤젤레스올림픽
　 ㉡ 1988년 서울올림픽
② ㉠ 1984년 로스앤젤레스올림픽
　 ㉡ 1992년 바르셀로나올림픽
③ ㉠ 1988년 서울올림픽
　 ㉡ 1988년 서울올림픽
④ ㉠ 1988년 서울올림픽
　 ㉡ 1992년 바르셀로나올림픽

해설 1984년 로스앤젤레스올림픽에서 '서향순'이 우리나라 여성 최초로 금메달을 획득하였고, 1992년 바르셀로나올림픽에서 '황영조'가 마라톤에서 금메달을 획득하였다.

19 〈보기〉의 설명과 관련 있는 정권은?

┤ 보기 ├
- 호돌이 계획 시행
- 국민생활체육회(구 국민생활체육협의회) 창설
- 1988년 서울올림픽경기대회의 성공적인 개최
- 제41회 지바 세계탁구선수권대회 남북단일팀 출전

① 박정희 정권　　② 전두환 정권
③ 노태우 정권　　④ 김영삼 정권

해설 1988년 서울올림픽은 노태우 정권에서 개최되었다.

20 2002년 제17회 월드컵축구대회에 관한 설명으로 옳지 **않은** 것은?

① 한국은 4강에 진출했다.
② 한국과 일본이 공동으로 개최했다.
③ 한국과 북한이 단일팀을 구성하여 출전했다.
④ 한국의 길거리 응원은 온 국민 문화축제의 장이었다.

해설 2002년 한국–일본 월드컵은 한국과 북한이 단일팀을 구성하지 않았다.

운동생리학 (55)

01 〈보기〉에서 설명하는 트레이닝의 원리는?

┤ 보기 ├
- 트레이닝의 효과는 운동에 동원된 근육에서만 발생한다.
- 근력 향상을 위해서는 저항성 트레이닝이 적합하다.

① 특이성의 원리　　② 가역성의 원리
③ 과부하의 원리　　④ 다양성의 원리

해설 ② 가역성의 원리 : 운동을 중단하면 신체의 기능과 외형은 운동 전의 상태로 돌아가려고 한다는 원리
③ 과부하의 원리 : 평소보다 조금 더 부하를 주어야 한다는 원리
④ 다양성의 원리 : 신체에 매일 같은 운동의 적용은 효과가 반감될 수 있어서 다양한 방향의 자극을 주어야 한다는 원리

02 체온 저하 시 생리적 반응으로 적절한 것은?

① 심박수 증가
② 피부혈관 확장
③ 땀샘의 땀 분비 증가
④ 골격근 떨림(shivering) 증가

해설 골격근의 떨림으로 열이 발생한다.

03 지구성 트레이닝 후 최대 동–정맥 산소차(maximal arterial–venous oxygen difference) 증가에 기여하는 요인으로 적절하지 <u>않은</u> 것은?

① 미토콘드리아 크기 증가
② 미토콘드리아 수 증가
③ 모세혈관 밀도 감소
④ 총 혈액량 증가

해설 동–정맥 산소차 증가에 기여하는 요인은 모세혈관 밀도의 증가이다.

04 〈보기〉에서 운동유발성 근육경직(exercise-associated muscle cramps)을 방지하기 위한 방법으로 적절한 것을 모두 고른 것은?

┤ 보기 ├
㉠ 발생하기 쉬운 근육을 규칙적으로 스트레칭한다.
㉡ 필요 시 운동 강도와 지속 시간을 감소시킨다.
㉢ 수분과 전해질의 균형을 유지한다.
㉣ 탄수화물 저장량을 낮춘다.

① ㉠
② ㉠, ㉡
③ ㉠, ㉡, ㉢
④ ㉠, ㉡, ㉢, ㉣

해설 ㉣ 탄수화물 저장량을 낮추는 것은 적절하지 않다. 당은 근육과 간에 저장되어 근육의 에너지로 사용된다. 당이 떨어지면 운동 수행력이 떨어진다. 근육경직을 예방하기 위해서는 체액, 전해질 및 탄수화물 저장량을 유지하여야 한다.

05 1회 박출량(stroke volume)에 관한 설명으로 적절하지 <u>않은</u> 것은?

① 심실 수축력이 증가하면 1회 박출량은 증가한다.
② 평균 동맥혈압이 감소하면 1회 박출량은 증가한다.
③ 심장으로 돌아오는 정맥혈 회귀(venous return)가 감소하면 1회 박출량은 감소한다.
④ 수축기말 용적(end-systolic volume)에서 확장기말 용적(end-diastolic volume)을 뺀 값이다.

해설 1회 박출량은 좌심실이 한 번 수축할 때 배출되는 혈액량으로, 확장기말 용적에서 수축기말 용적을 뺀 값이다.

06 〈보기〉에서 설명하는 중추신경계 기관은?

┤ 보기 ├
• 시상과 시상하부로 구성된다.
• 시상은 감각을 통합·조절한다.
• 시상하부는 심박수와 심장 수축, 호흡, 소화, 체온, 식욕 및 음식 섭취를 조절한다.

① 간뇌(diencephalon)
② 대뇌(cerebrum)
③ 소뇌(cerebellum)
④ 척수(spinal cord)

해설 시상과 시상하부를 구성하는 기관은 간뇌(사이뇌)이며, 간뇌는 항상성의 중추로 척수와 연결된 뇌줄기의 윗부분에 위치하고, 뇌줄기와 대뇌 사이에 존재한다.

07 직립 상태에서 폐-혈액 간 산소확산 능력은 안정 시와 비교하여 운동 시 증가한다. 이에 기여하는 요인으로 적절한 것은?

① 폐포와 모세혈관 사이의 호흡막(respiratory membrane) 두께 증가

② 증가한 혈압으로 인한 폐 윗부분(상층부)으로의 혈류량 증가

③ 폐정맥 혈액 내 높은 산소분압

④ 폐동맥 혈액 내 높은 산소분압

해설 운동 중 증가한 혈압으로 인해 폐로의 혈류량 증가로 폐-혈액 간의 산소확산 능력이 증가한다. 폐포와 모세혈관 사이의 호흡막 두께의 증가는 산소확산 능력을 저하시키고, 폐동맥 혈액 내 산소분압이 높은 것은 세포 조직에서 가스교환이 잘 이루어지지 않은 것이라 할 수 있다. 폐정맥은 폐-혈액 간 가스교환 후 심장으로 가는 혈관이다.

08 건강체력 요소 측정으로만 나열되지 않은 것은?

① 오래달리기 측정, 생체전기저항분석(bioelectric impedance analysis)

② 앉아윗몸앞으로굽히기 측정, 윗몸일으키기 측정

③ 배근력 측정, 제자리높이뛰기 측정

④ 팔굽혀펴기 측정, 악력 측정

해설 제자리높이뛰기는 순발력 측정 항목으로 운동기술체력이다.

09 운동하는 근육으로의 혈류량을 증가시키는 국소적 내인성(intrinsic) 자율조절 요소로 적절하지 않은 것은?

① 수소이온, 이산화탄소, 젖산 등 대사 부산물

② 부신수질로부터 분비된 카테콜아민(catecholamine)

③ 혈관 벽에 작용하는 압력에 따른 근원성(myogenic) 반응

④ 혈관내피세포(endothelial cell)에서 생성된 산화질소, 프로스타글랜딘(prostaglandin), 과분극인자(hyperpolarizing factor)

해설 운동 중 에너지 요구량의 증가로 인해 혈관이 확장되어 혈류량이 증가한다. 세동맥의 혈류 저항의 감소로 골격근으로의 혈류량이 증가하고, 국소적 내인성 자율조절 요소(혈관내피세포에서 생성된 산화질소, 프로스타글랜딘, ATP 아데노신, 내피유래 과분극인자 등)가 증가한다. 수소이온, 이산화탄소, 젖산 등의 대사 부산물은 에너지 대사가 원활하게 이루어지는 것을 나타내므로 신체가 운동 중에 있다는 신호이기 때문에 혈관확장에 기여한다. 카테콜아민은 부신수질에서 분비되는 신경전달물질이자 호르몬이다. 에피네프린, 노르에피네프린, 도파민이 포함된다. 카테콜아민은 교감신경자극전달물질로 혈관수축을 유발한다.

10 〈보기〉의 ⊙~ⓒ에 들어갈 용어가 바르게 나열된 것은?

┤ 보기 ├

【근육수축 과정】

• 골격근막의 활동전위는 가로세관(T-tubule)을 타고 이동하여 근형질세망(sarcoplasmic reticulum)으로부터 (⊙) 유리를 자극한다.

• 유리된 (⊙)은 액틴(actin) 세사의 (ⓛ)에 결합하고, (ⓛ)은 (ⓒ)을 이동시켜 마이오신(myosin) 머리가 액틴과 결합할 수 있도록 한다.

	⊙	ⓛ	ⓒ
①	칼륨	트로포닌	트로포마이오신
②	칼슘	트로포마이오신	트로포닌
③	칼륨	트로포마이오신	트로포닌
④	칼슘	트로포닌	트로포마이오신

해설 근형질세망으로부터 칼슘이 유리되고, 유리된 칼슘은 액틴 세사의 트로포닌에 결합하여, 트로포마이오신과 마이오신 머리의 결합 부위를 이동시켜 마이오신 머리와 액틴이 결합하게 된다.

11 〈그림〉은 폐활량계를 활용하여 측정한 폐용적(량)을 나타낸 것이다. ㉠~㉣에서 안정 시와 비교하여 운동 시 변화에 대한 설명으로 적절한 것은?

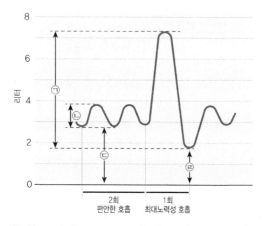

	2회	1회
	편안한 호흡	최대노력성 호흡

① ㉠ : 증가   ② ㉡ : 감소
③ ㉢ : 감소   ④ ㉣ : 증가

해설 ㉠은 폐활량으로 운동 시 약간 감소한다.
㉡은 1회 호흡량으로 운동 시 증가한다.
㉢은 기능잔기용량으로 운동 시 감소한다.
㉣은 잔기량은 변화가 없다.

12 〈보기〉 중 저항성 트레이닝 후 생리적 적응으로 적절한 것을 모두 고른 것은?

┤보기├
㉠ 골 무기질 함량 증가
㉡ 액틴(actin) 단백질 양 증가
㉢ 시냅스(synapse) 소포 수 감소
㉣ 신경근접합부(neuromuscular junction) 크기 감소

① ㉠   ② ㉠, ㉡
③ ㉠, ㉡, ㉢   ④ ㉠, ㉡, ㉢, ㉣

해설 저항성 트레이닝 후 생리적 적응은 근섬유가 발달하여 근비대가 일어나고 근력이 증가한다. 근육 및 인대와 건의 탄성이 높아지고, 골밀도가 향상된다. ㉠ 골 무기질의 함량 증가 및 ㉡ 액틴과 마이오신 등의 근육 단백질 양의 증가는 저항성 트레이닝 후의 생리적 적응이며, ㉢ 시냅스 소포 수 감소 및 ㉣ 신경근접합부 크기 감소 등은 트레이닝을 하지 않았을 경우에 해당한다고 볼 수 있다.

13 〈보기〉 중 지구성 트레이닝 후 1회 박출량(stroke volume) 증가에 기여하는 요인으로 적절한 것만 나열된 것은?

┤보기├
㉠ 동일한 절대 강도 운동 시 확장기말 용적(end-diastolic volume) 감소
㉡ 동일한 절대 강도 운동 시 수축기말 용적(end-systolic volume) 증가
㉢ 동일한 절대 강도 운동 시 확장기(diastolic) 혈액 충만 시간 증가
㉣ 동일한 절대 강도 운동 시 심박수 감소

① ㉠, ㉡   ② ㉠, ㉢
③ ㉡, ㉢   ④ ㉢, ㉣

해설 지구성 트레이닝 후 1회 박출량이 증가하는 것은 동일한 조건의 강도에서는 좌심실 확장기 시 혈액이 충분히 모이게 되고, 한 번의 좌심실 수축으로 많은 양의 혈액을 방출할 수 있게 된다. 그리고, 동일한 조건의 강도에서는 훈련의 효과로 인해 1회 박출량 증가로 심박수는 감소한다.

14 〈보기〉의 ㉠, ㉡에 들어갈 내용이 바르게 나열된 것은?

┤ 보기 ├
- 골격근의 신장성 수축은 수축 속도가 (㉠) 더 큰 힘이 생성된다.
- 동일 골격근에서 단축성 수축은 신장성 수축에 비해 같은 속도에서 더 (㉡) 힘이 생성된다.

	㉠	㉡
①	빠를수록	작은
②	느릴수록	작은
③	느릴수록	큰
④	빠를수록	큰

해설 신장성 수축은 수축의 속도가 빠를수록 더 큰 힘이 생성되고, 같은 수축 속도라면 단축성 수축은 신장성 수축에 비해 더 작은 힘을 생성한다.

15 혈액순환 시 혈압의 감소가 가장 크게 발생하는 혈관은?

① 모세혈관(capillary)   ② 세동맥(arteriole)

③ 세정맥(venule)   ④ 대동맥(aorta)

해설 • 심장에서 멀어질수록 혈압은 낮아진다.
- 혈압은 대동맥에서 제일 크고, 정맥에서 제일 낮다.
- 세동맥에서는 혈압의 감소폭이 제일 크다.
- 모세혈관에서 혈압은 정맥보다는 높다.

16 스프린트 트레이닝 후 나타나는 생리적 적응이 바르게 나열된 것은?

① 속근 섬유 비대 – 해당과정을 통한 ATP 생산 능력 향상

② 지근 섬유 비대 – 해당과정을 통한 ATP 생산 능력 향상

③ 속근 섬유 비대 – 해당과정을 통한 ATP 생산 능력 저하

④ 지근 섬유 비대 – 해당과정을 통한 ATP 생산 능력 저하

해설 스프린트는 단시간 고강도 훈련으로 강력한 근수축 작용이 필요하여 속근 섬유가 주로 동원되어 속근 섬유가 비대해지며, 무산소성 해당과정에 주로 의존하여 해당과정에 의한 ATP 생산능력이 향상된다.

17 〈보기〉의 ㉠, ㉡에 들어갈 용어가 바르게 나열된 것은?

┤ 보기 ├
지방의 베타(β) 산화는 중성지방으로부터 분리된 (㉠)이 미토콘드리아 내에서 여러 단계를 거쳐 (㉡)(으)로 전환되는 과정을 뜻한다.

① ㉠ 유리지방산(free fatty acid)
　㉡ 아세틸 조효소–A(Acetyl CoA)

② ㉠ 유리지방산(free fatty acid)
　㉡ 젖산(lactic acid)

③ ㉠ 글리세롤(glycerol)
　㉡ 아세틸 조효소–A(Acetyl CoA)

④ ㉠ 글리세롤(glycerol)
　㉡ 젖산(lactic acid)

해설 중성지방은 리파아제(lipase)에 의해 3개의 유리지
방산과 글리세롤로 분해되고, 유리지방산은 ATP와
CoA를 사용하여 아실-CoA로 전환되어 미토콘드리
아 내부로 이동하여 베타 산화를 거쳐 아세틸-CoA
가 된다.

18 〈보기〉의 ㉠, ㉡에 들어갈 용어가 바르게 나열된 것은?

┤ 보기 ├

운동 시 교감신경계가 활성화되면, 골격근으로
의 혈류량은 (㉠)하고 내장기관으로의 혈류량
은 (㉡)한다.

	㉠	㉡		㉠	㉡
①	감소	증가	②	감소	감소
③	증가	감소	④	증가	증가

해설 운동 시에는 운동을 수행하는 골격근으로의 혈류량
이 증가하고, 내장기관으로 가는 혈류량은 감소한다.
식사 후에는 반대가 된다.

19 〈보기〉 중 적절한 것으로만 나열된 것은?

┤ 보기 ├

㉠ 인슐린(insulin)은 혈당을 증가시킨다.
㉡ 성장호르몬(growth hormone)은 단백질 합성
  을 감소시킨다.
㉢ 에리스로포이에틴(erythropoietin)은 적혈구
  생산을 촉진시킨다.
㉣ 항이뇨호르몬(antidiuretic hormone)은 수분
  손실을 감소시킨다.

① ㉠, ㉡	② ㉠, ㉢
③ ㉡, ㉣	④ ㉢, ㉣

해설 ㉠ 인슐린(insulin)은 혈당을 감소시킨다.
　　　㉡ 성장호르몬(growth hormone)은 단백질 합성을 증
　　　가시킨다.

20 〈그림〉은 막 전위의 변화를 나타낸 것이다. ㉠~㉣ 중 탈분극(depolarization)에 해당하는 시점은?

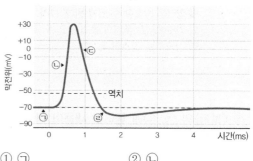

① ㉠	② ㉡
③ ㉢	④ ㉣

해설 −70mV 안정막 전위 상태에서 자극으로 인하여 탈분
극이 일어나면 막전위가 올라간다. 탈분극이 시작되
려면 역치 전압 이상으로 전압을 상승시켜야 하므로
반드시 충분한 전류가 공급되어야 하며, 탈분극은 ㉡
과 같이 세포막의 막전위가 빠르게 상승하는 경우 발
생하며, 이로 인해 나트륨 채널이 개방되어 다량의
나트륨 이온이 세포 내로 유입된다.

01 운동역학(Sports Biomechanics) 연구의 목적과 내용이 <u>아닌</u> 것은?

① 동작분석

② 운동장비 개발

③ 부상 기전 규명

④ 운동 유전자 검사

> 해설 운동역학의 목적과 내용
> ㉠ 체육·스포츠의 역학적 특성과 메카니즘 규명
> ㉡ 운동기술의 평가, 규명, 개발
> ㉢ 발육 발달과 노화에 따른 동작 변화의 규명
> ㉣ 운동 연구법과 분석법 개발
> ㉤ 스포츠시설, 장비의 설계 및 개발 지원
> ㉥ 트레이닝 방법의 설계 및 개발 지원
> ㉦ 동작, 형태, 역학적 부하와 상해 관계규명

02 인체의 움직임을 표현하는 용어로 옳지 <u>않은</u> 것은?

① 굽힘(굴곡, flexion)은 관절을 형성하는 뼈들이 이루는 각이 작아지는 움직임이다.

② 폄(신전, extension)은 관절을 형성하는 뼈들이 이루는 각이 커지는 움직임이다.

③ 벌림(외전, abduction)은 뼈의 세로축이 신체의 중심선으로 가까워지는 움직임이다.

④ 발등굽힘(배측굴곡, dorsi flexion)은 발등이 정강이뼈(경골, tibia) 앞쪽으로 향하는 움직임이다.

> 해설 벌림은 뼈의 세로축이 신체의 중심선에서 멀어지는 움직임이다. 반대로 가까워지는 움직임은 모음(내전, adduction)이다.

03 인체의 무게중심에 관한 설명으로 옳지 <u>않은</u> 것은?

① 무게중심의 높이는 안정성에 영향을 준다.

② 무게중심은 인체를 벗어나 위치할 수 없다.

③ 무게중심은 토크(torque)의 합이 '0'인 지점이다.

④ 무게중심의 위치는 자세의 변화에 따라 달라진다.

> 해설 인체의 무게중심(COG ; Center of Gravity)(2015~2017, 2019)
> ㉠ 물체의 무게가 집중된 점으로 이 점을 중심으로 물체는 완전한 균형을 이루기 때문에 신체나 신체의 일부분은 반드시 자신만의 무게중심이 있다.
> ㉡ 인체는 정확한 무게중심을 결정하기 어렵다. 운동은 자세를 계속 변하게 하므로, 스포츠 상황에서 무게중심은 계속 변한다.
> ㉢ 무게중심은 중력에 의해 토크가 0인 점이다.
> ㉣ 물체의 무게중심이 윗부분에 있을 경우 물체는 매우 불안정, 아래 부분에 있을 경우 안정된 상태이다.
> ㉤ 질량중심(COM, Center of Mass)은 모든 방향에서 물체의 질량이 균형을 이루는 한 지점을 말한다.
> ㉥ 무게중심은 인체 내부, 또는 외부에 있을 수도 있다.

04 〈그림〉에서 인체 지레의 구성으로 바르게 묶인 것은?

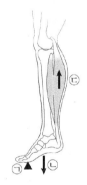

	㉠	㉡	㉢
①	받침점	힘점	저항점
②	저항점	받침점	힘점
③	받침점	저항점	힘점
④	힘점	저항점	받침점

그림의 인체 지레는 2종 지레에 해당한다.

 ㉠ 저항점이 축과 힘점 사이에 있다(받침점, 저항점, 힘점 순서).

 ㉡ 받침점이 한쪽 끝에 있고, 힘점과 저항점이 모두 같은 쪽에 있다.

 ㉢ 힘을 주는 방향과 물체가 움직이는 방향이 모두 같다.

 ㉣ 병따개, 외발수레, 발뒤꿈치 들기, 푸쉬업 등

각변위

 ㉠ 회전하는 물체의 각변위는 그 물체가 이동한 궤적의 처음과 마지막 위치 간에 이루는 두 개의 각 중에서 작은 각의 크기와 같다.

 ㉡ 각변위는 방향을 가지고 있어서 일반적으로 시계방향(−) 또는 반시계방향(+)으로 나타낸다.

05 운동학적(kinematic) 및 운동역학적(kinetic) 변인에 대한 설명으로 옳지 <u>않은</u> 것은?

① 질량(mass)은 크기만을 갖는 물리량이다.

② 시간(time)은 크기만을 갖는 물리량이다.

③ 힘(force)은 크기만을 갖는 물리량이다.

④ 거리(distance)는 시작점에서 끝점까지 이동한 궤적의 총합으로 크기만을 갖는 물리량이다.

힘(force)은 물체가 다른 물체를 어떤 방향으로 밀거나 당기는 것으로 정의한다. 물체가 이동 또는 변형되는 것은 모두 힘의 작용 결과이며, 크기와 방향을 가지므로 벡터이다.

06 각운동에 대한 설명으로 옳지 <u>않은</u> 것은?

① 각속도(angular velocity)는 각변위를 소요시간으로 나눈 값이다.

② 각가속도(angular acceleration)는 각속도의 변화를 소요시간으로 나눈 값이다.

③ 1라디안(radian)은 원(circle)에서 반지름과 호의 길이가 같을 때의 각으로 57.3˚이다.

④ 시계 방향으로 회전된 각변위(angular displacement)는 양(+)의 값으로 나타내고, 반시계 방향으로 회전된 각변위는 음(−)의 값으로 나타낸다.

07 투사체 운동에 대한 설명으로 옳은 것은? (단, 공기저항은 고려하지 않음)

① 투사체에 작용하는 외력은 존재하지 않는다.

② 투사체의 수평속도는 초기속도의 수평성분과 크기가 같다.

③ 투사체의 수직속도는 9.8m/s로 일정하다.

④ 투사높이와 착지높이가 같을 경우, 38.5˚의 투사각도로 던질 때 최대의 수평거리를 얻을 수 있다.

투사체 운동

 • 투사체 운동은 수평운동과 수직운동의 합으로 이루어져 있다.

 • 수평속도는 외력이 존재하지 않으므로 초기 등속운동을 유지하여 물체가 앞으로 나아가는 속도는 항상 일정하다.

 • 수직속도에는 중력에 의해 수직 가속도에 대한 외력이 존재한다. 매 초 지면쪽으로 9.8m/s^{2}의 가속도 운동을 한다.

 • 투사높이를 고려치 않을 경우 최대 수평거리에 이르는 투사각도는 45˚이나, 투사높이가 있는 실제 투사체운동에서는 40~42˚이다.

08 골프 스윙 동작에서 임팩트 시 클럽헤드의 선속도를 증가시키는 방법으로 옳지 <u>않은</u> 것은?

① 스윙 탑에서부터 어깨관절을 축으로 회전반지름을 최대한 크게 해서 빠른 몸통회전을 유도한다.

② 임팩트 전까지 손목 코킹(cocking)을 최대한 유지하여 빠른 몸통회전을 유도한다.

③ 임팩트 시점에는 팔꿈치를 펴서 회전반지름을 증가시킨다.

④ 임팩트 시점에는 언코킹(uncocking)을 통해 회전반지름을 증가시킨다.

> **해설** 골프 스윙 시 각운동에서 선운동으로 바뀔 때 물체의 선속도는 릴리즈되는 순간의 각속도와 회전 반지름의 곱으로 나타난다. 따라서 선속도를 증가시키려면 임팩트 순간의 각속도와 반지름을 증가시켜야 한다. 반지름을 증가시키기 위해서는 어깨관절이 아닌, 척추를 축으로 회전하는 것이 회전 반지름을 크게 만드는 것이다.

09 힘(force)의 개념에 대한 설명으로 옳지 <u>않은</u> 것은?

① 힘의 단위는 N(Newton)이다.

② 힘은 합성과 분해가 가능하다.

③ 힘이 작용한 반대 방향으로 가속도가 발생한다.

④ 힘의 크기가 증가하면 그 힘을 받는 물체의 가속도가 증가한다.

> **해설** 힘이 작용한 반대 방향으로 발생하는 것은 마찰력이다.

10 압력과 충격량에 관한 설명 중 옳지 <u>않은</u> 것은?

① 유도에서 낙법은 신체가 지면에 닿는 면적을 넓혀 압력을 증가시키는 기술이다.

② 권투에서 상대방의 주먹을 비켜 맞도록 동작을 취하여 신체가 받는 압력을 감소시킨다.

③ 높은 곳에서 뛰어내릴 때 무릎관절 굽힘을 통해 충격 받는 시간을 늘리면 신체에 가해지는 충격력의 크기는 감소된다.

④ 골프 클럽헤드와 볼의 접촉구간에서 충격력을 유지하면서 접촉시간을 증가시키면 충격량은 증가하게 된다.

> **해설** 유도의 낙법은 지면에 닿는 면적을 넓혀 충격을 분산시키고, 압력을 감소시키는 기술이다.

11 마찰력(F_f)에 대한 설명으로 옳은 것은?

① 아스팔트 도로에서 마찰계수는 구름 운동보다 미끄럼 운동일 때 더 작다.

② 마찰력은 물체 표면에 수직으로 작용하는 힘과 관계가 있다.

③ 최대정지마찰력은 운동마찰력보다 작다.

④ 마찰력은 물체의 이동 방향과 같은 방향으로 작용한다.

> **해설** ① 아스팔트 도로에서 마찰계수는 구름 운동보다 미끄럼 운동일 때 더 크다.
> ③ 최대정지마찰력은 운동마찰력보다 크다.
> ④ 마찰력은 물체의 이동 방향과 반대 방향으로 작용한다.

정답

05 ③ 06 ④ 07 ② 08 ① 09 ③ 10 ① 11 ②

12 양력에 대한 설명으로 옳지 <u>않은</u> 것은?

① 양력은 물체가 이동하는 방향의 반대 방향으로 작용한다.

② 양력은 베르누이 원리(Bernoulli principle)로 설명된다.

③ 양력은 형태의 비대칭성, 회전(spin) 등에 의해 발생한다.

④ 양력은 물체의 중심선과 진행하는 방향이 이루는 공격각(angle of attack)에 의해 발생한다.

해설 양력은 유체 속의 물체가 수직 방향으로 받는 힘이다. 이 힘은 높은 압력에서 낮은 압력쪽으로 생기며, 물체에 닿은 유체를 밀어 내리려는 힘에 대한 반작용이다.

13 충돌에 관한 설명으로 옳지 <u>않은</u> 것은?

① 탄성(elasticity)은 충돌하는 물체의 재질, 온도, 충돌 강도 등에 따라 그 정도가 달라진다.

② 탄성은 어떠한 물체에 힘이 가해졌을 때, 그 물체가 변형되었다가 원래 상태로 되돌아가려는 성질을 말한다.

③ 복원계수(반발계수, coefficient of restitution)는 단위가 없고 0에서 1 사이의 값을 갖는다.

④ 농구공을 1m 높이에서 떨어뜨려 지면으로부터 64cm 높이까지 튀어 올랐을 때의 복원계수는 0.64이다.

해설 복원계수(반발계수) 공식
바닥과 같은 고정된 물체에 대하여 튀어오르는 한 물체에 대한 공식

ⓐ 공식 1 : $e = \dfrac{V_f}{V_i}$

- V_f는 물체가 충돌한 후의 스칼라 속도
- V_i는 물체가 충돌하기 전의 스칼라 속도

ⓑ 공식 2 : $e = \sqrt{\dfrac{h}{H}}$

- h는 물체가 튀어오른 높이
- H는 물체를 떨어뜨린 높이

$e = \sqrt{\dfrac{64}{100}} = 0.8$

14 다이빙 공중회전 동작을 수행할 때 신체 좌우축(mediolateral axis)을 기준으로 회전속도를 가장 크게 만드는 동작으로 적절한 것은? (단, 해부학적 자세를 기준으로)

① 두 팔을 머리 위로 올리고, 머리를 뒤로 최대한 젖힌다.

② 신체를 최대한 좌우축에 가깝게 모으는 자세를 취한다.

③ 상체와 두 다리를 최대한 폄 시킨다.

④ 두 팔을 머리 위로 올리고, 두 다리는 최대한 곧게 뻗는 자세를 취한다.

해설 각운동량 = 관성모멘트×각속도 = 질량×회전반경^2×각속도
회전을 빠르게 할 때는 신체의 질량을 몸에 붙이면 회전반경이 줄어 관성모멘트가 작아지며 각속도를 크게 해 빠른 회전을 할 수 있다.

15 일률(파워, power)에 대한 설명으로 옳은 것은?

① 단위는 J(Joule)이다.

② 힘과 속도의 곱으로 구한다.

③ 이동거리는 고려하지 않는다.

④ 소요시간을 길게 하면 증가한다.

해설 일률(power)
ⓐ 단위시간당 한 일의 양을 일률 또는 순발력(power)라고 하며, 역학적 일의 강도를 나타내는 지표로 사용된다.
ⓑ 질량, 거리, 시간 3요소가 포함되어 있다.
ⓒ 단위 : 와트(W), 마력(HP) : 1HP는 745.7W
ⓓ 일률의 공식 : 1W = 1J/s = 1kg × m/s

16 〈그림〉의 장대높이뛰기에서 역학적 에너지의 변화 과정을 순서대로 나열한 것은?

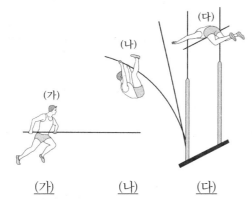

     (가)   (나)   (다)

① 탄성에너지 → 운동에너지 → 위치에너지
② 탄성에너지 → 위치에너지 → 운동에너지
③ 위치에너지 → 운동에너지 → 탄성에너지
④ 운동에너지 → 탄성에너지 → 위치에너지

해설 • 운동에너지 : 운동의 결과로 나타나는 물체의 에너지인데 물체의 질량과 속도에 제곱을 곱한 양의 반이다.
    • 위치에너지 : 물체 또는 선수가 높여져 있는 위치에 의해 저장된 에너지를 의미한다. 중력에 대항하여 물체를 특정 높이까지 올리기 위해서는 일을 수행하며, 높이를 가진 물체는 수행된 일 만큼의 위치에너지를 갖는다.
    • 탄성에너지 : 저장에너지의 한 형태이다. 어떤 물체가 눌리고, 당겨지고, 비틀어지고, 찌그러진 후에 원래의 형태로 복원시킬 수 있는 능력을 의미한다.

17 〈보기〉의 ㉠, ㉡ 안에 들어갈 내용이 바르게 묶인 것은?

┤ 보기 ├

(㉠)은 다양한 장비를 활용하여 동작 및 힘 정보를 수치화하고 분석하는 방법이다. (㉡)을 통해 객관적이고 정확한 정보를 획득할 수 있으며, 주관적인 판단을 배제할 수 있다.

	㉠	㉡
①	정성적 분석	정량적 분석
②	정량적 분석	정성적 분석
③	정성적 분석	정성적 분석
④	정량적 분석	정량적 분석

해설 • 정성적 분석 : 운동 동작의 분석은 직접적인 시각적 방법을 통해 운동수행에 대한 정보를 추출하는 방법이다.
    • 정량적 분석 : 운동정보를 수치적 자료로 정량화하는 방법이다. 다양한 매체와 장비를 이용하여 구체적인 수치정보를 수집하는 분석법이다.

18 달리기 출발구간 분석에서 〈표〉의 ㉠, ㉡, ㉢에 들어갈 측정장비가 바르게 나열된 것은?

측정장비	분석 변인
㉠	넙다리곧은근(대퇴직근, rectus femoris)의 활성도
㉡	압력중심의 위치
㉢	무릎 관절 각속도

	㉠	㉡	㉢
①	동작분석기	GPS 시스템	지면반력기
②	동작분석기	지면반력기	지면반력기
③	근전도분석기	GPS 시스템	동작분석기
④	근전도분석기	지면반력기	동작분석기

해설
- 근전도 분석기 : 어떤 동작 시 근육 수축 정도, 근육들의 동원 순서 등을 파악할 수 있다.
- 지면반력기 : 힘을 감지하는 센서를 장착한 장비로, 전후, 좌우, 상하 세 방향의 힘 측정과 압력 중심점의 위치, 유리토크요인을 알 수 있다.
- 동작분석기 : 빠르고 여러 요소가 연결되어 있는 스포츠현장에서 육안으로 식별이 어렵기 때문에 촬영을 통해 동작분석을 하는 효율적인 방법이다.

---

19 지면반력의 측정과 활용에 관한 설명으로 옳은 것은?

① 지면반력기는 수직 방향으로 작용하는 힘만 측정할 수 있다.

② 지면반력기에서 산출된 힘은 인체의 근력으로 지면에 가하는 작용력이다.

③ 높이뛰기 도약 동작분석 시 지면반력기에 작용한 힘의 소요시간을 측정할 수 있다.

④ 보행 분석에서 발이 지면에 착지하면서 앞으로 미는 힘은 추진력, 발 앞꿈치가 지면으로부터 떨어지기 전에 뒤로 미는 힘은 제동력을 의미한다.

해설 지면반력의 측정
⊙ 지면반력은 인체가 지면에 가하는 힘에 대한 반작용 힘이다.
© 중력에 의해 인체는 항상 지면과 접촉을 유지하고 있고, 상호작용을 하고 있다.
© 인체는 지면반력을 이용하여 몸을 추진하거나 제어하기 때문에 매우 중요한 외력이다.
@ 수직 누르는 힘과, 수평으로 지면과의 마찰력에 영향을 받는다.
@ 지면반력측정시스템은 힘을 감지하는 센서를 장착한 직육면체형의 판이고, 전후, 좌우, 상하 세 방향의 힘 측정과 압력중심점의 위치, 유리토크 요인을 알 수 있다.
⊗ 착지 시 몸에 가해지는 충격, 추진력, 제동력을 측정할 수 있고 부상을 예측할 수 있다.

① 지면반력기는 수직방향의 수직반력 뿐만 아니라 수평방향의 수평반력도 측정 가능하다.

② 지면반력기에 산출되는 힘은 충격력과 추진력 및 전단력 등이다.

④ 발뒤꿈치가 지면에 착지할 때 몸을 멈추려 하면서 생기는 힘은 제동력(breaking force), 지면을 딛고 나갈 때 나타나는 힘은 추진력(propulsion force)이라고 한다.

---

20 〈그림〉과 같이 팔꿈치 관절을 축으로 쇠공을 들고 정적(static) 동작을 유지하기 위해서 위팔두갈래근(상완이두근, biceps brachii)이 발생시켜야 할 힘(F_B)의 크기는?

┤ **조건** ├
- 손, 아래팔(전완), 쇠공을 합한 무게는 50N이다.
- 팔꿈치 관절점(E_J)에서 위팔두갈래근의 부착점까지의 거리는 2cm이다.
- 팔꿈치 관절점에서 손, 아래팔, 쇠공을 합한 무게중심(C_G)까지의 거리는 20cm이다.
- 위팔두갈래근은 아래팔에 90°로 부착되었다고 가정한다.

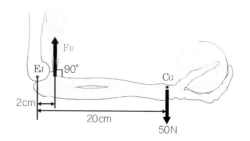

① 100N   ② 400N
③ 500N   ④ 1,000N

해설 힘 × 힘 팔(FA) = 저항(R) × 저항 팔(RA)
x × 2cm = 50N × 20cm
x = (50 × 20) ÷ 2
x = 500N

01 '도덕적 선(善)'의 의미를 내포한 것은?

① 축구 경기에서 득점과 연결되는 '좋은' 패스
② 피겨스케이팅 경기에서 고난도의 '좋은' 연기
③ 농구 경기에서 상대 속공을 차단하는 수비수의 '좋은' 반칙
④ 경기에 패배했음에도 불구하고 상대팀에게 박수를 보내는 '좋은' 매너

> **해설** 선은 인간이 추구하고자 하는 가치를 뜻하고, '좋다, 착하다'를 의미한다. 패배했음에도 상대팀에게 박수를 보내는 것은 사회적 가치, 태도발달 등의 스포츠 교육의 가치를 지키는 것이다. 또한 스포츠를 통한 인성교육의 좋은 예라고 할 수 있다.

02 〈보기〉에서 ㉠, ㉡에 들어갈 용어가 바르게 연결된 것은?

┤ 보기 ├

롤스(J. Rawls)는 (㉠)이 인간 발전의 조건이며, 모든 이의 관점에서 선이 된다고 하였다. 스포츠는 신체적 (㉡)을 훈련과 노력으로 극복하며, 기회의 균등이 정의로 작용하고 있음을 보여준다. 즉, 인간이 갖는 신체적 능력의 (㉡)은 오히려 (㉠)을 개발할 기회를 마련해주며, 이를 통해 스포츠 전체의 선(善)이 강화된다.

	㉠	㉡		㉠	㉡
①	탁월성	평등	②	규범성	조건
③	탁월성	불평등	④	규범성	불평등

> **해설** 롤스의 정의론
> 롤스는 정의를 '정당화될 수 없는, 불평등이 없는 상태'라고 규정하였다. 정의론의 중심과제는 "어떤 차등이 도덕적으로 정당화될 수 있는가?"에 초점이 맞추어져 있다. 즉, 절차에 아무런 하자가 없다면 불평등이나 차등도 정당화될 수 있다는 것이다. 사람들이 사는 사회에서 능력이 탁월한 사람도 있고, 남들보다 열심히 일하는 사람들도 있다. 만약 그 사람들의 자유로운 행위의 결과 때문에 결과적으로 다른 사람들에게 사회적 불평등을 야기시킨다고 할 때 그들의 자유로운 행동을 금지시켜야 한다고 생각하지 않을 것이다. 그것은 인간의 자유를 직접 제한할 뿐만 아니라 사회 전체로도 손해이기 때문이다. 그래서 롤스는 "부정의를 참을 수 있는 경우는 그보다 큰 부정의를 피할 수 있을 때이다."라고 주장한다.

03 〈보기〉에서 가치판단에 해당하는 것만을 모두 고른 것은?

┤ 보기 ├

㉠ 체조경기에서 선수들의 연기는 아름답다.
㉡ 건강을 위해서는 고지방 음식을 피해야 한다.
㉢ 시합이 끝난 후 상대방에게 인사를 하는 것은 옳은 행위이다.
㉣ 이상화는 2010년 밴쿠버동계올림픽경기대회에서 금메달을 획득하였다.

① ㉠, ㉢   ② ㉡, ㉢
③ ㉠, ㉡, ㉢   ④ ㉠, ㉡, ㉢, ㉣

> **해설** 가치판단
> ㉠ 가치 : 사람들이 소중하게 여기는 것을 추구하려는 것
> ㉡ 가치에 대한 판단, 선과 악, 좋음과 나쁨 등을 판단
> ㉢ 현상에 대한 주관적인 평가와 서술을 하는 것이다.
> ㉣ 개인마다 중요하게 생각하는 가치가 다르므로 참과 거짓을 확인하기 어렵다.
> 이상화 선수의 금메달 획득은 사실판단에 해당한다.

04 〈보기〉에서 설명하는 윤리 이론으로 적절한 것은?

┤ 보기 ├
- 모든 스포츠인의 권리는 동등하게 보장되어야 한다.
- 스포츠 규칙 제정은 공평성과 평등의 원칙에 근거해야 한다.
- 선수의 행동이 좋은 결과를 얻었다면 도덕적으로 옳은 것이다.

① 공리주의　　　　② 의무주의
③ 덕윤리　　　　　④ 배려윤리

해설 ② 의무주의 : 행위에 대한 옳고 그름은 행위의 결과의 좋고 나쁨으로 판단하는 결과론적 윤리체계와는 달리, 행위 자체가 도덕규칙을 지키는지를 판단기준으로 한다.
③ 덕윤리 : 덕윤리는 인간의 개별적인 행위가 아니라 그 활동에 내재되어 있는 선을 실현하는 것이고, 내재적인 선과 외재적인 선으로 구분하였다.
　㉠ 내재적인 선 : 승리, 뛰어난 기술
　㉡ 외재적인 선 : 권력, 명예, 금전적 이득
④ 배려윤리 : 도덕성을 개인의 권리와 독립성을 강조하는 정의 도덕성과 인간 관계나 상호 의존성 책임을 강조하는 배려 도덕성의 두 가지 도덕성으로 구분하고, 전자를 남성, 후자를 여성의 도덕성으로 성과 연관하여 설명한다.

05 아곤(agon)과 아레테(arete)에 관한 설명으로 옳지 않은 것은?

① 아곤은 경쟁과 승리를 추구한다.
② 아곤은 타인과의 비교를 전제하지 않는다.
③ 아레테는 아곤보다 더 포괄적인 개념이다.
④ 아레테는 신체적·도덕적 탁월성을 추구한다.

해설 아곤과 아레테의 차이
　㉠ 아곤의 목적은 경쟁에서 승리하는 것이고, 경쟁관계 있는 상태이기 때문에 상대적 개념이다.
　㉡ 아곤은 이기는 것이 중요하므로 결과에 따라 결정된다.
　㉢ 아레테는 다른 상대와 비교를 하지 않을 수 있다. 상대 선수에게 아레테를 드러낼 수도 있지만, 스스로 자신만의 아레테를 추구할 수도 있다.

㉣ 아곤은 상대와의 '비교적 우위 추구·승리 추구'를 강조하고, 아레테는 '탁월성의 추구' 그 자체에 의미를 둔다.

06 스포츠 경기에 적용되는 과학기술에 관한 설명으로 옳지 않은 것은?

① 유전자 치료를 통한 스포츠 수행력의 향상은 일종의 도핑에 해당한다.
② 야구의 압축배트, 최첨단 전신수영복 등은 경기의 공정성 확보에 기여한다.
③ 도핑 시스템은 선수의 불공정한 행위를 감시하고 적발하는 데 도움이 된다.
④ 태권도의 전자호구, 축구의 비디오 보조 심판(VAR: Video Assistant Referees)은 기록의 객관성과 신뢰성을 높인다.

해설 과학기술의 발전은 장비 개발이나 경기 운영 등에 영향을 주어 더 흥미로운 스포츠가 되도록 만들어 줄 수 있으나, 압축배트나 전신수영복과 같은 고가의 장비는 선수에게 경제적 부담을 줄 수 있어 형평성에 문제가 발생하여 경기 중 사용이 금지되고 있다.

07 〈보기〉에서 ㉠, ㉡에 들어갈 용어가 바르게 연결된 것은?

┤ 보기 ├
독일의 철학자 (㉠)는 인간의 행위에 대한 탐구를 통해 성공적인 삶을 실현하는 사회적 조건으로 (㉡)을 들고 있다. 인간은 누구나 타인에게 (㉡)을 받고 싶은 욕구가 있다. 스포츠에서 승리에 대한 욕구는 가장 원초적인 (㉡)투쟁이라고 할 수 있다.

	㉠	㉡
①	호네트(A. Honneth)	인정
②	호네트(A. Honneth)	보상
③	아렌트(H. Arendt)	인정
④	아렌트(H. Arendt)	보상

해설 • 호네트의 인정투쟁 : 독일 철학자 악셀 호네트는 '인정투쟁(The Struggle for Recognition)'이란 개념을 제시했다. 경제적 분배투쟁 못지않게 인정을 받기 위한 투쟁이 현대사회에서 중요하다는 의미이다. 동등한 인간으로 승인받고자 하는 욕구이다.

• 아렌트의 악의 평범성 : 악의 평범성이란, 모든 사람들이 당연하게 여기고 평범하게 행하는 일이 악이 될 수 있다는 개념이다. 홀로코스트와 같은 역사 속 악행은 광신자나 반사회성 인격장애자들이 아니라 국가에 순응하며 자신들의 행동을 보통이라고 여기게 되는 평범한 사람들에 의해 행해진다고 아렌트는 주장했다.

08 〈보기〉에서 의무론적 도덕 추론에 해당하는 것만을 모두 고른 것은?

┤ 보기 ├

ⓐ 의무론적 도덕 추론은 가언적 도덕 추론이라고도 한다.
ⓑ 스포츠지도자, 선수 등의 행위 주체에 초점을 맞추고 있다.
ⓒ 행위의 결과에 상관없이 절대적인 도덕규칙에 따라 판단을 내린다.
ⓓ 선의지는 도덕적인 선수가 갖추어야 할 내적인 태도이자 도덕적 행위의 필요충분조건이다.
ⓔ 정정당당하게 경기에 임하려는 선수의 착한 의지는 경기결과에 상관없이 그 자체로 선한 것이다.

① ⓐ, ⓑ, ⓒ   ② ⓐ, ⓒ, ⓓ
③ ⓑ, ⓓ, ⓔ   ④ ⓒ, ⓓ, ⓔ

해설 의무론적 도덕추론
ⓐ 행위에 대한 옳고 그름은 행위의 결과의 좋고 나쁨으로 판단하는 결과론적 윤리체계와는 달리, 행위 자체가 도덕규칙을 지키는지를 판단기준으로 한다.

ⓑ 결과의 좋음과 도덕적 옳음은 서로 무관하다 여기고 목적이 수단을 정당화할 수 없다고 강조한다.
ⓒ 선의지 : '선한 의도', '선을 행하려는 뜻'. 칸트의 핵심 개념이다. 좋은 결과나 특정한 목적 달성과는 무관한 '선에 대한 순수한 동기'를 말한다.
ⓓ 도덕성의 기준은 '선의지'이며, 의무의 무조건적인 이행이 곧 선의지다.
의무론적 도덕 추론은 가언적 도덕 추론이 아니라 정언적 도덕 추론에 해당한다.

09 〈보기〉의 ⓐ~ⓒ에 해당하는 정의의 유형이 바르게 연결된 것은?

┤ 보기 ├

ⓐ 유소년 축구 생활체육지도자 A는 남녀학생 구분없이 경기에 참여하도록 했다. 또한 장애 학생에게도 비장애 학생과 동일한 참여 시간을 보장했다.
ⓑ 테니스 경기에서는 공정한 경기를 위해 코트를 바꿔가며 게임을 하도록 규칙을 적용한다.
ⓒ B지역 체육회는 당해 연도에 소속 선수의 경기실적에 따라 연봉을 차등 지급하기로 결정했다.

	ⓐ	ⓑ	ⓒ
①	평균적	절차적	분배적
②	평균적	분배적	절차적
③	절차적	평균적	분배적
④	분배적	절차적	평균적

해설 • 평균적 정의 : 모든 사람이 동등한 권리를 가지는 절대적 평균. 모든 인간은 동등하게 스포츠에 참여할 기회를 가진다.
• 절차적 정의 : 평균적 정의를 최대한 합당하도록 보완하는 정의. 추첨, 공수전환 등
• 분배적 정의 : 사람들 사이의 불평등을 다르게 다룸으로써 개인에게 합당한 몫을 부여하는 것. 승자와 패자의 차등

10 셀러(M. Scheler)의 가치 서열 기준과 이를 스포츠에 적용한 사례로 연결이 적절하지 <u>않은</u> 것은?

① 지속성 – 도핑으로 메달을 획득하는 것보다 지속적으로 훈련을 하여 경기에 참여하는 것이 가치가 더 높다.

② 만족의 깊이 – 자신의 실수를 인정하여 패배하는 것이 속임수를 쓰고 승리하여 메달을 획득하는 것보다 가치가 더 높다.

③ 근거성 – 올림픽 경기에서 메달 획득으로 병역 혜택을 받는 것보다 올림픽 정신을 토대로 세계적인 선수들과 정정당당하게 겨루는 것이 가치가 더 높다.

④ 분할 향유 가능성 – 상위 팀이 상금(몫)을 독점하는 것보다는 적더라도 보다 많은 팀이 상금(몫)을 받도록 하는 것이 가치가 더 높다.

해설 셀러의 가치 서열

ⓐ 지속성 : 가치는 그것이 지속적일수록 높다. 지속적이라는 것은 재화의 지속을 의미하는 것이 아니라, '어떤 가치가 시간을 관통하여 존재할 수 있는' 현상을 가진다는 의미이다.

ⓑ 미분할성 : 가치는 그것이 불가분적일수록 높다. 물질적 재화에 많은 사람들이 관여하는 것은 그것이 분할 가능하기 때문이다. 이에 반해 정신적 재화는 분할 불가능한 것이다.

ⓒ 근거성(정초성) : 기초되는 가치는 그 기초로부터 파생되는 가치보다 더 높다.

ⓓ 만족감 : 가치는 그것이 높을수록 만족감이 크다. 여기서 만족은 쾌락과는 무관한 충족 체험을 의미한다.

ⓔ 상대성 : 그 높음의 최종기준은 가치의 상대성 정도에 달려 있다.

11 〈보기〉의 ㉠에 해당하는 레스트(J. Rest)의 도덕성 구성요소는?

| 보기 |

(㉠)은/는 스포츠 현장에서 발생하는 특정 상황 속에 내포된 도덕적 이슈들을 감지하고 그 상황에서 어떠한 행동을 할 수 있으며 그 행동들이 관련된 사람들에게 어떤 영향을 미칠 수 있는가를 상상하는 것을 말한다.

① 도덕적 감수성(moral sensitivity)
② 도덕적 판단력(moral judgement)
③ 도덕적 동기화(moral motivation)
④ 도덕적 품성화(moral character)

해설 ① 도덕성 감수성 : 상황적인 정보 내지는 단서에 민감하고, 내 행동이 타인에게 미치는 영향을 인식하며, 그 상황에 대응할 수 있는 행동의 안들을 상상으로 구성하는 것이다.

② 도덕적 판단력 : 어떤 행동이 도덕적으로 정당한지, 즉 옳은지 그른지를 판단하는 것이다.

③ 도덕적 동기화 : 선택된 도덕적 가치가 다른 가치들과 갈등하거나 충돌할 경우, 도덕적 가치에 무게 중심을 두는 것이다.

④ 도덕적 품성화 : 결정내린 바를 행동으로 옮기는 능력을 가리키는 것으로 방식이나 여타 유혹에 저항하는 심리적인 굳건함, 자아 강도, 인내, 신념, 용기 등의 요소가 여기에 포함된다.

12 〈보기〉의 설명과 관계있는 자연중심주의 사상가는?

> **보기**
>
> • 생태윤리에 대한 규칙 : 불침해, 불간섭, 신뢰, 보상적 정의
> • 스포츠에 의한 환경오염 발생 시 스포츠 폐지 권고
> • 인간의 욕구를 위해 동물의 생존권을 유린하는 스포츠 금지

① 베르크(A. Berque)

② 테일러(P. Taylor)

③ 슈바이처(A. Schweitzer)

④ 하이젠베르크(W. Heisenberg)

해설 테일러의 생태윤리
  • 불침해의 의무 : 소극적 의무로서 인간이 다른 생명체에게 해를 끼치면 안 되는 의무
  • 불간섭의 의무 : 각 생명이 가지는 그들의 생명으로서의 목적에 간섭을 해서는 안 되며, 생태계의 자유로운 발전에 제한을 가하면 안 된다는 의무
  • 성실의 의무 : 자연 상태의 야생동물에게 위해를 가해 신뢰를 훼손하면 안 된다는 의무
  • 보상적 정의의 의무 : 인간이 고의든 과실이든 다른 생명에게 해를 끼친다면 그에 대한 전적인 보상을 해야 한다는 의무

13 〈보기〉에서 설명하는 사건과 거리가 먼 것은?

> **보기**
>
> • 1964년 리마에서 개최된 페루·아르헨티나의 축구 경기에서 경기장 내 폭력으로 300여 명 사망
> • 1969년 온두라스와 엘살바도르의 축구 전쟁
> • 1985년 벨기에 헤이젤 경기장에서 열린 리버풀과 유벤투스의 경기에서 응원단이 충돌하여 39명 사망

① 경기 중 관중의 폭력

② 아파르트헤이트(Apartheid)

③ 위협적 응원문화

④ 훌리거니즘(hooliganism)

해설 아파르트헤이트는 아프리칸스어로 '분리'라는 뜻으로서 냉전 당시부터 남아프리카 공화국 소수 백인의 국민당 정권이 다수 유색인종에 대한 인종차별 정책을 말한다.
〈보기〉는 스포츠와 폭력에 관한 사건들이다.

14 폭력을 설명한 학자의 개념과 그에 대한 설명이 바르게 연결된 것은?

① 푸코(M. Foucault)의 '분노' – 스포츠 현장에서 인간 내면의 분노로 시작된 폭력은 전용되고 악순환을 반복하는 경향이 있다.

② 아리스토텔레스(Aristotle)의 '규율과 권력' – 스포츠계에서 위계적 권력 관계는 폭력으로 변질되어 표출된다.

③ 홉스(T. Hobbes)의 '악의 평범성' – 폭력이 관행화된 스포츠계에서는 폭력에 대한 죄책감이 없어진다.

④ 지라르(R. Girard)의 '모방적 경쟁' – 자신이 닮고자 하는 운동선수를 모방하게 되듯이 인간 폭력의 원인을 공격 본능이 아닌 모방적 경쟁 관계에서 찾는다.

해설 ① 아리스토텔레스의 '분노'(분노론)
  ② 푸코의 '규율과 권력'(권력론)
  ③ 아렌트의 '악의 평범성'

15 〈보기〉의 ㉠~㉢에 해당하는 용어로 바르게 연결된 것은?

┤보기├

스포츠 조직에서 (㉠)은/는 기업의 가치경영을 넘어 정성적 규범기준까지 확장된 스포츠 사회·윤리적 가치체계를 의미한다. 이러한 체계가 실효성 있게 작동되기 위해서는 경영자의 윤리적 (㉡)와 경영의 (㉢) 확보가 선행되어야 한다.

	㉠	㉡	㉢
①	기업윤리	공동체	투명성
②	윤리경영	실천의지	투명성
③	기업윤리	실천의지	공정성
④	윤리경영	공동체	공정성

해설 • 기업윤리 : 기업경영을 수행하는 데 있어서 법과 규정의 준수는 물론 규범적 판단, 윤리적 의사결정으로 종업원, 경영자, 고객, 주주, 투자자, 소비자, 정부, 시민사회 등 모든 이해관계자에 대하여 기업의 사회적, 도덕적 책임을 다하는 경영을 의미한다.
• 공동체 : 같은 관심과 의식으로 환경을 공유하는 사회집단이다.
• 공정성 : 자신의 투입과 산출의 비율을 타인과 비교하여 두 비율이 같을 때 공정하고 두 비율 간에 차이가 있을 때 불공정하다고 판단하는 것이다.

16 체육의 공정성 확보와 체육인의 인권보호를 위해 설립된 스포츠윤리센터의 역할로 적절하지 <u>않은</u> 것은?

① 스포츠비리 및 체육계 인권침해에 대한 실태조사
② 스포츠비리 및 체육계 인권침해 방지를 위한 예방교육
③ 신고자 및 가해자에 대한 치료와 상담, 법률 지원, 임시보호 연계
④ 체육계 인권침해 및 스포츠비리 등에 대한 신고 접수와 조사

해설 스포츠윤리센터는 문화체육관광부(스포츠비리신고센터), 대한체육회(클린스포츠센터) 및 대한장애인체육회(체육인지원센터)의 신고 기능을 통합한 것으로, 체육계로부터 독립적인 지위에서 스포츠계 인권침해 및 비리를 조사하는 기구이다.
▶ 스포츠윤리센터의 역할
• 스포츠비리 및 체육계 인권침해에 대한 신고 접수 및 조사
• 피해자에 대한 상담, 법률 지원 및 관련 기관 연계
• 스포츠비리 및 체육계 인권침해 실태조사
• 스포츠비리 및 체육계 인권침해 방지 예방교육

17 〈보기〉의 내용과 관련 있는 용어는?

┤보기├

• 상대 존중, 최선, 공정성 등을 포함
• 경쟁이 갖는 잠재적 부도덕성의 제어
• 스포츠 참가자가 마땅히 따라야 할 준칙과 태도
• 스포츠의 긍정적 가치를 유지하려는 도덕적 기제

① 테크네(techne)
② 젠틀맨십(gentlemanship)
③ 스포츠맨십(sportsmanship)
④ 리더십(leadership)

해설 ① 테크네 : 일반적인 규칙에 관한 지식에 따라 일정한 기술에 입각한 인간의 제작활동 일체를 말한다.
② 젠틀맨십 : 신사 또는 젠틀맨을 상징하는 매너, 지켜야 할 도리
④ 리더십 : 공동목표를 위해 스스로 노력하도록 사람에게 영향력을 행사하는 활동이다.

18 〈보기〉의 대화에서 나타나는 스포츠 차별은?

┤ 보기 ├

영은 : 저 백인 선수는 성공하기 위해서 얼마나 많은 노력과 땀을 흘렸을까.

상현 : 자기를 희생하면서도 끝없는 자기관리와 투지의 결과일 거야.

영은 : 그에 비해 저 흑인 선수가 구사하는 기술은 누구도 가르칠 수 없는 묘기이지.

상현 : 아마도 타고나지 않으면 할 수 없는 거지. 천부적인 재능이야.

① 성차별   ② 스포츠 종목 차별

③ 인종차별   ④ 장애차별

해설 흑인 선수는 타고난 재능으로 경기력이 좋은 것이고, 백인 선수는 엄청난 노력으로 성공했다고 평가하고 있다. 백인 선수는 노력의 결과이고, 흑인 선수는 쉽게 잘하는 것이라고 흑인에 대한 인종차별을 하고 있다.

19 〈보기〉의 설명과 관련 있는 제도는?

┤ 보기 ├

학생선수가 일정 수준의 학력기준에 도달하지 못한 경우에는 별도의 기초학력보장 프로그램을 운영한다. 학교의 장은 필요한 경우 학생선수의 경기대회 출전을 제한할 수 있다.

① 최저학력제

② 체육특기자 제도

③ 운동부의 인권보장제

④ 학생선수의 생활권 보장제도

해설 최저학력제

• 상급학교 진학이 경기실적에 따라 좌우되어, 훈련을 최우선시하기 때문에 자유로운 학교생활과 수업시간을 박탈당하는 경우가 있다.

• 학생선수의 학습권을 보장하기 위한 방법이고, 최저성적기준을 정하고, 이 기준에 미달하는 선수에게는 선수활동에 제약을 주고, 학년별 단계적으로 상향조정된다.

• '공부하는 운동선수'를 만들기 위해 만들어진 조치이지만, 선수, 지도자, 학부모의 의견 차이가 생기기도 한다.

20 〈보기〉에서 스포츠 인권에 대한 내용을 모두 고른 것은?

┤ 보기 ├

㉠ 모든 사람은 평등하게 스포츠와 신체활동에 참여할 권리를 가진다.

㉡ 국가 차원에서 체계적인 스포츠 인권 정책을 마련해야 한다.

㉢ 스포츠의 종목이나 대상에 따라 권리가 상대적으로 보장되어야 한다.

㉣ 국가는 장애인이 스포츠 활동 참여의 권리를 동등하게 보장받도록 노력해야 한다.

① ㉠, ㉢   ② ㉠, ㉣

③ ㉠, ㉡, ㉢   ④ ㉠, ㉡, ㉣

해설 모든 사람에게 평등한 권리가 주어져야 한다. 종목이나 대상에 따라 상대적으로 보장되는 것은 특혜나 차별이 발생할 수 있다.

정답

15 ②   16 ③   17 ③   18 ③   19 ①   20 ④

특수체육론 (01)

01 축구 경기에서 발목을 삔 지적장애인에게 응급처 치하였다. RICE 절차와 내용의 연결이 옳지 <u>않은</u> 것은?

① 휴식(rest) – 즉각적으로 부상 부위를 움직이지 않게 한다.

② 냉찜질(ice) – 얼음으로 부상 부위를 차게 해준다.

③ 압박(compression) – 붕대로 부상 부위를 감 아서 혈액응고 및 부종을 예방한다.

④ 올림(elevation) – 부상 부위를 잡아당겨서 고 정한다.

> 해설 올림 : 부상부위를 심장보다 높이 올려 부종을 예방 한다.

02 절단장애인의 환상통증(phantom pain)에 대한 설 명이 <u>아닌</u> 것은?

① 궤양과 같은 고통스러운 통증을 느낄 수 있다.

② 절단 후 남아 있는 부위에서는 근육 경련이 일 어나지 않는다.

③ 절단된 부위가 아직 남아 있는 것처럼 생각하 고 그 부위에서 통증을 느낀다.

④ 인공 의지(prosthesis)나 보조기를 착용해도 통 증을 느낄 수 있다.

> 해설 환상통증
> • 몸의 한 부위나 장기가 물리적으로 없는 상태임에 도 있는 것처럼 느끼는 감각을 말한다.
> • 절단부 통증과는 다르며, 절단 환자들 중 50~80% 가 겪는다고 한다.
> • 해당 부위에 가벼운 불편감부터 극도의 아픔까지 통증을 느끼거나 더위, 추위, 간지러움, 압착, 쓰라 림, 쑤시는 느낌 또는 운동하고 있는 감각이 느껴 지기도 한다.
> • 절단되고 남은 부위에 절단단 무도증(불규칙한 불 수의적 이상운동증상), 동통성 틱, 아침발작 또는 근수축성 경련 등이 나타날 수 있다.

03 척수장애인의 운동지도 지침이 <u>아닌</u> 것은?

① 자율신경 반사 이상의 위험을 줄이기 위해 운 동 전에 장과 방광을 비우게 한다.

② 유산소성 운동 후 체온을 낮추어 주기 위해 시 원한 압박붕대를 사용한다.

③ T6 이상에 손상을 입은 경우, 유산소성 훈련 효과를 극대화하기 위해 최대심박수를 150회/ 분까지 증가시킨다.

④ 심장으로 들어가는 혈액량의 감소로 인한 저혈 압의 위험을 줄이기 위해, 충분한 준비운동을 하게 하고 운동부하를 점진적으로 증가시킨다.

> 해설 T1–T6손상(T6 이상)은 자율신경성 반사부전증(갑작 스런 고혈압, 서맥, 두통, 털세움, 홍조, 소름, 손상 수준 위쪽의 발한, 코의 울혈, 피부반점), 체온조절기 능저하, 기립성 저혈압을 경험할 수 있다. 심장에 대 한 교감신경의 지배가 없을 때 안정 시 심박수는 심 장의 부교감 신경 지배로 인해 서맥이 나타날 수 있 고 최대심박수는 분당 115~130회로 제한된다.

04 〈보기〉에서 설명하는 장애유형은?

> ┤ 보기 ├
> • 의사소통 : 유창한 말하기와 풍부한 어휘 능력 을 가지고 있다.
> • 사회적 상호작용 : 대화 중에 눈을 마주치거나 고개를 끄덕이는 행동을 어려워한다.
> • 관심사와 특이행동 : 특정한 사물에 강한 관심 을 나타내는 경향이 있다.
> • 관계 형성 : 가족과의 애착이 형성될 수는 있 으나 또래와의 관계 형성은 어려울 수 있다.

① 아스퍼거 증후군 　② 뇌병변장애

③ 지체장애 　④ 시각장애

> 해설 아스퍼거 증후군
> 발달장애의 일종으로, 사회적 상호작용과 비언어적 의사소통에 어려움을 겪고 제한적·반복적인 관심사 와 활동을 보이는 사람들을 통틀어 가리킨다. 다른

자폐 스펙트럼과는 달리 전반적으로 언어적 의사소통과 인지능력의 발달 지연은 발생하지 않거나 비교적 적게 발생하며, 표준 진단 기준에는 포함되어 있지 않으나 서투른 동작이나 특이한 언어사용이 흔하게 나타난다.

05 〈보기〉에서 ㉠~㉢에 들어갈 장애인스포츠 프로그램 서비스 전달 단계가 바르게 묶인 것은?

┤보기├

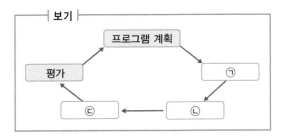

① ㉠ 사정
　 ㉡ 개별화교육계획
　 ㉢ 교수·코칭·상담
② ㉠ 개별화교육계획
　 ㉡ 교수·코칭·상담
　 ㉢ 사정
③ ㉠ 개별화교육계획
　 ㉡ 사정
　 ㉢ 교수·코칭·상담
④ ㉠ 교수·코칭·상담
　 ㉡ 개별화교육계획
　 ㉢ 사정

해설 개별화 교육프로그램 : '각급 학교의 장이 특수교육대상자 개인의 능력을 계발하기 위하여 장애 유형 및 특성에 적합한 교육목표, 교육방법, 교육내용, 특수교육 관련 서비스 등이 포함된 계획을 수립하여 실시하는 교육'으로 규정한다. 또한 개별화교육지원팀의 구성 인원과 시기, 개별화교육계획의 작성과 시기, 포함 내용 역시 장애인 등에 대한 특수교육법과 시행규칙을 통해 규정하고 있다.

'평가 → 프로그램 계획 → 사정 → 개별화교육계획 → 교수·코칭·상담'의 절차로 진행된다.

06 〈보기〉에서 설명하는 장애인스키 장비는?

┤보기├

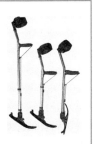

- 절단 등의 장애 때문에 균형 유지가 어려운 장애인이 사용한다.
- 스키 폴(pole) 하단에 짧은 플레이트를 붙여서 만든 보조장치이다.

① 아웃리거(outriggers)
② 듀얼리거(dualriggers)
③ 바이리거(biriggers)
④ 인리거(inriggers)

해설 아웃리거는 절단이나 신체적 손상으로 인하여 균형유지가 필요한 사람을 위한 보조장비이다. three-track 스키는 한 쪽 다리가 절단된 사람이 한 개의 스키와 2개의 아웃리거를 사용하는 것이고, four-track 스키는 2개의 스키와 2개의 아웃리거를 사용하는 것이다.

07 장애인스포츠와 관련된 긍정적인 변화를 위한 사회적 노력으로 잔스마와 프랜치(P. Jansma와 R. French, 1994)가 제시한 "4L"의 방법이 아닌 것은?

① 장애인스포츠와 관련된 지식의 창출과 보급(Literature)
② 장애인스포츠 관련 단체 등의 목표를 성취하기 위한 집단행동(Leverage)
③ 장애인스포츠에 대한 법률관계 확정을 위한 소송(Litigation)
④ 장애인스포츠에 대한 장애인의 학습(Learning)

해설 잔스마와 프랜치(1994)가 제시한 4L
새로운 지식을 제공하는 문헌(Literature), 목표와 성취를 위한 행동력(Leverage), 권리의 주장을 위한 소송(Litigation), 실행을 부장하는 입법(Legislation)

08 위닉스(J. Winnick, 1987)의 장애인스포츠 통합 연속체에서 〈보기〉의 내용에 해당하는 단계는?

┤ 보기 ├

- 시각장애 볼링선수가 가이드 레일(guide rail)의 도움을 받아 비장애선수와 함께 경쟁하였다.
- 희귀성 다리순환장애 골프선수가 카트를 타고 비장애선수와 함께 경쟁하였다.

① 일반스포츠(regular sport)

② 편의를 제공한 일반스포츠(regular sport with accommodation)

③ 일반스포츠와 장애인스포츠(regular sport & adapted sport)

④ 분리된 장애인스포츠(adapted sport segregated)

해설
- 일반스포츠(Regular sport) : 통합을 최대화하고 스포츠 참가
- 편의를 제공한 일반스포츠(Regular sport with accommodation) : 보조장비를 이용한 일반경기 참여
- 일반스포츠와 장애인스포츠(Regular and adapted sport) : 체육시설에서 부분통합 또는 완전통합으로 행해지고 있는 일반스포츠와 장애인스포츠 포함(장애인, 비장애인 선수가 한 팀으로 출전)
- 장애인스포츠(Adapted sport) : 장애선수와 일반선수가 변형된 스포츠 종목에 참가하는 경우(협력활동)
- 분리된 장애인스포츠(Adapted sport segregated) : 완전 분리된 시설에서 장애인스포츠 및 일반스포츠에 참가하고 있는 장애 선수(예 전국장애인 체전)

09 미국스포츠의학회(ACSM)의 '운동 참여 전 건강검진 알고리즘'을 적용할 때, 〈보기〉에서 의료적 허가가 필요하지 <u>않은</u> 시각장애인은?

┤ 보기 ├

대한장애인체육회에서는 생활체육 골볼교실에 참가하는 시각장애인에게 운동참여 전 건강 문진을 통해서 다음의 결과를 얻었다.

문항＼시각장애인	㉠	㉡	㉢	㉣
현재 규칙적으로 운동에 참여하는가?	예	예	아니오	예
심혈관 질환, 대사 질환, 또는 신장 질환이 있는가?	예	아니오	예	아니오
질병을 암시하는 징후 또는 증상이 있는가?	아니오	예	아니오	아니오
원하는 운동강도가 있는가?	고강도	중강도	고강도	고강도

① ㉠   ② ㉡

③ ㉢   ④ ㉣

해설 ACSM 운동 참여 전 건강검진 알고리즘

현재 규칙적인 운동에 참여하지 않음		
심혈관, 대사성, 신장질환이 없고, 심혈관, 대사성, 신장질환을 암시하는 증상이나 증후가 없음	기저 심혈관, 대사성, 신장질환 그리고 무증상	심혈관, 대사성, 신장질환을 암시하는 징후 또는 증상(질병상태와 상관없이)
의료적 허가 필요 없음	의료적 허가 추천됨	의료적 허가 추천됨
• 저~중강도 운동권장 • ACSM지침에 따라 점진적고강도운동으로 진행	• 의료적 허가에 따라 저~중강도 운동 추천 • ACSM 지침에 따라 견딜 수 있을 때까지 점진적으로 진행	• 의료적 허가에 따라 저~중강도 운동 추천 • ACSM 지침에 따라 견딜 수 있을 때까지 점진적으로 진행

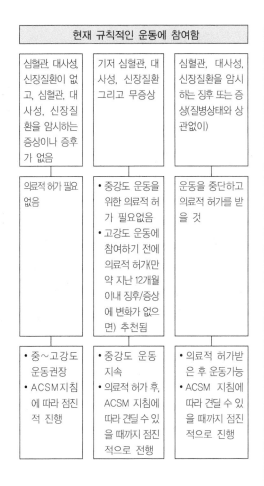

현재 규칙적인 운동에 참여함

심혈관, 대사성, 신장질환이 없고, 심혈관, 대사성, 신장질환을 암시하는 증상이나 증후가 없음	기저 심혈관, 대사성, 신장질환 그리고 무증상	심혈관, 대사성, 신장질환을 암시하는 징후 또는 증상(질병상태와 상관없이)
의료적 허가 필요 없음	• 중강도 운동을 위한 의료적 허가 필요없음 • 고강도 운동에 참여하기 전에 의료적 허가(만약 지난 12개월 이내 징후/증상에 변화가 없으면) 추천됨	운동을 중단하고 의료적 허가를 받을 것
• 중~고강도 운동권장 • ACSM지침에 따라 점진적 진행	• 중강도 운동 지속 • 의료적 허가 후, ACSM 지침에 따라 견딜 수 있을 때까지 점진적으로 전행	• 의료적 허가받은 후 운동가능 • ACSM 지침에 따라 견딜 수 있을 때까지 점진적으로 진행

10 미국 장애인교육법(Individuals with Disabilities Education Act : IDEA, 2004)에서 명시한 통합교육과 관련된 용어는?

① 통합(inclusion)

② 정상화(nomalization)

③ 주류화(mainstreaming)

④ 최소한으로 제한된 환경(least restrictive environment)

해설 ① 통합교육 : 일반학교에서 장애유형, 장애정도에 따라 차별을 받지 아니하고 또래와 함께 개개인의 교육적 요구에 적합한 교육을 받는 것을 말한다.

② 정상화 : 모든 정신지체 장애인들이 사회 생활방식과 일반 상황에서 가능한 한 일상생활 조건과 삶의 형태를 누릴 수 있도록 하는 것을 의미한다.

③ 주류화 : 점진적이고 단계적인 통합교육이다. 일반 환경과 같은 환경에서 교육하고 부족한 부분은 특수교육을 실시한다.

④ 최소한으로 제한된 환경 : 장애아동을 비장애 또래, 가정, 지역사회로부터 가능한 최소한으로 분리시켜야 한다는 것이다. 장애아동의 삶이 가능한 '정상적'이어야 하므로, 교육이 개별적 필요에 의해 이루어져야 하지만 필요 이상으로 개인의 자유를 침해해서는 안된다.

11 〈보기〉에서 설명하는 모스톤과 애쉬워스(M. Mosston & S. Ashworth, 2002)의 교수 스타일은?

┤ 보기 ├

• 장애인스포츠지도자가 수업 운영과 관련된 모든 사항을 결정한다.

• 지도자는 장애인에게 운동과제에 대한 설명과 시범을 보이고, 연습하게 하고 피드백을 제공한다.

• 수업에서 장애인의 안전을 확보하는 데 효과적인 교수 스타일이다.

① 지시형 스타일(command style)

② 연습형 스타일(practice style)

③ 상호학습형 스타일(reciprocal style)

④ 유도발견형 스타일(guided discovery style)

해설 ② 연습형 스타일 : 피드백이 주어진 기억과 모방 과제를 학생이 개별적으로 연습하는 것이다. 과제활동 전과 후의 결정은 지도자가 하지만, 과제 활동 중 9가지(수업장소, 수업운영, 시작 시간, 속도와 리듬, 정지 시간, 질문, 인터벌, 자세, 복장과 외모) 의사결정은 학생에게 이전된다.

③ 상호학습형 스타일 : 지도자의 역할은 모든 지도 내용과 기준을 정하고, 운영절차를 결정하며, 피드백을 제공한다. 학생은 자기 동료와 짝을 이뤄 움직임을 수행하여 서로 피드백을 제공한다.

④ 유도 발견형 스타일 : 미리 정해진 해답을 학생이 발견하도록 유도하는 방법으로, 논리적인 질문을 설계해야 한다. 새로운 주제를 소개할 때 유용하며, 학생들이 학습과정에 흥미를 갖고 참여하게 되고 세부직인 깃에 대해 궁금증을 유발할 수 있다.

12 〈보기〉의 수어가 나타내는 스포츠 종목은?

─┤ 보기 ├─

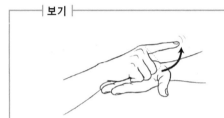

왼 손바닥을 위로 향하게 펴고, 오른 주먹의 손등이 위로 향하게 하여 왼 손바닥 위에 올려놓고, 오른손의 검지를 튕기며 편다.

① 휠체어농구 ② 권투
③ 탁구 ④ 축구

해설 손가락으로 공을 차는 듯한 동작이므로 축구를 나타내는 수어이다.

13 국제 뇌성마비 스포츠 레크리에이션 협회(Cerebral Palsy-International Sports and Recreation Association, CPISRA)의 등급 분류 체계에 관한 설명이 아닌 것은?

① 5등급은 다시 5-A와 5-B로 세분화된다.
② 뇌성마비뿐만 아니라 뇌병변 장애인을 포함하고 있다.
③ 1~4등급은 보행이 가능한 등급이며, 5~8등급은 휠체어로 이동하는 등급이다.
④ 경기의 승패가 손상이 아니라 노력의 정도에 의해 결정되도록 하는 것을 목적으로 한다.

해설 뇌성마비 등급분류
• 뇌성마비 등급분류의 경우 뇌성마비 외에 뇌손상으로 인한 장애도 포함해서 등급분류를 할 수 있다.
• 휠체어 사용군과 입식경기가 가능한 군으로 구분하여 평가를 하게 된다. 보행이 불가능한 휠체어 사용군의 경우 C1-C4까지 4개의 등급으로 분류되며, 보행이 가능하고 입식 경기가 가능한 경우 C5-C8까지 4개의 단계로 구분된다.
• C1-C4 등급의 경우 뇌손상으로 인한 모든 경우를 포함하며 보행이 불가능하여 휠체어를 사용하여 경기를 하는 등급이며, C5 등급의 경우 양쪽 하지마비가 있어 보행에 장애가 있는 등급이다.
• C6 등급의 경우 불수의적 운동이나 부정형 운동 양상을 보이는 등급이며, C7 등급의 경우 편마비가 있는 경우의 등급으로 특정 유형에 대한 등급을 따로 분류를 하였으며, C8 등급의 경우 최소장애를 규정하고 있다.
▶ 국제 뇌성마비 스포츠레크리에이션협회(CP-ISRA)

구분	기준
1등급	사지의 경련이 심한 중증의 사지마비로 전동 휠체어를 사용하는 수준
2등급	사지의 경련이 보통에서 심한 정도로 중증 사지마비와 무정위운동증, 근력의 기능이 극히 낮으며 휠체어에 의존하여 생활하는 수준
3등급	팔다리 부위에 약간의 사지마비가 있으며 기능적 근력이 보통이고, 상지를 조절할 수 있으며 하지는 보통에서 심한 정도까지의 경직성이 있고, 휠체어에 의존하여 일상생활을 하지만 보조기를 착용하지 않고 걸을 수 있는 수준
4등급	기능적 근력이 양호한 하지마비로서 조절문제는 최소이고 하지의 경직성은 보통에서 심한 정도까지 나타나며, 보조를 받아 걸을 수 있는 수준
5등급	휠체어를 사용하여 이동할 수 있는 하지마비와 보통의 편마비가 있는 사람으로 하지의 한쪽에는 보통에서 심한 정도까지 경직성이 있고 상체는 기능적 근력이 양호하여 조절문제에 어려움이 없이 보조기나 휠체어를 사용하여 경기에 참여할 수 있는 수준

14 미국 지적 및 발달장애협회(AAIDD, 2010)의 지적 장애 정의에 대한 설명 중 옳지 <u>않은</u> 것은?

① 만 20세 이후에 시작된다.
② 적응행동에서의 명백한 제한이 나타난다.
③ 지능 지수가 평균에서 2 표준편차 이하이다.
④ 적응행동은 개념적, 사회적, 실제적 적응기술에서 명백한 제한이 나타난다.

해설 지적장애 정의
• 적응행동의 결여와 동시에 평균 이하의 지능을 가지고, 발달기 동안에 나타나며, 아동의 교육적 수행에 불리하게 작용하는 상태를 의미한다.
• 평균 이하의 지능과 개념적, 사회적, 실질적 적응기술 영역에 상당한 제한을 나타내는 장애로, 18세 이전에 나타난다.
• 인지적 기능의 현저한 제한 : 지능검사에서 표준편차 −2 이하(스탠포드−비네 V검사, 아동용 웩슬러 지능검사)

15 데이비스와 버튼(W. Davis & A. Burton, 1991)이 제시한 생태학적 과제분석의 실행과정을 순서대로 나열한 것은?

① 변인 선택 – 관련 변인 조작 – 과제 목표 – 지도
② 과제 목표 – 관련 변인 조작 – 변인 선택 – 지도
③ 변인 선택 – 과제 목표 – 관련 변인 조작 – 지도
④ 과제 목표 – 변인 선택 – 관련 변인 조작 – 지도

해설 생태학적 과제분석은 수행자와 과제, 환경의 특징들이 중요한 방법으로 상호작용하고 움직임 과제를 계획할 때에 반드시 고려되어야 한다는 것을 주요 내용으로 하는 다이나믹 시스템이론과 생태학적 심리학에 기반을 두고 있다.
▶ 단계
• 과제 목표 : 학생들은 자신의 흥미에 영향을 줄 수 있는 목표를 수립하게 되는 되는데, 이는 성취해야 할 행동이나 활동 수준에 긍정적인 영향을 끼치게 된다.

• 변인 선택 : 선택의 영역에는 성취되어야 할 기술, 움직임 패턴, 환경, 기구 등이 포함된다.
• 관련 변인 조작 : 지도자는 과제목표의 달성과 더불어, 좀 더 도전적인 과제에 학생들이 참여할 수 있도록 관련된 과제 변인들을 변형할 수 있다. 이 과정에서 환경이나 과제, 학생들의 특성을 수정한다.
• 지도 : 직접적인 지도는 학생이 과제 목표를 이해하고 움직임 과제를 해결할 수 있는 방법을 살펴보고 목표를 달성할 수 있는 움직임이나 기술을 선택한 후 제공된다.

16 〈보기〉의 ㉠~㉣에 들어갈 개념이 바르게 묶인 것은?

| 보기 |

		절차의 형태	
		후속자극 (consequence) 제시	후속자극 (consequence) 제거
목표	바람직한 행동의 증가	㉠	㉡
	바람직하지 않은 행동의 감소	㉢	㉣

	㉠	㉡	㉢	㉣
①	정적강화	부적강화	정적처벌	부적처벌
②	부적강화	정적강화	부적처벌	정적처벌
③	정적강화	정적처벌	부적강화	부적처벌
④	부적강화	부적처벌	정적처벌	정적강화

해설 ㉠ 정적강화 : 바람직한 행동을 한 후 아동이 좋아하는 보상을 제공하여 바람직한 행동의 발생률을 향상시키는 과정이다. 예 칭찬하기, 자유시간, 사탕 등
㉡ 부적강화 : 어떤 바람직한 행동을 할 때 학생이 싫어하는 대상을 제거해 주어 강도와 빈도를 증가시키는 것이다. 예 꾸지람, 화장실 청소 등

▶ 처벌 : 정적강화물을 감하거나, 부적강화물을 가하여 행동의 빈도를 약화시키거나 증가시키는 것. 즉, 벌에는 두 종류가 있다.
ⓒ 정적처벌 : 어떤 자극이 주어짐으로 행동이 감소하는 것이다.
ⓔ 부적처벌 : 어떤 자극이 없어짐으로 행동이 감소하는 것이다.

17 척수장애의 장애정도가 가장 심한 것은?

① 목뼈(경추, cervical vertebrae) 1번과 2번 사이 손상
② 목뼈(경추, cervical vertebrae) 6번과 7번 사이 손상
③ 등뼈(흉추, thoracic vertebrae) 1번과 2번 사이 손상
④ 등뼈(흉추, thoracic vertebrae) 11번과 12번 사이 손상

해설 ① C1~3 손상 : 사지마비, 인공호흡기 의존
② C7 손상 : 사지마비, 어깨, 팔 약하게 기능
③ T1 손상 : 하반신 마비
④ T11 손상 : 하반신 마비

18 개별화교육프로그램(IEP)의 목표 진술 3요소가 아닌 것은?

① 조건(condition)　② 기준(criterion)
③ 행동(action)　④ 비용(cost)

해설 ① 조건 : 행동수행에 필요한 자료, 과제 지시, 상황 등
② 기준 : 다음 기술로 넘어가는 필요한 최소 수준 판별 지침(아동의 작업 결과물, 관찰, 검사 등을 이용한 객관적인 평가)
③ 행동 : 움직임으로 끝과 시작이 있고, 반복할 수 있으며, 두 명 이상의 사람에 의해 신뢰성이 있는 측정이 가능할 것. 다양한 차원(정확성, 속도, 지속 시간, 기간, 강도)을 고려하여 행동이 나타내는 기능을 파악

19 〈보기〉에서 국민체육진흥법 시행령의 '장애인스포츠지도사 2급 연수과정'이 아닌 것으로 묶인 것은?

┤보기├
ㄱ 스포츠 윤리　　ㄴ 선수 관리
ㄷ 지도역량　　　ㄹ 스포츠 매니지먼트
ㅁ 장애특성 이해　ㅂ 코칭 실무

① ㄱ, ㅁ　　　② ㄷ, ㄹ
③ ㄴ, ㅂ　　　④ ㅁ, ㅂ

해설 2급 장애인스포츠지도사 연수과정(국민체육진흥법 시행령 [별표 4] 체육지도자의 연수과정)

(1) 스포츠 윤리 : 선수·지도자·심판윤리, 선수와 인권, (성)폭력 방지, 공정 경쟁, 스포츠와 법
(2) 장애 특성 이해 : 인지, 정서 장애인 특성에 따른 스포츠지도, 지체장애인 특성에 따른 스포츠지도, 시·청각 장애인 특성에 따른 스포츠지도
(3) 지도역량 : 장애특성별 운동프로그램, 운동기술과 체력의 진단 및 평가, 통합체육 이해와 적용 방안, 스포츠 심리 및 트레이닝 실무, 체육지도 방법
(4) 스포츠 매니지먼트 : 스포츠 지도를 위한 한국수어, 스포츠시설 및 용품 관리, 생활체육 프로그램 운영 및 관리, 커뮤니케이션 및 상담기법, 스포츠 행정 실무
(5) 현장실습
(6) 그 밖에 문화체육관광부장관이 필요하다고 인정하여 고시하는 사항

20 스포츠를 처음 배우는 중도(重度) 지적장애인을 위한 지도전략으로 옳지 <u>않은</u> 것은?

① 배구에서 배구공을 가볍고 큰 공으로 변형한다.
② 기본운동기술을 높은 수준의 스포츠 기술로 변형한다.
③ 골프에서 골프공을 가볍고 큰 공으로 변형한다.
④ 평균대 위 걷기에서 안전바(safety bar)를 잡고 걷게 한다.

> 해설 대부분의 지적장애인은 운동기능의 발달이 느린데, 생리적·운동제어의 문제보다는 부족한 주의력과 이해력과 관련이 있다. 그러므로 쉽고 적응하기 쉬운 단계부터 시작하는 것이 효과적이다.

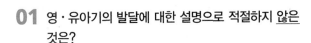

유아체육론 (02)

01 영·유아기의 발달에 대한 설명으로 적절하지 <u>않은</u> 것은?

① 말초신경이 먼저 발달한 다음 중추신경이 발달한다.
② 특정 능력이나 행동의 발달에 최적인 시기가 존재한다.
③ 발달은 일정한 순서로 이루어지지만, 발달속도에는 개인차가 있다.
④ 소근육 운동의 발달은 눈과 손이 협응하여 손기술을 정확하게 구사하는 능력으로, 중추신경계통의 성숙을 의미한다.

> 해설 영·유아기의 발달은 정해진 바에 따라 예상 가능한 순서로 이루어진다. 머리에서 발(두미식)과 몸의 중심(중추)에서 말초부분(근말식)으로 진행된다.

02 유아기의 운동프로그램 구성을 위해 고려해야 할 사항으로 적절하지 <u>않은</u> 것은?

① 다양한 기본움직임 경험보다 복합적이고 정교한 동작수행에 중점을 두어 구성한다.
② 협응성 운동 시, 속도나 민첩성의 요소가 연계되지 않도록 한다.
③ 운동수행의 성공 빈도를 높일 수 있도록 프로그램을 구성한다.
④ 간단한 움직임에서 복잡한 움직임으로 진행되도록 구성한다.

> 해설 머리에서 하체 방향, 몸 중심부에서 바깥 말초신경 방향, 대근육에서 소근육 방향으로 일정한 순서와 방향성을 갖고 발달한다. 유아기에는 이동운동, 안정성 운동, 조작운동을 다양하게 놀이형태로 운동프로그램을 구성해야 한다.

03 발달단계에 따른 유소년체육 프로그램 구성 시, 고려해야 할 사항으로 적절하지 <u>않은</u> 것은?

① 대근육에서 소근육으로의 발달단계를 고려하여 구성한다.

② 기본움직임 단계에서는 다양한 안정성, 이동 및 조작 움직임을 습득하도록 구성한다.

③ 기본움직임 단계는 협응력이 발달되는 중요한 시기이므로, 다양한 움직임 경험을 갖도록 구성한다.

④ 기본움직임에서 전문화된 움직임으로의 전환 (transition)단계에서는 움직임 수행의 형태, 기술, 정확성과 더불어 양적 측면을 강조하여 구성한다.

> **해설** • 7~8세가 되면 전이단계로 들어가게 되며, 기본운동 기술이 스포츠와 레크리에이션 등에서 필요한 전문화된 기술과 통합되거나 적용되지만, 프로그램에서 운동시간이나 빈도를 강조하지는 않는다.
> • 기본운동의 요소를 가지고 있고 더 큰 움직임, 정확, 제어력이 요구되는 로프로 만들어진 다리 위 걷기, 줄넘기, 발야구 등은 전이 기술의 예이다.

04 〈보기〉에 들어갈 인지발달 이론의 요소가 바르게 나열된 것은?

> ┤ 보기 ├
> • (㉠) : 새로운 경험과 자극이 유입되었을 때, 기존에 가지고 있는 도식을 사용하여 해석한다.
> • (㉡) : 기존의 도식으로는 새로운 사물이나 사건을 이해할 수 없을 때, 새로운 사물이나 대상에 맞도록 기존의 도식을 변경한다.
> • (㉢) : 현재의 조직들이 서로 상호작용하며 효율적인 체계로 결합하여 더 복잡한 수준의 지적 구조를 이루는 과정이다.

① ㉠ 조절(accommodation)
  ㉡ 동화(assimilation)
  ㉢ 적응(adaptation)

② ㉠ 적응(adaptation)
  ㉡ 조절(accommodation)
  ㉢ 조직화(organization)

③ ㉠ 동화(assimilation)
  ㉡ 조절(accommodation)
  ㉢ 조직화(organization)

④ ㉠ 동화(assimilation)
  ㉡ 조직화(organization)
  ㉢ 적응(adaptation)

> **해설** ㉠ 피아제의 인지발달 이론의 기본 개념은 도식인데, 도식은 지식의 기본단위로서 개인의 정신세계의 측면을 나타내는 구조이다.
> ㉡ 유아의 인지발달은 조직화, 적응, 평형화의 세 가지 과정에 의해 이루어진다.
> • 조직화는 두 개 혹은 그 이상의 분리된 도식을 결합하고 통합하며 조화시키는 경향성이다.
>   **예** 신생아 때 보기반사, 흡입반사, 파악반사의 독립된 도식을 결합시켜 젖병을 보고 잡고 먹을 수 있다.
> • 적응이란 도식이 변화하는 과정으로 내적, 외적 경험과 상호작용하고 자신을 조절하는 개인의 경향성으로 동화와 조절의 상보적 과정을 포함한다.
>   – 동화 : 유아가 가지고 있는 도식을 바탕으로 외부 자극의 정보를 받아들이는 과정
>   – 조절 : 변화되거나 새로운 도식을 얻는 과정
> • 평형화는 동화와 조절의 인지과정을 통합하고 조정함으로써 평형상태를 유지하려는 경향을 말한다.

05 〈보기〉에서 유소년의 전문화된 운동기술 연습 시, 인지단계(cognitive stage)의 지도전략에 해당하는 것으로 가장 적절한 것은?

┤ 보기 ├
㉠ 스스로 자신의 운동수행을 평가할 기회를 제공한다.
㉡ 복잡한 운동기술은 여러 단계로 구분하여 지도한다.
㉢ 운동의 목적과 요구되는 기술을 명확히 설명해준다.
㉣ 다양한 기술과 연계지어 동작의 형태를 바꾸는 전략을 찾게 한다.

① ㉡, ㉢
② ㉠, ㉣
③ ㉡, ㉣
④ ㉠, ㉢

해설 피츠와 포스너(Fitts & Posner)는 운동학습의 단계를 정보처리 관점에서 인간의 인지처리과정을 중심으로 인지, 연합, 자동화 단계로 구분하였으며, 운동기술 학습에 많이 적용되고 있다.

• 인지단계 : 이 단계는 언어-운동단계이다. 초보자들은 대부분 인지적인 단계에 해당되며, 학습하여야 할 운동기술의 특성을 이해하고, 그 과제를 수행하기 위하여 사용되는 전략을 개발하는 단계이다. 감각기관을 통해 유입되는 수많은 정보들의 활용, 시범, 설명, 연습을 통한 감각정보를 포함하고, 과제전략과 기술의 특성을 이해하는 단계이다.
초보자에게 수영의 자유형을 지도한다면, 앉아서 발차기 하기, 물 안에서 벽잡고 발차기 하기, 물에 뜨기 등 각 단계별로 지도한다. 각 단계에서 필요한 동작의 기술과 방법을 지도하여 학습자 스스로 느낄 수 있도록 정보를 제공한다.
㉣의 설명은 피츠와 포스너의 운동학습단계 중 연합단계에 대한 설명이다.

06 〈보기〉에 들어갈 유아의 기본움직임 발달단계가 바르게 나열된 것은?

┤ 보기 ├
• (㉠) : 기본적인 움직임을 보이지만, 협응이 원활하지 않아 움직임이 매끄럽지 못하다.
• (㉡) : 기본 움직임에 대한 제어와 협응이 향상되지만, 신체사용이 비효율적이다.
• (㉢) : 움직임의 수행이 역학적으로 효율성을 갖게 되어 협응과 제어가 향상된다.

	㉠	㉡	㉢
①	시작 단계	전환 단계	전문화 단계
②	초보 단계	성숙 단계	전문화 단계
③	시작 단계	초보 단계	성숙 단계
④	초보 단계	적용 단계	성숙 단계

해설 갤라휴의 운동 발달의 단계
㉠ 연령에 따라 반사적 움직임, 초보적 움직임, 기본적 움직임, 전문화된 움직임의 4단계로 나누었다.
㉡ 유아기에 해당하는 기본적 동작기는 유아들이 이동, 비이동, 조작적 운동능력을 습득하기에 가장 이상적인 시기로서 2세부터 7세까지의 연령을 포함한다.
㉢ 발달 단계
• 시작 단계 : 초기단계에서의 유아는 어떤 과제를 수행하기 위한 최초의 의도 있는 행동을 시도하게 된다. 다소 미흡하고 비협응적인 동작이 이 단계의 특징이다(던지기, 받기, 차기 또는 두 발 모아 뛰기).
• 초보 단계 : 3세에서 5세까지의 유아가 기초 단계에 해당하며 이 단계의 발달은 주로 성숙하는 시기이다. 초기 단계와 성숙 단계의 과도기적 시기인 이 단계에서는 협응적이고 자연스러운 행동이 많이 향상되고, 움직임 조절력이 증가되지만 조금 경직되어 있고 유연성이 부족한 상태이다.
• 성숙 단계 : 성숙 단계에서의 발달은 협응이 잘 되고, 기술적으로 정확하며, 효율적인 동작으로 통합된다. 이 단계에서부터는 움직임의 발달이 매우 급격해진다.

07 안정성(stability) 운동기술 중 축성(axial) 움직임만으로 나열된 것은?

① 구르기(rolling), 늘리기(stretching), 흔들기(swinging)

② 늘리기(stretching), 비틀기(twisting), 흔들기(swinging)

③ 구르기(rolling), 비틀기(twisting), 거꾸로 균형(inversed balance)

④ 비틀기(twisting), 흔들기(swinging), 거꾸로 균형(inversed balance)

이동운동	
기본 동작	• 걷기(walking) • 달리기(running) • 뛰어넘기(leaping) • 뛰기(jumping) • 한 발 들고 뛰기(hopping)
조합 동작	• 기어오르기(climbing) • 말 뛰기(galloping) • 두 발 번갈아 뛰기(skipping) • 미끄러지기(sliding)
안정성운동(비이동동작)	
축동작	• 늘리기(stretching) • 구부리기(bending) • 비틀기(twisting) • 돌기(turning) • 흔들기(swining)
정적·동적 동작	• 직립자세(upright balance) • 거꾸로 중심잡기(inverted balance) • 구르기(rolling) • 출발하기(starting) • 멈추기(stoping) • 피하기(dodging)
조작운동	
추진 동작	• 공 굴리기(ball rolling) • 던지기(throwing) • 차기(kicking) • 치기(punching) • 때리기(striking) • 넘기기(volleying) • 공 튀기기(bouncing)
흡수 동작	• 공 받기(catching) • 공 멈추기(trapping)

08 운동발달에 대한 검사와 평가에 관한 설명으로 적절하지 <u>않은</u> 것은?

① 운동발달 검사는 전반적인 운동발달 상황을 확인할 수 있는 유용하고 객관적인 지표를 제공한다.

② 평가는 내용에 따라 규준지향 평가와 준거지향 평가로 나뉘고, 기준에 따라 결과지향 평가와 과정지향 평가로 나뉜다.

③ 평가 결과는 특정 기술수행에서 결여된 부분을 확인하고 그 원인을 파악해 프로그램의 구체적인 목표를 설정할 수 있게 한다.

④ 대근운동발달검사(Test of Gross Motor Development)는 만 3~10세 아동을 대상으로 한 이동 및 조작 운동기술에 대한 검사도구이다.

평가는 평가의 시점, 평가 기준, 평가 방법, 평가 시기 등에 따라 분류할 수 있다. 평가 시점에 따라 진단평가, 형성평가, 총괄평가로 구분하며, 평가 기준에 따라 준거참조평가와 규준참조평가로 구분한다. 그리고 평가 방법에 따라 지필평가와 수행평가로 구분하며, 평가 시기에 따라 정기평가와 수시평가로 나눈다.

09 국립중앙의료원(2010)이 제시한 어린이·청소년 신체활동 권장사항이 <u>아닌</u> 것은?

① 인터넷, TV, 게임 등을 위해 앉아서 보내는 시간은 하루 2시간 이내로 한다.

② 일주일에 3일 이상 유산소운동, 근육강화운동, 뼈 강화운동을 한다.

③ 운동강도 조절을 위해 놀이공간의 안전성은 고려하지 않는다.

④ 매일 1시간 이상 운동을 한다.

한국인을 위한 신체활동 가이드라인 2010
• 영유아는 운동량을 스스로 조절하므로 안전한 놀이 공간을 제공한다.
• 어린이·청소년은 매일 1시간 이상 운동을 권장한다.
• 큰 근육을 오래 사용하는 유산소운동과 팔굽혀펴기·윗몸 일으키기·역기 들기·아령·철봉·암벽타기 등의 근육강화운동, 발바닥에 충격이 가해지는 줄넘기·점프·달리기·농구·배구·테니스 등의 뼈 강화 운동을 일주일에 3일 이상 하는 것이 필요하다.
• 인터넷·TV나 비디오 시청·게임 등 앉아서 보내는 시간은 하루 2시간 이내로 제한한다.

10 유아 운동프로그램의 지도 원리로 적절하지 <u>않은</u> 것은?

① 추상적인 것에서 시작하여 구체적인 것으로 운동을 지도한다.
② 유아 간 연령별 체력의 차이, 운동소질 및 적성의 차이를 고려하여 지도한다.
③ 기초체력, 기본운동기술과 지각운동의 발달이 통합적으로 이루어지도록 지도한다.
④ 다양한 감각을 통해 구체적 경험이 형성되도록 프로그램을 구성하여 지도한다.

해설 유아 운동프로그램의 지도 원리
• 구체성의 원리 : 유아의 학습을 위해 활동 및 자료는 만지고 조작할 수 있는 실물을 주는 것이 효과적이다. 구체적인 것을 가지고 충분히 조작한 후 추상적이고 상징적인 것으로 발전시키는 것이 좋다.
• 개별성의 원리 : 개별지도, 집단지도 등 어느 경우를 막론하고 학습자의 성별, 연령, 건강, 체력 및 심리적 특성을 고려한다.
• 흥미성의 원리 : 지속적인 흥미를 유도하여 학습능력을 높이도록 지도한다.
• 자발성의 원리 : 지도자는 안내 및 상담 역할에 중점을 두고 학습자의 자발적인 활동을 기초로 하여 지도한다.

• 다양성 및 융통성의 원리 : 개인 차에 따른 교수-학습이 되기 위해서는 다양한 교수환경을 제공함으로써 유아 스스로 활동을 선택할 수 있도록 장려한다. 발표, 토의, 실험, 관찰, 조사, 견학 등의 다양한 교수방법을 통해 유아가 능동적으로 참여할 수 있도록 도와준다.
• 탐구학습의 원리 : 유아는 스스로 탐색하고 자신의 감각을 통하여 사물이나 현상을 직접 경험함으로써 물리적, 사회적 및 논리적, 수학적 지식을 얻게 된다. 유아가 관찰하고 실험해 보도록 격려하며 자신의 생각이나 호기심을 창의적으로 전개하도록 도와준다.
• 통합성의 원리 : 지식과 기능을 포함하여 자연과 사회의 여러 생활 영역과 상호작용하며 통합될 수 있는 전인 교육이 이루어져야 한다. 유아의 생활이 통합적이기 때문에 교재나 활동, 가르칠 교과 영역 등이 통합적으로 실시되어야 한다.

11 유아운동 지도 시 교구배치 방법과 그 효과에 대한 설명으로 적절하지 <u>않은</u> 것은?

① 공간 활용성을 높인 교구배치로 안전사고를 예방한다.
② 시각적 효과를 높인 교구배치로 학습자의 시선을 분산한다.
③ 순환식 교구배치로 대기시간을 줄여 실제학습시간을 늘려준다.
④ 병렬식 교구배치로 교구 사용을 반복하여 자신감을 갖도록 유도한다.

해설 • 교구배치는 안전이 가장 중요하다.
• 교실, 활동실, 실외 놀이터 등에 기구 배치 시, 기존의 시설과 어울리고 방해받지 않도록 설치한다.
• 도구의 사용 편의성뿐만 아니라 시각적인 면도 고려하여 배치하는 것이 효과적이다. 다만, 학습자의 시선을 분산시키는 배치는 안된다.

07 ② 08 ② 09 ③ 10 ① 11 ②

12 다음에 해당하는 발달이론이 바르게 나열된 것은?

	발달이론
㉠	• 인간의 발달은 환경에 따른 훈련으로 이루어진다. • 학습에 의한 긍정적 행동의 촉진을 강조한다.
㉡	• 유아의 다양한 경험을 토대로 동화, 조절, 평형화의 과정을 통해 도식이 발달된다. • 조직화와 적응을 강조한다.
㉢	• 타인을 관찰하는 것만으로 새로운 행동을 획득할 수 있다. • 모방학습의 중요성을 강조한다.

① ㉠ 스키너(B. Skinner)의 행동주의 이론
　 ㉡ 게셀(A. Gesell)의 성숙주의 이론
　 ㉢ 에릭슨(E. Erickson)의 심리사회발달 이론

② ㉠ 반두라(A. Bandura)의 사회학습 이론
　 ㉡ 피아제(J. Piaget)의 인지발달 이론
　 ㉢ 비고츠키(L. Vygotsky)의 상호작용 이론

③ ㉠ 에릭슨(E. Erickson)의 심리사회발달 이론
　 ㉡ 게셀(A. Gesell)의 성숙주의 이론
　 ㉢ 반두라(A. Bandura)의 사회학습 이론

④ ㉠ 스키너(B. Skinner)의 행동주의 이론
　 ㉡ 피아제(J. Piaget)의 인지발달 이론
　 ㉢ 반두라(A. Bandura)의 사회학습 이론

해설 • 에릭슨의 심리사회발달 이론 : 건강하게 발전하는 인간이 아기부터 성인까지 통과해야 하는 여덟 단계를 식별하는 정신분석이론이다. 각 단계에서 사람이 완전히 익히게 되면 새로운 도전에 직면한다. 각 단계는 이전 단계의 성공적인 완료에 구축하고 완료되지 않은 단계 과제는 장래의 문제로 다시 예상될 수 있다.
　 • 게셀의 성숙주의 이론 : 인간의 성장과 발달은 예정된 순서에 의해 발달하고, 유전적 요소에 의해 결정되며, 환경은 지지하거나 수정할 뿐이라는 게셀의 이론이다.
　 • 비고츠키의 상호작용이론 : 문화와 사회적 관계를 강조하고 한 문화가 어떻게 전달되는가에 대해 강조하며, 교육의 중요성을 강조하였다. 근접발달지대 개념을 도입하여 중재적 학습과정의 중요성과 사회문화적 요소의 중요성을 강조하였다.

13 성인체육과 비교 시 유아체육의 특징으로 적절하지 않은 것은?

① 집중력 저하를 고려한 놀이 중심의 신체활동과 지적 활동을 병행한다.
② 신체활동에 의한 성장과 발달을 통해 전인적 인간 육성을 지향한다.
③ 스포츠 활동에 필요한 전문화된 기술 습득을 강조한다.
④ 발육과 발달에 중점을 둔다.

해설 유아체육은 신체적, 심리적, 사회적 발달을 위해 즐거운 놀이 형태의 운동이 필요하다.

14 〈보기〉의 ㉠, ㉡에 들어갈 가장 적절한 용어로만 나열된 것은?

┤ 보기 ├

• 유아교육 교사 : 유아는 다양한 기본움직임 기술이나 기초체력 향상에 관한 활동을 스스로 익히기 어렵습니다. 유아가 이와 같은 요소들을 자연스럽게 익히려면 어떻게 해야 할까요?
• 스포츠지도사 : 네. 유아는 <u>징검다리 걷기</u>, <u>네발로 걷기</u> 등의 놀이 중심 신체활동 프로그램을 통해 기본움직임기술과 기초체력 요소를 향상 시킬 수 있어요.

구분	징검다리 걷기	네발로 걷기
기본움직임 기술 요소	(㉠) 운동	이동 운동
기초체력 요소	평형성	(㉡)

	㉠	㉡
①	안정성	민첩성
②	안정성	근력/근지구력
③	조작	근력/근지구력
④	조작	민첩성

해설 징검다리 걷기는 신체의 동적 안정성을 발달시킬 수 있고, 네발로 걷기를 하게 되면 어깨관절, 고관절, 몸통의 안정성과 근력/근지구력을 강화할 수 있다.

15 〈보기〉에서 국민체육진흥법(2014)의 유소년스포츠 지도사 자격제도에 관한 설명으로 옳은 것을 모두 고른 것은?

┤ 보기 ├

㉠ 유소년은 만 3세부터 중학교 취학 전까지를 말한다.
㉡ '유소년스포츠지도사'란 유소년을 대상으로 체육을 지도하는 사람을 말한다.
㉢ 유소년스포츠지도사는 유소년의 행동양식, 신체 발달 등에 대한 지식을 갖춘다.

① ㉠, ㉡   ② ㉠, ㉢
③ ㉡, ㉢   ④ ㉠, ㉡, ㉢

해설 국민체육진흥법 시행령 제2조(정의)
9. "유소년스포츠지도사"란 유소년(만 3세부터 중학교 취학 전까지를 말한다. 이하 같다)의 행동양식, 신체발달 등에 대한 지식을 갖추고 별표 1의 자격 종목에 대하여 유소년을 대상으로 체육을 지도하는 사람을 말한다.

16 영아의 반사에 관한 설명으로 적절하지 <u>않은</u> 것은?

① 비대칭목경직반사(Asymmetric Tonic Neck Reflex) 검사로 눈·손의 협응과 좌·우측 인식의 발달 수준을 추측할 수 있다.
② 신경적 장애 진단을 위한 반사의 출현과 소멸 간의 관계 검사는 전문가의 도움이 필요하다.
③ 걷기반사(Stepping Reflex) 검사로 불수의적 운동행동의 발달을 추측할 수 있다.
④ 모로반사(Moro Reflex) 검사로 신경적인 변이나 손상을 추측할 수 있다.

해설 걷기반사 검사로 음성이거나 비대칭적인 반응 시 중추·말단 신경의 손상, 골절 등을 추측할 수 있다.

17 〈그림〉의 동작에서 성숙 단계로 발달하도록 지도하는 방법이 적절하지 <u>않은</u> 것은?

시작단계의 구르기(rolling) 동작

① 이마가 지면에 닿게 지도한다.
② 머리가 동작을 리드할 수 있도록 지도한다.
③ 구르는 힘을 생성할 수 있도록 양팔의 움직임을 지도한다.
④ 몸이 구르는 내내 압축된 C자 모양을 유지할 수 있도록 지도한다.

해설 성숙 단계에서의 발달은 협응이 잘 되고, 기술적으로 정확하며, 효율적인 동작으로 통합된다. 이 단계에서부터는 움직임의 발달이 매우 급격해진다.
①은 시작 단계에 해당한다.

18 유아체육 지도 방법 중 '탐구적 방법'에 해당되는 내용으로 적절한 것은?

① 도입, 동작 습득, 창의적 표현, 평가의 단계별 활동 전개하기
② 학습환경에 자유와 융통성을 도입하여 더 많은 책임 부여하기
③ 시범 보이기, 연습해보기, 언급해주기, 보충 설명하기, 시범 다시 보이기
④ 동작 과제나 질문을 제시하고 유아들이 제안한 다양한 해결방법을 인정하고 받아들이기

해설 탐구학습의 원리 : 유아는 스스로 탐색하고 자신의 감각을 통하여 사물이나 현상을 직접 경험함으로써 물리적, 사회적 및 논리적, 수학적 지식을 얻게 된다. 유아가 관찰하고 실험해 보도록 격려하며 자신의 생각이나 호기심을 창의적으로 전개하도록 도와준다.

19 고강도 운동 시 성인과 비교하여 유소년에게 나타나는 생리적 반응으로 적절하지 **않은** 것은?

① 1회 박출량 : (성인에 비하여) 낮음

② 호흡 수 : (성인에 비하여) 높음

③ 수축기 혈압 : (성인에 비하여) 낮음

④ 심박수 : (성인에 비하여) 낮음

해설 성장할수록 심박수는 낮아진다.

나이	분당 심박수			호흡 수 (분당)
	휴식시	수면시	운동, 고열	
신생아	100 ~ 180	80 ~ 160	~ 220	40
1주 ~ 3개월	100 ~ 220	80 ~ 200	~ 220	30
3개월 ~ 2세	80 ~ 170	70 ~ 120	~ 200	28
2세 ~ 10세	70 ~ 110	60 ~ 90	~ 200	24~25
10세 이상	55 ~ 90	50 ~ 90	~ 200	20

20 〈보기〉의 ㉠, ㉡에 들어갈 용어가 바르게 나열된 것은?

┤ 보기 ├
• 특정 능력이나 행동의 발달에 최적인 시기를 (㉠)라고 한다.
• 각 시기에 따른 유아의 발달은 특정 시기에 도달해야 할 (㉡)을 갖기 때문에 시기를 놓쳐버리면 올바른 성장이 저해될 수 있다.

	㉠	㉡
①	민감기	통합성
②	민감기	발달과업
③	감각운동기	발달과업
④	전조작기	병변현상

해설 인지발달 단계
• 감각운동기(0~2세) : 생후 초기에는 감각과 운동에 의해 인지를 형성하고, 움직임에 대한 감각운동적 도식을 형성한다.
• 전조작기(2~7세) : 초기에는 자기도취, 자기중심적인 사고와 행동을 보이고, 후기에는 사회화된 언어와 행동을 한다.
• 구체적 조작기(7~11세) : 자기중심에서 벗어나고 일반적인 것으로 관점을 확대한다. 논지적 사고가 형성된다.
• 형식적 조작기(11~12세에 시작) : 구체적 문제해결 능력에서 벗어나 추상적이고 논리적인 사고를 할 수 있게 된다.

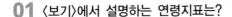

노인체육론 (03)

01 〈보기〉에서 설명하는 연령지표는?

┤ 보기 ├
- 연령적 노화라고 일컬어지는 출생 이후의 햇수인 역연령과 대비되는 개념이다.
- 연령과 성을 기준으로 한 기능적 체력과 관련이 있다.
- 신체 연령이라고도 말한다.

① 기능적(functional) 연령
② 주관적(subjective) 연령
③ 심리적(psychological) 연령
④ 연대기적(chronological) 연령

해설 ② 주관적 연령 : 개인의 연령에 대한 주관적 생각을 의미하는데, 노화는 지극히 주관적인 경험이다.
③ 심리적 연령 : 한 개인의 심리적 성숙도를 의미하는 나이이다. 생활연령, 생물학적 연령과 무관하다.
④ 연대기적 연령 : 살아온 횟수를 의미한다. 취학 연령, 성적 동의 연령, 법적 처벌 가능 연령, 결혼 가능 연령 등 연령집단의 범위를 결정하는 법적인 경계를 만든다.

02 건강수명에 대한 설명으로 적절하지 않은 것은?

① 건강과 일상생활의 기능을 유지하는 기간을 뜻한다.
② 질병이나 신체장애 없이 생존한 삶의 기간을 뜻한다.
③ 성별·연령별로 몇 년을 더 살아갈 것인지 통계적으로 추정한 기대치로 생존 연수를 뜻한다.
④ 신체적·정서적·인지적 활력 또는 기능적 웰빙을 유지할 것으로 예상되는 삶의 기간을 뜻한다.

해설 • 기대여명 : 어느 연령에 도달한 사람이 그 이후 몇 년 동안이나 생존할 수 있는가를 계산한 평균 생존수명을 예측한 지표

03 다음의 ㉠, ㉡에 해당하는 노화와 관련된 심리학적 이론이 바르게 나열된 것은?

㉠	• 자부심과 만족을 느끼면서 자신의 삶을 되돌아볼 수 있으며 죽음을 위엄있게 받아들인다. • 삶에서 달성해야 하는 것들을 달성하지 못했다고 느끼며, 삶의 종말이 다가오는 것에 대해 좌절감을 느낀다.
㉡	• 성공적 노화는 신체적·정신적·사회적 손실에 적응하는 노인의 능력과 관련이 있다. • 기능적 능력을 향상함으로써 노화로 인한 손실을 보완하도록 도움을 준다.

① ㉠ 하비거스트(R. Havighust)의 발달과업 이론
   ㉡ 로우(J. Rowe)와 칸(R. Kahn)의 성공적 노화 이론
② ㉠ 하비거스트(R. Havighust)의 발달과업 이론
   ㉡ 펙(R. Peck)의 발달과업 이론
③ ㉠ 에릭슨(E. Erikson)의 심리사회발달단계 이론
   ㉡ 로우(J. Rowe)와 칸(R. Kahn)의 성공적 노화 이론
④ ㉠ 에릭슨(E. Erikson)의 심리사회발달단계 이론
   ㉡ 발테스와 발테스(M. Baltes & P. Baltes)의 보상이 수반된 선택적 적정화 이론

해설 • 하비거스트의 발달과업 이론 : 인간발달과정에는 각 단계마다 달성해야 할 과업이 있다고 전개하고 그 과업의 성공적인 달성이 이루어져 다음 단계에서 요구되는 과업을 훌륭하게 처리할 수 있다는 이론이다.
• 로우와 칸의 성공적 노화이론 : 성공적 노화는 생물학적, 심리적, 사회적 기능 수준이 높고 삶의 만족과 환경에 대한 적응 수준이 높은 상태이며 최적의 노화와 유사하다. 훌륭한 노화, 활기찬 노화, 건강한 노화, 생산적인 노화의 개념은 성공적 노화와 유사한 개념으로 사용된다.
• 펙의 발달과업이론 : 에릭슨의 7단계와 8단계를 통합하여 7단계 모델을 제시하였고, 7단계인 노년기를 의미 있고 만족스럽게 보내기 위해서는 '자연

분화 대 직업 역할에의 열중', '신체초월 대 신체집착', '자아초월 대 자아집중'의 발달과업을 갖는다고 한다.

04 〈보기〉에서 설명하는 노화와 관련된 사회학적 이론은?

┤ 보기 ├
- 노화와 관련된 사회학적 이론에서 가장 널리 인정되는 이론이다.
- 노인의 사회활동 참여 정도가 높을수록 생활 만족도가 높아진다.
- 지속적인 활동이 성공적 노화의 핵심이다.

① 분리이론　　　② 활동이론
③ 현대화이론　　④ 하위문화이론

> 해설 ① 분리이론 : 나이가 들면서 체력과 활력이 줄어들어 유지해 온 사회관계 및 역할을 지속하기 어렵고, 사회에서도 노인을 분리시키고 개입시키지 않으려 한다. 또한 노인은 나이가 들어감에 따라 스스로 사회에서 멀어지길 원한다. 이를 커밍과 헨리(1961)는 '분리'라고 표현하였다.
> ③ 현대화이론 : 현대화되면서 인간의 관념을 변화시켜 노인의 지위와 역할에 영향을 주었다. 과거 전통사회에서는 정치가, 원로, 전문가 등 높은 지위를 유지하였으나 산업화 사회 이후 높은 수준의 최신 기술과 정보가 사회를 지배하게 되었다. 과거 노인이 독점하던 전문가 역할을, 현재에는 새로운 교육을 받은 전문가에게 옮겨가게 되었다. 이로 인해 노인은 권위에 대한 도전을 받게 되었다.
> ④ 하위문화이론 : 노인들이 스스로 자아인식과 사회적 독자성을 하위문화에 소속시킴으로써 유지한다는 이론이다. 하위문화는 사회 내의 특정 구성원들이 사회 내의 다른 구성원보다는 같은 그룹 내의 구성들과의 교류가 많을 때 형성된다. 이러한 상호작용은 같은 그룹 내에서 배경, 문제, 관심 등의 공감대가 형성되며, 다른 집단과의 교류 시 배제될 때에 생기는 것으로 여겨진다.

05 〈보기〉의 ㉠, ㉡에 들어갈 용어가 바르게 나열된 것은?

┤ 보기 ├
- 노인은 사회적 역할의 상실 등으로 인하여 자신감을 잃기 쉬우며, 점점 고립되어 고독감을 느끼게 되기 때문에, 다른 사람이나 사회로부터의 보살핌, 존중, 도움을 받는 (㉠)이/가 필요하다.
- 노인은 일정 수준의 목표를 성취할 수 있다는 자신의 역량에 대한 믿음을 뜻하는 (㉡)을 가져야 한다.

	㉠	㉡
①	사회적 지지	자기효능감
②	사회적 설득	자기효능감
③	사회적 설득	자부심
④	사회적 지지	자부심

> 해설 사회적(언어적) 설득 : 주변인들의 피드백을 의미한다. 사람들이 나의 능력과 강점을 알아주고 인정하며, 격려와 칭찬을 많이 받을수록 자기효능감이 높아진다. 타인의 격려와 지지는 '나는 잘 할 수 있다'라는 마음의 확신을 주며 목표에 집중할 수 있게 한다.

06 〈보기〉에서 운동이 노인에게 미치는 심리적 효과로 옳은 것만을 모두 고른 것은?

┤ 보기 ├
㉠ 운동 기술 습득
㉡ 우울증 감소
㉢ 심리적 웰빙 향상
㉣ 사회적 연결망 확장

① ㉠, ㉡　　　　② ㉠, ㉢
③ ㉡, ㉢　　　　④ ㉢, ㉣

> 해설 • 운동 기술 습득 : 운동의 신체적 효과
> • 사회적 연결망 확장 : 운동의 사회적 효과

07 노화와 관련된 신체적 변화로 옳지 <u>않은</u> 것은?

① 근 질량 감소

② 관절 유연성 감소

③ 폐 탄력성과 흉곽 경직성 증가

④ 수축기혈압과 이완기혈압 증가

[해설] 나이가 들게 되면 폐의 탄력성은 감소하고 흉곽 경직성은 증가하여 호흡기능이 떨어지게 된다.

08 〈보기〉에서 운동이 노인에게 미치는 생리적 효과로 옳은 것만을 모두 고른 것은?

┤ 보기 ├
㉠ 인슐린 내성 증가
㉡ 체지방 감소
㉢ 인슐린 감수성 증가
㉣ 안정시 심박수 감소
㉤ 주어진 절대 강도에서 심박수 증가
㉥ 고밀도지단백콜레스테롤(HDL-C) 감소

① ㉠, ㉡, ㉥   ② ㉡, ㉢, ㉣
③ ㉡, ㉢, ㉥   ④ ㉣, ㉤, ㉥

[해설] ㉠ 인슐린 내성은 지방세포, 근육세포 등 체내 세포가 인슐린에 바르게 반응하지 못하여 체내 세포로 포도당이 적게 들어가는 상태를 말하는데 운동의 효과는 감소한다.
㉤ 체력과 심장기능이 좋아지면 주어진 같은 강도의 운동 시 심박수가 감소한다.
㉥ 운동을 하면 심폐기능이 향상되고 혈액순환이 원활해지며, 혈액 중 지질을 분해하는 효소가 활성화돼 LDL이 감소하고 HDL이 증가한다.

09 체력요인에 따른 노인의 운동 방법과 효과가 바르게 연결되지 <u>않은</u> 것은?

	체력 요인	운동 방법	효과
①	심폐 지구력	고정식 자전거 타기	심혈관계 질환의 위험률 감소
②	근력	덤벨 들고 앉았다 일어서기	근육 및 뼈 강화로 인한 일상생활수행능력 향상
③	유연성	앉아서 윗몸 앞으로 굽히기	신체활동 시 기능적 제한 예방
④	평형성	의자 잡고 옆으로 한발 들기	신체 각 부위가 조화를 이루면서 원활히 움직일 수 있는 능력 향상

[해설] 평형성 운동이 되려면 의자를 잡지 않고 한 발을 드는 것이 효과적인 방법이다.

10 〈보기〉의 ㉠, ㉡에 들어갈 목표심박수 범위가 바르게 나열된 것은?

┤ 보기 ├
• 나이 : 70세
• 성별 : 남성
• 안정시 심박수 : 80회/분
• 최대심박수 : 150회/분
• 의사는 심폐지구력 운동 시 목표심박수 40~50% 강도를 권고
• 카보넨(Karvonen) 공식을 활용한 목표심박수의 범위는 (㉠)%HRR에서 (㉡)%HRR이다.

	㉠	㉡		㉠	㉡
①	108	115	②	115	122
③	122	129	④	129	136

해설 • 카보넨 공식 = (최대심박수 − 안정시 심박수) ×
　　 운동강도 + 안정시 심박수
• 40%HRR = (150회/분 − 80회/분) × 40% + 80회
　 = 108회/분
• 50%HRR = (150회/분 − 80회/분) × 50% + 80회
　 = 115회/분
즉, 108~115

11 노인운동 시의 위험 관리 항목과 방법이 바르게 연결
된 것은?

① 환경과 장소 안전 : 참가자 중 당뇨 환자가 있
　 을 경우, 사탕이나 초콜릿을 준비해 둔다.
② 시설 안전 : 운동장비의 사용방법과 사용 시 주
　 의사항을 적절한 장소에 게시해야 한다.
③ 환경과 장소 안전 : 운동 동선을 파악하여 시설
　 과 장비를 배치한다.
④ 시설 안전 : 무덥고 다습한 곳은 피해야 한다.

해설 ① 건강안전
　　 ③ 시설안전
　　 ④ 환경과 장소안전

12 〈보기〉에서 고혈압 질환이 있는 노인의 운동 지도
시 고려해야 할 사항으로 적절한 것만을 모두 고른
것은?

┤ 보기 ├
㉠ 등척성 운동을 권장한다.
㉡ 나트륨 섭취 제한, 체중조절, 유산소 운동을
　 권장한다.
㉢ 저항성 운동 시 발살바 메뉴버에 의한 혈압
　 상승에 주의한다.
㉣ 이뇨제, 칼슘채널차단제, 혈관확장제 등의
　 약물에 의한 운동 후 혈압 상승에 주의한다.

① ㉠, ㉡　　　　　② ㉠, ㉢
③ ㉡, ㉢　　　　　④ ㉢, ㉣

해설 ㉠ 등척성 운동을 많이 하게 되면 숨을 참을 수 있고,
숨을 참으면 혈압이 높아질 수 있다(발살바 메뉴버).
㉣ 이뇨제, 칼슘채널차단제, 혈관확장제 등과 같은 항
고혈압제는 운동 후 급작스런 혈압저하를 유발할
수 있기 때문에, 정리운동 시 주의를 요한다.

13 노인체력검사(Senior Fitness Test) 항목에서 2.4m
왕복 걷기와 관련된 활동으로 옳은 것은?

① 자동차나 목욕탕에 들어가고 나오기
② 손자 안기, 식료품 가방 들기
③ 장거리 보행, 계단 오르기
④ 버스 빠르게 타고 내리기

해설 2.44m 왕복 걷기 검사는 민첩성과 동적 평형성을 평
가하는 방법이다. 일상생활에서 흔들리는 버스를 빠
르게 타고 내리는 것은 민첩성과 동적 평형성이 필요
하다.

14 〈보기〉에서 노화로 인한 평형성과 기동성(balance
and mobility) 변화에 영향을 미치는 요인을 모두
고른 것은?

┤ 보기 ├
㉠ 체성감각계　　　　㉡ 시각계
㉢ 전정계　　　　　　㉣ 운동계

① ㉠, ㉡, ㉢, ㉣　　　② ㉡, ㉢, ㉣
③ ㉢, ㉣　　　　　　④ ㉣

해설 • 체성감각계 : 촉각, 온도, 몸의 위치에 대한 감각,
통각 등의 감각을 받아들이는 다양한 수용체로 구
성된 감각 기관이다.
• 시각계 : 시각 정보처리에 관여하는 중추 신경계의
일부이다. 빛의 감지, 단일 영상의 형성, 2차원 형상
의 깊이 및 간격 지각, 물체의 파악 및 분류, 신체
동작 인도 등 여러 가지 복잡한 기능을 수행한다.

- 전정계 : 신체의 균형과 위치를 파악하여 평형감각을 담당하는 기관이다. 난형낭과 구형낭의 2개의 이석기관과 3개의 반고리관으로 이루어진다. 중력과 선형적인 움직임을 감지하여 신체의 위치를 파악하도록 도와준다.
- 운동계 : 자세균형, 양측협응, 순차적 움직임, 몸통 근육의 운동조절 등에 관여한다.

15 〈보기〉에서 근골격계 질환이 있는 노인에게 적합한 운동만을 모두 고른 것은?

```
┤ 보기 ├
㉠ 등산            ㉡ 수영
㉢ 테니스          ㉣ 수중 운동
㉤ 스케이팅        ㉥ 고정식 자전거 타기
```

① ㉠, ㉡, ㉢   ② ㉡, ㉣, ㉥
③ ㉢, ㉣, ㉤   ④ ㉣, ㉤, ㉥

해설 • 수영, 수중운동, 고정식 자전거 타기 운동은 특히 무릎관절에 큰 부하를 주지 않으면서 근력과 심폐지구력을 강화시킬 수 있다.
• 테니스, 등산, 스케이팅은 좋은 운동이지만 관절에 문제가 있거나 평형성이 떨어지는 노인은 하기 어렵고 부상의 우려가 있다.

16 건강신념모형에서 건강신념행동을 구성하는 요소로 옳지 **않은** 것은?

① 지각된 장애   ② 지각된 이익
③ 지각된 심각성   ④ 지각된 자기 인식

해설 건강신념모형 : 인간이 어떤 행위를 하는 것은 특정한 목표에 대한 개인의 가치, 그 목표를 달성할 가능성이 어느 정도인지에 대한 개인의 생각에 달려 있다고 보고 개인의 인지가 의사결정에 가장 중요한 역할을 한다.
㉠ 지각된 민감성(감수성) : 자신이 어떤 질병에 걸릴 위험이 있다고 지각하는 것. 예 질병, 재발위험 가능성에 대한 인지 정도
㉡ 지각된 심각성 : 질병에 걸렸을 경우 치료를 하지 않았을 때 어느 정도 심각하게 될 것인가에 대한 지각. 예 불구, 고통, 실직, 가족의 사회생활 문제
㉢ 지각된 이익 : 어떤 상황에 대해 개인이 위협감을 느껴 건강행위를 실행한 경우, 건강행위를 함으로써 질병에 걸릴 위험성·심각성이 감소할 것이라고 판단될 때만 건강행위를 하게 된다는 것이다.
㉣ 지각된 장애 : 건강행위를 하려고 할 때 방해가 되는 요인을 지각하는 신념이다.
㉤ 지각된 위협감 : 지각된 민감성과 심각성이 합하여 나타난 것. 예 질병발생에 대한 위협감

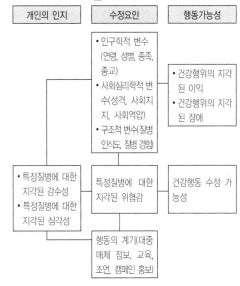

17 〈보기〉의 ㉠, ㉡에 해당하는 노인운동 교육의 원리와 설명이 바르게 나열된 것은?

> ─┤ 보기 ├─
> • (㉠) – 지적 능력, 학력, 흥미, 성격, 경험, 건강상태 등 개개인의 학습 욕구를 충족시켜 줄 수 있는 방법을 모색한다.
> • (㉡) – 지도자와 학습자 간의 동등한 관계에서 출발하여 교육활동 전반에서 상호 간의 합의를 이루도록 한다.

	㉠	㉡
①	다양화의 원리	사회화의 원리
②	개별화의 원리	사제동행의 원리
③	개별화의 원리	사회화의 원리
④	다양화의 원리	사제동행의 원리

해설 노인교육의 원리

㉠ 자발성의 원리 : 노인의 자율성에 기초해서 교육이 이루어져야 한다.

㉡ 경로의 원리 : 노인학교에서는 대부분 학생이 강사보다 연령이 높고, 특정분야에 따라서는 강사보다 경험이 풍부한 경우가 많다. 노인을 존중하는 경로사상이 투철해야 한다.

㉢ 사제동행의 원리 : 교사와 학습자 간의 기본적인 관계가 동등한 입장에서 출발해야 한다.

㉣ 생활화의 원리 : 노인이 교육을 받으려고 하는 것은 노후생활을 보다 윤택하게 영위하려는 데 목적이 있다. 따라서 일상생활에서 제기되는 여러 가지 문제를 중심으로 노인교육이 이루어져야 한다.

㉤ 다양화의 원리 : 여러 가지 활동을 통하여 다양하게 교육이 전개되어야 한다.

㉥ 개별화의 원리 : 노인의 개인차를 고려해서 학습욕구를 충족시켜 줄 수 있는 방법을 모색해야 되는데, 그 한 방법으로 소집단으로 구성하여 학습하는 것이 효과적이다.

㉦ 경험의 원리 : 추상적인 강의보다는 직접 경험하면서 배우는 것을 선호한다.

㉧ 직관의 원리 : 노인교육은 문자를 통해서가 아니라 여러 가지 감각자료를 활용해서 직접 경험할 수 있는 것이 바람직하다.

㉨ 사회화의 원리 : 노인교육은 급격한 사회변화에 적응하는 방법을 배우도록 하는 것이어야 한다.

18 다음 중 미국스포츠의학회(ACSM, 2018)의 노인을 위한 유산소운동 지침으로 옳은 것만을 모두 고른 것은?

㉠	운동 빈도(F)	• 중강도시 5일/주 • 고강도시 3일/주
㉡	운동 강도(I)	• 중강도 시 5~6(RPE 10점 만점 도구 기준) • 고강도 시 7~8(RPE 10점 만점 도구 기준)
㉢	운동 시간(T)	• 중강도 시 150분~300분/주 • 고강도 시 75분~100분/주
㉣	운동 형태(T)	• 앉았다 일어서기(스쿼트), 스트레칭

① ㉠, ㉡, ㉢ ② ㉠, ㉡, ㉣

③ ㉠, ㉢, ㉣ ④ ㉡, ㉢, ㉣

해설

구분	유산소운동	저항운동 (근력, 근지구력)	유연성 운동
빈도	• 중강도 5일 이상/주 • 격렬한 신체활동 3일 이상/주 • 중강도~격렬한 강도 3~5일/주	2일 이상/주	2일 이상/주
강도	• 5~6 중강도 • 7~8은 격렬한 강도 (0~10까지 척도기준)	중강도 1RM의 60~70%, 저강도 1RM의 40~50% 또는 5~6 중강도, 7~8은 격렬한 강도(0~10까지 척도기준)	약간 당기는 느낌이 들 정도
시간	30~60분/일, 150~300분/주 또는 격렬한 강도 20~30분/일, 75~100분/주	대근육군 8~10 종류를 각 8~112회 반복하고 1~3세트 실시	동작당 30~60초
형태	걷기 위주, 수중운동, 고정식 자전거는 관절염, 비만 등의 제한이 있는 사람에게 적합	웨이트트레이닝, 체중부하 체조, 계단오르기 등	정적스트레칭, 느린 동적스트레칭

19 〈보기〉에 해당하는 대상자의 운동참여 동기유발을 위한 노인스포츠지도사의 상담 내용으로 적절하지 **않은** 것은?

┌─── 보기 ───┐
- 68세 어르신은 체중조절과 건강관리를 위한 운동에 관심이 있다.
- 운동 참여 경험은 없지만, 지속적으로 운동에 참여하고 싶다.
└────────────┘

① 가족, 친구들과 함께 운동하며, 사회적 교류 기회가 확대됨을 설명한다.
② 스트레스 해소와 활력감 증진에 도움이 됨을 설명한다.
③ 건강 및 체중 관리에 도움이 됨을 설명한다.
④ 질병치료에 대한 기대감을 갖도록 설명한다.

해설 노인스포츠지도사는 대상자에게 운동참여 시 얻을 수 있는 신체적, 정신적, 심리적 효과와 이점에 대해 상담한다. 질병치료에 대해 설명하는 것은 노인스포츠지도사의 역할이 아니므로 적절하지 않다.

20 노인운동 지도 시 의사소통에 관한 설명으로 옳은 것은?

① 어린아이를 다루듯 말한다.
② 스킨십은 사용하지 않는다.
③ 소리를 질러가며 말하지 않는다.
④ 대상자를 정면에서 쳐다보는 언어적 기술을 사용한다.

해설 노인은 소통이 어렵고, 반응이 더디다고 해서 무시하거나 막 대하지 않고, 인생의 선배로서의 존중하는 태도를 유지하여야 한다.

정답
17 ② 18 ① 19 ④ 20 ③

스포츠지도사
단기완성 2급 필기

스포츠사회학 (11)

01 스포츠사회학에 관한 설명으로 옳지 <u>않은</u> 것은?

① 스포츠 현장의 사회구조와 사회과정을 설명하는 학문이다.

② 운동참여자의 운동수행능력과 관련된 직접적인 원인을 설명한다.

③ 사회학의 하위분야로 스포츠현장의 인간행동을 예측하고 이해한다.

④ 스포츠는 사회영역과 밀접한 관계를 맺고 있어 통찰과 분석이 필요하다.

해설 운동참여자의 운동수행능력과 관련된 원인의 규명은 운동생리학, 트레이닝방법론 등과 관련된 자연과학에 관련된 내용이다.

02 〈보기〉에서 설명하는 스포츠의 국제 정치적 사건은?

┌─ 보기 ┐
- 온두라스와 엘살바도르 간의 갈등 심화
- 1969년 중남미 월드컵 지역 예선 경기에서 발생
└────────┘

① 축구전쟁   ② 헤이젤 참사
③ 검은 구월단   ④ 핑퐁외교

해설 1969년 중남미 월드컵 지역 예선에서 온두라스와 엘살바도르 간의 갈등이 축구경기에서 표출되었다. 예선 경기를 치르는 동안 양국간 국민감정이 격해지면서 폭력사태가 벌어지고 그것을 계기로 양국간에 누적되었던 정치적 갈등이 폭발하여 5일간의 실제 전쟁(100시간 전쟁)으로 이어졌다.

03 파슨즈(T. Parsons)의 AGIL 모형에 근거한 스포츠의 사회적 기능으로 적절하지 <u>않은</u> 것은?

① 적응   ② 통합
③ 목표성취   ④ 상업주의

해설 파슨즈(T. Parsons)의 조직에 대한 유형분류로서 조직을 사회적 기능에 따라 적응기능(Adaptation), 목표달성 기능(Goal attainment), 통합기능(Integration), 유형유지 기능(Latent pattern maintenance) 등으로 분류하고 머리 글자를 따서 AGIL모형이라 하였다.

04 훌리한(B. Houlihan)이 제시한 정부(정치)가 스포츠에 개입한 목적에 해당하지 <u>않는</u> 것은?

① 시민들의 건강 및 체력유지를 위해 반도핑 기구에 재원을 지원한다.

② 스포츠 현장에서 인종차별을 해소하기 위해 Title IX 법안을 제정했다.

③ 게르만족의 우월성을 강조하기 위해 1936년 베를린 올림픽을 개최하였다.

④ 공공질서를 보호하기 위해 공원에서 스케이트보드 금지, 헬멧 착용 등의 도시 조례가 제정되었다.

해설 정부의 스포츠 개입은 국민 건강 증진과 여가 기회를 제공하고, 사회 질서의 유지 및 보호, 사회 통합 달성, 국위 선양 및 민족주의, 국가 지역사회의 경제 발전 가속화, 정부나 정치가에 대한 지지 확보, 지배이데올로기에 부합하는 가치 및 성향의 강조를 위해서이다.

정답

01 ②   02 ①   03 ④   04 ②

05 〈보기〉에서 프로스포츠의 순기능을 모두 고른 것은?

┤ 보기 ├
ㄱ 스포츠의 대중화
ㄴ 생활의 활력소 역할
ㄷ 지역사회 연대감 증대
ㄹ 아마추어 스포츠의 활성화

① ㄱ
② ㄱ, ㄴ
③ ㄱ, ㄴ, ㄷ
④ ㄱ, ㄴ, ㄷ, ㄹ

해설 프로스포츠의 순기능은 일반 국민에게 흥밋거리를 제공하고 개인의 여가선용 및 스포츠 참여의 확산, 사회적 긴장 해소 등 생활의 활력소 역할을 수행한다. 아마추어 선수의 사기 양양에 도움 및 아마추어 스포츠를 활성화시키는 역할도 한다. 프로스포츠 팀은 특정 지역을 연고지로 하고 있는데, 지역을 대표하는 팀의 존재로 인해 해당 지역주민의 공동체 의식 유발 및 지역경제가 활성화되어 지역 사회의 발전을 이루는 기회를 제공한다. 인기 프로스포츠는 대중에게 경기에 대한 이해를 높이고, 대중들의 호기심을 자극하여 직접 스포츠 참여를 유도하는 등 스포츠의 대중화에 기여한다.

06 〈보기〉에서 스포츠 상업화에 따른 변화를 모두 고른 것은?

┤ 보기 ├
ㄱ 프로페셔널리즘 추구
ㄴ 심미적 가치의 경시
ㄷ 직업선수의 등장
ㄹ 아마추어리즘의 강조
ㅁ 스포츠조직의 세계화
ㅂ 농구 쿼터제 도입

① ㄱ, ㄴ, ㄷ, ㅂ
② ㄱ, ㄷ, ㅁ, ㅂ
③ ㄴ, ㄷ, ㄹ, ㅁ
④ ㄴ, ㄹ, ㅁ, ㅂ

해설 스포츠의 상업화로 인하여 아마추어리즘의 쇠퇴 및 프로페셔널리즘의 발달로 스포츠의 직업화, 스포츠의 형태와 목적, 선수 및 코치의 경기 성향을 변화시키며 스포츠 조직의 변화를 촉진시켰다.

07 〈보기〉에서 투민(M. Tumin)의 스포츠계층 형성과정의 서열화에 관한 설명 중 옳은 것을 모두 고른 것은?

┤ 보기 ├
ㄱ 특정 선수를 선망의 대상으로 생각하거나 팬으로서 특정 선수를 좋아한다.
ㄴ 스포츠 팀 구성원으로 자신의 능력이 팀의 승리에 미치는 영향력이 커야 한다.
ㄷ 뛰어난 운동신경과 능력뿐만 아니라 탁월한 개인적 특성을 갖추고 있어야 한다.
ㄹ 특정 스포츠 영역에서 요구되는 운동기술이 특출한 기량을 발휘해야 한다.

① ㄱ, ㄴ
② ㄱ, ㄷ
③ ㄱ, ㄴ, ㄷ
④ ㄴ, ㄷ, ㄹ

해설 스포츠 계층의 형성과정 중 서열화는
① 개인 역할에 따라서 지위가 분화되면 그 지위에 대한 비교가 가능해진다.
② 역할 비교를 통해 지위의 서열이 형성된다.
③ 지위의 서열화는 개인적 특성, 개인의 기능, 능력, 역할의 사회적 기능에 의해 가능해진다.
④ 서열화의 목적은 적재적소에 필요한 인재를 배치하는 것이다.

08 로이(J. Loy)와 레오나르드(G. Leonard)가 제시한 사회이동 기제로서 스포츠 역할의 근거로 적절하지 않은 것은?

① 프로스포츠 선수들은 다양한 형태의 후원 및 광고출연의 기회가 있다.
② 조직적인 스포츠 참가는 직·간접적으로 교육적 성취도를 향상시킨다.
③ 스포츠의 참가 기회 및 결과는 공정하기 때문에 상승이동에 기여한다.
④ 사회생활을 하는 데 가치 있다고 여겨지는 태도 및 행동 양식을 학습시킨다.

해설 프로스포츠 혹은 엘리트스포츠의 참가 기회는 공정하지 않다. 엘리트선수에게만 국한되어 있다.

09 스포츠 미디어 이론에 관한 설명이 옳지 <u>않은</u> 것은?

① 문화규범이론 – 문화적 차이에 의해 핫 미디어와 쿨 미디어로 나누어진다.

② 사회범주이론 – 미디어의 영향력은 성, 연령, 계층 등에 따라 다르게 반영된다.

③ 개인차 이론 – 대중들은 능동적 수용자로서 심리적 욕구를 만족하기 위해 매스미디어를 활용한다.

④ 사회관계이론 – 미디어를 통한 개인의 스포츠 소비 형태는 중요타자의 가치와 소비행동에 의해 영향을 받는다.

해설 문화규범이론에서 대중매체는 현존의 사상이나 가치를 선택하고 강조한다. 개인의 대중매체 스포츠 소비 유형은 스포츠 취급 양태에 따라서 다양하게 영향을 받는다는 것이다. 핫 미디어와 쿨 미디어의 구분은 맥루한에 의한 쿨과 핫의 개념을 스포츠에 적용하여 매체형태로서 핫스포츠와 쿨스포츠로 구분하였다.

10 〈보기〉의 ⊙~⨀에 해당하는 머튼(R. Merton)의 아노미이론에서 제시한 일탈행동유형이 바르게 연결된 것은?

┌─── 보기 ───┐

⊙ 벤 존슨은 불법약물복용으로 올림픽 금메달을 박탈당했다.

⊙ 승리에 대한 집념보다는 규칙을 지키며 최선을 다해 경기에 참여한다.

⊙ 스스로 실력의 한계를 느끼고 운동부에서 탈퇴한다.

⊙ 학생선수의 학습권을 보장하기 위해 최저학력제를 도입하였다.

└──────────┘

	⊙	⊙	⊙	⨀
①	혁신주의	반역주의	도피주의	의례주의
②	반역주의	혁신주의	의례주의	도피주의
③	혁신주의	의례주의	도피주의	반역주의
④	의례주의	반역주의	혁신주의	도피주의

해설 아노미 이론의 일탈유형은 다음 다섯 가지에 해당된다.

ⓐ 동조 : 목표를 긍정하면서 수단 또한 인정하는 행위

ⓑ 혁신 : 스포츠 일탈 중 가장 문제되는 형태로써 승리라는 궁극적 목표는 수용하지만 수단은 거부하는 행위 → 기존의 방법을 거부하고 새로운 방법을 모색하여 목표를 달성하고자 하는 것으로 긍정적 일탈로 표현된다. 불법적인 수단을 사용해서라도 승리를 추구하려는 유형도 해당된다.

ⓒ 의례주의 : 스포츠에서 승인된 목표는 반대하지만 수단은 수용하는 행동 형태 → 자신이 실현 가능한 범위로 목표를 제한하여 좌절과 스트레스를 약화시키는 행동으로 기대 역할 수행을 스스로 포기한 행동이라는 점에서 일탈로 간주한다.

ⓓ 도피주의 : 목표와 수단을 모두 거부하고 기존사회로부터 탈피하는 적응방식 → 기대하는 역할의 포기와 자아 상실이 나타난다는 점에서 일탈로 간주할 수 있다.

ⓔ 혁명(반역) : 본래의 목표와 수단을 모두 부정하고 새로운 목표를 설정하여 혁신적인 수단을 이용하여 소정의 목적을 달성하고자 하는 행동 형태

11 〈보기〉의 ㉠~㉣에 해당하는 집합행동이론이 바르게 연결된 것은?

---|보기|---
㉠ 군중은 피암시성, 순환적 반작용에 의해 폭력적 집단행동이 나타난다.
㉡ 군중들의 반사회적 성향이 익명성, 몰개성화에 의해 집합행동으로 나타난다.
㉢ 특정 사회적 상황에서의 공유의식은 구성원의 감정과 정숙 정도, 수용성 등에 영향을 준다.
㉣ 선행적 사회구조적·문화적 요인으로 인한 단계적 절차는 집합행동을 생성, 발전 및 소멸시킨다.

	㉠	㉡	㉢	㉣
①	전염이론	수렴이론	규범생성이론	부가가치이론
②	수렴이론	전염이론	부가가치이론	규범생성이론
③	규범생성이론	부가가치이론	수렴이론	전염이론
④	부가가치이론	규범생성이론	전염이론	수렴이론

해설 전염이론은 병원균이 전파되듯이 한 개인을 시작으로 타인에게 영향을 미쳐 폭력이 전체 집단에 전파되어 관중폭력이 발생하게 됨을 가정한다. 수렴이론은 개인들이 가지고 있던 반사회적 생각이나 기질이 군중이라는 익명성 속에서 나타난다는 이론이다. 규범생성이론은 개인의 특성과 군중의 차이에 따른 이질성을 인정하는 것으로 군중과 개인은 별개이기 때문에 동일한 대상으로 바라보지 않는다는 것이다. 부가가치이론은 일정한 형태의 조건이나 계기의 순서에 따라 단계적인 조합을 이루어야 집합행동이 발생할 수 있음을 보여준다.

12 〈보기〉는 코클리(J. Coakley)가 제시한 일탈적 과잉동조를 유발하는 스포츠 윤리규범의 유형과 특징에 관한 설명이다. ㉠~㉢에 들어갈 내용이 바르게 연결된 것은?

---|보기|---
• (㉠) : 운동선수는 위험을 받아들이고 고통 속에서도 경기에 참여해야 한다.
• (㉡) : 운동선수는 장애물을 극복하고 역경을 헤쳐 나가는 노력을 해야 한다.
• (㉢) : 운동선수는 경기에 헌신해야 하며 이를 그들의 삶에서 우선순위에 두어야 한다.
구분짓기규범 : 다른 선수와의 차별성을 강조하며, 운동선수는 경기에서 탁월함을 추구해야 한다.

	㉠	㉡	㉢
①	몰입규범	도전규범	인내규범
②	몰입규범	인내규범	도전규범
③	인내규범	도전규범	몰입규범
④	인내규범	몰입규범	도전규범

해설 일탈적 과잉동조와 밀접한 관계를 맺는 일반적인 스포츠 윤리의 규범은 첫째, 선수는 다른 무엇보다 경기에 헌신해야 한다는 "몰입규범"이다. 둘째, 운동선수는 탁월성을 위해 노력해야 한다는 "구분짓기규범"이다. 셋째, 운동선수는 위험을 받아들이고 고통 속에서도 경기를 해야 한다는 "인내규범"이다. 넷째, 운동선수는 스포츠에서 성공을 추구하는 데 있어서 어떠한 장애물도 용납되지 않는다는 "도전규범"이다.

13 〈보기〉에서 매기(J. Magee)와 서덴(J. Sugden)이 제시한 스포츠의 노동이주 유형은?

┤ 보기 ├
- 종목의 특성으로 인해 국가 간 이동이 발생한다.
- 개인의 취향에 의해 선택하는 경우도 발생한다.
- 흥미로운 장소를 돌면서 스포츠를 즐기는 유형이다.

① 유목민형　　　　② 정착민형
③ 개척자형　　　　④ 귀향민형

해설 프로스포츠는 다른 국가의 우수한 선수를 영입하게 되는데 이때 노동 이주가 발생하고, 스포츠 시장의 규모가 커짐에 따라 노동 이주는 전 세계적으로 발생한다. 국가 간 이동이 발생하고 개인의 취향으로 선택을 하며 흥미로운 장소를 돌면서 스포츠를 즐기는 유형은 유목민형이다.

14 〈보기〉에서 설명하는 스포츠일탈이론의 관점은?

┤ 보기 ├
- 동일한 행위도 상황에 따라 일탈로 규정되거나 그렇지 않을 수 있다.
- 경기장에도 다양한 일탈 행동으로 낙인 찍힌 선수들이 있다.

① 갈등론적 관점
② 구조기능주의 관점
③ 상징적 상호작용론적 관점
④ 비판론적 관점

해설 구조기능주의 이론은 사회를 이루는 정치, 경제, 종교, 교육, 스포츠 등이 각각 기능을 가지고 있고, 유기체처럼 서로 연결되어 있다고 본다. 스포츠가 사회에 어떤 기능을 하는지 관심을 둔다. 갈등이론은 마르크스의 사상에 근거한 이론으로, 경제적 이해관계가 대립되는 집단이나 개인들 간의 경쟁 갈등이 사회

의 본질이라고 본다. 스포츠는 권력을 지닌 집단이 대중을 통제하는 수단이라고 주장한다. 비판이론은 스포츠가 사회를 구성하는 데 직접 관여한다고 보고, 스포츠를 통한 사회 변화의 기능성에 관심을 둔다. 상징적 상호작용 이론은 인간은 상황을 주관적으로 해석하고 능동적으로 행동하는 존재이기 때문에 사회구조보다 개인의 역량이 중요하다고 본다. 상호작용론적 관점에서 낙인이론이 동일한 행위도 상황에 따라 일탈로 규정되거나 그렇지 않을 수 있다.

15 〈보기〉의 ㉠~㉢에 해당하는 스포츠사회화 과정이 바르게 연결된 것은?

┤ 보기 ├
- (㉠) : 테니스 지도자가 되어 초등학교에서 테니스를 가르치게 되었다.
- (㉡) : 부모님의 권유로 테니스를 배우게 되었다.
- (㉢) : 테니스참여를 통해 사회성, 준법정신이 강한 선수가 되었다.

스포츠 탈 사회화 : 무릎인대 손상으로 테니스선수생활을 그만두었다.

① ㉠ 스포츠 재사회화
　 ㉡ 스포츠를 통한 사회화
　 ㉢ 스포츠로의 사회화
② ㉠ 스포츠로의 사회화
　 ㉡ 스포츠 재사회화
　 ㉢ 스포츠를 통한 사회화
③ ㉠ 스포츠를 통한 사회화
　 ㉡ 스포츠로의 사회화
　 ㉢ 스포츠 재사회화
④ ㉠ 스포츠 재사회화
　 ㉡ 스포츠로의 사회화
　 ㉢ 스포츠를 통한 사회화

정답
11 ①　12 ③　13 ①　14 ③　15 ④

스포츠로의 사회화는 스포츠에 참가하는 그 자체를
전제로, 스포츠에 입문하게 되는 것이다. 스포츠를
통한 사회화는 스포츠 장면에서 학습된 기능, 특성,
가치, 태도, 지식 성향 등이 다른 사회현상으로 전이
일반화 되는 과정이다. 스포츠에서의 탈사회화는 탈
락, 은퇴, 흥미의 상실 등의 이유로 스포츠 활동을 중
단하고 스포츠에서 멀어지는 것이다. 스포츠로의 재
사회화는 중단했던 스포츠 활동을 다시 시작하는 단
계이다.

16 〈보기〉에서 신자유주의 시대 스포츠 세계화의 특
징에 해당하는 것으로만 묶인 것은?

┤ 보기 ├

ㄱ 스포츠 시장의 경계가 국경을 초월해 전 세계
로 확대되었다.

ㄴ 프로스포츠의 이윤 극대화로 인해 빈익빈 부
익부 현상이 해소되었다.

ㄷ 세계인들에게 표준화된 스포츠 상품과 스포
츠 문화를 소비하게 만들었다.

ㄹ 각 나라의 전통스포츠가 전 세계로 보급되어
새로운 스포츠 시장을 개척할 수 있게 되었다.

① ㄱ, ㄴ   ② ㄱ, ㄷ
③ ㄴ, ㄷ   ④ ㄴ, ㄹ

해설 신자유주의는 스포츠의 상업화와 밀접하게 관련되어
있으며, 스포츠의 상업화로 인하여 스포츠 시장이 전
세계로 확대되었고, 빈익빈 부익부 현상이 증가되었으
며, 세계인들이 표준화된 스포츠 상품을 소비하게
되었다. 전통스포츠가 아닌 프로스포츠가 전 세계로
보급되었다.

17 〈보기〉의 ㉠, ㉡에 해당하는 용어가 바르게 연결
된 것은?

┤ 보기 ├

• 미디어는 스포츠 중계를 통해 시청자들의 상
품 소비를 촉진시키는 (㉠) 이데올로기를 생
산한다.

• 미디어는 남성스포츠 경기를 역사적 중요성을
갖고 있는 것처럼 묘사하며, 여성스포츠를 실
력보다 외모를 부각시키는 (㉡) 이데올로기
를 생산한다.

      ㉠   ㉡

① 합리주의   젠더

② 자본주의   젠더

③ 합리주의   성공

④ 자본주의   성공

해설 스포츠가 상업화가 되어 상품 소비를 위한 자본주의
이데올로기와 실력보다 여성의 외모에 의미를 더 부
각하는 젠더 이데올로기를 생산한다.

18 교육현장에서 스포츠의 역기능에 관한 설명으로
옳지 않은 것은?

① 비과학적 훈련 방법은 학생선수를 혹사시킨다.

② 승리지상주의 심화로 인해 교육목표를 결핍시
킨다.

③ 참여기회의 제한으로 장애인의 적응력을 배양
시킨다.

④ 학교와 팀의 성공을 위해 학생선수의 의도적
유급, 성적 위조 등을 조장한다.

해설 ①, ②, ④는 교육현장에서 스포츠의 역기능에 해당
한다.
③ 참여기회의 제한은 장애인의 적응력을 오히려 떨
어뜨린다.

19 〈보기〉에서 설명하는 스포츠사회화 이론은?

┤ 보기 ├
- 상과 벌을 통해 행동의 변화가 일어난다.
- 사회화 주관자의 가르침을 통해 행동이 변화한다.
- 다른 사람의 행동을 관찰하여 모방이 일어난다.

① 사회학습이론 　　② 역할이론
③ 준거집단이론 　　④ 문화규범이론

해설 사회학습이론은 개인이 어떻게 사회적 행동을 습득하고 수행하는가를 밝히려는 이론이며, 스포츠에서의 코칭, 강화, 관찰학습을 통해서 사회화가 이루어진다는 것에 대한 내용이다.

20 미래 스포츠의 변화와 전망에 관한 설명으로 옳지 <u>않은</u> 것은?

① 정보통신기술의 발달로 스포츠 관람형태가 다양해진다.
② '기술도핑(technical doping)'은 스포츠의 공정성을 훼손한다.
③ 다양한 신소재의 개발은 스포츠의 용품 및 장비 개발에 활용된다.
④ 통신 및 전자매체의 발달로 스포츠에서 미디어의 영향력이 감소된다.

해설 통신 및 전자매체의 발달로 스포츠에서 미디어의 영향력이 증가한다.

스포츠교육학 (22)

01 시덴탑(D. Siedentop)이 제시한 스포츠교육 모형의 6가지 핵심적인 특성에 해당하지 <u>않는</u> 것은?

① 축제화(festivity)
② 팀 소속(affiliation)
③ 유도연습(guided practice)
④ 공식경기(formal competition)

해설 시덴탑의 스포츠교육 모형
　㉠ 시즌 : 체육수업의 내용 단원보다는 시즌이라는 개념을 사용한다.
　㉡ 팀 소속 : 전체 시즌 동안 한 팀의 일원으로 수업에 참여한다.
　㉢ 공식경기 : 학생은 시즌을 조직하고 운영하는 의사결정에 참여한다.
　㉣ 결승전 행사 : 시즌은 라운드-로빈 토너먼트, 팀 경쟁 등 다양한 형태로 마무리한다.
　㉤ 기록보존 : 게임은 경기 수행에 대한 수많은 기록을 양산한다.
　㉥ 축제화 : 스포츠 이벤트는 축제의 성격이 있다.

02 〈보기〉의 방과 후 학교 체육활동 프로그램 개발 시 고려사항에 관한 설명 중 옳은 것으로만 묶인 것은?

┤ 보기 ├
㉠ 학습자의 적성과 흥미를 고려한다.
㉡ 구체적인 목표와 미래 지향적 방향을 설정한다.
㉢ 교육과정과의 연계보다 프로그램의 특성을 고려한다.
㉣ 학교체육시설, 지도 인력, 예산 등은 제약 없이 사용이 가능하므로 이를 반영한다.

① ㉠, ㉡　　　　　　② ㉠, ㉢
③ ㉡, ㉢　　　　　　④ ㉡, ㉣

방과 후 체육활동
  ㉠ 교육과정과 연계
  ㉡ 미래지향적인 방향 설정
  ㉢ 지역사회의 자원 활용
  ㉣ 학생의 적성과 흥미

03 〈보기〉의 ㉠, ㉡에 해당하는 용어가 바르게 연결된 것은?

┤ 보기 ├

1960년대 중반 미국을 중심으로 전개된 (㉠)은 스포츠교육학이 체육학의 하위학문 분야로 성장하는 데 촉매제 역할을 하였다. 결국 신체 활동을 지도할 때 학문을 기반으로 한 (㉡)지식을 스포츠 참여자에게 가르쳐야 한다는 주장이 본격적으로 제기되기 시작했다.

	㉠	㉡
①	체육 학문화 운동	이론적
②	체육 학문화 운동	경험적
③	체육 과학화 운동	경험적
④	체육 과학화 운동	이론적

• '신체를 통한 교육으로서의 체육' 철학을 기반으로 하는 '체육 학문화 운동'이 발생하였다.
  • 휴먼무브먼트 철학은 학문적 초중고 교육 교과의 개선을 위한 기반이 되었다.
  • 체육의 학문적 세분화가 되었고, 스포츠의 개념으로 연결하려고 하고 있다. 스포츠과학 또는 스포츠의학, 운동학(kinesiology) 등의 학과가 생겨나고 있다.

04 체육활동에서 안전한 학습환경 유지에 관한 설명으로 적절하지 <u>않은</u> 것은?

① 활동 전에 안전 문제를 예측하고 교구를 배치한다.
② 위험한 상황이 예측되더라도 시작한 과제는 끝까지 수행한다.
③ 안전한 수업운영에 필요한 절차를 학습자들에게 명확히 전달한다.
④ 새로운 연습과제나 게임을 시작할 때 지도자는 지속적으로 학습자를 감독한다.

지도자는 학생의 안전한 학습환경을 제공해야 하므로, 위험한 상황이 예측되면 과제를 수정하여야 한다.

05 〈보기〉의 성장단계별 스포츠 프로그램의 목적 중 옳은 것을 모두 고른 것은?

┤ 보기 ├

㉠ 유소년스포츠 : 유아와 아동의 신체적·인지적 발달 도모, 기본적인 사회관계 형성
㉡ 청소년스포츠 : 운동기능 습득, 삶의 즐거움과 활력 찾기, 또래친구와의 여가활동 참여
㉢ 성인스포츠 : 신체적 건강 유지, 사교, 흥미 확대, 사회적 안정 추구

① ㉠   ② ㉠, ㉡
③ ㉡, ㉢   ④ ㉠, ㉡, ㉢

〈보기〉 모두 올바른 설명을 하고 있다.
  ▶ 중년기스포츠
    ㉠ 만 40~59세로, 신체적 기능이 점점 감소하며 여성은 폐경기, 남성은 갱년기로 인해 여러 문제가 나타난다.
    ㉡ 건강관리와 노년을 대비하기 위해 적절한 체육활동이 필요하다.

▶ 노년기 스포츠
  ㉠ 만 60세 이후를 일컬으며, 신체능력, 인지능력, 지각능력이 쇠퇴한다.
  ㉡ 고혈압, 당뇨, 심장병, 골다공증, 치매 등 여러 질환 등이 발생하므로 특별한 관리가 필요하다.
  ㉢ 스포츠활동을 통하여 생활의 활력, 건강관리, 노화지연, 심리적 안정 등의 효과를 기대할 수 있다.

06 〈보기〉에서 설명하는 스포츠지도자가 고려해야 할 학습자 특성은?

┤ 보기 ├

학습자의 성별, 연령, 환경적 요인 등 학습자의 개인차를 고려해서 학습 단계를 결정하는 것이 중요하다.

① 감정 조절   ② 발달 수준
③ 공감 능력   ④ 동기유발 상태

해설 주어진 〈보기〉는 감정, 공감, 동기유발과 같은 심리적 요인과 거리가 멀다고 할 수 있으며, 발달 수준과 관련된다.

07 스포츠지도자의 자질과 지도방법에 관한 내용으로 옳지 않은 것은?

① 지도자는 높은 성품 수준을 유지하며 모범을 보여야 한다.
② 선수가 수단과 방법을 가리지 않고 승리할 수 있도록 지도한다.
③ 지도자는 재능의 차원과 인성적 차원의 자질을 고루 갖추어야 한다.
④ 선수가 올바른 도덕적 의식을 가지고 자율적으로 실천하도록 지도한다.

해설 선수에게 있어서 승리는 최고의 목적이므로, 지도자는 그에 맞는 과학적이고 체계적인 훈련을 제공해야 한다. 그러나 인성지도와 일상생활로 전이될 수 있도록 스포츠맨십과 공정의 정신을 지도하여야 한다.

08 〈보기〉에서 설명하는 수업 주도성 프로파일의 특성을 나타내는 체육수업 모형은?

┤ 보기 ├

• 학습자는 각 과제의 수행 기준에 도달할 책임이 있다.
• 학습자는 많은 피드백과 높은 수준의 언어적 상호작용의 기회를 갖는다.
• 지도자는 내용선정과 과제제시를 주도하고, 학습자는 수업 진도를 결정한다.

① 전술게임 모형
② 협동학습 모형
③ 개별화지도 모형
④ 개인적·사회적 책임감 지도 모형

해설 ① 전술게임 모형 : 게임을 구성하는 두 가지 요소인 기술과 전술 중에서 기술 위주로 지도해온 전통적인 게임 방식에서 벗어나 전술의 이해를 강조한다.
② 협동학습 모형 : 모든 학생이 학습과정과 결과에 공헌하기를 기대하면서 제한된 시간 또는 과제에 따라 팀을 나눈다.
④ 개인적·사회적 책임감 지도 모형 : 스포츠에서 가르쳐야 할 내용의 대부분이 학생 스스로와 타인에 대한 책임을 어떻게 져야 하는지를 연습하고 배우는 기회를 제공해야 한다. 책임감과 신체활동(기능과 지식)이 별개의 학습성과가 아니므로, 이 두 가지는 동시에 추구되고 성취되어야 한다.

09 〈보기〉에서 스포츠 활동 참여자의 행동 수정 전략을 잘못 이해하고 있는 지도자들로만 묶인 것은?

┤ 보기 ├

송 코치 : 저는 지도자가 일관성 있게 지도하는 것이 중요하다고 생각해요.

이 코치 : 학습자의 행동 수정에도 그 단계를 설정할 필요가 있는 것 같아요.

김 코치 : 과거의 행동 수준부터 한 번에 많은 변화가 있도록 지도해야 해요.

박 코치 : 목표행동은 간단히 진술하고 그에 따른 결과는 고려하지 않아도 되요.

① 송 코치, 이 코치
② 이 코치, 김 코치
③ 박 코치, 송 코치
④ 김 코치, 박 코치

해설 • 김 코치 : 한 번에 많은 변화를 주기는 어렵기 때문에 단계별로 지도한다.
• 박 코치 : 목표행동에 대해 충분히 설명하고 올바른 결과가 나오도록 관리하여야 한다.

10 〈보기〉는 박 코치의 수업 일지 내용이다. ㉠, ㉡에 해당하는 용어가 바르게 연결된 것은?

┤ 보기 ├

골프 수업에 참여한 학습자들이 골프 규칙을 비롯해, 골프와 유사한 스포츠의 개념적 특징을 비교·분석할 수 있도록 (㉠) 목표를 제시하였다. … (중략) … 또한 각 팀의 1등은 다른 팀의 1등끼리, 2등은 다른 팀의 2등끼리 점수를 비교하여 같은 등수에서 높은 점수를 얻은 학습자에게 정해진 상점을 부여했다. 이와 같이 협동학습 모형의 과제구조 중 (㉡)전략을 사용하였다.

① ㉠ 정의적
   ㉡ 직소(Jigsaw)
② ㉠ 정의적
   ㉡ 팀−보조 수업(Team−Assisted Instruction)
③ ㉠ 인지적
   ㉡ 팀 게임 토너먼트(Team Games Tournament)
④ ㉠ 인지적
   ㉡ 학생 팀−성취 배분(Student Teams−Achievement Division)

해설 • 인지적 가치 : 스포츠를 함으로써 뇌의 혈액 공급과 게임규칙, 전략 등을 통해 논리력, 이해력, 판단력, 통찰력 등을 발달시킬 수 있다.
• 팀 게임 토너먼트 : 모든 학생이 학습과정과 결과에 공헌하기를 기대하면서 제한된 시간 또는 과제에 따라 팀을 나눈다. 책임감 있는 팀원이 되고, 자신의 잠재능력을 최대로 개발하고, 팀의 성공을 위해서 자신의 능력에 맞게 기여한다.

11 학교체육 진흥법(2020. 10. 20, 일부 개정)의 제12조에서 규정하고 있는 내용으로 옳지 <u>않은</u> 것은?

① 교육감은 학교운동부지도자의 자질 향상 및 전문성 강화를 위하여 연수교육 계획을 수립하고, 이를 실시하여야 한다.

② 학교의 장은 학교운동부지도자가 학생선수의 학습권을 박탈하거나 폭력, 금품·향응 수수 등의 부적절한 행위를 하였을 경우 학교운영위원회의 심의를 거쳐 계약을 해지할 수 있다.

③ 국가 및 지방자치단체는 학교운동부지도자의 급여에 필요한 경비를 지원하도록 노력해야 한다.

④ 학교운동부지도자의 자격기준, 임용, 급여, 신분, 직무 등에 필요한 사항은 대통령령으로 정한다.

> 해설 제12조(학교운동지도자)
> ② 국가는 학교운동부지도자의 자질 향상 및 전문성 강화를 위하여 연수교육 계획을 수립하고, 이를 실시하여야 한다.

12 〈보기〉의 국민체육진흥법(2020. 8. 18, 일부개정) 제12조의3의 내용 중 ㉠, ㉡에 해당하는 용어가 바르게 연결된 것은?

> ┤ 보기 ├
>
> 문화체육관광부장관은 체육지도자 및 체육단체의 책임이 있는 자가 체육계 인권침해 및 (㉠)와/과 관련하여 (㉡)이/가 확정되는 경우에는 운영위원회의 심의·의결을 거쳐 그 인적사항 및 비위 사실 등을 공개할 수 있다.

	㉠	㉡
①	폭행	자격정지
②	스포츠비리	유죄판결
③	폭행	행정처분
④	스포츠비리	자격취소

> 해설 제12조의3(체육계 인권침해 및 스포츠비리 관련 명단 공개)
> ① 문화체육관광부장관은 체육지도자 및 체육단체의 책임이 있는 자가 체육계 인권침해 및 스포츠비리와 관련하여 유죄판결이 확정되는 경우에는 운영위원회의 심의·의결을 거쳐 그 인적사항 및 비위 사실 등을 공개할 수 있다.

13 〈보기〉의 ㉠~㉟ 중 모스턴(M. Mosston)의 '자기점검형(self-check style)' 교수 스타일에 해당하는 특징으로만 묶인 것은?

> ┤ 보기 ├
>
> ㉠ 지도자는 감환과정의 준거를 제시한다.
> ㉡ 지도자는 학습자의 능력과 독립성을 존중한다.
> ㉢ 지도자는 학습자가 활용할 평가 기준을 마련한다.
> ㉣ 학습자는 과제활동 전 결정군에서 내용을 정한다.
> ㉤ 학습자는 스스로 자신의 과제를 확인하고 교정한다.
> ㉥ 학습자는 동료와 피드백을 주고받으며 연습하는 데 중점을 둔다.

① ㉠, ㉢, ㉥   ② ㉡, ㉢, ㉤
③ ㉠, ㉣, ㉤   ④ ㉡, ㉤, ㉥

> 해설 자기점검형 스타일
> • 학생이 과제를 수행하고 스스로 평가한다.
> • 지도자는 지도내용, 평가기준, 수업 절차 등을 결정하고, 학생은 과제를 독립적으로 수행하고 지도자가 마련한 평가 기준에 따라 스스로 점검한다.
> ㉠ 확산발견형, ㉣ 포괄형, ㉥ 상호학습형

14 〈보기〉에서 설명하는 알몬드(L. Almond)의 게임 유형은?

—————| 보기 |—————

• 야구, 티볼, 크리켓, 소프트볼 등 팀 구성원 모두가 공격과 수비에 번갈아 참여한다.
• 개인의 역할 수행이 경기에 중요한 영향을 미치므로, 자신의 역할에 대한 이해와 책임감이 강조된다.

① 영역(침범)형 ② 네트형
③ 필드형 ④ 표적형

해설 게임의 분류

침범형	농구, 하키, 풋볼, 라크로스, 넷볼, 축구, 프리스비
네트형/ 벽면형	네트형(배드민턴, 피클볼, 탁구, 배구), 벽면형(핸드볼, 라켓볼, 스쿼시)
필드형	야구, 크리켓, 킥볼, 소프트볼
표적형	크로켓, 당구, 볼링, 골프

15 체육 수행평가에 관한 설명으로 옳은 것은?

① 학습의 과정보다 결과를 중시한다.
② 일시적이며 단편적인 관찰에 의존한다.
③ 개인보다 집단에 대한 평가를 강조한다.
④ 아는 것과 실제 적용 능력을 모두 강조한다.

해설 수행평가
ㄱ 학생들이 학습과제를 수행하도록 요구하고 그 과정과 결과를 통하여 보여주는 지식, 기능, 태도를 관찰하고 판단하는 평가 방식이다.
ㄴ 지도자는 우선 학습과제를 제시하여야 하고, 과제 내용은 보다 개별적, 과정적, 학생 주도적이며, 상대적 비교를 지양한다.

ⓒ 절차
ⓐ 평가내용, 방법, 도구, 기준, 시기 등이 포함된 연간평가 계획서 작성
ⓑ 성취기준을 구체화하고 달성여부를 파악할 수 있는 평가기준 설정
ⓒ 수행목표를 달성하기 위한 구체적인 평가 계획 설정
ⓓ 평가 문항과 도구 개발
ⓔ 다양화, 전문화, 특성화된 수업 및 평가를 시행하고 채점하고 결과 보고
ⓕ 학습이나 교수·학습활동을 학생에게 피드백

16 메츨러(M. Metzler)의 스포츠 지도를 위한 교수·학습 과정안(지도계획안) 작성요소와 방법이 바르게 연결된 것은?

	작성 요소	작성 방법
①	학습목표	학습목표는 추상적으로 작성
②	수업정리	과제의 내용을 구조화하고, 제시 방법을 기술
③	학습평가	평가 시기, 평가의 관리 및 절차상의 고려사항을 제시
④	수업맥락 기술	과제의 중요도에 따라 학습활동 목록을 작성

해설 ① 학습목표는 학습자 중심의 행동목표를 작성한다. 인지부분, 기능부분, 태도부분으로 나눠 구체적으로 기술한다.
② 수업정리는 학생에게 그 시간의 핵심단서와 수업 내용을 기억할 수 있도록 다시 한 번 제공하는 의미가 있다.
④ 수업맥락 기술은 학생, 날짜, 장소, 차시 등의 총체적인 수업의 맥락에 대한 설명을 포함한다.

17 〈보기〉에서 세 명의 축구 지도자가 활용한 질문 유형이 바르게 연결된 것은?

┤ 보기 ├

이 코치 : 지난 회의에서 설명했던 오프사이드 규칙 기억나니?

윤 코치 : (작전판에 그림을 그리면서) 상대 팀 선수가 중앙으로 드리블해서 돌파하고자 할 때, 수비하는 방법들은 무엇이 있을까?

정 코치 : 상대 선수가 너에게 반칙을 하지 않았는데 심판이 상대 선수에게 반칙 판정을 했어. 너는 이런 상황에서 어떻게 하겠니?

	이 코치	윤 코치	정 코치
①	회상형(회고형)	확산형(분산형)	가치형
②	회상형(회고형)	수렴형(집중형)	가치형
③	가치형	수렴형(집중형)	회상형(회고형)
④	가치형	확산형(분산형)	회상형(회고형)

해설 질문의 유형
1. 회상형(회고형) : '예/아니오'로 대답할 수 있는 개념확인을 위한 질문이다.
2. 수렴형 : 논리적 사고와 문제해결력을 필요로 하는 질문이다.
3. 확산형 : 정답이 여러 개일 수 있는 질문법으로 상황에 따른 해답을 요구한다.
4. 가치형 : 어떠한 정답이 없고 옳고 그름이 없고 가치적이고 정의적인 질문이다.

18 〈보기〉에 해당하는 링크(J. Rink)의 내용 발달 과제는?

┤ 보기 ├

• 과제의 난이도와 복잡성에 따른 점진적 발달에 관심을 갖는다.
• 복잡한 기술을 가르치기 전에 기능을 세분화한다.

① 세련과제
② 정보(시작)과제
③ 적용(평가)과제
④ 확대(확장)과제

해설 링크의 학습과제 유형
• 정보 : 새로운 기술학습을 위한 초기 과제
• 확장 : 이전 과제보다 조금 더 복잡하고 어려운 과제
• 세련 : 운동수행의 질을 향상시키는 과제
• 적용 : 진술된 운동 수행 기준에 따라 수행하거나 반대 위치 또는 표준에서 수행하는 과제
• 반복 : 이전의 과제들을 복습하거나 숙달

19 〈보기〉에서 설명하는 슐만(L. Shulman)의 교사 지식은?

┤ 보기 ├

• 노인의 신체적·정신적 변화 등에 관한 지식
• 장애 유형에 따른 운동방법 등에 관한 지식
• 유소년의 행동양식, 신체발달 등에 관한 지식

① 교육과정(curriculum) 지식
② 교육환경(educational context) 지식
③ 지도방법(general pedagogical) 지식
④ 학습자와 학습자 특성(learners and their characteristics) 지식

해설 체육교사가 갖추어야 할 지식(슐만, 1987)
㉠ 내용에 대한 지식 : 가르칠 교과 내용을 정확히 알고 있어야 한다.
㉡ 지도방법에 대한 지식 : 학생 지도법을 정확히 숙지한다.
㉢ 교육적인 내용에 대한 지식 : 체육활동을 통하여 실기기술 뿐만 아니라 활동을 통하여 얻어지는 교육적인 가치를 알고 있어야 한다.
㉣ 교육과정에 대한 지식 : 각 학교별, 학년별로 정해진 교육과정과 지향하는 목표를 알아야 한다.
㉤ 교육환경에 대한 지식 : 학교마다 교육환경이 다를 수 있으므로, 자신의 교육환경을 이해하고 대처한다.

정답

14 ③   15 ④   16 ③   17 ①   18 ④   19 ④

ⓗ 학습자의 특성에 대한 지식 : 학생의 특성, 가정환경 등을 파악하여 효과적인 지도를 할 수 있어야 한다.
ⓢ 교육목표에 대한 지식 : 정확한 교육목표를 파악하여 효과적인 수업을 진행한다.

20 〈보기〉에서 두 명의 수영 지도자가 활용한 평가 유형이 바르게 연결된 것은?

┤ 보기 ├

박 코치 : 우리반은 초급이라서 25m 완주를 목표한다고 공지했어요. 완주한 회원들에게는 수영모를 드렸어요.
김 코치 : 저는 우리 클럽의 특성을 고려해서 모든 회원의 50m 평영 기록을 측정했습니다. 그리고 상위 15%에 해당하는 회원들께 '박태환' 스티커를 드렸습니다.

	박 코치	김 코치
①	절대평가	상대평가
②	상대평가	절대평가
③	동료평가	자기평가
④	자기평가	동료평가

해설 ㉠ 상대평가
ⓐ 집단 내의 상대적인 석차를 중심으로 이루어지며 선발, 분류, 배치 상황에 활용된다.
ⓑ 상대평가는 규준지향평가라고 하고, 한 학생의 성적을 집단에서의 다른 학생과 비교하여 가치를 부여하는 방법이다.
㉡ 절대평가
ⓐ 설정된 교수・학습목표를 준거로 하여 그 목표의 달성도를 평가하는 방식이다.
ⓑ 준거지향 또는 목표지향평가라고 하고, 사전에 설정된 교육목표에 비추어 그 달성정도를 평가한다.

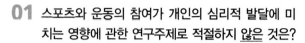
스포츠심리학 (33)

01 스포츠와 운동의 참여가 개인의 심리적 발달에 미치는 영향에 관한 연구주제로 적절하지 <u>않은</u> 것은?

① 달리기는 우울증을 조절하는가?
② 스포츠클럽 활동은 사회성과 집중력을 높이는가?
③ 태권도 수련은 아동의 인성 발달에 도움이 되는가?
④ 수영에 대한 자신감이 수영 학습에 어떤 영향을 주는가?

해설 자신감은 어떤 어려운 일을 맡더라도 충분히 잘해 낼 수 있다는 자기 자신에 대한 확신이며 성공 수행에 대한 믿음이다. 운동의 참여로 인해 변화를 줄 수 있는 우울증, 사회성, 집중력, 인성 발달 등과 비교해 볼 때 자신감은 이와 거리가 멀다.

02 보강적 피드백(augmented feedback)의 유형에 해당하는 것은?

① 시각(visual)
② 촉각(tactile)
③ 청각(auditory)
④ 결과지식(knowledge of result)

해설 보강적 피드백은 교사나 코치 또는 동료들에 의해 제공되거나 인터넷 영상매체 등으로 제공되는 정보이다. 시각, 촉각, 청각은 내재적 피드백이다.

03 나이데퍼(R. Nideffer)의 주의초점모형을 근거로, 〈보기〉의 내용에 해당하는 주의의 폭과 방향은?

┤ 보기 ├

배구 선수가 서브를 준비하면서 상대 진영을 살핀 후, 빈 곳을 확인하여 그곳으로 공을 서브하였다.

① 광의 외적에서 협의 외적으로
② 광의 내적에서 광의 외적으로
③ 협의 내적에서 광의 외적으로
④ 협의 외적에서 협의 외적으로

해설

광의 – 외적 상황을 빠르게 판단 (단체경기에 사용)	광의 – 내적 수행 전략과 계획 수립 (코치는 발생 가능한 상황을 회상하여 작전계획 때 사용)
협의 – 외적 어떤 행동이 막 발생할 당시 목표물에 주의집중 (공을 찰 때 또는 상대선수의 움직임에 대응)	협의 – 내적 수행에 대한 정신적 시연 또는 감정상태 조절 (특정기술이나 경기장면을 머릿속에서 예행연습 때 사용)

04 아이젠(I. Ajen)의 계획된 행동이론(theory of planned behavior)의 구성요인으로만 묶인 것은?

① 태도(attitude), 의도(intention), 주관적규범(subjective norm), 동기(motivation)
② 태도(attitude), 의도(intention), 주관적규범(subjective norm), 행동통제인식(perceived behavioral control)
③ 주관적규범(subjective norm), 자신감(confidence), 의도(intention), 태도(attitude)
④ 행동통제인식(perceived behavioral control), 자신감(confidence), 태도(attitude), 동기(motivation)

해설 계획행동이론은 합리적 행동이론에 행동통제 인식이라는 개념이 추가된 이론이다.
- 의도 : 행동을 실천하려는 의도가 있는지를 알면 행동을 예측할 수 있다.
- 태도 : 운동과 같은 건강 행동을 실천하는 것이 중요하다고 생각하는 태도이다.
- 주관적 규범 : 운동을 해야 한다는 주변 사람들의 기대와 압력을 받는 것이다.
- 행동통제 인식 : 운동행동을 방해하는 요인(직장, 일, 가사, 날씨, 시설, 시간)을 통제할 수 있는 자신감을 말한다. 행동통제 인식은 의도와 행동 모두에 영향을 준다.

05 스포츠심리기술 훈련에 관한 설명으로 옳지 <u>않은</u> 것은?

① 경기력 향상에 즉각적 효과를 줄 수 있다.
② 평소 연습과 통합되어 지속적으로 진행되어야 한다.
③ 심상, 루틴, 사고조절 등의 심리기법이 활용된다.
④ 연령, 성별, 경기수준과 관계없이 모든 선수들에게 적용될 수 있다.

해설 심상, 루틴, 사고조절 등의 심리기법을 활용한 스포츠심리기술 훈련은 지속적으로 진행되어야 하며, 실전 시합에서 적용하기까지는 최소 3~6개월이 필요하다.

정답
20 ① / 01 ④ 02 ④ 03 ① 04 ② 05 ①

06 캐런(A.V. Carron)의 팀 응집력 모형에서 응집력의 결정요인으로만 묶인 것은?

① 리더십 요인(leadership factor), 발달 요인(development factor), 환경 요인(environment factor), 팀 요인(team factor)

② 리더십 요인(leadership factor), 팀 요인(team factor), 개인 요인(personal factor), 발달 요인(development factor)

③ 팀 요인(team factor), 리더십 요인(leadership factor), 환경 요인(environment factor), 개인 요인(personal factor)

④ 팀 요인(team factor), 발달 요인(development factor), 환경 요인(environment factor), 개인 요인(personal factor)

해설 캐런의 응집력을 결정하는 요인
- 팀 요인 : 팀의 생산성, 과제의 구조, 팀의 안정성
- 리더십 요인 : 리더의 행동, 커뮤니케이션, 리더십 스타일
- 환경 요인 : 계약상의 의무, 규범적인 압력, 조직의 지향성, 지리적 요인
- 개인 요인 : 개인의 사회적 배경, 개인차, 성별

07 인지평가이론(cognitive evaluation theory)에서 내적 동기를 높일 수 있는 방법으로 옳지 않은 것은?

① 타인과의 관계성을 높여준다.

② 자신의 능력에 대해 유능감을 높여준다.

③ 행동을 결정하는 데 있어 자율성을 갖게 한다.

④ 행동결과에 대한 보상의 연관성을 강조한다.

해설 인지평가이론은 내재적인 동기에 의해 일하는 사람에게 외재적인 보상을 주면 내재적인 동기가 감소된다는 이론이다.

08 〈보기〉의 정보처리 과정과 반응시간의 관계에서 ㉠~㉢에 들어갈 단계가 바르게 연결된 것은?

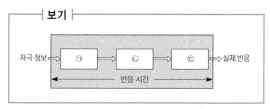

	㉠	㉡	㉢
①	의사결정 단계	반응선택 단계	반응실행 단계
②	의사결정 단계	반응실행 단계	반응선택 단계
③	감각, 지각 단계	반응선택 단계	반응실행 단계
④	감각, 지각 단계	반응실행 단계	반응선택 단계

해설
- 감각, 지각 단계 : 외부 환경에 대해 자극을 탐지하고 유형을 인식
- 반응선택 단계 : 입력된 자극에 대하여 어떤 반응을 보일 것인지 선택
- 반응—실행 단계 : 행동으로 옮기기 위한 운동체계를 조직하는 단계

09 운동실천을 위한 행동수정 중재전략으로 적절하지 않은 것은?

① 운동화를 눈에 잘 띄는 곳에 둔다.

② 구체적이고 실현 가능한 목표를 설정한다.

③ 지각이나 결석이 없는 회원에게 보상을 제공한다.

④ 출석상황과 운동수행 정도를 공공장소에 게시한다.

해설
행동수정 전략	인지전략	내적동기 전략
• 의사결정단서 • 출석상황 게시 • 보상제공 • 피드백 제공	• 목표설정 • 의사결정균형표 (혜택과 손실 리스트 비교) • 운동일지 • 운동계약 • 운동강도모니터링 • 내적집중과 외적 집중	• 즐거운 체험 • 몰입

10 〈보기〉의 사례와 관련있는 데시(E.L. Deci)와 라이언(R.M. Ryan)의 자결성이론(self-determination theory)의 구성요인이 바르게 연결된 것은?

┤ 보기 ├

ㄱ 현우는 뛰는 것을 그다지 좋아하지는 않지만, 체중조절과 건강증진을 위해서 매일 1시간씩 조깅을 한다.

ㄴ 승아는 필라테스를 그다지 좋아하지는 않지만, 개인강습비를 지원해준 부모님에 대한 죄책감 때문에 학원에 다닌다.

① ㄱ 확인규제(identified regulation)
　 ㄴ 의무감규제(introjected regulation)
② ㄱ 외적규제(external regulation)
　 ㄴ 의무감규제(introjected regulation)
③ ㄱ 내적규제(internal regulation)
　 ㄴ 확인규제(identified regulation)
④ ㄱ 의무감규제(introjected regulation)
　 ㄴ 확인규제(identified regulation)

해설

구분	규제	동기 유형	행동
무동기	무규제	내적 또는 외적 동기 없음 스포츠 참가에 대한 이유 없음	자기결정 낮음
외적 동기	외적 규제	외적인 보상을 받으려는 욕구가 활동의 원동력	
	의무감 규제	활동의 이유를 내면화시켜서 내면적 보상과 처벌과 연계	
	확인 규제	활동은 자신이 결정한 것이지만 즐겁지 않음	
내적 동기	내적 규제	활동은 자신이 결정한 것이며, 그 자체가 주는 내적인 즐거움이 활동의 원동력	자기결정 높음

11 〈보기〉는 성취목표성향 이론에서 자기목표성향(ego-goal orientation)과 과제목표성향(task-goal orientation)에 관한 예시이다. 이에 대한 해석이 옳은 것은?

┤ 보기 ├

인호와 영찬이는 수업에서 테니스를 배운다. 이 둘은 실력이 비슷하다. 하지만 수업에서 인호는 테니스 기술을 배우는 것보다 다른 친구와 테니스 게임을 하여 이기는 것을 좋아한다. 반면에 영찬이는 테니스 기술에 중점을 두며 테니스 기술을 연마할 때마다 뿌듯해 한다.

① 영찬이는 실현 불가능한 과제를 자주 선택할 것이다.
② 인호는 자신의 기술향상을 위하여 개인 노력을 중시한다.
③ 인호는 영찬이를 이겼을 때 자신이 잘해서 승리하였다고 생각한다.
④ 인호는 학습의 증진과 연관된 자기-참고적(self-reference)인 목표를 가진 학생이다.

해설 성취목표성향이론
• 과제목표성향은 비교의 준거가 자신이다.
• 자기목표성향은 비교의 준거가 타인이다.
• 스포츠 참가자는 자신을 비교의 준거로 삶는 과제목표성향이 바람직하다.
• 과제목표성향인 사람들은 실패했을 경우 지속적으로 노력하는 긍정적인 행동을 보인다.
인호는 자기목표성향을 가지고 있고, 영찬이는 과제목표성향을 보인다.

12 〈보기〉의 운동기능 연습법 내용과 관련 있는 것은?

┤ 보기 ├

각 부분을 따로 연습한 후 전체 기술을 종합적으로 연습하는 순수 분습법(pure-part practice)과 전체 운동기술 중에 첫 번째와 두 번째 요소를 각각 연습한 후 그 두 요소를 결합하고 이후 다음 요소를 다시 연습하는 과정을 거쳐 전체 기술을 습득해가는 점진적 분습법(progressive-part practice)으로 구분된다.

① 분절화   ② 부분화
③ 분산연습   ④ 집중연습

해설 • 분절화 : 학습할 전체 기술을 특정한 시·공간적인 영역으로 나누어 연습한 후 각각의 기술이 특정 수준에 도달하면 전체 기술로 결합하여 연습하는 방법
• 부분화 : 운동과제에 포함되는 하위요소를 하나 또는 둘 이상으로 분리하여 각각 연습하는 방법
• 분산연습 : 휴식시간이 연습시간보다 긴 경우
• 집중연습 : 연습시간이 휴식시간보다 긴 경우

13 특성불안을 측정하는 검사지는?

① SCQ(Sport Cohesion Questionnaire)
② SCAT(Sport Competitive Anxiety Test)
③ CSAI-2(Competitive State Anxiety Inventory-2)
④ 16PF(Cattell's Sixteen Personality Factor Questionnaire)

해설 ① SCQ : 스포츠 응집성 측정 검사
② SCAT : 스포츠 상황에서 수행자의 경쟁특성불안을 측정하기 위한 검사
③ CSAI-2 : 경쟁상태불안검사를 위한 검사
④ 16PF(다요인인성검사) : 일반 성격심리검사

14 〈보기〉의 ㉠~㉢에 들어갈 운동발달의 단계를 바르게 나열한 것은?

┤ 보기 ├

반사운동단계 → (㉠) → (㉡) → 스포츠기술단계 → (㉢) → 최고수행단계 → 퇴보단계

	㉠	㉡	㉢
①	초기움직임단계	성장과 세련단계	기본움직임단계
②	초기움직임단계	기본움직임단계	성장과 세련단계
③	기본움직임단계	성장과 세련단계	초기움직임단계
④	기본움직임단계	초기움직임단계	성장과 세련단계

해설 • 기초움직임 : 초기단계에서의 유아는 어떤 과제를 수행하기 위한 최초의 의도 있는 행동을 시도하게 된다. 다소 미흡하고 비협응적인 동작이 이 단계의 특징이다(던지기, 받기, 차기 또는 두 발 모아 뛰기).
• 기본움직임 : 3세에서 5세까지의 유아가 기초단계에 해당하며 이 단계의 발달은 주로 성숙하는 시기이다. 기초단계와 성장단계의 과도기적 시기인 이 단계에서는 협응적이고 자연스러운 행동이 많이 향상되고, 움직임 조절력이 증가되지만 조금 경직되어 있고 유연성이 부족한 상태이다.
• 성장과 세련단계 : 성장단계에서의 발달은 협응이 잘 되고, 기술적으로 정확하며, 효율적인 동작으로 통합된다. 이 단계에서부터는 움직임의 발달이 매우 급격해진다.

15 와인버그(R.S. Weinberg)와 굴드(D. Gould)의 바람직한 처벌 행동 지침에 관한 내용으로 옳지 <u>않은</u> 것은?

① 사람이 아니라 행동을 처벌한다.
② 동일한 규칙위반에 대해서는 동일하게 처벌한다.
③ 연습 중에 실수한 것에 대해서는 가볍게 처벌한다.
④ 규칙위반에 관한 처벌규정을 만들 때 선수의 의견을 반영한다.

해설 **처벌 지침(와인버그와 굴드)**
- 동일한 규칙 위반에는 동일한 처벌을 하여 일관성을 지킨다.
- 사람이 아니라 행동을 처벌한다.
- 규칙 위반에 관한 처벌 규정을 만들 때 선수의 의견을 반영한다.
- 신체 활동을 처벌로 사용하지 않는다.
- 개인적인 감정으로 처벌하지 않는다.
- 연습 중에 실수한 것에 대해 처벌하지 않는다.
- 전체 선수나 학생 앞에서 개개 선수에게 창피를 주지 않는다.
- 처벌을 자주 하는 것은 좋지 않지만 필요한 경우에 한다.

16 스포츠심리상담에서 상담자가 활용할 수 있는 기법에 관한 설명으로 옳지 <u>않은</u> 것은?

① 적극적 경청 : 내담자의 말에 적절하게 행동으로 반응한다.

② 관심집중 : 내담자의 말이 끝날 때까지 내담자를 계속 관찰한다.

③ 신뢰형성 : 내담자 개인의 정신적 고민이나 감정적 호소에 귀 기울인다.

④ 공감적 이해 : 내담자에게는 생각할 시간을 충분히 주고, 상담자는 반응을 짧게 한다.

해설 **관심집중**
ⓐ 상담자가 내담자에게 관심을 갖고 집중하는 것은 상담의 기본 조건이다.
ⓑ 내담자가 원하는 것이 무엇인지 정성껏 주의를 기울여서 듣고, 집중한다.
ⓒ 내담자에게 관심을 집중하는 기술
- 내담자를 향해서 앉기, 때때로 내담자를 향해 몸을 기울여 앉기
- 적절하게 시선을 맞추기, 긴장 풀기

17 운동발달에 관한 설명으로 옳지 <u>않은</u> 것은?

① 운동발달에는 개인차가 존재한다.

② 운동발달 과정에는 민감기(sensitive period)가 있다.

③ 운동발달은 운동행동이 연속적으로 변화하는 과정이다.

④ 운동발달 상황에서 공통적으로 나타나는 행동을 개체발생적 운동행동이라고 한다.

해설
- 개체발생적 운동행동 : 꾸준한 연습과 경험을 통해 형성될 수 있으며, 자전거 타기, 수영, 스케이트 등과 같이 연습을 하면 능력이 향상되는 운동행동이다.
- 계통발생적 운동행동 : 다양한 요인과의 상호작용 결과로 발생하는 운동행동으로, 생후 3개월 정도에 뒤집기, 6개월 정도에 배밀이 등 시작하는 시기는 차이가 있지만 그 때에 저절로 하는 행동을 말한다.

18 신체활동은 일련의 단계를 거쳐 변화한다는 것을 기본적인 전제로 하는 운동행동이론은?

① 계획행동이론(theory of planned behavior)

② 건강신념모형(health belief model)

③ 변화단계이론(transtheoretical model)

④ 합리적 행동이론(theory of reasoned action)

해설 ① 계획행동이론 : 개인의 '의도'가 행동을 유도하는 결정적인 원인이라고 보는 이론이다. 이 이론에 영향을 주는 '의도, 태도, 주관적 규범' 3가지 요소가 있다.
② 건강신념모형 : 건강서비스의 채택과 관련하여 건강관련 행동을 설명하고 예측하기 위해 개발된 사회적·심리적 건강행동 변화 모델이다.
④ 합리적 행동이론 : 계획행동이론은 합리적 행동 이론에 행동통제 인식이라는 개념이 추가된 이론이다.

19 〈보기〉의 내용과 관련 있는 불안이론은?

① 적정수준이론(optimal level theory)
② 전환이론(reversal theory)
③ 다차원불안이론(multidimensional anxiety model)
④ 최적수행지역이론(zone of optimal functioning theory)

해설 ① 적정수준이론 : 각성이 너무 낮거나 높으면 운동 수행에 방해가 되고, 중간 정도의 각성수준이 최고의 운동 수행을 발휘한다는 이론
② 전환이론 : 각성과 정서의 관계를 예측하는 이론으로, 자신의 각성수준을 어떻게 해석하느냐에 따라 각성과 정서의 관계가 달라진다.
③ 다차원불안이론 : 적정수준이론의 대안으로, 불안을 2개의 구성요소인 인지불안과 신체불안으로 나누어 불안과 경기력과의 관계를 규명하였다.
④ 최적수행지역이론 : 개개인의 선수가 최고의 수행을 발휘할 때 자신만의 고유한 불안 수준이 있다는 이론

20 사회적 태만(social loafing) 현상을 극복하기 위한 지도전략으로 옳지 <u>않은</u> 것은?

① 사회적 태만 허용상황을 미리 설정하지 않게 한다.
② 대집단보다는 소집단(포지션별)을 구성하여 훈련한다.
③ 지도자는 선수 개개인의 노력을 확인하고 이를 인정한다.
④ 선수들이 자신의 포지션뿐만 아니라 다른 역할도 경험하게 한다.

해설 사회적 태만을 방지하는 지도전략
1. 각 선수마다 노력정도를 확인할 수 있도록 한다.
2. 팀 내의 상호작용을 통해 개인의 책임감을 높인다.
3. 팀목표와 함께 개인 목표를 설정한다.
4. 선수 간, 선수와 지도자 간의 대화를 자주 한다.
5. 개인의 독창성과 창의성을 발휘하여 팀에 공헌하도록 한다.
6. 일시적인 동기 저하는 누구에게나 일어날 수 있다고 생각한다.
7. 서로 다른 포지션을 연습해보게 한다.
8. 강도 높은 훈련 뒤에 휴식시간을 통해 재충전할 수 있도록 한다.

01 한국체육사의 시대구분에 관한 내용으로 적절하지 않은 것은?

① 고대체육은 부족국가 및 삼국시대로 구분할 수 있다.

② 광복을 전후로 고대체육과 전통체육으로 구분할 수 있다.

③ 갑오경장을 전후로 전통체육과 근대체육으로 구분할 수 있다.

④ 고대체육, 중세체육, 근대체육, 전통체육으로 구분할 수 있다.

해설 고려시대를 전후로 고대체육과 전통체육으로 구분한다.

02 체육 관련 사료 중 문헌사료가 아닌 것은?

① 고구려 무용총 수렵도(狩獵圖)

② 무예도보통지(武藝圖譜通志)

③ 조선체육계(朝鮮體育界)

④ 손기정 회고록(回顧錄)

해설 문헌사료는 기록, 문서, 공문서, 사문서, 출판물 등의 서적이나 문서를 말한다. 고구려 무용총 수렵도는 물적사료(유물, 유적, 건축, 조각 등의 유산)이다.

03 부족국가시대의 저포(樗蒲)에 관한 설명으로 옳은 것은?

① 위기(圍棋)라는 용어로 불리기도 하였다.

② 제천의식과 관련된 대표적인 민속놀이였다.

③ 두 사람이 서로 맞잡고 힘을 겨루는 경기였다.

④ 달리는 말 위에서 여러 가지 동작을 행하는 경기였다.

해설 ② 저포는 윷놀이와 같은 민속놀이며 제천의식과 관련되었다.
① 위기는 바둑이나 장기와 같다.
③ 두 사람이 서로 맞잡고 힘을 겨루는 경기는 각저이다.
④ 달리는 말 위에서 여러 가지 동작을 행하는 경기는 마상(곡마)이다.

04 화랑도의 교육방법에 관한 설명으로 옳지 않은 것은?

① 입산수행은 화랑도 교육활동의 하나였다.

② 심신일체론적 사상을 바탕으로 전인 교육을 지향하였다.

③ 편력(遍歷)은 명산대천을 돌아다니며 수련하는 야외활동이었다.

④ 삼강오륜(三綱五倫)의 붕우유신(朋友有信)을 바탕으로 도의 교육을 실시하였다.

해설 신라 화랑도는 원광의 세속오계를 중심으로 교육하였다. 세속오계는 사군이충, 사친이효, 교우이신, 임전무퇴, 살생유택이다.

05 삼국시대 민속놀이의 명칭이 바르게 연결된 것은?

① 석전(石戰) – 제기차기

② 마상재(馬上才) – 널뛰기

③ 방응(放鷹) – 매사냥

④ 수박(手搏) – 장기

해설 ① 석전은 집단 간에 돌팔매질을 하는 것이다.
② 마상재는 말 위에서 재주를 부리는 것이다.
④ 수박은 겨루기와 같은 투기이다.

06 〈보기〉의 (   ) 안에 들어갈 용어는?

> ┤보기├
>
> 고려시대 최고의 교육기관인 국자감에는 7재(七齋)를 두었는데, 그 중 무학을 공부하는 (   )가 있었다. 이를 통해 고려의 관학에서는 무예교육이 중시되었음을 알 수 있다.

① 강예재(講藝齋)　　② 대빙재(待聘齋)

③ 경덕재(經德齋)　　④ 양정재(養正齋)

해설 ① 국자감은 7재(7개의 전문 강좌 : 6재-유학재, 1재-무학재(강예재))를 두었으며 강예재가 무학(武學) 및 병학(兵學)을 강의하였다.
② 대빙재는 상서(尚書)를 강의하였다.
③ 경덕재는 모시(毛詩)를 강의하였다.
④ 양정재는 춘추(春秋)를 강의하였다.

07 〈보기〉의 고려시대 격구(擊毬)에 관한 설명 중 옳은 것으로만 묶인 것은?

> ┤보기├
>
> ㉠ 왕, 귀족, 무인들의 오락이나 스포츠로 발달했다.
> ㉡ 가죽주머니로 만든 공을 발로 차는 형식의 무예이다.
> ㉢ 말타기 능력의 향상 및 군사훈련을 위한 수단으로 활용되었다.
> ㉣ 서민들의 오락적 신체 활동으로 급속히 확산되었다.

① ㉠, ㉡　　　　　　② ㉠, ㉢

③ ㉡, ㉣　　　　　　④ ㉢, ㉣

해설 가죽주머니로 만든 공을 발로 하는 형식의 무예이며, 서민들의 오락적 신체 활동으로 확산된 것은 축국이다.

08 〈보기〉의 ㉠, ㉡에 해당하는 고려시대 무예의 명칭이 바르게 연결된 것은?

> ┤보기├
>
> • (㉠)은/는 고려시대 무인들에게 적극 권장되었으며, 명종(明宗, 1170~1197) 때에는 이 무예를 겨루게 하여 승자에게 벼슬을 주었다.
> • (㉡)은/는 유교를 치국의 도(道)로 삼았던 고려시대에도 6예의 어(御)에 속하는 것으로 군자의 중요한 덕목 중 하나였다.

　　　㉠　　　　　㉡
① 격구(擊毬)　　수박(手搏)
② 수박(手搏)　　마술(馬術)
③ 마술(馬術)　　궁술(弓術)
④ 궁술(弓術)　　방응(放鷹)

해설 수박은 맨손 격투기의 일종으로 무인들에게 적극 권장되었으며 경기에서 이기면 관직을 주기도 하였다. 마술은 마상재로 불리며 말 위에서 기예를 뽐내는 것으로 승마 능력 역시 무인의 주요 덕목 중 하나였다.

09 조선시대 사정(射亭)에 관한 설명으로 옳지 <u>않은</u> 것은?

① 전국에 사정(射亭)을 설치하고 습사(習射)를 장려하였다.
② 관설사정(官設射亭)과 민간사정(民間射亭)이 있었다.
③ 병서(兵書) 강습과 마상(馬上) 무예 훈련을 주로 하였다.
④ 민간사정(民間射亭)으로 오운정(五雲亭), 등룡정(登龍亭) 등이 있었다.

해설 병서 강습과 마상 무예 훈련을 한 곳은 조선시대 무인 양성과 관련한 교육기관인 훈련원이다. 사정은 활터에 세운 정자를 말하며 무사들이 평소 무과 준비를 하고 훈련을 하는 교육기관이다.

10 조선시대 줄다리기에 관한 설명으로 옳은 것은?

① 동채싸움으로도 불리며, 동네별로 승부를 겨루는 경기였다.

② 상박(相搏)으로도 불리며, 궁정과 귀족사회의 유희 중 하나였다.

③ 추천(鞦韆)으로도 불리며, 단오절에 많이 행해진 서민들의 민속놀이였다.

④ 삭전(索戰), 갈전(葛戰)으로도 불리며, 촌락공동체의 의례적 연중행사로 성행했다.

> 해설 ① 동채싸움으로도 불리며, 동네별로 승부를 겨루는 경기는 차전놀이이다.
> ② 상박(相搏)은 각저로도 불리며 씨름과 같은 민속경기이다.
> ③ 추천(鞦韆)으로도 불리며, 단오절에 많이 행해진 서민들의 민속놀이는 그네뛰기이다.

11 개화기 이화학당에 관한 설명으로 옳은 것은?

① 스크랜턴(M. Scranton)이 설립한 학교로 체조를 교과목으로 편성했다.

② 아펜젤러(H. Appenzeller)가 설립한 학교로 각종 서구 스포츠를 도입했다.

③ 이승훈이 설립한 학교로 민족정신의 고취와 체력단련을 위해 체육을 강조했다.

④ 개화파 관리들이 중심이 되어 설립한 학교로 무사양성을 위한 무예반을 설치했다.

> 해설 ② 아펜젤러(H. Appenzeller)가 설립한 학교로 각종 서구 스포츠를 도입한 곳은 배재학당이다.
> ③ 이승훈이 설립한 학교로 민족정신의 고취와 체력단련을 위해 체육을 강조한 곳은 오산학교이다.
> ④ 개화파 관리들이 중심이 되어 설립한 학교로 무사양성을 위한 무예반을 설치했던 곳은 원산학사이다.

12 〈보기〉의 ㉠, ㉡에 들어갈 용어가 바르게 연결된 것은?

> **보기**
>
> (㉠)은/는 1903년 10월 18일에 발족되었으며, 1906년 운동부를 개설하여 개화기에 가장 활발하게 체육활동을 전개한 체육단체 중 하나였다. 이 단체의 총무였던 (㉡)은/는 야구, 농구 등의 다양한 근대스포츠 문화를 우리나라에 소개하고 확산시키는 노력을 하였다.

	㉠	㉡
①	회동구락부	언더우드(H. Underwood)
②	대동체육부	노백린
③	무도기계체육부	윤치호
④	황성기독교청년회	질레트(P. Gillett)

> 해설 황성기독청년회는 YMCA의 전신이며 1903년에 발족되었고, 1906년 황성기독교청년회운동부가 만들어졌다. 개화기에 결성된 체육단체 중 가장 활발히 활동하였으며, 회장 터너와 총무 질레트 등은 우리나라 근대 스포츠가 발달하는데 큰 역할을 하였다.

13 개화기에 설립된 체육단체가 아닌 것은?

① 조선체육협회

② 대한체육구락부

③ 대한국민체육회

④ 대한흥학회운동부

> 해설 조선체육협회는 1919년 일제강점기 시대에 일본인에 의해서 만들어진 협회이다. 대한체육구락부는 1906년, 황성기독교청년회운동부는 1906년, 대한국민체육회는 1907년, 대한흥학회운동부는 1909년 만들어졌다.

14 〈보기〉에서 설명하는 인물은?

┤ 보기 ├

- 조선체력증진법연구회를 설립하고, 전국의 역도 보급에 앞장섰다.
- 1926년 휘문고등학교 체육교사로 부임해 역도 부를 조직하고 지도했다.
- 대한체조협회 회장, 대한씨름협회 회장을 역임하며 한국 스포츠 발전에 공헌을 했다.

① 서상천   ② 백용기
③ 이원용   ④ 유억겸

해설 역도는 1926년 일본체육회 체조 학교를 졸업한 서상천에 의해서 국내에 소개되었다.

15 일제강점기에 발생한 체육사적 사실이 <u>아닌</u> 것은?

① 경성운동장이 설립되어 각종 스포츠대회가 개최되었다.
② 덴마크의 닐스 북(Neils Bukh)이 체조강습회를 개최했다.
③ 남승룡이 베를린 올림픽경기대회에서 동메달을 획득했다.
④ 영어학교에서 한국 최초의 운동회인 화류회가 개최되었다.

해설 한국 최초의 운동회인 화류회는 일제강점기가 아닌 개화기에 개최되었다. 화류회는 1896년 개최되었고, 최초의 근대적 운동회였다.

16 〈보기〉에 해당하는 체육단체에 관한 설명으로 옳지 <u>않은</u> 것은?

┤ 보기 ├

- 고려구락부를 모체로 설립된 단체이다.
- 1920년 7월 동아일보사의 후원으로 일본유학생과 국내체육인들이 조선인의 체육을 장려할 목적으로 설립하였다.

① 1920년 전조선야구대회를 개최했다.
② 스포츠 보급의 일환으로 운동구점을 설치하고 운영하였다.
③ 1925년 경성운동장 개장을 기념하기 위해 조선신궁경기대회를 개최했다.
④ 육상경기의 연구를 위한 육상경기위원회 조직과 육상경기규칙을 편찬했다.

해설 고려구락부를 모체로 세워진 단체는 조선체육회이다. 경성운동장 개장 기념 조선신궁경기대회는 조선체육협회가 개최하였다. 조선체육회는 대한체육회의 전신이며, 한국 현대 올림픽 운동과 체육 및 스포츠 발전을 주도했고, 1920년 전조선야구대회가 전국체육대회의 시초이다. 1938년 일제에 의해 해산되어 조선체육협회로 통합되었다. 조선체육협회는 1919년 일제강점기 때 조선의 스포츠 단체를 관리하기 위해서 경성정구회와 경성야구협회를 통합하여 일본인에 의해 만들어진 단체이다.

17 〈보기〉의 ㉠, ㉡에 해당하는 국제대회가 바르게 연결된 것은?

| 보기 |

1990년 남북체육장관회담의 결과, 1991년 사상 첫 남북 스포츠 단일팀이 구성되었다. (㉠)에 남북단일팀으로 참가한 코리아 팀은 여자단체전에서 세계를 제패했으며, (㉡)에도 청소년대표팀이 남북단일팀으로 참가하여 8강 진출이라는 위업을 달성했다.

① ㉠ 41회 지바세계탁구선수권 대회
　 ㉡ 제4회 멕시코세계청소년축구대회

② ㉠ 32회 사라예보세계탁구선수권 대회
　 ㉡ 제6회 포르투갈세계청소년축구대회

③ ㉠ 32회 사라예보세계탁구선수권 대회
　 ㉡ 제4회 멕시코세계청소년축구대회

④ ㉠ 41회 지바세계탁구선수권 대회
　 ㉡ 제6회 포르투갈세계청소년축구대회

해설 남북의 체육 교류 중 남북단일팀을 구성한 경기는 1991년 지바세계탁구선수권 대회, 포르투갈세계청소년축구대회, 2018년 평창 동계올림픽 여자아이스하키 남북 단일팀을 구성한 것이다.

18 〈보기〉의 ㉠~㉣을 연대순으로 바르게 연결한 것은?

| 보기 |

㉠ 한국은 동계올림픽경기대회에 최초로 태극기를 단 선수단을 파견하였다.
㉡ 한국은 최초로 하계올림픽경기대회를 개최하였고 종합 4위의 성적을 거두었다.
㉢ 남한과 북한의 선수가 최초로 하계올림픽경기대회에서 동시 입장을 하였다.
㉣ 한국은 광복 후 하계올림픽경기대회에서 최초로 금메달을 획득하였다.

① ㉠-㉢-㉡-㉣　　② ㉠-㉢-㉣-㉡
③ ㉠-㉣-㉡-㉢　　④ ㉣-㉠-㉡-㉢

해설 ㉠은 1948년 제5회 스위스 생모리츠 동계올림픽 참가 및 제14회 런던 올림픽에 'KOREA'라는 이름으로 태극기를 달고 참가, ㉡은 1988년 서울올림픽, ㉢은 2000년 시드니 올림픽 남북 공동 입장, ㉣은 1976년 제21회 몬트리올 올림픽경기대회에서 양정모(레슬링)선수가 첫 올림픽 금메달을 획득한 것에 대한 설명이다.

19 〈보기〉에서 설명하는 올림픽경기대회는?

| 보기 |

• 1936년에 개최된 하계올림픽경기대회였다.
• 마라톤경기에서 손기정 선수가 금메달을 획득했다.
• 일장기 말소사건은 국권회복과 민족의식을 일깨워주는 계기가 되었다.

① 제9회 암스테르담 올림픽경기대회
② 제11회 베를린 올림픽경기대회
③ 제14회 런던 올림픽경기대회
④ 제17회 로마 올림픽경기대회

정답
14 ① 　 15 ④ 　 16 ③ 　 17 ④ 　 18 ③ 　 19 ②

해설 1936년 베를린 올림픽에서 마라톤 종목에서 손기정 선수(금메달)와 남승룡 선수(동메달)가 출전하여 메달을 획득하였다. 일장기 말소사건은 조선일보와 동아일보에서 손기정 선수의 금메달 시상식 사진에서 일장기를 지워버린 사건이다.

20 〈보기〉의 내용을 실시한 정권의 스포츠 정책이 <u>아닌</u> 것은?

| 보기 |

1982년 중앙정부행정조직에 체육부를 신설하고, 아시안게임과 올림픽 경기대회의 준비, 우수선수육성 및 지도자의 양성 등 스포츠 진흥운동을 전개했다.

① 프로축구의 출범
② 프로야구의 출범
③ 태릉선수촌의 건립
④ 국군체육부대의 창설

해설 전두환정부에서 했던 정책에 대한 설명으로, 태릉선수촌 건립은 박정희정부이다.

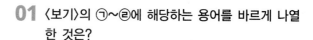

운동생리학 (55)

01 〈보기〉의 ㉠~㉣에 해당하는 용어를 바르게 나열한 것은?

| 보기 |

• 골격근은 (㉠)신경계의 조절에 의해 (㉡)으로 수축한다.
• 걷기와 같은 저강도 운동 중에는 (㉢) 섬유가 주로 동원되고 전력 질주와 같은 고강도 운동 중에는 (㉣) 섬유가 주로 동원된다.

	㉠	㉡	㉢	㉣
①	자율	수의적	type I	type II
②	체성	불수의적	type II	type I
③	자율	불수의적	type II	type I
④	체성	수의적	type I	type II

해설 자율신경계는 불수의적으로 수축하며 내장근, 심장근을 조절하며, 골격근은 수의적으로 수축하며 체성신경계에 의해서 조절된다. type I 섬유는 지근섬유로 저강도, 지구성 운동에 동원되며, type II 섬유는 속근섬유로 고강도 운동에 동원된다.

02 안정 시와 운동 중 에너지 소비량 측정 및 추정에 관한 설명으로 옳지 <u>않은</u> 것은?

① 직접 열량 측정법은 열 생산을 측정함으로써 에너지 소비량을 측정한다.
② 간접 열량 측정법은 산소 소비량과 이산화탄소 배출량을 이용하여 에너지 소비량을 추정한다.
③ 호흡교환율은 질소 배출량과 산소 소비량의 비율을 의미하며, 체내 지방과 단백질의 대사 이용 비율을 추정한다.
④ 이중표식수(doubly labeled water) 검사법은 동위원소 기법을 사용해 에너지 소비량을 추정한다.

96 스포츠지도사 단기완성

해설 호흡교환율(RER)은 이산화탄소 배출량과 산소 소비량의 비율을 나타낸다. 호흡교환율은 탄수화물 분해 시 RER은 1.00이고, 지방 분해 시 RER은 0.7이고, 탄수화물 및 지방의 대사 이용에 대한 비율을 추정한다.

03 운동 중 심근(myocardium)으로 혈액을 공급하는 동맥은?

① 관상동맥   ② 폐동맥

③ 하대동맥   ④ 상대동맥

해설 심장근에 혈액을 공급하는 동맥은 관상동맥이다.

04 해수면과 비교하여 고지 환경에서 운동 시 생리적 반응으로 옳지 <u>않은</u> 것은?

① 최대하 운동 시 폐환기량이 증가한다.

② 최대하 운동 시 심박수와 심박출량은 감소한다.

③ 최대하 운동 시 동맥혈 산화헤모글로빈 포화도는 감소한다.

④ 무산소 운동능력보다 유산소 운동능력이 더 감소한다.

해설 많은 산소를 공급하여야 하기 때문에 심박수는 증가한다.

05 유산소 트레이닝에 의한 골격근의 적응 현상으로 옳지 <u>않은</u> 것은?

① 모세혈관의 밀도 증가

② Type Ⅱ 섬유의 현저한 크기 증가

③ 마이오글로빈의 함유량 증가

④ 미토콘드리아의 수와 크기 증가

해설 Type Ⅱ 섬유는 단기간 고강도 운동에 동원되는 속근섬유로, 근저항성 운동을 통하여 크기가 증가한다.

06 〈보기〉에서 운동 중 호흡계 전도영역의 기능으로만 묶인 것은?

┤ 보기 ├

㉠ 호흡하는 공기에 습기를 제공한다.

㉡ 폐포의 표면장력을 감소시키는 표면활성제(surfactant)를 제공한다.

㉢ 공기를 여과하는 역할을 한다.

㉣ 호흡가스 확산을 증가시킨다.

① ㉠, ㉡   ② ㉠, ㉢

③ ㉡, ㉢   ④ ㉢, ㉣

해설 호흡계의 전도영역은 기관, 기관세지, 세기관지와 같은 구조들을 포함하며 공기들은 이러한 공기통로를 통하여 호흡영역에 도착한다. 전도영역은 공기의 통로역할, 공기에 습기 첨가, 공기를 여과하는 기능을 한다.

07 〈보기〉의 내용 중 옳은 것으로만 묶인 것은?

┤ 보기 ├

㉠ 유산소 시스템 : 장시간의 운동 시 글루코스 외에도 유리지방산을 이용하여 ATP 합성

㉡ 유산소 시스템 : 세포질에서 크렙스회로와 전자전달계를 통해 ATP 합성

㉢ 무산소 해당 시스템 : 혈액 혹은 글리코겐으로부터 얻어진 포도당을 피루브산으로 분해

㉣ 무산소 해당 시스템 : 산화적 인산화를 통해 피루브산을 젖산으로 분해

㉤ ATP-PCr 시스템 : 세포 내 ADP 또는 Pi의 농도가 증가할 때 포스포프록토키나아제(PFK)를 활성화시켜 ATP 합성

㉥ ATP-PCr 시스템 : 단시간의 폭발적인 힘을 발휘하는 운동 시 PCr이 분해되며 발생한 에너지를 이용하여 ATP 합성

① ㉠, ㉢, ㉥ ② ㉠, ㉣, ㉤
③ ㉡, ㉢, ㉥ ④ ㉡, ㉣, ㉤

> **해설** ㉡ 유산소 시스템 : 세포내의 미토콘드리아에서 크렙스회로와 전자전달계를 통해 ATP를 합성한다.
> ㉣ 무산소 해당 시스템 : 해당과정을 통해 피루브산을 젖산으로 분해하고, 산화적 인산화는 해당과정과 크렙스 사이클에서 나온 전자와 수소이온이 산소와 결합하는 것이다.
> ㉤ ATP-PCr 시스템 : 세포 내 ADP 또는 Pi의 농도가 증가할 때 크레아틴키나제(CK), 아데닐레이트키나제라는 효소에 의하여 ATP를 합성한다.

08 〈보기〉의 ㉠, ㉡에 들어갈 호르몬이 바르게 연결된 것은?

┤ 보기 ├

규칙적인 신체활동을 통해 골형성을 자극하거나 활동부족으로 골손실을 자극하는 칼슘(Ca^{2+}) 조절 호르몬의 역할에 대한 설명이다.

• (㉠)은 혈중 칼슘 농도가 증가하면 뼈의 칼슘 방출을 감소시킨다.

• (㉡)은 혈중 칼슘 농도가 감소하면 뼈의 칼슘 방출을 증가시킨다.

	㉠	㉡
①	인슐린	부갑상선호르몬
②	안드로겐	티록신
③	칼시토닌	부갑상선호르몬
④	글루카곤	티록신

> **해설** • 인슐린은 혈당을 줄이는 작용을 한다.
> • 안드로겐은 생식기관 조절 및 발달에 관여한다.
> • 티록신은 체내 대사를 촉진하고, 포도당 분해, 체온조절, 심박수와 심장 수축력을 증가시킨다.
> • 글루카곤은 혈당을 높이는 작용을 한다.

09 근섬유(muscle fiber) 및 근원섬유(myofibril)에 관한 설명으로 옳은 것은?

① 근섬유는 여러 개의 핵을 가진 다른 세포들과 다르게 단핵세포로 구성된다.

② 근섬유는 결합조직인 근내막(endomysium)으로 싸여 있다.

③ 근원섬유는 근세포라 불리며, 가는 세사와 굵은 세사로 구성된다.

④ 근원섬유의 막 주위에는 위성세포(satellite cells)가 존재한다.

> **해설** 근세포는 다핵세포이며, 근원섬유는 액틴과 마이오신으로 구성되어 있다. 위성세포는 골격근섬유의 막에 있다.

10 골격근의 수축형태와 기능에 관한 설명으로 옳은 것은?

① 단축성 수축은 동적 수축이며 속도가 빠를수록 더 큰 힘이 생성된다.

② 단축성 수축은 근절의 길이가 짧아지는 수축이며 근절의 길이가 최소일 때 최대 힘이 생성된다.

③ 신장성 수축은 정적 수축이며 속도가 0일 때 최대 힘이 생성된다.

④ 동일 근육에서의 신장성 수축은 단축성 수축에 비해 같은 속도에서 더 큰 힘이 생성된다.

해설 • 신장성 수축은 단축성 수축에 비하여 더 큰 힘을 생성한다.
• 단축성 수축은 근 길이가 최소일 때 힘 생성력이 약하다.
• 속도가 빠를수록 큰 힘을 생성하지 못한다.
• 정적 수축은 등척성 수축이다.

11 〈보기〉의 심전도(ECG)에 관한 설명 중 옳은 것으로만 묶인 것은?

┤ 보기 ├
㉠ 심방을 통한 전도속도가 감소하면 P파는 넓어진다.
㉡ PR간격은 심방의 탈분극부터 심실의 탈분극 전까지 걸리는 시간이다.
㉢ QRS복합파를 이용해서 심박수를 측정할 수 없다.
㉣ QRS복합파는 심실에서의 탈분극을 일컫는다.
㉤ ST분절은 심실 재분극에 소요되는 총 시간이다.

① ㉠, ㉡, ㉣ ② ㉠, ㉡, ㉤
③ ㉡, ㉢, ㉣ ④ ㉢, ㉣, ㉤

해설 ㉢ 심전도 상에서 QRS복합파의 간격을 확인하여 심박수를 측정할 수 있다.

㉤ ST분절은 심실 재분극이 시작되는 단계이다. T파가 심실 재분극에 소요되는 시간이다.

12 운동 시 호르몬이 분비되는 내분비선과 주요기능에 관한 설명으로 옳지 않은 것은?

	호르몬	내분비선	주요기능
①	알도스테론	부신피질	나트륨(Na^+) 흡수, 수분 손실 억제
②	코티졸	부신피질	당신생, 유리지방산 동원 증가
③	에피네프린	부신수질	근육과 간 글리코겐 분해, 유리지방산 동원 증가
④	성장호르몬	뇌하수체후엽	단백질 합성 증가, 유리지방산 동원 증가

해설 성장호르몬은 뇌하수체전엽에서 분비되고, 조직 발달 촉진 및 단백질 합성 속도를 증가시키고, 근육 성장과 근비대를 유도한다. 지방조직에서 지질 동원 및 지방 에너지 사용을 증가시키고, 탄수화물 사용 속도를 감소시킨다.

13 유산소 운동 중 호흡계의 환기량 증가 요인에 관한 설명으로 옳지 않은 것은?

① 중추 화학적 수용체인 경동맥체와 대동맥체는 동맥의 산소 분압 증가에 따라 환기량 증가를 자극한다.

② 근육 내 화학적 수용체는 칼륨(K^+)과 수소(H^+)의 농도 증가에 따라 환기량 증가를 자극한다.

③ 근방추나 골지힘줄기관의 구심성 신경자극 증가는 환기량 증가를 자극한다.

④ 사용된 근육의 운동단위 증가는 환기량 증가를 자극한다.

해설 경동맥체와 대동맥체는 화학적 수용체가 아닌 기계적 수용체(수용기)이다.

정답
07 ① 08 ③ 09 ② 10 ④ 11 ① 12 ④ 13 ①

14 〈보기〉에서 설명하는 신경세포 활동전위의 단계는?

┤ 보기 ├

- 칼륨(K^+) 채널이 열려있고, 칼륨이 세포 외로 이동하면서 세포 내는 음전하를 띠게 되는 단계
- 이 단계 이후 칼륨 채널이 닫히고, 칼륨의 세포 외 유출이 적어짐에 따라 안정막 전위로 복귀

① 과분극　　　　② 탈분극
③ 재분극　　　　④ 불응기

해설　과분극이란 생체막 내외의 정상 저전위차보다 더 커진 전위차, 즉 분극 상태가 지나치게 심한 것을 말한다. 탈분극 후 재분극에서 분극시점보다 과도하게 내려간 상태. 안정시보다 칼륨(K)채널이 과하게 열린 상태이다. 탈분극은 자극으로 나트륨 채널이 열리고 나트륨 이온은 뉴런에 확산되어 세포를 탈분극시킴으로써 양전하를 만든다. 재분극은 탈분극(depolarization) 후에 재분극(repolarization)이 곧바로 일어나서 뉴런을 안정 시 막전위로 되돌린 후 다음 자극에 준비할 수 있게 한다. 불응기는 탈분극이 된 이후에 자극이 오더라도 반응하지 않는 것이다.

15 〈보기〉에서 설명하는 용어는?

┤ 보기 ├

- 운동뉴런의 말단과 근섬유가 접합되어 있는 기능적 연결부위
- 신경전달물질이 분비되는 공간
- 시냅스 전 축삭말단, 시냅스 간극, 근섬유 원형질막의 운동종판으로 구성

① 시냅스(synapse, 연접)
② 운동단위(motor unit)
③ 랑비에르 결절(node of Ranvier)
④ 신경근 접합부(neuromuscular junction)

해설　신경과 근섬유가 접합되는 부분이며, 신경말단에서 아세틸콜린인 신경전달물질이 분비된다. 시냅스는 신경과 신경이 연결되는 부분을 말한다. 운동단위는 하

나의 운동신경이 지배하는 근섬유들을 말한다. 랑비에르 결절은 신경섬유 축삭의 미엘린 수초 사이의 비어 있는 공간을 말한다.

16 〈보기〉에서 설명하는 열손실 기전은?

┤ 보기 ├

- 피부의 땀이나 호흡을 통하여 체열을 손실시킨다.
- 실내 트레드밀 달리기 중 열손실의 가장 주된 기전이다.
- 대기조건(습도, 온도)과 노출된 피부 표면적의 영향을 받는다.

① 복사　　　　② 대류
③ 증발　　　　④ 전도

해설　복사는 물리적 접촉 없이 다른 물체로 열이 이동하는 것이다. 대류는 공기의 흐름에 의한 열손실을 말한다. 전도는 물리적 접촉을 통하여 열이 이동하는 것을 말한다.

17 〈보기〉에서 설명하는 것은?

┤ 보기 ├

- 고온환경의 운동 중 극도의 피로, 혼란, 혼미, 현기증, 구토
- 심한 탈수 현상으로 심혈관계가 인체의 요구에 적절히 대처하지 못함
- 심부체온 40℃ 미만

① 열사병　　　　② 열탈진
③ 열순응　　　　④ 저나트륨혈증

해설　열사병은 증세가 복합적이며 가장 심각한 열질환으로, 지나친 체온증가로 체온조절기전이 작동하지 못하는 상태이다. 열순응은 열에 대한 내성이 증가되는 생리적 적응 현상을 말한다. 저나트륨혈증은 전해질 이상 중 하나로, 혈액 중의 나트륨 농도가 저하되는 것을 말한다.

18 〈보기〉에 제시된 감각−운동 신경계의 인체 운동 반응 조절 과정을 단계별로 바르게 나열한 것은?

---| 보기 |---

㉠ 자극이 감각 뉴런을 통해 중추신경계로 전달된다.

㉡ 운동 자극이 중추신경계에서 운동 뉴런으로 전달된다.

㉢ 운동 자극이 근섬유에 전달되면 운동 반응이 일어난다.

㉣ 중추신경계가 정보를 해석하고 운동 반응을 결정한다.

㉤ 감각 수용기가 감각 자극을 받아들인다.

---

① ㉠ → ㉤ → ㉡ → ㉢ → ㉣
② ㉠ → ㉤ → ㉣ → ㉢ → ㉡
③ ㉤ → ㉠ → ㉡ → ㉢ → ㉣
④ ㉤ → ㉠ → ㉣ → ㉡ → ㉢

해설 외부 자극을 감각 수용기가 받아들이고, 중추신경계로 전달되며, 정보 해석하고 반응을 결정하여, 중추신경계에서 운동 신경으로 전달되고, 자극에 대한 반응이 일어난다.

19 저항성 트레이닝에 의한 근력 향상의 요인으로 적절하지 <u>않은</u> 것은?

① Type I 섬유 수의 증가
② Type II 섬유 크기의 증가
③ 동원되는 운동단위 수의 증가
④ 동원되는 십자형교(cross−bridge) 수의 증가

해설 ①은 유산소성 트레이닝에 의한 효과이다.

20 고강도 운동 시 심박출량 증가 요인으로 옳지 <u>않</u>은 것은?

① 혈중 에피네프린 증가에 따른 심박수 증가
② 활동근의 근육펌프 작용에 따른 정맥회귀량 증가
③ 교감신경계의 활성에 따른 심실수축력 증가
④ 부교감신경계의 활성에 따른 심박수 증가

해설 부교감신경계의 활성으로는 심박수가 감소된다.

01 운동역학의 연구목적으로 적절하지 <u>않은</u> 것은?

① 운동기술 향상
② 운동불안 완화
③ 운동장비 개발
④ 스포츠 손상 예방

[해설] 운동불안 완화는 스포츠심리학의 연구 분야이다. 운동역학의 목적은 다음과 같다.
㉠ 체육·스포츠의 역학적 특성과 메카니즘 규명
㉡ 운동기술의 평가, 규명, 개발
㉢ 발육 발달과 노화에 따른 동작 변화의 규명
㉣ 운동 연구법과 분석법 개발
㉤ 스포츠시설, 장비의 설계 및 개발 지원
㉥ 트레이닝 방법의 설계 및 개발 지원

02 해부학적 자세에서 몸의 중심을 기준으로 한 방향용어의 사용이 옳지 <u>않은</u> 것은?

① 복장뼈(흉골 : sternum)는 어깨의 가쪽(외측 : lateral)에 있다.
② 손목관절은 팔꿈치관절보다 먼쪽(원위 : distal)에 있다.
③ 엉덩이는 무릎보다 몸쪽(근위 : proximal)에 있다.
④ 머리는 발보다 위(상 : superior)에 있다.

[해설] 가쪽(외측, lateral)은 중심선에 바깥으로 멀어지는 방향이고, 안쪽(내측, medial)은 중심선에서 가까운 방향을 말한다. 복장뼈는 어깨보다 중심선에 가까운 쪽인 안쪽에 위치한다.

03 운동의 종류에 관한 설명으로 옳은 것은?

① 병진운동에는 직선운동만 있다.
② 곡선운동은 회전운동에 포함되는 운동이다.
③ 복합운동은 병진운동과 회전운동이 혼합된 운동이다.
④ 병진운동은 한 개의 고정된 축을 중심으로 물체가 회전하는 운동이다.

[해설] ① 병진운동은 물체의 질량 중심점으로 힘을 작용했을 때는 직선, 질량 중심점을 벗어난 방향으로 힘이 작용하면 곡선운동이 일어난다.
② 곡선운동은 병진운동에 포함된다.
④ 한 개의 고정된 축을 중심으로 물체가 운동하는 것은 회전운동이다.

04 인체의 물리량과 물리적 특성에 관한 설명으로 옳은 것은?

① kg은 무게의 단위이다.
② 질량은 스칼라(scalar)이고, 무게는 벡터(vector)이다.
③ 무게중심의 위치는 자세와 상관없이 항상 인체 내부에 있다.
④ 질량은 인체가 가지고 있는 관성의 척도로 장소에 따라 크기가 변한다.

[해설] ① kg은 질량의 단위이다.
③ 무게중심은 자세에 따라 달라진다.
[예] 멀리뛰기의 파이크 자세는 신체 외부, 배면뛰기는 엉덩이 허리 아래
④ 질량은 장소가 달라져도 항상 일정하고, 무게는 장소가 바뀌면 값이 달라진다.

05 인체의 안정성에 관한 설명으로 옳지 <u>않은</u> 것은?

① 기저면의 크기는 안정성에 영향을 미친다.
② 기저면의 형태는 안정성에 영향을 미친다.
③ 무게중심의 높이는 안정성에 영향을 미치지 않는다.
④ 무게중심을 통과하는 수직선(중심선)이 기저면의 중앙에 가까울수록 안정성은 높아진다.

[해설] 물체의 무게중심은 높이가 낮아지면 안정성이 높아진다.

06 인체 지레에 관한 설명으로 옳은 것은?

① 1종 지레는 힘점이 받침점과 작용점 사이에 있다.

② 2종 지레는 작용점이 힘점과 받침점 사이에 있다.

③ 3종 지레는 받침점이 힘점과 작용점 사이에 있다.

④ 인체 지레의 대부분은 2종 지레에 해당되어 힘에서 이득을 본다.

> [해설] ① 1종 지레는 작용점, 받침점, 힘점
> ③ 3종 지레는 작용점, 힘점, 받침점
> ④ 인체의 대부분은 3종 지레에 해당하며, 힘의 손해, 거리의 이득이 있다.

07 〈그림〉의 야구 투구에서 공의 회전방향과 마구누스 힘(Magunus force)의 방향이 바르게 연결된 것은?

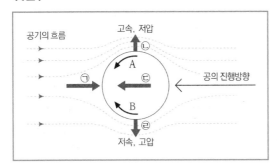

	공의 회전방향	마구누스 힘의 방향
①	A	㉠
②	B	㉡
③	A	㉢
④	B	㉣

> [해설] 마구누스 힘은 유체(액체 또는 기체) 속에 잠긴 채 회전하며 운동하는 물체에서, 이 물체와 유체 사이에 상대속도가 존재할 때 그 물체의 속도에 수직인 방향으로 물체에 힘이 발생하는 현상이다. 나아가는 방향과 수직 방향의 축 주위로 회전할 때 생기는 끌어올리는 힘이다. 마구누스 효과는 공을 이용하는 스포츠에서 주로 발생하며, 공을 의도적으로 휘어지게 하려는 기술에서 설명된다.

08 〈보기〉는 200m 달리기 경기에서 경과시간에 따른 평균속도 변화이다. 이에 관한 설명으로 옳지 않은 것은?

경과시간(초)	0	1	3	5	7	9	11	13	15	17	19	21	23
평균속도(m/s)	0	2.4	8.4	10	10	9.6	9.5	8.9	8.7	8.6	8.5	8.4	8.3

① 평균가속도가 0인 구간이 존재한다.

② 처음 1초 동안 2.4m를 이동하였다.

③ 후반부의 평균속도는 감속되고 있다.

④ 최대 평균가속도는 5초와 7초 사이에 나타난다.

> [해설] 평균가속도 = 속도의 변화량 / 걸린 시간
> 표에서 보면 걸린 시간은 처음구간만 1초이고 나머지 구간은 2초로 동일하며, 속도의 변화량이 가장 큰 구간은 1초와 3초 사이에서 6.0으로 나타났다.
> 그러므로, 최대평균가속도는 6m/s / 2s = $3m/s^2$

09 길이 50m 수영장에서 자유형 100m 경기기록이 100초였을 때 평균속력과 평균속도는? (단, 출발과 도착 지점이 동일하다고 가정)

① 평균속력 : 1m/s, 평균속도 : 1m/s

② 평균속력 : 0m/s, 평균속도 : 0m/s

③ 평균속력 : 1m/s, 평균속도 : 0m/s

④ 평균속력 : 0m/s, 평균속도 : 1m/s

> [해설] 평균속력은 일정 시간동안 변화한 거리를 해당시간 간격으로 나눈 스칼라량이다.
> 평균속도는 변화한 변위를 해당시간 간격으로 나눈 벡터량이다.
> • 평균속력 = 100m/100s = 1m/s
> • 평균속도 = 변위(전체 거리)/걸린 시간
>   = 0/100s
>   = 0m/s
> 출발점과 결승점이 같으므로 이동거리는 0이 된다.

10 〈보기〉의 ㉠~㉢에 들어갈 용어가 바르게 연결된 것은?

┤ 보기 ├
(㉠)에서는 주동근에 의해 발휘되는 (㉡)기 (㉢)보다 커서 근육의 길이가 짧아진다.

① ㉠ 단축성 수축(concentric contraction)
　㉡ 저항모멘트
　㉢ 힘모멘트
② ㉠ 단축성 수축(concentric contraction)
　㉡ 힘모멘트
　㉢ 저항모멘트
③ ㉠ 신장성 수축(eccentric contraction)
　㉡ 저항모멘트
　㉢ 힘모멘트
④ ㉠ 신장성 수축(eccentric contraction)
　㉡ 힘모멘트
　㉢ 저항모멘트

해설 근육의 길이가 짧아지는 것을 단축성 수축이라고 하고, 저항하는 모멘트보다 근육의 힘모멘트가 크게 작용하기 때문에 근육의 길이가 짧아지게 된다.

11 마찰력에 관한 설명으로 옳지 않은 것은?

① 마찰력은 추진력으로 작용될 수 없다.
② 최대정지마찰력은 운동마찰력보다 크다.
③ 마찰계수는 접촉면의 형태에 영향을 받는다.
④ 마찰력은 마찰계수와 접촉면에 수직으로 작용한 힘의 곱으로 구한다.

해설 마찰력은 추진력의 반대 방향으로 작용하는 저항력으로 물체를 움직이게 하는 추진력이 될 수 있다.

12 〈보기〉에서 설명하는 운동법칙은?

┤ 보기 ├
물체에 작용하는 힘의 크기가 일정할 때, 물체의 질량이 증가하면 가속도는 감소하게 된다.

① 뉴턴의 제1법칙　　② 뉴턴의 제2법칙
③ 뉴턴의 제3법칙　　④ 질량 보존의 법칙

해설 ① 뉴턴의 제1법칙(관성의 법칙) : 물체는 외부로부터 어떠한 힘이 작용하지 않으면, 운동하는 물체는 계속 운동하려고 한다.
③ 뉴턴의 제3법칙(작용과 반작용의 법칙) : 두 물체가 서로 힘을 작용하고 있을 때, 두 물체가 받는 힘은 그 크기가 같고, 방향은 반대이다.
④ 질량 보존의 법칙 : 화학반응이 일어날 때 반응 전 물질의 총 질량과 반응 후 생성된 물질의 총 질량이 같다는 법칙이다.

13 〈그림〉은 A 선수와 B 선수가 제자리에서 수직점프 후 착지할 때 착지구간에서 시간에 따른 수직 힘의 변화를 나타내는 그래프이다. 이에 관한 설명으로 옳은 것은? (단, 가와 나의 면적은 동일)

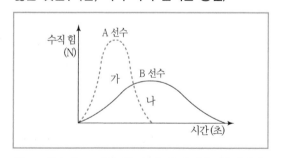

① A 선수와 B 선수의 수직 충격량은 동일하다.
② A 선수와 B 선수에서 수직 운동량의 변화량은 다르다.
③ A 선수와 B 선수의 수직 충격력이 다르기 때문에 수직 충격량이 다르다.
④ A 선수와 B 선수의 수직 힘의 작용시간이 다르기 때문에 수직 충격량이 다르다.

해설 충격량은 물체가 받는 힘(N)과 시간(초)을 곱한 것이다. 조건으로 나와 있는 가와 나의 면적이 동일하다는 것은 충격량이 같다는 의미이다.

14 다이빙선수의 공중동작에서 발생할 수 있는 회전운동에 관한 설명으로 옳은 것은?

① 질량분포가 회전축에서 멀수록 관성모멘트는 작아진다.
② 관성모멘트는 각운동량에 비례하고 각속도에 반비례한다.
③ 회전반경의 길이는 관성모멘트의 크기에 영향을 주지 않는다.
④ 공중자세에서 관성모멘트가 달라져도 각속도는 변하지 않는다.

해설 관성모멘트는 외부의 토크가 회전 운동을 변화시키려 할 때 저항하는 물체의 회전 관성을 말하며, 관성모멘트가 클수록 회전운동을 변화시키기 어렵다. 한 예로 피겨스케이트 선수가 팔을 벌리고 회전하면 관성모멘트는 증가하고 각속도는 감소하게 된다.

15 1N의 힘으로 1m 거리를 움직였을 때 수행한 일(work)은? (단, 힘의 작용방향과 이동방향은 일치함)

① 1J(Joule)
② 1N(Newton)
③ 1m³(Cubic meter)
④ 1J/s(Joule/sec)

해설 줄은 에너지(energy), 일(work)과 열량의 단위이고 기호로 J를 사용한다. 1J은 물체에 1N의 힘을 가해 물체가 힘의 방향으로 1m 이동했을 때 수행한 일을 나타낸다.
1J/s는 일률의 단위이다. 1J/s = 1kg × m/s = 1W

16 어떤 물체에 200N의 힘을 가해 물체를 10초 동안 5m 이동시켰을 때 일률(power)은? (단, 힘의 작용방향과 이동방향은 일치함)

① 100Watt
② 400Watt
③ 1,000Watt
④ 10,000Watt

해설 일률(W) = 힘 × 속도
= 200N × 5m/10s
= 100W

17 에너지에 관한 설명으로 옳지 <u>않은</u> 것은?

① 에너지의 단위는 Joule이다.
② 일을 수행할 수 있는 능력이다.
③ 운동에너지는 물체의 속도뿐만 아니라 질량과도 관계가 있다.
④ 위치에너지는 물체의 질량과는 관계가 있으나 높이와는 관계가 없다.

해설 위치에너지
• 중력에 대항하여 물체를 특정 높이까지 올리기 위해서는 일을 수행하며, 높이를 가진 물체는 수행된 일 만큼의 위치에너지를 갖는다.
• 물체는 보다 높고 무거울수록 위치에너지를 갖는다.
• 위치에너지(PE) = m·g·h(무게 × 9.8m/sec² × 높이) − m·g·h(질량 × 9.8m/sec² × 높이)

18 가장 큰 역학적 에너지는?

① 7m/s로 평지를 달리고 있는 질량 90kg인 럭비선수의 운동에너지
② 8m/s로 평지를 달리고 있는 질량 100kg인 럭비선수의 운동에너지
③ 5m 높이에 서 있는 질량 50kg인 다이빙선수의 위치에너지
④ 4m 높이에 서 있는 질량 60kg인 다이빙선수의 위치에너지

정답
10 ②　11 ①　12 ②　13 ①　14 ②　15 ①　16 ①　17 ④　18 ②

• 운동에너지 : $\frac{1}{2}mv^2$(질량 × 속도^2)

• 위치에너지 : m · g · h(질량 × 9.8m/sec^2 × 높이)
① 1/2 × 90kg × 7(m/sec)^2 = 2205J
② 1/2 × 100kg × 8(m/sec)^2 = 3200J
③ 50kg × 9.8m/sec^2 × 5m = 2450J
④ 60kg × 9.8m/sec^2 × 4m = 2352J

19 〈보기〉에서 운동학적(kinematics) 분석방법으로만 묶인 것은?

┤ 보기 ├
㉠ 영상분석
㉡ 고니오미터(goniometer) 각도 분석
㉢ 스트레인 게이지 힘 분석
㉣ 지면반력 분석

① ㉠, ㉡
② ㉠, ㉢
③ ㉡, ㉣
④ ㉢, ㉣

해설 • 운동학(kinematics)은 운동의 원인이 되는 힘은 고려하지 않고 대상 물체의 위치, 속도, 가속도 등 현상을 연구하는 분야이다. (운동현상학)
• 운동역학(kinetics)은 운동의 원인이 되는 근력, 지면반발력, 토크, 관성모멘트, 운동량, 충격량, 마찰력 등 힘에 대해 연구하는 분야이다. (운동원인학)

20 근전도(electromyogram, EMG) 분석을 통하여 얻을 수 있는 정보로 옳지 <u>않은</u> 것은?

① 제자리멀리뛰기에서 장딴지근(비복근)의 최대 수축 시점
② 스쿼트에서 넙다리곧은근(대퇴직근)의 근피로도
③ 제자리높이뛰기에서 무게중심의 3차원 위치좌표
④ 팔굽혀펴기에서 위팔세갈래근(상완삼두근)의 근활성도

해설 근전도 분석으로 근육의 수축속도, 어떤 동작시 근육 수축정도, 근육들의 동원순서 등을 파악할 수 있다.

스포츠윤리 (77)

01 스포츠윤리의 목적으로 적절하지 <u>않은</u> 것은?

① 스포츠 행위의 공정한 조건을 세시한다.
② 의도적 반칙에 대한 정당화의 근거를 제시한다.
③ 스포츠를 통한 도덕적 자질과 인격 함양을 추구한다.
④ 스포츠맨십, 페어플레이 등 스포츠윤리 규범을 통한 바람직한 공동체의 모습을 제시한다.

해설 스포츠 윤리의 목적은 스포츠 상황에서 발생할 수 있는 비윤리적인 사례를 미리 학습하여, 앞으로 일어날 수 있는 상황에 대처할 수 있도록 '스포츠인의 도덕적 자율성 함양'을 목적으로 한다. 복잡한 윤리적인 문제들을 분석하고, 바람직한 해결능력을 키우는 데 중점을 둔다.

02 〈보기〉에서 ㉠, ㉡에 들어갈 용어가 바르게 연결된 것은?

┤ 보기 ├
스포츠에서 일어나는 사건이나 현상에 대한 사유작용을 판단이라고 한다. 판단은 크게 사실판단과 가치판단으로 구분된다. 사실판단은 실제 스포츠에서 일어난 사건과 현상에 대한 진술을 말한다. 따라서 (㉠)을/를 가릴 수 있다. 이에 비해 가치판단은 옳고 그름 혹은 바람직하거나 그렇지 못한 것 등 가치에 대한 진술로 이루어진다. 가치판단은 주로 (㉡)에 근거한다.

	㉠	㉡
①	진위	당위
②	진위	허위
③	진리	상상
④	진리	선택

해설

사실판단	가치판단
• 사실에 대해 판단을 내리는 것을 말하며, 존재하는 현상에 대해 객관적인 서술을 하는 것이다. • 경험적 증명으로 참과 거짓을 확인 가능하며, 사실 관련 문제가 발생할 경우 어려움이 생길 수 있다.	• 가치에 대한 판단, 선과 악, 좋음과 나쁨에 등을 판단 • 현상에 대한 주관적인 평가와 서술을 하는 것이다. • 개인마다 중요하게 생각하는 가치가 다르므로 참과 거짓을 확인하게 어렵다.

03 〈보기〉에서 설명하는 스포츠윤리 규범은?

┤ 보기 ├

스포츠의 규범은 근대스포츠의 탄생과 밀접한 연관을 갖는다. 규칙의 준수가 근대 시민 계급의 도덕성 함양에 기여할 수 있다고 여겨지면서 하나의 윤리 규범으로 정착하였다. 특히 진실과 성실의 정신(spirit of truth and honesty)을 바탕으로 경기에 임하는 도덕적 태도와 같은 의미로 쓰이면서 오늘날 스포츠의 보편적인 윤리 규범이 되었다.

① 유틸리티(utility)

② 테크네(techne)

③ 젠틀맨십(gentlemanship)

④ 페어플레이(fairplay)

해설 • 유틸리티(유용성) : 바람직하거나 좋은 목적. 즉, 본래적 가치수단이 아닌 목적 자체로서 가지는 가치를 달성하는 것이다.
• 테크네 : 예술(art)과 기술(technique)의 공통 어원이며, 어느 분야에 대한 본질적인 이해를 토대로 그 분야와 관련된 것을 만들어내는 능력, 필요한 것을 능숙하게 만들어내는 능력, 즉 유용성과 효율성을 겸비한 실천적·생산적 활동 전반을 의미한다.

04 〈보기〉에서 (   ) 안에 들어갈 용어로 적절한 것은?

┤ 보기 ├

운동선수로서 아무리 뛰어난 능력을 갖추었더라도 인간의 본질인 도덕성(덕)이 부족하면 훌륭한 선수가 될 수 없다. 이런 까닭에 운동선수에게는 두 가지 (   )이/가 동시에 요구된다. 즉, 신체적 탁월성과 도덕적 탁월성을 겸비하였을 때 비로소 훌륭한 선수가 되는 것이다.

① 아곤(agon)   ② 퓌시스(physis)

③ 로고스(logos)   ④ 아레테(arete)

해설 ① 아곤 : 아곤(경쟁)은 전쟁과 싸움과 같은 폭력적 상호작용을 제도화한 규칙을 통해 순화시킨 활동이다.
② 퓌시스 : 자연, 성질, 자연의 이치라는 의미이다.
③ 로고스 : 말, 언어, 논리를 뜻하며, 이성의 원리, 즉 진리를 말한다.
④ 아레테 : 인간답게 만들어 주는 자질, '덕'의 개념으로, 훌륭한 상태, 탁월성의 의미로 해석된다.

05 〈보기〉의 (   ) 안에 들어갈 용어와 대표적인 사상가가 바르게 연결된 것은?

┤ 보기 ├

스포츠에서 도덕법칙은 "승리를 원한다면 열심히 훈련하라.", "위대한 선수가 되기 위해서는 스포츠맨십에 충실하라." 등과 같이 가언적으로 주어지지 않고, 어떠한 경우에도 선수의 의무로서 반드시 행하라는 (   ) 명령의 형태로 존재한다.

① 공리적 - 칸트(I. Kant)

② 공리적 - 밴덤(J. Bentham)

③ 정언적 - 칸트(I. Kant)

④ 정언적 - 밴덤(J. Bentham)

해설 칸트는 의지에 주어지는 모든 명령을 가언적인 것과 정언적인 것으로 구별한다.
- 가언적 명령 : 어떤 목적을 달성하기 위한 수단으로 지시하는 명령으로 조건이 붙는다.
- 정언적 명령 : 어떤 조건도 없이 그 자체가 목적인 무조건적인 명령, 도덕법칙은 정언명령이어야 한다.

06 〈보기〉에서 설명하는 윤리 이론은?

┤ 보기 ├

- 윤리적 가치의 근거를 페미니즘에서 찾음
- 이성의 윤리가 아닌 감성의 윤리
- 경기에 처음 출전하는 후배를 격려하는 선배의 친절
- 근육 경련을 일으킨 상대 선수를 걱정하고 보살피는 행위
- 타자의 요구와 정서에 공감하고 대응하는 것이 도덕의 출발임

① 공리주의　　　② 의무주의
③ 배려윤리　　　④ 대지윤리

해설 ① 공리주의 : 많은 사람들에게 최대의 행복을 주는 것이 옳다고 여기는 윤리 의식
② 의무주의 : 행위에 대한 옳고 그름은 행위의 결과의 좋고 나쁨으로 판단하는 결과론적 윤리체계와는 달리, 행위 자체가 도덕규칙을 지키는지를 판단기준으로 한다.
④ 대지윤리 : 생태중심윤리학의 대표적인 이론으로, 모든 것들이 상호의존함으로써 존재하는 생명공동체인 대지를 도덕의 대상으로 삼는 윤리이다.

07 〈보기〉의 ㉠, ㉡에 해당하는 정의의 유형은?

┤ 보기 ├

라우 : 스포츠는 ㉠ 동등한 조건의 참가와 동일한 규칙의 적용이 이루어져야 해. 그렇지 않으면 정의의 원칙에 어긋나게 되거든.

형린 : 그런데 모든 것이 동등하지는 않아. 피겨 스케이팅과 다이빙에서 ㉡ 높은 난이도의 연기를 펼친 선수는 그렇지 않은 선수보다 더 높은 점수를 받아야 해. 이것도 정의의 원칙이라고 할 수 있어.

	㉠	㉡
①	분배적	절차적
②	평균적	분배적
③	평균적	절차적
④	분배적	평균적

해설 정의의 유형
- 평균적 : 모든 사람이 동등한 권리를 가지는 절대적 평균을 말한다. 스포츠 경기 내에서 규칙의 동일한 적용, 참가자의 동등한 조건 등으로 경쟁에 임하는 모든 선수의 조건을 평등하게 만드는 것을 말한다.
- 분배적 : 사람들 사이의 불평등을 다르게 다룸으로써 개개인의 합당한 몫을 부여하는 것을 말한다. 탁월성과 밀접한 관계가 있으며, 경기수행이 어려울수록 더 높은 점수를 받는 것은 '다른 것을 다르게'라는 분배적 정의에 해당한다.
- 절차적 : 스키 경기와 같이 기상의 변화로 인해 경기에 영향을 미치는데, 이런 통제불가능한 외적인 요소는 경기시작 전 추첨 등의 절차적 정의에 의해 해결될 수 있고, 평균적 정의를 유지할 수 있다.

08 스포츠에서 발생하는 인종차별에 해당하는 것은?

① 생물학적 환원주의
② 지속가능한 발전
③ 게발트(Gewalt)
④ 아파르트헤이트(Apartheid)

해설 ① 생물학적 환원주의 : 인간의 행동과 사회를 오로지 생물학적 요인의 결과로만 보려는 견해
② 지속가능한 발전 : 미래세대가 그들의 필요를 충족시킬 수 있는 가능성을 손상시키지 않는 범위에서 현재 세대의 필요를 충족시키는 개발
③ 게발트 : 독일어로 폭력이라는 뜻이다. 일본의 학생운동과 일본의 신좌파 정파간의 폭력을 사용한 당파투쟁 등에서 사용된 용어이다.
④ 아파르트헤이트 : 남아프리카 공화국의 극단적인 인종차별 정책과 제도를 말한다. 분리ㆍ격리를 뜻하는 아프리칸스어이다. 백인 우월주의에 근거한 이 인종차별은 17세기 중엽 백인의 이주와 더불어 점차 제도로 확립되었는데, 1948년 네덜란드계 백인인 아프리카너를 기반으로 하는 국민당의 단독정부 수립 후 더욱 확충ㆍ강화되어 아파르트헤이트로 불리게 되었다.

해설 ① 뒤르켐 : 프랑스의 철학자, 사회학자이다. 사회학상 주관적 방법과의 투쟁에 크게 활동하였으며 사회 생활의 현상은 자연현상과 마찬가지로 객관적이라 하였다.
② 홉스 : 영국의 철학자, 정치학자. 영국 유물론의 창시자인 베이컨의 유물론 철학을 계승, 체계화시켰다.
③ 지라르 : 프랑스의 인류학자, 사학자, 철학자. 모방이론의 아버지라 불리고, 욕망의 모방적 성격의 발견을 가정으로 폭력과 종교에 대한 새로운 인류학을 창설하고자 시도하였다.

09 〈보기〉의 폭력에 관한 설명과 관계 깊은 사상가는?

┤ 보기 ├

• 학교 스포츠에서 선수에게 폭력을 가하는 감독도 한 가정의 평범한 가장이다.
• 운동 중 체벌을 가하는 것은 좋은 성적을 거두어야 하는 감독의 직업적 행동이다.
• 후배들에게 체벌을 가한 것은 감독의 지시에 따른 행동으로 나의 책임이 아니다.
• 폭력은 괴물이나 악마처럼 괴이한 존재가 아니라 평범한 일상 속에 함께 있다.
• 악(폭력)을 멈추게 할 유일한 방법은 생각과 반성이다.

① 뒤르켐(E. Durkheim)
② 홉스(T. Hobbes)
③ 지라르(R. Girard)
④ 아렌트(H. Arendt)

10 〈보기〉의 내용에 해당하는 반칙은?

┤ 보기 ├

A팀과 B팀의 농구 경기는 종료까지 12초가 남았다. A팀은 4점 차로 지고 있고 팀 파울에 걸렸다. B팀이 공을 잡자 A팀의 한 선수가 B팀 선수에게 반칙을 해서 자유투를 유도한 후, 공격권을 가져오려고 한다.

① 의도적 구성 반칙
② 비의도적 구성 반칙
③ 의도적 규제 반칙
④ 비의도적 규제 반칙

해설 • 구성 반칙 : 경기목적, 즉 달성되어야 할 상태, 그 목적이 달성되는 시공간적 제한, 허용되는 장비, 성취를 점수를 환산해주는 평가시스템을 구체화하는 규칙을 구성 규칙이라 하는데 이를 위반하는 것이다.
• 규제 반칙 : 경기 과정에서 잘못된 개별적인 행위에 적용하는 규칙을 위반하는 것이다.

정답
06 ③   07 ②   08 ④   09 ④   10 ③

11 〈보기〉의 ㉠, ㉡에 해당하는 유교 사상이 바르게 묶인 것은?

┤ 보기 ├

㉠	공자는 "내가 원하지 않는 일을 남에게 하지 말라(己所不欲 勿施於人)"는 원리를 인간관계의 기본적인 행위 준칙으로 보았다. 내가 원하지 않는 것은 타인도 원하지 않을 것이라는 동등고려(equal consideration)의 원리는 스포츠맨십의 바탕이기도 하다. 스포츠맨십은 하지 말아야 할 행위를 하지 않는 것이 아니라 스스로 원하지 않는 것을 상대 선수에게 행하지 않는 원리를 실천하는 것이다.
㉡	사회구성원의 모든 행위가 그 이름(역할)에 적합하도록 행해야 한다는 도덕적 요구를 말한다. "임금은 임금답고 신하는 신하다우며, 아버지는 아버지답고 자식은 자식다워야 한다(君君臣臣 父父子子)"는 주문으로 각자에게 주어진 이름과 역할에 걸맞게 행동하라는 도덕적 명령이다. 스포츠인을 스포츠인답게 만드는 것이 곧 스포츠맨십이다.

　　　　㉠　　　　　　　㉡
① 충(忠)　　예시예종(禮始禮終)
② 서(恕)　　정명(正名)
③ 충(忠)　　절차탁마(切磋琢磨)
④ 서(恕)　　극기복례(克己復禮)

해설 생활 속에서 인(仁)을 실천하는 구체적인 방법으로, 충은 거짓과 가식이 없이 온 정성을 다하는 것이고, 서는 다른 사람의 마음을 헤아리는 것이다.
정명은 윤리적 사회의 본질은 구성원 각자의 본분에 맞는 덕의 일치를 뜻하며 현대의 직업윤리에 해당한다.

12 국민체육진흥법 제18조의3(2020. 8. 18, 일부개정)에 의거하여 체육의 공정성 확보와 체육인의 인권보호를 위해 설립된 단체는?

① 스포츠윤리센터
② 클린스포츠센터
③ 스포츠인권센터
④ 선수고충처리센터

해설

국민체육진흥법
제18조의3(스포츠윤리센터의 설립)
① 체육의 공정성 확보와 체육인의 인권보호를 위하여 스포츠윤리센터를 설립한다.
② 스포츠윤리센터는 법인으로 한다.
③ 스포츠윤리센터는 다음 각 호의 사업을 한다. 〈개정 2020.8.18.〉
　1. 다음 각 목에 해당하는 체육계 인권침해 및 스포츠비리 등에 대한 신고 접수와 조사
　　가. 선수에 대한 체육지도자 등의 성폭력 등 폭력에 관한 사항
　　나. 승부조작 또는 편파판정 등 불공정에 관한 사항
　　다. 체육 관련 입시비리에 관한 사항
　　라. 체육단체·경기단체 및 그 임직원의 횡령·배임 및 뇌물수수 및 「보조금 관리에 관한 법률」 제22조에 따른 보조금 및 「지방재정법」 제32조의4에 따른 지방보조금의 용도 외 사용 금지위반에 관한 사항
　　마. 그 밖에 체육계 인권침해 및 스포츠비리에 해당된다고 인정되는 사항
　2. 신고자 및 피해자에 대한 치료 및 상담, 법률지원, 임시보호 및 연계
　3. 긴급보호가 필요한 신고자 및 피해자를 위한 임시보호시설 운영
　4. 체육계 현장의 인권침해 조사·조치 상황 등을 상시 점검할 수 있는 인권감시관 운영
　5. 스포츠비리 및 체육계 인권침해에 대한 실태조사
　6. 스포츠비리 및 체육계 인권침해 방지를 위한 예방교육
　7. 그 밖에 체육의 공정성 확보 및 체육인의 인권보호를 위하여 필요한 사업

13 〈보기〉의 ㉠에 해당하는 레스트(J. Rest)의 도덕성 구성요소는?

| 보기 |

상빈 : 직업 선수에게 가장 중요한 것은 무엇이라고 생각해
미라 : 연봉이지! 직업 선수의 연봉이 그 선수의 능력을 나타내는 것이라고 생각해. 나는 작년 성적이 좋아서 올해 연봉이 200% 인상되었어.
은숙 : 연봉은 매우 중요하지. 하지만 ㉠ 나는 연봉, 명예 등의 가치보다 스포츠인으로서 스포츠맨십과 페어플레이가 가장 중요한 가치라고 생각해.

① 도덕적 감수성(moral sensitivity)
② 도덕적 판단력(moral judgement)
③ 도덕적 동기화(moral motivation)
④ 도덕적 품성화(moral character)

해설 도덕성의 4구성 요소(레스트)
• 도덕적 감수성(민감성) : 어떤 상황에서 도덕적으로 반응하는 것을 선택하기 위해서는 특정한 행동이 필요할 때 재빠르게 반응해야 하고 적절하게 그 사건들을 설명할 수 있어야 한다.
• 도덕적 판단력 : 어떤 행동이 도덕적으로 정당화될 수 있는지를 판단하는 것이다.
• 도덕적 동기화 : 도덕적 행동을 선택하는 것이 다른 가치와 갈등을 일으키는 경우 종종 발생하고, 다른 가치 대신 도덕적 가치를 우선시 하는 것을 말한다.
• 도덕적 품성화 : 도덕적 행동으로서 표출을 위해서는 용기를 잃지 않고, 여러 가지의 유혹에 굴복하지 않으며, 눈앞에 있는 목표를 지켜내는 것을 필요로 한다.

14 사상가와 스포츠를 통한 도덕교육 방법이 바르게 연결되지 <u>않은</u> 것은?

① 루소(J. Rousseau) - 어린 시절부터 다양한 신체활동을 통해 성평등, 동료애, 공동체에서의 협력과 책임을 지는 습관을 길러준다.
② 베닛(W. Benneitt) - 스포츠 상황에서 발생하는 다양한 사건에 대한 논리적 추론과 가치명료화 등을 통해 도덕적 판단 능력을 길러준다.
③ 위인(E. Wynne) - 스포츠 경기의 전통을 이해하고, 규칙 준수 등의 바람직한 행동을 습관화할 수 있도록 가르친다.
④ 콜버그(L. Kohlberg) - 스포츠에서 발생하는 도덕적 딜레마에 대한 토론을 통해 도덕적 갈등상황을 이해하고, 자율적으로 대처할 수 있도록 가르친다.

해설 도덕적 사회화의 접근과 인격교육을 강조하는 위인, 베닛, 킬패트릭 등은 학생들에 대하여 구체적인 덕의 가르침, 사회의 최상의 가치 전수, 도덕적 모형들을 제시한다. 가치 상대주의의 혼란에 빠지지 않게 하며, 좁은 인지적 측면을 넘어서 전인적으로 인격을 함양하는 것을 중요시 여긴다.

15 〈보기〉의 ( ) 안에 들어갈 사상가는?

> ┤ 보기 ├
>
> ( )은/는 "도덕적 가치들은 중요한 타자들(significant others)이 어떻게 행동하고 있는가를 관찰하는 것에 의하여 학습된다."고 하였다. 스포츠 도덕교육에서 스포츠지도자는 중요한 타자에 해당된다. 스포츠의 도덕적 가치는 스포츠지도자의 도덕적 모범에 의해 학습되어지며, 참여자는 스포츠지도자를 통해 관찰학습과 사회적 모델링을 하게 된다.

① 맥페일(P. McPhail)

② 피아제(J. Piajet)

③ 피터스(R. Peters)

④ 콜버그(L. Kohlberg)

해설 맥페일의 고려모델

고려와 따뜻한 배려를 강조하는 도덕교육에 대한 하나의 접근으로서 라이프라인(life line) 시리즈와 스타트라인(start line) 시리즈를 개발하였다. 도덕교육은 규칙이나 금지사항에 대한 분석의 문제가 아니라, 오히려 자아와 타인들에 관련되어 있는 한 인간의 일반적인 양식에 초점을 두고 있다. 도덕교육은 자아나 타인에 대한 두려움과 불신으로부터 인간을 해방시켜 주는 것이며, 그들에게 사랑을 주고 받을 수 있는 능력을 키워 준다고 강조하였다. 전인에 적용되는 것이며, 사랑과 감정 이입 그리고 타인에 대한 적극적인 고려에 초점을 둔다.

16 장애차별 없는 스포츠의 조건에 해당하지 <u>않는</u> 것은?

① 장애인이 원하는 장소와 시간을 확보해야 한다.

② 대회의 참여와 종목의 선택은 감독에게 맡긴다.

③ 활동에 필요한 장비 및 기구의 재정적인 지원이 확보되어야 한다.

④ 다양한 사람과의 관계를 통해 사회성 함양의 기회를 주어야 한다.

해설 장애차별 없는 스포츠의 조건

• 전문시설을 확충해야 한다.

• 전문지도자 양성과 재활 및 치료를 담당할 전문 인력이 필요하다.

• 누구나 쉽게 참여할 수 있는 프로그램 개발이 필요하다.

• 재정과 제도적 지원이 필요하다.

• 장애의 유무를 떠나 차별 없이 스포츠 활동에 참여할 수 있는 기회를 제공해야 한다.

17 〈보기〉의 ㉠, ㉡에 해당하는 도덕 원리의 검토 방법이 바르게 묶인 것은?

> ┤ 보기 ├
>
> ㉠ '나 혼자 의도적 파울을 하는 것은 괜찮겠지'라는 판단은 '모든 선수가 의도적 파울을 한다면'이라는 원리에 비추어 검토한다.
>
> ㉡ '부상당한 선수를 무시하고 경기를 진행하라'는 주장의 지시에 '자신이 부상당한 경우를 가정하여 판단해보라'고 이야기한다.

	㉠	㉡
①	포섭검토	보편화 결과의 검토
②	반증 사례의 검토	포섭검토
③	역할 교환의 검토	반증 사례의 검토
④	보편화 결과의 검토	역할 교환의 검토

해설 • 포섭검토 : 어떤 도덕 원리가 넓은 범위의 상위 원리에 포함되는지 검토하는 것이다.

• 반증사례의 검토 : 상대방이 제시한 원리근거가 부적절함을 지적하기 위해 그 원리근거가 맞지 않는 새로운 사례를 들어 반박하는 것이다.

• 역할 교환의 검토 : 도덕 원리가 다른 사람에게 적용되면 그것에 동의할 수 있는지를 검토하는 것이다.

• 보편화 결과의 검토 : 도덕 원리가 모두에게 적용되면 어떻게 될지 생각하는 검토이다.

18 스포츠에서 공격이 윤리적이어야 하는 이유의 근거로 적절하지 <u>않은</u> 것은?

① 타인의 탁월성 발휘를 침해하지 않아야 하기 때문이다.

② 파괴적인 것이 아니라 합리적인 방법과 전술의 개발 등 생산적이어야 하기 때문이다.

③ 공격 당사자의 본능, 감정, 의지를 폭력적인 수단에 의해 관철해야 하기 때문이다.

④ 규칙의 범위 내에서 공격과 방어의 교환이라는 소통의 구조를 가져야 하기 때문이다.

> **해설** 스포츠의 공격성
> - 스포츠는 모의적인 폭력이 사회적으로 인정받고 관습적으로 표현되는 영역이며, 사회적 관용이 개입되어 있다.
> - 스포츠에서 보이는 인간의 공격성은 자신의 한계를 넘어서고자 하는 도전정신에서 비롯된 본능이다.
> - 공동체를 지향하는 인간에게 합리적인 도덕성의 기준 설정과 제도 및 규범에 의한 규칙으로 인간의 욕구를 잘 조절해야 한다.
> - 스포츠인이 자신의 분노를 제어하는 방법을 익혀야 하며, 스포츠를 행하는 인간의 폭력성 및 공격성을 근절시킬 수 있는 자제력을 높여야 한다.

19 스포츠에 도입된 과학기술의 긍정적인 효과로 적절하지 <u>않은</u> 것은?

① 운동선수의 인격 형성에 기여한다.

② 기록의 객관성과 신뢰성을 높인다.

③ 운동선수의 안전과 부상 방지에 도움을 준다.

④ 오심과 편파판정을 최소화하여 경기의 공정성을 향상시킨다.

> **해설** 스포츠에 도입된 과학기술의 긍정적인 효과
> ㉠ 안전을 위한 기술 : 충격 흡수 매트나 펜스, 선수들의 운동화, 헬멧이나 보호장구 등
> ㉡ 감시, 판독을 위한 기술 : 도핑테스트, 경기장 라인 센서, 수영장 터치패드, 태권도 전자호구, 펜싱 호구, 비디오 판독 장비 등
> ㉢ 수행력 증가를 위한 기술 : 유전자 도핑, 전신수영복, 스키, 마라톤화, 보충식품 등

20 스포츠 규칙의 원리로 적절하지 <u>않은</u> 것은?

① 편파성　　　　② 임의성(가변성)
③ 제도화　　　　④ 공평성

> **해설** 편파성은 어느 한쪽으로 치우쳐 공정성을 잃는 성질을 말하며, 스포츠 규칙은 공평성이 매우 중요하다.

01 특수체육(adapted physical activity)에 관한 설명 중 옳지 않은 것은?

① 참여촉진의 수단으로 변형을 활용한다.
② 학교체육 및 평생체육을 포함한다.
③ 개인의 장애를 치료하는 데 주목적이 있다.
④ 정상화를 실현하기 위해 통합체육을 강조한다.

해설 특수체육은 발달이나 발육에 있어서 이상자를 대상으로 하여 시행되는 체육활동으로, 영유아기부터 노년기까지 평생체육 서비스로서 중요성이 강조되고 있다. 특수체육은 신체적, 정신적, 사회적 발달을 도모하여 발달재활의 수단으로 사용할 수 있다. 장애의 치료는 의료분야의 영역이다.

02 〈보기〉는 국제 기능·장애·건강분류(International Classification of Functioning, Disability, and Health: ICF)에서 어떤 영역에 해당하는가?

┤ 보기 ├
A는 스포츠에 독립적으로 참여하는 데 어려움이 있으나 적절한 지원을 받을 경우 문제없이 참여할 수 있다.

① 신체기능과 구조　　② 참여
③ 활동　　　　　　　④ 장애

해설 국제 기능·장애·건강 분류(ICF)의 구성요소
• 신체 기능 : 신체 계통의 생리적 기능이다(심리적 기능 포함).
• 신체 구조 : 기관, 팔다리 및 그 구성 요소들과 같은 신체의 해부학적 부위이다.
• 손상 : 현저한 변형이나 손실에 의한 신체 기능 또는 구조에서의 문제이다.
• 활동 : 개인이 과제나 행위를 실행하는 것이다.
• 참여 : 생활의 상황에 관여하는 것이다.
• 활동 제한 : 개인이 활동을 실행하는 동안 겪을 수 있는 어려움이다.
• 참여 제약 : 개인이 생활의 상황에 관여하는 동안 경험할 수 있는 문제이다.

• 환경요인 : 사람들이 생활하고 삶을 수행하는 데 있어 물리적, 사회적 및 태도적 환경을 구성하는 것이다.

03 지적장애인을 위한 체육활동의 변형 방법으로 적절한 것은?

① 축구 : 경기장의 크기를 확대한다.
② 배구 : 비치볼(beach ball)을 사용한다.
③ 농구 : 골대의 높이를 올린다.
④ 수영 : 레인의 폭을 축소한다.

해설 활동변형은 장애가 있는 사람들이 스포츠활동을 하고 싶은 욕구에서 시작되었고, 일반스포츠 활동에 참여하는 가운데 장애정도에 적합한 활동으로 변형하는 것이다. 환경변형, 용·기구변형, 규칙변형, 지도변형 등이 있다.

04 용어의 시대적 변화를 순서대로 연결한 것은?

┤ 보기 ├
㉠ 특수체육(adapted physical activity)
㉡ 교정체육(corrective physical education)
㉢ 의료체조(medical gymnastics)
㉣ 특수체육(adapted physical education)

① ㉢-㉡-㉣-㉠　　② ㉢-㉣-㉠-㉡
③ ㉣-㉢-㉠-㉡　　④ ㉣-㉢-㉡-㉠

해설 특수체육 용어의 변천
• 1900년대 초까지 : 의료체조(Medical Gymnastics)
• 1930년까지 : 스포츠로의 전환(Transition to Sports)
• 1950년까지 : 교정체육(Corrective Physical Education)
• 1970년까지 : 특수체육(Adapted Physical Education)
• 1970년부터 현재 : 특수체육(장애인의 평생 신체활동; Adapted Physical Activity)

05 생태학적 과제분석(ecological task analysis)의 3대 구성요소가 <u>아닌</u> 것은?

① 수행자   ② 수행환경

③ 수행평가자   ④ 수행과제

> **해설** 생태학적 과제분석 : 학습자를 좀 더 자세히 파악하여 구성 요소들 간의 상호작용을 강조한다. 운동기술이나 움직임 형태, 수행 등이 과제 목표와 환경 조건, 그리고 수행자의 능력과 의도 사이의 역동적인 상호작용에 의한 결과로 간주한다.

06 〈보기〉에서 기술하는 것과 장애유형이 바르게 연결된 것은?

> ┤ 보기 ├
>
> • (㉠) : 운동기능에 손상이 있으나 손상이 진행적이지 않다.
> • (㉡) : 호흡기 근육군의 퇴화가 올 수 있다.

	㉠	㉡
①	뇌성마비	근이영양증
②	근이영양증	다발성경화증
③	다발성경화증	뇌성마비
④	뇌성마비	다발성경화증

> **해설** • 뇌성마비 : 미성숙한 뇌에 출생 시 또는 출생 후의 여러 원인인자에 의해 비진행성 병변이나 손상이 발생하여 임상적으로 운동과 자세의 장애를 보이게 되는 증상이다.
> • 근이영양증 : 유전적인 요인으로, 진행성 근쇠약을 보이고, 근육병리에서 근섬유의 괴사 및 재생을 특징으로 하는 퇴행근육병이다.
> • 다발성 경화증 : 다발성 경화증은 뇌, 척수, 그리고 시신경을 포함하는 중추신경계에 발생하는 만성 신경면역계질환이다.

07 〈보기〉에서 설명하는 양호도는?

> ┤ 보기 ├
>
> 새롭게 개발된 대근 운동발달 수준 측정 도구의 타당도를 확보하기 위해 TGMD-2와 비교 검증하였다.

① 준거타당도(criterion-referenced validity)

② 구성타당도(construct validity)

③ 내용타당도(content validity)

④ 안면타당도(face validity)

> **해설** ② 구성타당도 : 검사도구가 측정하려고 하는 구성개념을 실제로 적정하게 측정했는지의 정도를 나타내는 타당도
> ③ 내용타당도 : 검사문항이 측정하려고 하는 내용을 얼마나 잘 대표하고 있느냐를 나타내는 타당도
> ④ 안면타당도 : 검사문항의 타당도를 전문가가 판단한다면 내용타당도가 되지만 피험자가 판단한다면 안면타당도가 된다.

08 평가도구와 목적을 바르게 연결한 것은?

① PDMS-2 : 성인기 대근 및 소근 운동 기능 평가

② TGMD-2 : 신체, 언어, 인지 기능 평가

③ BPFT : 운동수행력과 적응행동 평가

④ PAPS-D : 장애유형을 고려한 장애학생 체력 평가

> **해설** ① PDMS-2 : 아동 대근 및 소근 운동기능 평가(0~72개월). 반사, 정적인 움직임, 이동, 물체조작, 쥐기, 시각-운동의 6개 영역
> ② TGMD-2 : 아동 대근운동발달 검사
> ③ BPFT : 청소년 운동수행력 평가

09 〈보기〉에서 설명하는 것은?

> ┤ 보기 ├
> • 과학적으로 반복 검증된 프로그램을 사용한다.
> • 프로그램 효과에 대한 예측을 가능하게 한다.
> • 프로그램 표준화에 대한 기초자료가 된다.

① 근거기반 프로그램(evidence-based program)
② 사례기반 프로그램(case-based program)
③ 과제지향 프로그램(task-oriented program)
④ 위기관리 프로그램(risk-management program)

해설 ① 근거기반 프로그램 : 검증된 과학적 증거를 바탕으로 전문적인 업무를 하는 것을 말하며, 연관된 학문에서 이미 도출된 이론들을 사용하여 이론과 실무가 융합되어 있는 모델이다.
② 사례기반 프로그램 : 과거의 사건이나 사례 및 결과를 바탕으로 프로그래밍한다.
③ 과제지향 프로그램 : 집단 성원의 활동이 집단의 목표달성에 직접 관계되는 일로 향하는 활동이다.
④ 위기관리 프로그램 : 조직의 위기에 대처해 조직에 바람직하지 못한 결과를 최소화시키고 그에 따라 신속한 조치를 취하는 일련의 행위를 말한다.

10 참여자에게 종목선택권을 부여하고 의사결정 참여 기회의 폭을 넓혀주는 것은?

① 몰입(flow)
② 임파워먼트(empowerment)
③ 강화(reinforcement)
④ 사회적 참여(social engagement)

해설 ① 몰입 : 무언가에 흠뻑 빠져 심취해 있는 무아지경의 상태
② 임파워먼트 : 조직현장의 구성원에게 업무 재량을 위임하고 자주적이고 주체적인 체제 속에서 사람이나 조직의 의욕과 성과를 이끌어 내기 위한 권한부여, 권한이양의 의미이다.
③ 강화 : 조건형성의 학습에서 자극과 반응의 결부를 촉진하는 수단 또느 그 수단으로써 결부가 촉진되는 작용

④ 사회적 참여 : 개인의 사회적 활동의 하나로서 어떤 단체나 조직에 단순한 개입이나 참석보다도 더욱 적극적으로 능동적으로 개입하는 활동이다.

11 〈보기〉는 미국장애인교육법에서 명시한 정의이다. 밑줄 친 '독특한 요구'를 충족시켜 주기 위한 지도방법으로 옳지 않은 것은?

> ┤ 보기 ├
> 특수체육은 장애인의 '독특한 요구(unique needs)'를 충족시키기 위해 고안된 체력과 운동체력 ; 기본운동기술과 양식 ; 수중, 무용, 개인 및 집단 게임, 스포츠에서의 기술의 발달을 위한 개별화된 프로그램이다.

① 개인별 목표 성취를 위해 신체활동의 방법을 변형한다.
② 휠체어 사용자를 위해 체육시설의 접근성을 높인다.
③ 동선 상의 위험요인을 제거한다.
④ 변형을 위해 활동의 본질을 바꾼다.

해설 장애인의 독특한 요구는 개인의 장애정도에 따라 필요한 신체활동이나 시설, 환경의 변형을 통하여 적절한 체육활동이 되도록 도움이 되는 것들을 말한다.

12 척수손상 장애인의 자율신경 반사 이상(autonomic dysreflexia)에 관한 내용으로 옳지 않은 것은?

① 자율신경 반사 이상은 예방할 수 없다.
② 운동 전 방광과 장을 비움으로써 예방할 수 있다.
③ 자율신경 이상이 증가하면 운동을 중단한다.
④ 경추 6번 및 윗 부위의 손상 장애인에게서 발생 가능성이 높다.

해설 자율신경 반사 이상은 대개 제6흉추 이상의 척수손상 환자에서 손상된 척수보다 아래 부위의 유해자극에 대한 대량의 교감신경반응으로 발생하는 급성 임상 증후군이다. 천추신경근이 지배하는 부위의 유해자극으로 주로 발생하며, 가장 흔한 원인은 방광의 신전이나 방광염 및 직장 신전으로 전체 원인의 약 80%를 차지한다. 욕창, 내성발톱, 끼는 옷이나 신발, 급성 복부 질환, 골절 등도 원인이 되기도 한다. 증상이 생기면 머리로 가는 피를 줄여 뇌혈관의 압력을 내리도록 바로 앉게 한다.

13 〈보기〉에서 시각장애인을 지도할 때 고려사항이 바르게 묶인 것은?

┤ 보기 ├

㉠ 경기장을 미리 돌아보게 한다.
㉡ 장비의 모양, 크기, 재질 등을 알 수 있도록 한다.
㉢ 방향정위를 위해 목소리, 나무 방울 혹은 자동 방향 감지기 등을 사용한다.
㉣ 높이뛰기, 멀리뛰기와 같은 도약 경기에 참가하는 선수에게는 걸음걸이를 미리 세어보도록 한다.

① ㉢, ㉣   ② ㉠, ㉡, ㉢
③ ㉠, ㉡, ㉣   ④ ㉠, ㉡, ㉢, ㉣

해설 시각장애인을 지도할 때는 충분한 언어적 설명을 하고, 신체적 보조를 통해 기술을 지도하며, 소리가 나는 기구를 사용하여 효과를 높일 수 있다.

14 장애인스포츠지도사의 지원강도에 관한 설명으로 옳지 않은 것은?

① 간헐적(intermittent) 지원 – 일시적이고 단기간에 걸쳐 요구할 때 지원
② 제한적(limited) 지원 – 제한된 시간 동안 신체활동에서 지원
③ 확장적(extensive) 지원 – 지도자의 판단에 따른 일시적 지원
④ 전반적(pervasive) 지원 – 지속적이고 신체활동 내내 지원

해설 확장적 지원 : 몇몇 환경, 즉 작업 또는 가정에서 정규적으로 요구되는 지원으로 시간 제한 없이 주어지는 지원이다.

15 〈보기〉에서 설명하는 행동수정기법은?

┤ 보기 ├

체육 기구를 계속 던지면서 수업을 방해할 때마다 제자리에 돌려 놓도록 강제적이고 반복적으로 시켰다.

① 프리맥 원리   ② 과잉교정
③ 토큰강화   ④ 타임아웃

해설 ① 프리맥 원리 : 낮은 비율로 발생하는 행동을 증가시키기 위해 높은 비율의 행동을 낮은 비율의 행동과 유관시키는 강화의 한 형태
③ 토큰강화 : 어떤 행동의 강도와 발생빈도를 증가시키는 강화 방법의 하나로, 학습자가 바람직한 행동을 보였을 때 실물과 바꿀 수 있는 토큰을 주어 기대하는 행동이 계속 일어나도록 하는 방법이다.
④ 타임아웃 : 정적강화의 접근을 일정시간 차단함으로써 바람직하지 못한 행동을 하지 못하게 하는 행동 수정의 한 형태이다.

정답
09 ①   10 ②   11 ④   12 ①   13 ④   14 ③   15 ②

16 자폐성 장애인의 특성을 고려한 지도전략으로 적절한 것은?

① 자연스러운 단서보다 언어적 단서를 주로 사용한다.

② 그림카드를 활용하여 시각적 단서를 제공한다.

③ 환경의 비구조화를 통해 다양한 신체활동을 제공한다.

④ 신체활동 순서와 절차를 바꾸면서 흥미를 준다.

> 해설 자폐성 장애인은 언어적 소통에 어려움이 있을 수 있으므로 그림과 의사소통 보드를 활용하고, 규칙적인 일상과 계획적인 과제를 제시하는 것이 효과적이 방법이다.

17 시각장애인의 신체활동 지도를 위해 사전에 알아야 할 정보가 <u>아닌</u> 것은?

① 시력 상실의 원인

② 시력 상실의 시기

③ 잔존시력 정도

④ 주거환경

> 해설 ㉠ 보이는 정도
> ㉡ 시력손상 시기와 진행성 여부
> ㉢ 잔존 시력을 최대한 활용할 방법
> ㉣ 금기시되는 신체활동
> ㉤ 선호하는 공부, 사회활동, 신체활동 파악

18 청각장애인에 관한 설명으로 옳지 <u>않은</u> 것은?

① 지필 대화를 할 수 있다.

② 부정확한 발음은 즉시 교정해 준다.

③ 눈을 마주 보고 대화를 한다.

④ 수어통역사가 있더라도 가능하면 직접 대화한다.

> 해설 부정확한 발음의 교정은 신체활동시간에 불필요한 요소이며, 부정적인 영향을 미칠 수 있다.

19 발작(seizure)에 대한 지도자의 대처방법으로 옳지 <u>않은</u> 것은?

① 발작 동안 주변 사물과 충돌하지 않도록 조치한다.

② 발작 이후 즉시 심폐소생술을 실시한다.

③ 발작이 10분 이상 지속할 경우 응급상황으로 판단한다.

④ 발작 이후 호흡 상태 관찰과 필요시 회복자세를 취하도록 한다.

> 해설 심폐소생술은 심정지가 발생했을 때 실시하는 방법이므로, 심정지가 있을 때 실시해야 한다.

20 뇌성마비의 유형별 특징으로 옳지 <u>않은</u> 것은?

① 경직성은 대뇌피질의 손상으로 근육의 저긴장 상태를 보인다.

② 운동실조성은 소뇌의 손상으로 균형과 협응에 어려움을 보인다.

③ 무정위운동성은 기저핵의 손상으로 불수의적인 움직임을 보인다.

④ 혼합형은 경직성과 무정위운동성이 혼재하며, 경직성 유형이 좀 더 두드러진다.

> 해설 경직성 : 대뇌 운동영역의 손상이 원인이며 과도하게 근 장력이 증가하는 것이 특징이다.

01 피아제(J. Piaget)의 도식(schema) 형성과정이 아닌 것은?

① 동화과정(assimilation)

② 조절과정(accommodation)

③ 평형과정(equilibrium)

④ 가역과정(reversibility)

해설 ① 동화과정 : 유아가 가지고 있는 도식을 바탕으로 외부 자극의 정보를 받아들이는 과정
② 조절과정 : 변화되거나 새로운 도식을 얻는 과정
③ 평형과정 : 동화와 조절의 인지과정을 통합하고 조정함으로써 평형상태를 유지하려는 경향을 말한다.

02 〈보기〉에서 영유아의 신체 및 운동발달 특징 중 옳은 것으로만 묶인 것은?

┤ 보기 ├

㉠ 머리에서 다리 방향으로 발달한다.

㉡ 반사 및 반응 행동은 운동발달에 필수적인 단계이다.

㉢ 근육량의 증가로 안정 시 분당 심박수는 점차 증가한다.

㉣ 연령증가에 따라 상체와 하체의 비율은 변화하지 않는다.

① ㉠, ㉡　　　　② ㉠, ㉢

③ ㉡, ㉢　　　　④ ㉢, ㉣

해설 심박수는 점차적으로 감소하게 되며, 머리 크기의 증가는 느리고 다리의 성장속도는 빨라 신체 비율이 달라진다.

03 비대칭목경직반사(Asymmetric Tonic Neck Reflexes : ATNR)에 관한 설명으로 옳지 않은 것은?

① 생후 6개월에 나타난다.

② 원시반사의 한 유형이다.

③ 눈과 손의 협응력 발달에 중요하다.

④ 머리를 오른쪽으로 돌리면 오른쪽 팔과 다리가 펴진다.

해설 비대칭목경직반사는 출생에서 6개월까지 나타난다.

04 〈보기〉에서 설명하는 발달 이론은?

┤ 보기 ├

• 환경을 변화시켜 바람직한 행동을 형성한다.

• 피드백을 통해 유아의 바람직한 행동을 촉진한다.

① 게셀(A. Gesell)의 성숙주의 이론

② 피아제(J. Piaget)의 인지발달 이론

③ 스키너(B. Skinner)의 행동주의 이론

④ 프로이드(S. Freud)의 정신분석 이론

해설 행동주의 이론 : 구체적으로 관찰할 수 있는 행동에 초점을 두며, 인간의 행동이 학습되거나 학습에 의해 수정될 수 있다고 보기 때문에 학습이론이라고 한다.

05 성숙단계 드리블동작(dribbling)의 특징으로 옳은 것은?

① 가슴 높이에서 공을 드리블한다.

② 한발을 앞으로 내밀고 반대편 손으로 드리블한다.

③ 바운드되는 공의 높이가 일정하지 않게 드리블한다.

④ 손목 스냅을 이용하지 않고 손바닥으로 공을 때리면서 드리블한다.

정답
16 ② 17 ④ 18 ② 19 ② 20 ① / 01 ④ 02 ① 03 ① 04 ③ 05 ②

해설 • 초기단계 : 유아는 어떤 과제를 수행하기 위한 최초의 의도 있는 행동을 시도하게 된다. 다소 미흡하고 비협응적인 동작이 이 단계의 특징이다. (던지기, 받기, 차기 또는 두 발 모아 뛰기)
• 기초단계 : 3세에서 5세까지의 유아가 기초단계에 해당하며 이 단계의 발달은 주로 성숙하는 시기이다. 초기단계와 성숙단계의 과도기적 시기인 이 단계에서는 협응적이고 자연스러운 행동이 많이 향상되고, 움직임 조절력이 증가되지만 조금 경직되어 있고 유연성이 부족한 상태이다.
• 성숙단계 : 이 단계에서의 발달은 협응이 잘 되고, 기술적으로 정확하며, 효율적인 동작으로 통합된다. 이 단계에서부터는 움직임의 발달이 매우 급격해 진다.

06 안정성 운동기술에 관한 설명으로 옳지 않은 것은?

① 정적, 동적, 축성 안정성으로 구분한다.
② 구르기(rolling)는 동적 안정성과 관련이 있다.
③ 재빨리 피하기(dodging)는 동적 안정성과 관련이 있다.
④ 몸통 앞으로 굽히기(bending)는 정적 안정성과 관련이 있다.

해설 몸통 앞으로 굽히기는 안정성 운동(비이동 동작)에서 축 동작에 포함된다.
• 정적 · 동적 동작 : 직립자세, 거꾸로 중심잡기, 구르기, 출발하기, 멈추기, 피하기
• 축 동작 : 스트레칭, 굽히기, 비틀기, 돌기, 흔들기

07 에릭슨(E. Erikson)의 심리사회발달 단계 중 주도성 대 죄책감에 관한 설명으로 옳지 않은 것은?

① 자기개념 형성이 시작되는 시기이다.
② 놀이를 스스로 시도할 수 있는 시기이다.
③ 취학 전 연령기(만 3세~6세)에 해당 된다.
④ 놀이를 통한 성공경험은 주도성 형성에 도움이 된다.

해설 에릭슨의 심리사회발달이론

단계	연령	심리	발달과제
1	0~1세	신뢰감 대 불신감	세상은 안전하고 살만한 곳이라는 느낌을 갖는 것
2	1~3세	자율심 대 수치심	결정할 수 있는 독립된 인간이라고 인식하는 것
3	3~6세	주도성 대 죄책감	새로운 것을 시도하고 실패를 처리할 수 있는 능력을 개발하는 것
4	6~12세	근면성 대 열등감	기본적 기술을 배우고 다른 사람과도 함께 일하는 것을 배우는 것
5	12~19세	정체감 대 정체성 혼돈	지속되고 통합된 자아감을 개발하는 것
6	성인기	친밀감 대 고립감	사랑을 나누는 관계를 다른 사람과 공유하는 것
7	중년기	생산성 대 침체감	자녀 양육과 보호 또는 다른 생산적 일을 통해 젊은이에게 기여하는 것
8	노년기	통합감 대 절망감	자신의 인생을 만족스럽고 가치 있는 삶으로 관조하는 것

08 〈보기〉의 ㉠~㉢에 해당하는 지각운동의 요소로 바르게 연결된 것은?

┤ 보기 ├

요소	활동
㉠	몸을 구부려 훌라후프 통과하기
㉡	박수 소리에 맞추어 리듬감 있게 점프하기
㉢	신호에 따라 오른쪽으로 회전하기

	㉠	㉡	㉢
①	공간	시간	방향
②	관계	시간	신체
③	관계	방향	공간
④	공간	방향	관계

해설 지각운동 : 다양한 움직임과 관련된 정보를 통합 · 해석하고 그 움직임을 다시 제어하는 과정을 의미한다.
㉠ 신체지각 : 신체의 이름을 알고, 앞뒤, 옆, 오른쪽 왼쪽을 이해한다.
㉡ 공간지각 : 장소의 높이, 범위, 바닥 모양 등을 인지한다.

ⓒ 방향감각 : 앞, 뒤, 위, 아래, 옆 등 방향을 인지
    한다.
ⓔ 시간지각 : 속도(빠르게, 느리게)와 리듬과 박자를
    이해한다.
ⓜ 관계지각 : 신체간의 관계(가까이, 멀리), 사람과
    의 관계(짝꿍, 만나고 헤어지기), 사물과의 관계
    를 인지한다.
ⓗ 움직임의 질 : 균형감각, 시간, 파워, 흐름(부드럽
    고 자유롭게 움직임 연결)

09 유아의 체력 요인과 검사 방법으로 적절한 것은?

① 순발력 : 모둠발로 멀리 뛴 거리의 측정
② 근지구력 : 왕복달리기(2m) 시간의 측정
③ 평형성 : 1분 간 앉았다 일어나기 동작 횟수의
    측정
④ 민첩성 : 평균대 위에서 한 발로 서있는 시간의
    측정

해설 • 근지구력 : 1분간 앉았다 일어나기 동작 횟수의 측정
    • 평형성 : 평균대 위에서 한 발로 서있는 시간의 측정
    • 민첩성 : 왕복달리기(2m) 시간의 측정

10 〈그림〉의 동작이 성숙단계로 발달하도록 지도하
는 방법으로 적절하지 **않은** 것은?

수직점프(vertical jump)의 초보단계

① 도약과 착지 지점이 멀리 떨어지도록 지도한다.
② 두 팔을 동시에 위로 올리는 협응동작을 지도
    한다.
③ 두 발로 동시에 도약하고 착지할 수 있도록 지
    도한다.
④ 도약 후 공중에서 몸 전체를 뻗을 수 있도록 지
    도한다.

해설 도약과 착지가 같은 지점이 되도록 지도해야 한다.
    수직점프는 힘의 전달(지면반발력)이 수직으로 되어
    야 가장 효과적이다.

11 〈보기〉의 ㉠, ㉡에 들어갈 유아체육 프로그램의
구성원리로 바르게 묶인 것은?

┤ 보기 ├
• (㉠) : 자신의 운동능력을 과대평가하는 경우
    안전에 주의하도록 한다.
• (㉡) : 동일 연령의 유아라도 발육발달의 개
    인차를 프로그램에 반영한다.

       ㉠   ㉡
① 안전성   다양성
② 안전성   적합성
③ 적합성   다양성
④ 적합성   주도성

해설 프로그램의 구성원리
    (1) 적합성의 원리
        ① 발달단계에 따른 적절한 시기에 알맞은 신체
            활동과 운동학습을 적용하는 것이 운동발달에
            효과적이다.
        ② 1세에는 걷기, 2.5세~4세는 운동협응과 자기
            조절능력, 3~4세는 자기표현력이 길러지는
            시기이다.

③ 프로그램의 예

나이	프로그램
2~3세	부모와 함께 하는 손발 협응운동
3~4세	혼자하는 활동의 기본운동과 표현향상운동
4~6세	또래나 그룹과 하는 지각능력향상운동
6~8세	또래나 그룹과 하는 인지능력향상운동

(2) 방향성의 원리
① 성장과 발달은 방향성 있게 발달하는데, 머리에서 발가락으로, 신체중심에서 말초로, 대근육에서 소근육으로의 순서로 적용된다.
② 이 순서를 고려하여 유아운동 프로그램을 구성할 수 있다.

(3) 특이성의 원리
① 개개인의 유전과 환경요인에 따라 발달정도가 다를 수 있다.
② 운동발달 프로그램 구성 시 일반화된 특성뿐만 아니라, 개인차를 고려해야 한다.

(4) 안전성의 원리
① 조정능력과 판단력이 약한 유아에게는 제일 우선시 해야 하는 원리이다.
② 호기심이 강하고 주의력은 약하며 조심성이 부족하므로, 언제든 사고의 위험이 있다.
③ 유아는 자신의 능력을 과대평가하는 성향이 있으므로, 주의해야 한다.
④ 안전한 환경을 만들고, 우발적 사고를 예방할 수 있도록 부모나 지도자의 올바른 인식이 중요하다.

(5) 연계성의 원리
① 연계성이란 교육과정의 여러 가지 측면의 상호 관련성을 말한다.
② 신체적, 사회적, 정서적 발달을 함께 고려하고, 발육발달과 운동기술을 동시 발달할 수 있도록 프로그램을 개발한다.
③ 유아의 운동·인지·정서 발달이 지속적인 상호작용을 통해 발달하고 시너지 효과를 낼 수 있도록 운동프로그램을 구성한다.

12 〈보기〉에서 설명하는 유아의 기본운동기술 유형은?

| 보기 |
- 물체를 다루는 능력이다.
- 추진운동 기술과 흡수운동 기술로 구분한다.
- 예로는 치기(striking)와 받기(catching)가 있다.

① 안정성(stability)
② 지각성(perception)
③ 이동성(locomotion)
④ 조작성(manipulation)

해설 조작운동 : 손을 사용하여 물체를 잡거나 제어하는 기술을 습득하게 된다.
ⓐ 공굴리기(ball rolling) : 기초 동작이다.
ⓑ 던지기(throwing) : 가장 복잡하면서도 많이 하는 던지기는 한손 던지기, 두손 던지기, 오버암 던지기, 사이드암 던지기, 언더핸드 던지기 등이 있다.
ⓒ 때리기(striking) : 팔이나 다리를 사용하여 라켓이나 몽둥이로 다른 물체를 때리는 동작이다.
ⓓ 차기(kicking) : 발로 공에 추진력을 전달하는 동작이다.
ⓔ 치기(punching) : 주먹으로 때리는 동작이다.
ⓕ 공튀기기(bouncing) : 튀기기는 거리, 힘, 궤도에 대한 정확한 판단을 해야 하는 복잡한 과제이다.
ⓖ 넘기기(volleying) : 손을 머리 위로 해서 치는 동작이다.

13 유아 운동프로그램의 구성방법으로 적절하지 <u>않은</u> 것은?

① 체력을 고려한 신체활동으로 구성한다.
② 연령과 운동발달 수준을 고려한 신체활동으로 구성한다.
③ 눈과 손의 협응력 향상에 필요한 다양한 활동을 포함한다.
④ 남아와 여아의 흥미가 다르기 때문에 분리활동이 필요하다.

해설 유아시기에는 남아와 여아의 흥미와 신체발달 수준의 큰 차이가 없기 때문에 성별 분리활동은 필요하지 않다.

14 세계보건기구(WHO, 2020)가 권장한 유아 · 청소년기 신체활동 지침으로 옳은 것은?

① 만 1세 이전 : 신체활동을 권장하지 않는다.

② 만 1~2세 : 하루 180분 이상의 저 · 중강도 신체활동을 권장한다.

③ 만 3~4세 : 최소 60분 이상의 중 · 고강도 신체활동을 포함한 하루 180분 이상의 신체활동을 권장한다.

④ 만 5~17세 : 최소 주 5회 이상의 고강도 근력운동을 포함한 하루 60분 이상의 중 · 고강도 신체활동을 권장한다.

해설 ACSM에서 권장하는 어린이와 청소년을 위한 운동처방이다.

	유산소운동	근력운동	골부하운동
빈도	매일	3일/주	3일/주
강도	• 중등도~격렬한 강도 • 주3일은 고강도	중간정도의 피로가 느껴지도록 체중부하나 8~15회 최대하반복	–
형태	재미있고 성장에 도움되는 달리기, 수영, 댄스, 자전거, 게임형태 등 유산소운동	비구조적(놀이터장비, 나무타기, 줄다리기), 구조적 (웨이트 트레이닝, 밴드) 등	달리기, 줄넘기, 사방치기, 농구 등
시간	60분 이상/일	60분 이상/일	60분 이상/일

15 체육수업 중 유아의 신체활동 참여시간을 증가시키는 방법으로 적절하지 않은 것은?

① 활동적 참여에 대해 정적 강화를 한다.

② 과제와 동작을 최대한 자세히 설명한다.

③ 수업 전에 교구를 배치하여 대기시간을 줄인다.

④ 일부 유아들이 어려워하는 활동이나 게임은 피한다.

해설 유아는 과제와 동작에 대해 자세히 설명할 경우 흥미와 주의력을 잃을 수 있으므로 간단한 설명 후 시범을 보여주는 것이 효과적이다.

16 유아의 신체적 자기개념(self-concept)에 관한 설명으로 적절한 것은?

① 신체적 자기개념은 단일 개념이다.

② 신체적 자기개념은 자기효능감과는 관련이 없다.

③ 스포츠 참여를 통한 성공경험과 스포츠유능감 간의 관련성은 없다.

④ 스포츠 참여는 신체적 능력에 대한 개념을 형성하는 데 도움을 준다.

해설 자기개념
• 자신에 대해서 어떻게 느끼고 인지하고 있는가에 대한 개념적인 자기 인지의 총체이다.
• 타인과의 사회적 비교, 타인으로부터 반영된 비교, 개인적인 자기평가로부터 발달한다.

17 유아의 신체활동 참여 동기를 증진시키는 방법으로 적절하지 않은 것은?

① 수행력 향상을 위해 역할모델을 활용한다.

② 쉬운 과제를 성취한 경우라도 칭찬해 준다.

③ 과제성취를 운에 의한 것으로 생각하도록 지도한다.

④ 성취경험의 빈도를 높이기 위해 과제 난이도를 조절한다.

해설 동기유발은 어떤 행동을 계속해서 하도록 하거나 새롭게 시작하는데 영향을 미치는 요인을 의미한다. 노력과 성공의 인과관계를 인식시켜 주고, 난이도 조절을 통해 성공경험을 얻도록 하는 것이 중요하다.

정답
12 ④   13 ④   14 ③   15 ②   16 ④   17 ③

18 유아대상의 운동 지도방법으로 적절하지 <u>않은</u> 것은?

① 자세한 설명보다는 시범을 자주 보여준다.

② 게임 파트너를 교대하며 다양한 변화를 준다.

③ 미디어를 활용하여 운동참여에 대한 관심을 유도한다.

④ 어렵고 위험한 과제에도 신체적 가이던스(physical guidance)를 자제한다.

[해설] 어렵고 위험한 과제는 지양해야 하고, 안전을 위해 도구, 놀이시설, 장비 등의 사용과 배치를 고려해야 한다.

19 유아체육수업의 환경 조성에 관한 설명으로 적절하지 <u>않은</u> 것은?

① 유아가 선호하는 하나의 교구만을 배치한다.

② 다양한 감각 자극을 제공할 수 있는 환경을 조성한다.

③ 유아가 자유롭게 몸을 움직일 수 있도록 충분한 공간을 확보한다.

④ 적절한 교구 배치를 통해 효과적 지도가 가능한 환경을 조성한다.

[해설] 하나의 교구만을 사용하는 것보다 다양한 경험을 할 수 있도록 다양한 교구와 장비를 제공하는 것이 중요하다.

20 누리과정(2019)에서 '신체운동·건강 영역'의 내용범주가 <u>아닌</u> 것은?

① 신체활동 즐기기

② 건강하게 생활하기

③ 안전하게 생활하기

④ 창의적으로 표현하기

[해설] 3~5세 누리과정(2019)

내용범주	내용
신체활동 즐기기	• 신체를 인식하고 움직인다. • 신체 움직임을 조절한다. • 기초적인 이동운동, 제자리 운동, 도구를 이용한 운동을 한다. • 실내외 신체활동에 자발적으로 참여한다.
건강하게 생활하기	• 자신의 몸과 주변을 깨끗이 한다. • 몸에 좋은 음식에 관심을 가지고 바른 태도로 즐겁게 먹는다. • 하루 일과에서 적당한 휴식을 취한다. • 질병을 예방하는 방법을 알고 실천한다.
안전하게 생활하기	• 일상에서 안전하게 놀이하고 생활한다. • TV, 컴퓨터, 스마트폰 등을 바르게 사용한다. • 교통안전 규칙을 지킨다. • 안전사고, 화재, 재난, 학대, 유괴 등에 대처하는 방법을 경험한다.

01 노화로 인한 생리적 변화가 <u>아닌</u> 것은?

① 최대산소섭취량의 감소

② 폐의 탄력성과 호흡기 근력의 저하

③ 수축기 및 이완기 혈압수치의 감소

④ 동정맥산소차의 감소

> 해설 노화의 생리적인 변화로는 체성분 변화[지방증가, 근육저하(근위축증)], 골다공증 발생, 혈당 증가, 최대산소섭취량 감소, 혈압수치 증가 등이 나타난다. 80세 기준, 최고능력의 고음역 청각은 30%, 안정시 심박출량 45%, 폐활량 50~60%, 저음역 청각, 후각, 악력 70%, 신경 전달속도 85%를 유지한다.

02 〈보기〉의 ㉠~㉢에 해당하는 노화의 생물학적 이론이 바르게 연결된 것은?

> 보기
> • (㉠) : 유전적 요인이 노화의 속도를 결정한다.
> • (㉡) : 세포손상의 누적이 세포의 기능장애에 결정요소로 작용한다.
> • (㉢) : 인체기관이 다른 속도로 노화하면서 신경내분비계에 불균형을 초래한다.

	㉠	㉡	㉢
①	유전적 이론	손상 이론	점진적 불균형 이론
②	성공적 노화이론	손상 이론	점진적 불균형 이론
③	손상 이론	점진적 불균형 이론	유전적 이론
④	지속성 이론	점진적 불균형 이론	손상 이론

> 해설 ㉠ 유전적 결정이론 : 노화 속도를 결정하는 특정유전자가 정해진 때에 작용한다는 이론이다.
> ㉡ 유전자 돌연변이 이론 : DNA 복구시스템의 문제로 돌연변이 세포가 만들어지고 이로 인해 노화가 일어난다는 이론이다.
> ㉢ 프로그램 이론 : 얼마나 살지 미리 프로그램되어 있고, 유전자는 일정한 분열횟수가 정해져 있다는 이론이다.
> ㉣ 자유기(활성산소) 이론 : 자유기는 호흡한 산소가 에너지를 만들고 물로 환원되는 과정에서 나타나는 수천 배 산화력이 높은 산소찌꺼기이다. 몸속에서 발생되거나 스트레스, 자외선, 세균침투에 의해서도 나타나며, 에너지 제공, 박테리아 제거의 역할이 있지만, 과도할 경우 세포막, DNA와 RNA 구성요소, 세포대사와 세포분열의 필요한 효소를 손상시켜 산화작용을 촉진하여 노화를 일으킨다.
> ㉤ 마모이론 : 오래된 세포와 조직은 마모현상이 발생하여 노화가 발생한다는 이론
> ㉥ 교차결합이론 : 세포 내 분자들에서 교차결합이 발생하는데, 서로 엉키게 되어 세포내부의 영양소와 화학 전달 물질 수송을 방해하여 노화가 발생한다는 이론. 교차결합은 자유기에 의한 산화작용의 증가와 밀접한 관계가 있다.
> ㉦ 신체적 변이이론 : 세포가 여러 가지 자극에 의해 상해를 입으면 세포의 원형을 변형시켜 노화를 일으킨다는 이론이다.
> ㉧ 면역반응이론 : 백혈구가 인체 내 해로운 물질을 식별하는 능력을 상실해 감으로써 노화가 촉진된다는 이론이다.
> ㉨ 점진적 불균형 이론 : 인체 각 기관들이 다른 속도로 노화하면서 생물적 기능, 중추신경계와 내분비계의 불균형을 발생시키고, 이런 문제는 호르몬 불균형과 부족을 초래하여 노화가 된다는 이론

03 에릭슨(E. Erikson)의 심리사회발달 단계에 관한 내용이 옳은 것은?

	연령	단계	긍정적 결과
①	13~18세	역량 대 열등감	어떻게 살기 원하는지에 대한 생각을 발달시킨다.
②	젊은 성인	독자성 대 역할혼동	타인과 밀접한 관계를 형성한다.
③	중년 성인	친분 대 고독	가족의 부양 또는 어떤 형태의 일을 통해 생산적인 생활을 할 수 있다.
④	노년기	자아주체성 대 절망	자부심과 만족을 느끼면서 삶을 되돌아볼 수 있다.

> 정답
> 18 ④ 19 ① 20 ④ / 01 ③ 02 ① 03 ④

해설 에릭슨의 심리사회발달 단계

단계	연령	심리	발달과제
1	0~1세	신뢰감 대 불신감	세상은 안전하고 살만한 곳이라는 느낌을 갖는 것
2	1~3세	자율심 대 수치심	결정할 수 있는 독립된 인간이라고 인식하는 것
3	3~6세	주도성 대 죄책감	새로운 것을 시도하고 실패를 처리할 수 있는 능력을 개발하는 것
4	6~12세	근면성 대 열등감	기본적 기술을 배우고 다른 사람과도 함께 일하는 것을 배우는 것
5	12~19세	정체감 대 정체감 혼돈	지속되고 통합된 감정을 개발하는 것
6	성인기	친밀감 대 고립감	사랑을 나누는 관계를 다른 사람과 공유하는 것
7	중년기	생산성 대 침체감	자녀 양육과 보호 또는 다른 생산적 일을 통해 젊은이에게 기여하는 것
8	노년기	통합감 대 절망감	자신의 인생을 만족스럽고 가치 있는 삶으로 관조하는 것

04 〈보기〉에서 설명하는 노화에 관한 심리학적 관점은?

┤ 보기 ├

• 성공적 노화는 신체적, 정신적, 사회적 손실에 대한 적응력과 관련이 있다.
• 기능적 능력의 향상을 통해 노화로 인한 손실을 보완하도록 도움을 준다.

① 성공적 노화 모델
② 분리이론
③ 자아통합 이론
④ 보상이 수반된 선택적 적정화 모델

해설 발테스(Baltes)의 선택적 적정화 이론
SOC모델이라 불리며, 성공적 노화는 선택(selection), 적정화(optimization), 보상(compensation), 이 세 가지 유형으로 나눈다.

05 노인체육 관련 용어의 의미가 옳지 **않은** 것은?

① 신체활동(physical activity) : 골격근에 의해 에너지 소비가 이루어지는 신체의 움직임
② 운동(exercise) : 관찰 가능한 외현적인 움직임
③ 체력(physical fitness) : 신체활동을 수행할 수 있는 기능적 특성
④ 건강(health) : 질병이 없거나 허약하지 않을 뿐만 아니라 신체적, 심리적, 사회적으로 안녕한 상태

해설 운동 : 특정한 목적을 가지고 계획적, 구조적, 반복적으로 하고, 체력, 수행력, 건강 등의 개선 및 유지를 목적으로 실시하는 신체활동을 말한다.

06 〈보기〉의 대화에서 노인에게 나타날 수 있는 증상이 **아닌** 것은?

┤ 보기 ├

A : 코로나19로 경로당 운영이 중단돼서 운동도 못하고, 친구들도 못 만나니 너무 두렵고 슬퍼. 예전에 친구들과 함께 운동하던 때가 그립구만……
B : 나도 그래. 최근 옆집에 혼자 사는 최 씨가 안보여 찾아가보니 술로 잠을 자려고 하던데 정말 걱정이야. 밖으로 나가 운동도 하고 친구도 만나야 하는데……. 저러다 치매에 걸릴까 겁이 나네.

① 수면 장애   ② 불안감 고조
③ 고립감 약화   ④ 사고력 약화

해설 코로나 19로 인해 사회활동 및 친교활동을 못하게 되어 불안감과 고립감, 우울증, 불면증의 증상이 나타날 수 있다.

07 노인의 운동참여에서 불안과 두려움을 극복하기 위한 반두라(A. Bandura)의 자기효능감 이론의 변인과 증진전략으로 옳지 <u>않은</u> 것은?

	변인	증진전략
①	성공수행경험	운동참여에 대한 불안과 두려움을 극복하는 경험을 갖도록 지도한다.
②	간접경험	운동에 함께 참여하는 동료 노인을 통해 간접경험을 갖게 한다.
③	언어적 설득	운동과 관련된 의사결정을 스스로 내리도록 한다.
④	정서적 상태	불안과 두려움을 조절할 수 있도록 인지적 훈련을 시킨다.

해설 반두라의 자기 효능감 이론
- 성취경험 : 목표를 달성하기 위해 시도한 결과, 성공과 실패를 얼마나 했느냐에 따라 형성
- 대리경험 : 타인의 성공과 실패를 목격한 대리 경험에 따라 형성
- 언어적 설득 : 타인의 응원과 격려에 따라 형성
- 정서적 각성 : 불안과 좌절 등 정서적 반응을 조절하는 능력에 따라 형성

08 노인과의 올바른 의사소통 방법이 <u>아닌</u> 것은?

① 노인이 원하는 존칭을 사용한다.
② 어린아이를 다루듯 말한다.
③ 분명하고 천천히 말한다.
④ 따뜻한 표정으로 비언어적 의사소통을 사용한다.

해설 노인에 대해 존중과 배려심을 가지고 대하는 것이 중요하다. 가르치려 한다거나 무성의한 태도로 대화를 하는 것은 옳지 않은 방법이다.

09 행동주의적 지도방법이 <u>아닌</u> 것은?

① 개별상담을 통해 운동의 중요성을 인식하게 한다.
② 체육관 복도에 출석률을 게시한다.
③ 성공적인 운동참여에 대해 긍정적 강화를 제공한다.
④ 런닝머신 걷기를 할 때만 좋아하는 연속극을 시청하게 한다.

해설 행동주의 이론은 관찰과 예측이 가능한 행동들을 통해 인간이나 동물의 심리를 객관적으로 연구할 수 있다고 보는 심리학 이론이다. 바람직한 행동을 습득하기 위해서는 보상을 통해 행동을 형성해 가는 방법으로, 외적인 힘에 의해 결정되기 때문에 내적인 요인이나 정서적 요인은 필요하지 않다는 입장이다.
출석률 게시, 강화 제공, 연속극 시청 제공은 모두 운동의 참여를 높이기 위한 외적인 요인이다.

10 〈보기〉의 ㉠, ㉡에 해당하는 노인체력검사(SFT) 항목이 바르게 연결된 것은?

┤ 보기 ├
- (㉠) : 식료품 나르기와 손자 안아주기가 어렵다.
- (㉡) : 버스에서 신속하게 내리기가 어렵다.

① ㉠ 30초 아령 들기
　 ㉡ 등 뒤에서 양손 마주잡기
② ㉠ 30초 아령 들기
　 ㉡ 2.4m 왕복 걷기
③ ㉠ 등 뒤에서 양손 마주잡기
　 ㉡ 2분 제자리 걷기
④ ㉠ 2.4m 왕복 걷기
　 ㉡ 2분 제자리 걷기

노인기(만 65세 이상) 체력측정항목(국민체력100)

요인		측정 항목
근기능	상지	상대악력(미국 – 5파운드 덤벨 30초 동안 컬(curl)하기
	하지	의자에 앉았다 일어나기 (회/30초)
평형성		의자에 앉아 3m 표적 돌아오기 (초), (미국 – 2.44m)
유연성		앉아서 윗몸 앞으로 굽히기 (cm)
심폐지구력		6분 걷기 (m)
		2분 제자리 걷기
협응력		8자 보행 (초)

11 운동경험이 없는 노인이 장기간 저항성 운동을 했을 때 예상되는 변화는?

① 골밀도와 낙상 위험의 감소
② 20대의 근비대 수준으로 근력 회복
③ 근력과 제지방량의 증가
④ 혈관 경직도 증가

장기간의 저항성 운동은 근력과 제지방량의 증가, 평형성 증가, 대사증후군의 위험률 감소, 심혈관계 질환 위험 감소 등의 효과를 얻을 수 있다.

12 미국스포츠의학회(ACSM)가 제시한 노인을 대상으로 한 운동부하검사의 고려사항으로 옳지 <u>않은</u> 것은?

① 시력 손상, 보행 실조, 발의 문제가 있는 경우 자전거 에르고미터 검사를 실시한다.
② 트레드밀 부하는 경사도보다는 속도를 증가시킨다.
③ 균형감과 근력이 낮고, 신경근 협응력이 저조하여 검사의 두려움이 있다면 트레드밀의 양측 손잡이를 잡고 검사를 실시한다.
④ 낮은 체력을 가진 노인은 초기 부하가 낮고(3 METs 이하), 부하 증가량도 작은(0.5~1.0 METs) 노턴(Naughton) 트레드밀 프로토콜을 이용한다.

노인은 체력이 약하므로 속도를 증가시킬 경우 낙상의 위험률이 높아지므로, 강도를 높이기 위해서 경사도 증가가 알맞은 방법이다.

13 노인을 위한 수중운동 지도방법으로 옳지 <u>않은</u> 것은?

① 안전을 위해 처음 몇 회는 물속에서 자세를 취하는 방법을 가르친다.
② 물에 저항하여 움직이도록 지도하여 에너지 소비를 증가시킨다.
③ 관절염을 앓고 있는 노인은 아픈 관절이 물에 잠기게 한다.
④ 물이 몸통 근육의 역할을 하도록 직립자세로 서서 운동하게 한다.

①~④ 모두 옳은 설명을 하고 있다. 수중운동은 관절부하의 스트레스가 적고, 물의 저항으로 강도를 높일 수 있어서 노인에게 권장되는 운동방법이다.

14 요통을 예방하는 방법으로 옳은 것은?

① 등을 굽히고 선다.
② 등을 굽히고 걷는다.
③ 장시간 계속 서 있는 것을 피한다.
④ 등을 굽히고 앉는다.

등을 굽히고 앉는 것은 허리 주변근육의 신장성 통증을 유발할 수 있으며, 장시간 서 있는 것 또한 허리근육에 과도한 긴장이 생기고 스트레스를 줄 수 있다.

15 〈보기〉의 특성을 보인 노인에게 미국스포츠의학회(ACSM)가 제시한 관상동맥질환의 위험인자를 모두 제시한 것은?

┤ 보기 ├
- 연령 : 71세, 성별 : 여자, 신장 : 158cm, 체중 : 54kg
- 가족력 : 어머니는 54세에 심혈관 질환으로 돌아가셨다.
- 허리둘레 : 79cm
- 총콜레스테롤 : 200mg/dL
- 고밀도지단백질 콜레스테롤 : 30mg/dL
- 공복혈당 : 135mg/dL
- 안정 시 혈압 : 190mmHg / 90mmHg
- 10대 때 흡연(하루에 20개피 이상)
- 평생 전업주부로 생활하고 현재 특별한 신체활동은 하지 않았다.

① 연령, 가족력, 허리둘레, 혈압, 흡연
② 비만, 공복혈당, 혈압, 흡연, 신체활동
③ 가족력, 총콜레스테롤, 고밀도지단백질 콜레스테롤, 혈압, 신체활동
④ 허리둘레, 총콜레스테롤, 고밀도지단백질 콜레스테롤, 공복혈당, 혈압

해설 ACSM 위험분류에 사용할 관상동맥질환 위험요소 역치

positive 위험요소	기준
1. 가족력	심근경색, 관상동맥혈관 재생, 부계 또는 남자 직계가족 중의 55세 이전, 여성 직계가족 중 65세 이전에 급사한 가족력
2. 흡연	현재 흡연 또는 6개월 이내 금연
3. 고혈압	수축기 혈압 ≥140mmHg, 이완기혈압 ≥90mmHg, 적어도 2회 이상 측정한 수치
4. 콜레스테롤 이상	LDL>130mg/dL(3.4mmol/L), HDL<40mg/dL (1.03mmol/L) 또는 콜레스테롤 저하제를 복용하지 않은 상태에서의 측정수치, 중성지방> 1,500mg/dL
5. 공복혈당	≥ 100 mg/dL(5.6mmol/L) – 두 번 이상 측정 결과
6. 비만	BMI>30 혹은 허리둘레 – 남자>102cm, 여자>88cm, 복부지방율(허리둘레/엉덩이둘레) – 남자 ≥ 0.95, 여자 ≥ 0.86
7. 좌식생활	• 규칙적인 운동프로그램에 참여하지 않는 사람 • 최소 신체활동 권고량에 못 미치는 사람(미국 외과의 보고 기준)

negative 위험요소 – 높은 고밀도 콜레스테롤(HDL)>60mg/dL(1.6mmol/L)

16 미국스포츠의학회(ACSM)가 제시한 노인 신체활동 프로그램으로 옳지 않은 것은?

① 고강도로 주 3일 이상 또는 중강도로 주 5일 이상의 유산소운동
② 체중부하 유연체조와 계단 오르기를 제외한 근력강화 운동
③ 근육의 긴장과 약간의 불편감이 느껴질 정도의 유연성 운동
④ 저·중강도로 주 2회 이상의 대근육군을 이용한 저항운동

해설 적절한 체중부하는 골밀도 유지에 도움이 된다.

17 노인을 위한 준비 및 정리운동의 생리적 효과에 관한 설명으로 옳지 않은 것은?

① 준비운동은 혈중산소포화도를 증가시켜 근육의 산소 이용률을 증가시킨다.
② 준비운동은 폐 혈류의 저항을 증가시켜 폐의 혈액 순환을 향상시킨다.
③ 정리운동은 호흡, 체온, 심박수를 활동 전 수준으로 되돌리는 데 도움을 준다.
④ 정리운동은 혈중젖산농도를 낮추는 데 도움을 준다.

해설 준비운동을 통해 몸의 열이 나고 혈관이 확장되어 혈류저항이 감소한다.

18 노인의 걷기 특성으로 옳지 <u>않은</u> 것은?

① 분당 보폭수(cadence)의 증가

② 보행주기 중 양발 지지기(double support time) 비율의 증가

③ 안정된 걷기를 위한 의식적 관여의 증가

④ 보폭(step length)의 증가와 활보장(stride length) 의 감소

해설
• 보폭 : 오른발 중심과 왼발 중심의 거리
• 활보장 : 1 사이클동안 진행한 거리(2발자국 거리)
보폭과 활보장이 둘 다 감소한다.

19 노인의 단기기억 문제를 고려한 지도방법으로 옳지 <u>않은</u> 것은?

① 각자의 페이스로 동작을 수행하도록 한다.

② 동작을 단순화하여 반복적으로 시범을 보여준다.

③ 동작의 속도와 방향을 다양하게 한다.

④ 심상훈련을 활용한다.

해설 동작에 대해서 여러 정보를 제공하는 것은 동시에 해결하는 데 어려움이 있다.

20 노인의 균형감에 관한 설명으로 옳은 것은?

① 의식적인 노력은 균형감 향상과 무관하다.

② 시력 약화는 균형감을 향상시킨다.

③ 전정계 기능의 저하는 균형감을 향상시킨다.

④ 체성감각 기능의 저하는 균형감을 떨어뜨린다.

해설 손발에 많이 있는 체성감각계(고유수용기)는 평형감각의 한 요소로서 나이가 들수록 기능이 감소한다.

스포츠사회학 (11)

01 스포츠의 사회적 순기능으로 적절하지 **않은** 것은?

① 사회화 기능
② 사회통제 기능
③ 사회통합 기능
④ 사회정서적 기능

해설 사회통제기능은 스포츠의 사회적 역기능에 해당한다.

02 〈보기〉에서 설명하는 이론은?

┤ 보기 ├
• 지배계급은 피지배계급을 억압하고 착취한다.
• 재화의 불평등한 분배는 사회의 본질적 속성이다.
• 스포츠는 일부 지배계급에 의해 그들의 이익을 증대시키는 데 이용된다.

① 갈등 이론
② 비판 이론
③ 상징적 상호작용론
④ 구조기능주의 이론

해설 지배계급에 의한 피지배계급의 억압과 착취 및 재화의 불평등한 분배, 지배계급의 이익증대를 위한 스포츠 이용은 지배계급과 피지배계급 사이의 갈등을 나타낸다.

03 〈보기〉에서 정치가 스포츠를 이용하는 방식을 바르게 연결한 것은?

┤ 보기 ├
㉠ 경기에 앞서 국가연주, 국기에 대한 경례 등의 의식을 갖는다.
㉡ 대중은 선수나 팀을 자신과 일치시키는 태도를 형성한다.
㉢ 정치인의 비리, 부정 등을 은폐하기 위해 스포츠를 이용한다.

	㉠	㉡	㉢
①	상징	조작	동일화
②	동일화	상징	조작
③	상징	동일화	조작
④	조작	동일화	상징

해설 상징은 어떠한 의미와 가치를 유사적인 표현으로 구상화하는 것을 의미한다. 동일화는 선수나 팀을 자신과 일치시킨다. 상징과 동일화의 효과를 극대화하기 위한 행위는 조작이다.

04 스포츠와 미디어의 상호관계에서 미디어가 스포츠에 미치는 영향에 해당하는 것은?

① 영국 프리미어리그 경기는 방송사에 수준 높은 콘텐츠를 제공하고 있다.
② 방송사의 편익을 위해 배구의 랠리포인트제, 농구의 쿼터제 등 경기규칙을 변경하였다.
③ 손흥민, 류현진 선수 등의 활약으로 스포츠 관련 방송시장이 확대되었다.
④ 시청자의 욕구를 충족시켜 주기 위해 슬로우영상, 반복영상 등을 제공하고 있다.

정답
01 ② 02 ① 03 ③ 04 ②

미디어의 편익을 위해서 스포츠 경기의 규칙을 변경시켰다.

05 상업주의 심화에 따른 스포츠의 변화에 대한 설명으로 적절하지 <u>않은</u> 것은?

① 경기 내적인 요소보다 외적인 요소를 중요시한다.

② 심미적 가치보다 영웅적 가치를 중요시한다.

③ 아마추어리즘보다 프로페셔널리즘을 추구한다.

④ 경기의 공정성을 강화하기 위해 경기 규칙을 개정한다.

스포츠의 내적인 요소는 심미적 가치, 아마추어리즘, 공정성이며, 외적인 가치는 영웅적 가치, 프로페셔널리즘, 관중의 흥미이다.

06 〈보기〉의 A 선수에 해당하는 사회계층 이동의 유형을 바르게 연결한 것은?

┤ 보기 ├

A 선수는 2002년부터 2019년까지 프로축구리그 S 팀의 주전선수로 활동하면서 MVP 3회 수상 등 축구선수로서 명성을 얻었다. 은퇴 후, 2020년부터 프로축구 A 팀의 수석코치로 활동하게 되었다.

	이동의 방향	시간적 거리	이동의 주체
①	수평이동	세대 간 이동	집단이동
②	수평이동	세대 내 이동	개인이동
③	수직이동	세대 간 이동	집단이동
④	수직이동	세대 내 이동	개인이동

선수에서 수석코치로 활동(수직이동), 선수의 생애주기 내에서의 변화(세대 내 이동), 개인의 능력과 노력으로 인하여 사회적 상승(개인이동)하였다.

07 버렐(S. Birrel)과 로이(J. Loy)가 제시한 스포츠미디어를 통해 충족할 수 있는 욕구유형에 대한 설명으로 옳은 것은?

① 통합적 욕구 : 스포츠에 대한 규칙 정보를 제공한다.

② 인지적 욕구 : 스포츠에 대한 흥미와 즐거움을 제공한다.

③ 정의적 욕구 : 스포츠에 대한 지식, 경기결과 및 통계적 지식을 제공한다.

④ 도피적 욕구 : 불안, 초조, 욕구불만, 좌절 등의 감정을 해소하도록 돕는다.

통합적 욕구는 스포츠는 다른 사회집단과 친화하게 하고 다른 관중과 사회적 경험을 공유하게 하며 공동체 의식을 갖게 한다. 인지적 욕구는 스포츠에 대한 지식, 경기 결과 및 통계적 지식을 제공한다. 정의적 욕구는 스포츠에 대한 흥미와 즐거움을 제공한다.

08 〈보기〉에서 설명하는 에티즌(D. Eitzen)과 세이지(G. Sage)가 제시한 스포츠의 정치적 속성은?

┤ 보기 ├

• 스포츠 경기에 수반되는 의식과 행동은 선수의 충성심을 상징적으로 재확인하는 것에 목적이 있다.

• 스포츠 조직은 구호, 응원가, 유니폼, 마스코트 등의 상징을 통해 조직에 대한 선수의 충성심을 지속시키거나 강화한다.

① 보수성　　　　② 대표성

③ 상호의존성　　④ 권력투쟁

에티즌과 세이지가 제시한 스포츠의 정치적 속성 중에서 대표성, 권력투쟁, 상호의존성, 긴장관계, 보수성 중에서 대표성을 말하고 있다. 대표성은 소속 조직을 대표하며 상징하며 소속에 대한 강한 충성심을 갖는다. 조직에 대한 슬로건, 응원가 등을 통하여 소속에 대한 충성심을 지속하며 강화한다.

09 스포츠 일탈의 유형과 원인을 규정하기 어려운 이유로 적절하지 <u>않은</u> 것은?

① 스포츠 현장에서 발생하는 일탈 사례가 부족하기 때문이다.

② 스포츠 일탈은 규범에 대한 거부와 함께 무비판적 수용도 포함한다.

③ 스포츠에서 허용되는 행동이 사회의 다른 영역에서는 일탈이 될 수 있다.

④ 과학기술의 급속한 발전과 새로운 스포츠 규범 사이에 시간적 차이가 발생한다.

해설 코클리(Coakley, 2009)의 스포츠에서 일탈 규정이 어려운 4가지 이유
- 첫째, 스포츠에서 일탈의 유형과 원인은 매우 다양하기 때문에 한 가지 이론(기준)으로 모든 것을 설명할 수 없다.
- 둘째, 스포츠에서 허용된 행동이 사회에서는 일탈이 될 수 있고, 사회에서 허용된 행동이 스포츠에서는 일탈이 될 수 있다.
- 셋째, 스포츠에서의 일탈은 규범의 거부보다는 규범을 무비판적으로 받아들이는 것도 포함된다.
- 넷째, 선수들의 훈련 및 운동수행은 과학 및 기술의 발전에 따른 새로운 규범을 미처 준비하지 못하는 공백이 발생한다. 대표적인 예가 도핑이다.

10 맥루한(M. McLuhan)의 미디어 이론에 따른 구분 및 특성을 바르게 제시한 것은?

특성 \ 구분	정의성	감각 참여성	감각 몰입성	경기진행 속도
① 핫 미디어 스포츠	높음	낮음	높음	빠름
② 쿨 미디어 스포츠	낮음	낮음	낮음	느림
③ 핫 미디어 스포츠	높음	높음	낮음	느림
④ 쿨 미디어 스포츠	낮음	높음	높음	빠름

해설 맥루한의 미디어 이론으로 "핫 미디어는 하나의 감각을 밀도가 높게 확장시키는 미디어를 말하며, 정의성 높음, 감각참여성 낮음, 감각몰입성 낮음, 경기진행 속도 느림"이며, "쿨 미디어는 정보가 충실하지 않기 때문에 수용자가 능동적으로 참여할 여지가 많으며, 정의성 낮음, 감각 참여성 높음, 감각 몰입성 높음, 경기진행 속도 빠름"이다.

11 〈보기〉를 투민(M. Tumin)의 스포츠계층 형성과정 순서에 따라 바르게 배열한 것은?

┤ 보기 ├
㉠ 세계적인 테니스 선수는 기업으로부터 많은 후원금을 받고 있다.
㉡ 세계랭킹에 따라 참가할 수 있는 테니스 대회가 나누어져 있다.
㉢ 테니스는 선수, 코치, 감독, 트레이너 등으로 역할이 구분되어 있다.
㉣ 국제 테니스 대회에서 우승하면 사회적 명성이 높아진다.

① ㉡-㉢-㉠-㉣　　② ㉡-㉢-㉣-㉠
③ ㉢-㉡-㉣-㉠　　④ ㉢-㉡-㉠-㉣

해설 스포츠계층의 형성과정은 '지위의 분화 → 서열화 → 평가 → 보수부여'로 일어난다.

12 스포츠 세계화의 원인이 <u>아닌</u> 것은?

① 종교 전파　　② 제국주의 확장
③ 인종차별 심화　　④ 과학기술 발전

해설 스포츠의 세계화는 과학기술 발전, 제국주의 확장, 종교 전파 등과 관련이 있고, 인종차별 심화와는 관련이 없다.

13 〈보기〉의 ㉠이 설명하는 집합행동의 유형과 관련된 이론은?

> ┤ 보기 ├
>
> A : 어제 축구 봤어? 경기 도중 관중 폭력이 발생했잖아.
> B : 나도 방송에서 봤는데 관중 폭력의 원인이 인종차별 때문이래.
> A : ㉠ 인종차별과 같은 사회구조적·문화적 선행요건이 없었다면, 두 팀 관중들 간에 폭력은 없었을 거야.

① 전염이론　　　② 수렴이론
③ 규범생성이론　　　④ 부가가치이론

해설 ① 스포츠 집합행동의 전염이론은 인간에 내재된 감정적인 전염을 통하여 개인을 군중속으로 몰입하게 한다.
② 수렴이론은 사회규범이라는 허구 속에 숨겨진 개인의 실제 자아가 익명성과 몰개성화의 상황에서 표출된다.
③ 규범생성이론은 다양한 구성원 사이에서 공유된 규범, 일치된 의견과 통일성은 어떻게 발생하는가를 설명한다.
④ 부가가치이론은 집합행동이 발생한 장소와 시간 및 양식에 대하여 설명한다.

14 스포츠 일탈에 관한 설명으로 적절하지 <u>않은</u> 것은?

① 부정적 일탈 사례로는 금지약물복용, 구타 및 폭력 등이 있다.
② 부정적 일탈은 스포츠 규범체계에 대한 과잉동조 성향을 의미한다.
③ 긍정적 일탈 사례로는 오버 트레이닝(over-training), 운동중독 등이 있다.
④ 긍정적 일탈은 정상적으로 받아들여지는 행동에 대한 무비판적 수용을 의미한다.

해설 스포츠 일탈의 긍정적 일탈은 규범지향적이며, 부정적 일탈은 반규범지향적이다. 긍정적 일탈은 과잉동조이며, 부정적 일탈은 과소동조이다.

15 스포츠 일탈을 설명하는 이론과 그 특징이 바르게 연결된 것은?

① 갈등 이론 - 선수의 금지약물복용 등과 같은 일탈적 행위는 개인의 윤리적 문제이나.
② 아노미 이론 - 선수의 승리에 대한 목표와 수단의 괴리로 인해 일탈이 발생한다.
③ 차별교제 이론 - 팀 내 우수선수가 금지약물을 복용해도 동료들은 복용하지 않는다.
④ 낙인 이론 - 선수에게 부여된 악동, 풍운아 같은 이미지는 선수 생활에 영향을 미치지 않는다.

해설 ① 갈등 이론은 경제적 갈등, 인종적 갈등, 젠더 갈등 등 불평등에 대한 적극적인 대응으로서 일탈 행위에 참가한다.
③ 차별교제 이론은 일탈은 다른 사람들과 상호작용을 통해서 학습된다.
④ 낙인 이론은 동일한 행위도 상황에 따라서 일탈로 규정되거나 그렇지 않을 수 있으며, 사회적 규정으로서 일탈을 개념화한 것이다.

16 〈보기〉에서 설명하는 사건은?

> ┤ 보기 ├
>
> • 1972년 제20회 뮌헨올림픽에서 발생
> • 팔레스타인 테러조직에 의한 이스라엘 선수단 인질사건
> • 국가 간 갈등이 올림픽을 통해 표출된 테러 사건

① 검은 구월단 사건
② 축구전쟁(100시간 전쟁) 사건
③ 보스턴 마라톤 폭탄 테러 사건
④ IRA 연쇄 폭탄 테러 사건

해설 1972년 제20회 뮌헨올림픽에서 발생한 테러 사건은 검은 구월단 사건이다.

17 상류계급의 스포츠 참가 특징에 대한 설명으로 적절하지 <u>않은</u> 것은?

① 과시적 소비성향의 스포츠를 선호한다.
② 요트, 승마와 같은 자연친화적 개인 스포츠를 선호한다.
③ 직접 참여보다는 TV 시청을 통한 관람 스포츠를 소비하는 경향이 높다.
④ 사생활이 보호되는 장소에서 소수 인원이 즐기는 스포츠 참여를 선호한다.

> **해설** 상류계급의 스포츠 참가 특징은 과시적 소비 성향의 스포츠를 즐기고, 골프, 테니스, 요트, 승마 등 자연 친화적인 스포츠를 즐기며, 숙달에 오랜 시간이 소요된다. 또한 페어플레이, 스포츠맨십과 같은 의식적인 측면을 강조하며, 인간과의 경쟁보다는 자연과의 경쟁을 선호한다. 그리고 스포츠에 직접 참여하며, 사생활이 보호되는 장소에서 소수 인원이 참여한다.

18 〈보기〉에서 설명하는 스포츠사회화 과정은?

> **보기**
> • 이용대 선수의 경기 보도 증가는 대중들의 배드민턴 참여를 촉진한다.
> • 부모의 스포츠에 대한 긍정적인 태도는 자녀의 스포츠 참여 가능성을 높인다.
> • 학생들은 교내에서 체육교과와 다양한 프로그램을 통해 스포츠에 참여하고 있다.

① 스포츠로의 사회화
② 스포츠로의 재사회화
③ 스포츠를 통한 사회화
④ 스포츠로부터의 탈사회화

> **해설** 배드민턴의 참여 촉진, 자녀의 높은 스포츠 참여 가능성, 교내에서 체육교과와 다양한 프로그램을 통한 학생들의 스포츠 참여 등은 스포츠로의 사회화이다.

19 〈보기〉에서 설명하는 스포츠의 교육적 순기능은?

> **보기**
> • 스포츠 참여를 통해 생애주기에 적합한 스포츠를 즐길 수 있는 습관을 형성할 수 있다.
> • 학교에서의 스포츠 경험은 개인이 전 생애에 걸쳐 스포츠를 즐길 수 있는 토대를 마련해준다.

① 학업활동 촉진
② 학교 내 통합
③ 평생체육과의 연계
④ 정서 순화

> **해설** 스포츠 참여를 통하여 생애주기에 적합한 스포츠를 즐기는 습관 형성, 스포츠 참여 경험이 생애에 거쳐 스포츠를 즐길 수 있는 토대가 되는 것은 평생체육과의 연계에 대한 스포츠의 순기능이다.

20 〈보기〉에서 설명하는 케년(G. Kenyon)의 스포츠 참가유형은?

> **보기**
> • 스포츠 상황 내에서 다양한 지위와 규범을 이행함으로써 스포츠에 실질적으로 참가하는 형태
> • 생활체육 동호인, 선수, 감독, 심판, 해설자로 활동

① 행동적 참가 ② 인지적 참가
③ 정의적 참가 ④ 조직적 참가

> **해설** 스포츠에 직접적으로 참가하는 형태인 행동적 참가는 경기자로 참여하는 1차적 참여와 코치, 심판, 방송원, 팬 등으로 참가하는 2차적 참여로 구분된다.

01 모스턴(M. Mosston)의 수업 스타일 중 학습자가 인지 작용을 통해 문제에 대한 다양한 해답을 찾는 유형은?

① 연습형　　　　② 수렴발전형
③ 상호학습형　　④ 확산발전형

> 해설 ① 연습형 : 교사가 학습자 개개인에게 과제를 스스로 연습할 수 있는 시간을 제공하고 피드백을 개별적으로 제공한다.
> ② 수렴발견형 : 합리적 사고 과정을 통하여 문제를 해결하는 것으로 기대에 반응하는 논리 및 추론 기술 또는 질문의 구성과 연결을 통해 문제를 해결하는 방법을 찾는 것이 목적이다.
> ③ 상호학습형 : 한 학생은 실시자가 되고, 한 학생은 관찰자가 되고, 교사는 관찰자와 상호작용을 함으로써, 상호 관계에서 학습을 통해 교사가 제시한 수행기분에 맞게 각각 사람에게 피드백을 제공한다.

02 헬리슨(D. Hellison)의 개인적 · 사회적 책임감 모형 중 전이단계(transfer level)에 해당하는 것은?

① 다른 사람을 방해하지 않고 체육 프로그램에 참여하기
② 체육 프로그램에서 타인의 요구와 감정을 인정하고 경청하기
③ 체육 프로그램에서 학습한 배려를 일상생활에서 실천하기
④ 자기 목표를 설정하고 지도자의 통제 없이 체육 프로그램 과제를 완수하기

> 해설 개인적 · 사회적 책임감 모형
> • 통합 : 교사가 신체활동 내용의 학습과 개인적 · 사회적 책임감의 학습을 서로 분리하지 않는 것
> • 전이 : 학생들이 체육관이라는 통제된 환경에서의 책임감을 갖다가, 방과 후 지역공동체와 같은 예측이 힘든 환경에서 긍정적인 의사결정을 할 수 있도록 교사가 인도하는 것

• 권한 위임 : 학생이 삶에서 통제 가능한 많은 부분들을 광범위하게 자성적으로 인지하고 실천하도록 배우는 것
• 교사와 학생의 관계 : 이 모형에서 이뤄지는 상호작용의 대부분은 경험, 정직, 믿음 및 의사 소통에 의해 형성되는 개인적 대인 관계의 기초

03 멕티게(J. McTighe)가 제시한 개념으로 학습자가 배운 내용을 경기상황에서 구현하는 정도를 평가하는 방법은?

① 실제평가(authentic assessment)
② 총괄평가(summative assessment)
③ 규준지향평가(norm-referenced assessment)
④ 준거지향평가(criterion-referenced assessment)

> 해설 ② 총괄평가 : 일정기간 동안 학습과정을 마친 후 학습 정도 또는 오류 등을 발견하여 즉시 수정할 있게 하는 평가
> ③ 규준지향평가(상대평가) : 집단 내 상대적 서열을 중심으로 이루어지는 평가
> ④ 준거지향평가(절대평가) : 집단 내 다른 학생들과 비교하여 평가하는 것이 아닌 사전에 설정된 교수 및 학습 목표를 준거로 그 목표의 달성도를 평가하는 방식

04 체육 프로그램의 목표로 정의적 영역(affective domain)에 해당하는 것은?

① 축구에서 인사이드 패스를 실행할 수 있다.
② 야구에서 스윙 동작을 분석하고 평가할 수 있다.
③ 배구에서 동료와 협력할 수 있다.
④ 농구에서 지역방어전략을 사용할 수 있다.

> 해설 정의적 영역 : 감정이나 정서를 나타내는 전형적인 인간의 속성으로 정의할 수 있으며, 흥미, 태도, 가치관, 자아개념, 인성, 도덕성, 정신건강, 동기, 포부수준, 성취동기, 사회성 등의 보편적인 개념으로 세분화할 수 있다.

05 모스턴(M. Mosston)의 수업 스타일 중 연습형의 특징으로 적절하지 <u>않은</u> 것은?

① 학습자가 스스로 과제를 평가하게 한다.
② 지도자는 학습자에게 개별적으로 피드백을 제공한다.
③ 학습자가 모방 과제를 스스로 연습할 수 있도록 지도한다.
④ 학습자는 숙련된 운동 수행이 과제의 반복 연습과 관련있음을 이해한다.

해설 연습형은 교사가 학습자 개개인에게 과제를 스스로 연습할 수 있는 시간을 제공하고 피드백을 개별적으로 제공한다.

06 〈보기〉에서 블룸(B. Bloom)의 인지적 영역 수준에 해당하는 것은?

> ┤ 보기 ├
> 배드민턴 경기에서 상대 선수의 서비스를 받을 때, 낮고 짧은 서비스와 높고 긴 서비스의 대처 방법이 어떻게 달라져야 하는지를 알 수 있다.

① 분석   ② 기억
③ 이해   ④ 평가

해설 인지적 영역 : 기억력, 사고능력, 추리력, 분석력, 적용 능력 등의 인간의 정신적인 작용을 말하고 6가지 행동유형으로 분류된다.
• 지식 : 정보와 지식의 상기
• 이해 : 번역, 해석, 추론 능력
• 적용 : 개념, 원리, 이론 사용 능력
• 분석 : 요소, 관계, 조직 원리 분석 능력
• 종합 : 부분과 요소의 종합 능력
• 평가 : 내적 준거와 외적 준거에 의한 판단 능력

07 〈보기〉에서 설명하는 알버노(P. Alberno)와 트라웃맨(A. Troutman)의 행동수정기법에 해당하는 것은?

> ┤ 보기 ├
> 학습자가 적절한 행동을 할 때마다 지도자가 점수, 스티커, 쿠폰 등을 제공하는 기법이다.

① 타임아웃(time out)
② 토큰 수집(token economies)
③ 좋은 행동 게임(good behavior game)
④ 지도자─학습자 사이의 계약(behavior contracting)

해설 ① 타임아웃 : 반응에 따라서 일정기간 동안 강화를 받을 수 있는 기회를 박탈하는 것
② 토큰 수집 : 공개적으로 널리 게시하는 방법, 운동 종목 선택의 기회 부여, 과외 체육시간 부여, 현장 견학, 교사의 개인지도나 보조와 같은 특권 부여 등이다.
③ 좋은 행동 게임 : 자주 부적절한 행동을 하는 집단에 대해 적절한 행동을 하도록 하는 효과적인 방법이다.
④ 지도자─학습자 사이의 계약 : 학생이 행동을 정의하고, 보상을 결정하고, 수반성을 확립하는 데 직접 참여하여 자기 관리 기술을 학습할 기회를 제공한다.

정답 01 ④   02 ③   03 ①   04 ③   05 ①   06 ①   07 ②

08 〈보기〉에서 정 코치의 질문에 대한 각 지도자의 답변으로 적절하지 <u>않은</u> 것은?

┤ 보기 ├

정 코치 : 메츨러(M. Metzler)의 절차적 지식에 대해 간단히 설명해 주시기 바랍니다.

박 코치 : 지도자가 학습자에게 움직임 패턴을 연습할 수 있게 하고 이를 경기에 적용할 수 있는 지식입니다.

김 코치 : 학습자가 과제를 연습하는 동안 이를 관찰하고 정확한 피드백을 제공할 수 있는 지식입니다.

한 코치 : 지도자가 실제로 체육 프로그램 전, 중, 후에 적용할 수 있는 지식입니다.

이 코치 : 지도자가 개념을 설명할 수 있는 지식입니다.

① 박 코치　　　　　② 김 코치
③ 한 코치　　　　　④ 이 코치

해설 절차적 지식 : 교사가 실제로 수업 전, 중, 후에 적용할 수 있는 지식이며 발달단계에 적합한 교수 전략을 활용한 교수-학습과정 안의 작성 지식을 말한다.

09 학교체육진흥법(시행 2017. 10. 19)의 제11조, 제12조에서 규정하고 있는 학교운동부 운영 및 학교운동부지도자에 대한 내용으로 적절하지 <u>않은</u> 것은?

① 학교의 장은 학습권 보장을 위한 상시 합숙 훈련 금지 원칙으로 원거리에서 통학하는 학생선수를 위하여 기숙사를 운영할 수 없다.

② 최저학력의 기준 및 실시 시기에 필요한 사항과 기초학력보장 프로그램의 운영 등에 필요한 사항은 교육부령으로 정한다.

③ 학교의 장은 학교운동부지도자가 학생선수의 학습권을 박탈하거나 폭력, 금품·향응 수수 등의 부적절한 행위를 하였을 경우 학교운영위원회의 심의를 거쳐 계약을 해지할 수 있다.

④ 그 밖의 학교운동부지도자의 자격 기준, 임용, 급여, 신분, 직무 등에 필요한 사항은 대통령령으로 정한다.

해설 학교체육진흥법 11조
　③ 학교의 장은 학생선수의 학습권 보장 및 신체적·정서적 발달을 위하여 학기 중의 상시 합숙훈련이 근절될 수 있도록 노력하여야 한다.
　④ 학교의 장은 원거리에서 통학하는 학생선수를 위하여 기숙사를 운영할 수 있다. 이 경우 필요한 사항은 교육부령으로 정한다. 〈개정 2013.3.23.〉

10 〈보기〉 중 각 지도자의 행동 유형과 개념이 바르게 연결되지 <u>않은</u> 것은?

┤ 보기 ├

박 코치 : 지도하는 데 갑자기 학습자의 보호자가 찾아오셔서 대화하느라 지도 시간이 부족했어요.

김 코치 : 말도 마세요! 저는 지도하다가 학습자들끼리 부딪혔는데 한 학습자가 쓰러져 일어나지 못했어요! 정말 놀라서 급하게 119에 신고했던 기억이 나네요.

한 코치 : 지도 중에 좁은 공간에서 기구를 잘못 사용하는 학습자를 보면 곧바로 운동을 중지하고, 안전의 중요성을 강조하면서 공간과 기구를 정리하라고 말했어요.

이 코치 : 저는 학습자의 참여를 높이기 위해 신호에 따른 즉각적인 과제 수행을 강조했어요. 그 결과, 개별적인 피드백을 제공할 수 있게 되었고, 학습자의 성취도가 점점 향상되는 것 같았어요.

① 박 코치 – 비기여 행동
② 김 코치 – 비기여 행동
③ 한 코치 – 직접기여 행동
④ 이 코치 – 직접기여 행동

해설 • 비기여 행동 : 소방연습, 전달방송, 학부모 등의 외부 손님과의 대화로써 수업 내용에 기여할 가능성이 전혀 없는 행동
• 간접기여 행동 : 학습활동에서의 참여와 경기 운영과 관련된 행동
• 직접기여 행동 : 안정한 학습환경의 유지, 과제의 명료화와 강화, 생산적인 학습환경 유지, 피드백의 제공 등의 행동

11 학습자의 이탈 행동을 예방하고 과제참여 유지를 위한 교수 기능 중 올스테인(A. Ornstein)과 레빈(D. Levine)이 제시한 '신호 간섭'에 해당하는 것은?

① 긴장완화를 위해 유머를 활용하는 것이다.
② 시선, 손짓 등 지도자의 행동으로 학습자의 운동 참여 방해 행동을 제지하는 것이다.
③ 프로그램 진행을 방해하는 학습자에게 가까이 접근하거나 접촉하여 제지하는 것이다.
④ 프로그램에 참여하는 학습자에게 일상적 수업, 루틴 등과 같은 활동을 활용하는 것이다.

해설 신호간섭 : 시선의 마주침, 손 움직임 등으로 수업 부주의한 행동을 감소시키는 교사의 행동을 말한다.

12 〈보기〉의 국민체육진흥법(시행 2020. 1. 16)의 제12조에 명시된 내용 중 체육지도자의 자격 취소 사유를 모두 고른 것은?

| 보기 |

㉠ 자격정지 기간에 업무를 수행한 경우
㉡ 체육지도자 자격증을 타인에게 대여한 경우
㉢ 선수의 신체에 폭행을 가하거나 상해를 입히는 행위를 한 경우
㉣ 거짓이나 그 밖의 부정한 방법으로 체육지도자의 자격을 취득한 경우

① ㉠, ㉢   ② ㉡, ㉢
③ ㉡, ㉢, ㉣   ④ ㉠, ㉡, ㉢, ㉣

해설 국민체육진흥법
제12조(체육지도자의 자격취소 등) ① 문화체육관광부장관은 체육지도자가 다음 각 호의 어느 하나에 해당하면 그 자격을 취소하거나 1년의 범위에서 자격을 정지할 수 있다. 다만, 제1호부터 제4호까지의 어느 하나에 해당하면 그 자격을 취소하여야 한다. 〈개정 2020.2.4.〉
1. 거짓이나 그 밖의 부정한 방법으로 체육지도자의 자격을 취득한 경우
2. 자격정지 기간 중에 업무를 수행한 경우
3. 체육지도자 자격증을 타인에게 대여한 경우
4. 제11조의5 각 호의 어느 하나에 해당하는 경우
5. 선수의 신체에 폭행을 가하거나 상해를 입히는 행위를 한 경우
6. 선수에게 성희롱 또는 성폭력에 해당하는 행위를 한 경우
7. 그 밖에 직무수행 중 부정이나 비위 사실이 있는 경우
② 삭제 〈2020.2.4.〉
③ 자격검정을 받는 사람이 그 검정과정에서 부정행위를 한 때에는 현장에서 그 검정을 중지시키거나 무효로 한다.
④ 제1항에 따라 체육지도자 자격이 취소된 사람은 문화체육관광부령으로 정하는 바에 따라 체육지도자 자격증을 문화체육관광부장관에게 반납하여야 한다.

⑤ 제1항에 따른 행정처분의 세부적인 기준 및 절차는 그 사유와 위반 정도를 고려하여 문화체육관광부령으로 정한다. 〈개정 2020.2.4.〉

13 〈보기〉에서 설명하는 로젠샤인(B. Rosenshine)의 직접 교수 모형 단계로 적절한 것은?

┤ 보기 ├
- 이 단계는 학습자에게 초기 학습과제와 함께 순차적으로 과제연습이 이루어지는 과정이다.
- 지도자는 학습자에게 다음 과제를 제시하기 위해 핵심단서(cue)를 다시 가르치거나 이전 학습과제를 되풀이할 수 있다.

① 피드백 및 교정　　② 비공식적 평가
③ 새로운 과제제시　　④ 독자적인 연습

해설 직접 교수 수업의 6단계
- 전시과제 복습 : 이전에 배웠던 내용을 좀더 최근의 기억으로 회상시키도록 도와준다.
- 새로운 과제 제시 : 교사가 새로운 내용을 학생에게 설명하거나 시범을 통해 과제를 제시한다.
- 초기 과제 연습 : 과제 제시는 곧바로 구조화된 연습으로 이어지고 학생은 주어진 과제를 능숙하게 수행하기 위해 연습을 시작한다.
- 피드백 및 교정 : 교사의 보강 피드백과 교정사항에 대한 설명은 초기 학습과제가 이루질 때나 과제 연습 계열성에서 각 과제 사이에 이루어진다.
- 독자적인 연습 : 기본적인 연습과제에 능숙해졌다면, 독립적으로 연습하도록 계획을 세운다.
- 정기적인 복습 : 이전 학습 과제를 반복하기 위해서 계획을 세운다.

14 〈보기〉의 배드민턴 지도사례에서 IT매체의 효과로 바르게 연결되지 <u>않은</u> 것은?

┤ 보기 ├
- ㉠ 학습자의 흥미 유발을 위해 스마트폰과 스피커를 활용하여 최신 음악에 맞춰 준비운동을 시켰다.
- ㉡ 배드민턴 스매시 동작을 기록하기 위해 영상분석 애플리케이션(application)을 사용하였다.
- ㉢ 학습자의 동작 완료 10초 후 지도자는 녹화된 영상을 보고 학습자의 자세를 교정해 주었다.
- ㉣ 지도자가 녹화한 영상을 학습자의 단체 소셜 네트워크서비스(SNS)에 올린 후 동작 분석에 대해 서로 토의했다.

① ㉠ - 학습자의 동기유발
② ㉡ - 과제에 대한 체계적 관찰의 효율성 증가
③ ㉢ - 학습자의 운동 참여 시간 증가
④ ㉣ - 학습자와 지도자의 의사소통 향상

해설 ㉢의 내용은 과제에 대한 체계적인 관찰의 효율성 증가에 포함된다.

15 〈보기〉에서 설명한 시든탑(D. Siedentop)의 교수(teaching) 기능 연습법에 해당하는 용어로 적절한 것은?

┤ 보기 ├
- 박 코치는 소수의 실제 학습자들 앞에서 지도 연습을 했다.
- 자신의 지도 행동을 관찰하기 위해 비디오 촬영을 병행했다.

① 1인 연습(self practice)
② 동료 교수(peer teaching)
③ 축소 수업(micro teaching)
④ 반성적 교수(reflective teaching)

해설 ① 1인 연습 : 거울을 보고 자신의 말을 듣고 행위를 살펴보면서 하는 연습 방법
② 동료 교수 : 작은 집단의 동료들이 모의적 수업 장면을 만들어서 연습하는 방법
④ 반성적 교수 : 학생들에게 수업의 목적과 평가 방법을 설명하고 수업 수 수업내용에 대한 평가와 교수 방법을 평가하는 방법

16 지도자가 의사전달을 위해 학습자의 신체를 올바른 자세로 직접 고쳐주는 지도 정보 단서로 적절한 것은?

① 언어 단서(verbal cue)

② 조작 단서(mainpulative cue)

③ 과제 단서(task cue)

④ 시청각 단서(audiovisual cue)

해설 ① 언어 단서 : 운동 수행의 향상 방법에 대한 구두 정보
④ 시청각 단서 : DVD, 그림 및 사진과 같은 시청각 매체를 통해 제공하는 단서

17 〈보기〉에서 예방적(proactive) 수업 운영 행동에 해당하는 것을 바르게 고른 것은?

┤ 보기 ├
㉠ 이번 주에 배울 내용을 게시판에 공지한다.
㉡ 수업 시작과 종료를 정확하게 지킨다.
㉢ 학습자에게 농구의 체스트 패스에 대한 시범을 보인다.
㉣ 2인 1조로 체스트 패스 연습을 한다.
㉤ 호루라기를 사용하여 학습자의 주의를 집중시킨다.

① ㉠, ㉡, ㉢   ② ㉠, ㉡, ㉤
③ ㉡, ㉢, ㉣   ④ ㉢, ㉣, ㉤

해설 예방적 수업 운영 행동
• 초기 활동의 통제
• 수업의 정시 시작
• 출석 점검 시간의 절약
• 절차의 훈련
• 수업의 적극적 진행
• 높은 기대감의 전달
• 피드백과 상호 작용의 증진
• 수업 흐름의 유지
• 관리 행동 기록의 게시
• 관리 게임의 활용

18 〈보기〉의 설명과 관련된 용어는?

┤ 보기 ├
• 정규 농구 골대의 높이를 낮춘다.
• 반(half)코트 경기를 운영한다.
• 배구공 대신 소프트 배구공을 사용한다.

① 역할수행   ② 학습센터
③ 변형게임   ④ 협동과제

해설 ① 역할수행 : 학생은 선수 또는 코치, 심판, 통계 처리 등과 같은 역할로 참여하고 지식과 기술, 책임감을 배우게 된다.
② 학습센터 : 학생을 소집단으로 나누어 체육관 또는 연습장소 주변에 지정된 몇 개의 센터를 순회하도록 한다.
③ 변형게임 : 보다 많은 활동을 제공하고 많은 전략과 전술의 활용 기회를 늘려주며, 보다 나은 경쟁이 되도록 하기 위해 여러 방법으로 게임을 변형할 수 있다.
④ 협동과제 : 소집단 편성을 통한 협동 학습 활동을 하는 것이다.

19 체육 프로그램을 지도할 때 실제학습시간(Academic Learning Time)을 바르게 설명한 것은?

① 체육활동에 할당된 시간
② 학습자가 운동에 참여한 시간
③ 학습자가 다른 학습자에게 피드백을 제공하는 시간
④ 학습자가 학습 목표와 부합한 과제의 성공을 경험하며 참여한 시간

해설 실제학습시간
- 교사가 학업적 과제에 할애한 시간이 아니라 학습자가 수업 내용에 참여하여 소비한 시간이다.
- 학습자의 성취를 예측할 수 있는 가장 강력한 단일 변인이다.
- 학습자가 적절한 난이도로 체육 내용에 실제로 소비한 시간의 양으로 적절한 난이도는 높은 성공률을 포함하는 수준으로 정의된다.

20 체육 프로그램을 지도할 때 학습자 평가의 목적으로 가장 거리가 먼 것은?

① 교수–학습의 효과성 판단
② 학습자의 체육 프로그램 참여 및 향상 동기 촉진
③ 교육목표에 따른 학습 진행 상태 점검과 지도 활동 조정
④ 학습 과정을 배제하고 결과 중심으로 순위를 결정하기 위해 활용

해설 스포츠 교육의 평가 목적
- 교수–학습의 효과성 및 과정 적합성 판단
- 학습자의 운동 수행 참여 및 동기 촉진
- 학습자 학습 상태 및 수준과 지도 정보 제공
- 학습지도 및 관리 운영 효율성을 위한 집단 편성
- 학습자 역량 판단을 통한 이수과정 정보 제공
- 학습자 미래 수행력 예측

01 다이나믹 시스템 관점에서의 협응구조 형성에 대한 설명을 옳지 <u>않은</u> 것은?

① 협응구조는 하나의 기능적 단위로 자기조직의 원리에 따라 형성된다.
② 제어변수는 질서변수를 변화시키는 원인이 되는 것으로, 동작을 변화시키는 속도나 무게 등이 있다.
③ 상변이는 협응구조의 형태가 변화하는 현상이며 선형의 원리를 따른다.
④ 협응구조의 안정성은 상대적 위상의 표준편차로 측정할 수 있다.

해설 다이나믹 시스템 이론은 내 몸에 있는 기존의 협응구조와 새로운 협응구조와의 경쟁 내에서 새로운 협응구조가 우세하여 내 몸에 적응되는 과정을 말한다. 비선형성의 원리는 운동의 변화가 선형적인 경향을 보이지 않는다는 것을 의미하며, 상변이는 비선형의 원리를 따른다.

02 목표설정에서 수행목표로 적합하지 <u>않은</u> 것은?

① 농구 대회에서 우승한다.
② 골프 스윙에서 공을 끝까지 본다.
③ 테니스 포핸드 발리에서 손목을 고정한다.
④ 야구 타격에서 무게중심을 뒤에서 앞으로 이동한다.

해설 목표설정은 행동을 통하여 이루고자 하는 최종적인 결과를 계획하는 것을 말한다. 결과목표와 수행목표로 나눌 수 있다.
- 결과목표 : 시합의 결과에 목표를 두는 것
- 수행목표 : 수행의 과정과 목표는 자신이 달성하고자 하는 기준에 초점을 두는 것
보기 ①의 '농구 대회에서 우승한다'는 결과목표에 해당한다.

03 〈보기〉의 ㉠, ㉡에 해당하는 것은?

┤ 보기 ├
- (㉠) : 학습자가 새로운 기술을 연습한 후, 특정한 시간이 지난 후 연습한 기술의 수행력을 평가하는 검사
- (㉡) : 연습한 기술이 다른 수행상황에서도 발휘될 수 있는지를 평가하는 검사

	㉠	㉡
①	전이검사	파지검사
②	파지검사	전이검사
③	망각검사	파지검사
④	파지검사	망각검사

해설
- 파지 : 연습으로 향상된 운동기술의 수행력을 오랫동안 유지할 수 있는 능력
- 전이 : 과거의 수행 또는 학습 경험이 새로운 운동기술의 수행과 학습에 영향을 미치는 것
- 망각 : 시간이 경과함에 따라 학습한 것이 소멸되는 현상이다.

04 주의집중 방법으로 적절하지 <u>않은</u> 것은?

① 테니스 서브를 루틴에 따라 실행한다.
② 축구 경기에서 관중의 방해를 의식하지 않는다.
③ 골프 경기에서 마지막 홀에 있는 해저드에 대해 생각한다.
④ 야구 경기에서 지난 이닝의 수비 실책은 잊고 현재 수행에 몰입한다.

해설 해저드에 대한 생각은 부정적인 생각으로, 수행능력을 감소시킬 수 있다.
- 최적의 주의집중 상태에 이르는 과정과 심리기술 단계

최고 수행 상태(flow 상태)
⇑
최적의 주의집중 상태
⇑
자신에 대한 믿음
⇑
수행 전 반복 연습 또는 특정 동작에 대한 심상화
⇑
각성수준 조절, 주의 조절, 자기 효능감, 긍정적 에너지, 정신적 준비, 위기 극복
⇑
목표 설정, 신체적 이완, 긍정적 사고, 심상 훈련

05 〈보기〉에 제시된 심상(imagery)의 요소로 바르게 나타낸 것은?

┤ 보기 ├
㉠ 선수 : 시합에서 느꼈던 자신감, 흥분, 행복감을 실제처럼 시각화한다.
㉡ 선수 : 부정적인 수행 장면을 성공적인 수행 이미지로 바꾼다.

① ㉠ 주의연합(attentional association)
　 ㉡ 주의분리(attentional dissociation)
② ㉠ 외적 심상(external imagery)
　 ㉡ 집중력(concentration)
③ ㉠ 통제적 처리(controlled processing)
　 ㉡ 자동적 처리(automatic processing)
④ ㉠ 선명도(vividness)
　 ㉡ 조절력(controllability)

해설
- 주의연합 전략 : 내적인 변화에 주의를 기울이는 방법
- 주의분리 전략 : 즐거웠던 일을 생각하거나 변화하는 생각에 주의를 기울이는 방법

- 선명도 : 실제 상황과 최대한 가깝게 이미지를 떠올리는 것
- 조절력 : 원하는 대로 이미지 조절하여 원하는 이미지를 상상하는 것

06 〈보기〉에서 지도자가 제공하는 보강적 피드백의 유형으로 적절한 것은?

| 보기 |

지도자 : 잘했어! 다운스윙 전에 백스윙이 제대로 이루어지지 않았어.

① 내적 피드백(intrinsic feedback)
② 감각 피드백(sensory feedback)
③ 결과지식(Knowledge of Reault: KR)
④ 수행지식(Knowledge of Performance: KP)

해설
- 결과지식 : 움직임 결과에 대한 정보
- 수행지식 : 동작 유형에 대한 정보, 폼에 대한 질적 정보, 동작 패턴과 속도와 관련된 운동학적 정보

07 〈보기〉의 ㉠, ㉡에 해당하는 것은?

| 보기 |

줄다리기에서 집단이 내는 힘의 총합이 개인의 힘을 모두 합친 것보다 적게 나타나는 현상은 (㉠)이며, 집단의 인원수가 증가할 때 발생하는 개인의 수행 감소는 (㉡) 때문이다.

	㉠	㉡
①	링겔만 효과 (Ringelmann effect)	유능감 손실
②	관중 효과 (audience effect)	동기 손실
③	링겔만 효과 (Ringelmann effect)	동기 손실
④	관중 효과 (audience effect)	유능감 손실

해설
- 링겔만 효과 : 집단 속에 참여하는 개인의 수가 늘어갈수록 성과에 대한 1인당 공헌도가 오히려 떨어지는 현상을 말한다.
- 동기 손실 : 집단 구성원들이 주어진 과업에 최선을 다하지 않을 때 발생하는 손실로서, 많은 경우 팀 구성원들은 팀 과제를 수행할 때 다른 사람들이 얼마나 노력을 기울일지 확신할 수 없기 때문에 자신이 할 수 있는 최대한의 노력을 기울이지 않는다. 동기 손실은 사회적 태만(social loafing)과 유사한 개념으로 볼 수 있다.

08 〈보기〉에서 피츠(P. Fitts)와 포스너(M. Posner)의 운동학습단계와 설명이 바르게 제시된 것은?

| 보기 |

㉠ 테니스 포핸드 스트로크 자세를 안정적이고 일관성 있게 수행할 수 있다.
㉡ 학습자는 오류를 수정하기 위해서 연습하고, 스스로 오류를 탐지하여 그 오류의 일부를 수정할 수 있다.
㉢ 학습자는 테니스 포핸드 스트로크의 개념을 이해한다.

	자동화 단계	인지 단계	연합 단계
①	㉠	㉡	㉢
②	㉠	㉢	㉡
③	㉡	㉢	㉠
④	㉡	㉠	㉢

해설 피츠(P. Fitts)와 포스너(M. Posner)의 3단계
- 인지 단계 : 학습 할 운동기술의 특성을 이해하고 이를 수행하기 위한 전략을 개발하는 단계이다.
- 연합 단계 : 과제 수행 전략을 결정하고, 수행이 적절치 않은 경우에 대한 해결책을 찾아나가는 단계이다.
- 자동화 단계 : 동작이 거의 자동적으로 이루어지기 때문에 움직임에 대한 의식적인 주의가 크게 요구되지 않으며 다른 활동에 의해 간섭을 적게 받고 수행할 수 있다.

09 〈보기〉의 참가자를 위한 와이너(B. Weiner)의 귀인 이론에 기반한 지도 방법으로 옳은 것은?

┤ 보기 ├

수영 교실에 참가하는 A씨는 다른 참가자들보다 수영에 재능이 없어 기술 습득이 늦다고 생각한다. 이로 인해 결석이 잦고 운동 중단이 예상된다.

① 외적이며 안정적이고 통제 불가능한 개인의 노력에 귀인할 수 있도록 지도한다.
② 내적이며 불안정적이고 통제 가능한 개인의 노력에 귀인할 수 있도록 지도한다.
③ 외적이며 안정적이고 통제 불가능한 개인의 능력에 귀인할 수 있도록 지도한다.
④ 내적이며 안정적이고 통제 가능한 개인의 능력에 귀인할 수 있도록 지도한다.

해설 주요 귀인 개념
- 개인 능력 : 내적, 안정적, 통제 불가능
- 개인 노력 : 내적, 불안정적, 통제 가능
- 과제 난이도 : 외적, 안정적, 통제 불가능
- 운 : 외적, 불안정적, 통제 불가능

10 〈보기〉에서 설명하는 개념은?

┤ 보기 ├

수현이는 오랫동안 배드민턴을 즐기다가 새롭게 테니스교실에 등록했다. 테니스 코치는 포핸드 스트로크를 지도할 때, 수현이가 손목 스냅을 습관적으로 사용하는 것을 보고 손목을 고정하도록 지도했다.

① 과제 내 전이(intratask transfer)
② 양측 전이(bilateral transfer)
③ 정적 전이(positive transfer)
④ 부적 전이(negative transfer)

해설
- 과제 간 전이 : 이전에 배운 기술의 경험이 새로운 기술의 수행에 미치는 영향을 규명하기 위해 사용한다.
- 과제 내 전이 : 서로 다른 연습 조건에서 수행한 후, 같은 과제에 대한 수행차를 비교하는 것이고 일반적으로 과제 간 전이를 나타낸다.
- 정적 전이 : 한 가지 과제의 수행이 다른 과제 수행을 돕거나 촉진하는 경우
- 부적 전이 : 한 가지 과제의 수행이 다른 과제 수행을 간섭하거나 제지하는 경우
- 양측성 전이 : 어느 한 쪽 손이나 발로 특정의 운동 기술을 발전시키면 그것의 반대편 수족 혹은 대각선의 수족에 미치는 영향력을 의미, 양측성 전이의 방향은 비대칭성 전이가 더 많은 지지를 받고 있다.

11 〈보기〉의 ㉠, ㉡, ㉢에 해당하는 것은?

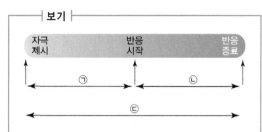

┤ 보기 ├

자극 제시	반응 시작	반응 종료
← ㉠ →	← ㉡ →	
← ㉢ →		

- ㉠은 자극 제시와 반응 시작 간의 시간 간격을 의미한다.
- ㉡은 반응 시작과 반응 종료 간의 시간 간격을 의미한다.
- ㉢은 자극 제시와 반응 종료 간의 시간 간격을 의미한다.

① ㉠ 반응시간(reaction time)
  ㉡ 움직임 시간(movement time)
  ㉢ 전체 반응시간(response time)
② ㉠ 반응시간(reaction time)
  ㉡ 전체 반응시간(response time)
  ㉢ 움직임 시간(movement time)
③ ㉠ 움직임 시간(movement time)
  ㉡ 반응시간(reaction time)
  ㉢ 전체 반응시간(response time)
④ ㉠ 단순 반응시간(simple reaction time)
  ㉡ 움직임 시간(movement time)
  ㉢ 전체 반응시간(response time)

해설 반응시간은 자극 신호가 제시되는 순간부터 동작 반응이 일어나는 순간까지의 시간을 말한다. 반응시간(reaction time), 움직임 시간(movement time), 전체 반응(동작수행)시간(response time)으로 나눌 수 있고, 움직임 시간은 동작 개시부터 완료까지를 말하며, 동작수행시간은 반응시간부터 움직임 시간을 합한 것이다.

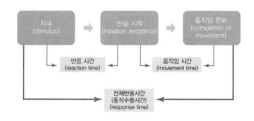

12 〈보기〉에서 설명하는 개념은?

┤ 보기 ├

양궁 선수 A는 첫 엔드에서 6점을 한 발 기록했다. 그러나 A는 바람 부는 상황으로 인해 총 36발의 슈팅 중에서 6점은 한 번 정도 나올 수 있는 점수이며, 첫 엔드에 나온 것이 다행이라고 긍정적으로 생각했다.

① 사고 정지(thought stopping)
② 자생 훈련(autogenic training)
③ 점진적 이완(progressive relaxation)
④ 인지 재구성(cognitive restructuring)

해설 ④ 인지 재구성 : 부정적인 생각을 긍정적인 생각으로 대처하는 방법과 관련된 인지적인 방법이다. 자신의 걱정을 통제할 수 있는지를 인식하고 통제할 수 있는 것만을 신경쓰고, 그 외에는 걱정을 하지 않는다.
① 사고 정지 : 부정적인 생각으로 불안이나 긴장이 높아질 때 생각을 멈추는 것을 말하며, 부정적인 사고를 정지하고 긍정적인 생각으로 대치한다.
② 자생 훈련 : 신체 부위의 따뜻함과 무거움을 느끼게 해주는 일련의 동작으로 구성되어 있고, 근육에서 대조되는 두 가지 느낌을 느낀다는 것이 점진이완과 유사하나, 스스로 최면 유도한다는 점이 다르다. '무거움, 따뜻함, 심박수, 호흡수, 복부의 따뜻함, 이마의 차가움'의 단계가 있다.
③ 점진적 이완 : 근육의 긴장을 낮추면 불안감이 사라진다는 전제로 한 근육씩 차례로 몸 전체의 근육을 이완시킨다. 조용한 장소, 편안한 자세, 정신적 도구, 수동적 태도는 이완 시 필요한 4대 요소이다.

13 〈보기〉에서 설명하는 개념은?

> ┤ 보기 ├
>
> 철수는 처음으로 깊은 바닷속으로 다이빙하면서 각성 수준이 높아졌다. 높은 각성 수준으로 인해 깊은 바닷속에서 시야가 평소보다 훨씬 좁아졌다.

① 스트룹 효과(Stroop effect)
② 지각 협소화(perceptual narrowing)
③ 칵테일 파티 효과(cocktail party effect)
④ 맥락간섭 효과(contextual−interference effect)

해설 ② 지각 협소화(perceptual narrowing) : 각성 수준이 높아져 주의를 기울일 수 있는 폭이 점차 좁아지는 현상이다.
① 스트룹 효과(Stroop effect) : 과제에 대한 반응 시간이 주의에 따라 달라지는 효과를 말한다. 파랑, 초록, 빨강과 같은 글자와 이 글자가 나타내는 의미인 실제 색상이 일치하지 않을 경우, 즉 "빨강"이 빨간색으로 프린트되어 있지 않고 노란색으로 프린트되어 있을 경우에 글자의 색을 말하는 데 더 오랜 시간이 걸리며 잘못 말하는 경향이 생기는 현상이다.
③ 칵테일 파티 효과(cocktail party effect) : 칵테일 파티처럼 여러 사람의 목소리와 잡음이 많은 상황에서도 본인이 흥미를 갖는 이야기는 선택적으로 들을 수 있는 현상이다.
④ 맥락간섭 효과(contextual−interference effect) : 운동기술을 연습함에 따라 학습된 기술 동작 간에는 간섭 현상이 발생하는 것을 말한다. 맥락간섭은 운동 수행에 부정적인 영향을 주기 때문에, 맥락적 간섭이 낮은 상황에서 운동 수행의 효과가 높게 나타난다.

14 스포츠 지도자의 리더십 행동으로 적절하지 <u>않은</u> 것은?

① 선수에게 개별 시간을 할애하는 행동
② 선수가 목표를 수립하도록 도와주는 행동
③ 선수에게 과도한 자신감을 부여하는 행동
④ 선수의 주의산만 요인을 파악하고 지도하는 행동

해설 선수에게 자신감을 주는 것은 지도자의 올바른 행동이지만, 과도한 자신감 부여는 자칫 자만심이 생기거나 선수 자신의 상태를 정확히 파악하지 못하는 등의 부정적인 영향을 줄 수 있다.

15 〈보기〉에서 ㉠, ㉡, ㉢에 해당하는 기억의 유형이 바르게 연결된 것은?

유형	㉠	㉡	㉢
기억 용량	제한	극히 제한	무제한
특징	반복하거나 시연하지 않으면 사라진다.	새로운 정보가 유입되면 쉽게 손실된다.	반복과 시연을 통해 강화된다.
지도 방법	한 번에 너무 많은 정보를 제공하지 않고, 정보를 처리할 수 있는 시간을 제공한다.	불필요한 외부정보를 줄이고 집중할 수 있도록 지도한다.	연습을 통해 기억을 강화한다.

	㉠	㉡	㉢
①	감각기억	단기기억	장기기억
②	감각기억	장기기억	단기기억
③	단기기억	장기기억	감각기억
④	단기기억	감각기억	장기기억

해설 • 감각기억 : 여러 가지 시스템을 사용하여 정보를 잠시 유지하는 정보저장고
• 단기기억 : 감각기억을 통해 들어온 정보를 처리하는 동안 정보를 유지하는 정보저장고
• 장기기억 : 단기기억에서 저장된 정보는 다양한 인지적인 처리 과정을 거쳐서 영구적으로 저장된 정보

16 프로차스카(J. Prochaska)의 운동변화단계 이론 (transtheoretical model)에 대한 설명으로 옳지 않은 것은?

① 준비단계는 현재 운동에 참여하지 않지만, 6개월 이내에 운동을 시작할 의도가 있는 것을 의미한다.

② 의사결정 균형이란 운동을 할 때 기대할 수 있는 혜택과 손실을 평가하는 것을 의미한다.

③ 인지 과정과 행동 과정과 같은 변화과정을 통해 이전 단계에서 다음 단계로 이동하게 된다.

④ 자기효능감은 관심단계보다 유지단계에서 더 높다.

> 해설 프로차스카(J. Prochaska)의 운동변화단계 이론(범이론적 모형 : Transtheoretical model)은 변화단계에 중점을 두어 주요 행동중재 이론들이 제시하는 행동 변화에 대한 과정 및 원리들을 통합하는 모델이다. 이 이론은 300개 이상으로 분열된 수많은 심리치료 이론들을 통합하고자 심리치료 및 행동변화의 주요 이론들을 비교분석하여 개발되었다.

단계	정의	잠재적 변화 전략
계획 전단계 (무관심)	• 현재 운동을 하지 않고 있으며 6개월 이내에도 운동을 시작할 의도가 없다. • 운동과 관련된 행동 변화의 필요성을 거부한다.	변화의 필요성에 대한 인식을 높이기 위해 편익에 대한 개별적 정보를 제공한다.
계획단계 (관심)	현재 운동을 하지 않고 있지만 6개월 이내에 운동을 시작할 의도가 있다.	특별한 계획을 세우도록 격려하여 동기부여 한다.
준비단계	• 현재 운동을 하고 있지만 가이드라인(대개 주당 3회 이상, 1회 20분 이상 기준)을 채우지 못하는 수준이다. • 30일 이내에 가이드라인을 충족하는 수준으로 운동을 시작 생각이 있다.	구체적인 행동 계획을 개발하고 수행하는 것을 돕는다(단계적 목표 설정).
행동단계 (실천)	• 가이드라인을 충족하는 수준의 운동을 해 왔는데 아직 6개월 미만이다.	피드백, 문제 해결책, 사회적 지지, 재강화를 제공한다.
행동단계 (실천)	• 운동 동기가 충분하고 운동에 투자도 많이 했다. • 운동으로 인한 손실보다는 혜택을 더 많이 인식한다. • 가장 불안정한 단계로 하위 단계로 내려갈 위험성이 가장 높다.	피드백, 문제 해결책, 사회적 지지, 재강화를 제공한다.
유지단계	• 가이드라인을 충족하는 수준의 운동을 6개월 이상 해왔다. • 운동이 안정 상태에 접어들었으며 하위 단계로 내려갈 가능성은 낮다.	대처 돕기, 추후 관리를 제공한다.

17 〈보기〉에서 설명하는 개념은?

> **보기**
> 피겨 스케이팅 경기에서 영희는 앞 선수가 완벽에 가까운 연기를 펼치자, 불안해지고 긴장되었다.

① 상태불안   ② 분리불안
③ 특성불안   ④ 부적강화

> 해설 ① 상태불안 : 경쟁 상황에서 수행자가 느끼는 상황에 대한 반응으로서 자율신경계의 활성 또는 각성을 수반하는 의식적으로 지각한 우려 또는 긴장의 감정이며 경쟁 상황에서 나타날 수 있는 여러 가지 구체적인 원인으로 인한 불안 정도를 말한다.
> ② 분리불안 : 개인이 강한 정서적 애착이 있는 사람들(예 부모, 간병인, 중요한 기타 또는 형제자매)과의 분리와 관련하여 과도한 불안을 경험하는 불안 장애이다.
> ③ 특성불안 : 경쟁적인 상황 또는 시합 상황을 위협적인 것으로 지각하고 이와 같은 상황에 대한 우려와 긴장의 감정으로 반응하려는 경향이며 선천적 기질로서 경쟁 또는 시합이라고 하는 일종의 자극을 위협적인 것으로 느끼는 성격적 특성을 의미한다.
> ④ 부적강화 : 행동의 결과로서 어떤 자극(싫어하는 것)이 없어짐으로 특정 행동의 빈도가 증가하게 되는 과정이다.

18 〈보기〉의 ㉠, ㉡에 배구 기술을 지도하기 위한 연습구조가 적절하게 제시된 것은?

| 보기 |

	1차 시	2차 시	3차 시
㉠	서브 서브 서브	세팅(토스) 세팅(토스) 세팅(토스)	언더핸드 언더핸드 언더핸드
㉡	서브 세팅(토스) 언더핸드	세팅(토스) 언더핸드 서브	언더핸드 서브 세팅(토스)

* 두 가지 연습 구조에서 연습 시간과 횟수는 동일

	㉠	㉡
①	집중연습 (massed practice)	분산연습 (distributed practice)
②	가변연습 (variable practice)	무선연습 (random practice)
③	구획연습 (blocked practice)	무선연습 (random practice)
④	가변연습 (variable practice)	일정연습 (constant practice)

해설
• 분단(구획)연습 : 각 변인들을 나누어 각각 할당된 시간 동안 연습하는 방법
• 무선연습 : 운동기술에 포함되는 하위 요소들을 무작위로 연습하는 방법
• 집중연습 : 연습시간이 휴식시간보다 긴 경우
• 분산연습 : 휴식시간이 연습시간보다 긴 경우
• 일정연습 : 한 가지 상황에서만 연습
• 가변연습 : 과제에 대한 새로운 변화를 주는 가변적 상황에 대한 연습

19 스포츠 심리상담사에 관한 설명으로 적절하지 않은 것은?

① 내담자와 공감하며 경청한다.
② 내담자와 라포(rapport)를 형성한다.
③ 내담자와 일상생활에서 개인적 관계를 맺는다.
④ 내담자의 비언어적 메시지에도 관심을 가진다.

해설 내담자와 일상생활에서 개인적 관계를 맺는 것은 윤리 강령에 어긋나며, 상담 효과에서 부정적인 효과가 나타날 수 있다.

20 정보처리 3단계의 관점에서 100m 달리기 스타트의 반응시간이 배구 서브 리시브 상황에서의 반응시간보다 짧은 이유로 옳은 것은?

① 100m 스타트에서는 자극확인(stimulus identification) 단계의 소요 시간이 상대적으로 짧기 때문이다.
② 100m 스타트에서는 운동 프로그래밍(motor programming) 단계의 소요 시간이 상대적으로 길기 때문이다.
③ 배구 서브 리시브 상황에서는 자극확인(stimulus identification) 단계의 소요 시간이 상대적으로 짧기 때문이다.
④ 배구 서브 리시브 상황에서는 반응선택(response selection) 단계의 소요 시간이 상대적으로 짧기 때문이다.

해설 정보처리 3단계
• 자극확인 단계(감각 – 지각 단계) : 외부 환경에 대해 자극을 탐지하고 유형을 인식
• 반응선택 단계 : 입력된 자극에 대하여 어떤 반응을 보일 것인지 선택
• 운동 프로그래밍 단계(반응 – 실행 단계) : 행동으로 옮기기 위한 운동체계를 조직하는 단계

정답
16 ① 17 ① 18 ③ 19 ③ 20 ①

01 〈보기〉에서 설명하는 의례는?

| 보기 |
- 부족의 신화를 계승하는 춤을 익혔다.
- 식량 확보를 위한 수렵과 채집 활동을 하였다.
- 『삼국지』의 「위지동이전」에 '큰사람'으로 부른 기록이 있다.

① 영고(迎鼓)　　② 무천(舞天)
③ 동맹(東盟)　　④ 성년의식(成年儀式)

해설 영고는 부여의 제천행사, 무천은 동예의 제천행사, 동맹은 고구려의 제천행사이다.
삼국지의 위지동이전에 '큰사람'이라고 불렀다는 기록과 부족의 신화를 계승한다는 의미에서 성년의식이 답이다.

02 〈보기〉에서 설명하는 화랑도의 정신은?

| 보기 |
- 사군이충(事君以忠) : 충성심으로 임금을 섬김
- 사친이효(事親以孝) : 효심으로 부모를 섬김
- 교우이신(交友以信) : 신의를 바탕으로 벗을 사귐
- 살생유택(殺生有擇) : 생명체를 함부로 죽이지 않음
- 임전무퇴(臨戰無退) : 전쟁에 임할 때는 후퇴를 삼가함

① 삼강오륜(三綱五倫)
② 세속오계(世俗五戒)
③ 문무겸비(文武兼備)
④ 사단칠정(四端七情)

해설 화랑도의 정신은 원광의 세속오계로 교육했다.

03 고려시대의 무예에 대한 설명으로 적절하지 않은 것은?

① 무학교육기관으로 강예재(講藝齋)가 있었다.
② 수박희(手搏戲)는 인재 선발을 위한 기준이 되었다.
③ 격구(擊毬)는 군사훈련 및 여가활동으로 성행하였다.
④ 종합무예서인 『무예도보통지』가 편찬되었다.

해설 무예도보통지는 조선시대(정조)에 편찬되었다.

04 〈보기〉에서 설명하는 민속놀이는?

| 보기 |
- 귀족들이 즐겼던 놀이이다.
- 매를 길들여 꿩이나 기타 조류를 사냥하였다.

① 각저(角抵)　　② 방응(放鷹)
③ 격구(擊毬)　　④ 추천(鞦韆)

해설 귀족들이 매를 길들여 사냥을 즐겼던 매사냥은 방응을 말한다.

05 〈보기〉에서 설명하는 고려시대의 사건은?

| 보기 |
1170년 의종이 문신들과 보현원에 행차하였다. … (중략) … 대장군 이소응이 젊은 병사와 오병수박희(五兵手搏戲)를 겨루었고 패하였다. 그러자 젊은 문신 한뢰가 대장군 이소응의 뺨을 때리며 비웃었다. 이 광경을 보던 정중부와 이의방 등이 선동하여 반란을 일으켰다.

① 무신정변　　② 묘청의 난
③ 이자겸의 난　　④ 삼별초의 난

해설 젊은 문신이 대장군 이소응의 뺨을 때린 사건으로 무신이 반란을 일으켰다. 오병수박희(힘과 기술을 겨루는 놀이, 무인 선발의 중요 수단)가 무신 반란의 주요 원인 중 하나였다.

06 〈보기〉에서 설명하는 개화기 사립학교는?

┤ 보기 ├
- 무비자강(武備自强)을 강조하였다.
- 문예반 50명, 무예반 200명을 선발하였다.
- 1883년에 설립된 최초의 근대식 학교이다.

① 대성학교(大成學校)
② 오산학교(五山學校)
③ 원산학사(元山學舍)
④ 동래무예학교(東萊武藝學校)

해설 원산학사는 우리나라 최초의 근대식 학교이다. 동래무예학교의 영향을 받았으며, 전통 무예가 교육과정에 포함되어 있다. 문예반 및 무예반으로 학생을 뽑았다.

07 〈보기〉의 ㉠, ㉡에 들어갈 용어는?

┤ 보기 ├
- 나현성의 『한국체육사』에 따른 시대구분이다.
- 갑오경장(甲午更張) 이전은 무예를 중심으로 하는 (㉠)체육을 강조하였다.
- 갑오경장 이후는 「교육입국조서(敎育立國詔書)」를 중심으로 하는 (㉡)체육을 강조하였다.

	㉠	㉡		㉠	㉡
①	현대	전통	②	근대	전통
③	전통	현대	④	전통	현대

해설 1894년 갑오경장 전후의 체육에 대한 문제이다. 갑오개혁 이후 외국 문물과 근대 스포츠가 밀려 들어왔다.

08 조선시대 무과제도에 관한 설명으로 적절한 것은?

① 정기적으로만 실시하였다.
② 예조와 음양과에서 주관하였다.
③ 시험은 무예 실기만 시행되었다.
④ 초시, 복시, 전시의 3단계로 진행되었다.

해설 조선의 무과제도는 초시, 복시, 전시의 3단계로 진행되었으며, 초시(1차)는 무예(활쏘기), 복시(2차)는 경국대전과 병서와 경서 등의 시험을 치렀으며, 전시(3차)는 기마(말타기), 격구(말 타며 공치는 스포츠)를 시행하였고, 합격자는 선달이라고 불렀다. 무과제도는 3년마다 시행되는 식년시, 특별한 경사가 있을 경우 시행되는 별시가 있었다.

09 개화기 운동회에 대한 설명으로 적절한 것은?

① 일본인을 위한 축제의 성격이었다.
② 최초 시행 종목은 야구와 농구였다.
③ 우리나라 최초의 운동회는 화류회(花柳會)이다.
④ 학교 정규교과목으로 학생에게 장려된 활동이었다.

해설 우리나라 최초의 운동회는 화류회였고, 1896년 5월 2일 영어학교의 영국인 교수인 허치슨이 개최하였다. 영어학교와 기독교학교를 중심으로 운동회가 확산되었고, 학생 및 마을 대항으로 하는 단체전 위주였으며, 주로 육상종목이 실시되었다.

10 〈보기〉에서 설명하는 조선시대의 기관은?

┤ 보기 ├
- 무예의 수련을 담당하였다.
- 병서의 습독을 장려하였다.
- 군사의 시재(試才)를 담당하였다.

① 사정(射亭)
② 성균관(成均館)
③ 사역원(司譯院)
④ 훈련원(訓鍊院)

해설 조선시대에 무인 양성과 관련된 공식 교육 기관은 훈련원으로, 무예 연습과 병서를 강습하였다. 전국 각 지역에서 무사 양성 기능을 한 곳은 사정으로 무과 준비를 하고 훈련을 하는 교육기관이다. 성균관은 중앙의 국립대학으로 조선시대 고등교육기관이다. 사역원은 고려·조선시대에 외국어의 통·번역 및 외국어 교육을 담당했던 기관이다.

정답
01 ④ 02 ② 03 ④ 04 ② 05 ① 06 ③ 07 ③ 08 ④ 09 ③ 10 ④

11 『활인심방(活人心方)』에 대한 설명으로 적절하지 않은 것은?

① 이이(李珥)가 『활인심방』이라는 책을 펴냈다.
② 도인법(導引法)은 목 돌리기, 마찰, 다리의 굴신 등의 보건체조이다.
③ 사계양생가(四季養生歌)는 춘하추동으로 나누어 호흡하는 방법이다.
④ 활인심서(活人心序)는 기를 조절하고, 식욕을 줄이며, 욕망을 절제하는 방법이다.

> **해설** 활인심방은 이황이 중국의 주권이 저술한 책 "활인심"을 필사한 것으로 자신의 건강을 관리하였으며, 활인심방에는 도인법, 사계양생가, 활인심서 등이 있다.

12 〈보기〉에서 대한체육회에 대한 옳은 설명을 모두 고른 것은?

┤ 보기 ├
ㄱ 1920년 - 조선체육회가 창립되었다.
ㄴ 1948년 - 대한체육회로 개칭되었다.
ㄷ 1966년 - 태릉선수촌을 건립하였다.
ㄹ 2016년 - 국민생활체육회와 통합되었다.

① ㄴ, ㄷ
② ㄴ, ㄹ
③ ㄱ, ㄴ, ㄷ
④ ㄱ, ㄴ, ㄷ, ㄹ

> **해설** 대한체육회에 대한 설명으로, 명칭의 변화 및 활동에 대한 내용이다.

13 개화기에 도입된 스포츠에 대한 설명으로 옳지 않은 것은?

① 조원희는 교육체조를 보급하였다.
② 우치다(内田)는 검도를 보급하였다.
③ 질레트(P. Gillett)는 야구와 농구를 보급하였다.
④ 푸트(L. Foote)는 연식정구(척구)를 보급하였다.

> **해설** 검도는 1896년 경무청에서 교육 과목으로 채택하였다.

14 일제강점기 스포츠 종목의 도입에 대한 설명으로 옳지 않은 것은?

① 권투 - 1914년 경성구락부에서 소개하였다.
② 경식정구 - 1919년 조선철도국에서 소개하였다.
③ 스키 - 1921년 나카무라(中村)가 소개하였다.
④ 역도 - 1926년 서상천이 소개하였다.

> **해설** 권투는 1912년 광무대와 박승필이 조직한 유곽권구락부에서 회원들에게 지도하며 보급되었다.

15 〈보기〉에서 설명하는 최초의 체육진흥계획은?

┤ 보기 ├
• 국민생활체육협의회가 설립되었다.
• 서울올림픽기념 생활관이 건립되었다.
• '호돌이계획'으로 생활체육 진흥을 도모하는 계기가 되었다.

① 국민생활체육진흥종합계획
② 제1차 국민체육진흥5개년계획
③ 제2차 국민체육진흥5개년계획
④ 참여정부 국민체육진흥5개년계획

> **해설** 1989년 국민생활체육진흥종합계획(호돌이계획)에 대한 설명이다.

16 일제강점기 황국신민체조에 대한 설명으로 적절하지 않은 것은?

① 군국주의 함양을 위한 것이다.
② 무사도 정신을 고취하기 위한 것이다.
③ 식민지 통치체제의 일환으로 실시되었다.
④ 유희 중심의 체조 지도원리에 따라 교육되었다.

> **해설** 일제강점기 황국신민체조는 군국주의 함양과 무사도 정신을 고취하고, 식민지 통치제제의 일환을 위해서였으며, 유희 중심의 체조는 아니었다.

17 1936년 제11회 베를린올림픽경기대회 마라톤에서 손기정과 함께 입상한 선수는?

① 권태하   ② 남승룡

③ 서윤복   ④ 함길용

해설   베를린 올림픽에서 3위(동메달)로 입상한 선수는 남승룡 선수이다.

18 〈보기〉에서 설명하는 일제강점기의 체육시설은?

┤보기├

• 축구장, 야구장, 정구장, 수영장 등이 있었다.
• 전국규모의 대회와 올림픽경기대회 예선전 등이 열렸다.
• 1925년에 건립되었고, 1984년에 동대문운동장으로 개칭되었다.

① 경성운동장

② 효창운동장

③ 목동운동장

④ 잠실종합운동장

해설   경성운동장은 일제강점기의 대표적 스포츠시설로서 일본 황태자의 결혼 기념으로 세워졌다. 종합운동장으로는 당시 동양 최대 규모의 국제 경기장이었다. 각종 경기 대회의 개최를 통해 당시 체육의 중심지로서 중요한 역할을 담당하였으나 전시동원체제에 편승한 각종 행사가 자주 개최되던 장소였다.

19 〈보기〉의 설명과 관련 있는 정부는?

┤보기├

• 서울아시아경기대회를 개최하였다.
• 정부 행정조직에서 체육부가 신설되었다.
• 프로야구, 프로축구, 프로씨름 등이 출범하였다.

① 박정희 정부   ② 전두환 정부

③ 노태우 정부   ④ 김영삼 정부

해설   1980년대 전두환 정부에 프로야구, 프로축구, 프로씨름이 출범하였고, 체육부가 신설되었으며, 서울아시아경기대회를 개최하였다.

20 〈보기〉의 ㉠, ㉡에 들어갈 알맞은 국제대회의 명칭은?

┤보기├

• 1988년 개최된 (㉠)의 마스코트는 '호돌이'이다.
• 2018년 개최된 (㉡)의 마스코트는 '수호랑'과 '반다비'이다.

	㉠	㉡
①	서울올림픽경기대회	서울아시아경기대회
②	서울올림픽경기대회	부산아시아경기대회
③	서울올림픽경기대회	평창올림픽경기대회
④	부산아시아경기대회	평창올림픽경기대회

해설   1988년 "88서울올림픽", 2018년 "평창동계올림픽"이 개최되었다.

01 유산소 시스템의 특징으로 적절하지 <u>않은</u> 것은?

① 장시간의 저강도 운동 시 사용된다.
② 무산소 시스템에 비해 ATP 합성률이 빠르다.
③ 산소를 이용하여 에너지 기질(substrate)을 분해한다.
④ 에너지 기질로 탄수화물과 지방을 모두 이용할 수 있다.

해설 ATP합성속도는 ㉠ ATP-PC시스템, ㉡ 젖산 시스템, ㉢ 유산소 시스템 순서이다.

02 근육 내에서 산소를 운반하는 물질은?

① 알부민(albumin)
② 신경전달물질(neurotransmitter)
③ 마이오글로빈(myoglobin)
④ 아세틸콜린(acetylcholine)

해설 마이오글로빈이 세포막을 통과한 산소와 결합하여 미토콘드리아로 운반한다.

03 고강도 운동 시 ATP 합성에 사용되는 주요 기질(substrate)로 적절한 것은?

① 젖산
② 지방
③ 근육 단백질
④ 근육 글리코겐

해설 고강도 운동시에는 무산소성 시스템으로 ATP를 합성하고, 탄수화물을 주요 기질로 사용한다. 글리코겐은 탄수화물에서 변환된다.

04 〈보기〉가 설명하는 호르몬은?

┤ 보기 ├
• 부신수질로부터 분비된다.
• 운동의 강도와 시간이 증가함에 따라 분비가 증가하며, 지방조직과 근육 내 지방의 분해를 촉진하는 역할을 한다.

① 인슐린(insulin)
② 글루카곤(glucagon)
③ 에피네프린(epinephrine)
④ 알도스테론(aldosterone)

해설 인슐린은 췌장의 베타세포에서 분비되며, 혈당을 낮춘다. 글루카곤은 췌장의 알파세포에서 분비되며, 혈당을 상승시킨다. 알도스테론은 부신피질에서 분비되며, 나트륨과 수분의 재흡수를 촉진하고, 혈압의 저하를 막는다.

05 장기간의 저항성 트레이닝에 따른 골격근의 적응으로 적절하지 <u>않은</u> 것은?

① 근형질(sarcoplasm)의 양이 증가한다.
② 근원섬유(myofibril)의 수가 증가한다.
③ 속근섬유(type Ⅱ fiber)의 단면적이 증가한다.
④ 미토콘드리아(mitochondria)의 밀도가 증가한다.

해설 미토콘드리아의 수와 크기가 증가한다.

06 〈보기〉의 ㉠과 ㉡에 들어갈 용어를 바르게 나열한 것은?

┤ 보기 ├
지구성 트레이닝에 대한 적응으로 최대 동-정맥 산소차는 (㉠)하고, 최대 1회박출량(stroke volume)은 (㉡)한다.

	㉠	㉡		㉠	㉡
①	증가	증가	②	증가	감소
③	감소	감소	④	감소	증가

지구성 트레이닝으로 미토콘드리아의 수와 크기가 증가하고, 마이오글로빈 함량이 증가하며, 모세혈관 밀도가 증가한다. 또한 동정맥 산소 차이가 증가하고, 심장 기능의 향상(스포츠 심장)으로 최대 1회박출량도 증가한다.

07 〈보기〉의 신경세포 구조 및 전기적 활동에 관한 적절한 설명을 고른 것은?

┤ 보기 ├

㉠ 안정 시 신경세포 막의 안쪽은 Na^+의 농도가 높고, 바깥쪽은 K^+의 농도가 높다.

㉡ 역치(threshold)는 신경세포 막의 차등성전위 (graded potential)가 안정막전위(resting membrane potential)로 바뀌는 시점을 말한다.

㉢ 활동전위(action potential)는 신경세포 막의 탈분극(depolarization)을 유도한다.

㉣ 신경세포는 신경-근접합부(neuromuscular junction)를 통해 근섬유와 상호신호전달을 한다.

① ㉠, ㉡   ② ㉠, ㉣
③ ㉡, ㉢   ④ ㉢, ㉣

㉠ 안정 시 신경세포 막의 안쪽은 K^+의 농도가 높고, 바깥쪽은 Na^+의 농도가 높다.
㉡ 역치는 신경세포 막의 차등성전위가 활동전위로 바뀌는 시점을 말한다.

08 적혈구용적률(hematocrit)에 관한 설명으로 적절한 것은?

① 높은 적혈구용적률(60% 이상)은 혈액의 흐름을 수월하게 한다.

② 일반적으로 성인 여성이 성인 남성보다는 높은 적혈구용적률을 보인다.

③ 전체 혈액량 대비 혈장(plasma)량의 비율이 높을수록 적혈구용적률은 낮다.

④ 지구성 트레이닝에 대한 적응으로 혈장량이 감소하여 적혈구용적률은 증가한다.

적혈구용적률은 혈액 중 적혈구의 비율을 나타낸다. 남성은 45% 내외, 여성은 40% 내외를 정상으로 본다. 높은 적혈구용적률은 탈수증을 의심할 수 있다.

09 근세사 활주설(sliding filament theory)에 관한 설명으로 적절하지 않은 것은?

① 액틴(actin)은 근절(sarcomere)의 중앙부위로 마이오신(myosin)을 잡아당긴다.

② 마이오신 머리(myosin head)에 있는 인산기(Pi)가 방출되면서 파워 스트로크(power stroke)가 일어난다.

③ 활동전위는 근형질세망(sarcoplasmic reticulum)으로부터 나온 Ca^{2+}을 근형질(sarcoplasm) 내로 유입하게 한다.

④ Ca^{2+}은 액틴 세사의 트로포닌(troponin)과 결합하고 트로포닌은 트로포마이오신(tropomyosin)을 이동시켜 마이오신 머리가 액틴과 결합할 수 있도록 한다.

액틴이 마이오신 쪽으로 미끄러져 들어가면서 근육의 수축이 발생한다.

---

01 ②   02 ③   03 ④   04 ③   05 ④   06 ①   07 ④   08 ③   09 ①

10 〈보기〉는 산소-헤모글로빈 해리 곡선의 운동 시 변화에 관한 설명이다. ㉠, ㉡, ㉢, ㉣에 들어갈 용어를 바르게 나열한 것은?

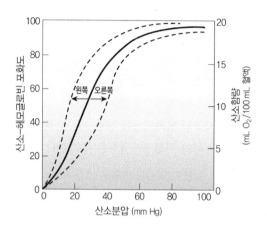

| 보기 |

• 심부체온이 증가하여 산소-헤모글로빈 해리 곡선은 (㉠)으로 이동하며, 헤모글로빈의 산소 친화력을 (㉡)시킨다.
• 신체의 pH가 감소하여 산소-헤모글로빈 해리 곡선은 (㉢)으로 이동하며, 헤모글로빈의 산소 친화력을 (㉣)시킨다.

	㉠	㉡	㉢	㉣
①	오른쪽	감소	오른쪽	감소
②	오른쪽	증가	왼쪽	감소
③	왼쪽	증가	왼쪽	증가
④	왼쪽	감소	오른쪽	증가

해설 운동을 하면 체온이 상승하고, 신체의 pH감소, 이산화탄소분압이 증가하여, 해리 곡선이 오른쪽으로 이동한다. 그리고 동정맥 산소차가 증가하여 조직에 더 많은 산소를 공급한다.

11 〈보기〉의 근수축 유형에 따른 힘-속도-파워 간의 관계에 관한 설명으로 적절한 것만 고른 것은?

| 보기 |

㉠ 신장성 수축은 수축 속도가 빠를수록 힘이 더 증가한다.
㉡ 단축성 수축은 수축 속도가 빠를수록 최대파워가 더 증가한다.
㉢ 동일 근육에서의 느린 단축성 수축은 빠른 신장성 수축에 비해 더 큰 힘이 생성된다.
㉣ 동일 근육에서의 신장성 수축은 단축성 수축에 비해 같은 속도에서 더 큰 힘이 생성된다.

① ㉠, ㉢ 　　　② ㉠, ㉢, ㉣
③ ㉠, ㉣ 　　　④ ㉡, ㉢

해설 ㉡ 단축성 수축은 수축 속도가 빨라지면 힘은 점차적으로 감소한다.
㉢ 동일 근육에서 빠른 신장성 수축이 느린 단축성 수축보다 더 큰 힘을 생성한다.

12 장시간의 운동 시 발생하는 탈수현상이 심혈관에 미치는 영향으로 적절한 것은?

① 혈액량이 점차 증가한다.
② 심박수가 점차 증가한다.
③ 심실의 확장기말 용량(end-diastolic volume)이 점차 증가한다.
④ 우심방으로 돌아오는 정맥환류(venous return)의 양이 점차 증가한다.

해설 장시간 운동 시 탈수현상으로 인하여 체내 수분 손실은 혈장량과 혈압을 감소시켜 근육, 피부로의 혈류를 감소시키고, 심박수는 증가한다.

13 운동단위(motor unit)에 관한 설명으로 적절한 것은?

① 하나의 근섬유와 연결되는 여러 개의 알파운동 뉴런을 말한다.

② Type Ⅰ 운동단위는 Type Ⅱ 운동단위보다 단위 당 근섬유 수가 많다.

③ Type Ⅰ 운동단위는 Type Ⅱ 운동단위보다 단위 일반적으로 먼저 동원된다.

④ Type Ⅰ 운동단위는 Type Ⅱ 운동단위보다 알파운동뉴런의 크기가 크다.

> **해설** 운동단위는 하나의 알파운동뉴런과 여러 개의 근섬유가 연결되어 있는 것을 말하며, Type Ⅰ 운동단위는 Type Ⅱ 운동단위보다 단위 당 근섬유 수가 적다. Type Ⅰ 운동단위는 Type Ⅱ 운동단위보다 알파운동뉴런의 크기가 작다.

14 〈보기〉가 설명하는 호르몬은?

> **보기**
> • 운동 시 뇌하수체 전엽에서 분비된다.
> • 트라이아이오드타이로닌(T_3)과 티록신(T_4) 호르몬의 분비를 조절한다.

① 갑상선자극호르몬(thyroid–stimulating hormone)

② 노르에피네프린(norepinephrine)

③ 성장호르몬(growth hormone)

④ 인슐린(insulin)

> **해설** 트라이아이오드타이로닌(T_3)과 티록신(T_4)은 갑상선 호르몬이다. 갑상선자극호르몬은 뇌하수체 전엽에서 분비된다. 노르에피네프린은 부신수질에서 분비되고, 성장호르몬은 뇌하수체 전엽에서 분비된다. 인슐린은 췌장에서 분비된다.

15 〈보기〉에서 ㉠과 ㉡의 근섬유 유형별 특성으로 적절한 것은?

> **보기**
> 훈련되지 않은 사람과 비교하여 단거리 선수의 장딴지 근육은 주로 (㉠)의 비율이 높고, 장거리 수영선수의 팔 근육은 (㉡)의 비율이 높은 경향이 있다.

① ㉠은 ㉡에 비하여 수축 속도가 느리다.

② ㉠은 ㉡에 비하여 피로에 대한 저항성이 낮다.

③ ㉡은 ㉠에 비하여 미토콘드리아 밀도가 낮다.

④ ㉡은 ㉠에 비하여 해당 능력(glycolytic capacity)이 높다.

> **해설** ㉠은 Type Ⅱ 섬유(속근섬유), ㉡은 Type Ⅰ 섬유(지근섬유)를 말한다.

16 〈보기〉가 설명하는 것은?

> **보기**
> • 우심방 벽에 위치한다.
> • 심장수축을 위한 전기적 자극이 시작되므로 페이스메이커(pacemaker)라고 한다.

① 동방결절(SA node)

② 퍼킨제섬유(purkinje fibers)

③ 방실다발(AV bundle)

④ 삼첨판막(tricuspid valve)

> **해설** 우심방 벽에 위치한 페이스메이커는 동방결절이다.

17 저강도(1 RM의 30~40%)의 고반복(세트당 20~25회) 저항성 트레이닝에 따른 골격근의 주요 변화로 적절한 것은?

① 근비대(muscle hypertrophy)

② 근력(muscle strength) 향상

③ 근파워(muscle power) 향상

④ 근지구력(muscle endurance) 향상

해설 저강도의 고반복 저항성 훈련은 근지구력을 향상시킨다.

18 〈보기〉에서 인체 내 가스교환에 관한 설명 중 ㉠과 ㉡에 들어갈 용어를 바르게 나열한 것은?

┤ 보기 ├
- 운동 시 폐포로 유입된 (㉠)는 폐 모세혈관으로 확산된다.
- 운동 시 근육에서 생성된 (㉡)는 모세혈관으로 확산된다.

	㉠	㉡
①	산소	산소
②	산소	이산화탄소
③	이산화탄소	이산화탄소
④	이산화탄소	산소

해설 ㉠ 산소는 폐포에서 폐 모세혈관으로 확산되고, 이산화탄소는 배출된다.
㉡ 이산화탄소는 근육에서 생성되어 산소와 교환되며 모세혈관으로 확산된다.

19 운동 시 교감신경계의 활성화에 따른 반응으로 적절하지 <u>않은</u> 것은?

① 심박수가 증가한다.

② 소화기계 활동이 증가한다.

③ 골격근의 혈류량이 증가한다.

④ 호흡수 및 가스교환율이 증가한다.

해설 교감신경계는 운동, 흥분, 위험 상황 등에서 활성화되는데, 이는 심박수 증가, 혈관의 수축, 혈압 상승 등의 반응이 나타난다. 소화기계의 활동의 증가는 부교감신경계의 활성화로 나타난다.

20 장기간의 유산소 트레이닝에 따른 심혈관계의 적응으로 적절하지 <u>않은</u> 것은?

① 안정시 심박수 감소

② 최대산소섭취량(VO₂max) 증가

③ 최대 심박출량(cardiac output) 증가

④ 안정시 1회박출량(stroke volume) 감소

해설 심실 이완기 말의 용량 증가 및 평균 동맥 혈압의 감소, 심실 수축력의 증가로 인하여 안정 시 1회박출량은 증가한다.

운동역학 (66)

01 수영 동작의 운동학(kinematics)적 분석이 <u>아닌</u> 것은?

① 저항력(drag force) 분석

② 턴 거리(turn distance) 분석

③ 스트로크 길이(stroke length) 분석

④ 추진 속도(propelling velocity) 분석

> **해설** 수영의 동작을 생각해 보면 스타트, 스트로크, 추진 속도, 턴 거리를 분석하여 훈련에 적용하는 것이 효과적인 방법이다. 저항력은 비행기와 같은 장비의 유체에 방해되는 힘을 분석하여 효율적인 장비 개발에 필요한 사항이어서 거리가 멀다.

02 힘(force)에 관한 설명으로 옳지 <u>않은</u> 것은?

① 단위는 m/s이다.

② 벡터(vector)이다.

③ 중력(gravitational force)은 힘이다.

④ 내력(internal force)과 외력(external force)으로 구분할 수 있다.

> **해설** m/s는 가속도의 단위이다. 힘의 단위는 N(뉴턴)을 사용한다.

03 보행 동작에서 지면으로부터 보행자의 발에 가해지는 힘은?

① 근력(muscle force)

② 부력(buoyant force)

③ 중력(gravitational force)

④ 지면반력(ground reaction force)

> **해설**
> ① 근력 : 근육의 수축으로 인하여 발현되는 힘
> ② 부력 : 물이나 공기 같은 유체 담긴 물체가 유체로부터 중력과 반대 방향인 윗방향으로 받는 힘
> ③ 중력 : 두 질량 사이에 작용하는 힘
> ④ 지면반력 : 지면에 힘을 가했을 때의 반작용력. 모든 물체는 중력을 받기 때문에 운동 법칙에 따라 동등한 크기의 힘이 지면에서 물체에 작용하게 된다.

04 〈보기〉에서 근수축 형태와 기계적 일(mechanical work)과의 관계를 설명한 것 중 옳은 것만을 모두 고른 것은?

> ┤ 보기 ├
> ㉠ 위팔두갈래근(상완이두근, biceps brachii)의 신장성 수축(eccentric contraction)은 팔꿉관절(elbow joint)에 대해 양(positive)의 일을 한다.
> ㉡ 위팔두갈래근의 단축성 수축(concentric contration)은 팔꿉관절에 대해 음(negative)의 일을 한다.
> ㉢ 위팔두갈래근의 등척성 수축(isometric contration)이 팔꿈관절에 대해 한 일은 0이다.

① ㉠, ㉡, ㉢

② ㉠, ㉢

③ ㉡, ㉢

④ ㉢

> **해설** 위팔두갈래근(상완이두근)에서는 단축성 수축은 양, 신장성 수축은 음의 일을 한다.

05 충격량(impulse)에 관한 설명으로 옳지 <u>않은</u> 것은?

① 스칼라(scalar)이다.

② 단위는 kg · m/s이다.

③ 운동량(momentum) 변화의 원인이 된다.

④ 시간에 대한 힘의 곡선을 적분한 값이다.

해설 스칼라는 크기만을 나타내는 물리량으로 길이, 넓이, 시간, 온도, 질량, 속력, 에너지 등을 말한다. 충격량 (impulse)은 물체가 받는 힘과 시간을 곱한 것으로 벡터이다.

06 신체 관절의 움직임 자유도(degree of freedom)에 관한 설명으로 옳은 것은?

① 절구관절(ball and socket joint)의 움직임 자유도는 3이다.
② 타원관절(ellipsoid joint)의 움직임 자유도는 3이다.
③ 경첩관절(hinge joint)의 움직임 자유도는 2이다.
④ 중쇠관절(pivot joint)의 움직임 자유도는 2이다.

해설 자유도는 관절에서 가능한 독립적인 움직임의 방향의 수를 말하며, 몇 개의 운동면에서 움직임이 가능한지를 뜻한다.

이름	설명	운동	종류	자유도
평면 관절 (planar joint)	1축으로 면이 맞대어 있어 미끄럼과 돌림 운동이 가능하다.	미끄러지는 운동	손목·발목뼈 사이 관절과 견쇄관절	0
경첩관절 (hinge joint)	뼈의 장축과 직각을 이루는 한 방향으로만 운동한다.	굴곡과 신전	팔꿈치, 무릎, 손가락관절	1
중쇠관절 (pivot joint)	중심축 주위를 돌아가는 운동으로 단축관절이다.	회외와 회내	환추와 축추, 요골과 척골, 비골과 경골	1
타원관절 (condyloid/ ellipsoidal joint)	2개의 축 주위로 운동이 일어난다.	굴곡과 신전, 외전과 내전	손목관절, 중수지관절	2
안장관절 (saddle joint)	관절면이 말 안장처럼 생겨 2개의 축 주위로 각을 이루는 운동이 가능하다.	굴골과 신전, 외전과 내전	엄지손가락 관절	2
절구관절 (ball-socket joint)	소켓 모양으로 여러 방향으로 운동이 가능하다.	굴곡, 신전과 외전 내전, 외회전, 내회전	어깨관절, 고관절	3

07 3종 지레에 관한 설명으로 옳지 않은 것은?

① 팔꿈치 굽힘(굴곡, flexion) 동작은 3종 지레의 특성으로 이해할 수 있다.
② 받침점(회전중심)을 기준으로 저항점 위치가 힘점의 위치보다 더 멀다.
③ 관절의 평형상태를 유지하기 위해 저항력보다 더 큰 근력이 요구된다.
④ 기계적 확대율(mechanical advantage)은 1보다 크다.

해설 기계적 확대율은 지렛대, 경사면, 쐐기, 축바퀴, 도르래와 같은 기계로 확대시킨 힘의 효율을 말한다. 3종 지레의 기계적 확대율은 1보다 작다.
▶ 3종 지레
• 힘점이 축과 작용점 사이에 있다(작용점, 힘점, 받침점 순서).
• 받침점과 힘점의 위치가 반대로 되어 있어 작용점이 힘점보다 먼 지레를 말한다.
• 물체를 들어 올리려면 더 큰 힘을 주어야 한다.
• 삽질, 핀셋, 테니스 서브, 팔꿈치 굴곡 시 등

08 근전도(electromyography, EMG) 신호에 관한 설명으로 옳은 것은?

① 양과 음의 값을 모두 가지고 있다.
② 신호의 분석을 통해 관절 각도를 측정할 수 있다.
③ 측정 시간을 곱한 값을 선형 포락선(linear envelop)이라고 한다.
④ 진폭(amplitude)과 근력과의 관계는 근육의 수축 형태와 상관이 없다.

해설 근전도는 근육에서 발생하는 전기 신호를 측정하는 장치로, 수축에 대한 신호를 표시한다. 근전도의 신호는 선형곡선을 나타낸다.

09 〈보기〉의 그래프에 대한 설명으로 옳은 것은?

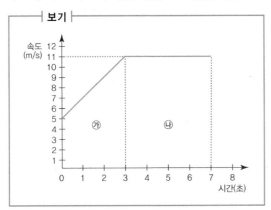

① ㉮구간의 가속도는 증가한다.
② ㉯구간의 가속도는 1m/s²이다.
③ ㉮구간의 가속도가 ㉯구간의 가속도보다 크다.
④ ㉯구간은 정지한 상태이다.

해설 가속도 = (처음 속도 − 나중 속도) / 시간
① 각 초당 계산해 보면 각 초 구간에서 약 2m/s²로 같은 등가속운동이다.
② ㉯구간의 가속도는 0이다.
④ ㉯구간은 같은 속도로 움직이는 등속운동 중이다.

10 각운동에 관한 내용으로 옳은 것은?

① "접선속도(선속도) = 반지름 × 각속도"에서 각속도의 단위는 도(degree)이다.
② 반지름(회전반경)의 크기가 커지만 1라디안(radian)의 크기는 커진다.
③ 라디안은 반지름과 호의 길이의 비율로 계산한다.
④ 360도는 2라디안이다.

해설 ① 접선속도(선속도) = 반지름 × 각속도이고 단위는 m/s이다.

② 호의 길이를 원의 반지름으로 나눈 값이므로, 분모가 커지면 1라디안 크기는 감소한다.
④ 180°는 π로 설정하였고, 360°는 2π 라디안이다.

11 해머던지기에서 구심력과 원심력에 관한 설명으로 옳지 <u>않은</u> 것은?

① 7kg의 해머와 비교하여 14kg의 해머를 동일한 각속도로 회전시키려면 선수는 구심력을 두 배로 증가시켜야 한다.
② 직선으로 운동하려는 해머의 관성을 이겨내고 원형경로를 유지하려면 안쪽으로 당기는 힘이 요구된다.
③ 해머의 각속도를 두 배로 증가시키려면, 선수는 두 배의 힘으로 해머를 안쪽으로 당겨야 한다.
④ 선수가 해머를 안쪽으로 당기는 힘을 증가시키면 해머도 선수를 당기는 힘을 증가시킨다.

해설 • 구심력 : 회전 운동에서 회전 중심으로 향하는 힘
• 원심력 : 원 운동을 하고 있는 물체에 나타나는 관성

12 반발계수(coefficient of restitution)에 관한 설명으로 적절하지 <u>않은</u> 것은?

① 0에서 1 사이의 값이다.
② 두 물체 간의 충돌 전후의 상대속도의 비율로 측정한다.
③ 완전탄성충돌(perfectly elastic collision)의 반발계수는 1이다.
④ 공을 떨어뜨린(drop) 높이와 공이 지면에서 튀어오른(bounce) 높이의 차이 값이다.

해설 반발계수
• 두 물체가 충돌할 때 충돌의 탄성 정도를 나타내는 수치

- 완전탄성충돌은 반발계수가 1이다(현실에서는 완전탄성충돌은 일어나지 않음).
- 완전비탄성충돌은 반발계수가 0이다.
- 반발계수는 충돌 전과 후의 상대속도의 비이다.

13 골프에 관한 운동학(kinematics)적 또는 운동역학(kinetics)적 개념에 관한 설명으로 옳은 것은? (단, 샤프트(shaft)는 휘어지지 않는다고 가정함)

① 드라이버 스윙 시 헤드(head)와 샤프트의 각속도는 다르다.
② 골프공의 반발계수를 작게 하면 더 멀리 보낼 수 있다.
③ 샤프트의 길이가 길어지면 샤프트의 관성모멘트는 작아진다.
④ 7번 아이언 헤드의 선속도는 헤드의 각속도와 샤프트의 길이에 비례한다.

> **해설** ① 각속도는 회전하는 물체의 각 변위를 소요 시간으로 나눈 값이다. 드라이버 스윙 시 헤드와 샤프트의 같은 각도만 움직이기 때문에 각속도는 같다.
> ② 반발계수는 두 물체가 충돌할 때 충돌의 탄성 정도를 나타내는 것이므로, 헤드와 골프공의 반발계수가 1에 가까워야 멀리 보낼 수 있다.
> ③ 샤프트의 길이가 길어지면 관성 모멘트가 커진다.

14 각운동량의 보존과 전이에 관한 운동 동작의 예시로 적절하지 <u>않은</u> 것은?

① 배구에서 공중 스파이크를 하기 전에 팔과 다리를 함께 뒤로 굽히는 동작
② 높이뛰기에서 발 구름을 할 때 지지하는 다리를 최대한 구부리는 동작
③ 멀리뛰기에서 착지하기 전에 팔과 다리를 함께 앞으로 당기는 동작
④ 다이빙에서 공중회전을 할 때 팔을 몸통 쪽으로 모으는 동작

> **해설** 높이뛰기 발 구름에서 지지하는 다리를 구부리면 지면반력의 전이가 이뤄지지 않는다.

15 영상분석에 관한 설명으로 옳지 <u>않은</u> 것은?

① 2차원 영상분석은 평면상에서 관찰되는 운동을 분석하는 것이다.
② 3차원 영상분석은 2대 이상의 카메라를 사용한다.
③ 운동역학(kinetics)적 변인을 직접 측정할 수 있다.
④ 동작의 정량적 분석이 가능하다.

> **해설** 운동역학(kinetics)의 변인은 지면반력, 마찰력, 힘, 근력, 토크, 관성 모멘트 등이다.

16 100m 달리기경주에서 80kg인 선수가 출발 3초 후 12m/s의 속도가 되었다면 달리는 방향으로 발휘한 평균 힘의 크기는?

① 240N ② 320N
③ 800N ④ 960N

> **해설** N(뉴턴)은 질량 1kg의 물체에 작용하여 1m/s의 가속도를 일으키는 힘의 크기를 말한다.
> 80kg인 선수가 12m/s의 속도이므로 두 조건은 곱하고, 발휘한 평균의 힘을 구하는 것이므로 3초로 나눈다.
> * 발휘한 평균 힘 = 80kg × 12m/s/3초 = 320N

17 〈보기〉에서 무게중심(center of gravity)이 신체 내부에 위치하는 자세를 모두 고른 것은?

① ㉠, ㉡, ㉢, ㉣ 　　② ㉠, ㉢
③ ㉡, ㉢, ㉣ 　　　　④ ㉢

해설 무게중심은 물체의 무게가 집중된 점으로, 이 점을 중심으로 물체는 완전한 균형을 이루기 때문에 신체나 한 부분에 자신만의 무게중심이 있다.
무게중심점은 인체 내부에 있기도 하고, 외부에 있을 수도 있다. 멀리뛰기의 공중 동작과 같이 앞으로 몸을 접은 파이크(pike) 동작은 무게중심을 앞쪽으로 이동시켜 신체 외부에 있다. 허리를 뒤로 젖힌 자세나 배면뛰기와 같은 동작에서는 엉덩이나 허리 아래/바깥쪽으로 무게중심이 이동한다.

18 〈보기〉의 다이빙 선수가 가지는 에너지의 변화에 관한 설명에서 ㉠, ㉡, ㉢에 들어갈 용어로 적절한 것은?

┤ 보기 ├
플랫폼에서 정지하고 있는 선수의 (㉠)에너지는 0이고, 낙하할수록 (㉡)에너지는 감소하고, (㉢) 에너지는 증가하게 된다.

	㉠	㉡	㉢
①	운동	운동	역학적
②	운동	위치	운동
③	역학적	위치	운동
④	운동	위치	역학적

해설 • 운동 에너지 : 운동으로 인해 물체가 일을 할 수 있는 능력을 의미한다.
• 위치 에너지 : 물체가 높은 위치에 저장된 에너지를 말한다.
높은 플랫폼에 있는 선수는 아직 운동을 시작하지 않았고, 높은 위치에서 있으므로, 운동 에너지는 0, 위치 에너지는 최대이다(주어진 상황에서). 낙하하기 시작하면 운동 에너지가 발생하고 위치 에너지는 점점 감소하고 물에 떨어지면 0이 된다.

19 운동의 형태에 과한 설명으로 옳은 것은?
① 병진운동은 회전축 주위를 일정한 각도로 이동하는 운동이다.
② 복합운동은 선운동과 병진운동이 결합되어 나타나는 운동이다.
③ 곡선운동은 회전운동이 아닌 병진운동에서 일어나는 운동이다.
④ 회전운동은 신체의 각 부위가 동일한 거리를 이동하는 운동이다.

정답
13 ④　14 ②　15 ③　16 ②　17 ④　18 ②　19 ③

해설 ① 병진운동은 스케이트 선수가 정적인 자세를 취하고 미끄러져 나가는 것처럼 신체의 모든 부분이 같은 시간에 동일한 거리와 동일한 방향으로 움직이는 운동이다.
② 복합운동은 병진운동과 회전운동이 결합되어 나타나는 운동이다.
④ 회전운동은 회전축 주위를 일정한 각도로 이동하는 운동이다.

20 야구공이 야구배트의 회전축에서부터 0.5m 지점에서 타격되었다. 야구공이 타격되는 순간 배트의 각속도가 50rad/s이면 타격지점에서 배트의 선속도는?

① 12.5m/s ② 12.5rad/s
③ 25m/s ④ 25rad/s

해설 라디안(rad)은 직선의 교차점을 중심으로 하는 원을 그렸을 때, 원주가 두 직선에 의해 잘린 원호의 길이를 원의 반지름으로 나눈 값으로 차원이 없는 양이다. 라디안은 다른 단위와 곱하면, 차원이 없는 단위이기 때문에 없어진다.
* 선속도 = 회전반경(반지름) × 각속도
= 50cm × 50rad/s
= 25m/s

 스포츠윤리 (77)

01 스포츠윤리의 역할로 적절하지 <u>않은</u> 것은?

① 스포츠 현상에 대한 사실만을 기술한다.
② 스포츠인의 행위에서 요구되는 도덕적 원리와 덕목을 고찰한다.
③ 도덕적 의미의 용어를 스포츠 환경에 적용할 때 그 기준과 방법에 대해 탐색한다.
④ 스포츠 상황에서 행동과 목적의 옳고 그름을 결정할 수 있는 근본원리를 탐색한다.

해설 스포츠 윤리
• 스포츠 상황에서 발생하는 문제들을 해결하기 위해 옳은 행동과 좋은 목적을 결정하도록 기준과 원리를 제시한다.
• 일반 윤리의 도덕적 표준과 행동원리를 바탕으로 스포츠 상황에 대입한다.
• 스포츠인으로서 갖추어야 할 기본적인 도덕적 품성을 중요시 여긴다.
• 공정성, 정정당당함, 배려, 정의, 용기 등의 덕목을 강조한다.

02 가치판단의 사례로 적절하지 <u>않은</u> 것은?

① 2020년 제32회 도쿄올림픽이 1년 연기되었다.
② 선수들에게 폭력을 행사하면 안 된다.
③ 피겨스케이팅 선수들의 연기는 매우 아름답다.
④ 스포츠 선수들의 기부는 사회적으로 긍정적인 영향을 준다.

해설 가치판단은 가치, 선과 악, 좋음과 나쁨 등에 판단하는 것이고 개인마다 중요하게 생각하는 가치가 다르므로 참과 거짓을 확인하기 어렵다.
도쿄올림픽을 연기한 것은 코로나 팬데믹의 문제로 인해 연기한 사실판단이다.

03 〈보기〉의 ㉠, ㉡에 들어갈 용어로 바른 것은?

> ┤ 보기 ├
>
> 스포츠에는 (㉠)적 요소와 (㉡)적 요소가 모두 내재되어 있다. (㉠)적 요소는 경기에 긴장과 흥미를 불러일으킨다. 선수들은 승리하려는 강렬한 욕망으로 인해 경기에 몰입하고, 스포츠팬들 역시 승부로 인해 응원의 동기를 갖게 된다. 그러나 경쟁심이 과열되고 승리가 절대화될 경우 제도화된 규칙이 무시될 우려가 있으며, 스포츠는 폭력의 투쟁으로 변질될 수 있다. 이것이 스포츠에서 (㉠)적 요소보다 (㉡)적 요소를 더욱 중시하는 이유이다.

① ㉠ 도덕(morality)
　 ㉡ 윤리(ethics)
② ㉠ 미미크리(mimicry)
　 ㉡ 일링크스(ilinx)
③ ㉠ 아곤(agon)
　 ㉡ 아레테(aretē)
④ ㉠ 사실판단(factual judgement)
　 ㉡ 가치판단(value judgement)

> **해설** • 아곤 : 고대 그리스인은 아곤에서의 승리가 삶의 목표이고, 그리스교육에서는 아곤의 승리를 위한 교육을 강조하였다. 아곤(경쟁)은 전쟁과 싸움과 같은 폭력적 상호작용을 제도화한 규칙을 통해 순화시킨 활동이다.
> • 아레테 : 인간답게 만들어 주는 자질, '덕'의 개념이다. 덕, 훌륭한 상태, 탁월성의 의미로 해석된다. 스포츠의 아레테는 스스로의 가능성을 활용하여 최고의 결과를 내려는 태도라고 할 수 있다.
> • 미미크리 : 모방·의태, 역할을 의미하며 사람들이 실제 세계에서 하지 못하는 일들을 놀이에서 느끼면서 큰 기쁨을 느낀다.
> • 일링크스 : 현기증으로 번역되며, 기분 좋은 패닉, 스릴을 말한다.

04 에토스(ethos)의 실천으로 적절하지 <u>않은</u> 것은?

① 축구에서 상대 선수가 부상으로 쓰러져 걱정되는 마음에 공을 경기장 밖으로 걷어냈다.
② 배구에서 블로킹할 때 훈련된 대로 네트에 손이 닿지 않도록 주의를 기울였다.
③ 야구에서 투수가 던진 공에 상대팀 타자가 맞아 투수는 모자를 벗어 타자에게 미안함을 표현했다.
④ 농구에서 경기 종료 1분을 남기고, 우리 팀이 큰 점수 차로 이기고 있는 상황에서 감독은 상대를 배려하는 마음에 작전타임을 부르지 않았다.

> **해설** 에토스 : 성격, 관습을 의미하는 고대 그리스어이다. 사람의 특정적인 성질이나 태도, 보편인 도덕을 말한다. 고유의 품성, 체형, 자세, 옷차림, 목소리, 단어 선택, 시선, 성실, 신뢰, 카리스마 등이 속한다. 에토스적 관점은 도덕적 책임감을 요구하는 것이다.

05 〈보기〉의 괄호에 들어갈 용어로 적절한 것은?

> ┤ 보기 ├
>
> 스포츠윤리 교육의 목적은 스포츠인의 도덕적 ( ) 함양이라고 할 수 있다. 도덕적 ( )이란 "도덕적 문제에 대한 비판적, 독립적인 사고를 바탕으로 스포츠 상황에 적용하는 능력"을 의미한다.

① 민감성　　　　② 존엄성
③ 자율성　　　　④ 우월성

> **해설** 스포츠 윤리의 목적
> • 스포츠 상황에서 발생할 수 있는 비윤리적인 사례를 미리 학습하여, 앞으로 일어날 수 있는 상황에 대처할 수 있도록 '스포츠인의 도덕적 자율성 함양'을 목적으로 한다.
> • 복잡한 윤리적인 문제들을 분석하고, 바람직한 해결능력을 키우는 것이다.

06 〈보기〉에서 의무론적 도덕 추론에 해당하는 것을 바르게 고른 것은?

┤ 보기 ├

㉠ 행위의 결과에 상관없이 절대적인 도덕규칙에 따라 판단을 내린다.

㉡ 행위를 함에 있어 유용성의 원리, 공평성의 원리 등이 적용된다.

㉢ 행위의 옳고 그름은 그 행위로 인해 발생하는 결과에 따라 결정된다.

㉣ 의무론적 도덕 추론은 정언적 도덕 추론이라고도 한다.

㉤ 행위에 있어 선의지가 중요하며, 목적은 수단을 정당화할 수 없다.

① ㉠, ㉡, ㉣   ② ㉠, ㉣, ㉤
③ ㉡, ㉢, ㉤   ④ ㉢, ㉣, ㉤

해설 ㉡, ㉢은 결과론적 윤리 체계
▶ 의무론적 윤리체계
• 행위에 대한 옳고 그름은 행위의 결과의 좋고 나쁨으로 판단하는 결과론적 윤리체계와는 달리, 행위 자체가 도덕규칙을 지키는지를 판단기준으로 한다.
• 결과의 좋음과 도덕적 옳음은 서로 무관하다 여기고 목적이 수단을 정당화할 수 없다고 강조한다.
• 선의지 : '선한 의도', '선을 행하려는 뜻'. 칸트의 핵심 개념이다. 좋은 결과나 특정한 목적 달성과는 무관한 '선에 대한 순수한 동기'를 말한다.
• 도덕성의 기준은 '선의지'이며, 의무의 무조건적인 이행이 곧 선의지다.

07 〈보기〉에서 국제축구연맹(FIFA)의 판단과정에 영향을 준 윤리 이론은?

┤ 보기 ├

국제축구연맹은 선수부상 위험과 종교적인 갈등을 불러일으킬 수 있다는 이유로 경기 중 히잡(hijab) 착용을 금지했었다. 그러나 국제축구연맹 부회장인 알리 빈 알 후세인은 이러한 조치가 오히려 종교적인 역차별이라는 주장을 내세우며 제도개선을 요구하였다. 오늘날 국제축구연맹은 히잡을 쓴 이슬람권 여성 선수의 참가를 허용하고 있다.

① 윤리적 의무주의   ② 윤리적 절대주의
③ 윤리적 상대주의   ④ 윤리적 환원주의

해설 • 윤리적 의무주의 : 이성이 무엇이 옳은 것인지 알려주면 이를 따르려는 의지, 동기
• 윤리적 절대주의 : 예외를 인정하지 않는 절대적인 도덕법칙에 따라 행위의 옳고 그름을 판단하는 것이다.
• 윤리적 상대주의 : 정해진 도덕규칙을 인정하지 않으며, 산출될 결과에 따라 행위의 옳고 그름을 판단하는 것이다.
• 윤리적 환원주의 : 복잡하고 추상적인 사상이나 개념을 단일 레벨의 기본적인 요소로부터 설명하려는 관점이다. 한 영역의 대상, 속성, 개념, 법칙, 사실, 이론, 언어 등을 다른 영역의 그러한 것들로 대치하려는 사고의 형태이다.

08 도핑검사에서 선수의 역할 및 책임으로 적절하지 않은 것은?

① 시료채취가 언제든 가능하도록 해야 한다.

② 의료진에게 운동선수임을 고지해야 한다.

③ 도핑방지규정위반을 조사하는 도핑방지기구에 협력해야 한다.

④ 치료목적으로 처방되어 사용(복용)한 물질에 대해서는 책임지지 않는다.

해설 ④ 선수는 자신이 사용한 물질에 대해 책임을 져야 하며, 치료목적이면 치료 전에 사전 절차(치료목적사용면책)를 준비하여야 한다.
- 치료목적사용면책(TUE) : 선수의 금지약물 및 금지방법의 검출, 사용(사용시도), 소지, 투여가 도핑방지규정위반으로 간주되지 않고 치료목적의 사용임을 증명해주는 금지약물 및 금지방법 사용승인서

09 폭력을 설명한 학자의 개념과 그에 대한 설명으로 바르게 연결되지 않은 것은?

① 푸코(M. Foucault)의 규율과 권리 - 스포츠계에서 위계적 권력 관계는 폭력으로 변질되어 작동된다.

② 아렌트(H. Arendt)의 악의 평범성 - 스포츠계에서 폭력과 같은 잘못된 관행에 복종하는 데 익숙해진 나머지 이를 지속시키는 데 기여한다.

③ 아리스토텔레스(Aristotle)의 분노 - 스포츠 현장에서 인간 내면의 분노 감정에서 시작된 폭력은 전용되고 악순환을 반복하는 경향이 있다.

④ 홉스(T. Hobbes)의 폭력론 - 자기가 좋아하는 운동선수의 폭력을 따라 하게 되듯이 인간 폭력의 원인을 공격 본능이나 자연 상태가 아니 모방적 경쟁 관계라 주장한다.

해설 ④는 르네 지라르의 모방이론을 설명하고 있다.
홉스는 자기보존과 욕망 추구는 우리의 본질적인 원동력이며 이것을 통제하지 않으면 '만인의 만인에 대한 투쟁'이 일어날 것이라고 하였다. 통제되지 않은 상태에서는 "인간은 인간에게 늑대"와 같은 존재이므로, 삶은 "외롭고 혐오스럽고 동물적이며 단명할 것이다"라고 하였다.

10 〈보기〉의 내용과 연관된 학자의 이론으로 적절하지 않은 것은?

┤ 보기 ├
자연중심주의 환경윤리는 환경에 있어서 도덕적 고려의 대상을 자연의 생명체를 포함한 생태계 전체로 확대할 것을 주문한다. 이런 점에서 보면 동물 스포츠라 불리는 스페인의 투우, 한국의 전통 민속놀이인 소싸움 등은 동물을 인간의 오락 대상으로 삼았다는 점에서 윤리적으로 허용되기 어렵다.

① 베르크(A. Berque)의 환경윤리

② 레오폴드(A. Leopold)의 대지윤리

③ 네스(A. Naess)의 심층적 생태주의

④ 슈바이처(A. Schweitzer)의 생명중심주의

해설 ① 베르크의 환경윤리 : 환경윤리는 환경문제가 과학기술에 국한된 문제가 아니라 윤리학을 포함한 모든 학문의 관심 대상이 되어야 한다는 전제에서 출발한 분야이다. 베르크는 환경보다는 에쿠멘(사람이 사는 땅을 의미하며, 주거지, 집을 뜻함)이 적합하다고 주장하였으며, 인간은 깨끗하고 아름다운 에쿠멘으로서 지구를 존재론적으로 원하며 그것이 환경윤리(에쿠멘의 윤리)의 근거가 된다. 단지 생물권개념으로만 윤리를 설정할 수 없으며 사람이 없는 지구는 윤리를 논할 근거가 없다고 주장하였다
② 레오폴드의 대지윤리 : 생명을 가진 개체로 도덕의 대상을 한정하지 않고, 모든 것들을 포함하며, 모든 것들이 거기서 상호 의존함으로써 존재하는 공동체인 대지를 도덕의 대상으로 삼는 윤리이다.

③ 네스의 심층적 생태주의 : 생명적 관점에서 인간이나 자연적 존재가 평등하다는 생명중심적 평등과 나를 나 이외의 타인과 동식물종, 지구로 넓혀서 모두를 하나로 인식하는 경지의 자기실현에 집중한다.

④ 슈바이처의 생명중심주의 : 생명중심주의는 모든 생명체를 도덕적 고려의 대상으로 보아야 한다는 관점이다. 도덕적 지위를 갖는 기준은 생명이며, 인간과 동물뿐만 아니라 식물을 포함한 모든 생명체가 내재적 가치를 지닌다는 점에서 동일하다고 생각한다.

11 〈보기〉의 (가)에서 A팀의 행동을 지지하는 이론의 제한점을 (나)에서 모두 고른 것은?

┤ 보기 ├

(가)	A팀과 B팀의 축구 경기가 진행 중이다. 경기 종료 20분을 남기고 A팀이 1대0으로 이기고 있으나 A팀 선수들의 체력은 이미 고갈되었고, B팀은 무섭게 공격을 이어가고 있다. 이때 A팀 감독은 이대로 경기가 진행될 경우 역전당할 위험이 있다는 판단하에 선수들에게 시간을 끌 것을 지시하였다. A팀 선수들은 부상당한 척 시간을 지연시키는 이른바 침대축구를 하였고, 결과적으로 A팀이 승리하게 되었다.
(나)	㉠ 결과로 행위를 평가하기 때문에 정의의 문제가 소홀해질 수 있다. ㉡ 도덕규칙 간의 충돌 문제가 발생했을 때 실질적인 도움을 주지 못할 수 있다. ㉢ 일반적인 사실로부터 도덕적인 당위를 추론하지 못할 수 있다. ㉣ 사회 전체의 이익을 제대로 고려하지 못하는 경우가 있다. ㉤ 개인의 이익과 공공의 이익이 충돌할 때 사익(私益)의 희생을 당연시한다.

① ㉠, ㉡, ㉤   ② ㉠, ㉢, ㉤
③ ㉡, ㉢, ㉣   ④ ㉡, ㉣, ㉤

해설 A팀의 행동은 결과론적 윤리체계의 예이다. ㉡, ㉣은 의무론적 윤리체계에 대한 설명이다.

12 〈보기〉의 스포츠 현장에서 발생하는 도핑(약물복용)의 원인을 모두 고른 것은?

┤ 보기 ├

㉠ 선수 또는 동물의 수행능력 향상을 위한 것이다.
㉡ 상대와의 경쟁에서 승리하기 위한 것이다.
㉢ 경기에 참가하고 싶은 지나친 욕구 때문이다.
㉣ 물질적 보상이 동기가 되기 때문이다.

① ㉠, ㉢   ② ㉡, ㉢, ㉣
③ ㉠, ㉡, ㉣   ④ ㉠, ㉡, ㉢, ㉣

해설 도핑은 운동경기에서 좋은 성적을 내기 위한 목적으로 약물이나 특수한 의학적 처치를 하는 것이다.

13 〈보기〉의 ㉠, ㉡과 스포츠에서의 정의(justice)에 대한 개념이 바르게 묶인 것은?

┤ 보기 ├

㉠ 핸드볼 – 양 팀에 동일한 골대의 규격을 적용
㉡ 테니스 – 시합 전 동전 던지기로 선공/후공을 결정

	㉠	㉡
①	평균적 정의	분배적 정의
②	평균적 정의	절차적 정의
③	분배적 정의	평균적 정의
④	분배적 정의	절차적 정의

해설 정의의 유형
• 평균적 : 모든 사람이 동등한 권리를 가지는 절대적 평균을 말한다. 스포츠 경기 내에서 규칙의 동일한 적용, 참가자의 동등한 조건 등으로 경쟁에 임하는 모든 선수의 조건을 평등하게 만드는 것을 말한다.
• 분배적 : 사람들 사이의 불평등을 다르게 다룸으로써 개개인의 합당한 몫을 부여하는 것을 말한다. 탁월성과 밀접한 관계가 있으며, 경기수행이 어려울수록 더 높은 점수를 받는 것은 '다른 것을 다르게'라는 분배적 정의에 해당한다.

• 절차적 : 스키 경기와 같이 기상의 변화로 인해 경기에 영향을 미치는데, 이런 통제불가능한 외적인 요소는 경기시작 전 추첨 등의 절차적 정의에 의해 해결될 수 있고, 평균적 정의를 유지할 수 있다.

14 〈보기〉에서 밑줄 친 A 선수의 입장과 관련된 맹자 (孟子)의 사상으로 적절한 것은?

> ┤ 보기 ├
>
> 태권도 국가대표선발 결승전, 먼저 득점하면 경기가 종료되는 서든데스(sudden death) 상황에서 A 선수가 실수로 경기장 한계선을 넘었다. A 선수가 패배해야 할 상황이었지만 심판은 감점을 선언하지 않았다. 상대 팀 감독과 선수는 강력히 항의했으나 판정은 번복되지 않았고 경기는 계속 진행됐다. 결국 A 선수는 승리했지만, 부끄러운 마음에 팀 동료들과 승리의 기쁨을 나누지 않고 조용히 집으로 돌아갔다.

① 수오지심(羞惡之心)
② 측은지심(惻隱之心)
③ 사양지심(辭讓之心)
④ 시비지심(是非之心)

해설 • 측은지심 : 남을 불쌍하게 여기는 타고난 착한 마음
• 수오지심 : 자기의 옳지 못함을 부끄러워하고 남의 옳지 못함을 미워하는 마음
• 사양지심 : 겸손하여 남에게 사양할 줄 아는 마음
• 시비지심 : 옳고 그름을 가릴 줄 아는 마음

15 〈보기〉의 대화 내용과 성차별적 인식이 <u>다른</u> 것은?

> ┤ 보기 ├
>
> 보연 : 내 친구 수현이는 얼마 전부터 권투를 시작했어. 남자들이나 하는 거친 운동을 여자가 겁도 없이 한다기에 내가 못 하게 적극적으로 말렸어.
> 지웅 : 잘했어. 여자에게 어울리는 스포츠는 많잖아. 요가나 필라테스처럼 여자에게 어울리는 종목을 추천해줘.

① 남자라면 거칠고 투쟁적인 스포츠를 즐겨야 한다.
② 남성다움, 여성다움을 강조하는 스포츠 참여를 권장한다.
③ 권투에 참여하는 여성은 여성성을 잃게 되어 매력적이지 않다.
④ 여자보다 남자의 근력이 강하기 때문에 권투와 같은 종목은 여자에게 적합하지 않다.

해설 ①, ②, ③은 남성성/여성성을 강조하는 성향에 대한 성차별적 인식이고, ④는 신체적·생물학적 차별에 대한 언급을 하고 있다.

16 심판에게 요구되는 개인윤리적 덕목에 대한 설명으로 적절하지 <u>않은</u> 것은?

① 외부의 지시나 간섭을 단호히 뿌리쳐야 한다.
② 판정의 신뢰성을 높이는 제도를 도입해야 한다.
③ 어느 한쪽으로 치우침과 사사로움이 없어야 한다.
④ 성품이 고결하여 탐욕이 없고, 심판으로서 품위를 지켜야 한다.

해설 제도를 도입하는 것은 개인윤리적인 덕목이 아니라 공정한 경기를 위한 규정에 관련된 내용이다.

정답
11 ② 12 ④ 13 ② 14 ① 15 ④ 16 ②

▶ 심판의 도덕적 조건
• 공정성 : 치우침 없이 공명정대한 판단을 할 수 있어야 한다.
• 청렴성 : 유혹에 흔들리지 않을 수 있어야 한다.
• 편견과 차별성 : 혈연, 지연, 학연, 성별, 사제지간, 파벌, 인종 등의 관계없이 정확한 판단을 할 수 있어야 한다.

17 〈보기〉의 (가)에서 환경단체의 입장과 관련이 있는 주장을 (나)에서 모두 고른 것은?

| 보기 |

(가)	평창올림픽 활강경기장 건립을 둘러싸고 환경단체로부터 반대의 의견이 나오게 되었다. 가리왕산은 활강경기의 특성상 최적의 장소이지만 이곳은 산림자원 보호구역으로 지정된 곳이었기 때문이다. 올림픽으로 언어지는 경제적 효과를 강조하는 측과 산림의 가치를 경제적으로 환산할 수 없다는 환경단체의 입장이 팽팽히 맞서고 있다.
(나)	㉠ 효율성의 극대화를 목표로 하는 경제학을 추구한다. ㉡ 인간의 사용 가치에 비례하여 자연의 가치를 평가한다. ㉢ 인간을 소중히 여기는 마음으로 자연환경도 소중히 대한다. ㉣ 인간도 생태계 구성원으로 보는 생태 공동체 의식을 기른다.

① ㉠, ㉡   ② ㉠, ㉢
③ ㉡, ㉣   ④ ㉢, ㉣

해설 (가)의 내용은 자연중심적인 환경윤리와 관련된 내용이다.
㉠ 경제학적 원리, ㉡ 인간중심적인 환경윤리

18 성폭력 예방 또는 대처에 대한 설명으로 적절하지 않은 것은?

① 선수는 피해 사실을 기록하도록 한다.
② 선수는 가능한 한 피해 상황에서 즉시 벗어나도록 한다.
③ 성폭력 사실을 고발한 선수가 피해받지 않는 분위기를 조성한다.
④ 여성 선수와 남성 지도자 위주로 성폭력 예방 교육이 이루어져야 한다.

해설 성폭력 예방교육은 모든 지도자 및 남녀 선수 모두에게 이루어져야 한다.

19 장애인 선수들의 인권향상을 위한 방안으로 적절하지 않은 것은?

① 장애인 선수들에게 비장애인과 동일한 훈련량과 지도방법을 적용해야 한다.
② 인권에 대한 문제는 예방이 중요하므로 지속적인 예방교육과 더불어 홍보가 필요하다.
③ 장애인 국가대표 선수단 역시 훈련에 필요한 안정적인 지원이 확보되어야 한다.
④ 장애인 선수들의 접근과 이용이 불편하지 않도록 시설 확충과 설계가 이루어져야 한다.

해설 장애인 선수는 비장애인 선수에 비해 신체적 또는 정신적인 차이가 있으므로 동일한 훈련을 하는 것은 옳지 않다.

20 〈보기〉의 괄호에 들어갈 용어로 적절한 것은?

┤ 보기 ├

1968년 제19회 멕시코올림픽의 육상 200M 경기에서 1위와 3위로 입상한 미국의 토미 스미스와 존 카롤로스는 시상식에서 검은 장갑, 검은 양말 등으로 (   )에 대해 저항을 표현했다.

① 성차별
② 장애차별
③ 인종차별
④ 계급차별

해설 검은 장갑, 검은 양말에서 유추할 수 있듯이 흑인 선수에 대한 인종차별에 대한 설명이다.

---

01 특수체육(Adapted Physical Activity)의 개념에 관한 설명 중 옳지 않은 것은?

① 법률에 기초하여 신체활동 서비스를 제공한다.
② 신체활동 참여에서 임파워먼트(empowerment)를 강조한다.
③ 심동적 문제의 발견과 해결을 목적으로 하는 다학문적 지식체계이다.
④ 개인적 요구를 충족시켜주기 위해 분리된 환경에서의 서비스 제공을 기본으로 한다.

해설 특수체육은 반드시 분리된 환경에서 이뤄지는 것은 아니다. 장애인과 비장애인의 통합교육도 많이 이뤄지고 있다.

02 휠체어농구 기술수행 검사의 타당성과 관련된 내용으로 옳은 것은?

① 최소의 시간과 비용으로 측정할 수 있는가?
② 여러 사람이 측정하여도 그 결과가 같은가?
③ 검사를 두 번 반복하였을 때에도 그 결과가 일치하는가?
④ 휠체어 조작 기술과 농구 기술을 정확하게 측정할 수 있는가?

해설 타당성은 그 목적으로 하는 측정의 대상(지능, 학력, 운동능력, 기억력, 근력, 유연성 등)을 어떻게 정확하게 측정하고 있는가의 정도를 의미한다.
휠체어 조작기술과 농구기술은 정확한 측정을 하는데 어려움이 있다.

정답
17 ④   18 ④   19 ①   20 ③ / 01 ④   02 ④

03 〈보기〉의 세부내용을 설명하는 용어는?

| 보기 |

프로그램	휠체어 테니스 교실
내용	백 핸드 스트로크
세부내용	1. 수행이 이루어지는 동안 계속해서 공을 본다. 2. 풋워크를 통해 재빨리 공에 접근한다. 3. 라켓을 몸 중심에서 뒤로 가져간다(백스윙). 4. 엉덩이와 어깨를 네트와 수직으로 위치시킨다. 5. 공을 칠 때 엉덩이와 어깨를 회전시키면서 무게중심을 앞발로 옮긴다. 6. 공이 엉덩이 앞쪽에 올 때 공을 친다. 7. 공을 칠 때 손목을 고정시킨다. 8. 반대쪽 팔은 중심을 잡기 위해 몸 바깥쪽으로 뻗는다. 9. 팔로우 스루를 어깨높이나 그 이상에서 계속해서 유지한다.

① 준거참조평가   ② 과제분석
③ 근거기반실무   ④ 과정중심평가

해설 과제분석은 어떠한 목적을 달성하기 위해 세부적으로 과제를 나누거나 분류하여 좀 더 효과적으로 과제 수행을 진행하는 준비과정을 말한다.

04 〈보기〉와 같은 평가 방법은?

| 보기 |

환경	잠실실내수영장
세부환경	탈의실
과제	비어있는 사물함 찾기
수행자	지적장애인

관찰 내용	반응 평가 ○	반응 평가 ×
1. 탈의실 출입문을 찾아서 들어간다.	✔	
2. 문이 열려 있는 사물함을 찾는다.		✔
3. 다른 사람이 찾는 것을 보고 문이 열려 있는 사물함을 찾는다.	✔	
4. 문이 열린 사물함으로 다가간다.	✔	
5. 사물함이 비어있는 것을 확인한다.		✔

평가결과 :
1. 탈의실 출입문을 찾을 수 있다.
2. 문이 열려 있는 사물함을 찾아야 한다는 과제를 이해하지 못하고 있다.
3. 타인의 행동과 주변 환경에 대한 관찰을 통해서 문이 열려 있는 사물함을 찾을 수 있다.
4. 문이 열린 사물함으로 다가갈 수 있다.
5. 사물함이 비어있는지 확인해야 한다는 것을 이해하지 못하고 있다.

① 루브릭   ② 포트폴리오
③ 생태학적 평가   ④ 규준참조평가

해설 생태학적 평가
ⓐ 전통적인 규준지향적 평가와 준거지향적 평가의 대체·보완으로서 목적을 가진다.
ⓑ 환경맥락에서 아동의 수행에 영향을 줄 수 있는 다양한 환경 요소에 대한 정보를 제공하며, 학교 환경에서의 발달지표, 활동, 아동의 요구, 아동의 개개인의 정보를 제공할 수 있다.
ⓒ 개인은 환경과 완전히 독립된 것이 아니라 개인의 발달에 영향을 주는 환경과 상호작용을 하는 일련의 환경체계에 둘러싸여 인간이 발달하는 것이다.
ⓓ 교수-학습현장과 연계해서 이루어지는 평가 국면은 학습자의 우열을 평가하는 데 목적이 있는 것이 아니라 학습자의 장단점을 파악하여 그에 맞는 적절한 교육적 처치를 함으로써 학습자의 개개인의 성장과 발달을 도모하기 위함이다.

05 장애인에게 적합한 신체활동 변형에 관한 설명으로 옳지 <u>않은</u> 것은?

① 활동의 본질적인 특성을 반영한다.

② 참여를 촉진하는 방향으로 변형한다.

③ 최적의 수행능력을 발휘하도록 변형한다.

④ 장애로 인하여 제한이 발생하지 않도록 변형한다.

해설 활동의 본질적인 특성은 유지하며 환경변형, 용기구 변형, 규칙변형, 지도변형을 할 수 있다.

06 시각장애인을 위한 신체활동 지도법으로 옳지 <u>않은</u> 것은?

① 과제의 전체 동작과 부분 동작을 순서대로 시범보인다.

② 신체적 가이던스(physical guidance)의 강도를 점진적으로 줄인다.

③ 독립성을 기르기 위해 청각 및 촉각을 활용하지 않도록 습관화하여야 한다.

④ 동작의 확인을 돕기 위해 '만져서 자세를 확인하는 방법(brailing)'을 사용한다.

해설 시각장애인은 시력이 약하므로 청각, 촉각을 활용해야 한다.

07 〈보기〉에서 설명하는 수업 스타일은?

| 보기 |

프로그램	생활체육 통합농구교실
목표	2점 슛을 성공할 수 있다.
대상	발달장애인
내용	자유투 라인에서 슛을 한다.
장소	실내체육관

수업 스타일

• 경험 많은 참여자가 보조지도자로서 신규 참여자를 지도한다.

• 지도자에 대한 참여자의 비율을 줄이는 효과가 있다.

① 팀 교수(team teaching)

② 또래 교수(peer tutoring)

③ 협동 학습(cooperative learning)

④ 역주류화 수업(reverse mainstreaming)

해설 ① 팀 교수 : 교사들이 전체수업을 공동으로 계획하고 동등한 입장에서 역할을 나누어 수업을 진행하는 방법
② 또래 교수 : 친구를 교사로 참여시키는 수업 방법
③ 협동 학습 : 구성원이 4~6명인 소집단을 형성하여 구성원 사이에 사회적 상호작용을 하며 학습하게 하는 교수법
④ 역주류화 수업 : 비장애학생이 장애학생과 함께 수업에 참여하는 방법

정답 03 ② 04 ③ 05 ① 06 ③ 07 ②

08 〈보기〉에서 세계보건기구(WHO)의 '기능, 장애, 건 강에 대한 국제 분류(International Classification of Functioning, Disability, and Health : ICF)' 에 대한 설명 중 괄호 안에 들어갈 가장 적절한 말은?

┤보기├

장애는 (   )의 세 가지 영역 모두 또는 어느 한 가지 영역에서 겪게 되는 어려움으로 발생하며, 개인적·환경적 요인들에 의해서도 영향을 받 는다.

① 지능, 신체 기능과 구조, 참여
② 활동, 대인관계 능력, 신체 기능
③ 신체 기능과 구조, 활동, 참여
④ 지능, 대인관계 능력, 신체 구조

해설 ICF는 국제 기능·장애·건강 분류에 대한 내용을 담고 있다. ICF 분류의 전반적인 목적은 건강과 건강 관련 상태를 표현하기 위해 통일되고 표준화된 언어 와 체계를 제공하는 것이다. ICF는 건강요소와 웰빙 을 위한 몇몇 건강관련 요소(예 교육과 노동)를 정의 하고 있다. 따라서 ICF는 건강영역과 건강관련 영역 을 포함하고 있다. 이 영역들은 (1) 신체 기능과 구조, (2) 활동과 참여의 두 가지 기본 목록에서 신체적 관 점 및 개인과 사회적 관점에서 서술된다.

09 〈보기〉의 ㉠, ㉡에 들어갈 장애의 정의로 알맞은 것은?

┤보기├

• -2 표준편차 이하의 지적 기능을 나타낸다.
• (㉠) 영역에서 적응 행동의 제한이 명백히 나타난다.
• (㉡) 이전에 시작된다.
　　　　　 – 미국지적장애및발달장애협회(AAIDD, 2010)

	㉠	㉡
①	발달적, 사회적, 실제적	18세
②	개념적, 실제적, 사회적	19세
③	실제적, 사회적, 개념적	18세
④	교육적, 행동적, 사회적	19세

해설 ① 정의
　㉠ 적응행동의 결여와 동시에 평균 이하의 지능을 가지고, 발달기 동안에 나타나며, 아동의 교육 적 수행에 불리하게 작용하는 상태를 의미한다 (IDEA, 2004).
　㉡ 평균 이하의 지능과 개념적, 사회적, 실질적 적 응 기술 영역에 상당한 제한을 나타내는 장애 로, 18세 이전에 나타난다(Schalock, 2010).
② 기준
　㉠ 인지적 기능의 현저한 제한 : 지능검사에서 표 준편차 -2 이하(스탠포드-비네 Ⅴ검사, 아동 용 웩슬러 지능검사)
　㉡ 개념적, 사회적, 실질적 적응기술 영역의 상당 한 제한
　　ⓐ 개념적 기술 : 언어, 읽기와 쓰기, 화폐 개 념, 자기지시
　　ⓑ 사회적 기술 : 대인관계, 책임감, 자존감, 정직함, 규칙 및 법률의 복종, 남에게 이용 당하지 않음.
　　ⓒ 실질적 기술 : 일상생활 활동, 직업기술, 안 전한 환경의 유지
　㉢ 18세 이전에 장애가 시작

10 자폐성장애인의 문제점과 해결할 수 있는 전략이 바르게 묶인 것은?

	문제점	해결 전략
①	부정적인 신체 적 자아개념	불필요한 자극을 줄인다.
②	상동행동	지도 환경을 구조화하고 지도 방 식의 일관성을 유지한다.
③	의사소통의 어 려움	언어적 단서를 줄이고 수업환경에 서 자연스러운 단서를 활용한다.
④	감각자극에 대 한 비정상적인 반응	개인 활동에서 시작하여 단체 활 동으로 발전시킨다.

해설 자폐성장애인과는 의사소통의 어려움이 있으므로, 그 림과 의사소통 보드 활용이 효과적인 방법이다.

11 뇌성마비의 분류기준과 예시를 바르게 연결한 것은?

① 형태적 분류 – 대뇌피질성, 기저핵성, 소뇌성
② 스포츠등급 분류 – 단마비, 편마비, 양측마비
③ 운동기능적 분류 – 경직성, 무정위 운동성, 운동 실조성
④ 신경해부학적 분류 – CP1, CP2, CP3, CP4, CP5, CP6, CP7, CP8

> **해설** 운동기능적 분류
> ⓐ 경직성 : 대뇌 운동영역의 손상이 원인이며 과도하게 근 장력이 증가하는 것이 특징이다.
> ⓑ 무정위성 : 대뇌의 기저핵의 손상으로 근육에 과도하게 운동자극이 도달되는 증상이다.
> ⓒ 운동실조성 : 평형성과 근육의 협응을 담당하는 소뇌의 손상으로 인해 운동실조가 나타난다.

12 〈보기〉의 ㉠, ㉡, ㉢에 들어갈 용어로 바르게 묶인 것은?

> **┤ 보기 ├**
> • (㉠)은 바이러스 감염에 의한 마비로써 척수의 운동세포에 영향을 미쳐 뼈의 변형이나 보행에 문제를 일으킨다.
> • (㉡)은 중추신경계 질환으로 몸의 여러 곳에 염증이 발생하여 근육이 굳어지며 전반적인 무력감을 일으킨다.
> • (㉢)은 근육 퇴화를 유발하는 유전 질환으로 호흡장애와 심장질환 등의 합병증을 유발한다.

	㉠	㉡	㉢
①	회백수염 (poliomyelitis)	근이영양증 (muscular dystrophy)	다발성경화증 (multiple sclerosis)
②	다발성경화증 (multiple sclerosis)	회백수염 (poliomyelitis)	근이영양증 (muscular dystrophy)
③	다발성경화증 (multiple sclerosis)	근이영양증 (muscular dystrophy)	회백수염 (poliomyelitis)
④	회백수염 (poliomyelitis)	다발성경화증 (multiple sclerosis)	근이영양증 (muscular dystrophy)

> **해설** • 회백수염 : 소아마비로 불리며, 산발적 또는 유행성으로 발생하는 급성바이러스 질환으로, 발열, 인두발적, 두통 및 구토 등을 특징으로 한다. 흔히 목덜미와 등쪽의 강직을 동반하며 중증형에서는 중추신경계의 장애, 목덜미 긴장, 수액내 세포증가증 및 마비가 특징이며, 그 결과 근육의 위축이 일어나고, 결국 근구축과 변형을 초래한다.
> • 근이영양증 : 유전적 요인으로 진행성 근쇠약을 보이고, 근육병리에서 근섬유의 괴사 및 재생을 특징으로 하는 퇴행근육병이다.
> • 다발성경화증 : 뇌, 척수, 시신경을 포함하는 중추신경계에 발생하는 만성 신경면역계질환이다.

13 절단 장애인에게 신체활동을 지도할 때 고려사항으로 적절하지 <u>않은</u> 것은?

① 염증이나 감염을 방지하기 위해 절단 부위를 관리한다.
② 신체활동 강도에 따라 휴식 시간을 조절하여 피로 발생을 완화한다.
③ 운동역학적 효율성을 고려하여 무게중심의 변화에 적응하도록 한다.
④ 자율신경계 반사 부전증을 일으키는 요인을 인식하여 문제 발생을 예방한다.

해설 자율신경반사부전증은 대개 제6흉추 이상의 척수손상 환자에서 손상된 척수보다 아래 부위의 유해자극에 대한 대량의 교감신경반응으로 발생하는 급성 임상 증후군이다. 천추신경근이 지배하는 부위의 유해자극으로 주로 발생하며 가장 흔한 원인은 방광의 신전이나 방광염 및 직장 신전으로 전체 원인의 약 80%를 차지한다. 욕창, 내성발톱, 끼는 옷이나 신발, 급성 복부 질환, 골절 등도 원인이 되기도 한다. 증상이 생기면 머리로 가는 피를 줄여 뇌혈관의 압력을 내리도록 바로 앉게 한다.

14 뇌성마비 장애인의 체력프로그램에서 고려할 사항이 <u>아닌</u> 것은?

① 근육의 긴장이 높은 경우에는 운동 시간을 길게 설정한다.

② 원시 반사의 영향과 적절한 운동신경의 조절 능력을 확인한다.

③ 스포츠 기술의 수행능력 향상을 위해서 스피드 훈련을 실시한다.

④ 매우 낮은 운동강도에서도 에너지 소비가 높기 때문에 강조 조절에 유의한다.

해설 뇌성마비는 정상적으로 통합되어야 할 원시반사가 지속되고, 없어져야 할 비정상적인 반사들이 나타나는 증상이 있다. 필요한 반사는 나타나지 않고, 충분히 발달되지 못함으로써 정상 운동의 발달이 방해가 된다.

▶ 뇌성마비
  ⓐ 뇌의 운동통제 영역의 손상으로 인한 영구적인 기능장애를 의미한다.
  ⓑ 비진행성으로 출생 전, 출생 중, 출생 후에 시작된 수의적인 근조직에 대한 제어기능의 이상 또는 저하 상태가 유지된다.
  ⓒ 경련, 언어장애, 감각장애, 비정상적인 감각과 인지, 정신지체 등 많은 장애를 동반한다.
  ⓓ 원인으로는 풍진, Rh 부적합, 미숙아, 출생 시의 외상, 무산소증, 수막염, 중독, 뇌출혈, 뇌종양 또는 폭행으로 인한 뇌의 외상이 있다.
  ⓔ 수의근의 제어, 근 이완, 기능적인 운동 기술의 향상을 위한 관리가 필요하다.

① 뇌성마비는 과도한 근 장력이 증가하는 경직성이 특징이다. 운동시간이 길어지면 더욱 긴장하게 된다.

③ 근육이 과긴장에서 저긴장으로 불안정하게 변화하므로 수의근의 제어, 근이완의 훈련이 필요하다.

④ 예시 오류 : '강조 조절에 유의한다'가 틀린 부분이다.

15 〈보기〉에서 괄호 안에 해당하는 문제행동 관리의 절차는?

┤ 보기 ├
1. 문제행동이 무엇인지 파악한다.
2. (   )
3. 적절한 행동 관리법을 선정한다.
4. 효과적인 강화물을 조사하고 선정한다.

① 행동 관리를 시작한다.

② 행동 변화를 파악한다.

③ 행동 관리의 효과를 파악한다.

④ 문제행동이 발생하는 빈도, 기간, 유형 등을 파악한다.

해설 문제행동 : 보통 학생이 표출하는 그것이 상황에 맞지 않거나 부적응이거나 자신이나 타인에게 위협을 가하는 행동을 말한다.

▶ 행동관리 절차 과정
  ㉠ 문제행동 파악
  ㉡ 발생빈도, 기간, 유형들의 자료 파악
  ㉢ 적절한 행동관리 방법 선정
  ㉣ 효과적인 강화물의 조사와 선정
  ㉤ 행동관리 시작
  ㉥ 행동관리 시행에 따른 효과의 관찰 기록
  ㉦ 행동 관리법에 사용된 강화물을 점차적으로 줄여나간다.

16 장애 유형별로 실시한 체력프로그램으로 적절하지 <u>않은</u> 것은?

① 척수장애인에게 최대근력을 고려한 근력운동을 지도했다.
② 다운증후군 지적장애인에게 과신전 유연성 운동을 지도했다.
③ 과잉행동 주의력 결핍 장애인(ADHD)에게 유산소성 운동을 지도했다.
④ 청각장애인에게 비장애인과 똑같은 빈도로 심폐지구력 운동을 지도했다.

해설 다운증후군 지적장애인은 과한 유연성을 가지고 있다. 무리한 활동은 탈장, 탈구, 염좌가 생길 수 있어 관절 주변의 근육을 강화하고 안정화하는 운동이 필요하다.

17 지적장애인을 위한 신체활동 지도전략으로 적절하지 <u>않은</u> 것은?

① 활동을 단순화시키고 강화를 제공한다.
② 참여자의 활동을 지도자가 결정해준다.
③ 학습 동기가 감소할 경우 활동내용에 변화를 준다.
④ 운동기술의 습득과 전이가 이루어지고 있는지 수시로 점검한다.

해설 지적장애인 참여자에게 활동 선택권을 주는 것은 자신의 활동프로그램에 대해 일부를 통제할 수 있도록 해주는 것이다. 새로운 기술을 학습하는 데 시간과 기회가 더 필요하기 때문에, 능동적인 학습이 되도록 연습할 수 있는 기회를 제공하는 것이 필요하다.

18 시각장애와 관련된 설명으로 옳은 것은?

① 시각(vision)은 눈을 통해 빛의 자극을 받아들이는 과정이다.
② 시력(visual acuity)은 시각을 사용하여 과제를 수행하는 능력이다.
③ 약시(amblyopia)는 터널 속에서 터널 입구를 바라보는 모양으로 시야가 제한된 상태이다.
④ 법적맹(legally blind)은 교정시력이 20/20ft 이하이거나 시야가 20° 이하인 상태이다.

해설 ② 시력 : 물체의 존재나 형상을 인식하는 눈의 능력. 눈으로 두 광점을 구별할 수 있는 능력으로, 광도나 그 밖의 조건이 동일할 때, 시각 세포의 분포밀도가 클수록 시력이 좋다.
③ 약시 : 큰 활자나 크게 확대한 활자를 읽을 수 있음
④ 법적맹 : 일반적으로 스넬렌 시력표에서 6/60이나 20/200 이하의 시력 또는 좋은 눈의 시야가 20도 이하로 감소한 상태를 이르는 말

19 청각장애인에게 신체활동을 지도할 때의 유의점으로 적절하지 <u>않은</u> 것은?

① 신체활동 지도에 필요한 수어를 사용할 수 있도록 준비한다.
② 인공와우 수술을 받은 청각장애인은 축구와 레슬링 같은 활동을 피하게 한다.
③ 과장된 표정과 입술 모양은 부담을 줄 수 있으므로 구화보다는 수어 사용에 중점을 둔다.
④ 인공와우 수술을 받은 청각장애인은 정전기를 유발할 수 있는 기구를 사용하지 않게 한다.

해설 ③ 구화는 상대방의 입술 움직임과 얼굴표정으로 보고 이해하는 의사소통 방법으로 수어와 함께 사용하는 것이 효율적인 방법이다.

정답
14 ①,③,④   15 ④   16 ②   17 ②   18 ①   19 ③

20 척수장애인에게 신체활동을 지도할 때의 고려할 사항으로 적절한 것은?

① 손상 부위에 따라 적합한 운동기구를 활용하는지 점검한다.

② 손상 부위가 같으면 체력 수준도 유사하므로 같은 프로그램을 제공한다.

③ 체온 조절 능력이 상실되었으므로 온도와 습도를 고려하지 않는다.

④ 잔존 운동기능의 정도와 상관없이 재활과 치료 중심의 활동에 참여하게 한다.

해설 ② 손상부위가 같더라도 체력수준은 각자 다를 수 있으므로 개인에 알맞은 프로그램은 제공해야 한다.
③ 체온조절능력이 상실되었을 때에는 온도와 습도를 고려하여 안전한 활동이 되도록 해야 한다.
④ 잔존 운동 기능이 있는 정도에 따라 재활치료 뿐만 아니라 스포츠활동에 참여하는 것이 삶의 질을 높이는 방법이다.

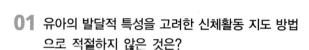

유아체육론 (02)

01 유아의 발달적 특성을 고려한 신체활동 지도 방법으로 적절하지 않은 것은?

① 지도 내용과 방법에 변화를 준다.

② 목표 설정이 없는 동일한 활동을 반복한다.

③ 개인차를 고려하여 적절한 자극을 부여한다.

④ 놀이 상대를 바꾸어 주어 흥미를 유지한다.

해설 운동발달 프로그램의 기본 원리 중 적합성의 원리는 발달 단계에 따른 적절한 시기에 알맞은 신체활동과 운동 학습을 적용하는 것이 효과적이라는 원리이다. 발달 단계와 목적에 맞는 운동을 점진적으로 지도하고 반복 학습하는 것이 중요하다.

02 미국스포츠 · 체육교육협회(NASPE)의 유아기 신체활동 촉진을 위한 지도지침으로 적절하지 않은 것은?

① 근육과 뼈를 강화시키는 신체활동은 피하도록 한다.

② 매일 최소 60분의 계획된 신체활동에 참여해야 한다.

③ 안전한 실내와 실외에서 대근육 활동을 해야 한다.

④ 수면시간을 제외하고 60분 이상 눕거나 앉아있지 않도록 한다.

해설 ACSM(2017) 가이드라인에 보면 비구조적(놀이터 장비, 나무타기, 줄타기), 구조적(웨이트트레이닝, 밴드) 운동을 주당 3일 이상의 근력 운동을 해야 하고, 달리기, 줄넘기, 농구 등의 형태로 골격계 발달을 위한 운동을 권장한다. ①의 내용은 미국스포츠 · 체육교육협회(NASPE)의 지도지침에 포함되지 않는 내용이다.

03 유아발달에 적합한 실내·외 지도 환경에 대한 설명으로 적절하지 <u>않은</u> 것은?

① 공간의 구성은 놀이 형태와 지속시간에 영향을 준다.
② 놀이 공간과 놀이 교구는 유아의 놀이에 영향을 미친다.
③ 활동성을 고려해 좁은 공간을 확보하는 것이 바람직하다.
④ 발달과 학습을 유도할 수 있는 환경을 의도적으로 구성해야 한다.

해설 활동성에 맞는 개방적인 구조이고, 편의시설(교구, 화장실, 급수시설 등)과 안전장치(완충재, 매트 등)를 갖춘 적절한 넓이 공간에서 활동하는 것이 효과적이다.

04 유아의 체력 요소 검사 방법으로 적절하지 <u>않은</u> 것은?

① 순발력 – 모둠발로 멀리 뛴 거리를 측정한다.
② 균형성 – 평균대 위에서 외발로 서 있는 시간을 측정한다.
③ 근지구력 – 스키핑 동작으로 뛴 높이를 측정한다.
④ 민첩성 – 7m 거리를 왕복하여 달린 시간을 측정한다.

해설 근지구력은 근육이 일정한 속도와 강도를 지닌 운동(또는 작업)을 지속적으로 할 수 있는 능력을 말한다. 스키핑 동작으로 뛴 높이를 측정하는 것은 순발력 검사이다.

05 영아기 반사의 기능이 <u>아닌</u> 것은?

① 생존을 돕는다.
② 운동 행동을 진단한다.
③ 미래의 움직임을 예측한다.
④ 미래에 발현하는 불수의적인 움직임을 자의적으로 연습하게 한다.

해설 영아기의 반사는 생존반사와 원시반사로 나뉜다. 생존반사는 적응이나 생존을 위해 필요한 반사 행동이고, 원시반사는 생존을 위해 필요하지 않지만 영아기에 운동발달의 기초가 되고 진화론적 관점에서 중요한 반사 행동이다. 그러므로 불수의적인 움직임을 자의적으로 연습해야 하는 것은 아니다.

06 신체활동 프로그램에서 실제학습시간(Academic Learning Time: ALT)을 증가시키는 전략으로 적절하지 <u>않은</u> 것은?

① 설명은 간결하고 명확하게 한다.
② 주의집중을 위해 상호 간에 약속된 신호를 만든다.
③ 수업 시작 전 교구를 효율적으로 배치한다.
④ 동작에 대한 시범을 위해 오랜 시간을 할애한다.

해설 실제학습시간(Academic Learning Time)은 학습자의 학업성취도를 측정하는 객관적 준거로 수업시간 중 학습자가 적절한 난이도의 학습 목표를 지닌 학습과제에 성공적으로 참여한 학습활동 시간이다.
• 효율적인 교사집단의 체육교수행동

변인	체육교수행동 유형
수업 분위기	• 주로 신체활동에 많은 시간 투입 • 수업관리, 대기 시간은 적게 사용
수업 행동	• 교수기술(정적 피드백, 교정적 피드백, 질문과 정적행동 피드백)에 많은 시간 투입 • 수업운영, 감독 등에 적은 시간을 투입
상호 작용	• 학생 개개인과의 상호작용을 많이 함 • 학급 전체와의 상호작용 빈도가 낮음

정답
20 ① / 01 ② 02 ① 03 ③ 04 ③ 05 ④ 06 ④

07 영유아보육법(2011) 제1장 제2조에서 정의한 영유아에 관한 내용으로 옳은 것은?

① 생후 4주부터 1년까지의 아동을 말한다.

② 만 6세 미만의 취학 전 아동을 말한다.

③ 만 3세부터 초등학교 2학년까지의 아동을 말한다.

④ 만 6세부터 초등학교 6학년까지의 아동을 말한다.

해설 제2조(정의) 이 법에서 사용하는 용어의 뜻은 다음과 같다.
1. "영유아"란 6세 미만의 취학 전 아동을 말한다.
2. "보육"이란 영유아를 건강하고 안전하게 보호·양육하고 영유아의 발달 특성에 맞는 교육을 제공하는 어린이집 및 가정양육 지원에 관한 사회복지서비스를 말한다.
3. "어린이집"이란 보호자의 위탁을 받아 영유아를 보육하는 기관을 말한다.
4. "보호자"란 친권자·후견인, 그 밖의 자로서 영유아를 사실상 보호하고 있는 자를 말한다.
5. "보육교직원"이란 어린이집 영유아의 보육, 건강관리 및 보호자와의 상담, 그 밖에 어린이집의 관리·운영 등의 업무를 담당하는 자로서 어린이집의 원장 및 보육교사와 그 밖의 직원을 말한다.

08 〈보기〉에서 운동발달과 관련성이 높은 감각체계들을 바르게 고른 것은?

| 보기 |

㉠ 시각(visual) 체계

㉡ 운동감각(kinesthetic) 체계

㉢ 미각(gustatory) 체계

㉣ 후각(olfactory) 체계

① ㉠, ㉡　　　　② ㉠, ㉣

③ ㉠, ㉢　　　　④ ㉡, ㉢

해설 시각 체계, 전정 체계, 운동감각 체계는 운동발달과 밀접한 관계가 있고, 미각과 후각 체계는 감각 기능으로 운동과는 거리가 멀다.

09 〈보기〉의 훗트(C. Hutt)가 제시한 놀이 관련 행동에 대한 설명에서 ㉠, ㉡에 들어갈 용어는?

| 보기 |

구분	(㉠)	(㉡)
맥락	새로운 물체	익숙한 물체
목적	정보 획득	자극 생성
행동	정형화됨	다양함
기분	심각함	행복함
심장박동 변화	낮은 변화성	높은 변화성

　　㉠　　　　㉡

① 모방　　　　놀이

② 모방　　　과제 관련 행동

③ 탐색　　　　놀이

④ 탐색　　　과제 관련 행동

해설

구분	탐색	놀이
맥락	새로운 물체	익숙한 물체
목적	사물에 대한 정보 획득	자극 생성
행동의 전형성	정형화됨	다양함
기분	심각함	행복함
심장박동 변화	낮은 변화성	높은 변화성
초점	외적 현실	내적 현실
주의	심각함	심각하지 않음
정서	부정적 정서나 중립	긍정적 정서
시간	놀이보다 먼저 발생	탐색 뒤에 일어남

10 〈보기〉에 해당하는 에릭슨(E. Erikson)의 심리사회발달단계는?

┤ 보기 ├
- 목표나 계획을 세워 성공하고자 노력하는 시기이다.
- 이동성이 커지면서 성인과 다를 바 없다는 사실을 자각한다.
- 아동은 의미 있는 놀잇감을 조작하면서 만족스러운 성취감을 경험한다.

① 1단계 - 신뢰감(trust) 대 불신감(mistrust)
② 2단계 - 자율성(autonomy) 대 수치심(shame)
③ 3단계 - 주도성(initiative) 대 죄책감(guilt)
④ 4단계 - 친밀성(intimacy) 대 고립감(isolation)

해설 에릭슨의 심리사회발달이론

단계	연령	심리	발달 과제
1	0~1세	신뢰감 대 불신감	세상은 안전하고 살만한 곳이라는 느낌을 갖는 것
2	1~3세	자율심 대 수치심	결정할 수 있는 독립된 인간이라고 인식하는 것
3	3~6세	주도성 대 죄책감	새로운 것을 시도하고 실패를 처리할 수 있는 능력을 개발하는 것
4	6~12세	근면성 대 열등감	기본적 기술을 배우고 다른 사람과도 함께 일하는 것을 배우는 것
5	12~19세	정체감 대 역할 혼돈	지속되고 통합된 자아감을 개발하는 것
6	성인기	친밀감 대 고립감	사랑을 나누는 관계를 다른 사람과 공유하는 것
7	중년기	생산성 대 침체성	자녀 양육과 보호 또는 다른 생산적 일을 통해 젊은 이에게 기여하는 것
8	노년기	통합감 대 절망감	자신의 인생을 만족스럽고 가치 있는 삶으로 관조하는 것

11 〈보기〉에 해당하는 이동운동 기술은?

┤ 보기 ├
- 체중을 한 발에서 다른 발로 이동시키는 기술이다.
- 달리기보다 더 높이, 더 멀리 뛰면서 바닥을 접촉하지 않는 상태를 유지한다.
- 한 발로 멀리 건너뛰기를 하거나 보폭을 크게 하여 달리는 모습과 비슷하다.

① 겔로핑(galloping)　② 슬라이딩(sliding)
③ 호핑(hopping)　④ 리핑(leaping)

해설 체중을 한 발에서 다른 발로 이동시키는 기술, 달리기보다 더 높이, 더 멀리 띄면서 바닥을 접촉하지 않는 상태를 유지하는 것, 한 발로 멀리 건너뛰기를 하거나 보폭을 크게 하여 달리는 모습과 비슷한 이동운동 기술은 리핑(leaping)이다.
① 겔로핑(galloping) : 말뛰기라고 하며, 스텝밟기와 껑충뛰기 두 가지를 움직임을 결합 것으로 항상 같은 발이 운동을 이끈다.
② 슬라이딩(sliding) : 옆으로 움직여 미끄러지는 것을 말한다.
③ 호핑(hopping) : 수직 점프와 비슷하지만, 도약과 착지를 같은 발로 한다.

12 유아기 발달에 관한 이론의 설명으로 적절하지 않은 것은?

① 성숙주의이론(A. Gesell) : 인간의 발달은 유전적 요인에 기인한다고 주장하였다.
② 인지발달이론(J. Piaget) : 인간의 본성은 태어날 때부터 환경에 따른 훈련에 의해 만들어진다고 주장하였다.
③ 사회적놀이이론(M. Parten) : 파튼은 사회적 놀이를 사회적 참여도에 따라 여섯 가지 형태로 분류하였다.
④ 도덕성발달이론(L. Kohlberg) : 인간의 존엄성과 양심에 따라 자율적이고 독립적 판단이 가능하다고 주장하였다.

정답
07 ② 08 ① 09 ③ 10 ③ 11 ④ 12 ②

해설 인지발달이론 : 인간이 선천적으로 타고난 발달적 단계와 학습의 상호작용을 통해 환경에 대해 지각하고 생각하며 이해하는 인지적 발달이 이루어진다는 심리학 이론이다.

13 〈보기〉의 ㉠, ㉡에 들어갈 유아체육 프로그램의 구성 원리는?

보기	
(㉠)	• 연령에 따른 민감기를 고려하여 적절한 운동이 적용되면 운동발달에 효과적이다. • 신체활동의 경험, 기술 및 발달 수준, 체력을 고려한 프로그램 구성이 필요하다.
(㉡)	• 운동발달 프로그램을 구성할 때 개개인의 유전과 환경요인이 반영된 개인차를 고려하여 구성한다.

	㉠	㉡
①	연계성 원리	특이성 원리
②	연계성 원리	적합성 원리
③	적합성 원리	특이성 원리
④	적합성 원리	연계성 원리

해설 연계성의 원리 : 연계성이란 교육과정의 여러 가지 측면의 상호 관련성을 말한다. 신체적, 사회적, 정서적 발달을 함께 고려하고, 발육 발달과 운동 기술을 동시에 발달할 수 있도록 프로그램을 개발한다.

14 유아체육 지도 방법과 해당 설명의 연결이 올바르지 않은 것은?

① 지식적 방법 – 시범 보이기, 연습해보기, 일반적인 언급해주기, 보충설명과 시범 다시 보이기

② 과제제시 방법 – 동작을 위해 지도자나 또래의 활동을 관찰함으로써 과제수행 방법을 이해시키기

③ 안내·발견적 방법 – 올바른 동작 방법을 제시하고 자유롭고 창의적으로 표현하게 하기

④ 탐구적 방법 – 동작 과제나 질문을 제시하고 유아들이 제안한 다양한 해결방법을 인정하고 받아들이기

해설 1. 직접-교사 주도적 교수법은 지시적 방법과 과제제시 방법으로 나뉜다.
  • 지시적 방법 : 시범보이기, 연습해보기, 활동에 대하여 언급해 주기 등 필요에 따라 보충 설명과 재시범의 순서로 진행되면서 모든 결정권을 지도자가 갖는다.
  • 과제제시 방법 : 학습자가 할 행동이나 활동하는 방법을 지도자가 정하지만, 유아에게 의사결정권을 주는 점에서 지시적 방법과 차이가 있다.
2. 간접-학습자 중심 교수법은 탐구적 방법과 안내·발견적 방법으로 나뉜다.
  • 탐구적 방법 : 학습의 결과가 아닌 과정 그 자체에 우선적인 초점을 두어 형식과 정확성을 요구하지 않고, 각각의 학습자가 같은 방법으로 과제를 수행하도록 요구하지 않는다. 지도는 의미 있는 과제를 제공하여 학습자 스스로 가능성을 탐색하고 기술을 발전시켜 창의적인 방법으로 표현하도록 격려한다.
  • 안내·발견적 방법 : 학습자에게 충분한 표현, 창의성 그리고 실험의 기회를 제공해 주지만 제시된 활동 과제에 학습자가 반응하는 방법은 다소 제한적이다.

15 파튼(M. Parten)의 사회적 놀이 발달이론에 대한 설명으로 적절하지 <u>않은</u> 것은?

① 혼자(단독)놀이 : 다른 친구의 놀이를 지켜보며 가끔씩 구경하는 친구에게 말을 걸기도 한다.

② 병행놀이 : 주변의 친구들과 동일한 놀이를 하지만 함께 놀이를 하지는 않는다.

③ 연합놀이 : 다른 유아와 활동을 공유하며 놀이에 대해 이야기를 주고받거나 놀잇감을 빌려주기도 하지만 놀이 내용이 조직적으로 전개되는 않는다.

④ 협동놀이 : 역할의 분담과 목적의 공유가 이루어지는 단계로서 병원 놀이 같은 것이 있다.

해설 파튼(M. Parten)의 사회적 놀이 발달 이론(6단계)

구분	내용
비참여 행동 (0~1.5세)	놀이에 참여하지 않으며, 목적을 가지고 있지 않은 듯하다. 신체를 가지고 놀고, 의자에 앉았다 일어나는 등 목적없이 다닌다.
방관자적 행동 (1.5~2세)	친구들을 보거나, 이야기를 들을 수 있는 걸이에서 위치하면서 관찰하고, 질문하지만 놀이에 참여하지 않는다.
혼자(단독)놀이 (2~2.5세)	독립적으로 놀이하면서 다른 아이를 놀이에 참여시키지 않는다. 자신의 장난감을 가지고 노는 것이 주목적이고, 대부분 2~3세의 영유아들이 여기에 해당한다. 그 이상 연령기의 영유아가 혼자(단독)놀이를 보인다면 개인적인 욕구나 놀이를 구성하기 위해 혼자 놀이를 선택한 것이다.
병행놀이 (2.5~3.5세)	다른 아이들 주변이나 가까이에서 같은 놀이를 하지만, 서로 접촉하거나 간섭하지 않고 혼자 놀이한다. 놀잇감을 서로 빌려주기도 하지만, 각각 놀이를 한다. 취학 전 유아들의 전형적인 형태이고 집단 놀이의 초기 단계에 해당한다.

연합놀이 (3.5~4.5세)	서로 비슷한 활동을 하며 또래와 놀이하는 단계이다. 서로 질문하고 친구의 놀잇감을 가지고 놀기도 한다. 그룹에 참여할 가능성이 있는 영유아들을 포섭하기 위한 시도를 한다. 그러나 역할을 분담하거나 놀이 내용이 조직적이지는 못하다. 때로는 병행놀이에서 협동놀이로 바로 옮겨가기도 한다.
협동놀이 (4.5세 이후)	공통의 목적을 가지고 복잡한 사회적 관계에 참여한다. 타협, 일의 분배, 역할분담, 놀이 주제 구성 등을 포함한다. 역할을 바꾸기도 하고 그룹에 대한 소속감이 강하다. 결과물을 위한 그룹을 조직하고, 어떠한 상황을 연극으로 하기도 하며, 형식이 있는 게임을 하는 단계이다.

16 〈표〉의 ㉠, ㉡, ㉢에 들어갈 던지기(overarm throw) 동작의 발달단계를 바르게 짝지은 것은?

보기

발달 단계	특징	동작
㉠	• 체중은 명확하게 앞쪽으로 이동됨 • 던지는 팔과 같은 쪽의 다리를 앞으로 내밈	
㉡	• 준비 움직임 동안 체중을 뒷발에 실음 • 체중이 이동하면서 반대 발이 앞으로 나아감	
㉢	• 양발은 고정된 상태를 유지함 • 던지기를 준비하는 동안 양발을 이동하는 경우가 자주 있으나 특별한 목적은 없음	

	㉠	㉡	㉢
①	초보	성숙	시작
②	성숙	시작	초보
③	시작	성숙	초보
④	초보	시작	성숙

갤라휴의 운동발달 단계

- 초기(시작)단계 : 초기단계에서의 유아는 어떤 과제를 수행하기 위한 최초의 의도 있는 행동을 시도하게 된다. 다소 미흡하고 비협응적인 동작이 이 단계의 특징이다(넌지기, 받기, 차기 또는 두 발 모아 뛰기).
- 기초(초보) 단계 : 3세에서 5세까지의 유아가 기초단계에 해당하며 이 단계의 발달은 주로 성숙하는 시기이다. 초기단계와 성숙단계의 과도기적 시기인 이 단계에서는 협응적이고 자연스러운 행동이 많이 향상되고, 움직임 조절력이 증가되지만 조금 경직되어 있고 유연성이 부족한 상태이다.
- 성숙단계 : 성숙단계에서의 발달은 협응이 잘 되고, 기술적으로 정확하며, 효율적인 동작으로 통합된다. 이 단계에서부터는 움직임의 발달이 매우 급격해진다.

17 〈보기〉의 ㉠, ㉡에 들어갈 기본 운동발달의 요소는?

┤ 보기 ├

(㉠)	• 배트로 치기 연습하기(striking) • 날아오는 공을 발로 잡기(trapping)
(㉡)	• 철봉 잡고 앞뒤로 흔들기(swinging) • 몸통을 굽히거나 접기(bending)

	㉠	㉡
①	이동운동	조작운동
②	조작운동	안정성운동
③	안정성운동	조작운동
④	조작운동	이동운동

이동운동	
기본 동작	• 걷기(walking) • 달리기(running) • 뛰어넘기(leaping) • 뛰기(jumping) • 한 발 들고 뛰기(hopping)
조합 동작	• 기어오르기(climbing) • 말 뛰기(galloping) • 두 발 번갈아 뛰기(skipping) • 미끄러지기(sliding)

안정성운동(비이동동작)	
축동작	• 늘리기(stretching) • 구부리기(bending) • 비틀기(twisting) • 돌기(turning) • 흔들기(swining)
정적· 동적 동작	• 직립자세(upright balance) • 거꾸로 중심잡기(inverted balance) • 구르기(rolling) • 출발하기(starting) • 멈추기(stoping) • 피하기(dodging)
조작운동	
추진 동작	• 공 굴리기(ball rolling) • 던지기(throwing) • 차기(kicking) • 치기(punching) • 때리기(striking) • 넘기기(volleying) • 공 튀기기(bouncing)
흡수 동작	• 공 받기(catching) • 공 멈추기(trapping)

18 〈보기〉의 밑줄 친 ㉠과 관련 깊은 지각운동의 유형은?

┤ 보기 ├

지도사 : 오늘은 잡기 놀이를 해볼까요? 술래 친구가 정해지면 술래를 피해 달아나 보세요. 술래를 잘 피하려면 어떻게 해야 할까요?
유아 : 술래에게 안 잡히려고 빨리 도망가야 해요!
지도사 : 네! 맞았어요. ㉠ 술래가 움직이는 걸 보고 술래의 앞쪽이나 뒤쪽, 술래의 왼쪽이나 오른쪽으로 가면 잡히지 않고 도망갈 수 있어요. 그럼 우리 모두 한번 해볼까요?
유아 : 네!

① 시간지각 ② 관계지각
③ 신체지각 ④ 방향지각

④ 방향감각 : 앞, 뒤, 위, 아래, 옆 등 방향을 인지한다.
① 시간지각 : 속도(빠르게, 느리게)와 리듬과 박자를 이해한다.

② 관계지각 : 신체간의 관계(가까이, 멀리), 사람과의 관계(짝꿍, 만나고 헤어지기), 사물과의 관계를 인지한다.
③ 신체지각 : 신체의 이름을 알고, 앞뒤, 옆, 오른쪽 왼쪽을 이해한다.

19 2019 개정 누리과정에서 '신체운동 · 건강' 영역의 세부내용에 대한 설명으로 적절하지 <u>않은</u> 것은?

① 신체 움직임을 조절한다.
② 신체를 인식하고 움직인다.
③ 경쟁 활동을 통해 스포츠 기술을 습득하고 건강을 증진한다.
④ 기초적인 이동운동, 제자리 운동, 도구를 이용한 운동을 한다.

해설 2019 개정 누리과정

Ⅰ. 신체운동 · 건강
 1. 목표
  실내외에서 신체활동을 즐기고, 건강하고 안전한 생활을 한다.
  1) 신체활동에 즐겁게 참여한다.
  2) 건강한 생활습관을 기른다.
  3) 안전한 생활습관을 기른다.
 2. 내용

내용 범주	내용
신체활동 즐기기	• 신체를 인식하고 움직인다. • 신체 움직임을 조절한다. • 기초적인 이동운동, 제자리 운동, 도구를 이용한 운동을 한다. • 실내외 신체활동에 자발적으로 참여한다.
건강하게 생활하기	• 자신의 몸과 주변을 깨끗이 한다. • 몸에 좋은 음식에 관심을 가지고 바른 태도로 즐겁게 먹는다. • 하루 일과에서 적당한 휴식을 취한다. • 질병을 예방하는 방법을 알고 실천한다.
안전하게 생활하기	• 일상에서 안전하게 놀이하고 생활한다. • TV, 컴퓨터, 스마트폰 등을 바르게 사용한다. • 교통안전 규칙을 지킨다. • 안전사고, 화재, 재난, 학대, 유괴 등에 대처하는 방법을 경험한다.

20 〈보기〉가 설명하는 질환은?

┤ 보기 ├
• 주로 생후 6개월~5세 사이의 영유아에게서 발생한다.
• 갑자기 올라간 고열과 함께 경련을 일으킨다.
• 주된 원인으로 고열, 뇌 손상, 유전적인 요인 등이 거론된다.

① 독감   ② 근육경련
③ 2도 화상   ④ 열성경련

해설 열성경련이란 6개월~5세 사이의 어린이가 고열과 함께 경련을 일으키는 것을 말하며, 대개 체온이 갑자기 올라갈 때 일어난다. 이때 중추신경계 감염으로 인한 경련은 제외된다. 온몸이 뻣뻣해지다가 팔다리를 떠는 형태의 발작을 하는데 안구가 돌아가고 의식이 없다. 보통 15분 이내에 그친다. 어린이들은 아직 뇌가 충분히 발달하지 않아 열이 나면 뇌세포가 자극을 받아 경련을 일으키게 된다.
보통 18~22개월 정도의 나이에 발생하며 5세 이후에는 드물다. 여아보다는 남아에게 흔하고 경련 후 특별한 이상은 없이 열이 내린 후 7~10일이면 뇌파도 정상이 된다. 모든 어린이의 3~4%가 이 증상을 경험하는 것으로 알려져 있고, 재발 확률은 약 30% 정도이다. 특히 1세 이전에 처음으로 발생하는 경우 50% 이상은 재발하게 된다. 원인은 확실하게 밝혀지지 않았으나 고열로 인한 뇌의 산소 부족, 뇌부종, 탈수, 뇌내 독소 침입 등에 의한 것으로 추정하고 있다. 원인 질환으로는 감기가 약 70%를 차지하고 편도염 · 인두염 · 중이염 · 위장염 · 돌발진 등도 원인이 될 수 있다. 또 유전성 경향이 있어 환자 가족의 60~70%가 열성경련을 경험한다.

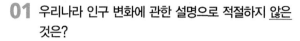

01 우리나라 인구 변화에 관한 설명으로 적절하지 않은 것은?

① 저출산으로 고령화가 감소하고 있다.

② 현재 노인 인구의 비율은 14% 이상인 고령사회이다.

③ 노인인구 증가로 인해 국가의 의료비 부담이 증가하고 있다.

④ 노인인구 증가로 인해 생산가능 인구의 노인에 대한 부양비가 증가하고 있다.

해설 우리나라는 OECD 가입국 중 출산율이 최저 수준이고, 전체 인구 중에 만 65세 이상의 노년 인구가 차지한 비율이 14% 이상인 고령 사회이다. 출산율이 적을수록 노년인구 비율이 높아진다.

02 〈보기〉의 ㉠, ㉡, ㉢, ㉣에 들어갈 용어로 알맞은 것은?

> ┤ 보기 ├
> 노인은 연령이 높아질수록 근육량은 (㉠)하고, 최대심박수는 (㉡)하고, 혈관 경직도는 (㉢)하고, 최대산소섭취량은 (㉣)한다.

	㉠	㉡	㉢	㉣
①	증가	증가	감소	증가
②	감소	감소	증가	감소
③	감소	증가	감소	감소
④	증가	감소	증가	증가

해설 나이가 들수록 근감소증이 급격히 증가하여 근력과 근파워가 감소된다. 동맥 내벽에 콜레스테롤, 중성지방, 인질 칼슘 등이 축적되어 혈관이 좁아지다가 막히는 동맥경화증이 증가한다. 심장의 기능이 약화되어 최대심박수는 증가하고, 폐의 효율성이 떨어져 최대산소섭취량은 줄어든다.

03 노인에게 낙상의 위험성이 높은 원인으로 적절한 것은?

① 보폭의 증가

② 자세 동요의 감소

③ 발목 가동성의 감소

④ 보행 속도의 증가

해설 낙상은 노화가 지속될수록 관절 가동성, 균형감각, 신체반응속도, 어지러움증 등의 이유로 발생한다.

04 중강도의 규칙적인 운동이 노인의 건강에 미치는 영향으로 적절한 것은?

① 근력의 감소

② 수면의 질 감소

③ 뇌 혈류량의 감소

④ 인슐린 저항성의 감소

해설 인슐린 저항성은 여러 원인에 의해서 혈당을 낮추는 인슐린의 기능이 떨어져 혈당 조절을 못하는 것을 말하는데, 운동을 통해 혈당을 낮출 수 있고, 규칙적인 운동은 인슐린 기능 향상에 도움이 된다.

05 노인의 지속적인 운동참여를 위한 동기유발 방법으로 적절하지 않은 것은?

① 모험적인 목표를 세워 동기를 유발한다.

② 운동 시설에 대한 접근성을 높인다.

③ 동료의 성공적인 경험을 공유하게 한다.

④ 체력 수준에 맞게 운동 목표를 구체적으로 설정한다.

해설 동기부여를 위하여 적절한 목표 설정은 도움이 되지만 모험적인 목표는 자칫 부상의 위험이 따를 수 있고, 목표를 이루지 못할 경우 운동 포기로 이어질 수 있다.

06 하비거스트(R. Havighurst)의 발달과업이론에서 노년기의 과업으로 적절하지 <u>않은</u> 것은?

① 배우자의 죽음에 대한 적응

② 은퇴와 수입 감소에 대한 적응

③ 선호하는 사회적 모임에 대한 적응

④ 근력 감소와 건강 약화에 대한 적응

> 해설 하비거스트(R. havighurst)의 노년기 과업은 다음과 같다.
> • 자신의 체력 감소와 건강에 대해 적응
> • 퇴직과 수입 감소에 적응
> • 배우자의 사망에 적응
> • 동년배와 친밀한 관계 유지
> • 사회적, 시민적 책임 이행
> • 만족스런 생활 조건 구비

07 〈보기〉에서 설명하는 행동 변화 이론으로 가장 적절한 것은?

| 보기 |

> 65세인 조 할머니는 요즘 살이 계속 찌고 움직이는 것도 점점 힘들어졌다. 가족과 친구들이 운동을 권유하였으나 완강하게 거부하며 운동을 하지 않았다. 그러나 최근 병원에서 당뇨병 판정을 받고 의사의 운동 권유로 운동에 대한 믿음과 의지가 생겨서 구체적인 운동 목표를 세우고 헬스센터장에서 운동을 시작하였다.

① 지속성 이론　　② 사회생태 이론

③ 자기효능감 이론　　④ 계획된 행동 이론

> 해설 ① 지속성 이론 : 노년기의 성격은 젊을 때부터의 성향이 지속적으로 유지된다는 것이다.
> ② 사회생태 이론 : 인간은 환경과 끊임없이 상호교류하며 적응하는 진화론적 존재라는 것이다.
> ③ 자기효능감 이론 : 자신이 어떤 일을 잘해 낼 수 있다는 개인적인 신념을 말한다.

④ 계획된 행동 이론 : 기존에 있던 합리적 행위 이론이 확장된 것으로, 태도와 행동 사이의 관계를 설명하는 대표적인 이론 중 하나이다. 태도와 주관적 규범, 지각된 행동 통제감, 행위 의도, 행동을 포함하는 개념으로 광고나 공공 캠페인 등 설득 커뮤니케이션의 다양한 분야에서 광범위하게 사용된다.

08 〈보기〉의 ⊙과 ⓒ에 들어갈 심박수(회/분)는?

| 보기 |

> 70세 남성 노인이 달리기 운동을 할 때, Karvonen(여유심박수, %HRR) 공식을 활용한 목표심박수의 범위는 (⊙)에서부터 (ⓒ)까지이다.
> [분당 안정 시 심박수 70회, 여유심박수 60~70% 강도]

	⊙	ⓒ		⊙	ⓒ
①	90	105	②	112	119
③	118	126	④	124	138

> 해설 카보넨(Karvonen) 공식 = [(220 − 자기 나이 − 안정 시 심박수) × 운동 강도] + 안정 시 심박수
> • 목표심박수 60%일 경우 − [(220 − 70 − 70) × 0.6] + 70 = 118
> • 목표심박수 70%일 경우 − [(220 − 70 − 70) × 0.7] + 70 = 126
> 그러므로 목표심박수의 범위는 118~126

09 〈보기〉에서 김 할아버지의 죽상경화증 심혈관질환의 위험요인을 바르게 제시한 것은?

┤ 보기 ├

건강증진 운동프로그램에
참여하고자 하는 김 할아버지의 정보

• 연령 : 67세, 성별 : 남성, 신장 : 170cm,
 체중 : 87kg
• 총콜레스테롤 : 190mg/dL
• 안정 시 혈압 : 130mmHg / 85mmHg
• 공복혈당 : 135mg/dL
• 흡연 : 30대부터 하루에 10~20개비
 * 미국스포츠의학회(ACSM, 2018)를
 참고한 기준 적용

① 연령, 과체중, 혈압, 흡연
② 비만, 총콜레스테롤, 혈압, 흡연
③ 연령, 비만, 당뇨병, 흡연
④ 과체중, 총콜레스테롤, 혈압, 당뇨병

해설 죽상경화성 심혈관질환자의 위험 요인과 기준

positive 위험 요소	기 준
1. 나이	남자 45세 이상, 여성 55세 이상
2. 가족력	남자 직계가족 중의 55세 이전, 여성 직계가족 중 65세 이전에 심근경색, 관상동맥혈관 재생, 부계 또는 급사한 가족력
3. 흡연	현재 흡연 또는 6개월 이내 금연, 간접흡연에 노출된 경우
4. 좌식생활	최소 3개월 동안 3일/주, 30분 이상/일, 중강도(40~60%VO₂R)의 신체활동에 참여하지 않은 경우
5. 비만	BMI ≥ 30 이상, 또는 허리둘레 – 남자 > 102cm, 여자> 88cm
6. 고혈압	수축기 혈압 ≥140mmHg, 이완기 혈압 ≥90mmHg(2회 이상 측정한 수치), 또는 항고혈압제 복용

7. 이상지질혈증	LDL 130mg/dL(3.37mmol/L) 이상, HDL 40mg/dL(1.04mmol/L) 이하 또는 콜레스테롤 저하제 복용, 총콜레스테롤 200mg/dL (5.18mmol/L) 이하
8. 당뇨병 전기	공복혈당 – 100mg/dL(5.55mmol/L)~ 125mg/dL(6.94mmol/L) 이하이거나 구혈당부하검사 – 140mg/dL(7.77mmol/L)~ 199mg/dL(11.04mmol/L) 이하(두 번 이상 측정 결과)

negative 위험 요소 – 높은 고밀도 콜레스테롤(HDL) ≥ 60mg/dL(1.55mmol/L)

보기에 나온 정보로 보면 BMI(신체질량지수)는 30 이상이어서 비만이고, 고혈압 기준은 수축기 혈압 140mmHg 이하/이완기 혈압 90mmHg 이상이므로 제시된 대상자(김 할아버지)의 혈압은 위험 요인이 아니다.

10 〈보기〉에 적용되는 트레이닝 원리는?

┤ 보기 ├

올해 70세인 박 할머니는 지난 6개월 동안 집 근처 헬스장에서 하루 1시간씩, 주 5회 이상 노인스포츠지도사와 운동을 하여 체력이 향상되었으나 최근 코로나19(COVID-19) 때문에 운동을 3개월 동안 하지 못하여 지금은 계단을 오르기조차 힘들어졌다.

① 개별성의 원리 　② 특이성의 원리
③ 과부하의 원리 　④ 가역성의 원리

해설 • 개별성의 원리 : 성, 나이, 체형, 건강상태, 심리상태, 운동 숙련도 등의 특성을 고려해야 한다.
• 과부하의 원리 : 평상시보다 좀 더 높은 강도를 적용하는 것, 2주에 약 2.5~5% 증가를 권장하고 부하량, 횟수, 속도, 휴식시간, 운동량(강도, 빈도, 지속시간)으로 조절 가능하다.
• 점증 부하의 원리 : 운동기간 동안 지속적인 자극을 증가시켜야 한다. 근력의 운동의 경우, 2주 정도면 적응이 되므로 중량, 세트, 횟수 등의 요소를 재조정한다.

- 특이성의 원리 : 운동 목적에 맞는 생리대사적 반응과 적응을 위한 트레이닝을 실시하여야 한다. 근력증가를 위한 웨이트 트레이닝, 심폐지구력 증가를 위한 런닝, 고정식 사이클 등 적절한 선택이 필요하다.
- 회복·과훈련·탈훈련(가역성)의 원리 : 운동 후 회복과 에너지 보충을 위한 시간이 필요하다(recovery). 회복할 시간이 충분하지 않으면 과훈련(overtraining)이 발생하여 여러 부작용이 생길 수 있고, 회복하는 시간이 너무 길면 탈훈련(detraining)으로 운동효과가 감소할 수 있다.

11 〈보기〉에서 ㉠, ㉡에 들어갈 용어를 바르게 나열한 것은?

리클리와 존스(Rikli & Jones)의 노인체력검사(Senior Fitness Test: SFT)		
검사항목	㉠	㉡
일상생활 능력	• 욕실에서 머리 감기 • 상의를 입고 벗기 • 차에서 안전벨트 매기	• 걷기 • 계단 오르기 • 자동차 타고 내리기

① ㉠ 등 뒤에서 양손 마주 잡기
   ㉡ 의자에 앉아 윗몸 앞으로 굽히기
② ㉠ 등 뒤에서 양손 마주 잡기
   ㉡ 의자에 앉았다가 일어서기
③ ㉠ 아령 들기
   ㉡ 의자에 앉았다가 일어서기
④ ㉠ 아령 들기
   ㉡ 의자에 앉아 윗몸 앞으로 굽히기

해설 리클리와 존스(Rikli & Jones)의 노인체력검사는 다음과 같다.
- 의자에 앉았다가 일어서기(30초-회)
- 아령 들기(30초-회)
- 6분 걷기(m)
- 2분 제자리 걷기(m)
- 앉아 앞으로 굽히기(cm)

- 등 뒤에서 양손 마주잡기(cm)
- 244cm 왕복걷기(초)
㉠에 해당하는 동작들은 어깨 가동성이 필요한 동작 → 등 뒤에서 양손마주잡기 검사
㉡은 하체의 근력을 필요로 하는 동작 → 의자에 앉았다가 일어서기 검사

12 미국스포츠의학회(ACSM, 2018)에서 제시한 노인을 위한 운동 권장 사항으로 적절한 것은?

① 저항운동은 체력수준을 고려하지 않고 실시한다.
② 저항운동을 처음 시작할 경우 1RM의 40~50%로 실시한다.
③ 유연성 향상을 위해 정적스트레칭을 60~90초 동안 유지한다.
④ 중강도 유산소운동을 처음 시작할 경우 주당 총 300~450분을 실시한다.

해설 노인을 위한 운동 권장 방안(ACSM)

구분	유산소운동	저항운동 (근력, 근지구력)	유연성운동
빈도	• 중강도 5일 이상/주 • 격렬한 신체활동 3일 이상/주 • 중강도~격렬한 강도 3~5일/주	2일 이상/주	2일 이상/주
강도	• 5~6 중강도 • 7~8은 격렬한 강도(0~10까지 척도기준)	• 중강도 1RM의 60~70%, 저강도 1RM의 40~50% • (또는) 5~6 중강도, 7~8은 격렬한 강도(0~10까지 척도기준)	약간 당기는 느낌이 들 정도
시간	• 30~60분/일, 150~300분/주 • (또는) 격렬한 강도 20~30분/일, 75~100분/주	대근육군 8~10종류를 각 8~12회 반복하고 1~3세트 실시한다.	동작당 30~60초
형태	• 걷기 위주 • 수중 운동, 고정식 자전거는 관절염, 비만 등의 제한이 있는 사람에게 적합	• 웨이트트레이닝 • 체중부하 제조 • 계단오르기 등	• 정적 스트레칭 • 느린 동적 스트레칭

13 노인을 위한 스트레칭에 관한 설명으로 적절한 것은?

① 탄성 스트레칭을 우선적으로 권장한다.

② 스트레칭은 관절의 가동범위와 관련이 없다.

③ 정적 스트레칭은 동석 스트레칭에 비해 상해 위험이 적다.

④ 고유수용성 신경근 촉진법은 효과가 없어 사용하지 않는다.

해설 체력 수준이 낮은 노인은 안전한 정적 스트레칭부터 시작하고, 점차 동적 스트레칭을 병행할 수 있다. 고유수용성 신경근 촉진법은 유연성 향상에 효과가 좋은 방법 중의 하나이다.

유연성 운동의 종류

• 탄성 또는 반동 스트레칭(Ballistic or Bouncing stretch) : 동작의 마지막 범위에서 탄성을 이용하여 동작에 반동을 주는 방법 ex) 발차기 등

• 동적 또는 느린 스트레칭(Dynamic or Slow stretching) : 빠른 동작으로 수행되는 것이 탄성 스트레칭과 비슷하지만, 반동을 사용하지 않는다. 특히 스트레칭 후 수행될 스포츠나 운동 동작과 유사하게 구성할 수 있다.

• 정적 스트레칭(Stactic Stretching) : 근육을 늘려 일정시간 정지해 유지하는 방법으로 운동으로 누구나 쉽게 할 수 있고, 탄성 스트레칭보다 안전하나, 격렬한 스포츠 활동을 하기 전 정적 스트레칭을 하는 것은 운동 수행력과 부상 예방에 부정적인 영향을 미칠 수 있다.

• 고유수용성 신경근 촉진법(Proprioceptive neuromuscular facilitation, PNF) : 고유수용기의 자극을 통해 신경근육 기전을 촉진하거나 빠르게 하는 방법으로, 목표하는 근육·건을 등척성 수축을 시킨 후 정적 스트레칭하는 방법이다(contract-relax).

14 〈보기〉에 해당하는 프로차스카(J. Prochaska)의 범이론적 모형 단계와 지도 내용을 바르게 나열한 것은?

┤ 보기 ├

운동을 하지 않았던 김 할아버지는 당뇨병 진단을 받은 후 지난 한 해 동안 매일 만보계를 가지고 중강도의 걷기 운동을 하고 있다.

	단계(stage)	지도내용
①	무의식 (precontemplation)	운동이 당뇨에 미치는 효과를 지도
②	의식 (contemplation)	운동 방법 및 만보계 사용법을 지도
③	행동(action)	운동강도 조절에 관하여 지도
④	유지 (maintenance)	즐길 수 있는 스포츠를 경험하도록 지도

해설 김 할아버지가 당뇨병 진단 후 일년 동안 운동을 하고 있는 것으로 보아 1~4단계는 지나고 유지단계라고 할 수 있다.

제임스 프로차스카의 범이론적 모형 단계

• 무의식단계(계획전단계 precontemplation) : 변화를 위한 동기가 없거나 필요함을 인지 못하는 단계

• 의식단계(계획단계 comtemplation) : 변화의 필요함 또는 현재 상태의 불편함을 인식하기 시작하는 단계

• 준비단계(preparation) : 변화하겠다는 동기가 증가하기 시작하는 단계(변화하고자 모양에 대해 구체적 탐색)

• 행동단계(실행단계 action) : 변화를 위한 행동이 나타나는 단계, 변화에 나타날 수 있는 스트레스 관리가 필요한 단계

• 유지단계 (maintenance) : 변화를 통해 얻게 된 환경/사람과의 관계를 만들어 가는 단계(익숙해지는 단계)

15 이상지질혈증이 있는 노인을 위한 운동 방법으로 적절하지 <u>않은</u> 것은?

① 하루 30~60분의 운동이 적당하다.

② 유연성운동, 저항운동 및 유산소운동을 실시한다.

③ 대근육을 이용한 지속적이고 리드미컬한 형태의 운동을 한다.

④ 에너지 소비를 최대로 증가시키기 위해 고강도 운동을 한다.

> **해설** 이상지질혈증은 다른 질병이 없는 한 위험성이 적기 때문에 건강한 사람과 같은 프로그램을 적용한다. 개인차에 따라 적절한 운동강도 설정이 필요하며, 준비가 되지 않은 노인에게 에너지 소비를 증가시킬 목적으로 고강도 운동을 지도하면 자칫 부상의 위험으로 이어질 수 있다.

16 골다공증이 있는 노인의 운동에 관한 설명으로 적절하지 <u>않은</u> 것은?

① 심각한 골다공증이 있는 노인에게는 최대근력검사를 권장하지 않는다.

② 통증을 유발하지 않는 중강도 운동을 권장한다.

③ 체중 지지 운동은 권장하지 않는다.

④ 평형성 향상을 위한 운동을 권장한다.

> **해설** 골다공증이 있는 노인에게는 급격히 강도를 높이거나 강한 충격을 주는 운동은 골절의 위험이 있으므로, 통증이 없는 정도의 중강도 운동을 권장한다. 적절한 체중 지지 운동은 골밀도 유지에 도움이 되기 때문에 걷기, 근력운동 등은 필요하다. 또한 낙상은 심각한 부상을 야기하므로 평형성 운동을 반드시 해주어야 한다.

17 〈보기〉에서 바람직하지 <u>않은</u> 노인스포츠지도사는?

> ─┤ 보기 ├─
>
> 김 지도사 : 어르신의 이해를 돕기 위해 시각 정보 없이 언어 정보만을 제공한다.
> 박 지도사 : 어르신들의 신체활동에 대한 개인차를 고려하여 수준별로 운동을 지도한다.
> 최 지도사 : 어르신의 특성을 고려해서 한 번에 한두 가지의 동작에 대한 시범을 보여준다.
> 이 지도사 : 운동을 지도할 때, 어르신들이 이해할 수 있는 언어와 그림을 함께 사용한다.

① 김 지도사　　　　② 이 지도사

③ 박 지도사　　　　④ 최 지도사

> **해설** 운동 지도 시 간결하고 단순하며 명확한 지시를 해야 한다. 신체적, 시각적, 언어적 신호 3가지 방법이 있다.
> • 신체적 신호 : 촉각 또는 운동감각적 신호이며, 지도자가 참여자의 신체를 움직이게 하거나 유도하는 실제적인 방법이다.
> • 시각적 신호 : 운동 동작을 실제로 시범을 보이는 것이며, 청력이 약한 어르신들에게 효과적인 방법이다.
> • 언어적 신호 : 운동 동작을 말로 설명하거나 구체적인 동작을 지시하는 것이다. 언어적 신호와 시각적 신호를 함께 하는 것이 좋다.

18 미국스포츠의학회(ACSM, 2018)에서 제시한 노인의 중강도 신체활동으로 적절하지 <u>않은</u> 것은?

① 3.0mi/h(4.83km/h)의 속도로 걷기

② 축구, 농구, 배구와 같은 경쟁 스포츠

③ 청소, 창 닦기, 세차, 페인팅 등의 가사 활동

④ 보그 스케일(Borg Scale)의 운동자각도(RPE)에서 12~13 수준의 신체활동

> **해설** 축구, 농구, 배구와 같은 경쟁 스포츠는 경기에 집중하다보면 고강도가 되어 심장에 부담을 줄 수도 있고, 점프·방향틀기·충돌 등의 경기 중 동작으로 부상을 입을 우려가 있다.

정답

13 ③　　14 ④　　15 ④　　16 ③　　17 ①　　18 ②

19 노인에게 운동을 지도할 때, 주의사항으로 적절하지 <u>않은</u> 것은?

① 운동강도를 높일수록 단열성이 높은 의복을 착용하게 한다.

② 탈수증상을 대비하여 수분을 미리 보충하게 한다.

③ 낙상의 위험을 최소화하기 위해 적절한 신발을 착용하게 한다.

④ 추운 환경에서는 준비운동을 평소보다 오랜 시간 진행하도록 한다.

> **해설** 단열성이 높은 의복은 열사병이나 탈수증이 일어날 수 있어서, 환기가 잘되는 옷을 권장하고 운동공간의 적절한 온도 조절이 필요하다. 온도가 낮은 곳이라면 얇은 옷을 여러 개 입어 쉽고 입고 벗을 수 있도록 한다.

20 운동 중 노인의 심정지 상황에 대한 응급처치로 적절하지 <u>않은</u> 것은?

① 자동제세동기를 이용할 수 있는 경우 사용한다.

② 의식의 확인과 119 신고 후, 심폐소생술을 실시한다.

③ 의식이 없으면 묵시적 동의라고 간주하고 심폐소생술을 실시한다.

④ 심폐소생술 실시 중 의식이 돌아오지 않으면 가슴 압박을 중단한다.

> **해설** (심폐소생술 실시 중 의식이 돌아오지 않더라도) 가슴 압박은 119가 올 때까지 계속해서 실시해야 한다.

단기완성

스포츠
지도사

선택과목

스포츠지도사

단기완성 **2급 필기**

선택과목 스포츠교육학

스포츠교육의 배경과 개념

01 스포츠교육의 역사

(1) 스포츠 가르치기에 대한 역사적 관심

 ① 19세기 초·중반

  ㉠ 체조시스템

   ⓐ 유럽식 체조시스템은 독일인 얀과 스웨덴의 링에 의해 널리 보급되었다.

   ⓑ 유럽식 체조는 개인의 발달을 목표로 했지만 집단 단결의 성격을 가지고 있어서 군사훈련에 이용되었다.

   ⓒ 미국식 체조시스템은 신체적, 도덕적, 건강상의 이익에 대하여 강조하였다.

   ⓓ 체조시스템의 종류

시스템 종류	목적
독일식 체조	기구를 활용하고, 전시에 대비한 강한 청소년을 육성
스웨덴식 체조	정확한 동작 추구, 건강, 정확한 표현력, 운동수행의 아름다움을 증진
히치코크식 시스템	가벼운 기구를 활용하고 건강위생을 강조
서전트식 시스템	기구를 활용한 개별화된 운동, 위생·교육·교정적 효과 추구
YMCA식 체조	전인적인 자질 개발
미국식 시스템	여러 시스템을 차용하여 절충된 시스템 개발

  ㉡ 건강중심적 기독교주의

   ⓐ 19세기 중반 미국의 에머슨은 '훌륭한 일을 하기 위해서는 최고의 건강상태를 유지해야 한다'고 주장하였다.

   ⓑ 정신적, 도덕적, 종교적 목적이 개발되고 유지하는 데 체력과 운동능력이 중요하다고 여겼다.

  ㉢ 이상적인 남성상과 여성상

   ⓐ 19세기에 여성은 동정심, 순결, 순종, 가정중심적 사고 방식을 이상적인 여성상으로 생각하였고, 스포츠 참가에 허용되지 않았다.

   ⓑ 19세기에 남성은 여성화 되어 가서 더 강한 미국이 되려면 더 남자다워져야 한다고 생각하였다.

  ㉣ 아마추어리즘과 페어플레이 정신

   ⓐ 페어플레이는 영국 상류층에서 중요히 여긴 윤리적 미덕이었고, 미국에는 스포츠광으로 옮겨갔다.

   ⓑ 근대올림픽이 부활하면서 아마추어리즘과 페어플레이정신이 대두되었다.

② 19세기 말과 20세기 초
　㉠ 신체조
　　ⓐ 토마스 우드는 '체조 중심의 체육'에서 '신체를 통한 교육으로서의 체육'철학으로 넘어가는 전환점을 만들었다.
　　ⓑ 미국의 진보주의자 존 듀이는 민주사회에서 평화적인 개혁을 가져오는 길은 교육뿐이라고 생각하였다.
　　ⓒ 존 듀이는 우드, 헤더링턴과 함께 '신체를 통한 교육'을 전파하였다.
　㉡ 유럽의 교육사상
　　ⓐ 18세기 루소의 자연주의 철학에서 시작되었다.
　　ⓑ 체조, 게임, 스포츠, 놀이활동이 중요 과정이었다.
　　ⓒ 프뢰벨은 유치원을 처음 창안했으며, 유아교육에서 놀이 활동을 강조하였다.
　㉢ 20세기 초반
　　ⓐ '신체를 통한 교육'이라는 교육철학이 시작되었다.
　　ⓑ 체육활동에 참여하는 것은 지적, 신체적, 사회적, 도덕적 발달을 가져다주기 때문에 가치가 있다고 주장하고, 청소년 성장에 아주 중요하다고 생각하였다.

(2) 스포츠 가르치기에 대한 최근의 노력 기출 2021
① 휴먼무브먼트와 움직임 교육
　㉠ '신체를 통한 교육으로서의 체육'철학을 기반으로 하는 '체육 학문화 운동'이 발생하였다.
　㉡ 휴먼무브먼트 철학은 학문적 초·중·고 교육 교과의 개선을 위한 기반이 되었다.
　㉢ 움직임 교육의 교육과정은 교육체조, 교육무용, 교육게임을 구분하였고, 비경쟁적이고 성취감을 얻을 수 있도록 바뀌었다.
　㉣ 체육의 학문적 세분화가 되었고, 스포츠의 개념으로 연결하려고 하고 있다. 스포츠과학 또는 스포츠의학, 운동학(kinesiology) 등의 학과가 생겨나고 있다.
② 인간주의 스포츠와 인간주의 체육교육
　㉠ 1960~70년대 '인간주의 철학' 사조는 체육분야에 영향을 미쳤다.
　㉡ 학문화 운동이 일어나 스포츠과학의 하위 학문으로 운동생리학, 운동역학, 스포츠심리학 등이 발전하였다.
　㉢ 스포츠 가르치기(Sports Teaching and Coaching), 스포츠교육과정, 지도자 교육 등이 하위 영역으로 자리잡았고, 이를 스포츠교육학이라고 하였다.
③ 놀이교육과 스포츠교육
　㉠ 놀이교육의 목적은 운동기술을 습득하고 신체활동에 대한 애정을 갖도록 하는 것이다.
　㉡ 스포츠교육의 목적은 스포츠의 기능, 지식, 태도를 교육하여 스스로 스포츠를 즐기고 참여하여 스포츠문화에 이바지하는 것이다.

ⓒ 스포츠교육의 이론적 기초

    ⓐ 스포츠는 놀이에서 유래되었다.

    ⓑ 스포츠는 문화의 중요한 영역이며, 건강과 생명력에 중요한 영향을 미친다.

    ⓒ 스포츠가 놀이의 발전된 형태이며, 체육교육의 내용은 스포츠가 되어야 한다.

ⓓ 놀이 교육은 구체적 교육과정이 발전되지 못했지만, 스포츠교육은 구체적 교육 프로그램을 만들었다.

02 스포츠교육의 개념

(1) 체육의 의미

① 1931년 존 워렌(John Warren)이 용어를 처음 사용하였고 '체육교육'의 의미로 사용되었다.

② 체육교육은 움직임 활동과 교육활동이 결합된 의미이며, 신체활동을 통한 인간행동의 변화로 정의할 수 있다.

③ 신체활동 : 인간이 신체를 통해서 수행할 수 있는 모든 행동을 말하며, 식사, 일, 학업, 사회활동, 여가활동, 여행 등을 포함한다. 이 중 체육은 놀이, 게임, 스포츠, 체조, 무용, 레크리에이션 등이다.

④ 20세기 전까지는 '신체의 교육(education of the physical)' 개념에 바탕을 두어 신체의 기능을 교육시키는 교과로 생각하였다.

⑤ 1930년대 이후 '신체를 통한 교육(education through the physical)' 개념이 등장하였고, 기존의 체육은 교육이라기보다는 훈련이라고 비판하였다.

⑥ 존 듀이는 '신체를 통한 교육'을 강조하였고, '신체적으로 완성된 인간'을 제안하였다.

(2) 스포츠의 개념

① 경쟁과 유희성을 가진 신체운동 경기의 총칭이다.

② 경쟁적인 게임, 야외활동, 무용 등 모두 스포츠의 범주에 포함한다(유럽스포츠헌장).

③ 스포츠와 체육의 개념이 혼용되어 사용된다.

(3) 스포츠교육

① **스포츠교육** : 스포츠를 매개로 교육활동을 하는 것으로 스포츠를 체험하고 문화활동을 즐기도록 지도하는 것을 말한다.

② 협의 : 학교 교과 활동으로 스포츠교육을 실시하는 것이다.

③ 광의 : 생활 속의 모든 스포츠활동을 지도하는 것이다.

(4) 스포츠교육의 가치

① **신체적 가치** : 체력발달, 체중감소, 근육강화, 유연성 증가와 같은 신체변화와 신체의 변화를 통한 심리적 안정도 기대할 수 있다.

② **심리적 가치** : 내재되어 있는 공격성, 파괴성, 경쟁성 등을 스포츠를 통해 배출함으로써 인성의 정화의 효과와 긴장감, 스트레스, 불안감, 욕구불만 등을 해소하는 데 도움이 된다.

③ **사회적 가치** : 협동심, 양보심, 이타심, 책임감, 자제력, 질서의식, 규칙준수 등을 배울 수 있으며 바람직한 인격형성을 이룰 수 있다.

④ **인지적 가치** : 스포츠를 함으로써 뇌의 혈액 공급이 원활해지고 게임규칙, 전략 등을 통해 논리력, 이해력, 판단력, 통찰력 등을 발달시킬 수 있다.

⑤ **태도발달** : 스포츠를 통해 지도력, 스포츠맨십, 예의 등을 배우고, 자존감, 자아효능감, 용기, 학습의욕 등을 기대할 수 있다.

03 스포츠교육의 현재

(1) 학교에서의 스포츠교육

① 학생들의 체력증진과 체육활동 육성을 위하여 정부는 예산을 책정하여 지방자치단체와 학교에 경비를 지원하고 있다.

② 국민육진흥기금은 학교 체육의 활성화를 위한 사업과 운동부에 지원하고 있다.

(2) 생활에서의 스포츠교육

① 문화체육관광부 장관은 국민체육에 관한 기본시책을 수립하고 시행하고 있다.

② 지방자치단체는 지역주민의 건강과 체력증진을 위하여 시설확충과 프로그램 등을 지원하고 있다.

(3) 경기에서의 스포츠교육

① 정부와 지방자치단체는 국민체육진흥기금으로 선수와 지도자를 육성하고 지원하며 복지향상에 힘쓰고 있다.

② 대한체육회, 대한장애인체육회, 한국도핑방지위원회, 서울올림픽 기념 국민체육진흥공단 등의 사업과 활동에 지원하고 있다.

02 스포츠교육의 정책과 제도

01 학교체육

(1) 국가체육교육과정 및 학교체육진흥법

① 체육교육과정

㉠ 교육과정은 1955년 1차 교육과정을 공포하였고, 약 8년마다 개정하였으며 1997년 7차 개정이후, 2007년, 2009년, 2015년에 개정하였다.

㉡ 체육과 교육과정의 변천

구분	특징	체육과
교수 요목기 (1946~54)	• 각급 학교의 편제와 시간배당이 함께 작성된 교수 요목 • 교수의 목표나 지도시의 유의사항에 대한 언급 없음	• 초등학교에서 고등학교까지 필수교과 • 일제 강점기에는 체조 　– 초등학교 : 보건 　– 중학교 : 체육, 보건 　– 고등학교 : 체육
1차 개정 (1954~63)	• 초, 중, 고, 사범학교 교육과정 제정(1955년 문교부령) • 최초의 체계적인 교육과정	• 명칭 : 초등학교 보건, 중등학교 체육 • 수업시수 : 초 3시간/주, 중 2시간/주, 고 24단위/3년 • 목적 : 신체적 발달, 사회적 발달, 위생 및 민주생활 • 목표 : 신체적 목표, 사회적 목표, 지적·정서적 목표, 안전지도, 레크리에이션 • 맨손체조, 스포츠(육상, 구기, 헤엄, 투기), 무용, 위생, 체육이론의 5개 영역
2차 개정 (1963~73)	• 초, 중, 고 및 실업학교 교육과정(1963년 문교부령) • 경험(생활)중심 교육과정 • 영역 : 교과과정, 반공도덕, 특별활동	• '체육'으로 통일 • 체조, 스포츠(육상, 구기, 헤엄, 투기), 무용, 레크리에이션, 보건위생, 체육이론의 6개 영역
3차 개정 (1973~81)	• 교육과정심의회에서 시안을 확정하고 2년간 실험 평가 후 확정	• 순환운동, 체조, 질서운동, 육상경기, 구기, 투기, 계절운동, 무용(여자), 보건, 체육이론의 10개 영역
4차 개정 (1981~87)	• 인간중심 교육과정의 성격 반영 • 초등학교 1·2학년 : 통합과정 바른 생활, 즐거운 생활(체육, 음악, 미술), 슬기로운 생활	• 육상운동, 체조, 개인 및 대인 운동, 구기, 수영, 무용, 체육 이론, 보건의 8개 영역 • 고등학교의 경우 평생스포츠 및 야외활동 영역 강조
5차 개정 (1987~92)	• 목적 : 건강한 사람, 자주적인 사람, 창조적인 사람, 도덕적인 사람 • 교육과정에서 통합의 형태 : 즐거운 생활(체육, 음악, 미술), 기술가정(중등학교)	• 교과의 목표 : 심동적, 인지적, 정의적 영역

6차 개정 (1992~97)	• 교육과정 결정의 분권화에 따라 획일성 및 경직성을 없애려고 노력	• 건강관련체력과 게임 중시 • 초등학교에 체력운동 영역 신설 • 중·고등학교에서는 체력 육성 강조
7차 개정 (1997~2007)	• 국민공통 기본 교육과정 도입 • 수준별 교육과정 적용 • 재량 시간의 신설 및 확대 • 고등학교 2·3학년 선택중심 교육과정 도입 • 질관리 중심의 교육과정 평가 체제 도입 • 교육과정의 분권화 강화	• 움직임 욕구의 실현 및 체육문화 계승 • 체력 및 건강의 유지, 증진, 정서순화, 사회성 함양
2007년 개정 (2007~2013)	• '신체활동지식'으로 재개념화 • 모든 신체활동들을 포괄하는 공통적이고 보편적인 개념, 사실, 원리 및 수행방법을 설정하여 내용 기준의 역할 강화 • 단위학교 및 교사 수준에서 선택할 수 있도록 자율권 강화	• 내재적 가치와 외재적 가치의 일원화 • 자신의 역할과 책무를 충실히 이행할 수 있는 '체육과에서 추구하는 인간상' 기술 • 건강의 가치, 도전의 가치, 경쟁의 가치, 표현의 가치, 여가의 가치 등 5가지 신체활동 가치 중심 • 초등학교 : 신체활동 가치의 기초 교육 • 중학교 : 신체활동 가치의 심화 교육
2009년 개정	• 학습의 효율성 재고 • 배려와 나눔을 추구하는 인성교육 추구 • 학생의 학습역량 강화 • 학교의 다양화 유도	
2015년 개정	• '교육과정 구성의 중점'을 신설 • '교수·학습', '평가', '모든 향상을 위한 교육기회의 제공' 항목 신설	• 건강의 가치를 이해하고 건강 및 체력을 증진하면 건강관리를 지속적으로 실천한다. • 도전의 가치를 이해하고 도전의 신체활동을 수행하며 도전 정신을 발휘한다. • 경쟁의 가치를 이해하고 경쟁의 신체활동을 수행하며 선의의 경쟁을 실천한다. • 표현의 가치를 이해하고 창의적인 신체 표현을 수행하며 심미적 안목을 갖는다. • 신체활동에서 안전의 중요성을 이해하고 안전하게 신체활동을 수행하며 안전의식을 함양한다.

② 학교체육진흥법([시행 2021. 6. 24.] [법률 제17960호, 2021. 3. 23, 일부개정]) 기출 2022~2020

> 제1조 (목적)
> 법은 학생의 체육활동 강화 및 학교운동부 육성 등 학교체육 활성화에 필요한 사항을 정함으로써 학생들이 건강하고 균형 잡힌 신체와 정신을 가질 수 있도록 하는 데 기여함을 목적으로 한다.
>
> 제2조 (정의)
> 법에서 사용하는 용어의 뜻은 다음과 같다.
> 1. "학교체육"이란 학교에서 학생을 대상으로 이루어지는 체육활동을 말한다.

2. "학교"란 「유아교육법」 제2조 제2호에 따른 유치원 및 「초·중등교육법」 제2조에 따른 학교를 말한다.
3. "학교운동부"란 학생선수로 구성된 학교 내 운동부를 말한다.
4. "학생선수"란 학교운동부에 소속되어 운동하는 학생이나 「국민체육진흥법」 제33조와 제34조에 따른 체육단체에 등록되어 선수로 활동하는 학생을 말한다.
5. "학교스포츠클럽"이란 체육활동에 취미를 가진 같은 학교의 학생으로 구성되어 학교가 운영하는 스포츠클럽을 말한다.
6. "학교운동부지도자"란 학교에 소속되어 학교운동부를 지도·감독하는 사람을 말한다.
7. "스포츠강사"란 「초·중등교육법」 제2조 제2호에 따른 초등학교에서 정규 체육수업 보조 및 학교스포츠클럽을 지도하는 체육전문강사를 말한다.
8. "학교체육진흥원"이란 학교체육 진흥을 위한 연구, 정책개발, 연수 등을 실시하는 조직을 말한다.

제3조 (학교체육 진흥 시책과 권장)
국가 및 지방자치단체(교육감을 포함한다)는 학교체육 진흥에 필요한 시책을 마련하고 학생의 자발적인 체육활동을 권장·보호 및 육성하여야 한다.

제4조 (기본 시책의 수립 등)
① 교육부장관은 문화체육관광부장관과 협의하여 학교체육 진흥에 관한 기본 시책을 5년마다 수립·시행한다.
② 특별시·광역시·특별자치시·도 및 특별자치도 교육감(이하 "교육감"이라 한다)은 제1항의 기본 시책에 따라 해당 지방자치단체의 학교체육 진흥 계획을 수립·시행하여야 한다.

제5조 (협조)
교육부장관과 문화체육관광부장관은 제4조에 따른 시책을 수립·시행하기 위하여 필요한 경우 지방자치단체의 장, 교육감 및 관계 기관 또는 단체의 장에게 협조를 요청할 수 있다. 이 경우 지방자치단체의 장, 교육감 및 관계 기관 또는 단체의 장은 특별한 사유가 없으면 이에 따라야 한다. 〈개정 2021.3.23.〉

제6조 (학교체육 진흥의 조치 등)
① 학교의 장은 학생의 체력증진과 체육활동 활성화를 위하여 다음 각 호의 조치를 취하여야 한다.
  1. 체육교육과정 운영 충실 및 체육수업의 질 제고
  2. 제8조에 따른 학생건강체력평가 및 제9조에 따라 비만 판정을 받은 학생에 대한 대책
  3. 제10조에 따른 학교스포츠클럽 및 제11조에 따른 학교운동부 운영
  4. 학생선수의 학습권 보장 및 인권보호
  5. 여학생 체육활동 활성화
  6. 유아 및 장애학생의 체육활동 활성화
  7. 학교체육행사의 정기적 개최
  8. 학교 간 경기대회 등 체육 교류활동 활성화
  9. 교원의 체육 관련 직무연수 강화 및 장려
  10. 그 밖에 학교체육 활성화를 위하여 필요한 사항
② 학교의 장은 제1항에 따른 조치를 시행하기 위하여 필요한 경비를 학교 예산의 범위에서 확보하여야 한다.

③ 교육부장관과 교육감은 제1항에 따른 조치가 적절하게 취하여지고 있는지를 대통령령으로 정하는 바에 따라 주기적으로 감독하여야 한다.

제7조 (학교 체육시설 설치 등)
① 국가 및 지방자치단체는 학생의 체육활동에 필요한 운동장, 체육관 등 기반시설을 확충하여야 한다.
② 학교의 장은 교육부장관이 정하는 바에 따라 학생의 체육활동 진흥에 필요한 체육 교재 및 기자재, 용품 등을 확보하여야 한다.
③ 학교의 장은 대통령령으로 정하는 바에 따라 학생에 대한 폭력, 성폭력 등 인권침해의 우려가 있는 학교 체육시설 관련 주요 지점에 「개인정보 보호법」 제2조 제7호에 따른 영상정보처리기기를 설치·관리할 수 있다.
④ 이 법에서 정한 사항 외에 영상정보처리기기의 설치·관리 등에 관한 사항은 「개인정보 보호법」에 따른다.
⑤ 제1항에 따른 체육활동 기반시설 확충과 제2항에 따른 체육 교재 및 기자재, 용품 등의 확보에 필요한 사항은 교육부령으로 정한다.

제8조 (학생건강체력평가 실시계획의 수립 및 실시)
① 국가는 학생의 건강체력 상태를 측정하기 위하여 매년 3월 31일까지 학생건강체력평가 실시계획을 수립하고 학교의 장은 실시계획에 따라 학생건강체력평가를 실시하여야 한다. 〈개정 2021.3.23.〉
② 제1항에 따라 학생건강체력평가를 실시한 학교의 장은 평가결과를 교육정보시스템에 등록하여야 하며, 해당 학생과 학부모에게 알려야 한다.
③ 제1항에 따른 학생건강체력평가는 「고등교육법」에 따른 대학이나 전문기관·단체 등에 위탁할 수 있다.
④ 제1항부터 제3항까지의 규정에 따라 학생건강체력평가를 실시한 경우에는 「학교보건법」 제7조에 따른 건강검사 중 신체능력검사를 실시한 것으로 본다.
⑤ 제1항부터 제3항까지의 규정에 따른 학생건강체력평가의 시기, 방법, 평가항목, 평가결과 등록 및 학생건강체력평가를 위탁받을 수 있는 대학이나 전문기관·단체 등의 자격요건 등에 필요한 사항은 교육부령으로 정한다.

제9조 (건강체력교실 등 운영)
① 학교의 장은 제8조에 따른 학생건강체력평가에서 저체력 또는 비만 판정을 받은 학생을 대상으로 건강체력증진을 위하여 정규 또는 비정규 프로그램(이하 "건강체력교실"이라 한다)을 운영하여야 한다.
② 건강체력교실 등의 설치 및 운영 등에 관하여 필요한 사항은 교육부령으로 정한다.

제10조 (학교스포츠클럽 운영)
① 학교의 장은 학생들이 신체활동 프로그램에 참여할 수 있도록 학교스포츠클럽을 운영하여 학생들의 체육활동 참여기회를 확대하여야 한다.
② 학교의 장은 제1항에 따라 학교스포츠클럽을 운영하는 경우 학교스포츠클럽 전담교사를 지정하여야 한다.
③ 제2항에 따른 학교스포츠클럽 전담교사에게는 학교 예산의 범위에서 소정의 지도수당을 지급한다.
④ 학교의 장은 학교스포츠클럽 활동내용을 학교생활기록부에 기록하여 상급학교 진학자료로 활용할 수 있도록 하여야 한다.

⑤ 학교의 장은 교육부령으로 정하는 바에 따라 일정 비율 이상의 학교스포츠클럽을 해당 학교의 여학생들이 선호하는 종목의 학교스포츠클럽으로 운영하여야 한다.

제11조 (학교운동부 운영 등)
① 학교의 장은 학생선수가 일정 수준의 학력기준(이하 "최저학력"이라 한다)에 도달하지 못한 경우에는 별도의 기초학력보장 프로그램을 운영하여 최저학력이 보장될 수 있도록 노력하여야 하며, 필요할 경우 경기대회 출전을 제한할 수 있다.
② 최저학력의 기준 및 실시 시기에 필요한 사항과 기초학력보장 프로그램의 운영 등에 필요한 사항은 교육부령으로 정한다.
③ 학교의 장은 학생선수의 학습권 보장 및 신체적·정서적 발달을 위하여 학기 중의 상시 합숙훈련이 근절될 수 있도록 노력하여야 한다. 다만, 경기대회 참가 등을 위하여 불가피하게 합숙훈련을 실시하는 경우에는 학생선수의 안전 및 인권보호를 위하여 필요한 조치를 하여야 한다. 〈개정 2021.3.23.〉
④ 학교의 장은 원거리에서 통학하는 학생선수를 위하여 기숙사를 운영할 수 있다. 이 경우 필요한 사항은 교육부령으로 정한다.
⑤ 학교의 장은 학교운동부 관련 후원금을 「초·중등교육법」 제30조의2에 따라 설치된 학교회계에 편입시켜 운영하여야 한다.
⑥ 국가 및 지방자치단체는 예산의 범위에서 학교운동부 운영과 관련된 경비를 지원할 수 있다.

제11조 (학교운동부 운영 등)
① 학교의 장은 학생선수가 일정 수준의 학력기준(이하 "최저학력"이라 한다)에 도달하지 못한 경우에는 교육부령으로 정하는 경기대회의 참가를 허용하여서는 아니 된다. 다만, 「초·중등교육법」 제2조 제3호에 따른 고등학교 또는 이에 준하는 학교에 재학 중인 학생선수가 제2항에 따른 기초학력보장 프로그램을 이수한 경우에는 그 참가를 허용할 수 있다. 〈개정 2021.3.23.〉
② 학교의 장은 최저학력에 도달하지 못한 학생선수에게 별도의 기초학력보장 프로그램을 제공하여야 한다. 〈신설 2021.3.23.〉
③ 최저학력의 기준 및 실시 시기에 필요한 사항과 기초학력보장 프로그램의 운영 등에 필요한 사항은 교육부령으로 정한다. 〈개정 2021.3.23.〉
④ 학교의 장은 학생선수의 학습권 보장 및 신체적·정서적 발달을 위하여 학기 중의 상시 합숙훈련이 근절될 수 있도록 노력하여야 한다. 다만, 경기대회 참가 등을 위하여 불가피하게 합숙훈련을 실시하는 경우에는 학생선수의 안전 및 인권보호를 위하여 필요한 조치를 하여야 한다. 〈개정 2021.3.23.〉
⑤ 학교의 장은 원거리에서 통학하는 학생선수를 위하여 기숙사를 운영할 수 있다. 이 경우 필요한 사항은 교육부령으로 정한다. 〈개정 2021.3.23.〉
⑥ 학교의 장은 학교운동부 관련 후원금을 「초·중등교육법」 제30조의2에 따라 설치된 학교회계에 편입시켜 운영하여야 한다. 〈개정 2021.3.23.〉
⑦ 국가 및 지방자치단체는 예산의 범위에서 학교운동부 운영과 관련된 경비를 지원할 수 있다. 〈개정 2021.3.23.〉
[시행일 : 2024.3.24.] 제11조

제12조 (학교운동부지도자)

① 학교의 장은 학생선수의 훈련과 지도를 위하여 학교운동부에 지도자(이하 "학교운동부지도자"라 한다)를 둘 수 있다.

② 국가는 학교운동부지도자의 자질 향상 및 전문성 강화를 위하여 연수교육 계획을 수립하고, 이를 실시하여야 한다. 이 경우 연수교육을 관련 단체에 위탁할 수 있다.

③ 국가 및 지방자치단체는 학교운동부지도자의 급여에 필요한 경비를 지원하도록 노력하여야 하며, 학교의 장은 학교운동부지도자 임용에 필요한 경비를 「초·중등교육법」 제30조의2에 따라 설치된 학교회계에 반영하여 집행하여야 한다.

④ 학교의 장은 학교운동부지도자가 학생선수의 학습권을 박탈하거나 폭력, 금품·향응 수수(授受) 등의 부적절한 행위를 하였을 경우 학교운영위원회의 심의를 거쳐 계약을 해지할 수 있다. 〈개정 2021.3.23.〉

⑤ 교육감은 학교운동부지도자의 지도 등을 위하여 학교운동부지도자관리위원회를 설치한다.

⑥ 교육감은 제4항의 사유 이외에 학교의 장이 부당하게 학교운동부지도자를 계약 해지하였을 경우 학교운동부지도자관리위원회의 심의를 거쳐 관련 계약 해지를 철회할 수 있다.

⑦ 그 밖에 학교운동부지도자의 자격기준, 임용, 급여, 신분, 직무 등에 필요한 사항은 대통령령으로 정한다.

제12조의2 (도핑 방지 교육)

① 국가와 지방자치단체는 도핑(「국민체육진흥법」 제2조 제10호의 도핑을 말한다. 이하 같다)을 방지하기 위하여 학생선수와 학교운동부지도자를 대상으로 도핑 방지 교육을 실시하여야 한다.

② 제1항에 따른 도핑 방지 교육의 방법 및 절차 등에 필요한 사항은 대통령령으로 정한다.

제12조의3 (스포츠 분야 인권교육 등)

① 국가와 지방자치단체는 학생선수의 인권보호를 위하여 학생선수와 학교운동부지도자를 대상으로 스포츠 분야 인권교육을 실시하여야 한다.

② 국가와 지방자치단체는 학생선수에 대한 폭력, 성폭력 등 인권침해가 발생한 때에는 학생선수와 학교운동부지도자를 대상으로 심리치료 및 안전조치를 하여야 한다.

③ 제1항 및 제2항에 따른 스포츠 분야 인권교육, 심리치료 및 안전조치에 관하여 필요한 사항은 대통령령으로 정한다.

제13조 (스포츠강사의 배치)

① 국가 및 지방자치단체는 학생의 체육수업 흥미 제고 및 체육활동 활성화를 위하여 「초·중등교육법」 제2조 제2호에 따른 초등학교에 스포츠강사를 배치할 수 있다.

② 제1항에 따른 스포츠강사의 자격기준, 임용 등에 필요한 사항은 대통령령으로 정한다.

제13조의2 (여학생 체육활동 활성화 지원)

① 교육부장관은 여학생의 체육활동 활성화에 필요한 기본지침을 수립하여 교육감 및 학교의 장에게 통보하여야 하고, 학교의 장은 기본지침에 따라 매년 여학생 체육활동 활성화 계획을 수립·시행하여야 한다.

② 교육부장관은 제1항에 따른 계획의 수립·시행에 대하여 평가하고 그 평가결과를 반영하여 「지방교육재정교부금법」에 따른 교부금을 대통령령으로 정하는 바에 따라 특별지원할 수 있다.

③ 국가 및 지방자치단체는 여학생의 체육활동 활성화 지원에 필요한 시설을 갖추어야 한다.

④ 교육부장관은 여학생의 체육활동 활성화를 지원하기 위한 체육 교재, 기자재, 용품 등의 확보기준을 따로 정하여야 한다.

⑤ 제2항에 따른 평가 방법 및 항목, 그 밖에 필요한 사항은 교육부령으로 정한다.

제14조 (유아 및 장애학생 체육활동 지원)

① 국가 및 지방자치단체는 「유아교육법」 제8조에 따라 설립된 유치원에 재원 중인 유아 및 「장애인 등에 대한 특수교육법」 제17조에 따라 일반학교 또는 특수학교에 배치된 특수교육대상자에 대하여 적절한 체육활동 프로그램을 운영하여야 한다.

② 유치원의 장 및 학교의 장은 제1항에 따른 체육활동 프로그램의 운영을 대통령령으로 정하는 관련 단체 및 「고등교육법」 제2조 제1호에 따른 대학의 체육계열학과 등에 위탁할 수 있다.

제15조 (경비의 지원 및 보조)

국가 및 지방자치단체는 학교체육 진흥에 필요한 경비를 예산의 범위에서 지원할 수 있다.

제16조 (학교체육진흥위원회 등)

① 학교체육 진흥에 관한 중요 사항을 심의하기 위하여 교육부장관과 문화체육관광부장관 소속으로 학교체육진흥중앙위원회를, 시·도 및 시·도교육청과 시·군·구 및 교육지원청 소속으로 학교체육진흥지역위원회를 설치하여 운영한다.

② 학교체육진흥중앙위원회 및 학교체육진흥지역위원회는 직무수행을 위하여 필요한 경우 관계 공무원 또는 전문적인 지식이나 경험이 있는 관계 전문가를 참석하게 하여 의견을 듣거나 관련 기관·단체 등에 자료 또는 의견 제출 등 협조를 요청할 수 있다.

③ 학교체육진흥중앙위원회 및 학교체육진흥지역위원회 위원의 일정 비율 이상은 여성으로 한다.

④ 학교체육진흥중앙위원회의 구성 및 운영 등에 필요한 사항은 대통령령으로, 학교체육진흥지역위원회의 구성 및 운영 등에 필요한 사항은 해당 시·도의 조례로 정한다.

제17조 (학교체육진흥원)

① 학교체육 진흥을 위한 다음 각 호의 사업과 활동을 위하여 교육부장관 소속으로 학교체육진흥원을 설립할 수 있다.

   1. 학교체육 진흥을 위한 정책연구
   2. 체육활동 프로그램의 개발 및 보급
   3. 학생 체력통계의 체계적 수집 및 분석
   4. 제8조에 따른 학생건강체력평가의 종목·평가기준 및 시스템 개발·운영
   5. 여학생의 체육활동 활성화 지원
   6. 그 밖에 학교체육 진흥에 필요한 사항

② 제1항에 따른 학교체육진흥원의 구성·운영 등에 필요한 사항은 대통령령으로 정한다.

제18조 (지역사회와 협력)

학교의 장은 학교체육 활성화를 위하여 필요한 경우 지역의 관계 기관 또는 관계 단체의 장에게 협력을 요청할 수 있다.

(2) 체육교사 및 기타 정책

① **체육교사** : 초·중·고등학교에서 체육수업을 담당하고, 체육과 관련된 활동을 지도·감독하는 교사 자격증을 갖춘 사람을 말한다.

　㉠ **초등학교 체육전담교사**

　　ⓐ 초등학교 정교사 자격을 갖춘 후 교사 임용시험에 합격하면 초등학교로 발령이 나고, 학교장으로부터 초등체육전담교사로 임무를 받고 체육수업을 담당한다.

　　ⓑ 체육수업을 하기 어려운 초등학교 담임교사를 대신하여 체육수업을 진행함으로써, 체육수업의 질을 향상시키고자 도입한 제도이다.

　　ⓒ 주당 20시간 정도 체육수업을 하고, 상황에 따라 담임교사가 될 수도 있고 체육전담교사를 계속할 수도 있다.

　㉡ **중·고등학교 체육교사** : 중등학교 체육 정교사 자격을 갖춘 후, 중등교사 임용시험에 합격하면 중·고등학교로 발령이 나고, 주당 18시간 내외의 체육수업을 담당한다.

　㉢ **스포츠강사**

　　ⓐ 전문대학 이상의 체육관련 학과를 졸업하고, 초등교사 2급 정교사, 중등학교 체육 정교사, 실기교사, 생활체육지도사 2급 이상의 자격증이 있어야만 스포츠강사로 임용될 수 있다.

　　ⓑ 초등학교는 교육지원청에서, 중·고등학교는 각 학교에서 선발한다. 학교에서 원하는 종목의 스포츠 활동을 지원하려는 취지로 도입되었다.

　　ⓒ **스포츠강사의 역할**

　　　• 체육수업 보조(담임교사 또는 체육교사 수업 보조)
　　　• 안전관리, 시설관리, 교구관리
　　　• 학생건강체력평가 업무의 보조
　　　• 체육대회 등 체육관련 행사의 지원
　　　• 학교스포츠클럽의 지도
　　　• 방학 중 체육프로그램의 운영
　　　• 기타(담당교사와 협의된 사항)

② **학교스포츠클럽활동**

　㉠ 학교스포츠클럽은 학교체육진흥법에 따라 체육 활동에 취미를 가진 같은 학교의 학생으로 구성된 학교가 운영하는 스포츠클럽을 말한다.

ⓛ 인성교육과 학교폭력을 예방하기 위하여 방과 후나 주말에 실시하던 스포츠클럽활동을 '체육시간'과 '창의적인 체험활동 시간'을 활용하여 실시한다.

ⓒ 창의적 체험활동은 건전하고 다양한 집단 활동에 자발적인 참여하여 나눔과 배려를 실천함으로써 공동체 의식을 함양하고 개인의 소질과 잠재력을 계발·신장하여 창의적인 삶의 태도를 기르는 것을 목표로 실시하는 교과 이외의 활동이다.

ⓔ 창의적 체험활동의 영역

    ⓐ 자율활동 : 특색 있는 활동에 자율적으로 참여하여 합리적이고 창의적인 해결 능력을 발달시킨다.

    ⓑ 동아리활동 : 동아리에 참여하여 소질과 적성을 개발하고 일상을 풍요롭게 할 수 있다.

    ⓒ 봉사활동 : 봉사를 함으로써 더불어 사는 세상이라는 가치를 배우게 된다.

    ⓓ 진로활동 : 진로를 찾는 활동을 통해 자아 정체성을 알아가게 된다.

③ 학교체육의 진흥을 위한 조치(국민체육진흥법 시행령)

제5조 (체육의 날과 체육 주간)

① 법 제7조 제1항에 따라 매년 10월 15일을 "체육의 날"로 하고, 매년 4월의 마지막 주간을 "체육 주간"으로 한다.

② 제1항에 따른 체육의 날과 체육 주간이 속하는 달에는 학교에서는 운동회 또는 체육대회와 그 밖의 체육행사를 하고, 직장에서는 그 실정에 맞는 체육행사를 할 수 있다.

③ 지방자치단체는 제1항에 따른 체육 주간에는 그 실정에 따라 다음 각 호의 행사를 할 수 있다.

    1. 운동경기와 생활체육행사

    2. 씨름과 그네 등 민속체육행사

    3. 레크리에이션활동

    4. 체육에 관한 전시회와 강연회 등

    5. 그 밖에 국민체육 진흥에 관한 행사

④ 국가는 제3항에 따른 체육행사를 지원할 수 있다.

제6조 (학교 체육의 진흥을 위한 조치)

법 제9조에 따라 학생의 체력 증진과 체육 활동의 육성을 위하여 학교가 취하여야 할 조치는 다음 각 호와 같다.

1. 운동회나 체육대회의 실시

2. 학생에 대한 한 종목 이상의 운동 권장과 지도

3. 체육동호인조직의 결성 등 학생의 자발적 체육 활동의 육성·지원

4. 운동경기부와 선수의 육성·지원

5. 그 밖에 학교 체육의 진흥을 위하여 필요한 사항

---

(1) 국민체육진흥법 및 국민체육진흥정책

① 국민체육진흥법(주요 조항) 기출 2020

> **제1조 (목적)**
>
> 법은 국민체육을 진흥하여 국민의 체력을 증진하고, 체육활동으로 연대감을 높이며, 공정한 스포츠 정신으로 체육인 인권을 보호하고, 국민의 행복과 자긍심을 높여 건강한 공동체의 실현에 이바지함을 목적으로 한다.
>
> **제2조 (정의)**
>
> 이 법에서 사용하는 용어의 뜻은 다음과 같다.
>
> 1. "체육"이란 운동경기·야외 운동 등 신체 활동을 통하여 건전한 신체와 정신을 기르고 여가를 선용하는 것을 말한다.
> 2. "전문체육"이란 선수들이 행하는 운동경기 활동을 말한다.
> 3. "생활체육"이란 건강과 체력 증진을 위하여 행하는 자발적이고 일상적인 체육 활동을 말한다.
> 4. "선수"란 경기단체에 선수로 등록된 자를 말한다.
> 4의2. "국가대표선수"란 대한체육회, 대한장애인체육회 또는 경기단체가 국제경기대회(친선경기대회는 제외한다)에 우리나라의 대표로 파견하기 위하여 선발·확정한 사람을 말한다.
> 5. "학교"란 「초·중등교육법」 제2조 및 「고등교육법」 제2조에 따른 학교를 말한다.
> 6. "체육지도자"란 학교·직장·지역사회 또는 체육단체 등에서 체육을 지도할 수 있도록 이 법에 따라 다음 각 목의 어느 하나에 해당하는 자격을 취득한 사람을 말한다.
>   가. 스포츠지도사
>   나. 건강운동관리사
>   다. 장애인스포츠지도사
>   라. 유소년스포츠지도사
>   마. 노인스포츠지도사
> 7. "체육동호인조직"이란 같은 생활체육 활동에 지속적으로 참여하는 자의 모임을 말한다.
> 8. "운동경기부"란 선수로 구성된 학교나 직장 등의 운동부를 말한다.
> 9. "체육단체"란 체육에 관한 활동이나 사업을 목적으로 설립된 다음 각 목의 어느 하나에 해당하는 법인이나 단체를 말한다.
>   가. 제5장에 따른 대한체육회, 시·도체육회 및 시·군·구체육회(이하 "지방체육회"라 한다), 대한장애인체육회, 시·도장애인체육회 및 시·군·구장애인체육회(이하 "지방장애인체육회"라 한다), 한국도핑방지위원회, 서울올림픽기념국민체육진흥공단
>   나. 제11호에 따른 경기단체
>   다. 「태권도 진흥 및 태권도공원 조성 등에 관한 법률」 제19조에 따른 국기원 및 같은 법 제20조에 따른 태권도진흥재단
>   라. 「전통무예진흥법」 제5조에 따른 전통무예단체
>   마. 「스포츠산업 진흥법」 제20조에 따른 사업자단체

바. 「체육시설의 설치·이용에 관한 법률」 제34조에 따른 체육시설업협회

사. 국내대회, 국제대회 등 대회 개최를 위하여 설립된 대회조직위원회

아. 그 밖의 체육활동 법인 또는 단체

10. "도핑"이란 선수의 운동능력을 강화시키기 위하여 문화체육관광부장관이 고시하는 금지 목록에 포함된 약물 또는 방법을 복용하거나 사용하는 것을 말한다.

11. "경기단체"란 특정 경기 종목에 관한 활동과 사업을 목적으로 설립되고 대한체육회나 대한장애인체육회에 가맹된 법인이나 단체 또는 문화체육관광부장관이 지정하는 프로스포츠 단체를 말한다.

11의2. "스포츠비리"란 체육의 공정성을 저해하는 다음 각 목의 어느 하나에 해당하는 행위를 말한다.

가. 체육단체의 운영 중 발생하는 회계부정, 배임, 횡령 및 뇌물수수 등 체육단체의 투명하고 민주적인 운영을 저해하는 행위

나. 운동경기 활동 중 발생하는 승부조작, 편파판정 등 운동경기의 공정한 운영을 저해하는 행위

12. "체육진흥투표권"이란 운동경기 결과를 적중시킨 자에게 환급금을 내주는 표권(票券)으로서 투표 방법과 금액, 그 밖에 대통령령으로 정하는 사항이 적혀 있는 것을 말한다.

제8조 (지방 체육의 진흥)

① 지방자치단체는 지역 주민의 건강과 체력 증진을 위하여 건전한 체육 활동을 생활화할 수 있도록 시설 등 여건을 조성하고 지원하여야 한다.

② 지방자치단체는 그 행정구역 단위로 연 1회 이상 체육대회를 직접 개최하거나 체육단체로 하여금 이를 개최하도록 지원하여야 한다.

③ 지방자치단체는 직장인 체육대회를 연 1회 이상 개최하여야 한다.

제9조 (학교 체육의 진흥)

학교는 학생의 체력 증진과 체육 활동 육성에 필요한 조치를 마련하여야 한다.

제10조 (직장 체육의 진흥)

① 국가와 지방자치단체는 직장 체육 진흥에 필요한 시책을 마련하여야 한다.

② 직장의 장은 대통령령으로 정하는 바에 따라 체육동호인조직과 체육진흥관리위원회를 설치하는 등 직장인의 체력 증진과 체육 활동 육성에 필요한 조치를 마련하여야 한다.

③ 대통령령으로 정하는 직장에는 직장인의 체력 증진과 체육 활동 지도·육성을 위하여 체육지도자를 두어야 한다.

④ 「공공기관의 운영에 관한 법률」에 따른 공공기관 중 대통령령으로 정하는 기관(이하 "공공기관"이라 한다)과 대통령령으로 정하는 직장에는 한 종목 이상의 운동경기부를 설치·운영하고 체육지도자를 두어야 한다.

⑤ 제2항부터 제4항까지의 규정에 따른 직장 체육에 관한 업무는 시장·군수·구청장(자치구의 구청장을 말한다. 이하 같다)이 지도·감독한다.

제10조의2 (노인 체육의 진흥)

① 국가와 지방자치단체는 노인 체육 진흥에 필요한 시책을 마련하여야 한다.

② 국가와 지방자치단체는 노인 건강의 유지 및 증진을 위한 맞춤 체육활동 프로그램을 운영하거나 그 운영에 필요한 비용 및 시설을 지원할 수 있다.

제11조 (체육지도자의 양성)

① 국가는 국민체육 진흥을 위한 체육지도자의 양성과 자질 향상을 위하여 필요한 시책을 마련하여야 한다.

② 문화체육관광부장관은 대통령령으로 정하는 자격 요건을 갖춘 사람으로서 체육지도자 자격검정(이하 "자격검정"이라 한다)에 합격하고 체육지도자 연수과정(이하 "연수과정"이라 한다)을 이수한 사람에게 문화체육관광부령으로 정하는 바에 따라 체육지도자의 자격증을 발급한다. 다만, 학교체육교사 및 선수(문화체육관광부장관이 지정하는 프로스포츠단체에 등록된 프로스포츠선수를 포함한다) 등 대통령령으로 정하는 사람에게는 대통령령으로 정하는 바에 따라 자격검정이나 연수과정의 일부(제3항에 따른 성폭력 등 폭력 예방교육은 제외한다)를 면제할 수 있다.

③ 연수과정에는 성폭력 등 폭력 예방교육 등 문화체육관광부령으로 정하는 사항이 포함되어야 한다. 〈신설 2020.2.4., 2020.8.18.〉

④ 제2항에 따라 자격검정이나 연수를 받거나 자격증을 발급 또는 재발급 받으려는 사람은 문화체육관광부령으로 정하는 바에 따라 수수료를 납부하여야 한다.

⑤ 체육지도자의 종류·등급·검정 및 자격 부여 등에 필요한 사항은 대통령령으로 정한다.

제11조의5 (체육지도자의 결격사유)

다음 각 호의 어느 하나에 해당하는 사람은 체육지도자가 될 수 없다.

1. 피성년후견인
2. 금고 이상의 형을 선고받고 그 집행이 종료되거나 집행이 면제된 날부터 2년이 지나지 아니한 사람
3. 금고 이상의 형의 집행유예를 선고받고 그 유예기간 중에 있는 사람
4. 다음 각 목의 어느 하나에 해당하는 죄를 저지른 사람으로서 금고 이상의 형 또는 치료감호를 선고받고 그 집행이 종료되거나 집행이 유예·면제된 날부터 20년이 지나지 아니하거나 벌금형이 확정된 날부터 10년이 지나지 아니한 사람

   가. 「성폭력범죄의 처벌 등에 관한 특례법」 제2조에 따른 성폭력범죄
   나. 「아동·청소년의 성보호에 관한 법률」 제2조 제2호에 따른 아동·청소년대상 성범죄
5. 선수를 대상으로 「형법」 제2편 제25장 상해와 폭행의 죄를 저지른 체육지도자(제12조 제1항에 따라 자격이 취소된 사람을 포함한다)로서 금고 이상의 형을 선고받고 그 집행이 종료되거나 집행이 유예·면제된 날부터 10년이 지나지 아니한 사람
6. 제12조 제1항 제1호부터 제4호까지에 따라 자격이 취소(이 조 제1호에 해당하여 자격이 취소된 경우는 제외한다)되거나 같은 조 제3항에 따라 자격검정이 중지 또는 무효로 된 후 3년이 경과되지 아니한 사람

제11조의6 (체육지도자의 재교육)

① 체육단체 및 학교 등에서 체육 지도 업무에 종사하는 체육지도자는 윤리 및 인권의식 향상을 위하여 매 2년마다 제11조 제3항에 따른 성폭력 등 폭력 예방교육 등의 내용이 포함된 재교육을 받아야 한다.

② 체육단체 및 학교 등을 운영하는 자는 해당 단체 및 학교 등에 종사하는 체육지도자에 대하여 제1항에 따른 재교육을 이유로 불리한 처우를 하여서는 아니 된다.

③ 문화체육관광부장관은 제1항에 따른 재교육을 문화체육관광부령으로 정하는 바에 따라 관계 기관 또는 단체에 위탁할 수 있다.

④ 제1항에 따른 재교육의 대상·기간·내용·방법·절차 및 제3항에 따른 위탁 등에 필요한 사항은 문화체육관광부령으로 정한다.

제12조 (체육지도자의 자격취소 등)
① 문화체육관광부장관은 체육지도자가 다음 각 호의 어느 하나에 해당하면 제12조의2에 따른 체육지도자 자격운영위원회의 의결에 따라 그 자격을 취소하거나 5년의 범위에서 자격을 정지할 수 있다. 다만, 제1호부터 제4호까지의 어느 하나에 해당하면 그 자격을 취소하여야 한다.
　　1. 거짓이나 그 밖의 부정한 방법으로 체육지도자의 자격을 취득한 경우
　　2. 자격정지 기간 중에 업무를 수행한 경우
　　3. 체육지도자 자격증을 타인에게 대여한 경우
　　4. 제11조의5 각 호의 어느 하나에 해당하는 경우
　　5. 선수의 신체에 폭행을 가하거나 상해를 입히는 행위를 한 경우
　　6. 선수에게 성희롱 또는 성폭력에 해당하는 행위를 한 경우
　　7. 제11조의6 제1항에 따른 재교육을 받지 아니한 경우
　　8. 그 밖에 직무수행 중 부정이나 비위 사실이 있는 경우
② 삭제 〈2020.2.4.〉
③ 자격검정을 받는 사람이 그 검정과정에서 부정행위를 한 때에는 현장에서 그 검정을 중지시키거나 무효로 한다.
④ 제1항에 따라 체육지도자 자격이 취소된 사람은 문화체육관광부령으로 정하는 바에 따라 체육지도자 자격증을 문화체육관광부장관에게 반납하여야 한다.
⑤ 제1항에 따른 행정처분의 세부적인 기준 및 절차는 그 사유와 위반 정도를 고려하여 문화체육관광부령으로 정한다.

제16조의2 (생활체육 활동 및 체력 인증)
① 국가 및 지방자치단체는 생활체육에 관한 국민들의 자발적 참여를 유도하고 과학적 체력관리를 지원하기 위하여 생활체육 활동 및 체력에 대한 인증에 필요한 시책을 마련하여야 한다.
② 문화체육관광부장관은 인증 업무의 전문성과 신뢰성을 확보하기 위하여 대통령령으로 정하는 지정 기준에 따라 인증기관을 지정할 수 있다.
③ 문화체육관광부장관은 제2항에 따른 인증기관에 대하여 인증 업무 수행 및 운영에 필요한 경비를 예산의 범위에서 지원할 수 있다.
④ 문화체육관광부장관은 제2항에 따라 인증기관으로 지정받은 기관이 다음 각 호에 해당하면 그 지정을 취소하거나 1년 이내의 기간을 정하여 해당 업무의 전부 또는 일부의 정지를 명할 수 있다. 다만, 제1호 및 제2호에 해당하는 경우에는 그 지정을 취소하여야 한다.
　　1. 거짓이나 그 밖의 부정한 방법으로 인증기관의 지정을 받은 경우
　　2. 업무정지 기간 중에 인증 업무를 한 경우
　　3. 정당한 사유 없이 인증 업무를 수행하지 아니한 경우
　　4. 제2항에 따른 인증기관 지정 기준에 적합하지 아니하게 된 경우

⑤ 제1항에 따른 인증의 대상, 종류, 기준, 절차 및 방법 등 제도운영에 필요한 사항과 제4항에 따른 지정 취소 및 업무정지 등에 필요한 사항은 문화체육관광부령으로 정한다.

② 국민체육진흥정책 기출 2022

㉠ 국민체육진흥계획 중 생활체육 정책

구분	생활체육정책 과제	추진내용
제1차 (1993~1997)	• 생활체육의 범국민적 확산	• 국민의 체육활동 참여의식 고취 • 체육활동 공간 확충 및 생활체육지도자 양성 • 국민체육활동의 체계적 육성 및 지원 • 국민건전여가 기회의 확대
제2차 (1998~2002)	• 생활체육 참여 환경을 구축하여 지역공동체 중심의 체육활동 여건	• 지역공동체 주민활동의 장으로써 체육시설 확충 • 미참여 인구의 생활체육 프로그램 참여 확대 • 생활체육지도인력의 육성 및 활용 • 국민체력관리의 과학적 지원 • 민간주도적 생활체육 확산
제3차 (2003~2007)	• 생활체육 활성화를 통한 국민의 삶의 질 향상	• 주민친화형 생활체육공간 확충 • 스포츠클럽의 체계적 육성 • 체육활동 참여확대를 위한 다양한 프로그램 운영 • 과학적 국민체력관리시스템 구축 • 레저스포츠발전방안 마련 • 생활체육지도인력의 양성 및 활용 • 생활체육 인식 제고 및 추진체제 강화
문화비전 (2008~2012)	• 체육활동 참여여건 개선	• 지역 스포츠클럽 정착 및 활성화 • 체육인력 활용 제고 및 국민체력 향상 • 맞춤형 체육복지 구현 • 전통무예 지정 및 육성 보급 강화 • 생활체육시설의 확충 및 활용 제고 • 레저스포츠시설·공간 확충
스포츠비전 2018 (2013~2017)	• 손에 닿는 스포츠 • 스포츠로 사회를 바꾸다	• 종합형 스포츠클럽 육성 • 국민체력인증제 인증 • 생활체육지도자배치 확대 • 작은 체육관 조성 • 공공체육시설 장애인편의 개보수 • 저소득계층 등 대상 행복나눔 스포츠교실 확대

– 손석정(2016), 우리나라 생활체육정책의 변화과정과 향후 전망

ⓛ 2030 스포츠비전 <u>기출</u> 2018

ⓐ 모든 국민이 스포츠를 즐기면서 건강한 삶을 누리고, 스포츠 가치의 사회적 확산으로 행복한 공동체 형성을 목표로 2030 스포츠비전을 수립하였다.

ⓑ 4대 추진전략

- **신나는 스포츠** : 국민 누구나 자유롭고 즐겁게 운동할 수 있는 여건을 조성하여 보편적 복지 차원의 스포츠 복지 국가 실현
- **함께하는 스포츠** : 이웃과 함께, 지역사회가 함께, 사회적 약자와 함께, 남과 북이 함께 스포츠를 매개로 어울림으로써 사회통합을 지향
- **자랑스러운 스포츠** : 공정·협동·도전 등 스포츠 가치의 사회적 확산으로 국민 모두가 자랑할 수 있는 스포츠 문화형성
- **풀뿌리 스포츠** : 신나는 스포츠, 함께하는 스포츠, 자랑스러운 스포츠 달성을 위한 추진체계로서 국민 참여 중심의 민주적 선진 스포츠행정 시스템 구축

ⓒ 10대 핵심과제 – 25개 세부과제

추진전략	10대 핵심과제	25개 세부과제
신나는 스포츠	Ⅰ. 평생동안 즐기는 맞춤형 스포츠 프로그램	(1) 3세부터 시작하는 스포츠활동 습관화
		(2) 청소년의 스포츠 경험 다양화
		(3) 100세까지 이어지는 스포츠활동 일상화
	Ⅱ. 언제 어디서나 편하게 이용하는 스포츠 시설	(4) 일상에서 편리하게 이용하는 스포츠시설
		(5) 스포츠시설 및 정보의 체계적 관리
	Ⅲ. 우수 체육지도자에게 배우는 스포츠 강습	(6) 선수·지도자가 인정받는 사회 여건 조성
		(7) 체육지도자 양성·배치 시스템 선진화
함께하는 스포츠	Ⅳ. 우리동네 스포츠 클럽	(8) 스포츠클럽 지원 체계 개선
		(9) 스포츠클럽 생태계의 다양화
		(10) 스포츠클럽 기반의 전문선수 육성체계 구축
	Ⅴ. 소외 없이 모두가 함께하는 스포츠 환경	(11) 소외 청소년을 위한 스포츠 프로그램 지원
		(12) 장애인스포츠 서비스 편리성 강화
	Ⅵ. 남과 북이 함께 만드는 평화 스포츠 시대	(13) 지속가능한 남북 스포츠 교류 기반 마련
		(14) 남북 스포츠 교류 복원 및 확대
자랑스러운 스포츠	Ⅶ. 공정하고 도전적인 스포츠 문화	(15) 스포츠 공정 문화 조성
		(16) 선수 육성 체계 강화
	Ⅷ. 국격을 높이고 우호를 증진하는 국제스포츠	(17) 국제스포츠교류 법·제도 기반 공고화
		(18) 한국 특성화 국제교류 사업 개발
		(19) 전략적 국제교류 확대
	Ⅸ. 경제성장을 이끄는 스포츠산업	(20) 스포츠산업 지속성장을 위한 신시장 창출
		(21) 국내 스포츠기업 성장 동력 강화
		(22) 스포츠산업 혁신 기반 조성

풀뿌리 스포츠	X. 민주적 거버넌스	(23) 스포츠 복지 실현을 위한 거버넌스
		(24) 체육단체 역량 및 책임성 강화
		(25) 미래지향적 법령체계 개편

– 문화체육관광부(2018), 2030 스포츠비전(사람을 위한 스포츠 건강한 삶의 행복)

(2) 스포츠지도사 및 기타정책

① 스포츠지도사 　기출 2022

㉠ 국민체육진흥법 시행령

> 제8조 (체육지도자의 양성과 자질향상)
> ① 문화체육관광부장관은 법 제11조 제1항에 따라 국민체육 진흥을 위한 체육지도자의 양성과 자질 향상을 위하여 다음 각 호의 시책을 마련하여야 한다.
> 1. 국내외 교육기관이나 단체에의 위탁교육
> 2. 체육지도자의 해외 파견과 국외 체육지도자의 국내 초빙강습
> 3. 국외 체육계의 조사와 연구
> 4. 체육지도자의 양성을 위한 연수
> 5. 체육지도자에 대한 기술과 정보의 지원
> 6. 그 밖에 체육지도자의 양성과 자질 향상을 위하여 필요한 시책
> ② 체육지도자의 자격은 18세 이상인 사람에게 부여한다.
>
> 제9조 (스포츠지도사)
> ① 스포츠지도사는 1급 전문스포츠지도사, 2급 전문스포츠지도사, 1급 생활스포츠지도사, 2급 생활스포츠지도사로 구분한다.
> ② 1급 전문스포츠지도사는 별표 1에 따른 자격 종목의 2급 전문스포츠지도사 자격을 취득한 후 3년 이상 해당 자격 종목의 경기지도경력이 있는 사람으로서 동일 자격 종목에 대하여 1급 전문스포츠지도사 자격을 취득하기 위한 법 제11조 제2항에 따른 체육지도자 자격검정(이하 "자격검정"이라 한다)에 합격하고, 법 제11조 제2항에 따른 체육지도자 연수과정(이하 "연수과정"이라 한다)을 이수한 사람으로 한다.
> ③ 2급 전문스포츠지도사는 해당 자격 종목에 대하여 4년 이상의 경기경력이 있는 사람으로서 2급 전문스포츠지도사 자격을 취득하기 위한 자격검정에 합격하고, 연수과정을 이수한 사람으로 한다. 이 경우 다음 각 호의 어느 하나에 해당하는 사람에 대해서는 그 수업연한을 경기경력으로 본다.
> 1. 「고등교육법」 제2조에 따른 학교에서 체육 분야에 관한 학문을 전공하고 졸업한 사람(졸업 예정자를 포함한다)이거나 법령에 따라 이와 같은 수준의 학력이 있다고 인정되는 사람
> 2. 문화체육관광부장관이 인정하는 외국의 제1호에 해당하는 학교(학제 또는 교육과정으로 보아 제1호에 따른 학교와 같은 수준이거나 그 이상인 학교를 말한다)에서 체육 분야에 관한 학문을 전공하고 졸업한 사람
> ④ 제3항 제1호에 해당하는 사람 중 법령에 그 수업연한에 관한 규정이 없는 사람에 대해서는 다음 각 호의 구분에 따른 수업연한을 경기경력으로 본다.

1. 「고등교육법」 제2조 제1호에 따른 대학을 졸업한 사람과 같은 수준의 학력이 있다고 인정되는 사람 : 4년
2. 「고등교육법」 제2조 제4호에 따른 전문대학을 졸업한 사람과 같은 수준의 학력이 있다고 인정되는 사람 : 2년
⑤ 1급 생활스포츠지도사는 별표 1에 따른 자격 종목의 2급 생활스포츠지도사 자격을 취득한 후 3년 이상 해당 자격 종목의 지도경력이 있는 사람으로서 동일 자격 종목에 대하여 1급 생활스포츠지도사 자격을 취득하기 위한 자격검정에 합격하고, 연수과정을 이수한 사람으로 한다.
⑥ 2급 생활스포츠지도사는 2급 생활스포츠지도사 자격을 취득하기 위한 자격검정에 합격하고, 연수과정을 이수한 사람으로 한다.

제9조의2 (건강운동관리사)
① 건강운동관리사는 다음 각 호의 어느 하나에 해당하는 사람으로서 건강운동관리사 자격을 취득하기 위한 자격검정에 합격하고, 연수과정을 이수한 사람으로 한다.
1. 「고등교육법」 제2조에 따른 학교에서 체육 분야에 관한 학문을 전공하고 졸업한 사람(졸업 예정자를 포함한다)이거나 법령에 따라 이와 같은 수준의 학력이 있다고 인정되는 사람
2. 문화체육관광부장관이 인정하는 외국의 제1호에 해당하는 학교(학제 또는 교육과정으로 보아 제1호에 따른 학교와 같은 수준이거나 그 이상인 학교를 말한다)에서 체육 분야에 관한 학문을 전공하고 졸업한 사람
② 건강운동관리사는 의사 또는 한의사가 의학적 검진을 통하여 건강증진 및 합병증 예방 등을 위하여 치료와 병행하여 운동이 필요하다고 인정하는 사람에 대해서는 의사 또는 한의사의 의뢰(「의료기사 등에 관한 법률 시행령」 별표 1 제3호 가목 1) 및 7)의 물리요법적 재활훈련 및 신체 교정운동 의뢰는 제외한다)를 받아 운동 수행방법을 지도·관리한다.

제9조의3 (장애인스포츠지도사)
① 장애인스포츠지도사는 1급 장애인스포츠지도사, 2급 장애인스포츠지도사로 구분한다.
② 1급 장애인스포츠지도사는 별표 1에 따른 자격 종목의 2급 장애인스포츠지도사 자격을 취득한 후 3년 이상 해당 자격 종목의 지도경력이 있는 사람으로서 동일 자격 종목에 대하여 1급 장애인스포츠지도사 자격을 취득하기 위한 자격검정에 합격하고 연수과정을 이수한 사람으로 한다.
③ 2급 장애인스포츠지도사는 2급 장애인스포츠지도사 자격을 취득하기 위한 자격검정에 합격하고 연수과정을 이수한 사람으로 한다.

제9조의4 (유소년스포츠지도사)
유소년스포츠지도사는 유소년스포츠지도사 자격을 취득하기 위한 자격검정에 합격하고 연수과정을 이수한 사람으로 한다.

제9조의5 (노인스포츠지도사)
노인스포츠지도사는 노인스포츠지도사 자격을 취득하기 위한 자격검정에 합격하고 연수과정을 이수한 사람으로 한다.

② 직장체육 진흥정책

　㉠ 국민체육진흥법 시행령

> 제7조 (직장 체육의 진흥을 위한 조치)
> ① 법 제10조 제2항 및 제3항에 따라 체육동호인조직과 체육진흥관리위원회를 설치하고 체육지도자(체육동호인에게 생활체육을 지도할 수 있는 자격이 있는 체육지도자로 한정한다)를 두어야 하는 직장은 상시 근무하는 직장인이 1천명 이상인 국가기관과 공공단체로 한다.
> ② 법 제10조 제4항에 따라 한 종목 이상의 운동경기부를 설치·운영하고 체육지도자(운동경기부의 선수에게 전문체육을 지도할 수 있는 자격이 있는 체육지도자로 한정한다)를 두어야 하는 공공기관 및 직장은 상시 근무하는 직장인이 1천명 이상인 공공기관(「공공기관의 운영에 관한 법률」에 따른 공공기관을 말한다. 이하 같다)과 공공단체로 한다.
> ③ 제1항이나 제2항에 해당하는 공공기관 및 직장이 지역을 달리하여 사무실이나 사업장을 가지고 있는 경우에는 체육지도자 및 운동경기부를 1개 이상의 사무실이나 사업장에 배치하거나 설치할 수 있다.
> ④ 시장·군수·구청장은 제1항부터 제3항까지에 해당하는 공공기관 및 직장이 다음 각 호의 어느 하나에 해당하는 경우에는 체육지도자의 배치 및 운동경기부의 설치를 면제할 수 있다.
> 　1. 「공익법인의 설립·운영에 관한 법률」에 따른 공익법인으로서 자체수입보다 지원금, 찬조금 및 기부금 등 외부지원에 의존하여 운영되는 법인
> 　2. 제2항에 따른 공공기관과 공공단체 중 관계 중앙행정기관의 장이 문화체육관광부장관과 협의하여 인정하는 기관
> 　3. 그 밖에 경영 악화로 인한 인원 감축 등 직장 여건상 부득이한 사정이 있다고 시장·군수·구청장이 인정하는 공공기관 및 직장
> ⑤ 제1항과 제2항에 따른 공공기관 및 직장의 장은 운동경기부와 체육동호인조직의 활동을 위한 시설을 제공하고 필요한 경비를 지원하여야 하며, 연 1회 이상 직장체육대회와 직장대항 경기대회를 개최하여야 한다.
> ⑥ 제1항과 제2항에 따라 체육동호인조직과 운동경기부를 설치·운영하고 체육지도자를 둔 공공기관 및 직장의 장은 1개월 이내에 시장·군수·구청장에게 그 내용을 보고하여야 한다. 운동경기부와 체육동호인조직이 폐지·변경되었을 때에도 또한 같다.

　㉡ 소외계층 체육진흥정책

　　ⓐ 스포츠 프로그램과 스포츠 용품을 갖춘 스포츠 버스를 활용하여 움직이는 체육관과 '작은 운동회'를 운영하여 참여기회를 제공한다.

　　ⓑ 불우아동·청소년·소외계층을 대상으로 하는 '행복나눔 스포츠 교실'을 680개로 확장하고, 스포츠 바우처 강좌를 53,000명으로 확대한다.

　　ⓒ 다세대·다계층·다문화가 있는 '어울림 스포츠 광장'을 1,000개소로 확대한다.

03 전문체육

(1) 국민체육진흥법 및 국민체육진흥정책

① 국민체육진흥법

제2조 (정의)

2. "전문체육"이란 선수들이 행하는 운동경기 활동을 말한다.

4. "선수"란 경기단체에 선수로 등록된 자를 말한다.

4의2. "국가대표선수"란 대한체육회, 대한장애인체육회 또는 경기단체가 국제경기대회(친선경기대회는 제외한 다)에 우리나라의 대표로 파견하기 위하여 선발·확정한 사람을 말한다.

8. "운동경기부"란 선수로 구성된 학교나 직장 등의 운동부를 말한다.

9. "체육단체"란 체육에 관한 활동이나 사업을 목적으로 설립된 다음 각 목의 어느 하나에 해당하는 법인이나 단체를 말한다.

    가. 제5장에 따른 대한체육회, 시·도체육회 및 시·군·구체육회(이하 "지방체육회"라 한다), 대한장애인체 육회, 시·도장애인체육회 및 시·군·구장애인체육회(이하 "지방장애인체육회"라 한다), 한국도핑방지 위원회, 서울올림픽기념국민체육진흥공단

    나. 제11호에 따른 경기단체

    다. 「태권도 진흥 및 태권도공원 조성 등에 관한 법률」 제19조에 따른 국기원 및 같은 법 제20조에 따른 태권 도진흥재단

    라. 「전통무예진흥법」 제5조에 따른 전통무예단체

    마. 「스포츠산업 진흥법」 제20조에 따른 사업자단체

    바. 「체육시설의 설치·이용에 관한 법률」 제34조에 따른 체육시설업협회

    사. 국내대회, 국제대회 등 대회 개최를 위하여 설립된 대회조직위원회

    아. 그 밖의 체육활동 법인 또는 단체

10. "도핑"이란 선수의 운동능력을 강화시키기 위하여 문화체육관광부장관이 고시하는 금지 목록에 포함된 약물 또는 방법을 복용하거나 사용하는 것을 말한다.

11. "경기단체"란 특정 경기 종목에 관한 활동과 사업을 목적으로 설립되고 대한체육회나 대한장애인체육회에 가맹된 법인이나 단체 또는 문화체육관광부장관이 지정하는 프로스포츠 단체를 말한다.

11의2. "스포츠비리"란 체육의 공정성을 저해하는 다음 각 목의 어느 하나에 해당하는 행위를 말한다.

    가. 체육단체의 운영 중 발생하는 회계부정, 배임, 횡령 및 뇌물수수 등 체육단체의 투명하고 민주적인 운영 을 저해하는 행위

    나. 운동경기 활동 중 발생하는 승부조작, 편파판정 등 운동경기의 공정한 운영을 저해하는 행위

② 국민체육기금(국민체육진흥법 제22조)

제22조 (기금의 사용 등)

① 국민체육진흥계정은 다음 각 호의 사업이나 지원 등을 위하여 사용하고, 사행산업중독예방치유계정은 「사행 산업통합감독위원회법」 제14조의4에서 정하는 바에 따라 사용한다.

1. 국민체육 진흥을 위한 연구·개발 및 그 보급 사업
2. 국민체육시설 확충을 위한 지원 사업
3. 선수와 체육지도자 양성을 위한 사업
4. 선수·체육지도자 및 체육인의 복지 향상을 위한 사업
5. 광고나 그 밖에 국민체육진흥계정 조성을 위한 사업
6. 제14조 제4항에 따른 장려금 및 생활 보조금의 지원
(제14조 ④ 국가는 올림픽대회, 장애인 올림픽대회, 그 밖에 대통령령으로 정하는 대회에서 입상한 선수 또는 그 선수를 지도한 자와 체육 진흥에 뚜렷한 공이 있는 원로 체육인에게 대통령령으로 정하는 바에 따라 장려금이나 생활 보조금을 지급하여야 한다.)
7. 제17조 제2항 및 제3항에 따른 자금의 융자
8. 제24회 서울올림픽대회와 제8회 서울장애인올림픽대회를 기념하기 위한 사업
9. 삭제 〈2014.12.23.〉
10. 대한체육회, 지방체육회, 대한장애인체육회, 지방장애인체육회, 한국도핑방지위원회, 생활체육 관련 체육단체와 체육 과학 연구기관, 스포츠윤리센터 및 체육인재육성 관련 단체의 운영·지원
11. 저소득층의 체육 활동 지원
11의2. 「스포츠산업 진흥법」 제2조 제2호에 따른 스포츠산업 진흥을 위한 지원 사업
11의3. 체육계의 성폭력 등 폭력 예방 및 신고자·피해자 지원
12. 그 밖에 체육 진흥을 위한 사업으로서 대통령령으로 정하는 사업
② 제1항에도 불구하고 제29조 제2항에 따라 국민체육진흥계정에 출연되어 조성된 재원 중 대통령령으로 정하는 배분 비율에 해당하는 금액에 대해서는 다음 각 호의 목적에 사용할 수 있다. 이 경우 그 시기 및 방법에 대해서는 대통령령으로 정한다.
1. 대통령령으로 정하는 지방자치단체의 공공체육시설의 개수·보수 지원. 이 경우 개수·보수에 사용되는 총 재원 중 국민체육진흥계정의 지원 비율은 대통령령으로 정한다.
2. 체육진흥투표권 발행 대상 운동경기를 주최하는 단체의 지원, 체육진흥투표권 비발행 대상 종목의 육성과 스포츠 공정성 제고를 위한 사업의 지원. 이 경우 지원 대상사업은 문화체육관광부령으로 정한다.
3. 다음 각 목에 해당하는 체육·문화예술 사업의 지원
　가. 학교 체육 활성화를 위한 사업
　나. 학교 및 직장 운동경기부 활성화를 위한 사업
　다. 심판 양성 및 지원을 위한 사업
　라. 체육·문화예술 분야 전문인력 양성 사업
　마. 문화예술 취약분야 육성을 위한 사업
　바. 그 밖에 체육·문화예술 진흥을 위하여 특별히 지원이 필요한 사업

(2) 스포츠지도사 및 기타정책

① 전문스포츠지도사(국민체육체육진흥법 시행령)

> **제9조 (스포츠지도사)**
> ① 스포츠지도사는 1급 전문스포츠지도사, 2급 전문스포츠지도사, 1급 생활스포츠지도사, 2급 생활스포츠지도사로 구분한다.
> ② 1급 전문스포츠지도사는 별표 1에 따른 자격 종목의 2급 전문스포츠지도사 자격을 취득한 후 3년 이상 해당 자격 종목의 경기지도경력이 있는 사람으로서 동일 자격 종목에 대하여 1급 전문스포츠지도사 자격을 취득하기 위한 법 제11조 제2항에 따른 체육지도자 자격검정(이하 "자격검정"이라 한다)에 합격하고, 법 제11조 제2항에 따른 체육지도자 연수과정(이하 "연수과정"이라 한다)을 이수한 사람으로 한다.
> ③ 2급 전문스포츠지도사는 해당 자격 종목에 대하여 4년 이상의 경기경력이 있는 사람으로서 2급 전문스포츠지도사 자격을 취득하기 위한 자격검정에 합격하고, 연수과정을 이수한 사람으로 한다. 이 경우 다음 각 호의 어느 하나에 해당하는 사람에 대해서는 그 수업연한을 경기경력으로 본다.
>   1. 「고등교육법」 제2조에 따른 학교에서 체육 분야에 관한 학문을 전공하고 졸업한 사람(졸업 예정자를 포함한다)이거나 법령에 따라 이와 같은 수준의 학력이 있다고 인정되는 사람
>   2. 문화체육관광부장관이 인정하는 외국의 제1호에 해당하는 학교(학제 또는 교육과정으로 보아 제1호에 따른 학교와 같은 수준이거나 그 이상인 학교를 말한다)에서 체육 분야에 관한 학문을 전공하고 졸업한 사람
> ④ 제3항 제1호에 해당하는 사람 중 법령에 그 수업연한에 관한 규정이 없는 사람에 대해서는 다음 각 호의 구분에 따른 수업연한을 경기경력으로 본다.
>   1. 「고등교육법」 제2조 제1호에 따른 대학을 졸업한 사람과 같은 수준의 학력이 있다고 인정되는 사람 : 4년
>   2. 「고등교육법」 제2조 제4호에 따른 전문대학을 졸업한 사람과 같은 수준의 학력이 있다고 인정되는 사람 : 2년

② 기타정책(국민체육진흥법 시행령)

> **제12조 (선수와 체육지도자의 육성)**
> ① 국가와 지방자치단체는 법 제14조 제1항에 따라 체육장학제도의 마련, 직장의 알선, 장애연금 지급, 상해보험제도의 활용 등 선수와 체육지도자의 육성을 위한 대책을 마련해야 한다.
> ② 직장의 장은 그가 고용하는 선수와 체육지도자가 형의 선고나 징계에 따라 면직하는 경우를 제외하고는 그 신분을 보장하여야 한다.
> ③ 학교와 직장의 장은 그가 고용하고 있는 체육지도자에 대하여 문화체육관광부장관으로부터 국가대표선수의 지도를 위한 파견요청이 있는 경우에는 그 요청에 따라야 한다.

03 스포츠교육의 참여자 이해론

01 스포츠교육 지도자

(1) 학교 체육교육전문가(교사, 강사)

① 체육교사

㉠ 초·중·고 체육교사 자격증이 있고, 임용고사에 합격한 후, 초·중·고등학교에 발령을 받고 교사로 근무하고 있는 사람이다.

㉡ 체육과정을 운영하고, 정규체육수업을 담당하며, 행정업무, 운동부 업무, 담임교사의 업무도 수행한다.

㉢ 실기능력과 교사의 자질을 갖추어야 한다.

② 스포츠강사

㉠ 초·중·고등학교에서 정규수업을 보조하거나 방과 후 스포츠클럽활동을 지도한다.

㉡ 스포츠강사는 초등학교 2급 정교사, 중등학교 체육 2급 정교사, 실기교사, 생활스포츠지도사 중 하나 이상의 자격을 소지하여야 한다.

㉢ 학생의 건강과 스포츠기술을 지도할 수 있는 능력을 갖추어야 한다.

(2) 스포츠지도전문인(코치, 강사)

① 생활스포츠지도사

㉠ 직장, 체육시설, 동호회, 사회단체, 지역사회 등에서 생활체육인을 지도하는 사람이다.

㉡ 생활스포츠지도사, 유소년스포츠지도사, 노인스포츠지도사, 건강운동관리사 중에 하나 이상의 자격을 소지하여야 한다.

㉢ 프로그램을 제공하고, 참여자의 흥미를 유발해야 하고, 각 종목의 실기능력과 건강에 대한 전문지식을 갖추어야 한다.

② 전문스포츠지도사

㉠ 학교운동부, 실업팀, 프로팀 등에서 선수를 지도하는 코치나 감독을 말한다.

㉡ 전문스포츠지도사 자격을 갖추어야 하고, 선수와 팀의 실력향상을 위해 전문 실기능력, 스포츠과학적 지식, 지도력을 갖추어야 한다.

㉢ 경기단체·협회의 임원, 체육시설의 경영, 체육학 연구 등을 할 수도 있다.

02 스포츠교육학습자

(1) 유아, 청소년

　① 영아기

　　㉠ 태어나서 24개월까지이다.

　　㉡ 이 기간은 신체와 운동발달이 가장 빠르게 성장하는 시기이다.

　　㉢ 대뇌발달, 감각기관 발달, 근육발달, 인지발달, 언어발달의 시기이다.

　② 유아기

　　㉠ 대근육 운동발달이 이뤄지는 만 3~5세 기간이다.

　　㉡ 근육발달, 인지적 성장, 언어발달, 사회성이 발달하는 시기이다.

　　㉢ 대근육은 빠르게 발달하지만 소근육은 아직 덜 발달한 상태이다.

　　㉣ 이 시기에는 놀이를 통한 신체활동이 중요하다.

　③ 아동기

　　㉠ 초등학교 학령기인 만 6~11세이며, 운동기술이 발달하는 시기이다.

　　㉡ 이 시기에는 신체 발달 속도가 느려지다가 11세 정도가 되면 신체가 갑자기 성장하고 성징이 나타나기도 한다.

　　㉢ 또래 집단에서 협동심과 사회성을 배우는 시기이다.

　④ 청소년기

　　㉠ 만 12~19세로, 신체적, 정서적으로 급격한 변화가 나타나는 시기이다. 2차 성징이 나타난다.

　　㉡ 스포츠활동을 통하여 올바른 인격형성, 신체발달, 체력강화, 교우관계 등의 발달을 향상시킬 수 있다.

(2) 일반 성인

　① 성년기

　　㉠ 만 20~39세로, 신체적·심리적으로 성숙되고 가장 활동적인 시기이다.

　　㉡ 건강한 삶과 여가활동의 목적으로 체육활동을 할 수 있다.

　　㉢ 성년기 후반으로 갈수록 노화가 시작된다.

　② 중년기

　　㉠ 만 40~59세로, 신체적 기능이 점점 감소하며 여성은 폐경기, 남성은 갱년기로 인해 여러 문제가 나타난다.

　　㉡ 건강관리와 노년을 대비하기 위해 적절한 체육활동이 필요하다.

(3) 노년과 장애인

　① 노년기

　　㉠ 만 60세 이후에 해당되며, 신체능력, 인지능력, 지각능력이 쇠퇴한다.

    ⓛ 고혈압, 당뇨, 심장병, 골다공증, 치매 등 여러 질환 등이 발생하므로 특별한 관리가 필요하다.

    ⓒ 스포츠활동을 통하여 생활의 활력, 건강관리, 노화지연, 심리적 안정 등의 효과를 기대할 수 있다.

② 장애인

    ㉠ 장애인은 이동의 제한, 신체 기능의 제한이 있으므로, 체육활동을 하지 않을 경우 신체기능이 빠르게 약화될 수 있다.

    ⓛ 장애 부위의 관리, 체력발달, 낮은 신체활동으로 인한 질병관리를 할 수 있으며, 삶의 질을 향상시키는 데 큰 도움을 줄 수 있다.

    ⓒ 현실적으로 스포츠활동에 참여하는 데 시설, 인식, 프로그램 등이 매우 부족한 실정이다.

03 스포츠교육 행정가

(1) 국내의 현황과 사례

① 학교체육행정가

    ㉠ 교장, 교감, 행정실장 및 체육 행정의 실무를 담당하는 체육교사와 스포츠강사가 포함된다.

    ⓛ 역할

        ⓐ 안내자의 역할 : 학교체육의 활성화를 위하여 체육교사가 다양한 역할을 할 수 있도록 안내한다.

        ⓑ 조력자의 역할 : 체육교과 활동, 체육행사, 운동부 업무를 효율적으로 수행할 수 있도록 도움을 준다.

        ⓒ 행정가의 역할 : 학교체육업무를 효과적으로 수행할 수 있도록 인적·물적 자원을 배치하고 관리하는 역할을 한다.

② 생활체육행정가

    ㉠ 생활체육과 관련된 기관을 관리하고, 생활체육대회 유치·운영·홍보 등의 업무와 생활체육 정책수립과 예산 집행 등의 업무를 한다.

    ⓛ 문화체육관광부, 대한체육회, 각 시도체육회 직원들이 포함된다.

    ⓒ 역할

        ⓐ 운영자의 역할 : 생활체육활동을 지원·관리하고, 공공기관과 단체에서 생활체육 관련 업무를 운영한다.

        ⓑ 조직가의 역할 : 생활체육에 참여하는 개개인을 집단으로 조직하는 역할을 한다.

        ⓒ 지원자의 역할 : 체육활동시설을 관리·운영하고, 참가자를 관리하며, 원활한 수업을 할 수 있도록 생활스포츠지도사를 지원해 준다.

③ 전문체육행정가

    ㉠ 전문스포츠와 관련된 기관에서 사무, 행정, 개발, 교육 등의 업무를 담당한다.

ⓛ 프로그램의 계획, 조직, 인사, 조정, 예산 수립 및 집행, 시설관리 등의 업무와 홍보, 경기운영, 영업 등의 업무를 한다.

ⓒ 학교운동지도자, IOC 등 국제체육기구의 위원, 문화체육관광부, 대한체육회 직원 등이 포함된다.

ⓔ 역할

    ⓐ **전문가의 역할** : 전문체육의 행정에 관한 지식, 능력을 가지고 있어야 한다.

    ⓑ **행동가의 역할** : 선수들을 위하여 스포츠환경을 개선하는 행동가의 역할을 한다.

    ⓒ **관리자의 역할** : 스포츠 조직을 관리·운영하고, 관련 업무를 훌륭히 수행하며 정보를 관리하는 역할을 한다.

(2) 국외의 현황과 사례

① 서울대학교 사범대학 체육교육과에서는 문화체육관광부의 지원을 받아 대학원과정으로 국제스포츠행정가 양성사업을 진행하고 있다.

② 국제스포츠정보센터는 다음과 같은 국제 사업을 진행하고 있다.

    ㉠ 국제회의 참가 및 초청 사업

    ㉡ 국제대회 개최지원 사업

    ㉢ 세계선수권대회 및 기타대회 파견지원 사업

    ㉣ 국제친선경기대회 초청 및 파견지원 사업

    ㉤ 개발도상국 스포츠발전지원 사업

    ㉥ 국제업무 전문인력 활동지원 사업

    ㉦ 남북체육 교류

    ㉧ 스포츠교류협정 이행체계 구축지원

04 스포츠교육의 프로그램론

01 학교체육 프로그램 개발 및 실천

(1) 체육수업지도 프로그램

① 교과활동 : 정규수업시간에 가르치는 것이다.

② 체육교사가 주도적 수업을 하고, 스포츠지도사나 스포츠강사가 보조할 수 있다.

③ 체육교사가 갖추어야 할 지식[슐만(1987)] 기출 2021

  ㉠ 내용에 대한 지식 : 가르칠 교과 내용을 정확히 알고 있어야 한다.

  ㉡ 지도방법에 대한 지식 : 학생의 지도법을 정확히 숙지한다.

  ㉢ 교육적인 내용에 대한 지식 : 체육활동을 통하여 실기기술 뿐만 아니라 활동을 통하여 얻어지는 교육적인 가치를 알고 있어야 한다.

  ㉣ 교육과정에 대한 지식 : 각 학교별, 학년별로 정해진 교육과정과 지향하는 목표를 알아야 한다.

  ㉤ 교육환경에 대한 지식 : 학교마다 교육환경이 다를 수 있으므로, 자신의 교육환경을 이해하고 대처한다.

  ㉥ 학습자의 특성에 대한 지식 : 학생의 특성, 가정환경 등을 파악하여 효과적인 지도를 할 수 있어야 한다.

  ㉦ 교육목표에 대한 지식 : 정확한 교육목표를 파악하여 효과적인 수업을 진행한다.

④ 수업계획시 고려사항

  ㉠ 구체적이고 체계적인 수업계획 수립

  ㉡ 창의적인 학습환경 조성

  ㉢ 통합적이고 효율적인 교수학습 활동 계획

(2) 스포츠클럽지도 프로그램

① 비교과활동 : 쉬는 시간, 점심시간, 방과 후, 토요일 등 정규수업시간 이외의 시간에 실시하는 체육활동이다. 학교 스포츠클럽, 학교운동부, 방과 후 체육활동이 포함된다.

② 학교스포츠클럽

  ㉠ 건강과 학교폭력 등의 문제가 발생하자 해결방안으로 학교스포츠클럽을 만들어, 건강하고 활기찬 학교 분위기 조성과 학생들의 전인적인 성장을 도모하고 있다.

  ㉡ 학교스포츠클럽 : 방과 후에 체육활동에 취미를 가진 동일학교 학생으로 구성하여 운동되는 스포츠 동아리이고, 정규 교육과정이 아니다.

  ㉢ 학교스포츠클럽활동 : 정규 교육과정 중 창의적인 체험활동 시간에 이루어지는 클럽단위의 스포츠활동이다.

ⓔ 스포츠클럽 프로그램 구성시 고려사항

    ⓐ 활동시간의 다양화 : 아침수업 전, 점심시간, 방과 후, 토요일 등 다양한 시간에 구성한다.

    ⓑ 학생들의 자발적인 참여유도 : 흥미와 적성에 따라 스스로 선택한다.

    ⓒ 학생 주도의 클럽 운영 : 클럽의 활동시간, 이름, 회원 모집과 홍보 등 학생들이 주도하여 결정하고 진행하도록 한다.

    ⓓ 인성함양 : 학교스포츠클럽의 주 목적은 인성함양이다. 스포츠의 규범, 가치, 예의 등을 경험하도록 한다.

(3) 기타 학교체육활동 프로그램

① 방과 후 체육활동, 토요스포츠데이, 방학 중 스포츠캠프, 소외계층·지역 주민을 위한 체육활동, 학교운동회, 학교 대항 스포츠 경기 대회 등이 있다.

② 고려사항

    ㉠ 교육과정과 연계

    ㉡ 미래지향적인 방향 설정

    ㉢ 지역사회의 자원 활용

    ㉣ 학생의 적성과 흥미

02 생활체육 프로그램 개발 및 실천

(1) 생활체육 프로그램 개발 기출 2021

① 생활체육 프로그램의 개발 기출 2022

    ㉠ 단체의 철학적 이해 : 프로그램을 제공하는 단체는 추구하는 목적을 이해하고, 적합한 프로그램의 목적을 설정한다.

    ㉡ 요구분석 : 대상자들과 지역사회의 요구사항을 조사하고, 요구사항과 단체의 목적에 부합할 수 있는 방법을 찾아내는 것이다.

    ㉢ 프로그램의 계획 : 목적과 요구분석을 바탕으로 하고 구체적이고 실현가능한 내용을 담아 프로그램을 계획한다.

    ㉣ 프로그램의 실행 : 계획된 프로그램을 실시한다. 스포츠지도사의 능력이 매우 중요하다.

    ㉤ 프로그램의 평가 : 프로그램을 실행한 후에 결과를 평가한다. 참여자의 만족도와 목적 달성 여부, 나타난 문제점 및 개선점에 대해 평가한다.

② 생활체육 프로그램의 구성 원리

    ㉠ 평등성 : 모든 사람에게 차별 없이 생활체육 프로그램 개발과 실행의 참여를 할 수 있어야 한다.

    ㉡ 창조성 : 창조적인 신체활동을 구성한다.

ⓒ 다양성 : 여러 영역의 활동을 제공한다.

ⓓ 봉사성 : 생활스포츠지도사의 봉사가 요구되며, 매우 중요한 요인이다.

ⓔ 편의성 : 생활체육 시설은 효율적으로 이용되어야 한다.

ⓕ 전문성 : 전문가에 의해 프로그램 개발, 운영, 감독이 이루어져야 한다.

ⓖ 전달성 : 많은 사람들이 알 수 있도록 홍보수단을 이용하여 전달되어야 한다.

ⓗ 평가 : 프로그램은 지속적인 평가가 이루어져야 한다.

ⓘ 수정 및 보완 : 평가를 통하여 얻어진 결과에 따라 수정·보완하여 프로그램을 발전시켜야 한다.

③ 유소년스포츠 프로그램

ㄱ 4~11세의 아동을 대상으로, 다양한 신체활동을 경험하게 하고, 심동적·신체적·정의적 능력을 향상시켜 건강하게 성장하도록 돕는 프로그램이 필요하다.

ㄴ 호기심이 많고, 적극적인 성향을 가지고 있고, 또래집단에서 상호관계가 중요하므로, '움직임 교육'이라고 할 수 있다.

ㄷ 고려사항

ⓐ 스스로 결정하는 움직임 활동 : 신체활동을 통하여 자기유능감, 정서적 유대감, 인지발달, 신체적·정서적 건강이 발달하도록 고려한다. 아동들이 스스로 활동을 선택할 수 있도록 도와준다.

ⓑ 다양한 신체활동의 경험 : 운동신경과 운동기술이 발달하도록 다양한 신체활동을 경험하도록 고려한다.

ⓒ 지역 사회의 시설과 연계 : 다양한 활동을 위해서는 지역의 여러 시설과 스포츠지도사의 도움이 필요하므로 지역사회와 연계를 하는 것이 좋다.

ⓓ 스포츠활동 시간 : 아동은 자유시간이 많으므로, 풍부한 스포츠활동 시간을 제공하는 것이 좋다.

④ 청소년스포츠 프로그램 `기출` 2022

ㄱ 이 시기에는 급격한 신체 성장과 2차 성징이 나타나며, 질풍노도의 시기이다. 그러므로 건강한 스포츠활동이 필요하다.

ㄴ 학업으로 인해 시간의 여유가 없으므로, 방과 후나 주말에 실시하는 프로그램이 필요하다.

ㄷ 고려사항

ⓐ 생활 패턴 : 학교에서 보내는 시간이 많기 때문에 방과 후, 주말, 방학을 이용하여 스포츠활동을 제공함으로써, 건강한 신체와 스트레스 해소를 위한 프로그램을 제공한다.

ⓑ 요구와 흥미 : 개인의 성향, 남녀의 차이, 지역에 따라 선호하는 스포츠가 다를 수 있다. 개인의 흥미나 요구, 지역, 성별 등을 고려하여 구성한다.

ⓒ 지속성 : 청소년기의 스포츠활동 경험은 평생에 걸쳐 건강·취미에 지대한 영향을 미친다. 규칙적인 활동에 참여하여 운동습관을 기를 수 있도록 지속할 수 있는 프로그램 구성이 필요하다.

⑤ 성인스포츠 프로그램

ㄱ 사회생활이 활발한 시기이지만, 그 만큼 신체적·정신적 피로와 스트레스가 많은 때이다.

ⓛ 건강관리와 스트레스 해소를 위한 프로그램이 필요하다.

ⓒ 직장, 지역의 동호회나 스포츠클럽이 참여하는 것이 좋다.

ⓡ 고려사항

　　ⓐ 시간대 : 생업과 가정생활로 스포츠활동을 할 시간이 부족할 수 있다. 출근 전이나 퇴근 후, 주말 또는 휴가를 이용하고, 주부의 경우는 오전시간을 활용할 수 있도록 프로그램 구성을 한다.

　　ⓑ 지속성 : 성인기에 만들어진 취미는 노년기까지 이어지기도 한다. 생활의 일부가 되도록 지속가능한 프로그램을 구성한다.

　　ⓒ 경기력 향상 : 야구나 축구는 동호회 리그가 진행되고 있어서 더 높은 기량의 실력을 원하는 경우가 많다. 경기력 향상을 위한 프로그램을 추가하도록 한다.

⑥ 노인스포츠 프로그램

ⓖ 한국은 현재 고령사회이고 2025년에는 노인인구 20%에 도달하여 초고령화 사회로 진입하게 된다.

ⓛ 정부는 행복한 출산과 노후를 새로 맞이하자는 의미로 '새로마지 플랜'이라는 정책을 실시하고 있다.

ⓒ 노인은 근력·근지구력·최대산소섭취량이 낮아지기 때문에 보완할 수 있는 프로그램이 필요하지만, 운동은 자칫 노인에게 오히려 무리가 되어 스포츠활동을 꺼리려 하기도 한다.

ⓡ 은퇴와 함께 가정과 사회에서 소외될 수 있으므로 적절한 활동은 사회성을 유지하는 데 도움이 된다.

ⓜ 고려사항

　　ⓐ 신체적·사회적·심리적 특징 : 성인과는 다른 노인만의 특성을 파악하여 안전하고 필요한 활동을 제공한다.

　　ⓑ 주변 환경 : 스포츠활동의 접근성과 용이성이 있어야 소극적인 노인들에게 참가를 유도할 수 있다.

　　ⓒ 흥미와 사회적 관계 형성 : 스포츠활동을 통해 사회적 관계를 형성함으로써, 활기찬 삶을 영위할 수 있다.

　　ⓓ 참가자, 스포츠지도사, 스포츠행정가의 협력 : 노인은 자기중심적이고 폐쇄적인 성격이 있어서, 원활한 프로그램을 진행하기 위해서는 참가자, 스포츠지도사, 스포츠 행정가의 협력을 통해 가장 좋은 방법을 찾아내야 한다.

⑦ 장애인스포츠 프로그램

ⓖ 대한장애인체육회가 설립되어 장애인 체육의 활성화가 시작되었지만, 특수학교에 국한되거나 일부의 경우에만 참여하고 있다.

ⓛ 장애유형이나 정도, 종목에 따라 매우 다양한 장비나 시설 등이 필요하여 프로그램 구성에 어려움이 있다.

ⓒ 지역사회, 학교체육, 전문체육 분야에서도 장애인 프로그램이 필요하며, 이를 통해 재활, 사회적 관계 형성, 자아존중감, 행복 추구 등의 이점을 얻을 수 있다.

ⓡ 고려사항

　　ⓐ 장애유형별 특징 : 장애 상태에 따라 제약이 있을 수 있으므로, 그 특성을 고려하여 프로그램을 구성한다.

　　ⓑ 접근성과 편의성 : 이동의 어려움이 있어서, 가깝고 이용하기 편한 시설이 필요하다.

© 지속성 : 일회성으로 그치지 않고, 지속적인 스포츠 참여를 통해, 기능 재활의 효과를 얻을 수 있으므로, 장기적인 프로그램 구성이 필요하다.

ⓓ 경제적 문제 : 장애로 인해 수입은 적고, 의료비 지출은 많아 생활의 어려움을 겪는 경우가 많다. 경제적 부담이 없도록 프로그램 구성이 필요하다.

03 전문체육 프로그램 개발 및 실천

(1) 전문체육 프로그램

① 전문체육은 경기단체에 등록한 아마추어선수와 프로스포츠협회에 등록한 프로선수가 해당 종목의 경기에 임하는 것이다.

② 전문체육은 승리가 최고의 목적이므로, 그 목적에 맞게 과학적이고 체계적인 훈련을 해야 한다.

③ 전문체육 지도계획(마튼스, 2004) [기출] 2022

　㉠ 선수에게 필요한 기술파악 : 지도자는 스포츠 기술의 전문지식을 갖추어야 한다.

　㉡ 선수의 이해 : 각 선수의 체력, 기술수준, 건강상태, 부상이력, 성격, 동료와의 관계 등을 이해하고 있어야 한다.

　㉢ 상황분석 : 적합한 계획을 위해서는 주변상황을 알고 있어야 한다. 선수, 훈련 공간과 시설, 팀의 분위기, 학교의 지원 등을 파악하여 대비한다.

　㉣ 우선순위결정 및 목표설정 : 목표는 구체적이고 현실성이 있도록 단기, 중기, 장기 목표를 설정한다.

　㉤ 지도방법선택 : 직접형, 과제형, 상호형, 유도발견형, 문제해결형 등 알맞은 방법을 택한다.

　㉥ 연습계획수립 : 시간, 목적, 장비, 기술내용, 평가 등을 포함한다.

(2) 청소년 스포츠코칭 프로그램

① 초·중·고등학교 운동부 선수를 지도하는 것으로 인지적, 정의적, 사회적, 정서적 발달이 될 수 있도록 구성한다.

② 주의사항

　㉠ 선수중심의 프로그램 : 전문스포츠는 경기성적과 기록을 최우선으로 여기기 때문에, 다른 부분들은 등한시 될 수 있다. 학생선수가 전인적으로 성장할 수 있도록 선수중심의 프로그램이 마련되어야 한다.

　㉡ 인성 지도 : 운동기술만 지도할 것이 아니라, 인성을 지도하여야 한다. 스포츠맨십, 공정성, 팀원과의 신뢰 및 소통 등을 배울 수 있어야 한다.

　㉢ 일상생활로의 전이 : 스포츠를 통해 배운 인내, 끈기, 성취감, 책임감, 행복감 등이 일상생활로 옮겨갈 수 있어야 한다. 선수를 그만 두었을 때 일반인으로서 사회에서 적응하고 잘 살 수 있도록 도와주어야 한다.

(3) 성인 스포츠코칭 프로그램

① 대학, 실업팀, 프로팀의 선수를 지도하는 프로그램이다.

② 목적과 목표가 정확히 있어서, 목표를 이룰 수 있도록 프로그램을 구성하는 것이 중요하다.

③ 주의사항

㉠ **명확한 목표설정** : 목표를 달성하기 위해 노력할 수 있도록 프로그램을 구성하여야 한다.

㉡ **자기 주도적인 환경 마련** : 선수 스스로 자신의 문제점을 파악하고 보완할 수 있도록 훈련 환경을 마련해 주어야 한다. 훈련 계획 등 의사결정과정에 선수를 참여시킬 수 있다.

㉢ **지속적인 자기성찰** : 선수가 자신을 객관적으로 보고 판단하여 문제를 해결할 수 있도록 하는 것이다.

05 스포츠교육의 지도방법론

01 스포츠지도를 위한 교육모형 기출 2022~2020

(1) 직접교수모형

① 지도자는 수업내용, 관리, 학생의 참여에 대한 모든 의사결정을 주도하면서, 학생들이 학습자 참여 기회와 피드백을 가능하게 하고 내용을 학습할 수 있도록 지도한다.

② 학생이 연습과제와 기능 연습에 높은 비율로 참여하도록 수업시간과 자원을 가장 효율적으로 이용하는 데 있다.

③ 로젠샤인(Rosenshine)의 직접 교수 실행

ㄱ 지도자는 학습을 구조화한다.

ㄴ 지도자는 각 수업 단계를 활기차게 진행한다.

ㄷ 지도자는 상세하고 풍부한 수업과 설명을 한다.

ㄹ 지도자는 질문을 하고, 명확하고 활동적인 연습을 제공한다.

ㅁ 지도자는 학습 초기 단계에 피드백을 제공하고 잘못된 부분을 교정해 준다.

ㅂ 학생은 초기 학습 과제에서 80% 이상 성공률을 달성할 수 있어야 한다.

ㅅ 지도자는 학습과제를 소량의 과제로 세분한다.

ㅇ 학생이 과제를 자신감 있고 정확한 동작으로 90~100%의 성공률로 도달할 수 있도록 많은 연습 시간을 제공한다.

④ 직접교수 수업의 6단계

ㄱ 전시 과제 복습 : 전 시간에 배웠던 핵심적인 기능이나 개념을 회상하도록 간단한 복습으로 시작한다.

ㄴ 새로운 과제 제시 : 지도자는 새로운 내용을 설명하고 시범을 통해 과제를 제시하여 학생들이 새로운 내용에 대해 언어적·시각적 정보를 얻도록 한다.

ㄷ 초기 과제 연습 : 과제 제시는 구조화된 연습으로 이어지고 학생은 과제를 능숙하게 수행하기 위해 연습을 시작한다. 과제는 80%의 성공률에 도달할 때까지 연습한다.

ㄹ 피드백 및 교정 : 초기 학습과제가 이루어질 때나 과제 연습 계열성에서 각 과제 사이에 지도자의 보강 피드백과 교정사항을 제공한다.

ㅁ 독자적인 연습 : 학생이 연습과제가 능숙해지면, 독립적으로 연습하도록 계획을 세운다.

ㅂ 정기적인 복습 : 학습과제를 반복하기 위해 계획을 세우고, 이전 내용을 얼마나 기억하는지를 파악한다.

(2) 개별화 지도 모형

① 수업 운영 정보, 과제제시, 과제구조, 수행 기준과 오류분석이 포함된 학습활동 및 평가를 구성한 수업자료를 제공하는 모형이다.

② 학생은 스스로 학습능력에 따라 속도를 조절하면서 학습한다.

③ 지도자 주도의 과제제시가 없으므로, 개별화 지도 모형을 사용하는 지도자는 학습동기 유발과 수업정보를 제공하기 위해 상호작용을 해야 한다.

④ 지도자와 학생이 많은 상호작용을 하게 한다.

(3) 협동학습모형

① 모든 학생이 학습과정과 결과에 공헌하기를 기대하면서 제한된 시간 또는 과제에 따라 팀을 나눈다.

② 책임감 있는 팀원이 되고, 자신의 잠재능력을 최대로 개발하고, 팀의 성공을 위해서 자신의 능력에 맞게 기여한다.

③ 기본 개념

    ㉠ 팀보상 : 모든 팀들은 동일 과제나 서로 관련이 있는 다른 과제를 수행한다.

    ㉡ 개인 책무성 : 모든 팀원들의 수행 팀점수에 포함되므로 팀 과제수행에 노력해야 한다.

    ㉢ 학습 성공에 대한 평등한 기회제공 : 팀의 운동수행 능력이 평등하도록 구성해야 한다.

(4) 스포츠 교육모형

① 체육프로그램에 참여한 학생들이 스포츠, 무용, 신체활동에서 실제로 즐거운 학습경험을 가질 수 있도록 개발된 교수·학습 모형이다.

② 기본 구조는 스포츠 리그이다. 선수, 코치, 심판, 점수기록, 행정가, 경기 보조원 등이 필요한데 학생들의 참여를 통해 다양한 경험과 학습을 할 수 있는 구조를 제공한다.

③ 다양한 역할 경험을 통해서 다양한 관점과 가치를 배우게 되어 긍정적인 교육적 체험을 하게 된다.

④ 시덴톱(Sidentop)의 3가지 목적

    ㉠ 유능한 스포츠인 : 충분한 기술이 있고, 전략을 이해하고 실행할 수 있으며, 경기 지식이 많은 스포츠 참여자

    ㉡ 박식한 스포츠인 : 스포츠 규칙, 의례, 전통을 이해하고 그 가치를 알고 있고, 스포츠수행을 잘하는 참여자이며 안목 있는 소비자

    ㉢ 열정적인 스포츠인 : 어떤 스포츠 문화이든 관계없이 다양한 스포츠 문화를 보존하며 증진할 수 있는 방향으로 행동하고 참여하며, 지역·국가 및 국제적 수준의 스포츠 경기에 참여

⑤ 주요 특성

    ㉠ 시즌 : 체육수업의 내용 단원보다는 시즌이라는 개념을 사용한다.

    ㉡ 팀 소속 : 전체 시즌 동안 한 팀의 일원으로 수업에 참여한다.

ⓒ **공식 경기** : 학생은 시즌을 조직하고 운영하는 의사결정에 참여한다.

ⓔ **결승전 행사** : 시즌은 라운드-로빈 토너먼트, 팀 경쟁 등 다양한 형태로 마무리한다.

ⓜ **기록보존** : 게임은 경기 수행에 대한 수많은 기록을 양산한다.

ⓑ **축제화** : 스포츠 이벤트는 축제의 성격이 있다.

(5) 동료교수 모형

① 지도자가 과제를 제시하면, 학생들이 서로를 짝을 지어 지도자와 학생 역할을 수행하고, 역할을 바꾸어 실시한다.

② 용어 정리

ⓐ **개인교사** : 임시로 교사의 역할을 담당하는 사람

ⓑ **학습자** : 개인교사의 관찰 및 감독 하에 연습하는 사람

ⓒ **조(짝)** : 개인교사-학습자

ⓓ **학생** : 개인교사나 학습자의 역할을 수행하지 않는 학생을 묘사하는 용어

③ 개인교사 역할의 학생이 다른 학생의 연습을 관찰하고 분석한다.

④ 연습 시에 지도자의 관찰 부족과 제한된 피드백을 받게 되는 문제점을 보완할 수 있다.

⑤ 학생의 인지 발달을 향상시킬 수 있는 잠재력이 있다.

(6) 탐구 수업 모형

① 지도자가 학생에게 질문을 하여 학습문제를 구성하고 학생들은 해답을 찾아내도록 한다. 지도자는 단서 제공, 피드백, 보조 질문 등을 한다.

② 학생의 사고력, 문제해결력, 탐구력을 향상시키는 데 도움이 된다.

③ 지도방법의 핵심은 지도자의 질문이다.

④ 움직임 중심 지도방법은 문제해결, 탐색지도, 학생중심교수, 발견식 교수, 간접교수 등으로 불린다.

⑤ 문제해결 과정

ⓐ **문제의 규명** : 학생이 배워야 할 개념, 숙달해야 할 기능을 준비된 질문으로 학생을 준비시킨다.

ⓑ **문제의 제시** : 학습과제와 내재된 문제를 형성하도록 한두 가지 초점에 맞춰 질문을 한다.

ⓒ **문제에 대한 유도 설명** : 단서, 피드백, 보조 질문 등을 제공하면서 관찰한다.

ⓓ **최종 해답의 규명 및 정교화** : 학생 사고를 정교화하고 한 가지 이상의 해답을 찾도록 단서, 피드백 보조 질문 등을 활용한다.

ⓔ **분석, 평가, 논의를 위한 발표** : 과제를 완수하면 학생은 다른 학생에게 자신이 찾은 해답을 발표한다.

(7) 전술게임 모형 [기출] 2022

① 게임을 구성하는 두 가지 요소인 기술과 전술 중에서 기술 위주로 지도해온 전통적인 게임 방식에서 벗어나 전술의 이해를 강조한다.

② 한 게임의 전술을 이해하면 다른 유사게임에서도 게임 수행력이 향상될 수 있다는 것을 전제로 한다.

③ 지도자는 학생의 기술과 전술을 발달시키기 위해 일련의 학습과제들을 유사한 게임 상황으로 계획하여 정식 게임 또는 변형게임을 이끈다.

④ 전술은 게임을 수행하는 데 필요한 전략과 기술의 결합체를 말한다.

⑤ 전술게임 모형의 6단계

   ⊙ 게임 소개 : 수행될 게임의 분류 및 개관이 포함

   ⓒ 게임의 이해 : 게임의 역사와 전통을 알려주어 학생의 흥미를 유발한다.

   ⓒ 전술 이해 : 주요한 전술 문제들을 게임 상황에서 제시함으로써 학생의 전술 인지를 발달시킨다.

   ⓔ 적절한 의사결정 : 전술적 지식의 적용 시기와 방법에 대한 인식을 지도하기 위해 게임 유사 학습활동을 활용한다.

   ⓜ 기술연습 : 게임 유사 활동을 통해서 전술적 지식과 기능 수행을 결합시키기 시작한다.

   ⓗ 실제 게임 수행 : 전술 및 기능의 결합으로 능숙한 수행이 이루어지도록 한다.

⑥ 게임의 분류 기출 2021

침범형	농구, 하키, 풋볼, 라크로스, 넷볼, 축구, 프리스비
네트형/벽면형	네트형(배드민턴, 피클볼, 탁구, 배구), 벽면형(핸드볼, 라켓볼, 스쿼시)
필드형	야구, 크리켓, 킥볼, 소프트볼
표적형	크로켓, 당구, 볼링, 골프

(8) 개인적·사회적 책임감 모형

① 스포츠에서 가르쳐야 할 내용의 대부분이 학생 스스로와 타인에 대한 책임을 어떻게 져야 하는지를 연습하고 배우는 기회를 제공해야 한다. 책임감과 신체활동(기능과 지식)이 별개의 학습성과가 아니므로, 이 두 가지는 동시에 추구되고 성취되어야 한다.

② 학생들이 부적절한 행동양식과 서투른 의사결정을 보일 때만 사용되는 "결핍" 모형이 아니다.

③ 모든 학생이 연습하고 긍정적 행동을 배우며 바람직한 의사결정 습관을 발달시키도록 안전한 학습 환경을 제공한다.

④ 주제

   ⊙ 통합 : 지도자가 신체활동 내용의 학습과 개인적·사회적 책임감의 학습을 서로 분리하지 않는다.

   ⓒ 전이 : 스포츠 활동의 책임감을 학교나 지역공동체에서 긍정적인 의사결정을 할 수 있도록 인도한다.

   ⓒ 권한 위임 : 통제 가능한 부분들을 광범위하게 자성적으로 인지하고 실천하도록 배우도록 한다.

   ⓔ 교사와 학생의 관계 : 경험, 정직, 믿음 및 의사소통에 의해 형성되는 개인적인 대인관계에 기초한다.

⑤ 지도자의 능력에 따라 많이 좌우된다.

⑥ 이 모형은 독립적으로 활용되는 것이 아니라 체육 프로그램의 어떤 단원에서나 다른 수업모형들과 함께 사용할 수 있다.

(9) 하나로 수업 모형

① 전인교육으로서 '참 좋은 사람'으로 성장하도록 돕는 것이 수업의 목적이다.

② 기법적 측면(기능, 전략, 경기방법, 규칙 등)과 심법적 측면(정신, 전통, 안목 등)으로 구성된다.

③ 기법과 심법을 '하나로' 통합하여 전인성을 길러준다.

④ 수업을 위한 과제는 '직접적 체험을 겪게 하는 것'과 '간접적 체험을 도와주는 것'으로 나눌 수 있다.

    ㉠ **직접체험활동** : 스포츠를 잘 하는 것(기능, 전술, 게임), 학생이 스포츠를 기능적으로 잘 수행할 수 있도록 도와준다. 직접적으로 학생에게 전달하는 지도자의 행동 및 다른 교수법들을 말한다.

    ㉡ **간접체험활동** : 스포츠를 잘 아는 것(안목, 정신, 전통), 심법적 차원에 대한 체험을 해보도록 함으로써 스포츠의 정신세계로 입문하도록 돕는다. 간접적으로 학생들에게 영향을 미치는 지도자의 행동과 태도를 말하며, 열정, 유머, 용모, 말투, 사랑, 매너 등이다.

02 스포츠지도를 위한 교수기법

(1) 지도를 위한 준비

① **맥락분석** : 지도하고자 하는 내용, 학습자의 수준 파악, 학습자의 요구, 지도순서, 지도시간, 공간과 시설 및 장비

② **내용분석** : 지도할 내용과 순서 및 시간을 정하고 정리한다.

③ **학습목표 분석**

    ㉠ 행동목표는 성취해야 할 기능과 행동 및 지식이다.

    ㉡ 일반목표는 인지적 목표와 정의적 목표이다.

④ **관리구조 분석** : 학습관리, 안전관리, 출석관리, 용기구 관리

⑤ **평가** : 평가의 기준, 방법, 절차, 시기

⑥ **지도자와 학습자의 역할과 임무** : 지도자가 운동기능의 숙달만을 강조하는 지시자의 역할보다는 운동기능을 창조할 수 있도록 추진자의 역할이 적절하다고 할 수 있다.

(2) 지도계획안의 설계

① 정교하고 유연한 계획수립

② 자신이 사용할 계획 작성

③ 기본 계획에서 변수가 생길 수 있으므로, 추가 계획을 만들어 둔다.

(3) 지도내용의 전달

① 지도자의 행동 `기출` 2020

　㉠ 직접적인 기여행동

　　ⓐ 학생에게 직접적으로 영향을 미치는 지도자의 행동을 말한다.

　　ⓑ 교수행동 : 수행방법 설명, 학생의 연습 관찰, 연습보조, 연습 교정, 다음 단계 지도 등

　　ⓒ 운영행동 : 교구 정리, 팀 구성, 학생통솔, 분위기 조성 등

　　ⓓ 효과적인 행동

　　　• 안전한 학습환경을 유지하기 위한 행동

　　　• 학생들의 과제 참여 강화를 위한 행동

　　　• 생산적인 교수활동

　　　• 효과적인 피드백 제공

　　　• 개인과 소집단을 위한 학습과제의 변경 및 수정

　　　• 학습자의 반응 관찰과 분석

　㉡ 간접적인 기여행동 : 직접적인 교수활동을 제외한 학습관련 행동

　　ⓐ 부상자 돌보기

　　ⓑ 학습자와 대화(학습내용과 별개)

　　ⓒ 용변, 물 마시는 행동 처리

　　ⓓ 연습경기에서 심판

　㉢ 비기여 행동 : 수업에 전혀 도움이 되지 않는 행동(가능한 한 지양)

　㉣ 학습자와의 상호작용 : 지도자의 의견을 학생에게 전달하는 것을 의사전달, 학생의 의견을 지도자가 받는 것을 의사수용이라고 한다.

② 수업관리 전략

　㉠ 칭찬 : 지도 시 칭찬과 격려를 해주고 설명을 잘해주는 것은 수업집중도를 높일 수 있다.

　㉡ 수업동기의 유발 : 학생이 수업에 임하려고 하는 의욕을 수업동기라 하고, TARGET의 원리가 있다.

　　ⓐ 과제(Task) : 수준에 맞는 과제를 제시한다.

　　ⓑ 결정권(Authority) : 연습방법이나 수업규칙을 정할 때 학생의 의견을 반영한다.

　　ⓒ 인정(Recognition) : 실력이 향상되거나 열심히 노력할 때, 학생을 인정해 주고 보상을 제공한다.

　　ⓓ 집단(Group) : 다양한 실력을 가진 학생을 같이 집단을 구성한다.

　　ⓔ 평가(Evaluation) : 학생의 노력정도와 목표달성 정도 등을 평가하고 수업목표와 연계되도록 한다.

　　ⓕ 시간(Timing) : 학생의 실력과 습득속도의 차이가 있으므로, 충분한 연습시간을 준다.

　㉢ 수업 흥미 : 수업의 재미와 흥미가 있으면 수업참여도가 높다. 도전을 통해 스포츠활동의 재미를 느낄 수 있다.

ⓔ 몰입 : 운동 중에 힘이 들지 않고 시간이 흐르는 것도 느끼지 못하는 상태를 말한다. 이는 스포츠를 지속할 수 있는 원동력이 된다.

(4) 지도내용의 연습 및 교정

① 동작 설명 : 기술이나 동작을 지도할 때 처음 하는 지도자의 동작설명이다. 학습동기에 큰 기여를 한다.

② 시범 : 말로 설명한 다음에 시범을 보여 이해도를 높인다.

　　㉠ 연습 시작 전 : 구두로 설명 후 시범을 보여주어 흥미를 유발한다.

　　㉡ 연습 중간 : 학생이 실수를 하거나 이해를 못할 때 시범을 통하여 이해도를 높일 수 있다.

　　㉢ 수업을 정리할 때 : 수업을 마무리 할 때 시범을 보여 이미지트레이닝 효과를 노릴 수 있다.

③ 연습방법

　　㉠ 전습법 : 운동기술 과제를 한꺼번에 전체적으로 학습하는 방법

　　㉡ 분습법 : 운동기술 요소를 몇 개의 단위로 나누어 학습하는 방법

　　　　ⓐ 점진적 분습법 : 전체 운동기술 중 첫째 요소와 두 번째 요소를 각각 연습 후, 두 요소를 결합하여 연습한다.

　　　　ⓑ 반복적 분습법 : 첫 번째 요소를 연습한 다음에 첫 번째와 두 번째를 연습하고, 그 다음에 첫 번째, 두 번째, 세 번째를 함께 연습하는 방법이다.

④ 피드백

　　㉠ 지도자가 제공하는 피드백을 외재적 피드백, 학생이 얻게 되는 정보를 내재적 피드백이라고 한다.

　　㉡ 외재적 피드백

　　　　ⓐ 칭찬을 통하여 강화의 역할

　　　　ⓑ 부정적인 반응을 통하여 처벌의 역할

　　　　ⓒ 실수를 교정할 수 있는 정보의 역할

　　　　ⓓ 목표를 달성하기 위해 열심히 하라는 동기유발의 역할

⑤ 되도록이면 부정적 피드백을 주지 않는 것이 좋고, 부정적 피드백을 할 때는 감정을 개입하지 않는다.

(5) IT의 효과적 활용

① 영상과 음성, 데이터 등의 형태로 이루어진 미디어를 제공하여 수업에 활용할 수 있다.

② 이론 및 보건 부분에서 구두로 설명하는 것보다 다양한 영상을 시청하여 효과를 높일 수 있다.

③ 일부 어려운 동작은 전문가의 영상을 통해 더 정확히 배울 수 있다.

④ 학생들이 개별 반복학습을 할 수 있다.

⑤ 최근 비대면 상황에서는 만나지 않아도 수업을 진행할 수 있어 학습 공백을 메울 수 있다.

03 지도목적에 따른 교수기법(모스턴의 교수기법) 기출 2021, 2020

(1) 지시형 스타일

① 지도자의 역할은 과제 활동 전·중·후의 모든 사항을 결정하며, 학생은 지도자의 지시사항을 따르는 것이다.

② 지도자가 최대의 의사결정을 하고, 학생은 최소의 의사결정을 한다.

③ 지도자의 자극과 학생의 반응이 본질인데, 자극은 시범을 보이며, 학생은 지도자가 제시한 것을 따라한다.

(2) 연습형 스타일

① 피드백이 주어진 기억과 모방 과제를 학생이 개별적으로 연습하는 것이다.

② 과제활동 전과 후의 결정은 지도자가 하지만, 과제 활동 중 9가지(수업장소, 수업운영, 시작 시간, 속도와 리듬, 정지 시간, 질문, 인터벌, 자세, 복장과 외모) 의사결정은 학생에게 이전된다.

③ 과제활동 후 지도자는 두 종류의 피드백을 제공한다.

　　㉠ 학생의 연습을 관찰하며 과제에 대한 피드백

　　㉡ 9가지 결정 안에서 학생의 의사결정과 관련된 피드백

(3) 상호학습형 스타일

① 지도자의 역할은 모든 지도내용과 기준을 정하고, 운영절차를 결정하며, 피드백을 제공한다.

② 학생은 자기 동료와 짝을 이뤄 움직임을 수행하여 서로 피드백을 제공한다.

③ 서로 피드백을 제공은 하지만 평가를 해서는 안 된다.

(4) 자기점검형 스타일

① 학생이 과제를 수행하고 스스로 평가한다.

② 지도자는 지도내용, 평가기준, 수업 절차 등을 결정하고, 학생은 과제를 독립적으로 수행하고 지도자가 마련한 평가기준에 따라 스스로 점검한다.

(5) 포괄형 스타일

① 다양한 수준에 있는 학습자가 자신들이 수행할 수 있는 난이도를 선택하면 동일한 과제에 참여한다.

② 지도자의 역할은 과제의 난이도 선정, 지도내용과 수업운영에 대한 모든 의사결정을 한다.

③ 학생은 자신이 성취 가능한 수준을 찾고, 과제를 연습하면 필요에 따라 수준을 수정하며 자신의 수행을 점검한다.

④ 수업에 배제되었던 학생들에게 성공과 참여를 보장해 주는 출발점을 제공할 수 있고 학생의 진보와 발달 기회를 발견할 수 있다.

(6) 유도발견형 스타일

① 미리 정해진 해답을 학생이 발견하도록 유도하는 방법으로, 논리적인 질문을 설계해야 한다.

② 새로운 주제를 소개할 때 유용하며, 학생들이 학습과정에 흥미를 갖고 참여하게 되고 세부적인 것에 대해 궁금증을 유발할 수 있다.

(7) 수렴발견형 스타일

① 지도자의 역할은 탐색되어야 할 목표 개념을 포함한 지도내용을 결정하며, 학생에게 할 질문을 계획하고 구성한다. 해답을 가르쳐 주는 것이 아니라 피드백이나 단서를 제공한다.

② 학생은 추리력, 호기심, 논리적 사고를 활용해 해답을 발견하는 것이다.

(8) 확산발견형 스타일

① 지도자는 학생에게 전달해야 할 교과에 대한 특정 문제와 주제를 결정하고, 학생은 특정 문제에 대한 다양한 설계, 해답, 반응을 발견하는 것이다.

② 학생들은 발견 과정에서 즐거움을 얻을 수 있다. 어떤 학생들은 이 과정에서 두려워하거나 인지적 한계를 나타내기도 한다.

(9) 자기설계형 스타일

① 지도자는 학습주제를 결정한다. 학생은 질문을 만들고, 진행방법 및 절차를 확인할 수 있는 질문 만들기, 해답 및 움직임 발견하기, 학습을 위한 운동수행 범위 설정 등의 역할을 한다.

② 학생에게 더 많은 책임을 부여하며, 발견 학습의 시점을 넘어 한 단계 더 나아가게 된다.

(10) 자기주도형 스타일

① 지도자는 학생들의 결정 사항을 최대한 수용하고 학습자 지원을 하고, 학생의 요청이 있을 때에만 교수·학습활동에 참여한다.

② 학생은 과제활동에서 모든 결정을 하며, 교수·학습과 학습 평가기준을 결정한다.

③ 학생들의 학습 욕구에 자율권을 주는 것이 목표이다.

(11) 자기학습형 스타일

① 개인이 교수·학습 활동에 지도자나 학생으로 참여하여 모든 의사결정에 참여하는 것이다.

② 개인이 계획을 세운 교과내용과 학습행동 목표를 스스로 성취한다.

③ 학생이 스스로 자신을 가르치는 것이다.

06 스포츠교육의 평가론

01 평가의 이론적 측면

(1) 평가의 목적과 활용

① 평가의 개념

㉠ 교육 프로그램의 평가는 교육훈련에 관계된 프로그램의 가치를 판단하는 활동이며 그 판단 방법은 프로그램이 거둔 결과, 즉 프로그램의 성과를 확인하는 방법과 그 프로그램의 의도, 내용기획, 운영 등의 전 과정을 평가의 대상으로 삼아 판단하는 방법 또는 이 두 방법을 종합적으로 사용하는 방법이 있다.

㉡ 타일러(Tyler, 1951)는 교육과정과 수업 활동을 통해 교육 목표가 실제로 도달된 정도를 결정하는 과정이라고 하였다. 교육을 통해 추구하려고 하는 가치 혹은 목표가 달성된 정도를 확인, 판단하는 과정이다.

② 교육 평가의 목적(배호순, 2008)

㉠ 프로그램의 기획 및 개발을 위한 목적

㉡ 프로그램의 개선 및 변화를 위한 목적

㉢ 프로그램의 목표 달성 정도를 파악하기 위한 목적

㉣ 프로그램의 효과 및 영향을 사정하기 위한 목적

㉤ 프로그램의 장점 및 가치를 파악하기 위한 목적

㉥ 프로그램의 존속 및 폐지를 결정하기 위한 목적

㉦ 프로그램의 지지 및 그 인정을 위한 목적

㉧ 프로그램 실행의 점검 및 통제를 위한 목적

㉨ 프로그램 담당자의 책무성을 과시하기 위한 목적

㉩ 프로그램의 홍보를 위한 목적

㉪ 프로그램을 정당화 및 타당화 하기 위한 목적

㉫ 프로그램에 관한 연구를 위한 목적

(2) 평가의 종류 기출 2022

① 진단평가

㉠ 수업 시작 전 학생들을 파악하기 위한 평가활동으로, 지도자는 그 결과로 교수 계획을 수립한다.

㉡ 스포츠 활동을 시작하기 전에 학생의 준비상태를 확인하는 과정이다.

㉢ 학생의 흥미·성격·적성·학업성취 등에 따라서 적절한 지도전략을 세울 수 있다.

② 형성평가
  ㉠ 수업과정에서 학생들의 수업 진행상황을 파악하기 위한 평가활동으로 지도자가 교수활동을 수정하기 위한 자료로 활용된다.
  ㉡ 학생들은 자신의 학습진행 상황을 알 수 있어서 교정 및 학습동기를 유발할 수 있다.
③ 총괄평가
  ㉠ 일정기간 학습과정을 마치고 학습목표의 달성도를 알아보기 위해 실시하는 평가이다.
  ㉡ 성과를 총평하고, 학생의 학업성취도를 종합적으로 판단할 수 있고, 다음 단계를 준비할 수 있다.
④ 임의평가
  ㉠ 지도자의 주관적인 판단에 의해서 해석하는 평가이다.
  ㉡ 지도자마다, 시간과 장소에 따라 평가가 달라질 수 있어서 교육의 전문성이 부족해진다.
⑤ 상대평가
  ㉠ 집단 내의 상대적인 석차를 중심으로 이루어지며 선발, 분류, 배치 상황에 활용된다.
  ㉡ 상대평가는 규준지향평가라고 하고, 한 학생의 성적을 집단에서의 다른 학생과 비교하여 가치를 부여하는 방법이다.
⑥ 절대평가
  ㉠ 설정된 교수·학습목표를 준거로 하여 그 목표의 달성도를 평가하는 방식이다.
  ㉡ 준거지향 또는 목표지향평가라고 하고, 사전에 설정된 교육목표에 비추어 그 달성정도를 평가한다.
⑦ 개인내차 평가 : 다른 사람과 비교하여 평가하는 것이 아니라, 한 학생의 나아진 정도를 처음부터 마지막까지 계속해서 추적해가면서 개인의 발전 상태를 평가하는 방법이다.
⑧ 수행평가　기출 2021
  ㉠ 학생들이 학습과제를 수행하도록 요구하고 그 과정과 결과를 통하여 보여주는 지식, 기능, 태도를 관찰하고 판단하는 평가 방식이다.
  ㉡ 지도자는 우선 학습과제를 제시하여야 하고, 과제 내용은 보다 개별적, 과정적, 학생 주도적이며, 상대적 비교를 지양한다.
  ㉢ 절차
    ⓐ 평가내용, 방법, 도구, 기준, 시기 등이 포함된 연간평가 계획서 작성
    ⓑ 성취기준을 구체화하고 달성여부를 파악할 수 있는 평가기준 설정
    ⓒ 수행목표를 달성하기 위한 구체적인 평가 계획 설정
    ⓓ 평가 문항과 도구 개발
    ⓔ 다양화, 전문화, 특성화된 수업 및 평가를 시행하고 채점하고 결과 보고
    ⓕ 학습이나 교수·학습활동을 학생에게 피드백

(3) 평가의 양호도

① 타당도

　㉠ 측정하려고 했던 것을 정확히 측정하였는지를 타당도라 한다.

　㉡ 내용타당도 : 검사문항이 측정하려고 하는 내용을 잘 대표하고 있는 정도

　㉢ 준거타당도 : 측정결과 준거가 되는 다른 측정결과와 관련이 있는 정도

　㉣ 구인타당도 : 어떤 개념이나 이론을 구성하고 있는 요인 또는 원인을 구인이라고 하고, 구인을 제대로 측정하는 정도

② 신뢰도

　㉠ 어떤 측정도구가 측정한 결과가 일관성 있는 정도

　㉡ 여러번 측정해서 비슷한 결과가 나오는 정도

　㉢ 검사 방법

　　ⓐ 검사–재검사 : 시간차를 두고 2번 측정하여 측정값을 비교한다.

　　ⓑ 동형검사 : 무작위로 일정한 수의 문항을 2번 선택해서 검사하는 것이다.

　　ⓒ 내적 일관성 검사 : 하나의 측정도구에서 문항들 사이에 서로 연관성이 있는지 여부를 파악하는 방법이다(통계적 지식 필요).

③ 객관도 : 평가도구로 측정할 때 개인적인 의견이나 편견을 배제하고 얼마나 객관성을 유지하는가를 객관도라 한다.

02 평가의 실천적 측면

(1) 평가의 모형과 사례

① 목표달성 모형 : 교육평가의 목적을 교육목적이 얼마나 달성되었는지로 결정하는 과정

② 가치판단 모형 : 어떤 프로그램이나 수업이 종료된 후 교육목표가 달성된 정도를 확인하는 것으로, 설정된 행동목표와 학생의 실제 성취수준을 비교한다.

③ 의사결정 모형 : 교육과 관련된 의사 결정자에게 유용한 정보를 제공함으로써 의사결정을 촉진하는 것이 목적이다.

(2) 평가의 기법과 사례 　기출 2022

① 체크리스트

　㉠ 어떤 스포츠기술을 수행할 때 동작의 세부 조항을 적어 놓은 명세서로, 사용하기 편리해서 지도자들이 선호하는 평가 기법이다.

　㉡ 부합되는 적정수의 항목을 구성해야 한다.

② **평정척도** : 학습결과, 성격, 태도 등을 평가할 때 사용하는 기준에 해당하는 것으로 A, B, C, D, E와 같이 사용한다.

③ **루브릭**

　㉠ 지필 평가의 단점을 보완하기 위해서 수행평가를 도입하면서 미국에서 개발되었다.

　㉡ 수행평가의 도구이며 학습자의 성취도를 평가하기 위한 기준이나 가이드라인이 명세표처럼 자세히 있어야 한다.

　㉢ 평가도구 또는 자신의 수행능력을 알아볼 수 있는 관찰도구로 사용할 수 있다.

　㉣ 각각의 수준에 맞게 세분하고, 자세한 묘사가 필요하다.

④ **관찰**

　㉠ 적극적인 의도를 가지고 살펴보는 것, 주의깊게 듣는 것을 말한다.

　㉡ 관찰목적, 관찰문제, 관찰대상, 관찰장면, 관찰시간, 관찰기록의 형식, 피관찰자에게 미치는 영향을 고려한다.

⑤ **학습자일지**

　㉠ 학습자의 학습 진행 및 학습 내용을 상세하게 기록하는 것이다.

　㉡ 학습내용, 학습소감, 지도자의 의견 등을 기록한다.

　㉢ 자기기록이며, 자신의 정보를 수집하여 정리하는 것이다.

07 스포츠교육학의 전문적 성장

01 스포츠교육전문인의 전문역량

(1) 학교체육전문인의 핵심역량 개발

① 학교 체육전문가에 필요한 8가지 자격기준(한국교육과정평가원, 한국스포츠교육학회)

ㄱ 교직인성 및 사명감

ㄴ 학습자의 이해

ㄷ 교과지식

ㄹ 교육과정의 개발·운영

ㅁ 수업계획 및 운영

ㅂ 학습모니터 및 평가

ㅅ 협력관계 구축

ㅇ 전문성 개발

② 전문적인 자질

ㄱ 인지적 자질

ⓐ 학생들의 발육발달, 선행학습의 수준, 학습동기와 학습 욕구 등을 파악하여 대상자를 잘 알아야 한다.

ⓑ 교과내용을 정확히 이해하는 전문 지식을 갖추어야 한다.

ㄴ 기능적 자질

ⓐ 다양한 스포츠 종목의 수행능력을 갖추어야 한다.

ⓑ 교육프로그램의 목표, 학습자의 수준, 수업계획 능력, 다양한 수업방법, 수업활동, 교육자료 및 매체 활용 등 활용하여 효과적인 수업을 진행할 수 있는 능력이 필요하다.

ㄷ 인성적 자질

ⓐ 지도자의 인성적인 자질과 태도가 중요하다.

ⓑ 지도자로서 전문성 개발을 위해 노력하여야 한다.

③ 전문적 자질 개발

ㄱ 직전교육은 대학의 관련학과에서 가르치는 직전교육이고, 기본적인 역할을 갖추게 된다. 현직교육은 현직에서 이뤄지며 평생에 걸쳐 자기계발을 해야 한다.

ⓛ 학교체육지도자의 경력단계별 특성(카츠, 1972)

단계	경력	특성 및 관심
생존단계	0~1년	• 교수상황에서 직면하는 문제에 관심을 갖는다. • 자신의 교수능력과 열정에 대하여 자문을 한다. • 학생들이 학교생활에 잘 적응할 수 있도록 도와준다.
강화단계	2년	• 학생 개개인의 요구를 생각한다. • 학생의 특성과 지도전략을 공유할 수 있는 기회를 제공해야 한다. • 경력이 있는 동료나 다른 전문가의 성공사례가 도움이 될 수 있다.
갱신단계	3~4년	• 가르치는 일에 자신감을 갖게 되고, 이전에 했던 교수방법에 지루함을 느끼면서 새로운 아이디어를 찾는다. • 학회 등에 참석한다. • 다른 지도자와 네트워크를 형성한다.
성숙단계	4년 이상	• 교육관·신념에 대한 자문을 시작한다. • 복잡한 교수상황에서 의미를 이해하려고 한다. • 국가·사회적 요구에 대한 적절성을 탐구한다. • 다양한 경험이 관점의 변화와 확장에 도움이 된다. • 다른 지도자와 의견을 나누면서 어려움을 극복할 필요가 있다.

(2) 생활체육전문인의 핵심역량 개발

① 생활체육지도사는 어린이부터 노인까지의 특성과 지도기술을 갖춰야 하고, 건전한 인성과 태도를 갖추어야 한다.

② 인지적 자질

ⓐ **지도대상에 관한 지식** : 참가자의 신체특성, 사회·문화적 배경, 심리·사회적 특성 등

ⓛ **지도내용에 관한 지식** : 스포츠 기술, 전술, 스포츠과학이론 등

ⓒ **지도방법에 관한 지식** : 종목별 기술, 동작 분석, 정체기 해결 방법 등

ⓔ **관리에 관한 지식** : 스포츠 상해·예방, 관리, 안전사고, 시설·운동기구의 배치 및 관리, 운동상담 등

ⓜ **법률지식** : 생활체육에 관련된 법률 등

③ 기능적 자질

ⓐ **지도에 관한 지식** : 각 종목의 단계별 지도 능력, 종목별 기술 관찰·분석, 목표 부여, 동기유발 등

ⓛ **관리에 관한 지식** : 회원관리, 클럽조직, 프로그램운영, 홍보·마케팅, 응급처치, 시설과 기구 관리 등

ⓒ **프로그램 개발에 관한 지식** : 참여자 및 종목별 특성에 맞는 프로그램, 참여자의 요구, 수준에 맞는 프로그램 개발 등

④ 인성적 자질

ⓐ **체육인으로서 자질** : 스포츠맨십, 스포츠 인권 관련 윤리규범, 스포츠가치 존중 등

ⓛ **교육자로서 자질** : 참여자 존중·이해·공감하는 태도, 리더십 등

ⓒ 전문가로서 자질 : 전문성 향상을 위한 노력, 책임감있는 태도, 지도현장 개선 의지 등

ⓔ 서비스생산자로서 자질 : 참여자의 요구 수용 및 충족, 친절함, 겸손과 참여자의 불만 수용 등

(3) 전문체육지도자의 핵심역량 개발

① 전문체육지도자의 전문영역

ⓐ 철학 및 윤리 : 선수의 실력향상을 위한 확고한 철학과 훈련 전 과정에서 윤리적 행동을 해야 한다.

ⓑ 안전 및 상해 예방 : 안전사고 예방이 우선이고, 사고가 발생한다면 적절하게 대처할 수 있는 응급처치 능력이 필요하다. 부상을 당한 선수의 심리적 문제에 대해 적절한 관리를 할 수 있어야 한다.

ⓒ 신체 컨디셔닝 : 안전하고 과학적인 원리를 적용한 체력훈련 프로그램을 설계하고, 지도할 수 있어야 한다.

ⓓ 성장 및 발달 : 선수의 개인적 성장 및 발달 정도를 알고 있어야 하며, 각 선수에게 적절한 훈련환경을 제공해야 한다.

ⓜ 지도법 및 커뮤니케이션 : 선수들이 최상의 기량을 발휘할 수 있는 지도능력이 필요하고, 선수들과의 적절한 소통을 할 수 있어야 한다.

ⓗ 운동기능 및 전술 : 선수들의 승리를 위해 기술과 전술을 개발하고 적용할 수 있어야 한다.

ⓢ 조직과 운영 : 대회관리·운영, 재정, 인력, 문서, 조직 등의 관리능력을 갖추어야 한다.

ⓞ 평가 : 선수, 코치, 스태프의 체계적인 평가를 해야 한다.

② 전문적 자질개발

ⓐ 입문단계 : 대학에서 관련학과를 졸업하고 종목별 협회에서 실시하는 코치연수를 마친 단계이며, 참여자의 발달, 스포츠교육과정, 코칭교육학, 문화와 맥락, 연구와 코치 개발의 지식을 갖추어야 한다.

ⓑ 개발단계

ⓐ 입문단계의 교육에서 습득한 지식으로 현장에 적용시 시행착오를 거치게 되고, 그 과정에서 지도역량이 발전한다.

ⓑ 이 단계의 교육은 협회교육과 연수 및 보수교육, 석박사 과정 등의 형식적 교육과 그 외의 비형식적 교육을 통해 지속적인 노력을 한다.

ⓒ 고급단계 : 앞의 두 단계를 거치며 지도철학과 기술이 발전하게 되고, 더 이상 형식적인 교육은 잘 진행되지 않는다. 자신을 성찰하고, 효과적인 지도방법을 스스로 개발한다.

02 장기적 전문인 성장 및 발달

(1) 형식적 성장

① 계획적이고 의도된 교육, 표준화된 교육과정을 통하여 전문체육지도자가 갖추어야 할 지식을 체계적으로 가르치는 형식적인 교육을 통해 성적이나 학위 및 자격증을 부여하는 형식적 교육을 통해서 성장하는 것이다.

② 계획성, 방향성, 조직성, 일관성, 계속성을 가지고 소정의 기간동안 교육기관에 의해서 실시된다.

③ 대학, 각 협회지도자 연수, 체육지도자 연수, 체육관련단체의 자격증 등이 해당된다.

(2) 비형식적 성장

① 무의도적 교육, 기능적 교육을 통하여 이루어진다.

② 일상생활이나 지도하는 과정에서 의식적·무의식적으로 배우게 된다. 교육기관이 아닌 자연·사물 또는 인간관계에 의하여 자연발생적으로 이루어진다.

③ 가정교육, 사회교육, 자연교육 등도 포함된다.

(3) 무형식적 성장

① 형식과 비형식의 중간단계이다.

② 공식화된 교육기관이 아닌 곳에서 단기간동안 자발적으로 하는 세미나, 워크숍, 컨퍼런스 등을 통해 성장해 나가는 것이다.

③ 넓은 범위의 지식을 지속적으로 개발할 수 있고 개방적이다.

01 19세기 유럽의 스포츠 역사에 대한 설명 중 옳지 않은 것은?

① 유럽식 체조는 개인의 건강과 신체적 이익을 강조하였다.

② 독일의 얀과 스웨덴의 링에 의해 유럽 체조시스템이 보급되었다.

③ 독일식 체조는 기구를 활용하고, 전시에 대비한 강한 청소년 육성에 초점을 두었다.

④ 스웨덴식 체조는 정확한 동작과 운동수행의 아름다움을 추구하였다.

해설 ① 유럽식 체조는 집단의 단결의 성격을 가지고 군사 훈련에 이용되었다.

02 20세기의 상황에 대한 설명 중 옳은 내용은?

① 존 듀이는 유치원을 처음 창안하였고, 놀이 활동을 강조하였다.

② 1960년대에는 '인간주의 철학' 사조가 유행하였다.

③ 체육은 존 듀이가 처음 사용하였다.

④ 존 워렌은 '신체를 통한 교육'을 강조하였다.

해설 ① 유치원을 처음 창안한 사람은 프뢰벨이다.
③ 존 워렌은 1931년 체육이란 용어를 처음 사용하였다.
④ 1930년대 존 듀이는 '신체를 통한 교육'을 강조하였다.

03 다음 중 스포츠의 개념으로 옳지 않은 것은?

① 경쟁과 유희성을 가진 신체 운동 경기의 총칭이다.

② 경쟁적인 게임, 야외활동, 무용 등이 포함된다.

③ 스포츠와 체육의 개념이 혼용되어 사용되었다.

④ 인간의 신체적 활동을 통하여 체력을 단련하고 사회가 요구하는 완성된 인격을 만들려는 교육활동이다.

해설 체육은 신체활동을 통하여 전인적인 교육을 목표로 한다.

04 스포츠교육의 가치 설명 중 바르게 연결되지 않은 것은?

① 신체적 가치 : 체력발달, 체중감소, 근육강화, 유연성 증가와 같은 신체변화와 신체의 변화를 통한 심리적 안정도 기대할 수 있다.

② 인지적 가치 : 내재되어 있는 공격성, 파괴성, 경쟁성 등을 스포츠를 통해 배출함으로써 인성의 정화의 효과와 긴장감, 스트레스, 불안감, 욕구불만 등을 해소하는 데 도움이 된다.

③ 사회적 가치 : 협동심, 양보심, 이타심, 책임감, 자제력, 질서의식, 규칙준수 등을 배울 수 있으며 바람직한 인격형성을 이룰 수 있다.

④ 태도발달 : 스포츠를 통해 지도력, 스포츠맨십, 예의 등을 배우고, 자존감, 자아효능감, 용기, 학습의욕 등을 기대할 수 있다.

해설 인지적 가치 : 스포츠를 함으로써 뇌의 혈액 공급과 게임규칙, 전략 등을 통해 논리력, 이해력, 판단력 통찰력 등을 발달시킬 수 있다.
②는 심리적 가치의 설명이다.

05 체육과 교육과정의 설명 중 옳지 않은 것은?

① 총 7차 개정을 하였고, 3번의 추가 개정이 있었다.

② 교수 요목기에는 초등학교에서 고등학교까지 체육을 필수교과로 결정하였다.

③ 3차 교육개정에서는 체조, 스포츠, 무용, 레크리에이션, 보건위생, 체육이론의 6개 영역으로 나누었다.

④ 4차 개정에서는 육상운동, 체조, 개인 및 대인운동, 구기, 수영, 무용, 체육 이론, 보건의 8개 영역으로 구분하였다.

> 해설 3차 교육개정에서는 순환운동, 체조, 질서운동, 육상경기, 구기, 투기, 계절운동, 무용(여자), 보건, 체육이론 등 10개 영역으로 나누었다.

06 교육과정의 2015년 개정 내용 중 체육과의 내용으로 바르게 설명되지 않은 것은?

① 건강의 가치 : 건강 및 체력을 증진하면 건강관리를 지속적으로 실천한다.

② 도전의 가치 : 도전의 신체활동을 수행하며 도전 정신을 발휘한다.

③ 경쟁의 가치 : 경쟁의 신체활동을 수행하며 선의의 경쟁을 실천한다.

④ 표현의 가치 : 신체활동에서 안전의 중요성을 이해하고 안전하게 신체활동을 수행하며 안전의식을 함양한다.

> 해설 표현의 가치를 이해하고 창의적인 신체 표현을 수행하며 심미적 안목을 갖는다.

07 학교체육진흥법 6조(학교체육 진흥의 조치 등)의 내용 중 바르지 않은 것은?

① 체육교육과정 운영 충실 및 체육수업의 질 제고

② 학생선수의 학습권 자율화 및 인권보호

③ 여학생 체육활동 활성화

④ 교원의 체육 관련 직무연수 강화 및 장려

> 해설 학생선수의 학습권 보장 및 인권보호(학교체육진흥법 제6조 제1항의4)

08 학교체육교육전문가의 설명 중 옳지 않은 것은?

① 체육교사는 초·중·고등학교에서 체육수업을 담당하고, 체육과 관련된 활동을 지도·감독하는 교사 자격증을 갖춘 사람을 말한다.

② 주당 20시간 정도 체육수업을 하고, 상황에 따라 담임교사가 될 수도 있고 체육전담교사를 계속할 수도 있다.

③ 중등학교 체육 정교사 자격을 갖춘 후, 중등교사 임용시험에 합격하면 중·고등학교로 발령이 나고, 주당 18시간 내외의 체육수업을 담당한다.

④ 스포츠강사는 각 초등학교와 중고등학교에서 선발한다.

> 해설 초등학교는 교육지원청에서, 중·고등학교는 각 학교에서 선발한다. 학교에서 원하는 종목의 스포츠 활동을 지원하려는 취지로 도입되었다.

09 학교스포츠클럽 활동 중 창의적 체험활동에 속하지 않는 것은?

① 경쟁활동   ② 동아리활동

③ 봉사활동   ④ 진로활동

> 해설 창의적 체험활동에는 자율활동, 동아리활동, 봉사활동, 진로활동이 있다.

10 국민체육진흥 계획진흥계획 중 생활체육정책에 대해 바르게 설명한 것은?

① 제1차 : 생활체육의 범국민적 확산
② 제2차 : 생활체육 참여 환경을 구축하여 지역 공동체 중심의 체육활동 여건
③ 제3차 : 손에 닿는 스포츠, 스포츠로 사회를 바꾸다
④ 문화비전 : 체육활동 참여 여건 개선

> **해설** • 제3차 : 생활체육 활성화를 통한 국민의 삶의 질 향상
> • 스포츠비전 2018 : 손에 닿는 스포츠, 스포츠로 사회를 바꾸다

11 2030 스포츠비전의 내용 중 바르지 않은 것은?

① 신나는 스포츠 : 국민 누구나 자유롭고 즐겁게 운동할 수 있는 여건을 조성하여 보편적 복지 차원의 스포츠 복지 국가 실현
② 함께하는 스포츠 : 이웃과 함께, 지역사회가 함께, 사회적 약자와 함께, 남과 북이 함께 스포츠를 매개로 어울림으로써 사회통합을 지향
③ 참여하는 스포츠 : 공정·협동·도전 등 스포츠 가치의 사회적 확산으로 국민 모두가 자랑할 수 있는 스포츠 문화형성
④ 풀뿌리 스포츠 : 신나는 스포츠, 함께하는 스포츠, 자랑스러운 스포츠 달성을 위한 추진체계로서 국민 참여 중심의 민주적 선진 스포츠행정 시스템 구축

> **해설** 자랑스러운 스포츠 : 공정·협동·도전 등 스포츠 가치의 사회적 확산으로 국민 모두가 자랑할 수 있는 스포츠 문화형성

12 유아부터 청소년기의 특징으로 볼 수 없는 것은?

① 영아기에는 신체와 운동발달이 가장 빠르게 성장하는 시기이다.
② 유아기에는 놀이를 통한 신체활동이 중요하다.
③ 아동기에는 2차 성징이 나타난다.
④ 청소년기에는 스포츠활동을 통하여 올바른 인격형성, 신체발달, 교육관계 등의 발달을 기대할 수 있다.

> **해설** 2차 성징은 청소년기에 나타난다.

13 스포츠 교육행정가에 대한 설명 중 가장 거리가 먼 것은?

① 체육교과활동, 체육행사, 운동부 업무는 전문 체육행정가의 역할이다.
② 학교체육행정가는 교장, 교감, 행정실장 등이 포함된다.
③ 학교운동지도자, IOC 위원, 대한체육회 직원은 전문체육행정가라고 할 수 있다.
④ 생활체육행정가는 체육활동시설을 관리·운영하고, 참가자 관리업무를 담당한다.

> **해설** 체육교과활동은 학교체육행정가의 역할이다.

14 생활체육 프로그램개발의 순서로 맞는 것은?

① 프로그램 계획 – 요구분석 – 프로그램 평가 – 프로그램 실행
② 요구분석 – 프로그램 계획 – 프로그램 실행 – 프로그램 평가
③ 프로그램 계획 – 프로그램 실행 – 프로그램 평가 – 요구분석
④ 요구분석 – 프로그램 계획 – 프로그램 평가 – 프로그램 실행

해설 요구분석 – 프로그램 계획 – 프로그램 실행 – 프로그램 평가
- 요구분석 : 대상자들과 지역사회의 요구사항을 조사하고, 요구사항과 단체의 목적에 부합할 수 있는 방법을 찾아내는 것이다.
- 프로그램의 계획 : 목적과 요구분석을 바탕으로 하고 구체적이고 실현가능한 내용을 담아 프로그램을 계획한다.
- 프로그램의 실행 : 계획된 프로그램을 실시한다. 스포츠지도사의 능력이 매우 중요하다.
- 프로그램의 평가 : 프로그램을 실행한 후에 결과를 평가한다. 참여자의 만족도와 목적 달성 여부, 나타난 문제점 및 개선점에 대해 평가한다.

15 생활체육 프로그램의 구성원리에 해당하지 않는 것은?

① 평등성　　　② 창조성
③ 경제성　　　④ 전문성

해설
- 평등성 : 모든 사람에게 차별 없이 생활체육 프로그램 개발과 실행의 참여를 할 수 있어야 한다.
- 창조성 : 창조적인 신체활동을 구성한다.
- 다양성 : 여러 영역의 활동을 제공한다.
- 봉사성 : 생활스포츠지도사의 봉사가 요구되며, 매우 중요한 요인이다.
- 편의성 : 생활체육 시설은 효율적으로 이용되어야 한다.
- 전문성 : 전문가에 의해 프로그램 개발, 운영, 감독이 이뤄져야 한다.
- 전달성 : 많은 사람들이 알 수 있도록 홍보수단을 이용하여 전달되어야 한다.
- 평가 : 프로그램은 지속적인 평가가 이루어져야 한다.
- 수정 및 보완 : 평가를 통하여 얻어진 결과에 따라 수정·보완하여 프로그램을 발전시켜야 한다.

16 유소년 생활스포츠 프로그램의 설명으로 가장 거리가 먼 것은?

① 4~11세의 아동을 대상으로, 다양한 신체활동을 경험하게 하고, 심동적·신체적·정의적 능력을 향상시켜 건강하게 성장하도록 돕는 프로그램이 필요하다.
② 호기심이 많고, 적극적으로 성향을 가지고 있고, 또래집단에서 상호관계가 중요하다.
③ 스포츠를 통하여 경쟁을 강조하고, 승리의 기쁨을 맛보게 한다.
④ 신체활동을 통하여 자기유능감, 정서적 유대감, 인지발달, 신체적·정서적 건강이 발달하도록 고려한다.

해설 적당한 경쟁과 승리를 추구하는 것이 스포츠의 목적이기는 하지만, 유소년 생활체육 프로그램에서 우선시하는 요소와는 거리가 멀다.

17 노인스포츠 프로그램의 고려사항으로 거리가 먼 것은?

① 신체적·사회적·심리적 특징 : 성인과는 다른 노인만의 특성을 파악하여 안전하고 필요한 활동을 제공한다.
② 주변 환경 : 스포츠활동의 접근성과 용이성이 있어야 소극적인 노인들에게 참가를 유도할 수 있다.
③ 흥미와 사회적 관계 형성 : 스포츠활동을 통해 사회적 관계를 형성함으로써, 활기찬 삶을 영위할 있다.
④ 야구나 축구는 동호회 리그가 진행되고 있어서 더 높은 기량의 실력을 원하는 경우가 많다. 경기력 향상을 위한 프로그램을 추가하도록 한다.

스포츠 동호회를 진행하고 경기력 향상을 원하는 경우는 성인스포츠 프로그램의 고려사항이다.

18 마튼스가 제시한 전문스포츠 지도계획 단계에 속하지 않는 것은?

① 기술파악 ② 선수의 이해

③ 지도방법 선택 ④ 평가

마튼스의 전문스포츠 지도 계획 단계
- 필요한 기술파악 : 지도자는 스포츠기술의 전문 지식을 갖추어야 한다.
- 선수의 이해 : 각 선수의 체력, 기술수준, 건강상태, 부상이력, 성격, 동료와의 관계 등을 이해하고 있어야 한다.
- 상황분석 : 적합한 계획을 위해서는 주변상황을 알고 있어야 한다. 선수, 훈련 공간과 시설, 팀의 분위기, 학교의 지원 등을 파악하여 대비한다.
- 목표설정 및 우선순위의 결정 : 목표는 구체적이고 현실성 있도록 단기·중기·장기 목표를 설정한다.
- 지도방법의 선택 : 직접형, 과제형, 상호형, 유도발견형, 문제해결형
- 연습계획의 수립 : 시합일정에 맞추어, 시즌 전·중·후로 구분하여 일간, 주간, 월간, 시즌 계획을 수립한다. 시간, 목적, 장비, 기술내용, 평가 등을 포함한다.

19 직접교수모형의 설명으로 옳지 않은 것은?

① 지도자는 수업내용, 관리, 학생의 참여에 대한 모든 의사결정을 주도한다.
② 학생들이 학습자 참여 기회와 피드백을 가능하게 한다.
③ 학생이 연습과제와 기능 연습에 높은 비율로 참여하도록 하는 데 목적을 둔다.
④ 학생은 스스로 학습능력에 따라 학습 속도를 조절한다.

학생 스스로 학습 속도를 조절하고 지도자와 학생이 많은 상호작용을 하게 하는 모형은 개별화 지도 모형이다.

20 시덴톱이 제시한 스포츠교육의 목적에 해당하지 않는 것은?

① 독보적인 스포츠인
② 박식한 스포츠인
③ 열정적인 스포츠인
④ 유능한 스포츠인

- 유능한 스포츠인 : 충분한 기술이 있고, 전략을 이해하고 실행할 수 있으며, 경기 지식이 많은 스포츠 참여자
- 박식한 스포츠인 : 스포츠 규칙, 의례, 전통을 이해하고 그 가치를 알고 있고, 스포츠수행을 잘하는 참여자이며 안목 있는 소비자
- 열정적인 스포츠인 : 어떤 스포츠 문화이든 관계없이 다양한 스포츠 문화를 보존하며 증진할 수 있는 방향으로 행동하고 참여하며, 지역·국가 및 국제적 수준의 스포츠 경기에 참여

21 수업동기 유발의 TARGET 원리에 속하지 않는 것은?

① 결정권(Authority)
② 집단(Group)
③ 개별지도(Tutorial)
④ 인정(Recognition)

수업 동기 유발의 TARGET 원리
- 과제(Task) : 수준에 맞는 과제를 제시한다.
- 결정권(Authority) : 연습방법이나 수업규칙을 정할 때 학생의 의견을 반영한다.
- 인정(Recognition) : 실력이 향상되거나 열심히 노력할 때, 학생을 인정해 주고 보상을 제공한다.
- 집단(Group) : 다양한 실력을 가진 학생을 같이 집단으로 구성한다.
- 평가(Evaluation) : 학생의 노력정도와 목표달성 정도 등을 평가하고 수업목표와 연계되도록 한다.
- 시간(Timing) : 학생의 실력과 습득속도의 차이가 있으므로, 충분한 연습시간을 준다.

22 모스턴의 교수기법의 설명이 바르게 연결된 것은?

① 지시형 – 학생이 과제를 수행하고 스스로 평가한다.

② 포괄형 – 학생은 자신이 성취 가능한 수준을 찾고, 과제를 연습하면 필요에 따라 수준을 수정한다.

③ 상호학습형 – 지도자가 과제활동의 모든 사항을 결정한다.

④ 유도발견형 – 지도자의 역할은 탐색되어야 할 목표 개념을 포함한 지도내용을 결정하며, 학생에게 할 질문을 계획하고 구성한다.

> 해설 1. 지시형 스타일 : 지도자의 역할은 과제 활동 전·중·후의 모든 사항을 결정하며, 학생은 지도자의 지시사항을 따르는 것이다.
> 2. 연습형 스타일 : 피드백이 주어진 기억과 모방 과제를 학생이 개별적으로 연습하는 것이다.
> 3. 상호학습형 스타일 : 지도자의 역할은 모든 지도 내용과 기준을 정하고, 운영절차를 결정하며, 피드백을 제공한다.
> 4. 자기점검형 스타일 : 학생이 과제를 수행하고 스스로 평가한다.
> 5. 포괄형 스타일 : 학생은 자신이 성취 가능한 수준을 찾고, 과제를 연습하면 필요에 따라 수준을 수정하며 자신의 수행을 점검한다.
> 6. 유도발견형 스타일 : 미리 정해진 해답을 학생이 발견하도록 유도하는 방법으로, 논리적인 질문을 설계해야 한다.
> 7. 수렴발견형 스타일 : 지도자의 역할은 탐색되어야 할 목표 개념을 포함한 지도내용을 결정하며, 학생에게 할 질문을 계획하고 구성한다. 해답을 가르쳐 주는 것이 아니라 피드백이나 단서를 제공한다.
> 8. 확산발견형 스타일 : 지도자는 학생에게 전달해야 할 교과에 대한 특정 문제와 주제를 결정하고, 학생은 특정 문제에 대한 다양한 설계, 해답, 반응을 발견하는 것이다.
> 9. 자기설계형 스타일 : 지도자는 학습주제를 결정한다. 학생은 질문을 만들고, 진행방법 및 절차를 확인할 수 있는 질문 만들기, 해답 및 움직임 발견하기, 학습을 위한 운동수행 범위 설정 등의 역할을 한다.

10. 자기주도형 스타일 : 지도자는 학생들의 결정 사항을 최대한 수용하고 학습자 지원을 하고, 학생의 요청이 있을 때에만 교수·학습활동에 참여한다.
11. 자기학습형 스타일 : 학생이 스스로 자신을 가르치는 것이다.

23 교육평가의 목적으로 가장 거리가 먼 것은?

① 프로그램의 기획 및 개발을 위한 목적

② 프로그램 학습자의 참여도를 파악하기 위한 목적

③ 프로그램의 홍보를 위한 목적

④ 프로그램에 관한 연구를 위한 목적

> 해설 교육평가의 목적(배호순, 2008)
> ㉠ 프로그램의 기획 및 개발을 위한 목적
> ㉡ 프로그램의 개선 및 변화를 위한 목적
> ㉢ 프로그램의 목표 달성 정도를 파악하기 위한 목적
> ㉣ 프로그램의 효과 및 영향을 사정하기 위한 목적
> ㉤ 프로그램의 장점 및 가치를 파악하기 위한 목적
> ㉥ 프로그램의 존속 및 폐지를 결정하기 위한 목적
> ㉦ 프로그램의 지지 및 그 인정을 위한 목적
> ㉧ 프로그램 실행의 점검 및 통제를 위한 목적
> ㉨ 프로그램 담당자의 책무성을 과시하기 위한 목적
> ㉩ 프로그램의 홍보를 위한 목적
> ㉪ 프로그램을 정당화 및 타당화 하기 위한 목적
> ㉫ 프로그램에 관한 연구를 위한 목적

24 평가에 대한 설명이 바르지 않은 것은?

① 형성평가 : 지도자의 주관적인 판단에 의해서 해석하는 평가이다.

② 진단평가 : 수업시작 전 학생들을 파악하기 위한 평가이다.

③ 상대평가 : 집단 내의 상대적인 석차를 중심으로 이루어진다.

④ 절대평가 : 설정된 교수·학습목표를 준거로 하여 그 목표의 달성도를 평가하는 방식이다.

형성평가 : 수업과정에서 학생들의 수업 진행상황을 파악하기 위한 평가활동으로 지도자가 교수활동을 수정하기 위한 자료로 활용된다.

25 타당도의 설명으로 적절하지 않은 것은?

① 측정하려고 했던 것을 정확히 측정하였는지를 타당도라 한다.

② 내용타당도 : 검사문항이 측정하려고 하는 내용을 잘 대표하고 있는 정도

③ 준거타당도 : 측정결과 준거가 되는 다른 측정결과와 관련이 있는 정도

④ 구인타당도 : 어떤 측정도구가 측정한 결과가 일관성 있는 정도

구인타당도 : 어떤 개념이나 이론을 구성하고 있는 요인 또는 원인을 구인이라고 하고, 구인을 제대로 측정하는 정도

26 신뢰도의 설명으로 거리가 먼 것은?

① 어떤 측정도구가 측정한 결과가 일관성 있는 정도

② 여러번 측정해서 비슷한 결과가 나오는 정도

③ 동형검사는 미리 정해놓은 문항을 2번 선택해서 검사하는 것이다.

④ 검사-재검사는 시간차를 두고 2번 측정하여 측정값을 비교한다.

동형검사는 무작위로 일정한 수의 문항을 2번 선택해서 검사하는 것이다.

27 학교체육전문가의 필요한 자격기준으로 거리가 먼 것은?

① 선수 경력   ② 학습자의 이해

③ 교과지식   ④ 교직인성 및 사명감

선수 경력이 학교체육전문가에게 도움이 될 수는 있지만 필수 기준과는 거리가 멀다. 학교체육전문가는 학생들을 전인적인 교육을 할 수 있는 교육과정의 개발, 인성, 사명감 등이 필수요건이다.

28 학교 체육지도자의 경력단계별 특성이 잘못 짝지어진 것은?

	단계	특성 및 관심
①	생존단계	• 자신의 교수능력과 열정에 대하여 자문을 한다. • 학생들이 학교생활에 잘 적응할 수 있도록 도와준다.
②	강화단계	• 학생 개개인의 요구를 생각한다. • 학생의 특성과 지도전략을 공유할 수 있는 기회를 제공해야 한다.
③	갱신단계	• 다양한 경험이 관점의 변화와 확장에 도움인 된다. • 다른 지도자와 의견을 나누면서 어려움을 극복할 필요가 있다.
④	성숙단계	• 교육관·신념에 대한 자문을 시작한다. • 복잡한 교수상황에서 의미를 이해하려고 한다.

갱신단계
• 가르치는 일에 자신감을 갖게 되고, 이전에 했던 교수방법에 지루함을 느끼면서 새로운 아이디어를 찾는다.
• 학회 등에 참석한다.
• 다른 지도자와 네트워크를 형성한다.

29 생활체육지도자가 갖추어야 하는 자질과 거리가 먼 것은?

① 지도대상에 관한 지식 : 참가자의 신체특성, 사회·문화적 배경, 심리·사회적 특성 등

② 경영관리에 대한 지식 : 체육시설의 운영과 회계, 세무와 관련된 지식 등

③ 지도방법에 관한 지식 : 종목별 기술, 동작 분석, 정체기 해결 방법 등

④ 관리에 관한 지식 : 스포츠 상해·예방, 관리, 안전사고, 시설·운동기구의 배치 및 관리, 운동상담 등

해설 ㉠ 지도대상에 관한 지식 : 참가자의 신체특성, 사회·문화적 배경, 심리·사회적 특성 등
㉡ 지도내용에 과한 지식 : 스포츠 기술, 전술, 스포츠과학이론 등
㉢ 지도방법에 관한 지식 : 종목별 기술, 동작 분석, 정체기 해결 방법 등
㉣ 관리에 관한 지식 : 스포츠 상해·예방, 관리, 안전사고, 시설·운동기구의 배치 및 관리, 운동상담 등
㉤ 법률지식 : 생활체육에 관련된 법률 등

30 비형식적 성장에 대한 설명 중 옳지 않은 것은?

① 무의도적 교육, 기능적 교육을 통하여 이루어진다.

② 일상생활이나 지도하는 과정에서 의식적·무의식적으로 배우게 된다. 교육기관이 아닌 자연·사물 또는 인간관계에 의하여 자연발생적으로 이루어진다.

③ 공식화된 교육기관이 아닌, 워크숍, 세미나, 컨퍼런스 등을 통해 성장해 나간다.

④ 가정교육, 사회교육, 자연 교육 등도 포함된다.

해설 무형식적 성장은 형식과 비형식의 중간단계이며, 공식화된 교육기관이 아닌 곳에서 단기간동안 자발적으로 하는 세미나, 워크숍, 컨퍼런스 등을 통해 성장해 나가는 것이다.

스포츠지도사

단기완성 2급 필기

선택과목 02

스포츠사회학

01 스포츠와 스포츠사회학의 의미

(1) 스포츠의 이해

① **스포츠의 어원**

ㄱ "뛰어놀다"는 뜻의 고대 프랑스어인 "desport"에서 유래

ㄴ 1520년대 "신체활동을 포함한 게임"이란 뜻으로 사용된 최초의 기록 등장

② **스포츠의 정의 : 진화론적 관점**

놀이(play)에서 기원하였으며 중간 발전단계라 할 수 있는 게임(game)의 형태를 거쳐 스포츠(sport)로 발전하게 되었다는 진화론적 관점에 기초

③ **스포츠와 유사한 용어** `기출` 2018

ㄱ **놀이** : 활동 그 자체에 대한 만족과 즐거움을 찾는 행위로 결과보다 행위 및 활동 자체에 의미를 두며, 자발적으로 시작하고 끝낸다.

▶ 카이와 : 놀이의 4가지 측면

아곤(agon, 경쟁)	신체적(스피드, 힘, 기술) 경쟁성을 기반으로 한 놀이 `예` 복싱, 펜싱, 축구, 사냥 등
알레아(alea, 우연)	우연(확률)에 기반으로 한 놀이 `예` 카드놀이, 주사위 놀이 등
미미크리(mimicry, 모방)	모방성, 다른 인격으로의 변화를 추구하는 놀이 `예` 가면놀이, 연극 등
일링스(ilinx, 현기증)	어지러움을 유발하는 등, 정신적인 자각 상태를 파괴하는 놀이 `예` 스키, 암벽등반, 청룡열차 등

ㄴ **게임** : 놀이와 스포츠의 중간단계로 조직화되고 역할 분화가 이루어진 놀이에서 발전된 형태로, 스포츠의 기본 단위라 할 수 있다. 일정한 규칙(규칙성) 하에서 신체기능, 전술, 확률 등의 요소를 바탕으로 경쟁을 실시(경쟁성)하는 경쟁적인 놀이라 할 수 있다. 게임에서는 놀이가 가지고 있는 허구성, 비생산성, 자유성, 규칙성의 특징이 있다.

ㄷ **스포츠** : 게임이 한 단계 발전한 형태로, 게임이 규칙화, 조직화, 제도화, 경쟁의 측면에서 가장 높은 수준에 있으며, 주로 신체활동을 위주로 신체 기량이 강조되고, 가치·규범·기술 등 제도화 수준이 높다. 연맹, 협회와 같은 제도와 기구가 있어, 제도화된 규칙성은 스포츠가 놀이·게임과 구별되는 가장 중요한 기준이 된다.

▶ 놀이, 게임, 스포츠의 특성 비교

놀이	게임	스포츠
1. 허구성	1. 허구성	1. 허구성
2. 비생산성	2. 비생산성	2. 비생산성
3. 자유성	3. 불확실성	3. 불확실성
4. 규칙성(임의)	4. 규칙성(관례화)	4. 규칙성(제도화)
5. 쾌락성	5. 경쟁성	5. 경쟁성
	6. 신체기능, 전술, 확률	6. 신체기능, 전술, 확률
		7. 신체 움직임 및 탁월성
		8. 제도화

④ 문명화 과정과 스포츠

　㉠ 스포츠의 문명화 과정

　　ⓐ 고대 스포츠의 경우 '문명화'의 관점에서 보면 야만적이고 잔인함 : 당시 스포츠가 전쟁을 위한 훈육의 한 방식이었기 때문이다.

　　ⓑ 사회가 문명화되어가며 스포츠 역시 새로운 형태의 근대 스포츠로 재탄생하게 됨 : 스포츠 각 종목에서 폭력성이 배제되어 가는 과정은 스포츠가 문명화되어가는 과정으로 이해될 수 있다.

⑤ 거트만(A. Guttmann)의 근대 스포츠 특성 　기출　 2015

　㉠ 세속주의(secularism) : 원시민족의 제례의식에서 신체활동을 했다는 내용이 존재. 현대 스포츠는 제례의식과 거리가 멀지만, 스포츠는 현대인들에게 스포츠영웅을 신처럼 숭배하거나 특정 스포츠를 종교처럼 받아들인다.

　㉡ 평등성(equality) : 기회의 평등. 경기 참여 기회가 동등하게 주어지며, 모든 경기 참가자는 동등한 조건 하에서 경기에 임할 수 있다는 것을 말한다.

　㉢ 전문화(specialization) : 근대 스포츠는 해당 종목의 리그화를 통하여 직업 스포츠가 되며, 포지션의 세분화와 경기력 향상에 따라 구성원 간의 임무 분담이 생기고 특성화되었다. 다방면에 기량이 우수한 경우보다 한 분야의 전문성을 높게 평가한다.

　㉣ 합리화(rationalization) : 규칙은 스포츠를 규정하는 본질적인 요인이 된다. 근대 스포츠의 규칙은 수단과 목적 간에 논리적 관계가 존재한다는 점에서 합리적이라고 할 수 있다.

　㉤ 관료화(bureaucratization) : 규칙을 만들고, 경기를 조직하고, 기록을 공인하는 공식적인 작업을 수직적인 명령체계를 지닌 관료화된 조직에 기초하여 행하고 있다.

　㉥ 수량화(quantification) : 현대 스포츠는 합리성이 강조되면서 선수의 우수성을 측정과 기록에 기초하여 수치로 평가한다.

　㉦ 기록화(record) : 최고기록 수립에 대한 열망은 근대 스포츠의 수량화와 밀접한 관련이 있다. 기록을 세우고 이것을 극복하는 것을 강조한다.

(2) 스포츠사회학의 정의 기출 2021, 2019, 2017

① 스포츠사회학은 스포츠 영역에서 발생하는 현상을 하나의 사회현상으로 규정하여 이를 사회학 이론과 연구 방법으로 접근하여 설명하려는 사회과학의 한 분과학문이다.

  ㉠ 다양한 스포츠 영역에서 나타나는 현상에서 나타나는 현상 중 개인(참가자)·집단(팀)·제도(스포츠계)·사회(국가)·문화(스포츠문화)와 기본적 사회 과정인 사회화·사회통제·사회계층·사회갈등·사회변동을 연구하는 것이다.

  ㉡ 스포츠사회학은 스포츠 현상에서 사회학적 이론과 연구 방법을 접목하여 연구하는 사회학과 스포츠과학의 한계 과학 또는 학제적 학문이라 할 수 있다.

② 스포츠사회학의 주요 과제 기출 2016

스포츠와 사회의 관계에 초점을 둔 사회학 또는 스포츠과학의 분과 과학으로서 연구의 주요 과제는 다음과 같은 문제를 이해하는 데 있다.

  ㉠ 스포츠와 가족, 교육, 정치, 경제, 대중매체 미디어, 종교 등과 같은 사회생활의 다양한 측면과의 관련성

  ㉡ 여러 가지 스포츠에서 나타나는 사회조직과 집단행동 및 사회적 상호작용의 유형

  ㉢ 스포츠와 스포츠 경험에 영향을 주는 문화적, 구조적, 상황적 요인

  ㉣ 스포츠와 관련하여 발생하는 사회화, 경쟁, 협동, 갈등, 사회계층, 사회변동과 같은 사회과정

③ 스포츠 정의를 바탕으로 한 스포츠의 사회학적 의미

  ㉠ 스포츠의 사회학적 접근은 스포츠를 이해하는 명확한 개념적 틀을 제공한다.

  ㉡ 에드워드(H. Edwards)의 스포츠 정의에 기초하여 볼 때 스포츠의 사회학적 의미는 다음의 요소를 포함한다.

    ⓐ 스포츠는 지속적으로 사회조직의 유형을 유지하는 특성이 있다.

    ⓑ 스포츠는 팀, 코치, 감독, 스폰서, 지도자 충원과 인사 교체, 경기 규칙 및 규제 기관으로 구성된 형식 조직 내에서 행하여진다.

    ⓒ 스포츠는 결과의 불확실성 속에서 이루어지는 진지한 경쟁이다.

    ⓓ 스포츠는 신체적 기능을 강조한다.

    ⓔ 스포츠는 규칙, 역할, 관계, 신념, 태도, 행동 등 스포츠를 하나의 사회제도화 하도록 한다.

④ 현대 스포츠 발전에 영향을 미친 요소 기출 2019

  ㉠ 산업의 고도화 : 스포츠 용품의 대량생산 및 표준화 기능

  ㉡ 교통의 발달 : 수송체계가 발달함에 따라 다양한 스포츠 이벤트 개최 가능

  ㉢ 통신의 발달 : 정보 유통 체계와 플랫폼이 다양해짐에 따라 스포츠저널리즘이 발달

02 스포츠사회학의 영역 기출 2019

스포츠 활동 중 집단 내에 있어서 개인의 행위, 집단의 형성 및 기능이 어떻게 유형화되고 제도화 되는지를 연구하는 것으로, 스포츠의 집단 활동 가운데에서 행동양식이 제도화되어가는 과정에 대한 구체적인 연구가 스포츠사회학의 중심 내용이 된다.

(1) 거시적 영역

대규모 사회체계를 이루고 있는 사회제도와 스포츠 간의 관계

① **스포츠와 정치** : 이데올로기 및 신념의 전달, 가치, 정치적 영역에서의 스포츠 활동

② **스포츠와 종교** : 스포츠에서 나타나는 종교적 특성, 스포츠를 통한 의식 체험

③ **스포츠와 교육** : 학생의 성취에 대한 스포츠 참여도의 변화, 스포츠를 통한 학생의 변화

④ **스포츠와 사회계층** : 계층 이동의 도구로써 스포츠, 스포츠에서의 계층화 현상

⑤ **스포츠와 젠더** : 스포츠 영역에서의 젠더 이데올로기 발현 또는 젠더 차별

(2) 미시적 영역

소규모 사회체계를 이루고 있는 사회제도와 스포츠와의 관계

① **소집단의 상호작용** : 소집단의 특성 및 구성, 구조, 효율성의 문제

② **지도자론** : 지도자의 역할, 지도자의 위치, 역량있는 지도자 양성 방안

③ **사회화** : 스포츠 참가의 원인, 스포츠 참가의 결과

④ **공격성** : 관중의 폭력, 훌리거니즘, 경기자의 폭력 행위

⑤ **비행** : 승리와 도박, 사기

(3) 전문적 영역

스포츠사회학의 학문적 연구와 관련된 과제와 이론 방법론에 대한 영역

① **학문적 적법성** : 스포츠사회학 연구를 실시하는 이유와 필요한 연구 방법, 현상 분석을 위해 필요한 개념, 이론 제시

② **스포츠의 본질적 정체** : 구조기능주의, 갈등주의, 비판이론, 페미니즘이론, 상징적 상호 작용 등의 이론 적용

TIP 파슨즈의 AGIL모형

파슨즈(T. Parsons)의 조직에 대한 유형분류로서 조직을 사회적 기능에 따라 적응기능(Adaptation), 목표달성 기능(Goal attainment) 통합기능(Integration), 유형유지 기능(Latent pattern maintenance) 등으로 분류하고 머리 글자를 따서 AGIL모형이라 하였다.

기출 2022, 2021

(1) 스포츠의 사회적 순기능 기출 2020, 2019, 2016, 2015

① 사회 정서적 기능

㉠ 스포츠는 개인의 정서를 순화시킨다.

㉡ 스포츠 참여와 관람은 일상생활의 긴장과 갈등, 욕구불만, 공격적 충동을 안전하게 방출하는 '사회적 안전판'의 기능을 제공하고, 스트레스를 해소할 수 있는 기회를 제공한다.

② 사회화 기능

㉠ 스포츠는 일반 사회의 축소판으로 사회 속에서 배울 수 있는 규범, 가치, 신념 등을 배울 수 있다.

㉡ 스포츠를 통해 배운 사회적 가치는 사회 구성원으로써 갖춰야 할 준법정신, 올바른 시민으로서의 자세 등을 습득할 수 있게 한다.

③ 사회 통합 및 통제 기능

㉠ 스포츠는 출신에 관계없이 공통적인 감정을 유발시켜 하나로 합쳐질 수 있는 경험과 기회를 제공한다.

㉡ 스포츠는 서로 다른 사회적 배경을 가지고 있는 사람들을 하나로 통합할 수 있는 기회를 제공한다.

(2) 스포츠의 사회적 역기능 기출 2020, 2018, 2017

① 사회통제 기능(강제와 통제)

㉠ 스포츠에서의 사회통제 기능은 목적에 따라 사회를 통제하는 기능으로 악용될 수 있음을 의미한다.

㉡ 지배 집단의 이익을 위해 스포츠를 도구로 사용하여 구성원을 통제한다.

② 신체 소외

㉠ 스포츠에서의 신체 소외는 신체가 목적을 위한 수단으로 전락됨을 의미한다.

㉡ 스포츠 참여자들은 스포츠 활동이 가지고 있는 본질적 가치인 즐거움을 얻기보다 신체활동을 통해 나타나는 결과물에 과도하게 집착한다.

㉢ 스포츠의 상업화로 인해 기록, 승리 추구의 가치가 중요해 짐에 따라서 신체 소외는 더욱 심해진다.

③ 성차별

㉠ 스포츠는 남성이 여성보다 강하다는 인식을 유발하는 영역이며, 이는 스포츠가 남성의 전유물이라는 고정관념을 만들어낸다.

ⓛ 여성 운동선수는 비여성적이라는 사회적 고정관념을 만들어냈으며, 이는 성역할 갈등을 더욱 부추긴다.

④ 상업주의

　　㉠ 스포츠의 프로화·대중화로 인하여 스포츠를 하나의 상품으로 인식하게 되었다.

　　ⓛ 자본가들은 스포츠를 부가가치를 창출해 내는 투자의 대상으로 인식한다.

　　㉢ 스포츠 상업주의는 경기 결과와 경기에서의 승리를 가장 가치 있는 것으로 인식하게 만들었으며 승리제일주의, 물질만능주의를 보편화시킨다.

02 스포츠사회학 이론

01 스포츠와 사회이론

(1) 스포츠사회학에서 이론의 역할

① **사회이론** : 사회 현상들이 왜, 그리고 어떻게 일어나는가에 관한 이야기

② 스포츠사회학 연구에서 사회이론의 역할

　㉠ 사회이론에서 스포츠는 하나의 단편적이고 특수한 사회 현상을 넘어 사회의 보편적 주제와 관련된 현상으로 다뤄지기 때문에 사회이론을 통해 사회에 보다 이로운 결론을 이끌어낼 수 있다.

　㉡ 사회이론은 스포츠를 이해할 때 우리의 경험과 사고를 뛰어넘을 수 있는 새로운 기회를 제공해준다.

　㉢ 오늘날의 스포츠 현상을 보다 더 잘 설명하고, 앞으로의 사회에서 보다 바람직한 형태의 스포츠를 전망하도록 하는 데 지혜를 준다.

(2) 스포츠사회학 이론의 성격

사회이론은 사회 속에서 출현했고, 사회는 끊임없이 변동하기 때문에 다음과 같은 특징으로 구분된다.

① 사회이론은 역사적 상황에 의해 만들어지기 때문에 사회 맥락 속에서 다뤄져야 한다.

② 사회이론은 구체적인 경험들을 일반화한 결과물로써, 보편성을 가진다 해도 그 상황을 벗어난 현실에 대해서는 설명력이 약해지기 마련이다.

③ 사회이론은 한시성을 갖는다. 사회는 끊임없이 변동하기 때문에 고전적 사회이론은 수정될 수 있다.

02 스포츠사회학의 이론 [기출 2020, 2019]

(1) 구조기능론 : 스포츠는 삶의 활력소이다. (대표학자 : 에밀 뒤르켐, 탈코트 파슨즈, 로버트 머튼)

① 사회를 하나의 유기체에 비유하여 사회란 가족, 교육, 정치, 경제, 종교, 스포츠 등 각자의 역할을 가진 제반 제도들이 상호 연관되어 있는 체계로서 각 제도는 사회의 존속을 위해 기여한다고 하였다.

② 스포츠는 사회체계 안정과 질서유지에 기여하는 긍정적인 사회제도 중 하나로 인정받고 있다.

③ 스포츠는 대중들에게 사회의 기본적 가치와 규범을 가르치고 사회체제 유지 및 사회 긴장을 처리하는 기능을 한다고 간주한다.

④ 구조기능론의 관점에서 스포츠는 사회화 주관자, 건강증진 및 정서순화, 목표달성 및 성취동기 강화, 사회통합 등의 사회적 기능을 수행한다고 가정하기 때문에 사회체계 안정과 질서유지에 기여하는 긍정적인 사회제도 중 하나로 인정받고 있다.

⑤ 스포츠에서 구조기능론은 스포츠가 가지고 있는 다양한 가치들을 단순화시키고 스포츠의 긍정적 측면만 강조하는 한계점을 가지고 있으며, 사회구성원이나 집단 간의 욕구가 다르다는 점, 개인의 가치, 역량, 사회구성원의 성격 등을 간과하는 측면은 구조기능론의 약점이라 할 수 있다.

(2) 갈등 이론 : 스포츠는 아편이다. (대표학자 : 칼 마르크스)

① 갈등이론은 공유된 가치나 규범은 기존 사회체계의 혜택을 누리고 있는 지배 집단이 자신들의 기득권을 유지하고 보강하기 위해 조작한 환상이나 이데올로기라고 주장한다.

② 스포츠에서의 갈등이론은 스포츠가 지배집단의 체제를 유지시키는 도구라는 관점으로 바라본다.

③ 존 하그리브스의 갈등론에 입각한 스포츠 현상

　㉠ 조직 스포츠는 '유연한 노동력'을 기르는 데 기여한다.

　㉡ 스포츠는 완전히 상업화되어 시장의 논리에 지배된다.

　㉢ 스포츠는 자본주의 사회의 중요한 이데올로기를 표현한다.

　㉣ 국가의 영역에서 행정은 자본가의 이해를 대변한다.

④ 대중을 스포츠를 소비하는 소비자로 간주하고 선수의 재능과 능력을 통해 자본가의 권력과 이익을 보존하는 수단으로 사용한다.

⑤ 스포츠에서 갈등이론은 스포츠 참가자의 자율성을 무시하고, 사회문제를 논의함에 있어 여타 문화적 요인들을 간과한다. 개인이 스포츠 참여를 통해 얻을 수 있는 재미, 즐거움 등을 설명하지 못한다는 약점이 있다.

(3) 비판 이론 : 스포츠는 대중을 기만하는 문화산업이다. (대표학자 : 프랑크푸르트 학파)

① 스포츠가 문화로서 상품화되면서 문화의 품위와 해방적 기능을 추락시켰다고 가정한다.

② 스포츠를 대중을 기만하고 권력자들의 지배를 유지하기 위한 도구로서의 문화산업으로 정의내리고 있다.

③ 비판 이론에서 문화산업은 대량생산체제가 만들어낸 상품으로서의 문화를 의미하며, 현대 예술과 문화도 상품화, 산업화로 변질됨을 비판한다.

④ 스포츠의 변화를 통하여 사회의 합리성을 회복할 수 있다고 주장한다.

⑤ 비판이론의 한계로, 스포츠를 둘러싼 다양한 관계는 단순한 반영물이 아닌 사회적으로 구성되며 끊임없이 변화의 과정을 겪는다는 것에 관심을 두지 않는다.

(4) 상징적 상호작용론 [기출] 2022

① 전체를 구성하는 현상들이 구조만큼이나 개인들의 상호작용 행위에 의해서 형성된다고 보았다.

② 스포츠 참여를 통한 개인의 사회화와 정체성 형성에 영향을 미치는지 상호작용의 경험을 제공하는지를 연구

③ 개인행동 또는 사고가 사회의 영향을 받는 것과 함께 사회를 구성하고 변화시켜 나가는 역할을 한다고 주장한다.

④ 구조기능주의와 갈등이론의 약점을 보완하는 이론이다.

⑤ 상호작용론은 개인의 정체성에 관심을 가짐에도 불구하고 성, 인종, 계급과 같은 개인 정체성이 사회에서 차별적으로 재생산된다는 사실은 다루지 않는다.

03 스포츠와 정치

01 스포츠와 정치의 개념

(1) 스포츠와 정치의 관계 기출 2017

① 스포츠와 정치는 무관하다?

㉠ 스포츠의 원형을 찾아볼 수 있는 그리스·로마시대부터 전차경주와 검투사 경기는 정치와 떼어낼 수 없는 관계였다.

㉡ 스포츠는 대중에게 일상의 고통을 해소하고 사회적 결속을 확인함으로써 지배층에 대한 불만을 누그러뜨릴 수 있도록 하는 계기를 제공했다.

㉢ 현대에도 올림픽에서 자유진영과 공산진영의 연이은 불참은 근대올림픽에서 정치적 의제들이 충돌하는 현장이었음을 보여준다.

㉣ 스포츠는 정치로부터 자유로울 수 없다.

② 왜 스포츠는 정치화되는가?

㉠ 스포츠 행위 그 자체는 전혀 정치적이지 않다. 그러나 스포츠가 사회적 상황에 놓이는 순간 어떤 형태로든 정치적 의미를 띠게 된다.

㉡ 스포츠가 정치적 공간으로 기능하는 이유

ⓐ 대립적 속성 : 스포츠 경기는 본질적으로 경쟁과 우월성을 추구한다. 팀들 간의 경쟁을 기반으로 하며, 집단의 우월을 상징하는 것처럼 여겨진다.

ⓑ 집합적 속성 : 스포츠 경기는 다양한 볼거리로 미디어와 사람들의 시선을 끌어 모은다. 사람들이 물질적, 감정적 에너지를 소모하기 위해 집결해 있다는 사실 자체가 여러 가지 정치적 이슈가 자리할 공간을 마련한다고 할 수 있다.

ⓒ 교차적 속성 : 스포츠는 사회의 전반적인 영역에 걸쳐 있기 때문에 정치적일 수밖에 없다.

ⓓ 부차적 속성 : 스포츠 본래의 모습이 스포츠가 사회적 제도로 기능하는 가운데에서도 강력하게 작동하기 때문에 스포츠는 사회 여타 부문에 비해 '부차적'으로 취급한다.

③ 스포츠와 정치의 관계를 연구하는 두 가지 접근

㉠ 공식적인 정부기구나 제도에 의해서 스포츠가 통치되는 방식에 대한 접근 : 정책자원의 하나로서 스포츠가 분배되는 과정, 스포츠 정책이 수립 및 집행되는 과정에 대한 연구

㉡ 고정관념, 담론에 대한 문화정치적 접근 : 스포츠 현상에서 목격되는 고정관념, 담론에 대한 문화정치적 접근

(2) 스포츠의 정치적 기능

① 순기능

    ㉠ 사회 통합의 기능

    ㉡ 민족주의 감정 함양

    ㉢ 국민 화합

    ㉣ 외교적 수단 작용

    ㉤ 대립하는 국가 간 화해와 대화의 촉매제 역할

    ㉥ 미국과 중국의 핑퐁외교, 동서독 통일의 밑거름이 된 지속적 체육 교류

② 역기능

    ㉠ 대중에게 정치적 무관심을 유발

    ㉡ 권위주의적 정권은 국민들을 3S(스포츠, 스크린, 섹스) 영역으로 관심을 유도하여 정치참여를 배제

    ㉢ 국가 간 스포츠가 적대 국가 간 대결의 장으로 이용

    ㉣ 국제 갈등의 원인이 되기도 함.

(3) 스포츠와 정치의 결합 [기출] 2022, 2020~2018, 2015

① 상징

    ㉠ 국가 간의 경기 시 대표팀은 나라를 대표한다.

    ㉡ 국가대표팀 선수들을 국가로 인식하는 것과 국가대표 경기는 국가 간의 경쟁으로 비춰질 수 있으며, 이 두 가지는 스포츠 상징의 대표적 사례이다.

    ㉢ 상징에 대한 공감은 국민 지지를 강화시키고, 국가와 사회체제를 유지하는 데 기여한다.

② 동일화

    ㉠ 대중이 스포츠를 매개로 선수나 대표팀을 자신과 일치시키는 태도이다.

    ㉡ 경기에서 선수의 상황에 몰입하는 것뿐만 아니라 선수나 대표팀에 대해 강력한 기대를 품는 것이다.

③ 조작

    ㉠ 상징과 동일화의 효과를 극대화시키기 위해 인위적으로 개입하는 행위이다.

    ㉡ 대부분 목적을 달성하기 위하여 수단과 방법을 가리지 않고 시도되며 윤리성과 합리성보다는 효율성을 지향한다.

(4) 스포츠의 정치적 속성

① Eitzen & Sage(1997)의 스포츠 정치화 현상 [기출] 2022, 2020

    ㉠ 스포츠 참가자들은 전형적으로 특정 사회 조직을 대표하며 그 조직에 강한 충성심을 갖는다.

    ㉡ 스포츠와 정치의 밀접한 관계는 본질적으로 조직의 과정 그 자체에 있다.

    ㉢ 스포츠와 정치의 결합은 정부 기관이 개입되었을 때 더욱 명백하게 나타난다.

② 스포츠와 정치는 상호작용 관계를 형성한다.

⑩ 스포츠의 제도는 보수적이기 때문에 현재의 질서를 지지하고 유지하는 데 기여한다.

02 스포츠와 국내정치 : 왜 국가는 스포츠에 관여할까?

국가는 스포츠를 정책으로 활용하기도 하고, 정치적으로 이용하기도 한다.

(1) 스포츠 정책의 양면성

① 국가는 스포츠 관련 정책을 수행하며 스포츠에 개입한다.

② 스포츠정책은 시민의 복리(건강증진, 여가선용)와 정치적 효과(정부에 대한 지지), 두 가지 효과를 동시에 발휘한다.

③ 사소한 정책이라도 정치적 고려 없이 시행되기는 어렵다는 점에서 스포츠정책은 본질적으로 정치적이라 할 수 있다.

(2) 스포츠와 정책의 이해 [기출] 2019

① 스포츠를 통해 정치적 목적을 달성하기 위해 국가가 정책을 통해 개입하는 것이다.

② 스포츠 진흥 및 활성화를 위한 과정이다.

③ 인력, 시설, 행정, 조직 등 물적 자원과 인적자원을 기반으로 한다.

④ 스포츠 참여 확대를 통한 의료비 경감, 건강한 사회를 만들기 위해 필요한 제도를 마련하는 것이다.

(3) 스포츠정책의 기능과 그에 동반되는 정치적 효과들

국가는 여러 가지 공동체적 목표 달성을 위해 스포츠를 활용한다.

① 국민건강 증진과 여가기회 제공

㉠ 국민의 건강과 여가는 국가안보 및 국가의 산업생산력과 직결되고, 의료비 지출을 줄인다.

㉡ 스포츠정책은 보건, 복지, 재정, 국방과 관련되어 있는 까닭에 규칙적인 신체활동과 볼거리를 제공하는 스포츠를 적극적인 정책수단으로 활용한다.

② 각종 사회문제에 대한 해결책

㉠ 스포츠 참여가 인격형성이나 협동심, 자주성을 길러주며, 사람들 간의 자연스러운 교류를 형성해 '사회자본'을 구축한다고 여겨진다.

㉡ 청소년의 인성교육, 불량청소년이나 사회적 소수자의 긍정적인 재사회화에 획기적인 해결책으로 제시되기도 한다.

③ 사회통합

㉠ 스포츠 경기가 갖는 '대립적', '집합적' 속성으로 인해 같은 팀을 응원하는 사람들은 "우리"를 경험한다.

ⓒ 스포츠는 공동체를 하나로 만드는 의례로 기능한다는 것이다.

④ **국가의 인지도 및 이미지 상승** : 지구적 차원에서 국가의 인지도나 이미지의 향상을 얻을 수 있다.

(4) 지역사회와 스포츠

① 스포츠는 지역사회의 향토애를 높이고 지역사회 개발에 대한 의지를 모으는 데 기여한다.

② 스포츠는 지역사회에서 정치적 상호보완성이 높으며, 상호 간 균등한 영향력을 행사한다.

(5) 국가사회와 스포츠

① **스포츠와 국가와의 관계**

㉠ 스포츠는 국가의 체제 유지와 통합에 기여한다.

ⓒ 국가는 정치, 경제, 사회, 문화적으로 국민 동원의 도구로 스포츠를 이용한다.

② **스포츠의 정치적 역할** : 스포츠의 특성을 통해 사회 통합을 촉진하고, 국가 간 외교 관계 형성을 위한 도구로 사용된다.

③ **스포츠와 민족주의 관계** : 국민 화합과 단결의 수단으로 사용되며 충성심과 애국심을 고취시킨다.

(6) 스포츠에 대한 정부의 정치 개입원인 `기출` 2021, 2015

① **국민 건강 증진과 여가 기회를 제공한다.**

㉠ 정부는 국민건강 증진과 다양한 여가 기회를 제공하기 위해 스포츠를 장려한다.

ⓒ 정부는 국민들에게 다양한 스포츠를 경험하도록 제도 및 시설의 확충을 위해 노력하고 있다.

② **시회 질서의 유지 및 보호**

㉠ 개인에게 발생하는 문제들을 통제하기 위한 정부의 역할을 의미한다.

ⓒ 스포츠 영역에서 발생하는 (성)폭력, 승부 조작, 입시 비리 등 다양한 문제점을 통제하고 규제하기 위한 노력을 의미한다.

③ **사회 통합 달성** : 스포츠 참여자들 사이의 일체감을 높이며, 지역사회와 국민들의 일체감으로 높여줄 수 있는 기제로 작용할 수 있으며 이를 달성하기 위해 국가가 개입한다.

④ **국위 선양** : 올림픽, 월드컵 등 다양한 메가 스포츠 이벤트를 국내에 유치하는 것은 국제사회에서 위상을 높일 수 있으며 스포츠가 국위 선양의 도구가 될 수 있다.

⑤ **국가, 지역사회의 경제 발전 가속화**

㉠ 메가 스포츠 이벤트 유치는 국가와 지역사회 경제, 사회, 문화적 측면에서 다양한 성장 동력원이 될 수 있다.

ⓒ 경기 개최를 위한 사회간접자본은 지역사회 발전에 도움이 될 수 있으며 국가 차원의 경제 발전에도 긍정적 영향을 미친다.

⑥ 정부나 정치가에 대한 지지 확보

    ⊙ 정부 또는 정치가들은 정당성 강화와 권력을 유지하기 위해 스포츠를 활용한다.

    ⓒ 정부나 정치가들은 메가 스포츠 이벤트, 프로스포츠 개막전을 활용하여 해당 이벤트 또는 종목에 우호적인 입장이라는 것을 국민들에게 홍보한다.

⑦ 지배이데올로기에 부합하는 가치 및 성향 강조

    ⊙ 스포츠는 승리를 위해 무엇이든 감수하고자 하는 행위를 최고로 생각한다.

    ⓒ 현대 자본주의 사회 질서유지에 필수적 가치인 개인의 희생, 인내심, 집단에 대한 충성심 등을 스포츠를 통해 강화시킬 수 있으며 이는 지배집단의 이데올로기를 국민들에게 내재화시킬 수 있는 좋은 수단이 될 수 있다.

03 국제적 맥락에서 스포츠와 정치

(1) 국제정치에서 스포츠의 역할

스포츠는 국가이데올로기의 우월성을 세계적으로 입증할 수 있으며 국가 간의 갈등관계 또는 외교관계에서 우월한 지위를 확보할 수 있는 도구가 될 수 있다.

(2) 국가의 외교적 활용

① 국제 정치에서 스포츠는 다양한 방식으로 활용되는데 다음의 두 가지 성격 덕분이다.

    ⊙ 스포츠는 정치, 경제, 문화 및 제도의 차이에도 불구하고 동일한 규칙 및 행동양식을 지닌 신체활동으로 개방성이 강하다.

    ⓒ 스포츠는 그 놀이성, 유희성이 주는 부차적 성격 덕분에 승부에 연연하지 않고 친선과 우호를 유도할 수 있다.

② 외교적 승인 : 얼었던 관계를 녹이는 아이스 브레이커 기능

    ⊙ 동서냉전기였던 1971년 미국 탁구대표팀의 중국방문으로 양국 교류를 재개할 수 있는 계기가 되었다.

    ⓒ '아이스 브레이커'로서의 기능은 남북한 관계에서도 찾아볼 수 있다.

③ 외교적 항의

    ⊙ 스포츠는 부차적이고 비정치적인 성격 덕분에 국가가 예민한 국제정치적 이슈에 대해 에둘러 의사를 표현할 때에 적절히 활용할 수 있다.

    ⓒ 항의의 대표적인 방식은 항의하고자 하는 국가가 개최 또는 참여하는 국제경기 대회에 선수단을 파견하지 않거나, 그 국가 선수단의 입국 등을 거부하는 것이다.

④ 국가 이미지 형성 : 이미지메이킹

    ⊙ 전 세계의 국가들은 스포츠를 활용해 새로운 이미지를 확보하고자 시도한다.

ⓛ 역사적 과오가 있는 전범국이나 인권 관련 이슈 등으로 부정적인 국가 이미지에 시달리는 국가들은 스포츠 메가 이벤트 유치를 통해 고정관념을 탈피하고자 한다.

ⓒ 세계를 향해 연출하는 쇼로 메가 이벤트를 활용하는 것이다.

(3) 국제 스포츠 거버넌스

① 국제 스포츠 단체

ⓐ 국제 무대에서 국가들만 스포츠와 정치에 관여하는 건 아니다. 실제로 국제경기를 조직, 운영함으로써 스포츠와 정치가 결합할 수 있는 무대를 제공하는 것은 FIFA(국제축구연맹), IOC(국제올림픽위원회), WADA(세계반도핑기구)와 같은 초국적인 스포츠 단체들이다.

ⓛ 국제 스포츠 단체가 펼치는 정책으로 각국의 정부 및 스포츠 경기단체, 대륙을 기반으로 한 스포츠 경기단체와 협력 또는 긴장관계를 형성하기도 한다.

② 국제 스포츠 단체의 정치적 영향력에 관한 세 가지 측면

ⓐ 관리와 규제

ⓐ 국제 스포츠 단체는 지역이나 국가수준의 스포츠 경기단체에 대해 일정한 영향력을 행사한다.

ⓑ 종목별 국제 경기단체는 상위기관으로서 지역과 국가수준의 경기단체들이 따라야 할 경기 규칙과 대회의 운영에 대한 지침을 결정한다.

ⓒ 하위수준의 경기단체들이 규칙과 지침을 따르지 않을 경우에는 벌금부과, 대회참여 금지 등의 조치를 취한다.

ⓛ 긴장

ⓐ 국제 스포츠 단체의 규제는 국가수준 스포츠경기의 운영방식과 마찰을 일으키기도 한다.

ⓑ 스포츠 메가 이벤트 단체는 개최국의 법이나 조례를 개정하도록 요구하기도 한다.

ⓒ 문제는 민주정부의 법률과 조례 개정에 자격이 없는 주체가 관여한다는 사실이다.

ⓓ 신자유주의적 트로이의 목마 : 스포츠 메가 이벤트가 시장의 규제완화를 재촉하는 것을 말한다.

ⓒ 인정

ⓐ 국제 스포츠 단체가 가진 초국적 성격 때문에 종종 특정 집단에 대해 정치적 인정에 준하는 수준의 사회적 승인을 내리기도 한다.

ⓑ 과거 동독은 서독과 분리되면서 국제사회로부터 독립국가로 인정받지 못했으나, 국제 스포츠 무대에서 높은 성과를 거두며 국제 스포츠 경기단체들로부터 정당한 성원으로 인정받았다.

(4) 국제정치에서의 스포츠 이용 기출 2018, 2017, 2015

① 외교적 도구

ⓐ 국가 간의 관계 형성에 있어서 명문화되지 않은 제도 중 가장 효과적인 제도가 국가 간의 스포츠 참여이다.

ⓛ 스포츠는 공식적 외교관계가 성립되지 않더라도 양 당국이 승인한 것으로 간주되기 때문에 국가 간 스포츠 이벤트 참여는 중요한 외교적 도구로 활용될 수 있다.

② 이데올로기 및 체제 선전의 수단

　ⓖ 스포츠에서의 승리는 해당 정치체제의 우수성을 입증하는 증거가 될 수 있다.

　ⓛ 스포츠는 특정 정치체제의 입지를 강화하기 위한 대리전적 성격을 보여준다.

③ 국위 선양

　ⓖ 선수와 국가가 매스컴을 통해 세계적으로 명성을 떨칠 수 있는 기회를 제공한다.

　ⓛ 메가 스포츠 이벤트에서의 승리는 전 세계인들의 환호와 선수로서의 특정 지위를 보장한다.

④ 국제 이해 및 평화 증진

　ⓖ 각 나라는 스포츠 교류를 통해 국가 간 신뢰를 증진시키며, 국경을 초월한 경쟁 및 국가 간 경쟁은 국민들로 하여금 세계시민의 태도를 기를 수 있게 해주는 데 기여한다.

　ⓛ 민족주의 감소와 배타적 적대 사상 퇴치에 기여하고 국가 간 상호 이해, 친선, 평화 증진에 긍정적 역할을 할 수 있다.

⑤ 외교적 항의 : 국가 간의 갈등이 있는 상황에서 메가 스포츠 이벤트 참가 거부 의사, 선수단 입국 거부, 경기 불참 등은 직접적 피해나 손해를 입히지 않고서도 항의 의사를 전달할 수 있다.

⑥ 갈등 및 전쟁의 촉매

　ⓖ 국가대표는 국가를 대표하여 싸우는 전사로써 국가의 중요한 외교·정치 수단이 되고 있다.

　ⓛ '총성 없는 전쟁'으로써의 스포츠는 각국의 이해관계와 관련된 갈등 및 전쟁의 원인이 될 수 있다.

(5) 올림픽과 국제정치

올림픽은 '국가 대 국가'의 경쟁, 체제의 우월성을 경쟁하는 '총성 없는 전쟁'이며 세계 정치 현실을 그대로 나타내고, 이데올로기의 대립으로 인한 긴장감을 그대로 반영한다.

(6) 올림픽 경기의 정치화 요인　기출 2017

① 민족주의의 심화 : 국가를 대표해서 나가는 올림픽의 특성상 경기 중 일어나는 국기 게양, 국가 연주 등은 민족주의를 강화시키는 요인이 되며, 국가 간 경쟁을 심화시키는 요인은 정치화 현상을 일으킬 수 있는 기제가 되고 있다.

② 상업주의의 팽창 : 신자유주의 시대 속에서 펼쳐지는 올림픽은 경제적 이익을 위한 수단으로 활용되고 있으며, 상업적 이익을 추구하기 위한 도구로써 사용되고 있다.

③ 정치권력 강화 의도 : 스포츠는 정치적 차원에서 국가 권력 과시 및 외교 수단으로 사용가치가 높으며, 스포츠의 특징인 경쟁과 승리 요소는 군사적 면모와 비슷하기 때문에 특정 정치제체의 이데올로기 확립 및 강화, 외교 목적 달성 등을 위한 도구로 활용가치가 높다.

04 스포츠 메가 이벤트의 정치학

(1) 스포츠 메가 이벤트에 대한 정치학적 용어들

① 유베날리스 : "빵과 서커스", 먹을 것과 유희거리만 제공하면 대중은 부조리 속에서도 큰 불만 없이 체제에 순응하며 살 수 있음을 풍자한다.

② 스포츠 메가 이벤트를 빵과 서커스의 현대적 버전이라고 부른다.

③ 올림픽 운동의 일환으로서 레거시는 올림픽을 유치한 도시가 올림픽 이후에도 장기적으로 유지하게 되는 긍정적 효과를 일컫는다.

④ 스포츠 메가 이벤트를 유치하는 국가들이 주장하는 공통적인 유치효과, 즉 레거시는 철저한 경험적 근거보다는 장밋빛 희망을 바탕으로 하고 있다.

(2) 스포츠 메가 이벤트 레거시(유산)의 신화

① 레거시 1 : 스포츠 메가 이벤트는 대중의 스포츠 참여를 촉진한다.

  ㉠ 스포츠 메가 이벤트는 일류 선수들의 경기력에 이목을 집중시켜 스포츠에 대한 사람들의 관심을 증폭시킨다고 알려져 있다.

  ㉡ 자국 선수가 활약할 경우 '롤 모델'이 되어 보다 많은 사람들이 스포츠에 참여하게 된다는 주장이다.

  ㉢ 하지만, 현재까지 확인된 연구결과들만으로는 스포츠 메가 이벤트 개최만으로 대중의 스포츠 참여가 확대된다고 확신하기 어렵다.

② 레거시 2 : 스포츠 메가 이벤트는 관광 등을 통해 경제적 수익을 증대시킨다.

  ㉠ 스포츠 메가 이벤트는 관광을 비롯한 경기에 활기를 불어넣을 것이라 기대된다.

  ㉡ 하지만, 두 번째 레거시 역시 입증하는 데에는 무리가 있다는 게 중론이다.

  ㉢ 개최국에 엄청난 경제적 타격을 준 올림픽의 사례가 무수하기 때문이다.

③ 레거시 3 : 스포츠 메가 이벤트는 시민들에게 살맛나는 기분을 준다.

  ㉠ 스포츠 메가 이벤트가 주는 '살맛나는 기분 효과'는 개개인의 주관적 경험 속에 분명히 존재한다.

  ㉡ 하지만 이러한 축제효과는 주관적 기분인 까닭에 명확하게 정의 내리기 어렵다.

  ㉢ 실질적인 이해나 장기적인 효과로 이어진다는 것을 입증하기도 어렵다.

④ 레거시 4 : 스포츠 메가 이벤트는 도시와 지역을 개발한다.

  ㉠ 스포츠 메가 이벤트의 유치는 이전에 진척을 이루지 못했던 도시재생 사업을 가속화시키는 효과를 내기도 한다.

  ㉡ 경기가 열리는 공간 주변의 미화로 인하여 기존 거주민을 강제로 퇴거시키거나, 개발에 따른 집값 상승 문제 발생할 수 있다.

  ㉢ 결과적으로 사회문제를 해결하거나 완화한다기보다 안 보이는 곳으로 이동시킬 뿐이라는 비판이 있다.

② 많은 학자들은 한번 치르고 끝나는 축제에 쓰이는 엄청난 비용을 차라리 도시재생이나 재개발사업에 쓰는 것이 오히려 사회문제나 환경의 개선에 효율적이라고 제안한다.

⑤ 레거시 5 : 스포츠 메가 이벤트는 소프트파워를 증가시킨다.

   ⊙ 메가 스포츠 이벤트의 개최는 국가 이미지를 향상시키는 데 효과적인 계기를 제공한다.

   ⓒ 다양한 퍼포먼스와 이벤트를 통해 개최국이나 개최도시는 특정한 이미지를 투사하여 브랜드화 한다.

   ⓒ 스포츠 메가 이벤트를 통한 소프트파워 전략이 일정한 수준의 브랜드화를 넘어서 실제 외교에 실질적 영향을 주는 지에는 의문점이 많다.

⑥ 스포츠 메가 이벤트의 레거시에 대한 논의

   ⊙ 스포츠 메가 이벤트의 레거시에 대한 논의는 지나치게 희망적으로 전개되어 왔다.

   ⓒ 레거시(유산)가 메가 이벤트로 한몫 잡으려는 이들에 의해 가공되고 재생산되는 개념이라면, 스포츠사회학은 보다 현실적인 시각으로 메가 이벤트 이후에 실제로 그 사회에 남겨진 것들을 긍정적인 것은 긍정적인 대로, 부정적인 것은 부정적인 대로 살펴보는 일이 될 것이다.

   ⓒ 스포츠가 다른 모든 사회구성물과 마찬가지로 사회 내에서 여러 가지 구조적 조건 속에서 작동하는 제도이기 때문에 스포츠에 대한 정치적 영향은 스포츠가 피할 수 없는 숙명이라 할 수 있다.

(3) 정치적으로 화제가 된 스포츠 메가 이벤트(올림픽, 월드컵)의 사례들 `기출` 2022, 2021, 2016

대회	사건
1896년 아테네 올림픽	지중해와 에게해에서 터키의 침략전쟁을 저지하려는 그리스의 정치적 의도 개입으로 터키가 불참
1936년 베를린 올림픽	히틀러 나치 정권의 정치적 선전장으로 이용
1948년 런던 올림픽	제2차 세계대전 후 동유럽을 병합하려는 소련과 이를 저지하려는 미국, 영국, 프랑스 등 서방세력 간의 정치적 갈등 발생
1952년 헬싱키 올림픽	미국과 소련의 세력을 대결하는 장으로 활용
1956년 멜버른 올림픽	소련의 헝가리 침공에 대한 항의로 스페인, 네덜란드, 스위스 등 서방국가가 참가를 거부
1964년 도쿄 올림픽	1962년 아시안게임 개최 시 대만과 이스라엘 선수단에 비자발급을 거부하고 초청하지 않았다는 이유로 인도네시아 참가 불허
1972년 뮌헨 올림픽	• 검은 구월단 사건 발생 : 11명의 이스라엘 올림픽팀 선수들과 1명의 서독 경찰이 팔레스타인 무장단체인 검은 구월단(5명 사망)에 의해 살해됨 • 남아프리카공화국의 인종차별정책과 로디지아(현 짐바브웨)의 백인소수 지배체제에 반대하는 아프리카 국가들의 대회 불참
1976년 몬트리올 올림픽	뉴질랜드 럭비팀의 남아프리카공화국 원정경기에 항의하고 뉴질랜드의 올림픽 참가를 저지하기 위한 아프리카 국가들의 대회 불참

1980년 모스크바 올림픽	소련의 아프가니스탄 침공에 대한 미국의 정치적 대응으로 미국을 비롯한 서방 국가들이 대회 불참
1984년 LA 올림픽	• 소련의 불참과 그에 동조한 공산진영 13개국 불참 • 가장 급진적으로 상업화 전략이 도입됐던 대회
1992년 바르셀로나 올림픽	• 도시의 이미지 향상, 균형 잡힌 예산의 활용 등으로 성공적인 대회로 평가 • 관광의 증가와 사후시설의 장기적이고 알뜰한 활용
2004 아테네 올림픽	• 한해 세입의 5%에 달하는 비용을 올림픽에 지출해서 그리스의 재정파탄에 상당한 영향을 미친 것으로 알려짐 • 올림픽을 위해 지어진 경기장과 시설들이 사후에 무용하게 방치
2006년 독일 월드컵	• 장기계획과 팬 중심의 기획이 낳은 성공사례로 거론 • 올림픽 기간과 전후 외국인 관광객 수가 200만 명 가량 급증
2008년 베이징 올림픽	• 개회식 비용만 9백억원 가량을 써서 소치 동계올림픽에 의해 깨지기 전까지 가장 비싼 올림픽으로 기록 • 인권 이슈와 티베트 승려들에 대한 중국의 태도가 부각
2010년 남아공 월드컵	• 한때 아파르트헤이트로 외면 받던 국가로서 국제적 신뢰를 확보하고자 기획됨 • 아프리카 국가 중 첫 번째로 메가 스포츠 이벤트를 유치해서 대륙을 대표하고 국제질서에서 중간적 위치를 확보하려는 외교적 계산
2018년 평창 동계올림픽	남북공동입장 및 여자아이스하키 단일팀 구성

04 스포츠와 경제

01 현대 스포츠의 발전에 영향을 미친 사회적 요인

근대 사회 도래와 함께 스포츠의 경제적인 측면이 부각되기 시작했고, 산업화, 도시화, 교통·통신의 발달 등과 같은 사회적 요소들이 산업혁명 이후 현대 스포츠의 형성과 발전에 영향을 미쳤다.

(1) 산업화

① 산업화로 일반 대중의 삶이 풍요로워지고 생활수준이 향상되었으며, 기계화로 여가시간이 늘어나 스포츠를 즐길 수 있는 여력이 늘게 되었다.

② 스포츠 용구의 대량 생산체계와 용구의 표준화, 우수한 제품이 양산되어 선수들의 수준이 향상되고 많은 사람을 경기장으로 불러 모았다.

(2) 도시화

① 농축산업 중심에서 경중공업 중심으로 산업구조가 변화되면서 공업 중심의 도시가 형성되었다.

② 단조로운 작업과 정해진 시간의 근무로 인하여 일상에 대한 탈출 욕구가 나타나고 여가의 수요가 증대되며 자연스럽게 스포츠와 연결되었다.

③ 도시화로 많은 사람이 거주하게 됨으로써 흥행 위주의 프로스포츠가 형성될 수 있는 시장이 형성되었다.

(3) 교통·통신의 발달

① 내연기관의 발전은 도로교통망의 확충과 더불어 원활한 인적 이동 및 물류 이동이 가능하게 되었다.

② 스포츠 경기를 위한 수송체계가 원활해지고, 다양한 스포츠 행사가 열릴 수 있는 인프라가 형성되었다.

③ 통신의 발달로 정보의 유통이 원활해지며 스포츠 저널리즘이 발전하게 되었으며, 이로 인해 스포츠가 대중의 삶에 깊게 뿌리내리는 기틀이 마련되었다.

TIP 스포츠 상업주의

- 상업주의 : 무엇이든지 돈벌이의 대상으로 보는 영리 본위의 사고 방식으로 돈벌이가 되지 않는 대상은 주목받지 못하게 된다는 뜻을 내포한다.
- 스포츠 상업주의 : 프로스포츠와 상업스포츠가 발전하게 된다.
- 스포츠의 상품화는 자본주의의 대표적인 이데올로기인 상업주의와 결합하면서 스포츠의 본질을 변화시킬 뿐만 아니라 많은 사회적 갈등을 유발하기도 한다.

(1) 상업주의 스포츠 출현의 일반적 사회조건

① **자본주의적 시장 경제체제** : 스포츠 관련 경제적 보상체계의 발달

② **인구 밀도가 높은 대도시** : 스포츠 관련 흥행 성공 가능성

③ **자본의 집중** : 대단위 체육시설의 유치 및 유지

④ **소비문화의 발전 정도** : 스포츠의 소비촉진

⑤ **경제적 여유 계층 증가** : 신자유주의 시대 속 부익부 빈익빈 현상으로 인해 확대된 여유계층만의 스포츠 문화의 확대

(2) 상업주의와 스포츠의 변화

① **스포츠 본질의 변화**

　㉠ 아마추어리즘의 쇠퇴

　　ⓐ 상업주의 스포츠 가치의 확대로 프로스포츠가 발전하며 아마추어리즘이 추구하는 이상과 반대로 생계를 위한 수단으로써 스포츠가 행해진다.

　　ⓑ 선수는 경기를 위한 상품 또는 도구로 전락하고 승리만을 추구한다.

　　ⓒ 아마추어리즘의 후퇴는 거대 메가 스포츠(월드컵, 올림픽 등) 조직의 거대화, 승리만을 위한 경기 과열, 과도한 상업주의, 정치 개입 등을 가속화시킨다.

　㉡ 프로페셔널리즘의 발달 : 스포츠의 직업화

　　ⓐ 자본주의 발달과 함께 발생한 현대 사회에 대두된 현상으로 선수들은 스포츠를 생계수단으로 여긴다.

　　ⓑ 직업으로서의 스포츠인들은 오직 승리를 통한 금전적 이익을 위해 스포츠에 참여하며 어떠한 형태로든 보수, 지위(주장, 코치, 감독)를 부여받는다.

　　ⓒ 스포츠를 통한 사회 계층의 수직 상승이 가능하다(금메달 획득을 통한 지위 향상, 거액의 FA 보상 등).

② **상업주의로 인해 나타나는 스포츠의 변화** 기출 2022, 2020~2017

상업주의는 스포츠의 형태와 목적, 선수 및 코치의 경기 성향을 변화시키며 나아가 스포츠 조직의 변화를 촉진시키고 있다.

㉠ 스포츠 목적의 변화

ⓐ 스포츠를 통한 인간의 내면적 성취욕구의 충족을 추구하는 아마추어리즘보다 흥행에 입각한 프로페셔널리즘을 추구하며, 상업주의 스포츠는 흥행을 통한 이윤추구에 목적을 둔다.

ⓑ 스포츠에서 관중의 흥미를 촉발시키는 3가지 요인

• 첫째, 경기 결과의 불확실성

하위 팀을 위한 신인선수에 대한 드래프트 제도

• 둘째, 대회 참가자에 대한 재정적 보상

대회 상금에 따른 스타선수들의 시합 출전여부

• 셋째, 경기에 참가한 스타의 탁월한 기량

관중이나 팬은 우수한 선수에 대한 모든 것에 관심이 많고, 여러 가지 상품을 통해 동일시하기를 원함.

㉡ 스포츠 규칙의 변화

ⓐ 관중의 흥미를 유지하기 위해 규칙을 변화시킴에 따라 스포츠의 형태를 변화시킴.

ⓑ 규칙 변화의 3가지 방향

• 첫째, 관중이 지루하지 않도록 경기 진행을 속도감 있게 한다.

공수 교대 시간을 빠르게 하고, 총 시간 제한 규칙

• 둘째, 경기의 득점체계를 다양하게 한다.

농구의 3점슛, 과거 여자배구의 백어택은 2점

• 셋째, 경기 중 휴식시간을 둔다.

결과를 불확실하게 하고 광고 시간 확보

㉢ 선수, 코치의 경기 성향 변화

ⓐ 스포츠의 상업화로 인한 규칙 변화보다 스포츠의 본질에 더욱 많은 영향을 미치는 요인이 선수와 코치 같은 경기 당사자의 변화이다.

ⓑ 이러한 변화를 심미적 가치에서 영웅적 가치로의 이동이라고 "코클리(Coakley, 2009)"는 언급했다. 관중의 오락욕구가 낮을 때는 심미적 가치(동작, 재능, 노력, 표현력, 우월성이 강조)에 중점을 두지만, 오락욕구가 높을 때는 영웅적 가치(위험성, 과감성, 인내력, 용기 등에 비중이 큼)에 중점을 두게 된다는 것

㉣ 스포츠 조직의 변화

ⓐ 각종 스포츠 조직의 운영원칙을 변화시키고 있다.

ⓑ 경기력 향상, 신기술 개발과 같은 경기의 내면적 성격보다 개·폐회식 등의 의전행사, 식전·후 행사, 경품 규모, 대회 수입, 관중 수, 매스미디어의 반응과 같은 경기 외적 요소에 더 신경을 쓰고 있다.

ⓒ 관중에게 흥미를 제공하고 이를 통한 경제적 이익의 증대에만 관심을 두게 된다.

(1) 상업주의와 세계화

① 스포츠가 상업화되어 나타난 형태 중 가장 대표적인 것이 "프로스포츠"이다.

② 산업혁명을 계기로 새로운 권력계급으로 성장한 부르주아계급은 막대한 자금력을 바탕으로 스포츠의 프로화에 앞장섰으며, 영국은 프로축구, 미국은 프로야구, 미식축구, 프로농구 등이 프로화의 길을 걷기 시작했으며 스포츠의 프로화는 전 세계로 확장되어 갔다.

(2) 프로스포츠와 경제적 가치

① 오늘날 프로스포츠 구단의 경제적 가치는 상상을 초월한다.

② 유럽의 프로축구팀 및 미국의 프로스포츠 팀의 가치는 하나의 기업이다. 이들은 연간 수억 달러의 수입과 이익을 올린다.

③ **경제적 파급효과** : 스포츠를 통해 파생되는 경제적 효과는 높은 생산유발효과, 부가가치효과, 고용창출효과를 보여주고 있다.

④ **수입원** : 프로스포츠 구단들은 주로 경기장 입장료, 방송중계권료, 광고 수입, 스폰서십, 라이선싱 수입 등이 있으며, 수입 지표는 구단의 인기 지표와 비례한다.

(3) 프로스포츠의 사회적 기능

① **프로스포츠의 순기능**

㉠ 일반 국민에게 흥밋거리 제공 – 개인의 여가선용 – 스포츠 참여의 확산, 사회적 긴장 해소 등 생활의 활력소 역할을 수행한다.

㉡ 아마추어 선수에게 장래의 진로 개척 및 미래에 대한 희망을 지니게 하며, 선수의 사기 양양에 도움 및 아마추어 스포츠를 활성화시키는 역할을 한다.

㉢ 대다수의 프로스포츠 팀은 특정 지역을 연고지로 하고 있는데, 지역을 대표하는 팀의 존재로 인해 해당 지역주민의 공동체 의식 유발 및 지역경제가 활성화되어 지역 사회의 발전을 이루는 기회를 제공한다.

㉣ 인기 프로스포츠는 대중에게 경기에 대한 이해를 높이고, 대중들의 호기심을 자극하여 직접 스포츠 참여를 유도하는 등 스포츠의 대중화에 기여한다.

② **프로스포츠의 역기능** 기출 2016

㉠ 스포츠의 내면적 만족보다 외양적인 이익을 중시 – 아마추어리즘을 퇴색 – 물질만능주의와 승리지상주의에 빠지게 만든다.

㉡ 대중을 특정 종목 몇 가지에만 몰입하도록 유도하여 비인기 종목에 대한 대중들의 무관심을 불러일으켜 종목 간 불균형을 초래한다. 이로 인해 동일종목에서 아마추어 스포츠의 토대가 무너지기도 한다.

㉢ 한국사회에서 경마, 경륜, 경정과 같은 일부 종목의 경우 합법적인 도박의 기회를 제공하여 국민의 사행성 조장 및 승부조작과 같은 불법 자행

04 메가 스포츠 이벤트와 경제

(1) 메가 스포츠 이벤트의 사회적 기능

① 메가 스포츠 이벤트가 경제에 미치는 긍정적 효과 **기출** 2015

    ㉠ 경제부문 효과

        ⓐ 메가 스포츠 이벤트 개최를 위해 투자되는 건설, 토목, 교통, 숙박 등의 대규모 산업을 활성화시킨다.

        ⓑ 메가 스포츠 이벤트 개최를 통해 고용창출효과, 생산유발효과, 부가가치유발효과를 얻을 수 있다.

        ⓒ 메가 스포츠 이벤트의 개최는 전 세계에 해당 도시를 알릴 수 있는 기회가 되기 때문에 해당 도시의 관광 상품, 특산물 등의 홍보를 통하여 긍정적인 경제 효과를 기대할 수 있다.

    ㉡ 국가경쟁력 효과

        ⓐ 메가 스포츠 이벤트의 성공적 개최는 해당 국가의 위상을 전 세계에 알릴 수 있다는 점에서 국가경쟁력 향상에 도움이 된다.

        ⓑ 국가의 브랜드이미지 제고는 해당 국가에서 생산되는 기업의 상품 경쟁력과도 연결되기 때문에 경제 발전에도 도움을 준다.

    ㉢ 사회문화적 효과

        ⓐ 메가 스포츠 이벤트는 성숙한 시민 만들기의 계기가 될 수 있다.

        ⓑ 제도의 합리성, 노동윤리, 시민의식 등의 요소를 증진시키는 효과가 있다.

② 메가 스포츠 이벤트가 경제에 미치는 부정적 효과

    ㉠ 사회결집력 약화

        ⓐ 메가 스포츠 이벤트 개최 과정에서 발생할 수 있는 계층의 발생으로 인해 사회결집력 약화가 우려된다.

        ⓑ 사회간접자본으로 인해 건설사, 대회 운영자 등은 이득을 취할 수 있지만 사회 소외계층은 손해를 입을 가능성도 존재한다.

    ㉡ 경제 손실

        ⓐ 사회간접자본 시설을 위해 많은 세금이 투입되며, 이는 곧 시민들의 조세 부담으로 연결된다.

        ⓑ 메가 스포츠 이벤트 종료 후 발생하는 시설유지비, 시설철거비용 등은 국가경제에 막대한 손실을 입힐 수 있다.

    ㉢ 부정적 외부효과

        ⓐ 메가 스포츠 이벤트 개최 중에는 대부분 긍정적 효과만 있는 것으로 나온다.

        ⓑ 메가 스포츠 이벤트는 자연환경오염, 교통 혼잡, 물가 상승, 투기 과열 등을 불러옴으로써 부정적 외부효과가 발생하기도 한다.

        ⓒ 행사 이후 발생하는 시설의 처리 문제는 보통 세금으로 운영되는 경우가 많아 지역 국민들 간 갈등 우려가 있다.

(2) 메가 스포츠 이벤트의 경제적 가치 `기출` 2016

① 올림픽, 월드컵, 아시안게임 등 각종 국제스포츠는 참여국의 증가 등 규모가 커짐에 따라 대회 유치로 인한 재정적 수익이 급속도로 증가하고 있다.

② 메가 스포츠 이벤트 대회는 4년에 한 번 주기별로 개최되기 때문에 대회 자체가 희소성이 있으며, 시청자의 범위가 전 세계에서 광범위하게 지켜보는 대회이기 때문에 미디어와 다국적 기업의 적극적인 참여를 유도할 수 있고, 천문학적인 중계권료와 광고료가 책정된다.

③ 메가 스포츠 이벤트의 개최는 TOP(The Olympic Partner) 프로그램을 도입하게 한다. TOP(The Olympic Partner) 프로그램은 패키지 스폰서 시스템으로, TOP 프로그램에 참여하는 기업은 스폰서료를 지불하는 대신 올림픽 후원자로 선정되어 자사의 광고와 제품광고에 올림픽 로고와 휘장을 독점적으로 사용할 수 있게 된다.

④ 올림픽과 월드컵 등은 중계료가 대회마다 큰 폭으로 상승하고 있기 때문에 거대 자본을 소유한 다국적 기업들이 공식 스폰서가 되기 위해 막대한 돈을 지불하고 있다.

⑤ 반면, 올림픽을 개최하고도 경제적으로 낭패를 본 경우도 있다.

TIP 스포츠 스폰서십(Sponsorship)

올림픽에서 스폰서십을 시행함으로써 IOC는 기업으로부터 금전 및 물자를 제공받고 기업은 제품 광고 및 홍보에 올림픽 공식 로고와 휘장을 사용할 수 있는 권한을 얻는다.

05 스포츠와 미디어

01 스포츠와 미디어의 이해

(1) 미디어의 이해

① 미디어 : 비교적 소수의 사람이 다수를 대상으로 신속하게 의사교환을 할 수 있도록 연결해 주는 역할을 의미하며 대중매체, 매체라고도 불린다. 신문, 잡지, 책, 영화, 라디오, 텔레비전, 휴대폰, 인터넷을 기반으로 하는 SNS(소셜미디어)까지 포함한다.

② 미디어의 역할 : 현대의 미디어는 미디어 콘텐츠를 통해 정보, 해석, 엔터테인먼트, 그리고 상호작용을 위한 기회를 제공한다.

   ㉠ 경제적 이익 창출

      ⓐ 자본주의 체제 하에서 미디어의 주된 목표는 이익 창출이며, 미디어의 이익 창출은 미디어 콘텐츠에 대한 광고판매를 통해 이루어진다.

      ⓑ 광고주들은 광고에 대한 효과를 보려면 자신의 광고가 더 많은 사람들에게 노출될 수 있는 미디어 콘텐츠를 선호하게 되며, 그에 따라서 시청률, 청취율, 구독률, 방문자 수 등이 높은 콘텐츠를 선호하게 된다.

   ㉡ 공공서비스 제공

      ⓐ 미디어는 이윤추구와 함께 공공의 복지를 위하여 공공서비스를 제공한다.

      ⓑ 사건, 사고에 대한 정보, 새로운 지식과 경험에 대한 정보를 제공하고, 스포츠 엔터테인먼트 프로그램을 제공하여 여가시간을 활동할 수 있도록 도와준다.

   ㉢ 이데올로기 전파

      ⓐ 미디어 콘텐츠 제작자는 그들의 흥미를 지지할 뿐만 아니라 관객들을 끌어 모을 수 있는 이데올로기를 잘 표현할 수 있는 이미지와 이야기를 선택한다.

      ⓑ 현대 미디어 콘텐츠는 소비, 개인주의, 그리고 계급 불평등 등이 사회에서 자연스러운 것이라는 지배 이데올로기를 전파하는 데 기여를 해오고 있다.

(2) 미디어 매체의 유형 분류 기출 2022, 2016

맥루한(McLuhan, 1964)은 '미디어는 메시지다'라고 정의하며 정보를 받아들이는 것에 관여하는 인간, 즉 수용자의 태도와 방식에 따라서 미디어를 '핫 미디어'와 '쿨 미디어'로 구분하였다.

① 핫 미디어

   ㉠ 하나의 감각을 밀도가 높게 확장시키는 미디어를 말한다.

                ⓐ 낮은 감각 참여와 낮은 몰입성으로 수용되는 매체

                ⓑ 매체 중심의 일방향적 전달

        ㉡ **고밀도는 데이터로 가득 찬 상태를 말한다** : 정보의 고밀도

        ㉢ 포함된 정보가 충실하기 때문에 수용자가 참여할 여지가 적어서 인간을 수동적으로 만든다.

            정보의 양이 많고 논리적, 수용자의 참여도 낮다.

        ㉣ 장기적으로 수용되며 보전된다.

        ㉤ 책(인쇄물), 신문, 잡지, 사진, 연설, 라디오, 영화

    ② 쿨 미디어

        ㉠ 정보가 충실하지 않기 때문에 수용자가 능동적으로 참여할 여지가 많다.

        ㉡ 높은 감각 참여와 몰입으로 정보를 직접적으로 제공받는다.

        ㉢ **직관적이고 감성적으로 관여**

                ⓐ 수용자와 매체 간 쌍방향적 전달

                ⓑ 정보의 저밀도

                ⓒ 수용자의 참여도 높음

        ㉣ TV, 인터넷, 모바일 기기(스마트폰)

(3) 매체 스포츠의 유형　기출 2020

Loy & Birrel(1974)은 맥루한의 '핫' 과 '쿨'의 개념을 스포츠에 적용하여 매체형태로서 스포츠가 지니고 있는 메시지 생태와 관람자의 감각 수용방법과 수용태도를 기준으로 '핫 스포츠' 와 '쿨 스포츠'로 구분하였다.

    ① 핫 미디어 스포츠

        ㉠ 스포츠의 고정밀성

        ㉡ 스포츠관람인의 감각 참여도 낮음

        ㉢ **정적 스포츠, 개인 스포츠** : 야구, 테니스, 수영, 사격, 레슬링 등

                ⓐ 선수의 행동 반경이 좁은 스포츠

                ⓑ 수비와 공격의 구분이 쉬운 스포츠

                ⓒ 기록 스포츠

                ⓓ 몰입 수준이 낮은 스포츠

    ② 쿨 미디어 스포츠　기출 2016

        ㉠ 스포츠의 저정밀성

        ㉡ 스포츠관람인의 감각 참여도 높음

        ㉢ **동적 스포츠, 팀 스포츠** : 축구, 배구, 농구, 미식축구, 핸드볼 등

                ⓐ 득점 스포츠

                ⓑ 수비와 공격의 구분이 어려운 스포츠

02 스포츠와 미디어의 결합

(1) 미디어 스포츠의 개념
① 미디어 스포츠 : 미디어를 통해 간접적으로 스포츠팬에게 전달되는 스포츠에 관한 지식이나 정보 그리고 경기 장면 등의 모든 메시지에 관련된 것을 의미한다.
② 미디어와 스포츠가 결합하며 생겨난 개념 : 미디어 스포츠는 매스미디어가 스포츠를 중요한 콘텐츠로 다루면서 출현한 것으로 간주된다.

(2) 스포츠와 미디어의 만남
① 미디어가 태동하던 시기부터 미디어와 스포츠는 깊은 관계를 맺었으며, 대규모 관객을 동원하는 기업적 스포츠와 개인의 여가를 위한 스포츠가 본격적으로 발전하며 미디어와 스포츠는 좋은 관계를 유지했다.
② 신문에 스포츠 기사가 실리면서 스포츠 전담부서가 생겨나고, 정기적인 스포츠 보도 및 전문 스포츠채널 및 스포츠신문이 많은 인기를 끌었다.

(3) TV의 등장과 스포츠
① TV를 통한 스포츠의 중계로 스포츠 경기는 대중들에게 가장 사랑받는 미디어 콘텐츠로 성장하였다.
② 이러한 성장은 동시에 콘텐츠로써 스포츠의 가치를 끌어올리는 결과를 낳았다.

(4) 스포츠 메가 이벤트의 미디어 이벤트화
① 올림픽과 월드컵과 같은 스포츠 메가 이벤트가 미디어 산업에 있어 매우 매력적인 콘텐츠로 자리를 잡아서 세계 각국의 올림픽과 월드컵 유치 경쟁만큼이나 이들 경기의 중계권 확보를 위한 경쟁이 치열해졌다.
② 4년에 한 번밖에 열리지 않기 때문에 희소가치가 매우 크고, 전 세계 시민이 시청자가 되기 때문이다.
③ 그로 인하여 스포츠 메가 이벤트는 미디어에 의한 최고의 이벤트로 거듭나게 되었다.

(5) 스포츠와 미디어의 결합
① 상업화 : 프로스포츠의 대중화, 기업의 상업적 도구화, 기업 커뮤니케이션 도구, 미디어 상품
② 기술 발전 : 전달 기술의 발전, 신문, TV, 인터넷, 글로벌 스케일의 접근성
③ 융합 : 하나의 상품을 다매체상품으로 전환, 거대 다국적 미디어 기업의 성장, 글로벌 콘텐츠 양상
④ 세계화 : 기술 발전과 융합으로 글로벌화, 국제스포츠 노동시장의 분화, 스포츠소비의 세계화

03 대중매체 이론 [기출] 2022

(1) 개인차 이론 [기출] 2020

① 대중매체가 관람자의 개인의 선호에 맞는 정보를 제공하여 개인의 욕구를 충족시킨다.

② 정보 기능 : 대중매체는 게임에 대한 지식, 결과 정보 전달, 경기자와 경기에 대한 통계 정보를 제공한다.

③ 통합 기능 : 대중매체는 다른 집단과 융합될 수 있도록 기회를 제공하고 관중끼리의 공통된 사회적 경험을 통해 유대감을 갖게 한다.

④ 정의적 기능 : 대중매체는 시청자에게 흥미를 제공한다.

⑤ 도피 기능 : 대중매체는 보는 사람들의 불안과 초조, 욕구불만 등의 감정을 정화시킨다.

(2) 사회범주 이론 [기출] 2019

① 대중매체를 통해 사회계층과 계급이 존재하고 있다는 사실을 알 수 있다.

② 스포츠 소비 형태 및 변화가 성, 연령, 사회계층, 교육 수준 여부에 따라 차이가 있다는 사실을 근거로 한다.

(3) 사회관계 이론

대중매체 스포츠를 소비하는 사람들의 유형은 타인이 기대하는 가치와 행동에 따라 많은 영향을 받는다.

(4) 문화규범 이론

대중매체는 현재의 사상 또는 가치를 선택할 수 있으며 강조할 수 있다.

04 스포츠와 미디어의 상호관계

현대 스포츠에서 대중매체는 서로 간의 상호작용을 통해 발전적 체계를 구축하는 공생관계이다.

(1) 스포츠가 미디어에 미치는 영향

① 미디어 콘텐츠 제공

㉠ 스포츠가 점차 대중의 생활 속에 확산되면서 스포츠에 대한 미디어의 관심이 늘어나고 있다.

㉡ 스포츠는 미디어의 고객 확보에 중요한 역할을 담당하는 매우 훌륭한 미디어 콘텐츠를 제공해 준다.

㉢ 스포츠는 독립된 하나의 장르로 분류된다.

② 미디어 보급 확대

㉠ 스포츠는 미디어의 보급 및 확산에도 기여한다.

㉡ 스포츠의 영향을 가장 크게 받는 매체는 TV로, 스포츠의 부흥과 TV의 보급 확산은 밀접한 관계를 지니고 있다.

ⓒ 월드컵 경기와 올림픽 경기가 개최된 해에 신고된 TV 수상기 증가율이 이를 증명해 준다.

③ 미디어 테크놀로지 발전

ⓐ 스포츠는 미디어 데크놀로지 발전에 기여해 왔다.

ⓑ 스포츠 수요자의 욕구를 충족시키기 위해 보도기법이나 장비가 발전해 왔다.

ⓒ 정지화면, 느린화면, 이중화면, 클로즈업 등 다양한 기법의 개발이 스포츠중계를 통해서 이루어졌다.

(2) 미디어가 스포츠에 미치는 영향 [기출] 2022

① 관람스포츠의 발달에 따른 미디어의 영향

ⓐ 스포츠의 상업화로 관람스포츠가 발달함에 따라 스포츠는 미디어의 영향력을 크게 받고 있다.

ⓑ 스포츠의 미디어에 대한 경제적 의존이 증대됨에 따라 그들의 요구를 수용하기 위해 스포츠의 형태와 내용이 변화되고 있다.

② 미디어가 스포츠에 미치는 영향

ⓐ 중계방송을 위하여 경기 규칙이 변경되기도 한다.

　　ⓐ 방송의 시간적 제약성 극복 및 볼거리를 많이 제공하여 시청자의 흥미를 증대시키기 위한 목적

　　ⓑ 테니스의 타이브레이크시스템, 탁구의 촉진룰, 농구의 쿼터제, 3점슛, 야구의 지명대타제 등

ⓑ 미디어는 보다 많은 시청자들이 스포츠중계방송을 볼 수 있도록 하기 위해 경기 일정의 조정에 관여한다.

ⓒ 미디어는 스포츠 기술의 전문화 및 일반화에 기여한다.

　　ⓐ 선수들은 미디어를 통해 자신의 기술을 간접적으로 평가할 수 있게 되었고, 발전된 기술이 어떤 것인지 인지할 수 있게 되었다.

　　ⓑ 선수들의 선진 기술을 통한 전문화 및 동호인들에게까지 다양한 기술을 습득 가능케 함으로서 기술의 보급과 일반화에도 기여하게 되었다.

ⓓ 미디어는 새로운 스포츠 종목을 창출하기도 한다.

　　ⓐ 인라인 스케이트, 스케이트보드 등을 익스트림 스포츠와 결합하여 규칙을 제정하고 경기를 개최하였다.

　　ⓑ 제도화과정을 통해 향후 새로운 스포츠 종목으로 인정받을 가능성도 높아지게 되었다.

(3) 스포츠의 미디어의 의존 [기출] 2019, 2018

① **스포츠에 대한 관심 증대**

ⓐ 다양한 매체를 통해 보도 비율이 증가함에 따라 대중들의 관심이 증가한다.

ⓑ 더욱 드라마틱하고 과장된 표현을 한다.

ⓒ 대중들의 흥미를 유발할 수 있는 새로운 에피소드를 제공한다.

② **스포츠 수익 구조의 변화**

ⓐ 스포츠조직 운영에 필요한 예산 중 미디어에 의한 수익이 대단히 중요한 비분을 차지한다.

ⓛ 'No TV, No Game' : 중계되지 않는 스포츠는 존재하기 어렵다.

ⓒ 미디어의 주요 콘텐츠로 자리매김해야 경제적 가치가 있는 스포츠로 인정된다.

③ 미디어에 의한 스포츠 구조의 변화

　　㉠ 게임 형태와 규칙의 변화

　　ⓛ 게임 스케줄, 운동복의 모양, 작전타임의 횟수, 경기 시간 및 일정 등

④ 메가 스포츠 이벤트에 대한 영향력

　　㉠ 올림픽과 같은 메가 스포츠 이벤트의 개최 도시 선정에서 대형 미디어기업의 이익에 따라 영향력을 행사한다.

　　ⓛ 세계적으로 중계권료를 많이 지불하는 국가의 영향력이 높다.

⑤ 미디어에 의한 스포츠의 재의미화

　　㉠ 스포츠가 가진 고유의 의미가 변함

　　ⓛ 선수들의 심미주의적 특성 강조

　　ⓒ 과장된 몸짓, 긴장감 조성, 폭력

　　ⓔ 여성선수들에 대한 성 상품화

　　ⓜ 뉴미디어 등장으로 인한 스포츠 콘텐츠 생산 및 제공 방식의 변화

(4) 미디어의 스포츠 의존 　기출　2017~2015

① 미디어기업의 킬러 콘텐츠

　　㉠ 스포츠중계권을 가지기 위한 미디어 기업의 분쟁이 발생한다.

　　ⓛ 인기 드라마를 만드는 것은 힘들어도 스포츠중계는 최소 수준 이상의 시청자를 확보한다.

　　ⓒ 투자 손실에 대한 위험 부담이 적은 상품이다.

② 이익의 극대화를 위한 상품

　　㉠ 다른 상품에 비해 매몰비용이 적다.

　　ⓛ 높고 안정된 시청률을 기대할 수 있다.

　　ⓒ 메가 스포츠 이벤트는 높은 가시성과 희소성으로 매우 높은 상품성을 가지고 있다.

③ 미디어 산업의 발전

　　㉠ 스포츠중계를 위한 방송 기술이 발전한다.

　　ⓛ 다양한 형태의 방송 포맷을 개발하였다.

④ 미디어 장비의 발전 : 다양한 각도에서 실감나는 경기를 전달하여 시청자들이 마치 경기장에서 직접 관람하는 듯한 경기 영상 제공

⑤ 미디어의 스포츠 통제 강화 : 스포츠가 미디어에 대한 의존 성향이 강해질수록 미디어의 스포츠 통제력은 강화된다.

05 미디어스포츠의 이데올로기 전파

미디어는 시청자 및 독자와 스폰서의 흥미에 알맞은 방식으로 이미지와 메시지를 편집하여 전달한다. 미디어스포츠는 경기의 흥미를 과장하고, 팀 간의 경쟁에 초점을 맞춰 각종 이미지와 논평을 열거하여 시청자의 관심을 증대시킬 뿐만 아니라, 몇 가지 이데올로기를 전파하기도 한다.

(1) 자본주의 이데올로기

미디어스포츠의 효용가치는 자본주의 체제 내에서 존재하며, 자본주의를 유지하는 데 기여하는 주체의 형성에 이바지하게 된다.

(2) 성차별 이데올로기

미디어가 스포츠의 실체를 왜곡시키는 가장 명백한 분야는 스포츠분야에서 여성의 역할과 관련된 부분이다. 여성 선수에 대해 보도할 때 그 선수의 실력보다 외모를 더 부각시킨다.

(3) 성공 이데올로기

미디어스포츠는 승자와 패자, 최종 스코어만을 강조하고 있다. 결과만을 중시하고 승리자에게만 초점을 두어 보도하는 관행은 성공 이데올로기를 강조한다.

(4) 영웅 이데올로기

① 우수한 플레이어를 스포츠 영웅으로 구성
② 몇 가지 이데올로기를 스포츠 영웅을 통해 재현한다.
  ㉠ 미디어는 스포츠가 기본적으로 남성성을 추구하기 때문에 스포츠 영웅을 통해 남성이 우수하다는 전통적 가치를 강화시킨다.
  ㉡ 미디어가 선수를 평가할 때 운동능력뿐만 아니라 경제적 보상도 중요한 기준으로 삼는다.
  ㉢ 미디어는 스포츠 영웅을 통해 개인의 성공을 국가의 성공과 발전으로 상징화한다.
  ㉣ 미디어는 최고 스타의 연봉이나 사생활에 관심을 집중함으로서 '최고제일'이라는 엘리트주의를 부추긴다.

(5) 기타 이데올로기

소비주의, 국가주의, 개인주의 등의 이데올로기를 조장한다.

06 스포츠와 미디어 윤리 기출 2017

(1) 스포츠 저널리즘

① **저널리즘** : 최근의 시사문제를 다루는 모든 인쇄물, 정기간행물(신문, 잡지 등)과 라디오, TV, 디지털 장비 등의 전파매체를 통한 커뮤니케이션을 포함한다.

② 미디어스포츠는 저널리스트(기자, PD, 아나운서)가 창조하는 스포츠 이미지와 메시지라 할 수 있으며, 올바른 가치관과 윤리의식에 기초하여 보도의 공정성과 정확성을 유지하여야 한다.

③ 대중매체를 통한 보는 스포츠는 새로운 스포츠팬 확보에 도움이 된다.

(2) 스포츠 저널리즘의 윤리성 문제 기출 2018

① **정확성과 공정성, 객관성의 결여** : 미디어가 대중의 흥미를 위한 자극적 정보를 제공하기 때문에 발생하는 문제이며, 대중은 스포츠 저널리즘을 통해 객관적인 정보를 제공받기 원하기 때문에 이를 충족시킬 수 있는 노력이 필요하다.

② 개인 사생활 침해

㉠ 대중매체는 선정성을 위해 선수 개인의 사생활을 보도하는 경향이 있다.

㉡ 몰래카메라와 같은 불법적인 문제로 인해 사회적 문제를 야기하기도 한다.

③ 선수의 상품화

㉠ 미디어는 광고 수입에 의존하기 때문에 높은 광고 수익을 얻기 위해 대중의 관심을 필수적으로 요한다.

㉡ 스포츠저널리즘은 대중의 관심을 끌기 위해 여성선수의 특정 신체 부위를 확대·강조 또는 파편화하여 선수의 기량보다는 외모나 몸매 위주로 관심을 유도한다.

> **TIP** 옐로 저널리즘
>
> 옐로 저널리즘(Yellow journalism)이란 대중의 본능을 자극하며 동시에 호기심에 호소하는 흥미 위주의 보도를 의미한다. 독자의 시선을 끌기 위해 인간의 불건전한 감정을 자극하는 범죄, 괴기사건, 성적 추문 등을 과대하게 취재·보도하는 저널리즘의 경향이다. 일반적으로 옐로 저널리즘은 자극적 기사를 말하며, 최근 인터넷 기사를 언급할 때 자주 등장하는 "낚시성 기사"도 일종의 옐로 저널리즘에 속한다.

스포츠와 교육 및 육성

01 스포츠의 교육적 기능

(1) 스포츠의 교육적 순기능 기출 2022, 2020, 2017, 2015

① 전인 교육

㉠ 학업 능력 향상

ⓐ 학교생활 뿐만 아니라 일상생활에서도 많은 스트레스를 받고 있다.

ⓑ 스포츠의 참여는 다양한 스트레스를 해소할 수 있는 기회를 제공하며, 스포츠 참여 자체가 새로운 교육 기회의 장이 될 수 있다.

ⓒ 스포츠 활동 참여로 인한 스트레스 해소는 학생들의 학업 능력 향상에도 도움이 된다.

㉡ 사회화 촉진

ⓐ 스포츠 상황 속에서 협동심, 도전정신, 이타적인 스포츠맨십 등이 요구되는 상황이 자주 발생한다.

ⓑ 스포츠 참여는 다양한 상황에서의 사회화를 겪을 수 있는 기회를 제공하며, 긍정적 가치를 참여자에게 제공한다.

㉢ 정서의 순화

ⓐ 청소년기의 스포츠 경험은 집단 내에서의 협동심 발달과 스스로를 통제할 수 있는 통제력 강화에 도움이 된다.

ⓑ 스포츠 활동을 통해 배울 수 있는 공정성, 합법성, 준법성은 청소년 비행과 일탈의 확률을 줄여줄 수 있다.

ⓒ 스포츠 상황에서의 성공 경험은 사회 적응력에도 큰 도움이 된다.

② 사회 통합

㉠ 학교 내 통합

ⓐ 학업에서 오는 스트레스 해소 및 스포츠 참여를 통하여 새로운 교육기회의 장이 될 수 있다.

ⓑ 스포츠 참여로 인한 스트레스 해소는 학생들의 학업 능력 향상에도 도움이 된다.

㉡ 학교와 지역사회 통합

ⓐ 스포츠 상황 속에서 협동심, 도전정신, 이타적인 스포츠맨십 등이 요구되는 상황이 자주 발생한다.

ⓑ 스포츠 참여는 다양한 상황에서의 사회화를 겪을 수 있는 기회를 제공하며, 긍정적 가치를 참여자에게 제공한다.

③ 사회 선도
  ㉠ 스포츠에 대한 여성의 인식 전환
    ⓐ 과거 남성의 전유물로만 여겨지던 스포츠 영역에 여학생들이 참여함으로써, 스포츠에 대한 인식 전환에 도움이 되며, 사회의 주요 가치를 습득하는 데 도움이 되었다.
    ⓑ 스포츠활동을 통한 남녀 평등의식 개선과 여성의 권리를 신장시킬 수 있는 사회 전반에 대한 관심이 유발될 수 있다.
  ㉡ 장애인의 사회 적응 현상
    ⓐ 장애인의 스포츠 참여는 신체 기능이 약화되는 것을 예방하고 신체적 측면의 강화와 정신적 측면의 발달을 이룰 수 있다.
    ⓑ 장애인의 스포츠 참여는 원만한 사회생활을 영위할 수 있도록 기회를 제공받는다.
  ㉢ 평생체육의 기회 획득
    ⓐ 체육활동으로의 참가는 참가자 및 일반인들에게 평생 동안 즐길 수 있는 스포츠의 실천 방법과 기술, 지식, 태도 등을 배울 수 있는 기틀을 제공받는다.
    ⓑ 학교체육으로의 참여는 스포츠 상황 속 사회화 과정을 통해 삶의 질 향상과 자아실현을 추구하는 데 도움이 될 수 있다.

(2) 스포츠의 교육적 역기능 [기출] 2018
  ① 교육 목표의 결핍
    ㉠ 승리지상주의
      ⓐ 오직 승리만을 위해 스포츠의 본질적 가치 중 하나인 교육적 가치가 변질되는 것이다.
      ⓑ 참여의 즐거움보다 승리를 곧 경기에서의 성공으로 간주하며, 학생선수들에게 시합·훈련 중심의 학교생활을 강요한다.
    ㉡ 참여 기회의 제한
      ⓐ 소수의 학교 엘리트선수에게만 스포츠 참여 경험이 허용되면서 일반 학생들의 참여 기회가 제한된다.
      ⓑ 일반 학생들의 스포츠로의 참여기회 제한은 스포츠를 통해 얻을 수 있는 교육적, 사회적 효과 경험의 기회를 제한하며 엘리트 의식을 강조한다.
    ㉢ 성차별 발생
      ⓐ 스포츠에서의 성차별은 여성의 성역할 고정관념을 간접적으로 강화시킨다.
      ⓑ 스포츠에서 여성들을 비활동적이고 수동적 존재로 전락시키며, 스포츠 영역에서 여성들이 배제되는 현상을 자연스러운 현상으로 받아들이게 된다.
  ② 부정행위의 조장
    ㉠ 스포츠에서의 상업화
      ⓐ 승리에 대한 물질적, 보상적 보상으로 학교에 재정적 이득을 제공하며 스포츠의 본질적 가치인 즐거움

의 가치를 경시하고 이득만을 추구하는 경향을 보인다.

ⓑ 교육 목표 성취에 대한 관심보다 학교의 명성과 금전적 이득을 목표로 하게 되며, 학원스포츠 상업화는 장기적으로 스포츠를 산업의 일부로만 간주하게 된다.

ⓛ 위선과 착취

ⓐ 선수를 학교 경영, 홍보의 수단으로 이용한다.

ⓑ 운동 능력이 우수한 학생선수는 장학금, 금전적 이익을 보장해 주고, 학업 성적을 위조하는 등의 편법을 관행적으로 사용한다.

ⓒ 선수의 일탈 조장

ⓐ 승리에 대한 압박이 증가하며, 오직 승리를 위해 일탈이나 부정행위가 증가한다.

ⓑ 스포츠에서 성공하기 위해 학생들을 유급시키거나 약물 복용, 승부조작, 고의적 부상 입히기 등을 자행하는 등 일탈 행위를 조장한다.

ⓒ 선수는 스포츠에서 살아남기 위해 부도덕한 가치관을 무의식적으로 내재화시킨다.

③ 편협한 인간 육성

ⓖ 독재적 코칭

ⓐ 학원스포츠의 구조적 특성으로 인하여 코치의 권한이 절대적이며, 일부의 지도자는 절대적 권한이 주어질수록 운동부 학생들을 완벽하게 통제할 수 있을 것이라 생각하기도 한다.

ⓑ 지도자의 독재적인 코칭 스타일은 스포츠의 교육적 가치를 경시하고, 학생들의 사회적, 인격 발달을 저해하는 측면이 존재한다.

ⓛ 비인간적 훈련

ⓐ 일부의 지도자는 자신의 성공을 위해 학생선수들에게 폭력을 행사하며 과도한 훈련을 시키는 경우가 있다.

ⓑ 학생선수들은 지도자의 성과 달성을 위한 수단으로 전락하며 문제가 있음을 학생과 학부모가 알고 있음에도 불구하고 지도자가 학생 입시의 절대적인 권한을 가지고 있기 때문에 문제를 제기하기가 어려운 구조이다.

02 한국의 학원 스포츠

(1) 학원 스포츠의 순기능

① 스포츠 참여로 인한 학업 활동의 촉진

② 스포츠 참여를 통해 스트레스를 해소하여 정서가 순화된다.

③ 체육활동의 가치를 인지하고 체육에 흥미를 느낀다.

④ 체육활동으로 경험할 수 있는 협동심, 리더십, 사회성 향상 등은 학교 내 구성원들의 통합을 증진시킨다.

⑤ 학교 안 구성원들의 통합은 학교 밖 지역사회 구성원들의 통합으로 연결되며 사회 자본으로써 기능한다.

⑥ 스포츠참여는 학생들의 특기와 적성을 발굴할 수 있는 계기가 된다.

(2) 학원 스포츠의 역기능 [기출] 2019

① 선수의 기본 학습권이 제한된다.

② 승리지상주의를 위한 지도자의 강압적 지도

③ 지도자와 선수의 수직적 구조로 인한 군사주의 문화

④ 일반 학생과 어울리지 못하는 그들만의 섬 문화 조장

⑤ 신체 소외, 신체적 폭력, 성폭력, 욕설 등 선수에 대한 인권 침해

03 학원 스포츠 제도의 변화 [기출] 2018, 2016

한국의 스포츠는 여타분야와 마찬가지로 국가의 주도에 의해 성장해 왔다.

(1) 학교 관료제에 의존하는 위계적 시스템

① 한국의 스포츠육성 시스템은 학교 관료제를 근간으로 한다.

② '체육특기자제도'에 의해서 선수를 모집하는 경로가 학교로 제한되어 있다.

③ 각 학교에 모든 종목의 스포츠가 있지 않기 때문에 특정 스포츠종목에 참여하거나 진학을 하려면 해당 특기자종목의 운동부를 운영하는 학교로 진학해야 한다.

(2) 한국의 스포츠육성을 규정하는 두 가지 제도

① 체육특기자제도

㉠ 체육특기자제도(특기자제도)는 스포츠를 경력으로 추구할 학생들을 조기에 선별하여 별도의 인원으로 특별관리하여 상급학교에 진학시키는 제도이다.

㉡ 체육특기자제도의 두 가지 특징

ⓐ 학업성적과 무관하게 (대학을 포함) 상급학교에 진학할 수 있다.

상급학교 진학에 더 큰 영향을 미치는 것은 운동에서의 성과이다.

ⓑ 대한체육회가 주관하는 공식경기의 출전에 있어 배타적 권리를 갖는다.

체육특기자로 분류되지 않으면 대한체육회 주관 공식경기에 참가할 수 없고, 운동선수로서 경력을 추구할 수 없다.

② 소년/전국체전

㉠ 소년/전국체전은 대한체육회에 가맹한 종목으로 종합적으로 겨루는 전국단위 스포츠 대회이다.

ⓛ 시·도 간 경쟁체제와 메달 순위 탓에 체육특기자에 대한 관리가 참여나 동기부여보다는 성적을 위주로 이루어지기 때문에 스포츠육성 취지를 왜곡한다.

(3) 스포츠육성의 관료적 장치들

① 관료제의 최상부에 위치한 시·도교육감에게 소년/전국체전의 시·도 간 경쟁체제는 관할구역 내 학교와 운동부에 대한 상징적 지도력(리더십)을 평가받는 자리가 된다.

② 리더십의 증명기회(시·도교육감), 승진의 기회(감독교사), 상여금과 우승경력(운동부 지도자) 등 교육관료제 내부에 제도적으로 확립된 각종 인센티브는 종종 수업참여를 희생하고서라도 운동성과의 향상을 위해 훈련에 매진할 것으로 요구하도록 한다.

③ 운동성과에 대한 압박이 존재하고, 그로 인한 선수들을 체벌하거나 혹사시키는 등의 반교육적 행위를 활용하게 되며 극단적인 경우, 제도적 틈새 속에서 가혹행위, (성)폭력, 진학비리 등의 범죄가 발생하기도 한다.

(4) 한국 스포츠육성 시스템의 문제

① 승리지상주의

ㄱ 스포츠육성 현장에서 나타나는 승리지상주의는 운동경기에서의 승리 그 자체를 내재적으로 추구한다기보다는, 그것이 동반하는 체육특기자의 진학, 시·도 간의 경쟁에서의 우위, 감독교사의 승진, 운동부지도자의 경력관리와 같은 외재적 요인에 의해 조장되는 경향이 있다.

ㄴ 즐거움 보다는 의무적 활동으로 변질되고, 강제적 혹은 자발적인 신체학대, 부상에도 경기 출전, 금지약물 복용, 무리한 체중 감량 등의 사례가 승리지상주의에 따른 스포츠육성의 부작용이라 할 수 있다.

② 체육특기자의 학업 참여기회 제한

ㄱ 체육특기생은 일반학생과 동떨어진 학교생활을 경험한다.

ㄴ 학업권 보장 요구가 거세지면서 주말에만 경기를 치르도록 하는 '주말리그제', 일정한 학업성적을 받아야만 경기에 출전할 수 있도록 하는 '최저학력제' 등이 점차 확대 적용되고 있다.

ㄷ 체육특기생의 학업참여도가 증가하고 있는 상황이다.

③ 일반학생이 공식적 경쟁스포츠에 참여할 기회의 제한

ㄱ 체육특기생이 아닌 학생들은 경기단체에 선수로 등록하고, 진지하게 경쟁 스포츠에 참여할 권리를 앗아간다.

ㄴ 체육특기생은 운동에만 전념할 학생을 선발해 집중 훈련시키는 데 유리한 제도인 반면, 학생들 사이에 보다 광범위하게 존재하는 운동에 대한 재미와 관심을 수용하지 못한다.

④ 학대, (성)폭력 등의 반교육적 행위

ㄱ 지도자나 교사 개인의 윤리적, 도덕적 문제를 포함하지만, 폐쇄적인 체육특기자 육성 환경과 상급학교 진학의 방식이 구조적 원인으로 존재한다.

ⓒ 운동성과가 진학의 결정 요인이 되므로 지도자의 권위를 거스르기 어렵고, 과도한 훈련, 지속적인 체벌, 공포 분위기를 경험하게 되고, 부상 중임에도 강요에 의해 경기에 출전하게 되는 경우도 있다.

⑤ 부정행위

ⓐ 스포츠육성 환경에서 나타나는 부정행위 또한 스포츠 참여의 외재적 동기와 관계가 높다.

ⓑ 진학의 성공여부가 걸린 승패이기 때문에 공정한 경쟁 및 사회화의 긍정적 가치라는 본래의 의도와 달리 선수들의 부정행위를 조장하는 역기능을 수행할 때도 있다.

(5) 개선의 시도와 한계

① **최저학력제** : 학기말고사 성적이 학년별 평균성적의 30~50% 이하면 최저학력을 충족하지 못한 것으로 판별되어 대회에 나갈 수 없다.

② **최저학력제의 맹점**

ⓐ 운동경기에 출전하고자 하는 의지를 학업성적을 근거로 제약하는 행위는 그 자체로 반헌법적이라 볼 수 있다.

ⓑ 학업참여 정도가 아니라 학업성취의 결과를 기준으로 판단해서는 안 된다.

ⓒ 낮은 학업수준의 원인 제공은 운동성과만을 상급학교 진학의 기준으로 설정해두고, 그로 인해 학업성적이 높은 학생들의 운동참여를 제한하는 체육특기자제도이다.

07 스포츠와 사회화

01 스포츠 사회화의 의미와 과정 기출 2018

(1) 스포츠 사회화의 의미

① 사회화 : 한 개인이 그가 소속된 사회 집단의 가치, 태도, 행동양식 등을 습득하면서 그 사회집단의 구성원으로서 참여하고 자신의 역할을 수행하게 되는 과정을 의미한다.

② 스포츠 사회화 : 스포츠라는 영역에서 일어나는 사회화를 의미하며, 스포츠를 통하여 집단 구성원이 공통으로 지니는 가치관, 신념, 태도 등을 집단 내 다른 구성원과의 상호작용을 통해 습득하는 과정으로 정의된다.

③ 개인이 스포츠 활동을 통해 운동부 및 스포츠 팀과 같은 사회집단의 구성원이 되고, 특정 사회가 지니는 문화를 체득하여 자신의 정체성을 발현시키는 과정

(2) 스포츠 사회화의 과정 기출 2022, 2021

스포츠로의 사회화 → 스포츠 참가(스포츠로의 사회화) → 스포츠 참가의 결과(스포츠를 통한 사회화) → 스포츠 참가의 중단(스포츠로부터의 탈사회화) → 스포츠로의 복귀(스포츠로의 재사회화)

02 스포츠 사회화 이론 기출 2022, 2021, 2019, 2017

(1) 사회학습이론

① 개인이 어떻게 사회적 행동을 습득하고 수행하는가를 밝히려는 이론으로 가장 많은 지지를 받고 있다.

② 사회학습이론의 접근방법

㉠ 코칭 : 사회화를 경험한 사람이 사회화의 주관자에 의해 가르침을 받는 학습을 의미

㉡ 강화 : 상과 벌이 사회적 역할의 습득과 수행에 영향을 준다는 관점의 반영을 의미

㉢ 관찰학습 : 개인이 과제를 학습하고 수행하는 행위는 다른 사람의 행동을 관찰한 결과와 유사하게 나타난다는 관점

(2) 역할이론

① 먼저 사회를 하나의 무대로 보고 개인을 무대 속의 배우에 비유한다.

② 사회 속에서 개인이 처해있는 정확한 상황을 스스로 배우며 상호작용을 통해 자신의 역할을 완전하게 수행하려고 시도함으로써 사회화과정이 진행된다는 관점

③ 사회화 주관자의 역할과 피사회화자의 역할이 상호작용과 모방의 과정을 통해 이루어진다는 것을 좀 더 강조한다.

(3) 준거집단이론

① 역할이론과 마찬가지로 사회화 관정을 중요하게 여긴다.

② 인간은 스스로 어떤 집단이나 타인에게 적응하기 위해 이들의 행동, 태도, 감정 등을 자신의 행동이나 태도, 감정의 형성을 위해 중요한 판단기준으로 삼는다.

03 스포츠 사회화의 과정

스포츠 사회화는 한 개인이 스포츠에 입문하여 스포츠와 관련된 문화적 내용을 학습하여 내면화시키고, 스포츠로부터 멀어지기까지의 단계로 이루어진다.

(1) 스포츠로의 사회화 _{기출} 2020, 2019, 2015

스포츠 활동에 참가하는 그 자체를 의미한다.

① **개인적 특성** : 성별, 연령, 출생서열, 사회경제적 지위 등과 같은 특성으로, 이는 스포츠 참여나 역할학습에 영향을 미친다.

② **스포츠 사회화의 주관자(주요 타자)** _{기출} 2018, 2015

ㄱ 스포츠 사회화의 주관자

ⓐ 스포츠로의 사회화를 촉발시키는 역할을 담당한 주체를 스포츠 사회화의 주관자 혹은 주요 타자라 한다.

ⓑ 스포츠 사회화의 주관자의 감정, 사고, 태도, 행동은 개인의 태도, 가치관 형성에 중요한 영향을 미쳐 이들이 스포츠에 참가하도록 장려하고 지도하거나 이를 강화한다.

ㄴ 가족

ⓐ 스포츠로의 사회화에서 가정의 역할은 절대적이다.

ⓑ 미취학일 경우 부모의 스포츠에 대한 긍정적 태도는 이른 시기에 스포츠 참여에 자연스럽게 이루어질 수 있다.

ⓒ 형제가 어떤 운동을 하게 되면 동생은 자연스럽게 그 종목을 배울 가능성이 높아진다.

ㄷ 동료집단

ⓐ 개인이 성장함에 따라 점점 가정보다는 친구와 같은 또래 집단에 소속되고자 한다.

ⓑ 동료집단은 가정에서 경험하지 못한 평등한 관계, 독립심, 리더십 발현의 기회를 제공한다.

  ② 지역사회

   ⓐ 비영리 및 영리를 목적으로 한 스포츠 시설을 통해 지역 주민의 스포츠 사회화 주관자로 활동하고 있다.

   ⓑ 지역사회의 사회체육이 활발해지면서 스포츠 참여 인구가 다양한 경로로 확산되고 있다.

  ⑩ 학교

   ⓐ 학교는 스포츠로의 사회화를 촉발시키는 가장 중요한 역할을 담당해 왔다.

   ⓑ 정규 체육 수업, 교내 운동 프로그램, 운동부 참가 및 경기 관람은 많은 학생들이 스포츠에 대한 가치
    관과 태도 및 참가의 형태에도 영향을 미친다.

  ⑪ 대중매체 : 신문, TV, 잡지, 영화. 인터넷 등의 대중매체는 청소년뿐만 아니라 성인과 여성에 이르기까지
   다양한 연령, 계층의 사람들이 스포츠와 친숙해지는 기회를 제공하며, 직·간접적으로 스포츠를 소비하
   고 스포츠에 참가하도록 유도한다.

  ⑫ 사회적 상황

   ⓐ 스포츠로의 사회화에 영향을 미치는 사회적 상황은 스포츠 시설, 용품 및 기구, 프로그램 등의 접근성
    과 편리성을 들 수 있다.

   ⓑ 스포츠 참여는 사회의 정치, 경제, 문화 제도와 역사, 종교, 국민성 등 지역의 특성과 전통에 의해 제약
    받을 수 있다.

(2) 스포츠를 통한 사회화 `기출` 2018~2015

 스포츠를 통한 사회화는 참여자가 스포츠 활동으로 얻은 경험을 통해 그가 속한 특정 사회의 가치, 태도, 행동
양식을 습득하는 과정이다.

① 스포츠 태도 형성

  ㉠ 태도란 경험을 통해 형성되는 대상에 대한 마음가짐으로 개인의 사고와 행동을 경정하는 경향성이라고
   할 수 있다.

  ㉡ 스포츠 태도는 스포츠 참가를 통해 형성된 스포츠에 대한 마음가짐이다.

  ㉢ 스포츠 참가 형태

   ⓐ 행동적 참가 : 스포츠에 실질적으로 참가하는 형태로, 경기자로 참여하는 1차적 참여와 코치, 심판,
    방송원, 팬 등으로 참가하는 2차적 참여로 구분된다.

   ⓑ 인지적 참가 : 학교, 사회, 기관, 미디어 등을 통해 스포츠에 관한 일정 정보를 수용함으로써 이루어지
    는 참가를 의미한다.

   ⓒ 정의적 참가 : 실제 스포츠 상황에 참가하지는 않지만 간접적으로 선수나 팀, 경기상황에 감성적 성향
    을 표출하는 행동을 의미한다.

   ⓓ 스포츠 참가 정도 : 참여 정도는 기간(운동 시작한지 몇 년 몇 개월), 빈도(주 몇 회 운동), 강도(하루 몇
    시간 운동)를 말한다.

ⓜ 스포츠 참가 수준

    ⓐ 조직적 참가 : 운동부나 동호회에 소속되어 주기적으로 스포츠 활동을 실시하는 형태의 참가 유형

    ⓑ 비조직적 참가 : 조직이 필요하지 않거나 최소한의 조직을 통해서 스포츠 참가

② 스포츠 가치 형성

    ㉠ 가치 : 특정상황의 규범적 기대를 반영하고 있는 것으로서 바람직한 것에 대한 사회적 평가기준이라고 정의할 수 있다.

    ㉡ 스포츠는 현대 사회가 공유하고 있는 성공 및 경쟁 등의 이데올로기를 가장 잘 반영하며, 스포츠를 통해 습득한 이데올로기는 사회에서 개인이 당연히 받아들여야 할 가치체계로 인식하게 만든다.

③ 스포츠를 통한 사회화에서 있어서 전이의 일반적 특성

    ㉠ 스포츠 참가를 통해 형성한 특정한 태도와 가치가 일반화되고 이것이 일상생활의 영역으로 전이되느냐에 관한 문제는 스포츠 사회화의 핵심이라 할 수 있다.

    ㉡ 스나이더(Snyder, 1970)에 의하면 인간은 사회적 영역을 수동적으로 수용하지 않기 때문에 스포츠 활동에서 학습된 태도나 가치는 일상적으로는 전이되지 않는다.

    ㉢ 스나이더의 스포츠를 통한 사회화의 전이는 다음 다섯 가지 변인에 의해 좌우된다.

        ⓐ 첫째, 참여의 정도 – 빈도·기간·강도

        ⓑ 둘째, 참가의 자발성

        ⓒ 셋째, 스포츠 조직 내의 사회적 관계

        ⓓ 넷째, 사회화 주관자의 위신과 위력

        ⓔ 다섯째, 참가자의 개인 및 사회적 특성

04 스포츠에서의 탈사회화 [기출] 2017~2015

(1) 스포츠 탈사회화

① 지속적으로 스포츠 활동에 참여한 사람이라도 연령이나 부상 등의 이유로 인해 참여를 중지하게 된다.

② 참가 중지로 인해 스포츠 사회화가 이루어지지 않는 상태를 '스포츠에서의 탈사회화'라고 한다.

③ 일반인은 신체적 한계로 인해 스포츠에 참가할 수 없는 경우를 제외하고는 정확하게 스포츠 탈사회화를 규정하기가 쉽지 않다.

④ 운동선수에게 있어 탈사회화는 은퇴라는 명확한 현상으로 나타난다.

(2) 자발적 은퇴

① 본인의 자발적 의사에 의해 결정되는 은퇴

② 운동선수의 교육 수준, 현재와 미래의 재정적 상황, 새로운 직업에 대한 기회, 신체능력의 저하 등에 의해 영향을 받는다.

(3) 비자발적 은퇴

    ① 큰 부상이나 팀으로부터의 방출과 같은 예기치 않은 상황에서 본의 아니게 발생한다.

    ② 부상, 스포츠에서의 부진, 팀 내 입지저하, 연령증가 등을 들 수 있다.

05 스포츠로의 재사회화

(1) 은퇴 후 스포츠로의 재사회화는 스포츠와 관련된 유사 역할(감독, 코치, 트레이너) 등과 같은 역할을 담당함으로써 재사회화의 과정을 밟게 된다.

(2) 스포츠로부터 탈사회화 이후 스포츠와 관련된 현장 복귀의 기회를 제공받지 못하거나, 스포츠와 관련이 없는 사회 영역으로 진출한 경우 스포츠로의 재사회화는 이루어지지 않는다.

선택과목 스포츠사회학

08 스포츠와 사회계급/계층

---

01 **사회계층의 이해**

(1) 사회계층의 개념 및 정의

① 사회계층의 정의

ㄱ 계층이란 인간사회에서 나타나는 개인 및 집단 간의 구조화된 불평등을 의미한다.

ㄴ 사회계층은 재산, 수입, 직업, 교육, 종교, 인종, 혈연 등 객관적 조건이 같은 사람들의 집합이며, 사회의 불평등한 위계구조 형태로서 권력, 부, 사회적 평가 및 심리만족도에 따라 질서가 사회구성원 속에서 서열화된 상태를 나타낸다.

ㄷ 계층과 계급

ⓐ 계층 : 사회적 지위의 높고 낮음에 따른 분류

ⓑ 계급 : 실질적으로 상대방을 지배하거나 상하복종관계에 있는 사회 집단의 하나

② 스포츠계층의 정의 기출 2016

ㄱ 스포츠에서 계층은 참여 기회의 불평등을 뜻하며, 스포츠 참여 기회의 불평등 및 차별현상은 일반 사회의 불평등 및 차별 체계와 비슷한 구조적 특징이 존재한다.

ㄴ 성, 연령, 근력, 신장, 인성, 사회경제적 지위와 같은 사회, 문화, 생물학적 특성이 특정한 집단이나 개인, 스포츠 종목에서 차별적으로 분배된다.

③ 스포츠계층의 특성 기출 2018, 2016

ㄱ Tumin의 사회계층의 다섯 가지 특성

ⓐ 사회성

• 계층은 사회적 현상이지 생물학적으로 야기된 불평등을 의미하지 않는다.

• 나이, 성별, 체력과 같은 생물학적 요인이 지위가 구분되는 편견으로 작용하지만, 생물학적 특성은 무엇이 우월하고 열등한지 사회적으로 인식되기 전에는 아무런 의미가 담겨있지 않다.

• 특정 지위가 더 큰 권력과 부, 위광을 가지게 되는 것은 체력, 체격, 지능, 연령, 성별 등 생물학적 차이로 설명이 불가하다.

• 스포츠 사회계층은 사회적 인정 가치(신념, 가치, 태도 등)와 개인의 생물학적 특성에 따라 달라진다.

ⓑ 고래성(역사성)

• 현대사회의 계층 현상이 단지 오늘날에 국한된 현상이 아니라 역사발전 과정을 거쳐 변천해 온 것임을 말해준다.

• 사회계층에 따른 참여와 관람 불평등은 일반 사회의 불평등 역사와 함께 한다.

- 역사적으로 스포츠 참여는 특정 시대의 사회, 문화 배경에 따라 다르다.
- 모든 사람이 똑같은 규칙 아래 공정하게 경쟁한다는 것은 지속되고 있다.

ⓒ 보편성
- 계층이란 어느 사회에서나 존재하는 보편적 현상으로서 스포츠에도 예외는 아니다.
- 현대 스포츠에서 이러한 계층화는 종목 간에, 그리고 종목 내에서도 찾아볼 수 있다.
  - 축구, 농구, 야구, 배구와 같은 스포츠는 프로리그가 먼저 도입되어 상대적으로 안정적인 선수 수급 구조와 고용환경인 반면에 육상, 체조, 럭비, 하키와 같은 비인기종목의 경우 그렇지 못하다.
  - 팀 스포츠의 경우, 특정 포지션이 다른 포지션보다 기능적으로 중시되기 때문에 인기도 높고 보수도 많다.

ⓓ 다양성
- 계층이란 지배집단이 특정한 역사, 사회적 조건에서 구축한 불평등한 구조이기 때문에 인류 역사상 여러 가지 형태의 계층이 존재했고, 오늘날에도 사회마다 조금씩은 다른 형태의 계층구조를 가질 수밖에 없다. 이를 계층의 다양성이라 한다.
- 현대사회에서 대부분의 스포츠는 노력 여하에 따라 사회적 상승이동이 가능한 개방적 계층구조로 되어 있다. 이에 따라 많은 선수들이 사회적 성취를 위해 스포츠에 진출하고 성과에 따라 지위를 부여받는다.

ⓔ 영향성
- 계층이라는 신분의 위계가 경제적 자원의 차이뿐 아니라 생애 기회와 양식에도 영향을 미쳐 개인의 삶 전반을 좌우할 수도 있음을 나타낸다.
- 스포츠에 있어 계층의 영향성은 계층에 따라 스포츠 참여의 성향이 달라질 수 있다는 점에서 중요하다.

ⓛ 구성주의가 말하는 스포츠의 사회구성성
  ⓐ 계층은 생래적, 태생적, 본질적 차이에 의해서가 아니라 보다 광범위하고 다양한 문화적 맥락 안에서 사회적으로 구성된다.
  ⓑ '키가 크다-작다' 같은 대립쌍들에서 각 항은 그 자체만으로 우열관계를 갖지는 않는다. 어떠한 것이 더 우월한 것인가에 대한 가치가 개입되면서 계층화가 시작되는데, 이러한 가치가 바로 사회적으로 구성된다는 것이다.
  ⓒ 사회구성성은 스포츠체계 내에서 선수 간 계층화에도 적용된다.
    - 팀 스포츠에서 포지션별 희소성, 승부에 미치는 영향 등에 따라 선수의 가치가 다르게 평가되는 경향
    - 역할은 차이가 있을 뿐 우열을 의미하는 것은 아니다.
  ⓓ 스포츠가 제도화되면서 고급포지션이 생겨나고, 선수수급 구조 및 팬들의 요구에 의해 선수 간 계층화는 더욱 강화된다.
  ⓔ 이런 경우, 선수의 계층화는 사회적으로 구성된 것으로 볼 수 있다.

(2) 스포츠 계층의 형성과정 기출 2022~2020, 2018, 2015

① 지위의 분화

　㉠ 감독, 코치, 선수 등 각자 맡은 책임과 권한이 명확히 구분되어 있고 지위를 담당할 충분한 인재가 모집되고 훈련받을 수 있는 효과적인 구조가 존재한다.

　㉡ 각 구성원이 담당하는 사회적 지위 또한 다양하다.

② 서열화

　㉠ 개인 역할에 따라서 지위가 분화되면 그 지위에 대한 비교가 가능해진다.

　㉡ 역할 비교를 통해 지위의 서열이 형성된다.

　㉢ 지위의 서열화는 개인적 특성, 개인의 기능, 능력, 역할의 사회적 기능에 의해 가능해진다.

　㉣ 서열화의 목적은 적재적소에 필요한 인재를 배치하는 것이다.

③ 평가

　㉠ 평가란 개인이 가지고 있는 가치 또는 유용성 정도에 따라 각기 다른 위치에 지위를 적절히 배열하는 일을 말한다.

　㉡ 평가 기준은 지위가 우수한가, 대중의 주목을 받는가, 명성을 어느 정도 얻고 있는가 등에 따라 달라진다.

　㉢ 평가의 요소

　　ⓐ 권위 : 명예, 존경

　　ⓑ 호감 : 특정 포지션이나 역할 모형에 대한 이상적 선택

　　ⓒ 인기 : 특정 지위나 선수, 감독이 매스컴이나 대중의 주목을 받는 정도

④ 보수 부여

　㉠ 서열화된 지위에 대해 사회적 희소가치가 차별적으로 배분되는 것을 의미한다.

　㉡ 보수는 세 가지로 구분된다.

　　ⓐ 봉급, 상금, 상품 등의 재화나 용역에 대한 권리, 책임을 의미하는 계산

　　ⓑ 팀의 대표로서 주장 권한, 선수 선발 및 기용 권한 등

　　ⓒ 타인으로부터 받는 인기나 명성 등

02 **사회계층과 스포츠 참가**

(1) 경제적, 사회문화적 차이에 따른 스포츠 참여

　사람들은 스포츠와 같은 자신의 취미활동을 자신의 기호에 따라 자율적으로 선택한다고 생각하나 어떤 스포츠에 참여하는지는 그들이 속한 사회계층의 경제적, 사회문화적 조건에 따라 그 선택권이 제한된다.

① **스포츠 참가 유형의 차이** 기출 2020

　㉠ 상류층은 중류층이나 하류층보다 직접 참여를 선호하는 비율이 높다.

ⓛ 직접 참여는 시간적 · 경제적 여유가 보장될 때 기능하기 때문이다.

ⓒ 관람 스포츠보다 참여 스포츠는 필요한 장비의 구매나 시설 이용에 많은 비용이 소요된다.

② 스포츠 관람 유형의 차이

ⓐ 시간적 · 경제적 여유가 변수로 작용하기 때문에 계층 간 차이가 드러난다.

ⓛ 중상류층에서 직접 참여율(1차적 관람)이 높은 반면, 하류층으로 갈수록 TV시청과 같은 간접참여 비율이 높다.

③ 스포츠 참가 종목의 차이 　기출 2017, 2016

ⓐ 계층 간 스포츠 참가유형의 차이는 일부 종목들에서 매우 두드러지게 나타난다.

ⓛ 상류층에서는 테니스, 골프, 탁구, 수영과 같은 개인종목에 참가한다.

ⓒ 중하류층의 경우 축구와 야구 같은 단체종목에 많이 참가한다.

ⓓ **상류층이 개인스포츠에 참여하는 비율이 높은 이유**

ⓐ 첫째, 개인스포츠는 비용이 많이 든다.

ⓑ 둘째, 상류층에는 골프, 수영, 스키와 같은 특정 종목을 강조하는 분위기가 형성되어 있어서 이러한 환경에서 성장한 상류층 자녀들은 스포츠 사회화 과정에서 자연스럽게 이들 종목을 숙달하고 즐거움을 경험한다.

ⓒ 셋째, 직업적 특성으로 일과가 불규칙한 상류층은 소수 인원이 즐길 수 있는 개인스포츠에 보다 적합하다. 중하류층은 비교적 출퇴근 시간이 일정하고, 일과 중 집단생활을 하기 때문에 단체스포츠에 적합하다.

(2) 부르디외의 계급에 따른 스포츠 참여

① 계급적 감각

ⓐ 부르디외는 "구별짓기(Distinction)"에서 자신이 속한 계급에 따라, 자신의 자리에 대한 감각이 발달하는데 그 감각에 따라 각기 다른 문화적 취향을 나타낸다고 주장한다.

ⓛ 계급적 감각이란 개개인이 자신이 속한 사회계급의 다른 구성원들과 유사한 방식으로 살아가게 만드는 사회적으로 획득된 성향의 육화된 체계로서 '아비투스(habitus)'라고 불렀다.

② 상류계급의 스포츠

ⓐ 상류계급이 주로 참가하는 스포츠는 골프, 테니스, 요트, 승마, 스키, 펜싱 등이다.

ⓛ 상류계급의 스포츠 취향은 다음과 같다.

ⓐ 첫째, 숙달되는 데 비교적 오랜 시간이 걸린다.

ⓑ 둘째, 페어플레이, 스포츠맨십 정신과 같은 의식적 측면을 강조한다.

ⓒ 셋째, 상류계급의 스포츠는 사적 클럽과 같은 전용 장소에서 본인이 선택한 시간에 혼자서 혹은 선택된 파트너와 함께 이루어진다.

ⓓ 넷째, 체력소모나 신체접촉이 적고 인간과의 경쟁보다 자연과의 경쟁을 선호한다.

ⓒ 상류계급의 스포츠는 경제적 측면으로만 설명할 수 없다. 가문의 전통, 스포츠의 조기 습득, 엄격한 사교 기술, 품위(복장과 태도)처럼 한층 은폐된 입장권이 있어야 한다.

③ 중간계급의 스포츠

ⓐ 중간계급은 다이어트, 체조, 조깅, 걷기에 대한 선호를 나타낸다.

ⓑ 중간계급의 스포츠 취향은 다음과 같다.

ⓐ 첫째, 건강 증진을 우선시한다.

ⓑ 둘째, 타인의 시선을 의식한다. 중간계급은 사회적 규범을 맞추려는 윤리적 성향이 있는 까닭에 타인의 눈에 비칠 자신의 모습에 신경을 쓴다.

④ 노동계급의 스포츠

ⓐ 노동계급은 축구, 레슬링, 복싱, 보디빌딩과 같은 운동을 선호한다.

ⓑ 노동계급의 스포츠 취향은 다음과 같다.

ⓐ 신체적 우월감을 표출한다.

ⓑ 연대감을 중요시한다.

(3) 계급에 대한 스포츠사회학적 분석 `기출` 2019

① 부르디외 : 골프, 승마 등 고급스포츠는 다른 계급과 구별 짓기 위한 수단이 된다.

② 베블렌 : 상류계층은 스포츠를 다른 계층이 접근하기 힘든 과시적 수단으로 사용한다.

③ 마르크스 : 선수는 자본가의 이익을 위한 도구나 착취 혹은 현상 유지의 수단이 된다.

④ 베버 : 프로스포츠에서 감독과 선수의 사회계층 수준은 단순 연봉 액수뿐만이 아닌 소유한 권력, 위신, 지식 등 사회적 자원의 소유 정도에 따라 달라진다.

03 스포츠와 계층이동

(1) 사회적 계층이동

① 한 개인이 특정 사회계층에서 다른 계층으로 옮겨가는 것을 계층이동이라고 한다.

② 계층이동이 많이 일어나는 사회 : 개방형 사회

③ 계층이동이 어려운 사회 : 폐쇄형 사회

④ 사회적 계층이동이 활발한 개방형 사회는 상대적으로 공평한 사회라고 말할 수 있다.

(2) 스포츠계층이동의 유형 `기출` 2022, 2020, 2019, 2015

① 수직이동

ⓐ 수직이동이란 계층이동의 기본개념

ⓛ 사회경제적 지위의 체계가 올라가거나 내려가는 것을 말한다.

　　ⓐ 상승이동 : 재산이나 소득, 지위를 획득하여 올라간 경우

　　ⓑ 하강이동 : 재산이나 소득, 지위를 상실하여 내려간 경우

② 세대 내 이동과 세대 간 이동 : 계층이동은 시간을 기준으로 구분하기도 한다.

　　㉠ 세대 내 이동 : 한 사람이 자신의 생애 동안 얼마나 상승 또는 하강이동 했는지를 나타내는 것으로 경력이동이라고도 부른다.

　　㉡ 세대 간 이동 : 여러 세대에 걸쳐 얼마나 상승 또는 하강이동 했는지를 나타낸다.

③ 경선이동과 후원이동

　　㉠ 경선이동 : 타인과의 경쟁을 통해 이루어지는 계층이동

　　㉡ 후원이동 : 타인의 도움으로 인해 이루어지는 계층이동

(3) 계층이동 기제로서 스포츠의 역할 　기출 2021, 2016

① 스포츠 참가가 사회계층의 상승이동을 촉진시키는 데 동의하는 입장의 근거

　　㉠ 첫째, 어린 시절부터 조직적인 스포츠에 참가함으로써 최소한의 교육을 받고서도 프로스포츠와 같은 전문 직종에 입문할 수 있는 신체적 기량이 발달되며, 기량이 뛰어난 선수는 곧바로 프로선수가 될 수 있다.

　　㉡ 둘째, 스포츠는 주로 학교와 같은 교육기관에서 주관하기 때문에 운동을 계속하는 것만으로 최소한의 학력을 확보할 수 있고, 장학금을 받을 수 있는 기회도 증대된다.

　　㉢ 셋째, 조직적인 스포츠 참가는 다양한 형태의 후원을 받을 수 있는 기회를 제공한다.

　　㉣ 넷째, 스포츠 참여는 일반 직업 영역에서 가치 있다고 여겨지는 태도 및 행동양식을 학습시켜 상승이동을 촉진한다.

② 사회이동의 기제로서 스포츠의 역할을 부정하는 입장의 이유

　　㉠ 불평등한 사회현실을 은폐하기 위해 스포츠를 이용하는 것이다.

　　㉡ 고액의 연봉, 큰 대회에서 우승으로 인한 스타가 된 사례의 강조는 누구나 노력하면 성공할 수 있다는 일종의 '성공 이데올로기'를 대중에게 확신시킨다는 것이다.

　　㉢ 하지만, 운동선수로 성공할 확률은 다른 직업에서 성공할 확률보다 오히려 낮다.

　　㉣ 계층이동의 기제로서 스포츠의 역할을 부정하는 입장은 이를 일종의 현실은폐 전략으로 파악한다.

09 스포츠와 일탈

01 스포츠 일탈의 이해

(1) 스포츠에서의 일탈

① 사회적 일탈이란 사회 구성원에 의해 수용되는 사회 규범에 대한 위반이나 비동조로서 사회의 일반적 통념, 관례 그리고 가치에서 벗어난 행위를 뜻한다.

② 스포츠에서의 일탈 행동은 스포츠 환경에서 규정된 다양한 형태의 규범을 위반한 행동을 의미한다.

③ 코클리(Coakley, 2009)의 스포츠에서 일탈 규정이 어려운 4가지 이유

㉠ 첫째, 스포츠에서 일탈의 유형과 원인은 매우 다양하기 때문에 한 가지 이론(기준)으로 모든 것을 설명할 수 없다.

㉡ 둘째, 스포츠에서 허용된 행동이 사회에서는 일탈이 될 수 있고, 사회에서 허용된 행동이 스포츠에서는 일탈이 될 수 있다.

㉢ 셋째, 스포츠에서의 일탈은 규범의 거부보다는 규범을 무비판적으로 받아들이는 것도 포함된다.

㉣ 넷째, 선수들의 훈련 및 운동수행은 과학 및 기술의 발전에 따른 새로운 규범을 미처 준비하지 못하는 공백이 발생한다. 대표적인 예가 도핑이다.

(2) 스포츠 일탈의 접근방법 기출 2017

현실에서 구체적으로 어떤 행위를 일탈로 규정하고 이해할 것인가에 대한 접근

① 절대주의적 접근 : 일탈을 구분하는 가치체계, 사회 구성원들을 만족시키는 보편적, 절대적 기준이 명확하다고 가정하여, 개별 행동의 옳고 그름의 여부는 그 보편적 사회 기준에 근거하여 판단된다는 관점이다.

② 구성주의적 접근 : 사람들의 어떠한 사고, 특성, 행위가 사회에서 받아들여질 수 있는 일반적인 사회적 범주에서 벗어날 경우 일탈로 간주한다는 것이다.

(3) 스포츠 일탈의 유형

① 일탈적 과소동조

㉠ 규범을 거부하거나 무시하는 것으로 판단되는 사고, 특성, 행위에 해당된다.

㉡ 예 훈련시간에 늦게 오는 행위, 경기 후 음주운전하는 행위, 관중의 야유에 야구방망이를 관중석으로 던지는 행위 등이 포함

㉢ 이러한 과소동조를 할 경우 해당선수는 즉각적으로 처벌을 받게 된다.

② 일탈적 과잉동조

　　㉠ 규범에 대한 무비판적인 수용과 규범수준의 한계에 대해 제대로 인식하지 못해 정상을 과도하게 넘어서는 사고, 득성, 행위가 이에 해당한다.

　　㉡ 예 큰 부상인데도 진통제를 맞고 경기에 참가하는 행위, 팀 승리를 위해 지도자의 지시에 따라 상대팀의 선수에게 상해를 입히는 행위 등이 포함

　　㉢ 일탈 행위임에도 불구하고 특정 스포츠 집단의 '기준'으로 인정될 때 선수들은 일탈로 보지 않게 된다.

　　㉣ 이유는 과잉동조가 운동선수로서의 정체성을 인정받고 재확인하는 과정에서 필수요소로 작용하기 때문이다.

　　㉤ 과잉동조는 위험하고 삶에 지장을 초래할지라도 코치와 다른 선수들로부터 인정받기 위해서 지불해야 할 대가로 여겨진다.

(4) 스포츠윤리와 일탈적 과잉동조 기출 2022

① 현실적으로 많은 스포츠는 선수들에게 스포츠 윤리에 대한 과잉동조를 요구한다.

② 일탈적 과잉동조와 밀접한 관계를 맺는 일반적인 스포츠 윤리의 규범

　　㉠ 첫째, 선수는 다른 무엇보다 경기에 헌신해야 한다는 "몰입 규범"이다.

　　㉡ 둘째, 운동선수는 탁월성을 위해 노력해야 한다는 "구분짓기 규범"이다.

　　㉢ 셋째, 운동선수는 위험을 받아들이고 고통 속에서도 경기를 해야 한다는 "인내 규범"이다.

　　㉣ 넷째, 운동선수는 스포츠에서 성공을 추구하는 데 있어서 어떠한 장애물도 용납되지 않는다는 "도전 규범"이다.

02 스포츠 일탈의 사회학적 이론 기출 2021, 2019

(1) 구조기능주의 관점

구조기능주의는 사회의 기본적 규범과 가치에 대한 높은 합의를 가정하고 있으므로, 일탈을 규범위반의 관점에서 정의하며, 규범위반의 원인과 결과가 일탈연구의 핵심적 초점이 된다.

① 아노미 이론 기출 2022

　　㉠ 구조기능주의 관점에서 일탈은 사회구조의 결함이 가져온 산물이다.

　　㉡ "아노미"란 '무규범 상태'를 이르는 말이지만, 규범이 없다기보다는 다양하고 양립 불가능한 규범이 동시에 작용하여 개인이 모순과 갈등에 놓인 상태를 의미한다.

　　㉢ 아노미는 목표와 수단의 괴리에서 발생하는 것이다.

　　㉣ 스포츠에서 목표는 승리를 의미하고 수단이란 승리를 쟁취하기 위한 노력, 규칙준수 등을 의미한다.

⑩ 그러나 이러한 목표와 수단 간의 불일치로 갈등이 나타났을 때 사람들이 나타내는 일탈유형은 다음 다섯 가지에 해당된다.
　　　　ⓐ **동조** : 목표를 긍정하면서 수단 또한 인정하는 행위
　　　　ⓑ **혁신** : 스포츠 일탈 중 가장 문제되는 형태로써 승리라는 궁극적 목표는 수용하지만 수단은 거부하는 행위 → 기존의 방법을 거부하고 새로운 방법을 모색하여 목표를 달성하고자 하는 것으로 긍정적 일탈로 표현된다.
　　　　불법적인 수단을 사용해서라도 승리를 추구하려는 유형도 해당된다.
　　　　ⓒ **의례주의** : 스포츠에서 승인된 목표는 반대하지만 수단은 수용하는 행동 형태 → 자신이 실현 가능한 범위로 목표를 제한하여 좌절과 스트레스를 약화시키는 행동으로 기대 역할 수행을 스스로 포기한 행동이라는 점에서 일탈로 간주한다.
　　　　ⓓ **도피주의** : 목표와 수단을 모두 거부하고 기존사회로부터 탈피하는 적응방식 → 기대하는 역할의 포기와 자아 상실이 나타난다는 점에서 일탈로 간주할 수 있다.
　　　　ⓔ **혁명(반역)** : 본래의 목표와 수단을 모두 부정하고 새로운 목표를 설정하여 혁신적인 수단을 이용하여 소정의 목적을 달성하고자 하는 행동 형태
　② **일탈의 기능론**
　　　㉠ 일탈은 현존하는 사회질서의 유지에 기여한다는 점에서 다른 지속적인 행동유형과 같이 정상적인 것으로 간주된다며 그 기능적 측면에 주목하였다.
　　　㉡ 스포츠에서 관중폭력, 약물복용 등은 부정적이지만, 이를 통해 사람들은 그런 행동을 경멸하고 경각심을 갖게 될 것이다. 부정적인 일탈에 대해 이야기함으로써 옳고 그름에 대한 공통의 가치를 재확인하게 될 것이다.
　　　㉢ 일탈자는 공통목표를 추구하기 위해 집단구성원들이 함께 뭉치는 기회를 제공하고, 그들이 공통으로 가지고 있는 것이 무엇인지 일깨워 주며, 아울러 사회적 결속을 강화시켜 준다.

(2) 갈등론적 관점

　갈등이론의 관점에서 일탈이란 정교하게 선택된 행위로서 사람들은 자본주의 체제의 불평등에 대한 적극적인 대응으로서 일탈 행위에 참가한다.
　① **경제적 갈등**
　　　㉠ 생산수단을 소유하고 통제하는 자(자본가, 구단)와 그렇지 못한 자(임금노동자, 선수) 사이에 근본적인 사회적 갈등이 존재한다고 본다.
　　　㉡ 프로스포츠의 많은 규칙들이 구단과 소유주의 이해를 반영하고 있는 반면, 선수들의 이해와 관심을 반영하지 못한다.
　② **인종적 갈등**
　　　㉠ 소수의 인종은 공정한 대우를 받지 못하며, 어떤 인종은 때때로 더 일탈적이고, 더 범죄적인 것처럼 취급받는다.

ⓛ 토미 스미스와 존 카를로스의 멕시코 올림픽 시상대 시위는 올림픽 정신을 훼손한 심각한 일탈행동으로 간주되어 선수추방 되었지만, 전 세계에 미국의 흑인인권문제를 환기시키는 중요한 순간으로 기억된다.

③ 젠더 갈등

ⓐ 가부장제 이데올로기가 지배적인 대부분의 사회에서 정치, 경제, 사회적 불평등과 이로 인한 갈등은 젠더와 관련성이 있다.

ⓛ 스포츠는 성에 대한 지배적인 정의를 강화시키는 대표적인 제도로서, 남성과 여성이라는 이분법적 기준이 적용되고, 다른 분류체계는 정상에서 벗어난 것, 또는 일탈로 간주되어 왔다.

(3) 상호작용론적 관점

① 차별교제이론

ⓐ 일탈은 다른 사람들과 상호작용을 통해서 학습된다.

ⓛ 개인이 스포츠에 참가하면 특정 문화를 공유하는 스포츠 집단의 문화를 내면화하는 일련의 사회화 과정을 겪게 되는데, 이는 개인에게 긍정적으로 작용하기도 하지만 집단적 폭력과 같은 일탈행동을 조장하기도 한다.

② 낙인이론

ⓐ 동일한 행위도 상황에 따라 일탈로 규정되거나 그렇지 않을 수 있다.

ⓛ 사회적 규정으로서 일탈을 개념화한 것이 낙인이론이다.

ⓒ 대체로 일탈이 정의되는 규칙들은 가난한 사람들을 대상으로 부자들이, 여성을 대상으로 남성들이, 소수 인종을 대상으로 다수 인종에 의해서 만들어진다.

03 스포츠 일탈의 기능 기출 2018

(1) 스포츠 일탈의 역기능

① 일탈 행위는 스포츠의 공정성을 훼손한다.

② 일탈 행위는 사회적 영향을 미친다.

③ 스포츠 일탈은 스포츠 체계의 질서 및 예측 가능성을 위협하고 긴장과 불만을 조성한다.

(2) 스포츠 일탈의 순기능

① 집단에 소속된 구성원으로 하여금 일탈적 행동에 반대하고 규범에 동조하려는 규범 동조를 강화시킨다.

② 일탈 행동은 잠재적 공격성과 불만을 잠재우는 안전판의 기능을 수행하여 심각한 사회적 문제의 발생을 사전에 예방하기도 한다.

③ 스포츠 일탈 행동은 혁명성을 지니고 있다.

04 스포츠 일탈 행동의 유형

(1) 폭력행위

고의적 또는 수단적으로 상대방에게 신체적 위해를 가하는 공격적인 행동을 의미한다.

① 경기장 내 폭력
- ㉠ 격렬한 신체 접촉
- ㉡ 경계 폭력
- ㉢ 유사 범죄 폭력
- ㉣ 범죄 폭력

② 경기장 밖 폭력 : 경기 상황이 아닌 일상생활에서 일어나는 폭력을 의미한다.

(2) 부정행위

스포츠계에서 부정행위는 규칙이나 규정에서 정한 범위를 벗어나는 행위

(3) 범죄행위

법률에 의해 금지된 행위를 말하며, 민·형사상의 범죄행위를 포함한다.

(4) 도핑

경기력 향상을 목적으로 인체의 생리기능을 인위적으로 조절하는 일체의 행위로서, 과거 주로 금지 약물복용에 관한 용어로 사용되던 도핑이 최근에는 유전자 도핑(유전 정보를 변형), 서지컬 도핑(수술을 통해 인공적으로 신체를 변화), 기술 도핑(기구, 장비를 착용해 첨단 기술의 적용으로 도핑과 비슷한 효과를 본다) 등으로 그 용례가 확장되었다.

10 미래사회의 스포츠

01 미래사회 스포츠 변화에 영향을 미치는 요인 기출 2021, 2017~2015

(1) 테크놀로지의 발전과 스포츠

① 문제의 해결 및 스포츠 경험의 확대를 위해 과학적 지식을 응용하여 현실에 적용시키는 것을 의미한다.

② 스포츠 참여자들의 운동수행을 보조하고 운동기술을 향상시켜주는 역할을 수행한다.

③ 스포츠 과학화를 통한 첨단 장비의 개발, 경기력 향상을 위한 프로그램 개발, 효율적 훈련 방법 개발 등에 활용할 수 있다.

④ 테크놀로지와 스포츠의 이슈와 쟁점

ㄱ 어떠한 방법으로 테크놀로지를 통제하고 관리할 것인가?

ㄴ 과도한 테크놀로지의 적용은 스포츠가 가지고 있는 본질적 가치를 훼손하지 않는가?

ㄷ 테크놀로지의 발전에 의한 기술적 도핑에 대한 우려는 없는가?

(2) 통신 및 전자매체의 발달

① 미디어는 통신 및 전자 매체의 발전과 함께 발달한다.

② 미디어 및 미디어를 제작하는 사람들은 미래 스포츠에 막강한 영향력을 미칠 것이다.

③ 다양한 미디어 매체(TV, SNS, 인터넷 등)의 발달로 다양한 스포츠 종목 시청이 가능하며, 스포츠 현장의 정보 수집을 위한 콘텐츠 제작에도 용이하다.

④ 정보화 시대 스포츠의 특징

ㄱ 스포츠 교육 서비스에 대한 요구가 증대된다.

ㄴ 스포츠 과학의 획기적인 발전이 이루어진다.

ㄷ 경기 전략에 대한 신속한 정보가 제공된다.

(3) 조직화 및 합리화

① 현대스포츠는 점차 조직화되고 합리화되는 경향이 있다.

② 스포츠 조직은 참여자나 선수들이 즐거움을 느끼는 경기가 아닌 극적인 재미 요소가 많은 경기를 원한다.

③ 기술·경기력을 합리적으로 평가하기 위해 육체 활동을 조직화하려는 경향이 있다.

④ 자신의 즐거움보다는 정해놓은 합리적 평가 기준을 넘어서기 위해 노력한다.

(4) 상업화 및 소비성향의 변화

① 스포츠의 내적 요인보다 스포츠의 외적 요인에 더 많은 관심을 보인다.

② 자본주의 경제체제에서 대중은 자신들을 소비자로 인식한다.

③ 스포츠 소비주의 현상이 나타난다.

    ㉠ 스포츠와 관련된 용품과 장비에 많은 돈을 투자한다.

    ㉡ 스포츠 자체의 즐거움보다 스포츠 외적인 요소에 투자함으로써 보여주기의 장이 형성될 우려가 있다.

02 스포츠와 세계화 기출 2017, 2016

(1) 스포츠 세계화의 이해 기출 2017, 2016

① 스포츠의 세계화의 정의

    ㉠ 세계는 다방면에서 지구적 차원으로 활발한 교류가 이루어지고 있다.

    ㉡ 스포츠는 지난 100년간 세계화가 가장 활발히 진행된 분야 중 하나일 것이다.

    ㉢ 스포츠의 세계화는 문화소비 측면에서도 이루어지고 있으며, 세계인이 공유하는 가장 대표적 문화현상
이다.

② 세계화 현상의 특징

    ㉠ 국가 경계의 약화 : 미디어의 발달로 다른 국가의 스포츠 경기를 시청할 수 있다.

    ㉡ 시간과 공간의 압축 : 스포츠 현상이 발생하는 시간적, 공간적인 거리의 의미가 약해진다.

    ㉢ 스포츠 불평등 : 세계화가 진행됨에 따라 국가 간의 관계는 위계적으로 변모한다.

(2) 스포츠 세계화의 동인 기출 2020~2018

① 제국주의

    ㉠ 스포츠는 제국주의시대, 서구 열강에 의해 전 세계로 전파되었다.

    ㉡ 스포츠는 신민국의 피식민국에 대한 정치적 프로그램이자 식민지배의 도구로 활용되었다.

    ㉢ 스포츠는 피식민지 국민을 깨우칠 수 있는 근대적 교육프로그램이자, 동화정책의 일환이었다.

② 민족주의

    ㉠ 민족주의는 스포츠 세계화에 결정적인 영향을 미친 주된 요인 중 하나로 볼 수 있다.

    ㉡ 스포츠는 경쟁이라는 속성을 가지고 있기 때문인데, 국제경기는 국가의 이름으로 치러졌고, 국가와 동일
시되는 민족이란 정체성을 확인시키는 과정이었다.

    ㉢ 냉전시대에는 양 진영 간의 대결은 단순히 신체능력을 과시하는 장이 아니라 체제의 우월성을 입증하는
처절한 사투의 일환으로 변모하였다.

    ㉣ '하나'라는 정체성을 부여하여 '민족형성'에 결정적인 영향을 미쳤다.

③ 종교

    ㉠ 19세기 강건한 기독교 사상은 스포츠와 함께 전 세계에 전파되었다.

ⓒ 강건한 기독교 사상은 미국으로 건너가 YMCA에 영향을 미쳤고, YMCA는 진 세계 스포츠 보급에 큰 역할을 담당하였다.

④ 테크놀로지의 진보

ⓐ 오늘날 세계 어디에서 스포츠 경기가 열리든 선수들의 생생한 모습이 시공간의 제약을 넘어 거의 실시간으로 다른 나라와 지역으로 전송되고 있다.

ⓑ 이 모든 것들이 가능해진 것은 교통, 통신, 미디어 등 고도로 발전된 테크놀로지 덕분이며, 이는 스포츠의 세계화에 결정적 영향을 미쳤다.

ⓒ 교통망이 확충된 오늘날에는 경기를 보기 위해 대규모 응원단의 이동이 가능하게 되었고, 경기에서도 홈 앤 어웨이 방식이 가능해졌다.

(3) 스포츠 세계화의 결과 기출 2022, 2019

① 신자유주의의 확대

ⓐ 신자유주의는 스포츠의 상업화와 밀접하게 관련되어 있다

ⓑ 세계적 유명 선수를 영입하는 데 많은 비용을 지불하고, 스포츠 관련 시장의 세계적 확대와 표준화된 상품 판매를 통하여 이윤의 극대화를 가져온다.

ⓒ 스포츠 시장에 있어서 빈익빈 부익부 문제를 심화시키고, 중계권료, 스폰서십 등으로 많은 수익을 얻는 주체가 있는 반면에 경쟁에서 뒤쳐진 팀 또는 리그는 경제적인 어려움에 직면한다.

② 스포츠 노동 이주의 확대

ⓐ 프로스포츠는 다른 국가의 우수한 선수를 영입하게 되는데, 이때 노동 이주가 발생한다.

ⓑ 스포츠 시장의 규모가 커짐에 따라 노동 이주는 전 세계적으로 발생한다.

ⓒ 보수가 큰 미국이나 유럽으로 이동하는 경향성이 있다.

③ 글로컬라이제이션(세방화)의 확대

ⓐ 글로컬라이제이션은 글로벌(global)과 지역(local)의 합성어로 세계화와 동시에 지역화가 진행되는 것을 말한다.

ⓑ 초국적 기업은 상품과 브랜드의 동질성을 강조하면서 지역 맞춤형 전략으로 판매를 촉진시킨다.

02 출제예상문제

01 아래에서 설명하고 있는 거트만의 근대스포츠 특성은?

- 근대스포츠는 해당 종목의 리그화를 통하여 직업 스포츠가 되었다.
- 스포츠 종목에서 포지션이 세분화되고, 각 포지션 선수마다 고유한 임무 및 역할이 생겼다.
- 스포츠 종목에서 여러 방면에 기량이 좋은 경우보다 한 분야에서의 우수한 기량이 중요해졌다.

① 관료화　　　　② 합리화
③ 전문화　　　　④ 수량화

해설 근대스포츠는 해당 종목의 리그화를 통하여 직업 스포츠가 되며, 포지션의 세분화와 경기력 향상에 따라 구성원 간의 임무 분담이 생기고 특성화되었다. 다방면에 기량이 우수한 경우보다 한 분야의 전문성을 높게 평가하게 되었다.

02 스포츠사회학의 주요 과제가 아닌 것은?

① 스포츠와 관련하여 인간이 살아가고 있는 사회생활의 여러 가지 측면과의 관련성
② 스포츠 경험에 영향을 주는 문화적, 구조적, 상황적 요인
③ 스포츠 활동의 참가를 통한 신체 기능의 향상과 질병의 관리 측면
④ 스포츠와 관련하여 발생하는 경쟁, 갈등, 사회계층 및 사회변동과 같은 사회화 과정

해설 스포츠사회학은 스포츠와 사회 전반에 분포하는 사회생활 및 집단과 사회조직의 상호작용, 스포츠 경험에 영향을 주는 사회적 요인 등 스포츠와 관련하여 사회를 이루는 모든 상황에 대한 연구를 다룬다. 스포츠 활동에 대한 신체의 변화 및 질병 관리는 생리학과 관련이 있다.

03 현대 스포츠 발전에 영향을 준 요소로 보기 어려운 것은?

① 산업의 고도화　　② 민주화 운동
③ 통신 수단의 발달　　④ 교통의 발달

해설 현대 스포츠는 산업의 고도화로 인한 스포츠 용품의 대량생산 및 표준화, 여가 시간의 증가, 그리고 교통의 발달로 인한 수송체계의 발전에 따른 다양한 스포츠 이벤트 개최 가능 및 참가, 마지막으로 통신의 발달로 인한 정보 유통 및 플랫폼의 다양화로 인한 스포츠저널리즘의 발달로 인하여 발전하였다.

04 스포츠사회학의 영역에서 거시적 영역에 해당하지 않는 것은?

① 스포츠와 공격성　　② 스포츠와 정치
③ 스포츠와 젠더　　　④ 스포츠와 교육

해설 거시적 영역은 대규모 사회체계를 이루고 있는 사회제도와 스포츠 간의 관계를 말한다. 소집단의 상호작용, 공격성, 비행, 사회화, 지도자론 등은 소규모 사회체계를 이루는 것으로 미시적 영역에 해당한다.

정답
01 ③　02 ③　03 ②　04 ①

05 아래의 설명 중 스포츠의 사회적 순기능이 아닌 것은 무엇인가?

① 스포츠는 개인의 정서를 순화시켜준다.
② 스포츠는 일반 사회의 축소판으로 규범, 가치, 신념 등을 배울 수 있다.
③ 서로 다른 사회적 배경을 가지고 있더라도 하나로 통합할 수 있다.
④ 스포츠 활동의 즐거움보다 신체활동을 통해 나타나는 결과에 집착한다.

> **해설** 스포츠 활동이 가지고 있는 본질적인 가치인 즐거움을 얻기보다 신체활동을 통해 나타나는 결과물에 과도하게 집착하는 것은 스포츠의 역기능에 속한다.

06 스포츠의 사회적 역기능 중 상업주의에 대한 설명으로 틀린 것은?

① 스포츠의 프로화 및 대중화는 스포츠를 하나의 상품으로 인식하게 하였다.
② 스포츠의 상업화로 인해 기록, 승리 추구의 가치가 중요해 짐에 따라 신체가 목적을 위한 수단이 되는 것이 더욱 심해졌다.
③ 자본가들은 스포츠를 부가가치를 창출해 내는 투자의 대상으로 인식한다.
④ 경기 결과와 경기에서의 승리를 가장 가치 있는 것으로 인식하게 만들었으며, 승리제일주의와 물질만능주의를 보편화 시킨다.

> **해설** 스포츠 참여자들은 스포츠의 상업화로 인해 기록, 승리 추구의 가치가 중요해 짐에 따라 신체가 목적을 위한 수단이 되는 "신체 소외"가 더욱 심해졌다. 이는 스포츠의 사회적 역기능 중 신체 소외에 해당된다.

07 스포츠사회학의 이론 중 구조기능론에 대한 설명으로 틀린 것은?

① 사회는 하나의 유기체이며, 가족, 교육, 정치, 경제, 종교, 스포츠는 각자의 역할을 가지고 있으며, 상호 연결되어 있는 체계로서 사회의 존속을 위해 기여한다.
② 스포츠는 대중들에게 사회의 기본적 가치와 규범을 가르치고 사회체제 유지 및 사회 긴장을 처리하는 기능을 한다고 간주한다.
③ 스포츠는 사회화 주관자, 건강 증진 및 정서순화, 성취동기 강화 등의 사회적 기능을 수행하기 때문에 사회체계 안정과 질서유지에 기여하는 긍정적인 사회제도 중 하나이다.
④ 지배집단의 체제를 유지시키는 도구라는 관점으로 바라본다.

> **해설** 스포츠에서의 갈등이론은 스포츠가 지배집단의 체제를 유지시키는 도구라는 관점으로 바라본다.

08 아래에서 설명하고 있는 스포츠사회학의 이론은 무엇인가?

> • 스포츠가 문화로서 상품화되면서 문화의 품위와 해방적 기능이 저하됐다.
> • 스포츠는 대중을 기만하는 문화산업이다.
> • 이 이론의 한계는 스포츠를 둘러싼 다양한 관계는 사회적으로 구성되며 끊임없이 변화의 과정을 겪는다는 것에 관심을 두지 않는다.
> • 스포츠의 변화를 통해서 사회의 합리성을 회복할 수 있다.

① 비판이론   ② 상징적 상호작용론
③ 갈등이론   ④ 구조기능론

해설 비판이론은 스포츠를 대중을 기만하고 권력자들의 지배를 유지하기 위한 도구로서의 문화산업으로 정의내리고 있다. 비판이론에서 문화산업은 대량생산체제가 만들어낸 상품으로서의 문화를 의미하며, 현대 예술과 문화도 상품화, 산업화로 변질됨을 비판한다.

09 스포츠사회학 이론 중 상징적 상호작용론에 대한 설명으로 바른 것은?

① 스포츠 참여가 개인의 사회화와 정체성 형성에 영향을 주는지 연구한다.

② 개인의 정체성에 관심을 두지만, 성, 인종, 계급과 같은 개인 정체성이 사회에서 차별적으로 재생산 된다는 사실은 다루지 않는다.

③ 구조기능주의와 비판이론의 약점을 보완하는 이론이다.

④ 개인행동 또는 사고가 사회의 영향을 받는 것과 함께 사회를 구성하고 변화시켜 나가는 역할을 한다고 주장한다.

해설 상징적 상호작용론은 구조기능주의와 갈등이론의 약점을 보완하는 이론이다.

10 현대 스포츠의 발전에 영향을 미친 사회적 요인이 아닌 것은?

① 산업화　　　　② 도시화

③ 교통·통신의 발달　④ 세계화

해설 현대 스포츠는 근대 사회의 도래와 함께 스포츠의 경제적인 측면이 부각되기 시작했고, 산업화, 도시화, 교통·통신의 발달 등과 같은 사회적 요소들이 산업혁명 이후 현대 스포츠의 형성과 발전에 영향을 미쳤다.

11 상업주의 스포츠가 출현하기 위한 일반적인 사회 조건으로 틀린 것은?

① 프로스포츠의 발달로 인한 아마추어리즘의 쇠퇴

② 경제적 여유 증가로 인해 소비문화의 발전

③ 인구 밀도가 높은 대도시의 발달로 스포츠 관련 흥행 성공률 증가

④ 자본주의적 시장 경제 체제로 인한 스포츠 관련 경제적 보상체계의 발달

해설 프로스포츠의 발달로 인한 아마추어리즘의 쇠퇴는 상업주의로 인한 스포츠의 변화이다.

12 상업주의로 인하여 나타나는 스포츠의 변화로 틀린 것은?

① 선수는 경기를 위한 상품 또는 도구로 전락하고 승리만을 추구하게 되었다.

② 스포츠의 직업화로 인하여 프로페셔널리즘이 발달하였다.

③ 스포츠의 형태 및 목적뿐만이 아니라 스포츠 조직의 변화를 촉진시키고 있다.

④ 경마, 경륜, 경정과 같은 합법적인 도박의 기회를 제공하여 사행성을 조장한다.

해설 경마, 경륜, 경정과 같은 종목의 경우에는 합법적인 도박의 기회를 제공하여 국민의 사행성 조장 및 승부조작과 같은 불법적인 행동을 유발하는 것은 프로스포츠의 역기능 중 하나이다.

13 아래에서 제시된 스포츠 메가 이벤트의 사례 중 정치적 이용 방식이 다른 것은?

① 1956년 멜버른 올림픽

② 1980년 모스크바 올림픽

③ 1992년 바르셀로나 올림픽

④ 1984년 LA 올림픽

> 해설 1956년 멜버른 올림픽, 1980년 모스크바 올림픽, 1984년 LA 올림픽은 스포츠를 정치적으로 이용하여 외교적 항의 수단으로 올림픽에 불참한 국가가 있는 메가 스포츠 이벤트이다. 1992년 바르셀로나 올림픽은 도시의 이미지 향상, 균형 잡힌 예산의 활용 등으로 성공적인 대회로 평가되는 메가 스포츠 이벤트이다.

14 스포츠의 정치적 순기능으로 틀린 것은?

① 사회 통합의 기능

② 정치적 무관심 유발

③ 국민 화합의 모드

④ 외교적 수단

> 해설 정치적 무관심 유발은 스포츠의 정치적 역기능에 해당한다.

15 Eitzen & Sage(1997)의 스포츠 정치화 현상으로 틀린 것은?

① 스포츠 참가자는 특정 사회 조직을 대표하며 그 조직에 강한 충성심을 가지고 있다.

② 스포츠와 정치는 상호작용 관계를 형성하며, 스포츠 진흥 및 활성화를 위한 과정이다.

③ 스포츠와 정치의 결합은 정부 기관이 개입되었을 때 더욱 발전한다.

④ 스포츠의 제도는 보수적이기 때문에 현존하는 질서를 지지하고 유지하는 데 기여한다.

> 해설 스포츠 진흥 및 활성화를 위한 과정은 Eitzen & Sage가 언급한 내용은 아니고, 스포츠를 통하여 정치적 목직을 딜성하기 위해 국가가 성책을 통해 개입하는 것이다.

16 스포츠에서 관중의 흥미를 촉발시키는 요인으로 틀린 것은?

① 경기 결과의 불확실성

② 경기에 참가한 스타 선수의 탁월한 기량

③ 경기 중 휴식시간의 변화

④ 대회 참가자의 재정적 보상으로 스타선수의 시합 출전여부

> 해설 경기 중 휴식시간을 두는 것은 경기를 불확실하게 하고 광고 시간을 확보하기 위함으로, 관중의 흥미를 유지하기 위하여 규칙을 변화시켜 스포츠의 형태를 변화시킨 것이다.

17 스포츠가 상업화되어 나타난 형태 중 가장 대표적인 것이 "프로스포츠"이다. 프로스포츠의 순기능이 아닌 것은?

① 대중들에게 스포츠에 대한 흥미를 유발하고, 스포츠 참여를 확산시킨다.

② 스포츠의 본질적인 가치보다는 외양적인 이익을 중시한다.

③ 아마추어 선수들에게 장래에 대한 희망을 지니게 한다.

④ 개인의 여가선용에 도움을 주며 사회적 긴장 해소 등 생활의 활력소를 준다.

> 해설 프로스포츠는 스포츠가 가지고 있는 내면적 만족보다 외양적인 이익을 중시하게 되며, 아마추어리즘이 퇴색하고, 프로스포츠는 물질만능주의와 승리지상주의에 빠지게 만든다. 이것은 프로스포츠의 역기능 중의 하나이다.

18 핫 미디어 스포츠에 대한 설명으로 틀린 것은?

① 스포츠의 고정밀성

② 동적 스포츠, 팀 스포츠

③ 스포츠 관람인의 감각 참여도 낮음

④ 기록 스포츠

해설 매체형태로서 스포츠가 지니고 있는 메시지 생태와 스포츠를 관람하는 관람자의 감각적 수용방법과 수용태도를 기준으로 "핫 스포츠"와 "쿨 스포츠"로 구분하였다. 핫 미디어 스포츠는 스포츠의 고정밀성, 스포츠 관람인의 감각 참여도 낮음, 정적 스포츠/개인 스포츠, 선수의 행동반경이 좁은 스포츠, 수비와 공격의 구분이 쉬운 스포츠, 기록 스포츠, 몰입 수준이 낮은 스포츠 등의 특성을 가지고 있다.

19 메가 스포츠 이벤트의 경제적 가치에 대한 설명으로 틀린 것은?

① 국제 스포츠는 참여국의 증가 등 규모가 커지면서 대회 유치로 인한 재정적 수익이 급속도로 증가하는 상황이다.

② 메가 스포츠 이벤트는 매년 열리지 않고 4년 주기별로 개최되기 때문에 희소성이 있고, 세계적인 대회이기 때문에 미디어의 적극적인 참여를 유도한다.

③ 메가 스포츠 이벤트의 개최는 TOP(The Olympic Partner) 프로그램을 도입하게 한다.

④ 메가 스포츠 이벤트를 개최한 국가는 모두 경제적으로 큰 이익을 얻었다.

해설 대부분의 메가 스포츠 이벤트는 개최한 나라에 경제적, 사회적, 문화적 이익을 주었으나, 올림픽을 개최하고도 경제적으로 큰 손실을 본 경우도 있으며, 지속적인 시설유지비, 시설철거비용 등은 국가 경제에 막대한 손실을 입히기도 한다.

20 미디어 매체의 분류 기준에 근거한 스포츠 미디어의 유형이 다른 하나는?

① 잡지   ② TV

③ 라디오   ④ 영화

해설 TV는 쿨 미디어에 속하고, 잡지·라디오·영화는 핫 미디어에 속한다.

21 미디어를 통하여 간접적으로 스포츠 팬에게 전달되는 스포츠에 관한 지식이나 정보 그리고 경기 장면 등의 모든 메시지에 관련된 것을 무엇이라고 하는가?

① 매스미디어

② 스포츠 콘텐츠

③ 스포츠 커뮤니케이터

④ 미디어 스포츠

해설 미디어 스포츠는 스포츠와 관련된 모든 정보를 미디어를 통하여 대중에게 전달하는 것을 의미하며, 스포츠를 중요한 콘텐츠로 다루게 되면서 미디어와 스포츠가 결합하여 생겨났다.

22 스포츠가 미디어에 미치는 영향으로 틀린 것은?

① 스포츠 미디어에 대한 경제적 의존이 증대되고, 스포츠에 의해 미디어의 중계 형태와 내용이 변화되고 있다.

② 스포츠는 미디어의 보급 및 확산에 기여하였다.

③ 스포츠 수요자의 욕구를 충족시키기 위해 스포츠 중계 기술과 장비가 발전하였다.

④ 스포츠가 점차 대중의 생활 속에 확산되며 스포츠에 대한 미디어의 관심이 증가하였다.

정답

13 ③ 14 ② 15 ② 16 ③ 17 ② 18 ② 19 ④ 20 ② 21 ④ 22 ①

스포츠의 싱업화로 관람스포츠가 발날함에 따라 스포츠는 미디어의 영향을 크게 받고 있으며, 스포츠의 미디어에 대한 경제적 의존이 증대됨에 따라서 미디어에 의해서 스포츠의 형태와 내용이 변화되고 있다.

23 미디어 스포츠의 이데올로기 전파에 대한 설명으로 틀린 것은?

① 자본주의 이데올로기 : 미디어스포츠의 효용가치는 자본주의 체제 내에서 존재한다.

② 성차별 이데올로기 : 여성 선수를 보도할 때 실력보다 외모를 더 부각시킨다.

③ 성공 이데올로기 : 결과만을 중시하고 최종 스코어만을 강조하며 승리자에게만 초점을 둔다.

④ 영웅 이데올로기 : 스포츠 영웅을 통해 경제적 보상보다는 개인의 성공을 위한 노력과 열정에 집중한다.

영웅 이데올로기는 우수한 플레이어를 스포츠 영웅으로 만들며, 운동능력뿐만 아니라 경제적 보상도 중요한 기준으로 삼는다. 개인의 성공을 국가의 성공과 발전으로 상징화하며, 스타 플레이어의 연봉이나 사생활에 관심을 집중함으로서 '최고제일'이라는 엘리트주의를 부추긴다.

24 스포츠의 교육적 순기능에 대한 설명으로 틀린 것은?

① 청소년기의 스포츠 경험은 집단 내에서의 협동심 발달과 통제력 강화에 도움을 준다.

② 스포츠 참여로 스트레스가 해소되고 학생들의 학업 능력 향상에 도움을 준다.

③ 장애인의 스포츠 참여는 신체 기능 약화를 예방하여 신체를 강화하고 정신적 측면의 발달에 도움을 준다.

④ 승리를 위해 노력하며, 참여의 즐거움보다 승리를 경기에서의 성공으로 생각하게 된다.

승리만을 위해 노력하고, 스포츠 참가의 본질적 가치와 참여의 즐거움보다는 승리를 경기에서의 성공으로 긴주하며 학생선수들에게 시합, 훈련 숭심의 학교생활을 강요하는 것은 스포츠의 교육적 역기능에 해당한다.

25 스포츠 육성 시스템의 문제점이 아닌 것은?

① 체육특기자는 학업 참여의 기회가 제한된다.

② 학대 및 폭력 등의 반교육적 행위에 노출된다.

③ 주말에만 경기를 치르는 "주말리그제"로 인해 주말에 쉴 수가 없다.

④ 일반학생은 공식적인 경쟁스포츠에 참여할 기회가 제한된다.

"주말리그제"는 체육특기자의 학업 참여기회가 제한되는 이유로 학업권 보장을 위하여 주말에만 경기를 치르도록 하는 것이다.

26 아래에서 설명하는 스포츠 사회화의 과정은 무엇인가?

> 축구 선수 생활을 하다가 나이가 들어감에 따른 신체능력의 저하로 인하여 자발적 은퇴를 하고, 고등학교 축구팀의 감독 직책을 맡게 되었다.

① 스포츠로의 재사회화

② 스포츠를 통한 사회화

③ 스포츠로의 사회화

④ 스포츠에서의 탈사회화

운동선수는 은퇴 후 자신의 삶을 지속적으로 영위하기 위해 사회에 적응해야 한다. 비록 운동선수는 아니지만 스포츠와 관련된 유사 역할(감독, 코치, 트레이너 등)을 담당함으로써 스포츠로의 재사회화의 과정을 밟게 된다.

27 스포츠 사회화의 이론이 아닌 것은?

① 사회학습이론　　② 역할이론

③ 준거집단이론　　④ 관찰학습이론

스포츠 사회화 이론은 사회학습이론, 역할이론, 준거
집단이론이다.

28 스포츠로의 사회화에 대한 설명으로 틀린 것은?

① 대중매체는 모든 연령의 사람들에게 스포츠를
쉽게 볼 수 있는 기회를 제공하여 직접적인 스
포츠 참가를 유도하지는 못한다.

② 스포츠 사회화의 주관자는 주로 가족, 동료, 지
역사회 스포츠 시설, 학교, 대중매체 등이 있다.

③ 미취학일 경우 부모의 스포츠에 대한 긍정적
태도는 아동이 스포츠에 참가하는 데 영향이
크다.

④ 주변에 스포츠 시설이 있는 편리성은 스포츠로
의 사회화에 영향을 크게 준다.

대중매체(신문, TV, 잡지, 영화, 인터넷 등)는 청소년
뿐만 아니라 성인과 여성에 이르기까지 다양한 연령,
계층의 사람들이 스포츠와 친숙해지는 기회를 제공
하며, 직·간접적으로 스포츠를 소비하고 스포츠에
참가하도록 유도한다.

29 스나이더의 스포츠를 통한 사회화의 전이가 좌우
되는 변인이 아닌 것은?

① 스포츠 참여(빈도·기간·강도)의 정도

② 스포츠 참가 종목의 난이도

③ 스포츠 조직 내의 사회적 관계

④ 사회화 주관자의 위신과 위력

스나이더의 스포츠를 통한 사회화의 전이는 다음 다
섯 가지 변인에 의해서 좌우된다.
㉠ 스포츠 참여(빈도, 기간, 강도)의 정도, ㉡ 스포츠
참가의 자발성, ㉢ 스포츠 조직 내의 사회적 관계, ㉣
사회화 주관자의 위신과 위력, ㉤ 스포츠 참가자의
개인 및 사회적 특성 등이 있다.

30 다음이 설명하는 내용은 Tumin의 스포츠 계층의
다섯 가지 특성 중 무엇인가?

> • 계층이란 어느 사회에서나 존재하는 보편적 현
> 상으로 스포츠에도 존재한다.
> • 현대 스포츠에서 종목 간, 종목 내에서도 계층
> 화를 찾아볼 수 있다.
> • 프로리그가 있는 인기 종목과 비인기 종목에서
> 는 선수 수급 구조 및 고용환경면에서 차이가
> 크다.
> • 같은 종목에서도 포지션별로 차이가 존재한다.

① 사회성　　　　② 고래성(역사성)

③ 다양성　　　　④ 보편성

• 사회성 : 계층은 사회적 현상이지 생물학적으로 야
기된 불평등을 의미하지 않는다.
• 고래성(역사성) : 현대사회의 계층 현상이 단지 오
늘날에 국한된 현상이 아니라 역사발전 과정을 거
쳐 변천해 온 것임을 말해준다.
• 다양성 : 계층이란 지배집단이 특정한 역사와 사회
적 조건에서 구축한 불평등한 구조이기 때문에 인
류 역사상 여러 가지 형태의 계층이 존재했고, 오늘
날에도 사회마다 조금씩은 다른 형태의 계층구조를
가질 수밖에 없다. 이를 계층의 다양성이라 한다.

31 스포츠 참가에 있어서 사회 계층으로 인하여 나타나는 특징으로 틀린 것은?

① 상류층은 중류층이나 하류층보다 스포츠에 직접 참여를 선호한다.

② 노동계급은 신체적 우월감을 표출하고, 건강 증진을 우선시한다.

③ 상류층은 페어플레이, 스포츠맨십 정신과 같은 의식적 측면을 강조한다.

④ 하류층으로 갈수록 직접 참여보다는 TV시청과 같은 간접참여 비율이 높아진다.

> 해설 노동계급의 스포츠는 신체적 우월감을 표출하고, 연대감을 중요시한다. 중간계급의 스포츠는 건강 증진을 우선시한다.

32 계층이동 기제로서 스포츠의 역할에 대한 설명 중 입장이 다른 것은?

① 조직적인 스포츠 참가는 다양한 형태의 후원을 받을 수 있는 기회를 제공한다.

② 스포츠 참여는 일반 직업 영역에서 가치 있다고 여겨지는 태도 및 행동양식을 학습시켜 상승이동을 촉진한다.

③ 고액의 연봉, 스포츠 스타가 된 사례의 강조는 누구나 노력하면 성공할 수 있다는 일종의 '성공 이데올로기'를 대중에게 확신시킨다.

④ 스포츠는 주로 학교와 같은 교육기관에서 주관하기 때문에 운동을 계속하는 것만으로 최소한의 학력을 확보할 수 있고, 장학금을 받을 수 있는 기회도 증대된다.

> 해설 고액의 연봉, 큰 대회에서 우승으로 인한 스타가 된 사례의 강조는 누구나 노력하면 성공할 수 있다는 일종의 '성공 이데올로기'를 대중에게 확신시킨다는 내용은 사회이동의 기제로서 스포츠의 부정적인 역할을 말한다.

33 코클리(Coakley, 2009)의 스포츠에서 일탈 규정이 어려운 이유가 아닌 것은?

① 스포츠에서 일탈의 유형과 원인은 매우 다양해서 한 가지 이론으로 설명할 수 없다.

② 스포츠에서 허용된 행동이 사회에서는 일탈이 될 수 있으나, 사회에서 허용된 행동이 스포츠에서는 일탈이 될 수 없다.

③ 스포츠에서의 일탈은 규범의 거부보다는 규범을 무비판적으로 받아들이는 것도 포함된다.

④ 선수들의 훈련 및 운동수행은 과학 및 기술의 발전에 따른 새로운 규범을 미처 준비하지 못하는 공백이 발생한다.

> 해설 스포츠에서 허용된 행동이 사회에서는 일탈이 될 수 있고, 사회에서 허용된 행동이 스포츠에서는 일탈이 될 수 있기 때문에 스포츠에서 일탈을 규정하기 어렵다.

34 스포츠 일탈의 유형 중 성격이 다른 것은?

① 훈련시간에 늦게 오는 행위

② 큰 부상을 입었음에도 진통제를 맞고 경기에 참가하는 행위

③ 경기 후 음주운전을 하는 행위

④ 관중의 야유에 화를 내며 폭력성을 보이는 행위

> 해설 일탈적 과소동조는 규범을 거부하고 무시하는 것으로 판단되는 사고, 특성, 행위를 말하며, 예는 훈련시간에 늦게 오는 행위, 경기 후 음주운전을 하는 행위, 관중의 야유에 화를 내며 폭력성을 보이는 행위이다. 일탈적 과잉동조는 규범에 대한 무비판적인 수용과 규범수준의 한계에 대해 제대로 인식하지 못해 정상을 과도하게 넘어서는 사고, 특성, 행위가 이에 해당하며, 예로 큰 부상인데도 진통제를 맞고 경기에 참가하는 행위, 팀 승리를 위해 지도자의 지시에 따라 상대팀의 선수에게 상해를 입히는 행위 등이 포함된다.

35 스포츠 일탈의 사회학적 이론 중 갈등론적 관점에 대한 설명이 아닌 것은?

① 구단과 선수 사이에 존재하는 근본적인 사회적 갈등이 존재한다.

② 어떠한 인종은 대우를 받지 못하고, 더 일탈적이고 범죄적인 것처럼 취급받는다.

③ 가부장적인 이데올로기가 지배적인 사회에서 경제적, 사회적 불평등의 갈등은 젠더와 관련성이 있다.

④ 동일한 행위도 상황에 따라서 일탈이 될 수도 있고, 일탈이 아닐 수도 있다.

[해설] 같은 행동이라도 상황에 따라 일탈로 규정되거나 그렇지 않을 수 있다는 것은 상호작용론적 관점의 낙인 이론에 대한 설명이다.

36 스포츠 일탈의 순기능으로 맞지 않는 것은?

① 어떤 집단에 소속된 구성원은 일탈적 행동에 반대하고 규범 동조를 강화시킨다.

② 스포츠 일탈 행동은 혁명성을 지니고 있다.

③ 일탈 행위는 스포츠의 공정성을 훼손한다.

④ 일탈 행동은 잠재적 공격성과 불만을 잠재우는 안전판의 기능을 수행한다.

[해설] 일탈 행위가 스포츠의 공정성을 훼손하는 것은 스포츠 일탈의 역기능에 해당한다.

37 스포츠 일탈 행동의 유형 중 부정행위에 속하는 것은?

① 승인이 되지 않은 용구나 기구를 경기에서 사용하는 행위

② 불법 도박을 하는 행위

③ 축구에서 팔꿈치로 상대방 선수의 얼굴을 고의적으로 가격하는 행위

④ 경기력 향상을 위해 약물을 복용하는 행위

[해설] 부정행위는 상대방보다 유리한 위치를 차지하기 위한 규정을 벗어난 행위이다.
② 범죄행위, ③ 폭력행위, ④ 도핑

38 미래 사회의 스포츠 변화에 영향을 미치는 요인으로 보기 어려운 것은?

① 기술의 발전으로 첨단 장비의 개발과 경기력 향상을 위한 훈련 방법 개발 등의 스포츠 과학화

② 다양한 미디어 매체를 통한 스포츠 정보의 접근성이 용이하다.

③ 스포츠는 점차 조직화되고 합리화 되는 경향이 존재한다.

④ 선수를 상품화하여 대중의 관심을 유도한다.

[해설] 선수를 상품화하는 것은 상업주의 스포츠의 전략에 속한다.

---

31 ② 32 ③ 33 ② 34 ② 35 ④ 36 ③ 37 ① 38 ④

39 스포츠가 세계화가 되는 것에 결정적인 역할을 한
것은?

① 제국주의   ② 테크놀로지의 발달

③ 종교   ④ 민족주의

해설 스포츠의 세계화에 결정적인 역할을 한 것은 미디어,
통신, 교통 등의 발전을 통해 이루어졌다.

40 스포츠의 세계화의 결과로 보기 어려운 것은?

① 다른 나라의 유명 선수를 영입하는 데 많은 비
용을 지불하고 그로 인한 노동이주가 발생한다.

② 스포츠 시장의 부익부 빈익빈 현상의 문제가
심화되었다.

③ 스포츠 세계화의 틈바구니 속에서 전통적 신체
문화나 전통 스포츠도 같이 상승하였다.

④ 중계권료, 스폰서십 등으로 많은 수익을 얻는
주체가 있는 반면에 경쟁에서 뒤처진 팀 또는
리그는 경제적인 어려움에 직면한다.

해설 표준화, 획일화되는 스포츠 세계화 속에서 자본이란
권력에 편승하지 못한 전통적 신체 문화나 전통 스포
츠는 몰락하는 경우가 많다.

스포츠심리학

스포츠심리학의 개관

01 스포츠심리학의 정의 및 의미 기출 2015

(1) 스포츠심리학의 정의

① 스포츠와 관련된 인간의 행동을 과학적으로 연구하는 학문이다.

② 현장 적용에 초점을 둔 스포츠과학의 한 분야이다.

③ 다양한 심리학적 변인이 개인의 운동 참가와 수행이 미치는 영향의 이해를 연구한다.

④ 스포츠와 운동 참여가 개인의 다양한 심리적 발달과 정신건강에 미치는 영향을 연구한다.

(2) 스포츠심리학의 의미(광의 및 협의)

① 광의 : 심리학이 포괄하는 모든 측면을 스포츠 상황에 적용하여 인간행동을 연구하는 것으로 운동학습, 운동 발달, 운동제어, 스포츠심리 영역을 모두 포함한다. 1980년대 이후 체육학의 전문화와 세분화로 인해 광의의 개념은 점차 퇴색되고 있다.

② 협의 : 스포츠운동심리학 영역이 부각되고 있고, 스포츠 장면에서 운동 수행에 영향을 미치는 심리적·사회적 요인(성격, 동기, 불안 등) 및 과정을 규명하는 것을 포함한다.

02 스포츠심리학의 역사

(1) 스포츠심리학의 발전 과정

① 태동기(1895~1920) : 1890년대 노먼 트리플렛(Norman Triplett)의 '사이클경기의 집단효과 연구'가 시초이다.

② 창립기(1921~1938)

　㉠ 칼 디엠(1920) : 독일 라이프치히 대학 스포츠심리실험실 설립

　㉡ 콜먼 그리피스(1925) : 미국 일리노이 주립대 스포츠심리연구소 설립

　㉢ 퓨니(1925) : 구소련 레닌그라드 체육문화연구소 설립

③ 정착기(1939~1965) : 프랭클린 헨리 – 체육의 학문화를 위해 스포츠심리학 대학원과정 개설

④ 도약기(1965~1979)

　㉠ 레이너 마튼스(Rainer Martens) : 실험실이 아닌 스포츠 현장에서 연구하는 것을 강조

　㉡ 국제스포츠심리학회(ISSP, 1965), 유럽스포츠심리학연맹(FEPSAC, 1967), 북미스포츠심리학회(NASPSPA, 1968), 아시아남태평양스포츠심리학회(ASPASP, 1989) 등의 국제학회 창설로 연구의 활성화

⑤ 번영기(1980~현재)

　　㉠ 스포츠심리학이 부각되면서 Mental Trainer의 활약이 시작됨

　　㉡ 응용스포츠심리학회(AAASP) 창립(1987), International Society for Mental Training and Excellence
　　　　(ISMTE) 창립(1989), 미국심리학회(APA)의 47분과로 만들어짐(1987)

　　㉢ USOC(미국올림픽위원회) 스포츠심리자문단 구성 및 채용

　　㉣ 응용스포츠심리학의 발전 협의회 발족

(2) 우리나라의 스포츠심리학

　　① 1948년 체육심리학이 서울대학교 체육과 커리큘럼에 포함되었다(윤인호 교수).

　　② 1978년 미국의 로버트 싱어의 방한 강의 후 스포츠심리학으로 명칭이 바뀌고, 외국과 공통의 연구 내용을
　　　　다루게 되었다.

　　③ 1989년 한국스포츠심리학회가 창립

　　④ 2004년 스포츠심리상담사 자격제도 도입

03 　스포츠심리학의 영역과 역할 　기출 2018, 2016

(1) 스포츠심리학(sports psychology) – 협의

　　① 스포츠 상황에서의 인간행동과 정신과정을 과학적으로 연구하는 학문이다.

　　② 성격, 동기, 불안, 집단응집, 사회적 촉진, 관중의 효과 등을 다룬다.

(2) 운동제어 　기출 2017

　　① 움직임이 어떻게 생성되고 조절되는지를 신경심리적 과정과 생체학적 메커니즘을 통해 밝히는 영역

　　② 정보처리이론, 운동제어이론, 운동의 법칙, 반사와 운동제어, 협응구조

(3) 운동학습

　　① 운동기술을 효율적으로 수행하고 학습하는 데 관련된 변인을 인지적 관점에서 연구하는 영역

　　② 운동행동모형, 운동학습과정, 운동기억, 피드백, 전이, 연습의 법칙

(4) 운동발달 　기출 2015

　　① 인간의 생애에 걸쳐 운동이 어떻게 발달하는지를 탐구하는 영역

　　② 유전과 경험, 발달의 원리, 운동 기능의 발달, 학습 및 수행 적정연령, 노령화

(5) 운동심리학(exercise psychology)

① 운동 참여가 정신 건강 및 행복에 미치는 영향을 분석하고 운동에 적극적으로 참여하게 하는 방법을 연구하는 학문

② 운동참가 동인, 운동참가 지속, 운동의 심리적 효과

02 인간운동행동의 이해

01 운동제어

(1) 운동제어의 개념 기출 2019

① 인간이 수행하는 움직임의 특성과 원리에 관해 연구한다.

② 자세와 움직임에 바탕이 되는 행동의 기전을 연구한다.

③ 동작, 지각, 인지로 구분한다.

　첫째, 동작은 인간의 움직이는 원리와 조절되는 원리를 연구한다.

　둘째, 지각은 지각 과정(감각-지각 시스템)과 관련된 모든 현상을 연구한다.

　셋째, 인지와 관련된 현상을 다룬다(지각-동작 시스템).

(2) 기억체계 및 정보처리체계 기출 2015

① 기억체계

　㉠ 기억 구조는 정보의 저장과 인출과 같은 제어 과정을 포함하며, 감각기억, 단기기억, 장기기억을 구성한다.

　　ⓐ 감각기억 : 여러 가지 시스템을 사용하여 정보를 잠시 유지하는 정보저장고

　　ⓑ 단기기억 : 감각기억을 통해 들어온 정보를 처리하는 동안 정보를 유지하는 정보저장고

　　ⓒ 장기기억 : 단기기억에서 저장된 정보는 다양한 인지적인 처리 과정을 거쳐서 영구적으로 저장된 정보

　㉡ 정보의 획득에서 장기적으로 기억된 정보의 인출에 이르는 과정에 집중한다.

　㉢ 부호화, 응고화, 인출의 과정으로 분류한다.

　㉣ 행동과 관련된 뇌의 반응을 통해 장기기억은 학습과 관련하여 명시적 기억과 암묵적 기억의 나눈다.

　　ⓐ 명시적 기억 : 자각, 주의, 성찰과 같은 의식적 작용에 의해 형성된 것으로 뇌의 감각연합겉질과 해마에서 담당하며, 부호화, 응고화, 인출의 과정을 거친다.

　　ⓑ 암묵적 기억 : 많은 반복적 자극에 형성된 반사적, 자동적, 무의식적 학습반응으로, 뇌의 반사경로와 편도, 소뇌에서 담당한다.

② 망각이론 기출 2020

　㉠ 망각은 시간이 경과함에 따라 학습한 것이 소멸되는 현상이다.

　㉡ 소멸이론(흔적 쇠퇴 이론) : 자극이 부호화의 과정을 거쳐서 기억의 체계 속에 저장되었다가 사라져 버리는 이유는 단지 시간의 흐름 때문이라고 보는 견해이다. 어떤 과제를 학습할 때 기억 흔적이 형성된다고 전제하는데, 이 기억 흔적은 학습자가 기억하려는 정보를 시연함으로써 활성화되지 않으면 시간이 경과함에 따라 소멸된다.

ⓒ 간섭이론 : 망각이 시간의 경과뿐만 아니라 학습되는 과제가 반응의 이전 학습과 파지 사이에 간섭에 의해 발생하는 이론이다.

  ⓐ 순행 간섭 : 먼저 한 경험이 학습해야 할 과제의 기억을 간섭한다는 것을 말한다.

  ⓑ 역행 간섭 : 회상해야 할 과제를 연습한 후와 파지 검사를 하기 전에 게재하는 간섭 활동이 기억을 방해하는 것이다.

③ 정보처리단계 3단계 [기출] 2020, 2019

 ⊙ 자극 확인 단계(감각-지각 단계) : 외부 환경에 대해 자극을 탐지하고 유형을 인식

 ⓛ 반응 선택 단계 : 입력된 자극에 대하여 어떤 반응을 보일 것인지 선택

 ⓒ 운동 프로그래밍(반응-실행 단계) : 행동으로 옮기기 위한 운동체계를 조직하는 단계

 ⓔ 스트룹 효과(Stroop effect) : 과제에 대한 반응 시간이 주의에 따라 달라지는 효과를 말한다. 파랑, 초록, 빨강과 같은 글자와 이 글자가 나타내는 의미인 실제 색상이 일치하지 않을 경우, 즉 "빨강"이 빨간색으로 프린트되어 있지 않고 노란색으로 프린트되어 있을 경우에 글자의 색을 말하는 데 더 오랜 시간이 걸리며 잘못 말하는 경향이 생기는 현상이다.

 ⓜ 칵테일 파티 효과(cocktail party effect) : 칵테일 파티처럼 여러 사람의 목소리와 잡음이 많은 상황에서도 본인이 흥미를 갖는 이야기는 선택적으로 들을 수 있는 현상이다.

④ 운동기술의 개념 및 분류

 ⊙ 기술(skill) : 능숙한 신체의 움직임

 ⓛ 운동 기술(motor skill) : 목적을 달성하기 위한 수의적이고 효율적인 신체의 움직임

 ⓒ 움직임(movement) : 인체 또는 물체가 시간의 경과에 따라서 그 공간적 위치를 바꾸는 것

 ⓔ 동작(action) : 신체 또는 사지의 움직임으로 구성되는 목표 지향의 반응, 운동기술을 구성하는 최소 단위

  ⓐ 동작(action)의 특성

   • 항상성(constancy) : 같은 형태의 동작을 반복해서 재현할 수 있다.

   • 독특성(uniqueness) : 같은 움직임이라도 완전히 동일할 수 없다.

   • 융통성(flexibility) : 다른 근육이나 관절을 사용하여 동작의 같은 결과를 얻을 수 있다[운동등가(motor equivalence)].

   • 수정가능(modifiability) : 변화하는 외부 환경에 따라 동작을 변경할 수 있다.

 ⓜ 운동기술의 일차원적 분류

  ⓐ 근육의 크기 : 기술 수행에 필요나 근육의 크기에 따라 대근육, 소근육, 운동기술로 분류

  ⓑ 움직임의 연속성

   • 불연속적 운동기술 : 시작과 끝이 분명하게 다른 운동기술, 빠르게 끝남 [예] 야구의 타격

   • 계열적 운동기술 : 연속적으로 연결되어 하나의 운동기술로 표현

   • 연속적 운동기술 : 특정한 움직임이 계속 반복되는 운동기술

ⓒ 환경의 안정성 : 운동기술을 수행하는 동안 환경의 변화를 얼마나 예측할 수 있는가에 따른 분류
- 폐쇄운동기술 : 환경의 변화가 없는 운동, 자신의 조절에 따라 운동수행 시작 선택(사격 등)
- 개방운동기술 : 변화하는 환경에서 수행하는 운동(축구 등)
ⓗ 운동기술의 이차원적 분류 : 환경적 맥락 조절 조건, 동작 간 가변성

구분		동작의 기능			
		신체 이동 없음		신체 이동	
		물체 조작 없음	물체 조작	물체 조작 없음	물체 조작
환경적 맥락	안정상태 조절 조건 동작 간 가변성 없음	제자리에서 균형잡기	농구 자유투	계단오르기	책 들고 계단오르기
	안정상태 조절 조건 동작 간 가변성 있음	수화로 대화하기	타이핑	평균대에서 체조기술 연기	리듬체조 곤봉연기
	운동상태 조절 조건 동작 간 가변성 없음	움직이는 버스에서 균형잡기	같은 속도로 던져지는 야구공받기	움직이는 버스에서 걸어가기	물든 컵 들고 일정한 속도로 걷기
	운동상태 조절 조건 동작 간 가변성 있음	트레드밀 위에서 장애물 피하기	자동차 운전	축구경기에서 드리블하는 선수 수비하기	수비자를 떠올리면 드리블하기

(3) 운동프로그램과 특성

① 운동프로그램 : 말초의 되먹임 없이 수행되는 순서화된 운동으로서, 운동이 시작되기 전에 나타나는 구조화된 일련의 근육 명령이다.

② 운동프로그램 이론

㉠ 반사이론

ⓐ 환경에서 발생하는 물리적인 사건이 운동 행동에 자극(S)으로 작용해서 반사회로(R)를 형성하고 이러한 반사가 복잡한 행동을 유발하다는 이론

ⓑ 수용기, 전도기, 효과기로 구성된다.

ⓒ 피부, 근육, 관절 등에 있는 감각수용기가 외부로부터 자극을 받고, 이 자극은 신경 전달을 통해 해당 근육과 관절의 움직임을 만들어 낸다.

㉡ 정보처리 이론 [기출] 2017

ⓐ 폐쇄회로이론 : 인간의 모든 운동이 기억체계에 저장되어 있는 정확한 동작과 관련된 정보와 실제로 이루어진 동작 간의 오류를 수정하는 노력에 의해 이루어지고, 이를 피드백이라 한다. 피드백을 통한 동작 수정으로 빠른 움직임의 대해서는 설명의 한계를 갖는다.

ⓑ 개방회로이론 : 움직임이 발생하기 이전에 상위의 대뇌겉질에서 동작에 대한 운동프로그램이 저장되어 있어, 피드백 없이 매우 빠른 움직임을 할 수 있는 이론이다. 이전 경험이 없는 움직임을 기억 속 프로그램에 존재하지 않는데도 수행할 수 있다는 것을 설명하기 어렵다.

ⓒ 일반화된 운동프로그램을 근거한 도식이론 : 폐쇄회로이론과 개방회로이론의 장점을 통합한 이론이다.

ⓒ 다이나믹 시스템 이론 기출 2020, 2019
  ⓐ 내 몸에 있는 기존의 협응구조와 새로운 협응구조와의 경쟁 내에서 새로운 협응구조가 우세하여 내 몸에 적용되는 과정을 말한다.
  ⓑ 유기체·환경·과제의 상호작용 속에서 자기조직의 원리와 비선형성의 원리에 의해서 인간의 운동이 생성되고 변화한다는 것이며 인간 자체적으로 가지고 있는 신체적 특성을 매우 중요시 여긴다.
  ⓒ 자기조직(self-organization)의 개념은 인간 행동이 생성되는 원리를 설명하기 위한 것으로, 세 가지의 제한 요소의 상호작용의 결과가 특정한 조건에 부합될 때 인간의 운동은 저절로 발생한다는 것이다.
  ⓓ 비선형성(nonlinearity)의 원리는 운동의 변화가 선형적인 경향을 보이지 않는다는 것을 의미하며 기존의 이론에서 제시한 운동프로그램과 같은 기억 표상의 구조가 필요하지 않다는 것을 전제로 하고 있다.
  ⓔ 인간의 운동은 제한 요소의 상호작용에 의해 영향을 받기 때문에 이러한 제한 요소의 변화에 따라 새로운 조건에 적합한 운동의 형태로 갑작스레 전환되는 상변이 현상이 발생한다.

02 운동학습

(1) 운동학습의 개념 기출 2019, 2016
  ① 경험과 연습을 통해 과제와 환경적 변화에 어울리는 가장 효율적인 협응 동작과 숙련된 수행에 필요한 역량을 지속적으로 변화시키는 과정을 의미한다.
  ② 인간의 감각과 지각의 기능, 원하는 동작의 생성, 협응의 복합적인 기능을 이해하는 것이다.
  ③ 학습은 숙련된 움직임을 위한 능력을 획득하는 과정이다.
  ④ 학습은 직접적으로 측정될 수 없고 행동을 통해 간접적으로 평가된다.
  ⑤ 학습은 행위의 상대적으로 영속적인 변화를 만들어 낸다.

(2) 운동학습의 본질(이론과 모델)
  ① 폐쇄회로이론[애덤스(Adams)]
    ㉠ 운동기술의 학습은 피드백 정보를 통해 지속적인 오류를 수정하며 습득이 된다.
    ㉡ 피드백은 다음과 같은 역할을 한다.
      첫째, 움직임이 시작되기 전 운동시스템의 초기 상태에 관한 정보 제공
      둘째, 움직임이 이루어지고 있는 동안 동작의 정확성 감시
      셋째, 끝난 후 동작의 결과에 대한 정확성을 판단
    ㉢ 피드백은 움직임 오류를 탐지하는 기억흔적과 지각흔적 이 2가지로 설명한다.
    ㉣ 기억흔적은 움직임 시작 시 중추신경계로부터 운동 명령에 관한 기억이다.

ⓑ 지각흔적은 움직임 시작이후 근육, 관절, 건 등의 신체 내적 정보와 결과 지식 같은 외적 정보를 통해 지속적으로 오류를 탐지하고 수정하는 지각 정보에 관한 기억이다.

ⓗ 빠른 동작의 경우 피드백을 받고 동작 수정하는 것은 한계가 있다.

② 도식(스키마)이론[슈미츠(Schmidt)] 기출 2022

    ㉠ 도식이란 체계적인 관념으로 구성된 인지적인 체계로 운동에 필요한 정보를 처리하는 일련의 규칙을 의미한다.

    ㉡ 운동기술의 수행과 학습에 관여하는 두 가지 독립적인 기전으로 회상도식과 인지도식으로 설명한다.

    ㉢ 회상도식은 과거 유사한 운동 결과를 회상하며 조건에 맞도록 운동프로그램을 세운다.

    ㉣ 재인도식은 과거 실제 결과와 감각 귀결, 초기 조건 등의 관계를 바탕으로 형성된다.

    ㉤ 과거 모든 도식을 기억하기 어렵고, 경험이 없는 동작은 구현하기 힘들다는 문제점이 있다.

③ 생태학적 이론[뉴웰(Newell)]

    ㉠ 학습은 최적의 지각 작업공간과 운동 작업공간을 탐색하여 각각 최적의 해결책을 찾아내는 과정이다.

    ㉡ 생태학적 이론의 운동 학습은 지각과 행동의 과제와 관련된 적절한 전략을 찾는 것이고 규칙에 의존하는 것은 아니다. 즉, 지각 작업공간과 운동 작업공간의 역동적 탐색 활동을 중요시한다.

    ㉢ 부적절한 신호와 적절한 신호를 구분하고 적절한 운동신호와 관련된 지각을 적절한 운동 전략과 연결짓는다.

(3) 운동학습의 과정

① 움직임의 역동성에 대한 지각

    ㉠ 수행해야 할 동작을 보고, 특성에 대한 정보를 얻는다.

    ㉡ 뉴웰(Newell)은 절대적 운동(자유도의 시·공간적 움직임), 상대적 운동(다른 사지 분절의 움직임에 대한 특정한 사지 분절의 움직임), 공통적 운동(모든 자유도가 동원된 시스템 전체적인 움직임)으로 구분하였다.

    ㉢ 상대적 움직임을 가장 잘 지각한다.

② 움직임 구성 수준의 결정과 운동 구조의 형성

    ㉠ 장력(tone) : 동작에 대한 자세 조절이나 균형 유지

    ㉡ 근육-관절 연결 : 사지의 근육활동을 조절하여 사지 분절의 기본적인 공동작용 조직

    ㉢ 공간 : 협응 상태를 변화시키는 적응성 제공

    ㉣ 동작 : 협응 상태에 대한 한계조건을 제공하고 움직임 구성 요인의 순서 결정

③ 오류 수정

    ㉠ 움직임을 느껴 감각 오류를 찾고, 이를 수정하기 위한 방법을 습득하는 과정이다.

    ㉡ 반복적인 연습으로 인한 경험 습득이 중요하다.

    ㉢ 운동학습 초기에는 시각, 청각, 외부 정보에 민감하지만, 숙련되면 근육과 관절의 고유수용성감각이 발달하게 된다.

④ 자동화와 안정성 획득

  ㉠ 운동수행 시 주의집중하지 않고 수행이 되는 것을 운동수행의 자동화라 한다.

  ㉡ 다른 과정보다 많은 시간과 노력이 필요하며, 자칫 기술 퇴보 현상이 발생하므로, 지도자는 관심과 충분한 휴식, 운동방법의 변화 등을 시도한다.

⑤ 피로나 질병, 소음, 기후 등에 효과적으로 대처할 수 있는 '전환 능력'을 갖추어야 한다. 다양한 상황에서의 가상연습이 도움이 된다.

(4) 운동학습의 단계

① Fitts와 Posner의 3단계 [기출] 2020, 2018

  ㉠ 인지 단계 : 학습할 운동기술의 특성을 이해하고 이를 수행하기 위한 전략을 개발하는 단계이다.

  ㉡ 연합 단계 : 과제 수행 전략을 결정하고, 수행이 적절치 않은 경우에 대한 해결책을 찾아나가는 단계이다.

  ㉢ 자동화 단계 : 동작이 거의 자동적으로 이루어지기 때문에 움직임에 대한 의식적인 주의가 크게 요구되지 않으며 다른 활동에 의해 간섭을 적게 받고 수행할 수 있다.

② Gentile의 2단계

  ㉠ 움직임의 개념습득 단계 : 주어진 정보가 운동기술과 관련 있는 정보인지 아닌지 구분해 나가는 단계이다.

  ㉡ 고정화 및 다양화 단계

    ⓐ 환경 변화를 예측할 수 있는 체조, 사격과 같은 폐쇄운동형 종목은 운동기술 수행의 고정화(획득한 기술의 안정성 향상 집중)

    ⓑ 환경변화를 예측할 수 없는 럭비, 축구와 같은 개방운동형 종목은 운동기술의 수행의 다양화(환경, 동작의 요구에 맞는 움직임 적응에 집중)

③ Bernstein의 단계 [기출] 2022, 2016

  ㉠ 자유도의 고정 단계

    ⓐ 새로운 운동기술을 학습할 때 처음에는 그 동작을 하는 데 동원되는 신체 자유도를 고정한다.

    ⓑ 자유도의 수를 줄인다는 뜻이고, 동작에 동원되는 모든 관절의 각도를 일정하게 유지, 두 개 이상의 관절의 움직임을 시간적으로 제한하여 완전히 일치된 움직임을 나타나게 하는 2가지 뜻을 포함한다.

    ⓒ 이 단계는 다양한 변화에 적절하게 대처할 수 없지만, 학습자가 통제할 요소를 최소한으로 줄여 단순화한다는 의미가 있다.

  ㉡ 자유도의 풀림 단계

    ⓐ 고정되었던 자유도를 풀어 가능한 자유도의 수를 늘리게 되고, 모든 자유도를 결합하여 필요한 동작을 만든다.

    ⓑ 이를 협응구조라 한다.

  ㉢ 반작용의 활용 단계

    ⓐ 관성이나 마찰력과 같은 반작용 현상이 나타나는데, 이와 같은 신체 내·외적으로 생기는 힘을 활용하

여 보다 효율적인 동작을 만들기 위해 더 많은 자유도를 활용해야 한다.

ⓑ 반작용 힘의 연결작용이 일어나고, 이런 작용은 동작을 더 쉽게 만들어 준다.

④ Vereijken의 단계 : Bernstein의 '자유도의 고정 단계 – 자유도의 풀림 단계 – 반작용의 활용 단계'를 초보 단계 – 향상 단계 – 숙련 단계로 정의하였다.

⑤ Newell의 단계

    ㉠ 협응 단계 : 목표 달성을 위한 기본적인 협응 동작을 형성하는 과정을 말한다. Bernstein의 자유도의 고정 단계, 자유도의 풀림 단계와 같은 의미이다.

    ㉡ 제어 단계 : 변하는 환경과 과제에 따라 협응 형태가 달라지는 과정을 '매개변수화'라고 한다. 이 단계는 움직임의 협응 형태에 매개변수화하는 능력을 갖추게 된다.

(5) 운동학습 시 주요 요인

① 학습자의 특성 : 학습자들을 위한 적절한 교수법 계획을 위해 학습자의 다음과 같은 특성 파악이 중요하다.

    ㉠ 인지 능력

    ㉡ 신체적 특성 및 발달 정도

    ㉢ 성별

② 학습 과제 제시

    ㉠ 학습할 내용을 직접 관찰하는 것이 가장 좋은 방법이다.

    ㉡ Scully와 Newell은 숙련자의 정확한 동작 시범이 학습에 긍정적인 도움을 준다고 하였다.

    ㉢ Lee와 White는 초보자가 시범을 보여주는 것이 학습자로 하여금 오류 탐지 능력을 강화시킨다고 하였다.

    ㉣ 학습자와 나이, 체력 등이 비슷한 동료의 시범은 학습자에게 자신감을 향상시킬 수 있다.

③ 동기 유발

    ㉠ 높은 동기를 가진 학습자는 성실하며, 자발적으로 노력한다.

    ㉡ 목표 설정은 동기 유발하기 위한 기법이다.

        첫째, 목표는 성취 가능한 수준으로 설정

        둘째, 명확한 목표 설정

④ 보강 정보

    ㉠ 영상 자료의 활용 : 비디오나 컴퓨터 같은 영상매체를 활용

    ㉡ 바이오 피드백 : 근육이나 관절 같이 눈으로 확인이 어려운 정보를 제공

    ㉢ 언어적 보강 정보

        ⓐ 수행에 관한 정보를 언어적으로 제공하는 것

        ⓑ 초보자는 어린이들에게 중요하다.

        ⓒ 너무 많은 언어적 단서는 오히려 혼란을 준다.

⑤ 운동학습과 파지
  ㉠ 파지란 연습으로 향상된 운동기술의 수행력을 오랫동안 유지할 수 있는 능력
  ㉡ 정보처리 관점 : 운동기술의 파지를 기억의 부호화와 인출이라고 설명한다.
  ㉢ 다이나믹 관점 : 핵심적인 기술의 요소에 대한 학습이 이루어진 경우 시간이 경과한 뒤에도 운동 과제를 다시 수행할 수 있다는 관점이다.
  ㉣ 파지에 영향을 미치는 요인
    ⓐ 운동 과제의 특성 : 구성하고 있는 요소들이 복잡하거나 운동기술을 생성하는 데 고려해야 할 정보가 많은 경우 쉽게 학습하지 못할 수도 있다.
    ⓑ 환경의 특성 : 학습 환경의 변화는 학습자의 운동기술 학습 과정에 많은 영향을 미칠 수 있다.
    ⓒ 학습자의 특성 : 학습자 개인의 역량에 따라 파지에 영향을 줄 수 있다.
⑥ 운동학습과 전이 **기출** 2019, 2016
  ㉠ 전이란 과거의 수행 또는 학습 경험이 새로운 운동기술의 수행과 학습에 영향을 미치는 것을 말한다.
  ㉡ 전이의 분류 **기출** 2020
    ⓐ 정적전이 : 한 가지 과제의 수행이 다른 과제 수행을 돕거나 촉진하는 경우
    ⓑ 부적전이 : 한 가지 과제의 수행이 다른 과제 수행을 간섭하거나 제지하는 경우
    ⓒ 영의전이 : 한 가지 과제의 수행이 다른 과제 수행에 아무런 영향도 미치지 않는 경우
  ㉢ 전이에 영향을 미치는 요인
    ⓐ 과제 간의 유사성 : 과제 간의 유사성이 많을수록 전이는 쉽게 이루어질 수 있다.
    ⓑ 선행과제의 연습 : 새로운 학습에 선행과제를 연습하면 보다 적응이 쉬워진다.
    ⓒ 훈련의 방법 : 훈련 목표에 따라 유사성이 있는 수행들로 구성한 프로그램을 실시한다.
  ㉣ 양측성 전이 : 어느 한 쪽 손이나 발로 특정의 운동기술을 발전시키면 그것의 반대편 수족 혹은 대각선의 수족에 미치는 영향력을 의미, 양측성 전이의 방향은 비대칭성 전이가 더 많은 지지를 받고 있다.
  ㉤ 과제 간 전이 : 이전에 배운 기술의 경험이 새로운 기술의 수행에 미치는 영향을 규명하기 위해 사용
  ㉥ 과제 내 전이 : 서로 다른 연습 조건에서 수행한 후, 같은 과제에 대한 수행차를 비교하는 것
⑦ 반응시간(Reaction Time) : 자극 신호가 제시되는 순간부터 동작 반응이 일어나는 순간까지의 시간을 말한다.
기출 2019
  ㉠ 반응시간의 구분 **기출** 2018
    ⓐ 단순 반응시간 : 하나의 자극 신호에 대하여 하나의 반응만을 요구할 때
      예 100m 달리기에서 출발 신호에 따라서 출발하는 상황
    ⓑ 선택 반응시간 : 두 개 이상의 자극이 제시되고, 각각의 자극 신호에 대하여 다른 반응을 요구할 때, 측정되는 반응시간을 말한다.
      예 축구에서 공격수가 수비 선수들의 움직임에 따라 각각 다른 동료 공격 선수에게 패스하려고 하는 경우

ⓒ **변별 반응시간** : 두 개 이상의 자극이 제시되고, 어느 특정한 자극에 대해서만 반응할 때, 측정되는 반응시간을 말한다.

　　예 야구 경기에서 타자가 다양하게 투구되는 구질의 볼 중에서 직구만을 기다리고 있다가 직구가 들어왔을 경우에 타격을 하는 상황

ⓛ **반응시간의 요인** : 반응 선택의 수, 수행하고자 하는 반응의 복잡성, 반응 움직임에 요구되는 정확성 등)

⑧ **움직임 시간(movement time)** : 실제 움직임이 시작되어 종료될 때까지의 시간을 말한다.

반응시간(Reaction time), 움직임 시간(movement time), 전체반응(동작수행)시간(response time)으로 나눌 수 있고, 움직임 시간은 동작 개시부터 완료까지를 말하며, 동작수행시간은 반응시간부터 움직임 시간을 합한 것이다.

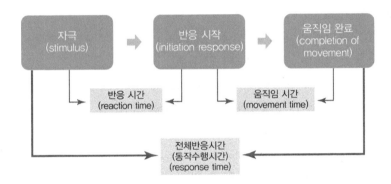

(6) 피드백 [기출] 2020, 2018

① 정의
　ㄱ 기술을 습득하는 과정에서 동작을 조절하기 위하여 감각 정보를 사용하는 것
　ㄴ 과제 수행 동안 혹은 과제 수행 이후 학습자가 받고 처리하는 감각 정보

② 종류
　ㄱ **내재적 피드백**
　　ⓐ 내 자신의 감각 정보로부터 받는 피드백
　　ⓑ 내 몸의 고유감각과 운동감각에 의해 받아들여지는 것
　ㄴ **외재적 피드백** : 자신의 감각 정보가 아닌 외부에서 주어지는 피드백
　　ⓐ **수행지식(KP)** : 동작의 특성에 대한 정보를 환경과 연관시켜서 제공하는 것
　　ⓑ **결과지식(KR)** : 수행 이후, 학습자에게 제공되는 외재적 정보로서, 동작 및 과제수행의 결과를 제공한다.
　ㄷ **보강적 피드백** : 교사나 코치 또는 동료들에 의해 제공되거나 인터넷 영상매체 등으로 제공되는 정보

(7) 효율적인 운동학습 기출 2020

① **구획(분단)연습과 무선연습** 기출 2018, 2017

　ㄱ **구획(분단)연습** : 각 변인들을 나누어 각각 할당된 시간 동안 연습하는 방법

　ㄴ **무선연습** : 운동기술에 포함되는 하위 요소들을 무작위로 연습하는 방법

　ㄷ 구획(분단)연습은 맥락간섭효과가 낮아 무선연습에 비해 효과가 높다.

　ㄹ 무선연습은 맥락간섭효과가 높아 파지와 전이에 효과적이다.

　ㅁ **맥락간섭효과** : 운동기술을 연습함에 따라 학습된 기술 동작 간에는 간섭 현상이 발생하는 것을 말한다.

　ㅂ 맥락간섭은 운동수행에 부정적인 영향을 주기 때문에, 맥락간섭이 낮은 상황에서 운동수행의 효과가 높게 나타난다고 하였다.

② **집중연습과 분산연습** 기출 2016

　ㄱ **집중연습** : 연습시간이 휴식시간보다 긴 경우

　ㄴ **분산연습** : 휴식시간이 연습시간보다 긴 경우

③ **전습법과 분습법**

　ㄱ **전습법** : 운동기술을 한 번에 전체적으로 학습하는 방법

　ㄴ **분습법**

　　ⓐ 운동기술을 몇 개의 하위 단위로 나누어 학습하는 방법

　　ⓑ 분절화, 단순화, 부분화로 구분할 수 있다.

④ **일정연습과 가변연습**

　ㄱ **일정연습** : 한 가지 상황에서만 연습

　ㄴ **가변연습** : 과제에 대한 새로운 변화를 주는 가변적 상황에 대한 연습

⑤ **효과적인 연습 기법**

　ㄱ **가이던스 기법의 활용** : 가이던스는 신체적, 언어적, 시각적인 방법을 사용하여 학습자의 운동수행에 직접 도움을 제공하는 과정이다.

　ㄴ **정신연습의 활용** : 운동학습을 촉진하기 목적으로 대근육운동이 일어나지 않는 상태에서 과제를 상징적·인지언어적으로 예행 연습하는 것이다.

　ㄷ **과학습** : 수행목표에 도달하기 위해 필요한 양 이상의 연습을 지속하는 것이다.

(1) 운동발달의 개념

① 수정부터 죽음까지의 전 생애를 통해서 이루어지는 모든 변화의 양상과 과정을 말한다.

② 발달은 신체, 운동기능, 지능, 사고, 언어, 성격, 사회성, 정서, 도덕성 등 인간의 모든 특성에 있어서의 긍정적 혹은 부정적인 변화를 포함하는 개념이다.

(2) 운동발달 영향 요인

① 개인적 요인 기출 2017, 2016

 ㉠ 발달 방향 : 신체발달은 정해진 바에 따라 예상 가능한 순서로 이뤄진다. 머리에서 발(두미식)과 몸의 중심에서 말초 부분(근말식)으로 진행된다.

 ㉡ 성장 속도 : 인간의 성장 속도는 전형적인 패턴을 따르며 외부의 영향을 잘 받지 않으며, 약간의 방해는 '자기 조절적 파동'이라는 과정에 의해 보상된다.

 ㉢ 상호적 교류 : 서로 다른 근육계의 신경 메커니즘을 점차 성숙한 관계로 만들어 주는 것이다.

 ㉣ 준비성 : 생물학적 성숙을 넘어서는 범위로 확대되어 학습을 조장하거나 촉진시키기 위하여 수정 또는 조작될 수 있는 요인을 말한다.

 ㉤ 학습의 결정적 시기와 민감기 : 결정적 시기에 적절한 자극을 받지 못하면 다음 단계의 시기에서 정상적인 발달에 지장 받을 수 있다. 또한 특정 시점에 특정 자극에 더욱 민감해진다.

 ㉥ 개인차 : 각자 자신만의 독특한 발달 시간표가 있다.

② 심리적 요인

 ㉠ 자기 개념 : 자신의 능력과 중요성, 성공, 가치성에 대한 개인적인 평가와 판단을 말한다.

 ㉡ 동기 : 어떤 목표를 향하여 행동을 시작하게 하고, 지속하게 하는 내적 과정이다.

③ 환경적 요인

 ㉠ 부모와의 관계 : 부모는 아동의 스포츠 참여의 역할 모델이 되며, 부모와의 유대관계는 스포츠참가 시기를 결정하는 데 중요한 역할을 미친다.

 ㉡ 또래 문화 : 3~4세 아동이 처음으로 경험하게 되는 놀이는 팀스포츠 참가에 절대적인 영향을 주며, 그 경험이 긍정적인지 부정적인지의 여부에 따라 청소년기에 스포츠 참가의 기반이 될 수 있다.

④ 사회문화적 요인 : 고정관념(예 성역할), 인종과 경제적 요인 등이 있다.

(3) 발달의 원리와 단계별 특징 기출 2018

① 반사 움직임 단계

 ㉠ 태아가 처음하는 움직임은 반사 움직임이다.

 ㉡ 원시반사와 자세반사가 일어난다.

② 초보 움직임 단계

　　㉠ 수의적 움직임의 첫 번째 형태이다. 출생 후부터 약 2세까지 나타난다.

　　㉡ 머리, 목, 몸통, 근육의 제어와 같은 안정성 움직임

　　㉢ 뻗기, 잡기, 놓기와 같은 조작적 과제

　　㉣ 기기, 포복하기, 걷기와 같은 이동성 움직임

③ 기본 움직임 단계

　　㉠ 유아가 자신의 신체 움직임 능력을 통해 적극적으로 탐구하고 실험하는 시기이다.

　　㉡ 달리기, 점프하기(이동성 활동), 던지기, 받기(조작성 활동), 외나무다리걷기, 한발로 균형 잡기(안정성 활동) 등

④ 전문화 움직임 단계

　　㉠ 기본 움직임 단계에서 파생된 결과이다. 안정성, 이동성, 조작성 활동이 세련되어 지고 정교해지며 결합되어 진다.

　　㉡ 전문화 움직임은 3단계로 하위 구성한다.

　　　ⓐ 과도기 단계 : 이 단계는 7~8세 정도에 시작되며, 기본 움직임 기술을 결합하고 응용하기 시작한다. 형태, 정확성, 제어 측면에서 향상된 수준을 보인다.

　　　ⓑ 적용 단계 : 11~13세이며, 인지 능력이 더 정교해지고, 경험이 증가하게 되며, 다양한 환경을 결정할 수 있다.

　　　ⓒ 평생이용 단계 : 약 14세부터 성인기까지 지속된다. 이전 단계의 축적된 결과이며, 평생 지속되는 과정이라 할 수 있다.

선택과목 스포츠심리학

03 스포츠수행의 심리적 요인

01 성격

(1) 성격의 개념과 이론

① 개념
- ㉠ Allport : 자신에게 주어진 환경 속에서 독창적으로 적응하도록 하는 개인의 심리·물리적 체계의 역동적 조직
- ㉡ Guilford : 개인에게 내재되어 있는 특성들의 독특성
- ㉢ Hollander : 독특한 한 개인으로 존재하게 되는 특징들의 총합
- ㉣ McClenlland : 개인의 행동에 대해서 세부적으로 가장 적절하게 개념화
- ㉤ Eysenck : 주어진 환경에 독특하게 적응하도록 개인의 품성, 기질, 지성 등이 안정적으로 조직되어 있는 것

② 공통적 특성
- ㉠ 독특성 : 주어진 환경 자극에 대한 독특한 반응 양식을 가지고 있다.
- ㉡ 일관성 : 시간이나 상황의 변화에 크게 영향을 받지 않고 비교적 안정되고 일관적이다.
- ㉢ 경향성 : 사고나 느낌, 행동 그 자체 보다는 그 속에서 나타나는 일련의 경향성이 있다.

③ 성격의 구조 [기출] 2016, 2015
- ㉠ 심리적 핵 : 각 개인의 실제 이미지. 자아, 기본적인 태도, 가치, 흥미, 동기
- ㉡ 전형적 반응 : 환경 자극에 대해서 나타나는 두드러진 반응
- ㉢ 역할 행동 : 주어진 환경을 어떻게 인식하느냐의 따라 행동이 달라진다.

(2) 성격이론

① 정신역동이론
- ㉠ 프로이트는 인간의 무의식에 관심을 두고 인간의 성격을 원초아(id), 자아(ego), 초자아(super-ego)로 구분하였다.
- ㉡ 원초아 : 즉각적, 비합리적, 충동적이며 배고픔, 배설, 성, 공격성 등 1차원적인 생리적 욕구를 의미하는 것으로 성격의 기본이 된다.
- ㉢ 자아 : 현실적, 합리적, 논리적이며, 본능적인 원초아와 이상적인 초자아 사이에서 갈등을 해결하고 합리적으로 현실을 받아들이게 하여 모두가 수긍을 할 수 있는 만족 수준을 추구한다.
- ㉣ 초자아 : 순수한 인간의 이상적인 도덕 욕구로서, 양심적인 행동을 추구하고, 잘못된 일을 했을 때 죄책감·수치심을 느끼게 한다.

② **체형이론** : Sheldon은 내배엽, 중배엽, 외배엽을 나누고 유형에 따른 성격의 특성을 연구하였다.

  ㉠ **내배엽** : 비만체형으로, 사교적이고, 편안하게 생리적 욕구를 추구하는 성격

  ㉡ **중배엽** : 근육형으로, 지배력이 강하고, 리더를 원하고, 정력적이며 신체적 모험 추구

  ㉢ **외배엽** : 마른 체형으로, 자제력이 강하나 예민하고 타인과 원활한 관계를 유지 못함

③ **특성이론** : Cattell은 표면 특성과 기본 특성으로 구분하였다.

  ㉠ **표면 특성** : 타인에 대한 예의나 대인관계에서 나타나는 몸가짐, 인상

  ㉡ **기본 특성** : 표면 특성을 형성하고 유지하는 내재적인 성격의 기본 요소

④ **욕구 위계 이론(매슬로우)** `기출` 2017

  ㉠ 인간은 이상적인 동기를 추구하는 자유의지가 있는 존재로써 의미있고 가치있는 삶을 만들기 위해 능동적으로 목표를 추구하는 존재이다.

  ㉡ 하나의 목표가 달성되면 그 상위의 목표를 달성하기 위해 노력한다.

⑤ 다음은 매슬로우의 욕구 체계이다.

(3) 성격의 측정

① **질문지 측정법**

  ㉠ 자기보고식 검사라고 하며 성격을 살펴보기 위한 가장 많이 사용된다.

  ㉡ 수월하고 수량화가 쉬우며, 대인 간 또는 집단 간 상호 비교가 용이하다.

  ㉢ 간편한 방법이지만, 연구자의 의도에 따라 질문지가 달라질 수 있다.

  ㉣ 미네소타 다면적 성격 질문지, 카텔의 성격 질문지, 아이젠크 성격 질문지가 있다.

② **투사법**

  ㉠ 피험자에게 그림이나 카드를 보여주고 어떻게 반응하는지를 보고 성격을 추론하는 방법이다.

  ㉡ 그림이나 카드의 해석의 제한이 없어, 다양하고 깊은 답변을 유도할 수 있어, 피험자의 내재적 성격을 추론할 수 있다.

ⓒ 피험자의 거짓 또는 과장이 있으면 추론이 어렵다.

ⓔ 로르샤 잉크반점 검사와 주제통각 검사 등이 있다.

③ **면접법**

㉠ 연구자들이 연구 목적에 맞도록 질문을 준비하여 면접한다.

㉡ 면접관의 관점과 선입관, 편견 등에 따라 달라지거나 왜곡될 수 있다.

(4) 성격과 경기력과의 관계

① 운동수행 능력과 관련된 성격 특성은 안정성, 투지력, 성실성, 자제력, 확신감, 낮은 긴장감, 신뢰성 및 외향성이 있다.

② 스포츠를 하게 되면 불안 수준은 낮아지고, 독립성은 높아진다.

③ 단체종목 선수는 외향성과 의존감이 높고, 추상적 사고나 이기적 성향은 낮다.

④ 개인종목 선수는 객관적이고 독립성이 높고, 불안감이 낮으며 현실적인 사고를 한다.

⑤ 풋볼선수들 대상의 연구에서는, 공격진은 외향적, 수비진은 내향적으로 나타났다.

⑥ Morgan은 '빙산형 프로파일' 모형을 제시하였는데, 세계적인 선수들은 불안 수준과 신경증이 낮고 외향성이 높다. 긴장, 우울, 분노, 피로, 혼란감은 낮고, 활력은 높다.

02 정서와 시합불안

(1) 재미와 몰입 기출 2017

① **재미**

㉠ 과제 활동 시 느끼는 긍정적인 정서 반응으로 정의하며, 내·외적 차원과 성취·비성취 차원을 포함한 포괄적인 개념이다.

㉡ 심리적 안정감과 복지감이 포함되며, 이때 몸과 마음이 편안해지고 즐거움을 느낄 수 있는 준비 상태를 말한다.

㉢ 정신적, 신체적인 스트레스가 없어져, 몸과 마음으로 환산되어 움직임이 쉽게 느껴지며, 즐거워진다.

② **몰입**

㉠ 어떤 활동을 수행하는 사람이 활발하게 집중 및 열중하여, 완벽한 몰두의 느낌에 완전히 빠져 있는 정신 상태이다.

㉡ 시간, 사람들의 방해, 기본적인 신체적 필요에 대한 자각을 잃을 수 있다.

㉢ 즐거움은 몰입의 필수 요소가 아니며 활동 중에는 흔히 경험되지 않으며, 만족스러운 경험에 열중한 결과이다.

ⓔ 몰입의 구성 요소

　ⓐ 도전 의식을 북돋우고 기술을 요하는 일

　ⓑ 집중

　ⓒ 분명한 목표

　ⓓ 즉각적인 피드백

　ⓔ 노력이 필요 없는, 깊은 몰두

　ⓕ 통제감

　ⓖ 자아 의식의 사라짐

　ⓗ 시간이 멈춤

(2) 정서모형과 측정

　① 정서의 정의

　　㉠ William James : 유발 자극에 대해 즉각적으로 신체적 변화가 일어나고, 신체적 대뇌피질이 지각함으로 일어나는 것

　　㉡ John Watson : 신체적 기제 전체 특히, 내장과 내분비체계의 심원한 변화를 수반하는 유전적으로 정형화된 반응

　　㉢ 개인의 목표, 동기 등에 관련된 인지 과정에 의해 형성되는 것

　② 정서의 분류

　　㉠ 혼합 관점 : 기본 정서와 혼합 정서로 구분한다. 기본 정서가 있고, 이들의 혼합으로 수많은 인간 정서가 표현된다.

　　　ⓐ Cattell은 요인 분석으로 기본 정서 10개를 선정하였고, 각각 특정한 목적을 가지고 있다.

정서	목표
성적 갈망	교접
두려움	도피
외로움	사교성
연민, 양육 의존	보호
호기심	탐구
자부심	과시
심미적 위안	자기 도취
절망	호소
수면	휴식 추구
노여움	호전성

ⓑ Tomkins는 8개의 기본 정서 '긍정적 정서 - 흥미, 놀라움, 기쁨, 부정적 정서 - 고뇌, 두려움, 수치, 혐오, 격노'를 제시하였다.

ⓒ Plutchik은 동물과 인간이 여러 가지의 적응적 행동을 동기 형성시키는 데 도움이 되는 8가지 기본 정서 '두려움(공포), 놀람, 슬픔, 혐오, 분노, 예견(기대), 기쁨, 수용'을 제시하였다.

• 정서의 구조 모형을 '강도 차원, 유사성 차원, 양극성 차원' 3가지로 구분하였다.

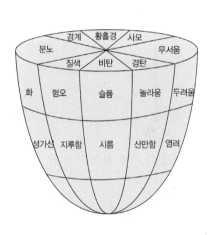

〈Plutchik의 3차원 모형-정서팽이〉

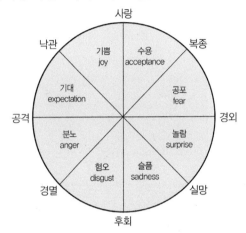

〈Plutchik의 8가지 기본적 정서 범주〉

ⓓ Kemper는 기본 정서(공포, 분노, 슬픔, 만족)를 제시하였고 이유는 다음과 같다.
   • 첫째, 대부분의 동물에서 관찰된다.
   • 둘째, 모든 문화권에서 발견된다.
   • 셋째, 인간 발달의 초기에 나타난다.
   • 넷째, 뚜렷한 생리적 변화의 양상과 결합되어 있다.

ⓛ 차원 관점
   ⓐ Russell은 정서가 기본 정서로 환원되는 것이 아닌 비정서적인 몇 개의 차원들로 환원된다는 정서의 차원 이론을 제시하였다.
   ⓑ 쾌-불쾌와 각성-비각성의 두 차원으로 이뤄진 평면의 좌표로 표현하고 있다.

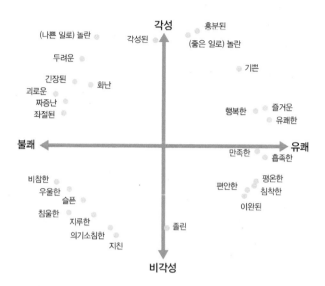

[Russell의 감정의 2차원과 개별 정서의 위치]

(3) 불안의 측정

① 불안의 정의 기출 2020

㉠ 상상적인 위협에 대한 주관적인 느낌으로 불쾌감 또는 짜증감을 동반하는 우울, 긴장, 흥분 상태를 말한다.

㉡ 스포츠 상황에서의 경쟁 불안은 경쟁 특성 불안과 경쟁 상태 불안으로 구분한다.

㉢ 상태 불안 : 경쟁 상황에서 수행자가 느끼는 상황에 대한 반응으로서 자율신경계의 활성 또는 각성을 수반하는 의식적으로 지각한 우려 또는 긴장의 감정이며 경쟁상황에서 나타날 수 있는 여러 가지 구체적인 원인으로 인한 불안 정도를 말한다.

㉣ 특성 불안 : 경쟁적인 상황 또는 시합 상황을 위협적인 것으로 지각하고 이와 같은 상황에 대한 우려와 긴장의 감정으로 반응하려는 경향이며 선천적 기질로서 경쟁 또는 시합이라고 하는 일종의 자극을 위협적인 것으로 느끼는 성격적 특성을 의미한다.

㉤ 분리 불안 : 개인이 강한 정서적 애착이 있는 사람들(예 부모, 간병인, 중요한 기타 또는 형제 자매)과의 분리와 관련하여 과도한 불안을 경험하는 불안 장애이다.

㉥ 경쟁의 4가지 요인 : 객관적, 경쟁 상황, 주관적 경쟁 상황, 반응, 결과

② 불안의 측정 기출 2020

㉠ 심리적 측정 방법

ⓐ Taylor의 표명불안 척도(MAS) : 타고난 특성으로서의 선천적인 불안 성향인 특성 불안을 측정하기 개발되었다.

ⓑ Spielberger의 상태-특성 불안 검사(STAI) : 특성 불안과 특정 상황에 따라 다르게 나타나는 상태 불안을 모두 측정할 수 있다.

ⓒ Martens의 경쟁불안검사(SCAT) : 스포츠 상황에서 수행자의 경쟁 불안을 측정하기 위한 검사지이다.

ⓓ CSAI, CSAI-2 : 경쟁 상태 불안 검사를 위한 검사이다.

ⓛ 생리적 측정 방법

　　ⓐ 혈압, 근육의 긴장, 뇌파, 피부저항(GSR) 측정

　　ⓑ 뇌전도(EEG), 심전도(EKG), 근전도(EMG), 발한율 등 측정

ⓒ 행동적 측정 방법

　　ⓐ 스포츠 상황에서 선수들이 불안할 때 나타나는 행동적 증상들을 측정하는 방법이다.

　　ⓑ 다음은 불안 행동적 증상 기록지이다.

행동적 반응	시간				
	평소 연습시	경기 1시간 전	경기 30분 전	경기 5분 전	경기 10분후(성적)
목이 뻣뻣하다					
화장실에 가고 싶다					
초조하다					
가슴이 두근거린다					
집중이 안된다					
하품을 자주 한다					
토할 것 같다					
목소리가 떨린다					
손, 발의 발한					

(4) 스트레스와 탈진

① 스트레스

　ⓐ 지각된 환경의 요구와 유기체의 지각된 반응 능력 간의 불균형적인 과정이다.

　ⓛ Seyle는 경보 반응 → 대응-저항 반응 → 탈진 반응의 3단계로 나누었다.

　ⓒ 스트레스 요인이 오랫동안 지속되어 마지막 단계인 탈진 반응에 빠지게 되면, 신체적·정신적 질병으로 발전할 수 있다.

　ⓔ 스트레스는 긍정적·부정적인 양면을 가지고 있다.

② 탈진

　ⓐ 과도한 피로, 흥분 등으로 인해 몸에 기운이 빠져 나간 상태로 휴식 없이는 아무것도 하지 못하는 상태

　ⓛ 작업 환경에서 쓰이는 장기 피로와 열정 상실

　ⓒ 운동탈진 : 운동에 대한 열의 상실과 지속적인 과훈련 및 경쟁 스트레스 등의 스포츠 상황에 의해 신체적·심리적으로 고갈된 상태

ⓔ 운동탈진의 징후 및 증상

　　ⓐ 성적이나 훈련이 개선되지 않거나 나빠지는 경우로, 체력 및 스태미너 상실 및 만성 피로가 포함

　　ⓑ 휴식 시 심박동수가 높아지거나 혈압이 높아지는 등의 생리학적 신호

　　ⓒ 집중력 및 학업 성과의 저하, 망각 등의 인지적 문제

　　ⓓ 면역력 저하로 인한 질병

　　ⓔ 무관심, 변덕, 자주 성냄 등의 감정적 문제

　　ⓕ 스포츠 역량에 미치지 못함에 따른 자존감 저하, 불안 및 우울증 증대

(5) 경쟁불안과 경기력 관계 이론 　기출 2022

　① 욕구이론(Drive Theory) 　기출 2019

　　㉠ 각성과 수행은 비례관계로 증가한다.

　　㉡ 선수들이 각성되면 될수록 또는 불안이 증가하면 할수록 그들의 수행력은 증가한다는 관점이다.

　　㉢ 예로, 운동선수가 경기 중 상대선수의 방해로 흥분하면 운동수행 능력은 증가한다. 이 이론은 스포츠심리
　　　학계에서 거의 지지를 받지 못하고 있다.

　② 역U자 가설(적정각성수준이론)

　　㉠ 각성 수준이 낮은 상태에서는, 각성이 증가함에 따라 선수들의 수행력도 선형적으로 증가하다가, 적정각
　　　성 상태에서 최상의 수행력을 발휘하게 된다.

　　㉡ 계속 각성 상태가 증가하여 적정각성 상태를 벗어나게 되면 선수들의 수행력은 저하된다는 이론이다.

　　㉢ 다음은 스포츠 기술에 따른 각성 요구 수준을 정리하였다.

요구되는 각성	스포츠 기술
5 (최고 각성 수준)	단거리 육상, 투척, 풋볼태클, 역도, 서전트 점프, 단순한 기술과제
4	중·단거리(400m, 800m), 멀리뛰기
3 (중강도 각성 수준)	구기종목(농구, 축구, 야구), 유도, 체조
2	투수, 타자, 펜싱, 배드민턴
1 (저강도 각성 수준)	타켓스포츠(사격, 양궁, 볼링), 패널티킥, 퍼팅

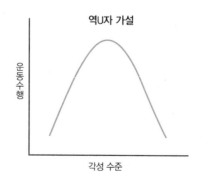

역U자 가설

운동수행 / 각성 수준

③ **최적수행이론** [기출] 2015

　　㉠ 우수한 선수들은 최상의 수행이 일어나는 최적의 각성 상태 영역을 갖고 있다는 "최적수행이론"을 주장하였다(Yuri Hanin, 1980).

　　㉡ 모든 선수들은 자신의 적정각성 상태와 적정불안 상태가 존재하여 이 영역에서는 좋은 경기력을 발휘하지만 이 영역을 벗어나면 수행력이 떨어지게 된다.

　　㉢ 이 이론은 2가지 측면에서 역U자 가설과 차이가 있다.

　　　　첫째, 최적의 불안 상태는 항상 연속선상 중간 지점에서 일어나는 것이 아니라, 선수들마다 다르다는 것이다.

　　　　둘째, 최적의 상태 불안 수준은 단순히 하나의 점이 아니라 띠와 같다는 것이다. 그러므로 코치와 감독은 선수들이 자신만의 최적의 상태 불안을 알아내고 도달할 수 있도록 도와야 할 것이다.

④ **다차원불안이론** [기출] 2017

　　㉠ 불안을 하나의 개념이 아닌, 여러 개의 개념으로 구성된 다차원이라는 이론이다.

　　㉡ 불안은 인지불안과 신체불안으로 구성되며, 이 두 가지 개념은 운동수행에서 선수들의 심리 상태에 서로 다르게 영향을 미친다.

　　　　ⓐ 인지불안은 정신적으로 느끼는 근심, 걱정, 초조함, 주의력 산만 등과 같은 부정적인 심리 상태로 운동수행과 반비례관계를 보인다.

　　　　ⓑ 신체불안은 생리적으로 느끼는 근육의 긴장과 떨림, 심박수 증가, 호흡수 증가, 땀 분비 촉진 등과 같은 생리적인 각성 상태로 적정 수준까지는 운동수행에 긍정적인 영향을 주지만, 적정 수준을 초과하면 운동수행에 부정적인 영향을 준다.

⑤ **카타스트로피이론** [기출] 2016

　　㉠ 생리적 각성과 운동수행 사이에 역U자 관계가 있지만, 인지불안이 낮은 경우에만 보이고, 인지불안이 커짐에 따라 각성이 적정 수준을 넘게 되면 격변이라고 할 수 있는 운동수행상의 급격한 폭락이 있게 된다는 이론이다(인지불안↓ - 역U자 관계 형성, 인지불안↑ 생리적 각성이 적정 수준 초과 → 수행의 급격한 폭락 현상).

　　㉡ 각성은 인지적 불안의 양에 따라서 뚜렷하게 다른 결과를 가져올 수 있다.

　　㉢ 추락 현상 발생 후 이전의 상태로 회복하는 데 시간이 소요되며 완전한 신체적 이완이 필요하다

⑥ **반전(전환)이론** [기출] 2019

　　㉠ Kerr은 각성이 운동수행에 영향을 미치는 양상은 근본적으로 개개인이 자신의 각성 수준을 어떻게 해석하는지에 달렸다고 주장하였고, 각성과 스트레스를 통합적으로 고려하였다.

　　㉡ 각성을 유쾌한 상태로 보는가, 불유쾌한 상태로 보는가 하는 문제가 각성과 운동수행의 관계를 이해하는 기본이 된다.

　　㉢ 어떤 사람이 각성을 긍정적으로 해석한다면 경기수행에 긍정적인 영향을 미치고, 부정적으로 해석한다면 운동수행에 부정적인 영향을 미칠 것이다.

각성과 스트레스	기분 상태
각성과 스트레스가 높을 때	불안
스트레스가 높으나 각성이 낮을 때	시루함
각성과 스트레스가 낮을 때	졸려움
각성은 높으나 스트레스가 낮을 때	흥분

⑦ 심리에너지이론 [기출] 2018

㉠ 각성을 긍정적으로 해석하면 긍정적 심리에너지가 발생하고 운동수행에 긍정적 영향을 미친다는 이론이다.

㉡ 반대로 각성을 부정적으로 해석하면 부정적 심리에너지가 발생하여 각성과 운동 사이에 부정적인 상태가된다.

㉢ 최고의 경기력을 발휘하기 위해서는 긍정적 심리에너지는 높이고 부정적인 심리에너지는 낮춰야 한다.

(6) 불안, 스트레스 관리 기법 [기출] 2020

① 불안을 감소시키는 방법

㉠ 점진적 이완법(progressive relaxation) : 근육의 긴장을 낮추면 불안감이 사라진다는 전제로 한 근육씩 차례로 몸 전체의 근육을 이완시킨다. 조용한 장소, 편안한 자세, 정신적 도구, 수동적 태도는 이완시 필요한 4대 요소이다.

㉡ 바이오피드백(biofeedback) : 특정한 생리적 현상에 대한 정보를 제공하여 그 생리적 활성도를 스스로 조절하게 하는 방법으로 학습이론에 기초한다.

㉢ 자율훈련(autogenic training) : 긍정적 사고와 정신적인 훈련을 통하여 스트레스를 다스리는 방법으로 공식화된 어구를 반복해서 암송하는 자기 최면으로 몸이 이완되어 묵직해지고 따뜻해지는 효과를 이용하여 신체와 마음을 편안하게 만드는 방법이다.

㉣ 초월명상(transcendent meditation) : 창시자인 인도의 마헤시는 우리의 의식상태는 초월상태라는 제4의 의식상태가 존재한다고 주장하였다. 초월상태란 수면이나 꿈과 같이 우리의 생명 유지에 절대 필요한 생리학적 상태를 말하며, 이는 스트레스나 긴장을 해소해 주고 몸과 마음을 정화시키는 작용을 한다.

㉤ 심상기법(imagery technique) : 심상기법은 마음속에 있는 어떤 특정 이미지에 집중을 할 때 시각뇌가 활성화되며 직접적인 시간 자극이 없어도 감정과 자율신경에 영향을 주게 된다. 결국 신체적인 반응을 유도하여 치료효과를 볼 수 있다.

㉥ 사고정지(thought stopping) : 부정적인 생각으로 불안이나 긴장이 높아질 때 생각을 멈추는 것을 말하며, 부정적인 사고를 정지하고 긍정적인 생각으로 대치한다.

㉦ 최면(hypnosis) : 일정한 방법으로 의도적 · 인위적으로 야기되는 인간 유기체의 특수한 상태 및 그것이 원인이 되어 생기는 심리적 · 생리적인 일련의 현상들을 말한다.

◎ 체계적 무감각기법(systematic desensitization) : 불안 극복을 위한 행동 수정 방법으로서, 불안을 일으키는 자극에 대해 불안을 가장 적게 일으키는 자극부터 불안을 가장 많이 일으키는 자극의 순서로 불안 위계표를 작성하고 상상을 통해 제시하면서 불안에 상반되는 반응으로 근육의 긴장이완을 적용하여 불안을 형성한 조건 형성을 깨뜨리는 것이다.

ㅈ 인지 재구성(cognitive restructuring) : 부정적인 생각을 긍정적인 생각으로 대처하는 방법과 관련된 인지적인 방법이다. 자신의 걱정을 통제할 수 있는지를 인식하고 통제할 수 있는 것만을 신경쓰고, 그 외에는 걱정을 하지 않는다.

② 선수들의 생리적 각성을 촉진하는 방법

ㄱ 실현 가능한 목표를 세운다.

ㄴ 혼잣말(self-talks)을 한다. '할 수 있다'와 같은 긍정적이고 활력있는 말을 스스로에게 한다.

ㄷ 경쾌한 음악을 듣는다.

ㄹ 이미지 트레이닝을 한다.

03 동기

(1) 동기의 개념 기출 2015

① 정의

ㄱ 공식적으로 행동을 선택하고 제기하며, 지속하고 제지시키는 힘

ㄴ 어떤 목표나 목적을 향해 유기체를 움직이게 하는 활성화된 조건

ㄷ 어떤 행위의 원인이 되는 마음의 상태로 사람으로 하여금 행동을 일으키게 하는 내적인 요인 또는 계기

ㄹ "노력의 방향과 강도"

ⓐ 노력의 방향 : 특정 상황이나 행동을 추구하고 다가가는지의 여부(어떤 활동을 추구하거나 회피한다)

ⓑ 노력의 강도 : 어떤 상황에서 쏟는 노력의 정도(노력을 많이 하거나 노력을 하지 않는다)

② 동기의 관점

ㄱ 특성지향 관점 : 개인의 성격, 태도, 목표 등이 동기 행동을 결정한다고 보는 관점

ㄴ 상황지향 관점 : 동기가 주로 상황의 영향에 의해 결정된다고 보는 관점

ㄷ 상호작용 관점 : 개인의 동기가 특성적 관점과 상황적 관점과의 상호작용 속에서 형성된다고 보는 관점

(2) 동기 유발의 기능과 종류

① 기능

ㄱ 계기 기능 : 행동의 원동력으로서 행동을 유발하는 기능을 한다.

ㄴ 선택 기능 : 흥미있는 것에 적극적으로 반응을 보이고 그렇지 않으면 수행하지 않는다.

ⓒ 지향 기능 : 동기가 유발되었을 때, 학습 목표를 확인하고 방향성을 결정한다.

ⓔ 강화 기능 : 목표에 도달했을 행동의 재기 가능성을 높이려고 한다.

② 종류

ⓐ 일차적 동기 : 기본적, 선천적으로 생체를 유지하는 필요한 동기. 배고픔, 목마름, 수면, 배설

ⓑ 이차적 동기 : 사회적, 동기, 후천적으로 학습 및 경험으로서의 동기로 경쟁, 우월, 독립, 상벌, 소속감, 권력, 성취, 야망, 사회적 인정, 자아실현 등

ⓒ 일반동기 : 학습 상황에서 지식의 습득과 기능의 숙달을 위해 노력하는 지속적이고 폭넓은 경향을 의미한다.

ⓓ 특수동기 : 특정 영역이나 특정 내용의 학습에 관해서만 동기화 한다.

ⓔ 내재적 동기

ⓐ 흥미, 욕구, 호기심 등 내적이고 개인적 요인에 의존하여 유발되는 동기

ⓑ 학습자가 외적 요인들과는 관계없이 능동적으로 학습에 참여할 때 형성

ⓕ 외재적 동기

ⓐ 외적이고 환경적 요인에 의존하여 설명하는 이론

ⓑ 자기 자신이 목적을 향해 움직이는 것이 바로 성적, 처벌, 보상, 사회적 압력 등에서 그 의미를 찾는 경향

(3) 동기이론

행동주의적 접근	• 욕구감소이론
인본주의적 접근	• 욕구위계이론 • 자기결정이론
인지주의적 접근	• 귀인이론 • 목표이론 • 자기가치이론 • 성취목표성향이론
사회학습이론적 접근	• 자기효능감이론 • 기대 × 가치이론

① 욕구감소이론(Hull)

ⓐ 인간의 행위는 내적인 욕구(drive)를 감소시키는 방향으로 진행된다.

ⓑ 생리적 욕구가 결핍되면 심리적 긴장이 따르므로 이러한 상태에서 벗어나기 위해서 행동을 한다.

ⓒ 습관강도(habit strength, 자극과 반응 간의 연합의 정도)가 강해도 욕구가 없으면 행동은 일어나지 않는다.

ⓓ 반응잠재력(reaction potential) = 욕구 × 습관 강도

ⓜ 사람마다 보상의 효과에서 개인차가 있는 것은 욕구가 서로 다르기 때문이다.

ⓗ 비판 : 사람들은 불편을 해소하려는 욕구가 있기도 하지만, 때로는 일부러 불편한 상황을 찾아가기도
한다. 예 공포영화, 익스트림스포츠 등

② 욕구위계이론(Maslow)

㉠ 인간의 욕구는 위계를 이루고 있고, 하위단계의 욕구가 충족되면 그 다음 단계의 욕구를 충족시키기 위해
행동한다.

㉡ 결핍 욕구 : 이 욕구가 충족되지 못하면 결핍을 느끼고, 이 욕구가 충족되면 동기는 감소한다.

㉢ 성장 욕구 : 이 욕구는 충족될수록 동기 유발이 계속 된다.

㉣ 비판 : 욕구의 위계에 따라 행동하지 않는 경우가 있다.

㉤ ERG(Existence, Relatedness, Growth)이론은 매슬로우 욕구단계설을 Alderfer가 발전시켜 주장한 이
론이다.

　ⓐ 존재 욕구(Existence) – 생리적 욕구, 안전의 욕구

　ⓑ 관계의 욕구(Relatedness) – 애정/소속의 욕구, 존경의 욕구

　ⓒ 성장의 욕구(Growth) – 자아실현의 욕구

　ⓓ 욕구의 위계설 수정 : 한 가지 이상의 욕구가 동시에 작용하기도 한다. 욕구의 퇴행이 일어나기도 한다.

③ 자기결정이론(Deci & Ryan)　기출 2019, 2018, 2016

㉠ 외재적 동기가 내면화되면 내재적 동기가 된다.

㉡ 학생은 자신의 행동에 대해 자신이 결정하고, 그 결정에 따라 행동함으로써 자기 행동에 대한 주인이 되
고자하는 욕구가 있다.

㉢ 유능성 욕구 : 자신이 처한 환경에서 효과적으로 행동하고자 하는 욕구

㉣ 자율성 욕구 : 독립성에 대한 욕구

㉤ 관계성 욕구 : 사회 환경 속에서 다른 사람과 연결되어 있다는 느낌, 사랑과 존경을 받고 있다는 느낌을
받기 원한다.

구분	규제	동기 유형	행동
무동기	무규제	• 내적 또는 외적 동기 없음 • 스포츠 참가에 대한 이유 없음	자기결정 낮음
외적 동기	외적 규제	외적인 보상을 받으려는 욕구가 활동의 원동력	
	의무감 규제	활동의 이유를 내면화시켜서 내면적 보상과 처벌과 연계	
	확인 규제	활동은 자신이 결정한 것이지만 즐겁지 않음	
내적 동기	내적 규제	활동은 자신이 결정한 것이며, 그 자체가 주는 내적인 즐거움이 활동의 원동력	자기결정 높음

④ 귀인이론(Weiner) : 학생이 성공과 실패의 원인을 무엇으로 인지하느냐에 따라 다음 행동에 대한 동기 부여가 달라진다는 이론이다. [기출] 2017

⑤ 목표이론(Dweck) [기출] 2019

    ㉠ 지향하는 목표가 수행 목표나 숙달 목표냐에 따라 학습동기가 달라진다는 이론이다. 드웩의 목표 이론은 숙달 목표와 수행 목표로 나눠진다. 수행 목표를 갖고 있는 학생은, 어떤 학습 상황에 직면하였을 때 그 상황을 통해 자신의 능력이 긍정적으로 평가를 받거나 또는 부정적으로 평가를 받지 않으려 한다.

    ㉡ 이러한 수행 목표를 갖고 있는 사람은 대부분 지능 고정 신념이 있는데, 이렇게 수행 목표와 지능 고정 신념을 갖고 있는 사람이 실패를 할 경우 무기력을 경험할 확률이 높아진다.

숙달 목표(과제 목표)	지능 증가 신념 : 지능은 변할 수 있으며 증가될 수 있는 것, 실패했을 때 노력 부족으로 귀인
수행 목표(자기 목표)	지능 고정 신념 : 지능은 고정된 것으로 변화될 수 없는 개인의 특성

⑥ 자기가치이론(Covington)

    ㉠ 사람들은 자신을 가치 있고 유능한 존재로 평가받기를 원한다는 이론이다.

    ㉡ 실패하면 자기 가치가 손상되므로 다양한 자기보호전략을 사용한다.

    ㉢ 실패는 능력 부족보다는 노력 부족이나 외적 요인에 의한 것이라고 생각한다.

    ㉣ 실패 회피형은 실패 수용형이 되기 쉽다.

⑦ 성취목표성향이론 [기출] 2019

    ㉠ 과제 목표 성향은 비교의 준거가 자신이다.

    ㉡ 자기 목표 성향은 비교의 준거가 타인이다.

    ㉢ 스포츠참가자는 자신을 비교의 준거로 삼는 과제 목표 성향이 바람직하다.

    ㉣ 과제 목표 성향인 사람들은 실패했을 경우 지속적으로 노력하는 긍정적인 행동을 보인다.

⑧ 자기효능감(self-efficacy)이론(Bandura)

    ㉠ 어떤 과제를 수행할 때 나타나는 개인의 능력에 대한 신념

    ㉡ 자기가 그 과제를 잘 수행해 낼 수 있는 능력이 있다고 판단이 되면 과제 수행에 적극적이 된다. 그 반대의 경우는 과제를 회피하거나 쉽게 포기하게 된다.

    ㉢ 행동의 성과에 대한 기대가 다음 행동의 동기를 유발하는 단서가 되는데, 이 기대는 자기효능감과 관련이 있다.

    ㉣ 자기효능감 습득에 영향을 미치는 요인

        ⓐ 직접적인 성공 경험

        ⓑ 대리적 경험

        ⓒ 언어적 설득

        ⓓ 생리적 상태

⑨ 기대 × 가치(expectancy × value) 이론
  ㉠ 기대 : 학습 과제를 성공할 수 있을 것이라는 기대(성공 확률에 대한 기대)
  ㉡ 가치 : 그 성공으로부터 얻는 것이 가치 있다는 판단(주관적인 가치 판단)
  ㉢ 에클스와 위그필드(Eccles & Wigfield)는 비용(cost)을 추가하였다.

(4) 귀인과 귀인 훈련

① 귀인이론 기출 2019, 2017
  ㉠ 관찰된 행동의 원인을 기술하는 일반적 법칙을 규명함으로써 인간 행동에 대한 설명과 예측을 가능하게
    하려는 하나의 이론적 체계로서 동기 이론이다.
  ㉡ 개인이 자신이나 타인의 행동에 원인을 돌리는 과정이다.
  ㉢ Weiner는 성공이나 실패에 대한 다음과 같이 구분하였다.
    ⓐ 인과성(내적/외적) : 내적-외적 요인으로 구분한다.
    ⓑ 안정성(안정적/불안정적) : 사건의 원인이 안정적이며 영구적인지 불안정한지를 나타낸다.
    ⓒ 통제성(통제가능/통제불가능) : 사건의 원인이 의도에 의해 통제가능한지를 나타낸다.

② 귀인의 3차원 분류 기출 2022, 2020

구분		인과 소재			
		내적		외적	
통제성	안정성	안정	불안정	안정	불안정
통제성	통제 가능	일관된 노력	일관되지 않은 노력	다른 사람의 일관된 도움	다른 사람의 변덕스러움
	통제 불가능	능력	기분	과제 난이도	행운

- 개인 능력은 내적이며, 안정적이고, 통제가 불가능
- 개인 노력은 내적이며, 불안정적이고, 통제가 가능
- 과제 난이도는 외적이며, 안정적이고, 통제가 불가능
- 운은 외적이며, 불안정적이고, 통제가 불가능

③ 귀인 결과와 (미래)행동 및 정서
  ㉠ 성공의 원인을 어떻게 해석하느냐에 따라 어떤 결과(미래행동 결과와 정서 반응)가 나타나는가?

안정성(미래행동의 기대)	
안정적 요인	성공의 원인을 안정적 요인에서 찾으면, 다음에도 같은 상황에서 성공하려고 예상하게 되므로 자신감이 높아짐
불안정적 요인	성공의 원인을 불안정한 요인에서 찾으면, 다음에도 성공할 수 있다는 자신감이 줄게 됨

인과성과 통제성(정서 반응)	
내적 · 통제가능 요인	승리한 원인을 내적 요인으로 해석하면, 긍지나 자부심을 많이 느끼게 됨
외적 · 통제불가능 요인	승리한 원인을 외직 요인으로 해석하면, 긍지나 자부심이 줄어들게 됨

ⓛ 실패의 원인을 어떻게 해석하느냐에 따라 어떤 결과(미래행동)가 나타나는가?

안정성(미래행동의 기대)	
안정적 요인	실패의 원인을 안정적 요인에서 찾으면, 다음에도 같은 상황에서 성공하려고 예상하여 자신감이나 동기가 줄어들게 됨
불안정적 요인	실패의 원인을 불안정한 요인에서 찾으면, 자신감이나 동기가 크게 줄게 됨

인과성과 통제성(정서 반응)	
내적 · 통제가능 요인	실패한 원인을 내적 요인으로 해석하면, 창피함과 같은 정서 반응이 커짐
외적 · 통제불가능 요인	실패한 원인을 외적 요인으로 해석하면, 창피함을 그다지 느끼지는 않음

ⓒ 경쟁적인 스포츠나 규칙적인 운동에 참가하는 사람들은 성공과 실패에 대한 책임이 모두 자신에 있다고 생각하는 것이 자신의 발전에 도움이 됨

ⓐ 성공의 원인 : 내적이며, 통제 가능하고, 안정적인 요인으로 해석하는 것이 좋음

ⓑ 실패의 원인 : 내적이며, 통제 가능하고, 불안정적인 요인에서 찾는 것이 좋음

ⓡ 귀인 유형과 결과

귀인	결과
안정성 • 안정한 요소에 귀인 • 불안정한 요소에 귀인	미래성공의 기대 • 성공 기대 증가 • 성공 기대 감소
인과성 • 내적 이유 • 외적 이유	정서 반응 • 긍지 또는 창피함 증대 • 긍지 또는 창피함 감소
통제성 • 자신의 통제 • 타인의 통제	정서 반응 • 동기 증대 • 동기 감소

④ 귀인 재훈련

ⓐ 귀인 훈련은 성공과 실패에 대한 학습자의 원인 지각에 강조를 두면서 바람직하지 않은 귀인을 보이는 학생들에게 바람직한 귀인을 갖도록 중재하는 것을 의미한다.

ⓛ 실패에 대한 능력 귀인을 피하여 성공과 실패 후에 긍정적인 정서를 조성하고 기대감을 훼손시키지 않는다.

ⓒ 실패를 능력에 귀인하는 것을 피하고 성공과 실패 후에 긍정적인 정서를 경험하도록 하고 기대감을 높여야 한다.

ⓔ 실패를 내적, 안정적, 총체적 요인에 귀인하는 것을 피하며, 내적이고 불안정하며 통제 가능한 구체적인 요인인 잘못된 작전에 귀인해야 한다.

ⓜ 귀인 재훈련 모형

바람직하지 못한 귀인	실패	통제 불가능한 요인 : 능력 부족과 같은 내적, 안정적, 총체적인 요인에의 귀인	• 낮은 성공 기대 • 저조한 운동수행 • 포기, 무력감 • 부정적 정서
바람직한 귀인	성공	통제 가능한 요인 : 높은 능력과 같은 내적, 안정적, 총체적인 요인에의 귀인	• 높은 성공 기대 • 적극적인 과제 행동 • 높은 운동수행 • 자신감, 긍정적 정서
	실패	통제 가능한 요인 : 노력부족이나 잘못된 작전과 같은 내적 요인에의 귀인	• 무력감 없음 • 과제에 접근 • 성공 기대 • 분발 • 노력과 퍼포먼스 개념

(5) 동기유발 방법

① 집중과 도전

ⓐ 재미와 흥미를 느낄 수 있도록 환경을 만든다.

ⓑ 능력이 향상될 수 있도록 기술을 지도한다.

ⓒ 개인적인 목표 달성을 이루도록 도와준다.

② **책임감 부여와 조절** : 통제력과 책임감이 주어졌을 때 동기 유발이 된다.

③ 외적 강화 인자의 사용 방안

ⓐ 외적 강화 인자로 처벌이나 보상을 사용하는 것은 동기화시키는 데 효과적일 수 있다.

ⓑ 외적 보상은 운동 참가 초기 내적 동기가 부족할 때 흥미를 유발한다.

ⓒ 학습자에게 외적 보상의 의미를 일깨워 주어야 한다.

ⓓ 개인의 목표가 다른 사람으로부터 지지받고 양성될 수 있도록 동기적 환경을 만든다.

④ **귀인 유형 파악** : 패배 후의 귀인은 미래의 행동을 결정하는 데 영향을 미친다. 실패 후의 능력부족 귀인을 노력부족 귀인으로 바꾸는 것이 바람직하다.

04 목표 설정 [기출] 2020

(1) 목표 설정의 개념

① 개념

  ㉠ **목표 설정** : 행동을 통하여 이루고자 하는 최종적인 결과를 계획하는 것을 말한다.

  ㉡ **목표**

   ⓐ 의식적으로 달성하거나 성취하고자 하는 대상

   ⓑ 구체적인 시간적 제한 내에서 어떤 과제에 대한 수행 능력의 수준을 나타내는 것

  ㉢ **목표의 속성**

   ⓐ **내용** : 달성하고자 하는 목적이나 결과

   ⓑ **강도** : 목표를 달성하기 위해 투자하는 노력과 시간

② 목표의 분류

  ㉠ **결과 목표** : 시합의 결과에 목표를 두는 것을 말한다.

  ㉡ **수행 목표** : 수행의 과정과 목표는 자신이 달성하고자 하는 기준에 초점을 둔다.

③ 목표 설정의 효과

  ㉠ 수행력 향상

  ㉡ 연습의 질 향상

  ㉢ 명확한 목표 설정

  ㉣ 도전감을 느껴 훈련의 즐거움 느낌

  ㉤ 내적 동기를 높임

  ㉥ 긍지, 만족감 및 자신감 향상

(2) 목표 설정의 원리

① 구체적인 목표를 설정한다.

② 장기 목표와 단기 목표를 세운다.

③ 어렵지만 실현 가능한 목표를 세운다.

④ 수행 목표를 설정한다.

⑤ 목표 달성을 위한 지원책을 준비한다.

⑥ 전략을 개발한다.

⑦ 개인의 목표 이행을 조장

⑧ 목표를 기록한다.

⑨ 참가자의 성격을 고려한다.

⑩ 목표 달성 여부를 평가한다.

⑪ SMART 목표 설정

Specific	구체적인 목표
Measurable	측정 가능한 목표
Achievable	성취 가능한 목표
Relevant	적절한 목표
Time-bound	시간을 정해둔 목표

(3) 목표 설정의 실제

① 목표 설정의 4단계

4단계	1단계의 재확인 및 과정에 초점
3단계	계획에 대한 목표 성취 전략 설정
2단계	목표 설정에 대한 계획의 수립
1단계	목표 설정의 동기 확인

㉠ 1단계

　ⓐ 동기에 대한 명백한 목적의식을 가지고 목표 설정을 한다.

　ⓑ 동기는 목적의식과 열정을 가지고 수행 중에 나타나는 부정적인 상황을 극복하고 긍정적인 생각으로 전환할 수 있는 힘을 준다.

㉡ 2단계

　ⓐ 동기를 확인 후 목표 설정 계획을 세운다.

　ⓑ 어떻게 현실적인 목표를 설정하는가? 어떻게 체계적으로 다양한 유형의 목표를 설정할 것인가? 라는 질문에 대해 생각해 본다.

㉢ 3단계

　ⓐ 목표 성취 전략 세우기

　ⓑ 속도를 늦추고 전환하기

　ⓒ 구체적으로 평가하기

㉣ 4단계

　ⓐ 1단계에서 제시했던 동기를 확인하고 목적의식과 열정을 유지하면서 목표를 진행했는지 확인한다.

　ⓑ 목적의식을 유지하면서 목표를 추구하는 과정의 중요성을 이해한다.

(1) 자신감의 개념

　① 자신감의 정의

　　㉠ 어떤 어려운 일을 맡더라도 충분히 잘해낼 수 있다는 자기 자신에 대한 확신

　　㉡ 성공 수행에 대한 믿음

　② 자신감과 유사한 개념

　　㉠ **스포츠 자신감** : 스포츠경쟁에서 상대방을 누르고 성공할 수 있다는 자기 확신과 믿음을 의미한다. 그러나 선수들은 때때로 자신의 기량보다 월등한 상대방을 이길 수 있다고 확신하는 자만심과 혼돈하기도 한다.

　　㉡ **자기효능감** : 개인이 특수한 상황에서 세부적인 과제를 성공할 수 있다는 좁은 의미의 자신감이라고 정의할 수 있다.

　　㉢ **지각된 유능감** : 학습자 스스로 자신의 학업 능력에 대해 갖는 자신감을 의미한다.

　③ 자신감의 구성 요소

　　㉠ 성취 경험

　　㉡ 자기 관리

　　㉢ 모델링

　　㉣ 피드백/격려

(2) 자신감 이론

　① 자기효능감이론　[기출] 2018, 2015

　　㉠ 자기효능감은 주어진 시간과 작업에서 성공할 수 있는 능력에 대한 수행자의 지각을 뜻한다. 이 이론의 기본적인 가정은 만약 필요한 기술과 적절한 보상이 있다면 자기효능감이 실제 수행을 예언할 수 있다는 것이다.

　　㉡ 반두라는 자기효능감이 다음의 네 가지 요인을 통해 형성된다고 보았다.

　　　ⓐ **성취 경험** : 어떤 사람이 목표를 달성하기 위하여 시도한 결과 성공과 실패를 얼마나 했느냐에 따라 자기효능감이 달라질 수 있다고 한다.

　　　ⓑ **대리 경험** : 타인의 성공과 실패를 얼마나 그리고 절실하게 목격했느냐하는 대리 경험에 의해 자기효능감이 영향을 받는다는 것이다.

　　　ⓒ **언어적 설득** : 타인으로부터 무엇인지를 잘 해낼 수 있다는 말을 얼마나 자주 듣느냐에 따라 자기효능감이 달라질 수 있다는 것

　　　ⓓ **정서적 각성** : 인간은 불안, 좌절 등과 같은 정서적 반응 그리고 그것을 적절히 조절하는 능력에 의해서 자기효능감이 달라진다는 것이다.

② **스포츠 자신감 이론** : 이 모델은 자신감을 특정 자신감과 상태 자신감의 두 개의 구조로 나누었다.
　　㉠ **특성 자신감** : 스포츠에 있어서 각 개인이 자신의 성공 능력에 대해 대개 갖는 확신의 정도
　　㉡ **상태 자신감** : 스포츠에 있어서 각 개인이 자신의 성공 능력에 대해 어떤 특정한 순간에 갖는 확신의 정도

(3) 자신감을 향상시키는 방법

자신감의 특징은 운동에서 좋은 기록을 발휘할 수 있도록 기대감을 형성하거나 선수로써 성공할 수 있도록 높은 기대감을 갖게 한다는 점이다. 이러한 자신감을 형성하는 데에는 다음과 같은 요인들이 선수를 도와준다.

① **능력 입증** : 운동선수들은 자신의 기록이 다른 선수들보다 우수하였을 때 운동을 잘 할 수 있다는 심리적인 확신을 갖게 된다.

② **신체적·정신적 준비** : 시합에 출전하기 위해 목표를 세우고 자신의 목표를 달성하기 위해 노력하는 등 신체적 정신적으로 시합을 잘 준비하느냐에 따라 자신감이 결정된다.

③ **코치의 지도력** : 코치의 지도력 차원은 특히 초보자 운동 선수들에게 있어서 자신감을 형성하게 하는 중요한 요인이다.

④ **사회적 지지** : 사회적 지지 요인에서는 부모 이외에 가족 구성원들의 지지, 친구들의 지지, 친척들의 지지 등 선수의 주변인들이 어떻게 행동하느냐에 따라 선수의 자신감은 차이를 보이게 된다.

⑤ **긍정적인 감정** : 자신감은 긍정적인 감정을 부추긴다. 당신이 자신감을 느낄 때, 당신은 긴장 속에서도 보다 더 침착해지고 여유 있게 될 가능성이 높다. 이런 육체와 정신의 상태는 게임이 팽팽할 때 당신을 더욱 공격적이고 긍정적으로 만들어 준다.

(4) 과도한 자신감　기출 2020

① 자신감의 부정적인 영향으로 자신의 능력에 대한 믿음이 현실과 차이가 있을 때 나타나는 현상이다.
② 자신의 능력치를 과대평가하여 연습, 훈련과 같은 준비과정을 소홀히 하게 되고 결국 운동수행능력에 부정적인 영향을 끼친다.
③ 과도한 자신감은 실패한 자신감으로서 코치는 선수가 과도한 자신감을 갖지 않도록 관리가 필요하다.

06　심상

(1) 심상의 개념과 유형

① 개념
　　㉠ 기억 속에 있는 감각 경험을 회상해 내어 외적인 자극없이 내적으로 수행하는 과정
　　㉡ 모든 감각을 동원하여 마음속으로 어떤 경험을 떠올리거나 새로 만든 것

② 심상의 유형 기출 2016, 2015
　　㉠ 내적 심상
　　　ⓐ 자신이 직접 수행하는 상황에서 보이는 것들을 마음속에서 떠올리는 형태로, 시각·촉각·청각 등 모든 감각을 동원한다.
　　　ⓑ 1인칭 시점으로 떠올리며, 근육과 신경의 활동이 활발하게 일어나며 외적 심상보다 효과적인 방법이다.
　　㉡ 외적 심상
　　　ⓐ TV에 나오는 나의 모습을 보는 듯한 시각으로 활용한다.
　　　ⓑ 3인칭 관찰자의 시점으로 상상한다.
③ 심상의 특징
　　㉠ 회상과 창조(새로운 경험의 창조도 가능)
　　㉡ 여러 감각의 동원
　　㉢ 외부 자극과 심상(자극 없이도 가능)
④ 심상의 선명도와 조절력 기출 2020
　　㉠ 선명도 : 실제 상황과 최대한 가깝게 이미지를 떠올리는 것이다.
　　㉡ 조절력 : 원하는 대로 이미지를 조절하여 원하는 이미지를 상상하는 것이다.
⑤ 심상훈련 프로그램의 개발 단계 : 교육 단계(오리엔테이션) – 측정 단계(심상 능력 측정) – 습득 단계(선명도, 조절력 향상) – 연습 단계 – 수정 단계

(2) 심상의 이론 기출 2022
① 심리신경근이론 기출 2018
　　㉠ 심상이 실제 동작을 한 것과 같이 근육에 어떤 반응을 하여 '근육의 운동기억'을 강화시켜준다는 이론이다.
　　㉡ 동작의 수행 시 필요한 근육과 신경을 훈련시키는 것이 가능하다.
② 상징학습이론
　　㉠ 심상을 통해 어떤 동작을 뇌의 부호로 만들어 이해하고 자동화시킨다는 이론이다.
　　㉡ 운동 패턴을 이해하는데 필요한 코딩 체계의 역할을 한다.
③ 심리생리적 정보처리이론(생체정보이론)
　　㉠ 이미지는 기능적으로 조직되어 뇌의 장기기억에 저장되어 있는 구체적인 전제라는 이론이다.
　　　ⓐ 자극 전제 : 무엇을 상상할 것인지에 관한 내용 설명한다.
　　　ⓑ 반응 전제 : 심상의 결과로 일어나는 반응–호흡수의 증가, 불안감 등을 나타낸다.
　　㉡ 반응 전제가 심상의 핵심적인 부분이라고 강조하며, 심상을 이용하여 수행 향상을 극대화하기 위해서는 여러 반응 전제들의 인출과 수정 및 강화가 중요하다.

(3) 심상의 측정

① 동작심상설문지(MIQ ; Movement Imagery Questionnaire)

  ㉠ 운동이나 특별한 활동에 종사하는 사람의 움직임에 대한 시각적, 운동감각적 심상에 대한 심상 능력의 개인차를 평가하는 방법이다.

  ㉡ 시각 요인 9개, 운동감각 요인 9개로 총 18개 문항이다.

  ㉢ 각 문항은 팔, 다리, 전신 동작을 포함하며 문항별 4단계로 이루어져 있다.

   ⓐ 동작을 위한 준비 자세 설명

   ⓑ 동작 설명 : 동작 수행

   ⓒ 준비 자세를 다시 취하고, 취했던 동작을 상상한다.

   ⓓ 상상한 동작의 난이도를 7점 척도로 평가한다.

② 동작심상의 선명도 질문지(VMIQ ; Vividness of Movement Imagery Questionnaire)

  ㉠ 시각적 심상과 운동감각적 심상에 대한 개인차를 측정하기 위해 개발되었다.

  ㉡ 각 활동의 심상 선명도는 두 가지 방법으로 측정하는데, '다른 사람이 수행하는 것을 바라볼 때'와 '스스로 수행하는 것을 상상할 때'로 구분하여 평가한다.

  ㉢ 문항 수는 24문항이다.

③ 시각심상선명도질문지(VVIQ ; Vividness Visual Imagery Questionnaire)

  ㉠ 선수들 각자의 특성에 맞는 심상 능력을 발견하고 그 특성에 맞는 심상 능력을 개발하기 위한 측정 방법이다.

  ㉡ 시각, 청각, 운동감각, 정서, 통제가능성, 내적 관점의 영역을 측정한다.

④ 스포츠심상질문지(SIQ ; The Sport Imagery Questionnaire)

  ㉠ 심상 효과의 동기적 틀에서 제안한 심상의 기능과 인지적 기능을 평가한다.

  ㉡ 인지 특성, 인지 일반, 동기 특성, 동기 일반-각성과 동기 일반-숙련으로 구분하고, 7점 척도(1점은 거의 사용하지 않는다, 7점은 자주 사용한다)를 사용한다.

(4) 심상의 활용 기출 2017

① 기술의 학습과 연습   ② 전략의 학습과 연습

③ 어려운 문제의 해결   ④ 심리적 기술의 연습

⑤ 집중력 향상   ⑥ 부상의 회복

⑦ 각성 반응의 조절

(5) 심상의 활용을 위한 지침

① 정규적으로 심상 훈련을 하고 모든 감각기관을 동원하며 성공적 수행을 떠올리도록 심상을 조절한다.

② 내적 심상과 외적 심상을 모두 조절하고 심상을 통한 대처 전략을 개발한다.

③ 연습 및 시합 시 심상을 활용한다.

④ 비디오, 오디오 활용·운동학적 단서 활용·역동적인 운동학적 심상을 한다.

⑤ 심상은 실제로 행할 때의 속도로 하고, 심상 일지를 기록한다.

07 주의집중

(1) 주의집중의 개념

① 개념 기출 2017

㉠ 지금, 여기서, 자신이 해야 할 일에 대해 초점을 순차적으로 맞추는 것

㉡ 동시에 여러 대안을 갖는 대상이나 생각 중 하나를 선택하여 분명하고 생생하게 마음속으로 간직하는 의식의 집중 또는 초점이라고 정의한다.

㉢ 자신의 기술 수행에 필요한 정보는 받아들이고 불필요한 정보는 차단하면서 지금 수행하고 있는 동작에 주의의 초점을 맞추는 것이 핵심이다.

② 선별적 주의집중 : 내적 또는 외적 환경으로부터 얻어지는 많은 정보 중에서 어떤 정보는 처리되고 어떤 정보는 무시되거나 배제되는 과정이다.

③ 주의집중의 역량 : 한 번에 처리할 수 있는 정보의 양의 범주 내로 제어 과정이 한정된다.

④ 주의집중의 기민성 : 반응하기 직전에 무엇이 일어나는지에 초점을 두고, 기민성과 각성이 주의집중 범위의 폭에 미치는 영향을 연구한다.

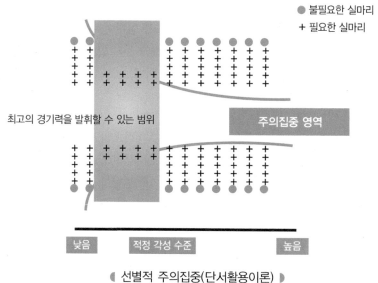

◀ 선별적 주의집중(단서활용이론) ▶

(2) 주의집중의 유형과 측정

① 주의집중의 유형 [기출] 2018, 2015

ㄱ 주의집중의 요구가 폭(광의-협의)과 방향(내적-외적)의 두 차원에 따라서 변화된다.

ㄴ 광의-외적 형태는 선수가 자신의 주의를 넓은 외적 환경의 영역에 초점을 둔다.

ㄷ 광의-내적 형태는 전략의 다양성과 과거의 경험 등에 내적으로 주의의 초점을 둔다.

ㄹ 협의-외적 형태는 외적 환경의 좁은 영역에 주의의 초점을 맞춘다.

ㅁ 협의-내적 형태는 특정 기술에 관한 상이나 또는 인지적 단서에 주의의 초점을 맞춘다.

광의 - 외적 상황을 빠르게 판단 (단체경기에 사용)	광의 - 내적 수행 전략과 계획 수립 (코치는 발생 가능한 상황을 회상하여 작전계획 때 사용)
협의 - 외적 어떤 행동이 막 발생할 당시 목표물에 주의집중 (공을 찰 때 또는 상대선수의 움직임에 대응)	협의 - 내적 수행에 대한 정신적 시연 또는 감정 상태 조절 (특정 기술이나 경기 장면을 머릿속에서 예행연습 때 사용)

② 측정 방법 : 검사지, 인터뷰, 생각추출기법, 관찰분석법, 경기력, 심리생리적 방법 등의 방법과 뇌전도검사, 심박수, 호흡, 근전도, 피부온도와 같은 생리적 변인 등을 측정한다. [기출] 2015

ㄱ TAIS(Test of Attentional and Interpersonal Style - Nideffer)

    ⓐ 개인이 지니는 주의집중 형태의 강점과 약점을 측정한다.

    ⓑ TAIS의 하위 요인

하위 척도	해석
광의-외적 BET(broad-external)	대단히 활동적이고 신속하게 전개되는 상황적 자극에 주의 집중을 원활하게 할 수 있는 능력이 있다는 의미
외적-과부하 OET(overload-external)	능력에 비해 외적인 정보를 과중하게 받거나 부적절한 정보에 의해 주의가 산만해져 실수를 유발하는 의미
협의-내적 BIT(broad-internal)	장기계획을 수립하고 분석할 수 있는 능력을 의미
내적-과부하 OIT(overload-internal)	선수 자신이 가지고 있는 생각이나 주의가 산만해져서 실수를 유발하는 것을 의미
한정적-효과적 NAR(narrow attentional focus)	한 가지 일에 효과적으로 주의를 집중할 수 있는 능력이 있음을 의미
한정적-비효과적 RED(Reduced attentional focus)	너무 한정된 좁은 영역에 주의를 집중하는 것을 의미

ⓒ TAIS는 협의-외적 요인은 측정 가능하나 내적-외적 요인은 측정할 수 없는 한계가 있다.

ⓛ 생각추출기법

ⓐ 선수가 운동을 수행하는 동안에 어떤 생각을 하고 있는지를 평가하는 방법이다.

ⓑ 일반적으로 녹음기를 사용한다.

ⓒ 격렬한 스포츠보다는 골프 같은 운동에서 기술 수행 간에 기록하는 것이 용이하다.

ⓔ Stroop 검사

ⓐ 1초마다 1장씩 슬라이드를 연속적으로 보여주면서 글자의 색과 배경색을 구분하도록 하는 테스트이다.

ⓑ 피험자는 10~20회/분 정도 심박수 증가를 보인다.

ⓒ 주의집중 훈련으로 사용되는 평가 방법이다.

ⓜ 격자판 검사

ⓐ 가로, 세로 10줄씩 100칸에 0~99까지 무작위로 숫자를 써넣은 판으로 측정한다.

ⓑ 특정 숫자를 지시하면 그 다음의 숫자를 1분 동안 몇 개 찾는지를 알아보는 방법이다.

ⓗ 주의집중을 측정하는 검사지의 한계

ⓐ 선수가 변화하는 상황에서 정확하게 자신의 주의집중 초점을 평가할 수 있는 능력이 있지 않다.

ⓑ 자기 분석과 언어로 정확하게 묘사되기 어렵다.

(3) 주의와 경기력의 관계 [기출] 2020

① Easterbrook의 단서활용가설은 각성 수준에 따라 운동수행력의 차이를 설명하는 데 필요한 근거를 제시하였다.

낮은 각성 수준	⇨	주의 영역이 지나치게 넓다
적정 각성 수준	⇨	주의 영역이 적절하다
높은 각성 수준	⇨	주의 영역이 지나치게 좁다

② 적정 각성 수준은 효율적인 주의집중을 하게 되어 경기력 향상 효과를 얻을 수 있다.

③ 지각 협소화 : 각성 수준 증가함에 따라서 주의의 폭이 좁아지는 것이다.

④ 주의의 혼란 : 지각 협소화로 각성이 높아짐에 따라서 순간순간 너무 많은 단서들로 주의를 전환시키는 것이다.

(4) 주의집중 향상 기법 [기출] 2019

① 실험실 훈련 : Stoop 검사, 반응시간, 격자판 검사와 같이 평가와 동시에 주의집중 향상 훈련이 될 수 있는 방법을 활용한다.

② 바이오피드백 훈련 : 여러 가지 바이오피드백 단서와 주의를 맞추는 것을 배워 주의집중의 조절을 훈련한다.

③ 신체이완 기법 : 근육의 긴장을 이완시키고, 마음의 평온한 상태를 유지하면 불안을 감소시켜 주의집중 능력이 향상된다.

④ **심상 훈련** : 심상을 통제하면서 체계적으로 이용하는 방법을 배우는 과정이며, 정확한 운동수행을 떠올리거나 승리하는 모습의 이미지를 상상하는 방법을 말한다.

⑤ 최적의 주의집중 상태에 이르는 과정과 심리기술 단계 `기출` 2020

최고 수행 상태(flow 상태)
↑
최적의 주의집중 상태
↑
자신에 대한 믿음
↑
수행 전 반복 연습 또는 특정 동작에 대한 심상화
↑
각성 수준 조절, 주의 조절, 자기효능감, 긍정적 에너지, 정신적 준비, 위기 극복
↑
목표 설정, 신체적 이완, 긍정적 사고, 심상 훈련

⑥ 주의연합 전략과 분리 전략 `기출` 2020

ⓒ **주의연합 전략** : 내적인 변화에 주의를 기울이는 방법이다.

ⓒ **주의분리 전략** : 과거의 즐거웠던 일을 생각하거나 변화하는 생각에 주의를 기울이는 방법이다.

`08` **루틴** `기출` 2017, 2016

(1) 루틴의 개념과 활용

① 개념

ⓒ 선수들이 최상의 운동수행을 발휘하는 데 필요한 이상적인 상태를 갖추기 위한 자신만의 고유한 동작이나 절차

ⓒ 수행 루틴

ⓐ 선수들이 습관적으로 수행하는 습관화된 동작

ⓑ 시합 전과 시합 중에 사용하는 체계적인 행동과 생각

ⓒ 행동적 요인과 인지적 요인으로 구성된다.

수행 루틴	
인지적 요인	행동적 요인
• 정신적 이완 • 기술적 단서 • 심상화 • 인지 재구성 • 긍정적 생각 • 자신감 유지 • 주의집중 • 자기 진술 • 의사결정	• 신체적 이완 • 기술 수행에 필요한 동작

② 활용

ⓐ 시합의 심리적 불안감을 극복하고 경기에만 집중하는 데 도움이 된다.

ⓑ 경기 전 선수에게 필요한 사고와 행동의 이상적인 과정을 상기시켜 준다.

ⓒ 자신의 마음을 완전히 집중시켜 시합 중에 발생하는 잡념을 제거해 준다.

(2) 인지 재구성의 개념과 활용

① 개념

ⓐ Ellis가 창안한 인지정서행동치료(Rational Emotive Behavior Therapy : REBT)에서 파생된 불안 감소법이다.

ⓑ 수행을 향상시키고, 긍정적인 태도로 시합에 임하도록 스스로에게 도움이 되는 정신기술을 가르쳐주거나 향상시켜 주기 위한 개발된 기법이나 전략을 의미한다.

ⓒ 시합 전 불안을 제어할 수 있는 방법으로써 선수 자신이 마음속으로 시합에 대비하여 준비하는 심리적인 과정으로 부적절한 믿음을 버리고 합리적인 자기 진술로 대처함으로서 불안을 감소시키고 자신감을 증대시키는 작업이다

② Ellis의 ABC 모델

ⓐ Activating Event(선행 사건) : 인간의 정서를 유발하는 어떤 사건이나 현상 또는 행위

ⓑ Belief System(사고나 신념) : 환경적 자극에 대해서 각 개인이 갖게 된 태도

ⓒ Consequence(결과) : 개인의 반응이나 정서적 결과

(3) 자기 암시와 개념과 활용

① 개념

ⓐ 운동 수행 시 자기 자신에게 이야기하는 의사소통의 한 종류로, 타인과 의사소통하는 사회적인 말과는 구별되는 것으로 자기 자신을 향하여 하는 말

ⓑ 특별한 청취자가 없이 스스로를 향해 큰소리로 하는 말로써 "크게 말해진 사고"라고 정의한다.

ⓒ 긍정적 정서 : 운동에 참여하여 느끼는 기쁨과 즐거움을 의미한다.

ⓓ 부정적 정서 : 운동에 참여하여 느끼는 화남과 지루함을 의미한다.

04 스포츠수행의 사회 심리적 요인

01 집단응집력 기출 2019, 2016

(1) 집단응집력의 정의

① 정의
  ㉠ 집단의 목적과 목표 달성을 위하여 구성원들이 집단에 남아 있으려고 상호 애착하는 경향을 반영하는 역동적인 과정
  ㉡ 구성원이 집단에 남아 있게 하는 총체적인 힘

② 특징
  ㉠ 다차원적 : 팀의 구성원을 하나로 묶어주는 요인이 다양하다.
  ㉡ 역동적 : 시간에 따라 어느 정도 변화하고, 팀이 얼마나 발전하느냐에 따라 응집력에 영향을 미치는 요인이 달라진다.
  ㉢ 수단적 : 집단 형성의 배경에는 유대 강화와 같은 수단적인 목표가 있다.
  ㉣ 정서적 측면 : 집단의 구성원 사이에는 사회적 관계가 존재한다. 상호작용과 의사소통의 결과로 대인관계 응집력이 생겨난다.

(2) 집단에서 사회적 태만 기출 2018

① 타인과 같이 일하는 경우에 개인의 수행이 떨어지는 현상
② 링겔만효과(Ringelmann) : 집단 속에 참여하는 개인의 수가 늘어갈수록 성과에 대한 1인당 공헌도가 오히려 떨어지는 현상을 말한다. 줄다리기를 할 때 사람들이 늘어나면 개인이 당기는 힘이 줄어드는 것이 예이다.

기출 2020, 2017

구분	설명
할당 전략	혼자일 때 더 잘하기 위해 여럿이 모이면 힘을 절약함
최소화 전략	가능한 힘을 아껴서 목표를 달성하려는 의도
무임승차 전략	남들의 노력에 편승해서 공짜로 혜택을 받고자 함
반무임승차 전략	남들의 무임승차를 원하지 않으므로 나도 게으름을 피움

③ 사회적 태만의 원인
  ㉠ 동기 감소
  ㉡ 통합력 상실

④ 사회적 태만을 방지하는 요인

ⓙ 작업 단위의 규모가 소규모인 경우

ⓛ 작업 과제가 매우 중요하거나 재미있는 경우

ⓒ 동료가 좋아하는 사람들로 구성된 경우

ⓐ 작업 성과에 자기의 기여분이 독특하거나 중요한 경우

ⓜ 작업 동료의 수행에 기대를 걸기 어려운 경우

ⓗ 집단적인 평가를 중시하는 문화권

(3) 집단응집력 이론 기출 2020

① 스타이너(Steiner) 이론 : 팀에 소속한 개인이 갖고 있는 능력과 팀이 어떤 성과를 나타내는지에 관한 이론

ⓙ 집단의 실제 생산성 = 잠재적 생산성 − 과정 손실

ⓐ 잠재적 생산성 : 최대 수행력으로 집단의 인원들이 모두 최대의 실력을 발휘하였을 때의 생산성을 말

한다(지식, 기술, 능력).

ⓑ 과정 손실 : 조정 손실(타이밍 오류, 전략 오류)과 동기 손실(개인 노력 저하) 2가지이다.

• 동기 손실 : 팀에 속한 개인들이 각자 100% 노력을 기울이지 않으면 발생하는 손실

• 조정 손실 : 팀원의 손발이 맞지 않는 엇박자로 인해 발행하는 손실

ⓒ 상호작용 작용 종목(축구, 배구, 농구 등)은 조정 손실, 공행종목(수영, 육상, 체조 등)은 동기 손실에

영향을 받는다.

ⓛ 팀 성적이 가장 좋은 경우

ⓐ 과정 손실이 같은 경우

ⓑ 자원의 양이 같은 경우

ⓒ 최적 상황 : 과정 손실이 적고, 자원의 양이 많을 때

(4) 집단응집력과 운동수행 관계

① 응집력과 수행 간의 관계의 존재 여부 : 응집력과 팀 수행 사이에는 긍정적인 관계가 형성된다.

② 응집력과 수행 간의 관계의 강도 : 응집력과 운동 능력이 팀의 성공에 각각 어느 정도 공헌을 하는지를 파악

한다.

③ 응집력과 수행의 인과성 : 응집력이 수행 성공(예 승리)을 초래하는지, 아니면 수행 성공이 응집력의 향상을

초래하는지의 원인과 결과의 관계를 파악한다.

④ 응집력의 차원과 수행의 관계 : 과제 응집력과 사회 응집력의 차원으로 구분한다.

⑤ 스포츠 종목과 응집력 : 구성원의 상호작용 또는 상호의존 정도에 따라 공행종목과 상호작용 종목으로 구분

응집력과 수행의 관계를 나눠 적용한다.

(5) 팀 빌딩과 집단응집력 향상 기법

① 집단응집력에 영향을 미치는 요인

　　㉠ 사회적 지지 [기출] 2018, 2017

　　　　ⓐ 혜택을 받는 사람을 위하여 주는 자와 받는 자 간의 자원의 교류라고 정의한다.

　　　　ⓑ 사회적 지지는 정신적·신체적 안정감을 제공하여 팀 분위기 발달에 필수적이다.

　　　　ⓒ 정서적 지지(애정), 평가 지지(수행 피드백), 정보 제공(충고 및 역할 명료화) 등이 있다.

　　㉡ 근접성

　　　　ⓐ 팀 결속력은 개인 간 서로 가까이 접근되어 있을 때 발달된다.

　　　　ⓑ 같은 라커룸 사용, 같이 숙식하는 것이 팀 화합을 발달시킬 수 있는 기회를 제공한다.

　　㉢ 특유성 : 독특하고 차이가 있다고 느낄 대 화합과 결속력이 강화된다.

　　㉣ 공정성 : 지도자가 선수들에게 공정한 대우를 하는 것이 선수들에게는 큰 영향을 끼친다.

　　㉤ 유사성 : 태도, 열정, 집념, 목표 등의 유사성은 효과적인 팀을 만든다.

② 향상 기법

　　㉠ 개인 역할과 팀 성공 : 개인 역할의 중요성을 강조하고, 각 역할의 목적을 정확히 설명하여야 수긍하고 책임감을 이해한다.

　　㉡ 도전적인 목표 설정 : 도전적인 목표가 팀 수행에 긍정적인 영향을 미치므로, 목표를 설정하여 주의집중 시키고, 성취에 대한 자부심을 갖도록 격려한다.

　　㉢ 팀 동질성 강조 : 한 팀이라는 자부심과 다른 팀과의 차별성을 강조하여 자부심을 팀에 대한 애정을 갖도록 한다.

　　㉣ 사회적 파벌 집단의 형성 회피 : 팀 과제 목표와 반대되는 역할을 한다. 팀이 패했을 때, 선수의 요구가 묵살될 때, 선수를 차별대우할 때, 파벌 집단이 만들어질 수 있으므로, 분열되지 않도록 적절한 조치를 취한다.

　　㉤ 팀 선수 이동의 회피 : 선수의 이탈이나 이동은 응집력이 감소하므로, 선후배 동료 간의 융화될 수 있도록 노력해야 한다.

　　㉥ 갈등 해소를 위한 주기적 회합 : 팀 내 내적 갈등 해소를 위해 적절한 시기에 만나 소통하는 것이 중요하다.

　　㉦ 각 선수에 대한 개인적 관심 : 지도자는 선수들을 접촉하여 개인이 고민이나 사생활을 파악하고 있을 필요가 있다.

(1) 리더십의 정의

① 어떤 목표나 목표군의 달성을 위하여 의사소통 과정을 통한 개인 간의 영향력을 행사하는 시도

② 조직의 목표를 효과적으로 성취하기 위하여 집단 구성원으로 하여금 목표 수행에 자발적으로 헌신할 수 있도록 유도, 조정하는 리더의 행동

(2) 리더십 이론

① 특성이론

　㉠ 리더들은 태어날 때부터 어떠한 특별한 능력이 있을 거라 생각함. 즉, 우수한 지도자는 타고나며 그러한 자질 때문에 지도자로 성공한다고 생각한다.

　㉡ 성공적인 리더는 '지능, 성취 동기, 책임감, 참여, 사회적 지위, 인간관계, 태도' 등이 성공적인 리더십이라고 주장한다.

　㉢ 접근 자체가 너무 단순하였고 일반화에 문제가 제기 되었으며, 리더는 각자 다양한 성격적 특징이 있고 그들을 성공적인 지도자로 만드는 공통적인 특성이 존재하는 것이 아니라는 의견이 제기되었다.

② 행동이론

　㉠ 특성이론의 한계 이후 리더의 일반적인 행동 특징을 가르치면 누구나 훌륭한 리더가 될 수 있다고 생각하여, 리더의 행동 분석 및 그 행동이 미치는 영향을 연구하였다(Iowa, Michigan 대학).

　㉡ Iowa 대학 연구 : 지능과 사회 배경이 비슷한 초등학생들을 대상으로 3가지의 리더십 스타일로 교육하고 어떠한 행동을 보이는지를 연구하였다.

리더십 유형	유형별 특징	학생의 반응
권위형 리더십	명령적, 독단적, 복종 강요	• 리더에 대한 반감 • 작업량은 많지만 질은 낮음 • 공동체의식 결여 • 의존적, 복종적 행동으로 자발성 저하
민주형 리더십	자발적 참여 유도	• 리더에 대한 호감 • 작업량과 질의 우수 • 공동체의식 증가 • 자발성 증가 • 통찰력 발휘
방임형 리더십	완전 자유를 주고, 리더의 개입 최소화	• 리더를 타인처럼 여김 • 낭비와 파손품의 증가, 작업 성과 낮음 • 독자적 행동 증가 • 정돈상태 불량

ⓒ Michigan 대학 연구 : 관리자들의 인터뷰를 통한 연구를 하였다.

ⓐ 연구 내용

범주	리더행동	내용
과업지향적 행동	• 목표 강조 • 과업 수행 촉진	• 종업원의 과업 목표 달성을 위한 동기 부여 • 역할 명확화, 자원 획득과 분배 갈등을 완화
종업원지향적 행동	• 지원적 태도 • 상호작용 촉진	• 종업원들을 돕고 관심을 보여주는 언행 • 리더와 종업원, 종업원 간 인간관계의 원활화

ⓑ 결과 : 종업원지향적 행동이 효과적일 것이라는 예측이 맞지 않았다.

과업지향적 행동	종업원지향적 행동
• 성과 높음 • 단기성 성과 • 불명확한 과업에서 성과를 내는 경향	• 만족도 높음 • 장기성 성과

③ 관리망 이론 : '생산에 대한 관심'과 '인간에 대한 관심', 이 2가지 차원을 지도자의 성향으로 규정하였다.

ⓐ 태만형 : 최소한으로 요구되는 과업을 수행한다.

ⓑ 권위형 : 권력, 권위, 통제를 통하여 생산을 극대화하는 데 관심을 둔다.

ⓒ 중도형 : 현상에 순응하고 중도를 유지한다.

ⓓ 사교형 : 생산성보다 사람 간의 호감을 유지하는 데 집중한다.

ⓔ 팀 형 : 구성원 참여를 통하여 양적, 질적 개선을 노력한다.

④ 상황이론 : 지도자는 그들의 부하에 대하여 X 또는 Y 이론 가정을 가지고 있다고 제시하였다.

⑤ 다차원적 리더십 모델이론 [기출] 2022, 2018

ⓐ 상황이론을 기초로 하여 지도자의 행동이 종업원들의 만족도와 수행 능력에 어떠한 영향을 미치는지를 규명하기 위해 제시된 모델이다.

ⓑ 부하의 성취도와 만족도의 결과가 지도자의 행동과 많은 선행 조건들과 서로 상호작용함에 따라 설명된다.

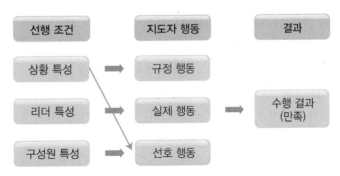

⑥ 카리스마이론
- ㉠ 카리스마 리더는 자기 확신적이며 지배적, 타인에게 영향을 미치려는 욕구가 강한 특성을 지니고 있으며 부하들에게 행해지는 행동, 가치, 신념을 제공해 높은 목표를 제시하며 성공에 대한 확신을 부여하여 목표를 달성시킬 수 있다는 메시지를 전달하는 행동이라 정의
- ㉡ 리더는 강한 자신감이 있고 타인에게 영향력을 행사하고자 하는 욕구가 강하며 뛰어난 의사소통을 가지고 있고 목표를 명확하게 제시하며 자신이 제시한 비전과 동일시, 리더의 권위에 맹목적으로 순종, 강한 충성심을 갖게 한다고 정의
- ㉢ 카리스마의 4가지 특징
  - ⓐ 비범한 재능
  - ⓑ 리더의 초월적인 능력
  - ⓒ 위기 대처 능력
  - ⓓ 부하에게 신뢰감 얻음

(3) 리더십 효과와 상황 요인
① 리더십 효과
- ㉠ 리더가 이끄는 집단이 과업 수행을 얼마나 성공적으로 완수하고 목표를 달성했는지를 나타내는 정도
- ㉡ 리더가 부하들의 기대를 만족시켜주고 있는지, 부하들이 리더를 존경하는지 등 부하들의 태도와 생각으로도 리더십 효과의 정도
- ㉢ 리더와 구성원 간의 사회적 교환 과정
② 리더십 요인들
- ㉠ 이상적 영향력 : 부하들에게 강력한 역할 모델이 되고 있는 리더를 말한다.
- ㉡ 영감적 동기 부여 : 부하들에게 높은 기대를 표시하며, 조직 구성원들 간에 공유된 비전을 실현하는 데 최선을 다하도록, 동기 유발을 통해 부하들의 의욕을 끊임없이 고무시키는 리더를 묘사하는 말이다.
- ㉢ 지적 자극 : 부하들의 창의성과 혁신성을 자극하고, 그들 자신의 신념과 가치뿐만 아니라 리더와 조직의 신념과 가치까지도 새롭게 바꿔나가려고 노력하는 리더십이다.
- ㉣ 개별적 배려 : 개별적 관심이라고도 하며, 리더는 부하들의 개인적인 욕구에도 세심한 관심을 기울이고 지원적인 분위기를 조성하려고 노력하는 것이 대표적인 특성이다.
- ㉤ 업적에 따른 보상 : 부하들이 보상을 받기 위해서는 무엇을 해야 하는지 또는 처벌을 피하기 위해서는 무엇을 하지 않아야 하는지를 부하와 리더는 합의를 하게 된다.
- ㉥ 예외 관리 : 부하의 성과가 계획된 수준에 이르지 못한 것으로 판단될 때에만 리더가 개입하는 것을 말한다.
- ㉦ 자유방임주의 : 이 요인은 리더십이 없는 상태를 나타낸다. 부하들과 주고받는 것도 없고, 그들이 성장하도록 돕지도 않는다. 자유방임적 리더는 책임을 포기하고 의사결정을 지연시키며, 피드백을 제공하지 않고, 부하들을 도와 그들의 요구를 만족시키는 지원 노력도 하지 않는다.

(4) 강화와 처벌 [기출] 2022

① 강화 [기출] 2018

　　㉠ 정의 : 어떤 행동에 대해 강화물이 주어졌을 때 그 반응과 빈도나 가능성이 증가한다는 이론이다. 강화에
　　　　는 정적 강화와 부적 강화가 있다.

　　㉡ 정적 강화 : 어떤 특정한 행동이 나오고 이 행동 뒤에 즉각적으로 주어지는 자극(좋아하는 것)의 제시에
　　　　의해 이후의 특정 행동의 빈도가 증가되는 과정이다.

　　㉢ 부적 강화 : 행동의 결과로서 어떤 자극(싫어하는 것)이 없어짐으로써 특정 행동의 빈도가 증가하게 되는
　　　　과정이다.

　　　　ⓐ 도피 행동 : 이미 어떤 혐오 자극이 존재하고 있을 때 특정 행동으로 하여 혐오 자극을 없애는 행동
　　　　ⓑ 회피 행동 : 미리 어떤 행동을 하여 혐오적인 상황이 닥치지 않게 하는 행동

　　㉣ 일차적 강화물과 이차적 강화물

　　　　ⓐ 일차적 강화물 : 먹이나 물처럼 이전의 특별한 훈련이 없이도 학습자의 행동을 강화시키는 데 효과적
　　　　　인 자극을 말한다. 미각, 기아, 갈증, 성행동과 같은 유기체의 일차적, 생리적 동기와 밀접히 관련되어
　　　　　있는 것이다.

　　　　ⓑ 이차적 강화물 : 원래 중성 자극이었던 것이 강화하는 능력을 지니고 있는 다른 자극과 짝지워짐으로
　　　　　서 강화 능력을 얻게 된 자극이다. 따라서 학습된 강화물이다(예 돈, 칭찬, 격려, 애정의 표현, 승진, 포상,
　　　　　명예).

　　㉤ 강화 계획 : 연속 강화와 부분 강화(간헐강화)

　　　　ⓐ 연속 강화 : 행동이 있을 때마다 강화를 주는 것, 처음 학습할 때 효과적임, 반응률은 높지만 강화가
　　　　　중지되면 급속한 소거가 나타난다.

　　　　ⓑ 부분 강화 : 행동이 있을 때마다 강화를 주지 않고 줄 때도 있고 안 줄 때도 있는 것으로, 일단 바람직한
　　　　　행동이 형성된 후에 효과적임. 부분 강화(간헐 강화)는 연속 강화에 비해 행동을 지속시키는 데 효과적
　　　　　이다.

② 처벌 [기출] 2019

　　㉠ 정의 : 정적 강화물을 감하거나, 부적 강화물을 가하여 행동의 빈도를 약화시키거나 증가시키는 것. 즉,
　　　　벌에는 두 종류가 있다.

　　㉡ 정적 처벌 : 어떤 자극이 주어짐으로써 행동이 감소하는 것이다.

　　㉢ 부적 처벌 : 어떤 자극이 없어짐으로써 행동이 감소하는 것이다.

　　㉣ 처벌의 부작용

　　　　ⓐ 처벌의 결과로 공격적 행동을 보인다.
　　　　ⓑ 처벌은 공격적 행동의 감소에 전혀 도움이 되지 않는다.
　　　　ⓒ 부정적인 정서 반응과 회피 반응이 나타난다.

ⓓ 윤리적인 문제를 고려해야 한다.

　　ⓔ 처벌은 부적절한 행동을 감소시킬 수는 있어도 바람직한 행동을 증가시킬 수는 없다.

(5) 코칭스타일과 코칭행동 평가

① 코칭스타일　기출 2016

　ⓐ 비인격적 명령형

　　ⓐ 훈련에 관한 계획과 진행, 평가까지 모든 결정은 지도자 주도로 조절되고 강제되며, 지시에 의하여 선수들은 반응하고 움직인다.

　　ⓑ 지도자에 의한 폭언과 폭행이 일어나며, 시합 결과에 따라 그 정도가 증감된다.

　　ⓒ 선수의 잠재적인 능력을 확인할 수 있는 기회가 적고, 선수의 흥미와 관심을 무시하게 되는 경향이 커진다.

　　ⓓ 지도자의 설명이나 시범을 보고 그것을 모방하는 학습 방법으로 창의력을 저하시키고 선수를 수동적으로 변화시킨다.

　ⓛ 조언 및 격려형

　　ⓐ 선수에게 심리적인 안정감을 제공하고, 선수의 훈련 및 생활 태도에 대한 긍정적인 피드백을 제공하여 경기력이 향상된다.

　　ⓑ 훈련 및 경기 내용에 대해 코치–선수 간에 허물없는 정보 및 의견 교환이 평화적, 민주적인 의사결정이 이뤄진다.

　　ⓒ 지도자와 선수가 상호 신뢰하게 되어 팀워크와 전반적인 경기력이 살아나 성공적인 결과를 가져올 확률이 높다.

　ⓒ 미래지향형

　　ⓐ 선수의 발전 가능성에 중점을 두고 지도하는 코칭을 의미한다.

　　ⓑ 미래지향적 코칭은 선수의 잠재력을 효과적으로 이끌어내는 데 방점이 있기 때문에 경우에 따라 질책과 훈련을 요구하기도 한다.

　　ⓒ 능력있는 선수가 나태해 질 때는 상당히 엄한 모습을 보이기도 하는 지도 유형이라고 볼 수 있다.

　　ⓓ 감정을 앞세우는 훈육이 아니라 선수의 미래적 가능성을 언급하는 설득 위주의 지도가 진정한 미래지향형 코칭이다.

② 코칭행동 평가

　ⓐ PCSI(The Personal Coaching Styles Inventory)는 개인의 코칭스타일을 신속하게 확인할 수 있는 자기평가 도구이다.

　ⓛ 특징 : 코칭을 위해 코치가 개발한 도구이며 심리학적 성격 검사 도구가 아닌 사람들이 피드백과 조언을 어떻게 주고받기를 원하는지 판단할 수 있는 자료를 제공한다.

ⓒ 진단 요인 : 지시형, 사교형, 우호형, 분석형로 나누어진다.

ⓡ 진단 방법 : 온라인으로 자가 진단하고, 80문항으로 이뤄져 있으며, 5분 정도 소요된다.

ⓜ 결과 활용

ⓐ 자신의 성향 및 강점을 파악하여 효과적인 의사소통 방법 습득

ⓑ 다른 사람의 커뮤니케이션 스타일 파악

ⓒ 상호 의사소통의 질을 향상함으로써 보다 원활한 관계 형성

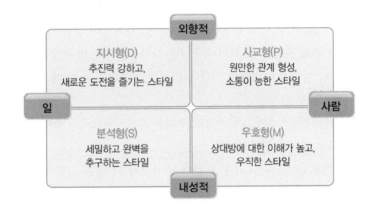

03 사회적 촉진

(1) 사회적 촉진의 개념과 이론

① 개념

㉠ 타인의 존재가 과제 수행에 미치는 효과를 관중효과 또는 사회적 촉진이라 한다.

㉡ 과제 수행 결과에 영향을 미치는 외적 요인 중의 하나인 단순한 관중의 존재가 수행결과에 정적 혹은 부적인 영향을 미치는 힘을 뜻한다.

② 이론

㉠ 단순존재 가설(Zajonc) : 단순한 타인의 존재가 각성 반응을 일으킨다는 견해이다. 잘 학습된 과제나 복잡한 과제는 수행이 손상되는 데 관중의 존재가 '우세 반응'을 발생시킬 가능성을 높이기 때문이라는 가설이다.

㉡ 평가우려 가설(Cottrell)

ⓐ 타인이 물리적으로 존재하기만 하여도 각성 반응이 일어난다고 생각하였다.

ⓑ 타인이 수행자의 각성을 일으키기 위해서는 수행자가 자신을 지켜보는 타인이 자신의 수행을 비판적으로 평가할 수 있는 능력이 있다는 것을 알아야 한다.

ⓒ 이러한 타인들의 평가가 자신들에게 긍정적 혹은 부정적 영향을 주었던 학습 경험이 있이야 한다고
하였다.

ⓒ 자아이론

ⓐ Bond에 의하면 타인이 존재할 때, 수행자는 타인으로부터 인정받으려는 욕구가 증대되어 동기가 촉
진된다.

ⓑ Wicklund와 Duval은 타인의 존재로 인하여 자의식이 증진되면 수행자는 자신이 원하는 수행 수준과
실제 수행 수준 간의 갈등을 경험한다고 하였다.

ⓒ Heaton과 Sigall은 인적 요인을 중시하는데, 자의식이 강한 사람은 자신의 수행이 어떤 기준에 도달
했느냐가 주요 관심이며, 자의식이 낮은 사람들은 자신의 수행에 대한 타인들의 반응에 큰 관심을 갖
고 있어서, 자신이 타인들의 기대에 미치지 못한다고 느낄 때 스트레스를 받는다고 하였다.

ⓓ 주의 분산/갈등 이론

ⓐ Sanders는 타인의 존재는 한편으로 주의를 분산시킴으로써 주어진 과제에의 집중을 방해하여 수행을
떨어뜨리는 측면이 있다고 했다.

ⓑ 다른 한편으로는 개인의 추동 수준을 증가시켜 더 많은 노력을 기울이도록 하는 측면이 있다.

ⓒ 관중으로 인한 집중의 방해 효과가 잘하려는 노력의 효과보다 크면 수행은 손상되지만, 작으면 수행은
향상된다.

(2) 경쟁과 협동의 효과

① 경쟁

㉠ 같은 목적에 대해 이기거나 앞서려고 겨루는 것

㉡ 개인과 개인, 조직과 조직 등 두 개 이상의 구성 조직이 서로 앞서거나 이기려고 다투는 것을 의미한다.

㉢ 조직 어디서나 존재하며 동기 유발을 위한 역할을 한다.

㉣ 경쟁이 없는 상황 시 지루하고 매너리즘에 빠질 수 있다.

㉤ 경쟁 조건 하에 활발해지고 의욕이 야기된다.

② 협동

㉠ "서로 마음과 힘을 하나로 합" 한다는 것

㉡ 일반적으로 서로 도우며 상생하는 것을 의미한다.

㉢ 자기 중심적인 개인이 자신의 일을 스스로 한다.

㉣ 타인의 입장을 이해하여 존중하다.

㉤ 협동적 상황에서 개인은 긴장감을 더 지각하고 동료에 대해 우호적 인식을 갖게 된다.

③ 경쟁과 Deutsch의 실험 : 경쟁 조건보다 협동 조건의 상황이 부여된 집단에서 다음과 같은 특징을 나타낸다.

㉠ 노력의 조정, 구성된 개개인의 기여량의 다양성 활동의 분업화, 달성에 대한 압력, 동료에 대한 깊은 배
려, 커뮤니케이션 상호이해

ⓛ 커뮤니케이션에 대한 공통의 평가

ⓒ 집단의 오리엔테이션과 질서 유지, 단위 시간당 생산량 증가

ⓔ 토의의 질서 토의 중의 호의성 향상, 집단에 대한 호의적 평가

ⓜ 집단에 대한 호의적 기능, 동료에 대한 호의적 영향의 인지, 타인에 대한 호의적 태도 협동의 효과

(3) 모델링 방법과 효과

반두라는 모델링의 주된 기능을 반응 촉진, 억제와 탈억제, 관찰 학습의 세 가지로 구별하였다.

① 반응 촉진

ⓗ 관찰자들이 적절한 행동을 하는 사회적 자극으로서의 역할을 수행하는 모델화된 행동

ⓛ 관찰자들은 행동의 적절성에 대한 정보를 파악하며, 만약 모델들이 긍정적 결과를 받으면 그 행동을 수행하도록 동기화될 것이다.

ⓒ 반응 촉진 모델링은 의식적인 인식 없이도 일어날 수 있는데, 다른 사람의 행동과 관습을 무의식적으로 모방한다는 카멜레온 효과의 증거를 발견하였다.

② 억제와 탈억제

ⓗ 억제는 모델들이 어떤 행동의 수행으로 벌을 받았을 때 일어나며, 관찰자가 그러한 행동을 그만하도록 하고 예방하는 데 도움을 준다.

ⓛ 탈억제는 모델들이 부정적인 결과를 경험하지 않은 채 위협적이거나 금지된 행동을 수행할 때 일어나며, 관찰자들로 하여금 동일한 행동을 수행하도록 유도할 수 있다.

ⓒ 억제와 탈억제 효과는 모델의 행동이 관찰자들에게, 만약 자신들이 모델화된 행동을 수행한다면 비슷한 결과를 가져올 것이라는 것을 전달해 주기 때문에 일어난다. 이러한 정보는 감정과 동기에도 영향을 미칠 수 있다.

③ 관찰 학습

ⓗ 모델링을 통한 관찰 학습은 관찰자가 새로운 행동 패턴들을 보여줄 때 일어난다.

ⓛ 이 행동 패턴들은 관찰자의 동기 수준이 높더라도 모델화된 행동을 접하기 전에는 발생의 가능성이 전혀 없는 것이다.

ⓒ 관찰 학습은 네 가지의 과정, 즉 주의집중, 파지, 산출, 동기 유발로 구성되어 있다.

ⓐ **주의집중** : 관련된 과제의 특성들을 물리적으로 두드러지게 하고 복잡한 활동들을 부분들로 세분화하며, 유능한 모델을 활용하고 모델 행동의 유용성을 보여줌으로써, 학생의 주의를 끌어낼 수 있다.

ⓑ **파지** : 배워야 할 정보를 되뇌고 시각적·상징적인 형태로 부호화하며, 새로운 내용을 기억 속에 이미 저장된 정보와 관련지음으로써, 파지를 증진할 수 있다.

ⓒ **산출** : 산출된 행동은 개념적(정신적) 표상과 비교된다. 피드백은 이러한 차이를 교정할 수 있도록 도와준다.

ⓓ 동기 유발 : 모델 행동의 결과는 관찰자들에게 기능적 가치와 적절성을 알려준다. 결과에 대한 기대를 창출하고 자기 효능감을 향상시킴으로써, 결과물은 동기 유발을 할 수 있다.

(4) 주요타자의 사회적 영향

① **주요타자** : 스포츠사회화 과정에서 개인의 가치관이나 태도의 형성에 가장 큰 영향을 미친 단수의 뜻을 가진 객체

② 부모, 동료, 코치가 이에 속한다.

③ 아동기 때는 부모의 영향이 강하고, 10대에는 동료와 코치가 더 중요한 역할을 한다.

04 사회성 발달

(1) 공격성의 개념과 이론 기출 2017

① 개념

㉠ 사람이나 동물에게 신체적 · 정서적으로 아프게 하거나 재산상 피해나 파괴를 이끄는 행동

㉡ 언어적, 신체적으로 나타난다.

㉢ 유형

권리적 행위(공격)	적대적 공격	수단적 공격
• 해칠 의도 없음 • 합법적인 행위 • 많은 노력과 에너지 소요	• 해칠 의도 있음 • 해칠 목적 • 분노가 수반됨	• 해칠 의도 있음 • 승리가 목적 • 분노가 수반되지 않음

② 이론

㉠ **정신분석학적 이론** : 인간의 내부에 공격적인 파괴적 욕망이 있으며 적대적이고 공격적인 에너지가 결정적 수준에 이르게 되면 공격 행동으로 발산된다(수압설).

㉡ **동물생태학이론** : 진화론적으로 보아 공격성이 동물의 생존을 위해 중요한 수단이 되며 현실적으로 공격성을 감소시키거나 통제할 수 있지만 근본적으로 공격성은 선천적인 것이다.

㉢ **좌절 · 공격이론** : 인간의 욕구가 좌절되면 공격성이 발생한다는 이론이다. 좌절한 모든 사람들이 공격성을 지닌 것은 아니며, 자기 욕구를 통제할 능력이 길러지지 않은 경우에 적합한 이론이다.

㉣ **사회학습이론**

ⓐ 공격성은 본능적인 것이 아니라 타인과의 상호작용을 통해 학습된 행동으로 환경적 요인을 중요시 하는 이론이다.

ⓑ 모방 - 공격적 행동이 관찰을 통해 학습되어 기억 속에 간직되었다가 나타난다(폭력적인 장면, TV 등).

(2) 스포츠에서 공격성의 원인과 결과

① 원인

　㉠ 생물학적 원인

　　ⓐ **남성호르몬** : 일반적으로 공격성에 남녀 차이가 있다고 입증되었지만, 남성이 공격적인 것은 사회적인 역할 차이 때문이라는 반론이 있다.

　　ⓑ 타고난 기질이 공격성이 강할 수 있다.

　㉡ 사회적 요인

　　ⓐ 공격성은 모방과 강화에 의해 획득되는 경향이 있으므로, 사회 환경이 중요하다.

　　ⓑ 공격성이 높은 부모의 자녀들은 공격성이 높게 나타났다.

　　ⓒ 강압적 가족 과정에서 공격성을 촉진할 수 있다.

　㉢ 기타 요인 : 열(온도), 소음, 혼잡, 술 등

② **공격성의 결과** : 공격성은 부정적 효과가 크다.

　㉠ 적대적 공격은 분노와 각성을 유발시켜 수행을 방해한다.

　㉡ 적대적 공격과 수단적 공격 모두 즉시적인 수행 효과를 기대하기 어렵다.

　㉢ 공격성은 부상을 유발할 수 있다(아이스하키 부상의 50%는 공격성 때문).

　㉣ 심리적인 피해로 인해 시합을 포기하기도 한다.

③ **공격성 근절 대책**

　㉠ 선수들은 상대편 선수에 대해 긍정적인 지각을 가져야 한다.

　㉡ 선수들의 사교 기술을 훈련시킨다.

　㉢ 코치는 선수들의 좋은 사회적 행동을 강화하고 반사회적 행동을 처벌해야 한다.

　㉣ 방송은 공격적인 선수를 칭찬하지 않아야 한다.

　㉤ 심판의 불공정성을 없애야 한다.

　㉥ 관중의 공격을 없애야 한다.

　㉦ 가족을 경기에 초대한다.

(3) **스포츠참가와 인성 발달**

① **스포츠와 사회성 발달**

　㉠ 스포츠활동에 참가하는 청소년들이 참여하지 않는 청소년에 비해 일탈 행동의 횟수가 적다는 연구가 있다.

　㉡ 스포츠활동은 청소년의 부정적 행동, 일탈 행위를 감소시킬 뿐만 아니라 '친사회적 행동'을 길러줌으로써 다른 사람들과 더불어 사는 데 필요한 개인적·사회적 능력을 함양시켜 준다.

　㉢ 자아존중감의 발달, 목표 설정 능력 향상, 개인적·사회적 책임감의 발달, 학업 성취와 학교생활의 충실, 솔선수범, 리더십, 팀워크의 발달 등을 기대할 수 있다.

② 스포츠와 도덕성 발달

　⑦ 스포츠활동을 통해 페어플레이, 도구 공유, 욕하지 않기, 과격한 행동으로 남을 다치게 하지 않기, 잘못 고쳐주기 등의 도덕적 주제에 대하여 배우세 된다.

　ⓛ 다양한 직·간접 체험활동을 함으로써 적극성, 책임감, 협동심, 인내심, 안정성, 공정성을 익힐 수 있게 된다.

05 운동심리학

01 운동의 심리학 효과

(1) 운동과 성격

　① 성격의 정의

　　㉠ 한 특정한 개인의 신체적, 심리적 특징들의 독특하고 역동적인 조직으로서, 사회적, 물리적 환경에 대한 행동과 반응들에 영향을 미친다.

　　㉡ 감정, 사고, 행동의 일관된 패턴을 설명해 주는 그 사람의 특징

　② 성격의 특성

　　㉠ **정체성** : 행동에 관련되는 본성에 의한 성격은 한 사람의 중요한 정체성 양상을 정의하는 특질에 근거를 두고 있고, 이러한 특질을 특성, 스타일, 요구, 동기, 인지라고 한다.

　　㉡ **개인차** : 성격은 개인의 독특성을 반영하고 있다. 모든 사람에게 일부 유사한 부분이 있지만, 개인의 차이에 집중한다.

　　㉢ **내부 결정** : 사람의 행동 유형이 일관적인 것으로 간주되는 내부적 속성이며, 외적 환경의 특성에 대하여 행동을 일관적으로 하는 것이다.

　　㉣ **통합된 자아** : 성격은 통합된 전체 또는 전체적인 개인에 초점을 두고 있다.

(2) 운동의 심리생리적 효과 기출 2016, 2015

　① 체온의 상승

　　㉠ 운동 직후 체온은 평상시보다 높아지는데, 그에 따라 근육이 이완된다. EEG(뇌파검사)에서도 대뇌피질의 신경 활동이 없을 때 나타나는 알파활동이 증가한다.

　　㉡ 이런 반응은 사우나나 술 마신 후에 나타나는 불안 감소 효과가 있다.

　② 뇌 혈류의 증가 : 운동을 하면 뇌로 가는 혈류량이 증가하여 산소와 영양소의 공급이 원만해져 기분이 좋아진다는 가설이 있지만 아직 명확하게 증명되지 않았다.

　③ 엔돌핀 증가 : 통증 감소와 기분에 관여하는 엔돌핀 분비가 증가하지만, 뇌에 직접 영향을 미치는 지에 대한 의문이 남아있다.

　④ 수면 질의 향상

　　㉠ 성인의 1/3은 불면증을 경험하고, 만성적 증상은 일의 생산력 저하와 정신병 및 사망률도 증가시킨다. 불안과 우울증 환자는 불면증 증상을 많이 가지고 있다.

　　㉡ 운동은 서파(slow wave) 수면과 전체 수면시간을 증가시켜 수면의 질과 시간을 증가시키는 효과가 있다.

ⓒ 신체의 회복, 에너지 보호, 체온 상승, 멜라토닌 생성을 높여 수면을 촉진한다.

⑤ 신경전달물질의 활동 증가 [기출] 2018

　ㄱ 노르아드레날린(노르에피네프린)과 세라토닌의 활동이 증가 되어 신경 활동을 정상화한다.

　ㄴ 노르아드레날린은 교감신경, 세라토닌은 부교감신경에 관여하고 특히 우울증과 관계가 있다(모노아민 가설).

⑥ 생리적 기능 향상

　ㄱ 운동은 심폐지구력, 근력, 근지구력, 유연성 등을 향상시키고 이는 심리적 안정으로 연결된다.

　ㄴ 운동도 생리적 균형을 깨뜨리는 스트레스로 느끼게 되지만 지속적인 운동으로 스트레스를 극복할 수 있는 능력이 향상된다.

(3) 신체활동의 심리 측정

① 심리 측정은 이론적 개념을 축약하여 실증적 사실로 만드는 과학적 탐구의 도구이다.

② 한 개인의 지능, 성격 등을 측정하여 그 사람에 대해 보다 심층적이고 분석적인 이해를 돕기 위해 수검자에게 수행하는 일련의 심리학적 측정 절차이다.

③ 심리 검사는 객관적 검사와 투사 검사로 나눈다.

　ㄱ 객관적 검사 : 구조화되어 있어 실시하기 용이하고, 결과 해석에 일정한 기준이 있어 해석에 따른 차이가 적다. MMPI, MBTI, WAIS-IV가 있다.

　ㄴ 투사 검사 : 개인이 모호한 자극에 대해 어떻게 해석하는지에 바탕을 두고 개인의 동기나 정서, 성격을 평가 때문에 비구조적이며 타당도와 신뢰도의 객관적 규명이 어렵다. 로르샤흐(Rorschach) 검사, TAT, HTP, SCT가 있다.

④ 종류

　ㄱ MMPI(Minnesota Multiphasic Personality Inventory) : 정상인을 대상으로 성격 특성을 측정하는 데도 널리 사용되는 성격 검사 방법이다. 건강 염려증, 우울증, 히스테리, 반사회성, 남성성-여성성, 편집증, 강박증, 정신 분열증, 경조증, 사회적 내향성 등 10가지 임상 척도로 구성되어 있다.

　ㄴ MBTI(Myers-Briggs Type Indicator) : 융(Jung)의 심리학적 유형론에 이론적 토대를 두고 브릭스와 마이어스가 개발한 성격 검사이다. 개인의 심리적 에너지의 지향성에 따라 외향성(extroversion)과 내향성(introversion)으로 나누어진다.

　ㄷ WAIS-IV(Wechsler Adult Intelligence Scale-IV) : IQ(Intelligence Quotient : 지능 지수)의 개념을 가장 처음 도입한 검사는 스탠포드-비네(Standford-Binet) 검사로, 지능 지수(IQ)는 [정신연령/신체연령] × 100이라는 공식에 의해 산출된다. 언어 이해 지표, 지각적 추리 지표, 작업 기억 지표, 그리고 처리 속도 지표를 포함한다.

　ㄹ 로르샤흐(Rorschach) 검사 : 투사 검사의 가장 대표적인 예인 로르샤흐(Rorschach) 검사는, 잉크 얼룩 문양이 있는 10장의 카드를 제시하여 수검자의 다양한 반응을 측정하는데, 검사 결과는 개인의 정서나

사고 방식, 다른 사람들과의 관계 등에 대해 다양하고 심층적인 정보를 제공한다.

ⓜ TAT(Thematic Apperception Test) : 검사는 총 30장의 그림 카드와 1장의 백지 카드로 한다. 그림 카드에는 다양한 그림들이 그려져 있는데, 주로 가족이나 사랑, 감정이나 갈등, 욕구 등과 관련 있다. 주로 주인공, 환경, 대상 인물과 관계, 갈등, 불안 등 광범위한 몇 가지 범주로 나누어 평가할 수 있다.

ⓗ HTP(House-Tree-Person Test) : HTP는 집-나무-사람 검사라는 뜻이다. 수검자가 그린 집과 나무와 사람 그림을 통해 임상가가 수검자 내면의 욕구나 감정, 생각 등을 해석하는 투사 검사이다.

ⓢ SCT(Sentence Completion Test) : SCT는 문장 완성 검사라는 뜻으로, 완성되지 않은 문장을 수검자에게 보여 주고 이를 완성하게 만드는 심리 검사이다. 실시가 용이하고, 자유 연상을 이용하기 때문에 짧은 시간 안에 수검자의 반응을 이끌어 내어, 수검자에 대한 다각적인 정보를 얻을 수 있다는 장점이 있다.

02 운동심리 이론 [기출] 2022

(1) 합리적 행동이론과 계획적 행동이론

① 합리적 행동이론 [기출] 2017

㉠ 개인의 '의도'가 행동을 유도하는 결정적인 원인이라고 보는 이론이다. 이 이론에 영향을 주는 '의도, 태도, 주관적 규범' 3가지 요소가 있다.

㉡ 의도 : 행동을 실천하려는 의도가 있는지를 알면 행동을 예측할 수 있다.

㉢ 태도 : 운동과 같은 건강 행동을 실천하는 것이 중요하다고 생각하는 태도이다.

㉣ 주관적 규범 : 운동을 해야 한다는 주변 사람들의 기대와 압력을 받는 것이다. 이는 운동행동의 의도가 형성된다.

㉤ 체육 지도자는 운동의 의도 또는 의지를 높이는 데 필요한 도움을 줘야 한다.

② 계획적 행동이론

㉠ 계획적 행동이론은 합리적 행동이론에 행동통제 인식이라는 개념이 추가된 이론이다.

㉡ 합리적 행동이론에 포함된 의도만으로 행동을 예측하는 데 한계가 있어 새로운 개념을 추가하였다.

㉢ **행동통제 인식** : 운동행동을 방해하는 요인(직장, 일, 가사, 날씨, 시설, 시간)을 통제할 수 있는 자신감을 말한다. 행동통제 인식은 의도와 행동 모두에 영향을 준다.

　　예 운동일정 세우기, 날씨에 맞는 운동복과 운동장비 구입 등

㉣ 운동에 대한 의도와 함께 운동을 방해하는 일에 대해 어떻게 성공적으로 대처할 것인가에 대한 전략을 갖는 것이 중요하다.

(2) 변화단계이론 [기출] 2020, 2018

① 운동행동의 변화를 무관심, 관심, 준비, 실천, 유지 5단계로 구분해서 설명한 이론이다.

② 단계는 진전이 될 수도 있지만 퇴보나 정체도 가능하다.

③ 운동을 습관화하기 위해서는 몇 가지 단계를 거쳐야 하는데 하위단계에서 상위단계로 넘어가기 위해서는 시간과 노력을 투자해야 한다.

④ 단계는 진전, 후퇴, 정체, 순환 등의 다양한 양상을 보일 수 있다.

단계	정의
무관심	• 현재 운동을 하지 않고 있으며 6개월 이내에도 운동을 시작할 의도가 없다. • 운동과 관련된 행동 변화의 필요성을 거부한다.
관심	• 현재 운동을 하지 않고 있지만 6개월 이내에 운동을 시작할 의도가 있다.
준비	• 현재 운동을 하고 있지만 가이드라인(대개 주당 3회 이상, 1회 20분 이상 기준)을 채우지 못하는 수준이다. • 30일 이내에 가이드라인을 충족하는 수준으로 운동을 시작할 생각이 있다.
실천	• 가이드라인을 충족하는 수준의 운동을 해 왔는데 아직 6개월 미만이다. • 운동 동기가 충분하고 운동에 투자도 많이 했다. • 운동으로 인한 손실보다는 혜택을 더 많이 인식한다. • 가장 불안정한 단계로 하위 단계로 내려갈 위험성이 가장 높다.
유지	• 가이드라인을 충족하는 수준의 운동을 6개월 이상 해 왔다. • 운동이 안정 상태에 접어들었으며 하위단계로 내려갈 가능성은 낮다.

⑤ 프로차스카의 운동변화단계 이론(범이론적 모형 : Transtheoretical model)은 변화단계에 중점을 두어 주요 행동중재 이론들이 제시하는 행동 변화에 대한 과정 및 원리들을 통합하는 모델이다.

단계	정의	잠재적 변화 전략
계획전단계 (무관심)	• 현재 운동을 하지 않고 있으며 6개월 이내에도 운동을 시작할 의도가 없다. • 운동과 관련된 행동 변화의 필요성을 거부한다.	• 변화의 필요성에 대한 인식을 높이기 위해 편익에 대한 개별적 정보를 제공한다.
계획단계 (관심)	• 현재 운동을 하지 않고 있지만 6개월 이내에 운동을 시작할 의도가 있다.	• 특별한 계획을 세우도록 격려하여 동기부여 한다.
준비단계	• 현재 운동을 하고 있지만 가이드라인(대개 주당 3회 이상, 1회 20분 이상 기준)을 채우지 못하는 수준이다. • 30일 이내에 가이드라인을 충족하는 수준으로 운동을 시작할 생각이 있다.	• 구체적인 행동 계획을 개발하고 수행하는 것을 돕는다(단계적 목표 설정).
행동단계 (실천)	• 가이드라인을 충족하는 수준의 운동을 해 왔는데 아직 6개월 미만이다. • 운동 동기가 충분하고 운동에 투자도 많이 했다. • 운동으로 인한 손실보다는 혜택을 더 많이 인식한다. • 가장 불안정한 단계로 하위 단계로 내려갈 위험성이 가장 높다.	• 피드백, 문제해결책, 사회적 지지, 재강화를 제공한다.
유지단계	• 가이드라인을 충족하는 수준의 운동을 6개월 이상 해왔다. • 운동이 안정 상태에 접어들었으며 하위 단계로 내려갈 가능성은 낮다.	• 대처 돕기, 추후 관리를 제공한다.

(3) 자기효능감이론

① 자기효능감은 특정 상황에서 주어진 과제를 성공적으로 수행할 수 있다는 개인의 믿음이다.

② 자기효능감이 높을수록 행동의 실현 가능성이 높아진다.

③ 과거의 수행, 간접 경험, 언어적 설득, 신체와 정서 상태라는 4가지 원천에 의해서 결정된다.

④ 과거의 성공을 한 경험이 자기효능감 형성에 가장 큰 역할을 한다.

⑤ 자기효능감을 높이는 것이 운동의 지속적인 실천에 중요한 역할을 한다.

과거의 수행	과거 유사한 상황에서 성공한 정도를 어떻게 인식하는가
간접 경험	다른 사람이 하는 행동을 관찰하는 것(모델과 모델링)
언어적 설득	주변에서 잘 할 수 있다고 격려해 주면 자신감이 생기는 경험
신체적 정서 상태	• 심박수, 손의 땀, 몸의 긴장(신체 상태) • 긍정적 정서(재미, 성취감), 부정적 정서(실망감, 당황)

(4) 사회생태학이론

① 개인의 환경과 상호작용에 초점을 두고, 운동행동을 포함한 건강행동의 변화를 위해 개인 수준과 환경·정책 수준의 중재 전략을 결합한 이론이다.

② 개인적 수준(개인의 운동행동 수준을 증가 또는 감소시키는 개인적 요인; 운동에 대한 지식·태도, 연령, 성, 교육 수준, 자기효능감 등)

③ 사회적 환경(개인의 운동행동에 영향을 주는 주위 사람들; 가족, 배우자, 건강전문가 등)

④ 물리적 환경(운동행동에 영향을 주는 물리적 요인들; 날씨, 시설 등)

⑤ 정책(운동행동에 영향을 미치는 정책; 도시계획, 교통, 교육, 보건 등)으로 구성되어 있다.

03 운동실천 중재 전략

(1) 운동실천 영향 요인

① 인구통계학적, 생물학적 요인

ⓐ 연령 : 나이가 많아질수록 운동참여도가 떨어지는 현상이 나타난다.

ⓑ 성 : 남성에 비해 여성의 운동참여가 적은 경향이 있다. 이는 가족 및 사회문화적 영향으로 예상된다.

ⓒ 직업 : 육체노동자가 정신노동자에 비해 운동시설을 이용할 가능성이 적다고 나타났다.

ⓓ 교육 수준 : 학력이 높을수록 운동참여 비율이 높아진다.

ⓔ 건강 상태 : 장애가 없을 경우 강도 높은 운동에 참여 비율이 높고, 과체중과 비만인 정상체중을 가진 사람에 비해 참여 비율이 낮다.

ⓕ 손상 : 손상에 의한 운동 중도포기 비율이 높다.

② 심리적 요인

    ㉠ 운동방해 요인 : 시간 부족, 집과 근거리 시설 부족, 안전한 환경 결여 등의 운동방해 요인으로 나타났다.

    ㉡ 자기효능감 : 지기효능감을 깅화하는 것이 운동시속에 큰 도움이 된다.

    ㉢ 태도와 의도 : 운동참여 의도가 강할수록 운동참여 비율이 높아진다.

    ㉣ 재미 : 운동을 재미있어 하면 운동참여 비율이 높다.

    ㉤ 신체이미지 : 신체이미지는 자신의 신체에 대한 자기 태도를 뜻하는 개념으로서 신체적 외모를 중요시 여긴다. 스스로 낮은 신체이미지를 가지고 있으면 운동참여 비율이 낮다.

    ㉥ 변화 단계 : 운동참여 수준은 변화 단계를 거치면서 강화되는데, 계획적 단계와 계획 단계에 있는 사람들은 가장 낮은 운동참여 수준을 보이고 유지 단계에 있는 사람들이 가장 높은 참여 수준을 보인다.

    ㉦ 운동에 대한 지식 : 건강증진 효과에 대한 지식이 운동참여에 긍정적인 영향을 미친다.

    ㉧ 성격 특성 : 성격에는 신경증, 외향성, 개방성, 진실성, 다정다감성의 5가지 주요 특성이 있는데, 외향성과 진실성은 높은 운동참여율과 관계가 있다.

③ 운동 특성

    ㉠ 운동 강도와 지각된 노력 : 지각된 노력과 강도가 높아질수록 운동지속 가능성이 낮아진다.

    ㉡ 운동지속 시각 : 한 번에 오래 지속해서 운동하는 것보다 짧은 시간에 여러 번 하는 것은 운동을 지속하는 데 긍정적 영향을 미칠 수 있다.

④ 운동의 행동적 요인

    ㉠ 흡연과 식사 : 흡연이 고강도 운동에서 중도포기율과는 상관관계가 있으나, 전체적인 신체활동과는 관계가 없다. 좋은 식습관과 운동참여 사이에는 긍정적인 관계가 있다.

    ㉡ 운동 경력 : 과거 운동 경험이 운동참여에 긍정적인 영향을 미친다.

(2) 지도자, 집단, 문화의 영향 `기출` 2016

환경적인 요인들은 다음과 같다.

① 집단 및 지도자 : 교사 지도, 지도자, 관리자, 그룹 운동, 친분 유지

② 환경 조성 : 시간 영향, 날씨 영향, 계절 영향, 이동거리, 가입비, 운동도구 및 장비

③ 사회적 지지 : 배우자 격려, 배우자 참여, 동료 지원, 동료 참여, 가족 지원, 가족 참여

(3) 이론에 근거한 전략

① 건강행동 변화 모델 : 건강행동 변화는 선행, 수용, 유지의 세 단계로 구성된 행동 변화의 과정으로 나눌 수 있다.

    ㉠ 선행 단계

        ⓐ 정보 : 목표 행동으로의 변화에 대한 의도를 갖게 하는 기능을 한다.

        ⓑ 교육 : 교육은 행동 변화를 가져오는 중요한 선행과정 요인이다.

ⓒ 모델 : 운동 동료나 지도자 혹은 주요 타자들의 역할 모델은 운동 참여와 지속에 큰 역할을 한다.

ⓓ 사전 경험 : 과거의 경험은 새로운 목표 행동을 실천하는 데 작용한다.

ⓔ 동기 강화 및 동기 손실 요인 : 관련된 동기(운동의 효과, 필요성)를 극대화시키고, 운동에 따른 손실(시간 부족, 피로 등)을 최소화해야 한다.

ⓛ 수용 단계

　ⓐ 목표를 설정한다.

　ⓑ 자기효능감, 자신감을 갖는다.

　ⓒ 주요타자들의 사회적 지지가 필요하다.

ⓒ 유지 단계

　ⓐ 모니터링 : 운동 관련 자기보고서, 일기, 생리적 체험에 관한 기록 등 자기모니터링은 행동 변화의 유지와 발전을 강화해 준다.

　ⓑ 강화 : 정적 강화는 행동 변화를 지속하는 데 영향을 미친다.
　　• 자연적 강화인 : 음식, 물, 환경적 안락함 등
　　• 사회적, 상징적 강화인 : 관심 보이기, 칭찬, 돈 등 물질적 보상

　ⓒ 퇴행 예방 : 중단되거나 목표 행동이 퇴행되지 않도록 주의해야 한다. 운동 파트너를 만들거나, 전문가에게 의뢰하거나 약화시킬 수 있는 요인(술, 날씨 등)을 피하도록 한다.

　ⓓ 행동 계약서
　　• 행동 변화를 목표로 행동 계약을 작성하면 도움이 된다.
　　• 명확한 목표, 목표의 측정 방법, 수행 시기, 보상과 벌, 계약을 이행할 사람 등의 내용을 포함한다.

스포츠심리상담

01 스포츠심리상담의 개념

(1) 스포츠심리상담의 이론

① 정의

　㉠ 상담의 정의 : 도움을 필요로 하는 사람이 전문적 훈련을 받은 사람과 대화를 통해 전반적인 생활 과제를 해결하며, 행동 및 감정 측면의 인간적 성장을 위해 노력하는 학습 과정

　㉡ 스포츠심리상담 : 운동에 참여하는 사람들을 대상으로 도움을 줄 수 있는 사람(운동상담자)과의 대화를 통한 운동참가자들의 인간적 성장을 위한 노력

　㉢ 스포츠심리상담의 목표

　　ⓐ 운동참가자의 운동 지속 기간 증가

　　ⓑ 운동 수행의 향상

　　ⓒ 운동참가 만족도 향상

　　ⓓ 타인과의 의사소통이나 대인관계 개선

　　ⓔ 운동에 관련된 심리적인 요인의 개선

　　ⓕ 스트레스, 우울증, 낮은 수준의 자기 개념(자기존중감), 자살 등 문제점의 해결

② 스포츠상담의 이론

　㉠ 인간중심 이론(Rogers) : 공감, 무조건적인 긍정적 존중, 진솔성을 성공적으로 전달하면 내담자는 긍정적인 반응을 내보인다.

　　ⓐ 공감 : 상담자가 내담자의 의미와 감정의 세계에 대한 깊은 관심을 갖고 내담자가 표현하는 방식을 받아들이고 이해하며, 내담자가 좀더 넓고 깊게 나아갈 수 있도록 돕는 적극적인 과정이다.

　　ⓑ 무조건적인 긍정적 존중 : 따뜻함, 수용, 비소유적 배려 그리고 소중히 여김 등으로 표현할 수 있다. 내담자가 가진 여러 가지 특별한 선택, 특성, 또는 결과에 의해 영향을 받지 않고, 긍정적이며 비판적이지 않고 수용적인 태도를 경험할 때, 변화가 일어날 수 있다.

　　ⓒ 진솔성 : 상담자가 충동적으로 표출하지 않으며, 감정에 대하여 기꺼이 표현하고 개방한다는 것을 의미한다.

02 스포츠심리상담의 적용

(1) 스포츠심리상담 프로그램

① 상담프로그램의 기본 사항

	어린이	청소년	성인	노인
과정	재능 발견	재능 개발	기술 단련	직업 종결/전환
활동	자발적 기초 기술과 게임	신중한 연습	높은 수준의 계획적인 연습	특별 훈련
고려 사항	재미 즐거움	강도 높게 자주 도전적으로	집중적 도전적	즐거움 자기 지향적
최종 목표	자아실현			

② 상담프로그램의 개발

㉠ 인간 중심적이고 선수 중심적이어야 한다.

㉡ 최대 발달과 최적 성장을 목표로 한다.

㉢ 팀과 조직의 방침과 조화되는 종합적 운영을 해야 한다.

㉣ 당장의 문제 해결을 시도하기 위해서는 단기 프로그램을 구성한다.

㉤ 특정 대상 집단의 평가 후 확인된 욕구와 문제점 해결을 위해 시도되는 장기 프로그램을 구성한다.

㉥ 인력, 자원, 재정 등이 행정과 제도 혹은 체계 속에 정착하여 실시되어야 한다.

㉦ 프로그램의 효과는 정확하게 조사 평가된 대상 집단의 욕구와 문제점과 처한 환경 및 밝혀진 욕구들의 해소를 위한 적절한 계획과 프로그램의 관리 및 지도성에 의해 결정된다.

③ 상담프로그램의 개발 단계

㉠ 욕구 진단을 위한 실제 생활/환경 조사

㉡ 욕구와 문제 해결을 위한 대안 진술

㉢ 목적과 목표의 설정

㉣ 해결책 모색을 위한 정보 수집

㉤ 해결을 위한 프로그램의 선정 및 실행

㉥ 결과의 평가와 효과의 측정

(2) 스포츠심리상담의 절차와 기법

① 상담 절차

절차	내용	
1. 접수 및 신청	• 신청서 작성 • 문제 파악	• 선수 정보 • 개인 및 팀의 상담 방향 설정
2. 상담의 구조화	• 친밀감 형성 • 헌신적인 참여	• 상담 목적 확인 • 개별 또는 팀 요구의 수용
3. 개인 및 팀 평가	• 스포츠 관련 질문지 • 상담자의 현지 관찰 • 타인의 정보 이용	• 구조화된 상담 • 자기 관찰
4. 진단 및 해석	• 심리기술 프로파일 분석 • 팀 접촉 • 선호하는 심리기술 선택	• 개별적 접촉 • 심리기술 교육
5. 심리기술 훈련	• 심리기술 : 기본, 수행, 자기 관리 • 회기	• 심리 기법
6. 현장 적용	• 정신적 수행 습관 개발 • 게임 상황의 심리기술 연습 • 시합을 위한 정신적 준비	• 연습 상황의 심리기술 연습 • 장애물 확인 • 시합에 적용
7. 확인 및 평가	• 개인 접촉을 통한 순응 및 지속 확인 • 심리기술과 수행의 관계 • 상담의 효과 평가	• 심리기술 질문지 시행 및 효과 평가 • 개별 및 팀 조정

② 기법 : 운동상담의 목적을 달성하기 위하여 상담자가 가져야 할 기법은 다음과 같다.

㉠ 관심 집중

ⓐ 상담자가 내담자에게 관심을 갖고 집중하는 것은 상담의 기본 조건이다.

ⓑ 내담자가 원하는 것이 무엇인지를 정성껏 주의를 기울여 듣고, 집중한다.

ⓒ 내담자에게 관심을 집중하는 기술

• 내담자를 향해서 앉기, 때때로 내담자를 향해 몸을 기울여 앉기

• 적절하게 시선을 맞추기, 긴장 풀기

㉡ 경청

ⓐ 내담자의 언어적 메시지뿐만 아니라 비언어적 메시지(표정, 손발의 움직임, 몸의 자세, 목소리 등)를 듣는 것을 의미한다.

ⓑ 상담자는 내담자의 말 이외의 비언어적 메시지에 주목해야 하는데, 이는 심정과 생각을 말보다 더욱 정확하게 나타내기 때문이다.

ⓒ 내담자의 말에 의해 표현된 언어메시지는 내담자의 사실이나 사건, 생각, 감정을 표현한다.

ⓓ 내담자는 상담자가 자신의 메시지에 경청하고 있는 것을 상담자의 태도 혹은 행동을 보고 확인할 수 있다(고개의 끄덕임, 단순한 음성 반응, 질문, 내담자의 말 반복 및 요약).

ⓒ 공감

    ⓐ 누군가와 같은 입장이 되거나 그 사람이 느끼고 생각하는 바를 나도 유사하게 혹은 같게 느끼는 상태를 의미한다.

    ⓑ 내담자는 상담자의 공감하는 행위를 통해 자신의 몰랐던 감정, 행동 방식, 내포하고 있는 주제 등을 스스로 파악하게 된다.

(3) 스포츠심리상담과 윤리 기출 2020, 2015

  ① **상담자의 책임감** : 상담자는 내담자의 문제를 해결해줄 의무와 책임이 있다.

  ② **내담자와 관계** : 내담자와는 개인적 관계가 발생하지 않도록 주의해야 한다.

  ③ **비밀 보장** : 상담 내용은 비밀 유지를 반드시 해야 한다. 단, 다음 경우 법적 보고를 한다.

    ㉠ 내담자가 자신 또는 타인에게 위험한 행동을 할 때

    ㉡ 미성년자의 성적 문제, 아동 학대 등 범죄에 노출되었을 때

    ㉢ 입원이 필요하다고 판단될 때

    ㉣ 내담자의 정보가 법적인 문제가 될 때

(4) 상담자의 윤리 강령 10대 원칙

  ① 상담자로서의 역할에 대한 책임감

  ② 전문적 능력, 기술, 기법의 사용에 대한 한계와 제한점 자각

  ③ 공동체적 기준을 자각할 수 있는 사회 도덕과 법적 기준의 숙지

  ④ 자격증과 전문가적 자질을 명확히 제시하고 절차, 발표, 서비스에 관한 진실한 정보제공

  ⑤ 전문적 역할을 통해 획득한 중요한 정보의 비밀 보장

  ⑥ 소비자의 복리로서 고객에게 전문적인 서비스의 한계와 기대 제공

  ⑦ 승인할 수 있거나 승인이 안 되는 관계의 전문적 관계 기술

  ⑧ 조사 도구와 결과의 해석에 사용하는 평가기법 기술

  ⑨ 잘못된 처치를 방지하기 위한 고객, 연구 대상자의 인권 보호

  ⑩ 실험실 동물에 대한 주의 깊은 처치와 복리

(5) 응용스포츠심리학회 윤리 규정

AASP 윤리 규정(응용스포츠심리학회)	
일반 원칙	일반 윤리 기준
• 전문성 • 정직성 • 책무성 • 인권 존중 • 타인 존중 • 사회적 책임	• 전문적, 학술적 관계 • 전문성의 범위 • 개인차 • 권력 남용과 위협 • 개인적 문제와 갈등 • 인권 보호 • 외 총 25개 조항

01 다음 중 스포츠심리학의 정의와 거리가 먼 것은?

① 스포츠와 관련된 인간의 행동을 과학적으로 연구하는 학문이다.

② 실험실 실험에 초점을 둔 스포츠과학의 한 분야이다.

③ 다양한 심리학적 변인이 개인의 운동참가와 수행이 미치는 영향의 이해를 연구한다.

④ 스포츠와 운동 참여가 개인의 다양한 심리적 발달과 정신건강에 미치는 영향을 연구한다.

해설 스포츠심리학은 현장 적용에 초점을 둔 학문이다.

02 다음 중 (가), (나)에 들어갈 개념으로 적절한 것은?

> ㉠ 운동학습, 운동발달, 운동제어와 같은 자연과학적 특성이 강한 분야까지도 포함하는 넓은 학문분야로 '스포츠심리'를 모두 포함시켜 스포츠심리학이라고 보는 관점을 (가) 관점이라고 한다.
> ㉡ 운동학습, 운동발달, 운동제어를 포함시키지 않고 사회심리학적 배경이 강한 스포츠 심리 영역만을 스포츠심리학으로 간주하는 관점을 (나) 관점이라고 한다.

① (가) 협의의 스포츠심리학
　 (나) 경험적 스포츠심리학

② (가) 광의의 스포츠심리학
　 (나) 협의의 스포츠심리학

③ (가) 경험적 스포츠심리학
　 (나) 광의의 스포츠심리학

④ (가) 협의의 스포츠심리학
　 (나) 광의의 스포츠심리학

해설 ㉠은 스포츠심리학의 광의 개념을, ㉡은 협의를 서술하고 있다.

03 운동기술(motor skill)의 일차원적 분류체계가 아닌 것은? 기출 2019

① 과제의 난이도에 따른 분류

② 환경의 안정성에 따른 분류

③ 움직임의 연속성에 따른 분류

④ 움직임에 동원되는 근육의 크기에 따른 분류

해설 운동기술의 일차원적 분류는 근육의 크기, 움직임의 연속성, 환경의 안정성이 포함되고, 이차원적 분류에는 환경적 맥락, 동작의 기능으로 나눈다.

04 다음 중 성격의 구조 3단계와 관련하여 바르게 설명하지 못한 것은?

① 심리적 핵 – 가장 심층적인 곳에 자리 잡는다.

② 역할 관련 행동 – 주어진 상황을 인식해서 행하는 행동

③ 성격 측정 – 심리검사의 결과에 대해서는 비밀을 유지한다.

④ 전형적 반응 – 심리적 핵이 반영되어 환경에 대응하는 일반적인 행동 양식

해설 성격 측정은 성격의 구조 3단계에 포함되지 않는다.

정답
01 ② 　 02 ② 　 03 ① 　 04 ③

05 자기목표성향(ego-goal orientation)보다 과제목표성향(task-goal orientation)이 높은 선수의 특성으로 가장 적절한 것은? 기출 2019

① 달성하기 어려운 목표를 설정한다.
② 평가 상황에서는 평소보다 수행이 더 저조할 수 있다.
③ 상대 선수의 실수로 인해 승리하였다고 생각한다.
④ 자신의 노력 부족으로 인해 패배하였다고 생각한다.

> **해설** ①~③은 자기목표성향
> 자기목표성향 : 비교의 준거가 타인이 되며, 성공감을 느끼기 위해서는 남보다 잘해야 하고, 동일하게 잘했다고 하면 남보다 노력을 덜해야 한다고 생각하는 경향

06 운동기술 연습에서 발생하는 맥락간섭효과에 대한 설명으로 옳은 것은? 기출 2017

① 집중연습과 분산연습에 의해 맥락간섭효과의 크기는 달라진다.
② 높은 맥락간섭은 연습 수행에서 효과가 높다.
③ 낮은 맥락간섭은 파지에 효과가 높다.
④ 무선연습은 분단연습에 비해 파지 및 전이에 효과가 높다.

> **해설** 구획(분단)연습은 맥락간섭효과가 낮아 무선연습에 비해 효과가 높다. 무선연습은 맥락간섭효과가 높아 파지와 전이에 효과적이다.

07 성격과 경기력과의 관계를 바르게 설명하지 못한 것은?

① 스포츠를 하게 되면 우울증 수준은 높아지고, 독립성은 낮아진다.
② 운동수행 능력과 관련된 성격 특성은 안정성, 투지력, 성실성, 자제력, 확신감, 낮은 긴장감, 신뢰성 및 외향성이 있다.
③ 단체종목 선수는 외향성과 의존감이 높고, 추상적 사고나 이기적 성향은 낮다.
④ 개인종목 선수는 객관적이고 독립성이 높고, 불안감이 낮으며 현실적인 사고를 한다.

> **해설** 스포츠를 하게 되면 호르몬작용이 원활해져 불안과 우울증 증세가 감소하고 자립심이 강해진다.

08 다음 중 운동탈진의 설명과 거리가 먼 것은?

① 과도한 피로, 흥분 등으로 인해 몸에 기운이 빠져 나간 상태로 휴식 없이는 아무것도 하지 못하는 상태
② 작업 환경에서 쓰이는 일시적인 피로와 열정 상실
③ 운동에 대한 열의 상실과 지속적인 과훈련 및 경쟁 스트레스 등의 스포츠 상황에 의해 신체적 심리적으로 고갈된 상태
④ 성적이나 훈련이 개선되지 않거나 나빠지는 경우로, 체력 및 스태미너 상실 및 만성 피로가 포함

> **해설** 탈진은 일시적인 피로가 아닌 장기적으로 발생하는 피로로, 훈련프로그램이나 스트레스를 바꿔야 증상이 호전될 수 있다.

09 한국에 스포츠심리상담자 자격제도가 도입된 시기는?

① 1989년   ② 2001년

③ 2002년   ④ 2004년

해설 한국에서는 1989년 한국스포츠심리학회가 창립되었고, 2004년부터 스포츠심리상담자 자격제도를 도입하였다.

10 다음 중 불안에 대한 설명으로 적절하지 않은 것은?

① 인지불안 : 신체 증상과 관계없이 머릿속으로 걱정하는 불안

② 방해불안 : 불안을 긍정적으로 받아들여 수행에 도움이 됨

③ 특성불안 : 성격적으로 타고난 불안

④ 상태불안 : 상황에 따라 달라지는 불안

해설 특성불안은 특정 상황에 따라 다르게 나타나는 상태불안을 일컫는다.

11 매슬로(A. Maslow)가 제안한 욕구위계이론에서 다른 욕구가 충족되었을 때 마지막에 나타나는 최상위욕구는?

① 안전 욕구   ② 생리적 욕구

③ 자아실현 욕구   ④ 소속 욕구

해설 인간의 최상의 목표는 자아실현의 욕구이다.

12 다음 운동제어의 설명 중 옳지 않은 것은?

① 동작, 지각, 인지로 구분한다.

② 감각기억, 단기기억, 장기기억이 있다.

③ 부호화, 응고화, 정보의 획득의 과정이다.

④ 명시적 기억은 자각, 주의, 성찰과 같은 의식적 작용에 의해 형성된 것이다.

해설 부호화, 응고화, 인출의 과정이 맞다.

13 운동제어 체계의 설명 중 바르게 짝지어지지 않은 것은?

① 감각-지각 단계 : 외부 환경에 대해 자극을 탐지하고 유형을 인식한다.

② 반응 선택 단계 : 입력된 자극에 대하여 어떤 반응을 보일 것인지 선택한다.

③ 반응-실행 단계 : 행동으로 옮기기 위한 운동체계를 조직하는 단계이다.

④ 반응-지각 단계 : 외부환경에 대해 반응하는 단계이다.

해설 반응-지각 단계는 운동제어 체계에 없는 단계이다.

14 운동기술의 개념 중 용어와 설명이 바르게 짝지어 진 것은?

① 운동기술 – 목석을 달성하기 위한 수의적이고 효율적인 신체의 움직임
② 동작 – 인체 또는 물체가 시간의 경과에 따라서 그 공간적 위치를 바꾸는 것
③ 움직임 – 능숙한 신체의 움직임
④ 기술 – 신체 또는 사지의 움직임으로 구성되는 목표 지향의 반응

해설 ②는 움직임, ③은 기술, ④는 동작을 설명하고 있다.

15 반두라(A. Bandura)의 자기효능감(self-efficacy) 이론에 대한 설명으로 적절하지 않은 것은?

기출 2019

① 자기효능감이 높은 선수는 역경 상황에 잘 대처한다.
② 타인의 수행에 대한 관찰은 자기효능감에 영향을 주지 않는다.
③ 자기효능감은 농구드리블과 같은 구체적인 기술을 수행할 수 있다는 믿음이다.
④ 경쟁 상황에서 각성 상태에 대해 부정적으로 인식할 때 자기효능감은 떨어질 수 있다.

해설 반두라의 자기효능감 4가지 요인 : 성취 경험, 대리 경험, 언어적 설득, 정서적 각성이다. 다른 사람의 성공이나 실패를 경험하는 대리 경험은 자기효능감을 증가시킨다.

16 다음 보기가 설명하는 이론은?

움직임이 발생하기 이선에 상위의 대뇌 겉질에서 동작에 대한 운동프로그램이 저장되어 있어, 피드백 없이 매우 빠른 움직임을 할 수 있다.

① 폐쇄회로이론
② 다이나믹 시스템 이론
③ 개방회로이론
④ 도식이론

해설 설명하는 이론은 개방회로이론으로, 매우 빠른 움직임을 할 수 있다는 이론이지만, 이전 경험이 없는 움직임을 기억 속 프로그램에 존재하지 않는 데도 수행할 수 있다는 것을 설명하기 어렵다.

17 다음 중 운동학습의 개념으로 잘못 설명한 것은?

① 경험과 연습을 통해 과제와 환경적 변화에 어울리는 가장 효율적인 협응 동작과 숙련된 수행에 필요한 역량을 지속적으로 변화시키는 과정을 의미한다.
② 인간의 감각과 지각의 기능, 원하는 동작의 생성, 협응의 복합적인 기능을 이해하는 것이다.
③ 학습은 직접적으로 측정될 수 있고, 행동을 통해 간접적으로 평가된다.
④ 학습은 행위의 상대적으로 영속적인 변화를 만들어 낸다.

해설 학습은 직접적으로 측정될 수 없어 행동을 통해 간접적으로 평가가 된다.

18 합리적 행동이론과 계획행동이론에 대한 설명으로 적절하지 않은 것은?

① 합리적 행동이론은 행동을 실천하려는 의도가 있는지를 알면 행동을 예측할 수 있고, 계획행동이론도 같은 개념으로 볼 수 있다.

② 의도는 행동에 대한 태도, 주관적 규범이라는 두 요인에 의해 형성된다.

③ 행동통제 인식이란 운동행동을 방해하는 요인을 통제할 수 있는 자신감을 의미한다.

④ 계획행동이론은 합리적 행동이론에 행동통제 인식이라는 개념이 추가된 이론이다.

해설 계획행동이론에는 행동통제 인식 개념을 추가하여 행동예측 한계를 줄이고자 한다.

19 스포츠와 리더십에 대한 설명으로 적절하지 않은 것은?

① 리더십의 정의 : 팀이 목표를 달성하기 위해 지도자가 개인과 집단에 영향력을 행사하는 과정

② 리더 특성 : 정직, 융통성, 충성심, 자신감, 책임감, 준비성, 풍부한 지식, 자제력, 인내 등

③ 리더십 스타일 : 민주적 스타일, 독재적 스타일 등

④ 상황 요인 : 선수의 성, 나이, 응집력, 경험 등

해설 리더십의 상황 요인은 리더–부하 관계, 리더의 직책 권력, 과업 구조이다.

20 운동 시 스트레스 측정에 활용되지 않는 것은?

기출 2015

① 심박수   ② 피부 반응

③ 호르몬 변화   ④ 반응시간

해설 스트레스를 받게 되면 심박수, 피부 온도, 호르몬의 변화가 일어나게 되어 측정 후 스트레스 정도를 파악할 수 있다. 반응시간은 관계가 적다.

21 반응시간의 종류 중 거리가 먼 것은?

① 단순 반응시간   ② 복잡 반응시간

③ 선택 반응시간   ④ 변별 반응시간

해설 반응시간의 종류는 단순 반응시간, 선택 반응시간, 변별 반응시간이다.

22 루틴(routine)에 대한 설명으로 옳지 않은 것은?

기출 2016

① 경기력 향상에 도움을 준다.

② 경기력의 일관성을 위해 개발된 습관화된 동작이다.

③ 자신이 조절할 수 없는 요인에 주의를 기울이게 한다.

④ 최상 수행을 위한 선수들 자신만의 고유한 동작이나 절차이다.

해설 자신이 조절할 수 없는 요인에 신경을 쓰면 불안감이 증가하고 루틴이 깨지게 되므로 최상의 수행 능력을 발휘하기 어렵다.

23 연습 방법 중 연습시간과 휴식시간의 상대적인 양에 의해 구분되는 연습 방법은?

① 구획연습과 무선연습

② 집중연습과 분산연습

③ 전습법과 분습법

④ 분할연습과 전체연습

정답
14 ①   15 ②   16 ③   17 ③   18 ①   19 ④   20 ④   21 ②   22 ③   23 ②

해설 휴식시간을 적게 하는 방법은 집중연습이고, 휴식시간을 길게 하는 방법이 분산연습이다.

24 연습 방법 중 연습과제의 분할 여부에 의해 구분되는 연습 방법은?

① 구획연습과 무선연습
② 집중연습과 분산연습
③ 전습법과 분습법
④ 분할연습과 전체연습

해설 • 전습법 : 운동기술을 한번에 전체적으로 학습하는 방법
• 분습법 : 운동기술을 몇 개의 하위 단위로 나누어 학습하는 방법

25 〈보기〉에서 설명하는 사회적 태만 현상의 동기(motivation) 손실 원인은? 기출 2018

┤ 보기 ├

영운이는 친구들과 줄다리기를 할 때, 자신의 힘은 전혀 쓰지도 않고 친구들의 노력에 편승해서 경기에 이기려는 모습을 보이고 있다.

① 할당 전략(allocation strategy)
② 무임승차 전략(free ride strategy)
③ 최소화 전략(minimizing strategy)
④ 반무임승차 전략(sucker strategy)

해설 남들의 노력에 편승해서 공짜로 혜택을 받고자 하는 전략

26 다음 검사 중 심리검사지가 아닌 것은?

① RPE
② MMPI
③ MBTI
④ 로르샤흐(Rorschach) 검사

해설 RPE는 운동자각도이다.
• MMPI : 정상인을 대상으로 성격 특성을 측정하는 데도 널리 사용되는 성격 검사 방법이다
• MBTI : 인의 심리적 에너지의 지향성에 따라 외향성과 내향성으로 나누어진다.
• 로르샤흐(Rorschach) 검사 : 투사 검사의 가장 대표적인 예인 로르샤흐(Rorschach) 검사는, 잉크 얼룩 문양이 있는 10장의 카드를 제시하여 수검자의 다양한 반응을 측정한다.

27 공격성의 유형이 아닌 것은?

① 보상적 행위　② 적대적 공격
③ 수단적 공격　④ 권리적 행위

해설 공격성의 유형에는 권리적 행위, 적대적 공격, 수단적 공격이 있다.

28 자신감을 향상시키는 방법으로 옳지 않은 것은?

① 운동선수들은 자신의 기록이 다른 선수보다 좋을 때 자신감을 갖는다.
② 시합 전에 목표를 세우고 달성하기 위해 노력한다.
③ 코치의 지도는 초보 선수에게 부담이 될 수 있어 자제한다.
④ 긍정적인 생각을 가지고 훈련에 임한다.

해설 초보자는 사회적 지지를 받는 것이 자신감을 북돋워 주는 방법이므로, 코치, 가족, 친구의 지지를 받는 것이 중요하다.

29 주의와 경기력의 관계를 잘못 설명한 것은?

① 낮은 각성 수준 – 주의 영역이 지나치게 넓다.

② 적정 각성 수준 – 주의 영역이 적절하다.

③ 높은 각성 수준 – 주의 영역이 적절하다.

④ 높은 각성 수준 – 주의 영역이 지나치게 좁다.

해설 높은 각성 수준은 시야를 좁게 만들어 주의 영역이 좁아진다. 적절한 각성 수준을 유지하는 것이 중요하다.

30 운동발달의 원리에 대한 설명으로 옳지 않은 것은?

기출 2016

① 분화와 통합의 과정을 거친다.

② 일정한 순서와 방향성을 가진다.

③ 발달 속도는 연령에 상관없이 일정하다.

④ 유전과 환경의 상호작용을 통해 발달한다.

해설 발달 속도는 영아기에 급속도로 빠르다가 점차 느려진다.

31 최고의 수행 상태를 무엇이라고 하는가?

① flow   ② runner's high

③ best   ④ fluid

해설 최고의 수행 상태를 flow 상태라고 한다. runner's high는 격렬한 달리기 후 쾌감을 느끼는 현상을 말한다.

32 루틴의 개념으로 거리가 먼 것은?

① 선수들이 최상의 운동수행을 발휘하는 데 필요한 이상적인 상태를 갖추기 위한 자신만의 고유한 동작이나 절차

② 시합 후에 사용하는 체계적인 행동과 생각

③ 행동적 요인과 인지적 요인으로 구성된다.

④ 수행 루틴은 선수들이 습관적으로 수행하는 습관화된 동작

해설 루틴은 시합 전과 시합 중에 사용하여 집중력을 높이는 방법이다.

33 집단응집력이란?

① 집단의 목표 달성과 회원의 만족을 위해 집단 구성원이 뭉치는 경향

② 다른 사람으로부터 받는 편안한 느낌, 사랑받고 있다는 인식, 도움이나 정보를 받는 것

③ 운동을 안 하는 사람에게 운동을 시작하게 만들고 중도에 포기하지 않도록 여러 조취를 취하는 것

④ 운동을 시작하면 중도에 포기하지 않고 지속하는 것

해설 집단응집력은 구성원이 집단에 남아있게 하는 총체적인 힘을 말한다.

② 사회적 지지, ③과 ④는 동기 부여를 설명하고 있다.

34 경쟁의 설명으로 어색한 것은?

① 같은 목적에 대해 이기거나 앞서려고 겨루는 것
② 개인과 개인, 조직과 조직 등 두 개 이상의 구성 조직이 서로 앞서거나 이기려고 다투는 것을 의미한다.
③ 조직 어디서나 존재하며 동기 유발을 위한 역할을 하다.
④ 경쟁이 없는 상황 시 평온한 심리 상태가 되어 경기력이 향상된다.

[해설] 경쟁이 없는 상황 시 지루하고 매너리즘에 빠질 수 있다.

35 개인차가 매우 크며, 최고의 수행을 발휘하는 데 자신만의 고유한 불안 수준이 있다는 이론은?

[기출] 2015

① 최적수행지역이론   ② 추동이론
③ 역U자 가설   ④ 전환이론

[해설] 우수한 선수들은 최상의 수행이 일어나는 최적의 각성 상태 영역을 갖고 있다는 "최적수행이론"을 주장하였다.

36 변화단계이론의 설명 중 바르게 짝지어지지 않은 것은?

① 무관심 – 현재 운동을 하지 않고 있으며 6개월 이내에도 운동을 시작할 의도가 없다. 운동과 관련된 행동 변화의 필요성을 거부한다.
② 관심 – 현재 운동을 하지 않고 있지만 6개월 이내에 운동을 시작할 의도가 있다.
③ 준비 – 가이드라인을 충족하는 수준의 운동을 해 왔는데 아직 6개월 미만이다.
④ 실천 – 운동으로 인한 손실보다는 혜택을 더 많이 인식한다.

[해설] ③은 실천을 설명하고 있고, 준비는 '현재 운동을 하고 있지만 가이드라인(대개 주당 3회 이상, 1회 20분 이상 기준)을 채우지 못하는 수준이다'

37 건강행동 변화 모델의 단계 중 잘못 설명된 것은?

① 선행 단계 – 정보, 교육, 모델, 사전경험, 동기 강화 및 동기손실 요인이 있다.
② 사전 경험 – 운동 동료나 지도자 혹은 주요 타자들의 역할 모델은 운동 참여와 지속에서 큰 역할을 한다.
③ 수용 단계에서는 목표를 설정한다.
④ 유지 단계에서는 모니터링, 강화, 퇴행예방 요소가 있다.

[해설] ②는 선행 단계의 모델을 설명하고 있다.

38 운동과 정신건강의 관계를 바르게 설명한 것은?

[기출] 2018

① 규칙적인 운동은 불안의 감소와 상관이 없다.
② 규칙적인 운동은 인지능력 개선에 효과가 없다.
③ 규칙적인 걷기는 상태 불안을 증가시킨다.
④ 유·무산소성 운동은 우울증을 감소시키는 효과가 있다.

[해설] 모노아민 가설 – 노르아드레날린, 세로토닌, 도파민을 포함하는 신경전달물질인 모노아민의 부족이 우울증의 주요한 원인이 된다는 가설. 운동을 하면 호르몬 분비가 촉진된다.

39 다음의 운동상담 윤리에서 법적으로 상담자가 보고해야 하는 내담자의 상황으로, 비밀 유지의 윤리가 절대적이지 않은 경우에 해당하지 않는 것은?

① 내담자가 자신이나 타인에게 위험한 행동을 할 때
② 내담자의 정보가 법적인 문제가 될 때
③ 미성년 내담자가 근친상간, 강간, 여타 범죄의 가해자라고 생각될 때
④ 내담자가 입원할 필요까지는 없다고 판단될 때

해설 내담자가 입원할 필요가 있다고 판단될 때는 법적 보고를 해야 한다.

40 스포츠심리상담사의 상담윤리 중 바람직한 행동이 아닌 것은? 기출 2015

① 상담, 감독을 받는 학생이나 고객과 이성관계로 만나지 않는다.
② 알고 지내는 사람에 한해 전문적인 상담을 진행하도록 한다.
③ 미성년자 고객의 가족과는 개인적, 금전적 또는 다른 관계로 만나지 않는다.
④ 특별한 경우를 제외하고는 고객과 상담실 밖에서의 사적인 관계를 유지하지 않는다.

해설 알고 지내는 사람과의 상담은 원활한 과정이 이뤄지기 어려울 수 있어 다른 전문가에 의뢰하는 것이 좋다.

스포츠지도사

단기완성 2급 필기

01 스포츠와 윤리

01 스포츠의 윤리적 기초

(1) 도덕, 윤리, 선의 개념

① 도덕

　㉠ 사람이 마땅히 지켜야 할 도리와 그것을 실천하는 행위

　㉡ 도(道)는 자연의 법칙 또는 인간의 도리를 뜻하고, 덕(德)은 인간의 선을 지향하는 행동을 말한다.

　㉢ 윤리와는 같은 의미로 쓰이기도 하지만 원리보다는 체득에 무게를 두고 있다.

　㉣ 모든 사람들이 지켜야 하는 보편적인 생활 원리

② 윤리

　㉠ 집단 안에서 조화로운 생활을 위하여 사람 간에 지켜야 할 도리

　㉡ 윤(倫)은 친구, 집단, 무리에서 차례나 순서를 의미하고, 리(理)는 사물의 이치, 도리를 말한다.

　㉢ 도덕적 판단이나 기준을 이론적으로 체계화한 학문

　㉣ 특정 사회나 집단 등에서 하나의 대상을 관찰·평가하는 개념(예 직업윤리)

③ 선　기출 2022

　㉠ 인간이 추구하고자 하는 가치

　㉡ 선(善)은 '좋다, 착하다'를 말하며, 악(惡)과 대비되는 윤리적 의미를 포함한다.

　㉢ 도덕적 성품이나 가치와 관련되어 사용된다.

　㉣ 내재적인 선 : 수단이나 도구로서 사용되는 것이 아닌, 가치의 근원이 되는 선을 말한다.

　㉤ 최고선 : 그 자체가 목적인 궁극적·내재적인 선을 말한다.

(2) 사실판단과 가치판단　기출 2022~2020

① 사실판단

　㉠ 사실 : 개인적인 감정이나 태도가 개입되지 않은 객관적인 상태

　㉡ 사실에 대해 판단을 내리는 것을 말하며, 존재하는 현상에 대해 객관적인 서술을 하는 것이다.

　㉢ 경험적 증명으로 참과 거짓을 확인 가능하며, 사실 관련 문제가 발생할 경우 어려움이 생길 수 있다.

② 가치판단

　㉠ 가치 : 사람들이 소중하게 여기는 것을 추구하려는 것

　㉡ 가치에 대한 판단, 선과 악, 좋음과 나쁨 등을 판단

　㉢ 현상에 대한 주관적인 평가와 서술을 하는 것이다.

ⓔ 개인마다 중요하게 생각하는 가치가 다르므로 참과 거짓을 확인하기 어렵다.

ⓜ 가치관련 문제가 생기면 해답을 얻기 어려울 수 있다.

(3) 스포츠와 윤리의 관계

① 스포츠는 '정해진 규칙에 따라 승패를 겨루는 경쟁 활동'이고, 윤리는 '인간이 지켜야 할 기본적인 규범'으로 정의한다.

② 스포츠는 승부를 겨루어 이기려는 자기중심적인 강한 목적으로 행해지고, 윤리는 다른 사람의 입장을 생각하는 이타적인 면이 있어, 서로의 관계가 없어 보이기도 한다.

③ 스포츠가 과도한 경쟁으로 속임수와 폭력 등이 많이 발생하지만, 공동체 사회의 문화와 관습이 반영되어 발전해온 '문화'이며, '인생의 축소판', '사회의 거울'이라고 일컬어진다.

④ 인간은 자기가 원하는 바를 충족하려고 하고, 이때 갈등이 발생하며, 윤리가 필요하게 된다.

⑤ 윤리는 인간관계의 갈등에 대해 어떻게 행동하고 바람직한 행위에 대한 방향을 제시한다.

⑥ 스포츠 상황에서 어떤 행동이 옳은지를 결정할 수 있도록 도덕적 표준의 원리와 덕목을 탐구하는 것이 스포츠 윤리이다.

02 스포츠윤리의 이해

(1) 일반윤리와 스포츠윤리 : 스포츠윤리의 독자성 기출 2020

① 스포츠 상황에서 발생할 수 있는 문제를 미리 막을 수 있도록 '예방윤리'로 작용한다.

② 개인의 양심이나 덕성에 중점을 두는 '개인윤리'의 영역

③ 단체, 연맹, 협회, 기업, 관리 관청 등 조직 간의 문제들과 관련된 '직업윤리'의 영역

④ 사회 구조나 제도에 의해 문제를 해결할 수 있다고 생각하는 '사회윤리'의 영역

⑤ 스포츠인의 목적은 스포츠를 잘 수행하는 것

⑥ 스포츠 윤리학은 스포츠 상황에서 '옳은 행동'과 '좋은 목적'을 결정할 수 있는 근본 원리를 연구하는 학문이다.

⑦ 스포츠 윤리는 '스포츠 윤리의 대상', '스포츠 윤리의 궁극적인 목표', '스포츠 윤리의 연구 방법', 이 3가지의 과제를 가지고 있다.

(2) 스포츠윤리의 목적과 필요성 기출 2021, 2020

① 스포츠 윤리의 목적

㉠ 스포츠 상황에서 발생할 수 있는 비윤리적인 사례를 미리 학습하여, 앞으로 일어날 수 있는 상황에 대처할 수 있도록 '스포츠인의 도덕적 자율성 함양'을 목적으로 한다.

㉡ 복잡한 윤리적인 문제들을 분석하고, 바람직한 해결능력을 키우는 것

② 스포츠윤리의 필요성

　㉠ 스포츠는 취미를 넘어 거대한 산업으로 발전하였고 문화의 한 영역으로 자리 잡았다.

　㉡ 스포츠 산업이 엄청난 성장을 하게 되고, 이권이 개입하게 되면서 승부조작, 심판매수, 약물복용, 폭력 등의 문제들이 발생하고, 공정함이 최우선시 되는 스포츠 정신에 어긋나게 되면서 스포츠윤리의 중요성이 대두되었다.

　㉢ 승패를 떠나 페어플레이 정신을 지키기 위한 노력을 해야 한다.

(3) 스포츠윤리와 스포츠인의 윤리

① 스포츠윤리

　㉠ 스포츠 상황에서 발생하는 문제들을 해결하기 위해 옳은 행동과 좋은 목적을 결정하도록 기준과 원리를 제시한다.

　㉡ 일반 윤리의 도덕적 표준과 행동원리를 바탕으로 스포츠 상황에 대입한다.

② 스포츠인의 윤리

　㉠ 스포츠인으로서 갖추어야 할 기본적인 도덕적 품성을 갖추게 하는 기준을 말한다.

　㉡ 공정성, 정정당당함, 배려, 정의, 용기 등의 덕목을 강조한다.

03 윤리이론 기출 2022, 2020

(1) 결과론적 윤리체계

① 행위의 옳고 그름을 행위의 결과에 따라 판단한다. 즉, 행위의 결과가 좋다면 그 행위도 도덕적인 것으로 생각한다.

② 도덕적 가치가 정해져 있는 것이 아니라 결과의 총체적 가치에 의해 결정된다.

③ 많은 사람들에게 최대의 행복을 주는 것이 옳다고 여기는 공리주의는 대표적인 결과론적 윤리체계이다.

④ 벤담의 양적 공리주의

　㉠ 산업혁명 이후 자유경쟁과 빈부격차로 인해 사회적 문제가 발생하였고 새로운 윤리의식이 제기되었다.

　㉡ 인간이 추구해야 할 궁극적인 목적은 쾌락이고, 그 양을 최대화하려고 하였다.

　㉢ '최대 다수의 최대 행복'

⑤ 밀의 질적 공리주의

　㉠ 쾌락의 양을 추구했던 벤담의 공리주의의 이론을 발전시켜, 질적인 차이를 고려하였다.

　㉡ 낮은 수준의 쾌락과 높은 수준의 쾌락을 구분하여, 과학적 지식, 고급문화 향유, 창조성 등의 높은 쾌락을 추구하였다.

　㉢ '배부른 돼지보다, 배고픈 소크라테스가 낫다'

(2) 의무론적 윤리체계

① 행위에 대한 옳고 그름은 행위의 결과의 좋고 나쁨으로 판단하는 결과론적 윤리체계와는 달리, 행위 자체가 도덕규칙을 지키는지를 판단기준으로 한다.

② 결과의 좋음과 도덕적 옳음은 서로 무관하다 여기고 목적이 수단을 정당화할 수 없다고 강조한다.

③ 선의지 : '선한 의도', '선을 행하려는 뜻'. 칸트의 핵심 개념이다.

    ㉠ 좋은 결과나 특정한 목적 달성과는 무관한 '선에 대한 순수한 동기'를 말한다.

    ㉡ 도덕성의 기준은 '선의지'이며, 의무의 무조건적인 이행이 곧 선의지다.

(3) 목적(덕)론적 윤리체계

① 기존 윤리학의 법칙적인 윤리개념을 비판하며 생긴 체계이고, 행위 자체보다 행위자에게 집중한다.

② 행위에 대한 의무판단이 아닌 행위자의 덕성판단을 중요하게 여긴다.

③ 스포츠 상황에서 비윤리적인 행동은 행위자의 품성에서 비롯되므로, 행위자의 덕성계발과 인격수양을 할 수 있도록 해야 한다. 이는 목적론적(덕론적) 윤리체계의 지향점이다.

④ 아리스토텔레스는 인생에서 추구해야 할 가장 좋은 것(최고선)을 행복이라고 하였고, 스포츠를 통해 행복에 이르도록 제시하고 있으며, 스포츠는 내면의 품성함양과 유지에 도움을 준다.

⑤ 매킨타이어의 덕윤리는 인간의 개별적인 행위가 아니라 그 활동에 내재되어 있는 선을 실현하는 것이고, 내재적인 선과 외재적인 선으로 구분하였다.

    ㉠ 내재적인 선 : 승리, 뛰어난 기술

    ㉡ 외재적인 선 : 권력, 명예, 금전적 이득

    ㉢ 스포츠맨십은 특정 스포츠의 공동체가 축적해 온 내재적인 선의 관습과 전통을 지키는 것이고, 스포츠맨십의 실천은 덕의 실천이라고 말할 수 있다.

(4) 동양사상과 윤리체계

① 유교 **기출** 2020

    ㉠ 공자

        ⓐ '인·의·효·우·충·신·관·서·공·경'의 10가지 요인을 강조한다.

        ⓑ 인식, 판단, 도덕적 행위 선택 능력이 필요하다.

        ⓒ "자기가 원치 않는 일을 남에게도 하지 말라"는 원리는 상대방을 존중하는 스포츠맨십의 기본이 된다.

    ㉡ 맹자

        ⓐ 사단 : '인·의·예·지'를 중점으로 터득한 도덕적 성향을 확장하면 윤리적 문제가 필요할 때 자연스레 실천적 행위가 가능하다고 강조한다.

        ⓑ 측은지심 : 남을 불쌍하게 여기는 타고난 착한 마음

        ⓒ 수오지심 : 자기의 옳지 못함을 부끄러워하고 남의 옳지 못함을 미워하는 마음

ⓓ **사양지심** : 겸손하여 남에게 사양할 줄 아는 마음

ⓔ **시비지심** : 옳고 그름을 가릴 줄 아는 마음

② **불교**

㉠ **8정도** : 정견, 정사, 정어, 정업. 정명, 정근, 정념, 정정

ⓐ **정견** : 바르게 보기

ⓑ **정사(정사유)** : 바르게 생각하기

ⓒ **정어** : 바르게 말하기

ⓓ **정업** : 바르게 행동하기

ⓔ **정명** : 바르게 생활하기

ⓕ **정근** : 바르게 정진하기

ⓖ **정념** : 바르게 깨어있기

ⓗ **정정** : 바르게 집중하기

㉡ 팔정도는 선수 스스로 올바른 도덕적 의식을 깨달아, 유혹에 넘어가지 않는 마음자세를 만드는 데 도움이 되는 개념이다.

③ **도교**

㉠ **노자**

ⓐ 인간은 본래 자아를 인식하는 것이 덕이며, 이는 도교사상의 핵심인 '마음을 비우는 것'이다.

ⓑ 스스로를 낮추고, 남에게 양보와 겸손하며, 흐르는 물같이 자연스럽게 개인의 내재적인 도덕성을 강조한다.

㉡ **장자**

ⓐ 천지만물의 근본은 '도(道)'이며, 도는 어떤 목적을 요구하거나 사유하지 않는 무위(無爲)를 의미한다.

ⓑ 자연적인 본성으로 덕을 해석한다.

ⓒ 외적인 면보다는 내면의 도덕성을 강조한다.

(5) 가치충돌의 문제와 대안

① 서로 충돌하게 되는 윤리적 개념 중에서 도덕적 판단을 해야 하는 상황이 생길 수 있는데, 바람직한 판단을 내리기 위해서는 상황을 여러모로 살펴보고 주요 윤리이론들을 적용시켜 분석하는 사고의 폭을 넓히도록 해야 한다.

② **창의적 주도** : 절충하기 위하여 모든 사람들이 받아들일 수 있는 중도적 관점을 찾아, 서로를 이해시키는 해결 방법이다.

③ 최선의 선택이 어려울 경우에는 차선의 방법을 찾아 타협하는 방법을 찾는다.

02 경쟁과 페어플레이

01 스포츠경기의 목적

(1) 아곤(agon)과 아레테(arete)의 차이 `기출` 2022~2020

① 아곤(agon)의 의미

ㄱ 그리스어로 '경쟁'을 뜻한다. 그리스의 서사시인 호메로스와 헤시오도스는 아곤을 '경쟁이 이루어지는 모임이나 화합'의 의미로 사용하였고, 경쟁의 실제적인 행위, 게임, 축제를 지칭하기도 했다.

ㄴ 고대 그리스인은 아곤에서의 승리가 삶의 목표이고, 그리스교육에서는 아곤의 승리를 위한 교육을 강조하였다.

ㄷ 아곤(경쟁)은 전쟁과 싸움과 같은 폭력적 상호작용을 제도화한 규칙을 통해 순화시킨 활동이다.

ㄹ 니체의 아곤

ⓐ 니체는 투쟁은 파괴, 경쟁은 승리를 추구한다고 설명한다.

ⓑ 아곤은 타인에 인정받고, 승리를 찬양하고, 파괴를 규제하는 것이다.

ⓒ 창조적 경쟁이다.

② 아레테(arete)의 의미

ㄱ 인간답게 만들어 주는 자질로 '덕'의 개념이다.

ㄴ 덕, 훌륭한 상태, 탁월성의 의미로 해석된다.

ㄷ 스포츠의 아레테는 스스로의 가능성을 활용하여 최고의 결과를 내려는 태도라고 할 수 있다.

③ 아곤과 아레테의 차이

ㄱ 아곤의 목적은 경쟁에서 승리하는 것이고, 경쟁관계에 있는 상태이기 때문에 상대적 개념이다.

ㄴ 아곤은 이기는 것이 중요하므로 결과에 따라 결정된다.

ㄷ 아레테는 다른 상대와 비교를 하지 않을 수 있다. 상대 선수에게 아레테를 드러낼 수도 있지만, 스스로 자신만의 아레테를 추구할 수도 있다.

ㄹ 아곤은 상대와의 '비교적 우위 추구·승리 추구'를 강조하고, 아레테는 '탁월성의 추구' 그 자체에 의미를 둔다.

(2) 승리 추구와 탁월성 성취

① 승리 추구(아곤 요소)

ㄱ 현대 스포츠의 문제로 승리지상주의가 팽배해 있어, 자칫 배제시켜야 할 개념으로 생각할 수 있다.

ㄴ 승리추구는 자기개발의 노력과 자아실현의 밑거름이 될 수 있다.

ⓒ 경쟁심은 경기의 긴장과 흥미를 유발한다.

ⓔ 과도한 승리 추구는 청소년에게 비교육적인 요인이 될 수 있다.

ⓜ 그 대응책으로 협동과 활동 자체에서 즐거움을 찾는 '뉴스포츠'가 나타났으나 대부분 사라졌다. 이것은 경쟁요소가 스포츠에서 매우 중요한 부분이라는 반증이다.

② 탁월성 성취(아레테 요소)

ⓐ 탁월성 추구는 항상 경쟁과 승리 추구를 포함하지만 경쟁과 승리 추구는 언제나 탁월성 성취를 포함하는 것은 아니다.

ⓑ 탁월성을 추구하면 승부조작, 도핑, 폭행 등의 부정적인 요인을 줄일 수 있고, 인간승리라는 스포츠의 긍정적 이미지를 얻을 수 있다.

ⓒ 결과적으로 아곤 요소와 아레테 요소의 적절한 조화가 필요하다.

02 스포츠맨십 기출 2022

(1) 스포츠맨십

① 스포츠인으로서 반드시 지켜야 할 준칙과 갖추어야 할 태도

② 페어플레이, 감정억제, 상대선수 존중, 경쟁상대에 대한 공손한 태도

③ '스포츠 도덕'

(2) 투쟁적 놀이로서 스포츠

① 스포츠는 1차적으로 놀이지만, '투쟁적인 놀이'라고 할 수 있다.

② 스포츠는 인간의 야만성을 길들이는 문명화 과정의 일환이다.

③ 생사를 건 투쟁에서 스포츠화를 통해 규칙에 의해 통제되는 경쟁활동으로 바뀌었다.

(3) 놀이의 도덕 : 규칙 준수와 게임 자체의 존중

① 스포츠는 놀이로서, 그 자체가 목적인 활동이다. 쿠베르탱은 올림픽 경기에 대해 "참가하는 데 의의가 있다"라고 하였다.

② sport의 어원은 중세 프랑스어 'desporter'이고 '일에서 벗어나 놀다'라는 뜻이다.

③ 놀이의 규칙은 놀이 자체만을 위해 존재하고, 다른 목적이 있지 않아야 한다(자기목적성, 무목적성).

(4) 스포츠에서 도덕적 행동과 "좋은" 스포츠 경기

① 스포츠는 도덕적 행위와는 관계가 없고, 도덕을 위해 스포츠활동을 하는 것이 아니다.

② 스포츠 활동의 목적은 경쟁속에서 승리를 얻는 것이지만, 경쟁만을 위해 존재하는 것은 아니다.

③ 스포츠맨십은 경쟁에서 생길 수 있는 부도덕성을 도덕적 덕목에 의해 조절하고 스포츠의 긍정적 가치를 유지하기 위해 바탕이 된다.

④ 순수한 경쟁, 상대방 배려, 규칙준수, 페어플레이, 심판에 복종과 결과 승복, 패자 배려, 승자 응원 등이 필요하다.

03 페어플레이 기출 2021

(1) '페어'하게 '플레이'한다는 의미

① 18~19세기 영국의 귀족과 젠틀맨들이 승패에 관계없이 스포츠를 즐기는 태도가 확산되었고, 이는 하나의 규범으로 자리 잡았으며, 교육제도 안으로 편입되었고, 세계 보편적인 문화가 되었다.

② 페어플레이는 페어(fair)와 플레이(play)가 합쳐진 말로, 페어는 '공정', '공평'이라는 뜻이므로, '공정 시합'이 적절한 해석이다.

③ 공정은 경쟁을 최우선으로 하는 스포츠에서 윤리적 행위 원칙으로 합당하지 않은 점이 있으므로, 스포츠와 경기를 구분해야 한다는 견해가 있다.

④ 키팅(Keating) : 스포츠는 직접적 · 즉각적 결과인 즐거움, 유쾌함, 활기참을 목적으로 하며 절제와 관용의 정신에 지배를 받는 오락의 한 종류이다. 경기(Athletics)는 경쟁활동으로서 승리가 목적이며, 헌신, 희생, 강함의 정신이 특징이다.

⑤ 형식주의 : 경기할 때 정해진 규칙을 준수하는 것을 말한다.
  ㉠ 구성적 규칙 : 경기장 크기, 복장, 승부 방법 등 경기운영방식을 결정하는 규칙
  ㉡ 규제적 규칙 : 개별적인 행위에 적용하는 규칙, 파울과 관련된 규칙

⑥ 비형식적 주의 : 규정에 없지만 좋은 경기를 위하여 권장되는 행위와 비난받을 행위를 판단하는 기준이며 스포츠 참여자 간의 존중과 공정, 가치태도, 경기 관습을 지키는 것을 말한다.

⑦ **스포츠맨십과 페어플레이** : 스포츠맨십은 경기의 일반적인 윤리 덕목을 지키고 강화하려는 스포츠 정신이고, 페어플레이에 비해 보편적인 윤리규범이다.

스포츠맨십
(스포츠 정신적 가치)

페어플레이
(동등한 경쟁조건)

규칙준수
(행위규정)

(2) 의도적인 파울

① 경기 중에 기대하는 결과를 만들려고 의지적 계획을 가지고 반칙을 하는 것을 말한다.

② 첫째, 자유의지를 가지고 시도하고, 둘째, 규칙에서 허용되지 않는 것이어야 한다.

③ 의도적인 파울의 긍정적인 입장

　　ⓐ 의도적인 파울로 상대편에게 유리한 경기 흐름을 끊거나 분위기를 반전시켜 경기의 박진감을 높일 수 있다.

　　ⓑ 승패에 영향을 미칠 수 있다.

　　ⓒ 경기 중에는 모든 선수에게 동등하게 허용되기 때문에 공정성에 문제가 없다.

④ 의도적인 파울의 부정적인 입장

　　ⓐ 규칙을 위반한 것이므로 정당화될 수 없다.

　　ⓑ 규제적 규칙 위반이다.

　　ⓒ 반칙하지 않고 승리하는 것이 명예로운 일이다.

(3) 승부조작의 윤리적 문제와 해결방안

① 승부조작 : 금전적 이득과 같은 경기 외적 이득을 얻으려고 경기 전에 결과를 정하고 그에 맞추어 경기과정을 왜곡시키는 행위이다.

② 승부조작은 점점 확대되고 있어 스포츠계의 큰 문제가 되고 있어 경쟁적 스포츠의 가치, 존재의 근거를 훼손하고 있다.

③ 반부패기금 조성과 세계스포츠진실성기구 등과 같은 대책이 강구되고 있다.

03 스포츠와 불평등

01 성차별 기출 2020

(1) 스포츠에서 성차별의 과거와 현재

① 스포츠 성차별의 과거

   ㉠ 고대 그리스의 올림피아, 피티아, 네메아, 이스트미아의 4대 제전경기에서 비롯되었다.

      ⓐ 이 경기에는 남성만 참가할 수 있고, 여성은 관람도 금지되었다.

      ⓑ 남성은 권투, 승마, 수영 등의 기록이 있지만, 여성은 무용 같은 활동만 수행하였다.

      ⓒ 스파르타에서는 건강한 아기 출산을 위해 여성을 훈련시킨 특별한 경우도 있다.

   ㉡ 중세시대에는 기독교적 금욕주의로 인해 신체활동이 제한되었다.

     기사양성을 위한 신체훈련이 있었고, 여성의 스포츠 참여는 거의 없었다.

   ㉢ 산업화시대에는 남성은 공장에서 일하고, 여성은 가사일을 하는 성역할이 자리매김하였다.

   ㉣ 근대올림픽이 다시 시작한 후에도 여성의 참여는 어려웠다.

     쿠베르탱은 고대 올림피아 제전경기를 그대로 받아들였으며, 여성의 스포츠 참여는 여성성을 해치고 약한 신체라고 생각하여 참여를 반대하였다.

   ㉤ 여성 스포츠참가가 확대되기 시작한 계기는 1972년 미국의 Title Ⅸ가 통과되면서 부터이다.

     * Title Ⅸ는 보조금, 장학금, 학생 지원금 등 연방재정의 지원을 받는 학교에서 성차별을 금지하는 법조항이다.

② 스포츠 성차별의 현재

   ㉠ 개정된 올림픽 헌장에서 여성스포츠 지원, 동등한 원칙으로 참여할 수 있도록 명시하였다.

   ㉡ 2012년 런던 올림픽에서는 모든 종목에 여성이 참가할 수 있으며, 리듬체조, 아티스틱 스위밍 등은 여성만 참가할 수 있다.

   ㉢ 한국여자프로농구의 원피스형 타이즈 유니폼, 한국여자프로배구의 치마바지 유니폼이 도입된 적이 있었고, 이슬람문화권 여성은 경기 중 신체를 드러내는 것을 금기시 하고 있다.

③ 스포츠에서 성차별의 원인

   ㉠ 스포츠의 공격성, 위계질서, 경쟁요인 등이 남성의 영역이라고 여겼다.

   ㉡ 여성은 신체활동에 참여하기에 부적합하고, 몸을 손상시킨다고 생각하였다.

   ㉢ 여성의 스포츠 참여는 여성성을 잃고 매력적이지 않다고 여겼다.

(2) 스포츠에서 성평등을 이루기 위한 방안

① 여성의 스포츠참여에 대한 구체적인 정보와 지식을 적극 홍보하여야 한다.

② 성차별에 대한 공론화가 있어야 한다.

③ 여성 스포츠의 지도자, 프로그램, 시설 등이 갖춰져야 한다.

(3) 성전환 선수의 문제

① 1968년 멕시코시티 올림픽에서 도핑검사와 함께 여성 성별확인 검사제도가 시행되었다.

② 1930년대부터 남성이 분장하여 여성경기에 참여하는 사례가 있어 왔다.

③ 초기에는 외형적인 검사만 하였는데, 구강점막도말검사와 염색체검사, 모공 샘플검사 등을 실시하고 있다.

④ 여성 성별확인 검사제도의 한계로 인해 2000년 시드니 올림픽부터 폐지하였고, 의심스러운 경우에만 실시하고 있다.

⑤ 2004년부터 IOC는 성전환선수의 올림픽 출전을 허용하였다. 성전환수술을 할 것, 법적 성별을 확실히 할 것, 호르몬 요법을 2년 이상 시행할 것이라는 조건을 만들었다.

⑥ 2015년에는 남성으로 바뀐 선수는 제한이 없고, 여성으로 바뀐 선수는 1년간 남성 호르몬 혈중 농도가 10nmol/L 이하이고, 호르몬 요법을 시행한다는 조건으로 완화되었다.

⑦ 2020 도쿄올림픽에서는 역도에 로렐 허바드(뉴질랜드), 축구에 퀸(캐나다), BMX 프리스타일 사이클링에 첼시 울프(미국) 선수가 출전하였다.

02 인종차별 기출 2022, 2020

(1) 스포츠에서의 인종차별의 과거와 현재

① 서양의 근대 국가 중 상당수는 아프리카, 인도 등의 나라들을 식민지배 및 정복하였고, 그 역사의 잔재가 남아 인종주의적 편견을 유지해 왔다.

② 미국에서는 1930~40년대에는 풋볼경기에 흑인 선수가 참가할 수 없었고, 메이저리그에서도 흑인 야구리그가 따로 있었다.

③ 일부 경기에서 동양인 선수에게 바나나를 던지거나, 눈을 찢는 등 비하행동을 했었다.

④ 흑인 선수는 타고난 능력으로 경기를 잘하는 것이고, 백인 선수는 열심히 노력하여 경기력이 좋아졌다는 평가를 한다.

⑤ 현재는 흑인들의 운동능력이 뛰어나 육상, 풋볼, 농구, 야구 등에서 큰 활약을 하고 있다.

(2) 다문화사회의 도래와 예상되는 갈등들

　① 우리나라는 단일민족이라는 자부심을 가지고 있어서, 다문화가정에 대한 인식이 부정적인 경우가 많았다.

　② 2019년 기준 전체 결혼 중 다문화 결혼의 비율은 10.3%, 전체 출생아 100명 중 6명이 다문화 가정에서 태어났다. 위 통계에서 보듯이 다문화가정은 한국사회에서 더 이상 낯설지 않고 글로벌 사회로의 변화가 있다고 할 수 있다.

　③ 인종, 피부색으로 외관상 명백한 혼혈인은 5급 제2국민역으로 군복무가 면제되었으나 2010년 병역법이 개정되어 다문화가정 2세들이 군입대를 하고 있으며, 2022년에는 5,000여 명이 될 것으로 추산한다.

　④ 다문화 가정 중에 이주노동자, 결혼이주 여성의 경우, 언어소통, 문화적응, 자녀 양육과 교육, 편견과 차별 등의 문제가 많이 나타나고 있다.

(3) 스포츠에서 인종차별을 극복하기 위한 방안

　① 코치진은 다양한 문화에 대해 이해하고 선수관리를 할 수 있도록 해야 한다.

　② 다른 관습과 문화를 서로 존중해주고, 식단이나 생활습관도 고려하여야 한다.

　③ 학교교육에서도 다문화에 대한 교육이 필요하다.

03　장애차별 기출 2021

(1) 장애인의 스포츠권

　① 1988년 서울장애인 올림픽을 시작으로 장애인 스포츠와 관련된 스포츠시설 확충, 선수발굴, 국제 장애인체육대회의 활성화 등이 발전하게 되었다.

　② 2005년 보건복지부에서 문화관광부로 장애인체육 업무가 이관되었고, 11월에는 대한장애인체육회가 설립되었다.

　③ 장애인의 스포츠참여는 재활과 건강관리 및 여가생활의 목적뿐만 아니라, 지역사회와의 상호관계 형성을 하게 되는 중요한 가치가 있다.

　④ 교육받을 권리와 일할 권리, 자유로운 이동과 체육시설의 사용 시 편안하고 안전하게 사용할수록 보장되어야 한다.

(2) 스포츠에서 장애인 차별

　① 장애인 스포츠시설, 다양한 프로그램이 부족하고 사회적 인식이 낮다.

　② 장애인 스포츠의 전문지도자가 부족하며, 비장애인 지도자가 대부분이다.

　③ 성폭력과 폭행 등의 문제가 발생하고 있다.

(3) 장애차별 없는 스포츠의 조건

① 전문시설을 확충해야 한다.

② 전문지도자 양성과 재활 및 치료를 담당한 전문 인력이 필요하다.

③ 누구나 쉽게 참여할 수 있는 프로그램 개발이 필요하다.

④ 재정과 제도적 지원이 필요하다.

⑤ 장애의 유무를 떠나 차별 없이 스포츠 활동에 참여할 수 있는 기회를 제공해야 한다.

04 스포츠에서 환경과 동물윤리

01 스포츠와 환경윤리

(1) 스포츠에서 파생되는 환경윤리적인 문제들

① 스포츠 시설물 확보로 인한 환경파괴 : 골프장, 경기장, 스키장 등

② 스포츠 활동 자체로 발생하는 자연훼손 : 클라이밍, 산악자전거 등

③ 스포츠 직·간접 참여를 위한 교통수단의 자연 오염 등

(2) 스포츠에 적용 가능한 환경윤리학의 이론들 기출 2020

① 인간중심주의

㉠ 인간이 자연으로부터 독립되어 있으며 더 우월한 존재로 생각한다.

㉡ 도구적 자연관의 입장을 취함으로써 인간의 욕구나 필요를 충족시키기 위한 도구로 여긴다.

㉢ 인간은 자연을 적극적으로 개발하였고 경제적 풍요로움을 누리게 되었지만, 지나친 개발로 자원이 고갈되어 환경문제가 발생한다.

② 생태중심주의

㉠ 인간은 자연에서 독립된 존재가 아니라 자연의 일부분으로 여긴다.

㉡ 인간만의 이익보다는 인간을 포함한 자연 전체의 균형과 안정을 중요시 하는 관점이다.

㉢ 그 어떤 존재도 인간의 이익을 위한 수단으로써 사용될 수 없다고 생각한다.

③ 생태적 윤리설 기출 2022

㉠ 인간과 모든 생물은 평등하다는 전제로, 인간과 환경도 절대 평등 관계를 가져야 한다.

㉡ 인간 우월주의와 인간중심주의에서 탈피한 이론이다.

㉢ 테일러의 생태윤리

ⓐ 불침해의 의무 : 소극적 의무로서 인간이 다른 생명체에게 해를 끼치면 안 되는 의무

ⓑ 불간섭의 의무 : 각 생명이 가지는 그들의 생명으로서의 목적에 간섭을 해서는 안 되며, 생태계의 자유로운 발전에 제한을 가하면 안 된다는 의무

ⓒ 성실의 의무 : 자연 상태의 야생동물에게 위해를 가해 신뢰를 훼손하면 안 된다는 의무

ⓓ 보상적 정의의 의무 : 인간이 고의든 과실이든 다른 생명에게 해를 끼친다면 그에 대한 전적인 보상을 해야 한다는 의무

(3) 지속가능한 스포츠발달의 윤리적인 전제

  ① **필요성의 계율** : 새로운 스포츠시설을 건립할 때 전문가를 투입하여 이 시설의 건립이 반드시 필요한 것인지 정확하게 진단하여 불필요한 것으로 판명될 경우 건립을 포기하도록 종용하는 행위 지침

  ② **역사성의 계율** : 자연공간에 스포츠시설을 건립 시 자연의 역사성을 최대한 존중해줄 것을 강조하는 행위 지침

  ③ **다양성의 계율** : 자연공간에서 스포츠활동을 하거나 스포츠시설을 건립할 시 자연이 보유하고 있는 다양성이 지켜질 수 있도록 최선의 노력을 기울이는 행위 지침

02 스포츠와 동물윤리

(1) 스포츠 종차별주의 문제

  ① **종차별주의** : 자신이 속한 종의 이익은 옹호하는 반면에 다른 종의 이익은 배척하는 편견이나 왜곡된 태도를 말한다.

    ㉠ 스포츠 현장에서 동물이 도구화 되었다.

    ㉡ 스포츠와 관련되어 동물에게 약물투여, 실험 등을 하고 있다.

    ㉢ 강제적·폭력적인 훈련과 경기로 동물에게 고통을 주고 있다.

  ② **반종차별주의** : 종차별을 반대하는 입장이긴 하지만, 그것이 인간과 동물의 조건 없는 평등을 주장하는 것은 아니다. 서로 간의 차이를 인정하고 그 차이에 맞는 처우를 해야 한다는 입장이다.

  ③ **스포츠의 종차별주의**

    ㉠ 고대부터 말은 인간의 이동수단, 전쟁, 사냥 등으로 활용되었다. 현대에는 승마, 경마 등에서 사용되고 있다.

    ㉡ 우리나라 전통 소싸움, 유럽의 투우는 공식적으로 행사가 열리고, 기타 말싸움, 닭싸움, 개싸움 등은 불법적으로 하고 있다.

(2) 스포츠와 동물의 도덕적 지위

  ① **경기에서의 문제**

    ㉠ 동물의 도핑검사 확대

    ㉡ 동물주와 선수 및 관리자의 윤리교육과 윤리의식 배양

    ㉢ 동물 간 투기 경기는 금지하는 것이 가장 바람직하다.

  ② **연구에서의 문제**

    ㉠ 실험에 대한 허가제도의 도입과 실험실 조사 선행

    ㉡ 동물실험윤리위원회의 동물실험에 대한 원칙 3R

      ⓐ 첫째, 대체(replacement)의 원칙 준수(고등동물보다 하등동물, 동물보다 식물)

      ⓑ 둘째, 감소(reduction)의 원칙 준수(최소한의 실험동물 활용)

      ⓒ 셋째, 개선(refinement)의 원칙 준수(동물의 복지 및 도덕적 지위에 맞는 처우 필요)

05 스포츠와 폭력

01 스포츠 폭력

(1) 스포츠 고유의 공격적 특성과 폭력성

① 플라톤, 아리스토텔레스, 로렌츠는 폭력을 인간의 본능적 기질이라고 여겼다.

② 마르크스, 엘리아스, 더닝은 폭력을 문화·사회적 상호관계 속에서 관행이나 문화로 여겨져 정당화 되었다고 주장했다.

③ 스포츠는 모의적인 폭력이 사회적으로 인정받고 관습적으로 표현되는 영역이므로, 높은 물리적 폭력에 대한 관습적·사회적 관용이 개입되었다.

④ 스포츠에서 나타나는 공경성은 자신의 한계를 뛰어넘으려는 도전정신에서 비롯된 본능이고, 자신의 탁월성을 드러내려고 할 때 발생된다.

⑤ 스포츠의 고유 공격성은 인간의 원초적인 본능과 삶의 환경에서 습득된 것이며, 그것이 표출된 것이다.

(2) 격투스포츠의 윤리적 논쟁 : 이종격투기

① 이종격투기는 규정 안에서 공격성을 발휘하는 스포츠이며, 전세계적으로 인기를 끌고 있다.

② 그러나 잔혹성과 폭력성이 그대로 보여지기 때문에 인간 대 인간의 폭력성에 대한 논란이 계속되고, 비도덕적이라는 비판을 받고 있다.

③ 이종격투기는 단순히 싸움이 아니라 정해진 규칙 안에서 선수의 수행능력을 겨루는 스포츠이고, 자기 결정권을 가지고 시합에 임하며, 많은 사람들에게 즐거움을 선사하고 있다고 옹호하는 의견이 많다.

02 선수 폭력

(1) 경기 중, 후 선수들 간의 폭력

① 전술적인 폭력

㉠ 고의적인 반칙과 같이 전술적인 차원에서 선수들 간의 폭력행동이 발생할 수 있다.

㉡ 상대편에 경기력이 좋은 선수를 견제하기 위한 과도한 몸싸움이나 심판이 모르게 폭력을 가하기도 한다.

㉢ 경기의 승리를 위해 또는 보복을 하기 위하여 지도자가 반칙을 지시하는 경우도 있다.

㉣ 이런 경우 상대 선수에게 큰 부상을 입힐 수 있고, 상대편에서 보복성 폭력을 일으킬 수 있는 원인을 제공하게 되어 경기질서를 무너뜨릴 수 있어 하지 말아야 할 행동이다.

② 위계질서에 의한 폭력

　　㉠ 팀에서 선후배 간에 위계질서를 잡고 단합의 목적으로 폭력이 행해지고 있다.

　　㉡ 신체적·정신적 학대를 받은 선수들은 공격성이 증가하게 되고, 후배에게 폭력을 행사하게 되는 대물림이 될 수 있다.

(2) 선수의 심판에 대한 폭력

① 심판판정에 불만을 가졌을 때 폭력이 발생한다.

② 이런 일이 벌어지면 중징계 또는 영구제명 등의 불이익이 큰데도 불구하고 일어나는 이유는 자기의 분노를 조절하는 능력이 부족하기 때문이다.

(3) 선수폭력 예방 및 대처

① 선수폭력 예방법

경기장 및 훈련장	• 어떠한 경우에도 폭력을 행사하지 않는다. • 분노를 참지 못하고 심한 욕설이나 폭행을 할 것 같으면 잠시 그 자리를 떠나 화난 감정을 조절할 수 있는 시간을 갖는 것도 한 방법이다. • 기합이나 가혹행위(얼차려 또는 구타)를 하지 않는다. • 훈련 및 시합에서 상대방의 인격이나 마음에 상처를 주는 말과 행동을 하지 않는다. 　※ 예를 들어, 신체적 특징과 관련한 놀림, 모독, 괴롭히는 행위 등이 이에 해당한다. • 다른 사람에게 협박, 위협 또는 공포를 줄 수 있는 표정, 언어, 몸짓을 하지 않는다. • 다른 사람에게 자신의 가방이나 운동도구를 들게 하거나 훈련과 관련된 정당한 이유 없이 사적인 심부름을 시키지 않는다. • 다른 사람의 수업 복귀 시간, 자유시간, 귀가시간(집으로 돌아가는 시간)을 강제로 조정하지 않는다. 　※ 예를 들어, 정당한 이유 없이 귀가시간을 늦추는 행위 등이 해당된다. • 훈련 및 시합의 준비와 정리는 선·후배·동료 선수가 협동하여 진행한다. • 잘못한 일이 있으면 신속히 사과하고 자신의 말과 행동에 대해 오해받고 있으면 충분히 설명하여 오해를 풀도록 한다. • 폭력의 발생을 미리 알게 되었을 때 어떤 경우라도 모른 척하거나 지나치지 않는다.
합숙 및 일상생활	• 선수와 지도자는 협의하여 생활규칙을 만들고 지켜야 한다. • 다른 사람을 표정, 몸짓, 언어로 협박하거나 모욕을 주지 않는다. • 아무 이유 없이 선수들을 집합시키거나 가혹행위(얼차려 또는 구타 등)를 하지 않는다. • 분노를 참지 못하고 심한 욕설이나 폭행을 할 것 같으면 잠시 그 자리를 떠나 격한 감정을 조절할 수 있는 시간을 갖는 것도 한 방법이다. • 정당한 이유 없이 다른 사람을 등교하게 하지 않는다. • 다른 사람의 물품(돈, 의류, 휴대폰, 교통카드 등)을 빌린 후 돌려주지 않거나 뺏는 행위를 하지 않는다. • 다른 사람을 지속적이고 반복적으로 괴롭히지 않는다. • 개인의 할 일(청소, 세탁, 설거지, 과제, 심부름 등)을 다른 사람에게 시키지 않는다. • 감기약 등의 약물을 복용할 경우에는 반드시 지도자에게 알려야 한다. 　※ 감기약이나 신경안정제 등의 약물을 복용할 경우 여러 가지 피해(도핑적발 등)를 유발할 수 있기 때문이다.

- 음주나 흡연을 하지 않으며(미성년자), 다른 사람에게 강요하지 않는다.
- 합숙소 등 공동시설에서 소란을 피우는 등 다른 사람들의 생활을 불편하게 하지 않는다.
- 관리감독을 위하여 합숙소 출입 시 반드시 담당자에게 신고한다.
- 폭력 발생 시 신고할 수 있는 연락처 등을 평소 알아두어야 한다.
- 폭력의 발생을 미리 알게 되었을 때 어떤 경우라도 모른 척하거나 지나치지 않는다.

② 선수폭력 대처법

- 폭력의 발생을 알게 되었거나 폭력을 당했을 경우, 즉시 지도자, 담임교사, 학교장 등에게 알리도록 한다.
- 폭력 당한 사실을 학교 내에 설치되어 있는 신고함에 신고하거나, 이메일, 홈페이지, 전화 등의 방법을 사용하여 대한체육회 스포츠人권익센터 등 관련기관에 반드시 상담, 신고하여야 한다.
- 폭력 피해 시 본인에게 필요한 조치(병원 치료, 가해 선수와 다른 방 사용 등)를 지도자나 학교장(또는 담임교사 등)에게 요구해야 한다.
- 폭력 당할 때의 상황(시간, 장소, 목격자, 폭행 방법 등)을 기억했다가 기록해 두어야 한다.
- 폭력 당한 후 신체적으로 조금이라도 이상을 느낄 경우에는 반드시 병원 진료를 받아야 한다.
- 다른 사람에게 폭력을 행사했을 경우 즉시 지도자에게 알려야 하며, 다른 사람에게 폭력을 행사했을 경우 피해선수에게 즉시 사과하고 재발행동을 하지 않는다.
  ※ 본인이 한 행위에 대해 책임을 져야 하기 때문이다.
- 폭력 상황을 목격하거나 폭력이 발생할 것임을 알았을 때에도 즉시 지도자, 담임교사, 학교장 등에게 알리도록 한다.
- 폭력이 있을 경우 주변의 선후배나 동료는 즉시 폭행이 중지되도록 노력하여야 한다.
- 피해를 입은 사람이 폭력으로 인하여 쓰러져 움직이지 못하거나 또는 뼈가 부러졌거나 출혈이 심할 경우 섣불리 일으켜 세우거나 자세를 바꾸려 하지 말고 119나 근처의 전문병원에 연락하고 지도자에게 알린다.

– 스포츠人권익센터(2014), 스포츠폭력 및 성폭력 예방을 위한 안내(선수용), 대한체육회

(4) 선수 성폭력　기출 2020

① 성폭력은 지위와 힘의 차이를 이용하여 상대방이 원치 않는 성적행위를 하거나 성적행위를 하도록 강요, 협박, 꼬드기는 행위로 성을 매개로 가해지는 신체적, 정신적, 언어적 폭력을 말하며, 강간, 성추행, 성희롱으로 구분된다.

② 성폭력 예방법

경기장 및 훈련장	• 경기장 및 훈련장에서 다른 사람(지도자, 선후배, 동료 등)에게 성적굴욕감(성적혐오감)을 주는 행위를 하지 않는다. 　※ 예를 들어, 지도자가 없는 상황에서 옷을 벗긴 상태로 훈련 또는 기합을 주는 등 다른 선수(들)가 성적굴욕감을 느낄만한 행위를 하지 않는다. • 훈련 중 다른 사람에게 마사지 등 신체접촉을 해야 할 경우 반드시 상대방에게 허락을 받는다. 　※ 일방적인 신체접촉이나 지시행위는 상대방에게 성적굴욕감을 유발할 수 있기 때문이다. • 훈련 시 장난삼아 다른 사람의 신체특정부위(가슴, 성기, 엉덩이 등)를 접촉하지 않는다. 　※ 본인은 장난으로 생각할 수 있으나, 상대방은 성적굴욕감을 느낄 수 있기 때문이다. • 경기장 및 훈련장에서 다른 사람에게 외모에 대한 성적 비유나 모욕적인 말을 하지 않는다. 　※ 예를 들어, 가슴, 엉덩이의 크기나 모양, 몸매 등 외모에 대해 모욕적인 말을 하는 행위 등이 이에 해당된다. • 경기장 및 훈련장에서 다른 사람에게 성적인 농담이나 이야기를 하지 않는다.

	• 훈련 중에 다른 사람의 신체 특정부위(가슴, 성기, 엉덩이 등)를 계속 바라보거나 반복적으로 쳐다보는 행위를 하지 않는다.
합숙 및 일상생활	• 평상시 다른 사람과 친하게 지내고 싶은 마음을 나타내기 위해 또는 습관적으로 상대방에게 불필요한 신체접촉을 하지 않는다. • 다른 사람에게 자신의 신체를 만지도록 강요하지 않는다. • 다른 사람에게 성적 농담이나 이야기를 하지 않는다. • 다른 사람에게 외모에 대한 성적비유나 모욕적인 말을 하지 않는다. 　※ 예를 들어, 가슴, 엉덩이의 크기나 모양, 몸매 등 외모에 대해 모욕적인 말을 하는 행위 등이 이에 해당된다. • 다른 사람의 신체 특정부위(가슴, 성기, 엉덩이 등)를 계속 바라보거나 반복적으로 쳐다보는 행위를 하지 않는다. • 음란물(사진, 동영상, 이메일 등)을 가지고 있거나 다른 사람과 공유 및 배포하지 않는다. • 다른 사람 앞에서 의도적으로 바지를 내리거나 옷을 벗는 행위를 하지 않는다. • 다른 사람의 인격을 존중하는 마음과 태도를 가져야 한다. • 자신의 몸이 소중한 만큼 다른 사람의 몸도 소중하다는 것을 알아야 한다. • 평상시에 자신의 좋고 나쁨의 감정 및 생각을 분명히 표현한다. • 지도자 및 관계자와 운동 시간 외에 불필요한 1대 1 사적인 만남을 가능한 갖지 않는다. • 운동부 내에 성폭력 피해선수들이 있는지 관심있게 살펴보고 의심 되거나 피해가 있는 선수를 발견하면 대한체육회 스포츠人권익센터, 학교장(소속단체의 장), 지도자, 부모, 혹은 상담교사(전문가) 등 믿을 수 있는 사람에게 반드시 알린다. • 성폭력 예방교육에 적극 참여한다.

③ 성폭력 대처법

• 다른 사람(지도자, 선후배, 동료 등)으로 인해 성적 굴욕감과 수치심을 느꼈을 때, 성폭력임을 알리고 즉시 그 행위를 중단하도록 요구한다.
　※ 성폭력 피해가 반복 혹은 계속되지 않도록 하기 위해서이다.
• 가능한 성폭력 피해상황을 즉시 벗어나도록 한다.
　※ 피해를 입은 사람이 더 큰 위험상황에 빠져들지 않고, 또 다른 피해를 예방하기 위해서이다.
• 성폭력 피해를 입은 사람은 피해사실을 숨김없이 대한체육회 스포츠人권익센터, 학교장(소속단체의 장), 지도자, 부모, 혹은 상담교사(전문가), 수사기관, 관련기관 등 믿을 수 있는 사람에게 반드시 알린다.
　※ 신속한 문제해결을 위해서는 반드시 관련기관에 알리고 도움을 받아 신고한다.
　※ 관련기관에 상담 및 신고할 경우, 법률 의료 수사 상담 등 지원을 받을 수 있다.
• 다른 사람의 성폭력 피해를 목격한 경우에도 대한체육회 스포츠人권익센터, 학교장(소속단체의 장), 지도자, 부모, 혹은 상담교사(전문가), 수사기관, 관련기관 등 믿을 수 있는 사람 또는 관련기관에 반드시 알려야 한다.
• 피해를 입은 사람은 증거를 보존해야 하고 피해사실을 기록한다.
　※ 강간 및 강제추행일 경우 몸을 씻지 않고 피해 당시 옷차림 그대로, 상처 등도 치료하지 않은 채 병원에 가야 한다. 강간 피해의 경우 가능한 빨리(48시간 이내) 의료기관(산부인과, 비뇨기과, 해바라기센터) 및 관련기관에 가서 치료와 증거를 확보하여야 한다.
　※ 피해를 입은 사람은 피해를 경험한 날짜, 시간, 장소, 구체적인 내용, 목격자나 증인, 성적인 말 행동에 대한 느낌 등을 구체적으로 기록한다.
• 다른 사람에게 성폭력 행위를 한 사람은 피해를 입은 사람에게 사과를 하고 재발행동을 하지 않는다.
　※ 본인이 한 행위에 대해 책임을 져야 하기 때문이다.

－ 스포츠人권익센터(2014), 스포츠폭력 및 성폭력 예방을 위한 안내(선수용), 대한체육회

03 **관중 폭력** 기출 2022

(1) 경기 중 관중의 폭력

① 관중의 폭력적인 행동은 자기 팀에 대해 지나치게 몰입하고, 경기가 치열할수록 폭력성이 나타난다.

② 심판의 판정이 부당하다고 생각하거나 상대 선수의 과격한 행동이나 반칙, 라이벌팀과의 경기, 안전장치 미흡 등의 상황에서 관중들의 돌발적이고 폭력적인 행동이 발생할 수 있다.

③ 선수나 심판에 대한 고함이나 욕설, 빈병 등의 물건 투척, 시설물 파괴, 경기장 난입 등이 해당된다.

④ 최근에는 인터넷 상에서 게시판, 댓글 등을 통해 발생하는 욕설, 비방, 명예훼손 등의 사이버 폭력이 빈번하게 발생한다.

(2) 경기 후 뒤풀이에서의 폭력적 행동

① 경기 후 관중 폭력의 대표적인 예는 영국의 훌리거니즘이 있다.

② 훌리거니즘은 '군중'과 '팬의 무질서'를 합친 뜻으로, '경기장의 불량아'라 불리는 훌리건들은 응원하는 팀을 빌미로 광적인 폭력성을 나타낸다. 오로지 자기가 응원하는 팀의 승리만을 생각하고 폭동을 일으킨다.

③ 과도한 음주가 폭동의 발생빈도를 높이고, 실업으로 인한 상대적 박탈감이 공격성을 자극시킨다.

06 경기력 향상과 공정성

01 도핑

(1) 도핑의 의미 기출 2020

① 도핑은 선수 또는 동물에게 수행능력의 향상을 목적으로 약물을 사용하거나 특수한 의학적 처리와 그 행위의 은폐까지 포함된 행위를 말한다.

② IOC는 1968년부터 반도핑 활동을 강화하였고, 1999년에는 세계반도핑기구(WADA)를 창설하였다. 2006년에는 한국도핑방지위원회(KADA)를 설립하였다.

③ 금지한 약물의 복용이나 흡입, 주사, 피부 접착, 혈액제제, 수혈, 인위적 산소 섭취 등의 방법을 사용하거나 사용을 은폐하려는 행위는 도핑방지규정 위반이다.

④ '치료목적 사용면책'이라는 제도를 두어 부상이나 질병 치료 목적으로 복용한 금지약물에 대해 미리 신고하면 선수에게 불이익이 없도록 하고 있다.

(2) 도핑을 금지해야만 하는 이유

① 공정성 : 도핑을 하지 않은 선수의 경기력 향상을 위한 노력과 도핑한 선수의 부정 행위는 공정하다고 볼 수 없다.

② 역할모형 : 어린 선수들이 자기가 좋아하는 선수를 대상으로 역할모형으로 삼는데, 그 선수가 약물을 사용한다면 모방할 가능성이 있거나, 좋아하는 그 선수에 대한 실망감, 회의감 등의 상대적 박탈감을 느낄 수 있다.

③ 강요 : 다른 선수가 도핑을 하여 경기력이 좋아지면, 간접적으로 도핑을 강요받는 입장이 될 수 있고, 지도자의 강요에 의해 발생하기도 한다.

④ 부작용 : 금지 약물은 건강상의 부작용을 일으킬 수 있다. 과다복용 시 두통과 같은 작은 부작용부터 사망에 이르기도 한다.

(3) 효과적인 도핑금지 방안

① 윤리교육 : 도핑을 포함한 스포츠현장에서 나타나는 일탈행위의 해결책은 선수의 도덕성 함양을 위한 교육이 필요하다.

② 도핑검사의 강화 : 도핑검사는 인력, 예산, 시간 등의 문제로 상위권 선수들만 주로 이뤄진다. 순위지정, 무작위검사, 표적검사, 이 3가지 중에서 방법을 택하지만, 더 많은 대상자에게 검사하여 도핑하려는 의지를 줄여야 한다.

③ 강한 처벌 : 도핑이 적발되면 강력한 처벌을 하여, 도핑에 접근하지 못하도록 해야 한다.

02 유전자 조작

(1) 스포츠에서 유전자 조작의 현황

　① 유전자 도핑이라 불리며 유전자 치료의 목적을 벗어나 선수의 경기력 향상을 위한 방법으로 사용되고 있다.

　② 유전자 도핑은 인간의 유전자를 변형시켜 스포츠수행능력 향상을 시키는 방법으로, 세계반도핑기구는 이를 금지하고 있다.

　③ 게놈 : 선수 개개인의 유전자 지도를 파악하여 유전자 제거, 변형 등에 활용한다.

　④ 체세포 변형 : 특별한 근섬유 같은 비유전적인 세포를 제거하는 것으로, 변형된 적혈구 세포를 통해 에리트로포이에틴(EPO)과 다양한 호르몬의 체내 생산을 증가시키고, 혈액도핑 효과를 낼 수도 있다.

　⑤ 생식세포계열 변형 : 인간의 유전적 세포를 일찍 수정·보완하는 것이 가능해지고, 다음 세대에 나쁜 유전자를 제거할 수도 있다.

　⑥ 유전배아 선택 : 배아단계에서 스포츠에 적합한 인간의 유전정보를 얻어, 유전자가 선택될 가능성이 있다.

(2) 유전자 조작을 반대해야만 하는 이유

　① 인간의 존엄성 침해 : 승리만을 강조한 결과 인간 중심이 되는 스포츠 정신에 어긋나게 된다.

　② 종의 정체성 혼란 : 유전자 조작으로 태어난 '슈퍼쥐'처럼, 인간에게도 초능력을 가진 존재에 대해 혼란이 생길 것이다.

　③ 스포츠사회의 무질서 초래 : 공정함이라는 전통적인 스포츠 가치를 훼손한다.

　④ 위험성 : 유전자 도핑은 심할 경우 사망에 이르기까지 한다.

(3) 스포츠에서 유전자 조작 방지 대책

　① 지속적인 연구

　② 신뢰성 있는 도핑테스트 개발

　③ 도핑검사 의무화

　④ 선수 및 지도자의 윤리교육 실시

03 용기구와 생체공학 기술 활용 기출 2022, 2021

(1) 스포츠와 공학 기술의 결합으로 파생되는 윤리문제

　① 과학 기술의 발전은 장비 개발이나 경기 운영 등에 영향을 주어 더 흥미로운 스포츠가 되도록 만들어 주었다.

　② 공학 기술은 스포츠에 다음과 같이 적용된다.

　　㉠ 안전을 위한 기술 : 충격 흡수 매트나 펜스, 선수들의 운동화, 헬멧이나 보호장구 등

    ⓛ 감시, 판독을 위한 기술 : 도핑테스트, 경기장 라인 센서, 수영장 터치패드, 태권도 전자호구, 펜싱 호구, 비디오 판독 장비 등

    ⓒ 수행력 증가를 위한 기술 : 유전자 도핑, 전신수영복, 스키, 마라톤화, 보충식품 등

  ③ 이런 기술의 발달은 스포츠경기에 큰 도움이 되지만, 선수의 순수한 능력보다는 장비에 의존하게 되고, 인간 능력 대 기술력의 대결이 되어 공정성 위반이라는 윤리적인 문제가 생길 수 있다.

(2) 전신수영복 착용을 금지하는 이유

  ① 2008년 베이징올림픽에서 미국의 펠프스는 LZR 레이서라는 전신수영복을 입고 금메달 8개를 목에 걸었다. 그 수영복을 입고 경기한 선수가 23개의 세계신기록을 수립하였다.

  ② 국제수영연맹은 2010년에 LZR 레이서 같은 최첨단 수영복을 금지시켰다.

  ③ 특정 수영복의 착용은 개인의 취향이라고 할 수 있지만, 최첨단 수영복은 매우 고가이고, 2~3회 착용하면 효과가 떨어져 교체해야 한다. 경제적으로 부담이 되는 선수들은 착용하기 어렵기 때문에 형평성 문제가 발생한다.

(3) 의족 장애선수의 일반 경기 참가

  ① 고대 그리스의 올림픽에서는 맨발로 육상경기에 참여하여 같은 조건으로 경기를 펼쳤다.

  ② 공학기술의 발달로 장애선수의 의족은 비약적으로 발전하였다. 탄소섬유로 만든 의족은 일반인 선수보다 에너지를 17% 덜 쓰고, 다리 교차속도가 21% 빠르며, 양발이 지면과 떨어지는 시간은 34.5%나 짧다고 한다.

  ③ 탄소섬유의 의족은 달리기 능력에 지대한 영향을 미치기 때문에, 일반경기에 의족을 착용한 선수가 참여하는 것은 형평성과 공정성에 문제가 발생하고 논란은 계속되고 있다.

07 스포츠와 인권

01 학생선수의 인권

(1) 인권 사각지대인 학교 운동부

학교 운동부는 승리지상주의, 결과주의를 최우선 목표로 하기 때문에, 다음과 같은 문제들이 발생하고 있다.

① 특기생은 경기실적에 따라 상급학교의 진학여부가 달려 있기 때문에 힘든 훈련을 하고 있고, 합숙을 하는 경우에는 비인간적인 대우, 폭력, 성폭력, 선수의 도구화 등의 인권문제가 발생하고 있다.

② 학생선수가 다음과 같은 소외를 경험할 수 있다.

　㉠ 신체로부터 소외 : 부상을 당했을 때, 때때로 무리한 운동을 지속한다. 이때 외화된 학생선수의 신체는 독립된 힘으로 자신에게 적대적으로 대립하여 신체로부터의 소외가 발생한다.

　㉡ 스포츠 활동으로부터 소외 : 학생선수가 운동과정에서 주체성을 상실하고 자율성을 억압당하는 경우 스포츠 활동으로부터의 소외가 발생한다.

　㉢ 유적본질 소외 : 스포츠참여의 의미가 진학과 같은 특수목적으로 축소되어 스포츠를 통해 경험할 수 있는 다양한 가능성으로부터 배제되면 학생선수의 유적본질은 스포츠로부터 소외를 경험한다.

　㉣ 인간의 인간으로부터의 소외 : 지도자, 선후배 등 학생선수가 대면하는 누군가가 그들의 자유를 억압하고 팀 승리를 위한 기계의 부품처럼 착취적으로 활용할 경우 학생선수는 '인간의 인간으로부터의 소외'를 경험한다.

　㉤ 자기로부터 소외 : 학생선수가 운동에만 집중할 경우 교실 속 학생이란 자신의 모습으로부터 정체성분열을 경험하는데, 이 경우 학생으로서의 자신의 모습이 낯설게 대립한다는 점에서 '자기로부터의 소외'가 발생한다.

(2) 학생선수의 생활권과 학습권 : 최저학력제도 [기출] 2022

① 상급학교 진학이 경기실적에 따라 좌우되어, 훈련을 최우선 시 하기 때문에 자유로운 학교생활과 수업시간을 박탈당하는 경우가 있다.

② 이런 문제로 인해 '최저학력제'가 시행되었다. 학생선수의 학습권을 보장하기 위한 방법이고, 최저성적기준을 정하고, 이 기준에 미달하는 선수에게는 선수활동에 제약을 주고, 학년별 단계적으로 상향조정된다.

③ '공부하는 운동선수'를 만들기 위해 만들어진 조치이지만, 선수, 지도자, 학부모의 의견 차이가 생기기도 한다.

　㉠ 학생선수 : 공부를 병행해야 하는 부담감과 성적부진과 진학 걱정을 할 수 있다.

　㉡ 지도자 : 훈련량이 부족해질 것을 우려한다.

ⓒ 학부모 : 훈련과 공부를 병행하는 것이 운동선수로서 성공을 방해하는 것으로 생각할 수 있다.

④ 학교에서는 수준별 학습과 다양한 프로그램을 제공하여야 하고, 체육특기자제도 개정이 필요하다.

(3) "공부하는 학생선수" 만들기 프로젝트

① 상급학교로 진학을 못하거나 부상, 은퇴 후 사회적응을 위한 일정 수준의 지식과 교양을 갖추도록 하기 위함이다.

② 정부에서는 최저학력제와 주말리그제를 시행하였다.

③ 학생선수는 정규수업참가, 시험기간에는 학업에 집중, 훈련시간 축소, 학습 도우미제도 운영 등이 필요하다.

(4) 체육특기자의 진학과 입시제도의 문제

① 체육특기자제도는 1972년부터 시행되었고, 일정한 경기실적이 있으면 상급학교에 진학할 수 있고 등록금, 수업료 감면 등의 혜택을 주어 운동에 집중할 수 있게 하는 제도이다.

② 1973년에는 '병영특례제도'가 도입되어 군대에서도 운동을 지속할 수 있도록 만들었다.

③ 체육특기자는 대학 진학 시 학과 선택이 자유로웠으나 2000년 이후 동일계 학과로 진학하도록 규정되었다.

④ 입시제도의 문제 : 입학전형을 거쳐 입학하기 전에 사전스카우트제도를 원인으로 꼽고 있다.

  ㉠ 입시비리의 관행화 및 법적 처벌의 한계가 있다.

  ㉡ 스카우트의 불법성에 대한 인식이 부족하고 대안을 찾기 어렵다.

  ㉢ 학교 중심적 선발구조의 문제와 관리감독이 부실하다.

  ㉣ 고등학교 운동부들이 파행적으로 운영되고 있다.

⑤ 이런 문제점을 해결하기 위해서는 스카우트 관행을 금지하고 입학체계의 개선이 필요하다.

02 스포츠지도자 윤리

(1) 지도자에 의한 폭력이 가능한 이유

① 스포츠지도자는 선수의 경기출전, 훈련, 진로, 학습, 생활 등을 관리 및 결정할 수 있고, 감시를 받지 않는 절대적인 권력을 가지고 있기 때문이다.

② 스포츠지도자는 전문적인 지식으로 선수들이 발전할 수 있도록 도와주는 역할이다.

③ 이런 문제를 막기 위해서는 철저한 지도자 양성 프로그램이 필요하다.

④ 지도자의 권력을 분산시키고 견제할 수 있는 시스템이 필요하다.

⑤ 문제가 발생하게 되면 강력한 처벌이 필요하다.

(2) 선수체벌 문제

① 스포츠 폭력은 입시비리, 조직사유화, 승부조작과 함께 스포츠 4대악 중 하나이며 "운동선수, 감독, 심판, 단체임원, 흥행주 등의 '스포츠 관계인'이나 관중 등의 '일반인'이 단독으로 또는 다수인이, 운동경기나 훈련 과정 중이나 스포츠와 관련하여 고의나 과실로 신체적·언어적·성적 폭력행위를 저지른 경우를 말한다."

② 선수폭력은 지도자의 생존권 문제, 승리지상주의, 학부모들의 폭력 묵인, 폭력을 당연시 여기는 운동문화 등이 원인이다.

③ 해결을 위해서는 지도자·선수·학부모에 대한 인권교육이 필요하다.

④ 스포츠지도자의 검증제도 강화, 지도자 평가제도 개선, 폭력행위자의 퇴출 해결책을 제시할 수 있다.

⑤ 사회 전반에 만연한 결과주의, 운동시 폭력의 당위성 등의 사회 인식이 변화되어야 한다.

(3) 성폭력문제

① 지도자의 권력을 이용한 어떠한 폭력도 있어서는 안 된다. 여성선수에 행해지는 성폭력은 근절되어야 하고 예방할 수 있는 방법을 찾아야 한다.

② 내부에서 사건의 은폐가 가능한 권력구조의 문제가 있었다.

③ 성희롱은 성에 관계된 말과 행동으로 상대방에게 불쾌감·굴욕감 등을 주거나 고용상에서 불이익을 주는 등의 피해를 입히는 행위를 가리킨다.

  ㉠ **육체적 성희롱** : 신체적 접촉, 즉 상대의 특정 신체부위를 만지는 행위로 불쾌감 등을 안기는 행위 등

  ㉡ **언어적 성희롱** : 음란한 농담이나 음담패설, 외모에 대한 성적인 비유나 평가, 성적인 내용의 정보를 의도적으로 유포하는 행위, 성적 관계를 강요하거나 회유하는 행위, 음란한 내용의 전화통화 등

  ㉢ **시각적 성희롱** : 외설적인 사진·그림·낙서·음란출판물 등을 게시하거나 보여주는 행위, 직접 또는 간접적 매체(컴퓨터 등)를 통하여 음란한 편지·사진·그림을 보내는 행위, 성과 관련된 자신의 특정 신체부위를 고의적으로 노출하거나 만지는 행위 등

④ **해결방안**

  ㉠ 예방을 위하여 지도자, 선수 모두에게 예방교육을 철저하게 실시하여 성인지 능력을 향상시켜야 한다.

  ㉡ 문제가 발생하였을 경우에는 강력하고 신속한 처벌이 이루어져야 한다.

  ㉢ 내부고발자의 철저한 보호가 필요하다.

  ㉣ 피해자에게는 적극적인 보호와 지원이 이루어져야 한다.

  ㉤ 성폭력을 감시하는 시스템이 필요하다.

(4) "교육자"로서의 책임과 권한

① 비교육적인 방법으로 훈련시키지 않는다.

② 물리적 폭력, 언어 폭력을 사용하지 않는다.

③ 선수들이 민주적인 의사결정을 하도록 한다.

④ 선수를 도구화하거나 비인간화하지 않는다.

⑤ 선수를 존중하고 대우한다.

03 스포츠와 인성교육

(1) 어린이 운동선수를 보호하기 위한 방안

① 성장기 어린 선수에게는 너무 무리한 훈련을 시키지 않는다.

② 이기는 기술이 아니라 기초 기술 습득이 중요하다.

③ 승리보다는 스포츠 자체의 즐거움과 재미를 가르쳐 주어야 한다.

④ 공부와 운동을 병행할 수 있도록 지도한다.

⑤ 체벌을 하지 않아야 한다.

(2) 학교체육의 인성 교육적 가치

① 스포츠 활동은 긍정적 정서를 증진시키며, 공감능력 함양과 도덕적 정서발달에 도움을 준다.

② 주의력·집중력 등 지적 기능 발달과 전략적·창의적 사고와 비판적·도덕적 판단능력을 키워 준다.

③ 부정적 행동 및 일탈 방지, 친사회적 행동 및 생활기술의 발달, 도덕적 성품을 발달시킨다.

(3) 새로운 학교문화를 위한 스포츠의 역할

① 인성교육의 장 : 스포츠교육을 통해 페어플레이 정신, 존경심, 책임감, 정직, 공평, 올바른 시민의식을 함양할 수 있다.

② 학교폭력의 예방과 해결 : 스포츠 교육은 학교폭력을 예방하고 해결하는 데 도움을 준다.

③ 학교공동체 형성 : 신체활동을 통해 우정과 연대를 통해 공동체 정신을 함양할 수 있다.

08 스포츠조직과 윤리

01 스포츠와 정책

(1) 정치와 스포츠의 관계

① 스포츠와 정치는 서로 이용하기도, 이용되기도 하는 관계이다(프로야구 개막 등).

② 스포츠를 통해 국위 선양 및 사회통합을 위해 정치적 작용을 한다.

③ 스포츠는 공동체의 가치관, 태도, 신념을 교육하는 효과적인 수단이 된다.

(2) 스포츠의 사회적 이슈와 윤리성 문제

① 운동선수의 귀화 논쟁이나 북한의 미녀응원단 파견 논쟁 등이 있다.

② 막스 베버의 윤리

㉠ 신념윤리 : 결과를 생각하지 않고 신념의 실현 자체를 목적으로 하는 윤리

㉡ 책임윤리 : 인간으로서의 결함을 인정하고, 자신의 행동 결과에 대한 책임을 져야 한다는 윤리

(3) 스포츠정책과 윤리성 문제

① 정책을 만들 때 특정 개인이나 집단이 주체가 되어 윤리적 문제가 발생할 수 있다.

② 정책윤리가 확립되어야 합리적 정책분석 및 결정, 집행, 평가가 이루어질 수 있다.

③ 정책윤리의 이론적 근거

㉠ 기술윤리 : 도덕적 원리나 기준에 대한 과학적 탐구활동

02 스포츠와 정책윤리

(1) 정치와 스포츠의 관계

(2) 스포츠의 사회적 이슈와 윤리성 문제

(3) 스포츠 정책과 윤리성 문제

03 심판의 윤리 기출 2020

(1) 심판의 도덕적 조건

① 공정성 : 치우침 없이 공명정대한 판단을 할 수 있어야 한다.

② 청렴성 : 유혹에 흔들리지 않을 수 있어야 한다.

③ 편견과 차별성 : 혈연, 지연 ,학연, 성별, 사제지간, 파벌, 인종 등에 관계없이 정확한 판단을 할 수 있어야 한다.

(2) 심판의 사회적 역할과 과제

① 심판의 순기능

㉠ 심판은 관중이나 선수들에게 윤리적 대상이 되어 심판의 기술에 대한 윤리적 가치를 발휘한다.

㉡ 심판은 판정은 주관적 판단이지만 '사심이 없는' 상태에서 보편타당성을 가져야 한다.

㉢ 경기 중 정확한 판정할 때, 큰소리나 호각으로 관중과 선수들에게 '심판의 절제'를 보여준다.

㉣ 역시 능동적이고 적극적으로 대처하여 원활한 경기를 운영한다.

② 심판의 역기능

㉠ 심판의 오심

㉡ 심판의 편파판정

03 스포츠조직의 윤리경영

(1) 스포츠경영자의 윤리적 의식 : 윤리적 리더십

① 윤리적 리더십 : 리더 개인의 행동뿐만 아니라 리더가 대인 관계에서 규범을 지키는 것은 물론, 조직 구성원들이 그에 걸맞은 의사결정을 할 수 있도록 장려하고 유도하는 리더십을 말한다.

② 윤리적 리더십 5가지 원칙

㉠ 타인에 대한 존중 : 구성원의 다양한 관점과 의견을 수용한다.

㉡ 타인에 대한 봉사 : 구성원들의 복지와 이익에 관심을 가지며 조직의 비전을 명확히 하고 구성원에게 봉사한다.

㉢ 공정성과 정당성 : 구성원을 동등하게 대하는 것을 중요한 임무로 여긴다.

㉣ 정직성 : 지킬 수 없는 약속을 하지 않고 상황을 왜곡해 전달하지 않으며, 숨기거나 변명하지 않으며 책임을 회피하지 않는다.

㉤ 공동이익 추구 : 타인의 의사를 존중하며 양립할 수 있는 유익한 목표를 탐색하고 제시해야 한다.

③ 3가지 차원

㉠ 인간 지향 : 다른 사람들을 존엄과 존중으로 대하고 그들을 수단이 아닌 목적으로 의식하는 것을 의미한다.

㉡ 사회적 책임성 : 사조직과 달리 공익을 실현하고 공공서비스를 제공하는 공공조직에서 특히 강조되는 가치이다.

ⓒ 절제 : 자제와 겸손을 포함하는 개념이다. 자신의 권한강화나 가시적 성과에 집착하지 말고, 지시나 명령 보다는 지원과 협력을 하고, 구성원에게 권한을 위임하거나 부여하고, 부당한 이익을 추구하지 않는 등의 내용이 포함된다.

(2) 스포츠조직의 불공정 행위와 윤리적 조직행동

① 스포츠조직의 불공정 행위

　㉠ 조직의 사유화와 파벌주의

　　ⓐ 지인 중심으로 이사회 구성 및 협회장 추대 등 사익 추구 및 자의적으로 조직 운영

　　ⓑ 특정 학교 연고자 등 임원진의 다수를 점유

　㉡ 단체 운영의 부적정

　　ⓐ 부적절한 예산을 집행하는 경우

　　ⓑ 임원 자녀의 부적절한 특별 채용

　　ⓒ 임원 소유 업체에 대한 특혜 등

　㉢ 심판 불공정 및 경기운영 불공정

　　ⓐ 학연·지연 등에 따른 편파 판정 및 특혜 부여

　　ⓑ 전문성 있는 심판 요원 부족 및 자질 미흡

　　ⓒ 자의적으로 대회규칙 변경

　㉣ 시도경기단체 불공정 : 지역유지·학연·지연 등에 의한 부적절한 단체 운영

② 스포츠조직에서 비윤리적 행동 발생의 원인

　㉠ 개인의 윤리성이 소멸할 경우

　㉡ 나의 조직 이익만 생각할 경우

　㉢ 어려움에 빠진 조직일 경우

　㉣ 외부압력

③ 윤리적 조직행동

　㉠ 경기단체 지배구조 개선

　　ⓐ 경기단체의 사유화 방지를 위한 임원 임기·자격제한

　　ⓑ 파벌주의 방지를 위한 경기단체 임원 구성비율 조절

　　ⓒ 선거 공정성 확보를 위한 경기단체장 선출 방식 관리

　㉡ 경기단체 책임성 확보

　　ⓐ 자의적 조직 운영방지를 위한 경기단체 회계·채용 등 지침마련

　　ⓑ 경기단체 임원의 사익추구에 대한 징계

　　ⓒ 비리 경기단체 및 임원 퇴출

ⓒ 심판 등 경기운영 공정성 확보

    ⓐ 중앙경기단체 심판위원회 독립성 보장

    ⓑ 심판 관리제도 체계화

    ⓒ 전문심판 육성 지원

    ⓓ 심판 책임성 확보

    ⓔ 경기 운영 관련 이해관계자 배제

ⓔ 관리감독 강화

    ⓐ 중앙경기단체의 시도경기단체 감독 강화

    ⓑ 체육단체 비리를 제보를 받아 철저히 조사(공정체육센터)

01 스포츠윤리의 기초 개념을 바르게 설명한 것은?

① 도덕, 윤리, 선
② 도덕, 경쟁, 규칙
③ 윤리, 규칙, 선
④ 페어플레이, 승부, 스포츠맨십

해설 스포츠윤리학은 윤리학의 응용학문으로서 윤리학의 기본 개념인 도덕, 윤리, 선의 개념을 이해해야 한다.

02 다음 중 도덕에 대한 설명 중 옳지 않은 것은?

① 사람이 마땅히 지켜야 할 도리
② 도는 자연의 법칙 또는 인간의 도리
③ 인간이 실천해야 할 옳은 행위
④ 도덕적 판단이나 기준을 이론적으로 체계화한 학문

해설 도덕은 사람으로서 마땅히 지켜야 하는 도리와 그 실천 행위를 뜻하며, 원리보다는 체득을 중요시 여긴다.

03 〈보기〉에서 설명하는 내용과 가장 적절한 것은?

┤ 보기 ├
• 존재하는 현상에 대한 객관적인 서술을 하는 것
• 경험적인 증명으로 참과 거짓이 확인 가능하다.

① 가치판단   ② 증명판단
③ 사실판단   ④ 경험판단

해설 사실판단은 사실에 대해 판단을 내리는 것을 말하며, 존재하는 현상에 대해 객관적인 서술을 하는 것이다. 경험적 증명으로 참과 거짓을 확인 가능하며, 사실 관련 문제가 발생할 경우 어려움이 생길 수 있다.

04 스포츠와 윤리의 관계에 대한 설명 중 가장 거리가 먼 것은?

① 인간은 자기가 원하는 바를 충족하려고 할 때, 갈등이 발생할 때 필요하다.
② 스포츠 상황에서 어떤 행동이 옳은지를 결정할 수 있다.
③ 수단이나 도구로서 사용되는 것이 아닌, 가치의 근원이 되는 것을 말한다.
④ 도덕적 표준과 원리와 덕목을 탐구한다.

해설 경쟁이 심한 스포츠 상황에서 어떤 행위가 옳은지, 어떻게 행동하는 것이 바람직한지를 이론적으로 체계화한 것이 윤리이다.

05 공리주의에 대한 설명 중 옳지 않은 것은?

① 행위의 옳고 그름을 행위의 결과에 따라 판단한다.
② '인·의·효·우·충·신·관·서·공·경'의 10가지 요인을 강조한다.
③ '최대 다수의 최대 행복'
④ 벤담과 밀은 공리주의를 지향하였다.

해설 공리주의는 많은 사람들에게 최대의 행복을 주는 것이 옳다고 여기는 대표적인 결과론적 윤리체계이다.

정답
01 ①   02 ④   03 ③   04 ③   05 ②

06 〈보기〉의 내용을 판단하는 윤리적 관점은?

┤ 보기 ├

프로축구 A선수는 상대편의 스트라이커인 B선수에게 고의로 태클을 걸어 부상을 입혔고, 그 선수는 교체되었다. 그 결과, A선수가 속해 있는 팀이 승리하였다.

① 양적 공리주의
② 질적 공리주의
③ 선의지
④ 아곤

해설 양적 공리주의는 행위가 결과가 좋다면 그 행위도 도덕적으로 생각한다.

07 〈보기〉에서 설명하고 있는 내용과 가장 가까운 윤리체계는?

┤ 보기 ├

• 기존 윤리학의 법칙적인 윤리개념을 비판한다.
• 아리스토텔레스는 인생에서 추구해야 할 가장 좋은 것은 행복이라고 하였다.
• 행위자의 덕성계발과 인격수양이 필요하다.

① 의무론적 윤리체계
② 결과론적 윤리체계
③ 목적(덕)론적 윤리체계
④ 도교

해설 • 의무론적 윤리체계 : 행위 자체가 도덕 규칙을 지키는지를 판단기준으로 본다.
• 결과론적 윤리체계 : 행위의 결과가 좋은 것을 도덕적으로 본다.
• 도교 : 스스로를 낮추고 남에게 양보와 겸손하며 흐르는 물같이 자연스럽게 도덕성을 강조한다.

08 불교의 8정도의 설명 중 잘못 연결된 것은?

① 정견 : 바르게 정진하기
② 정어 : 바르게 말하기
③ 정정 : 바르게 집중하기
④ 정념 : 바르게 깨어있기

해설 • 정견 : 바르게 보기
• 정사(정사유) : 바르게 생각하기
• 정어 : 바르게 말하기
• 정업 : 바르게 행동하기
• 정명 : 바르게 생활하기
• 정근 : 바르게 정진하기
• 정념 : 바르게 깨어있기
• 정정 : 바르게 집중하기

09 다음 중 장자의 개념과 거리가 먼 것은?

① 천지만물의 근본은 '도(道)'이며, 도는 어떤 목적을 요구하거나 사유하지 않는 무위(無爲)를 의미한다.
② 자연적인 본성으로 덕을 해석한다.
③ 외적인 면보다는 내면의 도덕성을 강조한다.
④ "자기가 원치 않는 일을 남에게도 하지 말라"는 원리는 상대방을 존중하는 스포츠맨십의 기본이 된다.

해설 ④는 공자가 말한 원리로, 공자는 인식, 판단, 도덕적 행위 선택 능력을 강조하였다.

10 〈보기〉의 내용은 무엇을 설명하는가?

┤ 보기 ├

• 경쟁을 의미한다.
• 고대 그리스인들은 승리가 삶의 목표였다.
• 전쟁과 싸움과 같은 폭력적 상호작용을 제도화한 규칙을 통해 순화시켰다.

① 아레테   ② 아곤
③ 페어플레이   ④ 스포츠

11 아곤과 아레테의 차이를 설명한 내용 중 잘못된 것은?

① 아곤의 목적은 경쟁에서 승리하는 것이고, 경쟁 관계 있는 상태이기 때문에 상대적 개념이다.

② 아레테는 상대와의 비교적 우위, 승리 추구를 강조한다.

③ 아레테는 '탁월성의 추구' 그 자체의 의미를 둔다.

④ 아곤은 이기는 것이 중요함으로 결과에 따라 결정된다.

해설 아레테는 인간답게 만들어 주는 자질로 탁월성으로 해석한다. 최고의 결과를 내려는 태도이다.

12 다음 중 가장 포괄적인 개념은?

① 스포츠맨십   ② 페어플레이

③ 규칙준수   ④ 프로페셔널리즘

해설

스포츠맨십 (스포츠 정신적 가치)

페어플레이 (동등한 경쟁조건)

규칙준수 (행위규정)

13 스포츠의 성차별 내용 중 거리가 먼 것은?

① 고대 그리스의 올림피아에서는 남성만 참가할 수 있었다.

② 쿠베르탱은 올림픽을 부활시켰고, 여성의 경기 참여를 반대하였다.

③ 1972년 미국의 Title IX가 통과되면서 여성의 스포츠 참가가 확대되었다.

④ 올림픽 수영경기에서 전신수영복 착용을 금지시켰다.

해설 전신수영복은 공정성의 문제와 관련되어 있다.

14 스포츠 성평등을 이루기 위한 방안으로 거리가 먼 것은?

① 여성이 스포츠에 참여할 수 있도록 적극 홍보하여야 한다.

② 성차별에 대한 공론화가 이뤄져야 한다.

③ 여성만이 참여할 수 있는 경기종목을 신설한다.

④ 여성 스포츠를 위한 지도자, 프로그램, 시설을 확충해야 한다.

해설 여성만을 위한 경기를 신설하는 것은 성평등의 개념과 거리가 멀고, 남성에 대한 역차별이 될 수도 있다.

15 스포츠와 불평등에 대한 설명 가장 옳지 않은 것은?

① 흑인 선수는 타고난 능력으로 경기력이 뛰어나고, 백인 선수는 부단한 노력으로 높은 기량을 가질 수 있다고 평가한다.

② 성전환 선수는 올림픽에 절대 출전할 수 없다.

③ 장애인을 위한 스포츠시설, 프로그램이 부족하다.

④ 한국여자농구에서 원피스형 타이즈 유니폼을 입었으나 지금은 바뀌었다.

2004년부터 IOC는 성전환 선수의 올림픽 출전을 허용하였다.

16 다음 경기 중 환경파괴와 관련이 가장 적은 종목은?

① 골프   ② 스키
③ 클라이밍   ④ 마라톤

마라톤은 기존에 있는 도로를 달리기 때문에 환경파괴와는 거리가 멀다고 할 수 있다.

17 동물실험윤리위원회의 동물실험에 대한 원칙에 속하지 않는 것은?

① 확대   ② 대체
③ 감소   ④ 개선

- 대체(replacement)의 원칙 준수 : 고등동물보다 하등동물, 동물보다 식물
- 감소(reduction)의 원칙 준수 : 최소한의 실험동물 활용
- 개선(refinement)의 원칙 준수 : 동물의 복지 및 도덕적 지위에 맞는 처우 필요

18 합숙 및 일상생활에서 선수폭력 예방법에 해당하지 않는 것은?

① 합숙소의 생활규칙을 선배선수가 만든다.
② 개인의 할 일(청소, 세탁, 설거지, 과제, 심부름 등)을 다른 사람에게 시키지 않는다.
③ 관리감독을 위하여 합숙소 출입 시 반드시 담당자에게 신고한다.
④ 폭력의 발생을 미리 알게 되었을 때 어떤 경우라도 모른 척하거나 지나치지 않는다.

선수와 지도자는 협의하여 생활규칙을 만들고 지켜야 한다.

19 다음의 관중폭력에 대한 내용 중 거리가 먼 것은?

① 관중의 폭력적인 행동은 자기팀에 대한 과도한 몰입 때문이다.
② 심판의 판정이 부당하다고 여겨 폭력성이 나타난다.
③ 인터넷 상의 욕설 댓글은 관중폭력이라고 볼 수 없다.
④ 경기장에 안정장치를 설치하고 안전요원의 배치가 필요하다.

사이버폭력인 욕설, 비방, 명예훼손 등의 댓글은 관중폭력에 해당한다.

20 다음 중 경기력 향상과 공정성에 부정적인 영향을 주는 것이 아닌 것은?

① 도핑   ② 유전자 조작
③ 전신수영복   ④ 훈련량

훈련량은 개인의 노력으로 극복할 수 있는 요소이다.

21 스포츠 용기구와 생체공학기술에 관련된 내용과 거리가 먼 것은?

① 경기장의 라인센서, 수영장 터치패드 등은 경기 운영에 큰 도움을 준다.
② 의족을 착용한 선수와 일반선수와의 경기는 공정하다.
③ 펜스, 매트 등의 안전장치의 발달로 선수들의 부상이 줄어들 수 있다.
④ 장비들의 가격이 매우 고가이므로, 선수의 경제력에 따라 차별이 생길 수 있다.

탄소섬유로 만든 의족은 성능이 매우 좋아서, 의족선수의 일반경기 참가는 논란이 있다.

22 '신체로부터 소외'에 대한 설명 중 옳은 것은?

① 부상을 당했을 때, 때때로 무리한 운동을 지속한다. 이 때 외화된 학생선수의 신체는 독립된 힘으로 자신에게 적대적으로 대립하여 신체로부터의 소외가 발생한다.

② 학생선수가 운동과정에서 주체성을 상실하고 자율성을 억압당하는 경우 스포츠 활동으로부터의 소외가 발생한다.

③ 스포츠참여의 의미가 진학과 같은 특수목적으로 축소되어 스포츠를 통해 경험할 수 있는 다양한 가능성으로부터 배제되면 학생선수의 유적본질은 스포츠로부터 소외를 경험한다.

④ 지도자, 선후배 등 학생선수가 대면하는 누군가가 그들의 자유를 억압하고 팀 승리를 위한 기계의 부품처럼 착취적으로 활용할 경우 학생선수는 '인간의 인간으로부터의 소외'를 경험한다.

[해설] • 스포츠 활동으로부터 소외 : 학생선수가 운동과정에서 주체성을 상실하고 자율성을 억압당하는 경우 스포츠 활동으로부터의 소외가 발생한다.
• 유적본질 소외 : 스포츠참여의 의미가 진학과 같은 특수목적으로 축소되어 스포츠를 통해 경험할 수 있는 다양한 가능성으로부터 배제되면 학생선수의 유적본질은 스포츠로부터 소외를 경험한다.
• 인간의 인간으로부터의 소외 : 지도자, 선후배 등 학생선수가 대면하는 누군가가 그들의 자유를 억압하고 팀 승리를 위한 기계의 부품처럼 착취적으로 활용할 경우 학생선수는 '인간의 인간으로부터의 소외'를 경험한다.
• 자기로부터 소외 : 학생선수가 운동에만 집중할 경우 교실 속 학생이란 자신의 모습으로부터 정체성 분열을 경험하는데 이 경우 학생으로서의 자신의 모습이 낯설게 대립한다는 점에서 '자기로부터의 소외'가 발생한다.

23 최저학력제에 대한 설명 중 거리가 먼 것은?

① "공부하는 학생 선수" 만들기 프로젝트의 일환이다.

② 학생의 학습권을 보장하기 위한 방법이다.

③ 학부모, 지도자, 학생들은 적극적으로 환영한다.

④ 학생선수에게 맞는 수준별 학습을 제공해야 한다.

[해설] 운동과 공부를 병행해야 하는 어려움과 부담감을 가지고 있다.

24 스포츠 인성교육의 내용과 거리가 먼 것은?

① 성장기 어린 선수에게는 너무 무리한 훈련을 시키지 않는다.

② 이기는 기술이 아니라 기초 기술 습득이 중요하다.

③ 승리하는 즐거움과 재미를 가르쳐 주어야 한다.

④ 공부와 운동을 병행할 수 있도록 지도한다.

[해설] 승리보다는 스포츠 자체의 즐거움과 재미를 아는 것이 중요하다.

25 스포츠 조직의 불공정 행위에 해당하지 않는 것은?

① A대학의 출신들이 협회 임원진의 대부분을 차지하고 있다.

② 회장의 임기를 2년 단임제로 제한하였다.

③ 임원의 자녀가 특별채용되었다.

④ 은퇴한 선수가 바로 심판으로 활동하였다.

[해설] 단체장의 임기를 제한하는 것은 경기단체를 사유화하는 것을 막을 수 있는 방법이다.
은퇴한 선수는 일정기간의 전문 심판교육을 받고 심판으로 활동하여야 한다.

스포츠지도사

단기완성 **2급 필기**

운동생리학

선택과목 운동생리학

01 운동생리학의 개관

01 주요 용어

(1) 운동(exercise)

건강 증진, 체력 향상 등을 목적으로 하는 계획적인 신체활동을 말한다.

(2) 신체활동(physical activity)

신체를 움직이기 위하여 근육의 수축과 이완을 활용하여 원하는 움직임을 수행하는 운동의 상위 개념을 말한다.

(3) 체력(physical fitness)

신체활동을 수행할 수 있는 능력으로 일상생활의 중요한 기본이 되며, 방위체력과 행동체력으로 구분된다.

① 방위체력
　　㉠ 외부의 자극으로부터 생명을 유지하고 위험을 방어하기 위한 능력
　　㉡ 물리적, 생물적, 생리적, 정신적 등의 스트레스에 대한 저항력

② 행동체력
　　㉠ 근력, 근지구력, 순발력, 민첩성, 평형성 등 신체활동과 운동에 필요한 능력
　　㉡ 건강체력과 운동체력으로 구분

(4) 건강체력 　기출 2019

① **심폐지구력** : 신체활동을 하는 중 효율적인 산소 및 에너지 공급을 위한 심장과 폐의 능력
② **근력** : 근 수축에 의해 발생되는 근육의 힘
③ **근지구력** : 근육이 부하에 지속적으로 대응하고 오랫동안 힘을 발생할 수 있는 능력
④ **유연성** : 관절이 움직일 수 있는 가동범위(관절의 움직임을 유발하는 근육에 의해 해당 관절이 최대한 움직일 수 있는 능력)
⑤ **신체조성(구성)** : 인체를 구성하고 있는 체지방, 골격근, 뼈, 체수분 등의 양을 확인하는 지표

(5) 기능체력 　기출 2016

① **스피드** : 단위 시간 동안 물체의 이동거리이며, 빨리 달리거나 움직이는 능력
② **민첩성** : 몸의 위치나 방향을 빠르게 바꿀 수 있는 능력
③ **순발력** : 순간적으로 강한 힘을 발휘할 수 있는 최대 힘의 능력

④ **협응력** : 신체 움직임을 조화롭게 통제하고 조정할 수 있는 능력

⑤ **평형성** : 움직임 중 신체를 안정되게 유지할 수 있는 능력

⑥ **반응속도** : 어떠한 자극에 대한 반응 시간의 빠르기

02 운동생리학의 개념 [기출] 2017~2015

(1) 운동생리학의 정의 [기출] 2018, 2017

① 응용생리학의 한 분과로써 신체의 구조 및 기능이 단시간 혹은 장시간의 운동수행을 실시하는 경우 신체의 반응과 적응 현상이 어떻게 변화하는가를 연구하는 것

② 생명체가 운동을 수행할 때 나타나는 생리학적 반응에 대해 관찰하는 학문

(2) 운동생리학의 역사 [기출] 2016

① 1920년대 호흡생리학의 권위자인 헨더슨(L. Henderson)이 설립한 하버드피로연구소(Harvard Fatigue Lab)에서 미국 운동생리학 연구가 시작되었다.

② 최대산소섭취량과 산소 부채(oxygen debt), 신체의 에너지 및 탄수화물과 지방 대사, 환경생리학, 임상생리학, 노화, 혈액 및 체력 등 여러 분야에 대한 연구가 수행되었다.

(3) 운동생리학의 인접 학문

생리학, 해부학, 스포츠의학, 운동처방, 트레이닝방법론, 운동생화학, 스포츠영양학 등 다양한 학문과 밀접한 관련이 있다.

03 운동과 항상성

(1) 항상성(homeostasis)

① 인체 내부 환경의 불변성 또는 일정한 상태를 계속적으로 유지

② 일반적인 안정상태에서 나타나는 보상적 조절반응의 결과

③ 스트레스가 없는 비교적 일정한 내부환경 상태

(2) 항정상태(steady state)

① 생리학적인 환경의 일정한 유지

② 변화하지 않는 일정한 상태

③ 운동상황에서 사람의 체온이 일정하게 유지되는 것

(3) 항상성 조절 기전

① 외부의 자극으로 인해 내부 환경의 변화 → 수용기에서 변화를 감지하고 신호를 조절중추로 보냄 → 조절중추에서 지극에 대한 반응 → 효과기를 통하여 부적피드백으로 성상상태로 돌아감 → 항상성 유지

    ㉠ 체온조절 : 열생산 & 열손실

    ㉡ 혈당조절 : 인슐린 호르몬

② 적응 : 여러 종류의 외부 환경에 노출 → 인체 시스템의 변화

③ 습성화 : 반복되는 자극(훈련)에 의해 그 반응의 행동 인식 감소(신속한 반응)

④ 순응 : 인위적 환경에 노출 → 인체 생리학적 변화

⑤ 순화 : 자연적 기후환경에 노출

(4) 음성적 피드백(negative feedback)

① 항상성을 유지하기 위해 각 요소들을 일반수치로 되돌리는 역할

② 자극에 대해 반대 반향으로 작용

(5) 양성적 피드백(positive feedback)

① 초기 자극을 증가시키는 역할

② 반응이 자극과 같은 방향

02 에너지 대사와 운동

01 에너지의 개념과 대사작용

(1) 에너지원 기출 2015

① 에너지 발생 과정과 형태

㉠ 에너지(energy) : 일을 할 수 있는 능력

㉡ 신체는 탄수화물, 지방 그리고 단백질을 매일 섭취함으로써 생명유지를 위한 기본적인 대사작용과 신체 활동 및 운동 중에 필요한 에너지를 공급받는다.

㉢ 운동 중에 사용되는 주요 영양소는 지방과 탄수화물이며, 단백질은 전체 에너지 생산에 매우 적게 사용된다.

② 3대 영양소 : 탄수화물, 지방, 단백질

㉠ 탄수화물

ⓐ 신체에 가장 빠르게 에너지를 제공, 1g당 4kcal의 에너지를 생산

• 단당류 : 포도당(glucose), 과당 – 혈당으로 불린다.

• 이당류 : 자당(포도당 + 과당), 맥아당(포도당 + 포도당)

• 다당류 : 전분, 글리코겐 – 3개 이상의 단당류, 복잡한 구조

ⓑ 글리코겐(glycogen) : 세포는 에너지의 원천인 탄수화물을 제공하는 수단으로 글리코겐을 근육과 간에 저장한다.

ⓒ 글리코겐 분해

• 근육세포는 글리코겐 분해 과정을 통해 포도당으로 분해시켜 근수축을 위한 에너지원으로 사용

• 간에서도 글리코겐 분해 → 유리포도당을 혈류로 방출하여 신체 각 조직으로 이동

㉡ 지방

ⓐ 장시간 운동에 적합한 연료, 1g당 9kcal의 에너지를 생산

ⓑ 지방산, 중성지방, 인지질(세포막의 구조 형성), 스테로이드(콜레스테롤, 세포막 구성, 성호르몬 합성)로 구성

ⓒ 지방산이 근세포가 에너지를 생산하기 위해 사용되는 주요 지방 형태 : 지방산은 중성지방(1글리세롤 + 3지방산) 형태로 저장되고 에너지가 필요하면 지방분해

㉢ 단백질

ⓐ 아미노산(amino acid)이라고 불리는 작은 하위단위로 구성

ⓑ 근육, 장기, 호르몬 등을 만드는 재료, 필수 아미노산과 비필수 아미노산으로 나뉜다.

ⓒ "펩타이드 결합"이라고 불리는 화학적 결합에 의해 아미노산 고리로 형성

ⓓ 필수 아미노산은 반드시 음식으로 섭취하여야 한다.

ⓔ 알라닌은 간에서 포도당으로 전환되어 글리코겐 합성하는 데 사용

③ 아데노신 삼인산(ATP : adenosine triphosphate)

　　㉠ 인체 세포가 직접적으로 사용하는 고에너지 인산화물 : 세포의 생명활동과 근수축에 직접적으로 이용되는 에너지원

　　㉡ 아데노신(adenosine) 1개와 3개의 인산기(phosphate groups)가 결합된 구조

　　㉢ 아데노신 이인산과 무기인산염으로 변화되며, 7~12kcal의 에너지 방출

　　㉣ ATP의 분해 중 방출되는 에너지는 근육세포가 이용할 수 있는 즉각적인 에너지원으로 작용

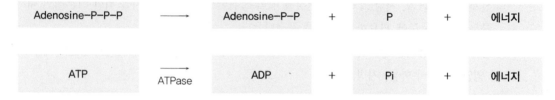

(2) 물질대사 과정의 경로 기출 2016

① 인체에서는 매분마다 수천 개의 화학작용이 일어나는데, 이러한 반응작용을 대사작용(metabolism)이라고 한다.

② 대사작용에는 분자를 합성하는 동화작용(anabolic reaction)과 분자들을 분해하는 이화작용(catabolic reaction)이 있다.

02 인체의 에너지 대사 기출 2021, 2018~2016

(1) 에너지 공급 과정

① 산소의 사용 유무에 따라서 무산소성 대사과정과 유산소성 대사과정으로 구분

　　㉠ 무산소성 대사 과정

　　　ⓐ 크레아틴 인산(CP)에 의한 ATP 생성

　　　ⓑ 해당작용에 의한 포도당이나 글리코겐의 분해로 ATP 생성

　　㉡ 유산소성 대사 과정

　　　산화작용(당, 지방 분해)에 의한 ATP 생성 : 미토콘드리아 내 TCA회로(크렙스 사이클)와 전자전달계(cytochrome)를 통하여 진행

② 에너지 대사

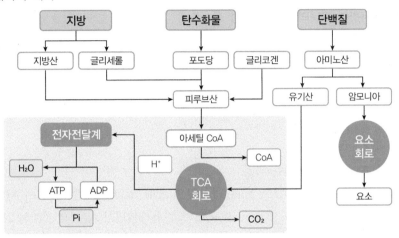

(2) 에너지 공급 시스템

① ATP-PC 시스템(인원질 시스템) 기출 2019, 2016

㉠ 가장 빠르고 간단하게 ATP를 만들어내는 과정

㉡ 세포내에 저장되어 있는 크레아틴인산(PC)이라고 하는 화합물에 의해서 제공되는 에너지에만 의존하여 ATP가 재합성되는 시스템

㉢ 크레아틴 키나제(CK)라는 효소에 의한 방법

ⓐ 크레아틴인산(PC)의 인산기(Pi)가 제거될 때, 에너지가 방출되고, 이 에너지로 의해서 ADP와 Pi가 합성되어 ATP가 생성됨.

ⓑ ATP의 양이 제한적이며, 5초 이내의 고강도 운동

ⓒ ATP-PC 시스템은 CK에 의해 조절

ⓓ CK는 세포질 내의 ADP 농도가 증가하면 활성화되고 ATP 농도가 증가하면 억제된다.

ⓡ 세포내의 아데닐레이트 키나제라는 효소에 의한 방법

ⓐ 두 개의 ADP를 이용하여 하나의 ATP를 합성

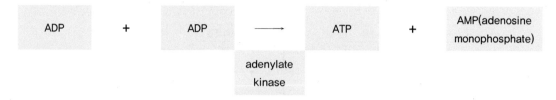

ADP + ADP —— (adenylate kinase) —→ ATP + AMP(adenosine monophosphate)

② 해당과정(glycolysis) 기출 2018, 2017

㉠ 탄수화물을 분해하여 ATP를 만들어내는 과정

㉡ 글루코스나 글리코겐을 초성포도산(pyruvic acid)이나 젖산(lactic acid)으로 분해하면서 ATP 생성

ⓐ 1분자의 포도당이 2분자의 초성포도산(pyruvic acid)으로 분해되면서 2분자의 ATP와 2분자의 초성포도산(pyruvic acid) 또는 젖산(lactic acid)을 생성

ⓑ 글루코스와 글리코겐 1mol의 분해를 통해서 2 또는 3mol의 ATP가 재합성

㉢ 산소가 있거나 없거나 해당과정의 진행은 동일하다.

㉣ 산소를 사용하는가 또는 사용하지 않는가에 따라 해당과정의 최종 생산물인 초성포도산(pyruvic acid)이 젖산으로 전환되는가, 아세틸 Co-A로 전환되는가가 결정된다.

㉤ 해당과정 : 산소 공급 부족

ⓐ 산소가 불충분한 상태에서 글리코겐 또는 글루코스의 불완전한 분해를 통하여 ATP를 합성하며 젖산을 생성하는 시스템

ⓑ 무산소성 해당과정에서 젖산(lactate)이 생성되며 결과적으로 수소 이온이 해리되어, 세포내액을 더욱 산성으로 만든다.

ⓒ 수소이온(H^+)은 활동근육세포의 기능을 심각하게 손상시키며 피로를 유발할 수 있다.

ⓓ 해당과정에서 생성된 2분자의 $NADH_2$는 초성포도산과 결합하여 젖산 생성

㉥ 코리 사이클(cory cycle) : 젖산의 일부가 간으로 운반, 간에서 초성포도산을 거쳐 글리코겐으로 재전환(당신생과정)되어 미토콘드리아 내에서 이산화탄소와 물로 분해되어 추가적으로 에너지 발생

③ 유산소 시스템(산화적 시스템) : 산소가 충분한 상태에서 탄수화물의 완전분해로 다량의 ATP를 합성하는 시스템으로 미토콘드리아에서 일어난다.

㉠ 해당과정 : 충분한 산소 공급 기출 2016

ⓐ 무산소성 해당과정에서 포도당이 분해되어 초성포도산염(pyruvic acid)이 생성되고, 산소가 충분한 상태에서는 젖산으로 전환되지 않고 아세틸-CoA로 바뀌어 미토콘드리아 안으로 들어가 크렙스 사이클에서 ATP를 합성한다.

ⓑ 해당과정에서 생성된 2분자의 $NADH_2$는 전자전달계로 넘어감(6개의 ATP를 생성)

ⓒ 클루코스와 글리코겐 1mol은 해당과정에서 2 또는 3ATP, 크렙스 사이클에서 2ATP, 전자전달계를 통하여 34ATP를 생성한다.

ⓓ 클루코스와 글리코겐은 이산화탄소(CO_2)와 물(H_2O)로 완전히 분해되면서 38 또는 39mol의 ATP를 재합성하기에 충분한 에너지를 방출한다.

ⓛ 크렙스 사이클(Krebs cycle=citric acid cycle(구연산 회로) = TCA(tricarboxylic acid cycle)

　ⓐ 초성포도산염은 아세틸–CoA로 바뀌어 미토콘드리아 속으로 들어가서 크렙스 사이클의 반응에서 계속 분해된다.

　ⓑ 1개의 포도당은 2개의 크렙스 회로 가능

　ⓒ 초성포도산이 산화되고 이산화탄소와 수소이온으로 분해

　ⓓ 크렙스 사이클에서 2mol의 ATP를 더 합성

　ⓔ 8분자의 $NADH_2$(24개의 ATP 생성)와 2분자의 $FADH_2$(4개의 ATP 생성)가 생성되고, 전자전달계로 넘어간다.

ⓒ 전자전달계

　ⓐ 미토콘드리아 내막에 있는 단백질 복합체로 이루어져 있다.

　ⓑ 전자전달계 연쇄의 끝에서 해당과정과 크렙스 사이클에서 나온 전자와 수소이온(H^+)은 산소와 결합(산화적 인산화) → 물(H_2O)이 형성되는 특수한 일련의 반응

　ⓒ 전자들이 전자전달계를 통과하면서 고반응 분자인 자유라디컬을 형성

　ⓓ 전자들이 전자전달계를 따라 이동하면 미토콘드리아 내막을 따라 NADH와 FADH로부터 유리된 수소이온을 내막 밖으로 배출함으로써 에너지 생산

　ⓔ 전자전달계를 통하여 34mol의 ATP 합성

　ⓕ 유산소성 해당과정을 통하여 글루코스와 글리코겐 1mol의 분해를 통해서 총 38 또는 39mol의 ATP가 재합성

(3) 유산소 시스템과 지방 대사 [기출] 2022

① 미토콘드리아 내에서 산소를 이용하여 지방을 분해하여 ATP 생성

② 유리지방산(FFA)은 인체의 주된 에너지 공급원

③ 베타산화 : 유리지방산이 아세틸 Co-A로 전환되는 과정(2개의 ATP 소모)

④ 전환된 아세틸 Co-A는 탄수화물과 동일한 크렙스 회로, 전자전달계에서 분해되며 ATP를 생성

⑤ 여러 종류의 유리지방산이 존재

⑥ 1mol의 팔미틱산은 106mol의 ATP를 생성

⑦ 유리지방산은 탄소분자가 탄수화물보다 많기 때문에 탄수화물보다 더 많은 산소가 필요하다

(4) 유산소 시스템에서 단백질의 역할

① 단백질은 질소를 포함하고 있기 때문에 아미노산이 분해될 때 분리된 일부 질소는 새로운 아미노산을 만드는 데 사용되지만 나머지는 인체에서 산화될 수 없다.

② 일부 아미노산은 글루코스신생합성으로 글루코스로 전환될 수 있다.

③ 일부는 아세틸 Co-A로 바뀌어 산화과정으로 들어간다.

④ 일반적으로 적은 양이어서 단백질 대사는 무시된다.

(5) 운동과 에너지 공급　기출 2019, 2017, 2016

① 단시간의 고강도 운동 : 에너지는 대부분 저장되어 있던 ATP와 PC를 이용하거나 주 에너지원으로 탄수화물을 이용하여 ATP를 생성하는 무산소성 대사과정에 의하여 에너지를 공급한다.

② 장시간의 저강도 운동 : 장시간 운동의 주 에너지원은 지방을 이용하여 ATP를 생성하는 유산소성 대사과정에 의하여 에너지를 공급한다.

운동 시간	주 에너지 시스템	운동 종목
30초 이내	인원질 시스템	투포환, 100m 달리기, 높이뛰기, 역도, 야구의 스윙
30초~90초	인원질 시스템 & 해당과정	200m~400m 달리기, 스피드 스케이팅, 100m 수영
90초~180초	해당과정 & 유산소 과정	800m 달리기, 조정, 권투, 레슬링, 유도, 200~400m 수영
180초 이상	유산소 과정	마라톤, 크로스컨트리, 경보, 사이클

③ 에너지 기질의 특성　기출 2018

영양소	특성	발생 에너지
탄수화물	• 단시간에 빠르고 효율적으로 에너지 공급한다. • 고강도 운동에 주로 사용된다. • 산소 없이 에너지 생성할 수 있다.	4kcal/g
지방	• 장시간 지속되는, 강도가 낮은 운동 동안에 상당한 양의 에너지를 제공한다. • 지방의 형태로 신체에 저장된 잠재적인 에너지는 탄수화물의 저장량보다 훨씬 많다. • 에너지 생성을 위해 산소가 필요하다.	9kcal/g
단백질	• 일반적으로 탄수화물과 지방이 에너지원으로 사용되며 단백질은 에너지원으로 사용되는 경우는 거의 없다. • 심한 기아상태일 경우에는 에너지원으로 사용한다.	4kcal/g

(6) 젖산역치(lactate threshold : LT)　기출 2019

① 운동강도가 점진적으로 계속 증가하는 운동 동안 혈중 젖산농도가 급격하게 증가하는 시점

② 젖산을 생성하는 무산소적 해당과정으로의 현저한 전환을 의미

③ 운동강도의 증가에 따른 혈액 젖산염의 갑작스러운 상승은 무산소역치(anaerobic threshold)라고 지칭한다.

④ 최대산소섭취량이 동일한 두 사람에게 있어 젖산역치가 높은 사람이 더 나은 지구력을 보인다. 이는 유산소적 운동 능력이 높다는 것을 의미한다.

⑤ 혈중 젖산 농도의 급격한 증가 요인

ㄱ 운동 강도의 증가

ㄴ 무산소성 해당과정 의존율 증가

ㄷ 속근 섬유 사용률 증가

ㄹ 근육 내 산소량의 감소

ㅁ 젖산 제거율의 감소

⑥ 근육의 수축력의 저하 이유　기출 2018

ㄱ 무산소성 해당과정에서 글루코스의 분해 후 피로물질인 젖산염이 생성되고, H^+ 이온의 축적을 야기한다.

ㄴ H^+ 이온의 축적으로 인하여 근육 섬유 내에서 칼슘 결합을 감소시켜 액틴-마이오신 교차 결합을 방해하여 수축력이 감소한다.

ㄷ 산성화된 근육 섬유가 운동 이전 수준으로 되돌아가는데 약 30~35분의 회복시간이 필요하다.

(7) 휴식과 운동 중 인체 에너지 사용의 측정방법　기출 2021

① 직접적 칼로리 측정법

ㄱ 글루코스와 지방 대사 동안에 방출되는 에너지는 겨우 40%만이 ATP를 만드는 데 사용되고, 나머지 60%는 열로 바뀐다.

ㄴ 인체의 열 생산을 측정하는 것을 직접적 칼로리 측정법이라고 부른다.

ㄷ 열량계 : 밀폐되고 절연된 방에 있는 구리로 만든 관을 통해 물이 흘러가고, 사람을 방의 내부에 넣어 놓으면 인체로부터 생산된 열이 물을 데운다. 물의 온도 변화와 호흡에 따른 공기의 온도 변화를 측정한다.

② 간접적 칼로리 측정법

ㄱ 글루코스 대사와 지방 대사는 산소의 사용 여부에 좌우되며, 이산화탄소와 물을 생산한다.

ㄴ 폐에서의 O_2와 CO_2의 교환으로부터 계산된다.

ㄷ 호흡가스를 측정함으로써 에너지 소비량을 추정하는 것을 간접적 칼로리 측정법이라고 부른다.

③ 에너지 대사에 대한 동위원소적 측정법 : 2개의 동위원소로 표시된 물을 일정량 섭취하고 2가지 동위원소가 인체로부터 빠져 나가는 속도는 연속적으로 채취한 소변, 침, 혈액 샘플에 들어있는 동위원소를 분석하여 측정한다.

(8) 호흡교환율(respiratory exchange ratio, RER)　기출 2019~2017

① 배출되는 이산화탄소의 양(VCO_2)과 소비되는 산소의 양(VO_2)을 측정한다.

② 섭취한 산소 대비 배출한 이산화탄소의 비율

$RER = VCO_2/VO_2$

③ 신진대사 동안에 사용되는 산소의 양은 산화되는 에너지 기질의 종류에 좌우된다.

④ RER은 폐의 외호흡으로부터 환기된 공기에서 측정하고, RQ는 세포 내 호흡을 반영

⑤ 탄수화물 분해 시 RER은 1.00이고, 지방 분해 시 RER은 0.7이다.

호흡교환율(RER)	탄수화물(%)	지방(%)
0.70	0.0	100.0
0.75	14.7	85.3
0.80	31.7	68.3
0.85	48.8	51.2
0.90	65.9	34.1
0.95	82.9	17.1
1.00	100.0	0.0

(9) MET(metabolic equivalents; 대사당량) 기출 2015

① 운동 중의 에너지 또는 산소소비량을 표현하기 위해 사용되는 단위

② 1MET는 안정 상태에서의 분당 산소소비량으로 정의되며, 3.5ml/kg/min와 같다.

체중 1kg 당 1분에 3.5ml의 산소를 소비

③ 1METs는 운동 강도의 단위로 사용된다.

3MET는 안정 시보다 3배 강도가 높은 운동을 나타낸다.

03 트레이닝에 의한 대사적 적응 기출 2022, 2019, 2015

(1) 유산소 트레이닝에 의한 적응

① 최대산소섭취량(VO₂max)이 증가한다.

② 심실의 이완기말 용적이 증가한다.

③ 1회 박출량 증가로 인해 최대산소섭취량이 약 15% 증가

④ 말초저항의 감소

⑤ 각 근섬유를 둘러싸고 있는 모세혈관의 숫자(밀도) 증가

⑥ 미토콘드리아 숫자와 크기 증가(근육의 산화적 대사가 더욱 효율적인 상승)

⑦ 지근섬유(ST섬유, Type Ⅰ섬유)의 횡단면적 증가 : 지방의 에너지원 동원 효율 상승

⑧ 마이오글로빈 함유량 증가(근육 내 산소 운반 능력 향상)

⑨ 미토콘드리아 산화 효소들의 활성 증가

(2) 무산소 트레이닝에 의한 적응

① 속근섬유(FT 섬유) 비율 증가

② 근섬유 증식, 근 비대, 근육량 및 근력의 증가

③ 근글리코겐 저장량 증가, 미토콘드리아의 숫자와 크기 증가, 마이오글로빈 증가

④ 근섬유 내 모세혈관의 밀도 증가

⑤ 골밀도의 향상

⑥ 인원질 체계와 해당 과정에 필요한 효소의 활성화

(3) 엘리트 선수에서 유산소 트레이닝의 효과 기출 2016, 2015

① 심폐지구력이 증가한다.

② 남성이 여성에 비해 최대산소섭취량이 10% 가량 높다.

③ 운동 수행 시 심폐지구력을 최대 효율로 활용시키며 경기력을 향상시킨다.

④ 일반인에 비하여 심장의 기능 및 에너지 효율성의 향상으로 최대심박출량, 최대산소섭취량 및 최대심박수가 높다.

⑤ 일반인에 비하여 안정 시 심박수가 낮다 : 심실의 용적 증가로 인하여 1회 박출량은 증가(스포츠 심장)

04 트레이닝의 원리 기출 2022

(1) 점진성의 원리

우리의 신체는 적응을 하기 때문에 점진적으로 시간과 자극의 강도를 다르게 하여 단계적으로 운동의 강도와 질을 증가시켜야 한다.

(2) 과부하의 원리 기출 2019

신체의 적응 능력 이상의 적절한 부하(운동량)를 주어야 하며, 운동량은 빈도, 강도 및 지속시간을 증가시켜 높일 수 있다.

(3) 개별성의 원리

개개인의 특성(신체적 특성, 체력 수준, 운동 능력 수준)을 고려하여 트레이닝을 적용해야 한다.

(4) 특수성의 원리

개인에게 필요한 신체 능력의 특성을 파악하고 그에 맞는 체력적 요소, 에너지 시스템 체계, 운동 종목에 맞는 트레이닝의 계획을 세워야 한다.

(5) 다양성의 원리

다양한 운동을 고안하여 개인, 선수에게 트레이닝 참여에 대한 동기부여를 높이고, 신체에 다양한 방법으로 자극을 주어야 한다.

(6) 가역성의 원리

트레이닝을 중단하면 신체의 기능, 외형이 퇴화하여 운동 전의 상태로 돌아가려고 한다.

(7) 의식성의 원리

트레이닝에 참여하는 개인 및 선수에게 트레이닝에 대한 목적, 목표와 훈련 전반에 대한 과정을 설명 및 숙지하여 운동효과를 극대화시킬 수 있다.

> **TIP** 운동 후 초과 산소 섭취량(EPOC)
>
> ① 강도 높은 운동 후 안정상태보다 산소의 섭취량이 높게 유지되어 운동 중 소비되었던 산소의 부족했던 양을 공급하는 것이다.
> ② 운동 직후 소비되는 산소소비량의 일부는 근육에 PC를 재저장하고, 혈액과 조직에 산소를 제공하는 데 이용된다.
> ③ 상승된 운동 후 대사율의 규모와 지속시간은 "운동의 강도"에 영향을 받는다.
> ④ EPOC는 고강도 운동 동안 더 크다.

03 신경조절과 운동

- 신경계는 신체 내·외부의 환경에서 일어나는 사건들에 반응하고 인식하는 몸의 전달체계이다.
- 수용기는 접촉, 통증, 온도, 화학적 자극을 감지하여 환경변화에 관한 정보를 중추신경계에 전달한다.
- 중추신경계는 상황에 따라 수의적인 움직임을 조절하거나 내분비계로부터 일정한 호르몬의 분비율을 변화시킨다.

01 신경계의 구조와 기능, 특성

(1) 신경계의 분류

① 해부학적으로 신경계는 중추신경계(CNS : central nervous system)와 말초신경계(PNS : peripheral nervous system)로 나뉠 수 있다.

② 중추신경계는 뇌와 척수를 포함

③ 말초신경계는 중추신경계를 제외한 뉴런(neuron)으로 구성

④ 말초신경계는 자율신경계와 체성신경계로 분류

  ㉠ 구심성 섬유(감각신경섬유) : 수용기로부터 중추신경계까지 신경자극을 전달

  ㉡ 원심성 섬유(운동신경섬유) : 중추신경계로부터 자극을 받아 전달

    ⓐ 골격근을 자극하는 체성운동(somatic motor)

    ⓑ 불수의적 움직임을 조절하는 자율운동(autonomic motor)

⑤ 신경계의 분류

(2) 뉴런의 구조 기출 2016, 2015

　① 신경계의 기능적 단위는 뉴런(neuron : 신경세포)이며 해부학적으로 세포체, 수상돌기, 축삭으로 구분

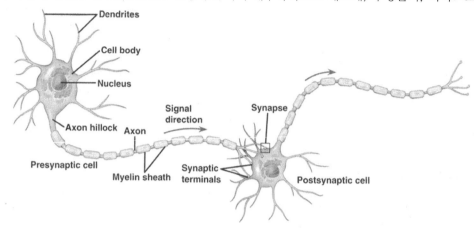

　　㉠ 세포체(cell body) : 뉴런의 활동중추로 핵을 포함
　　㉡ 수상돌기(dendrite) : 세포체로부터 가늘게 뻗어져 나온 세포질이며, 전기적 자극을 세포체에서 전달하는
　　　수용체 역할
　　㉢ 축삭(axon) : 신경섬유라 불리고, 전기적 신호를 세포체로부터 다른 신경 또는 원심성 신경종말기관으로
　　　전달
　② 신경의 축삭과 다른 신경의 수상돌기가 접촉하는 부위를 시냅스(synapse)라고 한다.
　③ 축삭은 일반적으로 슈반세포(Schwann cell)라 불리는 세포의 절연층에 의해 덮여 있으며 슈반세포의 막은
　　지질단백질을 많이 포함하는 미엘린(myelin) 수초를 가지고 있고, 축삭을 따라 수초 부분 사이에 랑비에 결
　　절(node of Ranvier)이라 불리는 비어 있는 공간을 가지고 있다.

02 신경계의 특성

(1) 신경계의 특성

　① 흥분성 : 수용기부터 전달되는 신호 결과
　② 전달기능 : 자극과 신호가 신경섬유를 따라 전달
　③ 통합특성 : 입력되는 모든 자극 신호를 종합

(2) 뉴런의 전기적 활동 [기출] 2018, 2017

① 뉴런은 자극감수성과 전도성의 특성을 갖고 있기 때문에 흥분성 조직으로 간주된다.

 ㉠ 자극감수성(irritability) : 수상돌기와 신경세포체가 자극에 반응하여 신경자극으로 전환하는 능력

 ㉡ 전도성(conductivity) : 축삭을 따라 자극이 전달되는 것

② 안정 시 막전위

 ㉠ 안정 시 뉴런의 세포 외부는 양전하(+)를, 세포 내부는 음전하(−)를 띠고 있으며, 이러한 전기적 전하의 차이를 안정 시 막전위(resting membrane potential)라고 한다.

 ㉡ 신경 섬유의 안정 시 막전위는 일반적으로 −40 ～ −75mv의 범위이다.

 ㉢ 안정 시 막전위의 크기는 ⓐ 이온의 종류에 따라 다르게 반응하는 혈장막의 투과성과 ⓑ 세포내액과 세포외액의 이온 농도 차이, 두 요소에 의해 결정된다.

 ㉣ 수많은 세포내 이온과 세포외 이온이 있지만 나트륨(sodium) 이온, 칼륨(potassium) 이온, 염화(chloride) 이온 등은 높은 농도를 차지하고 있어 안정 시 막전위를 유지하는 데 가장 중요한 역할을 한다.

③ 활동전위 [기출] 2018

 ㉠ 신경전달은 충분한 힘의 자극이 신경세포막에 도달하여 나트륨 채널을 열었을 때 이루어진다.

 ㉡ 나트륨 이온은 뉴런에 확산되어 세포를 탈분극(depolarizing)시킴으로써 양전하를 만든다.

 ㉢ 탈분극이 임계치에 도달했을 때를 역치(threshold)라 부르며, 이때 나트륨 채널이 넓게 열리면서 활동전위(action potential) 또는 신경자극이 형성되고, 이온교환의 연쇄적 반응이 축삭을 따라 이동하며, 신경전달이 이루어진다.

 ㉣ 탈분극(depolarization) 후에 재분극(repolarization)이 곧바로 일어나서 뉴런을 안정 시 막전위로 되돌린 후 다음 자극에 준비할 수 있게 한다.

④ 실무율(all-or-none)의 법칙

 ㉠ 뉴런의 반응은 실무율의 법칙을 따른다.

 ㉡ 신경 자극이 발생했다면 그 자극은 전압의 감소 없이 축삭 끝까지 전달되며, 신경전달이 시작되는 시점의 전압이 축삭을 따라 전달될 때까지 유지된다.

 ㉢ 탈분극이 일어나려면 역치 이상의 자극이 있어야 하며, 역치까지 도달하지 못한다면 탈분극(활동전위)은 일어나지 않는다.

(3) 신경전달 물질과 시냅스 전달

① 신경과 신경이 연결되어 있는 지점을 연접이라 부른다.

② 시냅스(synapse)는 시냅스 전 신경의 시냅스 종말과 시냅스 후 신경의 수상돌기 사이에 있는 짧은 간격이다.

③ 뉴런 사이의 상호신호전달을 시냅스 전달이라 한다.

④ 시냅스 전 뉴런에서 특정 신경전달물질(다른 뉴런과 신호를 상호교환하는 화학적 전달물질)이 충분히 방출될 때 발생하며, 방출된 신경전달물질은 시냅스 후 세포막의 수용체와 결합한다.

(4) 신경근 연접(neuromuscular junction) 기출 2021, 2019, 2018

① 운동 뉴런은 신경근 연접을 통하여 근섬유와 상호 교류한다.

② 운동신경과 근섬유 사이에 공간으로 신경전달물질을 분비하는 운동 뉴런의 축삭 종말에서 아세틸콜린 방출된다.

③ 근섬유 내의 근육세포에서 활동전위를 발생시킨다.

④ 근형질세망에서 칼슘이온이 분비된다.

⑤ ATP가 분해되며 에너지가 방출되고 근세사 활주가 시작되며 근육이 수축한다.

03 신경계의 운동기능 조절

(1) 중추신경계(CNS)의 운동기능 조절 기출 2016

중추 신경계는 뇌와 척수를 포함하며, 구심성 신경(감각 신경)을 통해 전달된 정보를 해석하고, 정보에 대한 반응을 원심성 신경(운동 신경)을 통해 전달하여 적절한 반응을 하도록 한다.

① 뇌(brain) : 뇌는 대뇌, 소뇌, 뇌간의 세부분으로 구분된다.

　㉠ 대뇌(cerebrum)

　　ⓐ 대뇌의 가장 바깥층을 대뇌피질(cerebral cotex)

　　ⓑ 복잡한 운동의 조직화, 학습된 경험의 저장, 감각정보의 수용 등의 기능을 수행한다.

　　ⓒ 수의적 운동과 가장 관련 깊은 대뇌피질 부분은 운동피질(motor cortex)이다.

　㉡ 소뇌(cerebellum)

　　ⓐ 고유수용기로부터 전달된 신호에 반응하여 움직임을 조절하는 것을 도와준다.

　　ⓑ 운동피질과 함께 역동적 움직임을 더욱 빠르게 만든다.

　㉢ 뇌간(brain stem)

　　ⓐ 대사의 기능, 심폐 기능 조절, 복잡한 반사작용을 조절한다.

　　ⓑ 연수, 뇌교, 중뇌로 구성된다.

　　ⓒ 신체의 움직임 조절 중에서 정상적인 직립자세를 유지하는 데 중요한 역할을 하여 중력에 대하여 몸을 유지할 수 있도록 한다.

② 척수(spinal cord)

　㉠ 일반적인 운동기능이 척수반사에 의해 영향을 받는다.

　㉡ 척수는 운동수행에 있어서 특정한 동작을 조절하는 신경 그룹과 같이 수의적 움직임의 조절에 있어서 중요한 역할을 수행한다.

　㉢ 뇌와 말초신경 사이의 감각과 운동신경의 신호를 전달한다.

　㉣ 반사는 고통스러운 자극에서 신체를 빠르게 치우는 무의식적인 반응수단을 제공하는 것이다.

(2) 말초신경계(PNS)의 운동기능 조절

    ① 구심성 신경 영역(감각 신경) : 구심성 신경은 수용기로부터 중추신경계까지 신경자극을 전달한다.

    ② 원심성 신경 영역(운동 신경) : 중추신경계에서 전달하는 반응에 대한 신경자극을 근육으로 전달한다.

        ㉠ 체성운동(somatic motor) 신경

            ⓐ 척수에서 골격근 섬유까지 신경 자극을 전달하여 골격근의 수의적 움직임을 유발한다.

            ⓑ 운동단위(motor unit) : 1개의 운동 신경에 연결되는 근섬유들

        ㉡ 자율운동(autonomic motor) 신경 : 혈관, 심근, 샘과 같은 평활근 기관의 불수의적 움직임을 조절한다.

(3) 고유수용기(proprioceptor) 기출 2019, 2017

    신체의 위치 정보를 중추신경계에 전달하는 감각수용기

    ① 근방추(muscle spindle) : 상대적인 근육의 길이에 관한 정보를 중추신경계에 제공

        ㉠ 인간의 섬세한 근육에서 많이 발견

        ㉡ 추내근섬유라 불리는 몇 개의 얇은 근육세포들로 구성되며, 추외근섬유라 불리는 골격근 섬유와 함께 평행하게 움직인다.

        ㉢ 신전반사작용(stretch reflex) : 골격근이 급격하게 늘어날 때 반사적인 수축의 결과를 감시한다.

        ㉣ 움직임의 조절과 자세유지에 도움을 주며, 근방추의 탐지능력을 통하여 이루어지며 중추신경계가 골격근섬유들의 길이변화에 반응할 수 있도록 한다.

    ② 골지힘줄기관(golgi tendon organ) : 근수축을 통해서 발생되는 장력에 관한 정보를 중추신경계에 제공

        ㉠ 건 내에 위치하고 있고 추외근섬유(근방추섬유)와 함께 직렬로 나란히 연결되어 있다.

        ㉡ 안정장치 같은 역할을 하며 근육이 수축하는 동안 과도한 힘을 막아준다.

        ㉢ 역신전반사 : 신전반사의 반대개념이며 척수 내 운동신경의 근육공급 억제를 중재하는 골지건기관에 의한 근긴장을 감소시킨다.

    ③ 관절 수용기(joint receptor) : 신체움직임의 속도와 관련된 신호뿐만 아니라 신체 부위의 위치를 인식하여 신체가 균형을 이룰 수 있도록 정보를 제공한다.

04 골격근과 운동

01 골격근의 구조와 기능

(1) 근육의 종류 [기출] 2018

① 골격근 : 수의근으로 뼈 또는 피부에 부착

② 심장근 : 불수의근으로 심장벽에 위치

③ 평활근(내장근) : 불수의근으로 내장기관 벽에 위치

(2) 골격근의 기능

① 골격근의 3가지 주요 기능

ㄱ 운동과 호흡을 위한 근수축

ㄴ 자세를 유지하기 위한 근수축

ㄷ 체온 유지를 위한 열생산

② 인대와 함께 건은 관절의 안정을 도모

③ 관절의 각을 작게 하는 근육은 굽힘근(flexor)

④ 관절의 각을 크게 하는 근육은 폄근(extensor)

(3) 골격근의 구조 [기출] 2015

- 근외막 → 근다발막 → 근다발 → 근내막 → 근섬유 → 근원섬유 → 액틴, 마이오신
- 골격근은 운동을 일으키는 근육으로 횡문근(가로무늬근)이며 수의근
- 다른 세포들과는 달리 근세포는 "다핵화" : 많은 핵을 가지고 있음.

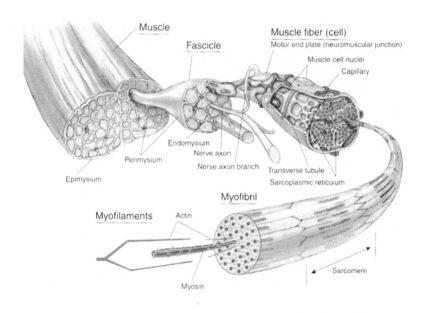

① 근섬유(Muscle fiber) : 여러 개의 근원섬유로 구성된 근육을 구성하는 기본 단위
② 근원섬유(Myofibril)
    ㉠ 수많은 단백질성 섬유가 모여 형성된 것으로 2종의 필라멘트 미오신과 액틴으로 구성
    ㉡ 근섬유 내에서 가장 명백한 구조로 수축과 이완을 담당하고 있는 부위
③ 근막(Fascia) : 근육의 겉을 싸고 있는 막
④ 근외막(Epimysium) : 근섬유를 싸고 있는 가장 바깥 막
⑤ 근주막(근다발막, Perimysium) : 근섬유 다발을 둘러싸고 있는 결합조직의 막
⑥ 근내막(Endomysium) : 근섬유를 싸고 있는 결체조직

(4) 근절
    ① 횡문근에서 근원섬유가 반복되는 기본 단위로 가장 작은 기능적인 수축 단위
    ② Z line과 Z line 사이의 근원섬유
    ③ A band : 마이오신 세사가 있는 어두운 부분으로 근수축 시 길이의 변화는 없다.
    ④ I band : 액틴 세사가 있는 밝은 부분으로 근수축 시 단축된다.
    ⑤ H zone : 근절 중앙에 액틴이 중첩되어 있지 않고 마이오신만 있는 부분

⑥ 근절의 구조

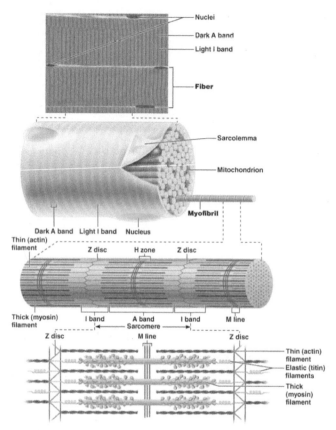

02 골격근과 운동

(1) 운동단위 기출 2019

　① 하나의 운동신경과 그 신경에 의해 지배되는 근육섬유들로 정의된다.

　② 운동신경에 연결된 근섬유 수가 많을수록 큰 힘을 내는 데 유리하다.

　③ 자극비율이 낮은 근육은 정교한 움직임에 적합하다.

(2) 근섬유의 유형(속근과 지근)과 특성 기출 2019, 2017~2015

　① 지근섬유(slow-twitch fiber, type Ⅰ)

　　㉠ ATP 생산에 필요한 에너지를 주로 유산소 대사에 의존

　　㉡ 상대적으로 크고 많은 수의 미토콘드리아를 가지고 있으며, 붉은색을 띠게 된다.

　　㉢ 속근섬유에 비해 해당능력이 낮은 특성을 갖는다.

② 쉽게 피로하지 않으며, 오래 지속되는 유산소 운동에 적합

　　　⑩ 장시간 운동이나 유산소성 운동 시에 주로 동원

　② 속근섬유(fast-twitch fiber, type Ⅱ)

　　　㉠ 무산소성 해당과정에 주로 의존

　　　㉡ 강력한 근수축 운동 시 동원

　　　㉢ 활동전위의 전기화학적 전달 능력과 미오신 ATPase의 활성이 높다.

(3) 근섬유의 특성 기출 2019, 2017~2015

특성	속근섬유		지근섬유
	Type Ⅱx	Type Ⅱa	Type Ⅰ
미토콘드리아 수	적음	많음/중간	많음
피로도	낮음	높음/중간	높음
에너지 시스템	무산소	유·무산소	유산소
ATPase 활동	높음	높음	낮음
수축 속도	빠름	중간	느림
효율성	낮음	중간	높음
장력	높음	높음	중간

(4) 근육의 수축 형태와 기능 기출 2018, 2015

　① 등척성 수축(isometric contraction)

　　　㉠ 근섬유의 길이 및 관절각의 변화 없이 장력 발생

　　　㉡ 관절의 움직임이 없는 근 수축 작용

　　　㉢ 정적 수축

　　　㉣ 근력 훈련에 의한 근력 증가 효율은 매우 낮음.

　　　㉤ 운동 재활 시 초기 운동방법에 용이

　② 등장성 수축(isotonic contraction)

　　　㉠ 근육의 길이 및 관절각의 변화가 생기며, 근 수축하여 장력 발생

　　　㉡ 단축성(구심성, concentric) 수축 : 근육의 길이가 짧아지면서 장력 발생

　　　㉢ 신장성(원심성, eccentric) 수축 : 근육의 길이가 길어지면서 장력 발생

　③ 등속성 수축(isokinetic contraction)

　　　㉠ 근육이 짧아질 때 근육에서 발생하는 장력이 운동의 전 범위에 걸쳐서 모든 관절각에서 최대

　　　㉡ 관절각이 같은 속도로 움직이며 근 수축 작용

　　　㉢ 관절의 움직이는 속도가 고정되어 근 수축이 이루어지며, 재활치료 및 선수 훈련 평가에 사용

(5) 훈련과 골격근의 적응

① 근력 훈련에 의한 골격근의 적응

㉠ 저항성 운동 → 근섬유 빌달 → 근비대 → 근력 증가

㉡ 근단면적의 증가로 인한 근력 증가

㉢ 근육 및 인대와 건의 탄성 향상

② 근지구력 훈련에 의한 골격근의 적응

㉠ 근섬유 둘레의 모세혈관 숫자 증가

㉡ 마이오글로빈 함유량 증가

㉢ 미토콘드리아 크기와 숫자 증가

05 내분비계와 운동

01 내분비계

- 내분비계 : 신호전달 시스템(화학적 신호), 표적세포에 작용하는 호르몬을 통하여 항상성 유지
- 내분비계와 신경계는 상호 협력하며, 신체활동과 관련된 모든 생리적 과정들을 시작시키고 조절한다.

(1) 호르몬의 정의와 특징

① 우리 몸의 내분비계에서 분비되어 혈액을 타고 표적기관으로 이동하여 작용하는 일종의 화학물질을 말한다.

② 표적 기관에 도착한 호르몬은 세포 외 혹은 내부에 위치하는 수용체와 결합하여 작용을 한다.

③ 호르몬은 우리 몸의 신체 변화를 조절하거나 생리 작용을 조절하여 혈당량 등의 내부조건의 항상성을 유지하게 한다.

④ 호르몬 활동의 특성

  ㉠ 혈액을 통해 이동하고, 미량으로 생리 작용 조절 및 영향을 주며, 분비량에 따라 과다증, 결핍증이 발생한다.

  ㉡ 대부분의 호르몬은 특정 표적 기관(표적 세포)에만 영향을 준다. 수용기는 오직 하나의 호르몬에만 반응할 수 있다.

  ㉢ 항상성 유지, 대사 조절, 길항 작용을 하며 생체 내 다양한 대사 과정의 변화를 조절한다.

  ㉣ 신경계의 자극 전달보다 훨씬 느리게 작용하지만 보다 오랜 시간동안 지속되며 신체 전반에 걸쳐 영향을 미친다.

⑤ 호르몬의 일반적인 기능

  ㉠ 체온 유지 및 신체 대사 균형을 조절하며 항상성을 유지한다.

  ㉡ 스트레스나 자극에 대한 면역 반응을 조절한다.

  ㉢ 신체 성장 및 생식 기능 발달 역할을 수행한다.

  ㉣ 적혈구를 생산 조절하고, 순환과 소화기를 조절한다.

⑥ 호르몬 분비의 조절

  ㉠ 대부분의 호르몬 분비는 음성 피드백(negative feedback)방식으로 조절된다.

  ㉡ 호르몬의 분비는 인체 내에 어떠한 변화를 초래하며, 이러한 변화는 호르몬의 추가적인 분비를 억제한다.

(2) 호르몬의 화학적 구분

① 스테로이드성 호르몬

  ㉠ 콜레스테롤로부터 만들어짐.

  ㉡ 지용성이며 세포막을 통과

ⓒ 4군데 주요 내분비선에서 분비

    ⓐ 부신피질 : 코티졸, 알도스테론

    ⓑ 난소 : 에스트로겐, 프로게스데론

    ⓒ 고환 : 테스토스테론

    ⓓ 태반 : 에스트로겐, 프로게스테론

② 비스테로이드성 호르몬

    ㉠ 지용성이 아니며, 세포막 통과하지 못함.

    ㉡ 단백질, 펩타이드 호르몬

        ⓐ 대부분의 비스테로이드성 호르몬

        ⓑ 췌장, 시상하부, 뇌하수체로부터 분비

    ㉢ 아미노산 유도체 호르몬

        ⓐ 갑상성 호르몬 : 트리요오드티로닌(T_3), 티록신(T_4)

        ⓑ 부신 수질 호르몬 : 에피네프린, 노르에피네프린

(3) 호르몬의 종류

① 아미노산 유도체

    ㉠ 티록신

    ㉡ 에피네프린

    ㉢ 멜라토닌

② 단백질이나 펩타이드호르몬

    ㉠ 갑상선자극호르몬분비호르몬

    ㉡ 부신피질자극호르몬

    ㉢ 부갑상선호르몬

    ㉣ 난포자극호르몬

    ㉤ 갑상선자극호르몬

    ㉥ 황체형성호르몬

    ㉦ 생식선자극호르몬

③ 스테로이드 계통

    ㉠ 당질코르티코이드

    ㉡ 무기질코르티코이드

    ㉢ 안드로겐

    ㉣ 에스트로겐

    ㉤ 프로게스테론

(4) 내분비선과 호르몬 [기출] 2022, 2017

① 뇌하수체 전엽

ㄱ 성장호르몬(growth hormone : GH)

ⓐ 표적 기관 : 인체의 모든 세포

ⓑ 조직 발달 촉진, 단백질 합성 속도 증가

ⓒ 세포 내부로의 아미노산 이동을 증가시켜 근육 성장과 근비대 유도

ⓓ 지방조직에서 지질 동원 및 지방 에너지 사용 증가

ⓔ 탄수화물 사용 속도 감소

ㄴ 갑상선자극호르몬(TSH)

ⓐ 표적 기관 : 갑상선

ⓑ 갑상선호르몬의 합성과 분비 유도

ㄷ 부신피질자극호르몬(ACTH)

ⓐ 표적 기관 : 부신피질

ⓑ 부신피질의 호르몬 분비 조절

ㄹ 난포자극호르몬(FSH)

ⓐ 표적 기관 : 난소와 고환

ⓑ 난소의 난포 성장 촉진, 난소로부터 에스트로겐 분비 촉진, 고환의 정자 발달 촉진

ㅁ 황체형성호르몬(LH)

ⓐ 표적 기관 : 난소와 고환

ⓑ 에스트로겐과 프로게스테론 분비 촉진, 난자방출 촉진(배란 자극), 고환의 테스토스테론 분비 촉진

ㅂ 프로락틴

ⓐ 표적 기관 : 유방

ⓑ 유방의 모유 생산 촉진

② 뇌하수체 후엽

ㄱ 항이뇨 호르몬(ADH)

ⓐ 표적 기관 : 신장

ⓑ 신장의 수분 재흡수 조절

ㄴ 옥시토신

ⓐ 표적 기관 : 자궁, 유방

ⓑ 자궁 수축(분만 촉진), 모유 분비 촉진

③ 갑상선

   ⊙ 트라이요오드티로닌(T_3)과 티록신(T_4)

      ⓐ 표적 기관 : 인체의 모든 세포

      ⓑ 체내 대사 촉진, 포도당 분해, 체온조절, 심박수와 심장 수축력 증가

   ⓛ 칼시토닌

      ⓐ 표적 기관 : 뼈

      ⓑ 혈액의 칼슘 농도 조절(감소)

④ 부갑상선 : 부갑상선호르몬

   ⊙ 표적 기관 : 뼈, 소장, 신장

   ⓛ 뼈, 소장, 신장에 작용하여 세포외액의 칼슘 농도 조절

⑤ 부신수질 기출 2015

   ⊙ 카테콜라민 분비 : 노르에피네프린, 에피네프린

   ⓛ 에피네프린 기출 2019

      ⓐ 표적 기관 : 인체의 대부분 세포

      ⓑ 운동 시 부신수질로부터 분비가 증가

      ⓒ 간과 근육의 글리코겐 분해를 촉진

      ⓓ 지방 조직과 근육의 지방 분해를 촉진

      ⓔ 골격근으로 혈액 흐름을 증가

      ⓕ 심박수와 심장 수축력(심박 출량) 증가

      ⓖ 산소 소비량 증가

   ⓒ 노르에피네프린

      ⓐ 표적 기관 : 인체의 대부분 세포

      ⓑ 세동맥과 세정맥을 수축시켜 혈압이 상승

      ⓒ 지방조직과 근육의 지방 분해를 촉진(에피네프린보다는 정도가 약함)

⑥ 부신피질

   ⊙ 전해질코르티코이드(알도스테론)

      ⓐ 표적 기관 : 신장

      ⓑ 신장을 통한 Na^+ 재흡수, K^+ 배설 촉진

   ⓛ 글루코코르티코이드(코티졸)

      ⓐ 표적 기관 : 인체의 대부분 세포

      ⓑ 스테로이드 호르몬의 일종

      ⓒ 항염증 작용

      ⓓ 에너지 공급 신호 전달

ⓔ 스트레스 및 외부 자극에 대항

ⓕ 탄수화물, 지방, 단백질 대사 조절

ⓒ 안드로겐과 에스트로겐

ⓐ 표적 기관 : 난소, 유방, 고환

ⓑ 남녀 생식기관 조절 및 발달

⑦ 췌장 [기출] 2019, 2018

㉠ 인슐린

ⓐ 표적 기관 : 인체의 모든 세포

ⓑ 혈당 증가 시 세포 안으로 포도당 흡수 촉진하여 혈당을 낮추는 역할

ⓒ 중성지방 분해 억제 및 단백질 합성 촉진

㉡ 글루카곤

ⓐ 표적 기관 : 인체의 모든 세포

ⓑ 혈당을 높여주어 혈액의 글루코스 증가

ⓒ 지방 및 단백질 분해 촉진

㉢ 소마토스타틴

ⓐ 표적 기관 : 랑게르한스섬과 장

ⓑ 인슐린과 글루카곤 분비 억제

글루카곤	인슐린
• 혈당을 높여주는 역할	• 혈당을 낮추는 역할
• 단백질과 지방 분해 촉진	• 탄수화물 분해 촉진/지방합성 증가
• 당신생합성 촉진	• 당신생합성 억제
• 혈장 글루코스 농도 증가	• 혈장 글루코스 농도 감소

⑧ 신장

㉠ 레닌

ⓐ 표적 기관 : 부신피질

ⓑ 혈압 조절을 돕는다.

㉡ 에리트로포이에틴(EPO)

ⓐ 표적 기관 : 뼈 골수

ⓑ 적혈구 생산 촉진

⑨ 고환

㉠ 남성호르몬(테스토스테론)

ⓐ 표적 기관 : 성기관, 근육

ⓑ 남성 생식기관 및 남성 성장 발달 촉진

　　　　ⓒ 근육 성장을 촉진

　⑩ 난소

　　㉠ 여성호르몬(에스트로겐, 프로게스테론)

　　　ⓐ 표적 기관 : 성기관과 지방조직

　　　ⓑ 여성 생식기관 및 성장 발달 촉진

　　　ⓒ 지방 저장을 증가

　　　ⓓ 월경 주기의 조절을 돕는다.

02 **운동과 호르몬 조절**

(1) 대사와 에너지에 미치는 호르몬의 영향

　① 운동 중 글루코스 대사

　　㉠ 운동 동안 적절한 글루코스 수준을 유지하려면

　　　ⓐ 간에 의해 글루코스 방출

　　　ⓑ 근육의 글루코스 흡수

　　㉡ 혈장 글루코스 양을 증가시키는 4가지 호르몬 : 글루카곤, 에피네프린, 노르에피네프린, 코티졸 – 혈액
　　　글루코스 수준이 저하될 수 있는 장시간 또는 고강도 운동 동안에 특히 중요

　　　ⓐ 글루카곤 : 글리코겐 분해(간), 아미노산으로부터 글루코스 합성 촉진

　　　ⓑ 카테콜라민(에피네프린, 노르에피네프린) : 혈압상승, 심박수 증가, 글리코겐 분해

　　　ⓒ 코티졸 : 스트레스 호르몬으로 항염증 효과

　　㉢ 운동 동안의 혈액 글루코스 농도는 성장호르몬(유리지방산 동원 향상, 세포의 글루코스 흡수 저하), T_3,
　　　T_4(글루코스 분해와 지방대사 향상)의 영향을 받는다.

　　㉣ 운동 강도 올라가면 카테콜아민 증가, 근 글리코겐 분해 증가, 근육 글리코겐이 간 글리코겐보다 먼저
　　　사용

　　㉤ 운동 지속 시간 증가하면 더 많은 간 글리코겐 이용하고 근육 글루코스 흡수 증가하여 간 글루코스 방출
　　　증가, 글리코겐 저장량 감소, 글루카곤 수준 증가

　　㉥ 운동 중에는 인슐린 농도 감소, 세포의 인슐린 민감도 증가, 더 많은 글루코스가 세포 내부로 이동

　② 운동 중 지방 대사　기출 2019

　　㉠ 유리지방산의 동원과 지방대사는 지구력 운동의 경기력에 결정적인 역할을 함.

　　　ⓐ 글리코겐 고갈, 지방 에너지 기질이 필요

　　　ⓑ 호르몬은 지방 분해를 가속화함.

　　　ⓒ 중성지방은 리파아제(lipase)에 의해 지방산과 글리세롤(glycerol)로 분해됨.

　　　　ⓓ 리파아제(lipase) 활성화 시키는 4가지 호르몬 : 코티졸, 에피네프린, 노르에피네프린, 성장호르몬
　　　ⓛ 지방분해 촉진자 : 인슐린 감소, 에피네프린 증가, 노르에피네프린 증가, 코티졸 증가, 성장호르몬 증가

(2) 운동 중 수분과 전해질 균형에 대한 호르몬의 영향　기출 2016
　　① 운동 중 혈장량은 감소
　　　㉠ 정수압과 조직의 삼투압 증가
　　　㉡ 땀분비로 인해 혈액의 물 성분 감소
　　　㉢ 심장의 부담 증가, 혈압 감소
　　② 호르몬은 수분 불균형을 바로 잡음
　　　㉠ 뇌하수체 후엽 : 항이뇨호르몬
　　　㉡ 부신피질 : 알도스테론
　　　㉢ 신장 : 수분 재흡수
　　③ 레닌-안지오텐신-알도스테론 작용
　　　㉠ 부신피질 – 알도스테론(전해질 코르티코이드) 분비
　　　　ⓐ 알도스테론 작용 : 신장에 의한 Na^+ 보유 증가 → 삼투를 통한 수분 보유 증가 및 K^+ 배출
　　　　ⓑ 알도스테론 분비 자극 요인 : 혈장 Na^+ 감소, 혈장량 및 혈압 감소, K^+ 증가
　　　㉡ 신장은 항이뇨호르몬, 알도스테론의 표적기관
　　　　ⓐ 레닌 분비를 자극 : 혈액량 감소, 혈압 감소 – 교감신경계 자극
　　　㉢ 레닌-안지오텐신-안도스테론 기전(혈압 상승 기전)
　　　　ⓐ 레닌(신장에서 분비)에 의해 안지오텐신노겐이 안지오텐신Ⅰ으로 전환
　　　　ⓑ 안지오텐신 전환 효소(폐의 모세혈관에 존재)에 의해 안지오텐신Ⅰ은 안지오텐신Ⅱ로 전환
　　　　ⓒ 안지오텐신Ⅱ는 교감신경계 자극, Na^+ 재흡수 및 K^+ 배출, 안도스테론 합성과 분비 자극, 혈관 수축,
　　　　　항이뇨호르몬 분비 자극 → 혈압 상승
　　　㉣ 근육활동으로 땀 분비 촉진 → 혈압 상승 → 땀의 분비는 혈장량과 신장으로의 혈액 흐름 감소 → 신장으
　　　　로 감소된 혈액 흐름은 레닌 분비 생성 → 레닌은 안지오텐신Ⅰ 형성 → 안지오텐신Ⅱ 전환 → 안지오텐신
　　　　Ⅱ는 부신피질에서 알도스테론 분비 촉진 → 알도스테론은 세뇨관으로부터 Na^+과 수분의 재흡수를 증가
　　　　→ 혈장량 증가 → 소변 생산량 감소
　　④ 항이뇨호르몬　기출 2018
　　　㉠ 뇌하수체 후엽에서 분비
　　　㉡ 항이뇨호르몬은 신장에서 수분 흡수 증가, 소변의 수분 감소
　　　㉢ 항이뇨호르몬 분비를 위한 자극
　　　　혈장량 감소 → 혈액 농축과 삼투질 농도 증가 → 시상하부의 삼투압 수용체 자극 → 뇌하수체 후엽에 신
　　　　경자극 → 항이뇨호르몬 분비 → 수분 재흡수 증가

ⓔ 근육 활동으로 땀 분비 촉진 → 혈압 상승 → 혈장량 감소 → 혈액 농축과 혈액의 삼투질 농도 증가 → 시상하부의 삼투압 수용기 자극 → 뇌하수체후엽에서 항이뇨호르몬 분비 촉진 → 신장에 작용 → 수분 투과성 증가 → 수분 재흡수 촉진 , 운동 후 수분 섭취 = 혈장량 증가 → 혈액 삼투질 농도 감소

06 호흡·순환계와 운동

01 호흡계의 구조와 기능

(1) 호흡계의 구조

① 호흡 : 모든 신체조직에 산소를 공급하고, 이산화탄소를 제거하는 과정

② 폐 환기 : 대기의 공기를 폐 속으로 흡입하고, 폐로부터 공기를 밖으로 내보내는 과정

③ 외호흡(호흡계) : 폐포 공기와 폐 모세혈관 사이에서 산소와 이산화탄소가 확산에 의해 교환

④ 내호흡(순환계)

   ㉠ 모세혈관을 통해서 혈액이 흐르면서 혈액과 조직 사이에서 확산에 의해 산소와 이산화탄소가 교환

   ㉡ '산화대사' 또는 '세포호흡'

⑤ 공기의 전달 과정

   ㉠ 코/입 → 인두 → 후두 → 기관 → 기관지 → 세기관지 → 폐포

   ㉡ 전도영역

   ㉢ 호흡영역

(2) 호흡 운동(호흡역학)

① 호흡의 원리 [기출] 2018

   공기는 압력이 높은 곳에서 낮은 곳으로 이동

② 흡기(inspiration, 들숨)

   ㉠ 외부의 공기가 폐로 흡입되는 과정

   ㉡ 횡경막이 아래로 내려가고 흉곽이 확장되어 흉곽의 용적이 늘어나서 흉곽 내부 압력이 대기(바깥)보다 낮아져 공기가 폐로 들어오는 현상

③ 호기(expiration, 날숨)

   ㉠ 폐의 공기가 외부로 배출되는 과정

   ㉡ 횡경막이 이완되면 위쪽으로 원래 위치로 올라가고, 확장되었던 늑골이 축소되면서 흉곽내의 압력이 증가하여 공기가 폐 밖으로 밀려나가는 현상

   ㉢ 안정 시에는 흡기를 일으키는 근육들의 이완과 폐 조직의 탄성복원력에 의하여 수동적으로 작용

   ㉣ 노력성 호흡 중(운동 시)에는 능동적으로 작용

④ 호흡에 의한 인체 내 산-염기 균형 조절은 점증부하 운동 시 증가된 혈중 산소 농도가 중탄산염의 완충 작용과 폐환기량의 증가에 의해 H^+의 농도가 감소되는 것을 의미한다. [기출] 2018

(3) **가스교환** `기출` 2022, 2019, 2017, 2015

에너지 대사에 필요한 산소를 세포로 수송하고, 대사과정에서 생긴 이산화탄소를 몸 밖으로 배출하기 위하여 이루어진다.

① **폐에서의 가스교환 : 폐포-모세혈관**

ㄱ 폐에서의 가스교환을 폐확산이라고 한다.

ㄴ 폐포의 가스분압과 혈액 내에서의 가스분압 차이는 호흡막을 사이에 두고 압력의 차이를 형성하게 되며, 폐확산 동안의 가스교환의 기반을 형성한다.

ㄷ 가스는 압력이 높은 곳에서 낮은 부위로 확산되어 가므로 산소는 혈액 속으로 들어가고 이산화탄소는 폐포 속으로 들어간다.

ㄹ 운동을 하게 되면 산소 확산능력은 증가하고, 체내에서 산소수요량이 커지면 산소교환이 촉진된다.

② **산소와 이산화탄소의 운반**

ㄱ 산소 운반

ⓐ 산소의 98%는 혈액의 적혈구 내에 들어있는 헤모글로빈(Hb)과 결합하여 운반되고, 2%는 혈장 내에 용해되어 운반된다.

ⓑ 산화된 혈액은 모세혈관을 통해 세포로 이동/확산

ㄴ 이산화탄소 운반

ⓐ 이산화탄소는 세포로부터 떨어져 나와 혈액 내에서 폐로 운반

ⓑ 이산화탄소 운반의 3가지 형태

• 이산화탄소의 20%는 헤모글로빈과 결합하여 카르바미노헤모글로빈이라는 복합체를 형성하여 운반

• 이산화탄소의 7~10%는 혈액에서 혈장에 용해되어 운반

• 이산화탄소의 60~70%는 중탄산염이온 형태로 운반

③ **근육에서의 가스교환 : 근-모세혈관**

ㄱ 동-정맥 산소 차이

ⓐ 동맥혈과 정맥혈 사이의 산소 농도 차이

ⓑ 운동 중에는 근육내의 산소분압(PO_2)이 동맥혈보다 훨씬 낮기 때문에 혈액은 더 많은 산소를 활동근에 넘겨준다.

ㄴ 산소의 운반과 섭취 속도에 영향을 주는 3가지 중요 변인

ⓐ 혈액내의 산소 농도

ⓑ 조직에 가는 혈류량의 크기

ⓒ 근육내의 국소적인 상태 : 조직 온도와 PO_2

ㄷ 이산화탄소 제거 : 이산화탄소는 근육에서 빠져 나와 혈액 속에 확산되어 폐로 운반

④ 호흡의 목적 : 혈액과 조직 내의 적절한 가스농도를 유지시키고, 정상적인 세포 기능을 위해 적절한 pH를 유지시키는 것

⑤ 운동으로 인한 가스교환 능력 향상 요인

　㉠ 확산 능력 향상 : 폐포 수 증가, 폐 모세혈관 증가

　㉡ 운반 능력 향상 : 혈액량, 헤모글로빈 수 증가로 산소 운반 능력 향상

(4) 폐의 용량과 기능 　기출 2017

① 폐 환기의 규모는 폐용량(lung capacity)에 의해 결정

② 폐활량계(spirometer)를 사용하여 측정

　㉠ 1회 호흡량(tidal volume, TV) : 안정 상태에서 1회 호흡하는 동안 들이마시거나 내쉬는 공기의 양

　㉡ 잔기량(residual volume, RV) : 최대로 숨을 내쉰 후 폐 내에 남아있는 공기량

　㉢ 폐활량(vital capacity, VC) : 최대로 숨을 들이마신 후 최대로 숨을 내쉴 수 있는 최대의 공기량

　㉣ 총폐활량(total lung capacity, TLC)

　　ⓐ 최대의 들숨으로 폐 내에 수용할 수 있는 공기량

　　ⓑ 폐활량과 잔기량의 합

　㉤ 흡기예비용적 : 정상적인 흡기 후 최대로 흡입할 수 있는 공기량

　㉥ 호기예비용적 : 정상적인 호기 후 최대로 내보낼 수 있는 공기량

02　운동에 대한 호흡계의 반응과 적응 　기출 2021, 2017

(1) 운동에 따른 환기량의 변화

① 고정부하 운동과 환기량

　㉠ 운동 시작 직전 환기량이 증가한다 : 운동을 한다는 예측에 의한 대뇌피질의 자극에 의한 것이다.

　㉡ 운동 시작과 동시에 급격한 환기량의 증가가 나타난다.

　㉢ 최대하 운동 시까지 서서히 증가하여 항정 상태를 유지한다.

　㉣ 최대 운동 시 운동 끝날 때까지 지속적으로 서서히 증가한다.

　㉤ 운동 종료 직후 환기량이 급격히 감소되는 부분과 서서히 감소되는 부분으로 나타난다.

　　ⓐ 급격한 감소 부분 : 근육과 관절에서의 자극이 감소됨으로써 일어난다.

　　ⓑ 느린 감소 부분 : 이산화탄소의 감소와 관련이 있다.

② 점증부하 운동과 환기량

　㉠ 근육에서 소비되는 산소량, 또는 체내에서 생산되는 이산화탄소 양과 비례해 분당 환기량은 증가한다.

ⓛ 최대운동에 가까워지면 분당 환기량은 산소소비량과 비례하여 증가하지 않고 급격하게 증가하기 시작한다.

ⓒ 최대운동에 가까워져도 분당 환기량은 이산화탄소 생성량과는 비례하여 증가한다.

ⓔ 분당 환기량이 급격하게 증가하는 시점을 무산소성 역치라고 한다.

④ 지구성 훈련　기출 2021, 2017

지구력 트레이닝에 따른 특수한 적응은 심혈관계 시스템과 호흡 시스템 기능의 효율성의 극대화를 이룰 수 있다.

　㉠ 폐 환기량

　　ⓐ 트레이닝 후의 폐 환기량은 안정 시에 변화가 없거나 약간 감소된다.

　　ⓑ 최대 환기량은 상당히 증가된다.

　㉡ 폐 확산

　　ⓐ 트레이닝 후에 안정 시와 상대적 동일 강도의 최대하 운동 시에는 변화가 없다.

　　ⓑ 최대운동 시에는 폐확산 능력이 커진다.

　　ⓒ 가스교환을 위하여 더 많은 혈액이 폐로 들어오게 되면 동시에 환기량이 증가되어 더 많은 공기가 폐 속으로 들어온다.

　㉢ 동-정맥 산소 차이

　　ⓐ 트레이닝을 하여도 동맥혈의 산소농도는 거의 변화가 없다.

　　ⓑ 트레이닝을 하면 동맥과 정맥의 산소 차이는 증가한다.

　　ⓒ 동-정맥 산소 차이의 증가는 혼합 정맥혈의 산소농도가 낮아지기 때문이다.

　　ⓓ 훈련된 사람은 훈련 안된 사람보다 정맥혈의 산소농도가 낮다.

　　ⓔ 훈련된 사람은 조직에서 보다 더 많은 산소를 추출하여 사용하고, 혈액을 보다 더 효율적으로 배분하는 것을 반영한다.

03　순환계의 구조와 기능

(1) 심혈관계의 구조와 기능　기출 2021, 2018, 2017

① 심장의 구조

　㉠ 심장은 주먹만한 크기로 무게 500g 이하

　㉡ 심장은 4개의 방으로 구성

　㉢ 혈액을 받는 2개의 심방 : 혈액을 받아들이는 심장의 위쪽 공간

　㉣ 혈액을 내보내는 2개의 심실 : 혈액을 심장 밖으로 펌프하여 내보내는 심장의 아래쪽 공간

② 심장내의 혈류

　　㉠ 판막 : 혈류의 역류를 방지하는 역할

　　㉡ 심장에는 총 4개의 판막이 있다.

　　㉢ 삼첨판 : 우심방과 우심실 사이

　　㉣ 이첨판(승모판) : 좌심방과 좌심실 사이

　　㉤ 반월판 : 심실과 동맥 사이

　　　ⓐ 대동맥 반월판 : 대동맥과 좌심실 사이

　　　ⓑ 폐동맥 반월판 : 폐동맥과 우심실 사이

③ 체순환 : 심장에서 혈액을 통해 체내로 순환

　　㉠ 산소 함량이 많은 혈액이 심장에서 나와 온 몸을 지나 이산화탄소 함량이 많은 혈액이 되어 심장으로 돌아온다.

　　㉡ 좌심실 → 대동맥 → 소동맥 → 몸의 모세혈관 → 소정맥 → 대정맥 → 우심방

④ 폐순환

　　㉠ 심장에서 폐를 거쳐 심장으로 순환 : 이산화탄소 함량이 많은 혈액이 심장에서 나와 폐를 거치며 산소 함량이 많은 혈액이 되어 심장으로 돌아간다.

　　㉡ 우심실 → 폐동맥 → 폐 → 폐정맥 → 좌심방

⑤ 심근과 심근에 대한 혈류공급

　　㉠ 심장근육은 총체적으로 심근(myocardium)이라 불린다.

　　㉡ 심장에서 가장 강력한 부분은 좌심실이며, 좌심실의 강력한 펌프력은 심방이나 우심실에 비해 근육 벽이 두껍기 때문이다.

　　㉢ 강도가 있는 유산소 운동 시에는 활동근의 혈류량의 수요가 크게 증가되어 좌심실의 부하가 커지고, 큰 부하를 오랫동안 받게 되면 골격근과 마찬가지로 심근도 비대해진다.

　　㉣ 심장에 대한 주된 혈액 공급은 "좌우 관상동맥"에 의해서 이루어진다.

(2) 혈관 시스템 　기출 2015

① 심장으로부터 혈액을 전신조직으로 공급하는 혈관 및 혈액을 심장으로 되돌려주는 혈관으로 구성

　　㉠ 동맥

　　　ⓐ 아주 크고, 대부분이 근육으로 되어 있음.

　　　ⓑ 혈액을 심장으로부터 전신으로 운반하는 통로

　　　ⓒ 좌심실로부터 전신으로 혈액이 뿜어져야 하기 때문에 두께가 두껍고 탄력성이 좋음.

　　　ⓓ 대동맥 : 좌심실로부터 전신 기관에 혈액을 운반하는 가장 큰 혈관

　　㉡ 정맥

　　　ⓐ 체내 기관에서 심장으로 혈액이 들어오는 혈관

ⓑ 동맥에 비해 두께가 얇음.

ⓒ 대정맥 : 전신 기관으로부터 우심방으로 혈액을 되돌아오게 하는 가장 큰 정맥

ⓒ 모세혈관

　ⓐ 동맥과 정맥 사이를 연결해주는 혈관으로 가장 가는 혈관

　ⓑ 혈관의 벽이 매우 얇아서 혈액 성분이 쉽게 모세혈관을 투과하여 혈관 밖의 조직 세포에 산소와 영양 물질을 전달하고 노폐물을 회수할 수가 있다.

② 혈액 귀환 메커니즘

ⓒ 호흡 동작 : 호흡을 할 때 복강내압과 흉곽압이 변하며 혈액이 심장으로 돌아오는 것을 돕는다.

ⓒ 근펌프 : 운동을 하면 다리와 복부에 있는 골격근도 같이 수축하게 되는데, 이때 정맥이 압박되면서 혈액을 심장 쪽으로 밀어 올리게 된다.

ⓒ 판막(정맥) : 정맥 내에 있는 정맥판막에 의해서 혈액이 역류하지 않고 한쪽 방향으로 흘러가게 된다.

③ 혈액의 3가지 기능

ⓒ 운반기능 : 산소, 영양소, 철분, 호르몬, 기타 여러 가지 물질들을 전신으로 운반

ⓒ 조절기능 : 체액과 전해질 균형, 산-염기 평형 유지, 체온 조절

ⓒ 보호기능 : 감염으로부터 보호

④ 혈액의 구성요소

ⓒ 혈액은 액체 성분인 혈장, 고체성분인 혈구로 구성

ⓒ 혈장 : 전체 혈액량의 55% ~ 60%

　ⓐ 혈장량의 약 90% : 대부분 물로 이루어진 옅은 노란색 액체

　ⓑ 혈장량의 약 7% : 혈장 단백질

　ⓒ 혈장량의 약 3% : 세포영양소, 전해질, 효소, 호르몬, 항체 및 노폐물 함유

ⓒ 혈구 : 전체 혈액량의 40% ~ 50%

　ⓐ 적혈구, 백혈구, 혈소판이 포함

　ⓑ 고체성분의 99% 이상이 적혈구이며, 백혈구와 혈소판은 1% 이하

ⓒ 헤마토크리트(Hct)-적혈구용적률 : 전체 혈액에 대한 고체성분 세포들이 차지하는 비율

(3) 심장의 자극전도 시스템 [기출] 2021, 2017

① 심장근은 자동전도능(autoconduction)이라고 불리는 자신 스스로 전기적 신호를 발생시키는 능력이 있다.

② 심장의 자극전도 시스템의 4가지 구성요소 : 동방결절(SA node), 방실결절(AV node), 방실줄기(히스줄기), 퍼킨지 섬유

ⓒ 동방결절(SA node)

　ⓐ 우심방의 후상부에 위치하고 있는 특수화된 심근 집단

　ⓑ 매분 60~80번 정도의 빈도로 전기 자극을 발생시키는 부위

ⓒ 심장의 pace maker라고 불린다.
ⓛ 방실결절(AV node)
ⓐ 심장 중심부에 가까운 우심방 벽에 위치
ⓑ 자극을 심방으로부터 심실로 전달
ⓒ 방실줄기(AV bundle, 히스속 – bundle of His)
ⓐ 심실 중격으로 따라 뻗어나가 좌우심실의 좌우 bundle에 자극을 전달
ⓑ 좌우 bundle은 자극을 심첨부 쪽으로 전달하고, 바깥쪽으로 전달한다.
ⓡ 퍼킨지 섬유(Purkinje fibers) : 다른 자극전도 시스템보다 6배나 빠르게 자극을 전달한다.
③ 심장의 자극 전도 순서 : 동방결절 → 심방전도 섬유 → 방실결절 → 방실줄기(히스속) → 좌우 bundle →
퍼킨지 섬유
④ 심장에서의 전기적 자극
ⓗ 심장의 전기적 활동의 변화는 심전도(ECG)라 불리는 기록계를 사용하여 도표로 기록된다.
ⓛ 심전도
ⓐ P파 : 삼방의 탈분극
ⓑ QRS 복합체 : 심실의 탈분극
ⓒ T파, U파 : 심실의 재분극
⑤ 1회 박출량(stroke volume, SV) = 확장말기용량(EDV) – 수축말기용량(ESV) 기출 2022
ⓗ 좌심실이 수축할 때 배출되는 일정한 혈액의 양
ⓛ 확장기말 혈액량(EDV)과 수축기말 혈액량(ESV)의 차이
ⓐ 확장기말 혈액량(end diastolic volume, EDV) : 수축직전 확장 말기에 심실에 들어온 최대의 혈액량
ⓑ 수축기말 혈액량(end systolic volume, ESV) : 심실이 수축을 끝냈을 때 심실 내에 남아있는 혈액량
⑥ 심박출량(cardiac output, Q)
ⓗ 1분 동안 좌심실이 배출한 혈액의 총량
ⓛ 심박수(HR) × 1회 박출량(SV)
ⓒ 심박출량 = 4.2 ~ 5.6L/min
⑦ 심장 활동의 외인성 조절 기출 2019
ⓗ 부교감신경 시스템 : 억제성
미주신경을 통해 작용, 자극전도 속도를 늦추어 심박수 감소, 심장의 수축력 감소
ⓛ 교감신경계 시스템 : 흥분성
자극 전도 속도 증가시켜 심박수 증가, 심장의 수축력 증가
ⓒ 내분비계 시스템
ⓐ 부신피질에서 분비되는 카테콜라민(에피네프린, 노르에피네프린)
ⓑ 교감신경 시스템과 같이 심장을 자극하고 심박수를 증가시킨다.

(4) 운동 시 심장혈관 시스템의 반응 `기출` 2021, 2019~2017

① 심박수(HR) `기출` 2016

   ㉠ 운동 강도가 증기함에 따라 심박수도 HRmax에 이를 때까지 비례적으로 증가한다.

   ㉡ 내인성 조절 : 동방결절

   ㉢ 외인성 조절 : 자율신경계

   ㉣ 장시간 지구성 트레이닝에 따른 변화

      ⓐ 서맥 현상 : 내인성 및 외인성 조절

      ⓑ 동방결절의 내인성 방전리듬 억제

      ⓒ 교감신경과 부교감신경 불균형 초래

      ⓓ 부교감신경 증가, 교감신경 억제

② 1회 박출량(SV) `기출` 2022, 2016

   ㉠ 운동 강도의 증가에 비례하여 증가한다.

   ㉡ 비단련자는 운동 강도가 VO_2max의 40~60%에서 최대치에 도달

   ㉢ 고도로 훈련된 단련자는 최대 운동 강도에 이를 때까지 SV는 계속해서 증가한다.

   ㉣ SV의 4가지 결정 요인

      ⓐ 심장에 돌아오는 정맥혈의 용량

      ⓑ 심실의 팽창성, 즉 심실의 확장능력

      ⓒ 심실의 수축력

      ⓓ 대동맥과 동맥압(심실이 이겨내고 수축해야 할 압력)

   ㉤ Frank-Starling 기전 : 심실에 들어오는 혈액량이 증가하면 심실의 확장이 더 늘어나고, 많은 양의 혈액을 박출하기 위해서 심실은 보다 더 힘차게 수축하여야 한다.

③ 심박출량

   ㉠ 심박수와 1회 박출량의 증가는 심박출량을 증가시킨다.

   ㉡ 운동 시에는 안정 시보다 더 많은 혈액이 박출되며, 혈액순환도 빨라진다.

   ㉢ 산소와 영양소의 공급 원활 및 운동 중 발생하는 부산물의 신속한 제거 가능

④ 혈류

   ㉠ 운동 중 혈액의 재분배 : 활동근육으로 혈류의 다량공급

   ㉡ 심장혈관계 유동 : 장시간 유산소운동 또는 고온 환경에서 유산소 운동을 일정한 강도로 하면 SV가 점차로 감소하고 HR은 증가한다.

⑤ 혈압

   ㉠ 지구성 전신 운동 시에는 운동 강도의 증가와 함께 증가되는 심박출량에 의해서 수축기 혈압이 증가된다.

   ㉡ 증가된 혈압은 혈액의 운반과정을 촉진한다.

ⓒ 확장기 혈압은 운동 강도와 관계없이 지구력 운동 중에는 거의 변화되지 않는다.

ⓔ 저항성 운동 시에 혈압은 크게 증가한다.

⑥ **혈액**

 ㉠ 운동 강도가 증가함에 따라 동·정맥 산소 차이는 점차적으로 증가한다.

 ㉡ 활동근에서 더 많은 산소를 필요로 하면 할수록 더 많은 산소가 혈액으로부터 추출된다.

 ㉢ 혈장 용량은 장시간 운동 중에 10~20% 정도 감소된다.

 ㉣ 운동 강도가 증가하거나 더운 환경에서는 땀을 흘리게 되면 혈장량 감소는 더 커진다.

 ㉤ 혈장의 감소는 운동수행능력을 감소시킬 것이다.

  ⓐ 열발산이 문제가 되는 장시간의 운동에서는 체열발산을 위한 피부로의 혈류량 증가로 활동조직으로 흘러가는 혈류량이 감소된다.

  ⓑ 혈장량의 감소 → 혈액의 점성 높임 → 혈류 저항 증가 → 산소 운반 능력 저하

 ㉥ 혈장량이 감소될 때, 혈액 농축 현상이 일어난다.

  ⓐ 혈액내의 액체 성분이 줄어드는 것

 ㉦ 운동 강도가 50% VO₂max를 넘어서면 pH가 감소하기 시작하여 혈액은 더 산성으로 기울어진다.

⑦ **스포츠심장**

 ㉠ 심장이 커진 것이 아니라 좌심실의 용적이 커지고, 벽이 두꺼워서 생기는 현상

 ㉡ 1회 박출량 증가 및 안정 시 심박수 감소

(5) 유산소 운동 중 순환계의 반응 및 적응 [기출] 2018, 2016

① **안정 시 변화**

 ㉠ 심장의 크기가 증가한다(심근 비대).

 ㉡ 심박수가 감소한다.

 ㉢ 1회 박출량이 증가한다.

 ㉣ 안정 시 폐의 기능은 적게 변화하거나 거의 변화하지 않는다.

 ㉤ 혈류량과 헤모글로빈이 증가한다.

 ㉥ 모세혈관의 밀도가 증가하고, 골격근의 근비대가 일어난다.

② **최대하 운동 중의 변화**

 ㉠ 산소섭취는 거의 변화가 없거나 약간 감소한다.

 ㉡ 심박수가 감소한다.

 ㉢ 1회 박출량이 증가한다.

 ㉣ 심박출량은 변화하지 않거나 약간 감소한다.

 ㉤ 활동근 1kg당 근 혈류의 양이 감소한다.

 ㉥ 근글리코겐의 사용이 감소한다(글리코겐 절약).

    ⓢ 젖산의 축적이 감소된다(젖산 생산량의 감소).

    ⓞ 운동수행속도와 젖산 역치가 증가한다.

③ 최대 운동 중의 변화

    ㉠ 최대 유산소성 파워(최대산소섭취량)를 증가시킨다.

    ㉡ 심박출량이 증가한다.

    ㉢ 1회 박출량이 증가한다.

    ㉣ 심박수는 변화가 없거나 약간 감소한다.

    ㉤ 최대 분당 환기량이 증가한다.

    ㉥ 폐의 확산 능력이 증가한다.

    ⓢ 젖산 축적이 증가한다.

    ⓞ 근육 1kg당 공급되는 혈류의 양은 변하지 않는다.

체온조절과 운동

(1) 체온조절 기전

① 인간은 항온 동물이기 때문에 발달된 체온조절 기능으로 열생산과 열방출의 조절이 가능하여 체온을 일정하게 유지한다.

② 체온을 일정하게 유지하기 위해 생리적인 변화를 조절한다.

③ 대사과정, 신경조직의 자극전도 속도, 근수축 등은 체온의 증감에 비례한다.

④ 정상체온

    ㉠ 건강한 사람의 정상적인 체온(36~38℃ 사이)을 정상체온이라 한다.

    ㉡ 세포수준에서의 모든 생화학적 반응이나 효소반응은 체온에 의해 민감한 영향을 받는다.

    ㉢ 정상체온에서 1℃ 떨어질 때마다 반응속도는 12%씩 감소한다.

(2) 체온조절의 원리와 기전

① 열 평형 : 인체의 열 평형은 체열 생산과 체열 손실에 의하여 역동적으로 유지된다.

② 체온조절기전

    ㉠ 체온조절은 부적 피드백 시스템에 의해 효과적으로 이루어진다.

        ⓐ 현재의 체온은 감지하는 온도수용기

        ⓑ 체열의 증가나 손실을 일으키는 효과기

        ⓒ 감지된 온도가 정상체온보다 높은지 낮은지 결정한 후 효과기를 작동시키는 시상하부(통합기 또는 조절기) : 시상하부의 열 조절 중추로 피드백을 보내거나 대뇌피질로 정보를 전달한다.

        ⓓ 위의 세 가지 요소와 이들을 서로 연결하는 신경계로 구성된다.

(3) 고온환경과 체온조절 기출 2021

① 복사 : 물리적 접촉 없이 다른 물체에 열 이동

② 전도 : 물리적 접촉을 통해 열 이동

③ 대류 : 공기의 흐름에 의한 열손실

④ 증발 : 인체의 땀 분비와 호기를 통한 수분의 증발을 통하여 체열을 방출

⑤ 서열적응 : 고온환경에 노출된 인체가 말초혈관의 확장, 발한과 과도호흡에 의한 수분 증발량의 증가, 호르몬 조절기능의 활성 등을 통하여 고온에 대한 내성을 증가시켜 정상체온을 유지하게 된다.

(4) 저온환경과 체온조절

① 추운 환경에 노출되면 열손실이 커져서 내부의 온도가 떨어지는 것을 방지하기 위한 열보존 반응과 열생산 증가 반응이 일어난다.

② 열보존 반응 : 말초혈관이 수축되어 피부의 모세혈관 쪽으로 흐르는 혈류량이 감소한다.

③ 열생산증가 반응 : 피부 표면에 소름이 돋고 근육의 떨림에 의한 에너지 대사의 항진과 호르몬 분비에 의한 기초대사량이 증가된다.

④ 한냉적응 : 추운 환경에서 장기간에 걸친 생활을 통하여 항온동물들은 신진대사 반응, 맥관계 반응, 효소 적응 및 신경성 적응 등을 일으켜 정상체온을 유지할 수 있게 된다.

02 고온 및 저온환경에서의 운동

(1) 고온환경에서의 운동의 생리적 영향

① 고온환경에서의 운동으로 인한 인체의 부담

㉠ 근육운동에 필요한 에너지 대사를 위해 근육에 산소를 공급

㉡ 대사열을 심부로부터 외층으로 수송

㉢ 증발을 통한 열방출을 위해 발한량을 증가

㉣ 과다한 체액 손실에 따른 혈장량의 감소로 인한 순환기능의 저하라는 부담을 받는다.

② 순환계 및 대사반응

㉠ 피부순환량이 증가되어 정맥혈 환류가 감소 → 1회 박출량 감소 → 심박수 증가된다.

㉡ 최대 운동 시 1회 박출량은 작으면서 최대심박수는 거의 비슷하기 때문에 최대심박출량이 작아지며 최대 유산소능력도 감소된다.

㉢ 지구력 종목의 선수들은 현저한 경기력 저하가 나타난다.

㉣ 근육 글리코겐 이용율이 증가되고 젖산 생성량도 증가된다.

㉤ 장시간 지속하는 운동경기의 경우 피로가 빨리 오고 경기력도 저하된다.

③ 심부온도의 변화

㉠ 운동 시 대사열에 의해 심부온도가 41℃까지 올라간다.

㉡ 훈련된 사람은 비훈련자보다 같은 운동 강도에도 낮은 심부 온도를 나타낸다.

㉢ 훈련된 사람이 체온 조절능력이 좋다는 것을 의미한다.

㉣ 체온이 적정 수준으로 증가하면 효소의 활성이 증가하고 결합조직이 부드러워지는 등의 생리적·대사적 이점이 있다.

③ 탈수와 운동능력

㉠ 격렬한 운동 중에 시간당 3L, 하루에 12L 정도의 수분이 손실될 수 있다.

ⓛ 탈수현상이 점차 진행되면서 혈장량과 발한량도 점차 감소된다.

ⓒ 그 결과로 인하여 체온조절기능도 점차 저하된다.

ⓔ 체중의 4~5% 정도까지 탈수가 일어나면 인체의 기능은 물론 운동능력의 현저한 저하가 나타난다.

(2) 수분과 전해질의 보충

① 수분의 보충

ⓖ 손실된 체액만큼 수분보충을 엄격히 실천한다.

ⓛ 운동 중 손실된 체액을 적절히 보충함으로써 체온조절기능과 순환기능의 저하를 예방할 수 있다.

ⓒ 지속적인 운동 중에는 중간에 수분공급이 반드시 이루어져야 한다.

② 수분보충을 위한 지침

ⓖ 수분이 손실되면 갈증이 느껴지지만 어느 정도의 수분을 섭취하면 손실된 체액이 충분히 보충되지 않더라도 갈증은 해소된다.

ⓛ 고온환경에서 운동 시에는 갈증을 느끼지 않더라도 의도적으로 수분보충을 하여야 한다.

③ 전해질의 보충

ⓖ 발한을 통해 수분이 배출될 때에는 비교적 전해질의 손실량이 아주 작다.

ⓛ 섭취하는 물에 소량의 전해질을 함유시키면 물만 섭취하는 경우보다 체액을 효과적으로 보충할 수 있다.

ⓒ 전해질 섭취 때문이 아니고 전해질을 함유한 물이 체액과 유사한 등장성이므로 체내로 흡수되는 속도가 빠르기 때문이다.

(3) 열순응과 열질환

① 열순응

ⓖ 열에 대한 내성이 증가되는 생리적 적응현상을 말한다.

ⓛ 주로 순환계 및 체온조절계의 기능이 개선되는 현상이다.

ⓒ 체온상승이나 심박수 증가의 폭이 작아지고 운동능력의 한계도 커진다.

② 열질환

ⓖ 고온환경에 적절히 대처하지 못하면 체온 및 순환조절에 장애가 생겨 열질환을 일으킨다.

ⓛ 열경련

ⓐ 격렬한 운동 중이나 후에 나타나는 근경련으로 체액과 전해질 농도의 불균형으로 인해 발생한다.

ⓑ 운동 중에 발한으로 염분의 손실이 많을 때 이를 보충하지 않으면 근육에서 경련과 통증이 나타난다.

ⓒ 열탈진

ⓐ 열순응 과정을 거치지 않고 고온다습한 날씨에 갑자기 노출되거나 격렬한 트레이닝을 하는 중에 주로 발생한다.

ⓑ 지나친 발한으로 인한 세포외액, 특히 혈장량의 감소에 의한 순환계 반응이 비정상적일 때 발생된다.

ⓔ 열사병

    ⓐ 증세가 복합적이며 가장 심각한 질환이다.

    ⓑ 지나친 체온증가로 체온조절기전이 작동하지 못하는 상태이다.

    ⓒ 열증가량이 손실량보다 많아 갑자기 고온체온이 되는 경우이며, 아무런 처치를 하지 않으면 순환장애를 일으키게 되고 그 결과 중추신경계에 손상을 입거나 죽음에 이를 수도 있다.

    ⓓ 열사병이 발생하면 즉시 구급차를 부르고, 찬물이나 얼음 등으로 전신을 문지르는 등의 심부온도를 낮추기 위한 응급조치를 취해야 한다.

(4) 저온환경과 운동

① 저온자극과 생리적 반응 [기출] 2022

    ㉠ 인체는 저온자극을 받게 되면 체온조절을 위해 말초혈관의 수축, 근육의 떨림, 호르몬의 증가와 같은 반응을 일으킨다.

    ㉡ 추위에 대한 순응은 안정 시 대사율의 증가, 근떨림 반응의 감소, 피부 혈류량 증가에 의한 추위에 대한 내성 증가 등의 현상으로 나타난다.

    ㉢ 적절한 운동복을 착용하면 체온저하의 위험은 거의 없다.

    ㉣ 저온자극을 장시간 받아 심부온도가 저하되었을 때에는 운동능력의 저하가 나타난다.

② 추위와 상해

    ㉠ 저체온

        ⓐ 열손실량이 체온생산량을 초과하는 시간이 길어지면 발생한다.

        ⓑ 체온이 35℃ 이하로 내려가면 혈압의 저하 및 신체기능이 저하되면서 정신기능도 영향을 받기 시작한다.

        ⓒ 체온이 33℃ 이하로 내려가면 말이 느려지고 손의 움직임이 부정확해지며, 사지의 근육이 굳고 정신기능에 혼란이 발생한다.

    ㉡ 동상 : 조직내 체액이 얼어 생기는 것으로 세포의 탈수와 파괴를 초래한다.

    ㉢ 근경련 : 근육온도의 저하로 대사활동이 약해지고 근수축이 정상으로 이루어지지 않는 현상이다.

    ㉣ 복통 : 복부의 온도가 저하되어 나타나는 현상이다.

03 인체 운동에 대한 환경 영향

(1) 고지대에서의 운동

① 고지대의 환경조건

ㄱ 고지대의 대기 압력

ⓐ 가스의 분압은 고도의 상승과 반비례로 감소한다.

ⓑ 감소된 O_2 분압은 조직으로의 산소 전달을 저하시킨다.

ⓒ 고지대에서의 경기력이 감소된다.

ㄴ 고지대의 기온

ⓐ 고도가 상승하면 기온은 낮아진다.

ⓑ 찬공기는 수분이 적어 건조하다.

ⓒ 고지대일 때 추위 관련 질병과 탈수증의 발생이 증가된다.

ㄷ 고지대의 태양복사

ⓐ 대기는 고지대에서 더 희박하고 건조하다.

ⓑ 태양복사는 더 높은 고도에서 더욱 강해진다.

② 고지대에서의 생리적 반응

ㄱ 고지대에서의 호흡 반응

ⓐ 공기 밀도가 평지보다 낮아서 더 많은 양의 공기를 호흡한다.

ⓑ 폐환기 : 폐환기(호흡)가 증가하면서 과호흡 상태를 초래한다.

ⓒ 폐확산과 산소 전달 : 폐확산은 고지대에서 영향을 받지 않는다.

ⓓ 근육의 가스 교환

• 혈액과 활동 조직 사이의 산소 교환을 가능하게 하는 확산 압력 차이는 고도가 상승하면서 상당히 감소한다.

• 산소 섭취가 저하된다.

ⓔ 최대산소섭취량 : 대기압의 감소에 비례하면서 감소한다.

ㄴ 고지대에서의 심장 혈관 반응

ⓐ 혈액의 양 : 고지대에 도착한 후 처음 몇 시간 이내에 혈장량은 점차적으로 감소하기 시작하다가 몇 주 후에는 안정상태에 이른다.

ⓑ 심박출량 : 1회 박출량과 심박수 두 가지 모두 감소하며, 이것은 심박출량을 감소시킨다.

ⓒ 폐 고혈압 : 폐동맥의 혈압은 고지대에서 운동하는 동안 상승한다.

③ 고지대에서의 운동 수행 능력 기출 2021

ㄱ 지구력 운동 : 산화적 에너지 생산이 제한되기 때문에 지구력 운동이 저기압 상태에서 가장 많은 영향을 받는다.

ⓛ 단거리 달리기, 점프, 던지기 종목의 운동

ⓐ 2분 내에 종료되는 무산소성 스프린트 운동은 경기력이 저하되지 않는다.

ⓑ 고지대의 희박한 공기는 움직임에 대한 저항력을 줄여순다.

④ 순응 : 고지대에서의 장시간 노출

㉠ 혈액의 적응

ⓐ 저산소 상태는 에리스로포이에틴의 방출이 증가하여 적혈구 생성을 증가시킨다.

ⓑ 초기에는 혈장량이 감소하면서 헤모글로빈 농도를 증가시킨다.

ⓒ 혈장량이 정상 수준으로 되돌아오면서 적혈구 수가 추가되어 총 혈액량이 증가한다.

ⓓ 혈액의 산소 운반 능력을 증가시킨다.

㉡ 근육 적응

ⓐ 체중의 감소와 함께 전체 근육 무게는 감소한다.

ⓑ 원인의 일부는 탈수와 식욕부진 때문이다.

ⓒ 근육에서의 단백질 분해도 일어난다.

ⓓ 근섬유 면적 감소, 모세혈관 증가, 대사적 효소 활성의 감소와 같은 적응이 나타난다.

㉢ 심폐계의 적응 : 고지대에 대한 노출 초기의 감소된 VO₂max는 몇 주일 동안 노출된 후에도 그다지 많이 향상되지 않는다.

⑤ 트레이닝과 운동 수행 능력

㉠ 해수면에서의 경기력 향상을 위한 고지대 트레이닝

ⓐ 고지대에서의 트레이닝이 평지에서의 경기력을 향상시키지는 않는다.

ⓑ 적혈구 생성 증가와 같은 생리적 변화가 발생하는 것은 일시적인 변화이지만 평지로 돌아간 후 며칠 동안은 효과적일 수 있다.

㉡ 고지대에서의 운동 수행 능력 향상을 위한 트레이닝

ⓐ 고지대에서 단기간 머물러 경기를 해야 한다면, 고지대의 악영향이 나타나기 이전인 도착 24시간 이내에 경기를 해야 한다.

ⓑ 고지대에서 일정기간 이상 경기를 해야 한다면, 고지대의 저산소 및 환경 상태에 적응할 수 있는 시간을 갖도록 경기 전 2주 동안 1,500m와 3,000m 사이의 고지대에서 훈련해야만 한다.

⑥ 고지대에서의 건강 위험

㉠ 급성고산병

ⓐ 두통, 메스꺼움, 구토, 호흡곤란, 불면증과 같은 증상을 유발한다.

ⓑ 고지대에 도착 후 6~96시간 이내에 발생한다.

㉡ 고지대 폐부종

ⓐ 폐에 물이 차오르는 상태

ⓑ 산소를 공급하고 낮은 곳으로 이동함으로서 치료될 수 있다.

ⓒ 고지대 뇌부종

　　ⓐ 두개강에 물이 차오르는 상태

　　ⓑ 산소를 공급하고 낮은 곳으로 이동함으로서 치료될 수 있다.

(3) 수중에서의 운동 : 고기압 환경

① 잠수와 가스압력

㉠ 잠수는 압력이 해수면보다 높아서 신체에 큰 고기압 환경을 노출시킨다.

㉡ 압력이 증가하면 공기의 부피가 줄어들게 되고 신체 내에 있던 공기는 잠수하게 되면 압축된다.

㉢ 잠수 상태에서 호흡한 공기는 수면으로 올라오는 동안 팽창된다.

㉣ 잠수 상태에서는 더 많은 가스 분자가 용해되고, 수면으로 빠르게 상승하면 가스 분자는 용해 상태에서 벗어나 기포를 형성할 수 있다.

② 수중 잠수에 대한 심혈관계 반응

㉠ 물은 심혈관계에 미치는 부담을 감소시켜서 심장이 수행해야 하는 일을 줄인다.

㉡ 신체가 물에 잠겨있을 때, 하체에 가해지는 증가된 압력은 심장으로의 혈액 순환을 촉진시킨다.

㉢ 신체가 부분적으로만 물속에 있다 하더라도 휴식과 운동 중의 심박수는 감소한다.

㉣ 위의 영향은 물이 차가울 때 더 커진다.

(4) 대기오염과 운동

① 대기오염 물질들과 운동

㉠ 대기오염물질들은 호흡경로를 통하여 인체내로 침투한다.

㉡ 기관지의 맥관수축을 일으켜 기도저항을 증가시킨다.

㉢ 폐포 손상 및 점액분비량을 증가시켜 산소 및 이산화탄소의 확산면적을 제한한다.

㉣ 산소 운반 능력의 감소를 초래한다.

② 오염물질들의 상호작용

㉠ 대기오염물질들은 기온이나 고도와 같은 환경요인들과 상호작용을 일으켜 운동능력에 영향을 준다.

㉡ 오존이 따뜻한 환경온도와 상호작용을 일으키면 폐기능과 최대하 운동능력이 저하된다.

㉢ 차가운 공기, 운동, 대기오염물질들이 상호작용을 일으키면 호흡경로가 더욱 심하게 자극을 받아 기도수축 증상이 증대된다.

㉣ 일산화탄소는 폐에서 조직으로서의 산소운반을 방해하게 된다.

③ 대기오염 환경에서의 운동

㉠ 산소 운반 능력이 저하되고 그로 인한 유산소성 능력이 감소된다.

㉡ 유산소 능력 감소로 인하여 운동 지속 시간 및 최대 산소 섭취량이 감소된다.

㉢ 이산화황, 황산, 황산염과 같은 오염물질들로 인하여 기관지가 수축된다.

㉣ 오존으로 인하여 기도에 부정적 영향을 끼치고, 폐기능 감소로 인하여 운동 능력이 감소된다.

01 다음 〈보기〉에서 설명하는 체력 요인은 무엇인가?

┤ 보기 ├

신체활동이나 운동을 하는 중에 효율적으로 산소를 공급하고, 운동에 필요한 에너지를 공급하기 위한 신체의 능력을 말한다.

① 근지구력   ② 근력

③ 심폐지구력   ④ 신체구성

해설 ① 근지구력 : 근육이 오랜 시간동안 주어진 부하에 대응하여 힘을 발휘하는 능력
② 근력 : 근육의 수축에 의하여 발생하는 근육의 힘
④ 신체구성 : 인체를 구성하는 지방, 근육량, 뼈, 수분 등의 양을 나타내는 지표

02 〈보기〉에서 제시된 인체의 항상성 조절 기전의 순서를 바르게 나열한 것은?

┤ 보기 ├

㉠ 외부의 자극 발생
㉡ 조절중추에서 자극에 대한 반응
㉢ 효과기를 통한 부적 피드백
㉣ 감지된 신호를 조절중추로 보냄
㉤ 수용기에서 변화를 감지
㉥ 내부 환경의 변화 발생

① ㉠ → ㉡ → ㉢ → ㉣ → ㉥ → ㉤ → 항상성 유지

② ㉠ → ㉥ → ㉤ → ㉣ → ㉡ → ㉢ → 항상성 유지

③ ㉠ → ㉥ → ㉤ → ㉡ → ㉣ → ㉢ → 항상성 유지

④ ㉠ → ㉡ → ㉥ → ㉣ → ㉢ → ㉤ → 항상성 유지

해설 외부의 자극으로 인하여 내부 환경의 변화가 일어나고, 변화를 수용기에서 감지하여 감지된 신호를 조절중추로 전달하고 자극에 대한 적절한 반응을 효과기를 통하여 부적 피드백으로 정상상태로 돌아가 항상성을 유지한다.

03 신체에서 사용하는 에너지의 발생 과정 및 형태에 대한 설명 중 틀린 것은?

① 에너지는 인간이 신체를 움직이는 일을 할 수 있는 능력을 말한다.

② 신체는 탄수화물, 지방, 단백질을 매일 섭취하며 생명유지를 위한 대사활동과 신체활동을 위한 에너지를 공급받는다.

③ 탄수화물, 지방, 단백질은 운동 중에 사용되는 주요 영양소이다.

④ 영양소는 세포의 활동에 직접적으로 사용되지 않고, ATP라고 부르는 고에너지 화합물의 형태로 저장되고 사용된다.

해설 단백질은 신체의 구성 재료이며 통상적으로 세포 활동에는 적은 양의 에너지를 제공한다.

04 다음 〈보기〉에서 설명하는 것은 무엇인가?

┤ 보기 ├

• 항상성을 유지하기 위하여 각각의 신체 요소들을 일반 수치로 되돌리는 역할을 수행한다.
• 자극에 대하여 반대 방향으로 작용하여 항상성을 유지한다.

① 부적 피드백   ② 긍정 피드백

③ 자극 반응   ④ 항정상태

해설 ② 긍정 피드백 : 초기 자극을 증가시키는 역할이며, 반응이 자극과 같은 방향으로 진행된다.
③ 자극 반응 : 외부의 자극에 대하여 내부 환경의 변화를 수용기가 조절중추에 전달하고 변화(자극)에 맞는 적절한 반응을 보인다.
④ 항정상태 : 생리학적인 환경의 일정한 유지, 즉 변하지 않는 일정한 상태를 말한다.

05 다음 〈보기〉가 설명하는 것은 무엇인가?

┤ 보기 ├
• 세포 내 항상성을 유지하는 중요한 요소
• 화학적 작용을 촉진시키는 효소기능과 세포 간에 중요물질들을 이동시키는 역할을 수행한다.

① 비타민
② 지방
③ 무기질
④ 단백질

해설 단백질은 항상성 장애요인이 발생하면, 그것을 제거하기 위하여 세포는 방어 단백질인 "스트레스 단백질"을 빨리 합성하여 손상된 단백질을 원상복귀시켜 항상성을 유지한다.

06 자유라디컬(free radical)에 대한 설명으로 틀린 것은?

① 쌍을 이루지 못한 전자를 포함한 원자, 이온, 분자를 말한다.
② 쌍을 이루기 위해 다른 분자와 반응하려는 경향이 크다.
③ 대부분 불완전하며 수명이 길다.
④ 세포의 재생 기능을 상실시키거나 미토콘드리아의 기능을 상실시킨다.

해설 자유라디컬(활성산소)은 대부분 불완전하며, 수명이 짧다.

07 세포 구조에 대한 설명으로 틀린 것은?

① 세포막은 반투과성 장벽으로 세포의 구성요소를 둘러싸고 있다.
② 핵은 DNA 요소로 구성되어 있고, 근육세포는 하나의 핵을 소유한다.
③ 세포질은 핵과 세포막 사이에 있는 세포의 액체부분이다.
④ 세포 안에는 미토콘드리아가 존재한다.

해설 핵은 DNA 요소로 구성되어 있으며, 유전자는 단백질 합성을 조절하여 세포 구성성분과 세포활동을 조절한다. 세포는 오직 하나의 핵만 소유하고, 근육(골격근) 세포는 근섬유에 따라 많은 세포를 소유한다.

08 다음 중 효소에 대한 설명으로 틀린 것은?

① 인체 내에서 일어나는 세포의 화학반응 속도를 조절하는 촉매역할을 한다.
② 세포 내의 대사작용 경로를 조절하는 데 중요한 역할을 하는 단백질이다.
③ 효소의 활성부위와 결합하는 것은 기질이다.
④ 효소들은 활성화에너지를 증가시키고 화학반응 속도를 감소시켜 산출물의 비율을 감소시킨다.

해설 효소는 화학적 반응을 일으키기 위해 요구되는 에너지인 "활성화에너지"를 낮추는 촉매작용을 하며, 화학반응 속도를 증가시켜 산출물의 비율을 증가시킨다.

정답

01 ③　02 ②　03 ③　04 ①　05 ④　06 ③　07 ②　08 ④

09 3대 영양소에 대한 설명으로 틀린 것은?

① 탄수화물은 신체에서 가장 빠르게 에너지를 제공한다.

② 지방은 장시간 운동에 적합한 연료이다.

③ 아미노산 중 필수 아미노산은 반드시 음식으로 섭취할 필요는 없다.

④ 각 영양소의 1g당 에너지 생산량은 탄수화물은 4kcal, 지방은 9kcal, 단백질은 4kcal이다.

> 해설 단백질은 근육과 장기, 호르몬 등을 만드는 재료이며, 필수 아미노산과 비필수 아미노산으로 나뉜다. 필수 아미노산은 반드시 음식으로 섭취하여야 한다.

10 아데노신 삼인산(ATP : adenosine triphosphate)에 대한 설명으로 틀린 것은?

① 인체 세포가 직접적으로 사용하는 고에너지 인산화물이다.

② 아데노신(adenosine) 1개와 3개의 인산기(phosphate groups)가 결합된 구조로 되어 있다.

③ 아데노신 이인산과 무기인산염으로 변화되면서 7~12kcal의 에너지를 방출한다.

④ ATP의 분해 중 방출되는 에너지는 근육세포가 이용할 수 있는 에너지원을 만드는 작용을 한다.

> 해설 ATP는 분해되며 7~12kcal의 에너지를 방출하고, 방출된 에너지는 근육세포가 직접적으로 이용할 수 있는 에너지원으로 작용한다.

11 다음 〈보기〉가 설명하는 에너지 대사 과정은 무엇인가?

> ┤ 보기 ├
> • 무산소성 대사 과정으로 산소가 없이 ATP를 생산한다.
> • 크레아틴 인산의 분해로 인하여 ATP를 생산한다.
> • 단기간의 고강도 운동 시에 주로 사용되는 에너지 생산 시스템이다.
> • ATP의 양이 제한적이다.

① ATP-PC 시스템

② 해당과정

③ 산화적 시스템

④ 젖산 시스템

> 해설 〈보기〉에서 설명하는 에너지 시스템은 ATP-PC 시스템으로, 가장 빠르게 ATP를 생산하는 과정이다. 세포 내에 저장되어 있는 크레아틴인산(PC)이라는 화합물이 분해될 때 방출되는 에너지를 이용하여 ATP를 재합성학고, 크레아틴인산(CK)이라는 효소에 의한 방법이다.

12 에너지 대사 과정에 대한 설명으로 틀린 것은?

① 산소의 사용에 따라서 무산소성 대사과정과 유산소성 대사과정으로 구분된다.

② 단기간의 에너지를 빠르게 생산하는 과정은 무산소성 대사과정이다.

③ 지방만을 사용하는 대사과정은 유산소성 대사과정이다.

④ 지방, 탄수화물을 주로 사용하며, 단백질은 특수한 상황에서 제한적으로 사용된다.

> 해설 유산소성 대사과정에서는 지방, 탄수화물, 단백질이 사용되는데, 강도에 따라 사용비율이 다르고, 단백질은 제한적이며 적게 사용된다.

13 인체에서 ATP를 생산하기 위하여 탄수화물을 사용하는 시스템에 대한 설명으로 틀린 것은?

① 산소가 불충분한 상태에서는 3ATP를 합성하고 젖산을 생산하는 것은 글루코스이다.

② 산소가 충분할 경우 글루코스를 분해한 후 생긴 최종 생산물인 초성포도산은 아세틸 Co-A로 전환된다.

③ 산소가 불충분할 경우 젖산이 생성되며 수소 이온이 해리되어, 세포내액은 산성화가 된다.

④ 산소가 충분할 경우 다량의 ATP를 생성하는 시스템은 미토콘드리아에서 일어난다.

> 해설 무산소성 해당과정에서 글루코스와 글리코겐이 분해되어 ATP를 생산하는데, 글루코스는 2ATP를 생산하고, 글리코겐은 3ATP를 생산한다.

14 인체 내에 포도당을 사용해 ATP를 생산하는 시스템에 대한 설명으로 틀린 것은?

① 포도당은 이산화탄소와 물로 완전히 분해되면서 38~39ATP를 재합성하기에 충분한 에너지를 방출한다.

② 포도당을 분해하는 과정 전체에서는 산소가 반드시 필요하다.

③ 1개의 포도당을 완전히 분해할 때에는 2개의 크렙스 회로가 작용한다.

④ 전자전달계 연쇄의 끝에서 전자와 수소이온은 산소와 결합하여 물이 형성된다.

> 해설 포도당을 분해하는 과정은 무산소성 해당과정과 유산소성 해당과정으로 구분되는데, 산소가 충분한 상태여도 무산소성 해당과정은 산소 유무와 상관없이 공통적으로 작용한다. 무산소성 해당과정으로 포도당은 초성포도산염이 되고 산소가 불충분하면 젖산

이 되고, 산소가 충분하면 아세틸 Co-A로 전환되어 미토콘드리아 안으로 들어가 크렙스 사이클에서 ATP를 합성한다.

15 유산소 시스템에서 지방을 사용하여 에너지를 생산하는 과정에 대한 설명으로 틀린 것은?

① 미토콘드리아 내에서 산소를 이용하여 지방을 분해하여 ATP를 생성한다.

② 베타산화를 통하여 유리지방산을 분해하여 ATP를 합성한다.

③ 크렙스 사이클 및 전자전달계를 통하여 다량의 ATP를 생성한다.

④ 유리지방산은 탄소분자가 탄수화물보다 많아서 더 많은 산소가 필요하다.

> 해설 베타산화는 유리지방산을 아세틸 Co-A로 전환하는 과정으로, 2개의 ATP를 소모한다.

16 다음 〈보기〉의 종목에서 주로 사용되는 에너지 시스템에 대한 설명으로 틀린 것은?

┤ 보기 ├
투포환, 높이뛰기, 역도, 야구의 배트 스윙 등

① 에너지는 대부분 저장되어 있던 ATP와 PC만을 이용한다.

② 크레아틴 키나제(CK)라는 효소가 사용되는 방법이다.

③ 탄수화물을 분해해서 에너지를 충당한다.

④ 무산소성 대사과정에 의하여 에너지를 공급받는다.

해설 10초 이내에 끝나는 시스템은 ATP-PC시스템에 의하여 에너지를 공급받는다. 탄수화물은 해당과정에서 사용된다.

17 다음 〈보기〉에 제시되어 있는 내용과 에너지 기질이 바르게 연결된 것은?

┤ 보기 ├
- ㉠ 단시간에 빠르고 효율적으로 에너지를 공급하며 고강도 운동에 주로 사용된다.
- ㉡ 에너지 생성을 위해서는 산소가 반드시 필요하다.
- ㉢ 심한 기아상태일 경우에는 에너지원으로 사용된다.
- ㉣ 장시간 지속되는 강도가 낮은 운동 동안에 많은 에너지를 제공한다.

① 탄수화물 – ㉣
② 지방 – ㉢
③ 단백질 – ㉠
④ 지방 – ㉡

해설 ㉠ 단시간에 빠르고 효율적으로 에너지를 공급하며 고강도 운동에 주로 사용되는 에너지 기질은 탄수화물이다.
㉡·㉣ 에너지 생성을 위해서는 산소가 반드시 필요하며, 장시간 지속되는 강도가 낮은 운동 동안에 많은 에너지를 제공하는 에너지 기질은 지방이다.
㉢ 심한 기아상태일 경우에는 에너지원으로 사용되는 에너지 기질은 단백질이다.

18 〈보기〉에 제시된 내용 중 혈중 젖산 농도의 증가 요인으로 바르게 묶인 것은?

┤ 보기 ├
- ㉠ 운동 강도의 증가
- ㉡ 젖산 제거율의 감소
- ㉢ 지방의 불완전한 연소
- ㉣ 에너지원으로 단백질 사용
- ㉤ 근육 내 산소량의 감소
- ㉥ 초성포도산의 아세틸Co-A로 전환
- ㉦ 무산소성 해당과정 의존율 증가
- ㉧ 속근 섬유 사용률 증가

① ㉠, ㉡, ㉤, ㉦, ㉧
② ㉠, ㉡, ㉢, ㉦, ㉧
③ ㉠, ㉡, ㉥, ㉦, ㉧
④ ㉠, ㉡, ㉣, ㉦, ㉧

해설 혈중 젖산 농도의 증가는 운동 강도가 증가되어 무산소성 해당과정으로 에너지가 공급되어 젖산이 많이 생성되기 때문이다. 강도가 증가함에 따라 속근 섬유 사용이 커지고, 근육 내의 산소량이 감소된다.

19 젖산역치에 대한 설명으로 틀린 것은?

① 운동 강도가 계속 증가하여 혈중 젖산농도가 급격하게 증가하는 시점을 말한다.
② 최대산소섭취량이 동일하면 젖산역치가 높은 사람이 순발력이 더 좋다.
③ 운동 강도의 증가로 혈액 젖산염의 갑작스러운 상승은 무산소성 역치라고 한다.
④ 젖산을 생성하는 무산소적 해당과정으로의 전환을 의미한다.

해설 최대산소섭취량이 동일한 두 사람이 있다면 젖산역치가 높은 사람이 더 나은 지구력을 보인다.

20 호흡교환율(RER)에 대한 설명으로 틀린 것은?

① 배출되는 이산화탄소의 양(VCO_2)과 소비되는 산소의 양(VO_2)을 측정한다.

② 신진대사 동안에 사용되는 산소의 양은 산화되는 에너지 기질의 종류에 좌우된다.

③ 탄수화물 분해 시 RER은 0.7이고, 지방 분해 시 RER은 1.00이다.

④ RER은 폐의 외호흡으로부터 환기된 공기에서 측정하고, RQ는 세포 내 호흡을 반영한다.

> **해설** 호흡교환율은 섭취한 산소 대비 배출한 이산화탄소의 비율로, 어떠한 에너지 기질이 사용되는가에 따라서 그 비율이 달라진다. 탄수화물을 에너지원으로 사용하면 RER은 1.00이고, 지방을 에너지원으로 사용하면 RER은 0.7이다.

21 다음 〈보기〉가 설명하는 것은 무엇인가?

┤ 보기 ├
- 운동 중의 에너지 또는 산소소비량을 표현하기 위해 사용되는 단위
- 분당 산소소비량으로 정의된다.
- 안정 시에는 3.5ml/kg/min을 나타낸다.
- 운동 강도의 단위로 사용한다.

① VO_2 ② RER
③ MET   ④ HR

> **해설** VO_2는 산소섭취량, RER은 호흡교환율, HR은 심박수이다. MET는 metabolic equivalents로 대사당량을 말하며, 1MET은 안정 시 상태를 말하고, 3.5ml/kg/min과 같다. 3MET는 안정 시보다 3배가 높은 운동 강도를 나타낸다.

22 무산소 트레이닝에 의한 인체의 적응으로 틀린 것은?

① 근섬유의 증식 및 근육의 비대, 근육량과 근력이 증가한다.

② 근글리코겐 저장량 및 마이오글로빈이 증가한다.

③ 골밀도가 향상된다.

④ 최대산소섭취량이 증가한다.

> **해설** 최대산소섭취량의 증가는 유산소 트레이닝에 의한 적응으로 볼 수 있다.

23 다음 〈보기〉가 설명하는 트레이닝의 원리는 무엇인가?

┤ 보기 ├
- 신체는 적응을 하기 때문에 시간과 자극의 강도를 다르게 하여야 한다.
- 운동의 강도는 단계적으로 증가시켜야 한다.

① 점진성의 원리   ② 과부하의 원리
③ 개별성의 원리   ④ 가역성의 원리

> **해설** ② 과부하의 원리 : 신체 능력 이상의 적절한 강도의 부하를 주어야 한다.
> ③ 개별성의 원리 : 개개인의 특성에 맞게 트레이닝을 적용해야 한다.
> ④ 가역성의 원리 : 트레이닝을 중단하면 운동 전의 상태로 돌아가려고 한다.

정답
17 ④ 18 ① 19 ② 20 ③ 21 ③ 22 ④ 23 ①

24 운동 후 초과 산소섭취량(EPOC)에 대한 설명으로 틀린 것은?

① 강도 높은 운동 후 산소 섭취량이 높게 유지된다.
② EPOC는 고강도 운동 동안에 더 크다.
③ 운동 중 소비되었던 산소의 부족했던 양을 공급하는 것이다.
④ 운동 후 산소섭취는 운동 종료 후 빠르게 회복되며 안정상태가 된다.

> 해설 운동 후 초과 산소섭취량은 운동 강도에 크게 좌우되며, 운동 종료 후 부족했던 산소 섭취는 빠른 영역과 느린 영역으로 구분된다. 느린 영역은 오랜 시간동안 대사율을 지속시킨다.

25 신경계의 분류에 대한 설명으로 틀린 것은?

① 신경계는 중추신경계와 말초신경계로 나뉜다.
② 중추신경계는 뇌와 척수를 포함한다.
③ 말초신경계는 자율신경계와 체성신경계로 구분되며 수의적으로 조절가능하다.
④ 외부 자극에 대한 감각 자극을 중추신경계로 전달하는 것은 구심성 섬유이다.

> 해설 말초신경계 중 자율신경계는 교감신경과 부교감신경으로 구분되며, 불수의적 움직임을 조절하는 자율운동 신경으로 체성신경계의 운동신경이 수의적으로 움직일 수 있다.

26 뉴런에 대한 설명으로 틀린 것은?

① 뉴런은 신경계의 기능적 단위이다.
② 세포체, 수상돌기, 축삭으로 구성되어 있다.
③ 뉴런이 다른 뉴런과 연결된 부분을 시냅스라고 한다.
④ 뉴런의 신경전달 속도는 모두 같다.

> 해설 뉴런의 신경전달 속도는 뉴런의 직경이 클수록 더 빠르며, 미엘린성 신경섬유는 비미엘린성 신경섬유보다 도약 전도로 인하여 전도 속도가 더 빠르다.

27 신경세포의 안정 시 막전위에 대한 설명으로 틀린 것은?

① 안정 시 뉴런의 세포 내부는 양전하(+)를, 세포 외부는 음전하(-)를 띠고 있으며 이러한 전기적 전하의 차이를 말한다.
② 신경 섬유의 안정 시 막전위는 일반적으로 -40~ -75mv의 범위이다.
③ 이온의 종류에 반응하는 혈장막의 투과성과 세포내외의 이온 농도 차이에 의해 결정된다.
④ 나트륨(sodium)이온, 칼륨(potassium)이온, 염화(chloride)이온은 안정 시 막전위를 유지하는데 중요한 역할을 한다.

> 해설 안정 시 신경세포는 내부는 음전하(-), 외부는 양전하(+)를 띠고 있다.

28 실무율의 법칙에 대한 설명으로 틀린 것은?

① 탈분극이 일어나려면 역치 이상의 자극이 있어야 한다.
② 신경전달이 시작되는 시점의 전압은 축삭을 따라 전달되면서 전압은 약해진다.
③ 자극 역치까지 도달하지 못하면 탈분극은 일어나지 않는다.
④ 신경 자극이 발생했다면 그 자극은 축삭 끝까지 전달된다.

> 해설 신경 자극이 발생했다면 그 자극은 전압의 감소 없이 축삭 끝까지 전달되며, 신경전달이 시작되는 시점의 전압이 축삭을 따라 전달될 때까지 유지된다. 신경세포의 탈분극이 일어나려면 역치 이상의 자극이 있어야 하며, 역치까지 도달하지 못한다면 탈분극(활동전위)은 일어나지 않는다.

29 다음 〈보기〉가 설명하는 신경계는 무엇인가?

┤ 보기 ├
- 복잡한 운동의 조직화, 학습된 경험의 저장, 감각정보의 수용 등의 기능을 수행
- 수의적 운동과 관련이 있는 부분은 운동피질이다.

① 대뇌　　　　　② 소뇌
③ 척수　　　　　④ 뇌간

해설　② 소뇌는 운동피질과 함께 역동적 움직임을 더 빠르게 하고, 고유수용기로부터 전달된 신호에 반응하여 움직임을 조절한다.
③ 척수는 뇌와 말초신경 사이의 감각과 운동신경의 신호를 전달하고, 반사작용을 제공하며, 수의적 움직임의 조절에 있어서 중요한 역할을 수행한다.
④ 뇌간은 대사의 기능, 심폐 기능 조절, 복잡한 반사작용을 조절한다.

30 고유수용기에 대한 설명으로 틀린 것은?

① 근방추는 상대적인 근육의 길이에 관한 정보를 중추신경계에 제공한다.
② 골지힘줄기관은 근수축을 통해서 발생되는 장력에 관한 정보를 중추신경계에 제공한다.
③ 피부 수용기는 움직임의 속도와 관련된 신호 및 신체의 위치를 인식하여 신체가 균형을 이룰 수 있도록 정보를 제공한다.
④ 근방추는 움직임의 조절과 자세 유지에 도움을 주며, 중추신경계가 골격근 섬유들의 길이 변화에 반응할 수 있도록 한다.

해설　신체 움직임의 속도와 관련된 신호뿐만 아니라 신체 부위의 위치를 인식하여 신체가 균형을 이룰 수 있도록 정보를 제공하는 것은 관절 수용기이다.

31 다음 〈보기〉가 설명하는 것은 무엇인가?

┤ 보기 ├
- 근원섬유와 나란히 위치한다.
- 근수축에 필요한 칼슘의 저장소이다.

① 횡근관(T세관)
② 원형질막
③ 근형질세망
④ 근내막

해설　① 횡근관(T세관)은 근형질막의 연장이며, 근원섬유로 신경자극을 전달한다.
② 원형질막은 모세혈관의 혈액을 근섬유 안으로 운반하고 근형질로 구성되어 있다.
④ 근내막은 근섬유를 둘러싸고 있는 결체조직이다.

32 근원섬유에 대한 설명으로 틀린 것은?

① 마이오신과 액틴으로 구성된다.
② 마이오신 세사는 굵은 세사이고, 액틴은 가는 세사이다.
③ 마이오신의 머리가 액틴과 결합하여 근육의 수축이 일어난다.
④ 마이오신 세사에는 트로포닌, 트로포마이오신이 포함된다.

해설　트로포닌, 트로포마이오신이 포함된 근원세사는 액틴 세사이다. 트로포닌에 칼슘이 부착되며 근수축을 일으키는 초기 과정에 관여하고, 트로포마이오신은 액틴과 마이오신이 붙는 부위는 막고 있어 액틴과 마이오신의 결합을 억제한다.

정답
24 ④　25 ③　26 ④　27 ①　28 ②　29 ①　30 ③　31 ③　32 ④

33 근섬유의 분절에 대한 설명으로 틀린 것은?

① 횡문근에서 근원섬유가 반복되는 기본 단위로 가장 작은 기능적인 수축 단위

② H zone : 근절 중앙에 액틴이 중첩되어 있지 않고 마이오신만 있는 부분

③ A band : 액틴과 마이오신 세사가 있는 어두운 부분으로 근수축 시 단축된다.

④ I band : 액틴 세사가 있는 밝은 부분으로 근수축 시 단축된다.

해설 A band는 액틴과 마이오신 세사가 있는 어두운 부분으로 근수축 시 길이의 변화가 없는 부분이다.

34 속근섬유와 지근섬유에 대한 설명으로 틀린 것은?

① 지근섬유는 유산소 대사에 의존하고 쉽게 피로하지 않고 오래 지속되는 운동에 적합하다.

② 속근섬유는 무산소성 해당과정에 주로 의존하며 강력한 근수축 운동 시 동원된다.

③ 지근섬유는 크고 많은 수의 미토콘드리아를 가지고 있다.

④ 속근섬유는 활동전위의 전기화학적 전달 능력과 미오신 ATPase의 활성이 낮다.

해설 속근섬유는 ATP 생산을 무산소성 해당과정에 의존하며, 활동전위의 전달 능력이 지근섬유에 비하여 빠르고 미오신 ATPase의 활성이 높다.

35 다음 〈보기〉가 설명하는 근육의 수축 형태는 무엇인가?

┤ 보기 ├

• 부하가 주어진 근육의 길이가 변화하면서 장력이 발생한다.
• 주어진 부하에 대하여 관절의 각도에 변화되면서 장력이 발생한다.
• 주어지는 부하에 대하여 근 길이가 늘어나면서 장력이 발생한다.

① 등척성 수축(Isometric contraction)
② 신장성 수축(Eccentric contraction)
③ 등속성 수축(Isokinetic contraction)
④ 단축성 수축(Concentric contraction)

해설 ① 등척성 수축(Isometric contraction)은 근섬유의 길이 및 관절의 각도가 변화 없이 장력을 발생하는 것으로 정적 수축이다.
③ 등속성 수축(Isokinetic contraction)은 운동의 전체 범위의 모든 관절의 각도에서 근육에서 발생하는 장력이 최대이며, 관절각 속도가 일정하게 작용하며 근 수축이 일어난다.
④ 단축성 수축(Concentric contraction)은 근육의 길이 및 관절의 각도가 변화하면서 장력이 발생하며, 근육의 길이가 짧아지면서 장력이 발생한다.

36 부신수질에서 분비되는 카테콜라민에 대한 설명으로 틀린 것은?

① 에피네프린은 운동 시 부신수질로부터 분비량이 증가한다.

② 에피네프린은 지방 조직과 근육의 지방 분해를 촉진시킨다.

③ 노르에피네프린은 에피네프린보다 강하게 지방 조직과 근육의 지방 분해를 촉진시킨다.

④ 에피네프린은 골격근으로의 혈액 흐름을 증가시키고, 심박수와 심장 수축력을 증가시킨다.

해설 에피네프린과 노르에피네프린 두 호르몬 모두 지방
조직과 근육의 지방 분해를 촉진시키지만, 노르에피
네프린이 에피네프린보다 지방을 분해시키는 정도가
약하다.

37 다음 〈보기〉가 설명하는 호르몬은 무엇인가?

┤ 보기 ├

• 뇌하수체 전엽에서 분비된다.
• 표적기관은 인체의 모든 세포이다.
• 조직의 발달을 촉진하고 단백질의 합성 속
도를 증가한다.
• 세포 내부로의 아미노산 이동을 증가시켜
근육 성장과 근비대를 유도한다.
• 지방조직에서 지질 동원 및 지방 에너지 사
용을 증가시킨다.

① 성장호르몬(growth hormone : GH)
② 갑상선자극호르몬(TSH)
③ 부신피질자극호르몬(ACTH)
④ 항이뇨 호르몬(ADH)

해설 ② 갑상선자극호르몬(TSH)은 뇌하수체 전엽에서 분
비되고, 표적기관이 갑상선이며, 갑상선호르몬의
합성과 분비를 유도한다.
③ 부신피질자극호르몬(ACTH)은 뇌하수체 전엽에서
분비되고, 표적기관이 부신피질이며, 부신피질의
호르몬 분비를 조절한다.
④ 항이뇨 호르몬(ADH)은 뇌하수체 후엽에서 분비
되며, 표적기관은 신장이고, 신장의 수분 재흡수
를 조절한다.

38 췌장에서 분비되는 호르몬에 대한 설명으로 틀린
것은?

① 인슐린은 혈당 증가 시 세포 안으로 포도당을
흡수하여 혈당을 낮추는 역할을 한다.
② 글루카곤은 혈액의 글루코스를 증가시켜 혈당
을 높여준다.
③ 소마토스타틴은 인슐린과 글루카곤 분비를 억
제한다.
④ 레닌은 혈압의 조절을 도와주는 역할을 한다.

해설 레닌은 신장에서 분비되는 호르몬으로 표적기관은
부신피질이며 혈압의 조절에 도움을 준다.

39 다음 〈보기〉에서 빈칸에 알맞은 말을 바르게 연결
한 것은?

┤ 보기 ├

레닌-안지오텐신-안도스테론 기전은 혈압 상
승에 대한 기전으로 신장에서 분비되는 (A)에
의해 (B)가 (C)로 전환되고, 안지오텐신 전환
효소에 의해 (C)가 (D)로 전환된다. (D)는 교
감신경계를 자극하여 Na^+ 재흡수 및 K^+ 배출
을 하고, 안도스테론 합성과 분비 자극하고,
혈관을 수축시키며, 항이뇨호르몬의 분비를
자극하여 혈압을 상승시킨다.

	(A)	(B)	(C)	(D)
①	레닌	안지오텐신노겐	안지오텐신 I	안지오텐신 II
②	레닌	안지오텐신 I	안지오텐신 II	안지오텐신노겐
③	레닌	안지오텐신 I	안지오텐신노겐	안지오텐신 II
④	레닌	안지오텐신노겐	안지오텐신 II	안지오텐신 I

해설 레닌은 신장에 분비되고, 부신피질에 작용하며, 안지
오텐신노겐을 안지오텐신 I 로 전환시킨다. 폐에서 분
비되는 안지오텐신 전환 효소(ACE)는 안지오텐신 I
을 안지오텐신 II 로 전환시킨다.

40 인체 내에서 일어나는 가스교환에 대한 설명으로 틀린 것은?

① 가스교환은 산소를 세포로 수송하고, 이산화탄소를 몸 밖으로 배출하는 것을 말한다.
② 폐확산은 폐에서 가스분압의 차이로 인하여 가스교환이 이루어진다.
③ 운동을 하면 산소 확산 능력은 증가하고, 산소교환이 촉진된다.
④ 산소와 이산화탄소의 대부분은 헤모글로빈과 결합하여 운반된다.

> 해설 산소의 98%는 헤모글로빈과 결합하여 운반되고, 이산화탄소의 약 20% 정도만 헤모글로빈과 결합하여 운반되며, 약 70% 정도는 중탄산염이온 형태로 운반된다.

41 심장의 자극 전도 순서로 바르게 연결된 것은?

① 동방결절 → 방실줄기 → 방실결절 → 퍼킨지섬유
② 방실결절 → 동방결절 → 방실줄기 → 퍼킨지섬유
③ 방실결절 → 방실줄기 → 동방결절 → 퍼킨지섬유
④ 동방결절 → 방실결절 → 방실줄기 → 퍼킨지섬유

> 해설 심장의 자극 전도 순서는 우심방의 후상부에 위치하고 있는 동방결절에서 시작하여 심장 중심부에 가까운 우심방 벽에 위치한 방실결절로 전달되고, 심장의 중간 벽인 방실줄기로 전달되어서 심실의 중격으로 따라 뻗어있는 좌우심실의 좌우 bundle에 자극이 전달되며, 최종적으로 퍼킨지 섬유로 전달된다.

42 훈련을 통한 심혈관계의 변화에 대한 설명으로 틀린 것은?

① 안정 시에는 심박수가 감소하고 1회 박출량은 증가한다.
② 최대하 운동 중에는 젖산의 축적이 감소되고 젖산 역치가 증가한다.
③ 최대 운동 중에는 최대산소섭취량이 증가한다.
④ 최대 운동 중에는 최대 분당 환기량이 감소한다.

> 해설 안정 시에는 심박수가 감소하며, 1회 박출량이 증가하여 심박출량은 변화가 없다. 최대하 운동에서도 심박수가 감소하며, 1회 박출량이 증가하여 심박출량은 변화가 없다. 최대 운동 중에는 산소섭취량이 증가하고, 1회 박출량이 증가하며, 또한 심박출량이 증가하고, 폐의 확산능력이 증가하며, 최대 분당 환기량이 증가한다.

43 고온환경과 저온환경에서의 운동에 대한 인체의 변화에 대한 설명으로 틀린 것은?

① 고온환경에서는 인체의 땀 분비와 호기를 통하여 수분을 증발시켜 체열을 방출한다.
② 저온환경에 대한 순응은 안정 시 대사율의 감소, 근떨림 반응의 증가, 피부 혈류량의 증가로 인하여 추위에 대한 내성이 증가한다.
③ 저온환경에서는 저온 자극으로 인하여 체온조절을 위해 말초혈관이 수축되고, 근육의 떨림 및 호르몬의 증가와 같은 반응이 일어난다.
④ 고온환경에서는 과다한 체액 손실로 인하여 혈장량이 감소하고 그로 인한 순환기능이 저하된다.

> 해설 저온환경에서 인체는 저온자극을 받게 되면 체온조절을 위해 말초혈관의 수축, 근육의 떨림, 호르몬의 증가와 같은 반응을 일으킨다. 그리고 추위에 대한 순응은 안정 시 대사율의 증가, 근떨림 반응의 감소, 피부 혈류량 증강에 의한 추위에 대한 내성 증가 등의 현상으로 나타난다.

44 고지대에서의 운동에 대한 변화 및 운동 수행에 대한 설명으로 틀린 것은?

① 고지대에서의 훈련은 평지에서의 경기력을 월등하게 향상시킨다.

② 혈액의 산소 운반 능력을 증가시킨다.

③ 고지대에서의 운동 시 장시간 종목은 가장 많은 영향을 받는다.

④ 고지대에서 시합이 있다면 고지대의 악영향이 나타나기 전 24시간 이내에 경기를 해야 한다.

> 해설 고지대에서의 훈련으로 적혈구 생성 증가와 같은 생리적 변화가 발생하는 것은 일시적인 변화이며 평지로 돌아간 후 며칠 동안은 효과적일 수 있지만, 평지에서의 경기력을 월등하게 향상시키지는 않는다.

45 운동 시 심혈관계 시스템의 반응에 대한 설명으로 틀린 것은?

① 수축기와 이완기 혈압은 운동 강도가 증가함에 따라 비례적으로 증가한다.

② 1회 박출량은 운동 강도의 증가에 비례하여 증가한다.

③ 심박출량은 심박수 및 1회 박출량의 증가로 인하여 증가한다.

④ 심박수는 최대심박수가 될 때까지 비례적으로 증가한다.

> 해설 지구성 전신 운동 시 혈압은 운동 강도의 증가와 함께 증가되는 심박출량에 의해서 수축기 혈압이 증가되고, 증가된 혈압은 혈액의 운반과정을 촉진한다. 확장기(이완기) 혈압은 운동 강도와 관계없이 지구력 운동 중에는 거의 변화되지 않는다. 저항성 운동 시에는 혈압은 크게 증가한다.

정답
40 ④ 41 ④ 42 ④ 43 ② 44 ① 45 ①

스포츠지도사
단기완성 2급 필기

01 운동역학의 개요

01 운동역학의 정의

(1) 운동역학의 용어 변천

① 키네지올로지(kinesiology) : 그리스어 kinein(운동, movement)과 logy(학문 logos 또는 art)의 합성어이다. 인체 운동의 효율성 제고를 목표로 하는 학문으로서 넓은 의미의 인체 운동 과학이다.

② 키네지올로지와 비슷한 anthropo-mechanics, anthropo-kinetic, biodynamics, biokinetics, homo-kinetics, kinanthropology 등과 같은 새로운 용어가 출현하였다.

③ biomechanic(생체역학) : 살아있다는 'bio'와 물체에 가해지는 힘의 효과를 연구하는 학문인 'mechnics'의 합성어이다.

④ 스포츠 분야에서 주로 나타나는 인체 운동을 연구하는 제한된 범위 내에서 biomechanic을 적용하고 있기 때문에, Sports Biomechanic(스포츠 생체역학, 생체역학, 운동역학)으로 사용하는 것이 적절하다.

(2) 운동역학의 역사 기출 2015

① B.C 2600년 전부터 인간 움직임(레슬링 자세, 달리기 자세 등)에 대한 벽화가 나타났다.

② 아리스토텔레스는 물질의 운동, 역학에 체계를 세웠다. 자연계에는 네 종류의 운동이 있다고 분석하였다(변화, 수직 운동, 수평 운동, 천체 운동).

③ 레오나르도 다빈치는 사람의 몸의 구조와 기능에 관심을 가지고 사람을 직접 해부를 하며 근육과 움직임, 인체 중심에 관한 연구를 하였다.

④ 갈릴레오는 낙하 운동 법칙에 관해 소개하였다.

⑤ 알폰소 보렐리는 골격은 지렛대와 같은 역할을 하여 수학적 법칙에 따라 근육에 의해 움직여진다는 것을 인식하였다. 동물의 운동은 공기, 물의 저항과 역학적 위치의 적합, 부적합, 다른 요인에 의해 영향을 받는다고 주장하였다.

⑥ 뉴턴은 운동의 3법칙(관성의 법칙, 가속도의 법칙, 작용·반작용의 법칙)을 발견하였고, 현대 역학의 기본이 되고 있다.

⑦ 마레(Etienne-Jules Marey)는 1890년 중반 동작이 간단하고 운동 속도가 느린 보행 분석을 연구하기 위해 영상기법을 활용하였다.

(3) 운동역학의 필요성 **기출** 2019~2013

　① 운동기술의 향상을 위해 운동기술을 분석한다. 운동수행 상황 파악 후 단점을 분석하여 문제점을 도출한다.
　그 후 피드백(feedback) 제공하고 기술 동작의 오류를 수정한다.
　② 운동수행 능력의 증진을 위한 장비 개발에 도움을 준다(**예** 전신수영복, 클랩 스케이트 등).
　③ 상해 예방을 위한 장비 기구의 개발(**예** 헬멧, 보호장구 등)과 동작 분석을 통해 위험 요소를 밝혀낼 수 있다.

02 운동역학의 목적과 내용

(1) 운동역학의 목적 **기출** 2022

　체육·스포츠 운동을 역학적으로 분선하거나 이론적 고찰을 위하여 다음의 문제를 해결하고자 한다.
　① 체육·스포츠의 역학적 특성과 메커니즘 규명
　② 운동기술의 평가, 규명, 개발
　③ 발육 발달과 노화에 따른 동작 변화의 규명
　④ 운동 연구법과 분석법 개발
　⑤ 스포츠시설, 장비의 설계 및 개발 지원
　⑥ 트레이닝 방법의 설계 및 개발 지원
　⑦ 동작, 형태, 역학적 부하와 상해 관계 규명

(2) 운동역학의 내용 **기출** 2019~2016

　① **운동역학**(Sports Biomechanics) : 생물체의 연구에 역학적 원리를 적용시킨 학문
　② **역학**(Mechanics) : 질점(particles) 및 역학적 시스템에 작용하는 힘을 분석하는 물리학의 한 분야
　　㉠ **정역학**(Statics) : 운동의 일정 상태(운동이 없는 상태 + 일정한 속도로 움직이는 상태)에 있는 시스템을
　　다루는 역학의 한 분야
　　㉡ **동역학**(Dynamics) : 가속 상태에 있는 시스템을 다루는 역학의 한 분야
　　　ⓐ **운동학**(Kinematics) : 공간과 시간을 기초로 운동을 기술하는 운동역학의 한 분야(속도, 가속도, 변위 등)
　　　ⓑ **운동역학**(Kinetics) : 움직임의 원인이 되는 힘을 연구하는 운동역학의 한 분야(지면반발력, 마찰력,
　　　힘, 근력, 토크, 관성모멘트 등)
　③ **인체측정학**(Anthropometric) : 신체 분절의 치수와 무게와 관련된 요인(사이즈, 형태, 무게 등)

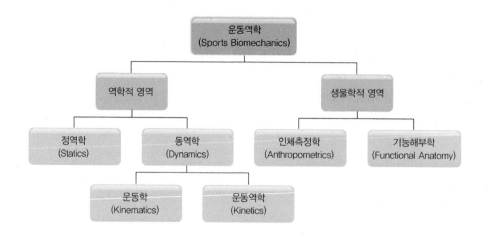

01 해부학적 기초

(1) 인체의 근골격계

① 골격계 : 뼈, 관절 및 인대로 이루어져 있고, 몸통을 지지하고 주요 장기를 보호하면서 사지의 운동을 가능하게 하는 인체 기관이며 무려 206개의 뼈로 구성되어 있다.

  ㉠ 관절 : 뼈와 뼈를 결합한 부위, 관절낭, 연골, 인대 등으로 이루어 있다. 관절이 있기 때문에 움직임이 일어난다.

  ㉡ 관절의 종류 기출 2020

이름	설명	운동	종류	자유도
평면 관절 (planar joint)	1축으로 면이 맞대어 있어 미끄럼과 돌림 운동이 가능하다.	미끄러지는 운동	손목 · 발목뼈 사이 관절과 견쇄관절	0
경첩관절 (hinge joint)	뼈의 장축과 직각을 이루는 한 방향으로만 운동한다.	굴곡과 신전	팔꿈치, 무릎, 손가락관절	1
중쇠관절 (pivot joint)	중심축 주위를 돌아가는 운동으로 단축관절이다.	회외와 회내	환추와 축추, 요골과 척골, 비골과 경골	1
타원관절 (condyloid/ ellipsoid joint)	2개의 축 주위로 운동이 일어난다.	굴곡과 신전, 외전과 내전	손목관절, 중수지관절	2
안장관절 (saddle joint)	관절면이 말 안장처럼 생겨 2개의 축 주위로 각을 이루는 운동이 가능하다.	굴골과 신전, 외전과 내전	엄지손가락 관절	2
절구관절 (ball-socket joint)	소켓 모양으로 여러 방향으로 운동이 가능하다.	굴곡, 신전과 외전 내전, 외회전, 내회전	어깨관절, 고관절	3

  * 자유도는 관절에서 가능한 독립적인 움직임의 방향의 수를 말하며, 몇 개의 운동면에서 움직임이 가능한가를 뜻한다.

② 근육계 : 근섬유 다발로 이루어져 있으며 운동에 작용하는 기관이다. 골격근, 평활근, 심장근으로 나누며 약 650여 개의 근육이 있다. 신체의 자세 유지, 근육 수축 시 움직임을 담당한다.

(2) 해부학적 자세와 방향 용어

① 해부학적 자세 : 인체의 부위와 구조를 명확하게 표시하고 통일된 기술을 위한 자세를 말한다. 자연스럽게 서 있는 자세에서 손바닥을 앞으로 보게 손을 돌린 자세이다.

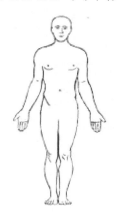

〈해부학적 자세〉

② 인체의 방향 용어 기출 2019, 2018

  ㉠ 전방(anterior) : 인체의 앞쪽, 복측(ventral)
  ㉡ 후방(posterior) : 인체의 뒤쪽, 배측(dorsal)
  ㉢ 위(superior) : 머리쪽 방향
  ㉣ 아래(inferior) : 발쪽 방향
  ㉤ 내측(medial) : 중심선(시상면)에 가까운 방향
  ㉥ 외측(lateral) : 중심선(시상면)에서 바깥으로 멀어진 방향
  ㉦ 근위부(proximal) : 체간에서 가까운 방향
  ㉧ 원위부(distal) : 체간에서 먼 방향
  ㉨ 표층(superficial) : 표면에 가까운 방향
  ㉩ 심층(deep) : 표면에서 먼 방향

(3) 인체의 축과 운동면

인체는 3차원 공간을 점유하므로 인체 각 부위의 위치를 3차원 좌표로 표현할 수 있다. 인체의 모든 운동은 3개의 서로 직교하는 운동축과 이 축에 직각인 운동면을 통해 파악될 수 있다.

① 인체의 축

  ㉠ 관상축(coronal axis) : 무게중심을 좌, 우로 관통하는 축, 또는 시상면을 꿰뚫는 축이다.
  ㉡ 시상축(sagittal axis) : 무게중심을 앞, 뒤로 관통하는 축, 또는 관상면을 꿰뚫는 축이다.
  ㉢ 수직축(vertical axis) : 무게중심을 위, 아래로 관통하는 축, 또는 수평면을 꿰뚫는 축이다.

② 운동면 [기출] 2018~2015

　　㉠ 시상면(sagittal plane) : 인체의 중심을 가로질러 좌/우로 나누는 가상의 면으로, 정중면(median plane)
　　　이라고도 한다.

　　㉡ 관상면(coronal plane) : 인체를 전/후(앞, 뒤)로 나누는 가상의 면으로, 전두면(frontal plane)이라도
　　　한다.

　　㉢ 수평면(horizontal plane) : 인체를 상/하(위, 아래)로 나누는 가상의 면으로, 횡단면(transverse plane)
　　　이라고도 한다.

(4) 관절 운동 [기출] 2022, 2019, 2015

　① 굴곡(flexion) : 정중면을 따라 앞으로 굽힘 [예] 어깨, 팔꿈치, 무릎관절 굽힘

　② 신전(extension) : 정중면을 따라 뒤로 젖힘 [예] 어깨, 팔꿈치, 무릎관절 폄

　③ 외전(abduction) : 관상면을 따라 중심축에서 멀어지는 운동 [예] 어깨, 엉덩관절 벌림

　④ 내전(adduction) : 관상면을 따라 중심축으로 향하는 운동 [예] 어깨, 엉덩관절 모음

　⑤ 외회전(external rotation) : 중심축에서 바깥쪽으로 돌리는 운동 [예] 어깨, 엉덩관절 가쪽돌림

　⑥ 내회전(internal rotation) : 중심축에서 안쪽으로 돌리는 운동 [예] 어깨, 엉덩관절 안쪽돌림

　⑦ 회선(circumduction) : 한 축에서 원뿔형태로 움직이는 운동 [예] 어깨 휘돌림

　⑧ 회전(rotation) : 한 축에서 호를 그리며 움직이는 운동 [예] 등뼈 돌림

　⑨ 회외(pronation) : 요골과 척골이 나란히 되는 운동 [예] 손목 뒤침

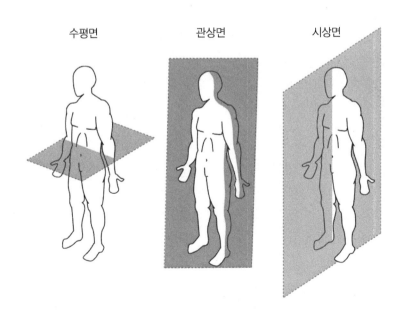

〈인체의 운동면〉

⑩ 회내(supination) : 요골과 척골이 꼬이게 되는 운동 예 손목 엎침

⑪ 상승(elevation) : 한 부분이 위쪽으로 올라가는 운동 예 견갑골 올림

⑫ 하강(depression) : 한 부분이 아래쪽으로 내려가는 운동 예 견갑골 내림

⑬ 전인(protraction) : 한 부분이 앞으로 내밀어 지는 운동 예 견갑골, 하악 내밈

⑭ 후인(retraction) : 한부분이 뒤로 당겨지는 운동 예 견갑골, 하악 들임

⑮ 외번(eversion) : 발바닥이 바깥쪽을 향하는 운동 예 발목 가쪽 번짐

⑯ 내번(inversion) : 발바닥이 안쪽을 향하는 운동 예 발목 안쪽 번짐

⑰ 배측굴곡(dorsi flexion) : 발등쪽으로 발목을 굽히는 운동 예 발등쪽 굽힘

⑱ 저측굴곡(plantar flexion) : 발바닥쪽으로 발목을 굽히는 운동 예 발바닥쪽 굽힘

02 운동의 종류 [기출] 2020

(1) 운동의 정의와 원인

① 운동의 정의

㉠ 물체의 위치가 변화하는 것을 의미한다. 시간-공간의 관점을 고려한다.

㉡ 인체 운동 : 분절이나 전신이 시간의 흐름에 따라 위치가 변화하는 것이다.

② 원인

㉠ 물체에 힘이 작용해야 운동이 가능하다.

㉡ 모든 물체는 관성을 가지고 있는데, 관성의 크기의 비례하기 때문에, 그 물체가 가지고 있는 관성보다 큰 힘을 써야 운동이 일어난다.

㉢ 인체는 근육에서 힘이 생성되는데, 힘의 크기는 근육의 단면적에 비례한다. 근육에서 만들어진 힘에 의해 생기는 인체 운동을 motor activity 또는 motor behavior라고 한다.

(2) 병진 운동(선 운동)

① 신체의 모든 부분이 같은 시간에 동일한 거리와 동일한 방향으로 움직이는 운동을 병진 운동이라 한다.

② 스케이트 선수가 정적인 자세를 취하고 미끄러져 나가는 것을 예로 들 수 있다.

③ 물체의 질량 중심점으로 힘을 작용했을 때 직선 움직임이 일어나며, 질량 중심점을 벗어난 방향으로 힘이 작용하면 곡선운동이 일어난다.

(3) 회전 운동

① 고정된 축을 중심으로 같은 시간에 동일한 방향으로 동일한 각으로 움직일 때를 회전 운동이라고 한다.

② 앞구르기, 해머 돌리기, 철봉에서 흔들기가 그 예이다.

③ 질량 중심점을 벗어난 방향으로 힘이 작용하면 곡선 운동과 회전 운동이 일어나는데, 물체가 일부 고정되어 곡선 운동이 일어나지 않고 고정된 점을 축으로 회전 운동만 일어난다.

(4) 복합 운동

① 자동차의 경우 바퀴는 돌지만 차체는 병진 운동을 하는 것처럼, 동시에 일어나는 운동을 복합 운동이라고 한다.

② 달리기를 할 경우 팔다리는 회전 운동을, 전신은 곡선 운동이나 직선 운동과 같은 병진 운동을 한다.

③ 대부분의 스포츠는 이에 해당된다.

03 인체역학

01 인체의 물리적 특성

(1) 질량과 무게

① 질량

　　㉠ 어떤 물체가 물질을 가지고 공간을 차지하고 있는 것

　　㉡ 물체가 가진 고유한 양을 나타내는 값

　　㉢ 질량이 있는 물체는 서로 당기는 인력이 생긴다.

　　㉣ 장소가 달라져도 항상 일정하다.

② 무게

　　㉠ 중력이 물체를 잡아당기는 힘의 크기를 나타내는 것

　　㉡ 중력의 크기와 같다.

　　㉢ 장소가 바뀌면 값도 달라진다.

(2) 인체의 무게중심(COG ; Center of Gravity) 　기출 2022, 2020, 2019, 2017~2015

① 물체의 무게가 집중된 점으로 이 점을 중심으로 물체는 완전한 균형을 이루기 때문에 신체나 신체의 일부분은 반드시 자신만의 무게 중심이 있다.

② 무게중심점은 인체 내부에 있기도 하고, 외부에 있을 수도 있다. 멀리뛰기의 공중 동작과 같이 앞으로 몸을 접은 파이크(pike) 동작은 무게중심을 앞쪽으로 이동시켜 신체 외부에 있다. 허리를 뒤로 젖힌 자세나 배면뛰기와 같은 동작에서는 엉덩이나 허리 아래/바깥쪽으로 무게중심이 이동한다.

③ 인체는 정확한 무게중심을 결정하기 어렵다. 운동은 자세를 계속 변하게 하므로, 스포츠 상황에서 무게중심은 계속 변한다.

④ 무게중심은 중력에 의해 토크가 0인 점이다. 토크(torque)는 회전력이라 한다. 물체의 각 부분에 작용하는 중력의 합력의 작용점을 말한다.

⑤ 물체의 무게중심이 윗부분에 있을 경우 물체는 매우 불안정, 아래 부분에 있을 경우 안정된 상태이다.

⑥ 질량 중심(COM, Center of Mass)은 모든 방향에서 물체의 질량이 균형을 이루는 한 지점을 말한다.

02 인체 평형과 안정성 기출 2019~2015

(1) 인체 평형
① 내·외력에 반응하여 자세를 정렬[조절]하여 무게중심[균형]을 유지하는 것을 말한다.
② 균형 유지 기관 : 시각, 체성감각, 전정계, 중추신경계
  ㉠ 시각 : 길이, 깊이, 거리 인식
  ㉡ 체성감각 : 피부층, 근육, 건, 관절감각
  ㉢ 전정계 : 귀 속에 위치하여 중력에 민감한 센서
  ㉣ 시각, 체성감각, 전정계가 중추신경계보다 우세하다.

(2) 기저면
① 기저면은 신체의 접촉 지점들에 의해 둘러 싸인 면적이다.
② 기저면이 클수록 안정성이 높아진다.
③ 선수가 발휘하는 힘에 대항하는 저항은 기저면에서 나온다.

(3) 중심의 높이
① 무게중심이 기저면에서 높게 있으면 안정성이 떨어진다.
② 유도선수나 레슬링선수가 매트에 몸을 낮게 엎드리는 것은 무게중심 높이를 낮춰 안정성을 증가시키는 것
  이다.

(4) 중심선의 위치
① 무게중심을 통과하는 수직선을 말하며, 무게중심선을 기저면 안에 위치하면 균형이 유지된다.
② 무게중심선이 기저면 중앙에 가까울수록 안정성이 커진다.
③ 걷거나 달리기시 무게중심선이 이동하여 기저면 밖으로 벗어나게 되어, 안정 상태에서 불안정 상태로 변하
  게 된다.
④ 이때, 발을 내딛어서 무게중심을 양 발사이의 기저면 위에 위치하게 하여 안정 상태를 찾게 된다.

(5) 그 외 안정성을 높이는 요소
① 체중을 증가시킨다.
② 힘이 가해지는 방향으로 기저면을 넓힌다.

03 인체의 구조적 특성

(1) 인체의 분절(body part) 모형

① 한 분절이 다른 한 분절과 곁에 있으면서 독립적으로 움직일 수 있는 것을 의미한다.

② 보통 신체 분절을 뜻하는 한 신체 분절 내의 하나의 뼈이다.

③ 인체에는 11가지의 큰 신체 분절이 있다.

몸통 부분		머리, 목, 몸통
팔다리 부분	다리 인체 분절	골반, 넓적다리, 종아리, 발
	팔 인체 분절	팔이음뼈, 위팔, 아래팔, 손

(2) 인체 지레의 종류

① 인체 지레의 작용

ㄱ 인체의 연결 체계이다.

ㄴ 근수축에 의해 발생된 힘은 지레의 원리에 따라 작용한다.

ㄷ 분절을 구성하는 뼈가 지레 역할을 하고, 관절축으로 분절이 각운동을 한다.

② 인체 지레의 3요소 : 힘점, 작용점, 받침점(축)

ㄱ 힘점(근육의 착점) : 지렛대에 힘이 작용하는 공간을 점유하지 않은 점

ㄴ 작용점[근수축에 의해 운동하는 분절의 질량(무게) 중심점] : 지렛대가 회전할 때 힘의 방향에 반대로 작용하는 부하가 모여 있다고 가상되는 지점

ㄷ 받침점(축, 관절) : 지렛대가 회전 운동을 할 때 움직이지 않는 고정된 점

③ 지레의 종류 [기출] 2022, 2018

ㄱ 1종 지레 [기출] 2017

ⓐ 축(받침점)이 힘점과 작용점 사이에 있다(작용점, 받침점, 힘점 순서).

ⓑ 시소처럼 가운데에 받침점이 있고 한쪽에서 힘을 가하면 반대쪽으로 힘이 전해진다.

ⓒ 펀치, 가위, 목관절 신전 등

ㄴ 2종 지레

ⓐ 작용점이 축과 힘점 사이에 있다(받침점, 작용점, 힘점 순서).

ⓑ 받침점이 한쪽 끝에 있고, 힘점과 작용점이 모두 같은 쪽에 있다.

ⓒ 힘을 주는 방향과 물체가 움직이는 방향이 모두 같다.

ⓓ 병따개, 외발수레, 발뒤꿈치 들기, 푸쉬업 등

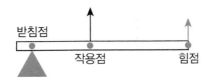

ⓒ 3종 지레 기출 2020, 2019

    ⓐ 힘점이 축과 작용점 사이에 있다(작용점, 힘점, 받침점 순서).

    ⓑ 받침점과 힘점의 위치가 반대로 되어 있어 작용점이 힘점보다 먼 지레를 말한다.

    ⓒ 물체를 들어 올리려면 더 큰 힘을 주어야 한다.

    ⓓ 삽질, 핀셋, 테니스 서브, 팔꿈치 굴곡 시 등

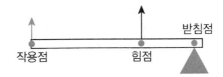

운동학의 스포츠 적용

01 선 운동의 운동학적 분석

(1) **거리와 변위** 기출 2018, 2016, 2015

 ① 거리 : 물체가 움직인 길이의 총합, 방향에 관계없이 물체가 움직인 경로의 길이를 모두 합한 값이다(스칼라량).

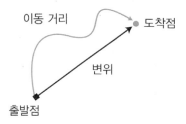

 ② 변위 : 물체가 이동을 할 때 위치의 변화량을 나타내는 물리량으로 처음 위치에서 나중 위치 사이의 직선거리로 방향을 반드시 표현해야 한다(벡터량).

 ③ 벡터 : 크기와 동시에 방향을 갖는 물리량으로서 변위, 속도, 가속도, 힘, 운동량, 충격량, 전기장, 자기장, 각운동량 등을 말한다. 기출 2019

 ④ 스칼라 : 크기만을 나타내는 물리량으로 길이, 넓이, 시간, 온도, 질량, 속력, 에너지 등을 말한다.

 ⑤ 예 : 육상선수가 400m 트랙을 한 바퀴 뛰어 출발점으로 돌아왔다면, 이동거리는 400m, 출발점과 결승점이 같으므로, 변위는 0m이다.

(2) **속력과 속도** 기출 2020, 2015

 ① 속력(speed)

  ㉠ 크기로만 나타내는 스칼라이다.

  ㉡ 속력(m/s) = 이동거리/걸린 시간

 ② 속도(velocity)

  ㉠ 단위시간 당 운동체의 변위를 말하고, 크기와 방향을 가지는 벡터이다.

  ㉡ 속도(m/s) = 변위/걸린 시간

 ③ 속력과 속도의 예시 : 육상선수가 400m 트랙을 한 바퀴 뛰어 40초 만에 출발점으로 돌아왔다면, 변위가 0이므로 속도는 0이고, 속력은 400/10 = 40m/s이다.

(3) 가속도 [기출] 2020, 2017

　① 단위시간 동안의 속도 변화

　② 가속도는 속도 벡터가 단위시간 동안 얼마나 변했는지를 나타내는 벡터량이다.

　③ $a = \triangle v \div \triangle t = (v_2 - v_1) \div (t_2 - t_1)$

　　처음 시각 : t_1　　　　처음 속도 : v_1

　　나중 시각 : t_2　　　　나중 속도 : v_2

(4) 포물선 운동 [기출] 2018

　① 어떤 힘에 의해 공중으로 추진되어 자신의 관성에 의해 운동을 계속하는 물체를 포물체 또는 투사체라고 한다(공중을 날아가고 있는 공, 도약 후 공중 자세에 있는 높이뛰기 선수의 신체, 과녁을 향해 날아가는 화살 등).

　② 수평 모든 지점에서의 힘의 크기와 방향이 같은 공간에서 물체가 힘의 방향과 일정 각도를 이루어 던져질 때 이 물체는 결과적으로 포물선을 그리게 되며 이때 물체가 그리는 궤적을 포물선 운동이라고 칭한다.

　③ 투사 각도에 의해 공의 비행 경로가 결정된다. 공을 수직($90°$)과 수평($0°$) 사이의 각도로 던진다고 할 때, $45°$ 이상으로 던지면 거리보다 높이가 우세하다. 공을 $45°$ 이하로 던지면 길고 낮은 비행 경로가 생기고, 높이보다 거리가 우세하다.

　④ 투사 속도 – 공을 수직과 수평 사이의 각도로 던질 때 투사 속도를 증가하면 공의 높이와 투사 거리가 증가한다.

　⑤ 투사 높이는 지면에서 던지는 높이를 말하며, 키가 큰 선수는 투사 높이를 증가시킬 수 있다.

02 각 운동의 운동학적 분석 [기출] 2020

(1) 각의 표현

　① 각도($°$) : 1회전을 360개로 나눈 각도, 일상적으로 자주 사용하는 각의 단위

　② 라디안(rad) : 두 직선의 교차점을 중심으로 하는 원을 그렸을 때, 원주가 두 직선에 의해 잘린 원호의 길이를 원의 반지름으로 나눈 값으로 차원이 없는 양이다.

　　• $360° = 2\pi$ rad

　　• $180° = \pi$ rad

　　• $90° = \pi/2$ rad

　　• $60° = \pi/3$ rad

　　• $45° = \pi/4$ rad

　　• $30° = \pi/6$ rad

③ 방향성 : 각도를 비롯해 회전운동에서는 일반적으로 시계반대방향은 (+), 시계방향은 (−)로 정의한다.

(2) 각거리와 각변위 [기출] 2022, 2016

① 각거리 : 회전하는 물체가 이동한 각거리는 그 물체가 이동한 궤적의 처음과 마지막 위치 간에 이루는 각의 크기를 의미한다.

② 각변위(θ, 세타)

  ㉠ 회전하는 물체의 각변위는 그 물체가 이동한 궤적의 처음과 마지막 위치 간에 이루는 두 개의 각 중에서 작은 각의 크기와 같다.

  ㉡ 각변위는 방향을 가지고 있어서 일반적으로 시계방향(−) 또는 반시계방향(+)으로 나타낸다.

    * 각거리와 각변위 예시 : 달리기 시에 팔을 앞으로 $90°$, 뒤로 $60°$씩 왕복 한번 흔들었다면 각거리는 $150°$이다. 각변위는 뒤쪽 $60°$에서 팔 스윙이 끝났다면, $60°$가 된다.

③ 각위치 : 특정 시점에 물체가 특정 축에 대하여 만드는 각도

(3) 각속력과 각속도

① 각속력

  ㉠ 회전하는 물체의 각거리를 소요 시간으로 나눈 값을 말한다.

  ㉡ 특정 축을 기준으로 각이 돌아가는 속력을 나타내는 벡터다. 즉, 얼마나 빠르게 회전하는 지로 정의할 수 있다.

② 각속도 [기출] 2020

  ㉠ 회전하는 물체의 각변위를 소요 시간으로 나눈 값을 의미한다.

  ㉡ 선수나 물체의 의미하는 용어로, 골프 클럽, 야구배트의 스윙 속도를 설명하는 데 쓰인다.

  ㉢ 각속도(ω) = Δ각변위/Δ시간 = $\Delta\theta$ / Δt

(4) 각가속도

① 철봉휘돌기 시 내려올 때 더 빠르다.

② 스포츠경기의 회전 운동은 비등 각속도 운동을 하는데, 회전 속도가 동일하지 않은 운동을 각가속도 운동이라 하고, 각속도변화율을 각가속도라 한다.

③ 각가속도(α) = $\omega_2 - \omega_1$ / $t_2 - t_1$

(5) 선속도와 각속도와의 관계 [기출] 2022, 2020

선속도	각속도
거리	각거리
변위	각변위
속력 = 거리/시간	각속력 = 각거리/시간
속도 = 변위/시간	각속도 = 각변위/시간
가속도 = (나중 속도 − 처음 속도)/시간	각가속도 = (나중 각속도 − 처음 각속도)/시간

① 해머던지기 시 돌리다가 릴리즈하면 해머는 원운동을 하다가 선운동으로 바뀌는 병진운동을 한다.

② 이처럼 각운동에서 선운동으로 바뀔 때 물체의 선속도는 릴리즈되는 순간의 각속도와 회전 반지름의 곱으로 나타난다. 따라서 선속도를 증가시키려면 임팩트 순간의 각속도와 반지름을 증가시켜야 한다.

③ 골퍼가 장타를 날리기 위해서는 길이가 긴 클럽을 사용하여 팔을 최대로 신전시킨 상태로 샷을 해야 하고, 야구에서 타자는 배트의 안쪽보다 바깥쪽에 공을 맞춰야 멀리 보낼 수 있다.

④ 이때, 반지름을 너무 증가시키면 큰 힘을 발휘해야 하므로, 힘이 약한 선수는 회전 속도가 감소한다.

05 운동역학의 스포츠 적용

01 선 운동의 운동역학적 분석

(1) 힘의 정의와 단위 [기출] 2022, 2017

① 힘(force) : 물체가 다른 물체를 어떤 방향으로 밀거나 당기는 것으로 정의한다.

② 물체가 이동 또는 변형되는 것은 모두 힘의 작용 결과이다 : 힘은 크기와 방향을 가지므로 벡터이다.

③ 힘의 작용은 운동 상태의 변화를 일으키는 필요조건일 뿐이다.

④ 힘의 크기, 힘의 방향, 힘의 작용점이라는 3개의 요소가 필요하다.

⑤ 힘은 물체를 병진(수평 이동)시키도록 하는 작용을 가지고 있는 것뿐만 아니라 물체를 회전시키도록 하는 작용을 갖는다. 이것을 힘의 모멘트(moment of force)라 한다.

⑥ 힘 모멘트 : 회전 중심에서 작용점에 향하는 r(벡터) × F(힘 벡터)라는 계산에서 구한다.

⑦ 단위 [기출] 2020

  ㉠ 질량 1kg의 물체에 작용하여 1m/s의 가속도를 일으키는 힘의 크기를 1뉴턴(기호 N)이라 한다.

  ㉡ 질량 1g의 물체에 작용하여 1cm/s의 가속도를 생기게 하는 힘의 크기를 1다인(기호 dyn)이라 한다.

  ㉢ 질량 1kg의 물체에 작용하는 중력의 크기를 1중량킬로그램(기호 kgw 또는 kgf)이라 한다.

  ㉣ 1kgw의 힘은 질량 1kg의 물체에 중력가속도 g = 9.8m/s를 생기게 하는 힘이다. 따라서 1kgw = 9.8N 이다.

(2) 힘의 벡터적 특성 [기출] 2017, 2016

① 힘의 방향과 크기를 알 때, 이 둘을 합친 것을 힘 벡터(force vector)라고 한다.

② 방향을 가진 크기이다.

③ 힘 벡터를 화살표로 나타내는데, 화살표의 머리는 힘의 작용 방향, 길이는 작용한 힘의 크기를 나타낸다.

④ 크기와 방향을 가지는 물리량인 벡터의 합을 알기 위해 기하학적으로 사용하는 방법이다.

⑤ 우선 두 벡터의 시작점을 일치시킨다. 그러면 두 벡터를 각각의 변으로 하는 평행사변형을 그릴 수 있다.

⑥ 두 벡터와 시작점이 같고 평행사변형의 대각선이 되는 벡터가 두 벡터의 합이다. 다른 방법으로 첫 벡터의 끝점에 두 번째 벡터의 시작점을 일치시키면 첫 벡터의 시작점과 둘째 벡터의 끝점을 연결한 벡터가 합 벡터가 되는 삼각형법이 있다. 보통 힘의 합성을 구하기 위해 힘을 벡터로 표시해 평행사변형법이나 삼각형법을 사용한다.

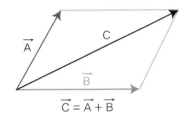

$$\vec{C} = \vec{A} + \vec{B}$$

(3) 힘의 종류(근력, 중력, 마찰력, 부력, 항력, 양력) [기출] 2022, 2020

　① 근력

　　㉠ 근육의 수축으로 인하여 발현되는 힘

　　㉡ 인체의 기능적인 가동 단위인 관절계는 원동기에 해당하는 근육과 동력 전달기에 해당하는 골격, 그리고
　　　골격과 골격이 연결된 축(관절)으로 구성된다.

　② 마찰력 [기출] 2019, 2018

　　㉠ 접촉면을 따라 물체의 운동을 방해하는 힘

　　㉡ 마찰력은 추진력의 반대 방향으로 작용하는 저항력이다.

　　㉢ 물체가 서로 접촉하고 있고, 운동이 일어나지 않으면 마찰력은 0이다.

　　㉣ 마찰력의 결정 요인

　　　ⓐ 접촉하고 있는 두 물체의 구성 물질

　　　ⓑ 접촉면의 불규칙한 상태의 정도

　　　ⓒ 물체의 질량[수직항력에 비례]

　　　ⓓ 접촉한 물체가 움직이고 있을 때, 두 물체의 상호작용

　　　　[예] 스케이트 경기 시 날과 얼음 사이에 열이 발생하고 이는 얼음을 녹이며,
　　　　　　마찰력이 감소된다.

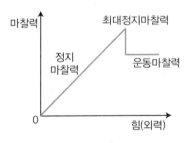

　③ 중력

　　㉠ 두 질량 사이에 작용하는 힘

　　㉡ 질량에 의해 상호작용하는 물체의 특성

　　㉢ 물체의 질량(중력 질량)에 의해 정해짐

　　㉣ 한편, 전기력은 전하량에 의해 정해짐

　④ **부력** : 물이나 공기 같은 유체에 잠긴 물체가 유체로부터 중력과 반대 방향인 윗방향으로 받는 힘

　⑤ **항력** : 물체가 유체 안에서 상대적으로 움직일 때 움직이는 방향의 반대 방향으로 작용하여 물체의 운동을
　　방해하는 힘(저항력, 끌림힘)

　⑥ **양력** : 유체 속의 물체가 수직 방향으로 받는 힘이다. 이 힘은 높은 압력에서 낮은 압력쪽으로 생기며, 물체에
　　닿은 유체를 밀어내리려는 힘에 대한 반작용

⑦ 압력

ㄱ 물체가 누르는 힘

ㄴ 발자국은 물체가 지면에 작용한 압력 때문에 생긴다.

ㄷ 압력(P) = S/F(누르는 힘/단위 면적)

(4) 뉴턴의 선 운동 법칙 [기출] 2018

① 관성의 법칙(제1법칙)

ㄱ 물체는 외부로부터 어떠한 힘(작용)이 작용하지 않으면 운동하는 물체는 계속 운동하려고 하고, 정지한 물체는 외력을 받지 않거나 외부로부터 작용한 외력의 합이 0일 경우 정지 사태를 계속 유지하는 것을 말한다.

ㄴ 관성의 크기는 질량에 비례한다.

ㄷ 모든 스포츠는 관성을 적절히 응용해야 운동 효과를 증진시키고, 상해를 예방하는데 도움을 준다.

ㄹ 골프 스윙, 야구 배팅, 테니스 스매싱 시 스윙을 끝까지 하는 것

ㅁ 100m 달리기 시 결승선 넘어서까지 속도를 줄이지 않는 것

② 가속도의 법칙(제2법칙)

ㄱ 물체에 힘 F를 가할 경우, 그 가속도 a는 중량 m에 반비례한다. F = ma

ㄴ **가속도** : 시간에 따른 속도의 순간적인 변화량

ㄷ 가속도는 작용한 합력에 비례하고 그 합력의 방향과 같다.

ㄹ 골프 스윙시 임팩트를 강하게 하는 것, 남자선수는 무거운 포환 사용

ㅁ 가속도의 힘은 비례하지만, 질량에는 반비례 한다.

③ 작용과 반작용의 법칙(제3법칙)

ㄱ 두 물체가 서로 힘을 작용하고 있을 때, 두 물체가 받는 힘은 그 크기가 같고, 방향은 항상 반대이다.

ㄴ 두 물체의 상호작용은 크기가 같고, 방향이 반대이다.

ㄷ 모래나 진흙에서 뛰면 반작용이 감소하여 더 어려워진다.

ㄹ 공 받을 때 상체에 힘을 빼야 하는데 이는 공의 반작용을 줄이기 위함이다.

(5) 선 운동량과 충격량

① 운동량

ㄱ 움직이는 물체는 모두 운동량을 가지고 있다. 느리게 휘두르는 배트는 빠를 스윙 배트보다 운동량이 적은 것이다.

ㄴ 운동량이란 얼마나 큰 질량을 가지고 얼마나 빠르게 움직이고 있느냐를 나타내는 물리량이다.

ㄷ 운동량(P) = mv, 질량 m, 속도 = v

ㄹ 단위는 kg·m/sec

② 충격량 기출 2020

ⓐ 물체를 이동시키기 위해 물체 힘을 가하면 힘이 작을 때보다는 클 때, 힘을 작용하는 시간이 짧을 때보다는 길 때 빠르게 이동한다.

ⓑ 충격량 : 물체가 받는 힘과 시간을 곱한 것

ⓒ 충격량은 운동량의 변화를 의미하며, 질량이 동일할 때에는 속도의 변화를 의미한다.

ⓓ 단위는 N·sec이다.

ⓔ 풋볼의 태클, 태권도 격파 시 활용

(6) 선 운동량의 보존

① 운동량 보존의 법칙 : 외력이 작용하지 않는 한 시스템 내의 총운동량은 변하지 않고 보존된다는 것이다.

② 볼링 시 공이 정지해있던 핀을 맞추면 공은 멈추고 핀이 공의 속도로 날아간다.

③ 날아오는 공을 배트로 맞출 때도 충돌 전과 충돌 후에 동일하게 운동량이 보존된다.

④ 비껴 맞으면 총운동량이 전달되지 못할 수도 있다.

(7) 충돌 기출 2022

① 탄성 : 물체에 힘이 가해지면 변형이 일어나고 작용한 힘이 소멸되면 다시 본래의 상태로 돌아오는 물체의 성질. 이러한 성질을 갖고 있는 물체를 탄성체라 한다.

② 복원력 : 두 탄성체가 서로 충돌했다가 떨어질 때 탄성체의 변형이 일어나면서 위치에너지와 운동에너지의 일부가 탄성에너지로 바뀌었다가 다시 본래의 상태로 되돌아오는 것

③ 완전탄성충돌 : 탄성체가 충돌한 후 복원하는 과정에서 역학적 에너지가 손실되지 않고 그대로 복원될 때

④ 불완전탄성충돌 : 탄성체의 변형 등으로 인해 유실되어 역학적 에너지가 감소될 때

⑤ 비탄성충돌 : 진흙에 탄성체를 던졌을 때처럼 심한 변형으로 인하여 물체가 충돌한 후 서로 분리되지 않고 붙어버리는 충돌

⑥ 탄성체의 스포츠 활용 : 장대높이 뛰기의 폴, 야구 배팅, 양궁의 시위 등

(8) 반발계수(충돌계수, 탄성계수) 기출 2022, 2020

① 두 물체가 충돌할 때 충돌의 탄성 정도를 나타내는 수치

② 완전탄성충돌은 반발계수가 1이다(현실에서는 완전탄성충돌은 일어나지 않음).

③ 완전비탄성충돌은 반발계수가 0이다.

④ 반발계수는 충돌 전과 후의 상대속도의 비이다.

02 각 운동의 운동역학적 분석

(1) 토크(힘의 모멘트)

① 물체에 작용하여 물체를 회전시키는 원인이 되는 물리량

② 시소나 자전거 바퀴에서 편심성 힘이 작용하면 바퀴가 회전하는 성질이 생기는데 이런 회전 효과를 토크라 한다.

③ 비틀림 모멘트, 회전 능률(moment), 힘 모멘트, 염력, 회전력이라도 불린다.

④ 단위는 무게 × 길이 = N·m(뉴턴 미터)을 사용한다.

(2) 관성 모멘트 [기출] 2018~2016

① 회전축을 중심으로 회전하는 물체가 계속해서 회전을 지속하려고 하는 성질의 크기를 나타낸 것이다.

② 외부에서 힘이 작용하지 않는다면 관성 모멘트가 클수록 각속도가 작아지게 된다.

③ 회전하는 물체가 그 때의 상태를 유지하려고 하는 에너지의 크기를 말한다. 관성 모멘트는 I로 표시하고, 단위는 $kg·m^2$이다.

④ 회전 운동을 병진 운동과 비교하였을 때, 회전 운동에서의 관성 모멘트는 병진 운동에서의 질량과 유사한 성질을 갖는 물리량이다.

⑤ 회전하는 물체가 회전을 계속하려는 성질인 회전 관성은 물체의 전체 질량과 질량 분포 상태에 따라 달라진다.

(3) 뉴턴의 각 운동 법칙

① 제1법칙 : 각관성의 법칙(각운동량 보존의 법칙)

㉠ 외적 토크가 작용하지 않는 한 회전체는 동일 축을 중심으로 일정한 각운동량을 가지고 회전 상태를 계속 유지한다.

㉡ 각운동량 = 관성 모멘트·각속도 = 질량·회전 반경^2·각속도

㉢ 각운동량 보존의 예시

ⓐ 피겨스케이팅

• 회전을 빠르게 하는 경우 : 제자리에서 회전할 때 신체의 질량을 몸에 붙이면 회전 반경이 줄어 관성 모멘트가 작아지며 각속도를 크게 해 빠른 회전을 할 수 있다.

• 회전을 느리게 하는 경우 : 회전을 멈추고자 하면 팔을 폄으로서 회전 반경을 늘려 관성 모멘트를 크게 해 각속도를 작게 할 수 있다.

ⓑ 다이빙 동작

• 이륙 시 : 관성 모멘트는 크고 각속도는 작다.

• 공중 동작 시 : 관성 모멘트는 작고 각속도는 크다

・입수 시 : 관성 모멘트는 크고 각속도는 작다.

② 제2법칙 : 각가속도의 법칙

　　㉠ 회전력(T) = 관성 모멘트 × 각가속도 = $I \cdot \alpha$　∴ T/I

　　㉡ 강체에 비평형의 토크가 가해지면 가해진 토크에 비례하고 관성 모멘트에 반비례하는 각가속도가 토크의 방향과 동일한 방향으로 발생한다.

　　㉢ 각가속도를 크게 하지 위해서는 토크를 증가시키고 관성 모멘트를 줄여야 한다.

③ 제3법칙 : 각반작용의 법칙

④ 어떤 물체에 각운동량을 유발시키는 토크가 가해지면 동일 물체의 어느 부분에 반대 방향으로 각운동량을 유발시키는 크기가 같고 방향이 반대인 반작용 토크가 존재한다.

(4) 각 운동량과 회전 충격량 기출 2022

① 각 운동량

　　㉠ 회전 속도와 관성 모멘트의 크기에 의해 결정되며, 회전하는 선수나 물체가 가지는 운동의 양을 의미한다.

　　㉡ 각 운동량 = 관성 모멘트(I)・각속도(ω)

② 회전 충격량 : 특정 시간 동안의 운동량의 변화량이다. 이것은 특정 시간 동안 받는 힘의 적분과 같다. 단위는 $kgms^{-1}$이다.

　　회전 충격량 = 토크(T)・시간(t)

③ 각 운동량의 유지

　　㉠ 주어진 시스템에서 총 각 운동량은 외적인 토크가 없는 한 일정하게 유지된다.

　　㉡ 물체의 무게중심에 작용하는 중력은 어떠한 토크도 만들지 못한다.

　　㉢ 다이빙, 트램펄린, 체조 경기 – 자세의 변화 → 각속도 증가, 관성 모멘트의 감소

　　㉣ 배구의 스파이크 – 하지의 보상 회전 → 강력한 스윙 팔

④ 각 운동량의 전이

　　㉠ 특정한 회전축에 대한 인체의 전체 각 운동량은 같은 회전축에 대한 인체 분절 각각의 각 운동량을 모두 합한 것과 같다.

　　㉡ 전신의 각 운동량 = 몸통의 각 운동량 + 상완의 각 운동량 + 대퇴의 각 운동량 …

　　㉢ 전체 각 운동량이 보존될 때, 각 운동량은 신체의 어떤 부분에서 다른 부분으로 전이될 수 있다.

　　㉣ 각 운동량이 보존되지 않을 때도, 각 운동량의 전이는 발생한다.

(5) 구심력과 원심력 기출 2020, 2017
① 구심력
ㄱ 회전 운동에서 회전 중심으로 향하는 힘
ㄴ 회전 속도가 가장 큰 영향
ㄷ 사이클 선수의 커브링
ㄹ 구심력에 의해 생성되는 토크를 상쇄시키기 위해 몸을 안쪽으로 기울임. 구심력은 회전하는 좌표계에서 관찰되는 관성력으로, 회전의 중심에서 바깥쪽으로 작용하는 것처럼 관찰된다. 하지만 다른 관성력과 마찬가지로 실제 존재하는 힘은 아니다.
② 원심력
ㄱ 원 운동을 하고 있는 물체에 나타나는 관성. 즉, 관성계에 대해 일정한 각속도 ω 로 회전하고 있는 좌표계에 나타나는 관성력이다.
ㄴ 전차가 커브를 돌 때 승객이 커브 바깥쪽으로 튕겨나가는 듯한 힘을 느낄 수 있는데, 이것이 바로 원심력이다.
ㄷ 구심력과 크기는 같고 방향은 반대이며, 원의 중심에서 멀어지려는 방향으로 작용한다.
③ 구심력과 원심력의 적용 : 곡선 주로 달리기
외력에는 중력, 원심력, 발과 트랙의 마찰력이 작용하게 되는데 중력과 원심력은 무게중심에 작용하는 힘이므로 세 힘 간의 완전한 평행이 이루어지기 위해서는 마찰력에 의한 지면 반력의 작용선이 반드시 무게중심을 지나야 하며 동시에 세 가지 힘의 합 벡터가 0이 되어야 평행이 된다(육상 트랙 경기, 숏 트랙 스케이팅, 스키의 회전).

06 일과 에너지

01 일과 일률 기출 2022, 2018, 2016

(1) 일(work) 기출 2020

① 일정한 거리에 걸쳐 저항에 대항하는 힘이 작용한 것이다.

② 물체가 일을 한 크기를 일량이라 한다.

③ 일(W) = 힘 × 거리 = F · d

④ 단위는 J(Joule) 또는 Nm, 1J = 1Nm

⑤ 양(positive)의 일/ 음(negative)의 일

    ㉠ 양의 일 : 힘과 변위가 같은 방향

    ㉡ 음의 일 : 힘과 변위가 반대 방향

⑥ 주동근의 수축 형태와 일의 형태와의 관계

구분	양의 일	음의 일
내용	힘과 변위가 같은 방향	힘과 변위가 반대 방향
주동근 (예-벤치프레스)	중량을 밀어내는 동작	중량을 내리는 동작
주동근의 수축	단축성 수축	신장성 수축
근력과 저항력	근력>저항력	근력<저항력

⑦ 등척성 수축일 때 일은 0이다.

(2) 일률(power)

① 단위시간 당 한 일의 양을 일률 또는 순발력(power)라고 하며 역학적 일의 강도를 나타내는 지표로 사용된다.

② 질량, 거리, 시간 3요소가 포함되어 있다.

③ 단위 – 와트(W), 마력(HP) – 1HP는 745.7W

④ 일률의 공식 – 1W = 1J/s =1kg × m/s

02 에너지

(1) 에너지의 정의와 종류 [기출] 2022, 2020

① 정의 : 일과 에너지는 같은 단위를 가지며, 에너지도 일과 같은 스칼라양이다. 에너지의 종류에는 역학적 에너지, 열에너지, 파동 에너지, 전기 에너지, 원자 에너지 등이 있다.

② 운동 에너지

㉠ 운동의 결과로 나타나는 물체의 에너지인데 물체의 질량과 속도에 제곱을 곱한 양의 반이다.

㉡ 운동 에너지(KE) = $1/2 \cdot MV^2$

③ 위치 에너지 [기출] 2019, 2017

㉠ 물체 또는 선수가 높여져 있는 위치에 의해 저장된 에너지를 의미한다.

㉡ 중력에 대항하여 물체를 특정 높이까지 올리기 위해서는 일을 수행하며, 높이를 가진 물체는 수행된 일만큼의 위치 에너지를 갖는다.

㉢ 물체는 보다 높고 무거울수록 위치 에너지를 갖는다.

㉣ 공식 = PE = $m \cdot g \cdot h$(무게 × $9.8m/sec^2$ × 높이)

④ 탄성 에너지

㉠ 저장 에너지의 한 형태이다.

㉡ 어떤 물체가 눌리고, 당겨지고, 비틀어지고, 찌그러진 후에 원래의 형태로 복원시킬 수 있는 능력을 의미한다.

㉢ 어떤 물체가 찌그러졌다가 원상으로 복원될 때, 그 물체는 일을 한다.

㉣ 달리고, 뛰고, 던질 때 신전된 근육의 탄성도 역시 탄성 에너지이다.

㉤ 탄성 에너지(S · E) = $1/2 \cdot k \cdot l^2$($1/2$ × 탄성계수 × 변형의 크기^2)

(2) 역학적 에너지 보존 법칙

① 운동하는 물체가 가지는 위치 에너지와 운동 에너지의 합을 의미한다.

② 물체가 운동하는 동안 역학적 에너지. 즉, 위치에너지와 운동에너지는 서로 전환된다.

③ 이때 외부의 저항이나 마찰력이 작용하지 않으면 운동하는 물체가 가진 역학적 에너지는 항상 일정하게 보존되는데, 이를 역학적 에너지 보존 법칙이라고 한다.

$$9.8mgh_1 + \frac{1}{2}mv_1^2 = 9.8mgh_2 + \frac{1}{2}mv_2^2 = 일정$$

* 9.8은 중력가속도

(처음 위치 에너지 + 처음 운동 에너지) = (나중 위치 에너지 + 나중 운동 에너지)

(3) 인체 에너지 효율

① 이론적 역학적 이득의 개념은 지레의 기계적 기능과 밀접한 관계를 가진다. 지레가 평형을 이루면 힘과 저항의 크기가 같은면 힘팔과 저항팔의 길이가 동일한데 이때 역학적 이득은 1이다.

② 인체는 관절에서 마찰력으로 인한 힘의 손실과, 혈액과 근육의 점성, 원만하지 못한 길항 작용 등의 이유로 역학적 효율이 1 이하이다.

③ 관절에서 운동이 일어날 때 뼈와 뼈의 마찰이 일어난다.

④ 혈관의 혈액, 근육섬유 자체의 점성은 힘의 손실이 일어난다. 점성은 체온이 높으면 낮아지고, 체온이 낮으면 높아지므로, 준비 운동을 통해 체온을 높이는 것이 중요하다.

07 다양한 운동기술의 분석

01 동작 분석 기출 2022, 2020

(1) 영상 분석의 개요 기출 2015

① 운동역학 분야에서 가장 활용도가 높은 분석 방법이다.

② 빠르고 여러 요소가 연결되어 있는 스포츠 현장에서 육안으로 식별이 어렵기 때문에 촬영을 통해 동작 분석을 하는 것은 매울 효율적인 방법이다.

③ 2차원 분석과 3차원 분석으로 분류한다.

(2) 2차원 분석 기출 2019, 2017

① 평면으로 촬영하여 분석하는 방법이다.

② 카메라와 촬영되는 선수가 카메라의 광축에 직교해야 한다.

③ 인간은 3차원 존재이므로 평면 운동을 가정하는 자체가 한계점이 있다. 투시오차가 있어 카메라를 멀리 설치하고 줌기능을 이용하는 것이 좋지만 3차원 분석을 해야 해결 가능하다.

(3) 3차원 분석

① 동일한 점에 최소 2대 이상의 카메라로 촬영하며, 그 공간을 X, Y, Z축으로 확인할 수 있다.

② 직접선형변환 방식(DLT)에서 통제점 틀(control point)을 사용하면 카메라의 설치 제약 없이 분석할 수 있다.

③ 장비 사용 방법이 어려워 전문가의 도움을 받아야 한다는 단점이 있다.

02 힘 분석 기출 2022

(1) 힘 측정 원리

① 힘은 육안으로 측정할 수 없으므로, 전기 장치를 이용하여 측정한다.

② 압력센서를 이용하여 판에 가해지는 힘을 정량화하는 방법이다.

③ 지면반력측정시스템과 족저압력분포시스템이 대표적이며, 다양한 장비(스케이트, 철봉, 역도)에도 센서를 부착하여 분석하고 있다.

(2) 지면반발력 측정의 활용 기출 2020, 2019, 2017

① 지면반력은 인체가 지면에 가하는 힘에 대한 반작용 힘이다.

② 중력에 의해 인체는 항상 지면과 접촉을 유지하고 있고, 상호작용을 하고 있다.

③ 인체는 지면반력을 이용하여 몸을 추진하거나 제어하기 때문에 매우 중요한 외력이다.

④ 수직 누르는 힘과, 수평으로 지면과의 마찰력에 영향을 받는다.

⑤ 지면반력측정시스템은 힘을 감지하는 센서를 장착한 직육면체형의 판이고, 전후, 좌우, 상하 세 방향의 힘 측정과 압력 중심점의 위치, 유리토크요인을 알 수 있다.

⑥ 착지 시 몸의 가해지는 충격, 추진력, 제동력을 측정할 수 있고 부상을 예측할 수 있다.

(3) 족저압력분포시스템

① 압력분포측정기는 수십 개 혹은 수백의 힘센서를 이용하여 압력이 가해지는 부분의 형태나 크기 등을 정밀하게 조사할 수 있도록 고안된 장비이다.

② 깔창같은 측정판을 신발에 넣어 측정한다.

③ 보행이나 달리기 시 발의 압력분포측정기를 통해 부상과 관련된 위험을 찾아낼 수 있다.

03 근전도 분석 기출 2022, 2020~2018, 2015

(1) 근전도의 원리 기출 2020

① EMG(Electromyography)는 동작 움직임 시 눈에 보이지 않는 근육의 움직임을 보여주는 것으로서 EMG 장비는 동작 움직임 시 근육에서 발생되는 전기 신호를 측정하는 장치이다.

② EMG 신호는 기본적으로 근섬유막에서 발생하는 생리적 변화에 의해 발생되는 전기 신호를 측정하는 것이다.

③ 신경 자극에 의해 뉴런의 탈분극이 일어나 활동전위가 발생하여, 이 활동전위는 운동종판에 전달되고 운동종판에 연접된 근섬유를 자극한다. 운동 단위(motor unit)가 지배하는 모든 근섬유에 수축 현상이 일어나며 이때, 근섬유 연접부의 막이 자극된다.

④ 섬유에 탈분극이 발생하여 근섬유막의 내외부 전하를 바뀌게 되고, 그로 인해 근섬유에 전자기장이 형성된다.

EMG의 측정은 이런 전자기장에 전극을 위치시켜 활동전위의 전위차를 검출하는 것이다. 이 신호는 아주 약한 전위차이기 때문에 증폭기를 이용하여 증폭시켜 기록한다.

⑤ 자료처리 방법

㉠ 필터링 : 근전도는 50Hz 이상으로 데이터가 얻어짐으로 노이즈가 들어올 가능성이 높다. 기본적인 노이즈 제거 과정은 실험 절차를 통하여 제거되지만, 신호가 포함된 노이즈를 제거하기 위해서는 필터링을 거쳐야 한다. 저역통과, 고역통과, 밴드통과 등의 종류가 있으며, 주로 밴드통과 필터 방식을 사용한다.

ⓒ **정류** : 근전도의 신호는 양의 값과 음의 값이 나타난다. 모든 값을 양의 값으로 처리하기 위하여 필터를 한 신호로 개정한다.

ⓒ **역치 설정** : 저역필터를 통과한 근전도가 역치 수준을 넘으면 1, 역치 수준보다 낮으면 0으로 표시하여 근육의 활동 여부를 나타낼 수 있다.

ⓒ **적분** : 정확한 힘값이라고 할 수 없지만, 선행 연구에 근거하여 근전도와 힘값은 선형 관계가 있다. 힘값과 선형관계를 나타내는 지표가 누적근전도(iEMG)인데, 저역필터로 걸러진 근전도를 시간에 대해 적분한 것으로 해당 근육의 누적된 활동 정도를 나타내는 변인이다. 즉, 정규화된 신호를 적분하면 힘의 동원량을 추정 가능하다.

ⓒ **주파수 분석** : 주파수별 특성을 분리하는 것으로, 피로도 분석에 주로 사용한다.

(2) 근전도의 측정

① **표면 전극** : 지금 약 1cm의 금속제 원판으로, 근육 표면에 붙이는 것으로 사용하기 편하고 고통없이 측정할 수 있다.

② **삽입 전극** : 침 전극과 미세 전극 두 가지가 있고, 전극 삽입용 바늘을 피하에 삽입한 후 바늘을 제거한다. 근육의 미세한 활동을 측정하거나 깊은 근육을 측정할 때 사용하는데, 스포츠활동에서는 적합하지 않다.

(3) 근전도의 분석과 활용

근육의 수축 속도, 어떤 동작 시 근육 수축 정도, 근육들의 동원 순서 등을 파악할 수 있다.

01 운동역학 연구의 주된 목적이 아닌 것은?

기출 2019

① 운동기술의 향상
② 운동 용기구의 개발 및 평가
③ 멘탈 및 인지 강화 프로그램의 구성
④ 운동수행 안전성의 향상 및 손상의 예방

해설 멘탈 및 인지 강화 프로그램의 구성은 스포츠심리학의 영역이다.

02 운동역학(sport biomechanics)에 대한 내용으로 가장 적절한 것은?

기출 2018

① 스포츠 상황에서의 경쟁과 불안에 대해서 연구하는 학문이다.
② 스포츠를 사회 현상으로 이해하고 설명하려는 학문이다.
③ 스포츠 상황에서 인체 힘의 원인과 결과를 다루는 학문이다.
④ 스포츠 상황에서 인체에서 일어나는 화학 반응 및 생리 현상에 대해서 설명하는 학문이다.

해설 불안은 스포츠심리학에서 다루는 연구 분야이다.

03 다음 운동역학의 하위 학문과 거리가 먼 것은?

① 운동학
② 운동역학
③ 운동생리학
④ 기능해부학

해설 ③ 운동생리학은 운동역학에 포함되지 않고 별도의 학문이다.

04 경첩관절에서 일어나는 움직임은?

① 굴곡과 신전
② 외전과 내전
③ 회내와 회외
④ 거상과 하강

해설 뼈의 장축과 직각을 이루는 한방향으로만 운동하며, 굴곡과 신전의 움직임이 일어난다.

05 다음 중 용어와 설명 중 잘못 짝지어진 것은?

① 전방(anterior) : 인체의 앞쪽, 복측(ventral)
② 위(superior) : 머리쪽 방향
③ 외측(lateral) : 중심선(시상면)에서 바깥으로 멀어진 방향
④ 근위부(proximal) : 체간에서 먼 방향

해설 근위부는 체간에서 가까운 방향이다.

06 마찰력에 대한 설명 중 옳은 것은?

기출 2018

① 마찰력의 크기는 마찰계수와 접촉면에 수평으로 가해진 힘의 곱이다.
② 접촉면의 형태와 성분(재질)은 마찰계수에 영향을 미친다.
③ 최대정지마찰력은 운동마찰력보다 작다.
④ 마찰력은 추진력으로 작용할 수 없다.

정답
01 ③   02 ③   03 ③   04 ①   05 ④   06 ②

07 인체의 축에 대한 설명 중 틀린 것은?

① 관상축(coronal axis) – 무게중심을 좌, 우로 관통하는 축

② 시상축(sagittal axis) – 무게중심을 앞, 뒤로 관통하는 축

③ 수직축(vertical axis) – 무게중심을 위, 아래로 관통하는 축

④ 시상축은 시상면을 꿰뚫는 축이다.

해설 시상축은 관상면을 꿰뚫는 축이다.

08 다음은 운동면에 대한 설명이다. 맞는 것은?

① 시상면 – 인체의 중심을 가로질러 좌/우로 나누는 가상의 면

② 관상면 – 인체를 상/하(위, 아래)로 나누는 가상의 면

③ 수평면 – 정중면이라고도 한다.

④ 수평면 – 인체를 전/후(앞, 뒤)로 나누는 가상의 면

해설 관상면은 인체를 좌우로 나누는 가상면이고 수평면은 상하로 나누는 면을 말한다. 정중면은 시상면을 말한다.

09 관절 운동의 설명 중 옳지 않은 것은?

① 회선(circumduction) – 한 축에서 원뿔 형태로 움직이는 운동 예 어깨 휘돌림

② 회외(pronation) – 요골과 척골이 나란히 되는 운동 예 손목 뒤침

③ 외번(eversion) – 발바닥이 바깥쪽을 향하는 운동 예 발목 가쪽 번짐

④ 배측굴곡(dorsi flexion) – 발바닥쪽으로 발목을 굽히는 운동 예 발바닥쪽 굽힘

해설 배측굴곡은 발등쪽 굽힘이다.

10 병진 운동(선 운동)에 대한 설명 중 거리가 먼 것은?

① 신체의 모든 부분이 같은 시간에 동일한 거리와 동일한 방향으로 움직이는 운동

② 스케이트 선수가 정적인 자세를 취하고 미끄러져 나가는 것을 예로 들 수 있다.

③ 고정된 축을 중심으로 같은 시간에 동일한 방향으로 동일한 각으로 움직일 때

④ 물체의 질량중심점으로 힘을 작용했을 때 직선 움직임이 일어나며, 질량중심점을 벗어난 방향으로 힘이 작용하면 곡선운동이 일어난다.

해설 ③은 회전 운동의 설명이다.

11 다음은 복합 운동에 대한 설명이다. 옳지 않은 것은?

① 자전거의 바퀴는 돌아가면서 앞으로 전진한다.

② 자유형 수영 시에 나타난다.

③ 달리기를 할 때, 팔의 운과 몸통의 운동이 다르다.

④ 스포츠에서는 거의 일어나지 않는다.

해설 대부분의 스포츠에서는 회전, 병진 등이 복합되어 일어난다.

12 인체의 무게중심에 대한 설명으로 옳지 않은 것은?

① 무게중심의 위치는 안정성에 영향을 줄 수 있다.

② 무게중심은 회전력의 합이 '0'인 지점이다.

③ 무게중심은 인체 외부에 위치할 수 있다.

④ 무게중심의 위치는 변하지 않는다.

해설 무게중심은 움직임에 따라 위치가 달라진다.

13 인체의 안정성에 영향을 미치는 요소가 아닌 것은?

① 궤적
② 기저면
③ 중심의 높이
④ 중심선의 위치

해설 안정성에 영향을 미치는 요소는 기저면, 중심의 높이, 중심선의 위치, 체중의 증가 등이 있다.

14 지렛대의 설명 중 옳지 않은 것은?

① 1, 2, 3종 지레가 있다.
② 펀치, 가위, 목관절 신전은 2종 지레이다.
③ 인체의 연결 체계이다.
④ 힘점, 작용점, 받침점으로 구성되어 있다.

해설 펀치, 가위, 목관절 신전은 1종 지레이다.

15 지렛대 원리에 대한 설명으로 틀린 것은?

기출 2018

> • 힘점 : Force (F)
> • 축 : Axis (A)
> • 작용점 : Resistance (R)

① 지면에서 수직으로 발뒤꿈치 들고 서기(calf raise)는 인체의 2종 지렛대 원리이다.
② 2종 지레는 작용점(R)이 축(A)과 힘점(F) 사이에 있다.
③ 3종 지레는 축(A)이 힘점(F)과 작용점(R) 사이에 있다.
④ 시소(seesaw)의 구조는 축(A)이 힘점(F)과 작용점(R) 사이에 있는 1종 지렛대 원리이다.

해설 3종 지레는 작용점, 힘점, 받침점(축) 순서이다.

16 2종 지레의 설명 중 틀린 것은?

① 작용점이 축과 힘점사이에 있다.
② 받침점이 한쪽 끝에 있고, 힘점과 작용점이 모두 같은 쪽에 있다.
③ 힘을 주는 방향과 물체가 움직이는 방향이 모두 같다.
④ 삽질, 핀셋, 테니스 서브, 팔꿈치 굴곡은 2종 지레이다.

해설 2종 지레는 병따개, 외발수레, 발뒤꿈치 들기, 푸쉬업 등이 있다.

17 거리와 변위의 설명 중 옳지 않은 것은?

① 거리 – 물체가 움직인 길이의 총합, 방향에 관계없이 물체가 움직인 경로의 길이를 모두 합한 값
② 거리는 벡터량이다.
③ 변위 – 물체가 이동을 할 때 위치의 변화량을 나타내는 물리량으로 처음 위치에서 나중 위치 사이의 직선거리로 방향을 반드시 표현해야 한다.
④ 변위는 벡터량이다.

해설 거리는 스칼라량이다.

18 다음 보기에 맞는 답을 고르시오.

> 수영선수가 50m 레인을 2번 왕복하여 출발점으로 돌아왔다.

① 변위는 0m이다.
② 수영 이동거리는 0m이다.
③ 수영 이동거리는 100m이다.
④ 수영한 변위와 이동거리는 같다.

해설 변위는 처음 위치에서 나중 위치 사이에 직선거리이므로 0m이고, 이동거리는 200m이다.

19 다음 중 옳지 않은 설명은?

① 속력(m/s) = 이동거리/걸린 시간
② 속력은 백터량이다.
③ 속도(m/s) = 변위/걸린 시간
④ 가속도는 속도 벡터가 단위시간 동안 얼마나 변했는지를 나타내는 벡터량이다.

해설 속력은 크기만 있는 스칼라량이다.

20 힘(force)의 설명과 거리가 먼 것은?

① 물체가 다른 물체를 어떤 방향으로 밀거나 당기는 것
② 크기, 방향, 작용점의 3요소가 있다.
③ 힘은 크기와 방향을 가진 벡터이다.
④ 힘은 순발력이라고 한다.

해설 순발력은 power이고, 일률이라고도 한다.

21 힘의 종류의 설명 중 옳지 않은 것은?

① 근력 – 근육의 수축으로 인하여 발현되는 힘
② 중력 – 두 질량 사이에 작용하는 힘
③ 마찰력 – 접촉면을 따라 물체의 운동을 방해하는 힘
④ 압력 – 공식은 F · S(누르는 힘 × 단위 면적)이다.

해설 압력은 물체가 누르는 힘을 나타내면 공식은 압력(P) = S/F(누르는 힘/단위 면적)이다.

22 뉴턴의 제1법칙의 설명 중 틀린 것은?

① 운동하는 물체가 외부로부터 어떠한 힘(작용)이 작용하지 않으면 계속 운동하려는 성질이다.
② 관성의 크기는 질량에 반비례한다.
③ 모든 스포츠는 관성을 적절히 응용해야 운동효과를 증진시키고, 상해를 예방하는데 도움을 준다.
④ 골프 스윙, 야구 배팅, 테니스 스매싱 시 스윙을 끝까지 하는 것이다.

해설 관성의 크기는 질량이 커질수록 증가하는 비례관계이다.

23 뉴턴의 제2법칙과 관계없는 것은?

① 물체에 힘 F를 가할 경우, 그 가속도 a는 중량 m에 반비례한다. F = ma
② 가속도 : 시간에 따른 속도의 순간적인 변화량
③ 가속도는 작용한 합력에 비례하고 그 합력의 방향과 반대이다.
④ 골프 스윙 시 임팩트를 강하게 하는 것, 남자선수는 무거운 포환 사용

해설 가속도가 증가하려면 합력과 같은 방향을 유지하여야 한다.

24 운동량과 충격량의 설명 중 옳지 않은 것은?

① 운동량(P) = mv, 질량 = m, 속도 = v
② 충격량은 N · sec이다.
③ 충격량은 물체가 받는 힘과 시간을 곱한 것
④ 운동량은 질량에 반비례한다.

해설 운동량이란 얼마나 큰 질량을 가지고 얼마나 빠르게 움직이고 있느냐를 나타내는 물리량이다.

25 충돌에 관한 설명과 거리가 먼 것은?

① 탄성 – 물체에 힘이 가해지면 변형이 일어나고 작용한 힘이 소멸되면 다시 본래의 상태로 돌아오는 물체의 성질. 이러한 성질을 갖고 있는 물체를 탄성체라 한다.

② 복원력 – 두 탄성체가 서로 충돌했다가 떨어질 때 탄성체의 변형이 일어나면서 위치에너지와 운동에너지의 일부가 탄성에너지로 바뀌었다가 다시 본래의 상태로 되돌아오는 것

③ 완전탄성충돌 – 진흙에 탄성체를 던졌을 때처럼 심한 변형으로 인하여 물체가 충돌한 후 서로 분리되지 않고 붙어버리는 충돌

④ 불완전탄성충돌 – 탄성체의 변형 등으로 인해 유실되어 역학적 에너지가 감소될 때

> **해설** ③ 완전탄성충돌 : 탄성체가 충돌한 후 복원하는 과정에서 역학적 에너지가 손실되지 않고 그대로 복원될 때이다. 주어진 설명은 '비탄성충돌'에 대한 것이다.

26 다음은 관성 모멘트에 대한 설명이다. 옳지 않은 것은?

① 회전축을 중심으로 회전하는 물체가 계속해서 회전을 지속하려고 하는 성질의 크기를 나타낸 것이다.

② 외부에서 힘이 작용하지 않는다면 관성 모멘트가 클수록 각속도가 커진다.

③ 회전하는 물체가 그 때의 상태를 유지하려고 하는 에너지의 크기를 말한다. 관성 모멘트는 I로 표시하고, 단위는 kg·㎡이다.

④ 회전 운동을 병진 운동과 비교하였을 때, 회전 운동에서의 관성 모멘트는 병진 운동에서의 질량과 유사한 성질을 갖는 물리량이다.

> **해설** 외부에서 힘이 작용하지 않는다면 관성 모멘트가 클수록 각속도가 작아지는 반비례관계이다.

27 일률에 관한 설명 중 틀린 것은?

① 단위시간 당 한 일의 양을 일률 또는 순발력(power)라고 하며 역학적 일의 강도를 나타내는 지표로 사용된다.

② 질량, 거리, 시간 3요소가 포함되어 있다.

③ 단위 – 와트(W), 마력(HP) – 1HP는 745.7W

④ 힘 × 거리 = F·d

> **해설** 힘 × 거리 = F·d는 일의 공식이고, 일률의 공식은 1W = 1J/s =1kg × m/s이다.

28 역학 실험 장비로 맨손 스쿼트(squat) 동작을 분석하고자 한다. 다음에 제시된 분석 변인과 관련된 측정 장비의 순서가 바르게 나열된 것은?

> **기출** 2017

측정 장비	분석 변인
㉠	무릎관절각, 엉덩관절각
㉡	압력중심궤적
㉢	넙다리네갈래근(대퇴사두근 : quadriceps femoris)의 활성치

	㉠	㉡	㉢
①	지면반력기	동작분석기	근전도장비
②	동작분석기	동작분석기	근전도장비
③	근전도장비	지면반력기	동작분석기
④	동작분석기	지면반력기	근전도장비

> **해설** 무릎관절각과 엉덩관절각은 랜드마크 부분에 마커를 표시하여 동작분석기를 통하여 각도를 측정할 수 있다.

29 다음 중 위치 에너지에 대한 설명과 거리가 먼 것은?

① 물체 또는 선수가 높여져 있는 위치에 의해 저장된 에너지를 의미한다.

② 중력에 대항하여 물체를 특정 높이까지 올리기 위해서는 일을 수행하며, 높이를 가진 물체는 수행된 일 만큼의 위치 에너지를 갖는다.

③ 물체는 보다 높고 무거울수록 위치 에너지를 갖는다.

④ 운동 결과 나타나는 물체의 에너지로 물체의 질량과 속도에 제곱을 곱한 양의 반이다.

해설 ④는 운동 에너지를 설명하고 있고 공식은 다음과 같다.
PE = m · g · h(무게 × 9.8 m/sec² × 높이)

30 동작 분석의 설명 중 옳지 않은 것은?

① 운동역학 분야에서 가장 활용도가 높은 분석 방법이다.

② 2차원 분석에서 통제점 틀을 사용할 수 있다.

③ 빠르고 여러 요소가 연결되어 있는 스포츠 현장에서 육안으로 식별이 어렵기 때문에 촬영을 통해 동작 분석을 하는 것은 매우 효율적인 방법이다.

④ 동일한 점에 최소 2대 이상의 카메라로 촬영하며 그 공간을 X, Y, Z축으로 확인할 수 있다.

해설 2차원 분석의 한계를 극복하기 위해 3차원 분석을 실시하고, 직접선형변환 방식(DLT)에서 통제점 틀(control point)을 사용하면 카메라의 설치 제약 없이 분석할 수 있다.

31 걷기 동작에서 측정되는 지면반력(ground reaction force)에 대한 설명으로 옳지 않은 것은? 기출 2019

① 지면반력기로 측정할 수 있다.

② 발이 지면에 가하는 근력을 측정한 값이다.

③ 지면이 신체에 가하는 반력을 측정한 값이다.

④ 뉴턴의 작용–반작용 법칙으로 설명할 수 있다.

해설 발이 지면에 가하는 압력을 측정하는 것이다.

32 다음 중 근전도 설명에 맞지 않는 것은?

① EMG(Electromyography)는 동작 움직임 시 눈에 보이지 않는 근육의 움직임을 보여주는 것으로서 EMG 장비는 동작 움직임 시 근육에서 발생되는 전기 신호를 측정하는 장치이다.

② EMG 신호는 기본적으로 근섬유막에서 발생하는 생리적 변화에 의해 발생되는 전기 신호를 측정하는 것이다.

③ 표면 전극 – 지금 약 1cm의 금속제 원판으로, 근육 표면에 붙이는 것으로 사용하기 편하고 고통없이 측정할 수 있다.

④ 삽입 전극 – 침 전극과 미세 전극 두 가지가 있고, 전극 삽입용 바늘을 피하에 삽입한 후 바늘을 제거한다. 근육의 미세한 활동을 측정하거나 깊은 근육을 측정할 때 사용하는데, 스포츠 활동에서는 적합하다.

해설 삽입 전극은 피하에 바늘을 삽입하기 때문에 신체활동 시 불편함을 느낄 수 있다.

01 한국체육사의 개관

01 체육사의 정의와 연구의 의의

(1) 체육사의 정의

① 인간 체육(신체활동 및 운동)의 역사이며, 체육(운동)을 본질적으로 이해하기 위한 학문

② 시대별 다양하게 해석되는 체육과 관련이 있는 현상에 대한 원인을 설명하고, 의미를 해석하는 비판적 탐구 과정

③ 인간들이 고대로부터 수행해온 광의적 의미의 신체활동의 역사를 연구하는 학문

(2) 체육사의 의의 기출 2018, 2017

① 과거에 체육이 어떻게 행해졌고, 그러한 사실들이 당시 사람들의 사상, 정치, 경제, 문화, 교육, 예술, 군사, 환경 등과 어떠한 관계가 있었던가를 밝혀, 현재 체육에 적용하고 인식하여 미래를 현명하게 통찰하는 데에 그 연구의 의의가 있는 분야

② 체육사 연구는 인간의 신체운동의 발전을 통해 생물적·사회적·문화적 의의를 밝히는 학문 영역

(3) 체육사 연구를 위한 사료(역사 연구에 필요한 문헌이나 유물, 문서, 기록, 건축, 조각 등)의 종류 기출 2022, 2019

① 물적 사료 : 유물, 유적, 건축, 조각 등의 유산

② 문헌 사료 : 기록, 문서, 공문서, 사문서, 출판물 등의 서적이나 문서

③ 구술 사료 : 과거의 기억에 대한 증언 등

02 스포츠의 기원과 발전

(1) 스포츠의 기원

인간은 동물이기 때문에 인간의 기원과 신체활동의 기원이 같을 수밖에 없다.

(2) 인간 신체활동의 발전 단계

① 첫 번째 단계

㉠ 태고 시대의 인간이 살아남기 위해서 '먹이활동'을 하였던 것으로 추정

㉡ 인간 신체활동의 첫 번째 단계는 '생존기술'로서의 신체활동

② 두 번째 단계 : 생존기술로서의 신체활동에서 벗어나 유희의 단계로 발전

 ㉠ 유희의 단계에서는 생존기술이라는 실용성을 넘어 창조성과 자유성을 발휘

 ㉡ 유희로서의 신체활동은 여가시간에 자유롭게 할 수 있는 활동일 뿐 아니라 창조성을 발휘해서 새로운 형태의 신체활동을 창작

③ 세 번째 단계 : 스포츠 단계

 ㉠ 스포츠 단계가 되면 합리화·조직화·제도화가 진행

 ㉡ 스포츠는 합리적으로 정해진 경기규칙을 지키면서 시합을 하고, 조직화되고 제도화되어 있기 때문에 세계 어느 곳에 가든지 똑같은 규칙 아래 똑같은 조건으로 경기를 할 수 있다.

(3) 체육사의 연구 대상 및 영역과 사관 기출 2022

① 체육사의 연구 대상

 ㉠ 신체활동 및 신체 문화와 관련된 모든 영역 및 요소를 대상으로 한다.

 ㉡ 사상, 정치, 경제, 문화, 교육, 예술, 군사, 환경, 운동 종목, 단체와 인물 등을 모두 포함

② 체육사의 연구 영역 기출 2016, 2015

 ㉠ 통사적, 세계사적 연구 영역 : 전 시대와 전 지역에 걸쳐 통관한 종합적 역사 연구

 ㉡ 시대적, 지역적 연구 영역 : 어떤 시대나 특정 지역을 한정하여 시도하는 역사 연구

 ㉢ 개별적, 특수적 연구 영역 : 특정 스포츠의 사적 내용을 연구할 때에 개별적이고 특수한 상황을 고려

③ 사관(역사를 바라보는 관점)

 ㉠ 역사학자가 과거의 사실을 취급하는 태도 : 실증사관, 순환론적 사관, 문명사관, 우연사관, 영웅주의 사관 등

 ㉡ 우리나라의 사관

  ⓐ 우리나라에서는 역사 연구가 거의 없었기 때문에 일제강점기 일본학자들이 우리나라의 근대적인 역사 연구를 먼저 시작하였다.

  ⓑ 일본 입장에서 한국의 역사를 자의적으로 해석해버렸고, 역사를 비하하고 비아냥거리는 것을 당연시하였다.

   • 식민사관 : 초기 우리나라 역사학자들은 일본 사람들로부터 이 식민사관을 배웠기 때문에 그것이 옳다고 주장한 학자들이 많았고, 아직 잔재가 남아 있는 것이 신친일주의이다.

   • 민족사관 : 광복 이후 식민사관에 대항하여 우리 민족의 우수성과 주체적 발전을 강조하는 사관이다. 우리 민족 스스로가 일구어낸 역사를 강조한다.

   • 대륙사관 : 중국 대륙까지 영토를 넓혔다고 주장하는 사관이다.

(4) 체육사의 연구 내용

① 연구 방법 : 체육사의 연구 방법은 일반적인 역사 연구 방법과 유사하다.

② 체육시의 시대직 구분 　기출　 2018, 2015

　㉠ 입증된 모든 역사적 사실에 입각하고, 논리적인 일관성으로 시간적·공간적 종횡의 연관성을 둔다.

　㉡ 일반적인 역사는 상대, 중세, 근세, 현대로 구분한다.

　㉢ 체육사는 일반 역사와 시대 구분을 다르게 한다.

　　선사 및 고대의 체육, 중세의 체육, 개항 이후의 체육으로 세부분으로 나눈다,

③ 연구 단계 순서

　㉠ 신체활동에 관련된 역사적 문제 선택

　㉡ 대상 자료 분류 및 비판

　㉢ 자료에 대한 상태 및 사건을 설명하는 가설 구성

　㉣ 새로운 사실의 발견·풀이·서술

02 원시 및 고대의 체육

01 원시시대(선사시대)의 체육

(1) 원시시대의 문화와 체육 기출 2021, 2017, 2015

① 원시시대에는 맹수들이나 적과 싸우기 위한 신체활동으로 생활수단이자 목숨을 보전하는 유일한 길이었다.

② 수렵생활에서는 강건한 체력과 민첩한 움직임이 반드시 필요하였지만, 농경생활로 접어들면서 격렬한 신체활동이 줄어들었다.

③ 토템사상이 생기며 신이나 자연에게 풍년을 기원하는 제천 행사가 생겨났다.

④ 제천행사에서는 종교적 의식을 위한 무용과 노래가 성행했다.

⑤ 가무활동의 체육사적 의의는 생활수단으로서의 신체활동에서 유희적 신체활동으로 발전하게 되었다.

⑥ 흉내내기 놀이, 무용, 달리기, 던지기, 뜀뛰기, 기어오르기, 수영, 사냥 등

⑦ 무용을 통해서 인간과 신이 접할 수 있다고 생각되었으며 거의 모든 의례에서 무용이 행해졌다.

02 부족(읍락) 국가 시대의 체육

(1) 부족(읍락) 국가 시대의 문화와 체육

① 고조선, 진국, 한사군, 삼한 등의 부족(읍락) 국가가 있었다.

② 읍락 국가 시대에는 모든 백성이 군사가 되어서 싸워야 했으므로 전투기술을 연마하는 것이 가장 중요한 체육활동이었다.

③ 성인식이나 제천행사 시에도 체육활동과 유희활동이 실시되었다.

03 초기 왕권 국가 시대의 체육 기출 2022, 2019

(1) 고구려

① 동맹제 : 매년 10월에 전국적인 규모로 실시한 제천 행사

② 한 해의 추수를 기념하는 추수 감사제의 성격을 지님.

③ 지배조직이 발달되지 못한 상태에서 제가회의와 전통적인 제례의식은 국가적 통합력과 동원력을 확보하는 데 주요한 기능을 발휘하였다.

④ 제례의식의 진행을 주관하는 최고 사제는 왕이었다.

⑤ 동맹제가 수도에서 행해질 때 각 지방에서 사람들이 몰려들고, 물자교류가 행해지며, 기예를 겨루는 각종 놀이가 행해졌다.

⑥ 고분벽화에는 음악·춤·교예(곡예) 등에 관한 내용이 그려져 있어서 고구려 문화의 일단을 엿볼 수 있다.

(2) 부여

① 영고 : 본격적인 사냥철이 시작되는 12월에 축제를 거행하는 것은 공동수렵을 행하던 전통을 계승한 것이다.

② 축제기간 중 밤낮으로 술을 마시며 노래와 춤을 즐기면서 서로의 결속을 도모하였다.

③ 제천 행사인 영고는 민속적인 행사일 뿐만 아니라 정치적인 통합기능도 매우 컸었다.

④ 우리민족의 전래 오락 중 가장 오래된 윷놀이는 부여에서 시작되었다.

(3) 옥저와 동예

① 옥저 : 옥저와 고구려는 전통적인 문화기반이 서로 다른 종족이었다.

② 동예

ㄱ 무천 : 매년 음력 10월에 제천행사를 지내고 술을 마시며, 노래와 춤을 즐겼던 행사이다.

ㄴ 부족의 친목을 도모하고 풍년을 기원하며 추수를 감사하는 성격의 종교적 행사이다.

(4) 삼한

농사를 시작하는 5월과 농사 끝맺는 10월에 계절제를 열어 천신에게 제사 지내고 노래와 춤을 추었다.

(5) 초기 왕권 국가의 체육

① 제천을 중심으로 음주를 베풀고 밤낮 즐기면서 노래와 춤을 추던 것은 지금의 농악에서 그 자취를 볼 수 있다.

② 제천행사와 유희·오락을 통해서 부족의 전통을 재확인함과 동시에 부족원들의 결속을 강화하였다.

③ 부족 국가 시대에는 생활을 위하여, 자연이나 맹수와 싸우기 위하여, 부족 간 또는 부족 내의 세력다툼을 위하여 무예를 수련하였다.

④ 이에 따라 무예를 중심으로 한 체육이 행해졌고, 강한 전투력을 기르는 것이 체육의 목표였다.

⑤ 부족 국가의 국민들은 모두 전투에 대비하여 강한 체력과 협동정신을 갖추어야 했다.

⑥ 달리기, 뛰기, 던지기, 격투, 헤엄치기 등 기초적인 운동능력의 양성이 중요시되었다.

⑦ 부족민들은 자발적으로 무예와 싸움을 연습하였다.

⑧ 부족민들 모두 궁술과 검술같은 무예로 군사훈련을 하였을 것이다.

⑨ 천신에게 제사를 지내고 태양·토신·곡신·산악 등 여러 형태의 신들에게 제사를 지냈다.

04 **삼국 및 통일신라 시대의 체육**

(1) 삼국과 통일신라 시대의 사회와 경제

① 고구려

ⓐ 왕족인 고 씨와 5부 출신의 귀족들이 연합하여 지배계층을 이루어 정치를 주도하였다.

ⓑ 고구려에서는 통치 질서와 사회기강을 확립하기 위해 율령을 제정하였다.

② 백제

ⓐ 왕족인 부여 씨와 8성의 귀족으로 지배층이 이루어졌다.

ⓑ 사회체제를 유지하기 위해서 율령을 재정하여 엄하게 시행하였다.

③ 신라 : 중앙집권국가로 발전하는 과정에서 김 씨가 왕위를 세습하게 되었고, 왕권을 강화하면서 골품제도를 만들어 통치기반을 구축하였다.

④ 통일신라 시대에는 향, 소, 부곡이라는 특수한 지방행정 구획이 있었다.

(2) 삼국과 통일신라 시대의 문화

① 삼국 시대에는 불교의 영향으로 문화의 폭이 넓어졌고, 국민사상이 통합되어 국력을 강화할 수 있었다.

② 고구려 : 중국과 대결하는 동안 중국 문화에 대한 비판능력을 가질 수 있었기 때문에 중국 문화를 보다 개성 있게 받아들였다.

③ 백제 : 중국 문화의 수입과 전달에 큰 활약을 하면서 세련된 문화를 이룩하였다.

④ 신라 : 소백산맥에 막혀 삼국 중 대륙문화를 가장 늦게 받아들임으로써 민족적 전통의 유대가 강력하였다. 대륙문화 수용 이후 잘 섭취·발전시켜 독창적인 문화유산을 남겼다.

⑤ 신라는 삼국을 통일한 뒤 새로 확대된 사회·경제적 기반 위에서 각기 개성을 가지고 발전되어 온 고구려와 백제의 문화를 융합하여 문화의 폭을 넓혀서 민족문화의 토대를 마련하였다.

(3) 삼국과 통일신라 시대의 교육 기출 2022, 2016, 2015

① 삼국의 교육 제도

학습 단계		특징	필요한 주의력
고구려	태학		귀족의 자제들을 교육하여 국가의 관리를 양성하던 기관
	경당		평민층 자제를 대상으로 활쏘기와 경전을 가르침
백제	박사제도		• 모시박사 : 한시에 능통한 사람 • 의박사 : 병을 잘 다스리는 사람 • 역박사 : 역학에 능통한 사람 • 오경박사 : 오경에 능통한 사람 • 고흥박사 : 한자로 역사를 기록하기 시작 • 왕인박사 : 일본에 천자문과 논어를 전수

신라	화랑도	• 집단활동과 신체적 단련을 통해서 청소년들의 도덕적 품성을 함양하고, 무예를 가르치던 교육기관이다. • 평소에는 사회의 지도자적 인물을 기르는 것이 목지이시만 선시에는 전사를 양성하는 역할을 하였다.
	국학	귀족의 자제들을 대상으로 유학을 가르쳐서 관리를 양성하던 교육기관

② 화랑도 : 옛 씨족 사회의 사상을 바탕으로 유교·도교·불교 사상을 모두 조화시켜 지도층인 귀족 출신의 소년들을 훈련시키던 일종의 소년무사단으로 국선도, 풍월도, 원화도라고도 불렀다.

③ 소년 화랑들은 예의와 도의를 닦아서 도덕과 지조를 도야하고, 무예·노래·음악으로 사기와 정서를 함양하고 심신을 단련함으로써 신비력을 지니게 되었다.

④ 무예 교육은 신체 뿐만이 아니라 지적·정서적 수양까지도 목표로 하였다.

⑤ **신라 화랑도의 훈련 방법** : 세속오계 및 불국토사상

　㉠ 입산수행 : 산 속에 들어가 신체와 정신을 튼튼히 하고 영적임 힘을 얻고자 했던 수련 방법

　㉡ 편력 : 화랑도들에게 시와 음악을 가르쳤던 일종의 야외 교육 활동으로 큰 산과 강을 일정기간 동안 순회하며 신체적, 정서적 수양을 하는 교육

　㉢ 원광의 세속오계 : 문무를 겸비한 인재를 양성할 목적으로 화랑도들에게 가르쳤던 5가지 정신교육

기출 2021

　　ⓐ 사군이충(事君以忠) : 충성으로 임금을 섬긴다.

　　ⓑ 사친이효(事親以孝) : 효도로 부모를 섬긴다.

　　ⓒ 교유이신(交友以信) : 믿음으로 친구를 사귄다.

　　ⓓ 임전무퇴(臨戰無退) : 전장에서 물러서지 않는다.

　　ⓔ 살생유택(殺生有擇) : 산 것을 죽일 때에는 가림이 있어야 한다.

　㉣ 불국토사상 : 신라는 불교가 전래될 때 왕권이 확립되지 못하였고, 큰 산이나 나무를 믿는 토착신앙이 강해서 불교를 받아들이기 어려웠다. 그래서 백성들에게 "신라가 본래 부처님의 땅이다"는 사상을 심어주려고 한 것이 "불국토사상"이다.

(4) 삼국과 통일신라 시대의 무예와 오락

① 고구려

　㉠ 모든 국민을 병사로 활용할 수 있는 국민개병제를 실시하였다.

　㉡ 기마전투 훈련을 장려하기 위하여 수렵으로 무사의 군사적 훈련을 실시하였다.

　㉢ 무술과 담력을 수련하는 동시에 소박하고 용감한 인간성과 정신생활을 추구하였다.

　㉣ 대표적인 활동으로 궁술, 기마술, 각저, 수박, 창술, 검술, 석전 등이 행해졌으며, 기마술과 궁술이 체육 활동으로서의 성향이 강했다.

　㉤ 경당 교육의 주요한 내용은 경서 암송과 활쏘기가 있었다.

② 백제

　　㉠ 모든 국민을 병사로 활용할 수 있는 국민개병제를 실시하였다.

　　㉡ 고구려보다는 다소 뒤지지만 숭무정신과 정련된 기마전술을 중요시하였다.

③ 신라

　　㉠ 무예에 능통하고 튼튼한 젊은 청년을 뽑아 병사로 사용하는 징병제를 채택하여 무예를 적극 장려하여 정병 육성에 힘을 썼다.

　　㉡ 숭무정신은 무사들에게만 한정된 것이 아니고 모든 국민들에게 용맹한 기풍을 교육해서 배양하려고 하였다.

　　㉢ 화랑도의 활동으로 궁술, 마술, 기마, 검수, 창술, 사냥, 검무, 편력(야외 활동, 각종 신체 수련 활동) 등의 체육활동이 있었다.

　　㉣ 단순히 군사 훈련을 위한 신체활동이 아니라 인격 함양의 과정으로서 이해하였고 궁도와 기마술을 예(禮), 낙(樂)과 함께 교육의 중요한 영역으로 인식하였다.

　　㉤ 신라 말기에는 지배층의 안일과 문약으로 인하여 통일의 원동력인 화랑도가 흩어지면서 무예와 더불어 체육도 쇠퇴하였다.

④ 궁술에는 말을 타고 달리면서 활을 쏘는 기사(騎射)와 서서 쏘는 보사(步射)가 있었는데, 삼국은 두 가지 모두를 중시하였다.

　　㉠ 고구려 경당에서는 정식 교육과정으로 인정했고, 백제와 신라에서도 중요시한 무예이다.

　　㉡ 기마술 : 기사(말 위에서 활쏘기), 마숙(말의 조련 및 다양한 놀이)

⑤ 삼국과 통일신라 시대에는 무술적인 무예가 유희·오락화된 경향이 짙다.

　　예 군사적인 사냥, 궁술대회 등

⑥ 신라 전성기에는 상류층은 계절별로 별장에서 시와 음악을 비롯하여 수렵, 축국, 투호, 기사, 쌍륙 등을 하며 놀았고, 하류층은 무도, 음악, 씨름, 수박, 추천, 죽마, 설마, 풍연, 위기 등이 성행했다.

⑦ **삼국 시대의 민속 놀이와 오락** **기출** 2021, 2019~2015

　　㉠ **수렵(사냥)** : 왕이 참가해서 무예를 장려하고 군사력을 시위하는 수렵, 군사훈련의 수렵, 오락으로 하는 수렵 등이 있다.

　　㉡ **축국** : 가죽주머니 공을 발로 차며 노는 일종의 게임으로 상류층이 즐겼다.

　　㉢ **석전** : 집단 간에 돌팔매질을 하면서 놀던 놀이 성격의 선적과 군사 훈련의 성격을 띤 석전이 있다.

　　㉣ **각저(씨름)** : 각저총에 있는 벽화(각저도)에는 오늘날의 씨름과 같은 형태의 그림이 있다.

　　㉤ **투호** : 화살 같은 막대기를 일정 거리에서 항아리에 던져 넣는 경기로 여성이 주로 행했고, 놀이 성격과 인격 수양의 성격을 갖고 있다.

　　㉥ **수박** : 무용총과 안악 3호 고분에 겨루기 자세를 그린 수박도가 있고, 상대를 제압하는 경기

　　㉦ **쌍륙(악삭, 농주)** : 쌍륙판에 정해진 숫자의 말을 정해진 위치에 배치하고 2개의 주사위를 던져 나온 수만큼 말을 옮겨 먼저 궁에 들어오면 이기는 게임. 상류층에서 즐긴다.

◎ 죽마 : 어린이들이 잎이 달린 대나무를 가랑이에 끼고 말을 탄 것처럼 끌고 다닌 놀이

㉪ 저포-윷놀이, 방응-매사냥, 풍연-연날리기, 추천-그네뛰기, 위기-바둑이나 장기, 마상(곡마)-말 위에서 재주를 부리는 것

(5) 삼국과 통일신라 시대의 제천행사 및 민간신앙

① 제천행사 : 하늘에 제사를 지내는 행사라는 뜻으로 하늘을 숭배하고 제사하는 의식이다.

② 고구려

㉠ 동맹 : 10월에 열리던 행사로 하늘에 제사 지내고 가무를 즐김(고구려의 추수감사제이자 제천행사이며 원시 종합예술)

㉡ 국중대회 : 왕이 주관하는 대규모의 행사가 수도에서 열렸기 때문에 이를 '국중대회'라고 표기했다.

② 신라 – 팔관회 : 불교적인 색채는 거의 띠지 않았고 토속신에게 제사를 지내던 의식이다. 술, 다과와 놀이를 즐기고 나라와 왕실의 안녕을 빌었다.

(6) 삼국 시대의 체육 사상

① 신체미 숭배 사상 : 신체의 미와 탁월성을 중시하였다.

② 심신일체론적 체육관 : 신체 활동을 덕의 함양 수단으로 인식하였다.

③ 군사주의 체육 사상 : 희생 정신을 바탕으로 한 인재 육성

④ 불국토사상 : 국토를 신성·존엄하게 인식하였다.

03 중세의 체육

01 고려 시대의 사회와 체육

(1) 고려 시대의 사회

① 통일 신라의 쇠퇴로 인해 후삼국 시대를 거쳐 이후 왕건이 고려를 건국하여 통일 국가를 세웠다.

ㄱ 태조가 고려를 건국한 이후 추진한 정책

ⓐ 백성의 생활을 안정시켜 생업에 힘 쓸 수 있게 하였다.

ⓑ 새로운 사회를 건설하기 위한 개혁정치를 추진하였다.

ⓒ 북진정책을 추진하여 고구려의 옛 영토를 회복하고자 하였다.

② 불교국가였지만 유교를 통치이념으로 채택하여 불교와 유교를 동시에 수용하였으며 계층이 구분된 신분 사회였다.

③ 고려 시대를 순서대로 살펴보면, 체제 정비기 – 문벌귀족 집권기 – 무신 집권기 – 원 간섭기 – 고려 말기로 볼 수 있다.

(2) 고려 시대의 교육 및 과거제도 기출 2022, 2016, 2015

① 태조 왕건이 고려가 불교 국가였지만 유교를 통치이념으로 채택한 두 가지 이유

ㄱ 불교는 자기 자신을 수양하는 수신 사상이었지만

ㄴ 유교는 상하 간의 질서를 강조하여 백성들을 다스리는 데에 더 적합한 이념으로 생각했기 때문이다.

② 고려의 왕들은 교육제도의 완비를 국가의 최우선적 과제로 인식하였다.

③ 과거제도

ㄱ 유교적 소양을 지닌 인재를 관리로 선발하고, 호족들의 세력을 약화시키기 위한 목적으로 실시되었다.

ㄴ 문관의 등용 시험인 제술업(논술, 시 쓰기와 글짓기 등 문장 및 문예)과 명경업(유교 경전 내용 시험)이 존재했으며, 기술관을 뽑는 잡업 등 3종류의 과거시험이 있었다.

④ 고려 시대의 교육기관은 관학과 사학으로 나눌 수 있다.

ㄱ 관학 : 중앙에 국자감과 학당, 지방에는 향교가 있었다.

ㄴ 사학 : 고등교육기관인 공도와 초등교육기관인 서당이 있었다.

(3) 고려 시대의 무예와 체육 기출 2021, 2018, 2017, 2015

① 고려 초기에는 숭문천무의 정책에 따라 문신들이 무신들을 멸시하고 차별대우가 극심했다.

② 대장군의 자리도 무관이 아닌 문관이 차지(예 서희 장군, 강감찬 장군, 윤관 장군 모두 무관이 아닌 문관이다.)

③ 북방 민족의 침략 및 왜구의 침략으로 군사적인 면을 중시하지 않을 수 없었다. 무사체육은 지도자 양성 차원이 아니라 나라를 지키기 위해서 백성들에게 무술을 가르치는 형태였다.

④ 백성들 모두에게 무술을 가르쳤기 때문에 무예 선반에 걸쳐서 경기적인 요소가 가미되었다.

　　㉠ 기마술은 격구로 발전

　　㉡ 궁사에는 내기가 유행

　　㉢ 수군의 수련인 수희나 무사의 개인기인 수박은 귀족의 관람용 경기로 시범

⑤ 문예정치의 폐단으로 무신들이 난을 일으켜 문신들을 죽이고, 무신정권 시대가 시작되었다.

⑥ 무신정권 하에서는 사병을 양성하면서 무예를 훈련시키는 데에 몰두하여 침체되었던 무예가 다시 활발하게 발달하기 시작하였다.

⑦ 고려 시대에 행해진 무예 체육 **기출** 2022, 2021

　　㉠ 수박 : 맨손 격투기의 일종. 무인들에게 적극 권장되었으며 경기에서 이기면 관직을 주기도 했다.

　　㉡ 궁술 : 신라 시대의 궁술을 기반으로 인재를 뽑는 전통을 계승하여 문무를 겸비한 인재 양성과 연관되며 군사적 목적뿐만 아니라 운동경기로서의 성격도 지니고, 심신수양과 인격도야의 한 방법으로 중하게 여겼다.

　　㉢ 마술 : 마상재로 불리며 말 위에서 기예를 뽐내는 것으로 승마 능력 역시 무인의 주요 덕목 중 하나였다.

　　㉣ 격구 : 신라 시대부터 행해진 것으로, 고려 시대에는 말타기를 익히기 위한 수단으로 장려되었고, 무인과 귀족들이 말을 타고 넓은 구장에 경기를 했다.

⑧ 위의 기록들은 고려에서 무사의 무예수련을 장려하였고 수박, 마상재, 격구 등이 유희적인 성격을 지녀서 스포츠로 행해진 것을 알 수 있다.

(4) 고려 시대의 민속놀이와 오락

① 귀족들의 민속놀이와 오락 **기출** 2021, 2017, 2015

　　㉠ 격구 : 고려 시대의 국기라고 할 정도로 두루 즐겼던 운동이다. 경기장은 구정으로 불리며 오늘날의 종합 문화 공간의 성격을 지녔고, 고려 시대의 격구는 군사 훈련의 성격과 함께 귀족들의 여가 및 오락 활동으로써의 성격도 지녔다. 이후 사치로 인한 많은 폐단이 생겼다.

　　㉡ 방응 : 매사냥으로 신라 시대부터 전해져 오며 고려 시대에 가장 성행함. 왕이나 귀족들의 오락 겸 스포츠이며 사치성으로 인한 폐해가 심각해지자 사냥용 매를 따로 관리하는 기관인 '적응방'을 설치하였다.

　　㉢ 투호 : 손으로 화살을 던져 항아리에 넣는 경기. 고려 시대 왕실과 귀족 사회에서 유행한 놀이였다.

② 서민들의 민속놀이와 오락 **기출** 2019, 2018

　　㉠ 각저(씨름) : 각저, 상박으로 불리며 삼국시대부터 행해져오던 민속경기이다.

　　㉡ 추천 : 그네뛰기로 주로 단오날 행해졌으며 여성들의 유희로 인기가 있었음. 두 줄을 붙잡고 온몸을 흔들고 발의 탄력을 이용해 온몸을 마음껏 날려보내는 놀이이다.

ⓒ **석전** : 돌팔매 싸움. 척석희라고도 한다. 군사 훈련으로서의 성격을 지니고 있었으며 왕이나 양반들에게 구경거리를 제공해주기도 하였고, 단오나 명절에 행하던 민속놀이이다.

ⓔ **연날리기** : 삼국 시대부터 이어져 오던 것으로 군사적 목적이나 놀이로서 행해졌다.

ⓜ **축국** : 발로 공을 차는 경기이다.

ⓗ **기타 신체활동** : 궁사(활쏘기), 도판희(널뛰기), 쌍륙(2개의 주사위 놀이)

02 조선 시대의 체육

(1) 조선 시대의 사회

① 유교적 관료 국가이자 계급 사회로 왕족, 양반, 중인, 상민, 천민의 4계층으로 나누어졌다.

② 숭문주의 사상으로 인한 신체활동의 위축

③ 지속적인 외세의 침략으로 인하여 국방 정책을 위한 무예 장려

④ **정치제도** : 조선의 중앙 정치는 문반과 무반의 양반으로 구성하여 운영되었다.

⑤ **군사제도** : 조선에서는 천민이 아닌 16세에서 60세 사이의 남자에게는 군역의 의무가 있었다.

(2) 조선의 교육과 과거제도 기출 2022, 2018, 2017, 2015

조선은 초기부터 유교주의 국가이념을 바탕으로 한 교육기관을 증설하고 백성들에게 교육의 기회를 확대시켰다.

① **유학 교육(인문교육기관)**

ⓐ **성균관** : 중앙의 국립대학, 고려 시대의 국자감과 같은 기능을 수행하며 생원과 진시를 대상으로 입학 자격이 주어졌다.

ⓑ **사학(서원, 서당)** : 성균관의 부속 기관으로 중등학교 수준의 교육기관이다.

ⓒ **향교** : 전국적으로 설치된 중등 수준의 교육기관으로 양반과 향리의 자제들의 교육을 담당하였다.

ⓓ **서원** : 중앙 정계에서 물러난 학자들이 지방에서 '서원'이라는 사립학교를 설립하였다.

ⓐ 현재의 명문사립대학 정도의 위치

ⓑ 서원에서 공부한 사람들이 관리로 등용되면서 같은 서원 출신끼리 당이 나뉘어 당파싸움의 근원지로 변해버렸다.

② **무학 교육** 기출 2021

ⓐ **훈련원** : 조선 시대의 무인 양성과 관련한 교육기관으로 무예 연습과 병서를 강습하였다.

ⓑ **사정** : 활터에 세운 정자를 말하며 무사들이 평소 무과 준비를 하고 훈련을 하는 교육기관이다.

③ **과거 제도** : 교육을 이수하고 관리가 되기 위해서는 과거에 합격하여야 했으며, 과거에는 문과와 무과가 있었다.

⊙ 문과(문관) : 생진과와 문과 두 단계로 구분, 생진과(생원과, 진사과), 대과(초시・복시・전시)로 구별되었으며, 소수의 양반만이 과거에 합격할 수 있었다.

　　　⊙ 무과(무관) : 초시・복시・전시를 거쳤다. 증광시, 별시, 정시로 나눠지며 합격자는 선달로 불렸다.

　　　⊙ 잡과(기술관) : 기술관을 채용. 역과, 의과, 음양과, 율과의 4과가 있었다.

(3) 조선 시대의 민속과 체육

① 갑오개혁 이전에는 주로 무예 중심으로 한 체육이었으나, 갑오개혁 이후에는 구미・일본 등으로부터 소개된 체조・유희・교련 등을 내용으로 행하였다.

② 무사 중심의 체육에서 서민 중심・교육 중심의 체육으로 바뀌었다.

③ 갑오개혁 이전의 체육

　　　⊙ 조선 초기(태조~성종)에는 국방을 위하여 군인(농민)의 훈련에 집중, 태조와 태종이 무인이었기에 무예 훈련에 매우 열성적이었다.

　　　⊙ 조선 중기(연산군) 이후에는 문존무비의 사상이 지배적이었고, 귀족과 양반은 병역이 면제되어 무예를 등한시해서 무예를 하는 사람은 거의 모두가 천인이었다.

④ 임진왜란과 병자호란을 당한 후에야 국방력 양성과 군대 훈련의 필요성을 느끼게 되었다.

⑤ '무예도보통지'라는 병서를 간행하여 훈련에 이용하였다.　**기출** 2019, 2016, 2015

　　　⊙ 정조는 문무 겸비를 강조한 왕으로서 문과 무를 양립시키는 것이 국가를 부강하게 하는 것이라고 여겼다.

　　　⊙ 조선 시대를 대표하는 병서이자 무예 교범서로서 전투 동작을 그림과 글로 해설한 실전 훈련서이다.

　　　⊙ 총 24가지의 각각 다른 무예의 전투기술이 수록되었고, 근접전투 기술만 다루었기에 활이나 총포 기술에 관한 내용은 없다.

⑥ 무사의 체육은 고려 시대부터 행해지던 여러 무예를 계승하였다. 기사, 사술, 창사, 검술, 격구, 수박 등

⑦ 양반과 벼슬아치들은 활쏘기(향사례와 대사례), 매사냥(방응), 쌍륙, 투호, 승경도 등을 경기 또는 놀이로 행하였다.

⑧ 일반 서민들은 명절에 씨름, 수박, 격양, 연날리기, 널뛰기, 석전, 돈치기, 줄타기, 줄다리기, 농악 등을 하면서 즐겼다.

⑨ 서당에서는 학동들이 쉬는 시간에 죽마, 축국, 제기차기, 장치기 등을 하면서 놀았다.

⑩ 이황의 '활인심방' : 명나라의 '활인심'이라는 책을 기본으로 저술한 의료서적이다.

　　　⊙ '인간의 병의 뿌리는 마음에서 비롯되므로, 사람이 병드는 것을 예방하고 질병의 고통으로 벗어나 활기차게 사는 사람이 되기 위해서 마음을 다스리는 방법을 적은 책'이라는 뜻이다.

　　　⊙ 내용 : 활인심서, 활인심, 중화탕, 화기환, 양생지법, 치심, 도인법, 거병연수육자결, 사계양생가, 보양정신, 보양음식 등으로 나뉘어져 있다.

　　　⊙ '도인법'은 퇴계 이황이 즐겨했던 맨손체조 또는 스트레칭 동작을 그림을 그려가면서 설명한 것이다.

　　　⊙ 질병의 치료보다는 예방을 위한 보건적 체조의 개념이다.

(4) 조선 시대의 무예　기출　2022, 2019, 2017~2015

　① 궁술 : 세종과 성종 때 성균관의 대사례가 존재했으며 궁술 교육을 실시하였고, 향교에서도 과외 활동으로 시행하였다.

　② 편사 : 무과 시험 과목 중 하나로 각 사정을 대표하는 궁수인 5인 이상이 편을 갈라 활을 쏘는 재주를 겨루는 단체 경기이다.

　③ 기창 : 조선 시대 병조에서 실시한 무술 시험으로 말을 타며 창을 사용하는 기술을 보는 시험이다.

　④ 기사 : 말을 타며 활을 쏘는 무술이다.

　⑤ 본국검 : 신라 시대부터 화랑도를 중심으로 무술을 연마하기 위해 사용한 우리 고유의 검술이다.

　⑥ 수박 : 무인 집권 시대에 무과 인재 선발의 중요 수단이었으며, 맨손으로 치기, 주먹 지르기 등의 기술을 사용하는 맨손 격투로 조선 말기에는 민간에 널리 보급되었다.

　⑦ 격구 : 나무 소재의 공을 채(장시)로 쳐서 구문에 넣는 오늘날의 하키와 같은 형태의 스포츠로 왕이나 고위 양반계층 같은 주로 귀족들의 활동이었다.

(5) 조선 시대 군사적 성격의 유희와 민속놀이　기출　2022, 2021, 2019, 2017~2015

　① 활쏘기 : 사정에서 경연 대회가 펼쳐졌으며 군사적 성격뿐만 아니라 유희적인 측면 역시 발달한 민속놀이이다.

　② 봉희 : 공중에서 공을 쳐서 구멍에 넣던 방식으로 현대의 골프와 유사한 놀이이다.

　③ 방응 : 훈련된 매로 사냥을 하는 놀이이다.

　④ 격구와 투호 : 덕성 교육 수단으로도 활용되었던 궁중의 유희적 놀이이다

　⑤ 민속놀이 : 씨름, 석전, 연날리기, 줄다리기, 널뛰기, 그네뛰기, 윷놀이, 차전놀이 등이 있다.

04 한국 근대의 체육

01 개화기의 체육

(1) 개화기의 사회

① 개화기는 1876년의 강화도 조약 이후에 서양문물의 영향을 받아 종래의 세습적 사회질서를 타파하고 근대적 사회로 개혁되어 가던 시기를 말한다.

② 외세의 침탈과 각종 조약의 체결, 정변과 개혁, 농민운동 등으로 국가의 재정은 바닥이 나고 백성들은 굶주림과 전염병에 시달렸던 검은 역사로 점철되는 시기이다.

③ 개화기의 사회와 경제

 ㉠ 개화기에는 자급자족의 농업에서 상업농업으로, 장인이 생산하던 관장제 수공업에서 공장을 운영하는 사영 수공업으로, 무역으로 큰 돈을 번 상인이 생기는 등 조선의 경제에 자본주의의 싹이 만들어지기 시작하였다.

 ㉡ 강화도 조약의 체결로 강제적 문호 개방으로 경제체제가 붕괴되며 사회적으로 큰 혼란이 일어났다.

 ㉢ 개화기의 경제 : 열강에 의한 경제 침탈

  조선의 개화기인 1870년대는 산업화에 성공한 선진 산업국가들이 대포와 함대를 앞세운 '포함외교'나 거대 자본을 앞세운 '달러외교'를 통해서 후진국들과 '불평등 조약'을 맺어서 경제적 침탈을 자행하던 시기이다.

 ㉣ 개화기의 사회

  ⓐ 전통적인 양반 사회 신분제가 해체되고, 새로운 사회 질서가 형성되고는 있었으나 정착은 못한 상태였다.

  ⓑ 갑오경장을 통해 양반, 중인, 상인, 천민으로 구분되는 엄격한 세습적 신분제가 공식적으로 해체되었다.

  ⓒ 서양 무기 제작을 위하여 서양과학기술을 도입하겠다는 것과 다르게 서학을 경계하라는 사대부들의 주장이 강력하게 대두되어 쇄국정책을 표방하게 되었다.

  ⓓ 쇄국정책은 결과적으로 서양과학기술 도입을 막게 되어 조선이 근대국가로 발전하는 길을 스스로 막는 정책이 되었다.

  ⓔ 개화사상, 위정척사 사상, 동학사상 등이 전개되었다.

④ 개화기의 교육

 ㉠ 학교의 설립

  ⓐ 최초의 근대식 학교

   • 원산학사 : 우리나라 최초의 근대식 학교이다. 문예반, 무예반으로 학생을 뽑았다.

   • 원산학사, 동문학, 육영공원, 무예학교 등

ⓑ 기독교계 사립학교의 설립

- 우리나라의 교육을 비롯한 각 분야의 근대화에 지대한 영향을 미쳤다.
- 배제학당, 이화학당, 광혜원, 경신학교, 숭실학교 등

ⓒ 애국계몽운동계 사립학교의 설립

- 교육을 통해서 민족의 실력을 길러 자주독립 국가를 건설한다.
- 민족지도자들이 근대식 학교를 설립하기 시작하였다.
- 흥화학교, 낙영의숙, 중교의숙, 양정의숙, 보성학교, 휘문의숙, 진명여학교, 숙명여학교, 중동학교, 대성학교, 오산학교 등

ⓛ 학교 관제(국가 기관의 설치, 조직, 직무범위 등을 정한 제도)

ⓐ 홍범14조

- 갑오경장 직후인 1894년 12월에 정치제도의 근대화와 자주독립국가로서의 기초를 튼튼히 하기 위해서 제정된 국가기본법이다.
- 일본 공사가 강요해서 선포한 문서이지만, 당시 개화파 관료들의 개혁 의지를 반영한 것으로, 우리나라의 자주독립을 처음으로 내외에 선포한 문서이다.

ⓑ 교육조서

- 1985년 2월에 고종이 조칙으로 발표한 교육에 관한 특별조서이다.
- 교육에 의해서 나라를 세우려는 의지를 천명한 것이라 하여 "교육입국조서"라고도 한다.
- 고종은 근대국가를 건설함에 있어 교육을 국가 중흥의 기본으로 생각하고 교육의 목적과 성격, 방향 등을 이 조서를 통해서 밝혔다.

TIP 고종(高宗)의 교육입국조서(教育立國詔書) 기출 2019, 2017

고종의 교육입국조서는 다음과 같은 의미가 있다.
① 지배 계급에만 한정되었던 교육의 기회가 전 국민으로 확산되었다.
② 기존 유교 중심의 교육에서 벗어나 근대적인 교육으로의 전환의 계기가 되었다.
③ 덕양, 체양, 지양의 3양에 힘쓰며 근대적인 교육으로서의 전환의 계기가 되었다.
④ 체육을 교육의 중요한 영역 중 하나로 인정하는 계기가 되었다.
⑤ 소학교 및 고등 과정에 체조가 정식 과목으로 채택되는데 영향을 주었다.

---

(2) 개화기의 체육

① 개화기 체육의 성격

㉠ 1895년 공포된 교육조서에서 지·덕·체의 균등한 발전을 명백히 하고, 체육의 중요성을 강조하였다.

㉡ 무예수련을 위한 보조수단으로서의 체육 또는 여가를 즐기기 위한 일부 특수층에 국한된 체육을 지양하고, 신체적·활동적 성격을 띤 체육(체조)을 근대식학교에서 정규교과목으로 편성하여 가르치는 제도적 기반이 마련되었다.

② 개화기 학교 체육의 발전 양상 : 근대 학교 체육

　　㉠ 소학교 및 중학교의 체육 : 체조가 교과목으로 규정되어 있었으나 사정에 따라 뺄 수 있었다.

　　㉡ 사범학교의 체육 : 보통체조 및 병식체주-체조교과의 내용이 수련형태이거나 신체단련 형태였을 것이다.

　　㉢ 애국계몽운동계 사립학교의 체육 : 학교에서 강조된 것은 '민족정신의 고취'와 '체력의 단련'이었다. 학교 체육을 군사체육과 병행해서 운영하였다.

　　㉣ 기독교계 사립학교의 체육 : 체조는 정식 교과목이었고, 과외활동을 통해서 야구, 축구, 정구, 농구 등과 같은 스포츠를 가르쳤다.

　　㉤ 개화기 학교 체육에서 특기할만한 일은, 각 학교들이 특별활동이나 과외활동 시간에 스포츠를 가르친 반면에, 체조는 정식 교육과정 안에서 선택 또는 필수과목으로 가르쳤다는 점이다.

　　㉥ 당시 사립학교는 선교사들을 체조교사로 채용하였지만 국·공립학교들은 군관 출신을 체조교사로 채용했었다.

③ 운동회의 개최와 역할 　기출　2017

　　㉠ 운동회 개최의 의미

　　　　ⓐ 학생들의 운동회는 단순한 놀이나 오락을 하는 행사로 보지 않고, 국가의식과 애국심을 고취할 수 있는 기회로 여겨졌다.

　　　　ⓑ 근대적 체육을 보급하고 민족의식 고취를 위한 사회적 기능을 담당하였다.

　　㉡ 연합운동회의 폐지령 : 조선을 침탈하려는 일제에게는 조선의 젊은 학생들이 모여 애국심을 고취하고, 군사훈련 시범까지 펼치는 운동회가 아주 못마땅할 수밖에 없었다. 여러 가지 트집을 잡은 일제의 강압에 의해 다양한 운동회가 금지되었다.

　　㉢ 운동회의 성격과 기능

　　　　ⓐ 학교와 지역 사회의 공동체 의식을 강화하는 역할

　　　　ⓑ 민족주의 운동의 성격을 갖고 국가의식과 애국심을 고취시키는 역할

　　　　ⓒ 병식체조의 일부에 국한되었던 학교체육이 각종 스포츠로 확충되는 발판

　　　　ⓓ 생활체육 발달의 촉진제 역할

　　　　ⓔ 축제로서의 기능을 담당

④ 체육 단체의 결성 : 민족주의 운동의 구심점 역할 수행 　기출　2022, 2021, 2016, 2015

　　㉠ 대한체육구락부(1906)

　　　　ⓐ 우리나라 최초의 근대적인 민간 체육 단체로 김기정, 현양운, 신봉휴, 한상우 등에 의해 설립되었다.

　　　　ⓑ 근대화된 스포츠와 전통적 체육문화를 청년들에게 지도

　　　　ⓒ 황성기독교청년회 등과 각종 운동시합을 개최하여 초창기 우리나라 체육계의 발전에 획기적인 공헌을 하였다.

　　㉡ 황성기독교 청년회 운동부(1906) 　기출　2021

　　　　ⓐ 우리 민족에게 체육을 장려하고 연구지도할 것을 목적으로 발족하였다.

ⓑ 우리나라 근대 체육발전을 위해 광범위하고 가장 핵심적인 역할을 해왔다.

ⓒ 각종 근대 스포츠의 도입과 발전의 대부분이 황성기독교청년회 운동부에 의해 이루어졌다고 해도 과 언이 아니다.

ⓒ 대한국민체육회(1907) : 병식 체조의 창시자이자 근대체육의 선구자인 노백린의 주도로 세워진 단체로 국 민의 교육 차원에서 체육의 발흥을 주창하였다.

ⓔ 대동체육구락부(1908)

ⓐ 권서연, 이기환, 조상호 등에 의해 결성된 단체이다.

ⓑ 자강론적 입장에 기초하여 체육을 통한 국민 계몽 운동을 진행하였다.

ⓜ 대한흥학회 운동부(1909)

ⓐ 일본 유학생 단체를 모태로 1909년 1월 10일 도쿄에서 결성된 단체의 운동부이다.

ⓑ 모국에 새로운 스포츠를 보급하고 체육계를 계몽하고자 25명의 부원이 서울의 각 학교에서 시범경기 와 경기지도를 하였다.

ⓗ 체조연구회(1909)

ⓐ 학교 체조교사들이었던 조원희, 김성집, 이기동 등이 중심이 되어 보성중학교에서 조직한 단체이다.

ⓑ 각종 체육단체의 통일과 학생들의 체위향상 및 체력단련의 효과적인 방법을 연구하였다.

ⓒ 체육의 실제 면에서 제기되는 기술과 이론을 체계화시켰다.

ⓓ 체육과목의 교육을 지도, 개선하여 진흥시키기 위해 노력하였다.

ⓢ 사궁회(1909)

ⓐ 이상필 등이 조직한 단체이다.

ⓑ 우리민족 고유의 무예 스포츠인 활쏘기 보급을 위한 단체였다.

ⓞ 청강구락부(1910)

ⓐ 중동학교 재학중인 최성희, 신완식 등이 만든 단체이다.

ⓑ 매주 수·일요일에 축구경기를 치렀으며, 우리나라 최초의 학교축구부로 볼 수 있다.

ⓩ 성계구락부(1910) : 농상공 관계 유지들이 친목을 도모하기 위해 만든 조직이다.

ⓩ 회동구락부(1908)

ⓚ 무도기계체육부(1908)

ⓣ 소년광창체육회(1909)

⑤ **각종 근대스포츠의 도입과 보급** 기출 2018, 2017, 2015

• 1894년 갑오개혁 이후 외국 문물과 근대 스포츠가 밀물처럼 밀려왔다.

• 스포츠 소개와 도입에 주도적인 역할을 수행한 것은 외국인 선교사와 교사들이었다.

• 여러 학교들의 운동회와 체육단체의 활동을 통해 확산되었다.

㉠ 육상

ⓐ 우리나라 최초의 운동회인 영어학교 화류회에서부터 경기형태를 갖추어 발전하기 시작하였다.

ⓑ 경기 내용은 달리기(300보, 600보, 1350보), 공던지기, 대포알던지기, 높이뛰기, 멀리뛰기, 당나귀달리기, 2인3각 달리기 등이었다.

ⓛ 체조

ⓐ 한성사범학교의 교과목으로 채택되면서 일반인들에게 알려지기 시작했다.

ⓑ 체조교육의 중심이 되어 왔던 병식체조에 대한 반성과 개혁의 움직임이 시작된 1909년부터 체조가 근대 체육 영역에 본격적으로 자리 잡기 시작하였다.

ⓒ 휘문의숙의 체조교사였던 조원희는 병식체조가 학생들에게는 적합하지 않고 오히려 해로운 요소가 있음을 지적하고, 일반학생들에게 새로운 신체조법을 보급시켰다.

ⓒ 축구

ⓐ 1890년 관립 외국어학교의 외국인 교사들에 의해 첫 선을 보이며 구기 종목 중 최초로 도입되었다.

ⓑ 학교체육활동을 가르치기 시작하면서 운동회의 경기종목으로 채택되었다.

ⓒ 1906년 조직된 대한체육구락부를 우리나라 최초의 축구팀으로 볼 수 있다.

ⓓ 1899년 황성기독교청년회 팀과 오성학교 팀 사이의 경기가 기록으로 남아있는 최초의 축구 시합이다.

ⓔ 야구

ⓐ 1905년 황성기독교청년회(서울YMCA)의 미국인 선교사 질레트(Gillett, P. L.)가 회원들에게 야구를 지도한 것에서 시작되었다.

ⓑ 1906년 황성기독교청년회 팀과 독일어학교 팀의 최초의 야구경기를 시작으로 국내 각 학교 간의 야구 경기가 꾸준히 전개되었다.

ⓜ 농구

ⓐ 1907년 황성기독교청년회(서울YMCA)의 미국인 선교사 질레트(Gillett, P. L.)가 회원들에게 소개하면서 전해졌다.

ⓑ 질레트는 처음 기독교청년회 회원들에게 농구를 가르쳤는데 본국으로 돌아가게 되어 지도·보급이 잠시 중단되기도 했다.

ⓒ 그 후 농구는 1916년 미국인 반하트(Barnhert)가 기독교청년회 간사로 취임하면서 본격적인 지도·보급이 이루어지게 되었다.

ⓗ 테니스

ⓐ 미국인 초대공사였던 푸트(Foote, L. H.)에 의해 처음 도입되었다.

ⓑ 김옥균이 배워 동료인 개화당 사람들에게 전파하였다.

ⓢ 빙상

ⓐ 1890년대 후반 미국의 알렌(Allen) 공사 부부에 의해서 서유럽식의 스케이팅이 빙족희라는 이름으로 우리나라에 처음 선보였다.

ⓑ 스케이팅을 맨 먼저 시작한 학교는 한성고등학교와 휘문의숙이다.

ⓒ 스케이트장은 과거 서울 주변에 산재해 있던 자연적으로 결빙된 미나리논의 빙판을 이용하였다.

ⓞ 사이클

ⓐ 1907년 경성의 자전거 상회 주최로 자전거경기대회가 훈련원에서 외국인들도 참석한 가운데 열렸다.

ⓑ 평양역전광장에서 열린 조·일 일류선수연합경기에서 1위는 엄복동, 3위는 황수복이 입상하였다.

ⓒ 을사조약 이후 일제에 복합적 감정을 가지고 있던 우리 민중의 아픔을 달래주었다.

ⓩ 사격

ⓐ 사격의 도입은 총포가 들어온 16세기 이후에 제조한 대총을 시험하는 것으로 시작되었다.

ⓑ 그 후 최초의 근대학교인 원산학사의 교육과정에 사격을 필수과목으로 설정하였다.

ⓒ 최초의 사격경기는 1904년 육군 연성학교에서 있었다.

ⓩ 골프 : 원산이 개항된 후 1900년 영국인이 원산세관 구내에 골프 코스를 개설하면서 시작되었다.

ⓚ 수영

ⓐ 1898년 체계적인 수영이 처음 실시되었다.

ⓑ 1909년 무관 학교 이학균 교장 이하 장교급 직원과 학생 60여명이 2주 동안 한강에서 수영훈련을 했다고 전해지고 있다.

ⓣ 유도 : 1907년 일본인에 의해 우리나라에 전해졌으며, 그 후 무관 학교에서 교육 과목으로 채택하였다.

ⓟ 검도 : 경무청에서 교육 과목으로 채택하였다.

ⓗ 기타 스포츠

ⓐ 탁구 : 도입시기는 알 수 없으나 1924년 핑퐁경기대회를 개최한 것이 우리나라 최초의 탁구대회이다.

ⓑ 복싱 : 박승필이 조직한 유곽권투구랍구에서 회원들에게 유도나 씨름 그리고 복싱을 익히도록 한 것에서 시작되었다.

ⓒ 배구 : 1916년 서울YMCA의 운동부와 유년사업부를 돕기 위해 부임한 미국인 반하트(Barnhert)에 의해 우리나라에 소개되었다.

ⓓ 조정 : 1916년 중앙학교가 한강에 보트를 띄워 놓고 노를 젓기 시작한 것이 우리나라 조정의 시초이다.

(3) 개화기 체육 사상과 역사적 의미 [기출] 2018, 2016

① 개화기 체육 사상

㉠ 유교주의와 체육

ⓐ 숭문천무, 문존무비 등 편향적 사고체계로 무예와 체육을 등한시하였다.

ⓑ 유교주의의 전통 윤리가 개화기 체육, 스포츠 도입 확산을 저해하는 요인이 되었다.

㉡ 사회 진화론적 민족주의

ⓐ 체육의 개념 및 가치에 대한 근대화가 이루어지면서 체육이 교육 체계로 편입되고 체육의 위상이 상승하였다.

ⓑ 체육을 통해 단체가 결성되고 연합하여 근대적인 스포츠 문화를 창출하는 토대가 되었다.

ⓒ 다원주의적 인식을 바탕으로 한 민족주의 운동과 결부되었으며 국가의 위기극복을 위한 체육 강화 및 체육 계몽 운동을 통한 강력한 국가 건설을 위한 지역 사회적 연대감 형성과 진화론적 인식을 바탕으로 민족주의적 이데올로기를 형성하였다.

ⓓ 주요 사상가 : 이기동, 이종태, 이기, 박은식, 문일평, 노백린 등이 있다.

② 개화기 체육의 역사적 의미

ⓐ 체육의 개념 및 가치에 대한 근대적 각성 : 숭문천무, 문존무비 등 전통적 가치관이 변화하였다.

ⓑ 교육체계속의 체육 위상 정립 : 덕양, 지양, 체양에 힘쓰며 근대적 전인 교육으로의 전환의 계기가 되었다.

ⓒ 근대적인 체육 및 스포츠 문화 창출

02 일제 강점기의 체육

(1) 일제 강점기의 사회와 교육

① 일제 강점기 사회

ⓐ 일제강점기는 ⓐ 무단통치기, ⓑ 문화통치기, ⓒ 민족말살통치기로 구분된다.

ⓑ 민족정신을 말살하여 한국인을 일본인으로 동화시키려고 우리나라의 역사를 왜곡·변조시켰다.

ⓒ 한일 합병 후 일제의 조선에 대한 교육정책을 법으로 정해서 발표한 '조선교육령'이 시행되었다.

ⓓ 민족성의 말살을 통해 일본화를 시도하였다.

② 일제 강점기의 교육

ⓐ 제1차 조선교육령 시행(1911~1922년) : 식민지 교육 체계를 확립하기 위한 교육 정책을 실행하였다.

　ⓐ 사립학교 등을 억제하고, 보통·실업·전문기술 교육으로 한정하였으며, 일본어 학습을 강요하고, 보통교육의 수업 연한도 단축하였다.

　ⓑ 통치에 방해가 되는 민족교육기관인 사학을 철저히 통제하여 일제의 의도대로 교육을 실시하기 위한 것이었다.

ⓑ 제2차 조선교육령 시행(1922~1937년) : 학교 편제와 수업 연한을 일본과 유사하게 조정하여 민족의식 말살을 시도함.

　ⓐ 3·1 운동을 계기로 일본의 교육정책에 약간의 수정이 있었다.

　ⓑ 개정 교육령은 표면상으로는 일본학재와 동일하게 마련하는 것이지만, 내면에 있는 교육정책은 융화정책을 통해 일본식 교육을 강화하고 우리 민족의 사상을 일본화 내지 말살하려는데 있었다.

ⓒ 제3차 조선교육령 시행(1938~1943년) : 학교명을 일본인 학교와 같이 개명하고 전시를 대비해 체육교과를 강화함.

　ⓐ 국체명징, 내선일체, 인고단련이라는 3대 교육방침을 내세웠다.

ⓑ 교명을 일본인 학교와 동일하게 개칭하여 한국인과 일본인 간의 차별 대우를 철폐한다고 하였지만, 실상은 공립학교뿐만 아니라 사립학교의 교장이나 교무주임까지 일본인이 차지하도록 하는 방침이 었다.

ⓒ 모든 교육내용에서 일본적인 것을 강화하고, 수업을 일본어로 할 것이며, 조선어를 가르치지 않음으로써 조선인을 황국신민으로 만드는 교육을 철저히 하겠다는 뜻이었다.

ⓓ 조선체육회의 강제로 해산시키고 조선체육협회에 흡수, 통합되었다.

ⓔ 우리나라 청년들의 피를 강요하는 징병제를 실시하였고, 체육교육을 모두 군국주의 전시체제로 변경시켰다.

ⓔ 제4차 조선교육령 시행(1942~1945년) : 전쟁 인력 확보를 위해 체육이 교련화됨.

ⓐ '교육에 관한 전시비상조치령'을 내려서 모든 교육체제를 '전시교육제체'로 전환시켰다.

ⓑ 학교교육을 군사체제화해서 전쟁수행의 도구로 만들었다.

ⓒ 정규교육보다는 근로봉사 내지 군사훈련에 더 바쁜 교육 황무지시기를 맞이하게 되었다.

(2) 일제 강점기의 학교 체육 기출 2018, 2017, 2015

① 조선교육령 공포기의 체육(1911~1914)

㉠ 한일 합방 후 조선총독부의 조선교육령 공포를 통해 시행되었다.

㉡ 학교 체육의 대부분은 보통 체조와 병식 체조를 중심으로 행하여졌던 것이 한일 합방을 전후하여 일본으로부터 스웨덴 체조로 변화했으며, 구미제국의 새로운 유희까지 도입되어 학교체육의 내용이 복잡해졌다.

㉢ 식민지 교육 정책으로 학교 체조 교수요목의 제정을 통해 근대적 체육이 도입되었다.

㉣ 지속적인 민족성 말살을 통하여 일본화를 시도하였다.

㉤ 이 시기의 우리나라 교육선각자들은 운동회 또는 체육단체를 조직하여 개화운동을 펴는 한편, 민족 단결에 힘썼다.

② 체조교수요목의 제정과 개정기 체육(1914~1927)

㉠ 식민지 교육 체계를 확립하기 위한 교육 정책을 실행하였다.

㉡ 제2차 조선교육령의 공포로 외형상 일본 국내와 같은 체계로 개편되었으나 체육 시설적인 측면에서 부족하여 실효성은 없었다.

㉢ 학교 단위의 운동부를 결성하고, 학교 대항 경기가 활발하게 이루어졌다.

㉣ YMCA의 체육활동 : 활발한 체육활동 전개

㉤ 청년회 중심의 체육활동 : 청년들의 능력배양과 함께 일제에 대한 저항의 표현으로 매우 중요하게 인식되었다.

㉥ 체육단체의 결성 : 정부, 각급 학교, 민간단체 등은 국민들과 학생들을 대상으로 몸과 마음을 강건히 해나라 지키기에 나서도록 했다.

③ 체조교수요목 개편기의 체육(1927~1941)

ⓖ 학교체육이 체조 중심에서 유희와 스포츠 중심으로 변화되었다.

ⓛ 각종 운동경기 대회 및 학교 대항전 경기가 열리게 되었고, 스포츠 국제무대에도 진출해서 민족의식을 고취하는 계기가 되었다.

ⓒ 신체 이외의 다른 도구나 기구를 사용하지 않고 실시하도록 고안된 덴마크체조가 보급되었다.

ⓔ 조선인 운동선수들의 국제무대 진출 및 올림픽대회 등에서 눈부시게 활약하여 온 세계를 놀라게 하였다.

ⓜ 조선체육회를 강제 해산하고 조선체육협회에 흡수, 통합하였다.

ⓗ 일반체육과 학교체육 모두 군국주의 전시체제로 변경시켜버렸다.

ⓢ 모든 구기경기 대회를 중단하고 국방경기를 의무적으로 실시하였다.

ⓞ 국방경기는 일제가 대륙침략을 승리로 이끌기 위한 전력증강의 일환으로 창안하여 의무적으로 참가토록 한 경기였다.

ⓩ 외적으로는 신체단련과 협동심을 배양하는 운동이지만, 내부적으로는 학생들을 전투요원으로 양성하기 위한 수단이었다.

④ 체육 통제기의 체육(1941~1945)

ⓖ 학생들을 전쟁에 동원하기 위한 학교체육을 군사체제화하여 군사적인 훈련을 하였다.

ⓛ 군국주의적 체육정책을 세워 본격적으로 체육단체를 통제하였다.

ⓒ 체력 증강을 위해 체력장 검정을 실시하였다.

ⓔ 학생들은 전시체제하에 일제의 군국주의 전쟁 수행을 위한 도구로 전락하였다.

ⓜ YMCA연합도 일본 YMCA동맹에 병합되면서 체육활동의 성격이 변질되었다.

ⓗ YMCA는 일본의 무사와 무사도를 장려하는 중심기관으로 전락되어버렸고, 한국 YMCA연합회는 1943년 완전히 해체되었다.

ⓢ 조선체육진흥회를 발족하여 체육계를 지배하던 자유정신과 올림픽정신을 근절시키고, 경기 자체에서도 건전한 체육향상을 목표로 하여 국책에 순응할 모든 태세를 갖추기 위하여 각 운동단체를 해체하였다.

ⓞ 모든 체육대회를 완전한 전시체육으로 통제하였다.

03 일제 강점기의 스포츠 기출 2021

(1) YMCA의 활동 기출 2019, 2017, 2016

① 1903년 미국인 질레트의 지도로 황성기독교청년회란 이름으로 발족하였다.

② 신앙운동뿐 아니라 교양강좌 토론회, 계몽운동, 체육지도, 농촌운동 등을 전개하였다.

③ 외국인 선교사를 주축으로 근대스포츠를 도입하였으며, 근대 체육발전을 위해 광범위하고 가장 핵심적인 역할을 수행하였다.

④ 1910년 한일 병합 이후에도 스포츠 보급 활동에 크게 기여하였다.

⑤ 1916년 우리나라 최초의 체육관을 개관하였다.

⑥ 새로운 체육시설을 확장하거나 새로운 운동경기를 소개·보급하여 우리나라 근대체육사에 큰 족적을 남겼다.

⑦ 선교사 질레트(Gillett, P. L.) 기출 2021, 2019

    ㉠ 1903년 황성기독교청년회 초대 총무를 역임하였다.

    ㉡ 우리나라 최초로 황성기독교청년회 구성원들에게 야구와 농구를 소개하고 지도하였다.

    ㉢ 개화기 YMCA를 통해서 우리나라 근대스포츠의 도입과 발달이 거의 대부분 이루어졌다고 해도 과언이 아니다.

(2) 경성 운동장 건설

① 일제 강점기의 대표적 스포츠시설로서 일본 황태자의 결혼 기념으로 세워졌다.

② 종합운동장으로는 당시 동양 최대 규모의 국제 경기장이었다.

③ 각종 경기대회의 개최를 통해 당시 체육의 중심지로서 중요한 역할을 담당하였다.

④ 하지만, 전시동원체제에 편승한 각종 행사가 자주 개최되던 장소였다.

(3) 체육 단체의 결성과 청년회 활동 기출 2022, 2021, 2019, 2016, 2015

① 조선 체육회(1920)

    ㉠ 근대체육은 열강들의 위협으로부터 나라를 지키기 위한 국가주의 체육으로 받아들여졌다.

    ㉡ 1920년에 조선의 체육을 지도 장려하는 것을 목적으로 설립된 단체이다.

    ㉢ 민족주의 사상을 기반으로 일본인이 만들었던 조선체육협회에 대응하기 위해 설립되었다.

    ㉣ 운동경기에 관한 연구 활동뿐만 아니라 스포츠 보급의 일환으로 운동구점을 설치하고 운영하였다.

    ㉤ 육상경기연구위원회를 구성하여 육상경기에 대한 과학적 연구를 하게 되었으며, 조선체육연구회와 서로 밀접한 관계를 맺고 체육연구를 진행시켰다.

    ㉥ 각종 경기대회 개최 : 제1회 전 조선경기대회(오늘날 전국체육대회의 효시)에서 야구, 정구, 육상 경기를 하였다.

    ㉦ 1937년 중일전쟁으로 전시체제가 되면서 국가총동원법이 시행되며 조선인 민간단체를 일본인 단체와 일원화하는 정책을 시작하였고, 조선체육회는 일본인 체육단체인 조선체육협회와 일원화할 것을 강요받았다.

    ㉧ 일제식민지치하라는 가혹한 상황에서도 우리나라 근대체육을 민족주의적 체육으로 성장시켰던 조선체육회는 결국 해산되어 조선체육협회와 강제통합되었다.

② 조선체육협회(1919)

    ㉠ 1919년에 조선의 체육을 지도 장려하는 것을 목적으로 일본인에 의해 설립된 단체이다.

    ㉡ 재조선 일본인들에 의해 운영되었고, 조선 신궁경기 대회를 개최했으며, 일본인뿐만 아니라 조선인 선수도 참가할 수 있었다.

ⓒ 조선인 선수의 국제 경기대회 참가의 창구 역할을 수행하였다.

ⓔ 1920년 조선체육회의 설립에 직접적인 영향을 주었다.

ⓜ 운동경기에 관한 연구 활동 및 스포츠 보급 활동을 하였다.

ⓗ 일본과 일본인 선수의 갖은 압력에도 불구하고 우리나라 선수들은 각종 대회 및 올림픽대회에서 눈부신 활약을 하여 온 세계를 놀라게 하였다.

ⓢ 우리나라 선수들은 끊임없는 탄압에도 불구하고 일본에 항쟁하였다.

ⓞ '일장기 말살 사건'을 계기로 체육단체의 해체와 더불어 단속 등으로 체육활동을 더욱 더 탄압하기 시작하였다.

ⓩ 1937년 중일전쟁으로 인하여 국가총동원법을 실시하였고, 모든 조선인 민간단체는 일본인 단체와 일원화하는 정책을 펴기 시작하였다.

ⓒ 1938년 조선체육회에 흡수·통합하였다.

ⓚ 1942년 조선체육진흥회를 발족시켜 모든 구기경기 대회를 중단하고 국방경기를 의무적으로 실시하도록 하였다.

ⓣ 국방경기는 16명이 한 팀인 단체경기였고, 종목은 견인경기, 수류탄투척, 장애물경기, 토양운반, 단체행군 등 다섯 종목이었다.

ⓟ 운동경기라기 보다는 군대에서 실시하는 훈련과도 같았다.

(5) 일제 강점기 민족주의적 스포츠 활동 [기출] 2018~2015

① 민중의 스포츠 활동

ⓐ 민족주의 정신의 고취를 위한 스포츠로서 씨름은 민중의 많은 지지를 받았다.

ⓑ 체육의 대중화를 이루기 위하여 보건 체조를 실시하였다.

② 손기정과 베를린 올림픽 경기대회 [기출] 2022, 2021

ⓐ 한국인 최초의 올림픽 금메달리스트로 1936년 베를린 올림픽 경기대회에서 마라톤 종목 금메달을 획득하였다.

ⓑ 일제의 식민 통치 하에 우리 국민에게 민족의식과 자긍심을 고취시켜 주었다.

ⓒ 일장기 말살 사건

　ⓐ 손기정 선수가 금메달을 딴 후 시상대에서 일본의 국가를 가슴에 달고 있는 모습이 보도되었다.

　ⓑ 기자인 이길용이 동아일보의 이상범에게 부탁하여 일장기가 지워진 기사 사진이 나가게 되었다.

　ⓒ 현진건·신낙균·이상범·이길용 등이 구금되고 동아일보는 무기정간, 조선일보는 정간을 당하였다.

05 광복 이후의 체육

01 미군정~제2공화국의 사회와 체육

(1) 미군정~제2공화국의 사회

① 미군이 통치한 시기인 미군정기, 이승만·윤보선이 대통령으로 군사정권 전까지의 시대이다.

② 일제의 조선 식민통치에 협력했던 친일파를 본래 자리에 그대로 두고 일제의 잔재를 청산하지 않았다.

③ 친일파는 득세하고 독립운동가들은 푸대접을 받았다.

④ 국민경제의 안정은 거의 불가능한 상태였는데, 한국전쟁으로 더 심각한 경제난에 빠지게 되었다.

⑤ 1945년 조선교육위원회를 확대·발전시킨 '조선교육심의회'를 새로이 구성하였다.

(2) 미군정~제2공화국의 체육

① 체육과가 설치되어 체육진흥 업무를 전담하였다.

② 일제에 의해 강제 해산되거나 일본기관과 강제 통합되었던 민간단체들도 재건되기 시작하였다.

  ㉠ 대한체육회 : 조선체육회를 대한체육회로 개칭하였다.

  ㉡ 대한올림픽위원회 : 대한체육회에서 분리하였다.

  ㉢ 대한학교체육회 : 체육교사의 권익보호 및 자질향상과 학교체육의 건전한 발전이라는 목적으로 출범하였다.

(3) 학교체육

① 학교체육 정책

  ㉠ 전체주의적·식민주의적 체육을 종식시키고 민주적 체육을 정립하려고 노력한 시기였다.

  ㉡ 체육교과의 교육목표나 교육내용에서 체육의 교육적 가치를 강조하였다.

  ㉢ 이 시기의 체육교육의 효과는 국민 건강 향상을 통한 국방력과 생산력 향상이었다.

  ㉣ 제식훈련 위주의 국방체육이 이루어졌다.

② 체육과교육과정 제정

  ㉠ '조선체육지도연구회'를 결성하여 체육과교육과정의 기초라고 할 수 있는 '체육과교수요목'을 제정하였다.

  ㉡ 체육과의 교육목적은 민주 생활을 위한 신체적 발달, 사회적 발달 및 위생으로 구분되어 있다.

③ 체육 교사 및 교재의 마련

  ㉠ 체육을 가르칠 수 있는 교사도 부족하고, 교과서 및 교구, 교재도 없어서 학생들에게 체육을 제대로 가르칠 수 없었다.

ⓒ 우리나라 최초의 체육교과서는 1952년 장영완 선생님이 만든 "고등체육과 고등체육교본"이라는 책이다.

ⓒ 1957년에는 이병위 선생님이 지은 "중등체육"이 학교체육 교과서로 활용되었다.

ⓔ 부족한 체육교사 충원을 위해 체육과 정교사(4년제) 및 체육과 준교사(2년제)를 양성하였다.

④ 방과 후 체육

ⓐ 우리나라에서 운동회는 체육을 널리 보급시키고 민족적 위기를 맞아 새로운 지식을 계몽하고 민족의식을 고취시키는 사회적 기능도 담당하였다.

ⓑ 근대 초기 운동회는 학생이 중심이었고, 축제적 성격을 띄고 있었으며, 경기뿐만 아니라 교육적 기능도 가지고 있었다.

02 제3, 4공화국의 사회와 체육 기출 2021, 2019

(1) 제3, 4공화국의 사회

① 5 · 16 군사쿠데타로 박정희가 정권을 잡은 후부터 12 · 12 군사쿠데타로 전두환이 정권을 잡을 때까지 기간을 말한다.

② "반공을 국시의 제1로 삼는다"를 국가의 기본 이념으로 하였는데, 이것은 사상과 양심의 자유를 기본권으로 보장하는 자유민주주의와는 배치되는 이념이었지만, 미국이 바라는 것이기에 문제없이 새로운 헌법으로 채택되었다.

③ 정권에 위협이 될 만한 개인 및 단체를 '반혁명 반국가 행위자'로 몰아서 제거하였다.

④ 대일청구권 자금과 서독에 간호사, 광부 파견으로 얻은 외화로 구미공단 및 포항제철을 만들어 산업화의 기틀을 수립하였다.

(2) 체육정책과 조직

① 엘리트 육성정책, 경제성장을 지원하는 방법의 하나로 국민체력 향상정책을 추진하였다.

ⓐ 국민체육진흥법의 제정 : 1962년 '국민체육을 진흥하여 국민의 체력을 증진하고 건전한 정신과 명랑한 생활을 영위케 한다.'는 목적으로 제정되었다.

ⓑ 태릉선수촌 건립

ⓐ 1964년 도쿄올림픽에서 초라한 성적을 낸 것으로 인하여 국가대표선수단을 위한 종합 체육훈련시설이 필요함을 제기하였다.

ⓑ 스포츠 강국으로 급부상하게 된 계기가 되었다.

ⓒ 스포츠를 통한 국위 선양 및 국민 통합 실현과 국가대표 선수들을 과학적으로 육성하는 기반을 마련하였다.

ⓒ 체육단체의 통합

ⓐ 체육과 스포츠를 국민의 통합을 이끌어낼 수 있는 중요한 수단으로 인식하였다.

ⓑ "체력은 국력"이라는 슬로건 아래 체육과 스포츠를 전폭적으로 지원하였다.

ⓒ 스포츠진흥정책으로 학교 운동부를 중심으로 하는 엘리트스포츠가 크게 발전하게 되었다.

ⓓ 대한체육회는 스포츠경기대회를 확대하기 위하여 전국체육대회, 올림픽과 아시안게임 유치 등 다양한 스포츠이벤트의 개최 및 유치에 관련된 업무를 추진하였다.

② 우수선수 병역 면제 시행, 메달리스트 체육 연금 제도 도입하였다.

③ 국민재건체조를 재정하고 대한체육회의 예산을 정부가 지원하기로 결정하였다.

(3) 학교체육

① 체육 중고등학교의 설립과 체육특기자 제도

㉠ 엘리트스포츠에 대한 정부의 지원은 학교에서 우수한 선수를 육성하기 위한 체육 중고등학교의 설립과 체육특기자 제도를 운영하였다.

㉡ 운동에만 전념해서 특기생들의 학력 저하, 학교 내에서의 이질집단, 조로 및 부상으로 인한 사회부적응 등의 현상이 나타났다.

② 전국소년체육대회 : 전국체육대회의 규모를 줄이기 위해 전국 규모의 주니어체육대회를 창설하였다.

③ 체력검사제도의 개편

㉠ 체육도 입시과목에 포함되었고, 체능검사를 실시하여 입시에 반영하였다.

㉡ 체능검사 실시의 목적 : 학생 스스로가 자신의 신체기능이나 운동능력을 인식하고 자발적으로 체육활동을 하게 함으로써 국민 모두의 체력을 증진하고자 하는 데 있다.

㉢ 많은 학생들의 체격 및 체력이 향상되었다.

㉣ 기초체력 증강을 위한 기본운동이 널리 보급되어 운동을 생활화할 수 있는 기반이 제공되었다.

④ 교련수업 : 군사교육 이수자가 아닌 고등학교 이상의 교육기관에 재학 중인 일반학생들에게 실시한 군사 관련 교육훈련이다.

(4) 생활체육

① 새마을운동과 사회체육의 진흥

㉠ 개인이나 단체가 일상생활에서 더 나은 삶을 위하여 참여하는 자발적인 신체활동(Sports for all)을 생활체육, 사회체육, 평생체육, 민간체육 등으로 불렀다.

㉡ 새마을체조의 사례는 1977년 국민체조의 전국적인 보급이었다.

ⓐ 국민체조의 보급 목적 : 체육의 범국민적 생활화에 기여하고, 국민체위를 향상시켜 건전한 사회기풍을 조성한다.

② 조기축구회의 확산

　　㉠ 1970년대 초 새마을운동의 일환으로 시작되었다.

　　㉡ 초기에는 관청 주도였으나 자발적 조직체로 전환되었다.

　　㉢ 여가를 이용한 체육활동이 필요하다는 것을 강하게 느끼고 있었던 도시의 중년 남성들로부터 폭발적인
　　　호응을 받았다.

③ 국가 주도의 체조 보급 : 국민체력 향상과 군사훈련을 위해 새로운 체조들이 지속적으로 개발되었다.

④ 사회체육 단체들의 활동

　　㉠ 대한체육회는 각 시·도 체육회의 사회체육위원회를 통해 '사회체육지도자회'를 조직하였다.

　　㉡ YWCA도 보건체육부를 두고 보건체육 분야의 지도자 양성을 위한 특별 강습, 정기행사, 무료강좌 등을
　　　실시하였다.

03　1980~1998년의 사회와 체육(제5, 6공화국)

(1) 제5, 6공화국의 사회

　① 1986 아시안게임과 1988 서울올림픽 유치에 힘입어 '스포츠공화국'으로 불릴 만큼 체육입국을 내세우며 체
　　육에 많은 관심을 기울였다.

　② 체육부를 발족시켰으며, 스포츠시설을 확대하기 위해 잠실주경기장을 건설하였고, 한강시민공원을 건설 및
　　전국에 체육시설을 보급 및 확대하였다.

　③ 스포츠과학연구소 창설 및 우수한 해외 코치와 선수들 초빙하여 훈련방법, 선수관리, 경기전술 등에서 우수
　　한 선진기술을 도입하였다.

　④ 올림픽 이후 국민의 스포츠활동이 넓어지자 엘리트스포츠정책에서 생활체육진흥정책으로 변화를 시도하
　　였다.

　⑤ 1990년 국민생활체육진흥종합계획인 '호돌이 계획'을 마련하였다.

　⑥ 문민정부에 들어서며 지역공동체 중심의 생활체육체제를 마련하였다.

　⑦ 엘리트스포츠와 생활체육의 연계성을 더욱 강화하여 국민체육진흥과 체육의 전문화, 과학화, 정보화를 적
　　극 추진하였다.

　⑧ 여가시간의 증가와 생활수준의 향상으로 국민들의 생활체육에 대한 관심과 참여가 더욱 증대되었다.

(2) 정부조직-체육부의 신설과 변천

　① 1980년대에 들어서면서 정부는 엘리트체육 육성에 총력을 기울이기 시작하였다.

　② 1982년 체육부를 정부조직에 처음으로 신설하였다.

③ 체육청소년부
　　㉠ 제6공화국은 제5공화국과의 차별성을 부각시키기 위해 행정개혁을 착수하였다.
　　㉡ 체육청소년부를 신설하였다.
④ **문화체육부** : 1993년 문민정부는 효율적인 업무수행을 위해 체육청소년부를 문화부에 흡수, 통합시켜 '문화
　　체육부'가 발족되었다.

(3) 체육정책

① 제5공화국의 체육정책
　　㉠ 역대 어느 정권보다 체육부문에 많은 관심을 기울였다.
　　㉡ 체육부를 신설하여 국민체육진흥을 본격화하고 체육을 생활화하였다.
　　㉢ 체육을 통한 국민화합과 복지증진 및 국위선양을 위한 정책의지를 표명하였다.
　　㉣ 스포츠 관련 기관으로 체육과학연구소와 서울올림픽기념 국민체육진흥공단이 설립되었다.
　　㉤ 전두환 정부는 '스포츠공화국'으로 불릴 만큼 역대 어느 정부보다 체육 부분에 크나큰 관심을 보였다.

정부	주요정책	기본정책
제5공화국 (1980~1988)	슬로건 : "체육을 통한 건전한 시민 육성"	• 국가대표 우수선수의 경기력 향상을 위한 체계적인 연구 • 국민체력 및 스포츠과학 연구 수준 향상 도모 • 1인 1기 및 1교 1기 운동(학교체육을 통한 생활체육의 발판 마련)

② 제6공화국의 체육정책　기출 2022
　　㉠ 민주화, 개방화, 자율화를 국정과제로 제시하며 대한민국 사회는 국제무대로 향하는 힘을 발휘하게 되었
　　　고, 남북 간의 체육교류를 통한 가시적 성과를 창출하였다.
　　㉡ 스포츠 외교의 절정기
　　㉢ 1990년 체육부를 체육청소년부로 재개편하였고, 체육청소년부는 엘리트체육의 육성, 국민생활체육의
　　　발전, 체육교류와 국제협력 증진 등을 체육정책 추진의 기본방향으로 설정하였다.
　　㉣ 노태우 정부가 수행한 주요 체육정책
　　　ⓐ 체육시설 확충, 경기지도자 양성, 국가대표선수들의 훈련 및 해외전지훈련, 외국인 우수코치 초빙, 국
　　　　가대표선수들의 연금제도 실시
　　　ⓑ 생활체육협의회 출범
　　　ⓒ 스포츠외교를 더욱 강화
　　　ⓓ 국제 메가 스포츠 이벤트에 대비하여 대회운영에 차질 없는 계획 수립
　　㉤ 서울올림픽 성공을 발판으로 '국민생활체육진흥종합계획(호돌이계획)'을 세우고, 1991년 생활체육을 전
　　　담하는 '국민생활체육협의회'를 발족시켰다.
③ 문민정부의 체육정책
　　㉠ 1993년 출범한 문민정부(김영삼 정부)는 군사정권과 차별성을 두기 위해 엘리트스포츠 중점의 체육정책

에서 벗어나 생활체육을 보다 더 중점적인 목표로 삼고 생활체육과 엘리트스포츠를 동시에 육성하고자 하였다.

ⓛ 체육계에 나타난 가장 큰 변화는 체육청소년부를 문화부에 흡수시켜 통합한 것이다.

(4) 체육단체

① 대한체육회

ⓐ 설립 목적 : 체육운동의 범국민화, 학교체육 및 생활체육의 진흥, 우수선수 양성에 의한 국위선양, 가맹경기단체 지원육성, 올림픽운동 확산 및 보급에 의한 국민체육 진흥, 스포츠를 통한 국제친선 도모 등에 있다.

ⓛ 시·도지부와 종목별 단체를 산하에 두고 있다.

② 국민생활체육회

ⓐ 국민생활체육회(국민생활체육협의회)는 국민의 삶의 질을 향상시키기 위해 1991년 사단법인으로 설립된 기관이다.

ⓛ 국민 건강과 체력 증진, 국민의 건전한 여가선용과 선진 체육문화를 창달하고, 세계 한민족의 동질성과 조국애 함양을 통한 통일기반 조성에 목적을 두고 있다.

③ 국민체육진흥공단

ⓐ 국민체육진흥을 위한 사업을 수행하기 위하여 1989년 공익법인으로 설립되었다.

ⓛ 대한민국 체육재정의 든든한 후원자로서 모든 국민이 스포츠로 하나 되고 스포츠생활화를 통해 건강한 삶을 누릴 수 있는 선진 스포츠복지국가를 만들어 가는 데 의의가 있다.

④ 한국스포츠정책과학원

ⓐ 1980년 태릉선수촌에 스포츠과학연구소(한국스포츠정책과학원)가 설립되었다.

ⓛ 체육 관련 다양한 사업과 연구를 하고 있으며, 국민체육진흥을 위한 체육정책 개발 및 지원, 스포츠과학의 체계적·종합적 연구, 국가대표선수 경기력 향상 지원, 체육지도자 및 스포츠산업 전문 인력 양성, 체육정보망 구축 및 서비스 지원, 스포츠산업 진흥 연구 및 지원 등을 담당한다.

⑤ 대한올림픽위원회 : 올림픽 관련 국제스포츠 업무를 담당한다.

(5) 스포츠외교의 강화

① 각 나라 선수들 간의 교류 및 국제 스포츠경기의 개최, 체육관련 주요 인사들의 방문과 각종 스포츠경기의 기술 지원 등의 분야에서 수행되는 것이다.

② 서울이 1988년 올림픽 개최도시로 선정됨에 따라 스포츠외교에 대한 중요성과 관심이 늘었다.

(6) 엘리트스포츠

① 후보선수(꿈나무)의 발굴 및 육성

ⓐ 86아시안게임과 88서울올림픽에서 성적을 거둘 수 있는 선수를 육성하기 위함이다.

ⓛ 초·중·고등학교 선수들 중에서 경기력과 잠재력이 있는 선수를 발굴하여 중점적으로 지원한다는 전략을 세워서 추진하였다.

② 학교운동부의 지원

㉠ 전두환 정부와 노태우 정부는 선수의 저변확대와 전문체육의 장기적인 발전을 위해서 학교운동부에 지원하였다.

ⓛ 국제경기에서 메달을 딴 선수에게는 점수에 따라 포상금과 연금 등을 지급하였다.

③ 프로스포츠의 출범

㉠ 전두환 정부가 출범한 다음 1982년에는 프로스포츠 시대가 열렸다.

ⓛ 국민의 불만을 마비시키려는 3S(Sports, Screen, Sex)정책이라는 사회의 비난과 반대도 있었지만, 일부에서는 열광했다.

ⓒ 프로야구, 프로축구, 프로씨름의 출범

(7) 학교체육

① 체육과 교육목표의 변화 : 체육과교육과정의 목표는 체육의 내재적 가치인 '움직임'에서 출발하여 각 개인의 건강증진과 체력향상 등과 같은 외재적 가치를 창출하는 것이다.

② 학교체육 업무의 이원화

㉠ 1980~1993년까지는 군사정권기의 학교체육으로, 학교에서의 체육을 군사훈련의 연장으로 보았으며, 엘리트스포츠의 발전에 초점을 두고 이루어졌다.

ⓛ 1993~1998년까지의 학교정책은 군사정권에서 미흡했던 학교체육 활성화를 위한 정책적, 행정적 조치가 제시되었다.

ⓒ 학교체육 활성화를 위한 프로그램을 확보하고 이를 시행하기 위한 행정적 조치를 시도하였으나, 오히려 체육수업 시간의 축소로 체육교육의 부진을 초래하게 되었다.

③ 학생체력검사제도의 폐지

㉠ 1994년 대입 학생체력검사가 폐지되었고, 1996년에는 고입 학생체력검사도 폐지되었다.

ⓛ 입시에서 실기가 없어짐으로써 체육교과목의 입지가 약화됨으로써 체육수업 시간을 다른 과목으로 전용하는 등의 부작용을 불러와 학생의 체력 유지 및 향상에 부정적 영향을 미쳤다.

(8) 생활체육

① 국민생활체육협의회의 창설과 호돌이 계획

㉠ 국민생활체육진흥종합계획(호돌이 계획)은 국민체육진흥공단의 제1차 5개년계획(1989~1993년)에서 설정한 주요 목표 중 하나였다.

ⓛ 호돌이 계획의 기본 방향

ⓐ 모두가 저렴한 비용으로 체육활동에 참여할 수 있는 여건 조성

ⓑ 국민의 신체적성에 맞는 생활체육의 보급으로 체력과 정신력 향상 도모

ⓒ 적극적인 생활체육의 홍보를 통해 국민의 건전한 여가생활 기회의 확대

② **국민생활체육활동 참여 실태조사** : 국민생활체육활동 참여 실태조사는 국민의 생활체육 참여실태를 파악하여 효과적이고 체계적인 체육정책을 수립하기 위한 기초 자료로 활용되고 있다.

③ 에어로빅스의 대중화

㉠ 이 시기에 여성들에게 가장 널리 주목받은 종목은 에어로빅댄스였다.

㉡ 10여개의 에어로빅 관련 단체에서 발표한 작품들은 매우 다양했다.

04 1998년 이후의 사회와 체육

(1) 1998년 이후의 사회

① 외환위기 속에 2002년 한일월드컵과 2002년 부산아시안게임의 성공적인 개최를 통해 IMF로 침체된 사회분위기를 극복하고 국가발전을 위한 재도약의 기회를 마련하였다.

② 경제성장과 주 5일 근무제가 정착되면서 국민들이 삶의 질 향상을 추구하게 되었다.

③ 국민의 복지증진 측면에서 '생활체육의 육성'이 국가의 중요한 정책과제가 되었다.

④ 세계적인 경제 위기와 국내에서의 경제파동을 겪으며 경제적 불평등이 심해져서 현재는 소득의 10%의 국민이 우리나라 전체 부의 80%를 차지하고 있는 양극화 사회가 되어버렸다.

⑤ 부의 양극화는 교육의 양극화를 불러왔고, 이는 결국 부의 되물림으로 이어지고 있어 정치, 소통, 언론의 양극화 등으로 점점 더 확산되어 가는 것이 큰 문제이다.

(2) 정부의 체육행정조직과 체육정책

우리나라 체육행정기관은 군정청의 학무국 교화과 → 문교부의 교화국 교화과 → 문교부의 체육국 체육과 → 체육부 → 체육청소년부 → 문화체육부 → 문화관광부 → 문화체육관광부로 변해왔다.

(3) 민간체육단체

① 대한체육회와 대한올림픽위원회(KOC)의 통합

㉠ 2009년 대한체육회와 대한올림픽위원회는 완전히 통합되었다.

㉡ 국제적으로 대한민국을 대표하는 국가올림픽위원회가 되었다.

㉢ 한국의 아마추어 스포츠 육성과 경기단체를 지도하고 감독하는 기관이다.

㉣ 2016년에는 국민생활체육회와 통합하였다.

② 국민체육진흥공단

㉠ 국민체육진흥을 위한 사업을 수행하기 위하여 1989년 공익법인으로 설립되었다.

ⓛ 대한민국 체육재정의 든든한 후원자로서 모든 국민이 스포츠로 하나 되고 스포츠생활화를 통해 건강한 삶을 누릴 수 있는 선진 스포츠복지국가를 만들어 가는 데 의의가 있다.

ⓒ 경정, 경륜, 스포츠토토 등의 기금 조성 사업을 수행한다.

③ **한국스포츠정책과학원** : 1980년 스포츠과학연구소 설립 → 1989년 체육과학연구원 → 2014년 한국스포츠개발원 → 2018년 한국스포츠정책과학원으로 명칭이 변경되었다.

④ **대한장애인체육회**

ⓐ 2005년 개정된 국민체육진흥법에 의거하여 같은 해 11월 설립되었다.

ⓛ 장애인의 건강증진 및 건전한 여가생활을 위해 생활체육의 활성화와 종목별 경기단체, 장애유형별 체육단체 등을 지원하고 육성하고, 우수한 선수와 지도자를 양성하여 국위선양 및 국제스포츠 교류활동을 통한 국제친선에 기여하는 데에 목적이 있다.

⑤ **체육인재육성재단** : 체육 분야의 인재육성 사업을 통해서 체육의 발전과 국제적 위상을 제고함으로써 국가발전에 기여하고자 하는 목적으로 2007년 설립되었다.

⑥ **태권도진흥재단**

ⓐ 2005년 태권도공원사업 추진을 계기로 창립되어 2008년 6월 태권도진흥 및 공원조성에 관한 법률에 따라 법인화 되었다.

ⓛ 태권도와 관련된 다양한 콘텐츠를 포함하고 있으며, 태권도 수련생 및 태권도를 처음 접하는 사람에게 콘텐츠를 제공하고 있다.

(4) 전문체육

① **2000년 이후 전문 체육 육성정책의 변화**

ⓐ 우리나라 엘리트체육은 국가대표 선수 중심의 육성체제로 이루어져 있고 경기력 향상과 올림픽 메달 획득을 위한 시설투자에 집중되어 있다.

ⓛ 기존의 엘리트체육 육성체제를 개혁하여 '운동하는 학생, 공부하는 학생선수'의 문화를 조성하고 엘리트체육과 생활체육을 동시에 육성하려고 노력하였다.

② **전국체육대회, 동계전국체육대회** : 국내 올림픽대회라고 할 수 있을 만큼 가장 큰 규모를 자랑하는 우리나라의 대표적인 체육행사이다.

③ 다양한 전국대회 및 국제대회에 참가하여 놀라운 성적을 거두었다 : 올림픽대회, 동계올림픽대회, 월드컵, 아시아게임, 동계아시아게임, 세계선수권대회, 하계유니버시아드대회, 동계유니버시아드대회 등

(5) 학교체육

① **체육의 선택과목화**

　㉠ 국민 모두를 위한 생활체육의 활성화가 공표되었으나, 학교체육은 오히려 후퇴하고 있었다.

　㉡ 체육수업시수의 감소, 체력장 및 입시체력검사 제도의 폐지, 대학에서 체육은 교양 필수과목이 아닌 교양 선택과목으로 밀려나게 되었다.

② **교육과정의 변천** : 체육과 교육과정에서 체육이 인간의 움직임 욕구 실현과 신체 문화의 계승발전이라는 내재적 가치와 체력과 건강의 유지 및 증진, 정서의 순화, 사회성 함양이라는 외재적 가치를 동시에 추구함으로써 삶의 질을 높이는 데 공헌하는 교과임을 명확히 제시하고 있다.

③ **학교체육의 중요성 인식** : 창의와 인성이 미래 교육 기조로 설정됨에 따라 학교체육의 중요성이 보다 강조되기 시작하였다.

④ **스포츠 선진국으로의 도약** : 학교의 기본적인 체육 활동기반 조성, 학교체육 활성화 프로그램 및 인력 지원, 선수 인권 보호 체계를 구축하는 것을 중점적으로 추진하였다.

⑤ **학교체육진흥법** : 스포츠를 장려하고, 입시 위주의 교육으로 경시되는 학교체육 활동을 진흥하기 위한 법률이다.

⑥ **학생건강평가제도(PAPS)의 도입**

　㉠ 2006년 학생 체력검사가 학생 신체 능력 검사로 바뀌어 실행되었다.

　㉡ 학생건강체력평가제도(PAPS)는 학생들의 순발력, 스피드, 민첩성, 유연성, 지구력을 종합해서 평가한 건강체력 평가에 비만 평가, 심폐지구력 평가, 자기 신체 평가(심리검사), 자세 평가 등을 종합해서 건강체력 평가를 한 다음, 그 결과를 토대로 맞춤형 신체활동 처방이 주어지는 종합평가시스템이다.

⑦ **스포츠 강사 및 학교스포츠클럽 제도의 도입**

　㉠ 초등학교 체육수업을 정상화하기 위해서 2008년부터 스포츠 강사 제도를 도입하였다.

　㉡ 체육 동아리 활동을 학교스포츠클럽으로 결집시키고, 학생들의 자율적인 체육활동을 활성화하여 건강체력 증진 및 활기찬 학교 분위기 형성을 도모하고자 학교스포츠클럽을 도입·운영하게 되었다.

(6) 생활체육

① 생활체육은 전 국민이 여가시간에 자발적으로 참여하여 실시하는 체육활동 혹은 스포츠활동이다.

② **생활체육의 목적**

　㉠ **개인적 측면** : 신체적, 정신적, 사회적 건강을 전제로 개인의 삶의 질 향상

　㉡ **국가적 측면** : 복지국가 건설에 이바지하는 것

③ 서울올림픽 이후 급속하게 성장하였으며, 국민 누구나 각자의 건강증진과 삶의 질 향상을 위해 참여할 수 있는 여가활동이라는 인식이 형성되었다.

05 국제 스포츠 대회 참가 [기출] 2019

(1) 한국의 하계올림픽 참가 역사 [기출] 2021

① 정부 수립 직전 런던 올림픽에 태극기를 들고 KOREA라는 이름으로 첫 참가하였다.

② 1976년 몬트리올 올림픽에서 양정모가 대한민국 역사상 첫 금메달을 획득하였다.

③ 1988년 서울 올림픽 개최(국기인 태권도 시범 종목), 화합, 문화, 복지, 희망, 번영이라는 5대 특징을 가지고 당시 역대 최대 규모의 선수단이 참가하였고, 최고 성적을 달성하였다.

④ 2000년 시드니 올림픽

ㄱ 분단 후 최초로 남한과 북한의 선수가 KOREA라는 표지판과 한반도기를 앞세우고 함께 입장하였다.

ㄴ 태권도가 정식 종목으로 채택되었다.

⑤ 2004년 아테네 올림픽부터 4개 대회 연속 종합 10위권 내 진입에 성공했다.

(2) 한국의 동계올림픽 참가 역사

① 정부 수립 직전인 1948년 1월 생모리츠 동계올림픽에 참가하였다(대한민국 국호를 걸고 최초로 참가한 동계 올림픽).

② 1992년 알베르빌 동계올림픽에서 김기훈이 첫 금메달을 획득하였다.

③ 2018년에 평창에서 동계올림픽을 개최하였다(한국 첫 동계올림픽 개최).

④ 2018년 평창 동계올림픽을 유치함으로써 1988년 서울 하계올림픽, 2002년 FIFA 월드컵, 2011년 대구세계 육상선수권대회 등 세계 4대 국제 이벤트를 모두 개최하는 위업을 달성한 5번째 국가(프랑스, 독일, 이탈리아, 대한민국)로 세계 스포츠사에 이름을 남겼다.

⑤ 평창 동계올림픽은 북한의 참가와 남북한 공동 입장, 남북 단일팀 구성 등이 이뤄지면서 평화와 화합의 올림픽 정신을 가장 잘 보여준 올림픽을 역사에 남게 되었다.

(3) 아시안 게임 [기출] 2022

① 한국은 1954년 제2회 마닐라 아시안 게임부터 참가하였다(제1회 대회는 한국전쟁으로 불참).

② 1986년 서울 아시안 게임을 개최하였다(한국 첫 아시아 경기 대회 개최).

③ 2002년 부산 아시안 게임을 개최하였다(북한 선수단과 응원단 참가).

④ 2014년 인천 아시안 게임을 개최하였다(대회 기간 중 북한 고위급 인사 방문).

⑤ 동계 아시안 게임은 제1회 대회부터 참가하였다.

⑥ 1999년 제4회 대회는 강원도에서 개최하였다(한국 첫 동계 아시아 경기 대회 개최).

06 남북 체육 교류

(1) 남북 체육 교류와 협력의 이해

① 남북 체육 교류와 협력의 의의 : 상호 이질성을 극복하고 민족 공동체 형성에 기여하는 계기가 되었다.

(2) 남북 체육 회담

① 광복 이후부터 1950년대까지의 남북 체육 회담

㉠ 한국 : 1국가 1국가 올림픽 위원회 원칙

㉡ 북한 : IOC 가입을 위한 방편으로 제안

② 1960년대의 남북 체육 회담

㉠ 도쿄 올림픽대회의 단일팀 구성을 위한 내용으로 회담을 하였다.

㉡ 체육 회담은 대화 없는 대결 시대의 남북한 유일한 대화 채널의 기능을 하였다.

㉢ 남북 체육 교류 태동의 역사적 의미를 가지고 있다.

③ 1970년대부터 1980년대까지의 남북 체육 회담은 남북 정부 당국의 이해와 지원 부족으로 결렬되었다.

④ 1990년대의 남북 체육 회담　기출 2021

1991년 지바 세계 탁구 선수 대회, 포르투갈 세계 청소년 축구 선수권 대회에서 남북 단일팀을 구성하여 출전하였다.

⑤ 평창 동계올림픽에서도 북한의 참가와 남북한 공동 입장, 남북 단일팀 구성 등이 이루어졌다.

(3) 남북 체육 교류 – 남북 스포츠 친선 교류

① 1990년 남북통일 축구 대회

② 1999년 남북통일 농구 대회

③ 1999년 남북 노동자 축구 대회

④ 2000년 남북통일 탁구 대회

⑤ 2002년 태권도 시범 경기

⑥ 2003년 제주도 민족 통일 평화 체육 축전

01 체육사의 정의로 맞지 않는 것은?

① 인간 체육의 역사이며, 체육을 본질적으로 이해하기 위한 학문이다.

② 체육과 관련된 현상의 원인을 파악하고, 그 의미를 해석하는 학문이다.

③ 신체활동에 대한 신체의 반응과 변화를 관찰하는 학문이다.

④ 인간들이 고대부터 현대까지 수행해온 신체활동의 의미를 연구하는 학문이다.

해설 신체활동에 따른 신체의 반응과 변화를 관찰하는 학문은 운동생리학이다.

02 인간 신체활동의 발전 단계에 대한 설명으로 틀린 것은?

① 살아남기 위한 먹이 활동을 한 단계는 첫 번째 단계로 생존기술로서의 신체활동이었다.

② 창조성과 자유성을 지니며 조직화되고 제도화되어 유희로서의 신체활동을 한 단계는 두 번째 단계이다.

③ 유희로서의 신체활동은 창조성을 발휘하여 새로운 형태의 신체활동을 창작하였다.

④ 스포츠 단계는 같은 규칙 아래에서 같은 조건으로 경기를 할 수 있다.

해설 유희로서의 신체활동은 조직화, 제도화되지 않고 자유롭게 즐기는 신체활동이었다. 신체활동이 조직화, 제도화, 합리화된 것은 스포츠 단계이다.

03 체육사의 연구 대상 및 영역이 아닌 것은?

① 신체활동과 사상

② 운동과 정치

③ 운동과 교육

④ 운동기능향상

해설 운동기능향상 부분은 트레이닝 방법론에 관련된 연구 영역이다.

04 원시 시대 및 부족 국가 시대의 체육에 대한 설명으로 틀린 것은?

① 원시시대에는 토템사상이 생기며 신이나 자연에게 풍년을 기원하는 제천 행사가 생겨났다.

② 부족 국가 시대에는 전투기술의 수련이 가장 중요한 체육활동이었다.

③ 모든 의례에서 종교적 의식을 위하여 사냥을 하였다.

④ 생활수단으로서의 신체활동에서 유희적 신체활동으로 발전하였다.

해설 모든 의례에서는 무용이 행해졌는데, 이유는 무용을 통해서 신과 인간이 접할 수 있다고 생각해서였다.

05 초기 왕권 국가와 제천행사가 바르게 연결된 것은?

① 고구려 – 무천

② 부여 – 영고

③ 마한 – 동맹

④ 옥저 – 각저

해설 고구려의 제천행사는 동맹이고, 무천은 동예의 제천
행사이다. 각저는 삼국 시대 씨름의 원시적 형태이다.

06 삼국 시대의 교육제도와 체육에 관련된 설명으로 틀린 것은?

① 고구려 – 경당에서 귀족층의 자제들을 교육하여 활쏘기와 경전을 가르쳤다.

② 백제 – 모든 국민이 병사의 역할을 수행하며 무술을 수련하였다.

③ 신라 – 무예에 능통한 청년들을 병사로 사용하는 징병제를 채택하여 무예를 적극 장려하였다.

④ 고구려 – 기마술과 궁술이 체육활동으로서의 성향이 강했다.

해설 고구려의 경당은 귀족층의 자녀들이 아니라 평민층
자제를 대상으로 하였다. 귀족층의 자제는 태학에서
교육하였다.

07 신라 화랑도의 훈련법에 대한 설명으로 틀린 것은?

① 입산수행을 통하여 신체와 정신을 강하게 하고 영적인 힘을 얻고자 했다.

② 야외 교육 활동인 '편력'을 통하여 신체적, 정서적 수양을 교육하였다.

③ 원광의 세속오계를 통하여 신체적, 정신적 교육을 시행하였다.

④ 원광의 세속오계에는 사군이충, 사친이효, 교유이신, 임전무퇴, 살생유택의 5가지 정신교육이 있다.

해설 원광의 세속오계는 문무를 겸비한 인재를 양성할
목적으로 화랑도들에게 가르쳤던 5가지 정신교육
이었다.

08 고구려 경당에서는 정식 교육과정으로 채택하였으며, 백제와 신라에서도 중요시한 무예로서 바른 것은?

① 기사 – 수박　　② 기사 – 보사

③ 선전 – 각저　　④ 보사 – 각저

해설 궁술에는 말을 타고 달리면서 활을 쏘는 기사(騎射)
와 서서 쏘는 보사(步射)가 있다. 궁술의 두 가지는
삼국 모두에서 중요시하였다.

09 삼국 시대와 통일 신라 시대의 제천행사에 대한 설명으로 틀린 것은?

① 고구려-동맹 : 10월에 열리던 행사로 하늘에 제사를 지내고 가무를 즐겼다.

② 백제 : 음력 2월, 5월, 8월, 11월에 하늘과 5신에 제사를 지냈다.

③ 신라-팔관회 : 토속신에게 제사를 지내던 의식이며 불교색이 매우 강하였다.

④ 고구려-국중대회 : 수도에서 열린 왕이 주관하는 대규모 행사

해설 신라의 팔관회는 불교 행사이긴 하지만 불교색을 강
하게 띠지 않고, 천령, 5악, 명산, 대천, 용신 등 토속
신에게 제사를 지내던 의식이다.

10 고려 시대의 무예와 체육에 대한 설명으로 틀린 것은?

① 고려 초기에는 문신들이 무신을 우대하고 인정해주었다.

② 북방 민족 및 왜구의 침략으로 군사적인 면을 중요시하였다.

③ 무사 체육은 나라를 지키기 위해서 백성들에게도 무술을 가르치는 형태였다.

④ 모든 백성이 무술을 수련하였기에 경기적인 요소도 가미되었다.

11 다음 〈보기〉가 설명하는 무예 체육은 무엇인가?

| 보기 |

고려 시대에 행해진 무예 체육으로, 맨손 격투술의 일종이며, 무인들에게 적극 권장되었다. 경기에서 이기면 관직을 주기도 하였다.

① 궁술　　　　　② 격구
③ 수박　　　　　④ 각저

12 석전에 대한 설명으로 바른 것은?

① 축구와 비슷한 것으로 발로 공을 차는 경기이다.
② 단옷날 행해졌으며, 여성들의 유희로 인기가 많은 그네뛰기와 같은 놀이이다.
③ 상박으로도 불리며, 삼국시대부터 행해져오던 씨름과 같은 민속경기이다.
④ 척석희라고도 불리며, 군사 훈련의 성격도 있는 돌팔매 싸움의 경기이다.

13 조선 시대의 전반적인 사회에 대한 설명으로 틀린 것은?

① 유교적 관료 국가이자 계급 사회로 양반, 중인, 상민, 천민의 4계층으로 나누어졌다.
② 숭문주의 사상으로 인한 신체활동이 등한시되었다.
③ 지속적인 외세의 침략으로 인하여 국방 정책을 위한 무예를 장려하였다.
④ 군사제도는 16세에서 60세 사이의 모든 남성에게는 군역의 의무가 있었다.

14 조선시대의 민속과 체육의 특징으로 틀린 것은?

① 갑오개혁 이전에는 주로 무예를 중심으로 한 체육이 성행하였다.
② 무사 중심의 체육과 서민 중심, 교육 중심의 체육이 공존하였다.
③ 조선 초기에는 무예 훈련이 중시되었으나, 중기에는 무예를 등한시하고 천인들만 무예를 수행하였다.
④ 갑오개혁 이후에는 외국에서 들어온 체조, 유희, 교련 등을 행하였다.

정답

06 ①　07 ③　08 ②　09 ③　10 ①　11 ③　12 ④　13 ④　14 ②

15 무예도보통지에 대한 설명으로 틀린 것은?

① 정조는 문무 겸비를 강조한 왕으로서 문과 무를 양립시키는 것이 국가를 부상하게 하는 것이라고 여겼다.

② 24가지의 각각 다른 무예의 전투기술이 수록되었다.

③ 근접전투 기술뿐만 아니라 활이나 총포 기술에 관한 내용도 수록되었다.

④ 조선 시대를 대표하는 병서이자 무예 교범서로서 전투 동작을 그림과 글로 해설한 실전 훈련서이다.

해설 무예도보통지는 칼과 맨손으로 싸우는 근접전투 기술만 다루었기에 활, 총과 같은 무기의 사용 기술에 관한 내용은 없다.

16 다음 〈보기〉에서 설명하는 조선시대 무예는?

┤ 보기 ├

무과 시험 과목 중 하나로 각 사정을 대표하는 궁수 5인 이상이 편을 갈라 활을 쏘는 재주를 겨루는 단체 경기이다.

① 편사　　　　② 궁술
③ 기사　　　　④ 투호

해설 보기는 '편사'에 대한 설명이다. '궁술'은 세종과 성종 때 성균관의 대사례가 존재했으며 궁술 교육을 실시하였고, 향교에서도 과외 활동으로 시행하였다. '기사'는 말을 타며 활을 쏘는 무술이다. '투호'는 손으로 화살을 던져 항아리에 넣는 경기. 고려 시대 왕실과 귀족 사회에서 유행한 놀이였다.

17 서민들의 민속놀이와 오락에 대하여 바르게 설명한 것은?

① 추천 – 그네뛰기로 주로 단옷날 행해졌으며 남성과 여성들의 유희로 인기가 있었다.

② 축국 – 손으로 공을 잡고 달리며 상대방 진영에 도착하면 득점하는 경기이다.

③ 각저 – 씨름과 같은 것으로 각저, 상박으로 불리며 삼국시대부터 행해져오던 민속경기이다.

④ 방응 – 매사냥으로 서민들이 매로 사냥을 하며 여가 시간을 즐겼다.

해설 추천은 그네뛰기로 주로 단옷날 행해졌으며 여성들의 유희로 인기가 있었다. 축국은 발로 공을 차는 경기이다. 방응은 매사냥으로 귀족들의 오락 겸 스포츠였다.

18 활인심방에 대한 설명으로 틀린 것은?

① '이황'이 연구하고 저술한 의료서적이다.

② 내용은 활인심서, 활인심, 중화탕, 화기환, 양생지법, 치심, 도인법, 거병연수육자결, 사계양생가, 보양정신, 보양음식 등으로 나뉘어져 있다.

③ '도인법'은 퇴계 이황이 즐겨했던 맨손체조 또는 스트레칭 동작을 그림을 그려가면서 설명한 것이다.

④ 질병의 치료보다는 예방을 위한 보건적 체조의 개념이다.

해설 '활인심방'은 명나라의 '활인심'이라는 책을 기본으로 '이황'이 저술한 의료서적이다.

19 고종의 '교육입국조서'가 가지고 있는 의미에 대한 설명으로 틀린 것은?

① 근대적인 교육으로의 전환의 계기가 되었으며, 유교적 교육 방심에서 벗어나게 되었다.

② 소학교 및 고등 교육 과정에 체조가 정식 과목이 되는 것에 영향을 주었다.

③ 모든 국민에게 교육의 기회가 주어지는 계기가 되었다.

④ 체육을 국가 중흥의 기본으로 생각했다.

해설 고종의 '교육입국조서'가 가지는 의미는 교육을 국가 중흥의 기본으로 바라보았고, 체육을 교육의 중요한 영역으로 인정하는 계기가 되었다는 것이다.

20 〈보기〉의 내용과 관련이 있는 것은?

┤ 보기 ├
• 단순한 놀이나 오락을 하는 행사로 보지 않았다.
• 국가의식과 애국심을 고취할 수 있는 기회로 생각되었다.
• 근대적 체육의 보급 역할을 하였다.
• 국민의 의식을 깨우치며 민족의식 고취를 담당하였다.

① 무술대회　　　　② 운동회
③ 민족 연합 축제　　④ 전통축제

해설 학생들의 운동회는 단순한 놀이나 오락으로 여겨지지 않았고, 국민의 국가의식을 깨우치며 민족의식 및 애국심을 고취할 수 있는 기회로 생각되었다. 운동회를 통하여 근대스포츠의 보급이 되었다.

21 학생들의 연합운동회가 가지고 있는 성격과 기능으로 틀린 것은?

① 민족주의 운동의 구심점 역할을 수행하였다.

② 병식체조에 국한되어있던 학교체육이 다양한 스포츠로 확충되는 발판이 되었다.

③ 생활체육 발달의 촉진제 역할을 하였다.

④ 학교와 지역 사회의 공동체 의식을 강화하는 역할을 하였다.

해설 민족주의 운동의 구심점 역할을 수행한 것은 체육 단체의 결성이다.

22 다음 〈보기〉가 설명하는 체육단체는 무엇인가?

┤ 보기 ├
• 우리나라 최초의 근대적인 민간 체육 단체이다.
• 김기정, 현양운, 신봉휴, 한상우 등에 의해 설립되었다.
• 근대화된 스포츠와 전통적 체육문화를 청년들에게 지도하였다.

① 대동체육구락부
② 황성기독교 청년회 운동부
③ 대한국민체육회
④ 대동체육구락부

해설 대동체육구락부는 권서연, 이기환, 조상호 등이 결성, 자강론적 입장에 기초하여 체육을 통한 국민 계몽 운동을 진행하였고, 황성기독교 청년회 운동부는 우리 민족에게 체육을 알리고 연구지도할 것을 목적으로 설립되었고, 근대 체육발전에 핵심적인 역할을 하였다. 대한국민체육회는 노백린의 주도로 세워졌으며 국민의 교육 차원에서 체육의 발흥을 주창하였다.

정답
15 ③　16 ①　17 ③　18 ①　19 ④　20 ②　21 ①　22 ④

23 근대스포츠 종목과 그 종목에 대한 설명으로 바르게 연결된 것은?

① 육상 – 우리나라 최초의 운동회인 영어학교 화류회에서부터 경기형태를 갖추어 발전하기 시작하였다.

② 축구 – 1890년 관립 외국어학교의 외국인 교사들에 의해 첫 선을 보이며, 야구 다음으로 도입되었다.

③ 체조 – 병식체조로서 체조교육의 중심을 유지하였다.

④ 농구 – 기독교청년회 간사인 미국인 반하트가 소개하며 전해졌다.

해설 축구는 1890년 관립 외국어학교의 외국인 교사들에 의해 첫 선을 보이며, 구기 종목 중 최초로 도입되었다. 체조는 병식체조가 학생들에게는 적합하지 않아서 새로운 신체조법을 보급하였다. 농구는 황성기독교청년회 선교사인 미국인 질레트가 소개하며 전해졌다.

24 개화기 체육의 역사적 의의로 틀린 것은?

① 체육의 개념 및 가치에 대하여 전통적인 사고가 아닌 근대적인 사고를 하였다.

② 숭문천무와 문존무비와 같은 전통적인 가치관이 바뀌기 시작하였다.

③ 전통적인 체육과 근대적인 체육이 적절하게 혼합되며 새로운 체육의 문화가 창출되었다.

④ 교육 체계 속에서 체육의 위상이 정립되었다.

해설 전통적인 체육과 근대적인 체육의 혼합이 아닌 근대적인 체육 및 스포츠 문화가 창출되었다.

25 일제 강점기의 학교 체육 중 체육 통제기의 체육에 대한 설명으로 틀린 것은?

① 군국주의적 체육정책을 세워 본격적으로 체육단체를 통제하였다.

② 학교체육이 체조 중심에서 유희와 스포츠 중심으로 변화되었다.

③ 학생들은 전시체제하에서 일제의 군국주의 전쟁 수행을 위한 도구로 전락하였다.

④ 모든 체육대회를 완전한 전시체육으로 통제하였다.

해설 학교체육이 체조 중심에서 유희와 스포츠 중심으로 변화된 시기는 '체조교수요목 개편기'이다.

26 일제 강점기 시절 YMCA의 활동으로 틀린 것은?

① 1916년 우리나라 최초의 체육관을 개관하였다.

② 신앙운동뿐 아니라 교양강좌, 토론회, 계몽운동, 체육지도, 농촌 운동 등을 전개하였다.

③ 선교사 반하트의 지도로 황성기독청년회란 이름으로 시작되었다.

④ 새로운 체육시설을 만들고 새로운 운동경기를 소개, 보급하여 우리나라 근대체육사에 크게 기여하였다.

해설 선교사 '질레트'의 지도 아래에서 황성기독청년회란 이름으로 시작되었으며, 근대스포츠 도입과 보급을 통하여 우리나라 근대 체육발전에 큰 영향을 주었다.

27 경성 운동장에 대한 설명으로 틀린 것은?

① 각종 경기 대회를 개최하면서 당시 체육의 중심지로서 역할을 담당하였다.

② 동양 최대의 규모의 국제 경기장으로 종합운동장이었다.

③ 일제 강점기의 대표적인 스포츠시설이며 조선인들의 체력 증진을 위하여 세워졌다.

④ 전시동원체제에 대한 각종 행사가 자주 개최되었다.

> **해설** 경성 운동장은 일본 황태자의 결혼 기념으로 세워진 것으로 조선인의 체력 증진이 아닌 대규모 경기 개최가 목적이었다.

28 조선체육회의 설명으로 틀린 것은?

① 운동경기에 대한 연구 활동뿐만 아니라 스포츠 보급의 일환으로 운동구점을 설치하고 운영하였다.

② 조선인 선수의 국제 경기 대회 참가의 창구 역할을 수행하였다.

③ 조선의 체육을 지도 장려하는 것을 목적으로 설립된 단체이다.

④ 조선체육연구회와 서로 밀접한 관계를 맺고 체육연구를 진행하였다.

> **해설** 조선인 선수의 국제 경기 대회 참가에 영향이 있는 단체는 조선체육협회이다.

29 1937년 중일전쟁으로 인한 '국가총동원법'의 실행으로 체육 단체에 끼친 영향으로 틀린 것은?

① 모든 조선 민간인 단체는 일본인 단체와 일원화하는 정책이 펼쳐졌다.

② 조선체육회와 조선체육협회는 자연스럽게 통합되었다.

③ 국방경기라는 단체경기가 나타났고, 군대에서 실시하는 훈련과도 같은 경기였다.

④ 조선체육협회는 조선체육진흥회를 만들어 모든 구기경기 대회를 중단하였다.

> **해설** 일제식민지 치하라는 가혹한 상황에서도 우리나라 근대체육을 민족주의적 체육으로 성장시켰던 조선체육회는 강제 해산되어, 일본인 체육단체인 조선체육협회와 강제통합되었다.

30 일장기 말살 사건에 대한 설명으로 틀린 것은?

① 베를린 올림픽 금메달리스트 손기정 선수의 금메달 수상 사진과 관련된 사건이다.

② 일제 식민 통치하에서 우리 국민에게 민족의식과 자긍심을 고취시켜 주었다.

③ 손기정 선수의 금메달 시상 사진에서 일장기를 지우고 신문 보도하였다.

④ 손기정 선수는 사건과 연관되어 구금되었다.

> **해설** 동아일보 이길용 기자가 이상범에게 부탁하여 일장기가 지워진 손기정 선구의 베를린 올림픽 마라톤 금메달 시상 사진이 보도되었고, 그것으로 인하여 현진건, 신낙균, 이상범, 이길용 등이 구금되고 동아일보는 무기 정간, 조선일보는 정간을 당하였다.

31 〈보기〉에서 설명하는 내용을 실시한 정권에서 실행한 스포츠 관련 정책이 아닌 것은?

┤ 보기 ├

- 5·16 군사쿠데타로 박정희가 정권을 잡은 후부터 12·12 군사쿠데타로 전두환이 정권을 잡을 때까지의 기간이다.
- 반공을 국시의 제1로 삼는다.
- 정권에 위협이 될 수 있는 개인 및 단체는 '반혁명 반국가 행위자'로 몰아서 제거하였다.
- 대일청구권 자금, 서독에 간호사 및 광부 파견으로 산업화의 기틀을 마련하였다.

① 태릉선수촌 건립
② 국민체육법의 제정
③ 체육부를 신설
④ 체육 중·고등학교 설립 및 체육특기자 제도

해설 〈보기〉의 내용은 제3공화국에서 제4공화국 정권에 대한 내용이며, 체육부를 정부조직에 처음으로 실시한 것은 1982년 제5공화국 때이다.

32 제5공화국의 체육정책에 대한 내용이 아닌 것은?

① 역대 어느 정권보다 체육 부문에 많은 관심을 기울였다.
② 체육부를 신설하여 국민체육진흥에 앞장섰다.
③ 체육부를 체육청소년부로 개편하였다.
④ 체육과학연구소 및 국민체육진흥공단을 설립하였다.

해설 체육부를 체육청소년부로 개편한 정권은 제6공화국 때이다.

33 〈보기〉의 내용의 설립목표를 가지고 있는 체육단체는 무엇인가?

┤ 보기 ├

설립의 목적은 아래와 같다.
1. 체육운동의 범국민화
2. 학교체육 및 생활체육의 진흥
3. 우수선수 양성에 의한 국위선양
4. 가맹경기단체 지원 육성
5. 올림픽 운동 확산 및 보급에 의한 국민체육 진흥
6. 스포츠를 통한 국제 친선 도모

① 대한올림픽위원회
② 국민생활체육진흥공단
③ 대한체육회
④ 한국스포츠정책과학원

해설 ① 대한올림픽위원회는 올림픽과 관련된 국제스포츠 업무를 담당하는 곳이다.
② 국민생활체육진흥공단은 대한민국 체육재정을 든든하게 하며 모든 국민이 스포츠를 생활화하고 스포츠를 통하여 건강한 삶을 누릴 수 있는 선진 스포츠복지국가를 만들어 가는 것에 의의가 있다.
④ 한국스포츠정책과학원은 스포츠과학연구소로 체육 관련 다양한 사업과 연구를 하고 있으며, 국민체육진흥을 위한 체육정책 개발 및 지원, 스포츠과학의 체계적·종합적 연구, 국가대표선수 경기력 향상 지원, 체육지도자 및 스포츠산업 전문 인력 양성, 체육정보망 구축 및 서비스 지원, 스포츠산업 진흥 연구 및 지원 등을 담당한다.

34 국민생활체육협의회의 창설과 함께 시작된 호돌이 종합계획에 대한 설명으로 틀린 것은?

① 국민체육공단의 제1차 5개년계획에서 설정한 주요 목표이다.

② 국민 모두가 저렴한 비용으로 체육활동에 참여할 수 있는 환경의 조성의 목표이다.

③ 국민의 신체적성에 맞는 생활체육의 보급으로 신체적·정신적 향상을 추구한다.

④ 생활체육 및 엘리트 스포츠의 발전을 위하여 과감한 투자를 진행한다.

해설 생활체육에 집중한 투자와 발전 계획을 수립하여 국민 모두를 위한 생활체육 보급에 목적을 두었다.

36 2000년대 이후 체육정책의 변화에 따른 학교체육의 변화에 대한 설명으로 틀린 것은?

① 국민 모두를 위한 생활체육의 활성화가 공표되면서 학교체육의 참여시간도 증가하였다.

② 학생건강평가제도(PAPS)가 도입되었다.

③ 스포츠를 장려하고, 입시 위주의 교육으로 인하여 경시되는 학교체육 활동을 진흥하기 위한 법률도 추진되었다.

④ 초등학교의 체육수업을 정상화하기 위하여 스포츠 강사 제도를 도입하였다.

해설 학교체육은 국민 모두를 위한 생활체육의 활성화가 추진됨에도 불구하고 체육수업은 선택과목이 되었으며 체육수업시수 역시 감소하였다.

35 한국의 국제 스포츠 참가에 대한 설명으로 틀린 것은?

① 런던 올림픽에 태극기를 달고 KOREA라는 이름으로 첫 참가하였다.

② 양정모 선수가 1976년 몬트리올 올림픽에서 첫 금메달을 획득하였다.

③ 1988년 서울 올림픽에서 분단 후 최초로 남한과 북한이 함께 입장하였다.

④ 2004년 아테네 올림픽부터 4개 대회 연속 종합 10위권 내 진입하였다.

해설 2000년 시드니 올림픽에서 분단 후 최초로 남한과 북한의 선수가 KOREA라는 이름으로 한반도기를 앞세워 함께 입장하였다.

37 생활체육의 목적으로 보기 어려운 것은?

① 신체적, 정신적, 사회적 건강을 전제로 개인의 삶의 질을 향상시킨다.

② 건강한 정신과 신체로 복지국가 건설에 이바지하기 위함이다.

③ 여가 시간을 활용하여 스포츠에 참여하지만 전문 선수 못지않은 높은 목표를 가지고 생활체육에 참여한다.

④ 여가시간에 자발적으로 참여하여 건강증진과 삶의 질 향상을 위함이다.

해설 반드시 전문 선수와 같은 경쟁에 집중하여 참여하지 않아도 되며, 순수한 체육활동과 즐거움을 가지고 참여하여 건강증진과 삶의 질을 높이기 위함이다.

정답

31 ③   32 ③   33 ③   34 ④   35 ③   36 ①   37 ③

38 남북 스포츠 친선 교류에 대한 〈보기〉의 이벤트를 일어난 순서로 바르게 나열한 것은?

┤ 보기 ├

㉠ 제주도 민족 통일 평화 체육 축전
㉡ 남북통일 축구 대회
㉢ 남북통일 농구 대회
㉣ 태권도 시범 경기
㉤ 남북통일 탁구 대회

① ㉡ → ㉣ → ㉤ → ㉢ → ㉠
② ㉡ → ㉤ → ㉣ → ㉢ → ㉠
③ ㉡ → ㉣ → ㉢ → ㉤ → ㉠
④ ㉡ → ㉢ → ㉤ → ㉣ → ㉠

> **해설** "1990년 남북통일 축구 대회 → 1999년 남북통일 농구 대회 → 2000년 남북통일 탁구 대회 → 2002년 태권도 시범 경기 → 2003년 제주도 민족 통일 평화 체육 축전" 순으로 일어났다.

39 〈보기〉와 같은 사건이 일어난 시대는 무엇인가?

┤ 보기 ├

• 선수의 저변확대와 진문체육의 장기직인 발전을 위해서 학교운동부에 지원을 하였다.
• 프로야구, 프로축구, 프로씨름이 출범하였다.
• 국제경기에서 메달을 딴 선수에게는 점수에 따라 포상금과 연금 등을 지급하였다.
• 스포츠 과학 연구소가 설립되었다.

① 이승만 정부
② 박정희 정부
③ 김영삼 정부
④ 전두환 정부

> **해설** 제5공화국(전두환 정부) 시대에는 엘리트 선수의 저변확대와 전문체육의 장기적인 발전을 위해서 학교운동부에 전폭적인 지원을 하였고, 프로야구, 프로축구, 프로씨름의 출범으로 프로스포츠의 시대가 시작되었다. 그리고 올림픽과 같은 큰 국제 경기에서 메달을 딴 선수에게는 점수에 따라 포상금과 연금 등을 지급하였으며, 스포츠 과학 연구소가 설립되어 다양한 체육 사업과 연구를 추진하였다.

단기완성

스포츠
지도사

스포츠지도사
단기완성 2급 필기

유아체육론

01 유아의 정의

(1) 발달 단계별 특성 기출 2018, 2017, 2015

① 단계

발달 단계	시기	특성
영아기	0~2세	• 영아기 : 생후 2주~약 30개월까지 • 걸음마기 : 15~30개월 • 매우 빠른 성장 속도를 보이고, 운동 능력과 사회성이 발달하고, 주된 양육자와 신뢰감이 형성된다.
유아기	3~5세	• 신체적, 운동적 왕성한 발달 시기 • 전조작기 : 사고는 가능하나 아직 개념적 조작 능력이 불완전해 비체계적이며, 비논리적이다. • 전개념적 사고기 : 미지의 대상에 대한 탐색적 행동하는 시기. 언어적 발달이 되지만, 주관적이다.
아동기	6~11세	• 초등학교 시기 또는 학령기 • 어떤 행동이 일어날 가능성이나 그 행동 결과의 시행착오를 통해 사고하며, 논리적 조작을 할 수 있는 능력을 키워간다.
청년기	12~20세	• 급격한 신체 발달, 제2차 성징이 일어나며 운동 능력의 발달, 집단 내에서 역량을 키워간다.

② 유소년의 정의 : 국민체육진흥법 시행령에서 만 3세~중학교 취학 전까지로 규정
③ 영유아의 정의 기출 2020

영유아보육법 제1장 2조에서 6세 미만의 취학 전 아동으로 규정

(2) 영아기의 주요 반사 운동 기출 2022, 2020, 2019, 2017, 2015

① 생존반사 : 적응이나 생존을 위해 필요한 반사 행동을 말한다.
　㉠ 호흡반사 : 아기가 산소를 마시고 이산화탄소를 배출하기 위한 반사
　㉡ 근원반사 : 입 주위에 자극을 주면 고개를 돌리고 입을 벌려 빨 준비를 한다.
　㉢ 빨기반사 : 입에 닿는 것은 무엇이든지 빨려는 반사
　㉣ 동공반사 : 밝은 빛이 들어오면 동공이 좁아지고 희미한 불빛이 들어오거나 깨어날 때 넓어지는 반사
　㉤ 눈깜박임반사 : 눈을 향해 물체가 빠르게 오면 눈을 깜빡이는 행동
　㉥ 위축반사 : 손발에 고통스러운 자극이 오면 손발을 오므리고 다리를 움츠리는 반응을 보이는 반사
② 원시반사 : 생존을 위해 필요하진 않지만 영아기에 운동 발달의 기초가 되고, 진화론적 관점에서 중요한 반사 행동이다. 기출 2018
　㉠ 모로반사 : 갑작스러운 큰소리에 놀라거나 아기를 갑자기 내려놓으면 팔이 활처럼 휘는 반사

ⓛ **바빈스키반사** : 신생아 발바닥을 뒤꿈치에서 발가락 쪽으로 자극을 주면 엄지발가락은 구부리고 다른 발가락은 쫙 펴는 반사

ⓒ **걷기반사** : 겨드랑이를 잡고 살짝 들어 올려 바닥에 발을 닿게 하면 걸어가듯이 무릎을 구부려 발을 번갈아 땅에 내려놓는 반사

ⓔ **수영반사** : 물 속에 넣으면 적절한 팔다리 운동과 호흡을 하는 것

ⓜ **낙하산반사** : 영아를 든 상태에서 예고없이 아래로 내릴 때 출현, 다리의 신전과 발을 바깥쪽으로 벌리고 손을 짚는 동작

ⓗ **파악반사** : 손바닥에 어떤 물건을 쥐어 주면 빼기 어려울 정도로 꼭 쥐는 반사

02 유아기의 특징

(1) 신체적 발달

영아기에 비해 속도는 느리나 신체적으로 많은 변화가 나타난다.

① 신장과 체중

ⓖ 지방이 많고, 머리 비율이 작아지면서 어른의 형태를 닮아간다.

ⓛ 신장은 5~7cm, 체중은 2~3kg 정도 증가하며, 5세가 되면 신장은 출생 시의 2배, 체중은 5배 증가한다.

ⓒ 뼈는 영아기에서는 연골이었는데 점차 경골로 변화해 간다. 유아의 뼈 조직은 연골이기 때문에 손상에도 회복은 빠르나 심한 타격이나 과도한 중량을 피해야 한다.

ⓔ 영아기에는 몸의 자세가 불안정하며, 걷기 시작하면서부터 안쪽으로 굽은 다리가 곧게 펴지고, 무릎과 팔의 자세는 6~7세경에 곧게 된다. 여자가 남자보다 빠른 발달을 보인다.

② 신경계의 발달

ⓖ 유아기에는 소뇌가 크게 발달하여 운동 반응의 잠재력이 증가한다. 뇌의 기능은 3~4세경에 빠른 발달을 하고, 뇌의 크기는 8세에 성인 수준에 이른다.

ⓛ 뇌의 중량은 6세에 성인의 약 90%, 12세에는 약 95%에까지 증가한다.

③ 근육의 발달

ⓖ 근육은 몸무게의 발달과 비슷하게 이루어진다.

ⓛ 유아기에는 지방 조직이 먼저 발달한다. 지방 조직은 생후 8개월까지 급격히 증가하고, 근육은 5~6세경에 증가하기 시작한다.

ⓒ 7세 이후에는 근육의 넓이, 두께가 발달하며, 서서히 성의 차이가 나타난다(어깨, 엉덩이).

④ 심장호흡계의 발달 기출 2022

ⓖ 신생아 시기에는 분당 심박수와 호흡수가 높았다가 점차적으로 낮아진다.

ⓛ 다음은 영아기 및 유아기의 심박수 및 호흡수이다.

나이	분당 심박수			호흡수(분당)
	휴식 시	수면 시	운동, 고열	
신생아	100 ~ 180	80 ~ 160	~220	40
1주 ~ 3개월	100 ~ 220	80 ~ 200	~220	30
3개월 ~ 2세	80 ~ 170	70 ~ 120	~200	28
2세 ~ 10세	70 ~ 110	60 ~ 90	~200	24~25
10세 이상	55 ~ 90	50 ~ 90	~200	20

ⓒ 신체가 성장할수록 움직임이 많아지고, 폐와 심장, 호흡 순환계의 기능도 활발해진다.

(2) 인지적 발달

① 인지 및 언어 발달이 빠른 속도로 이루어진다.

② 뇌의 성장으로 효율적 정보 처리를 가능하게 한다.

③ 언어 발달을 통해 상징적 사고 및 표현이 가능해진다.

④ 의사소통이 보다 효율적으로 발달한다.

⑤ 자기중심적 사고를 하고, 실제와 실제가 아닌 것을 구분하기 어려운 '전조작기 사고' 단계이다.

⑥ 보존 개념, 유목 포함, 서열화 개념 습득이 어려움이 있다.

(3) 정서적 발달 기출 2016

정서가 강하게 나타나는 시기이고 정서 발달에 있어 중요한 시기이다. 공포와 분노 및 호기심의 표현이 나타난다.

① **공포** : 영아기에 낯가림이나 분리 불안이 있고, 유아기에는 어둠, 큰소리, 낯선 상황에 대해 공포를 느낀다. 도피 행동이 수반되고, 소극적인 반응이나 자세를 보인다.

연령	내용
3세	시각적인 것에 의한 공포
4세	이유없이 특별한 대상에 대한 공포
5세	구체적인 대상에 대한 공포
6세	공포의 대상이 증가함에 대한 공포

② **분노**

㉠ 일이 제지당하거나, 요구가 좌절되었을 때, 느끼는 감정이다. 생후 1~2년 사이에 최고조에 있다가 점점 줄어든다.

㉡ 어떤 일을 강요받을 때, 대소변을 가릴 때, 밥먹기 전, 아플 때 나타난다.

㉢ 유아의 요구에 일관적으로 대해야 하고, 잘 놀고 휴식을 잘 취하도록 하며, 사랑과 포용력으로 수용하여야 한다.

③ 불안 : 부모와 격리, 낯선 환경, 동생 생김이 주 원인이며, 울음, 불안감, 야뇨증이 나타난다.

④ 호기심 : 이 시기에 주위 인물이나 사물 등 모든 것에 호기심이 왕성해지며, '왜'라는 질문을 끊임없이 한다.

⑤ 공격성

    ㉠ 바람직하지 않고 반사회적인 인간의 본질 중 하나로, 신체적 또는 언어적 행위로서 동물이나 사물에 끼치는 행동을 말한다.

    ㉡ 공격성은 사회적 놀이에서 표현되고, 가장 많이 싸우는 아동이 가장 사교적이고 경쟁적인 경향이 있다. 이는 공격성이 인간 발달에 필수적이라는 것을 의미할 수 있다.

(4) 사회적 발달 [기출] 2017, 2015

이 시기에 사회적 접촉을 하게 되고, 어떻게 어울려야 하는지를 배우게 된다.

① 자아 개념

    ㉠ 긍정적인 인간관 및 대인관계의 바탕은 건전한 자아 개념이다.

    ㉡ 자아 개념이 발전하면서 자신을 표현하고, 자아존중감이 발달되며, 스스로 통제할 수 있게 된다.

    ㉢ 자신을 긍정적으로 평가하는 것은 유아기에 행복감을 느낄 수 있게 된다.

② 자아존중감

    ㉠ 자기 존재에 대해 인식하고 이해하게 되면서 자신에 대한 평가를 시작한다.

    ㉡ 2세 이전에는 좋아하는 사람과 싫어하는 사람이 생기고, 3~4세 때는 스스로 일을 해결하고 성취감을 얻을 수 있다.

    ㉢ 자조기술(self-help skill)을 얻게 되어, 스스로 옷입기, 밥먹기, 대소변가리기 등을 성공하여 성취감을 느끼고, 이는 곧 자아존중감 발달로 이어진다.

③ 또래관계

    ㉠ 유아들이 속해 있는 집단 속에서 필요한 사회적 기술, 사회와의 약속 등을 배우면서 소속감을 기르게 된다.

    ㉡ 또래집단의 긍정적 영향은 타인의 관점에서 자신을 보게 함으로서 아동이 자신에 대한 견해를 형성하는 데 도움이 된다.

④ 놀이 [기출] 2020

    ㉠ 놀이의 정의

        ⓐ 실러(Schiller) : 놀이란 잉여 에너지를 소모하는 활동

        ⓑ 프뢰벨(Froebel) : 놀이란 인간 본성의 자유로운 활동의 표현이며 연습

        ⓒ 듀이(Dewey) : 놀이는 유아의 문제해결력을 증진시키는 활동

    ㉡ 놀이의 특성

        ⓐ 비실제성 : 보자기를 매고 슈퍼맨이 되는 것처럼, 놀이 속에서 형성된 내재적 실제가 일상생활 속에서 형성된 외현적 실제보다 우선한다.

ⓑ 내적 동기 : 놀이를 하고 싶을 때 외부의 규칙이나 구속에 얽매이지 않고 능동적으로 선택하고 참여하
는 내적 동기 유발에서 시작된다.

ⓒ 과정지향성 : 유아에게 놀이는 어떤 목적이 있지 않고 놀이 과정이 중시되면, 과정지향적인 특성을 보
인다.

ⓓ 자유로운 선택 : 놀이는 자유로운 선택이 중요한 요소이며, 적극적으로 참여하는 것이 중요하다.

ⓔ 긍정적 사고 : 놀이는 즐거움과 기쁨으로 나타난다. 가파른 미끄럼틀을 탈 때, 두려움이 생기기도 하지
만, 이를 극복하고 놀이를 즐기는 것은 즐거움과 기쁨과 같은 긍정적 정서의 특성을 갖는다고 볼 수
있다.

ⓒ 놀이와 탐색

ⓐ 놀이행동(유기체 주도적 행동) : 이것으로 무엇을 할까? 라는 생각으로 유아의 욕구나 바람에서 생기는
행동

ⓑ 탐색행동(자극 주도적 행동)

  • 사물에 대한 궁금증으로 유도되는 해동

  • 자극에 의해 시작되어 자극에 대한 정보를 얻고자 하는 행동

ⓔ 영아기에는 탐색이 우세하고, 걸음마기에는 놀이와 탐색이 비슷하며, 유아기부터는 놀이행동이 우세하
게 나타난다.

ⓜ 영아기에는 놀이와 탐색이 혼합되어 나타나는 '탐색적 놀이'를 한다.

ⓗ 탐색과 놀이의 차이점[훗트(C. Hutt)] 기출 2020

구분	탐색	놀이
맥락	새로운 물체	익숙한 물체
목적	사물에 대한 정보 획득	자극 생성
행동의 전형성	정형화됨	다양함
기분	심각함	행복함
심장박동 변화	낮은 변화성	높은 변화성
초점	외적 현실	내적 현실
주의	심각함	심각하지 않음
정서	부정적 정서나 중립	긍정적 정서
시간	놀이보다 먼저 발생	탐색 뒤에 일어남

03 **유아기의 운동 발달**

(1) 운동 발달 모형

① 피아제의 인지발달이론 [기출] 2022, 2020, 2019~2015

ㄱ 인간이 선천적으로 타고난 발달적 단계와 학습의 상호작용을 통해 환경에 대해 지각하고 생각하며 이해하는 인지적 발달이 이루어진다는 심리학 이론이다.

ㄴ 기본 개념은 도식(schema)인데, 도식은 지식의 기본 단위로서 개인의 정신 세계의 측면을 나타내는 구조이다.

ㄷ 유아의 인지 발달은 조직, 적응, 평형화의 세 가지 과정에 의해 이루어진다.

ㄹ 조직은 두 개 혹은 그 이상의 분리된 도식을 결합하고 통합하며 조화시키는 경향성이다.

　　[예] 신생아 때 보기반사, 흡입반사, 파악반사의 독립된 도식 결합, 젖병을 보고 잡고 먹을 수 있다.

ㅁ 적응이란 도식이 변화하는 과정으로 내적·외적 경험과 상호작용하고 자신을 조절하는 개인의 경향성으로 동화와 조절의 상보적 과정을 포함한다.

　　ⓐ 동화 : 유아가 가지고 있는 도식을 바탕으로 외부 자극의 정보를 받아들이는 과정

　　ⓑ 조절 : 변화되거나 새로운 도식을 얻는 과정

ㅂ 평형화는 동화와 조절의 인지 과정을 통합하고 조정함으로써 평형 상태를 유지하려는 경향을 말한다.

ㅅ 인지 발달 단계

　　ⓐ 감각운동기(0~2세) : 생후 초기에는 감각과 운동에 의해 인지를 형성하고, 움직임에 대한 감각운동적 도식을 형성한다.

　　ⓑ 전조작기(2~7세) : 초기에는 자기 도취, 자기중심적인 사고와 행동을 보이고, 후기에는 사회화된 언어와 행동을 한다.

　　ⓒ 구체적 조작기(7~11세) : 자기 중심에서 벗어나고 일반적인 것으로 관점을 확대한다. 논지적 사고가 형성된다.

　　ⓓ 형식적 조작기(11~12세에 시작) : 구체적 문제 해결 능력에서 벗어나 추상적이고 논리적인 사고를 할 수 있게 된다.

② 갤라휴의 운동 발달의 단계 [기출] 2022, 2020, 2019, 2017

ㄱ 연령에 따라 반사적 움직임, 초보적 움직임, 기본적 움직임, 전문화된 움직임의 4단계로 나누었다.

ㄴ 유아기에 해당하는 기본적 동작기는 유아들이 이동, 비이동, 조작적 운동 능력을 습득하기에 가장 이상적인 시기로서 2세부터 7세까지의 연령을 포함한다.

ㄷ 발달 단계

　　ⓐ 초기(시작)단계 : 초기단계에서의 유아는 어떤 과제를 수행하기 위한 최초의 의도 있는 행동을 시도하게 된다. 다소 미흡하고 비협응적인 동작이 이 단계의 특징이다(던지기, 받기, 차기 또는 두 발 모아 뛰기).

ⓑ 기초(초보)단계 : 3세에서 5세까지의 유아가 기초단계에 해당하며 이 단계의 발달은 주로 성숙하는 시기이다. 초기단계와 성숙단계의 과도기적 시기인 이 단계에서는 협응적이고 자연스러운 행동이 많이 향상되고, 움직임 조절력이 증가되지만 조금 경직되어 있고 유연성이 부족한 상태이다.

ⓒ 성숙단계 : 성숙단계에서의 발달은 협응이 잘 되고, 기술적으로 정확하며, 효율적인 동작으로 통합된다. 이 단계에서부터는 움직임의 발달이 매우 급격해 진다.

③ 비고츠키의 상호작용이론 : 문화와 사회적 관계를 강조하고 한 문화가 어떻게 전달되는지에 대해 강조하며, 교육의 중요성을 강조하였다. 근접발달지대 개념을 도입하여 중재적 학습 과정의 중요성과 사회문화적 요소의 중요성을 강조하였다. 기출 2017

④ 반두라의 사회학습이론 : 내적 과정과 외적 과정을 잘 결합한 행동주의 학파의 이론이다. 반두라는 자신의 경험을 통해서 뿐만 아니라 관찰 학습을 통해서도 학습이 이루어진다고 하였다. 관찰을 통한 대리 강화를 함으로써 학습한다는 측면은 사회학습이론에서 인지가 중요한 역할을 한다는 의미이다. 기출 2018

⑤ 에릭슨의 심리사회발달이론 기출 2020

단계	연령	심리	발달과제
1	0~1세	신뢰감 대 불신감	세상은 안전하고 살만한 곳이라는 느낌을 갖는 것
2	1~3세	자율심 대 수치심	결정할 수 있는 독립된 인간이라고 인식하는 것
3	3~6세	주도성 대 죄책감	새로운 것을 시도하고 실패를 처리할 수 있는 능력을 개발하는 것
4	6~12세	근면성 대 열등감	기본적 기술을 배우고 다른 사람과도 함께 일하는 것을 배우는 것
5	12~19세	정체감 대 역할 혼돈	지속되고 통합된 자아감을 개발하는 것
6	성인기	친밀감 대 고립감	사랑을 나누는 관계를 다른 사람과 공유하는 것
7	중년기	생산성 대 침체감	자녀 양육과 보호 또는 다른 생산적 일을 통해 젊은이에게 기여하는 것
8	노년기	통합감 대 절망감	자신의 인생을 만족스럽고 가치 있는 삶으로 관조하는 것

⑥ 성숙주의(성숙이론) 기출 2020, 2019

㉠ 인간의 성장과 발달은 예정된 순서에 의해 발달하고, 유전적 요소에 의해 결정되며, 환경은 지지하거나 수정할 뿐이라는 게젤의 이론이다.

㉡ 인간의 발달은 '성숙'이라는 내적인 힘에 의해 이루어진다고 하고, 생후 5년까지의 발달 과정을 주로 연구하였다.

㉢ 발달의 순서 원리 : 순서대로 발달이 이루어진다.

㉣ 심장이 발달 → 두뇌와 척수 같은 중추신경계를 형성 → 팔다리와 같은 다른 기관들이 발달 → 유전자 지도에 의한 것으로 발달의 순서는 바뀌지 않는다.

㉤ 상호적 교류의 원리 : 대칭되는 두 부분이 서로 한 부분씩 발달한 뒤 함께 총합되어 균형적으로 발달해 가는 것을 말한다.

㉥ 성격 형성에도 상호적 교류 원리가 적용된다. 내향적인 특성과 회향적인 특성이 공존한다.

㉦ 자기 규제의 원리 : 어린이가 너무 빠르게 너무 많이 배우도록 강요받았을 때, 어린이 내부에서 스스로

저항하는 힘을 의미한다. 이는 어린이 스스로 자신의 수준에 맞도록 발달을 조절하고 이끄는 능력인 것이다.

⑦ 생태학적 이론 : 브론펜브레너의 이론으로, 유아의 나이에 따른 발달은 가족, 이웃, 국가, 대중매체 등 여러 환경에 의해 발달하는 환경·사회적 영향의 산물이라는 개념이다. 다섯 가지의 체계로 나뉜다. 기출 2019

ㄱ 미시체계(microsystem) : 가정, 학교, 또래집단 등과 같이 어린이 발달에 직접적 영향을 미치는 환경 체계이다

ㄴ 중간체계(mesosystem) : 가정에서의 경험과 학교 경험의 관계, 가정 생활과 친구와의 관계 등과 같은 미시체계들 간의 관계성 또는 맥락 간의 연결을 뜻한다.

ㄷ 외체계(exosystem) : 어떤 사회적 상황에서의 개인적 경험이 다른 상황에서의 경험에 영향을 미치는 것을 의미한다.

ㄹ 거시체계(macrosystem) : 개인이 속한 각 문화적 특유의 이념 및 제도의 일반적 형태로서 법적, 정치적, 사회적, 교육적, 경제적 체계 등이 이에 속한다.

ㅁ 시간차원(chronosystem) : 시간에 걸쳐 일어나는 변화와 사회, 역사적인 환경을 의미한다.

⑧ 정신분석이론 기출 2019

ㄱ 프로이트는 인간 성장·발달 과정에서 무의식적인 기제를 강조하는 이론으로 내적인 욕구와 욕구 충족 과정이 인성 발달에 미치는 관계를 연구하였다.

ㄴ 인성 구조를 원초아(생물학적), 자아(심리적), 초자아(사회적)로 나누었다.

ㄷ 구강기(출생~1세), 항문기(1~3세), 남근기(3~6세), 잠복기(6~12세), 생식기(12세 이후)로 나누어 발달 단계를 설명한다.

⑨ 파튼(M. Parten)의 사회적 놀이 발달이론 기출 2020

ㄱ 유아의 사회적 놀이행동은 잠재적 놀이 상대가 있는 사회적 맥락 속에서 혼자 혹은 상대방과 함께 놀이하는 것이다

ㄴ 파튼은 유아의 사회적 놀이행동을 사회적 참여 수준에 따라 혼자놀이, 병행놀이, 연합놀이, 협동놀이로 구분하고 여기에 놀이에 참여하지 않는 행동인 방관자적 행동과 비참여 행동을 포함시켜 범주화하였다.

ㄷ 사회적 발달이론 6단계

구분	내용
비참여 행동 (0~1.5세)	놀이에 참여하지 않으며, 목적을 가지고 있지 않은 듯하다. 신체를 가지고 놀고, 의자에 앉았다 일어나는 등, 목적없이 다닌다.
방관자적 행동 (1.5~2세)	친구들을 보거나, 이야기를 들을 수 있는 걸이에서 위치하면서 관찰하고, 질문하지만 놀이에 참여하지 않는다.
혼자(단독)놀이 (2~2.5세)	독립적으로 놀이하면서 다른 아이를 놀이에 참여시키지 않는다. 자신의 장난감을 가지고 노는 것이 주목적이고, 대부분 2~3세의 영유아들이 여기에 해당한다. 만약 그 이상 연령기의 영유아가 혼자(단독)놀이를 보인다면 개인적인 욕구나 놀이를 구성하기 위해 혼자 놀이를 선택한 것이다.

병행놀이 (2.5~3.5세)	다른 아이들 주변이나 가까이에서 같은 놀이를 하지만, 서로 접촉하거ㅏ 간섭하지 않고 혼자 놀이한다. 놀잇감을 서로 빌려주기도 하지만, 각각 놀이를 한다. 취학 전 유이들의 전형적인 형태이고 집단 놀이의 초기 단계에 해당한다.
연합놀이 (3.5~4.5세)	서로 비슷한 활동을 하며 또래와 놀이하는 단계이다. 서로 질문하고 친구의 놀잇감을 가지고 놀기도 한다. 그룹에 참여할 가능성이 있는 영유아들을 포섭하기 위한 시도를 한다. 그러나 역할을 분담하거 나 놀이 내용이 조직적이지는 못하다. 때로는 병행놀이에서 협동놀이로 바로 옮겨가기도 한다.
협동놀이 (4.5세 이후)	공통의 목적을 가지고 복잡한 사회적 관계에 참여한다. 타협, 일의 분배, 역할분담, 놀이 주제 구성 등을 포함한다. 역할을 바꾸기도 하고 그룹에 대한 소속감이 강하다. 결과물을 위한 그룹을 조직하고, 어떠한 상황을 연극으로 하기도 하며, 형식이 있는 게임을 하는 단계이다.

(2) 운동기술의 발달 [기출] 2022, 2019, 2017, 2016

① 일정한 순서와 방향성(신체 발달의 방향성) : 머리에서 하체 방향, 몸 중심부에서 바깥 말초신경 방향, 대근육
에서 소근육 방향 등 일정한 순서와 방향성을 갖고 발달한다. 또한 개인 차이가 있으며, 발달 속도는 일정하
지 않다.

② 지속적인 과정이나 발달의 속도가 일정하지 않다.

③ 개인차가 있다.

④ 서로 밀접하게 연관되어 발달한다.

⑤ 생애 초기 발달은 매우 중요한 시기이다. '결정적 시기'를 놓치면 부작용이 생길 수 있다.

(3) 운동 능력의 변화 [기출] 2022

① 대근육 발달 : 머리 크기의 비율이 작아지면서 신체 중심이 아래로 내려가면서 발달을 시작한다.

연령	걷기	달리기	뛰기	오르기	던지기	자전거 타기
8개월 ~1년	뒤뚱거리며 걷기			기구 위나 계단을 기어오름		
1~2년	아장아장 걷고 균 형을 위해 팔을 사용	지면을 접촉하며 바르게 걷는다.	한 발로 계단을 오 르기 위해 깡충 뛴다.	뭐든지 기어오르려 한다.		
2~3년	잘 걷고, 한번에 두 걸음으로 계단을 오 른다.	몸을 세우고 달린 다. 코너를 돌기. 갑자기 멈추기 어 려워한다.	두 발로 높이 뛰어 오른다.	높은 곳에 오를 수 있지만 내려오지 못한다. 계단을 오 를 때 발을 번갈아 사용한다.	두 팔을 사용하며 발이나 몸을 사용 하지 못한다.	장난감 차에 타 두 발로 밀 수 있다.
3~4년	팔을 앞뒤로 흔들 며 걷는다. 직선 위를 걸을 수 있다.	부드럽게 달리고 출발과 정지를 할 수 있다.	두 발로 뛰어오를 수 있고, 한발로 장 애물을 넘는다.	계단을 오를 때는 한발씩 오르고, 내릴 때는 두발을 모아서 내려온다.	몸을 앞뒤로 흔들 며 한쪽 팔로 공을 던진다.	세발자전거를 탈 수 있다.

4~5년	발을 번갈아 가며 계단을 오르내린다. 평균대 위를 걷고 한발로 뛴다.	속도 및 방향 전환을 조절한다.	깡충 뛰며 앞으로 나갈 수 있다.	사다리, 정글짐, 나무 등을 오르내린다.	팔꿈치를 사용해 공을 던진다.	방향과 속도를 조절하며 세발자전거를 탈 수 있다.
5~6년	성인처럼 걸을 수 있다.	속력을 낼 수 있다.	높이뛰기, 멀리뛰기, 줄넘기를 할 수 있다.	성인처럼 오르내린다.	발을 앞으로 내밀고 팔을 쭉 뻗어 던진다.	두발자전거를 탈 수 있다.

② 소근육 발달 : 눈과 손의 협응과 소근육의 통제가 급속하게 발달한다.

연령	내용
3세	• 엄지와 검지로 서툴게 작은 물체 잡기 • 블록 쌓기(똑바로 쌓지 못해 삐뚤삐뚤함) • 단순 그림 조각 맞추기(억지로 쑤셔 넣으려 함) • 원, 정사각형, 직사각형, 삼각형, 십자 모양, X자 모양을 그릴 수 있음
4세	• 정교해진 블록 쌓기, 신발끈 묶기, 선을 따라 가위질 하기 • 사람을 그릴 때 눈은 큰 점으로 그림
5세	• 블록 쌓기에 흥미가 감소됨, 글씨나 그림 베끼기, 크레파스로 색칠 하기 • 그림을 제법 잘 그리게 됨

04 유아기의 건강과 운동 기출 2019

(1) 유아기의 건강

① 영양

　　㉠ 급격한 성장 발달이 이루어지는 시기이므로 좋은 영양 섭취가 필수적이다.

　　㉡ 추정 열량은 1,400kcal이며 단백질 권장 섭취량은 1일 20g이다.

　　㉢ 편식을 하지 않도록 하고, 균형잡힌 식단이 필요하며, 당분 섭취를 제한해야 한다.

② 수면 : 개인차가 있으나 10~12시간 정도 충분한 수면을 취한다.

③ 운동 : 에너지가 넘치는 시기이며, 충분한 놀이 활동과 야외 활동을 하는 것이 중요하다.

④ 청결

　　㉠ 활동이 많은 만큼 목욕과 손씻기, 제때 환복이 필요하다.

　　㉡ 정기적인 치과 검진과 올바른 양치질 교육을 한다.

⑤ 기타 예방 접종 및 건강 검진과 시력 검사를 한다. 정신적 안정 또한 매우 중요하다.

⑥ 안전사고 및 교통사고 예방을 위해 안전 교육을 실시한다.

(2) 유아기의 운동

① 대근육, 소근육 운동을 통한 원활한 신체 조정력과 협응력을 키울 수 있도록 한다.

② 감각과 운동 간의 상호 협응을 통한 지각 운동력을 발달시킨다.

③ 감각 운동과 신체활동을 통한 언어, 인지 능력을 발달시킨다.

④ 율동과 신체 표현 놀이를 통한 상상력과 창의적인 신체 표현력을 키운다.

⑤ 긍정적인 자아통합 능력을 키운다.

(3) 유아운동 권장 지침(미국의 스포츠 및 체육교육협회–만 5세 이하 아동을 위한 지침) 기출 2020

① 최소 하루에 60분 정도의 구조화된 신체활동을 해야 한다.

② 최소 하루에 60분에서 몇 시간까지 구조화되지 않은 신체활동에 참가하고, 수면 시간 외 60분 이상 앉아 있지 못하도록 한다.

③ 블록을 쌓거나 좀 더 복잡한 운동 작업을 필요로 하는 운동기술을 발달시켜야 한다.

④ 대근육활동을 위해 권장 안전 기준에 적합한 실내 공간과 실외 공간에 있어야 한다.

⑤ 개개인이 신체 활동에 대한 중요성을 인식하고 유아의 운동기술을 용이하게 한다.

(4) WHO 2019 5세 미만 소아를 위한 신체 활동, 정적 활동, 수면 활동 가이드라인(Guidelines on physical activity, sedentary behaviour and sleep for children under 5 years of age)

	신체 활동	정적인 활동(화면 보기)	수면
1세 미만	30분 이상/1일	0분	14~17시간(0~3개월) 12~16시간(4~11개월)
1~2세	180분 이상/1일 활발한 강도	60분 미만~2살 1살 미만은 금지	11~14시간
3~4세	180분 이상/1일 60분은 숨가쁘게	60분 미만	10~13시간

(5) WHO "건강을 위한 세계 운동 권장 지침" 기출 2018

① 5~17세 아동·청소년기

㉠ 가족과 학교, 기타 공동체에서 놀이나 경기, 체육 수업 등을 하거나 집안일을 도우면서 몸을 움직이는 것이 좋다.

㉡ 운동은 아이들의 심폐 기능을 향상시키고 뼈와 근육을 강화시킨다.

㉢ 심장혈관과 신진대사를 활발하게 하는 효과도 있다.

㉣ 적어도 매일 60분 이상 중간 정도 격렬한 정도로 운동한다.

㉤ 60분 이상 운동해도 몸에 이로움을 더해 준다.

㉥ 매일 유산소운동 외에도 뼈와 근육을 강화하는 것을 포함, 격렬한 근력운동을 적어도 주 3회 이상 실시

05 아동 · 청소년기의 신체 발달과 운동 기능

(1) 신체적 성장

① 신장과 체중이 점차적으로 증가한다.

② 어깨가 넓어지고, 팔다리가 길고 가늘어지면서 유아기보다 신체가 훨씬 더 가늘어진 모습이 된다.

③ 아동기에는 키가 1년에 약 6cm 정도씩 신장되어 120cm에서 145cm 정도로 성장, 몸무게는 22kg 정도에서 35~38kg 정도에 이르게 된다.

④ 유치가 영구치로 바뀌며, 뼈의 성장이 근육의 성장을 초월하여 성장통을 겪기도 한다.

⑤ 성장기 아동의 10~20%가 겪는 성장통은 밤에 심하고 아침에 없어지는 것이 특징이다.

⑥ 사춘기가 되면 2차 성징이 뚜렷해져 남아는 근육질이 되어 힘과 속도에서 우세하다.

⑦ 여아는 체지방이 더 많아지기 때문에 곡선미가 유려한 편이다.

⑧ 아동의 성장 속도와 신체의 크기는 개인차가 크다.

⑨ 이러한 개인차는 유전적 요인뿐만 아니라 환경적 요인의 영향도 작용하는 것으로 보인다.

(2) 운동 기능의 발달

① 근육의 성숙과 병행하는 힘의 증가로 아동은 점차 빨라지고, 강해지고, 민첩해진다.

② 뛰기, 신호에 대한 반응, 짧고 빠른 동작의 연결 등의 운동 속도도 아동기를 통해 점차 증가한다.

③ 특히, 이 시기에는 이미 획득한 운동기술이나 근육의 협응 체계가 보다 안정되고 더욱 정교화되어 대상의 위치나 움직임을 정확히 예측하고 자신의 몸을 지각한 대로 빨리 움직이는 능력이 발달한다.

④ 이 시기에는 춤, 놀이, 운동, 게임 등의 활동을 하는 데 중요한 역할을 하는 유연성, 균형, 협응 능력이 발달하며, 뛰기와 공놀이 기능이 크게 발달하는 특징을 지닌다.

⑤ 운동 능력의 발달은 이미 가지고 있는 기술이 더 정교해지게 되어 균형과 협응의 발달이 두드러지며 남자아동과 여자아동 간의 운동 기능과 능력에 차이를 나타내게 된다.

02 유아기의 운동발달 프로그램의 구성

01 운동 발달 프로그램의 기본 원리 기출 2020, 2017, 2016

(1) 적합성의 원리

① 발달 단계에 따른 적절한 시기에 알맞은 신체 활동과 운동 학습을 적용하는 것이 운동 발달에 효과적이다.

② 1세에는 걷기, 2.5세~4세는 운동 협응과 자기조절능력, 3~4세는 자기표현력이나 표현력이 길러지는 시기이다.

③ 프로그램의 예

나이	프로그램
2~3세	부모와 함께 하는 손발 협응 운동
3~4세	혼자 하는 활동의 기본 운동과 표현 향상 운동
4~6세	또래나 그룹과 하는 지각 능력 향상 운동
6~8세	또래나 그룹과 하는 인지 능력 향상 운동

(2) 방향성의 원리

① 성장과 발달은 방향성 있게 발달하는데, 머리에서 발가락으로, 신체 중심에서 말초로, 대근육에서 소근육으로의 순서로 적용된다.

② 이 순서를 고려하여 유아운동 프로그램을 구성할 수 있다.

(3) 특이성의 원리 기출 2019~2015

① 개개인의 유전과 환경 요인에 따라 발달 정도가 다를 수 있다.

② 운동 발달 프로그램 구성 시 일반화된 특성뿐만 아니라, 개인차를 고려해야 한다.

(4) 안전성의 원리

① 조정 능력과 판단력이 약한 유아에게는 제일 우선시해야 하는 원리이다.

② 호기심이 강하고 주의력은 약하며 조심성이 부족하므로, 언제든 사고의 위험이 있다.

③ 유아는 자신의 능력을 과대 평가하는 성향이 있으므로 주의해야 한다.

④ 안전한 환경을 만들고, 우발적 사고를 예방할 수 있도록 부모나 지도자의 올바른 인식이 중요하다.

(5) 연계성의 원리

① 연계성이란 교육과정의 여러 가지 측면의 상호 관련성을 말한다.

② 신체적, 사회적, 정서적 발달을 함께 고려하고, 발육 발달과 운동기술을 동시 발달할 수 있도록 프로그램을 개발한다.

③ 유아의 운동·인지·정서 발달이 지속적인 상호작용을 통해 발달하고 시너지 효과를 낼 수 있도록 운동 프로그램을 구성한다.

02 운동 프로그램의 구성 요소

(1) 유아체육의 FITT 원리 [기출] 2017

① 운동의 빈도(Frequency), 강도(Intensity), 시간(Time), 형태(Type)를 말하며, 과부하의 원리, 특수성의 원리, 점진성의 원리와 관계되어 있다[최근에는 양(Volume)과 점증(Progression)이 추가되어 FITT-VP 원리라고 한다].

② 운동 빈도는 운동 프로그램을 주당 실시한 총 횟수를 말한다. 운동은 매일 하는 것이 좋고, 3일 정도는 중~고강도의 운동을 포함한다.

③ 운동 강도는 단위 시간에 있어서의 운동량을 말한다. 근육과 운동 능력 발달을 위해서는 평소보다는 자극이 높아져야 하고, 심박수와 호흡수가 증가되는 정도가 필요하다.

④ 운동 시간은 수행한 신체 활동 시간의 양적 기준을 말한다(몇분/회당·주당·1일). 최소 하루 10분 이상 하며 60분 이상 하는 것을 권장한다. 유아체육 수업 시간은 20~40분이 적절하다.

⑤ 운동 형태는 목적에 맞도록 운동을 선택하고 개인의 흥미도 고려해야 한다.

(2) 운동 형태의 종류(기본 운동, 지각 운동, 체력 운동) [기출] 2022, 2020, 2019, 2018

① 기본 운동 : 일상 생활에서 필요한 대근육운동으로 만 6세 정도에는 성숙단계가 된다.

이동 운동		안정성 운동(비이동 동작)		조작 운동	
기본 동작	• 걷기(walking) • 달리기(runnimg) • 뛰어넘기(leaping) • 뛰기(jumping) • 한 발 들고 뛰기(hopping)	축 동작	• 늘리기(stretching) • 구부리기(bending) • 비틀기(twisting) • 돌기(turning) • 흔들기(swinging)	추진 동작	• 공 굴리기(ball rolling) • 던지기(throwing) • 차기(kicking) • 치기(punching) • 때리기(striking) • 넘기기(volleying) • 공 튀기기(bouncing)

소합 동작	• 기어오르기(climbing) • 말 뛰기(galloping) • 두 발 번갈아 뛰기(skipping) • 미끄러지기(sliding)	정적 · 동적 동작	• 직립자세(upright balance) • 거꾸로 중심 잡기 (inverted balance) • 구르기(rolling) • 출발하기(starting) • 멈추기(stoping) • 피하기(dodging)	흡수 동작	• 공 받기(catching) • 공 멈추기(trapping)

㉠ 축 동작 : 축을 중심으로 좌우로 움직이거나 어깨나 고관절을 축으로 움직이는 동작들

　ⓐ 구부리기(bending) : 각 관절을 접는 형태

　ⓑ 늘리기(streching) : 몸을 길게 늘리는 동작

　ⓒ 비틀기(twisting) : 몸의 한부분을 비트는 동작

　ⓓ 돌기(turning) : 몸의 축으로 제자리에서 돌기

　ⓔ 흔들기(swinging) : 어깨, 고관절 등을 앞뒤 좌우로 흔드는 동작

㉡ 정적·동적 동작 : 움직이지 않고 균형을 잡던가 움직이다가 균형을 잡는 동작이다.

　ⓐ 직립자세(upright balance) : 머리가 위로 향한 중심잡기

　ⓑ 거꾸로 중심 잡기(inverted balance) : 머리를 아래로 해서 중심 잡기

　ⓒ 구르기(rolling) : 쪼그려 앉아 앞구르기

　ⓓ 출발하기(starting) : 멈춰있다가 빠르게 뛰어나가기

　ⓔ 멈추기(stoping) : 뛰다가 멈추기

　ⓕ 피하기(dodging) : 빠르게 방향 바꾸기

㉢ 이동 운동 : 한 지점에서 다른 지점으로 신체를 옮기는 것이다.

　ⓐ 걷기(walking) : 두 손을 자유롭게 사용하고 멀리 이동할 수 있다.

　ⓑ 달리기(runnimg) : 점점 짧은 스텝이 빨라지고 두 발이 동시에 떠있는 시기도 있다.

　ⓒ 뛰어넘기(leaping) : 한 발로 몸을 지탱하고 다른 발로 내밀어 이동하는 기술

　ⓓ 한 발 들고 뛰기(hopping) : 수직 점프와 비슷하지만 도약과 착지는 같은 발이다.

　ⓔ 뛰기(jumping) : 폭발적인 움직임이고 복잡한 동작이다.

㉣ 조합 운동 : 기어오르기, 말 뛰기, 미끄러지기, 번갈아 뛰기 등 복합적인 요소이다.

　ⓐ 기어오르기(climbing) : 양팔과 양다리를 이용, 경사진 곳을 오르는 동작이다.

　ⓑ 말 뛰기(galloping), 미끄러지기(sliding) : 스텝밟기와 껑충뛰기 두 가지의 움직임을 결합한 것으로 항상 같은 발이 운동을 이끈다. 앞뒤로 뛰기가 말뛰기, 옆으로 움직이는 것이 미끄러지기이다.

　ⓒ 두 발 번갈아 뛰기(skipping) : 가장 난이도가 높은 동작이다. 한 발로 스텝 후 다시 그 발로 연속으로 한발뛰기 하는 동작을 번갈아 하는 것이다.

ⓜ 조작 운동 : 손을 사용하여 물체를 잡거나 제어하는 기술을 습득하게 된다.

　ⓐ 공 굴리기(ball rolling) : 기초 동작이다.

　ⓑ 던지기(throwing) : 가장 복잡하면서도 많이 하는 던지기는 한손던지기, 두손 던지기, 오버암 던지기, 사이드암 던지기, 언더핸드 던지기 등이 있다.

　ⓒ 때리기(striking) : 팔이나 다리를 사용하여 라켓이나 몽둥이로 다른 물체를 때리는 동작이다.

　ⓓ 차기(kicking) : 발로 공에 추진력을 전달하는 동작이다.

　ⓔ 치기(punching) : 주먹으로 때리는 동작이다.

　ⓕ 공 튀기기(bouncing) : 튀기기는 거리, 힘, 궤도에 대한 정확한 판단을 해야 하는 복잡한 과제이다.

　ⓖ 넘기기(volleying) : 손을 머리 위로 해서 치는 동작이다.

ⓝ 흡수 운동 : 받기와 공 멈추기가 있다.

　ⓐ 공 받기(catching) : 날아오는 물체를 손과 팔을 사용하여 멈추는 동작이다. 눈-사지 협응 능력과 매우 밀접하다.

　ⓑ 공 멈추기(trapping) : 발과 몸으로 공의 힘을 흡수하는 동작이다.

② 지각 운동 : 다양한 움직임과 관련된 정보를 통합·해석하고 그 움직임을 다시 제어하는 과정을 의미한다.

기출 2020

　㉠ 신체지각 : 신체의 이름을 알고, 앞뒤, 옆, 오른쪽-왼쪽을 이해한다.

　㉡ 공간지각 : 장소의 높이, 범위, 바닥 모양 등을 인지한다.

　㉢ 방향감각 : 앞, 뒤, 위, 아래, 옆 등 방향을 인지한다.

　㉣ 시간지각 : 속도(빠르게, 느리게)와 리듬과 박자를 이해한다.

　㉤ 관계지각 : 신체 간의 관계(가까이, 멀리), 사람과의 관계(짝꿍, 만나고 헤어지기), 사물과의 관계를 인지한다.

　㉥ 움직임의 질 : 균형감각, 시간, 파워, 흐름(부드럽고 자유롭게 움직임 연결)

③ 체력 운동 : 일상생활 및 직업, 여가 활동을 원활히 수행할 수 있는 신체 능력을 체력이라 하는데, 개념적 분류는 행동체력과 방위체력으로 나누고, 기능적 분류는 건강관련체력과 기술관련체력으로 나눌 수 있다.

　㉠ 행동체력 : 외부 활동을 행하게 하는 능력으로, 근육, 골격, 관절, 신경계를 주체로 하는 기능

　㉡ 방위체력 : 물리, 화학적인 스트레스를 저항하는 능력으로 환경적, 질병, 생리적, 정신적 스트레스를 견디는 능력

　㉢ 건강관련체력 : 신체 조성(제지방률, 체지방률, BMI 등), 근력, 근지구력, 심폐지구력, 유연성 등

　㉣ 기술관련체력 : 순발력, 민첩성, 협응력, 평형성, 반응 시간 등

④ 다음은 ACSM(2017)에서 권장하는 어린이와 청소년을 위한 운동 처방이다.

	유산소 운동	근력 운동	골부하 운동
빈도	매일	3일/주	3일/주
강도	• 중강도~격렬한 강도 • 주3일은 고강도	중간 정도의 피로가 느껴지도록 체중 부하 8~15회 최대하 반복	–
형태	재미있고 성장에 도움되는 달리기, 수영, 댄스 자전거, 게임 형태 등 유산소 운동	비구조적(놀이터 장비, 나무타기, 줄다리기), 구조적(웨이트트레이닝, 밴드) 등	달리기, 줄넘기, 사방치기 농구 등
시간	60분 이상/일	60분 이상/일	60분 이상/일

(3) 아동의 체력 검사

'국민체력 100'에서는 만 13~18세 청소년을 대상으로 체력 측정을 시행하고 있다.

구분	요인	측정 항목
체격	신체 조성	신체질량지수(신장, 체중)
		체지방률(%body fat, BIA 활용)
체력	심폐지구력	20m 왕복 오래 달리기
	근력	상대 악력
	근지구력	윗몸 말아 올리기
		반복 점프
	유연성	앉아 윗몸 앞으로 굽히기
	민첩성	일리노이 민첩성 검사
	순발력	체공시간 검사
	협응력	눈-손 협응력 검사

(4) 3~5세 누리과정 기출 2020, 2019, 2016

① 2019 개정된 누리과정의 가장 큰 특징은 3, 4, 5세의 연령 구분을 하지 않고, 놀이 중심의 교육을 한다는 것이다.

② 개정된 내용

누리과정의 성격

누리과정은 3~5세 유아를 위한 국가 수준의 공통교육과정이다.

가. 국가 수준의 공통성과 지역, 기관 및 개인수준의 다양성을 동시에 추구한다.
나. 유아의 전인적 발달과 행복을 추구한다.
다. 유아 중심과 놀이 중심을 추구한다.
라. 유아의 자율성과 창의성 신장을 추구한다.
마. 유아, 교사, 원장(감), 학부모 및 지역 사회가 함께 실현해 가는 것을 추구한다.

제1장 총 론

Ⅰ. 누리과정의 구성방향

1. 추구하는 인간상

누리과정이 추구하는 인간상은 다음과 같다.

가. 건강한 사람

나. 자주적인 사람

다. 창의적인 사람

라. 감성이 풍부한 사람

마. 더불어 사는 사람

2. 목적과 목표

누리과정의 목적은 유아가 놀이를 통해 심신의 건강과 조화로운 발달을 이루고 바른 인성과 민주 시민의 기초를 형성하는 데에 있다.

이를 실현하기 위한 목표는 다음과 같다.

가. 자신의 소중함을 알고, 건강하고 안전한 생활 습관을 기른다.

나. 자신의 일을 스스로 해결하는 기초능력을 기른다.

다. 호기심과 탐구심을 가지고 상상력과 창의력을 기른다.

라. 일상에서 아름다움을 느끼고 문화적 감수성을 기른다.

마. 사람과 자연을 존중하고 배려하여 소통하는 태도를 기른다.

3. 구성의 중점

누리과정 구성의 중점은 다음과 같다.

가. 3~5세 모든 유아에게 적용할 수 있도록 구성한다.

나. 추구하는 인간상 구현을 위한 지식, 기능, 태도 및 가치를 반영하여 구성한다.

다. 신체운동·건강, 의사소통, 사회관계, 예술경험, 자연탐구의 영역을 중심으로 구성한다.

라. 3~5세 유아가 경험해야 할 내용으로 구성한다.

마. 0~2세 보육과정 및 초등학교 교육과정과의 연계성을 고려하여 구성한다.

Ⅱ. 누리과정의 운영

1. 편성·운영

다음의 사항에 따라 누리과정을 편성·운영한다.

가. 1일 4~5시간을 기준으로 편성한다.

나. 일과 운영에 따라 확장하여 편성할 수 있다.

다. 누리과정을 바탕으로 각 기관의 설정에 적합한 계획을 수렴하여 운영한다.

라. 하루 일과에서 바깥 놀이를 포함하여 유아의 놀이가 충분히 이루어지도록 편성하여 운영한다.

마. 성, 신체적 특성, 장애, 종교, 가족 및 문화적 배경 등으로 인한 차별이 없도록 편성하여 운영한다.

바. 유아의 발달과 장애 정도에 따라 조정하여 운영한다.

사. 가정과 지역사회와의 협력과 참여에 기반하여 운영한다.

아. 교수 연수를 통해 누리과정의 운영이 개선되도록 한다.

2. 교수 · 학습

교사는 다음 사항에 따라 유아를 지원한다.

가. 유아가 흥미와 관심에 따라 놀이에 자유롭게 참여하고 즐기도록 한다.

나. 유아가 놀이를 통해 배우도록 한다.

다. 유아가 다양한 놀이와 활동을 경험할 수 있도록 실내외 환경을 구성한다.

라. 유아와 유아, 유아와 교사, 유아와 환경 간에 능동적인 상호작용이 이루어지도록 한다.

마. 5개 영역의 내용이 통합적으로 유아의 경험과 연계되도록 한다.

3. 평가

평가는 다음 사항에 중점을 두고 실시한다.

가. 누리과정 운영의 질을 진단하고 개선하기 위해 평가를 계획하고 실시한다.

나. 유아의 특성 및 변화 정도와 누리과정의 운영을 평가한다.

다. 평가의 목적에 따라 적합한 방법을 사용하여 평가한다.

라. 평가의 결과는 유아에 대한 이해와 누리과정 운영 개선을 위한 자료로 활동할 수 있다.

제2장 영역별 목표 및 내용

I. 신체운동 · 건강

1. 목표

실내외에서 신체활동을 즐기고, 건강하고 안전한 생활을 한다.

1) 신체활동에 즐겁게 참여한다.

2) 건강한 생활습관을 기른다.

3) 안전한 생활습관을 기른다.

2. 내용

내용 범주	내용
신체활동 즐기기	• 신체를 인식하고 움직인다. • 신체 움직임을 조절한다. • 기초적인 이동운동, 제자리 운동, 도구를 이용한 운동을 한다. • 실내외 신체활동에 자발적으로 참여한다.
건강하게 생활하기	• 자신의 몸과 주변을 깨끗이 한다. • 몸에 좋은 음식에 관심을 가지고 바른 태도로 즐겁게 먹는다. • 하루 일과에서 적당한 휴식을 취한다. • 질병을 예방하는 방법을 알고 실천한다.
안전하게 생활하기	• 일상에서 안전하게 놀이하고 생활한다. • TV, 컴퓨터, 스마트폰 등을 바르게 사용한다. • 교통안전 규칙을 지킨다. • 안전사고, 화재, 재난, 학대, 유괴 등에 대처하는 방법을 경험한다.

03 유아체육 프로그램 교수-학습법

01 유아체육 지도 방법 [기출] 2020, 2019, 2017, 2015

(1) 유아체육 지도 방법 [기출] 2022, 2020

① 직접-교사 중심 교수법

㉠ 학습자에게 무엇을, 어떻게, 언제 교육할지를 지도자가 모두 결정하는 교수법이다.

㉡ 지도자는 이미 학습이 어떻게 수행되어져야 하는지 알고, 가장 좋은 학습 방법을 교정해 주는 역할을 한다.

㉢ 명령, 연습, 상호작용, 자기 진단 등 다양한 형태를 포함한다.

㉣ **지시적 방법** : 시범 보이기, 연습해 보기, 활동에 대한 언급, 보충 설명과 재시범을 하기도 하며, 지도자가 결정권을 갖는다.

㉤ **과제 제시 방법** : 해야 할 행동과 방법을 지도자가 결정하지만, 학습자에게 결정권이 있다.

② 간접-학습자 중심 교수법

㉠ 학습자가 새로운 동작을 발견하도록 하고, 기억이나 회상이 아닌 인식을 하도록 한다.

㉡ 학습자에게 초점을 맞추는 방법이다.

㉢ 학습자의 개인차를 인정하고, 다양한 방법으로 도전할 수 있다.

㉣ 간접교수법으로도 불리고, 지도자의 인내와 연습을 필요로 하며, 익숙해야 활용할 수 있다.

㉤ 발견유도법과 집중적인 발견 방식이 있다.

㉥ **탐구적 방법** : 학습의 결과보다는 학습 과정을 중요시 여기므로, 형식과 정확성을 요구하지 않는다. 지도자는 운동 과제를 제공하여 학습자가 탐색하고 발전시켜 창의적 방법을 만들도록 격려한다.

㉦ **안내-발견적 방법** : 학습자에게 충분한 표현, 창의성, 실험의 기회를 제공하지만, 제시된 활동 과제에 학습자가 반응하는 방법은 제한적이다.

③ 유아-지도자 상호 주도적, 통합적 교수법

㉠ 학습자 중심 교수법과 지도자 중심법을 적절히 혼합한 방법이다.

㉡ 먼저 유아에게 능동적으로 할 수 있도록 유도하고, 지도자가 시범을 보인 후, 학습자가 모방하여 연습하게 한다. 그 후 개개인에게 피드백을 제공한다.

(2) 효율적인 체육지도 행동 [기출] 2020

① 수업시간에서 학습자가 적절한 난이도의 학습 목표를 지닌 학습 과제에 성공적으로 참여한 학습활동시간인 실제학습시간(Academic Learning Time)의 증가를 위한 전략이 필요하다.

② 체육지도 행동 유형

변인	체육지도 행동 유형
수업분위기	• 주로 신체활동에 많은 시간 투입 • 수업 관리, 대기 시간은 적게 사용
수업 행동	• 교수기술(정적 피드백, 교정적 피드백, 질문과 정적행동 피드백)에 많은 시간 투입 • 수업 운영, 감독 등에 적은 시간을 투입
상호작용	• 학생 개개인과의 상호작용을 많이 함 • 학급 전체와의 상호작용 빈도가 낮음

(3) 유아체육 지도자의 역할과 유의점 　기출　 2019

① 유아체육 지도자의 역할

ㄱ 교육과정을 계획하고 프로그램을 개발한다.

ㄴ 학습 환경을 조성해야 한다.

ㄷ 수업을 계획하고 수업을 진행한다.

ㄹ 상담자의 역할을 한다.

ㅁ 전문성 강화를 위해 꾸준히 교육에 참여하고, 연구한다.

② 유아체육 지도자의 유의점

ㄱ 유아의 신체적, 심리적 특성을 이해해야 한다.

ㄴ 유아의 발달에 효과적이고 안전한 운동을 지도해야 한다.

ㄷ 과한 경쟁 유발은 지양하고 운동의 즐거움을 느끼게 해주어야 한다.

ㄹ 안전사고에 대비한 환경을 조성하고 운동지도 시 주의해야 한다.

(4) 유아체육 프로그램의 기본 원리 　기출　 2022, 2020, 2019

① 구체성의 원리 : 눈에 보이는 실물의 교구 등을 사용하여 학습하는 것이 효과적이다.

② 개별화의 원리 : 개인의 성격이나 능력별로 교육 방법을 사용해야 한다. 지나친 경쟁 상황을 만들거나 획일적인 교육은 효과적이지 않을 수 있다.

③ 자발성의 원리 : 타의에 의해 학습하는 것보다 자발적인 활동 참여를 하는 것이 큰 효과를 얻을 수 있으며, 할 수 있도록 동기 유발을 하는 것이 중요하다.

④ 다양성 및 융통성의 원리 : 다양한 교재 및 방법들을 제공하여 유아 스스로 선택하고 참여할 수 있도록 환경을 만들어 준다.

⑤ 탐구 학습의 원리 : 유아 스스로 탐구하고 경험하며 문제 해결에 나갈 때 교육 효과를 높일 수 있으므로, 호기심을 자극하고 격려하여 창의력을 키울 수 있도록 도와준다.

⑥ 흥미의 원리 : 유아의 흥미를 이끌어 내어 참여하게 하는 것이 매우 중요하며, 재미를 유발할 수 있도록 적절한 프로그램을 구성한다.

⑦ **반복 학습의 원리** : 유아는 아직 신체적, 심리적으로 발달이 충분히 이루어지지 않았으므로, 적절한 반복 학습을 통해 발달될 수 있도록 구성한다. 항상 새로운 것을 하면, 배운 것에 대해 익숙해지지 못하고, 다음에 배울 것도 잘하기 어려울 수 있다.

⑧ **통합의 원리** : 전인 교육이 이루어지도록 지식과 기능을 포함한 자연과 사회의 여러 생활 영역과 상호 작용하며 통합될 수 있도록 교재나 활동, 가르칠 교과 영역 등이 통합적으로 실시되어야 한다.

(5) 유아체육 지도자의 자세 및 자질

① 유아가 좋아하는 것, 싫어하는 것, 또는 이름을 불러주고, 책임감을 부여하는 등 많은 관심을 표현한다.

② 지도자 자신과 유아들에게 정직해야 한다.

③ 열정을 가지고 교육에 임한다.

④ 유아를 한 인간으로 존중하고, 예의를 지킬 수 있도록 지도한다.

⑤ 정확한 표현과 목소리 및 유아가 이해할 수 있는 단어를 사용한다.

⑥ 적절한 의상과 태도를 갖춰야 하고, 유머를 보여준다.

⑦ 전문가로서 지속적인 연구와 공부를 게을리하지 않는다.

02 유아운동발달 프로그램 계획

(1) 연간 운동 프로그램 계획

① 1년의 교육과정을 위한 계획을 말한다.

② 실외 수업을 실시할 수 있는 계절 및 날씨 영향을 반영한다.

③ 각 과정의 큰 테두리를 제공하고, 발달 단계에 적합해야 한다.

④ 3월부터 다음 해 2월까지 계획되는 연간 계획은 목적과 철학을 가지고 준비해야 하며, 필요한 교재 및 교구, 장소 섭외 등을 준비할 수 있는지를 고려해야 한다.

(2) 월간 운동 프로그램 계획

① 연간 운동 계획안을 기초로 하여 월별 프로그램을 자세히 구성하되, 연간 운동 계획안과 연계성이 있어야 한다.

② 새로운 달이 시작되기 전, 매달 셋째 주 정도에 작성하는 것이 좋다.

③ 쉬운 동작에서 어려운 동작의 순서로 구성하고, 운동 발달에만 치중하지 않고, 유아의 흥미를 고려하여 전인적 발달이 될 수 있도록 계획한다.

④ 시설 및 장비, 다른 행사, 날씨 등을 고려하여 유동적으로 구성할 수 있다.

(3) 일간 운동 프로그램 계획

① 일간 계획은 지도자가 수업 시간을 최대한 활용할 수 있도록 시간과 노력을 줄여 준다.

② 활농 시간, 절차, 영역, 내용 및 장소 등 매우 구체적이고 명확하게 계획해야 한다.

③ 연간, 월간, 일간 계획으로 연속성과 계열성을 유지한다.

④ 같은 연령이라도 반에 따라 흥미, 요구, 교사의 의견 등에 따라 다를 수 있으므로, 변화와 수정을 할 수 있다.

⑤ 일일 수업의 진행 순서는 다음과 같다.

　㉠ 수업 소개 – 흥미 유발, 기대감을 가질 수 있도록, 5분 이내로 핵심 내용을 소개한다.

　㉡ 수업 복습 – 새로 배울 것을 연관시키기 위해 지난 시간에 배운 내용을 복습한다. 5~10분 정도 배정한다.

　㉢ 수업 본론 – 15~20분 정도 기술 개발과 기술 응용의 두 영역으로 실시한다.

　㉣ 수업 요약 – 2~3분 소요되며, 그 날의 수업을 요약하고, 다음 수업을 예고한다.

03 유아운동 프로그램 지도

(1) 유아체육의 지도 원리

① **동기 유발의 원리** : 학습자가 적극적으로 참여하고자 하는 의욕을 높일 수 있는 프로그램을 구성한다.

② **개별성의 원리** : 개별 지도, 집단 지도 등 어느 경우를 막론하고 학습자의 성별, 연령, 건강, 체력 및 심리적 특성을 고려한다.

③ **흥미성의 원리** : 지속적인 흥미를 유도하여 학습 능력을 높이도록 지도한다.

④ **자발성의 원리** : 지도자는 안내 및 상담 역할에 중점을 두고 학습자의 자발적인 활동을 기초로 하여 지도한다.

⑤ **사회화의 원리** : 집단 지도 시 소규모 공동 집단을 구성하여 상호작용하도록 지도한다.

⑥ **전면성의 원리** : 지도 방법을 지도자 간에 함께 교류하며 연구하고, 신체 발달 단계에 따른 적절한 지도 방법을 개발하여 지도한다.

⑦ **연속성의 원리** : 점진성의 원리, 반복성의 원리, 연계성의 원리로 나누고, 기술 지도는 쉬운 동작으로 시작하여 어려운 동작으로, 기술 습득 단계에서 시작하여 응용적인 단계로 점진적으로 지도하고 반복연습을 한다.

⑧ **창의성의 원리** : 학습 방법이나 요령을 설명하고 시범을 보인 후 기계적으로 반복시키는 것보다 학습자 스스로 능력을 높이기 위하여 창의적으로 노력하도록 유도한다.

⑨ **표현성의 원리** : 다양한 표현 놀이를 하여 자신감과 활기찬 생활 태도를 기르고, 리듬에 맞춰 보다 효과적인 표현 방법을 지도한다.

⑩ **평가의 원리** : 학습 결과를 항상 평가하여 적극적인 학습 의욕과 능력을 올리도록 지도한다.

(2) 운동 프로그램 지도 시 유의 사항

① 시설 점검 `기출` 2017

ⓐ 체육관(교실)은 위험 요소가 없어야 하고, 적절한 환기 시설, 조명과 음향 시설을 갖추어야 한다.

ⓑ 바닥에 따라, 신발, 양말, 맨발에 따라, 프로그램에 변화를 주거나 수정해야 한다.

ⓒ 조명 기구의 파손을 막기 위해 보호망 등이 설치되어 있어야 한다.

ⓓ 체육관 바닥과 매트 등의 청결을 유지하고, 실내 환기에 신경 쓴다.

ⓔ 실외기구 사용 시 파손, 장애물, 깨진 유리 등 위험 요소를 점검해야 한다.

② 기구와 수업 보조재 준비

ⓐ 기구 사용 시 유아들이 산만함이나 지루함이 생기지 않도록 수량과 배치에 신경써야 한다.

ⓑ 기구 배치는 팀을 나누어 운동하는 병렬식, 여러 기구를 돌아가면서 할 수 있는 순환식 배치가 있다.

ⓒ 과제 카드, 게시판, 시각적 기자재 등을 사용하여 수업의 흥미와 효과를 높일 수 있다.

③ 보조 지도자

ⓐ 학급 인원수가 많거나 나이가 어린 유아의 경우 보조 지도자가 필요하다.

ⓑ 실외활동 시, 기구배치 할 때, 시범을 보일 때, 병렬식 기구 배치의 경우 등 보조 지도자가 도움이 된다.

ⓒ 기구 정리, 기록 보조, 시범, 심판 활동, 팀별 활동, 평가 보조 등의 역할을 수행하며, 보조 지도자임을 망각하고 수업을 이끌어가려고 해서는 안 된다.

(3) 유아 프로그램 진행 중 안전 지도

① 유아 안전 교육의 목표

ⓐ 사고의 종류를 안다.

ⓑ 위험한 물건이나 대상을 안다.

ⓒ 위험한 장소나 행동을 안다.

ⓓ 사고 예방을 위한 규칙과 방법을 안다.

ⓔ 사고 발생시 대처 방안을 안다.

② 유아의 안전을 위협할 수 있는 요인

ⓐ 놀이, 스포츠 및 시설과 장비

ⓑ 교통사고

ⓒ 위험한 장소 및 물질

ⓓ 유괴, 미아 사고 및 성폭력 사고

ⓔ 환경 및 공해

ⓕ 화재 및 화상

ⓖ 동물 및 곤충

③ 안전 교육 방법
  ㉠ **주제에 따른 통합적 접근 방법** : 하루 일과를 보내면서 경험하게 되는 다양한 상황이나 활동을 통해 학습할 수 있는 안전에 관한 것들을 통합적으로 교육하는 것이다.
  ㉡ **상황별 방법** : 일상에서 발생할 수 있는 안전사고를 예로 들어 교육하는 것이다. 유치원 계단에서 넘어짐 사고, 뉴스에 나온 교통사고, 소풍에서 미아 발생 사고 등을 예로 들면서 안전 교육을 실시한다.
  ㉢ **부모에 의한 안전 교육** : 사전에 부모에게 안전 교육을 실시한 후, 가정에서 유아에게 교육을 할 수 있게 하는 것이다.
  ㉣ **전문 교육기관에 의뢰** : 안전 교육을 전문적으로 실시하는 단체에 의뢰하거나 소방서 등을 견학하여 교육을 받는 것이다.

④ 안전사고에 대한 응급 처치 기본 원칙 **기출** 2016
  ㉠ 사고를 대비하여 역할 분담을 한다. 사고 당한 유아를 돌보는 사람, 다른 유아를 보호하는 사람, 신고하는 사람 등의 역할을 나눠 위급 상황에 대비한다.
  ㉡ 가장 가까운 응급실의 위치 및 연락처, 전화기 비치, 학부모 연락처 등을 파악해 둔다.
  ㉢ 사고 발생에 대비한 응급 처치법을 익혀둔다.
  ㉣ 상비 약품과 장비를 가까운 곳에 비치한다. 단, 유아가 손댈 수 없는 곳에 두어야 하고, 상비약의 유통 기한과 부족한 물품 보충을 위해 정기적으로 점검해야 한다.

⑤ 응급 처치 순서 **기출** 2018
  ㉠ 지도자는 우선 당황하지 않아야 한다.
  ㉡ 사고 장소의 위험성을 판단하고, 안전한 곳으로 옮긴다. 추락 등의 사고라면 2차 손상이 일어나지 않도록 유아의 몸을 함부로 들어올리거나 옮기지 않는다.
  ㉢ 호흡과 맥박을 확인한다. 119에 신고하고, 호흡과 맥박이 없을 경우 심폐 소생술을 실시한다.
  ㉣ 급성 손상의 경우 PRICE 원칙을 지킨다.
    ⓐ P(Protection) - 보호 : 주위에 2차 사고가 날 수 있는 위험 요소를 제거하고 부상 부위나 상처를 보호해준다.
    ⓑ R(Rest) - 안정 : 부상 부위를 고정하고 환자를 안정시킨다.
    ⓒ I(Ice) - 얼음찜질 : 타박상이나 염좌라면 부상 부위에 얼음주머니를 올려놓거나 붕대로 감아준다.
    ⓓ C(Compression) - 압박 : 압박 붕대를 이용하여 적절한 압으로 부상 부위를 감아주면 부종 예방과 부상 부위를 고정해서 2차 손상을 막을 수 있다.
    ⓔ E(Elevation) - 거상 : 부상 부위를 심장보다 높게 올려놓아서 부상 부위로 흐르는 혈행을 지연시킨다.
  ㉤ 출혈이 있을 경우에는 지혈을 하고, 상처는 보호한다.
  ㉥ 사고를 당한 유아를 안정시키고, 체온을 유지하도록 한다.
  ㉦ 병원 이송 시, 유아가 신뢰하는 지도 교사가 동행한다.

04 안전한 운동 프로그램 지도를 위한 환경

(1) 안전한 운동 프로그램의 환경 조성 [기출] 2015

① 학부모, 교사, 지도자, 또래집단 형제 등의 인적 환경과 건물, 교실, 실내외 놀이 시설, 각종 설비, 교재, 교구 등의 물리적 환경으로 나눌 수 있다.
② 유아는 환경의 절대적으로 영향을 받는 시기이므로, 유아 중심으로 계획되어야 한다.
③ 유아와 지도자의 안전을 최대한 생각해야 한다.
④ 바닥, 벽, 기둥, 계단 등 활동 시 사고가 날 수 있는 부분에 안전 장치를 설치한다.
⑤ 무거운 교재나 교구는 선반의 가장 아래에 보관한다.
⑥ 유아의 교육 목표를 달성을 위해 효율적으로 조성되어야 하며, 유아가 쉽게 접근할 수 있도록 만들어져야 한다.

(2) 운동 프로그램의 공간 구성 [기출] 2020, 2018

① 활동실(교실이나 보육실)
  ㉠ 많은 시간을 보내는 공간이므로, 가장 중요한 곳이다.
  ㉡ 수업 및 활동하기 적합한 채광, 조명, 환기, 방습을 고려해야 한다.
  ㉢ 벽이나 바닥에 완충재가 필요하다.
  ㉣ 책상, 의자, 책장 등의 모서리가 둥글고 매끄럽게 되어 있거나, 고무 등으로 감싸져 있어야 한다.
  ㉤ 지도자의 시야에 들어올 수 있도록 개방적인 구조여야 한다.

② 실내 놀이 공간
  ㉠ 신체적 발달을 위한 교육 공간이나 행사 등 여러 목적으로 사용된다.
  ㉡ 비나 눈, 미세먼지 등의 이유로 실외놀이를 하기 어려운 경우 실내에 체육 기구를 비치해 둔다.
  ㉢ 유아들이 접근하기 쉽고, 가까운 곳에 화장실과 물마시는 곳, 기구들을 수납할 수 있는 공간이 있어야 한다.
  ㉣ 바닥재는 탄력성이 있고 청소하기 용이하며, 소음이 적게 나는 것들로 설치한다.
  ㉤ 나무 등의 자연재를 선호한다.

③ 실외 놀이 공간
  ㉠ 햇빛과 그늘이 적절히 제공될 수 있는 곳이 좋다.
  ㉡ 교실과 화장실 접근이 좋아야 한다.
  ㉢ 지도자가 감독하기 좋은 구조여야 하고, 창의적이고 모험적인 놀이가 가능할 수 있어야 한다.
  ㉣ 꽃이나 나무 등의 자연적 요소가 갖춰지면 더욱 좋다.
  ㉤ 단단한 바닥, 부드러운 바닥, 모래, 경사진 곳 등 다양한 환경을 만들어 준다.
  ㉥ 자전거는 단단한 시멘트 바닥이 좋고, 그네 등에는 모래를 깔아주는 등 활동에 적합한 환경을 제공한다.

(3) 유아운동 프로그램의 시설과 교재교구 배치 원리 및 유형 _{기출} 2022

 ① 운동 교재교구의 배치 원리

  ㉠ 안전이 가장 중요하다.

  ㉡ 교실, 활동실, 실외 놀이터 등에 기구 배치 시, 기존의 시설과 어울리고 방해받지 않도록 설치한다.

  ㉢ 도구의 사용 편의성뿐만 아니라 시각적인 면도 고려하여 배치한다.

 ② 운동 교재교구의 배치 유형 _{기출} 2015

  ㉠ 병렬식 배치 : 기구들을 한 줄 또는 두 줄 등으로 줄을 맞춰 설치해야 유아들이 쉽게 접근할 수 있고, 지도자도 감독하기가 용이하다.

  ㉡ 순환식 배치 : 기구들을 원 또는 사각형 등의 모형으로 설치하여 유아들이 돌아가면서 기구를 사용할 수 있도록 구성한다. 유아들이 기구 사용에 익숙해진 후 가능하다.

  ㉢ 시각적 효과에 의한 운동 기구 배치 : 교실에 있는 의자와 같은 물건을 활용하면 시각적인 효과 및 다양한 능력을 발달시킬 수 있다. 유아들에게 약속된 시간에만 사용할 수 있다는 점을 숙지시킨다.

 ③ 운동 기구의 관리

  ㉠ 땀을 많이 흘리게 되는 매트나 볼풀 등은 정기적으로 소독을 하고, 햇볕을 쬐어 소독할 수 있도록 한다.

  ㉡ 나무로 된 기구들은 까지거나 깨진 곳이 없는지 관리한다.

  ㉢ 철로 된 기구들은 휘어짐, 칠 벗겨짐 등 정기적으로 장비를 점검하여 안전사고에 대비한다.

  ㉣ 조립하는 장비들은 결합이 풀리지 않도록 단단히 고정한다.

01 다음 중 유아기의 발달 단계와 거리가 먼 것은?

① 운동 발달이 왕성한 시기이다.
② 사고는 가능하나 개념적 조작 능력이 불완전한 전조작기이다.
③ 미지의 대상에 대한 탐색적 행동하는 시기이다.
④ 주된 양육자와 신뢰감이 형성되는 시기이다.

해설 매우 빠른 성장 속도를 보이고 주된 양육자와 신뢰감이 형성되는 시기는 영아기의 특징이다.

02 영아기에 나타나는 생존반사에 포함되지 않는 것은?

① 모로반사   ② 호흡반사
③ 동공반사   ④ 위축반사

해설 모로반사는 놀라기 반사라고도 하며, 갑자기 건드리거나 큰소리의 자극을 받으면, 팔과 다리를 벌리고 손가락을 뻗었다가 몸쪽으로 팔다리를 움츠리는 반사이며 생후 4~6개월 후 서서히 사라진다.

03 유아기에 나타나는 신체적 발달의 특징으로 볼 수 없는 것은?

① 신장은 출생시의 2배 정도 커지고, 체중은 5배 정도 증가한다.
② 생후 8개월 정도까지는 근육 조직이 급격히 증가한다.
③ 3~4세 때에 뇌기능이 매우 빠르게 발달한다.
④ 일반적으로 남자보다 여자 유아의 성장이 빠르다.

해설 생후 8개월까지는 지방 조직이 발달하고, 근육은 5~6세에 빠르게 발달한다.

04 유아기의 기본적인 움직임 기술에 해당하지 않는 것은?   기출 2015

① 이동운동   ② 반사운동
③ 비이동운동   ④ 조작운동

해설 갤라휴의 운동 발달 기본 움직임 단계인 반사 – 초보 – 기본 – 전문화 순서대로 발달하고, 반사운동은 영아기에 나타났다가 점차 사라진다.

05 유아기의 인지적 발달에 관한 설명으로 옳은 것은?

① 어두움, 큰소리, 낯선 환경에 공포를 느낀다.
② 일이 제지당하거나 요구가 좌절되었을 때 느끼는 감정이다.
③ 자기중심적인 사고를 하고 전조작 사고 단계이다.
④ 주위 인물이나 사물에 호기심이 강해진다.

해설 ①, ②, ④는 정서적 발달에 관한 내용이다.

정답
01 ④   02 ①   03 ②   04 ②   05 ③

06 유아의 사회적 발달에 포함되지 않는 것은?

① 자아 개념　　② 자아존중감

③ 또래관계　　④ 공격성

해설 공격성은 신체적, 언어적 행위로서 동물이나 사물에 끼치는 행동을 말하며, 정서적 발달에 관한 내용이다.

07 다음 중 피아제의 인지 발달론의 내용과 다른 것은?

① 기본 개념은 도식이다.
② 연령에 따라 반사적 동작기, 초보적 동작기, 기본적 동작기, 전문화된 동작기의 4단계로 나눈다.
③ 유아의 인지 발달은 조직, 적응, 평형화의 세 가지 과정에 의해 이루어진다.
④ 형식적 조작기는 구체적 문제 해결 능력에서 벗어나 추상적이고 논리적인 사고를 한다.

해설 반사-초보-기본-전문화의 4단계는 갤라휴의 운동 발달 단계이다.

08 피아제(J. Piaget)의 인지발달이론 중 차기동작(kicking)의 도식(schema)과 그 도식의 형성 과정에 대한 설명으로 적절하지 않은 것은? 기출 2018

① 도식은 기존의 차기동작 경험을 통해 형성된 인지적 구조이다.
② 동화(assimilation)는 다른 속도로 굴러오는 공에 기존의 차기기술로 반응하는 것이다.
③ 조절(accommodation)은 다른 속도로 굴러오는 공에 새로운 차기기술로 반응하는 것이다.
④ 평형(equilibrium)은 동화와 조절의 균형을 통해 도식이 변화하는 것이다.

해설 평형은 동화와 조절의 인지 과정을 통합하고 조정하여 평형 상태를 유지하는 것이다.

09 갤라휴(D. L. Gallahue)의 기본 운동 분류 중 축성 움직임(axial movement)에 대한 설명으로 옳은 것은? 기출 2018

① 늘리기(stretching)는 축을 이용하는 움직임이다.
② 동적 안정성(dynamic stability)을 위한 기본 움직임이다.
③ 체조의 텀블링 기술과 연계되지 않는다.
④ 이동 운동(locomotion)과 결합될 수 없다.

해설 축을 이루는 움직임은 굽히기(bending), 늘리기(stretching), 꼬기(twisting), 돌기(turning), 흔들기(swinging)가 있다.

10 다음에서 설명하는 이론은?

> 유아의 나이에 따른 발달은 가족, 이웃, 국가, 대중매체 등 여러 환경에 의해 발달하는 환경, 사회적 영향의 산물이라는 개념이다.

① 반두라의 사회학습이론
② 브론펜브레너의 생태이론
③ 비고츠키의 상호작용이론
④ 할로의 애착이론

해설 주어진 설명은 브론펜브레너의 생태이론에 대한 것이다. 미시체계, 중간체계, 외체계, 거시체계, 시간체계의 개념으로 설명한다.

11 유아기의 운동의 필요성과 가장 거리가 먼 것은?

① 대근육, 소근육 운동을 통한 신체 조정력과 협응력을 키운다.
② 감각과 운동 간의 상호 협응을 통한 지각 운동력을 발달시킨다.
③ 긍정적인 자아통합 능력을 키운다.
④ 신체활동을 통해 경쟁심을 유발하고, 성취감을 고취시킨다.

> 해설 유아체육에서는 이기고 지는 것에 목적을 두지 않고, 여러 신체 발달 효과에 집중하고 상상력, 창의력 발달에 초점을 두는 것이 필요하다.

12 유아 운동발달 프로그램의 기본 원리를 잘못 설명하고 있는 것은?

① 적합성의 원리 – 발달 단계에 따른 적절한 시기에 알맞은 신체활동과 운동학습을 적용하는 것이 운동발달에 효과적이다.
② 방향성의 원리 – 성장과 발달은 방향성 있게 발달하는데, 머리에서 발가락으로, 신체 중심에서 말초로, 대근육에서 소근육으로의 순서로 적용된다.
③ 특이성의 원리 – 개개인의 유전과 환경 요인에 따라 발달 정도가 다를 수 있다.
④ 안전성의 원리 – 유아의 운동·인지·정서 발달이 지속적인 상호작용을 통해 발달하고 시너지 효과를 낼 수 있도록 운동 프로그램을 구성한다.

> 해설 안정성의 원리는 유아가 호기심이 강하고 주의력은 약하며 조심성이 부족하므로, 언제든 사고의 위험이 있어서 안전한 환경을 만들고, 사고를 예방할 수 있도록 유의해야 한다는 원리이다.
> ④는 연계성의 원리를 설명하고 있다.

13 유아기의 건강과 관련된 내용 중 거리가 먼 것은?

① 에너지가 넘치는 시기이며, 충분한 야외 활동을 하는 것이 좋다.
② 안전사고와 교통사고의 예방 교육이 필요하다.
③ 성장을 위한 하루 15시간 이상의 충분 수면을 취한다.
④ 급격한 성장 발달이 이루어지는 시기이므로 균형잡힌 식사를 하고 당분섭취를 제한한다.

> 해설 유아기 때에는 보통 10~12시간 정도의 수면 시간을 보인다.

14 다음 중 유아운동 권장 지침(미국스포츠 및 체육교육협회)에 포함되지 않은 내용은?

① 최소 하루에 60분 정도의 구조화된 신체활동을 해야 한다.
② 블록을 쌓거나 좀 더 복잡한 운동 작업을 필요로 하는 운동기술을 위해 일정시간 동안 반복적으로 연습한다.
③ 최소 하루에 60분에서 몇 시간까지 구조화되지 않은 신체활동에 참가하고, 수면 시간 외 60분 이상 앉아 있지 못하도록 한다.
④ 대근육 활동을 위해 권장 안전기준에 적합한 실내 공간과 실외 공간에 있어야 한다.

해설 블록을 쌓거나 좀 더 복잡한 운동기술이 필요하지만 계획적으로 반복시키지 않고 자연스럽게 놀이를 통해 기술이 발달되도록 유도한다.

15 유아의 기본 동작 분류에 포함되지 않는 것은?

① 안정성 운동　　　② 이동 운동
③ 조작 운동　　　　④ 인지 운동

해설 유아 운동 형태의 종류 중 기본 운동의 분류로는 이동 운동, 안정성 운동(비이동 동작), 조작 운동이 있다.

16 〈보기〉에서 유아체육 프로그램 구성 원리 중 특이성에 해당하는 내용으로 묶인 것은? 기출 2017

┌─ 보기 ┐
ⓐ 체력 향상의 다양한 측면보다 일부분만 고려한다.
ⓑ 유아의 유전과 환경 요인을 고려한 개인차를 반영한다.
ⓒ 프로그램 특성의 변화와 순서를 조직적으로 연계한다.
ⓓ 유아의 자발성이나 창의성을 고려하여 계획한다.
└─────────┘

① ㉠, ㉡　　　　　② ㉡, ㉢
③ ㉡, ㉣　　　　　④ ㉠, ㉣

해설 특이성의 원리 : 개개인의 유전과 환경 요인에 따라 발달 정도가 다를 수 있다. 운동발달 프로그램 구성 시 일반화된 특성뿐만 아니라, 개인차를 고려해야 한다.

17 유아의 기본 운동 중 흡수 동작으로만 짝지어진 것은?

① 공 받기, 공 멈추기
② 공 받기, 구르기
③ 던지기, 차기
④ 뻗기, 늘리기

해설 흡수 동작에는 공 받기, 공 멈추기가 포함된다.

18 기본 운동의 분류에서 조작 운동에 포함되는 것은?

① 공 굴리기
② 한 발 들고 뛰기
③ 미끄러지기
④ 흔들기

해설 조작 운동에는 추진 동작과 흡수 동작이 있다. 추진 동작에는 공 굴리기, 던지기, 차기, 치기, 때리기 등이 있다.

19 다음 중 지각 운동의 설명으로 어색한 것은?

① 신체지각 – 신체의 이름을 알고, 앞뒤, 옆, 오른쪽–왼쪽을 이해한다.
② 공간지각 – 앞, 뒤, 위, 아래, 옆 등 방향을 인지한다.
③ 시간지각 – 속도(빠르게, 느리게)와 리듬과 박자를 이해한다.
④ 관계지각 – 신체 간의 관계(가까이, 멀리), 사람과의 관계(짝궁, 만나고 헤어지기), 사물과의 관계를 인지한다.

해설 ・공간지각 : 장소의 높이, 범위, 바닥 모양 등을 인지한다.
・방향감각 : 앞, 뒤, 위, 아래, 옆 등 방향을 인지한다.

20 체력의 개념 설명 중 옳지 않은 것은?

① 행동체력 – 외부 활동을 행하게 하는 능력으로, 근육, 골격, 관절, 신경계를 주체로 하는 기능
② 방위체력 – 물리, 화학적인 스트레스를 저항하는 능력으로 환경적, 질병, 생리적, 정신적 스트레스를 견디는 능력
③ 건강관련체력 – 행동 능력에 관한 것 및 생존 능력에 관한 것 중에서 건강과 밀접한 관계에 있는 것
④ 기술관련체력 – 신체 조성(제지방률, 체지방률, BMI 등), 근력, 근지구력, 심폐지구력, 유연성 등

> **해설** 기술관련체력 : 어떠한 상황 또는 스포츠, 운동 시 필요한 체력적 요소를 말하며, 순발력, 민첩성, 협응력, 평형성, 반응 시간 등이 있다.

21 직접-교사 중심 교수법에 관한 설명으로 옳지 않은 것은?

① 학습자에게 무엇을, 어떻게, 언제 교육할지를 지도자가 모두 결정하는 교수법이다.
② 지도자의 시범과 설명이 주로 이루어진다.
③ 개인 지도할 때 효과적이다.
④ 명령, 연습, 상호작용, 자기 진단 교수법이 포함된다.

> **해설** 직접-교사 중심 교수법은 대그룹을 통솔하며 지도할 때 효과적이다.

22 유아체육 프로그램의 기본 원리 설명 중 바르게 짝지어진 것은?

① 구체성의 원리 – 눈에 보이는 실물의 교구 등을 사용하여 학습하는 것이 효과적이다.
② 개별화의 원리 – 다양한 교재 및 방법들을 제공하여 유아 스스로 선택하고 참여할 수 있도록 환경을 만들어 준다.
③ 자발성의 원리 – 개인의 성격이나 능력별로 교육 방법을 사용해야 한다. 지나친 경쟁 상황을 만들거나 획일적인 교육은 효과적이지 않을 수 있다.
④ 탐구 학습의 원리 – 유아의 흥미를 이끌어 내어 참여하게 하는 것이 매우 중요하며, 재미를 유발할 수 있도록 적절한 프로그램을 구성한다.

> **해설** ② 개별화의 원리 : 개인의 성격이나 능력별로 교육 방법을 사용해야 한다. 지나친 경쟁 상황을 만들거나 획일적인 교육은 효과적이지 않을 수 있다(제시된 설명은 자발성의 원리).
> ③ 자발성의 원리 : 타의에 의해 학습하는 것보다 자발적인 활동 참여를 하는 것이 큰 효과를 얻을 수 있으며, 할 수 있도록 동기 유발을 하는 것이 중요하다(제시된 설명은 개별화의 원리).
> ④ 탐구 학습의 원리 : 유아 스스로 탐구하고 경험하며 문제 해결에 나갈 때 교육 효과를 높일 수 있으므로, 호기심을 자극하고 격려하여 창의력을 키울 수 있도록 도와준다(제시된 설명은 흥미의 원리).

23 간접-학습자 중심 교수법의 설명 중 옳지 않은 것은?

① 학습자가 새로운 동작을 발견하도록 하고, 기억이나 회상이 아닌 인식을 하도록 한다.

② 학습자에게 초점을 맞추는 방법이다.

③ 학습자의 개인차를 인정하고, 다양한 방법으로 도전할 수 있다.

④ 유아에게 능동적으로 할 수 있도록 유도하고, 지도자가 시범을 보인 후, 학습자가 모방하여 연습하게 한다. 그 후 개개인에게 피드백을 제공한다.

해설 ④는 유아-지도자 상호 주도적, 통합적 교수법의 설명이다.

24 운동 프로그램 계획의 설명으로 거리가 먼 것은?

① 연간 계획 – 1년의 교육과정을 위한 계획을 말한다.

② 월간 계획 – 연간 운동 계획안과 연계성이 있어야 한다.

③ 월간 계획 – 시설 및 장비, 다른 행사, 날씨 등을 고려하여 유동적으로 구성할 수 있다.

④ 일간 계획 – 매일 아침 상황에 맞게 구성한다.

해설 연간, 월간, 일간 계획으로 연속성과 계열성을 유지해야 하며, 일간 계획은 수업이 시작되기 3~4일 전에 계획하고 준비하는 것이 좋다.

25 유아기 운동발달의 방향성에 대한 특징으로 적절하지 않은 것은?
기출 2019

① 중심에서 말초로 발달한다.

② 전면에서 후면으로 발달한다.

③ 대근육에서 소근육으로 발달한다.

④ 머리(위)에서 발가락(아래)으로 발달한다.

해설 • 두미 발달의 원칙 : 출생 후 머리와 가슴은 발달해 있고, 몸통과 다리는 점차적으로 발달한다.
• 근원 발달의 원칙 : 몸통이 먼저 성장하고 그 다음 팔다리, 손발의 순서로 발달한다.
• 세분화 발달의 원칙 : 전체에서 부분으로 발달한다. 예로 물건을 잡을 때 손바닥 전체로 잡다가 손가락만으로 잡을 수 있게 된다.

26 운동 프로그램 지도 시 유의 사항 중 적절치 않은 것은?

① 보조 지도자는 기록 보조, 평가 보조, 기구 정리, 심판 활동의 역할을 수행하고, 수업을 적극적으로 이끌어간다.

② 조명 기구의 파손을 막기 위해 보호망 등이 설치되어 있어야 한다.

③ 실외기구 사용 시 파손, 장애물, 깨진 유리 등 위험 요소를 점검해야 한다.

④ 기구 사용 시 유아들이 산만함이나 지루함이 생기지 않도록 수량과 배치에 신경써야 한다.

해설 기구 정리, 기록 보조, 시범, 심판 활동, 팀별 활동, 평가 보조 등의 역할을 수행하며, 보조 지도자임을 망각하고 수업을 이끌어가지 않도록 한다.

27 안전 교육 방법에 대한 설명 중 가장 거리가 먼 것은?

① 하루 일과를 보내면서 경험하게 되는 다양한 상황이나 활동을 통해 학습할 수 있는 안전에 관한 것들을 통합적으로 교육한다.

② 일상에서 발생할 수 있는 안전사고를 예로 들어 교육한다.

③ 유아에게 안전 교육에 관한 책을 읽고 그림으로 표현하도록 한다.

④ 사전에 부모에게 안전 교육을 실시한 후, 가정에서 유아에게 교육을 할 수 있게 한다.

해설 유아기에 책을 읽고 표현하는 것은 어려움이 있을 수 있으므로, 견학이나 전문가 초청 등의 방법을 추가로 할 수 있다.

28 안전사고에 대한 응급 처치 기본 원칙과 거리가 먼 것은?

① 사고를 대비하여 역할을 분담하고 위급 상황에 항상 대비한다.

② 가장 가까운 응급실의 위치 및 연락처, 전화기 비치, 학부모 연락처 등을 파악해 둔다.

③ 외상이 발생한 유아는 전문가의 처치가 중요하므로 119가 올 때까지 기다린다.

④ 상비 약품과 장비를 가까운 곳에 비치한다.

해설 지도자는 응급 처치법과 심폐 소생술을 익혀두어, 응급 처치를 할 수 있어야 한다.

29 응급 처치의 순서에 대해 알맞은 방법이 아닌 것은?

① 사고 장소의 위험성을 판단하고, 안전한 곳으로 옮긴다.

② 호흡과 맥박을 확인한다. 119에 신고하고, 없을 경우 심폐 소생술을 실시한다.

③ 급성 손상의 경우 PRICE 원칙을 지킨다.

④ 계단에 추락한 유아는 빠른 시간에 병원으로 옮겨야 하므로, 안아서 원장님 차로 옮긴다.

해설 추락 사고의 경우 척추 손상의 위험이 있어 함부로 옮기면 2차 손상의 위험이 있어 들것이나 단단한 받침대를 이용하여 이송해야 한다.

30 운동 교재교구의 배치에 대한 설명 중 적합하지 않은 것은?

① 교실, 활동실, 실외 놀이터 등에 기구 배치 시, 기존의 시설과 어울리고 방해받지 않도록 설치한다.

② 시각적인 면보다는 편의성만을 강조하여 배치한다.

③ 기구들을 한 줄 또는 두 줄 등으로 줄을 맞춰 설치해야 유아들이 쉽게 접근할 수 있고, 지도자도 감독하기가 용이하다.

④ 기구들을 원 또는 사각형 등의 모형으로 설치하여 유아들이 돌아가면서 기구를 사용할 수 있도록 구성한다.

해설 도구의 사용 편의성 뿐만 아니라 시각적인 면도 고려하여 배치한다.

23 ④   24 ④   25 ②   26 ①   27 ③   28 ③   29 ④   30 ②

31 **3~5세 누리과정의 구성 방향에 속하지 않는 것은?**

① 초등학교 교육과정이나 0~2세 표준보육과정과는 관계가 없다.

② 질서, 배려, 협력 등 기본 생활 습관과 바른 인성을 기르는 데 중점을 두어 구성한다.

③ 자율성과 창의성을 기르는 데 중점을 두고, 전인 발달을 이루도록 구성한다.

④ 신체 운동·건강, 의사소통, 사회 관계, 예술 경험, 자연 탐구의 5개 영역을 중심으로 구성한다.

해설 3~5세 누리과정은 어린이집과 유치원 어디를 이용하든 생애 첫 출발선에서 수준 높고 균등한 교육 기회를 보장하기 위한 '공통의 보육·교육과정'을 제공하기 위한 과정이며, 초등학교 교육과정과 0~2세 표준보육과정과 연계성을 고려하여야 한다.

32 **3~5세 누리과정의 목표와 거리가 먼 것은?**

① 일상생활에 필요한 의사소통 능력과 외국어 활용 능력을 키운다.

② 자신을 존중하고 다른 사람과 더불어 생활하는 능력과 태도를 기른다.

③ 아름다움에 관심을 가지고 예술 경험을 즐기며, 창의적으로 표현하는 능력을 기른다.

④ 호기심을 가지고 주변 세계를 탐구하며, 일상 생활에서 수학적·과학적으로 생각하는 능력과 태도를 기른다.

해설 외국어 활용 능력은 누리 과정의 목표에 포함되지 않는다.

정답
31 ① 32 ①

필수과목 02

노인체육론

01 노화의 개념

(1) 노화에 대한 정의 [기출] 2017, 2015

① 사전적 의미 : 나이가 들면서 생기는 쇠퇴적인 변화 현상을 말한다. 세포가 손상되면서 신체 기능이 저하되는 것을 노화라 한다. 신체적·정서적 변화가 나타난다.

② 노화의 분류 [기출] 2015

㉠ 보편적 노화 : 신체 손상, 질병, 신체 기능 저하 및 신체 장애와 죽음에 이르는 과정을 말한다.

㉡ 병적 노화 : 특정 질병에 대해 취약하거나 부정적인 생활 방식(과음, 흡연, 나쁜 식습관 등)을 지속하여 생기는 신체 장애나 죽음에 이르는 노화를 말한다.

㉢ 성공적 노화 : 신체 건강, 개인적 성장, 정서적 안녕 및 안정적인 사회적 관계 유지, 여가를 즐길 수 있는 경제력 등을 지닌 상태

(2) 노화의 변화 [기출] 2015

① 신체적 변화 [기출] 2020

㉠ 체성분 변화[지방 증가, 근육 저하(근위축증)], 골다공증 발생, 혈당 증가 등

㉡ 80세 기준, 최고 능력의 고음역 청각은 30%, 안정 시 심박출량 45%, 폐활량 50~60%, 저음역 청각, 후각, 악력 70%, 신경 전달 속도 85%를 유지한다.

② 정서적 변화 : 무력감, 우울감, 불안감 증가, 자신감 결여, 사회 활동 저하 등

(3) 노화의 과정 및 사회·문화적 인식

① 노화의 과정

㉠ 인간발달이론에 따른 과정 : 신생아기(출생 후 2~4주) – 영아기(3세 미만) – 유아기(3~6세) – 아동기(7~12세) – 청소년기(13~19) – 청년기(20~34세) – 중년기(35~ 64세) – 노년기(65세 이상)

ⓛ 에릭슨의 심리사회적 발달 단계 [기출] 2022, 2017, 2016

단계	연령	심리	발달 과제
1	0~1세	신뢰감 대 불신감	세상은 안전하고 살만한 곳이라는 느낌을 갖는 것
2	1~3세	자율심 대 수치심	결정할 수 있는 독립된 인간이라고 인식하는 것
3	3~6세	주도성 대 죄책감	새로운 것을 시도하고 실패를 처리할 수 있는 능력을 개발하는 것
4	6~12세	근면성 대 열등감	기본적 기술을 배우고 다른 사람과도 함께 일하는 것을 배우는 것
5	12~19세	정체감 대 정체감 혼돈	지속되고 통합된 감정을 개발하는 것
6	성인기	친밀감 대 고립감	사랑을 나누는 관계를 다른 사람과 공유하는 것
7	중년기	생산성 대 침체감	자녀 양육과 보호 또는 다른 생산적 일을 통해 젊은이에게 기여하는 것
8	노년기	통합감 대 절망감	자신의 인생을 만족스럽고 가치 있는 삶으로 관조하는 것

② 사회·문화적 인식

ㄱ 고령(old age) : '고용상 연령차별금지 및 고령자고용촉진에 관한 법률 시행령'(제2조)에 의거 고령자는 만 55세 이상, 준고령자는 50~55세 미만

ㄴ 노인의 기준

ⓐ 65세 이상[노인복지법(1981)], 단계적으로 70세로 조정하려고 검토 중이다.

ⓑ UN은 65세 이상으로 정함. '0~17세 미성년자, 18~64세 청년, 66~79세 중년, 80~90세 노년, 100세 이상은 장수 노인'으로 새롭게 정의함

ㄷ 연대기적 연령(chronological age)으로 구분 [기출] 2020, 2018

ⓐ 연소 노인 : 67~74세

ⓑ 중고령 노인 : 75~84세

ⓒ 고령 노인 : 85~99세

ⓓ 초고령 노인 : 100세 이상

ㄹ 노화 인구와 사회 [기출] 2015

ⓐ 고령화 사회(Aging Society) : 총인구 중 7% 이상이 65세 이상인 사회

ⓑ 고령 사회(Aged Society) : 총 인구 중 14% 이상이 65세 이상인 사회

ⓒ 후기 고령 사회(post-aged Society) 또는 초고령화 사회 : 총 인구 중 20% 이상이 65세 이상인 사회

02 노화와 관련된 이론 [기출] 2015

(1) 노화와 관련된 생물학적 이론

① 분자 수준의 이론

ㄱ 유전적 결정이론 : 노화 속도를 결정하는 특정 유전자가 정해진 때에 작용한다는 이론

ⓒ 유전자돌연변이이론 : DNA 복구 시스템의 문제로 돌연변이 세포가 만들어지고 이로 인해 노화가 일어난 다는 이론

ⓒ 프로그램이론 : 얼마나 살시 미리 프로그램되어 있고, 유전자는 일정한 분열 횟수가 정해져 있다는 이론

② 세포 수준의 이론 [기출] 2019, 2017

   ⓐ 자유기(활성산소)이론 : 자유기는 호흡한 산소가 에너지를 만들고 물로 환원되는 과정에서 나타나는 수천 배 산화력이 높은 산소찌꺼기이다. 몸속에서 발생되거나 스트레스, 자외선, 세균 침투에 의해서도 나타 나며, 에너지 제공, 박테리아 제거의 역할이 있지만, 과도할 경우 세포막, DNA와 RNA 구성 요소, 세포 대사와 세포 분열의 필요한 효소를 손상시켜 산화 작용을 촉진하여 노화를 일으킨다.

   ⓑ 마모이론 : 오래된 세포와 조직은 마모 현상이 발생하여 노화가 발생한다는 이론

   ⓒ 교차결합이론 : 세포 내 분자들에서 교차결합이 발생하는데, 서로 엉키게 되어 세포 내부의 영양소와 화 학전달물질 수송을 방해하여 노화가 발생한다는 이론. 교차결합은 자유기에 의한 산화 작용의 증가와 밀 접한 관계가 있다.

   ⓓ 신체적변이이론 : 세포가 여러 가지 자극에 의해 상해를 입으면 세포의 원형을 변형시켜 노화를 일으킨다 는 이론이다.

   ⓔ 면역반응이론 : 백혈구가 인체 내 해로운 물질을 식별하는 능력을 상실해 감으로써 노화가 촉진된다는 이론이다.

③ 점진적 불균형 이론 : 인체 각 기관들이 다른 속도로 노화하면서 생물적 기능, 중추신경계와 내분비계의 불균 형을 발생시키고, 이런 문제는 호르몬 불균형과 부족을 초래하여 노화가 된다는 이론

(2) 노화와 관련된 심리학적 이론 [기출] 2022, 2016, 2015

① 분리이론 : 나이가 들면서 체력과 활력이 줄어들어 유지해 온 사회관계 및 역할을 지속하기 어렵고, 사회에서 도 노인을 분리시키고 개입시키지 않으려 한다. 또한 노인은 나이가 들어감에 따라 스스로 사회에서 멀어지 길 원한다. 이를 커밍과 헨리(1961)는 '분리'라고 표현하였다.

② 활동이론 : 해오던 것과 비슷한 사회적·심리적 욕구가 있어 은퇴 이후에도 다른 활동으로 사회 참여를 추구 한다는 이론이다(Havighurst, Neugarten, Tobin, 1985). 사회 참여가 많을수록 삶의 만족도가 높다.

③ 발달과업이론 [기출] 2020

발달과업이란 인간이 주어진 사회에서 타고난 성숙과 학습의 가능성을 가지고 발달해 나가는 과정에서 반드 시 배우고 성취해야 할 일들을 말한다. 그 과업을 성취하면 행복을 누릴 수 있고, 후에 겪게 될 과업을 해결 해 나갈 수 있다. 그러나 실패하면 개인적인 불행과 사회에서 인정을 받지 못하고 후일에 다가올 과업도 해 결할 수 없게 된다. 하비거스트는 발달과업의 개념을 발달의 전망의 측면에서 정상적인 인간 발달을 기술하 는 데 사용하였다. 노년기 과업은 다음과 같다.

   ⓐ 자신의 체력 감소와 건강에 대해 적응

   ⓑ 퇴직과 수입 감소에 적응

ⓒ 배우자의 사망에 적응

ⓔ 동년배와 친밀한 관계 유지

ⓜ 사회적, 시민적 책임 이행

ⓗ 만족스런 생활조건 구비

④ **지속성이론** : 성인기에 습관, 경향, 취향이 만들어지고 노년기까지 그대로 이어진다. 노년기에 "옛 것"과 "새로운 것" 사이에 갈등이 생길 수 있으며, 이때 "옛 것"을 억제하여 성격이 변한 것으로 보일 수 있다.

⑤ **사회교환이론** : 사회적 상호작용을 행위자 간에 가치 있는 물질적·비물질적 보상을 주고받는 교환 과정으로 이해하는 이론이다. 노인은 젊은이와 상호작용 시 훨씬 적은 권한을 가지고 있는데, 이는 건강, 대인관계, 수입, 낮은 교육 등의 이유에서 기인한다.

(3) 노화와 관련된 사회학적 이론 [기출] 2022, 2015

① **연령문화이론** : 사회에는 연령군에 맞는 역할과 규범이 있다. 노인은 신체적·정신적·사회적 적응력이 쇠퇴하지만, 그에 맞는 적절한 역할을 담당해야 한다. 문화적 존재인 인간 사회에서는 노령이란 이유로 역할과 지위가 쇠퇴하지 않고, 오히려 높은 지위와 권력을 인정받는 경우도 있다.

② **현대화이론** : 현대화되면서 인간의 관념을 변화시켜 노인의 지위와 역할에 영향을 주었다. 과거 전통 사회에서는 정치가, 원로, 전문가 등 높은 지위를 유지하였으나 산업화 사회 이후 높은 수준의 최신 기술과 정보가 사회를 지배하게 되었다. 과거 노인이 독점하던 전문가 역할은, 현재에는 새로운 교육을 받은 전문가에게 옮겨가게 되었다. 이로 인해 노인은 권위에 대한 도전을 받게 되었다.

③ **하위문화이론** : 노인들이 스스로 자아 인식과 사회적 독자성을 하위문화에 소속시킴으로써 유지한다는 이론이다. 하위문화는 사회 내의 특정 구성원들이 사회 내의 다른 구성원보다는 같은 그룹 내의 구성들과의 교류가 많을 때 형성된다. 이러한 상호작용은 같은 그룹내에서 배경, 문제, 관심 등의 공감대가 형성되며, 다른 집단과의 교류 시 배제될 때에 생기는 것으로 여겨진다. [기출] 2017

---

03 노화에 따른 신체적·심리적·사회적 변화

(1) 신체적 특성 변화

① 외형상의 변화

㉠ 피부와 근육

ⓐ 피부가 얇아지고 탄력이 감소하여 얼굴과 몸에 주름이 생기고, 얼굴이 변한다.

ⓑ 잔주름, 검버섯, 잡티, 쥐젖과 같은 돌기가 생기고, 모세 혈관이 확장되어 피부에 비친다.

ⓒ 근육 퇴화로 근력, 근파워가 감소한다. 50세 때 2~30세 때의 절반 수준으로 감소한다.

ⓓ 노년기가 될수록 근위축증이 급격히 증가한다.

ⓛ 키와 몸무게

 ⓐ 키가 줄어들고 등이 굽는다(연골이 얇아지고 압축된다). 55세 이후 2.5cm 정도 감소한다.

 ⓑ 몸무게는 50대 중반까지 승가하다 점차 감소하는 경향을 보이며, 노년기에도 지방은 계속 증가하는 경향이 있다.

 ⓒ 골다공증이 증가하며, 낙상의 위험이 높다. 낙상으로 인해 거동이 불편해지면 욕창, 폐렴 등의 2차 합병증이 발생하기 쉽고 사망에 이르기도 한다.

 ⓓ 퇴행성 관절염이 발생하며, 지속적인 관리가 필요하다.

② 신체의 기능적 변화　기출 2022, 2018, 2017

ⓞ 신경계의 변화

 ⓐ 뉴런이 줄어들고 뇌의 무게와 용량이 감소한다.

 ⓑ 반응 속도가 느려지고 약해지며, 외부 자극에 적응하는 데 오래 걸리고, 잘 못한다.

ⓛ 순환기와 호흡기의 변화

 ⓐ 동맥 내벽에 콜레스테롤, 중성지방, 인지질, 칼슘 등의 축적되어 혈관이 좁아지다가 막히게 되는 동맥경화증이 증가한다. 이로 인해, 고혈압이 발생한다.

 ⓑ 폐활량은 비슷하나, 폐의 잔존량이 증가하여 효율성이 떨어지고, 산소함유량이 낮아진다.

ⓒ 소화기와 내분비계의 변화

 ⓐ 소화효소 분비 감소, 위장근육 약화, 치아 결손 등으로 소화 기능이 감퇴되고, 대장근육의 탄력 감소로 변비가 발생한다.

 ⓑ 타액이 줄어들어 구강 건조증이 생기고, 철분, 리보플라빈, 엽산의 장 흡수가 감소하여 노인성 빈혈이 생긴다.

 ⓒ 방광의 용적이 절반 정도 줄어들어 빈뇨가 생긴다.

 ⓓ 갑상선 호르몬은 노화 지연과 관계가 있다[월포드(Walford)의 실험].

 ⓔ 흉선은 면역 체계의 중요한 역할을 하여, 노화 속도에 영향을 미친다.

ⓡ 생식기계의 변화

 ⓐ 여성의 경우 갱년기에 이르면 폐경과 함께 에스트로겐 분비가 감소(1/6로 저하)되어 큰 변화를 겪는다.

 ⓑ 남성은 점진적으로 조금씩 쇠퇴되는데, 신체적 또는 심리적 스트레스와 관련하여 개인 차이가 있다.

(2) 심리적 특성 변화

① 인지 변화의 경향

ⓞ 감각 · 지각 능력이 감퇴하고, 지적 능력이 저하되며 기억력과 학습 능력이 떨어진다.

ⓛ 지능의 쇠퇴는 연령 변인(16~25%)보다는 동시대 출생 집단(cohort), 교육 수준, 경험, 불안 수준, 직업, 건강, 심리 상태의 요인(75~84%)이 크다.

ⓒ 지속적인 사회 생활을 할 경우 경험과 관련된 심리 기능은 유지 혹은 증가할 수 있다.

② 성격 특성의 변화

　㉠ 우울증 증가 : 질병, 배우자 사별, 경제적 어려움, 가족·사회적 고립 등 이러한 스트레스는 우울증을 증가시킨다.

　㉡ 내향성과 수동성 증가 : 내향적인 성격으로 변하고, 신체 및 인지 능력 감퇴로 인해 어떤 문제에 대해 능동적인 해결보다는 우연, 체념 등의 의존적인 수동성이 늘어난다.

　㉢ 양성화 경향 : 호르몬의 변화와 억제되어 표현하지 않은 행동 특성들을 표현하게 되면서 전통적인 성역할이 변하게 된다. 남성 노인은 의존성, 관계지향성, 친밀성 등이 증가하며, 여성적으로 변하며, 여성 노인은 능동적, 권위적으로 되며, 공격성, 독립성, 자기주장적이 되어 가면서, 남녀 노인들이 서로 양성화가 되어가는 경향을 보인다.

　㉣ 사물에 대한 애착심 : 친숙한 물건들에 대한 애착심이 강해진다. 사진, 골동품, 일상용품에게 정서적 안정감을 얻는다. 오랜 물건들을 버리지 못하는 심리가 이것 때문이라 할 수 있다. 반려동물에게도 큰 애착심을 갖는다.

　㉤ 유산을 남기려는 경향 : 나이가 들수록 죽음을 인식하게 되고, 흔적으로 남기려는 욕구가 강해진다(자녀, 작품, 골동품, 재산, 업적 등).

(3) 사회적 특성의 변화 [기출] 2016

① 사회적 지위와 역할 변화 : 사회적 역할이 줄어들고 지위가 낮아지는 가장 큰 이유는 경제적인 약화가 원인이다. 이러한 변화는 심리적 상실과 고통으로 이어진다.

② 한국 노인의 사회적 특성

　㉠ 자녀에 의존 : 자녀에게 헌신한 세대이고, 사회보장제도의 미흡, 가부장적인 성향과 남아 선호 사상 등이 혼합되어 자녀에게 의존하는 경향을 보이나 지금 노인 세대가 마지막이 될 것이다.

　㉡ 희생적 가족주의 : 부모의 희생이 당연시되었고, 권위를 지키기 위해 헌신하고 모범이 되어야 한다고 생각한 세대이다.

　㉢ 가부장적 권위주의 : 전통적 유교 이념으로 가부장적인 성향이 강하였으나, 현대에는 젊은 세대와 충돌을 일으키고 있다.

02 노인의 운동 효과

01 운동의 개념 기출 2017

(1) 운동

특정한 목적을 가지고 계획적, 구조적, 반복적으로 하고, 체력, 수행력, 건강 등의 개선 및 유지를 목적으로 실시하는 신체활동을 말한다.

(2) 신체활동

골격근의 수축으로 일어나는 신체의 모든 움직임을 말하며, 걷기, 장보기, 계단 오르내리기, 청소하기 등의 일상적인 활동을 의미한다.

(3) 체력의 요소

① 근력 : 근육이 최대한 발휘하는 힘을 말한다. 노인은 근감소증이 발생하므로 꾸준한 근력 운동이 필요하다.

② 근지구력 : 동일한 근수축 운동을 반복적으로 지속할 수 있는 능력을 말한다. 보통 '체력 좋다'라고 하는 요소이다. 빠른 피로 회복과도 관계가 있다.

③ 순발력(파워) : 짧은 시간 동안 큰힘을 발휘할 수 있는 능력이다.

④ 심폐지구력 : 심혈관계의 능력으로 전신 활동을 지속할 수 있는 능력을 말한다. 노인이 되면 심혈관계의 문제가 많이 생기므로 적절한 심폐 기능 향상 운동이 필요하다.

⑤ 민첩성 : 최대한 빠르게 방향을 전환하는 능력을 말한다.

⑥ 유연성 : 관절의 가동 범위, 잘 늘어나는 성질

⑦ 평형성 : 신체를 일정한 자세로 유지하는 능력. 나이가 들수록 약화되므로 반드시 실시해야 한다.

02 운동의 효과 기출 2022, 2020, 2015

(1) 운동의 신체적 효과

① 당뇨병과 대사증후군 위험 요인이 감소한다.

② 심혈관계 질환의 위험이 줄어든다.

③ 뼈와 근육이 강화된다.

④ 일부 암의 발생 위험이 적어진다.

⑤ 체중 조절을 할 수 있다.

(2) 운동의 심리적 효과

    ① 스트레스와 불안 감소

    ② 자신감 회복

    ③ 컨디션 회복

    ④ 인지 기능 향상

(3) 운동의 사회적 효과 기출 2018, 2016, 2015

    ① 사회성 발달 및 사회적 유대감 강화

    ② 새로운 인간관계 형성

    ③ 독립적이고 자립적인 상태 유지

    ④ 선의의 경쟁, 타인 존중, 규범 준수, 응집력, 공동체 의식 배양

필수과목 노인체육론

03 노인운동 프로그램의 설계

01 운동 프로그램의 요소 기출 2015

(1) 운동 빈도

① 운동 프로그램을 주당 실시한 총 횟수를 말한다.

② 유산소 운동은 주당 3~5일 권장한다. 주 3일 미만은 효과가 적고, 주 5일 초과는 근골격계 손상 위험률을 증가시킬 수 있다.

③ 초보자는 낮은 강도부터 점차적으로 증가하고 건강한 대상자는 다양한 형태로 변화를 주어 실시할 수 있다.

(2) 운동 강도 기출 2022, 2020

① 단위 시간에 있어서의 운동량을 말한다.

② 유산소성 운동은 목표 심박수(카보넨 공식) 또는 운동 자각도(RPE)로, 저항 운동은 최대반복수와 부하량을 이용해 설정한다.

> 카보넨 공식 = [(220 − 자기 나이 − 안정시 심박수) × 운동 강도] + 안정시 심박수

(3) 운동 시간

① 수행한 신체활동 시간의 양적 기준을 말한다(몇분/회당·주당·1일).

② 일반 성인의 경우 중강도로 30~60분/1일(주당 150분) 또는 고강도로 20~60분/1일(주당 75분) 운동을 권고한다.

③ 회당 최소 10분씩 하루 여러 회 실시 형태도 대상자에 따라 효과가 있다.

(4) 운동 형태

① 목적에 맞는 운동을 선택하고 개인의 흥미도 고려해야 한다.

② 저항 운동(근력, 근지구력), 유산소성 운동, 유연성 운동 등 필요한 체력 요소를 결정한 후 세부 종목을 선택한다.

(5) 운동량

① 운동량은 (빈도 × 강도 × 시간)을 말한다.

② MET-min · wk^{-1}와 kcal · wk^{-1}를 사용한다.

③ 500~1,000MET-min · wk^{-1}이 적절하고, 이는 중강도로 주당 1,000kcal 또는 약 150분 수준의 운동에 해당한다.

(6) 점증

① FITT의 요소 중 하나 이상을 견딜 수 있는 수준으로 증가시키는 것이다.

② 초보자는 1~2주마다 운동 시간 5~10분 증가가 적절하다.

③ 4주 이상 규칙적으로 운동한 경우 빈도, 강도, 시간을 4~8개월 걸쳐 상향 조절할 수 있다.

④ 피로, 근육통, 호흡 단축 발생 시 강도 조절이 필요하다.

(7) 트레이닝의 원리 `기출` 2020

① 과부하의 원리 : 평소보다 조금 더 부하를 주어야 한다는 원리

② 점증 부하의 원리 : 점차적으로 강도를 높여야 한다는 원리

③ 개별성의 원리 : 개인차에 따른 훈련을 해야 한다는 원리

④ 특수성의 원리 : 운동 목적에 맞는 대사성 운동(근력, 근지구력)을 해야 한다는 원리

⑤ 가역성의 원리 : 운동을 하다가 멈추면 다시 체력이 떨어진다는 원리

02 지속적인 운동 참여를 위한 동기 유발 방법

(1) 행동변화이론 `기출` 2022, 2020

① 범이론적 모델(제임스 프로차스카) `기출` 2018, 2017

행동 단계	특징	전략
계획 이전 단계	• 행동 변화를 할 의사가 없음 • 문제를 인식하지 못함	인지 유도
계획 단계	• 문제를 인식 • 변화할 의사가 있음 • 계획은 없음 • 다음 단계로 넘어가지 못하는 경우가 많음	인지 유도
준비 단계	• 1개월 이내에 행동할 계획 있음 • 과거 실패했던 경험이 있음 • 작은 변화가 나타남	행동 실천 교육
행동 단계	• 문제를 극복하기 위한 행동 수정을 함 • 시간과 정성이 필요함 • 1~6개월 지속됨	중재
유지 단계	• 새로운 습관이 6개월 이상 지속됨 • 중독성 또는 습관	지지

② **건강 신념 모델** : 건강 행동을 설명하고 예측하려는 심리 모델이며, 개인의 태도와 신념에 초점을 맞춤으로써 이루어진다.

　ⓐ **인지된 감수성** : 특정 건강 문제가 생길 가능성을 개인이 인식하는 것

　ⓑ **인지된 심각성** : 건강 문제의 상대적 심각성을 개인이 인식하는 것

　ⓒ **인지된 유익성** : 제안된 건강 행동들의 예상되는 가치를 개인이 인식하는 것

　ⓓ **인지된 장애 요인** : 제안된 건강 행동을 하는 데 나타나는 부정적인 측면, 즉 장애 요인에 대한 인식

　ⓔ **행동의 계기** : 교육 대상자들의 인식 속에 적절한 신념을 불러일으킴으로써 건강에 대한 의사결정 시 도움을 준다.

③ **학습이론** : 학습이란 경험이나 연습의 결과로 일어나는 행동의 변화를 말한다. 행동의 변화가 일어나는 과정에 대해서는 행동주의 이론과 인지주의 이론으로 크게 나뉜다.

④ **계획된 행동이론** : 태도와 주관적 규범, 지각된 행동 통제감, 행위 의도, 행동을 포함하는 개념으로 광고나 공공 캠페인 등 설득 커뮤니케이션의 다양한 분야에서 광범위하게 사용되는 이론이다.

⑤ **생태학이론** : 생태학이론은 브론펜브레너가 1979년에 주장한 것으로, 인간은 환경과 끊임없이 상호교류하며 적응하는 진화적인 존재라는 것이다. 주요 개념은 다음과 같다.

　ⓐ **상호교류** : 개인과 환경 간의 상호 교환

　ⓑ **적합성** : 개인의 적응적 욕구와 환경의 속성간의 조화를 이루는 정도

　ⓒ **적응** : 인간이 욕구와 열망에 부응하도록 환경을 변화시키거나, 수용할 수 있는 또는 변화시킬 수 없는 환경의 요구에 부응하도록 자신을 적극적으로 변화시키는 활동적이고 창조적인 과정

　ⓓ **유능성** : 개인이 환경과 효과적으로 상호작용할 수 있는 능력

　ⓔ **긴장** : 인간과 환경의 복잡한 상호작용 속에서 일상적인 적응적 균형의 혼란

　ⓕ **대처** : 생활스트레스에 의해 발생되는 욕구를 해결해 나가기 위해 고안된 새롭고 특별한 행동들

　생태학적 환경의 상호교류에서는 체계를 미시체계, 중간체계, 외부체계, 거대체계, 시간체계로 나누었다.

(2) 동기 유발 및 목표 설정

① 동기 유발 요소

요소	내용
건강 관련	• 신체적 컨디션 증가 • 건강 증진과 질병 위험 감소 • 재활 및 체력, 신체 능력 증가 • 낙상 위험 감소
정신 건강 관련	• 스트레스, 불안 감소 • 우울증 감소 • 활력 및 정신 건강 증진
외모 관련	• 체중 관리 및 유지 • 외모 유지
사회적인 요소	• 사회 활동 및 교류 • 가족, 친구, 의사 등의 권유
기타	• 즐거움 • 개인의 도전을 위해

② 목표 설정 기출 2018, 2015

ⓐ 가능할(측정 가능한) 수 있는 목표여야 한다.

좋은 예 "5월 운동 프로그램에 주 2회씩 총 8회를 참석하겠다."

나쁜 예 "5월에는 운동을 많이 해야지"

ⓑ 구체적인 목표여야 한다.

좋은 예 "월·수·금 오전 10시에 한 시간씩 운동하겠다"

나쁜 예 "시간 날 때 열심히 해야지"

ⓒ 현실적인 목표여야 한다.

좋은 예 "걷기 운동을 매달 5분씩 늘려가겠다"

나쁜 예 "마라톤 풀코스를 완주해야지"

ⓓ 결과보다는 행동의 결과를 목표하여야 한다.

좋은 예 "근력 운동을 주 2회, 유산소 운동은 주 3회 해야겠다"

나쁜 예 "체중 5kg을 빼야지"

③ 자아효능감 기출 2020, 2018, 2016, 2015

ⓐ 반두라는 인간이란 감정, 사고, 행동을 통제할 수 있는 자기 반영적인 능력을 지니고 있다고 보고, 자기효능감을 강조하였다.

ⓑ 자신이 어떤 일을 잘해 낼 수 있다는 개인적 신념을 말한다.

ⓒ 다음의 네 가지 요인을 통해 자기효능감이 형성된다고 하였다.

ⓐ 성취 경험 : 목표를 달성하기 위해 시도한 결과, 성공과 실패를 얼마나 했느냐에 따라

ⓑ 대리 경험 : 타인의 성공과 실패를 목격한 대리 경험에 따라

ⓒ 언어적 실득 : 타인의 응원과 격려에 따라

ⓓ 정서적 각성 : 불안과 좌절 등 정서적 반응을 조절하는 능력에 따라

03 운동 권고 지침 및 운동 방안

(1) 노인 신체활동 권고 지침 기출 2019

① 신체 기능과 건강 향상 및 독립적인 생활과 낙상 예방을 위한 운동이 필요하다.

② 가급적 매일 중강도 이상의 운동을 누적 30분 이상 할 것을 권고한다.

③ 주 2회 저항 운동(근력, 근지구력)을 권장한다.

④ 주 2~3회 이상 유연성 운동 및 평형성 운동(근신경 운동)을 권장한다(요가, 태극권 등).

⑤ 운동 프로그램 시작 전에는 건강 검사와 체력 검사를 권장한다.

⑥ '국민체력 100'에서 실시하는 노인을 위한 체력 검사는 다음과 같다. 기출 2022, 2017, 2016

요인		측정 항목
근기능	상지	상대악력
	하지	의자에 앉았다 일어나기 (회/30초)
평형성		의자에 앉아 3m 표적 돌아오기 (초), (미국 2.44m)
유연성		앉아서 윗몸 앞으로 굽히기 (cm)
심폐지구력		6분 걷기 (m)
		2분 제자리 걷기
협응력		8자 보행 (초)

⑦ 리클리와 존스(Rikli & Jones)의 노인 체력 검사는 다음과 같다.

㉠ 의자에 앉았다가 일어서기(30초-회)

㉡ 아령 들기(30초-회)

㉢ 6분 걷기(m)

㉣ 2부 제자리 걷기(m)

㉤ 앉아 앞으로 굽히기(cm)

㉥ 등뒤에서 양손 마주잡기(cm)

㉦ 244cm 왕복걷기(초)

⑧ 사회적 지원, 자기효능감, 건강 선택 능력, 안전 인식과 같은 행동 전략을 활용하여 규칙적인 운동에 참여하도록 유도한다.

⑨ 참가자가 가슴 통증을 호소하거나, 하지 경련, 거친 호흡, 창백한 얼굴, 현기증, 급격히 혈압이 상승할 때(수축기 250 이상, 이완기 115 이상), 심부전 증상, 고온다습, 추위 및 본인이 중지를 원할 때 등에는 안전을 위해 운동을 중지해야 한다.

(2) 노인 신체활동 프로그램의 개요 및 구성 `기출` 2018, 2017, 2015

① 과부하의 원리를 적용한다.

② 특이성(특수성)의 원리를 적용한다.

③ 기능적 운동(기능적 관련성)을 실시한다. 일상생활의 동작과 같은 형태의 운동을 말한다.

> `예` 장바구니 나르기 – 파머즈 워킹, 눈길 걷기 – 발란스 패드를 이용한 평형성 운동 등

④ 도전 가능한 난이도를 실시한다. 안전에 유의하면서, 적절한 과제를 제공한다.

⑤ 적응(수용)의 원리를 적용한다. 무리하거나 통증이 생기지 않는 범위에서 스스로 안전하다고 느끼는 수준을 넘지 않도록 구성해야 한다.

(3) 건강한 노인을 위한 신체활동 방안 `기출` 2020

① 노인을 위한 신체활동 방안은 다음과 같이 정리할 수 있다. `기출` 2022, 2019

	유산소 운동	저항 운동(근력, 근지구력)	유연성 운동
빈도	• 중강도 5일 이상/주 • 격렬한 신체활동 3일 이상/주 • 중강도~격렬한 강도 3~5일/주	2일 이상/주	2일 이상/주
강도	5~6 중강도, 7~8은 격렬한 강도(0~10까지 척도 기준)	중강도 1RM의 60~70%, 저강도 1RM의 40~50% 또는 5~6 중강도, 7~8은 격렬한 강도 (0~10까지 척도 기준)	약간 당기는 느낌이 들 정도
시간	30~60분/일, 150~300분/주 또는 격렬한 강도 20~30분/일 75~100분/주	대근육군 8~10 종류를 각 8~112회 반복하고 1~3세트 실시한다.	동작당 30~60초
형태	걷기 위주, 수중 운동, 고정식 자전거는 관절염, 비만 등의 제한이 있는 사람에게 적합	웨이트 트레이닝, 체중 부하 체조, 계단 오르기 등	정적 스트레칭, 느린 동적 스트레칭

② 노인의 5가지 기능 상태[스피르두소(W. Spirduso)] `기출` 2019

㉠ 신체적 엘리트 : 격렬한 스포츠, 경쟁스포츠를 할 수 있는 신체 상태

㉡ 신체적 적정 : 평균적인 체력 상태이며 가벼운 스포츠와 운동을 할 수 있는 상태

㉢ 신체적 자립 : 기능적으로 양호하지만, 체력과 신체활동이 낮은 상태

ⓔ **신체적 허약** : 주요 일상생활 활동(IADLs : 집안일, 약복용, 식사 준비, 쇼핑 등)에서 도움이 필요한 상태

ⓜ **신체적 의존** : 일상생활 활동(ADLs : 목욕, 옷입기, 화장실 가기 등)에서 도움이 필요한 상태

ⓗ 각 상태별로 운동 강도와 종목을 조절하여 지도하여야 한다. `기출` 2016

③ 유연성 운동의 종류 `기출` 2020, 2019

ⓖ **정적 스트레칭** : 느리고 일정한 속도로 스트레칭 동작을 수행하는 것으로 일반적으로 가장 많이 사용되는 방법. 보통 10~30초 실시한다. 가장 안전한 방법이다.

ⓛ **동적 스트레칭** : 빠른 동작으로 수행하지만 반동을 주지 않는다. 걸으면서 팔 늘려주기와 같은 동작들이다. 체온을 빠르게 높여주어 운동 전에 실시하면 효과적이다.

ⓒ **탄성스트레칭** : 스트레칭 동작의 마지막 범위에서 탄성을 이용하여 동작에 반동을 주는 스트레칭 방법. 부상의 우려가 있다.

ⓔ **고유수용성 신경근 촉진(PNF)** : 근육과 건에 등척성 수축을 한 후 정적 스트레칭을 하는 방법으로 효과적이고 안전한 방법이다.

④ 평형성 및 가동성 운동 `기출` 2022

ⓖ **평형성(balance)** : 정지하거나 움직일 때 지지면에 대하여 신체의 무게중심(COM)을 제어하는 과정

ⓛ **가동성(mobility)** : 한 장소에서 다른 장소로 독립적으로 안전하게 이동할 수 있는 능력

ⓒ 운동시간마다 10~15분 정도 평형성과 가동성 운동을 할당해야 하고, 준비운동이나 정리운동에 포함하여 구성할 수 있다.

ⓔ 짐볼에 앉기, 발란스 패드에 서기, 평균대 걷기 등 무게중심의 변화를 주어 자세 유지나 제어능력을 향상시킨다.

ⓜ 평형성에 관여하는 체성감각계, 시각계, 전정계를 자극하는 운동을 한다.

감각계	내용
체성감각계	눈을 감거나(선글라스를 쓰거나) 다른 과업을 하게 한다(책읽기, 공 던지고 받기 등), 단단하고 넓은 지지면에서 운동을 하게 한다.
시각계	시선은 한곳에 고정하도록 한다(언어신호를 준다). 앉아서 하는 운동에서는 엉덩이와 발 아래의 바닥, 서 있거나 이동하는 운동에서는 지지면을 바꾼다[발란스 패드, 짐볼(앉아서 하는 운동시), 1/2 폼롤러 등].
전정계	눈을 감거나(선글라스를 쓰거나) 다른 과업을 하게 한다(책읽기, 공 던지고 받기 등), 불안정한 지지면에서 운동을 하게 한다.

ⓗ 발목, 엉덩이, 스텝 전략은 앞뒤로 몸의 흔들림을 제어하거나 안정성이 제한되었을 때 새로운 지지 기저면을 재확립하는 데 사용된다.

전략	조절
발목	• 몸을 앞뒤로 느리게 흔든다. 상하체가 같은 방향으로 움직이고 뒤꿈치가 들지 않게 한다(수의적 조절). • 밀거나 당기는 등의 약한 외부 저항을 준다(불수의적 조절).
엉덩이	• 빠른 속도로 몸을 크게 앞뒤로 흔든다(수의적 조절). • 좁은 빔이나 1/2 폼 롤러 위에 선다. • 서 있는 자세가 안정적이면 손을 뻗어 앞쪽에 물건을 잡으려고 한다(수의적 조절). • 밀거나 당기는 등의 중가 정도의 외부 저항을 준다(불수의적 조절).
스텝	• 안정적인 자세가 벗어나도록 몸을 앞, 뒤, 옆으로 기울인다(수의적 조절). • 선 자세에서 큰 외부 저항을 준다(불수의적 조절). • 허리에 저항밴드를 묶고 앞으로 걷게 한 다음, 예상치 못 하도록 밴드를 놓는다(불수의적 조절).

(4) 노인 선호 주요 스포츠 실시에 따른 주의 사항

① 심신 수련 운동

㉠ 체력 향상에 초점을 두기보다 정신의 발달, 자기 관절, 자세, 근육의 유연성, 평형성 및 운동감각을 발달시키기 위한 중간 강도의 신체 운동과 명상이나 내적 성찰을 하는 과정을 말한다. 대표적으로 요가, 태극권, 기공 수련, 필라테스, 알렉산더 테크닉, 펠덴크라이스 등이 있다.

㉡ 주의 사항

ⓐ 평형성이 좋지 않으므로 낙상에 유의한다.

ⓑ 급격한 자세 변화(물구나무 등)로 인해 심혈관계에 부담을 줄 수 있다.

ⓒ 버티기 자세나 머리가 아래로 향한 자세 많은 요가에서는 혈압에 주의해야 한다.

② 수중 운동 [기출] 2015

㉠ 수중에서 이뤄지는 수영 및 아쿠아로빅, 수중 걷기, 수중 달리기를 포함한 운동을 말하며 관절에 부담에 적은 것이 특징이다.

㉡ 주의 사항

ⓐ 물기가 많으므로 항상 미끄러져 넘어짐에 주의해야 하며, 미끄럼 방지용 신발을 신고, 난간을 잘 잡도록 한다.

ⓑ 급격한 체온 변화를 겪을 수 있어 체온 유지에 신경을 쓴다.

ⓒ 평형성이 낮은 참가자는 물 속에서 적응하기가 어려울 수 있다.

ⓓ 운동 목적에 따라 물 높이를 조절해야 한다.

　　예 관절염 환자는 좀 더 깊은 물에서, 비만인 참가자는 조금 얕은 물높이에서 운동

ⓔ 요로 감염 등의 위험이 있다.

04 질환별 프로그램 설계

01 호흡순환계 질환 운동 프로그램

(1) 심혈관계 질환

① 정의

급성관상동맥증후군	협심증, 심근경색, 돌연사와 같은 증상을 악화시키는 심장동맥질환들을 말한다.
심혈관 질환	심장과 혈관을 포함하는 고혈압, 심장동맥질환, 말초동맥질환을 말하며, 죽상경화성동맥질환은 포함되지 않는다.
뇌혈관 질환	뇌로 가는 혈관의 질환을 말한다.
심장동맥 질환	보통 죽상경화성으로 심장의 동맥에 생기는 질환이다.
심근 허혈	심장에 들어오는 혈류량이 줄어 산소 공급이 감소하는 현상이다. 협심증으로 나타나기도 한다.
심근 경색	심장 근육 조직의 손상이나 괴사가 일어난 것을 말한다.
말초동맥 질환	심장과 뇌 이외의 동맥에서 발생하는 질환이다.

② 관상동맥성 심장질환(CHD, Coronary Heart Disease) 기출 2020

ⓐ 죽상경화나 혈관 경련으로 혈관이 좁아져 발생하는 질환이다. 65세 이상 노인의 1/4 정도가 증상을 갖고 있으며, 가슴 통증, 현기증, 부정맥, 호흡 곤란 등이 발생하기도 한다.

ⓑ 이를 유발할 수 있는 고강도 운동은 피하고, 운동 중 위험 신호를 정확히 파악할 수 있어야 한다.

ⓒ 가벼운 걷기, 스트레칭, 호흡 운동, 고정식 자전거를 권장하며, 낮은 강도의 저항 운동도 필요하며, RPE(운동자각도)을 파악하여 지도한다.

ⓓ 죽상경화성 심혈관질환자의 위험 요인과 기준 기출 2020

positive 위험 요소	기준
1. 나이	남자 45세 이상, 여성 55세 이상
2. 가족력	남자 직계가족 중의 55세 이전, 여성 직계가족 중 65세 이전에 심근경색, 관상동맥혈관 재생, 부계 또는 급사한 가족력
3. 흡연	현재 흡연 또는 6개월 이내 금연, 간접흡연에 노출된 경우
4. 좌식 생활	최소 3개월 동안 3일/주, 30분 이상/일 중강도(40~60%VO₂R)의 신체활동에 참여하지 않은 경우
5. 비만	BMI ≥ 30 이상, 또는 허리둘레 – 남자 > 102cm, 여자 > 88cm
6. 고혈압	수축기 혈압 ≥ 140mmHg, 이완기혈압 ≥ 90mmHg(2회 이상 측정한 수치), 또는 항고혈압제 복용
7. 이상지질혈증	LDL 130mg/dL(3.37mmol/L) 이상, HDL 40mg/dL(1.04mmol/L) 이하 또는 콜레스테롤 저하제 복용, 총콜레스테롤 200mg/dL(5.18mmol/L) 이하

8. 당뇨병전기	공복혈당 - 100mg/dL(5.55mmol/L)~125mg/dL(6.94mmol/L) 이하이거나 경구혈당부하검사 - 140mg/dL(7.77mmol/L)~199mg/dL(11.04mmol/L) 이하(두 번 이상 측정 결과)
negative 위험 요소 : 높은 고밀도 콜레스테롤(HDL) ≥ 60mg/dL(1.55mmol/L)	

③ **고혈압** : 성인 기준 수축기 혈압 140mmHg 이상이거나 이완기 혈압 90mmHg 이상일 때를 말한다.

기출 2018, 2016

ㄱ 적절한 약물 치료를 하고, 무리한 운동 프로그램을 실시하지 않도록 한다.

ㄴ 고혈압 약물인 베타 차단제는 심박수를 감소시키기 때문에 운동 중에도 심박수 증가가 둔해진다. 그러므로 목표 심박수보다는 RPE(운동자각도)를 확인하는 것이 중요하다.

ㄷ 혈압 강하제는 운동 후 저혈압증을 유발할 수 있으므로, 정리 운동을 철저히 하여 안정적으로 심박수를 낮추도록 한다.

ㄹ 여유 심박수의 40~59%, RPE 12~13 정도가 적절하다.

ㅁ 기준

구분	수축기 혈압(mmHg)	이완기 혈압(mmHg)
정상	< 120	< 80
주의 혈압	120 - 129	< 80
고혈압 전단계	130 - 139	80 - 89
고혈압 1기	140 - 159	90 - 99
고혈압 2기	≥ 160	≥ 100

※ 2017년에 미국 심장학회(ACC)와 미국 심장협회(AHA)는 고혈압 진단 기준을 140/90mmHg → 130/80mmHg로 조정하였으나, 아직 한국에는 적용되지 않는다.

④ **뇌졸중(stroke)** 기출 2017

ㄱ 뇌의 혈류 공급이 중단되어 뇌세포가 죽게 될 수 있는 증상이다. 뇌의 혈관이 막혀 생기는 허혈 뇌졸중(10%)과 혈관의 출혈로 인한 출혈 뇌졸중(90%)이 있다.

ㄴ 일상생활에 복귀하는 것을 목표로 운동하며, 저항 운동, 심폐지구력 운동, 유연성 운동, 평형성 운동 등 다양하게 실시한다.

ㄷ 등받이가 있는 고정식 자전거, 스텝퍼, 트레드밀(중심을 잡을 수 있는 경우)을 할 수 있고, 저항 훈련을 위해 밴드, 모래주머니 등을 사용할 수 있다.

ㄹ 편마비나 경련 등이 발생하기 때문에 스트레칭도 매우 중요하다. 특히 손가락·손목·팔꿈치 굴근, 어깨 내전근, 엉덩관절 굴근, 무릎 굴근, 발목 족저굴근 등에 신경을 쓴다.

⑤ **고지혈증(이상지질혈증)** 기출 2020, 2018

ㄱ 혈중에 지질 성분에 이상이 생긴 상태이다. 혈관 벽에 지질이 쌓여 죽상경화증을 일으키거나 다른 질환을 발생시킨다.

ⓛ 규식 후 채혈 검사하여 총콜레스테롤 200mg/dL 이상, LDL콜레스테롤 130mg/dL 이상, 중성지방 150mg/dL 이상인 경우와 HDL콜레스테롤 60mg/dL 이하의 경우 진단한다.

ⓒ 이상지질혈증만으로는 증상이 별로 없지만 다른 질병을 유발할 수 있어 치료와 운동, 식사소셜을 하는 것이 중요하다.

(2) 대사성 질환

① 당뇨병 기출 2018, 2016

ㄱ 인슐린의 분비량이 부족하거나 정상적이지 않은 대사 질환으로, 혈중 고혈당이 발생하며, 그로 인해 여러 문제가 야기되는 질환이다.

ㄴ 당뇨병의 전형적인 증상은 다뇨, 다음, 원인 불명의 체중 감소이고,

ⓐ 식사와 상관없이 혈당 농도가 200mg/dL 이상

ⓑ 공복 혈당이 126mg/dL 이상

ⓒ 75g 경구 당부하 검사를 하고, 2시간 이후 혈당이 200mg/dL 이상

ⓓ 당화혈색소(Hba1c) 6.5% 이상

이상일 때 당뇨병이라 진단한다.

ⓒ 저혈당 쇼크를 주의해야 한다(70mg/dL 미만). 증상은 시야 흐림, 빠른 심박동, 갑작스러운 피로, 창백한 피부, 두통, 어지럼증 등이 발생하며 심할 경우 발작, 신경계 손상, 혼수 상태로 이어질 수도 있다.

ㄹ 식사 후 운동할 것을 권장하며, 인슐린을 사용하는 사람은 혈당 100mg/dL 이하일 때 운동 전에 탄수화물 섭취가 필요하다.

ㅁ 케톤산증이 없고 스스로 이상을 못 느꼈을 때 고혈당(300mg/dL 이상)이 나타나는 사람은 중강도 운동까지 가능할 수 있다. 케톤산증이 나타나는 고혈당 증상은 운동을 연기해야 한다.

ㅂ 매일 운동할 것을 권장하며, 보통 고령자는 다른 질병을 가지고 있으므로, 안전하면서 효과적인 프로그램을 지도하는 것이 중요하다.

② 비만 기출 2019

ㄱ 체질량지수(BMI)로 진단한다.

분류	체질량지수(kg/㎡)
저체중	18.5 미만
정상	18.5 ~ 22.9
과체중	23 ~ 24.9
비만	25 이상

ㄴ 대한비만학회에서는 남자는 90cm(35인치) 이상, 여자는 85cm(33.5인치) 이상을 복부비만을 진단하는 허리둘레 기준으로 정하여 사용하고 있다.

ⓒ 노인의 경우, 체지방 증가, 근육량 감소, 관절의 통증 및 고혈압, 당뇨 등 여러 질환이 동시에 오는 경우가 많아서 관리가 매우 어렵다. 예방이 최선의 방법이고, 저항 운동, 유산소 운동, 식사 요법이 병행되어야 하며, 기타 질병의 치료 또한 매우 중요하다.

ⓡ 무릎 또는 발목 관절의 통증이 심할 때는 관절에 부하를 적게 줄 수 있는 수중 운동 또는 암에르고미터 (Arm Ergometer)를 권장하기도 한다.

ⓜ 객관적인 심박수나 최대산소섭취량보다는 본인이 느끼는 RPE(운동자각도)를 사용하여 지도하는 것이 안전한 방법이다.

(3) 호흡계 질환

① 천식

ⓖ 기관지가 아주 예민해져, 때때로 기관지가 좁아져서 숨이 차고 가랑가랑하는 숨소리가 들리면서 기침을 심하게 하는 증상이 나타나며, 호흡 곤란, 기침, 거친 숨소리 등의 증상이 반복적, 발작적으로 나타나는 질환이다.

ⓛ 운동 중이나 후에 운동 유발성 천식이 발생할 수 있다. 감기, 스트레스, 나쁜 공기들이 천식을 유발한다.

ⓒ 천식을 가진 참가자의 약물 투여 유무를 파악하고 있어야 한다. 흡입기는 수분 내 작용하고, 내복약은 30분 이상 걸릴 수 있으므로, 약물 투여와 운동 시간의 조절이 필요하다.

ⓡ 최대호기량측정기(peak flow meter)를 통해 운동 시 측정하여, 정상 수치의 20% 이상 낮은 수치면, 운동량을 줄이도록 한다.

ⓜ 목표 심박수 50% 이하 낮은 강도의 준비 운동은 천식 유발의 위험을 낮춘다.

ⓗ 운동 강도는 목표 심박수, RPE, 최대 호기량 측정치를 이용하여 조절한다.

ⓢ 운동 유발성 천식이 있는 참가자는 반드시 흡입기를 준비하여야 한다.

ⓞ 겨울철이나 실외 운동 시에는 목도리와 마스크를 착용한다.

② 만성폐쇄성 폐질환(COPD)

ⓖ 유해한 입자나 가스 흡입에 의해 폐에 비정상적인 염증 반응이 일어나 점차 기류 제한되어 폐 기능이 저하되고 호흡 곤란을 유발하는 호흡기 질환이다. 폐기종, 만성 기관지염 등이 이에 속한다.

ⓛ 대부분 40대 이후에 발병하게 되며 초기에는 증상이 없을 수도 있다. 기관지 천식과 혼동하기 쉽고, 고령 환자에서는 감별이 잘 되지 않는 경우도 있다.

ⓒ 호흡 효율과 지구력을 위해 운동을 필수적으로 실시해야 하며, RPE(운동자각도)를 기준으로 운동 강도를 조절한다.

ⓡ 체력이 약한 참가자는 30~60초 운동, 30~60초 휴식(운동 : 휴식 = 1 : 1 또는 1 : 2)을 번갈아 실시하는 인터벌트레이닝이 도움이 된다.

ⓜ 걷기, 고정식 자전거, 리컴번트 스텝핑(recumbent stepping) 등이 권장되며, 댄스, 농구, 라켓 경기 같은 스포츠는 피한다.

ⓑ 호흡을 참거나 지나치게 들어 마시는 정도의 강도로 저항 운동을 하지 않는다. 편안한 호흡이 가능한 정도의 강도를 설정한다.

ⓢ 준비 운동과 정리 운동은 매우 중요하며, 얕은 호흡이 되지 않도록 호흡 운동을 따로 실시한다.

02 근골격계 질환 운동 프로그램

(1) 근골격계 질환

① 낙상 [기출] 2020

㉠ 낙상의 원인

ⓐ 환경적 요인
- 낙상은 주거시설에서 61.5%로 가장 많이 발생하며, 도로(20%), 상업시설(18.5%) 등의 순으로 발생한다.
- 95%는 가정에서 발생하는데 미끄러운 화장실, 마루, 장판과 침대에서 일어날 때 등에서 일어난다. 계단은 위험할 수 있어 엘리베이터 이용을 권장한다.
- 경사진 도로, 물 또는 눈, 빙판이 덮힌 길에 많이 발생한다.

ⓑ 인적 요인
- 남자보다 여자에게 더 많이 발생하고(국내 1.9배) 낙상으로 인한 골절은 여자에게 2배 더 발생하고 사망률은 남자가 49% 더 많이 발생한다.
- 나이가 많을수록, 병원에서 퇴원 후 가정요양 중인 환자의 20%에서 낙상을 경험한다.
- 60세 이상 낙상환자에서 질병으로 인한 낙상이 6.2%이다. 사지마비로 인한 보행장애나 균형장애, 어지럼증, 부정맥으로 실신, 전신 쇠약, 혈압강하제와 수면제 · 이뇨제 등 약물복용자, 호흡곤란, 간질 발작, 출혈과 관련된 빈혈, 낙상경험자, 음주 등의 이유로 발생한다.

ⓒ 행동적 위험 요인 : 아래의 경우와 같이 행동의 제한과 약물이나 알코올의 섭취도 낙상의 위험을 증가시킨다.
- 무기력하여 활동 저하
- 약물 복용의 부작용이나 상호작용
- 알코올 섭취

ⓓ 낙상을 잘 유발하는 위험 요인
- 보행장애가 있는 질환을 앓고 있는 사람
- 기립성 저혈압이 있는 경우
- 4가지 이상 약물을 복용하는 사람
- 발에 이상이 있거나 적절한 신발을 착용하지 않는 사람

- 시력이 떨어져 있는 사람
- 집안에 낙상 위험이 있는 경우

ⓔ 위험 요인의 해당 개수에 따른 노인 낙상 발생 빈도(ⓓ의 6가지 위험 요인 중)

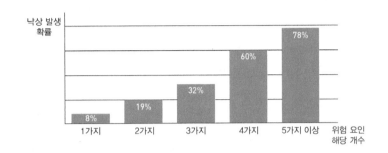

② 골다공증 기출 2020, 2019, 2017

ㄱ 뼈의 미세 구조가 변화되고, 골밀도가 낮아져 골절의 위험이 높아지는 질환이다.

ㄴ 허리뼈, 엉덩 관절, 넙다리목(대퇴골 경부)의 BMD T 점수 −2.5 이하일 때 골다공증으로 진단한다.

ㄷ 폐경 이후 여성, 고령의 남성에게 급속히 증가하며, 작은 충격에도 쉽게 골절될 수 있다.

ㄹ 특히, 노인은 운동 기능 저하로 낙상의 위험이 높고, 고관절 등의 골절은 일상생활을 영위하는 데 심각한 방해 요인이 되며, 건강 유지에 큰 영향을 미친다.

ㅁ 근력 운동과 평형성 운동의 프로그램을 필수로 실시해야 한다.

ㅂ 체중 지지를 하는 근력 운동과 유산소성 운동(수영은 골다공증 환자에 큰 도움이 되지 않는다)이 필요하다.

ㅅ 과도한 비틀기, 구부리기, 압박이 일어나는 동작은 피하는 것이 좋다.

ㅇ 낙상의 위험이 높으니, 주위에 물건 장비에 걸리지 않도록 주의하며, 어지러움이 일어날 수 있는 급격한 몸의 변화(점프, 앉았다 갑자기 일어나기 등)가 일어나지 않도록 프로그램 구성에 유의한다.

ㅈ 낮은 강도부터 서서히 증가시켜 적응하도록 한다. 급격히 강도를 높이면 균형감각을 잃어 오히려 부상을 입을 수 있다.

③ 관절염

ㄱ 골관절염은 마모에 의해 관절 끝부분의 두께가 얇아져 통증, 조조강직, 가동성 저하 등의 증상이 나타난다.

ㄴ 류마티스 관절염은 자가 면역 질환으로 원인 불명의 만성 염증성 질환이다. 초기에는 활막에 염증이 생기지만, 차차 연골과 뼈에 염증이 생겨 관절의 변형이 나타난다. 빈혈, 건조증후군, 피하 결절, 폐섬유화, 혈관염, 피부 궤양 등이 생길 수도 있다.

ㄷ 류마티스 관절염은 여성에 더 많이 발생하고, 만성 염증, 통증, 조조강직(골관절염 증상보다 오랫 동안 지속), 환부의 부종(붓기) 등이 발생한다.

ㄹ 운동으로 통증과 피로가 줄어들고, 건강 상태가 호전되며, 일상생활의 수행 능력이 개선된다.

ⓜ 가장 주의할 점은 운동 시 통증이 발생하지 않도록 하는 것이다. 지나친 중량 사용은 자제하고, 체중 지지
　 가 되지 않는(non-weight bearing) 운동을 권장한다.
ⓗ 보호 장비 등을 적절히 사용하고, 운동 선후 냉찜질 또는 온찜질을 할 수 있고, 수중 운동을 권장한다.
ⓢ 사지를 동시에 사용하는 리컴번트 스텝퍼, 팔을 같이 사용하는 실내 자전거(Schwin AirDyne), 일립티컬
　 트레이너 등이 도움이 된다.
ⓞ 한 관절이 혹사되지 않도록 크로스 트레이닝(cross training)을 권장한다.

④ 인공 관절 치환술 환자(엉덩 관절, 무릎 관절)
　 ㉠ 수 년 또는 수십 년간 관절염으로 인한 심한 통증이 약물, 보조적 치료, 운동으로 관리할 수 없을 때 인공
　　 관절 치환술을 하게 된다.
　 ㉡ 운동은 관절염 환자와 비슷하나, 수술한 관절에 근력과 가동 범위를 증가시키는 운동에 더 집중해야 한다.

(2) 신경계 질환

① 파킨슨병　기출 2018~2016
　 ㉠ 중뇌 흑질에 있는 도파민 분비 신경 세포의 소실로 나타나는 대표적인 신경 퇴행성 질환으로 뇌기능에
　　 이상을 일으키는 질병이다.
　 ㉡ 운동 완서(동작이 느려짐), 근육 경직, 안정 시 떨림, 자세 불안정, 균형 감각 이상 등의 증상이 나타난다.
　 ㉢ 보폭이 점점 짧고 빨라지는 가속 보행이 나타나며, 무게중심을 잘 잡지 못해 넘어지기 쉽기 때문에 운동
　　 시 주의를 기울여야 한다.
　 ㉣ 운동은 앉아서 하거나, 서서 할 경우 고정된 바를 잡고 실시한다.
　 ㉤ 유산소 운동 시, 트레드밀은 안전벨트를 착용하고 하며, 등받이가 있는 리컴번트 스텝퍼나 암사이클을
　　 권장한다.

② 알츠하이머병　기출 2019, 2015
　 ㉠ 뇌 세포 손상으로 뇌의 퇴행성 질환으로 치매환자의 75%가 이 병을 앓고 있다.
　 ㉡ 인지 기능 저하, 성격 변화, 초조 행동, 우울증, 망상, 환각, 공격성 증가, 수면 장애의 증상이 생기며,
　　 말기에는 경직, 보행 이상, 대소변 실금, 감염, 욕창 등의 합병증도 나타난다.
　 ㉢ 베타 아밀로이드라는 단백질이 과도하게 만들어져 뇌에 침착하고, 신경 세포에 유해한 영향을 주어 신경
　　 전달 체계를 교란시키는 것이 알츠하이머의 원인으로 알려져 있다.
　 ㉣ 40~50%가 유전적인 요인으로 보고 있다.
　 ㉤ 시간이 지날수록 환자의 건강 상태가 나빠진다는 점, 환자의 성격 변화 및 공격성 증가에 대한 배려, 보호
　　 자가 환자 관리를 하기 어려움 등을 감안해야 한다.
　 ㉥ 인지 능력이 떨어지기 때문에 간단한 운동을 반복하는 것이 중요하며, 그룹 수업보다는 개별 지도를 하는
　　 것이 효과적이다.

ⓐ 운동 프로그램 진행 시 흥미 유발을 위해 용기를 북돋워 주어야 하고, 가족이나 보호자의 동반 참여를 고려해야 한다.

ⓞ 운동을 통해 인지력 향상이나 기억력 증가의 효과를 기대하기는 어려우나, 신체적 약화를 지연시키는 데 도움을 줄 수 있다.

(3) 기타 노화성 질환

① 녹내장, 백내장, AMD(노화성 항반변성) 등의 안과 질환

ⓐ 감각기관을 통해 얻는 정보의 80% 이상이 시각을 통해 얻게 되고 이는 신체의 평형성에 매우 큰 영향을 미친다. 이런 안과 질환은 시각 정보 획득의 어려움을 주어 운동 시 방해 요인이 될 수 있다.

ⓑ 어지럼증이 유발될 수 있고, 주위 기구 등에 부딪히거나 걸려 넘어질 수 있는 안전사고에 유념해야 한다.

② 노화성 난청

ⓐ 노화로 인한 달팽이관, 청신경의 노화로 인해 청각이 떨어진 상태를 말한다.

ⓑ 이는 운동 중 소통의 문제가 생겨 프로그램 진행에 어려움을 줄 수 있다. 그로 인해 참여자의 자신감 하락, 프로그램의 탈퇴 등으로 이어질 수 있다.

ⓒ 지도자는 참여자에게 가까운 거리에서, 얼굴을 보고, 정확한 소리로 전달하려고 노력해야 한다.

05 지도자의 효과적인 지도

01 의사소통 기술 [기출] 2022

(1) 노인운동 지도자의 마음가짐

① 신체적, 심리적, 정신적으로 약해진 어르신들에게 봉사하는 마음을 갖고 지도하여야 한다.

② 소통이 어렵고, 반응이 더디다고 해서 무시하거나 막 대하지 않고, 인생 선배로 존중하는 태도를 유지하여야 한다.

③ 노인의 신체적, 심리적 상태를 이해하고, 안전하고 효과 있는 프로그램을 위해 전문 지식을 습득하고 지도하여야 한다.

④ 언제든 응급 상황이 발생할 수 있으므로, 적절한 대응 절차를 숙지하고 있어야 한다.

(2) 기술 습득의 전달 방법 [기출] 2020

① 지도 신호(teaching cueing) : 운동 지도 시 간결하고, 단순하며 명확한 지시를 해야 한다. 신체적, 시각적, 언어적(physical, visual, verbal)의 3가지 방법이 있다.

  ㉠ 신체적 신호(physical cue)

    ⓐ 촉각 또는 운동감각적(kinesthetic) 신호이며 개인 지도 시 매우 효과가 있다.

    ⓑ 지도자가 참여자의 신체를 움직이게 하거나 유도하는 실제적인 방법이다.

    ⓒ 가장 효과적이며, 1:1 수업에 유용하지만 그룹 수업에서는 적용에 어려움이 있다.

    ⓓ 신체적 접촉은 친근감을 높일 수 있으나 불편함을 느끼는 사람도 있을 수 있으므로 주의해야 한다.

  ㉡ 시각적 신호(visual cue)

    ⓐ 운동 동작을 실제로 시범 보이는 것을 말한다.

    ⓑ 운동과 운동 사이나 세트 간 휴식 시간 등에 하는 것이 적절하다.

    ⓒ 청력이 약해진 고객이나 언어를 쉽게 이해하기 어려운 경우 또는 그룹 수업에서 효과적이다.

  ㉢ 언어적 신호(verbal cue) [기출] 2016

    ⓐ 운동 동작을 말로 설명하거나 구체적인 지시(예 두팔을 높이 들어올리세요)를 말한다.

    ⓑ 운동이 끝나갈 때 또는 운동 사이에 언어적 신호와 시각적 신호를 함께 하는 것이 효과적인 방법이다.

(3) 운동 지도자를 위한 운동 학습 원리

① 시범

  ㉠ 새로운 기술에 대해 어떻게 하는지 보여주는 가장 보편적인 방법이다.

ⓛ 기술을 수행하는 방법을 몇 차례 보여준다.

ⓒ 실제 속도와 비슷한 속도로 실시한다.

ⓔ 시범하는 동안 많은 언어적 설명을 하는 것은 좋지 않으나 필요한 경우, 시범 이전에 언어적 암시(신호)를 사용한다.

② 언어적 지도

ⓐ 동작 기술을 설명할 때 언어적 지도는 흔히 사용된다.

ⓛ 노인은 젊은 성인에 비해 주의집중력이 낮으므로, 짧고 간결한 표현을 사용한다.

ⓒ 복잡한 동작을 시각적 이미지를 떠 올릴 수 있게 하면 효과적이다.

ⓔ 언어적 암시(verbal cue)는 하나의 단어 또는 짧고 간결한 어구이다.

　　ⓐ 기술 수행을 위한 목표, 환경에 대해 관심을 기울이게 할 수 있다.

　　ⓑ 기술의 결정적인 측면이나 부분을 일깨워 준다.

③ 보강 피드백

ⓐ 감각 피드백을 보충하거나 보완하는 추가적 피드백이다.

ⓛ 지도 시 실수를 알려주고 수정하는 방법을 위해 설명하는 것이다.

ⓒ 결과지식과 수행지식 두 가지 종류가 있다.

(4) 노인운동 지도자의 지도 기법 기출 2020

① 수업 장소에 미리 도착하여, 음악 및 장비를 준비하고 참가자를 맞이한다. 각 참가자의 이름을 부르면 환영한다.

② 프로그램 시작 전, 오늘의 운동 목표, 안전 사항 등을 설명하며 운동에 임할 수 있는 분위기를 조성한다.

③ 운동을 소개한다. 시각적, 언어적 신호를 통해 시범을 보인다.

④ 동기 부여와 운동 효과를 위해 운동 목적을 설명한다.

⑤ 위치 또는 배치, 정렬과 자세, 호흡 패턴, 좋은 동작 등을 통해 신체 인식(body awareness)을 발달시키고, 이는 운동감각 능력(kinesthetic ability)으로 이어진다.

⑥ 운동 과제를 완수하는 데 집중하기보다는 참가자가 스스로 운동에 적응할 수 있도록 참가자 중심으로 생각한다.

⑦ 부정적인 표현, 지시·지적하는 표현, 애매한 표현보다는 긍정적, 자세한 설명, 정확한 표현을 사용하도록 한다.

⑧ 만남의 장이 되고, 친목도모가 될 수 있도록 분위기를 만든다.

⑨ 편안하고 우호적인 분위기를 조성한다. 유머의 사용은 가장 좋은 방법이다.

⑩ 수업 중 긍정적인 응원을 하고, 용기를 북돋워 준다. 칭찬이나 지적은 한 사람만 지정해서 하는 것은 주의해야 한다.

⑪ 보조 도구나 장비는 참가자가 쉽게 이해하고 사용할 수 있는 것들로 준비한다.

(5) 노인운동 지도자의 자질

참가자들과 긍정적 관계를 만들기 위한 능력을 리더십이라 할 수 있는데, 다음과 같은 요소들이 지도자의 리더십을 향상에 도움을 줄 것이다.

① **책임감** : 전문가의 제1덕목은 책임감이다. 노인운동 지도자는 다음의 업무들을 정확히 수행한다.
  ㉠ 노인을 위한 운동 가이드라인을 지켜 실시한다.
  ㉡ 수업 시간을 정확히 지키고, 스케줄 변동 등의 사항은 미리 공지한다.
  ㉢ 응급 처치와 심폐 소생술에 관한 자격 유지와 실습을 하고, 관련 장비들을 점검한다.
  ㉣ 고객의 건강, 체력, 병력, 성향 등을 파악한다.
  ㉤ 정기적인 평가를 통해 참가자에게 적절한 정보를 제공한다.
  ㉥ 참가자의 개인 정보 및 특이 사항에 대해 외부로 발설하지 않는다.
  ㉦ 지도자 자신의 스트레스 및 건강 관리를 하여, 수업에 영향을 주지 않도록 주의한다.

② **지지하기(being supportive)** : 노인은 사회·가족으로부터 소외되거나, 외로움을 많이 느낄 수 있으므로 참가들에게 관심을 갖고 여러 형태의 지지를 할 수 있다.
  ㉠ 매 수업 시간마다 모든 참가자에게 한마디 이상 대화를 시도한다.
  ㉡ 노인은 신체적 노화를 느껴 자신감이 하락할 수 있으므로 긍정적인 표현을 사용한다.
  ㉢ 참가자가 결석할 경우 안부를 꼭 확인한다.
  ㉣ 참가자의 의견이나 제안을 받아들여 자아존중감과 자기효능감을 높여 준다.

③ **관심(care)**
  ㉠ 따뜻한 미소, 포옹, 손잡기와 같은 스킨십을 하면 친밀도를 높인다.
  ㉡ 운동과 건강 이외에 일상생활에 대해서도 대화를 나눈다.
  ㉢ 참가자의 목표와 관심에 귀를 기울이고, 건설적인 피드백을 제공한다.

④ **긍정적인 자세 및 열정** : 지도자는 매사에 긍정적인 자세와 열정을 보여주어, 그 기운이 참가자에게도 전달될 수 있도록 한다.

⑤ **존경심** : 참가자들에게 귀를 기울이고 존중하는 자세는 참가자의 만족도를 높여줄 것이다.

⑥ **창조성과 유연성(융통성)** : 준비되지 않은 상황에서 빠른 대처 능력은 지도자로의 신뢰도를 높일 수 있다. 또한 상황에 맞게 변화를 줄 수 있는 유연성을 갖춰야 한다.

---

02 노인운동 시 위험 관리

(1) 노인운동시설 안전 관리 기출 2022, 2016, 2015
  ① 장비는 적절하게 배치하여야 하고, 정기적으로 정비를 하고, 위험 표시 등을 명확히 한다.
  ② 위기관리 계획 매뉴얼을 만들고, 모의 훈련을 실시한다.

③ 프로그램 시작 전에 위험 요인이 있는 참가자를 선별할 필요가 있다.

④ 자격과 경험을 갖춘 지도자를 배치한다.

⑤ 지도자는 심폐 소생술 및 응급 처치법에 관한 자격을 취득하고, 유지해야 한다.

⑥ 운동 지도 시 장비 사용과 운동 동작에 관해 정확하게 지도하고, 주의 사항을 교육한다.

⑦ 상해 보험에 가입하여, 사고에 대비한다.

⑧ 관련 법규와 규칙을 준수한다.

(2) 일반적인 응급 처치법 [기출] 2017, 2016

먼저 의식을 체크한다. 의식이 있을 경우 동의를 구한 후 처치를 한다.

① RICES 처치를 한다(급성 손상, 염좌, 골절 등).

   R – Rest(안정), I – Ice(얼음), C – Compression(압박), E – Elevation(거상), S – Splint(부목)

② 호흡과 맥박이 없을 경우 심폐 소생술 또는 자동제세동기를 사용한다.

③ 기도 폐쇄 시에는 하임리히법(복부 밀쳐 올리기)을 실시한다.

④ 척추 손상이 의심되는 추락 사고 등에서는 절대 환자의 몸을 이동하지 말고 119에 신고하고 지시를 따른다.

⑤ 넘어진 노인의 경우 다리뼈나 골반의 골절을 의심할 수 있으므로, 과격한 이동을 하지 않도록 하고 119의 도움을 받는다.

⑥ 저혈당 쇼크 시 의식이 있으면 당분이 들어있는 음료나 초콜릿, 사탕을 먹게 하고(탄수화물 15g 정도) 의식이 없는 경우 병원으로 이송한다.

⑦ 타박상이나 발목 염좌 등은 쉽게 부종이 생기므로, 손상 부위를 심장보다 높게 하고 얼음찜질을 실시한다.

(3) 운동 전, 중 자각 증상 체크

① 운동 전 체크

   ㉠ 혈압, 심박수, 혈당 수치 등

   ㉡ 통증이 있는지 확인(피로감 및 근육통)

   ㉢ 식사 유무 및 그날의 컨디션 체크

② 운동 중 자각 증상 [기출] 2020

   ㉠ 불규칙한 심박수 및 과한 호흡, 가슴 통증

   ㉡ 어지러움 및 구토감

   ㉢ 시야 흐려짐

   ㉣ 너무 더워지거나 추워짐

   ㉤ 관절이나 근육의 통증

   ㉥ 발목의 부종

01 다음 중 노화에 대한 설명이 틀린 것은?

① 노화는 나이가 들어 생기는 쇠퇴적인 변화 현상이다.

② 보편적 노화는 신체 손상, 질병, 신체 기능 저하 등이 생기는 것이다.

③ 병적 노화는 특정 질병이 발생하여 죽음에 이르는 노화를 말한다.

④ 성공적 노화는 신체적으로 불편한 곳은 있지만, 경제력을 지닌 상태를 말한다.

> 해설 성공적 노화는 신체적 건강, 개인적 성장, 정서적 안녕 및 사회관계 유지 및 여가를 즐길 수 있는 경제력을 지닌 상태이다.

02 에릭슨의 심리적 발달단계 중 틀리게 설명한 것은?

① 1단계 – 신뢰감 대 불신감

② 3단계 – 주도성 대 죄책감

③ 4단계 – 자율성 대 수치심

④ 8단계 – 통합감 대 절망감

> 해설 4단계는 근면성 대 열등감이고, 기본적 기술을 배우고 다른 사람과도 함께 일하는 것을 배우는 발달 과제를 가지고 있다.

03 노화의 신체적 변화 중 바르게 설명한 것은?

① 지방 증가, 근감소증, 혈당 증가

② 안정 시 심박출량 증가, 폐활량 감소

③ 고음역 청각 감소, 저음역 청각 증가

④ 신경발달 속도 변화 없음

> 해설 노화로 인해 근육이 줄어들며, 지방이 늘어나게 되고, 대사 기능에 문제가 생긴다. 고음역, 저음역 청각은 모두 감소한다.

04 65세 이상 노인이 몇 % 이상일 때 초고령화 사회라고 하는가?

① 10%   ② 20%

③ 25%   ④ 27%

> 해설 우리나라도 2026년에는 초고령화 사회로 들어설 것으로 예상한다.

05 생물학적 노화이론의 설명 중 다르게 설명하는 것은?

① 유전적 결정이론 – 노화 속도를 결정하는 특정 유전자가 정해진 때에 작용한다는 이론

② 프로그램이론 – 얼마나 살지 미리 프로그램되어 있고, 유전자의 분열 횟수도 정해져 있다는 이론

③ 마모이론 – 오래된 세포 조직은 마모 현상이 발생해 노화가 일어나는 이론

④ 자유기(활성산소)이론 – 호르몬 불균형과 부족으로 초래하여 노화가 된다는 이론

> 해설 자유기(활성산소)이론은 호흡 후 만들어진 활성산소가 과도한 상태로 유전자를 손상시켜 노화를 일으킨다는 이론이다.

06 노화의 사회학적 이론이 아닌 것은?

① 분리이론　　　　② 현대화이론
③ 연령문화이론　　④ 하위문화이론

해설 분리이론은 심리학적 노화 이론이다.

07 노인의 심리적 변화와 거리가 먼 것은?

① 우울증 증가
② 양성화 경향
③ 자기 물건에 대한 무관심
④ 유산을 남기려는 경향

해설 노인은 친숙한 물건에 애착심이 강해져, 물건을 버리지 못하는 심리가 생긴다.

08 노인운동의 심리적 효과와 가장 거리가 먼 것은?

① 스트레스와 불안 감소
② 자신감 회복
③ 컨디션 회복
④ 새로운 인간관계 형성

해설 운동의 사회적 효과로는 사회성 발달 및 유대감 강화, 새로운 인간관계 형성, 공동체 의식 배양 등이 있다.

09 운동 프로그램 요소 중 설명이 틀린 것은?

① 운동 빈도 – 주당 3회 유산소 운동 실시
② 운동 강도 – 근력 운동 한시간 실시
③ 운동 시간 – 신체활동 시간의 양적 기준
④ 운동 형태 – 체중 감량을 위해 유산소 운동을 실시

해설 운동 강도는 근력 운동의 경우 반복수와 부하량, 유산소 운동의 경우 목표 심박수로 설정한다.

10 운동의 효과에 대한 설명으로 가장 바른 것은?
기출 2015

① 무산소성 운동은 심폐지구력 증진과 관절의 유연성에 영향을 미친다.
② 노인에게 저항 운동은 근력을 유지하는 데 도움이 된다.
③ 운동이 노인에게 미치는 인지적 효과는 거의 미미하다.
④ 유산소성 운동은 노인 근비대에 적합하다.

해설 무산소성 운동은 근력이나 순발력에 도움이 되며, 유산소성 운동은 근비대보다는 심폐지구력 발달에 도움이 된다.

11 자아효능감 이론에 대한 설명으로 바르지 않은 것은?
기출 2015

① 신념과 행동 사이의 관계를 설명하는 이론으로 태도, 주관적 규범 등이 행동에 영향을 미친다.
② 경험, 모델, 설득 등이 자아효능감을 발달시킨다.
③ 행동 변화에 대한 기대, 결과에 대한 기대 등이 자아효능감에 영향을 미친다.
④ 개인의 행동 변화와 행동 변화를 위한 동기 유발과 관련이 있다.

해설 ①은 계획된 행동이론에 대한 설명이다.

정답
01 ④　02 ③　03 ①　04 ②　05 ④　06 ①　07 ③　08 ④　09 ②　10 ②　11 ①

12 다음 중 행동 변화 이론에 속하지 않은 것은?

① 범이론적 모델   ② 건강신념모델

③ 활동이론   ④ 학습이론

해설 활동이론은 노화의 심리적 이론 중 하나이다.

13 동기 유발에 관한 설명 중 옳지 않은 것은?

① 건강 관련 – 건강 증진과 질병 위험 감소

② 정신 건강 관련 – 외모 유지

③ 사회적 요소 – 사회 활동 및 교류

④ 기타 – 즐거움

해설 외모 유지는 정신 건강 관련 요소보다는 외모 관련 요소이다.

14 스피르두소가 분류한 5가지 노인의 기능 상태 범주에 포함되지 않는 것은? 기출 2016

① 신체적 의존   ② 신체적 단련

③ 신체적 자립   ④ 신체적 엘리트

해설 5가지 기능 상태는 신체적 엘리트, 신체적 적정, 신체적 자립, 신체적 허약, 신체적 의존이다.

15 다음 중 목표 설정과 예시가 바르게 연결되지 않은 것은?

① 현실적인 목표 – 한 달 동안 근육량을 10kg 늘려야지

② 측정 가능한 목표 – 다음 달부터는 주당 5회씩 운동해야지

③ 구체적인 목표 – 3주마다 중량을 5%씩 올려야지

④ 행동 결과 목표 – 한 달 동안 체중 3kg을 빼야지

해설 현실적인 목표는 실현 가능한 목표를 세우는 것을 말하며, 한달에 10kg 근육량 증가는 비현실적이다.

16 다음 중 국민체력 100에서 노인을 위한 체력 검사 종목이 아닌 것은?

① 상대악력

② 의자에 앉았다가 일어나기(회/30초)

③ 6분 걷기(m)

④ 서서 윗몸 앞으로 굽히기(cm)

해설 노인은 앉아서 윗몸 앞으로 굽히기를 실시한다.

17 다음 중 일반적인 노인을 위한 운동 처방과 거리가 먼 것은?

① 저항 운동은 주 2일 이상 실시한다.

② 유연성은 약간 당기는 느낌이 들 때까지 실시한다.

③ 유산소 운동은 주 2일이 적당하다.

④ 유산소 운동의 강도는 중강도에서 고강도까지 할 수 있다.

해설 유산소 운동은 가급적 매일, 주 5회 이상 실시하는 것이 효과적이다.

18 고혈압이 있는 노인의 운동에 관한 설명으로 가장 적절한 것은? 기출 2018

① 고강도 저항성 운동을 하는 것이 바람직하다.

② 추운 날씨에는 야외 운동을 삼가는 것이 좋다.

③ 주 1회 운동으로도 혈압저하 효과가 크게 나타난다.

④ 발살바 조작이 동반되는 저항성 운동이 권장된다.

고혈압 환자에게 고강도 저항 운동이나 숨을 참는 발살바 호흡법은 위험할 수 있으므로 주의해야 한다.

19 뇌졸중의 설명과 거리가 먼 것은?

① 뇌의 혈류 공급이 중단되어 뇌세포가 죽게 될 수 있는 증상이다.
② 뇌의 혈관이 막히는 허혈 뇌졸중과 혈관의 출혈로 인한 출혈 뇌졸중이 있다.
③ 편마비나 경련 등이 발생하기 때문에 스트레칭이 매주 필요하다.
④ 트레드밀과 웨이트 트레이닝 운동으로 빠른 회복을 시킬 수 있다.

뇌졸중 환자는 평형성이 떨어지고, 근육 경련 및 경직이 있어 웨이트 트레이닝이 어려울 수 있다.

20 다음 중 당뇨에 관한 설명이 가장 맞는 것은?

① 전형적인 다뇨, 다음, 체중 감소 등이 일어난다.
② 공복혈당 100mg/dL 이상이면 당뇨를 의심할 수 있다.
③ 운동 중에는 고혈당에 신경써야 하며, 저혈당 상태는 운동의 효과로 볼 수 있다.
④ 식사 전 공복으로 가볍게 운동하는 것이 도움된다.

공복혈당 126mg/dL 이상이면 당뇨를 의심하고 다른 검사를 실시하며, 운동 중 저혈당 쇼크는 매우 위험한 상태이므로, 식후에 운동하는 것이 안전하다.

21 만성폐쇄성 폐질환(COPD)에 대한 설명으로 맞지 않는 것은?

① 폐기종, 만성 기관지염이 속한다.
② 댄스, 농구, 라켓 경기 같이 격한 운동은 피한다.
③ 큰 호흡은 위험할 수 있으므로 얕은 호흡을 유지한다.
④ 호흡 운동을 따로 하고, 운동자각도(RPE)를 사용한다.

운동 시 정확한 호흡을 연습하고, 호흡 훈련을 별도로 실시해야 한다.

22 골다공증 노인에게 운동을 지도할 때 고려해야 할 사항으로 옳지 않은 것은? 기출 2017

① 허리를 뒤로 젖혀서 과신전을 증가시키는 운동은 주의해야 한다.
② 체중 부하 운동이 불가능한 경우 수중 걷기, 수중 부하 운동을 권장한다.
③ 골밀도를 증가시키기 위해서는 고강도 점프 운동을 권장한다.
④ 근력 수준에 적합한 체중 부하 운동과 저항성 근력 운동을 실시한다.

체중 지지 운동이 골밀도 유지에 도움되나, 고강 점프 운동은 골절 위험이 높아질 수 있어 피해야 하는 운동이다.

정답

12 ③ 13 ② 14 ② 15 ① 16 ④ 17 ③ 18 ② 19 ④ 20 ① 21 ③ 22 ③

23 관절염환자의 운동 시 주의 사항으로 가장 거리가 먼 것은?

① 무릎관절염의 경우 강화를 위해 수중 운동보다는 등산이 효과적이다.

② 사지를 동시에 사용하는 리컴번트 스텝퍼나 팔을 같이 사용하는 자전거 등을 권장한다.

③ 한 관절이 혹사되지 않도록 크로스 트레이닝을 할 수 있다.

④ 보호 장비를 적절히 사용하고, 운동 전후 냉·온 찜질을 할 수 있다.

해설 등산은 무릎 관절에 무리가 갈 수 있으므로 통증이 있을 경우 수중 운동이 권장된다.

24 파킨스병에 대한 설명으로 맞지 않는 것은?

① 도파민 분비 신경 세포의 소실로 나타나는 질병이다.

② 베타 아밀로이드의 과도한 뇌 침착이 신경 세포에 유해한 영향을 주는 것이 원인이다.

③ 운동 완서, 근육 경직, 안정 시 떨림, 자세 불안정 등의 증상이 있다.

④ 보폭이 점점 짧고 빨라지는 가속 보행이 나타난다.

해설 베타 아밀로이드의 과도한 생성은 알츠하이머병의 원인이다.

25 다음 설명 중 옳지 않은 것은?

① 노화성 난청을 가진 참가자와 의사소통의 어려움이 생길 수 있으므로, 가까운 거리에서 정확한 발음으로 천천히 설명한다.

② 안과 질환을 가진 참가자를 위해 운동 장소에서 걸려 넘어질 수 있는 물건 등을 치워둔다.

③ 천식을 가진 참가자는 운동 유발성 천식이 발생할 수 있으므로, 운동 전에 흡입기 등의 약물 투여를 적절히 하는 것이 좋다.

④ 베타 차단제를 복용하는 사람은 운동 자각도보다는 목표 심박수에 맞춰 강도를 설정하는 것이 안전하다.

해설 베타 차단제를 복용하게 되면 심박수를 감소시키기 때문에 심박수 증가가 둔해져 목표 심박수로 상태를 파악하기는 어렵다.

26 운동 지도 시 지도 신호(teaching cue) 방법이 아닌 것은?

① 청각적 신호　　　② 시각적 신호

③ 언어적 신호　　　④ 신체적 신호

해설 청각적 신호는 포함되지 않는다.

27 〈보기〉에서 괄호의 ㉠과 ㉡에 공통적으로 들어갈 용어는?
기출 2016

┤보기├
• (㉠)은 하나의 단어 또는 짧고 간결한 어구를 사용하는 것을 의미한다.
• (㉡)은 기술의 결정적 측면이나 부분을 일깨워 주는 역할을 한다.

① 운동 학습　　　② 피드백

③ 언어적 암시　　　④ 시범

해설 언어적 암시(신호)는 짧고 간결하게 동작의 결정적인 설명을 해주는 역할을 한다.

28 근감소증을 겪고 있는 노인이 일상생활에서 할 수 있는 근육 증강 훈련으로 가장 효과가 낮은 것은?

기출 2018

① 느린 속도로 수영하기
② 무게를 이용한 저항성 운동하기
③ 앉았다 일어서기 반복하기
④ 계단 오르기 반복하기

해설 느린 속도로 수영하기는 근육의 자극이 적어 효과가 떨어진다.

29 노인 지도자의 지도 기법이 옳지 않은 것은?

① 수업 장소에 미리 도착하여, 음악과 장비를 준비하고 참가자를 맞이한다.
② 프로그램 중간에 운동 목표, 안전 사항 등을 설명한다.
③ 편안하고 우호적인 분위기를 조성한다.
④ 참가자의 이름을 부르며 대화한다.

해설 운동 목표, 안전 사항 등은 프로그램 시작 전에 하는 것이 효과적이다.

30 책임감에 대한 설명 중 옳지 않은 것은?

① 노인운동의 가이드라인을 잘 지킨다.
② 고객의 건강, 체력, 병력, 성향을 파악한다.
③ 참가자의 개인 정보를 외부로 발설하지 않는다.
④ 매 수업마다 모든 참가자에게 한마디 이상 대화를 시도한다.

31 노인운동시설 안전 관리에 대한 설명이다. 옳지 않은 것은?

① 위험할 수 있는 장비는 모두 치우고 사용하지 않는다.
② 위기관리 계획 매뉴얼을 만들고, 사전에 모의 훈련을 한다.
③ 지도자는 심폐 소생술 및 응급 처치법에 관한 자격을 취득하고 유지한다.
④ 운동 지도 시 장비 사용과 주의 사항에 교육한다.

해설 필요한 장비는 적절한 주의 사항 교육과 정확한 운동 지도를 통해 사용한다.

32 다음 중 RICES 응급처치법이 틀린 설명은?

① R – Rest(안정)
② I – Ice(얼음)
③ C – Compression(압박)
④ S – Stability(안정)

해설 R – Rest(안정), I – Ice(얼음), C – Compression(압박), E – Elevation(거상), S – Splint(부목)이다.

33 운동 중 위험한 자각 증상으로 거리가 먼 것은?

① 불규칙한 심박수
② 대퇴근의 가벼운 근육통
③ 가슴 통증
④ 발목 부종

근육의 가벼운 근육통은 발생할 수 있으며, 적절한 휴식과 강도 조절이 필요하다.

34 다음 중 올바른 응급 처치 방법으로 옳지 않은 것은?

① 호흡과 맥박이 없는 경우 심폐 소생술을 실시한다.

② 저혈당 쇼크 시 의식이 있으면 당분이 들어있는 음료를 섭취하게 한다.

③ 기도 폐쇄 시 자동제세동기를 사용한다.

④ 넘어져 골절이 의심될 때는, 안정을 시키고, 119의 도움으로 병원으로 이송한다.

자동제세동기는 심폐 소생술을 하는 장비이고, 기도 폐쇄 시에는 하임리히법을 사용한다.

35 노인운동 지도 시 "자신의 능력에 최대한 맞게 운동을 하되, 무리하거나 통증을 발생하거나 스스로 안전하다고 생각하는 수준을 넘어서지 않게 운동하도록" 지도해야 한다는 뜻을 가진 운동 원리는?

기출 2015

① 기능 관련성(functional relevance)

② 과부하(overload)

③ 난이도(challenge)

④ 수용(accommodation)

수용(적응)은 자신의 능력에 맞게 운동하고 지도하는 것을 말한다.

정답
34 ③   35 ④

특수체육론

특수체육의 개요

(1) 특수체육의 역사 기출 2021

① 기원전 3000년경 중국에서 치료적 운동이 시작되었고, 고대 그리스와 로마에서도 운동의 치료적, 의료적 가치를 두고 있었다.

② 1840년에 보스턴의 시각장애학교에서 남학생들이 체조와 수영에 참가하였다. 이는 최초의 장애학생을 위한 체육프로그램이고, 공립학교보다도 빠른 사례이다.

③ 1884년 미국에 소개된 스웨덴의 링(Ling)이 개발한 의료적 체조(medical gymnastics)로 인해 체육은 질병을 예방하고 건강을 증진한다는 개념이 생겨났다.

④ 1950년대에 장애를 가진 학생들이 공립학교에 많이 다니게 되었고, 1952년 미국체육학회(AAHPERD)는 특수체육의 개념을 정의하였다. "특수체육은 일반체육 프로그램에 제한 없이 참여하기 어려운 장애가 있는 학생의 한계, 능력, 흥미에 맞도록 구성된 발달 활동, 게임, 스포츠, 리듬운동 등의 다양한 프로그램이다"

⑤ 1965년 케네디 재단은 미국체육학회에 정신지체인 레크리에이션과 체력연구 사업을 위한 기금을 지원하였다. 1968년에 장애인프로그램사업단으로 바뀌었으며, 단장인 줄리안 스테인 박사는 특수체육 발전에 영향을 미쳤다.

⑥ 1968년 케네디 재단은 스페셜 올림픽을 창립하였다.

⑦ 판례 : 장애 아동들의 무상교육과 적절한 공교육을 규정하는 데 기여한 판례가 있다.

　㉠ 펜실베이니아(Pennsylvania) 판례(1972)

　　ⓐ 정신지체와 같은 용어를 사용하거나 공교육을 인정하지 않고, 적절한 절차 없이 보통 교육환경에 있도록 하는 것은 인권에 위배된다.

　　ⓑ 모든 정신지체가 있는 사람은 교육이나 훈련 프로그램을 통해 효과를 얻을 수 있다.

　　ⓒ 정신 연령의 문제로 교육이나 훈련에 무상으로 참가하는 것을 연기하거나 거부해서는 안 된다.

　　ⓓ 주정부는 무상 공교육을 적절히 실시하면서 정신지체가 있는 아동을 교육에서 거부해서는 안 된다.

　㉡ 밀스(Mills) 판례(1972) : 컬럼비아 법원이, 장애아동이 공립학교에 입학을 허락하지 않거나 지원되는 교육을 받지 못하게 하는 일이 없도록 하는 판례이다.

⑧ 장애인교육법(IDEA)

법명	연도	내 용
PL 93-112, 1973 재활법	1973	법 504조 - 정부의 재정지원을 받는 프로그램이나 활동에서 장애가 있는 사람들에게 동등한 기회를 부여하여야 하며 처벌을 방지하도록 함
PL 94-142, 1975 전장애아동교육법 PL 101-476, 1990 장애인교육법(IDEA) PL 108-446, 2004 장애인교육증진법(IDEIA)		이 법들과 수정조항은 모든 장애가 있는 아동들의 독특한 요구를 충족하기 위한 특수교육(체육포함)과 관련서비스를 무상으로 제공받을 수 있도록 보장함
PL 94-606, 1978 아마추어스포츠법 PL 105-277, 1998 테드 스티븐슨 올림픽·아마추어스포츠법	1975	이 법들은 올림픽과 아마추어 활동과 관련된 국가적인 노력을 조정하기 위한 것이다. 이 법에 의거하여 미국올림픽위원회는 미국 패럴림픽위원회의 역할과 책임을 받음
PL 105-336, 미국장애인법	1990	미국 전 지역 장애인의 시민권 보장을 확대함

⑨ 장애인 스포츠의 역사

　㉠ 1870년 오하이오 청각장애 학교에서 야구를 처음 시작하였고, 1885년 일리노이 주립학교에서 축구를 시작하였으며, 1906년 위스콘신의 청각장애학교에 농구가 보급되었다.

　㉡ 1924년 프랑스 파리에서 9개국이 모여 제1회 청각 장애인 경기대회를 개최하였고 데플림픽(Deaflympics)의 시초가 되었다.

　㉢ 1907년 미국 오버브룩과 볼티모어 시각장애 학교간 전보 트랙경기 대회(telegraphic track meet)가 최초 경기이다. 지방의 경기 결과를 중앙위원회에 전보를 보내 기록을 비교하고 승자를 결정하였다.

　㉣ 1900년대에 전쟁으로 인해 장애가 된 군인의 재활을 위해 스포츠 경기가 도입되었고, 1940년대 후반에 영국의 스토크 맨더빌 병원에서 제1회 휠체어경기대회를 후원 개최하였다.

　㉤ 1960년 이탈리아 로마에서 23개국 400명의 선수가 참가하여 최초의 하계 패럴림픽이 개최되었고, 1976년 스웨덴 외른셸드비크에서 최초의 동계 패럴림픽이 열렸다.

　㉥ 1975년 이후 시각장애, 뇌성마비, 폐쇄성 두부손상, 뇌졸중, 왜소증, 기타 신체장애 선수들을 위한 경기 관련 기구가 만들어졌다.

　㉦ 1992년 미네소타 주는 주립학교연합회에 장애가 있는 선수들의 학교 대항 경기를 주최하였다.

⑩ 한국의 특수체육의 역사

　㉠ 1962년 서울농학교에서 배구부를 창단하였고, 그 이후 시각장애학생의 야구, 유도, 탁구 대회가 열렸다.

　㉡ 1965년 국제척수장애인경기대회에 참가를 시작하였고, 1967년 제1회 전국상이군경체육대회가 개최되었다.

　㉢ 1978년 전국지체부자유 대학생연합체육대회가 개최되었고, 1981년에는 전국장애인체육대회가 시작되었다.

　㉣ 1984년 서울장애자올림픽조직위원회, 1989년에는 한국장애자복지체육회가 설립되었다.

ⓜ 1988년 최초의 특수체육학과가 용인대학교에 개설되었고, 한국특수체육학회 및 한국특수체육학회지가 만들어졌다.

ⓗ 2004년 전국동계상애인체육대회가 열렸고, 2005년에는 문화관광부에 장애인체육과가 신설되었으며, 대한장애인체육회가 설립되었으며, 2016년에는 이천훈련원이 완공되었다.

ⓢ 2018년 평창 동계패럴림픽에 49개국 567명의 선수가 참가하였고, 6개 종목 36명이 참가하여 금 1개, 동 2개를 획득하였다.

(2) 특수체육의 개념과 정의 [기출] 2020

① 개념 및 정의

ⓐ 특수체육(adapted physical education)은 신체활동을 하는 동안의 신체적 손상, 활동 한계, 참여제한에 관한 실제적이고 이론적인 다학문적 지식이다.

ⓑ 발육이나 발달에 있어서 이상자를 대상으로 하여 시행되는 체육이다. 비장애인은 체중감량, 체력, 건강 유지의 목적으로 행해지지만, 장애인들에게는 특별히 계획된 프로그램을 취급하는 체육의 한 영역으로 구분된다.

ⓒ 체육, 레크리에이션, 무용 뿐만 아니라, 창작예술, 영양학, 의학, 재활 등을 포함한다.

② 특수체육의 신체활동영역

ⓐ 장애인들의 전반적인 발달과 건강을 위해 자극과 중재를 제공한다.

ⓑ 영유아기부터 노년기까지 평생체육 서비스로서의 중요성이 강조되고, 장애인들의 삶의 질향상을 위한 목적으로 국가와 지역사회는 관련서비스를 제공해야 한다.

③ 특수체육의 보건복지영역

ⓐ 인간의 발달을 기본으로 체계적인 신체활동을 적용하여 신체적, 인지적, 사회적, 심리적 발달을 위해 필요하다.

ⓑ 지역사회에서 신체활동을 통해 신체적, 정신적, 사회적 발달을 도모하여 발달재활에 유용한 수단이다.

④ 특수체육의 문화·체육영역

ⓐ 생활체육은 일상생활에서 누구나 쉽게 체육활동을 통하여 여가선용 건강유지, 인간관계 형성을 위한 생활문화이다.

ⓑ 전문체육은 건강증진과 인간능력의 한계를 뛰어넘어 자신의 기량을 스포츠를 통해 발휘할 수 있는 장애인 운동선수의 체육활동이다.

⑤ 특수체육의 교육영역

ⓐ 특수체육은 특수교육과 체육이 결합된 명칭이다.

ⓑ 학령기 장애아동을 대상으로 계획적이고 의도적인 신체활동을 수단으로 심동적, 인지적, 정의적 영역에서의 발달 및 향상을 목적으로 하는 교육이다.

(3) 특수체육의 방향과 가치 추구 기출 2022, 2021

① 정상화

　ⓗ 정의

　　ⓐ 모든 정신지체 장애인들이 사회 생활방식과 일반 상황에서 가능한한 일상생활 조건과 삶의 형태를 누릴 수 있도록 하는 것을 의미한다.

　　ⓑ 가능한한 문화적으로 정상적인 개인의 행동과 특성들을 형성하고 유지하기 위하여 정상적인 수단을 사용하는 것이다.

　　ⓒ 정신지체인의 사회적 통합을 위한 개념이며 사회복지 분야의 일반적인 지도원리이다.

　　ⓓ 특수체육에서는 신체적, 정서적, 사회적, 인지적인 교육수단인 신체활동을 통하여 정상화의 여건을 마련하고 이행하는 과정이며, 최소한의 변형을 통해 비장애인과 함께 스포츠나 레저를 즐기고 건강유지·증진할 수 있는 여건을 마련하려는 개념이다.

　ⓛ 정상화의 내용

　　ⓐ 가치 이하로 평가되고 억압받는 집단을 보호

　　ⓑ 가치있는 사회적 역할 창조와 부정적인 사회적 역할 제거

　　ⓒ 가치 이하로 평가되는 사람들의 이미지를 향상시키기 위한 수단과 도구의 선택

　　ⓓ 복지 대상자의 능력 향상을 위한 발달모형과 적용

　　ⓔ 학습시 모방의 효과

　　ⓕ 사회적 이미지 향상

　　ⓖ 개인과 사회적인 통합

② 주류화

　ⓗ 정의

　　ⓐ 점진적이고 단계적인 통합교육이다. 일반 환경과 같은 환경에서 교육하고 부족한 부분은 특수교육을 실시한다.

　　ⓑ 계단식 배치방법에 의한 교육과정이다.

ⓛ 주류화 단계 유형

집에서 움직이지 못하는 상태에서 적용되는 신체활동

⇩

특수학교 체육

⇩

특수체육만을 적용하는 학교체육

⇩

부분적 특수체육을 적용하는 학교체육

⇩

보충 지도 서비스가 추가된 일반학급에서의 체육

⇩

보조기구나 서비스없는 완전 일반학급의 체육

ⓒ 방법 및 교육내용

    ⓐ 장애정도와 개인능력에 따라 차별화되고 단계적인 교육을 실시한다.

    ⓑ 특수학교 → 특수학급 → 일반학급

③ **제한환경의 최소화**(LRE : Least Restrictive Environment)

  ⓖ 개념

    ⓐ 장애아동을 비장애 또래, 가정, 지역사회로부터 가능한 최소한으로 분리시켜야 한다는 것이다. 장애 아동의 삶이 가능한 '정상적'이어야 하므로, 교육이 개별적 필요에 의해 이루어져야 하지만 필요 이상 으로 개인의 자유를 침해해서는 안된다.

    ⓑ 공립·사립 교육기관 또는 기타 보호시설에서 교육을 받는 장애아동이 비장애아동과 함께 교육받을 수 있는 범위를 최대로 확장시키는 것이며, 장애아동과 교육에 있어서 일반학급에서의 분리교육은 중 증 장애로 인하여 교육을 안전하게 수행하지 못하는 경우에만 시행되어야 한다. – 미국 교육부(1992)

    ⓒ 장애아동에게 가장 알맞은 교육 배치와 적절한 서비스를 제공하며, 장애아동이 일반학급에 적응할 수 있도록 일반학급에 배치되는 것을 뜻한다.

    ⓓ 장애아동의 욕구에 맞는 학습 프로그램을 제공하고, 체육교육과정에서 장애아동의 운동 발달과 기능 을 증진할 수 있도록 하며, 또한 움직임 교육에 있어서도 일반학급에서 그룹 지도 및 개별 지도, 그리 고 장애아동을 위한 학급 시설에서도 그룹 지도 및 개별 지도 등을 할 수 있다.

    ⓔ 지체장애아동을 위해 체육시설 접근이 용이한지, 지도에 필요한 기구가 갖추어 있는지, 교사가 장애 아동을 올바르게 지도할 능력이 있는지, 장애아동의 수준을 고려하지 않고 지나친 간섭은 없는지를 고려한다.

ⓛ 주류화 대 제한환경 최소화

　　　　ⓐ **주류화** : 능력에 적합한 배치의 과정 강조

　　　　ⓑ **제한환경 최소화** : 각 단계에서의 충분하고 효율적인 제반 여건 조성강조

　　　　ⓒ 주류화가 적합한 배치과정에 중점을 둔다면 제한환경의 최소화는 각 단계에서의 제반 여건(환경, 기구, 인적 서비스 등) 마련을 강조한다.

　　ⓒ 기본 조건

　　　　ⓐ 개인의 능력에 대한 정확한 사전 평가

　　　　ⓑ 사전평가에 대한 명확한 분류기준

　　　　ⓒ 다양한 단계별 통합과정 수준 제시

　　　　ⓓ 수준과 단계에 따른 제반 서비스의 다양화

④ 통합교육

　　㉠ 정의

　　　　ⓐ 일반학교에서 장애유형, 장애정도에 따라 차별을 받지 아니고 또래와 함께 개개인의 교육적 요구에 적합한 교육을 받는 것을 말한다(장애인 등에 대한 특수교육법 제2조 제6항).

　　　　ⓑ 장애가 있는 모든 사람들의 정상화를 돕는 데 필수적인 수단이다.

　　　　ⓒ 다양한 교육적 요구와 능력을 지닌 학생들이 수업시간의 일부나 전부를 함께 교육받는 프로그램으로서, 그 특징은 장애아동과 비장애아동이 사회적 활동이나 교수활동에서 의미있는 상호작용을 하는 것이다.

　　㉡ 통합체육의 목적

　　　　ⓐ 비장애인과 장애인 간의 긍정적인 상호작용을 유도한다.

　　　　ⓑ 체육활동을 통한 타인과 접촉, 게임을 통한 즐거움, 경쟁심 등의 갖가지 느낌의 정서적 표현과 심리적 표출은 장애인의 억압된 감정을 풀 수 있는 기회를 제공한다.

　　　　ⓒ 인격형성, 사회적 발달의 촉구, 시민정신 등의 특정사회가 소유하고 있는 규범과 역할을 학습하는 데 최우선 수단을 제공한다.

　　㉢ 스페셜올림픽 통합스포츠의 중요성

　　　　ⓐ 선수들에게 새로운 도전을 추구할 수 있는 기회를 확대한다.

　　　　ⓑ 장애인과 비장애인을 따로 떼어 놓는 장벽을 헐고 일체감을 형성할 수 있다.

　　　　ⓒ 훈련과 시합의 기회를 통하여 모든 선수 간에 의미있는 도전을 할 수 있고, 자긍심 향상과 비장애인 동료들과 대등한 위치에 있음을 느끼게 할 뿐만 아니라 새로운 우정을 형성할 수 있다.

　　㉣ 스페셜올림픽의 통합스포츠 종목

　　　　ⓐ 배구 : 통합 팀경기(비장애인선수 3명, 장애인선수 3명), 통합 개인경기(1명의 선수와 1명의 파트너)

　　　　ⓑ 농구 : 통합팀경기, 하프코트 통합팀 경기(3 on 3)

　　　　ⓒ 탁구 : 통합복식, 통합 혼합복식

⑤ 일반교육주도 교육(REI : Regular Education Initiative)
  ㉠ 특수교육과 일반교육의 이중체계를 단일체계로 합치려는 의도를 포함하며, 아동들의 교육은 장애유형이나 성도에 관계없이 처음부터 일반학교 상황에서 시행해야 한다는 교육시스템이다.
  ㉡ 유형
    ⓐ 처음부터 일반학급에서 교육하는 것이다.
    ⓑ 특수교육 대상자를 제한환경의 최소화 이론을 적용하여 일반학급에서 교육한다.
  ㉢ 교육 요소
    ⓐ 서비스모델(일반교사 + 특수교사 + 보조교사)
    ⓑ 교육프로그램에 필요한 재정과 자료 및 인사 등에 대한 학교장의 지원이 필요하다.
    ⓒ 특별한 학습요구를 가진 장애아동의 일반학급 배치를 위한 행정 정책을 개발한다.

02 특수체육에서 사용하는 사정과 측정도구

(1) 사정(assessment)의 의미와 가치
  ① 용어
    ㉠ 사정 : 양적인 특성뿐만 아니라 질적인 특성을 파악하는 것이며 학습자의 상태를 종합하여 평가한다는 의미를 포함한다.
    ㉡ 진단(diagnosis) : 어떤 상태의 특성과 원인을 파악하는 과정이다.
    ㉢ 검사(test) : 개인의 특성이나 속성을 체계적인 관찰을 통해 추정할 목적으로 사용하는 도구이다. 사전에 정해진 규칙이나 절차에 따라 실시하고 채점하여 해석하는 것이다.
    ㉣ 측정(measurement) : 신체활동 능력을 수집하여 이를 수치화하여 표시하는 것으로 검사도구를 이용하여 특성을 재는 것이다.
  ② 사정의 의미
    ㉠ 검사는 체계적이고 관찰과 특정도구와 절차를 이용하여 자료를 수집하는 기술이다.
    ㉡ 사정은 특정 결정을 내리기 위하여 정보를 수집하는 과정이고, 성공적인 배치와 프로그램 문제 해결에 있어서 중요한 첫 단계이다.
    ㉢ 지도자의 프로그램 개발과 수정, 지도, 평가는 정확하고 효과적인 사정을 기초로 해야 한다.
  ③ 사정의 목적
    ㉠ 발달상의 지체가 있는 학생의 확인
    ㉡ 기능 손상의 문제 혹은 특성 진단
    ㉢ 개별화 교육계획을 개발하는 데 유용한 정보를 제공하거나 적절한 배치의 준거 마련
    ㉣ 장애 학생의 특별한 요구에 부응하는 지도

ⓜ 장애학생의 진보 정도를 평가

(2) 진단과 평가의 활용 및 다양한 검사 방식(준거지향적, 규준지향적, 생태학적 접근, 현장 중심적 등) 기출 2020
   ① 준거지향적 검사(과정중심)
      ㉠ 개인의 수행을 사전에 결정된 준거 또는 특정 행동에 대한 수행기준과 비교하는 것이다.
      ㉡ 특정 과제의 학습 또는 프로그램 교육과정을 기초로 한 과제의 구성요소에 대한 수행의 숙련정도를 측정한다.
      ㉢ 검사는 학습자의 수행을 다른 학습자와 비교하기보다는 무엇을 할 수 없는지를 파악한다.
      ㉣ 특정 영역에 관한 숙련도 검사라고도 한다.
      ㉤ 장점
         ⓐ 개인의 습득한 신체적인 기능이나 기술의 정도를 단계별로 파악할 수 있으며, 개개인을 위한 개별교육에 직접 사용할 수 있다.
         ⓑ 주관적으로 평가되는 움직임의 직접적인 평가를 영역별로 객관화시킬 수 있다.
         ⓒ 미숙한 동작의 원인을 파악할 수 있다.
         ⓓ 특정기술의 습득 정도와 수행능력을 직접 측정하므로 타당성이 높다.
      ㉥ 단점
         ⓐ 비장애아동이 습득하는 기술을 단계별로 세분화한 것이기 때문에 중증장애아동에게 적용하는 것은 어렵다.
         ⓑ 기능적 접근법에 의한 것으로 측정 종목이 실제 상황과 맞지 않는 경우가 있다.
         ⓒ 측정 결과와 실제 활동이 다르게 나타날 수 있고, 다른 검사 참여자들과 비교할 수 없다.
   ② 규준지향적 검사(결과중심)
      ㉠ 학기초 검사와 학기말 평가 때 주로 사용된다.
      ㉡ 개개인의 운동 수행력을 특정한 집단의 기록과 비교할 수 있도록 만들었다.
      ㉢ 체력을 측정하기 위한 측정방법들이다.
      ㉣ 개개인의 운동 수행력을 시간, 횟수, 거리와 같은 객관적인 수치로 나타난다.
      ㉤ 장점
         ⓐ 교사가 한 학생의 수행을 특정 또래 그룹의 수행과 비교할 수 있도록 해준다.
         ⓑ 다른 학생과 비교가 가능한 평가를 제공한다.
         ⓒ 일반적으로 규정된 그룹의 많은 대상자를 검사해서 점수를 분석하고 요약하여 만든다.
      ㉥ 단점
         ⓐ 항목의 특성과 규준적 예시에 의존한다.
         ⓑ 지적장애가 있는 사람을 위한 규준이 적다.
         ⓒ 융통성이 부족하고 수정이 어렵다.

③ 생태학적 관점

　　㉠ 전통적인 규준지향적 평가와 준거지향적 평가의 대체·보완으로서 목적을 가진다.

　　㉡ 환성맥락에서 아동의 수행에 영향을 줄 수 있는 다양한 환경 요소에 대한 정보를 제공하며, 학교환경에서의 발달지표, 활동, 아동의 요구, 아동의 개개인의 정보를 제공할 수 있다.

　　㉢ 개인은 환경과 완전히 독립된 것이 아니라 개인의 발달에 영향을 주는 환경과 상호작용을 하는 일련의 환경체계에 둘러싸여 인간이 발달하는 것이다.

　　㉣ 교수-학습현장과 연계해서 이루어지는 평가 국면은 학습자의 우열을 평가하는 데 목적이 있는 것이 아니라 학습자의 장단점을 파악하여 그에 맞는 적절한 교육적 처치를 함으로써 학습자의 개개인의 성장과 발달을 도모하기 위함이다.

④ 체크리스트

　　㉠ 필수 행동이나 지표의 목록에서 그 유무를 판별하는 것이다.

　　㉡ 지표의 한계나 질을 평가하지 않고, 지표 항목의 수행 유무만 가늠한다.

　　㉢ 교사가 학생에게 무엇을 수행해야 하는지를 간단히 알려주는 방법으로 적절하다.

　　㉣ 예시 – 휠체어를 타면서 농구공을 드리블 할 수 있다. (예, 아니오)

⑤ 루브릭

　　㉠ 명확한 수행 준거를 바탕으로 동작이나 기술의 다양한 등급을 구분하기 위한 평가방법이다.

　　㉡ 수행동작의 질적인 측면을 객관적으로 일관되고 정확하게 측정할 때 사용한다.

　　㉢ 루브릭과 체크리스트는 교과과정 중심에서 IEP 학습목표와 수행내용을 쉽게 측정할 수 있다.

　　㉣ 분석적 평가의 측도가 루브릭의 한 형태이며, 매우 우수, 우수, 보통, 부족 등의 등급을 나누어 수행정도를 구분할 수 있다.

　　㉤ 양적, 질적으로 평가가 가능하며, 양적 루브릭은 성취정도를 구분하기 위하여 수적 개념을 활용하고, 질적 루브릭은 수행정도를 구분하는 데 언어적 표현을 사용한다.

(3) 장애인 대상 검사도구(TGMD, BPFT)　기출 2021

① TGMD(Test of Gross Motor Development; 대근 운동발달 검사)

　　㉠ 3~10세 아동의 대근운동의 발달 수준을 반영한 검사이며, 모든 아동에게 적용할 수 있다.

　　㉡ 규준지향이면서 준거지향적인 검사 설계로써 수행 결과보다 대근운동 기술의 연속성을 중요시 한다.

　　㉢ 1985년 미국 미시간대학의 Ulrich가 개발하였고, 2000년에 TGMD-2로 개정되었다.

　　㉣ 신뢰도와 타당도가 우수하고, 12가지 대근운동에 대한 능력 측정이 가능하다.

　　　　ⓐ 이동능력(6종목) : 달리기, 갤롭, 홉, 립, 제자리 멀리뛰기, 슬라이드

　　　　ⓑ 물체조작(6종목) : 치기, 튀기기, 받기, 차기, 언더핸드 굴리기, 오버핸드 던지기

　　㉤ 검사 절차와 방법

　　　　ⓐ 검사절차 : 설명과 시범 – 사전 연습 – 검사

ⓑ 검사방법 : 과제마다 2회를 시행한 후에 점수를 합산한다.

② BPFT(Brockport Physical Fitness Test; 브락포트 체력검사)

　　　㉠ 10~17세의 장애아동과 비장애아동에게 적합한 건강관련 및 준거지향적 체력검사이다.

　　　㉡ 27개의 검사항목 중 신체조성, 유산소성 기능, 근골격계 기능(근력, 지구력, 유연성), 세 가지 체력 요인
에서 4~6가지 항목을 검사한다.

　　　㉢ 1999년 뉴욕주립대 브락포트칼리지 Winniek와 Short가 개발하였다.

　　　㉣ 검사절차 : 검사 전 프로파일 적성 – 검사항목 선정 – 측정 – 준거점수와 비교분석 – 결과 프로파일 작성
– 운동계획 작성

　　　㉤ 정신지체, 뇌성마비, 시각장애, 척수손상, 선천성 이상이나 절단 뿐만 아니라 비장애학생들에게 추천되
는 특정검사가 있지만, 개인화된 검사를 권장한다.

　　　㉥ 타당도와 신뢰도가 높다.

③ PAPS-D(Physical Activity Promotion System for Students with Disabilites; 장애학생 건강평가)

　　　㉠ 신뢰도와 타당도를 높이기 위해 고안된 장애학생용 건강체력 평가방법이다.

　　　㉡ 학생건강체력평가(PAPS)로 개발되었지만 장애인을 대상으로 보완하였고 장애인을 위한 유일한 검사방
법이다.

　　　㉢ 심폐기능, 근기능, 유연성, 신체조성의 건강체력과 함께 일상생활 활동능력 및 신체활동평가로 구성된다.

　　　㉣ 장애의 등급과 유형을 고려해야 하고, 고가의 장비가 필요하기도 해서 어려움이 있다.

(4) 과제분석 기출 2020

① 어떠한 목적을 달성하기 위해 세부적으로 과제를 나누거나 분류하여 좀 더 효과적으로 과제수행을 진행하는
준비과정을 말한다.

② 필요성

　　　㉠ 다양한 신체활동 과제에 대하여 지도방법을 구체화할 수 있다.

　　　㉡ 대상자의 수행수준을 진단 및 평가할 수 있는 비공식적 사정도구로 만들 수 있다.

　　　㉢ 대상의 독특한 수준을 감안하여 구체적인 목표와 지도계획을 설정할 수 있다.

③ 진단과 평가

　　　㉠ 운동기술을 진단하고 평가하는 사정 기준으로도 활용된다.

　　　㉡ 장애인 운동기술을 사정하는 공식적인 검사도구들이 부재한 상황에서 가장 현실적인 도구가 된다.

④ 장점

　　　㉠ 각각의 과제분석 항목에 대하여 어느 정도 수행이 가능한지를 파악한다.

　　　㉡ 어느 정도의 운동기술 학습이 이루어졌는지 확인한다.

　　　㉢ 현실적인 진단 및 평가가 가능하고 목표설정과 달성에 대한 구체적인 근거를 제시한다.

⑤ 종류 `기출 2021`

　㉠ **전통적 과제분석** : 활동기술과 관련된 주과제와 하위과제로 구성되고, 과제는 쉬운 것에서부터 어려운 형
　　태로 세시되며, 각각의 과제와 하위과제는 단기간 안의 성과가 나오도록 제시한다.

　㉡ **생체역학적 과제분석** : 과제의 생체역학적 요소 또는 과제의 요점을 분석하여 최상의 수행을 할 수 있도록
　　유도한다.

　㉢ **발달적 과제분석** : 과제와 환경적 요소들이 운동수행에 영향을 미치며, 이러한 요인들을 파악함으로써 학
　　생들이 활동을 좀더 쉽게 또는 더욱 도전적으로 할 수 있도록 변형할 수 있다.

　㉣ **생태학적 과제분석** : 학습자를 좀 더 자세히 파악하여 구성 요소들 간의 상호작용을 강조한다. 운동기술이
　　나 움직임 형태, 수행 등이 과제 목표와 환경 조건, 그리고 수행자의 능력과 의도 사이의 역동적인 상호작
　　용에 의한 결과로 간주한다.

　㉤ **활동분석** : 학생이 활동을 수행함에 있어 최상의 성공을 얻는 데 필요한 기본적인 요건들을 결정하기 위한
　　방법으로, 과제분석과 마찬가지로 학생에게 가장 적절한 활동을 선택한 후에 지도자가 필요한 정도에 따
　　라 그것을 변형시키는 분석형태를 말한다.

03 특수체육 지도전략

(1) IEP(Individualized Education Program)의 적용 `기출 2022`

① 개별화 교육프로그램은 장애학생 개개인의 요구들을 충족하기 위해 작성된 교육계획안이다. 미국의 특수교
　육법인 IDEA에 의하면, 특수교육을 받고 있는 3~21세의 모든 학생들은 IEP가 있어야 한다.

② 기능

　㉠ **관리도구** : 부모, 교사 및 행정가가 장애아동에게 어떤 교육적 서비스와 관련 서비스가 시행되고 있는지
　　파악할 수 있다.

　㉡ **점검도구** : 서비스제공의 효율성 및 자원을 효과적으로 사용하고 평가할 수 있다.

　㉢ **평가도구** : 학생의 진보 상황을 알아보는 평가도구의 역할로서 장애아동교육의 적절성을 평가하는 데 중
　　요한 서류로 이용한다.

　㉣ **의사소통 수단** : 부모와 학교 직원 간에 '의사소통 수단'으로서의 기능을 한다.

③ 내용

　㉠ 학생의 현재 학업 성취도

　㉡ 교육이 이루어지는 환경과 장소

　㉢ 연간목표

　㉣ 제공되는 특수교육과 관련 서비스들

　㉤ 학교에서 또래의 비장애학생과 함께 하지 않는다면, 그 정도에 대한 설명

ⓗ 주(state) 평가를 치를 때 필요한 개별 편의

ⓢ 서비스의 시작 날짜와 지속기간

ⓞ 평가를 어떻게 할지에 대한 구체적인 설명

ⓩ 학생이 18세가 되면 성인기로의 전환에 필요한 서비스들에 대한 설명이 반드시 포함되어야 한다.

④ 연간목표 설정

㉠ **시간** : 지도적 중재의 날짜나 지속시간. 반드시 1년 단위로 작성한다.

㉡ **대상** : 학생 개인

㉢ **수행과제** : 현재수행수준을 결과를 토대로 분석된 기술이나 행동을 수정, 관찰, 측정이 가능하도록 기술한다.

㉣ **조건** : 목표로 한 기술이나 행동을 수행하기 위해서는 무엇을 보여줘야 하는지를 구체적으로 명시한다.

㉤ **효율성 수준** : 학생이 IEP 주기 동안 교사의 지도를 통해 습득할 기대치의 변화를 결정하는 요소이다.

㉥ **측정** : 학습 진전이 어떻게 평가되는지, 어디 또는 언제 데이터를 얻을 것인지, 누가 데이터를 수집할 것인지에 대한 정보이다.

⑤ 기획과 지도

㉠ **프로그램 계획** : 전체적이거나 포괄적인 프로그램을 계획한다.

㉡ **현재수행수준 파악** : 대상자들의 체력, 운동기술, 행동 등 전반적인 특성을 파악한다.

㉢ **구체적인 지도 계획 또는 프로그램 작성** : 이전 단계의 바탕으로 효과적인 프로그램을 작성한다.

㉣ **실제지도** : 작성된 프로그램을 바탕으로 실제로 지도한다.

㉤ **평가** : 특정 영역의 기술이나 체력 요소를 지도한 후 또는 특정 프로그램을 시행한 후 의도된 부분의 변화 정도나 성취도를 파악하는 단계이다.

(2) 활동 변형 기출 2021, 2020

① 개념

㉠ 장애가 있는 사람들이 스포츠활동을 하고 싶은 욕구에서 시작되었고, 일반스포츠 활동에 참여하는 가운데 장애정도에 적합한 활동으로 변형하는 것이다.

㉡ 성공적으로 스포츠 참여를 촉진하고 독려하기 위하여 활동을 변형한다.

② 종류

㉠ 환경변형

ⓐ 접근성 : 기본적으로 체육교실의 환경에서 갖추어야 할 요소이다.

ⓑ 안정성 : 스포츠환경을 마련하는 데 있어서 접근성과 함께 중요한 지침이다.

ⓒ 흥미성 : 스포츠 활동을 지속시키는 데 중요한 요소이다.

ⓓ 안전성 : 새로운 용·기구를 사용하여 스포츠활동을 실시할 때 우선적으로 안전수칙을 준수하도록 강조한다.

ⓛ 용·기구 변형

    ⓐ 장애의 유형과 정도, 신체적 특성, 정신적 특성에 따라 장비 및 기구를 변형한다.

    ⓑ 교육경험이 가능하도록 이루어져야 하고, 활동의 고유한 특성을 유지하면서 전통적인 수행방법과 가능한한 비슷하도록 맥락을 갖도록 변형해야 한다.

ⓒ 규칙 변형

    ⓐ 원활한 스포츠활동을 위해 난이도 조정, 기술대체, 독점체계 변형, 경기장 변형 등으로 규칙을 변형할 수 있다.

    ⓑ 최소한의 규칙만을 변형하여 활동의 본질적인 특성을 유지하도록 한다.

ⓓ 지도변형

    ⓐ 이해도, 개인의 상황 등에 따라 지도방법의 변화를 주어야 한다.

    ⓑ 신체 보조, 수화, 수신호, 언어 단서, 시범, 청각 단서 등을 상황에 맞게 지도할 수 있다.

(3) 수업 스타일 및 방식 [기출] 2022

① 지시형(명령형) 스타일

    ㉠ 지도자의 역할은 과제 활동 전·중·후의 모든 사항을 결정하며, 학생은 지도자의 지시사항을 따르는 것이다.

    ㉡ 지도자가 최대의 의사결정을 하고, 학생은 최소의 의사결정을 한다.

    ㉢ 지도자의 자극과 학생의 반응이 본질인데, 자극은 시범을 보이며, 학생은 지도자가 제시한 것을 따라한다.

② 연습형 스타일

    ㉠ 피드백이 주어진 기억과 모방 과제를 학생이 개별적으로 연습하는 것이다.

    ㉡ 과제활동 전과 후의 결정은 지도자가 하지만, 과제 활동 중 9가지(수업장소, 수업운영, 시작시작, 속도와 리듬, 정지 시간, 질문, 인터벌, 자세, 복장과 외모) 의사결정은 학생에게 이전된다.

    ㉢ 과제활동 후 지도자는 두 종류의 피드백을 제공한다.

        ⓐ 학생의 연습을 관찰하며 과제에 대한 피드백

        ⓑ 9가지 결정 안에서 학생의 의사결정과 관련된 피드백

③ 상호학습형 스타일

    ㉠ 지도자의 역할은 모든 지도내용과 기준을 정하고, 운영절차를 결정하며, 피드백을 제공한다.

    ㉡ 학생은 자기 동료와 짝을 이뤄 움직임을 수행하여 서로 피드백을 제공한다.

    ㉢ 서로 피드백은 제공은 하지만 평가를 해서는 안 된다.

④ 자기점검형 스타일

    ㉠ 학생이 과제를 수행하고 스스로 평가한다.

    ㉡ 지도자는 지도내용, 평가기준, 수업 절차 등을 결정하고, 학생은 과제를 독립적으로 수행하고 지도자가 마련한 평가기준에 따라 스스로 점검한다.

⑤ 포괄형 스타일

　㉠ 다양한 수준에 있는 학습자가 자신들이 수행할 수 있는 난이도를 선택하면 동일한 과제에 참여한다.

　㉡ 지도자의 역할은 과제의 난이도 선정, 지도내용과 수업운영에 대한 모든 의사결정을 한다.

　㉢ 학생은 자신이 성취 가능한 수준을 찾고, 과제를 연습하면 필요에 따라 수준을 수정하며 자신의 수행을 점검한다.

　㉣ 수업에 배제되었던 학생들에게 성공과 참여를 보장해 주는 출발점을 제공할 수 있고 학생의 진보와 발달 기회를 발견할 수 있다.

⑥ 유도발견형 스타일

　㉠ 미리 정해진 해답을 학생이 발견하도록 유도하는 방법으로, 논리적인 질문을 설계해야 한다.

　㉡ 새로운 주제를 소개할 때 유용하며, 학생들이 학습과정에 흥미를 갖고 참여하게 되고 세부적인 것에 대해 궁금증을 유발할 수 있다.

⑦ 수렴발견형 스타일

　㉠ 지도자의 역할은 탐색되어야 할 목표 개념을 포함한 지도내용을 결정하며, 학생에게 할 질문을 계획하고 구성한다. 해답을 가르쳐 주는 것이 아니라 피드백이나 단서를 제공한다.

　㉡ 학생은 추리력, 호기심, 논리적 사고를 활용해 해답을 발견하는 것이다.

⑧ 확산발견형 스타일

　㉠ 지도자는 학생에게 전달해야 할 교과에 대한 특정 문제와 주제를 결정하고, 학생은 특정 문제에 대한 다양한 설계, 해답, 반응을 발견하는 것이다.

　㉡ 학생들은 발견 과정에서 즐거움을 얻을 수 있다. 어떤 학생들은 이 과정에서 두려워하거나 인지적 한계를 나타내기도 한다.

⑨ 자기설계형 스타일

　㉠ 지도자는 학습주제를 결정한다. 학생은 질문을 만들고, 진행방법 및 절차를 확인할 수 있는 질문 만들기, 해답 및 움직임 발견하기, 학습을 위한 운동수행 범위 설정 등의 역할을 한다.

　㉡ 학생에게 더 많은 책임을 부여하며, 발견 학습의 시점을 넘어 한 단계 더 나아가게 된다.

⑩ 자기주도형 스타일

　㉠ 지도자는 학생들의 결정 사항을 최대한 수용하고 학습자 지원을 하고, 학생의 요청이 있을 때에만 교수·학습활동에 참여한다.

　㉡ 학생은 과제활동에서 모든 결정을 하며, 교수·학습과 학습 평가기준을 결정한다.

　㉢ 학생들의 학습 욕구에 자율권을 주는 것이 목표이다.

⑪ 자기학습형 스타일

　㉠ 개인이 교수·학습 활동에 지도자나 학생으로 참여하여 모든 의사결정에 참여하는 것이다.

　㉡ 개인이 계획을 세운 교과내용과 학습행동 목표를 스스로 성취한다.

　㉢ 학생이 스스로 자신을 가르치는 것이다.

⑫ 수업방식 [기출] 2020

　　㉠ 1:1 방식 : 이 방식은 장애학생에게 높은 수준의 개별화된 지도는 물론 학습자의 반응할 수 있는 다양한 기회를 제공한다.

　　㉡ 소그룹 방식 : 2~10명의 학생들과 한 명의 지도자로 구성된다. 이 방식은 학생들이 좀 더 독립적으로 학습할 수 있으며 다른 학생들과 적절히 상호작용을 할 수 있는 방법을 배울 수 있는 기회를 제공한다.

　　㉢ 대그룹 방식 : 다수의 학생을 대상으로 한 명 이상의 지도자로 구성된다.

　　㉣ 혼합방식 : 동일한 수업시간 안에 다양한 방식을 사용한다. 학습자의 개별 특성이나 교육목적이 다를 경우에 효과적인 지도형태이다.

　　㉤ 또래 교수 : 상위 수준의 기술을 습득한 학생이 수행 수준이 낮은 학생을 지도하는 방식이다. 선후배 교수 또는 교류식 수업 스타일에서 사용된다.

　　㉥ 개인별 독립 과제수행 : 학생 스스로 개인적인 목표를 정하며, 과제카드나 교사에 의한 피드백은 학생들이 과제에 집중하는 데 도움을 준다.

　　㉦ 협력학습 : 협력학습에 참여하는 학생들은 공동의 목표를 성취하기 위해 서로 협력한다. 특히 사회적 기술 또는 정의적 발달을 교육목표로 할 때 더욱 효과적이다.

　　㉧ 역주류화 : 비장애학생과 장애학생들과 함께 수업에 참여하는 것이다. 서로 상호작용을 할 수 있고, 서로에게 도움을 줄 수 있다.

　　㉨ 과제식 수업(스테이션 지도) : 과제식 수업은 학생들이 동시에 서로 다른 학습과제를 연습하도록 수업환경을 조직하는 것이다. 학생들의 발달 수준이나 단계에 맞게 다양한 과제로 구성하기 때문에 다양한 운동기술 수준을 가진 학습자들로 구성되었을 때 더욱 효과적이다.

(4) 특수체육지도에서의 행동관리 [기출] 2020

① 개념

　　㉠ 행동관리 : 집단에 포함된 개인 또는 학생의 사회적 행동을 바람직하게 변화시키기 위하여 교사들이 행하는 모든 행위와 기술습득을 촉진하고 사회적 행동을 격려하기 위해 조성된 체계적인 행동 과정이다.

　　㉡ 문제행동 : 보통 학생이 표출하는 그것이 상황에 맞지 않거나 부적응이거나 자신이나 타인에게 위협을 가하는 행동을 말한다.

　　　　ⓐ 조작 정의 : 소리지르기, 얼굴 때리기, 사람 물기

　　　　ⓑ 비조작적 정의 : 파괴적, 폭력적, 자기자극

② 체육수업시 행동관리 지도

　　㉠ 팀 나누고 체육관의 양쪽에 각 팀을 앉혀 놓고 수업을 진행한다.

　　㉡ 지도자는 목표가 되는 행동을 설명한다.

　　㉢ 날마다 게임이 진행될 시간을 정한다.

　　㉣ 지도자가 주목하는 행동을 학생들에게 알려준다.

    ⓜ 수업 마지막 부분에 얻은 점수를 계산하고 알린다.

    ⓗ 흥미를 유발하기 위해 승리한 팀에게 적절한 보상을 한다.

③ 강화

    ㉠ **정적강화** : 바람직한 행동을 한 후 아동이 좋아하는 보상을 제공하여 바람직한 행동의 발생률을 향상시키는 과정이다. [예] 칭찬하기, 자유시간, 사탕 등

    ㉡ **부적강화** : 어떤 바람직한 행동을 할 때 학생이 싫어하는 대상을 제거해 주어 강도와 빈도를 증가시키는 것이다. [예] 꾸지람, 화장실 청소 등

④ 행동관리 절차 과정

    ㉠ 문제행동 파악

    ㉡ 발생빈도, 기간, 유형들의 자료 파악

    ㉢ 적절한 행동관리 방법 선정

    ㉣ 효과적인 강화물의 조사와 선정

    ㉤ 행동관리 시작

    ㉥ 행동관리 시행에 따른 효과의 관찰 기록

    ㉦ 행동 관리법에 사용된 강화물을 점차적으로 줄여나간다.

⑤ 행동관리 기록방법

    ㉠ 절차 기록방법

        ⓐ 1단계(빈도기록법) : 일정시간 동안 어떤 문제 행동을 몇 번 나타냈는지를 기록하며, 짧은 시간에 발생하고 사라지는 행동을 측정할 때 사용한다.

        ⓑ 2단계(지속시간 기록법) : 어떤 행동을 얼마 오랫동안 지속하는지 기록하는 것이다(지속시간).

        ⓒ 3단계(등간 기록법) : 정해진 관찰 시간에 동일한 단위시간 간격으로 나누어 단위시간 안에 발생하는 문제 행동을 기록하며, 발생빈도와 지속시간을 동시에 측정할 수 있다.

        ⓓ 4단계(시간 표지법) : 정해진 관찰시간 동안 계속 관찰하지 않고 관찰기간을 일정한 구간으로 나누고 관찰구간이 끝나는 순간에 아동을 관찰하여 행동의 발생여부를 기록하는 것이다. 다른 기록법보다 관찰시간이 짧으며 용이한 방법이다.

⑥ 문제행동 예방

    ㉠ 적극적인 참여를 유도한다.

    ㉡ 장애학생의 자발적으로 선택하도록 유도한다.

    ㉢ 가능성 탐험의 강화와 격려를 한다.

    ㉣ 학급 구성원으로서의 책임감을 갖도록 한다.

    ㉤ 자신의 요구를 표현하는 방법을 알려준다.

    ㉥ 적절한 음악을 활용한다.

    ㉦ 인적자원을 활용하여 수업을 돕도록 한다.

(5) 장애와 운동발달

① 운동발달의 개념

  ㉠ 발달은 임신에서 숙을 때까지의 계속되는 변화과정이다.

  ㉡ 운동발달은 평생동안 이루어지는 운동행동의 변화이다.

  ㉢ 운동제어와 운동능력의 계속적인 변화에 대한 적응이 포함된다.

② 움직임의 범위

  ㉠ 안정성

    ⓐ 운동의 가장 기초가 되는 것으로 중력과 관련되어 균형감을 습득하고 유지하는 것을 의미한다.

    ⓑ 갓난아기의 첫 과제는 머리, 목, 몸통의 근육 조절이다. 앉기, 잡고 서기, 혼자 서기 등이 유아와 관련된 안정성 과제이다.

    ⓒ 도움없이 서기, 한발로 서기, 구부렸다 펴기, 몸을 비틀어 돌리기, 뻗고 들어올리기 등은 아동기부터 노년기까지 수행하는 안정성 관련 과제이다.

    ⓓ 장애는 대부분 안정성의 결여와 관련이 있으며 운동 지체를 가지고 있다. 뇌성마비의 중추신경계 장애로 유아기 때 혼자 앉고 서고 걷는 것을 할 수 없고, 다운증후군과 같은 근력장애는 아동기 때 주로 습득하는 중요한 기능의 발달을 저해하며, 정형외과적 장애나 감각장애를 가진 노인은 낙상에 필요한 안정성이 부족하다.

  ㉡ 이동 운동

    ⓐ 지면 위 고정된 지점에서 신체의 위치가 변화하는 움직임이다. 한 지점에서 다른 지점으로 이동하는 것이다.

    ⓑ 걷기, 달리기, 점프, 홉(hop), 스킵(skip), 립(leap) 등이다.

    ⓒ 휠체어 사용자의 이동기술은 휠체어를 앞으로, 뒤로, 지그재그로 이동하는 것이며, 의족이나 목발 사용시 이동운동의 유형을 변화시켜야 한다.

  ㉢ 조작운동

    ⓐ 대근 및 소근운동 조작과 관련되어 있고, 던지고, 받고, 차고, 치는 것은 대근육 조작운동이며, 꿰매고, 가위로 자르고, 타이핑하는 것 등은 소근육 조작운동이다.

    ⓑ 중증 장애인의 경우 포크나 수저를 들어 올려 입에 가져가는 것과 같은 기본 조작운동 발달이 매우 중요하다.

③ 다이나믹 시스템 이론

  ㉠ 다이나믹 : 비직선적이고 불연속적인 것을 의미한다.

  ㉡ 시스템 : 인간이라는 유기체가 스스로를 조직화하고 다양한 하위체계로 구성된다는 것을 의미한다.

  ㉢ 다이나믹 시스템 이론

    ⓐ 유기체, 환경, 과제의 상호작용 속에서 자기조직의 원리와 비선형의 원리에 의해서 인간의 운동이 생성되고 변화한다는 것이며, 인간 자체적으로 가지고 있는 신체적 특성을 매우 중요시 여긴다.

ⓑ 환경적 불확실성에 끊임없이 상호작용하여 움직임의 안정성을 찾아가는 과정이다.

   ⓔ 특징

      ⓐ 인간의 운동의 생성과 변화는 운동프로그램과 같은 기억표상의 구조를 필요로 하지 않고, 자기 조직의 원리와 비선형성의 원리를 따른다.

      ⓑ 안정성과 상변이 개념의 사용이다.

      ⓒ 환경의 중요성을 강조했다.

④ 운동발달 단계

   ㉠ 운동발달 형태와 단계

운동발달 형태	발달주기	운동발달 단계
반사운동	태아~4개월	정보유입단계
	4개월~1세	정보유출단계
기초운동	출생~1세	반사억제단계
	1~2세	통제이전단계
기본운동	2~3세	초기단계
	4~5세	기본단계
	6~7세	성숙단계
전문화된 운동	7~10세	전이단계
	11~13세	응용단계
	14세 이상	평생 활용할 수 있는 단계

   ㉡ 반사운동 단계

      ⓐ 출생 후 처음 움직임이다. 반사는 불수의적이고 대뇌 피질하에서 조절되는 움직임이다.

      ⓑ 접촉, 빛, 소리, 압력 변화에 대한 유아의 반응은 불수의적 움직임이고, 외부 세계에 대해 더 많은 것을 배우게 하는 중요한 역할을 한다.

      ⓒ 원시반사는 정보를 모으는 것, 음식을 찾는 것, 방어적인 반응을 포함한다.

반사	기간	자극	행동
모로	출생 ~ 3개월	누운자세 갑작스런 큰 소리에 아기의 머리가 빠르게 움직인다.	사지가 신전되고, 이후 다시 자세가 구부러진다.
비대칭목경직	출생* ~ 6개월	누운자세 아기의 머리가 오른쪽 또는 왼쪽으로 돌린다.	얼굴을 향한 쪽의 사지가 신전되고, 반대쪽 사지는 구부러진다.
대칭목경직	출생* ~ 6개월	보조받아 앉기 목을 굴곡 또는 신전시킨다.	팔은 신전되고, 다리는 굴곡된다.
파악	출생 ~ 4~6개월	누운자세 손바닥 또는 발을 공으로 자극한다.	손가락 또는 발가락을 움직여 잡는다.

바빈스키	출생 ~ 6개월	**누운자세** 발바닥을 때린다.	발가락들이 신전된다.
빨기	출생 ~ 3개월	**누운자세 또는 보조받아 앉기** 입술 주위에 직접 갖다 댄다.	입술 주위를 건드리면 그쪽 방향으로 입을 벌려 빨려고 한다.

*반응이 없는 아기도 있다.

ⓓ 자세반사는 수의적 움직임과 비슷하며, 중력에 대항하여 신체를 지탱하거나 이동하는 데 사용된다.

반사	기간	자극	행동
미로정위	2 ~ 12개월	**보조받은 정위 자세** 몸통을 앞·뒤·옆 방향으로 기울인다.	기울어지는 반대방향으로 머리를 움직여서 정위 자세에서 머리 위치를 유지하려고 시도한다.
지지반응	4개월(팔) 9개월(다리) ~ 12개월	**엎드린 또는 보조받은 정위 자세** 지면쪽으로 향하게 아기의 사지를 움직인다.	지지하려는 자세로 사지가 신전된다.
당김(턱걸이)	3 ~ 4개월	**손에 의해 지지된 똑바로 앉은 자세** 옆·앞·뒤 방향으로 아기를 기울인다.	아이는 팔을 구부려 균형을 유지하려고 시도한다.
걷기	2주 ~ 5개월	**보조받은 정위 자세** 정위 자세를 하고 발바닥이 지면에 닿게 아기를 잡는다.	하지를 움직여 보행하려는 동작이 나타난다.
기기	출생 ~ 4개월	**보조 없는 엎드린 자세** 발바닥에 갖다 댄다.	상지와 하지가 동시에 움직이면서 기는 동작이 나타난다.
수영	출생 ~ 5개월	**물 밖에서 엎드린 자세** 물 밖이나 속에서 아이를 잡고 있다.	상지와 하지를 움직여 수영하는 동작을 한다.

ⓒ 반사운동 형태

ⓐ 정보유입 단계

- 태아기에서 생후 4개월까지 나타나는 불수의적 움직임이 특징이다.
- 이 단계에서는 소뇌가 운동피질보다 더 많이 발달하고, 생존을 위한 필수적인 움직임과 관련이 있으며 불수의적인 반응을 일으킬 수 있다.
- 이 단계에서 반사는 아기가 움직임을 통해서 정보를 모으고, 음식물을 섭취하고, 방어하는 데 주된 작용을 한다.

ⓑ 정보유출 단계

- 출생 후 약 4개월 정도에 시작하고, 대뇌가 발달함에 따라 반사는 점차 억제된다.
- 소뇌는 점차 골격의 움직임을 조절을 중지하고, 대뇌피질의 운동영역에 의해 조절되는 자발적인 운동으로 교체된다.
- 이 단계에서는 감각운동 활동이 지각운동 행동으로 교체되며, 수의적 움직임 조절 발달은 자극에 반응하는 것이 아니라 축적된 정보와 감각 자극을 처리한다는 것을 의미한다.

ⓒ 발달이상
- 아기의 반사를 평가하는 것은 발달의 문제를 파악하는 데 사용하며, 관찰과 반사검사를 통해 유아의 중추신경계 장애를 진단할 수 있다.
- 반사가 전혀 없는 것보다 너무 오래 지속될 경우 심각한 문제가 된다.
- 신체 한쪽에 더 강하게 나타나는 반사는 중추신경계 손상을 의미한다.
- 신경계 장애를 보여주는 반사행동은 다음과 같다.
  - 반사반응이 없음
  - 반사반응이 약함
  - 비대칭 반사 반응
  - 반사반응의 연속

② 기초운동형태
ⓐ 수의적 움직임의 첫 번째 형태는 기초운동이고, 출생 후부터 2세 사이에 보이는 운동행동이다.
ⓑ 기초운동 능력은 생존에 필요한 수의적 움직임의 기본형태이다.

운동패턴	시작연령
머리와 목의 제어	출생~5개월
몸통 제어	2~8개월
앉기	3~10개월
서기	10~12개월
수평 운동(배밀기, 기어가기 등)	3~11개월
직립 보행	6~13개월
뻗기	1~6개월
쥐기	출생~18개월
놓기	12~18개월

⑩ 기초운동형태의 구분
ⓐ 반사억제 단계
- 기초운동 형태 중 반사억제 단계는 태어나면서 바로 시작된다.
- 이때 원시반사와 자세반사는 수의적 움직임 행동으로 바뀐다.
- 반사억제 단계에서 수의적 움직임은 완전히 구분되지 않으며 통합된 형태를 이룬다.
- 이 단계에서는 의도적인 움직임을 하지만 원활한 제어가 되지 않아 능숙하지 않다.
ⓑ 사전억제 단계
- 출생 후 12개월부터 운동에 대한 정확성과 통제력이 생긴다.
- 감각과 운동 시스템의 차이를 구분하고, 지각과 운동 정보를 통합하는 과정이 일어난다.
ⓒ 발달이상 : 중추신경 장애, 정형외과적 장애, 정신장애 등은 수의적 움직임의 초기 단계에서 운동발달을 저해하며 지각손상은 발달과정의 방해가 될 수 있다.

ⓑ 기본운동 형태

ⓐ 아동 초기의 기본운동 능력은 유아기 때의 기초운동 형태가 발전된 것이다.

ⓑ 아동이 신체적 운동 능력을 실험을 하거나 탐험해 보는 시기이며, 안정성, 이동운동, 조작운동을 수행하는 방법을 서로 결합하고 분리하면서 알아가는 시기이다.

ⓢ 기본운동 단계

ⓐ **초기단계** : 초기단계에서의 유아는 어떤 과제를 수행하기 위한 최초의 의도 있는 행동을 시도하게 된다. 다소 미흡하고 비협응적인 동작이 이 단계의 특징이다(던지기, 받기, 차기 또는 두 발 모아 뛰기).

ⓑ **기초단계** : 3세에서 5세까지의 유아가 기초단계에 해당하며 이 단계의 발달은 주로 성숙하는 시기이다. 초기단계와 성숙단계의 과도기적 시기인 이 단계에서는 협응적이고 자연스러운 행동이 많이 향상되고, 움직임 조절력이 증가되지만 조금 경직되어 있고 유연성이 부족한 상태이다.

ⓒ **성숙단계** : 성숙단계에서의 발달은 협응이 잘 되고, 기술적으로 정확하며, 효율적인 동작으로 통합된다. 이 단계에서부터는 움직임의 발달이 매우 급격해 진다.

ⓓ **발달이상**

- 유아기를 거치면서 움직임 요건들이 보다 복잡해지며 성장해 갈수록 장애아동과 비장애아동의 차는 더 커진다.
- 신체적 제한, 제한된 학습능력, 부적절한 교수는 차이를 심화시킨다.
- 신체적 제약이 있는 아동은 특정기술 보다는 과제의 결과(얼마나 멀리, 빨리, 많이)에 초점을 맞춰 지도해야 한다.

ⓞ 전문화된 운동형태

ⓐ **개념**

- 전문화된 운동형태는 기본운동 형태가 발전한 것이다.
- 운동은 그 자체를 위해 배운다기보다는 일상생활, 레크리에이션, 스포츠와 같은 전문화된 운동활동을 수행하는 데 필요한 도구가 된다.
- 전이단계, 적용단계, 평생활용단계로 나뉜다.

ⓑ **전이단계**

- 7~8세가 되면 전이단계로 들어가게 되며, 기본운동 기술이 스포츠와 레크리에이션 등에서 필요한 전문화된 기술과 통합되거나 적용된다.
- 기본운동의 요소를 가지고 있고 더 큰 움직임, 정확성, 제어력이 요구되는 로프로 만들어진 다리 위 걷기, 줄넘기, 발야구 등은 전이 기술의 예이다.

ⓒ **적용단계**

- 10~13세 사이에 기술 발달 측면에서 변화가 일어난다.
- 인지력, 정서적 능력, 경험을 가지고 모든 활동에 운동을 적용시키려 한다.
- 어떤 활동에 참여할지, 하지 않을지를 의식적으로 결정하기 시작한다.

- 과제, 자기 자신, 환경 내에 있는 어떤 요소들이 즐거움을 주거나 성공하게 하는지에 대해 인식하고 결정한다.
ⓓ 평생활용단계
- 13세에 시작하여 성인까지 계속된다.
- 운동발달과정의 정점을 의미하며, 습득한 운동들은 평생에 걸쳐 사용하는 것이 특징이다.
ⓔ 발달이상
- 장애인들은 청년기와 성인기까지 운동 기능을 발달시키는 것이 중요하다.
- 운동 기능의 향상은 독립성의 증가와 유지에 도움이 되며, 특정 이동·조작 기술은 직업 또는 오락과 기능의 향상은 독립성의 증가와 유지에 도움이 된다.

(6) 장애와 체력육성

① 용어 정의

ⓐ 신체활동

ⓐ 에너지 소비를 증가시키는 근골격계에 의한 신체의 움직임이다.

ⓑ **신체활동의 영역** : 운동, 스포츠, 훈련, 놀이, 무용, 일, 가사

ⓛ 건강

ⓐ 삶을 누릴 수 있는 능력 및 위험에 견뎌낼 수 있는 능력

ⓑ WHO : 질병이나 단지 허약한 상태가 아닐 뿐만 아니라 육체적·정신적 및 사회적인 완전한 안녕상태

ⓒ 체력

ⓐ 신체활동 수행에 필요한 능력과 관련하여 사람들이 이미 가지고 있거나 성취해야 할 속성들의 묶음

ⓑ **건강관련체력** : 유산소성 능력, 신체조성, 근력, 근지구력, 유연성

ⓒ **운동기술관련체력** : 민첩성, 평형성, 협응력, 스피드, 파워, 반응시간 등

② 신체활동과 건강관련체력

ⓐ 개인 체력

ⓐ 장애학생을 위한 프로그램을 계획할 때 어떤 목적의 체력인가를 고려한다.

ⓑ 특수체육 프로그램의 목표는 기초적인 움직임(앉기, 뻗기, 기기 등)의 실행을 위한 체력에서부터 특별한 움직임(스포츠, 기술, 여가활동, 직업과제)의 실행을 위한 체력, 보다 행복한 삶을 추구(일상능력과 질병요인 감소)하기 위한 체력까지 범위가 다양하다.

③ 신체활동 형태

ⓐ 개인별 프로그램의 목표를 설정한 후, 기초검사를 한다.

ⓛ 신체활동 형태는 다양한 유형(게임, 스포츠, 운동, 댄스 등) 및 변인인 FITT-VP(빈도, 강도, 시간, 형태, 점증)를 구성한다.

ⓐ 빈도(Frequency)

- 운동프로그램을 주당 실시한 총 횟수이다.
- 유산소운농은 주당 3~5일 권장. 주 3일 미만은 효과 미약, 주 5일 초과는 근골격계 손상위험률이 증가한다.
- 초보자는 낮은 강도부터 점차적으로 증가, 건강한 대상자는 다양한 형태로 변화를 주어 실시한다.

ⓑ 강도(Intensity)

- 단위시간에 있어서의 운동량이다.
- 운동강도 측정 방법
  - 실제 에너지 소비량(EE), 절대적 방법(VO_2, METs)
  - 상대적 방법(%HRR, %HRmax, %VO_2max)
  - 여유심박수 또는 여유산소섭취량 방법 선호
  - 자각적 판단에 근거하는 방법(RPE)

ⓒ 시간(Time)

- 수행한 신체활동 시간의 양적 기준(몇분/회당·주당·1일)이다.
- 일반 성인은 중강도로 30~60분/1일(주당 150분) 또는 고강도로 20~60분/1일(주당 75분) 운동을 권고한다.
- 회당 최소 10분씩 하루 여러 회 실시 형태도 대상자에 따라 효과가 있다.

ⓓ 형태(Type)

- 목적에 맞는 운동을 선택하고 개인의 흥미도를 고려한다.
- 근력운동, 유산소성 운동, 유연성 운동 등 필요한 체력요소 결정 후 세부종목을 선택한다.

ⓔ 운동량(Volume)

- 운동량 = 빈도 × 강도 × 시간
- MET-min · wk^{-1}와 kcal · wk^{-1} 사용을 한다.
- 500~1,000 중강도 MET-min · wk^{-1}이 적절하고 이는 중등도 강도로 주당 약 150분 운동이다.

ⓕ 점증(Progression)

- FITT의 요소 중 하나 이상을 견딜 수 있는 수준으로 증가 시키는 것이다.
- 초보자는 1~2주마다 운동시간 5~10분 증가가 적절하다.
- 4주 이상 규칙적으로 운동한 경우 빈도, 강도, 시간을 4~8개월에 걸쳐 상향 조절한다.
- 피로, 근육통, 호흡단축 발생 시 강도 조절이 필요하다.

④ 신체활동 권장사항

㉠ 유산소성 능력

ⓐ 대다수의 장애아동들은 변형 없이도 가이드라인을 충족할 수 있으나 상황에 따라 변형이 필요할 수 있다.

ⓑ 빈도는 바꿀 필요가 없으며, 장애유무와 관계없이 유산소 운동에 규칙적으로 참여하면 된다. 근신경 장애, 관절염 등 많은 휴식시간이 필요한 장애아동은 운동 참여 후 충분한 회복시간을 제공해야 한다.

ⓒ 팔로 휠체어를 추진하는 사람, 팔만 사용하여 운동에 참여하는 하거나 척수 장애 학생 등 팔로만 운동하는 경우 목표심박수를 분당 10회 정도 낮추는 것이 적절하다.

ⓓ 휠체어 이용하는 사람은 슬라럼 코스 통과, 휠체어 조깅, 펀칭백, 암에르고미터, 휠체어 에어로빅, 휠체어 스포츠활동(슬레지하키, 농구, 트랙운동, 럭비, 핸드볼) 등을 할 수 있다.

ⓔ 시각장애인은 미용체조, 조정, 고정식 또는 2인승 사이클, 레슬링, 유도, 스텝 에어로빅, 수영, 트랙운동 등을 할 수 있다.

ⓛ 신체조성

ⓐ 신체조성은 체중에 대한 체지방 무게의 백분율 대 체중에 대한 근육, 뼈, 결합조직 등의 무게 백분율이다.

ⓑ 피부두겹지기법은 체지방률을 평가하는 데 사용하며, 체질량지수(BMI)는 체중의 적절성을 평가한다. 생체전기저항법은 용이하게 체성분을 측정할 수 있다.

ⓒ 근력 및 근지구력

ⓐ 근력은 단시간에 최대의 힘을 발휘할 수 있는 근육의 능력을 의미하고, 악력계나 1회 들어올릴 수 있는 최대한의 능력을 의미한다.

ⓑ 근지구력은 최대하수준의 강도에서 견딜 수 있는 최대한의 능력이며, 컬업이나 팔굽혀 매달리기 등으로 측정한다.

ⓒ 근력향상을 위해서는 주 2회, 운동 사이에 1일 휴식을 갖고, 8~10개의 동적운동(등장성, 등척성)을 하는 것을 권장한다.

ⓓ 장애아동들의 경우 운동종목 수와 강도 및 시간을 줄일 수 있고, 빈도는 증가시키는 등 변화를 줄 수 있다.

ⓔ 몽키바, 정글짐, 밧줄타기, 장애물 코스 통과하기, 휠체어 타고 경사로 오르기, 발이나 팔로 스쿠터 밀기, 스쿠터 타고 밧줄 당기기, 던지기, 점프 등을 할 수 있다.

ⓔ 유연성 및 관절가동범위

ⓐ 유연성은 기능적 움직임을 수행하기 위한 관절의 가동능력이다.

ⓑ 관절가동범위는 관절 안에서 가능한 동작의 가동범위이다.

ⓒ 주 2~3회 이상, 2~4회 반복, 1회당 10~30초 정도 유지한다.

ⓓ 수동적 스트레칭, 능동-보조 스트레칭, 동적 스트레칭, 고유수용성신경근촉진(PNF) 등이 있다.

ⓔ 요구사항이 있을 경우 빈도를 높이고(하루 2~3회 실시) 10분 이상 시간을 증가시킬 수도 있다.

02 장애유형별 체육지도 전략

---

01 지적장애, 정서장애, 자폐성장애 등의 특성과 지도 전략

(1) 지적장애와 특성 및 체육활동 지도방법 기출 2022, 2020

  ① 정의

     ⊙ 적응행동의 결여와 동시에 평균 이하의 지능을 가지고, 발달기 동안에 나타나며, 아동의 교육적 수행에 불리하게 작용하는 상태를 의미한다(IDEA, 2004).

     ⓒ 평균 이하의 지능과 개념적, 사회적, 실질적 적응 기술 영역에 상당한 제한을 나타내는 장애로, 18세 이전에 나타난다(Schalock, 2010).

  ② 기준

     ⊙ 인지적 기능의 현저한 제한 : 지능검사에서 표준편차 2 이하(스탠포드-비네 Ⅴ검사, 아동용 웩슬러 지능검사)

     ⓒ 개념적, 사회적, 실질적 적응기술 영역의 상당한 제한

        ⓐ 개념적 기술 : 언어, 읽기와 쓰기, 화폐 개념, 자기지시

        ⓑ 사회적 기술 : 대인관계, 책임감, 자존감, 정직함, 규칙 및 법률의 복종, 남에게 이용당하지 않음

        ⓒ 실질적 기술 : 일상생활 활동, 직업기술, 안전한 환경의 유지

     ⓒ 18세 이전에 장애가 시작

  ③ 지적장애인의 특징

     ⊙ 학습능력과 학습속도

        ⓐ 비장애인과 가장 큰 차이점은 인지행동인데, 지적장애가 심할수록 인지 수준이 낮다.

        ⓑ 정보를 일반화하는 능력 제한, 짧은 주의집중 시간. 추상적 개념의 이해 곤란 등이 있으며, 학습성취도는 지적장애가 없는 아동들의 40~70% 정도이다.

        ⓒ 일차적인 교육목적은 기본생활 기술과 의사소통 기술의 습득이다.

     ⓒ 사회·정서적 반응

        ⓐ 사회적·감정적 상황에서 부적절한 반응을 표출하는 경우가 많으며, 어떤 상황에서 적절히 대처할 준비가 되어 있지 않다.

        ⓑ 교육 프로그램에는 일상생활에서 일어나는 상황에 대처하는 적절한 사회적 행동과 감정 반응을 결정하도록 돕는 경험적인 내용들을 다양하게 포함하고 있어야 한다.

     ⓒ 신체·운동 발달

        ⓐ 대부분의 지적 장애아동은 운동기능의 발달이 느린데, 생리적·운동제어의 문제보다는 부족한 주의

력과 이해력과 관련이 있다.

ⓑ 지적장애 남자아동의 경우 지적장애 여자아동보다 더 나은 유연성과 평형성을 보인다.

ⓒ 다운증후군 아동은 다른 지적장애 아동들보다 유연성이 더 좋으나 이로 인해 약화된 인대와 근육 때문에 더 큰 상해 위험성이 있다.

ⓓ 지적장애아동들은 과체중이 많으므로, 적절한 영양섭취와 신체활동 지도가 필요하다. 자세의 문제가 생기기도 한다.

④ 다운증후군

㉠ 원인 : 다운증후군은 지적장애와 관련된 가장 일반적인 유전학적 증상이고, 21번 염색체가 한 개 더 존재하는 삼염색체 다운증후군이 일반적인 원인이다.

㉡ 특징

ⓐ 몸통에 비해 짧은 다리와 팔 및 저신장

ⓑ 근력이 약하고 과도한 유연성

ⓒ 납작한 얼굴과 눈꼬리가 위와 밖으로 향한 눈

ⓓ 독특한 귀모양

ⓔ 과체중 또는 비만

ⓕ 호흡계 및 심장계 발달 미숙

ⓖ 짧은 손가락, 발가락, 손바닥의 단일 주름을 가진 넓은 손과 발

ⓗ 균형감각 미숙

ⓘ 지각 결함

ⓙ 저시력 및 청력

㉢ 체육프로그램

ⓐ 다운증후군은 많은 의학적 문제를 가지고 있어 신체활동 참가 및 체육프로그램 작성을 위한 신체검진이 필요하다.

ⓑ 낮은 근력과 관절의 과운동성으로 척추측만증, 하수증, 고관절 탈구, 척추후만증, 환축추 불안정, 평평하고 내전된 발, 앞으로 기울어진 목 등 정형외과적 문제를 일으킬 수 있다.

ⓒ 과한 유연성으로 인해 무리한 활동은 탈장, 탈구, 염좌가 생길 수 있어 관절 주변의 근육을 강화하고 안정화하는 운동이 필요하다.

(2) 정서장애의 특성 및 체육활동 지도방법

① 정서 및 행동장애의 특성

㉠ **품행장애** : 사람들의 이목을 끌려는 행동, 탠트럼(짜증냄), 싸움, 파괴, 타인을 귀찮게 한다.

㉡ **사회화된 공격** : 일반적인 조직적인 절도, 무단결석, 불량학생에 대한 추종, 불량조직의 가담, 도덕적 가치와 법률에 대한 경시가 포함된다.

ⓒ 주의력 문제-미성숙 : 짧은 집중시간, 나태함, 집중력 부족, 산만함, 무기력, 생각없이 대답하기 등이 포함된다.

② 불안-회피 : 과도한 자기-자각, 과민성, 일반적인 두려움, 불안, 우울감, 인식된 슬픔 등 품행장애와 반대된다.

⑩ 정신병적 행동 : 과장해서 말하기, 어색한 표현, 엉뚱한 생각이 포함된다.

ⓑ 운동 과잉 : 쉬지 않고 움직이며, 편안하게 이완하지 못하는 것을 말한다.

② 원인

㉠ 생물학적 요인 : 유전자 이상, 까다로운 성질, 뇌손상 또는 뇌기능 이상, 영양 결핍 및 알레르기, 신체적 질병이나 장애, 정신생리학적 장애가 있다.

㉡ 가족 요인 : 가정파탄, 이혼, 무질서하며 냉담한 가족관계, 부모의 부재, 아동학대, 부모와의 분리 등이 정서 및 행동장애를 유발할 수 있다.

㉢ 학교 요인

ⓐ 학생의 개성의 무시

ⓑ 학생에 대한 부적절한 기대

ⓒ 일관적이지 못한 행동관리

ⓓ 비기능적이며 불명확한 기술의 지도

ⓔ 성공적인 학교생활을 위해 필요한 기술의 비효율적 지도

ⓕ 행동계약의 파기

ⓖ 학교 행동에 바람직하지 못한 모델

㉣ 문화적 요인

ⓐ 사회가 만든 문화적 가치와 기준이 대립될 때 나타난다.

ⓑ 문화적 결핍보다는 다문화적 견해에 의해 유발된다.

ⓒ 학생의 또래 관계, 이웃, 지역사회, 민족성, 사회적 계층 등의 요인이 영향을 미치고, 경제적 어려움, 가족불화와 겹치면 부정적인 영향을 준다.

ⓓ 약물남용은 비정상적인 성인의 행동과 행동장애로 인한 우발적 사고 간의 관계를 밝혀주는 중요한 요인이다.

③ 체육과 스포츠에서의 일반적인 지침

㉠ 행동관리 및 지도방법에 대한 고려사항

ⓐ 개별화된 지도

• 변화 가능한 학습 환경에서 학생의 준비정보, 기술, 흥미 장점을 고려한 지도방법과 교육과정의 계획이다.

• 대집단 수업, 소집단 수업, 또래 교수, 독립적 학습, 일대일 교수, 협력학습 중 고려할 수 있다.

• 동일 교육과정 내에서 다양한 난이도 수준 및 목적을 고려하여 다차원적 지도방법을 이용할 수 있다.

ⓑ **칭찬** : 칭찬은 행동장애 학생의 행동 및 학습결과에 긍정적인 영향을 주며, 얼마나 많이, 얼마나 효과적으로 칭찬을 했는지를 고려해야 한다.

ⓒ **정확한 지시** 효과적으로 의사소통하기 위해 정보전달을 명확하게 할 수 있어야 하며, 원하는 결과를 성취하기 위해 정보를 이용할 수 있어야 한다.

ⓓ **대화를 통한 조정** : 행동과 행동의 결과를 대화로 통해 조정하는 것이다.

ⓔ **갈등의 해결**
   • 간단한 지시와 선택을 이용한다.
   • 개인의 행동에 대한 후속결과를 공개한다.
   • 잘 듣고 이해하기와 대화를 통한 조정을 적용한다.
   • 차분한 음석을 말하며, 간결하고 직접적으로 지도한다.
   • 학생의 문제에 대해 학생과 개인적으로 논의한다.
   • 감당할 수 없는 상황이 되기 전에 미리 대처한다.

ⓕ **행동계약** : 행동계약은 행동과 그에 따른 후속결과를 구체적인 문서로 작성하는 것이다.

ⓖ **신체적 구속과 격리** : 신체적 구속은 특정인에 의해 부과되는 것으로 학생의 팔다리 또는 머리를 자유롭게 움직이지 못하게 하거나 그 능력을 줄이는 제약으로 정의된다.

▶ 신체적 구속 : 유형과 정의

구속의 유형	정의
기계적 구속	장치를 사용하여 학생이 자유롭게 움직이지 못하도록 하는 방법
신체적 호송	학생을 안전한 지역으로 데려가기 위해 등, 어깨, 팔, 손을 일시적으로 잡는 것
신체적 구속	팔, 다리, 머리를 자유롭게 움직일 수 없도록 제한하거나 개별적으로 구속하는 것, 신체적 호송에 포함되지 않는 것
격리	타임아웃에 포함되지 않는 것으로 폐쇄적 고립을 통한 행동통제 방법
타임 아웃	안정을 위해 학생이 갇히지 않은 환경에서 그룹으로부터 분리되어 처치 프로그램받는 것

④ **체육과 스포츠를 위한 접근방법**

㉠ **인본주의 접근법**

ⓐ 체육수업의 통합 영역으로서 개별적 또는 소그룹 상담을 개념화한다.

ⓑ 학생이 서로 배려하도록 지도하고 이것을 보여준다.

ⓒ 개별적 수행보다는 협동과 사회적 상호작용을 강조한다.

ⓓ 진심으로 칭찬하는 것의 중요성을 강조한다.

ⓔ 운동기술 및 체력과 관련된 인지된 유능감을 증진시킨다.

ⓕ 학생들이 운동기술이나 체력 때문에 아닌 전인으로서 또는 인간으로서 다른 학생을 좋아하고 존경하도록 전달한다.

ⓖ 헬리슨(Hellison 2003)의 5가지 상호작용 전략 　기출　 2022

- 0단계(무책임) : 자신의 행동 또는 나태함에 대한 책임감을 느끼지 못한다. 남에게 잘못을 돌리고, 변명한다.
- Ⅰ단계(타인의 감정과 권리 존중) : 자신의 행동을 통제하는 방법을 익힌다. 자기-통제가 먼저 이루어져야 한다.
- Ⅱ단계(참가 및 노력) : 신체활동에 대한 학생 개개인의 요구사항을 중시하며 이들이 일상생활 속에서 인격적 안정을 유지하기 위한 것을 의미한다.
- Ⅲ단계(자기-지시) : 학생이 자신의 선택에 대해 스스로 책임지며 주체적으로 행동을 선택하는 것을 강조한다.
- Ⅳ단계(배려와 도움주기) : 학생은 자기 자신을 넘어 타인을 배려하기 위해 타인을 진심으로 대하는 방법을 알게 되고 그룹의 안녕증진을 목적으로 한다.
- Ⅴ단계(적용 및 초월) : 체육관 안에서 학습한 내용을 일상생활로 옮겨가는 것으로 역할모델이 되는 것을 의미한다.

ⓛ 행동주의 접근법

ⓐ 자기-방임 행동 : 울기, 소리치기, 탠트럼, 반복되는 짜증스러운 행동과 소리내기가 있으며 이런 행동이 그칠 때까지 무시하고 이후 적절한 행동이 처음 나타났을 때 사회적 강화를 준다.

ⓑ 불순종한 행동 : 어떤 일을 하도록 했을 때 거부하는 것, 해야 할 일을 실행하지 않고 망각하는 것, 할 일을 했지만 좋지 않은 방법으로 실행한 것이 포함되고, 지도자는 불순종을 무시하고 강제적으로 과제를 하도록 하거나 지시를 이행하기 전에는 활동에 참여시키지 않는다.

ⓒ 공격적 행동 : 물체 또는 사람을 향한 언어적·신체적 학대를 공격적 행동이라고 한다. 이런 행동이 나타나면 그 즉시 언어적으로 야단치며 활동으로부터 제외시킨다.

ⓓ 자기-자극 행동 : 특정활동을 지속적으로 유지하고자 하는 본능이 강해서 학습에 방해가 되는 것을 의미하고, 머리 흔들기, 손 흔들기, 몸 흔들기, 눈 깜빡이기 등이 있다.

(3) 자폐성장애의 특성 및 체육활동 지도방법 　기출　 2021, 2020

① 개념 : 3세 이전에 일반적으로 발생하고 언어·비언어 의사소통 및 사회상호작용에 심각한 영향을 미쳐 학생의 학업능력에 부정적으로 작용하는 발달 장애로 규정한다. 반복적인 활동과 상동행동, 환경 또는 일상의 변화에 대한 저항, 감각기 자극에 대한 비정상적인 반응 등이 있다.

② 원인

㉠ 유전적 원인 : 원인으로 취약 X증후군이 있다. 남아에게 더 큰 영향을 미치며 지적장애를 유발하기도 한다.

㉡ 신경학적 원인 : 뇌 기능의 문제 가능성을 추측한다. 자폐성 장애 아동들은 또래에 비해 작은 사이즈의 머리를 가지고 태어나는 경향이 있지만 자라면서 급속한 성장을 하고 비정상적인 신경의 연결을 초래하

여 정보를 수용하고 효과적으로 사용하는 데 어려움을 겪게 된다.

ⓒ 예방접종에 의한 원인 : 예방접종과 관계가 있다는 주장이 있었으나 근거가 희박하다.

③ 체육지도를 위한 적용 및 사정

ⓐ 개별학생에 대한 평가, 수업환경, 활동과제 등 3가지 상호작용을 평가한다.

ⓑ 개별학생에 대한 평가 : 평가자는 의사소통의 유형 및 강화물에 대해서도 충분히 이해해야 하며, 아동과의 라포 형성 및 발달에 많은 시간을 할애할 수 있어야 한다. 사정을 시작할 때에는 실제로 할 수 있는 활동을 시작하여 더 어려운 단계로 넘어가는 것이 중요한데 이것은 초기 성공적인 수행을 하게 되어, 적응력을 증진시킬 수 있다.

ⓒ 수업환경 : 환경적인 자극에 과민하다는 것을 고려하여 주의를 분산시킬 수 있는 요인은 최소화하고, 활동과제에 집중할 수 있는 환경을 제공해야 한다.

ⓓ 활동과제 : 연령에 적합한지, 기능적인 부분을 포함하고 있는지, IEP의 목적과 목표를 개선하기 위해 도움이 되는지 등을 고려한다.

④ 활동선정

ⓐ 학습자와 가족에 대한 관심사항 및 요구조건을 고려한다.

ⓑ 일반적으로 수영, 달리기, 볼링과 같은 개별화된 형태를 할 수 있다.

ⓒ 장애의 특성상 팀 스포츠 참여가 어려울 수 있지만, 성공적인 경험을 얻도록 하기 위해 변형될 필요가 있으며 다양한 체육활동을 경험할 수 있도록 기회가 제공되어야 한다.

ⓓ 운동감각 지각, 촉각 자극, 청각 처리, 시각-운동 협응 등과 같은 감각활동이 필요하다.

⑤ 지도와 관리기법

ⓐ 그림과 의사소통 보드

ⓐ 가장 성공적이고 많이 쓰이는 방법이다.

ⓑ 사진, 실물과 똑같은 그림, 상징적 그림을 활용한다.

ⓑ 규칙적인 일상과 구조

ⓐ 규칙적인 일상과 구조적 환경의 조성은 장애학생을 가르치고 관리하는 데 도움을 준다.

ⓑ 새로운 환경이나 평소와 다른 환경에서 무계획적으로 제공될 때 부적절한 행동반응을 보일 수 있다.

ⓒ 일상적 과제는 지시를 줄여주고, 학생들의 독립적 수행을 가능하게 할 수 있다.

ⓓ 일상과제와 계획적 과제는 실행 초기에 시간이 많이 소비되지만, 체계가 정착되면 수업참여 및 행동에 개선이 나타난다.

ⓒ 자연스러운 환경 단서와 과제분석

ⓐ 새로운 기술을 지도할 때, 언어적 단서를 최소화하고, 환경 안에서 자연스러운 단서들을 활용하는 것이 효과적이다.

ⓑ 과제를 더 작은 단계로 세분화해서 나눌 수 있는 이를 과제분석이라고 하고, 과제의 조직적인 요인별로 세분화를 통해 성공적인 과제수행을 도모한다.

ⓒ 교정시점으로 되돌리기

　　ⓐ 이 방법은 기술을 수행하는 마지막 단계로 되돌려 보내는 것이다.

　　ⓑ 수업 중 부적절한 행동을 나타나면 마지막으로 정확한 반응을 나타낸 단계로 가서 행동을 수정해 주는 것이다.

ⓓ 평행적 발화기법

　　ⓐ 지도자가 학습자의 행동을 말로 나타내는 것이다.　🔲 "길동이는 축구공을 찹니다."

　　ⓑ '동작과 함께 언어 설명하기'는 공간적 개념과 운동기술과 같은 언어적 의미와 연관된 기술을 개선하는 도움을 줄 수 있다.

　　ⓒ 읽을 자료가 준비된 체육수업 환경을 조성하는 방법이 있고, 수행한 행동에 라벨을 붙여주는 것도 도움이 된다.

ⓔ 학습 방식

　　ⓐ 학습방식은 학생이 배울 수 있는 최상의 방법을 말한다. 청각, 운동감각, 시각의 세 범주로 나뉜다.

　　ⓑ 청각적 학습자는 명령이나 청각적 신호를 통해 학습이 이루지고 주변 소음에 영향을 받는다.

　　ⓒ 운동감각을 통해 기술을 습득하는 학생은 보고 듣는 것 보다는 실제로 하면서 기술을 습득한다. 과제 중심의 수업이 적합하다.

　　ⓓ 시각적 학습자는 관전이나 그림, 사진을 보면서 지식이나 기술을 습득하는 경향이 있고 소음의 영향을 적게 받는다. 자폐성 장애 아동들은 시각적 학습자인 경향이 있다.

ⓕ 지원 인력 : 수업 중에 보조교사나 자원봉사자의 도움을 받아 학생들의 개별화교육이 가능하도록 지원인력을 활용하여야 한다.

02　시각장애 특성과 지도 전략

(1) 시각장애의 특성

　① 정의 : 시각의 갖가지 기능장애(시력, 시야, 광각, 색각, 안구운동 등)를 총칭해서 시각장애라 한다. 맹(盲). 실명은 의학적으로 명암을 판별 못하는 것을 말하는데, 그 밖에 독립생계를 영위 못하는 것을 경제맹, 안질환 걸리기 전의 직업으로 복귀 못하는 것을 직업맹, 비장애인과 같이 교육을 받을 수 없는 교육맹 등 능률에 관한 개념으로 사용되기도 한다. 유선령 이외의 후두엽이 양측으로 광범위하게 침해되면 일어난다.

② 분류 **기출** 2020

분류	설명
시각장애	부분적인 시각장애부터 전맹까지의 포괄적인 개념
약시	큰 활자나 크게 확대한 활자를 읽을 수 있음.
맹	크게 확대한 활자를 읽지 못함.
법적 맹	교정시력으로 비장애인이 61m(200피트) 거리에서 볼 수 있는 사물을 6.1m 거리에서 볼 수 있는 시력 20/200 이하, 또는 시야 20도 이하
여행 시력	비장애인이 61m 거리에서 볼 수 있는 사물을 약 1.5m~3m 거리에서 볼 수 있음(5/200~10/200), 비장애인이 61m 거리에서 볼 수 있는 움직이는 사람을 1~1.5m 거리에서 볼 수 있음, 전반적으로 움직임에 대한 인식을 거의 하지 못함.
광각	약 1m 뒤에서 눈을 향해 강한 불빛을 쪼이면 인식하나 같은 거리에서 손의 움직임을 분간하지 못함(3/200).
전맹	눈에 직접 강한 불빛을 비춰도 인식하지 못함.

③ 원인

ⓐ 출생전

ⓐ 백색증 : 전체 또는 부분적 색소 부족으로 발생하며 피부색에 영향을 줄 수도 있다. 시력저하, 광선공포증, 굴절오류, 난시, 안구진탕증, 중심암점, 사시 등

ⓑ 망막아세포종 : 유아기에 두눈 혹은 한쪽 눈을 제거해야 하는 망막에 생성되는 악성 종양

ⓒ 미숙아 망막증 : 미숙아에게 발생하고 혈관이 망막 전체에 비정상적으로 생성, 확장되어 나타나며 시력손상 혹은 완전히 상실될 수 있다.

ⓛ 출생 후 또는 진행성

ⓐ 백내장 : 양쪽 눈에 발생하며 수정체가 탁해져서 빛을 잘 통과시키지 못하고 시력이 떨어진다.

ⓑ 대뇌피질성 시각장애 : 뇌의 문제로 인해 시력이 하루에도 여러 번 변화하고 원근감과 시야가 제한될 수 있다.

ⓒ 녹내장 : 주요 원인은 안압 상승으로 인한 시신경의 손상이다. 시신경 손상이 진행하는 기전으로, 안압 상승에 의해 시신경이 눌려 손상된다는 기전과, 시신경 혈류에 장애가 생겨 시신경의 손상이 진행된다는 두 가지 기전으로 설명하고 있다.

ⓓ 황반변성 : 황반변성은 황반이 변성되는 질환이다. 변성은 병리학적 해부학적 퇴화, 퇴보의 의미를 포함하고, 광선공포증을 유발하고 색각을 일으키나, 주변 시력은 정상이다.

④ 시각장애인의 특성

ⓐ 정서적·사회적 특성

ⓐ 몸흔들기, 손흔들기, 손가락 튀기기, 손가락으로 눈을 찌르는 등의 습관이 나타날 수 있는데 이 반복적인 움직임을 블라인디즘(blindism) 또는 자기자극(self-stimulation)이라고 한다.

ⓑ 장애가 선천적 또는 후천적에 상관없이 두려움이나 의존은 시각장애인의 특징이다.

ⓒ 과잉보호 때문에 다양한 경험의 기회가 적어지고 지각능력, 운동능력, 인지발달이 늦을 수 있다.

ⓛ 사회화 기회

    ⓐ 사회적 네트워크와 우정이 부족한 경우가 많다.

    ⓑ 이동이 어렵기 때문에 종종 낮은 자존감을 경험하고, 자신감을 잃고 운동영역과 사회 심리적 영역에서도 위축될 수 있다.

    ⓒ 사회화 기회를 적극적으로 장려하고 자기옹호능력을 지도해야 한다.

⑤ 신체 특성

    ㉠ 시력상실이 운동능력이나 신체특성에 직접 원인이 되지 않지만 활동의 기회가 적어서 결국 특성이 나타난다.

    ㉡ 운동지체

        ⓐ 시각장애로 인해 적극적인 활동의 기회가 줄어들고, 주위 사람들의 과잉보호가 주된 원인이다.

        ⓑ 두려움으로 움직임에 대한 동기부여가 줄어들고, 다른 사람들의 움직이는 모습을 볼 수 없기 때문이다.

        ⓒ 안전한 환경에서 신체활동을 제공해야 하며, 촉진과 언어를 사용하여 격려하고 긍정적으로 강화할 필요가 있다.

        ⓓ 후천적 시각장애인은 운동지체가 반드시 동반되지는 않는다.

    ㉢ 비정상적 자세

        ⓐ 저시각 장애인들은 시각을 극대화하기 위해 머리를 움직이기 때문에 보통 자세 편향이 나타난다.

        ⓑ 발을 끌며 걷기, 앞으로 기울인 자세, 움츠린 어깨 등이 나타난다.

        ⓒ 자세교정 운동을 통해 신체의 스트레스를 줄여줄 수 있다.

    ㉣ 신체상과 평형성

        ⓐ 정확한 평형성과 신체상을 숙련시킬 기회가 적기 때문에 신체상과 평형성 발달의 지연이 있다.

        ⓑ 댄스, 요가, 움직임 교육 등과 연령에 적합한 신체활동에 참여한다.

    ㉤ 보행 차이

        ⓐ 발을 끌거나 보행 속도가 느린 특성이 있다.

        ⓑ 먼 거리를 이동할 때는 강한 쪽 다리에 의지하여 걷는다.

        ⓒ 음성만보계를 사용하여 연습하면 도움이 된다.

    ㉥ 건강관련 체력 특성

        ⓐ 비장애인에 비해 체력이 낮은 편이다. 시각장애인은 같은 일을 해도 더 많은 에너지가 필요하므로 더 높은 수준의 체력이 필요하다.

        ⓑ 건강관련 체력수준은 비장애인만큼 향상될 수 있다. 보조파트너를 구하기 어려운 문제가 있다. 줄넘기, 웨이트 트레이닝, 에어로빅, 자전거타기(2인용 또는 안전한 곳에서 1인용), 걷기 등을 할 수 있다.

(2) 시각장애인의 체육활동 지도방법 _{기출} 2021, 2020

   ① 학생능력파악

      ㉠ 보이는 정도

      ㉡ 시력손상 시기와 진행성 여부

      ㉢ 잔존 시력을 최대한 활용할 방법

      ㉣ 금기시되는 신체활동

      ㉤ 선호하는 공부, 사회활동, 신체활동 파악

      ㉥ 적절한 교수법

   ② 자립심을 키워주는 방법

      ㉠ 긍정적인 태도를 유지하고 향상시킬 것

      ㉡ 신체활동에 참여하는 모든 학생들을 격려할 것

      ㉢ 학부모를 자원으로 활용

      ㉣ 참가자가 도전하여 성공할 수 있도록 유도할 것

      ㉤ 가능한한 스스로 움직일 수 있도록 지도할 것

   ③ 도움이 되는 놀이 종목

      ㉠ 소리나는 풍선 차기

      ㉡ 낙하산 좌우로 흔들기 : 낙하산에 타고 있는 동안 흔들어 준다.

      ㉢ 경사면 구르기

      ㉣ 스쿠터 당기기 : 스쿠터 위에 앉아 고정된 밧줄을 당기거나 지도자가 끌어준다.

      ㉤ 줄넘기 놀이 : 매트위에서 여러 가지 줄넘기 동작들을 한다.

   ④ 지도방법

      ㉠ 언어적 설명

         ⓐ 단순한 용어를 사용하고 설명한다.

         ⓑ 학생이 선호하는 의사소통 방식을 이용하고, 한번에 이해하지 못하면 다른 방식으로 반복한다.

         ⓒ 저시각 학생에게는 이해를 돕기 위해 시범을 보이다.

         ⓓ 세밀하고 정확한 피드백을 준다.

      ㉡ 교사 또는 동료에 의한 시범

         ⓐ 학생이 원하는 기술이나 움직임을 보여주고 잔존시력 범위에서 시범을 보여준다.

         ⓑ 학생의 신체조건, 능력이 비슷한 누군가에게 모델을 요청한다.

         ⓒ 전체 – 부분 – 전체의 방식으로 지도한다. 전반적인 기술을 설명하고 과제분석에 기초한 것들을 설명한 후 다시 전체 과제를 설명한다.

© 교사 또는 동료로부터의 신체 보조

ⓐ 신체적 보조가 필요한 기술과 보조가 얼마만큼 필요한지 파악한다.

ⓑ 신체적 보조에 당황하지 않도록 미리 알려준다.

ⓒ 가능한한 신체 보조를 최소할 수 있도록 한다.

② 소리나는 기구 사용

③ 시각적 단서 향상

ⓐ 대부분 약한 시력이 남아 있기 때문에 필요한 시각적 단서와 함께 단서의 강조방법을 찾는다.

ⓑ 색깔, 명암, 밝기 등이 중요한 요소이다.

ⓒ 실내 조명을 밝게 사용한다.

03 청각장애 특성과 지도 전략

(1) 청각장애의 특성

① 정의

㉠ 외이, 중이, 내이로 연결되는 청신경의 기능에 이상이 생겨 말과 음을 잘 듣지 못하는 상태를 말한다.

㉡ 일반적으로 소리를 거의 들을 수 없다든가 말의 판별이 어렵다든가 하는 일체의 정상이 아닌 청각상태를 청각장애라 한다.

㉢ 아주 큰 소리로 말을 해야 알아듣고 일상생활에 현저한 장애가 있는 것을 난청이라 한다.

㉣ 청각장애가 어느 정도인가를 표현할 때 흔히 몇 데시벨(db : decibel) 청력손실이라 한다.

청력 범위	청력 손실 정도	수준
~15dB	정상	소음이 있는 환경에서 대화
16~25dB	미도	소음이 있는 환경에서 대화 이해가능
26~40dB	경도	소음이 있는 환경에서 대회 이해 어려움
41~55dB	중도	일반적인 대화 환경에서 가끔 대화 이해 어려움
56~70dB	중고도	일반적인 대화 환경에서 대화소리 이해 어려움
71~90dB	고도	일반적인 환경에서 말을 큰소리로 대화해도 어려움
91~	심도	보청기를 착용해도 대화내용을 가끔 이해할 수 있음

② 유형과 원인

㉠ 전음성 청각장애

ⓐ 소리가 내이로 잘 전달되지 못하는 것으로, 소리의 왜곡은 없지만 희미하게 들린다.

ⓑ 일부는 신경손상 없이 단순히 기관의 문제로 발생하여 또렷하게 말할 수 있다.

ⓒ 수술이나 치료로 교정이 가능하면 보청기가 도움이 된다.

    ⓛ 감응성 청각장애

        ⓐ 달팽이관 혹은 후미로에서 뇌까지 신경 경로에 손상이 있을 때 발생하며 영구손상이다.

        ⓑ 소리 수준이나 희미한 소리를 듣는 능력의 감소와 관련되고, 듣기능력이나 언어능력을 이해하는 데
             영향을 미친다.

    ⓒ 감각신경성은 말하기에 큰 어려움이 있다. 소음에 큰 영향을 받고, 왜곡이 일어나 소리는 크지만 잘못 전
        달해지는 경우가 있다.

③ 청각장애인의 특성

    ㉠ 언어와 문화적 특성

        ⓐ 수화를 사용한다.

        ⓑ 청각장애학생은 비장애학생보다 우연학습기회가 적다.

    ㉡ 행동적 · 정서적 특성

        ⓐ 발견되지 않은 청력손실로 일부학생은 학습부진 또는 문제행동으로 오인될 수 있다.

        ⓑ 충동성은 비장애학생들보다 청각장애학생들에게 더 많이 나타나는데, 청각장애의 특성상 자신의 주
            변을 과도하게 의식하고 자주 점검하는 습관 때문이다.

④ 운동특성

    ㉠ 내이의 반고리관 손상이 있는 경우 평형감각에 문제가 있을 수 있고, 학생의 발달 및 운동능력을 지체시
        키는 원인이 된다.

    ㉡ 청각장애는 신체 장애가 아니라 감각적인 문제이므로 체력수준은 비장애학생과 비슷하다.

(2) 청각장애인의 체육활동 지도방법   기출 2021, 2020

① 시각적 단서가 청각적 단서의 제한점을 보완하거나 대체할 수 있다.

② 지도자의 수화능력이 중요하다.

③ 청각장애학생은 사회적 박탈감, 조롱 또는 소외감을 경험하는데, 통합학급에 배치되면 문제해결에 도움이
   될 수 있다.

④ 인공와우를 이식한 학생 지도시 고려사항

    ㉠ 머리가 심하게 흔들릴 수는 미식축구, 하키, 라크로스, 축구, 레슬링, 텀블링과 같은 접촉스포츠는 피하
        도록 한다. 또는 적절한 변형을 한다.

    ㉡ 인라인스케이트, 스케이트보드, 스쿠터, 암벽등반은 낙상의 위험으로 피하는 것이 좋고, 경우에 따라 보
        청기를 빼고 헬멧을 착용하고 실시할 수 있다.

    ㉢ 수중활동시 장치를 빼어 보관 후 실시한다.

    ㉣ 많은 땀을 흘릴 경우 인공와우에 문제가 생길 수 있다.

⑤ 통합지도전략

    ㉠ 어떠한 듣기 상황이 가장 어려운가?

ⓛ 좋아하는 의사소통 방법은?

ⓒ 피해야 할 주의사항은? 변형시키는 방법은?

ⓔ 보청기를 착용했는가?

04 지체장애, 뇌병변장애의 특성과 지도전략

(1) 지체장애의 특성(지체장애, 척수손상, 기타장애) 및 체육활동 지도방법

① 절단장애 기출 2020

ⓘ 절단은 사지 전체나 사지의 부분이 손실된 것을 말하고, 선천성과 후천성 모두 포함한다.

ⓛ 후천성 절단은 질병, 종양, 외상이 원인이 될 수 있고, 선천성 절단은 수정 후 세 달동안 태아가 완전한 발달을 이루는 데 실패할 경우에 발생한다.

ⓒ 교육적 고려사항

ⓐ 보조기구 사용법에 익숙해지기 위해 시간과 노력이 필요하다.

ⓑ 절단장애인에게 심동적 영역에 대한 교육이 필요하다. 사회적, 교육적 환경에서 학령기 또래들로부터 주목을 받거나 놀림을 당함으로써 수치심, 열등감, 불안을 느끼게 된다.

ⓒ 미관용 보조기구 사용이 도움이 된다.

ⓓ 상담전문가를 통해 정서적 측면의 건강을 위해 반드시 필요하다.

② 왜소증

ⓘ 왜소증은 균형성과 불균형성 두 가지로 나뉘는데, 균형성 왜소증은 신체부위가 짧지만, 전체적 균형을 이루고 있으며, 뇌하수체의 정상적인 성장이 결핍된 경우에 발생한다.

ⓛ 불균형성 왜소증은 정상적인 크기의 몸통에 비해 짧은 팔과 다리, 큰머리가 특징이고, 불완전한 유전자로 인해 뼈가 완전히 발달하는 데 실패함으로써 발생한다. 불균형적 왜소증이 더 일반적이며 대부분 연골무형성증이다.

ⓒ 과체중 또는 비만이 많고 연골무형성증인 성인의 평균신장은 남녀 모두 122cm이다.

ⓔ 척수 또는 신경로 압박으로 요추 협착이 일반적으로 나타난 근육약화, 통증 감각손실 등이 나타난다.

ⓜ 교육적 고려사항

ⓐ 비장애인과 같은 프로그램을 적용할 수 있다. 지적인 수준은 차이가 없다.

ⓑ 운동발달의 지체와 중이염은 연골무형성증 아동에게 일반적으로 나타난다.

ⓒ 육상, 테니스, 야구, 소프트볼, 농구 같은 활동은 적합하지 않다.

ⓓ 관절의 안정성을 위해서는 관절에 무리를 주지 않는 활동으로 변형시켜 제공한다.

③ 척수손상 기출 2020
  ㉠ 외상성 사지마비는 사지가 모두 영향을 받는 심각한 상태이고, 양측하지마비는 주로 하지의 손상을 입은 경우이다.
  ㉡ 사지마비와 양측하지마비에 관련된 마비나 감각손실 정도는 손상의 위치 및 신경 손상정도와 관련 있다.
  ㉢ 치료와 교육적 고려
    ⓐ 척추손상자는 욕창과 욕창성 궤양이 많이 나타난다.
    ⓑ 또 다른 문제는 배뇨관 감염이다.
    ⓒ 강직과 경축이 많이 발생한다. 강직은 손상으로 인해 신경분포가 소실된 근육의 강직성이 증가되는 것이다. 여러 근육에서의 경련이 심한 경우에는 움직임의 범위가 제한되고 경축이 생길 수 있다.
    ⓓ 비만이 될 가능성이 크다. 하지의 근육을 사용하지 않아 열량소모가 줄어든다. 비만과 2차 건강 문제를 예방하기 위하여 체중조절과 식사습관을 주의깊게 살펴야 한다.
    ⓔ 동기부여와 기분전환을 위해 여가 및 스포츠활동을 실시하기도 한다.
    ⓕ 스포츠를 통해 활력과 동기를 얻기도 하지만, 이전의 체력과 능력 손실에 대해 상실감을 느낄 수 있다.
    ⓖ 지도자는 학생들의 신체상, 상체의 근력, 움직임 범위, 지구력, 휠체어 허용한계 등을 고려한다.
    ⓗ 배설물 주머니에 대한 관리가 필요하며, 접촉스포츠나 수중스포츠에서는 특히 중요하다.

(2) 뇌병변장애의 특성(뇌성마비, 외상성 뇌손상, 뇌졸중) 및 체육활동 지도방법
  ① 뇌성마비 기출 2020
    ㉠ 개념
      ⓐ 뇌의 운동통제 영역의 손상으로 인한 영구적인 기능장애를 의미한다.
      ⓑ 비진행성으로 출생 전, 출생 중, 출생 후에 시작된 수의적인 근조직에 대한 제어기능의 이상 또는 저하 상태가 유지된다.
      ⓒ 경련, 언어장애, 감각장애, 비정상적인 감각과 인지, 정신지체 등 많은 장애를 동반한다.
      ⓓ 원인으로는 풍진, Rh 부적합, 미숙아, 출생 시의 외상, 무산소증, 수막염, 중독, 뇌출혈, 뇌종양 또는 폭행으로 인한 뇌의 외상이 있다.
    ㉡ 국소해부학적 분류
      ⓐ 단마비 : 신체의 한 부분
      ⓑ 양마비 : 주로 양쪽 하지
      ⓒ 편마비 : 팔과 다리의 한쪽에서만 나타남
      ⓓ 하지마비 : 좌우의 하지
      ⓔ 삼지마비 : 사지 중 세부분에 나타나지만 거의 없다.
      ⓕ 사지마비 : 전신에 나타남

© 운동신경학적 분류 　기출　2021

  ⓐ **경직성** : 대뇌 운동영역의 손상이 원인이며 과도하게 근 장력이 증가하는 것이 특징이다.

  ⓑ **무정위성** : 대뇌의 기저핵의 손상으로 근육이 과도하게 운동사극이 노날뇌는 증상이다.

  ⓒ **운동실조성** : 평형성과 근육의 협응을 담당하는 소뇌의 손상으로 인해 운동실조가 나타난다.

ⓔ 교육적 고려사항

  ⓐ 뇌성마비는 질병이 아니므로 치료보다는 관리가 매우 중요하다.

  ⓑ 수의근의 제어, 근 이완, 기능적인 운동 기술의 향상을 위한 관리가 필요하다.

  ⓒ 삶의 질과 운동기능을 개선하기 위해 근골격근 손상을 감소시켜야 한다.

  ⓓ 손상 부위가 최적의 기능을 발휘하도록 돕는다.

  ⓔ 이차적인 손상을 제한하고 예방한다.

  ⓕ 장애를 자연스러운 과정으로 변화시킨다.

  ⓖ 일생동안 건강체력을 증진시킨다.

② 외상성 뇌손상

 ㉠ 개념

  ⓐ 뇌의 상해로 인해 신체적, 인지적, 사회적, 행동적, 정서적 기능의 손실이 발생된 것이다.

  ⓑ 신체적 장애는 협응력의 부족, 계획적이고 연속적인 동작의 어려움, 근경직, 두통, 언어장애, 마비, 경련 이외의 다양한 감각장애 등의 장애가 나타날 수 있고, 협응력은 정상적이나 운동 기능 또는 감각의 이상이 나타나는 행위상실증이 보이기도 한다.

  ⓒ 인지적 장애는 단기 및 장기 기억의 상실, 주의력과 집중력 부족, 인지능력의 변화, 읽기와 쓰기와 같은 의사소통 장애, 계획과 연계 과정에서의 지체, 판단력 부족이 나타난다.

  ⓓ 사회적・정서적・행동적 장애는 감정의 기복, 동기부족, 낮은 자존감, 자기중심적 사고, 자기-감독의 어려움, 충동 억제의 어려움, 고집, 우울증, 성기능 저하, 조울증, 타인과의 관계형성 어려움 등이 있다.

 ㉡ 유발요인

  ⓐ 교통사고(보행자, 승객, 자전거)

  ⓑ 건물, 놀이기구, 나무에서 추락

  ⓒ 물체에 의한 상해(골프클럽, 공, 돌, 소화기 등)

  ⓓ 아동학대

  ⓔ 스포츠 상해(낙마, 스케이트보드, 미식축구 등)

  ⓕ 경련 또는 다른 원인의 의식불명

 ㉢ 교육적 고려사항

  ⓐ 장기간에 걸친 추가적인 치료가 필요하다. 상해에 따라 6~12개월간 지속되며, 인지적 기술, 언어치료, 일상생활 기술, 사회기술의 재학습, 레크리에이션 요법 및 필요에 따라 직업 및 직업준비 훈련을 할 수 있다.

ⓑ 부모–전문가 연계를 위한 교사 지침(Walker, 1997)

> • 교육계획 작성 시 부모와 논의하면서 협동해야 한다는 점을 기억한다.
> • 아동의 삶의 질을 결정하고 중재를 선택하는 의사결정자로서 부모의 중요성을 인식한다.
> • 가족 중심적인 결정을 위해 부모와 신뢰관계 및 라포형성을 유지하도록 노력한다.
> • 부모와 전문가 집단이 동등하게 교육프로그램 목표설정에 참여한다.
> • 전문가 집단과 부모 간의 의견 불일치를 해결하고 대인의 갈등을 해소한다. 뇌손상 학생의 부모와 긍정적인 관계를 형성하는 것은 중요하다. 왜냐하면 아동의 교육에 대해 특수교사 및 치료사들과의 상호작용의 필요성을 인식하지 않는 부모와의 관계가 원만하지 않을 수 있기 때문이다.

ⓒ 뇌손상이 있는 고등학생이 졸업 후 사회에 진출하기 위한 전환교육의 실행과 개발은 매우 중요하다. 체육과 관련된 전환기술에는 볼링, 사이클, 수영과 같은 레크리에이션 학습과 여가활동이 있으며, 지역사회 여가시설의 접근에 대한 학습도 포함된다.

③ 뇌졸중

㉠ 개념

ⓐ 혈액순환 장애로 인한 뇌조직의 손상이다.

ⓑ 생존과 관련된 운동기능, 조절, 감각, 인지, 의사소통, 정서, 의식 등의 손상을 일으킨다.

ⓒ 오른쪽 편마비인은 발화와 언어문제를 일으킨다.

ⓓ 왼쪽 편마비인은 공간인지과제에 어려움을 느끼며(거리, 크기, 위치, 움직임비율, 형식, 전체와 부분의 관계) 자신의 능력을 과대평가하는 경향이 있다.

ⓔ 발생 요인으로는 고혈압, 흡연, 당뇨, 다이어트, 헤로인이나 코카인 같은 약물 남용, 비만, 알코올 중독 등이 있다.

㉡ 교육적 고려사항

ⓐ 지도자는 한쪽의 팔다리, 얼굴의 근력 약화와 마비, 한쪽 눈의 흐릿함, 시간손실, 언어능력의 갑작스런 손실, 언어 이해의 어려움, 원인을 알 수 없는 두통, 넘어짐 등은 경고신호이므로 주의를 기울인다.

ⓑ 신체의 한 부위에서 기능부전 또는 마비를 보이는 사람은 치료를 받을 필요는 거의 없으나 사지마비를 보이면 장기간의 치료가 필요하다.

④ 일반적인 프로그램 실행지침

㉠ 안전에 대한 고려사항

ⓐ 경련을 일으킬 위험이 있거나 판단력이 부족한 외상성 뇌손상 학생의 경우에는 더욱 주의해서 관찰해야 한다.

ⓑ 지체장애인은 직립자세유지가 어렵기 때문에 엎드리거나 눕거나 앉은 상태에서 최상의 수행이 가능한 경우가 많으므로, 적절한 장비가 필요하다.

ⓒ 신체적 보조가 안전에 위협될 경우에는 즉시 중단한다.

ⓛ 체력
  ⓐ 뇌병변장애를 가진 사람들의 건강관련 체력 수준은 비장애인과 비슷하지만 근력, 유연성, 심폐지구력 등의 부족이 나타나며, 균형감 감소는 사유로운 움직임을 어렵게 하고 일상생활과 여가활동의 제한이 된다.
  ⓑ 뇌성마비 학생을 위한 목표심박수검사, 상지의 체지방측정, 유연성평가를 위한 응용 애플리검사와 근력, 근지구력의 평가를 위한 좌식 팔굽혀펴기를 실시할 수 있다.
  ⓒ 체력수준이 낮은 경우 활동의 빈도, 강도, 기간, 유형에 대해 고려한다.
ⓒ 운동발달
  ⓐ 기본운동 유형의 단계적 발달을 촉진하고, 게임 및 스포츠, 여가활동 참여를 위한 필수적 운동기술을 습득할 수 있도록 구성한다.
  ⓑ 학생들의 운동발달 촉진을 위해 수행의 결과보다 방법에 중점을 두고 지도해야 한다.
  ⓒ 목적은 기초활동과 관련된 발달 및 운동제어 능력의 최대화에 있다.
ⓔ 심리사회적 발달
  ⓐ 잘 계획된 체육프로그램은 성공적인 운동경험을 제공해줌으로써 이들의 동기유발에 도움이 되며 긍정적인 정서적 안녕에 필수적인 자아유능감의 증진에 효과적이다.
  ⓑ 신체활동을 재미로 인식하면 잠재능력을 최대한 발휘할 수 있는 동기를 유발시킬 수 있다.
ⓜ 스포츠실행지침
  ⓐ 다양한 체육프로그램을 적용할 수 있어야 한다.
  ⓑ 개인 및 대인활동으로는 테니스, 라이플사격, 양궁, 배드민턴, 승마, 당구, 육상 등이 있다.

01 특수체육의 역사에 대한 설명 중 옳지 않은 것은?

① 고대 그리스·로마에서 운동에 치료적 가치를 두고 있었다.

② 1840년 보스턴의 시각장애인학교에서 남학생들이 체조와 수영에 참가하였는데, 이는 최초의 장애학생을 위한 프로그램이다.

③ 데플림픽은 1960년 이탈리아 로마에서 처음 열렸다.

④ 1968년 케네디 재단은 스페셜 올림픽을 창립하였다.

해설 데플림픽은 1924년 프랑스 파리에서 9개국이 모여 제1회 청각 장애인 경기대회를 개최하였다.

02 특수체육의 영역의 설명으로 다르게 짝지어진 것은?

① 신체활동영역 : 특수체육은 특수교육과 체육이 결합된 명칭이다.

② 보건복지영역 : 인간의 발달을 기본으로 체계적인 신체활동을 적용하여 신체적, 인지적, 사회적, 심리적 발달을 위해 필요하다.

③ 문화·체육영역 : 일상생활에서 누구나 쉽게 체육활동을 통하여 여가선용 건강유지, 인간관계 형성을 위한 생활문화이다.

④ 교육영역 : 학령기 장애아동을 대상으로 계획적이고 의도적인 신체활동을 수단으로 심동적, 인지적, 정의적 영역에서의 발달 및 향상을 목적으로 하는 교육이다.

해설 특수체육의 신체활동영역
ㄱ 장애인들의 전반적인 발달과 건강을 위해 자극과 중재를 제공한다.
ㄴ 영유아기부터 노년기까지 평생체육 서비스로서의 중요성이 강조되고, 장애인들의 삶의 질 향상을 위한 목적으로 국가와 지역사회는 관련서비스를 제공해야 한다.

03 정상화에 대한 설명 중 거리가 먼 것은?

① 모든 정신지체 장애인들이 사회 생활방식과 일반 상황에서 가능한한 일상생활 조건과 삶의 형태를 누릴 수 있도록 하는 것을 의미한다.

② 정신지체인의 사회적 통합을 위한 개념이며 사회복지 분야의 일반적인 지도원리이다.

③ 점진적이고 단계적인 통합교육이다. 일반 환경과 같은 환경에서 교육하고 부족한 부분은 특수교육을 실시한다.

④ 최소한의 변형을 통해 비장애인과 함께 스포츠나 레저를 즐기고 건강유지·증진할 수 있는 여건을 마련하려는 개념이다.

해설 점진적이고 단계적 통합교육은 주류화에 대한 설명이다.

04 제한환경의 최소화(LRE)에 대한 설명으로 맞는 것은?

① 계단식 배치방법에 의한 교육과정이다.
② 최소한의 변형을 통해 비장애인과 함께 스포츠나 레저를 즐기고 건강을 유지·증진할 수 있는 여건을 마련하려는 개념이다.
③ 장애정도와 개인능력에 따라 차별화되고 단계적인 교육을 실시한다.
④ 장애아동을 비장애 또래, 가정, 지역사회로부터 가능한 한 분리하지 않아야 한다.

> **해설** 제한환경의 최소화 : 장애아동의 삶이 가능한 '정상적'이어야 하므로, 교육이 개별적 필요에 의해 이루어져야 하지만 필요 이상으로 개인의 자유를 침해해서는 안 된다.
> ① 주류화
> ② 정상화
> ③ 주류화

05 통합교육에 대한 설명 중 옳지 않은 것은?

① 일반학교에서 장애유형, 장애정도에 따라 차별을 받지 아니하고 또래와 함께 개개인의 교육적 요구에 적합한 교육을 받는 것을 말한다.
② 특수교육과 일반교육의 이중체계를 단일체계로 합치려는 의도를 포함하며, 아동들의 교육은 장애유형이나 정도에 관계없이 처음부터 일반학교 상황에서 시행해야 한다는 교육시스템이다.
③ 장애가 있는 모든 사람들의 정상화를 돕는 데 필수적인 수단이다.
④ 다양한 교육적 요구와 능력을 지닌 학생들이 수업시간의 일부나 전부를 함께 교육받는 프로그램으로서, 그 특징은 장애아동과 비장애아동이 사회적 활동이나 교수활동에서 의미 있는 상호작용을 하는 것이다.

> **해설** ②는 일반교육주도 교육(REI)에 대한 설명이다.

06 준거지향적 검사와 규준지향적 검사의 설명 중 옳은 것들로만 짝지어진 것은?

	준거지향적 검사	규준지향적 검사
①	결과중심	과정중심
②	주관적으로 평가되는 움직임의 직접적인 평가를 영역별로 객관화시킬 수 있다.	다른 학생과 비교가 가능한 평가를 제공한다.
③	융통성이 부족하고 수정이 어렵다.	비장애아동이 습득하는 기술을 단계별로 세분화한 것이기 때문에 중증장애아동에게 적용하는 것은 어렵다.
④	다른 학생과 비교가 가능한 평가를 제공한다.	특정기술의 습득 정도와 수행능력을 직접 측정하므로 타당성이 높다.

> **해설**

준거지향적 검사 (과정중심)	규준지향적 검사 (결과중심)
• 개인의 수행을 사전에 결정된 준거 또는 특정 행동에 대한 수행기준과 비교하는 것이다. • 특정 과제의 학습 또는 프로그램 교육과정을 기초로 한 과제의 구성요소에 대한 수행의 숙련정도를 측정한다. • 검사는 학습자의 수행을 다른 학습자와 비교하기보다는 무엇을 할 수 없는지를 파악한다. • 특정 영역에 관한 숙련도 검사라고도 한다. • 장점 – 개인의 습득한 신체적인 기능이나 기술의 정도를 단계별로 파악할 수 있으며, 개개인을 위한 개별교육에 직접 사용할 수 있다.	• 학기 초 검사와 학기말 평가 때 주로 사용된다. • 개개인의 운동 수행력을 특정한 집단의 기록과 비교할 수 있도록 만들었다. • 체력을 측정하기 위한 측정방법들이다. • 개개인의 운동 수행력을 시간, 횟수, 거리와 같은 객관적인 수치로 나타낸다. • 장점 – 교사가 한 학생의 수행을 특정 또래 그룹의 수행과 비교할 수 있도록 해준다. – 다른 학생과 비교가 가능한 평가를 제공한다. – 일반적으로 규정된 그룹의 많은 대상자를 검사해서 점수를 분석하고 요약하여 만든다.

- 주관적으로 평가되는 움직임의 직접적인 평가를 영역별로 객관화시킬 수 있다.
- 미숙한 동작의 원인을 파악할 수 있다.
- 특정기술의 습득 정도와 수행능력을 직접 측정하므로 타당성이 높다.

• 단점
- 비장애아동이 습득하는 기술을 단계별로 세분화한 것이기 때문에 중증장애아동에게 적용하는 것은 어렵다.
- 기능적 접근법에 의한 것으로 측정 종목이 실제 상황과 맞지 않는 경우가 있다.
- 측정 결과와 실제 활동이 다르게 나타날 수 있고, 다른 검사 참여자들과 비교할 수 없다.

• 단점
- 항목의 특성과 규준적 예시에 의존한다.
- 지적 장애가 있는 사람을 위한 규준이 적다.
- 융통성이 부족하고 수정이 어렵다.

07 다음 중 사정(assessment)에 대한 설명 중 거리가 먼 것은?

① 생태학적 관점은 전통적인 규준지향적 평가와 준거지향적 평가의 대체·보완으로서 목적을 가진다.
② 루브릭은 명확한 수행 준거를 바탕으로 동작이나 기술의 다양한 등급을 구분하기 위한 평가방법이다.
③ 루브릭은 필수 행동이나 지표의 목록에서 그 유무를 판별하는 것이다.
④ 체크리스트는 필수 행동이나 지표의 목록에서 그 유무를 판별하는 것이다.

해설 ③은 체크리스트에 관한 설명이다.

08 TGMD(Test of Gross Motor Development : 대근운동발달 검사)에 대한 설명 중 옳지 않은 것은?

① 3~10세 아동의 대근운동의 발달 수준을 반영한 검사이며, 모든 아동에게 적용할 수 있다.
② 규준지향이면서 준거지향적인 검사 설계로써 수행 결과보다 대근운동 기술의 연속성을 중요시한다.
③ 이동능력(6종목)은 달리기, 갤롭, 홉, 립, 제자리 멀리뛰기, 슬라이드이다.
④ 27개의 검사항목 중 신체조성, 유산소성 기능, 근골격계 기능(근력, 지구력, 유연성), 세 가지 체력 요인에서 4~6가지 항목을 검사한다.

해설 BPFT(Brockport Physical Fitness Test : 브락포트 체력검사)는 27개의 검사항목 중 신체조성, 유산소성 기능, 근골격계 기능(근력, 지구력, 유연성), 세 가지 체력 요인에서 4~6가지 항목을 검사한다.

09 다음 중 BPFT(브락포트 체력검사)의 설명으로 옳은 것은?

① 양적, 질적으로 평가가 가능하며, 양적 루브릭은 성취정도를 구분하기 위하여 수적 개념을 활용하고, 질적 루브릭은 수행정도를 구분하는 데 언어적 표현을 사용한다.
② 신뢰도와 타당도가 우수하고, 12가지 대근운동에 대한 능력 측정이 가능하다.
③ 신뢰도와 타당도를 높이기 위해 고안된 장애학생용 건강체력 평가방법이다.
④ 정신지체, 뇌성마비, 시각장애, 척수손상, 선천성 이상이나 절단뿐만 아니라 비장애학생들에게 추천되는 특정검사가 있지만, 개인화된 검사를 권장한다.

① 루브릭
② TGMD
③ PAPS-D

10 PAPS-D(장애학생 건강평가) 설명 중 가장 거리가 먼 것은?

① 1985년 미국 미시간대학의 Ulrich가 개발하였다.
② 학생건강체력평가(PAPS)로 개발되었지만 장애인을 대상으로 보완하였고 장애인을 위한 유일한 검사방법이다.
③ 심폐기능, 근기능, 유연성, 신체조성의 건강체력과 함께 일상생활 활동능력 및 신체활동평가로 구성된다.
④ 장애의 등급과 유형을 고려해야 하고, 고가의 장비가 필요하기도 해서 어려움이 있다.

1985년 미국 미시간대학의 Ulrich가 개발한 것은 TGMD이다.

11 IEP(Individualized Education Program)에 대한 설명 중 가장 거리가 먼 것은?

① 장애학생 개개인의 요구들을 충족하기 위해 작성된 교육계획안이다.
② 부모와 학교 직원 간에 '의사소통 수단'으로서의 기능을 한다.
③ 특수교육을 받고 있는 3~12세의 학생들은 IEP가 있어야 한다.
④ 학생의 진보 상황을 알아보는 평가도구의 역할로서 장애아동교육의 적절성을 평가하는 데 중요한 서류로 이용한다.

미국의 특수교육법인 IDEA에 의하면, 특수교육을 받고 있는 3~21세의 모든 학생들은 IEP가 있어야 한다.

12 과제분석에 대한 설명 중 옳은 것은?

① 발달적 과제분석 : 학습자를 좀 더 자세히 파악하여 구성 요소들 간의 상호작용을 강조한다. 운동기술이나 움직임 형태, 수행 등이 과제 목표와 환경 조건, 그리고 수행자의 능력과 의도 사이의 역동적인 상호작용에 의한 결과로 간주한다.
② 생체역학적 과제분석 : 과제의 생체역학적 요소 또는 과제의 요점을 분석하여 최상의 수행을 할 수 있도록 유도한다.
③ 생태학적 과제분석 : 학생이 활동을 수행함에 있어 최상의 성공을 얻는 데 필요한 기본적인 요건들을 결정하기 위한 방법으로, 과제분석과 마찬가지로 학생에게 가장 적절한 활동을 선택한 후에 지도자가 필요한 정도에 따라 그것을 변형시키는 분석형태를 말한다.
④ 활동분석 : 과제와 환경적 요소들이 운동수행에 영향을 미치며, 이러한 요인들을 파악함으로써 학생들이 활동을 좀더 쉽게 또는 더욱 도전적으로 할 수 있도록 변형할 수 있다.

㉠ 전통적 과제분석 : 활동기술과 관련된 주과제와 하위과제로 구성되고, 과제는 쉬운 것에서부터 어려운 형태로 제시되며, 각각의 과제와 하위과제는 단기간 안의 성과가 나오도록 제시한다.
㉡ 생체역학적 과제분석 : 과제의 생체역학적 요소 또는 과제의 요점을 분석하여 최상의 수행을 할 수 있도록 유도한다.
㉢ 발달적 과제분석 : 과제와 환경적 요소들이 운동수행에 영향을 미치며, 이러한 요인들을 파악함으로써 학생들이 활동을 좀 더 쉽게 또는 더욱 도전적으로 할 수 있도록 변형할 수 있다.
㉣ 생태학적 과제분석 : 학습자를 좀 더 자세히 파악하여 구성 요소들 간의 상호작용을 강조한다. 운동기술이나 움직임 형태, 수행 등이 과제 목표와 환경 조건, 그리고 수행자의 능력과 의도 사이의 역동적인 상호작용에 의한 결과로 간주한다.

ⓜ 활동분석 : 학생이 활동을 수행함에 있어 최상의 성공을 얻는 데 필요한 기본적인 요건들을 결정하기 위한 방법으로, 과제분석과 마찬가지로 학생에게 가장 적절한 활동을 선택한 후에 지도자가 필요한 정도에 따라 그것을 변형시키는 분석형태를 말한다.

13 장애가 있는 사람들이 일반스포츠 활동에 참여할 수 있도록 장애정도에 적합한 활동으로 변화를 주는 것을 무엇이라고 하는가?

① 활동변형　　　　② 수업스타일
③ 자기학습　　　　④ 행동관리

해설 활동변형은 일반스포츠 활동에 참여할 수 있도록 장애 정도에 따라 적절하게 변형하는 것을 말하며, 환경변형, 용기구 변형, 규칙변형, 지도변형 등이 있다.

14 환경변형의 요소로 거리가 먼 것은?

① 접근성　　　　② 활동성
③ 흥미성　　　　④ 안정성

해설 ① 접근성 : 기본적으로 체육교실의 환경에서 갖추어야 할 요소이다.
② 안전성 : 새로운 용·기구를 사용하여 스포츠활동을 실시할 때 우선적으로 안전수칙을 준수하도록 강조한다.
③ 흥미성 : 스포츠 활동을 지속시키는 데 중요한 요소이다.
④ 안정성 : 스포츠환경을 마련하는 데 있어서 접근성과 함께 중요한 지침이다.

15 지시형(명령형) 스타일에 대한 설명 중 옳지 않은 것은?

① 지도자의 역할은 과제 활동 전·중·후의 모든 사항을 결정하며, 학생은 지도자의 지시사항을 따르는 것이다.
② 지도자가 최대의 의사결정을 하고, 학생은 최소의 의사결정을 한다.
③ 지도자의 자극과 학생의 반응이 본질인데, 자극은 시범을 보이며, 학생은 지도자가 제시한 것을 따라한다.
④ 학생이 과제를 수행하고 스스로 평가한다.

해설 자기점검형 스타일은 학생이 과제를 수행하고 스스로 평가하고 지도자는 지도내용, 평가기준, 수업 절차 등을 결정하고, 학생은 과제를 독립적으로 수행하고 지도자가 마련한 평가기준에 따라 스스로 점검한다.

16 특수체육수업 시에 행동관리 지도방법으로 바람직하지 않은 것은?

① 팀을 나누고 체육관의 양쪽에 각 팀을 앉혀 놓고 수업을 진행한다.
② 지도자는 학생들이 원하는 것을 자유롭게 선택하도록 한다.
③ 지도자가 주목하는 행동을 학생들에게 알려준다.
④ 흥미를 유발하기 위해 승리한 팀에게 적절한 보상을 한다.

해설 학생들의 특성상 지도자는 수업의 목표를 설명해주는 것이 좋다.

정답
10 ①　11 ③　12 ②　13 ①　14 ②　15 ④　16 ②

17 수업 중 부적강화에 해당하는 내용은?

① 운동장 3바퀴를 돈 학생은 운동기구 정리를 하지 않도록 해 주었다.
② 과제를 완수한 사람에게 칭찬을 해주었다.
③ 기록을 깬 홍길동에게 선물로 축구공을 주었다.
④ 1등한 팀에게 음료수를 제공하였다.

해설 부적강화는 어떤 바람직한 행동을 할 때 학생이 싫어하는 대상을 제거해 주어 강도와 빈도를 증가시키는 것이다.

18 운동발달 단계의 순서를 바르게 나열한 것은?

① 기초운동 – 기본운동 – 반사운동 – 전문화된 운동
② 반사운동 – 기본운동 – 기초운동 – 전문화된 운동
③ 반사운동 – 기초운동 – 기본운동 – 전문화된 운동
④ 기초운동 – 반사운동 – 기본운동 – 전문화된 운동

해설 운동발달 형태와 단계

운동발달 형태	발달주기	운동발달 단계
반사운동	태아~4개월	정보유입단계
	4개월~1세	정보유출단계
기초운동	출생~1세	반사억제단계
	1~2세	통제이전단계
기본운동	2~3세	초기단계
	4~5세	기본단계
	6~7세	성숙단계
전문화된 운동	7~10세	전이단계
	11~13세	응용단계
	14세 이상	평생 활용할 수 있는 단계

19 발바닥을 때리면 발가락이 신전되는 반사운동은?

① 바빈스키 반사　　② 파악 반사
③ 모로 반사　　　　④ 빨기 반사

해설

반사	기간	자극	행동
모로	출생~3개월	누운 자세 갑작스런 큰 소리에 아기의 머리가 빠르게 움직인다.	사지가 신전되고, 이후 다시 자세가 구부러진다.
비대칭목경직	출생~6개월	누운 자세 아기의 머리가 오른쪽 또는 왼쪽으로 돌린다.	얼굴을 향한 쪽의 사지가 신전되고, 반대쪽 사지는 구부러진다.
대칭목경직	출생~6개월	보조받아 앉기 목을 굴곡 또는 신전시킨다.	팔은 신전되고, 다리는 굴곡된다.
파악	출생~4~6개월	누운 자세 손바닥 또는 발을 공으로 자극한다.	손가락 또는 발가락을 움직여 잡는다.
바빈스키	출생~6개월	누운 자세 발바닥을 때린다.	발가락들이 신전된다.
빨기	출생~3개월	누운 자세 또는 보조받아 앉기 입술 주위에 직접 갖다 댄다.	입술 주위를 건드리면 그쪽 방향으로 입을 벌려 빨려고 한다.

20 기본운동의 단계를 바르게 나열한 것은?

① 기초단계 – 초기단계 – 성숙단계
② 성숙단계 – 초기단계 – 기초단계
③ 기초단계 – 성숙단계 – 초기단계
④ 초기단계 – 기초단계 – 성숙단계

해설 ㉠ 초기단계 : 초기단계에서의 유아는 어떤 과제를 수행하기 위한 최초의 의도 있는 행동을 시도하게 된다. 다소 미흡하고 비협응적인 동작이 이 단계의 특징이다(던지기, 받기, 차기 또는 두 발 모아 뛰기).
㉡ 기초단계 : 3세에서 5세까지의 유아가 기초단계에 해당하며 이 단계의 발달은 주로 성숙하는 시기이다. 초기단계와 성숙단계의 과도기적 시기인 이 단계에서는 협응적이고 자연스러운 행동이 많이 향상되고, 움직임 조절력이 증가되지만 조금 경직되어 있고 유연성이 부족한 상태이다.

ⓒ 성숙단계 : 성숙단계에서의 발달은 협응이 잘 되
고, 기술적으로 정확하며, 효율적인 동작으로 통
합된다. 이 단계에서부터는 움직임의 발달이 매
우 급격해진다.

21 지적장애의 특성에 대한 설명 중 가장 거리가 먼
것은?

① 적응행동의 결여와 동시에 평균 이하의 지능을
가지고, 발달기 동안에 나타나며, 아동의 교육
적 수행에 불리하게 작용하는 상태를 의미한다.
② 개념적, 사회적, 실질적 적응기술 영역의 상당
한 제한이 있다.
③ 비장애인과 가장 큰 차이점은 인지행동인데,
지적장애가 심할수록 인지 수준이 낮다.
④ 18세 이후에 장애가 나타나기도 한다.

해설 지적장애는 발달기 동안 나타나기 시작하며, 18세 이
전에 나타난다.

22 다운증후군을 가진 학생의 체육프로그램에서 고
려해야 할 사항과 거리가 먼 것은?

① 근력이 낮고 관절의 과운동성을 가지고 있다.
② 수의근의 제어, 근 이완, 기능적인 운동 기술의
향상을 위한 관리가 필요하다.
③ 척추측만증, 고관절 탈구, 척추후만증, 내전된
발 등의 증상이 있다.
④ 관절강화와 안정화 운동을 구성해야 한다.

해설 ②의 내용은 뇌성마비를 가진 학생을 위한 고려사항
이다.

23 정서장애의 특성에 포함되지 않는 것은?

① 과도한 자기-자각, 과민성, 일반적인 두려움,
불안, 우울감, 인식된 슬픔 등이 나타난다.
② 품행장애는 사람들의 이목을 끌려는 행동, 탠
트럼(짜증냄), 싸움, 파괴, 타인을 귀찮게 하는
특징이 있다.
③ 짧은 집중시간, 나태함, 집중력 부족, 산만함,
무기력, 생각 없이 대답하기 등이 포함된다.
④ 3세 이전에 일반적으로 발생하고 언어·비언어
의사소통 및 사회상호작용에 심각한 영향을 미
쳐 학생의 학업능력에 부정적으로 작용하는 발
달 장애로 규정한다.

해설 ④는 자폐성 장애에 대한 설명이다.

24 아래의 내용이 설명하는 것은?

지도자가 학습자의 행동을 말로 나타내는 것이다.

① 평행적 발화기법
② 교정시점으로 되돌리기
③ 그림과 의사소통 보드
④ 환경단서와 과제분석

해설 ② 교정시점으로 되돌리기 – 수업 중 부적절한 행동
을 나타내면 마지막으로 정확한 반응을 나타낸
단계로 가서 행동을 수정해 주는 것이다
③ 그림과 의사소통 보드 – 사진, 실물과 똑같은 그
림, 상징적 그림을 활용한다.
④ 환경단서와 과제분석 – 새로운 기술을 지도할 때,
언어적 단서를 최소화 하고, 환경 안에서 자연스
러운 단서들을 활용하는 것이 효과적이다.

25 시각장애의 설명 중 틀리게 짝지어진 것은?

	분류	설명
①	약시	큰 활자나 크게 확대한 활자를 읽을 수 있음
②	맹	눈에 직접 강한 불빛을 비춰도 인식하지 못함
③	법적 맹	교정시력으로 비장애인이 61m(200피트) 거리에서 볼 수 있는 사물을 6.1m 거리에서 볼 수 있는 시력 20/200 이하, 또는 시야 20도 이하
④	광각	약 1m 뒤에서 눈을 향해 강한 불빛을 쪼이면 인식하나 같은 거리에서 손의 움직임을 분간하지 못함(3/200)

해설 전맹 – 눈에 직접 강한 불빛을 비춰도 인식하지 못함

26 시각장애 학생에게 적용할 수 있는 신체활동으로 가장 거리가 먼 것은?

① 소리나는 풍선 차기
② 줄넘기
③ 1인용 자전거 타기
④ 스쿠터 당기기

해설 1인용 자전거는 위험할 수 있으므로, 지도자 또는 시각장애가 없는 파트너와 2인용 자전거를 타거나 숙달이 되었을 때 방해물이 없는 넓은 장소에서 1인용 자전거 타기를 도전할 수 있다.

27 청각장애인의 체육활동의 설명으로 옳지 않은 것은?

① 청각장애는 비장애학생과 비교하여 체력수준이 현저히 낮다.
② 시각적 단서가 청각적 단서의 제한점을 보완하거나 대체할 수 있다.
③ 인공와우를 이식한 학생은 미식축구, 레슬링과 같은 접촉스포츠는 피하는 것이 좋다.
④ 반고리관 손상이 있는 경우 평형감각에 문제가 있을 수 있다.

해설 청각장애는 신체의 장애가 아니라 감각적인 문제이므로 체력수준은 비슷하다.

28 척수손상에 대한 특성으로 거리가 먼 것은?

① 외상성 사지마비와 양측하지마비가 있다.
② 위장관의 기능이 저하되어 체중저하가 일어날 수 있다.
③ 강직과 경축이 많이 발생한다.
④ 배뇨관 감염이 많이 생긴다.

해설 하지의 근육을 사용하지 않고, 활동이 제한되어 과체중 또는 비만이 되기 쉽다.

29 외상성 뇌손상의 유발요인으로 옳지 않은 것은?

① 교통사고
② 건물이나 나무에서 추락
③ 선천적 질환
④ 스포츠 상해

해설 뇌의 상해로 인해 신체적, 인지적, 사회적, 행동적, 정서적 기능의 손실이 발생된 것이다.

30 다음 중 뇌병변장애에 대한 고려사항으로 바르지 않은 것은?

① 직립자세유지가 어렵기 때문에 엎드리거나 눕거나 앉은 상태에서 최상의 수행이 가능한 경우가 많으므로, 적절한 장비가 필요하다.

② 지도자는 한쪽의 팔다리, 얼굴의 근력 약화와 마비, 한쪽 눈의 흐릿함, 시각손실, 언어능력의 갑작스런 손실, 언어 이해의 어려움, 원인을 알 수 없는 두통, 넘어짐 등은 경고신호이므로 주의를 기울인다.

③ 뇌졸중은 혈액순환 장애로 인한 뇌조직의 손상이다.

④ 뇌성마비는 진행형 질환으로 치료에 중점을 두어야 한다.

해설 뇌성마비는 질병이 아니므로 치료보다는 관리가 매우 중요하다.

스포츠지도사
단기완성 2급 필기

☞ Profile

저자 이제승

- 단국대학교 스포츠과학대학원 스포츠의학과 석사
- 前 대한체육직업전문학교 운동처방사과정 강사
- 現 101 트레이너 아카데미 원장
- 現 Animal Flow Master Instructor
- 건강운동관리사, 선수트레이너, 영양사, CSCS, NSCA-CPT

저자 이정노

- 한양대학교 생활체육학과 학사
- 단국대학교 스포츠의학과 석사
- 단국대학교 체육학과 박사과정
- 前 두원공과대학교 운동재활학과 시간강사
- 現 머슬플레이 스포츠 퍼포먼스 트레이너
- 現 호텔신라 VANTT 퍼스널트레이너
- 건강운동관리사, 생활스포츠지도사 1급(보디빌딩)
- NSCA-CSCS, KACEP, KATA-ATC, CST1, TACFIT1, GN3

2023
스포츠지도사 2급 단기완성 _ 필기

초 판 인 쇄	2016년 1월 20일
개정판인쇄	2023년 2월 10일
개정판발행	2023년 2월 15일
공 편 저 자	이제승 · 이정노
발 행 인	최현동
발 행 처	신지원
주 소	07532 서울특별시 강서구 양천로 551-17, 813호(가양동, 한화비즈메트로 1차)
전 화	(02) 2013-8080
팩 스	(02) 2013-8090
등 록	제16-1242호
교재구입문의	(02) 2013-8080~1

저자와의
협의하에
인지생략

정가 27,000원
ISBN 979-11-6633-246-3 13690